U0940579

2009年卷

山东金融年鉴

中国人民银行济南分行 编

中国财政经济出版社

图书在版编目（CIP）数据

山东金融年鉴．2009年卷 / 中国人民银行济南分行编．北京：中国财政经济出版社，2009.9
ISBN 978-7-5095-1419-1

Ⅰ．山…Ⅱ．中… Ⅲ．金融事业－山东省－2009－年鉴 Ⅳ．F832.752-54

中国版本图书馆 CIP 数据核字（2009）第 160225 号

责任编辑：郝景山　　责任校对：宋文胜
封面设计：宋文胜　　版式设计：宋文胜

中国财政经济出版社出版
URL：http://www.cfeph.cn
E-mail:cfeph@cfeph.cn

社址：北京市海淀区阜成路甲28号　　邮政编码：100142
营销中心电话：010-88190406　北京财经书店电话：010-64033436
山东滨州汇泉印务有限责任公司印刷　各地新华书店经销
889×1194 毫米　16开　52.75 印张　2030万字
2009年9月第1版　2009年9月第1次印刷
印数：1-4500 册　定价：238.00 元
ISBN 978-7-5095-1419-1
（图书出现印装问题，本社负责调换）
本社质量投诉电话：010-88190744

《山东金融年鉴》编委会

《山东金融年鉴》编辑部

本卷特邀编委

各市地工作站站长

济　南　董　昕	潍　坊　杨金柱	滨　州　王　伟
青　岛　邹蜀宁	济　宁　张　俊	德　州　曹黔然
淄　博　胡振兵	泰　安　刘延军	聊　城　王银光
枣　庄　於永利	威　海　邵明志	临　沂　王朝阳
东　营　张有福	日　照　厉平福	菏　泽　王志华
烟　台　郭德春	莱　芜　狄宪孔	

本卷金融统计资料供稿人员

郭忠军　潘海艳　王　珊

本卷编校、排版人员

马丽君　刘　茜　王　娜　许　娟

一、本卷优秀稿件获奖名单

（一）人民银行系统

一等奖：青岛、临沂、济宁、泰安、日照、枣庄、聊城
二等奖：营业管理部、东营、潍坊、烟台、威海、菏泽、滨州
三等奖：莱芜、德州、淄博

（二）监管局、政策性银行、国有商业银行和股份制商业银行

一等奖：中国邮政储蓄银行山东省分行、深圳发展银行济南分行、交通银行青岛分行、中国进出口银行青岛分行、中国证券监督管理委员会山东监管局、深圳发展银行青岛分行、国家开发银行青岛市分行、中国农业发展银行山东省分行、华夏银行济南分行、兴业银行股份有限公司青岛分行、上海浦东发展银行济南分行、兴业银行股份有限公司济南分行、中国保险监督管理委员会山东监管局、上海浦东发展银行青岛分行、渤海银行济南分行、中国银行业监督管理委员会山东监管局、国家开发银行山东省分行、中国民生银行济南分行

二等奖：中国工商银行股份有限公司青岛市分行、中信银行济南分行、中国银行股份有限公司山东省分行、中国建设银行股份有限公司山东省分行、华夏银行青岛分行、中国建设银行股份有限公司青岛市分行、恒丰银行、中国银行业监督管理委员会青岛监管局、中国农业银行山东省分行、交通银行济南分行、中国工商银行股份有限公司山东省分行、招商银行济南分行、山东省农村信用社联合社

三等奖：中国光大银行济南分行、中国民生银行青岛分行、中国光大银行青岛分行、招商银行青岛分行、中国农业银行青岛市分行、中信银行青岛分行

（三）保险、资产管理公司及信托等机构

一等奖：中国人民财产保险股份有限公司山东省分公司、中国东方资产管理公司青岛办事处、中国平安人寿保险股份有限公司青岛分公司、山东省国际信托有限公司

二等奖：中国太平洋财产保险股份有限公司山东分公司、中国平安财产保险股份有限公司青岛分公司、英大国际信托有限责任公司、中国长城资产管理公司济南办事处

三等奖：中国华融资产管理公司济南办事处、中国信达资产管理公司济南办事处

（四）其他参编机构（中小金融机构及金融院校）

一等奖：日本山口银行股份有限公司青岛分行、新加坡华侨银行有限公司青岛代表处、中国银联股份有限公司山东分公司、渣打银行（中国）有限公司青岛分行、韩国中小企业银行有限公司青岛分行

二等奖：中国重汽财务有限公司、中国银行（香港）有限公司青岛分行、中国银联股份有限公司青岛分公司、东亚银行（中国）有限公司青岛分行、新韩银行（中国）有限公司青岛分行

三等奖：韩亚银行（中国）有限公司青岛分行

二、《山东金融年鉴》(2008年卷)综合考评获奖名单

（仅限考核人民银行系统）

一等奖：聊城、临沂、德州、菏泽、滨州、日照、枣庄、烟台、威海、营业管理部、莱芜、泰安、济宁、东营

二等奖：潍坊、青岛

三等奖：淄博

三、《山东金融年鉴》(2005–2009)文化建设获奖名单

一等奖：日照市金融学会、中国人民银行临沂市中心支行、济南市商业银行、华夏银行济南分行、交通银行山东省分行、中国农业银行山东省分行、招商银行济南分行、青岛金融押运有限责任公司、中国建设银行股份有限公司山东省分行、中国人民银行青岛市中心支行、中国银行股份有限公司山东省分行、中国邮政储蓄银行山东省分行、招商银行青岛分行、中国工商银行股份有限公司青岛市分行、恒丰银行、莱商银行

二等奖：中国工商银行股份有限公司山东省分行、中国民生银行青岛分行、深圳发展银行济南分行、上海浦东发展银行济南分行、中信银行济南分行、山东省农村信用社联合社、中国人民银行济南分行营业管理部、中国光大银行青岛分行、上海浦东发展银行青岛分行

三等奖：中国工商银行股份有限公司山东省分行营业部、山东济南润丰农村合作银行、中国银联股份有限公司山东分公司、中国农业发展银行山东省分行、中国农业银行青岛市分行、中国建设银行股份有限公司青岛市分行

编 辑 说 明

一、《山东金融年鉴》是反映山东省金融事业改革和发展历程的大型历史性、资料性工具书，是系统了解山东省经济金融运行状况较为理想的媒介。它通过登载各种经济、金融数据和史实资料，全面系统地反映山东省金融改革和发展的全貌，为贯彻实施货币政策、加强金融监管、防范和化解金融风险、推动金融改革和发展提供系统资料和基础数据。

二、山东省金融系统的年鉴编撰工作，开启于2000年，当时的名称为《中国人民银行济南分行金融年鉴》，内容反映了辖内的山东、河南两省的金融运行态势及状况，该《年鉴》自2000年卷开始至2004年卷结束，连续出版了五卷。

《山东金融年鉴》自2005年卷启始，本卷为第五卷。今后仍将每年出版一卷。按年度系统地反映山东省金融事业的运行和发展状况。

三、本卷的内容，主要反映2008年山东省金融运行的状况及金融改革和发展的历程。在具体组稿、筛选和编纂工作中力求体现科学性、资料性、全面性和连续性。对山东省金融事业有影响的大事、情况，以及反映全省各金融机构业务发展的相关数据、文字和图片资料，我们均尽力收录并进行了精心编辑加工。

四、本卷年鉴采用条目式整体编排，适当考虑金融业务部门的单元组成。各金融机构的排列顺序，力求按一般惯例，不含名次高低之意。

五、本卷年鉴中,国民经济统计资料以统计局的口径为准;有关金融方面的数据资料主要是根据各金融机构“全科目”上报系统数据加工整理,由中国人民银行济南分行提供,在使用时请注意统计口径的差别和适用范围。

六、为更好地发挥《年鉴》存史、咨政、教化、启智、创新作用,从本卷起开辟了经济金融数据研发部分,以期通过对相关数据资料的研发制作,达到更加全面、形象、深刻、准确、生动地反映金融运行态势的目的。

七、《山东金融年鉴》的编纂工作是在中国人民银行济南分行党委和山东省各金融业监管部门、政策性银行、国有商业银行、股份制商业银行、保险、证券、信托公司等省级管辖行和公司负责人共同组成的编委会的组织领导下进行的。工作中得到了山东省金融系统各单位的大力支持。各组稿、编纂人员为本书的出版付出了辛勤的劳动,广大摄影爱好者提供了大量的图片资料。在此表示衷心的感谢。

《山东金融年鉴》编辑部

2009年9月15日

中国人民银行

THE PEOPLE'S BANK OF CHINA JINAN BRANCH

济南分行

党委书记、行长

杨子强

党委委员、郑州中支行长

计承江

党委委员、副行长

李亚新

党委委员、工会主任

肖辉光

党委委员、副行长

王　敏

党委委员、副行长

李建文

党委委员、副行长

刘克俭

党委委员、纪委书记

辛树人

党委委员、副行长

黄向庆

①山东省农民工银行卡特色服务业务开通以来，人民银行济南分行高度重视，在2008年春节临近时，该行抓住农民工返乡的有利时机，组织山东辖内各中支开展了多样化的宣传活动。图为人民银行工作人员到农民工集中的企业进行重点宣传。

②2008年2月26日，由人民银行济南分行、山东省金融工作办公室联合主办，山东银监局、证监局、保监局协办的首期市、县(区)领导干部金融知识学习班举行开班仪式。图为培训期间，市、县(区)领导干部到金融机构参观，感受和了解银行经营情况。

③2008年3月份以来，人民银行济南分行在山东省组织开展了“送国债下乡”活动，普及宣传国债知识，为农民购买国债提供便利。图为人民银行员工上街开展国债知识宣传活动。

④2008年4月9日，由济南市政府和人民银行济南分行联合主办的“2008济南优化金融生态环境银企合作推进会”在济南举行。会上分别有9家银行和企业参加了现场签约，签约贷款和授信金额155.1亿元。图为银企签约。

⑤2008年4月10日，人民银行济南分行、国家外汇管理局山东省分局与烟台市政府在烟台成功举办了“2008金融服务与创新促进会议”。会议期间，各家银行分别设置了现场咨询与产品展示台，与参会企业进行面对面交流，取得良好效果。图为银企签约。

⑥2008年4月20日，山东半岛经济发展与金融支持推进会在青岛隆重举行。此次推进会由人民银行济南分行、国家外汇管理局山东省分局、金融时报社联合青岛、烟台、潍坊、威海、日照市政府主办，五城市共推介项目270个，初步达成贷款协议的项目156个，协议金额337.8亿元。图为会议现场。

⑦2008年5月28日上午，由国家外汇管理局山东省分局、山东省外经贸厅主办，中国进出口银行青岛分行协办的山东省“走出去”外汇金融政策宣讲会在济南召开。图为会议现场。

⑧2008年5月31日，由人民银行济南分行与聊城市政府联合主办的金融宏观调控与区域经济发展高峰论坛在聊城市隆重举办。图为论坛现场。

⑨2008年6月23日上午，由山东省金融学会主办、农业银行山东省分行和招商银行济南分行协办的2008齐鲁金融论坛在济南隆重举行。论坛的主题是“宏观调控中的山东经济：发展方式转变与金融服务推进”。图为论坛现场。

⑩2008年7月18日，人民银行济南分行、共青团山东省委和共青团河南省委联合举办的“青春共建和谐社区行动·金融知识进社区”活动启动仪式在济南市天桥区鲁能康桥社区隆重举行。图为向宣传队授旗。

⑪2008年6月14日，人民银行济南分行在济南举办了“征信知识宣传月”启动仪式，拉开了山东省征信知识宣传的序幕。图为接受群众咨询。

⑫2008年8月28日，黄河三角洲开发建设与金融支持论坛暨政银企合作洽谈会在东营市举行。会议由人民银行济南分行、东营市政府联合主办，共签署项目147个，金额达237.9亿元。图为银企签约。

⑬2008年9月26日，由人民银行济南分行主办的山东省中小企业信用培植工作现场会在济宁市召开。图为会议现场。

⑭2008年9月27日，由人民银行济南分行主办的山东省农村金融生态环境示范点建设现场会在德州市齐河县成功召开。图为会议主席台。

⑮2008年11月12日上午，由人民银行济南分行和山东省发改委联合主办的山东省重点建设项目推介会在济南召开。此次会议推介了八大重点行业的240个项目，项目涉及投资金额近8000亿元。图为会议主席台。

⑯2008年12月9日，人民银行济南分行与烟台市政府联合举办了“2008扩内需保增长银企合作推进会”，有375个重点企业和重点项目与银行达成合作意向，意向贷款金额452亿元。图为银企签约。

中国银行业监督管理委员会山东监管局

党委书记 局长 周忠明

党委副书记 副局长 解晓非

党委委员 纪委书记 郭宝珍

党委委员 副局长 王朝弟

党委委员 副局长 王晓春

党委委员 副局长 谢凝

党委委员 副局长 刘悦芹

监管副巡视员 葛彬

1月31日，山东银监局组织召开2008年度工作会议

5月27日，山东银监局全体党员交纳“特殊党费”，支援抗震救灾

6月16日，山东省银行业2007年度“良好银行”授牌表彰暨履行社会责任活动推动大会在济南召开

9月17日，银监会王兆星副主席出席山东省城市商业银行合作联盟有限公司开业典礼并为合作联盟揭牌

10月7日～10日，银监会“派出机构客户风险监测预警系统”培训班在山东银监局成功举办

10月24日，山东银监局成功举办“纪念改革开放30周年暨山东银监局成立5周年演讲活动”

11月3日～4日，刘明康主席赴山东省寿光市三元朱村和泰安市进行调研

11月20日，周忠明局长出席辖区首家村镇银行——寿光张农商村镇银行股份有限公司开业典礼

中国银行业监督管理委员会

青岛监管局

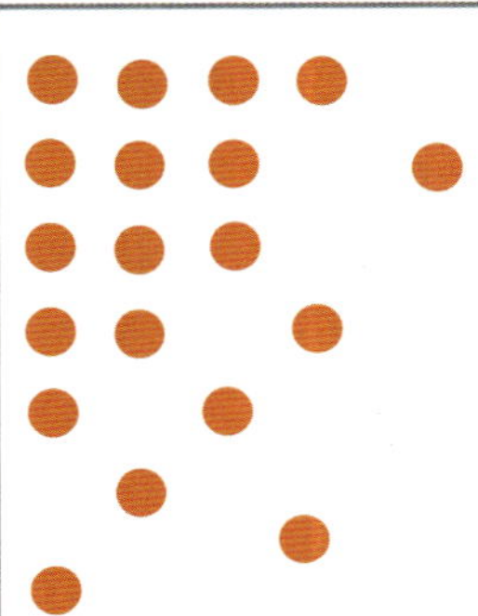

陈育林

党委书记、局长

刘志勇

党委副书记、监管副巡视员、副局长

陈裕恒

副巡视员

王永存

党委委员、副局长

罗中

纪委书记

徐强

党委委员、副局长

2008年11月3日，刘明康主席到青岛海尔集团调研考察

2008年5月24日，青岛银监局团员开展迎奥运送金融知识下乡

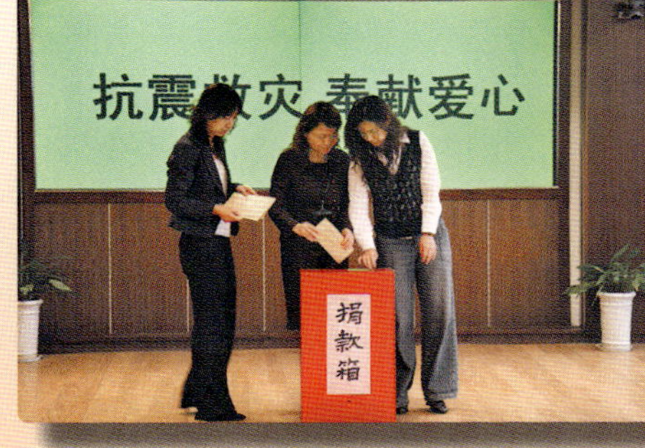

2008年5月23日，青岛银监局组织全体员工为四川地震灾区捐款

2008年8月7日，陈育林局长召开青岛银行高管人员座谈奥运金融服务工作

2008年11月6日，陈育林局长为即墨北农商村镇银行颁牌

2008年10月10日，青岛银监局建局五周年联欢会

2008年12月6日，青岛银监局参加银监会英语大赛小品八戒新传剧照

中国证券监督管理委员会 山东监管局

徐铁
党委书记、局长

杨晓光
党委委员、纪委书记、副局长

陈家琰
党委委员、副局长

陆泽峰
党委委员、副局长

赵洪军
党委委员、局长助理

中国证监会纪委书记李小雪同志到山东证监局视察工作

徐铁局长在滨州拟上市公司调研

徐铁局长在淄博拟上市公司调研

▲ 局党委成员召开民主生活会

▲ 局领导参加解放思想大讨论

▼ 全局女干部诗歌朗诵会

中国保险监督管理委员会 山东监管局

China Insurance Regulatory Commission Shandong Bureau

任建国
党委书记、局长

陈进军
党委委员、副局长、纪委书记

巩庆军
党委委员、副局长、工会主席

鲁青
党委委员、局长助理

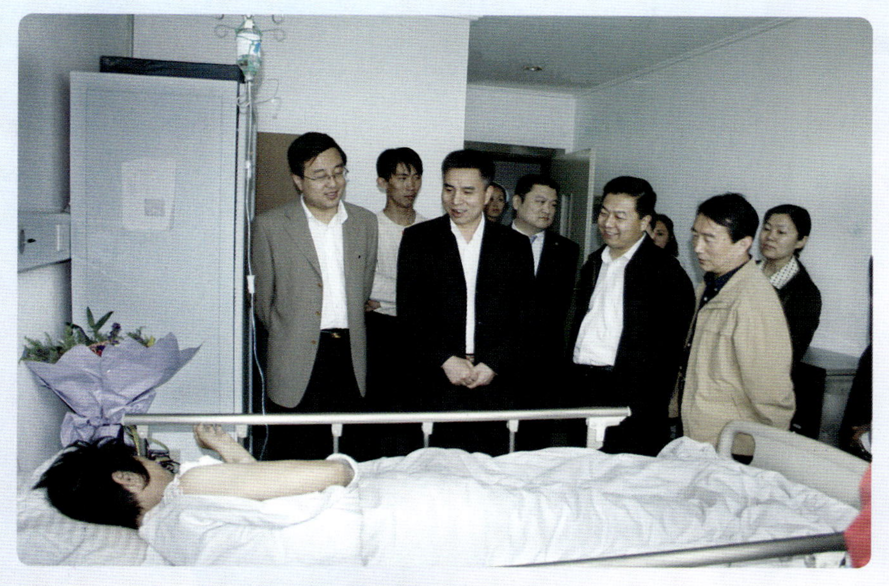

◀ 2008年5月13日，全国人大代表、山东保监局局长任建国到淄博了解4·28特大交通安全事故保险理赔进展情况，并看望事故遇难者家属

◀ 2008年5月28日，全国人大代表、山东保监局局长任建国在泰安调研保险业发展情况

▲ 2008年5月21日，山东保监局召开全省保险工作座谈会。任建国局长在会上提出，山东保险业要实现由保险大省向保险强省的新跨越

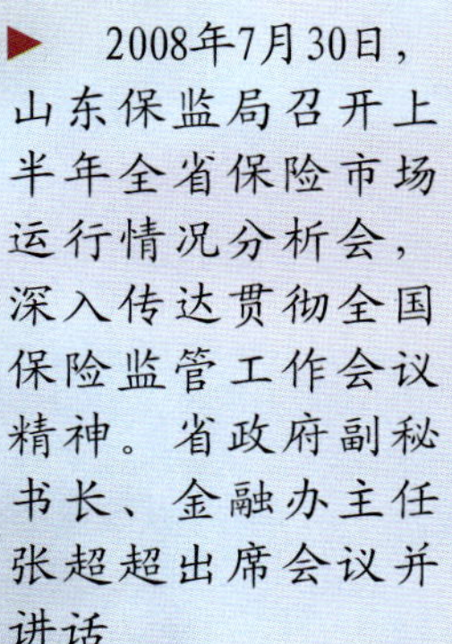

▶ 2008年7月30日，山东保监局召开上半年全省保险市场运行情况分析会，深入传达贯彻全国保险监管工作会议精神。省政府副秘书长、金融办主任张超超出席会议并讲话

▲ 2008年10月9日，山东保监局召开深入学习实践科学发展观活动动员大会，传达学习中央、保监会有关文件精神，全面安排部署学习实践活动

◀ 2008年10月26日至30日，山东保监局举办全省第一期高级管理人员培训班。参加培训的有山东各保险公司省级分公司以及地市机构的部分高级管理人员，共计160人

中国人民银行
THE PEOPLE'S BANK OF CHINA

青岛市中心支行
QINGDAOSHIZHONGXINZHIHANG

由人行济南分行、外汇局山东省分局、金融时报社联合青岛、烟台、潍坊、威海、日照市政府主办的山东半岛经济发展与金融支持推进会在青岛隆重举行。

贯彻落实中央扩大内需的方针政策，青岛中支王迅行长在青岛市重点项目推介暨银行授信签约仪式上致辞。

联合青岛市金融办、经贸委、外经贸局和银监局举办“青岛市金融支持小企业发展授信仪式”取得圆满成功，512家小企业与银行机构现场签约，获得授信达72亿元。

青岛市“金智惠民”创业贷款模式受到济南分行、青岛市委市政府领导的充分肯定。2008年12月8日，“金智惠民”创业贷款经验交流会圆满召开。

“2008青岛国际金融博览会”隆重开幕，在博览会召开期间，人民银行对一些新业务进行了集中展示，加大了对社会公众的宣传，提高了中央银行的影响力。

成功举办“2008年青岛市银行业征信知识竞赛”。

2008年，中国人民银行青岛市中心支行坚持以科学发展观为指导，认真贯彻落实总分行的各项工作部署，紧密结合青岛实际，强化内部管理、夯实工作基础、创新工作方法、提升履职水平，在调研支撑、政策引导、外汇管理、金融服务、内控建设、党建保障、队伍建设和反腐倡廉等方面都取得了新的成效。中心支行成功争创总行级文明单位，连续三年成为济南分行辖区A级行，并被分行授予“央行文化建设先进单位”，在分行26个专业考核中，有24个专业跨入了A级行列，8个处室被评为总行先进集体，中心支行团委被团中央命名为人民银行系统唯一全国级“五四”红旗团委创建单位。

青岛中支代表队在济南分行“绽放青春 共创文明”青年风采大赛中荣获团体一等奖。

中国工商银行 山东省分行

山东省人民政府与工行山东省分行举行“保增长、扩内需、调结构”战略合作备忘录签字仪式

中国人民解放军济南军区联勤部财务部与工行山东省分行举行“军队单位公务卡服务协议”签字仪式

2008年6月29日，工行山东省分行沈荣勤行长到鱼台支行检查奥运金融服务情况

2008年5月，夏侯静波副行长代表工行山东省分行出席“鲁传血脉情”，向地震灾区捐款

2008年10月25日，工行山东省分行开展全省第六次业务技术比赛

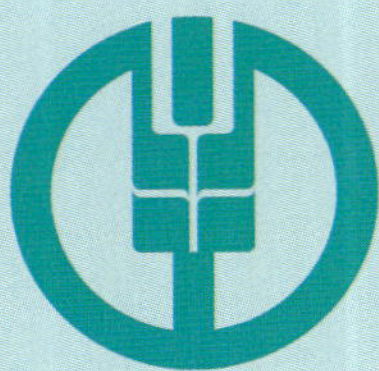

中国农业银行

AGRICULTURAL BANK OF CHINA

山东省分行

山东省人民政府与中国农业银行战略合作协议签字仪式

农业银行山东省分行存款超3000亿元新闻发布会

省分行行长刁钦义在营业网点了解农户贷款情况

农业银行山东省分行荣获2008山东“十大责任企业”称号

2008年，中国农业银行山东省分行坚持以科学发展观为指导，紧紧围绕支持扩大内需、服务“三农”、支持中小企业发展，不断改进和提升金融服务，有力地推动了全省经济的发展。全年各项贷款较年初增加327.8亿元，同比多增183.7亿元，增量居全国农行系统第3位；各项存款较年初增加613.9亿元，同比多增333.7亿元，存款余额和增量市场份额均居同业首位；积极履行社会责任，荣获2008年“山东十大责任企业”称号；各主要指标均达到“良好银行”标准。

增投放，扩内需，危机中同舟共济，共克时艰

2008年全球性的金融危机寒流袭来，山东省分行按照省委、省政府“做优农业、做强工业、做大服务业”的战略部署，当年全行新增贷款的76%投向了基础产业、高新技术产业、先进制造业和现代农业等重点产业，85%投向了省内重点项目，75%投向了全省优先发展的“一体两翼”地区，与全省240个重点项目实施提前对接，农总行与山东省政府签署了战略合作协议，与5个市地和省政府三大融资平台签署了合作协议，共落实有效信贷投放项目720亿元。

服务“三农”，撑起农村发展的一片蓝天

山东省分行按照国家“面向三农、整体改制、商业运作、择机上市”的十六字股改方针，制定了《服务“三农”实施意见》，稳妥推进“三农”金融事业部制改革，在省行、16个市分行和86个县域支行全面推行了“三农”金融事业部制。合理的组织机构和科学的操作流程，有力促进了农行大力支持农业化产业化、工业化和城镇化的农村“三化进程”。全行与318户省级龙头企业建立了业务关系，贷款较年初增加25亿元，龙头企业服务覆盖面达到64%，较年初提高14.5个百分点。在不到半年的时间，发行惠农卡57.6万张，授信农户小额贷款总额8.67亿元，快捷方便的结算、优惠的利率、先进的技术设备使惠农卡受到各级政府和广大农民的普遍欢迎。

力破“瓶颈”，为中小企业注入“活水”

农业银行推出了小企业简式快速贷款、自助可循环贷款、应收账款质押贷款、多户联保贷款和可循环信用业务产品，形成了完善的中小企业金融产品体系，满足不同类型小企业客户的融资需求，并借助中国农业银行总行开展的中小企业信贷试点，隆重推出了银政合作、多户联保的“寿光模式”，其优越的功能使企业、银行和政府三方满意，并在全省开始推广。根据中小企业客户融资需求“短、频、急”的特点，山东省分行下沉审批重心，下放审批权限，不断优化业务流程、推行限时工作制，提高了中小企业贷款的办理效率。在转授权上，将中小企业授信和贷款审批权限直接授予经济强县支行，进一步提高了信贷审批效率。目前，该行支持省政府“成长计划”的2000家中小企业已成为农行的品牌、特色和优势，2008年小企业贷款新增36亿元，同比多增59.5亿元。

热心公益事业，履行社会责任

山东省分行在发挥金融服务功能的同时，积极支持社会公益事业。为2008年南方雨雪低温冰冻灾害的灾区捐款115.94万元，占全国农行的10%；5·12汶川大地震后，迅速下发了《倡议书》，全行累计捐款达1018万元。在齐鲁晚报主办的2008山东“责任企业”评选活动中荣获“十大责任企业”称号。寿光市支行获得中央文明委“全国文明单位”称号，省行营业部、东营市分行、烟台市分行、临沂市分行被省银监局授予“良好银行”称号，广饶县支行被授予“全国金融五一劳动奖状”，东营市分行等7个单位被评为“全国农行系统文明建设先进单位”。

山东省分行

BANK OF CHINA SHANDONG BRANCH

中国银行股份有限公司山东省分行
行长 何兴祥

中国银行山东省分行与青岛城市建设投资（集团）有限公司签订战略合作协议

张维克副行长参加山东省人民广播电台“阳光政务”节目，接听听众热线

中国银行山东省分行2009迎新春文艺晚会

中国银行山东省分行奥运火炬手

中国银行所提供优质奥运金融服务获得奥运会帆船冠军殷剑的赞许

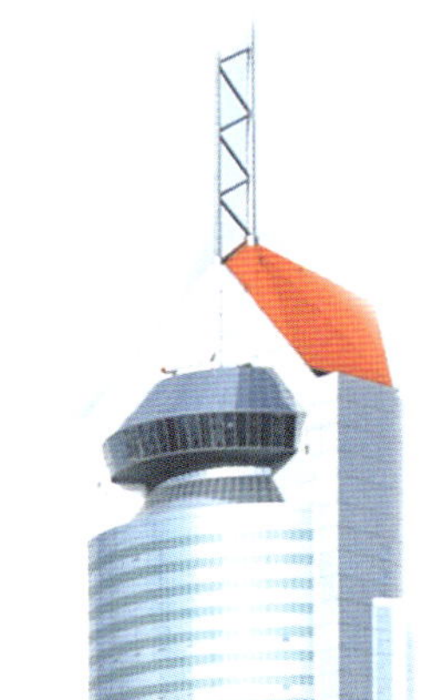

中国银行山东省分行简介

中国银行山东省分行成立于1913年，是山东省内四大国有商业银行中唯一一家本部设在青岛的省级管辖分行，也是中行系统十大重点战略行之一，全辖现有16家二级分行，25家直属机构。该行在近百年的发展历程中，铸就了自己的比较优势和竞争优势，特别在外汇、国际结算业务领域独领风骚，享有盛誉。

近年来该行凭借国际信誉卓著、业务品种齐全、产品功能强大等优势，在外汇保函、国际保理、国内信用证、远期结售汇、贵金属代理买卖、本外币理财、银行卡等业务和产品领域，在山东省银行业内创造了诸多率先和第一。近几年，该行外币存贷款余额和市场份额始终保持第一，国际结算业务量和市场份额始终保持第一，外汇买卖业务量和市场份额始终保持第一。

2008年以来，该行荣获“最受信赖销售渠道”、“最受欢迎高端品牌”、“最具竞争力银行”、“品牌市场领导力金奖”等荣誉称号，尤其在省委宣传部和《大众日报》联合评比中荣膺“百姓口碑最佳荣誉单位”。特别是2008年奥运会，该行圆满完成奥帆赛和残奥帆赛的现场和非现场金融服务保障工作，实现了零投诉、零曝光、零差错和“平安奥运”的预期目标，被青岛市委、市政府授予“集体二等功”和“特殊荣誉单位”称号。另外，在山东省委、省政府于济南召开的全省工业调整振兴大会上，该行被山东省委、省政府联合评比为“优秀企业”，受到荣誉表彰。

该行在坚持发展为第一要务，加快向“系统内一流分行”迈进的同时，正确处理经营发展与社会责任的关系，致力公益慈善事业，积极担当社会责任，以实际行动诠释企业公民的社会责任。2008年，该行被山东省见义勇为基金会评为“杰出爱心使者”，该行何兴祥行长被授予“爱心慈善家”荣誉称号，两个奖项的获得既是社会各界对该行奉献爱心的褒扬，也是履行社会责任、致力公益事业的佐证。

中国银行山东省分行将继续秉承“以客户为中心，以市场为导向，强化公司治理，追求卓越效益”的经营理念，一如既往为客户提供全方位、高品质的银行服务，与广大客户携手共创美好未来。

中国建设银行
China Construction Bank

山东省分行

建行山东省分行是中国建设银行股份有限公司辖属的一级分行，下辖各类机构773个、员工2万余人。近年来，分行始终坚持以科学发展观为指引，牢固树立“以客户为中心”的经营理念，深化改革，强化营销，夯实基础，加快创新，各项业务蓬勃发展，综合实力大幅提升，主要业务指标和经营管理水平在全国建行系统名列前茅，为山东经济金融的发展做出了积极贡献。截至2008年末，各项存款余额2770亿元，各项贷款余额1842亿元，实现拨备前利润61.8亿元。

12月17日，济南市人民政府与建行山东省分行举行战略合作协议签字仪式

12月26日，山东省教育厅与建行山东省分行举行战略合作协议签字暨教育龙卡揭卡仪式

龙行天下

龙卡通

全国金融系统职工创新能手、建行历下支行员工何晓参加2008年北京奥运火炬传递

中国农业发展银行 山东省分行

AGRICULTURAL DEVELOPMENT BANK OF CHINA SHANDONG BRANCH

中国农业发展银行山东省分行成立于1995年1月23日，是国有政策性金融机构。主要任务是：按照国家的法律、法规和方针、政策，以国家信用为基础，筹集农业政策性信贷资金，承担国家规定的农业政策性和经批准开办的涉农商业性金融业务，代理财政性支农资金的拨付，为农业和农村经济发展服务。

中国农业发展银行山东省分行行长　杨杰

深入企业调查研究

夏收资金新闻发布

支持果蔬生产加工

成立以来，全面贯彻落实国家粮棉购销政策和有关经济、金融政策，为政府实施宏观调控、确保粮食安全、保护广大农民利益、促进山东省农业和农村经济发展发挥了重要作用。

目前主要贷款业务范围是：粮棉油购销储贷款，化肥、肉类、食糖、烟叶、羊毛等国家专项储备贷款，农业产业化龙头企业和加工企业贷款，农业小企业贷款，农业科技贷款，农村基础设施建设贷款，农业综合开发贷款，农业生产资料贷款，县域城镇建设贷款业务等。至2009年6月，中国农业发展银行山东省分行各项贷款余额731.3亿元。分支机构：省级分行1个、市级分行17个、县级支行107个，全系统人员为3300人。

行长杨杰携全体员工，将一如既往地在农发行总行、省委、省政府的正确领导和人民银行、银监局等有关部门的关心支持下，秉承“至诚服务、有效发展、以人为本、构建和谐”的企业文化核心理念，竭诚为广大客户服务。

中国农业发展银行，建设新农村的银行！

交通银行 BANK OF COMMUNICATIONS 山东省分行

同鲁证期货公司签订全面业务合作协议

交通银行始建于1908年，至今已有百年历史。1987年4月1日，作为金融改革的试点，重新组建后的交通银行成为中国第一家全国性的国有股份制商业银行。作为中国首家全国性股份制商业银行，交通银行自重新组建以来，就身肩双重历史使命，它既是百年民族金融品牌的继承者，又是中国金融体制改革的先行者。交通银行在中国金融业的改革发展中实现了六个“第一”，即第一家资本来源和产权形式实行股份制；第一家按市场原则和成本-效益原则设置机构；第一家打破金融行业业务范围垄断，将竞争机制引入金融领域；第一家引进资产负债比例管理，并以此规范业务运作，防范经营风险；第一家建立双向选择的新型银企关系；第一家可以从事银行、保险、证券业务的综合性商业银行。

省内首家高端服务网点-济南槐荫支巷沃德服务中心隆重开业

交通银行山东省分行于1989年1月21日重新组建，1995年4月升格为总行直属分行，1997年被省政府列为省级金融单位，2004年10月改为省分行。目前，交行山东省分行在山东境内管辖152个分支机构，其中省级分行1个，省辖分行6个，分别设在淄博、潍坊、烟台、威海、济宁、泰安。辖内共有支行139家，分理处3家，储蓄所3家。

参加人民银行支付清算系统宣传活动

举办纪念百年交行京剧名家演唱会

积极履行社会责任-开展捐资助学活动

山东省农村信用社联合社

SHAN DONG SHENG NONG CUN XIN YONG SHE LIAN HE SHE

领导关怀 细致入微

无私援助 奉献爱心

贴心服务 满意乡亲

科技发展 助力腾飞

植树造林 保护环境

强身健体 展我风采

浦发银行 SPD BSANK

济南分行 JINAN BRANCH

上海浦东发展银行济南分行行长 耿光新

2008年，上海浦东发展银行济南分行坚持以科学发展观为指导，强化发展意识，提升管理水平，在严峻的形势下实现了各项业务快速健康的发展。年末总资产354.66亿元，贷款余额214.9亿元，存款余额256.71亿元，不良资产实现双降。该行业务规模和市场位次继续提升，在济南股份制银行中，存款余额居第一位，贷款余额、利润总额居第二位。

该行按照增强管理的“科学化、精细化、制度化、规范化”的方针，认真加强机制体制建设，加快流程银行再造步伐，积极提升服务效率，不断增强保障支撑能力，管理促进业务发展的效能得到有效发挥。该行坚持“以人为本”的理念，明确员工职业生涯规划，建立员工成长发展机制，积极开展丰富多彩的文娱活动，认真践行社会责任，加大社会捐赠力度，企业文化建设取得丰硕成果。

浦发银行与齐鲁证券签署全面战略合作协议

该行举办第二届趣味运动会，丰富员工文娱生活

该行的经营管理工作得到了社会各界的认可和充分肯定，第三次获评山东银监局“良好银行”，并荣获“全国文明规范服务示范单位”、“2008年度百姓口碑最佳荣誉单位”、“省直文明单位”等荣誉，市场形象和社会美誉度得到更好展现。

该行开展志愿者服务活动，传播奉献关爱的文化理念

华夏银行 HUAXIA BANK 济南分行 JINANBRANCH

华夏银行济南分行成立于1996年12月，是总行在济南设立的一家省级区域性管辖分行。目前，分行已在济南、烟台、聊城建立了25家营业网点和25家自助银行，依托实体网点和先进的电子网络，形成了“立足济南，辐射全省”的金融服务格局。

成立十二年来，在省委、省政府、人民银行、银监局以及有关部门和社会各界的关心支持下，分行以实现高质量发展为目标，坚持依法合规经营，将自身发展置于山东经济社会发展的大背景下，因地制宜，积极融入地方经济社会发展主流，以高效便捷的金融服务赢得广大客户的信赖，实现了与客户的发展共赢。

2008年，分行广大干部员工坚持以党的十七大、十七届三中全会和中央经济工作会议精神为指导，认真贯彻落实科学发展观，深入落实总行各项工作部署和要求，大力转变业务发展方式，克服国际金融危机带来的不利影响，使全行集约化经营能力、综合营销服务能力和全面风险管控能力得到显著提升，全年实现利润同比增长24%，年末一般性存款突破300亿元，资产质量进一步优化，实现了质量、效益、速度和结构的协调稳步发展，综合实力在系统内名列前茅。

展望未来，分行将继续深入贯彻落实“以人为本，客户立行，智慧经营，标准管理，亲情服务，文化竞争”的办行理念，与山东经济社会又好又快发展同呼吸、共命运，为打造永续发展的现代化精品银行而奋斗！

融资共赢链品牌推介会上，分行赵琴波行长（右一）与企业界代表共同启动“真情共赢之旅”，携手发展，共赢未来

奥运会前夕，分行举办“服务技能大赛”，进一步提升全行服务水平

四川汶川地区特大地震灾害期间，全行干部员工踊跃向灾区同胞捐款

在十二周年行庆客户答谢会上，分行员工合唱团与国家交响乐团合唱团同台演出答谢社会各界

华夏银行济南分行十二周年行庆登山比赛

招商银行 CHINA MERCHANTS BANK

济南分行

服务是招行的生命。图为该行连柏林行长亲当大堂经理接待客户

招商银行济南分行成立于2000年10月，是招商银行设在山东的一级分行。济南分行成立以来，在山东省委、省政府的正确领导下，在广大客户的关心、支持下，恪守“因势而变，因您而变”的经营理念，弘扬“挑战、自省、奉献”的招银精神，以支持山东经济持续、快速、健康发展为己任，以实施“科技兴行”的发展战略为先导，以提供温馨、周到、方便、快捷的金融服务为根本，以创建齐鲁大地“科技领先、管理先进、服务一流、信誉卓著”的现代化商业银行为目标，经过全行员工的共同努力，各项业务快速、健康发展，截至2008年末，资产总额突破330亿元，员工900多人，拥有17家同城分支机构、2家二级分行，累计实现账面利润超过20亿元，实现了效益、质量、规模的协调发展。近年来，先后被山东省政府授予“山东省金融创新奖”、“省级文明单位”；被山东银监局授予“良好银行”等多项荣誉；连续七年被总行评为系统“优秀分行”，其优良的业绩和快速发展的业务，在招行系统中被誉为“济南速度”。

济南分行坚持文明优质服务，以客户感动为目标，充分发挥“一卡通”、“一网通”的技术领先优势，着力打造一流的金融服务品牌，以温馨、方便、快捷的服务，树立起“科技领先、管理先进、服务一流、信誉卓著”的现代化商业银行形象。同时，坚持依法合规经营，大力倡导合规文化建设，建立健全合规管理体系，增强可持续发展能力，业务实现了良性安全运营。分行坚持以人为本，高度重视对员工职业生涯发展的规划，开展了专业序列评审，围绕人才“选拔、培养、激励、使用”主线，大力强化管理队伍建设，打造了一支专业过硬、综合素质好、认同招银文化、充满活力的人才队伍。

面对经济金融形势变化所带来的机遇与挑战，招商银行济南分行将顺应现代商业银行发展趋势，在有效防范风险的前提下，树立发展的新思路、新理念，抓住机遇，调整结构，努力为广大客户提供更多更好的服务，为山东的经济建设和社会各项事业做出更大的贡献。

2008年7月29日，总行马蔚华行长与山东省政府特邀咨询张昭福共同为招商银行潍坊分行开业揭牌

2008年2月28日，山东省分管金融市、县长到招商银行济南分行学习考察

2008年，招商银行济南分行财富管理中心开业，标志着该行在财富管理领域更上一层

招商银行济南分行行庆八周年交响音乐会

招商银行济南分行举办大型交响音乐会回馈客户

深圳发展银行
SHENZHEN DEVELOPMENT BANK

济南分行

2008年6月，分行举办存款过百亿庆祝大会

深圳发展银行济南分行成立于2001年11月28日，目前在济南市区设有7个营业网点，现有员工249人。该行自成立以来，坚持“业务发展专业化”的道路，积极推进市场开拓，以一系列业内领先的创新产品，赢得了良好的品牌声誉。

建行7年来，各项业务取得了长足发展，综合实力不断增强。截至2008年底，分行各项存款余额106.87亿元，各项贷款（含贴现）余额112.28亿元，存贷款年度增幅在当地同业中排名第一。实现账面利润2.18亿元。

2008年，该行坚持强化内部管理，内控质量和服务水平明显提升，分别荣获“深圳发展银行2008年度最佳团队建设奖”、“2008年度中国银行业文明规范服务示范单位”、山东省银行系统职工技术比赛“精神文明单位”、省级“工人先锋号”等荣誉称号。

未来的深圳发展银行济南分行，将遵循“诚信、专业、服务、效率”的理念，秉承为股东创造回报、为客户增添价值、为员工带来发展的宗旨，锐意进取，不断创新，进一步打造核心竞争力，为全面推动济南经济健康、快速发展而不懈努力。

分行召开年度工作会议

济南经七路支行隆重开业

行庆杯职工运动会

中信银行 济南分行

CHINA CITIC BANK JINAN BRANCH

中信银行济南分行行长 侯训义

中信银行创立于1987年，并于2007年4月27日在上海、香港同步上市。2008年，国际金融界权威杂志英国《银行家》按一级资本排名，中信银行位居世界银行第77位，国内商业银行第6位；按总资产排名，中信银行位居世界银行第109位。同年，英国《金融时报》公布的全球市值500强企业排行榜，中信银行以335.529亿美元市值排名第260位，一举进入国际大企业行列。

中信银行济南分行成立于1994年5月，位于济南市泺源大街150号中信广场，目前下辖淄博、济宁两个二级分行和11家同城支行，是总行直属分行。该行在坚持效益、质量、规模的协调发展的同时，追求滤掉风险的利润，截至2008年末，资产总额超过300亿元，存款余额本外币合计276亿元，贷款余额本外币合计184亿元。该行沿着“内涵与外延结合”的发展思路，外抓开发经营，内抓内控管理，2008年各项主要经营指标全面完成总行任务，经营工作真正步入正常发展通道；业务发展战略得以贯彻，管理能力大幅提升；风险管控能力增强，结构调整基本到位，发展基础不断夯实；体制机制逐步完善，企业文化建设持续深入；合规发展、精细管理能力和水平逐步提高。

继2007年在济南相继推出“中信财富阶梯”和“中信理财”后，2008年中信银行在业界推出了第一个年金品牌——“信福年金”，并在济南地区率先推出私人银行服务。中信银行济南分行以优质的金融产品和完善的服务支持社会财富进程，已成为地方经济发展、企业成长壮大、居民财富增长的支持力量。

2008年8月26日，业届第一个年金品牌——“信福年金”登陆济南，济南分行依托中信金融控股的平台优势，在当地年金市场位居前列

中信银行济南分行举办“文明服务，奉献奥运”主题演讲比赛，激发起广大员工为奥运服务、为岗位争光的热情。2008年，该行出色完成了奥运金融保障工作

2008年11月23日，中信银行济南槐荫支行“中国银行业文明规范服务示范单位”揭牌仪式隆重举行，图为中信银行济南分行侯训义行长与山东省银行业协会梁宝礼副秘书长揭牌

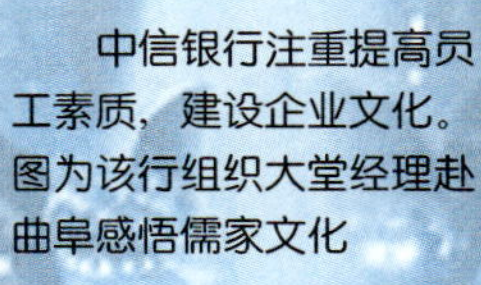

中信银行注重提高员工素质，建设企业文化。图为该行组织大堂经理赴曲阜感悟儒家文化

10月27日，济南分行捐赠四川灾区的400床棉被等待装运。2008年，该行累计向雪灾、地震灾区捐赠款物89万元

中国工商银行 山东省分行营业部

▲ 4月9日，王跃民总经理在2008年济南重点项目银企合作推进会上与企业签约

▲ 8月1日，张杰副总经理陪同汇丰银行行长兼行政总裁翁富泽到大观园支行参观考察

▲ 7月27日，营业部召开全市行长会议

2008年，是工商银行山东省分行营业部朝着建设一流现代金融企业目标阔步迈进的一年。一年来，该行认真贯彻国家宏观调控政策，严格落实金融监管要求，科学谋划发展策略，积极推进经营转型，持续加快创新步伐，不断完善体制机制，努力提升服务水平，全面加强风险防控和队伍建设，继续保持和扩大了各项业务稳健经营与健康发展的良好态势，有力推动了各项事业全面、协调、可持续发展。该行年末人民币各项贷款余额660亿元，较年初增加79亿元，同比多增29亿元。人民币各项存款余额804亿元，较年初增加130亿元，同比多增48亿元。各项存贷款增量均创历史新高。同时，坚持以安全为经营发展的灵魂，切实加强风险管理，突出强化内控外防，各类案件事故得到有效遏制，全行保持安全稳健运行。

◀ 12月19日，营业部乔迁暨舜井财富中心开业典礼举行剪彩仪式

◀ 7月23日，参加完奥运火炬传递的大观园支行王愿红行长载誉归来

国家开发银行 山东省分行

THE STATE DEVELOPMENT BANK OF CHINA

国家开发银行山东省分行党委书记、行长 于泽水

国家开发银行山东省分行自1999年4月成立以来，在省委、省政府的关心和支持下，在开发银行总行的正确领导下，严格执行国家宏观经济政策、产业政策和区域发展政策，累计向山东省发放贷款1671.46亿元，重点支持了高速公路，胶济客运专线，城市基础设施建设，海阳核电，青岛、烟台和日照港口，17城市电网改造，兖矿集团等煤炭资源开发，胜利油田，齐鲁石化等重大项目，成为全省固定资产投资领域的主力银行，有力地促进了山东经济社会又好又快发展。截至2008年末，开行山东分行贷款余额1095.48亿元，不良贷款率0.26%，实现净利润15.43亿元，人均实现利润1118万元，先后获得全国五一劳动奖状、全国“创争”活动示范单位、山东省富民兴鲁劳动奖状等一批荣誉称号。

一、加强与政府部门合作，推动富民强省战略实施。一是坚持规划先行，《山东省开发性金融“十一五”规划》被编入《全面建设小康社会宏伟蓝图》——山东省国民经济和社会发展第十一个五年计划纲要汇编，是唯一一个由金融部门牵头编制的省重点专项规划；二是与省发改委和各市发改委实行联合办公例会制度，定期召开联席会议，交流经济发展态势、重点项目规划和开发情况，对开发银行介入的项目进行研究和协调；三是充分发挥开发性金融的导向作用，大力推进城建融资领域的制度建设，不断加大对重点城建项目的支持力度，有效地促进了山东省城市化进程。

二、打通融资瓶颈，促进社会和谐。一是在荣成、文登、乳山、高密、栖霞开展了小城镇建设贷款工作，为改善地方投资环境和支撑新一轮经济快速发展奠定了基础；二是在烟台、潍坊等市开展了中小企业贷款工作，对解决中小企业融资难，促进民营经济发展、解决再就业发挥了积极作用；三是在潍坊、聊城等市开展了农业产业化贷款工作，促进农业产业化龙头企业跨越式发展，增加了农民收入，取得了良好的经济效益和社会效益；四是开展应急贷款业务。先后向山东航空公司发放抗“非典”紧急援助贷款，向凤祥集团、诸城外贸发放抗“禽流感”紧急援助贷款，向威海市发放抗暴雪救灾应急贷款，向潍坊市发放抗风暴潮救灾应急贷款；五是积极支持新农村建设，加大对农村基础设施、农业资源开发、农村社会事业及县域产业的融资支持力度；六是积极推进“走出去”业务的开展。重点支持兖矿集团、鲁能集团、重汽集团、浪潮集团、黄金集团、西北林业等大企业集团的境外项目。

十年发展承前启后，十年改革继往开来。站在新的历史起点上，开行山东分行将以商业化改制为契机，服务于建设经济文化强省战略的实施，把握机遇，迎接挑战，谱写支持山东经济社会发展的新篇章。

2007年8月8日，国家开发银行与山东省政府举行开发性金融合作高层联席会议

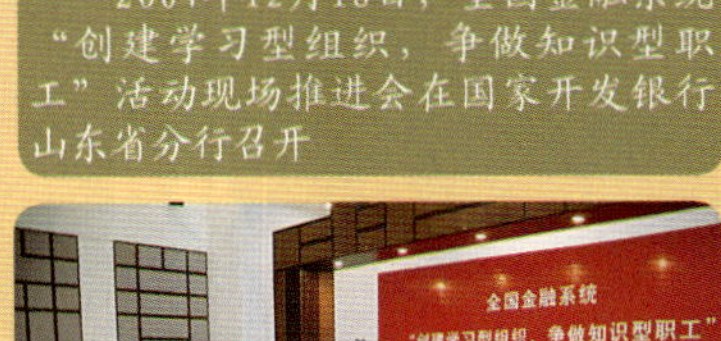

2004年12月18日，全国金融系统“创建学习型组织，争做知识型职工”活动现场推进会在国家开发银行山东省分行召开

国开行山东分行与山东省民委共商支持民族企业发展大计

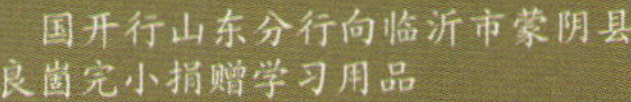

国开行山东分行向临沂市蒙阴县孟良崮完小捐赠学习用品

国家开发银行 青岛市分行

THE STATE DEVELOPMENT BANK OF CHINA

国家开发银行董事长陈元，青岛市市长夏耕出席分行开业仪式并视察分行

青岛市政府与该行签订开发性金融合作协议

青岛市人民政府与国家开发银行召开开发性金融合作高层联席会议

青岛轨道交通项目银团合作协议签字仪式

分行参加绿化荒山，植树造林活动

国家开发银行成立于1994年，是国务院直属具有国家信用的开发性金融机构，肩负着“增强国力，改善民生”的历史使命。

国家开发银行青岛市分行于2006年10月15日正式挂牌成立，是开发银行在副省级城市中申请设立的第一家直属分行。自成立以来，青岛分行积极落实国家宏观调控政策和总行各项决策，在青岛市委、市政府的大力支持和帮助下，以“既防范金融风险，又支持地方经济发展”为指导思想，以“做强、做大、做出精品”为发展目标，以科学发展观为统领，积极发挥开发性金融优势，努力推进各项业务稳步发展。青岛分行充分发挥开发性金融资金引导作用，积极为青岛市重大项目建设吸引市内外资金投入，截至2009年一季度末，开行青岛分行已累计向青岛市医疗、教育、能源、交通、新农村建设和市政公共设施等重点大型项目发放中长期贷款300余亿元，这些项目的建设对完善青岛市城市功能，调节产业结构，提高城市综合竞争力发挥了重要作用。此外，青岛分行积极参与青岛市各项公益社会活动，在赈灾救助、公益性捐赠、志愿服务等方面做出了积极贡献。

中国工商银行 青岛市分行

中国工商银行青岛市分行行长 栾建胜

中国工商银行青岛市分行是工总行的直属分行，成立于1984年10月，截至2008年末，辖有各类营业网点111个，从业人员3147人。本外币资产、各项存贷款总额等主要经营指标自建行以来一直稳居岛城金融同业前列，电子银行、投资银行、银行卡、国际结算等新兴业务在岛城同业中居领先地位。近年来，青岛工行在建设“优秀城市分行”战略目标指引下，深入落实“崇尚完美、追求卓越”的企业文化，坚持加快发展主题不动摇，努力推进发展方式转变和金融服务改进，在为青岛市地方经济又好又快发展做出应有贡献的同时，实现了自身的超常规、跨越式发展，取得了令人瞩目的改革发展业绩。

2008年，青岛工行继续保持了健康快速的发展势头。至年末，实现本外币各项贷款余额达489亿元，较上年新增104亿元，增量在全市同业排名居绝对领先位置；本外币各项存款余额达到597亿元，比年初增加111亿元；实现理财产品销售378亿元，国际业务结算量88亿美元，信用卡净增发卡量19.5万张，电子银行交易额6250亿元，各项业务均在2007年跨越式发展的基础上实现了新的超越。全年实现账面利润15.5亿元，上缴地方营业税2.28亿元，累计缴纳青岛市各项地方财政税收3.43亿元；全年累计清收处置不良贷款8.3亿元，不良贷款余额和不良贷款率分别下降到9.1亿元、1.86%，实现了又好又快的发展。

青岛工行将始终秉承“一切以客户为中心”的经营理念，不断致力于为广大客户提供多样化、个性化的优质金融服务，凭借雄厚的资金实力、众多的营业网点、先进的结算网络、丰富的业务品种和优质的服务水平，积极服务于青岛市经济建设和广大百姓，打造成青岛市“盈利水平最高、资产质量最好、竞争发展能力最强、业务结构最优、服务水准最佳”的银行。

● 省委常委、市委书记阎启俊一行领导在青岛工行视察工作

● 2008年6月1日，青岛工行行长栾建胜在该行贷款支持的青岛海湾大桥建设项目工地视察工作

● 2008年1月25日，青岛工行行长栾建胜与青岛银监局领导出席该行首家财富管理中心揭牌仪式

● 2008年6月15日，青岛人民银行的有关领导在青岛工行宣传摊点视察全国统一开展的征信知识宣传活动

● 2008年7月21日，青岛工行员工李健作为青岛市金融系统唯一一位奥运火炬手参加了青岛市奥运火炬传递活动

● 2008年8月，青岛工行办公大楼经过装修改造，以崭新的面貌重新投入使用

中国建设银行
China Construction Bank

青岛市分行

刘铁彦行长在“共享盛世、相伴08”重点客户答谢峰会之名家论坛上致辞

2008年，中国建设银行青岛市分行（以下简称青岛建行）在总行党委和青岛市委、市政府的正确领导下，面对跌宕起伏的国际、国内经济金融形势，以科学发展观为指引，沉着应对，坚决贯彻执行党和国家的一系列宏观调控政策，按照“抓质量、求效益、快发展”的总体要求，围绕“提升市场占比和位次”的目标，以支持和促进地方经济建设发展为己任，抓住市场营销和基础管理两大重点，持续提升金融服务水平、机制和产品创新能力、风险控制能力，主要经营指标全面向好，呈现出业务又好又快发展、基础日益扎实、士气不断提升的良好局面。

截至2008年末，青岛建行本外币全口径存款时点余额达到535.77亿元，同比增长103.54亿元，首次超过百亿元大关，增幅23.96%。全年实现中间业务净收入4.57亿元，同比增长1.03亿元，增幅29.10%，实现了“同业增速第一、总量排名第二”的全年发展目标。实现税前利润9.69亿元，同比增长4.29亿元，增幅79.44%。

贷款总量居青岛市同业第二位，重点支持了青岛市一大批重大项目、城市基础设施建设，大力推进专业化建设，成立企业年金中心和小企业中心，专业化经营能力有效提高。以青岛市承办奥帆赛为契机，全力提升服务水平和服务质量，实行了延时服务，配备英语服务志愿者，扩大个人结售汇经办网点范围，加强自助设备的监控和维护，自助设备开机率始终保持高水平。组织实施了个人条线体制改革，对城区个人业务网点实行直管，有效提升分行政策传导效率，个人业务得到快速发展，个人存款新增创历史最好水平，同比增长50.05亿元，余额达到235.07亿元，增速居青岛市同业四行首位。个人住房贷款余额和投放额继续保持同业领先地位；信用卡发卡总量、当年新增量、消费交易额、商户收单额等指标在四大行中均排在第一名的位次；基金代销收入、保险代理收入同业四行排名第一位。

分行有3个单位获得省级精神文明单位称号，14个单位获得市级文明单位称号，6个单位获得全国级青岛文明号、3个单位获得总行级青年文明号，12个单位和个人获得全国级先进称号。

▶ 为深入贯彻落实党中央、国务院关于保持经济平稳较快发展、控制物价过快上涨、抑制通货膨胀的统一部署，帮助小企业缓解资金压力，渡过难关，9月12日上午，青岛市分行参加市政府举办了“金融服务小企业发展”授信仪式，分行行长刘铁彦向首批30名签约客户授信6.96亿元

▶ 青岛市分行成功举办企业年金计划推介会。此次推介会是青岛市分行首次组织的企业年金大型推介活动，推介会吸引了近70家企业的100多位企业领导前来参加

▶ 9月17日上午，青岛市分行举行了隆重的个人贷款中心迁址剪彩仪式。新个贷中心的办公场所宽敞明亮，整体设计布局均按照总行《个贷中心视觉形象指引》进行，功能完善、设备先进、流程清晰，为客户营造了优美、舒适、便捷的服务环境

▶ 青岛市分行成功举办“公积金龙卡发卡”仪式。公积金龙卡的推出，实现了公积金业务与银行金融业务的有机结合，搭建起建行、公积金管理中心、公积金缴交职工三者合一的服务平台，满足了公积金客户多样化的金融需求，提升了建行的社会影响力

▶ 为迎接奥帆赛，青岛市分行“清苔突击队”在刘从正副行长的带领下，冒雨来到第三海水浴场清理浒苔，全行近百余名党、团员度过了一个特殊的“党团员奉献日”

青岛分行旨在打造品质优良具有较强市场竞争力的区域分行

贵宾中心地址

青岛分行	青岛市香港西路53号	0532-83891388
青岛城阳支行	青岛市城阳区正阳路307号	0532-87860055
青岛经济技术开发区支行	青岛经济技术开发区井冈山路400号	0532-86976822
青岛香港东路支行	青岛市香港东路238号	0532-88976755
青岛南京路支行	青岛市南京路100号	0532-80793882
青岛东海中路支行	青岛市东海中路8号甲	0532-85069580
青岛福州路支行	青岛市福州南路22号	0532-66776670
青岛即墨支行	即墨市鹤山路1047号	0532-87568098
青岛麦岛支行	青岛市东海东路1号麦岛金岸	0532-85873517

招商银行青岛分行简介

招商银行青岛分行2000年5月18日正式成立。截至2008年末，资产总额超过300亿元，存、贷款总额双双突破200亿元，不良资产率控制在0.27%以内，年盈利7.34亿元，资产利润率、人均利润等一系列重要经营指标在同业名列前茅。2008年，该行缴纳地税超过1.1亿元，缴纳国税超过5000万，其中缴纳的国税在青岛所有银行中名列第一；累计纳税近10亿元，成为青岛银行业的纳税大户。

秉承“因您而变”的经营理念，招商银行青岛分行借助“一卡通”、“一网通”、“招行信用卡”、“金葵花理财”和“点金理财”等国内知名金融品牌的市场优势，以科技领先突破传统银行的经营模式，成功地在青岛市银行业中创下了多项第一：开办了青岛市第一家“票据中心”、“国际业务押汇中心”；推出国内第一张人民币“网上信用证”；创新推出“银关通”、“银税通”、“中港直通车”等金融创新业务。

与此同时，招商银行青岛分行十分注重加强和完善内部管理，提高服务质量，相继通过ISO9001质量体系认证、ISO9002质量体系认证。2006年，青岛市精神文明委员会将招商银行青岛分行“温馨理财”评为青岛市第四批青岛市服务名牌，这是迄今为止青岛市金融业唯一的市级服务名牌。招商银行青岛分行已经以温馨、周到、方便、快捷的服务，在岛城树立起“安全、科技、服务、理财”的现代化商业银行形象。

建行九年来，招商银行青岛分行坚持效益、质量与规模协调发展，以追求和实现客户最大价值为服务目标，实现了经济效益和社会效益的同步提高。近年来，招商银行青岛分行得到了政府、监管部门及社会各界的肯定和认可，先后获得了共青团中央颁发的管理创新奖、山东财富论坛“山东最具品牌竞争力银行”、“支持青岛经济建设先进单位”、“热心支持青岛市十佳单位”、“青岛市文化工作先进单位”、“十大文化建设示范点”、“山东省最佳企业公民”、“品牌文化建设优秀单位”等荣誉，在系统内连续四年获得经营管理综合考核优秀分行。2005年、2006年，招商银行青岛分行连续两年被评为青岛市文明单位标兵单位，2007年度，被授予省级文明单位称号。2008年，招商银行青岛分行员工刘娟荣获全国金融系统五一劳动奖章。

招商银行青岛分行在加大网点建设的同时，十分注重自助网点、社区银行的布局。截至目前，该行拥有ATM、自助银行、银亭数量超过300台，市区以内自助设备数量位具青岛银行业第一位。为巩固和提升网点竞争力，扩大服务和管理半径，招商银行青岛分行又将服务范围扩大到整个半岛地区。2008年11月，青岛招行首家县域支行即墨支行开门纳客。2008年12月，招商银行青岛分行首家异地支行日照支行正式对外营业。招商银行青岛分行正在成为“立足青岛、辐射半岛”的区域性强势金融品牌。

招商银行青岛分行坚持源于社会，回馈大众，积极履行一个企业的社会责任。从2003年起，在中国海洋大学设立专项助学基金，关爱莘莘学子；从2003年起，连续组织“招商银行一卡通杯”青岛市全民健身登山日活动，参与群众已由5万发展到了30万，累计超过120万人次，每年都被国家体育总局评为优秀组织奖；为倡导“健康、理性、科学理财”，每年举办金葵花温馨理财节，向市民普及理财知识，至今已经成功举办了五届，成为岛城市民普及理财知识的盛会。

“招商银行杯”青岛市第三届国际高尔夫邀请赛

一卡通登山节——30万人运动健身

2008年4月，招商银行青岛分行第四届金葵花温馨理财节盛大开幕

招商银行青岛分行“心手相连 抗震救灾”郎朗钢琴音乐会

招商银行青岛分行

深圳发展银行
SHENZHEN DEVELOPMENT BANK

深圳发展银行青岛分行行长 陈彦

深圳发展银行青岛分行成立于2002年5月，是深圳发展银行总行在青岛地区设立的一级分行，目前在青岛拥有7家支行网点，13个自助银行服务点。截至2008年末，该行经营规模成功突破百亿元大关，总资产达134亿元，同比增长111%；总存款同比增长61%，增幅在青岛同业排名第二；总贷款同比增长52%。经营效益持续稳步提高，实现账面利润2.12亿元，同比增长105%。资产质量继续保持良好态势，贷款不良率下降至0.07%，远远低于青岛同业及深发展系统平均水平。

2008年，该行在公司业务领域大力推广“深发展供应链金融”品牌，公司业务持续快速增长，公司存款同比增长60%，公司贷款同比增长39%；国际业务增长势头强劲，国际结算量达43亿美元，连续三年实现翻番，离岸业务结算量同比增长124%，排名深发展全行前三，离岸利润排名全行第二，成为青岛乃至山东的离岸知名品牌银行。零售业务依托金融创新后来居上，2008年个贷增幅在同业名列前茅，网均个贷增长额跃居青岛同业前两名，市场占有率不断提高，高端理财“天玑财富”品牌深入人心。

2008年，该行在总行分支机构综合考核中重夺全行排名第一，连续五年排名全行前三名，并荣获总行2008年度六项分行单项大奖中的三项——“最佳绩效分行奖”、“最佳团队建设奖”、“最佳经营效率奖”，同时还荣获了2008年度总行“奥运金融服务先进分行”、“财富管理业务五星分行”、2008年上半年度SFE项目“优秀推广分行”，“青岛市奥运支付环境建设及金融服务先进集体”、“2008年青岛市履行消费维权社会责任的良好银行”、“半岛都市报2008金融年度总评榜年度最具竞争力银行”、“青岛新闻网2008年度网友心目中的最具成长性银行”等称号。

后排左起：高峰信贷执行官、陈昊序财务执行官、衣铖副行长
前排左起：谷辉副行长、陈彦行长、马培军副行长

深圳发展银行青岛分行在青岛大学体育场举办职工运动会

深圳发展银行青岛分行举办“知责任、献计策、构和谐、促发展”演讲比赛

深圳发展银行青岛分行举办深发展20周年行庆暨2008年新年晚会

深圳发展银行青岛分行登山俱乐部

深圳发展银行青岛分行干部员工踊跃为地震灾区捐款

中国民生银行 青岛分行
CHINA MINSHENG BANKING CORP., LTD. QINGDAO BRANCH

中国民生银行青岛分行发展概况

ABOUT US

中国民生银行青岛分行党委书记、行长：宋春

中国民生银行于1996年1月12日在北京正式成立，是我国首家主要由非公有制企业入股的全国性股份制商业银行。青岛分行成立于2006年3月18日，是民生银行设立的第二十一家分行。2008年末，全行资产本外币合计121.34亿元，本外币存款合计98.02亿元，各项贷款余额84.55亿元，国际结算业务量11.55亿美元，实现帐面利润1.64亿元（税前）。自开业至今没有发生任何案件，无不良资产。2006、2007、2008三年均全面完成总行下达的各项任务指标，2007年在民生银行24家分行的综合考评中位列第一名。目前已拥有分行营业部和香港东路支行、开发区支行、正阳路支行、香港中路支行、麦岛支行及烟台支行共七家营业性网点。实现了同业其他银行5-8年的发展规模。发展速度、发展质量、发展成果、发展美誉度在青岛及山东主城区引起震动，具备良好的创新、拓展、服务能力，树立了民生银行良好的社会形象。

青岛分行的工作受到社会各界的肯定和赞誉。2006年，被青岛市委、市政府颁发“首届青岛慈善奖”。2006、2007年，在青岛市银监局监管检查中都获得较好评价，2007年度和2008年度风险评估综合评级为2-级。2006、2007连续两年被青岛市银监局和青岛市公安局评选为先进集体。2008年，被青岛市报业集团推选为“青岛强势品牌”、“2008中国（青岛）品牌忠诚力金奖”，并荣获全市银行业职工运动会精神文明奖、纪念奖、体育道德奖。被中国银行业协会授予“中国银行业文明规范服务示范单位”。自开业以来三十多人次荣获总行及监管机关的表彰。此外，青岛分行还以实际行动回报社会各界的关爱，先后向青岛市红十字会等社会公益机构及汶川大地震灾区捐款超过一百万元，强化了全行员工为创建和谐社会出一份力的社会责任感。

中国民生银行青岛分行精彩瞬间

◎总行董文标董事长视察青岛分行

◎2006年3月18日，青岛市市长夏耕与总行董文标董事长共同为青岛分行揭牌

◎宋行长和烟台副市长张广波为烟台支行揭牌

◎中国民生银行青岛香港中路支行盛大开业

◎青岛分行中层集中学习中央及总行关于科学发展观的相关文件

◎2009中国民生银行青岛分行规划与发展年度论坛暨“繁花似锦 激情飞扬”年度人物颁奖盛典，宋行长和先进部门奖获奖者在一起

◎“民生银行杯”青岛功勋乡镇企业家、民营经济年度人物、最具成长型中小企业揭晓颁奖盛典，青岛市副市长吴经建致辞

◎2008理查德 · 克莱德曼演奏会现场宋行长为查德 · 克莱德曼先生赠送生日礼物

◎欢快热烈的奥运火炬传递盛况

CHINA MINSHENG BANKING CORP., LTD.

中国光大银行 CHINA EVERBRIGHT BANK 青岛分行

2008年9月8日，光大银行与邮政储蓄银行签约仪式
（右一为光大银行青岛分行党委书记、行长 刘鹰）

中国光大银行青岛分行成立于1994年11月28日，15年来，秉承“立足岛城，服务全省”的宗旨，锐意进取，开拓创新，各项业务健康发展。目前青岛分行已经辖有分行营业部和12家同城支行，在编人员400余人。截至2008年末，分行资产总额189亿元，各项贷款余额127亿元，各项存款余额112亿元。全年处置不良资产5.2亿，其中打包处置3.4亿，清收各类不良资产1.8亿，年末不良贷款余额3.5亿元，不良贷款率2.74%，较年初下降3.04个百分点，不良贷款比率连续三年实现双降。中间业务收入增长明显，全年完成6789万元，较上年增长81%，按同比口径实现净利润3亿，营业费用得到有效控制，盈利能力明显提高。

2008年是光大银行青岛分行的管理年，全行为加强基础管理而分步进行的“四个项目建设”全部顺利完成。通过内控项目建设：梳理了全行正在使用的1027个文件，绘制了325个流程图，共排查和识别了864个风险点，全员参与、高层表率、尽职免责的风险文化已基本形成。通过档案项目建设：整理了分行自成立以来14年的各类档案4万余本，编制档案信息3万余条，整理装订档案3000余箱，涉及12家机构20余种档案类型，率先建立了电子档案管理系统。通过服务营销项目：在专业咨询公司指导下，历时七个月，经历四个阶段，编制了五大标准文件，推行了“一会两表三巡检”制度，全行服务质量有了明显提高。通过推进和实践人力资源信息系统建设：在“识人、选人、用人、育人、留人”五大系统中不断探索，提高人力资源管理的技术水平和效率。“四个项目建设”多层面夯实了光大银行青岛分行内部管理基础，提高了风险防控能力，对分行的可持续发展具有重要意义。

2008年10月，光大银行获得奥运服务先进集体

2008年12月22日，高端客户答谢会特聘左晓蕾博士作宏观形势分析

2008年5月18日，光大银行召开服务研讨会

2008年5月18日，光大银行美食卡揭牌仪式

2008年12月16日，简化支行开业节省三万元捐助福利事业

ICBC 中国工商银行 临沂分行

INDUSTRIAL AND COMMERCIAL BANK OF CHINA LINYI BRANCH

2009年2月2日，临沂市人民政府与中国工商银行山东省分行签署战略合作备忘录。根据这一合作备忘录，在2009年至2011年三年内，工商银行将向临沂市基础设施建设、先进制造业、中小企业、现代服务业，以及保障民生重点项目提供约128亿元人民币的信贷支持。

中国工商银行股份有限公司临沂分行，现辖14个一级支行、10个二级支行，41个营业网点，正式员工848人。近年来，全行深入贯彻科学发展观，不断加快产品创新和服务改革步伐，以支持地方经济建设为己任，充分发挥工商银行整体实力和资金规模优势，为全市经济和社会各项事业发展提供优质高效的综合性金融服务。近三年来，投放贷款超过100亿元。截至2008年12月末，实现账面利润6.8亿元，同比增加2.4亿元，增幅54.08%，全市同业第1位。累计清收处置转化不良贷款2.9亿元，不良率1.96%，较年初下降0.14个百分点。本外币各项存款余额180.85亿元，较年初增加40.38亿元，余额、增量四行占比分别为27.46%和32.35%。人民币各项贷款余额181.24亿元，较年初增加23.12亿元，余额、增量四行占比分别为35.92%和33.23%，余额占比第一。连续三年进入"全国二级经营30强"，其中，2008年度综合排名第18位，比上年进步了8个名次。先后被临沂市委、市政府和市直工委授予"行风建设先进单位"、"群众满意机关"和"金融先进单位"；被山东省银监局评为"小企业金融服务先进单位"；被省政府授予"金融创新奖"等多项荣誉。

4月27日上午，工行临沂分行在全市范围内同时同步隆重举行14个小企业专营机构揭牌仪式，这标志着今后工商银行县级支行以下机构将全面转向以服务中小企业为主，小企业获得了与大企业同等的发展机会。上图为：市政协副主席仇景阳（左一）和临沂银监分局局长王安水揭牌仪式的情景。

优化网点布局，新网点揭牌

青年示范林在蒙山脚下揭牌

山东济南润丰农村合作银行

省政府常务副省长王仁元、副秘书长韩金峰在省联社理事长宋文瑄和润丰合行董事长郑爱华的陪同下视察润丰合行

山东济南润丰农村合作银行服务于济南市区，包括市中、历下、天桥、槐荫和高新技术开发区，全辖95个营业网点，其中1个营业部、40个支行、54个分理处，员工1043人。2008年以来，该行在各级党委政府的关怀支持下，在人民银行和监管部门的监管指导下，在省联社和济南办事处的正确领导下，在全行员工的共同努力下，步入了各项业务稳步发展、风险防控水平不断增强、经营效益不断提升的良性发展轨道。截至2008年末，该行各项存款余额为116.7亿元，较年初增长21.2亿元；各项贷款余额91.4亿元，较年初增加14.9亿元；实现各项业务收入9.1亿元，同比多增2.6亿元；实现经营利润29172万元，同比增加5697万元，为全省业务规模最大的农村合作金融机构。

2008年以来，该行积极响应市委、市政府号召，加大对中小企业、专业市场、城乡居民的贷款支持，从业务创新、强化营销、优化流程、规范服务等方面推出一系列创新举措：在业务创新方面，推出了以动产质押贷款、汽车合格证监管贷款、流动资金循环授信为代表的中小企业“成长之路”系列产品和“创业之星”商户贷款以及“润丰惠万家”社区居民信贷新产品；开办了个人客户自由选择度较高的“信贷超市”；推出了以贷款证为载体的“商户一贷通”；在内部管理和企业文化建设方面，开展了“强素质、树形象、防风险、求发展”等主题系列活动，切实推进了合规文化建设；以人员“三定”工作为契机，构建了分层次教育培训体系，激发了经营活力；加大了网点选址、装修改造和ATM布设力度，打造出了一批“形象好、功能全、辐射面广、服务水平高”的精品网点；以“迎奥运金融服务”为契机，深入开展以争创“文明服务单位”和“优质服务十佳单位”为主要内容文明创建活动；建立了现代化的支付系统，全面构建起支付便利、服务优质、安全高效的金融服务体系，使该行赢得了全社会的充分肯定和一致好评，先后获得了“先进基层党组织”、“市级文明单位”、“济南市劳动关系和谐企业”、“山东银行业金融机构2007年度小企业金融服务工作先进单位”等荣誉称号。

积极开展服务进社区活动

全面推行贷款证上柜台

支持农村青年创业

丰富多彩的企业文化生活

兰山农村合作银行

近年来，山东临沂兰山农村合作银行在各级党委政府和省联社的正确领导下，在人民银行、银监部门的监管指导下，在社会各界的大力支持下，始终坚持用科学发展观指导实践，以支持地方经济建设为己任，不断加大对“三农”和中小企业的信贷支持力度，稳健经营，稳步发展，与时俱进，创新经营，各项工作取得了显著的成绩。至2008年末，各项存款余额达105.4亿元，各项贷款余额达80.2亿元，实现经营利润5.6亿元，上缴各类税金1.13亿元，经营利润及缴纳税金连续多年居全省农信系统第一位。先后被中华全国总工会评为“全国劳动关系和谐企业”，被中华全国妇女联合会授予“全国三八红旗集体”，被中国银行业协会评为“中国银行业文明规范服务示范单位”。

兰山农村合作银行党委书记、董事长　贾建华

原中国银监会副主席史纪良一行就支农服务、信贷业务等情况进行调研

扎实开展学习实践科学发展观试点工作，被评为『科学发展示范单位』

先后四次组织为汶川地震灾区捐款近60万元

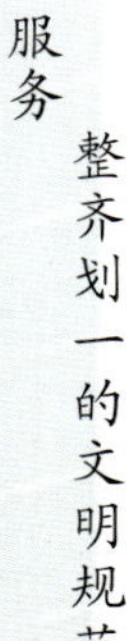

整齐划一的文明规范服务

兰山合行代表队连续7届蝉联临沂市农信社系统业务技术比赛冠军

客户经理深入田间地头考察农户生产情况，构建农村和谐经济

莱商银行

LAISHANG BANK

多年来，莱商银行始终坚持“审慎经营、稳健运行”的核心价值观，坚持“服务地方经济、服务中小企业、服务城市居民”的市场定位，不断锐意进取、奋力开拓，实现了超常规、跨越式发展。截至2008年末，莱商银行资产总额145亿元，各项存款余额126亿元，居莱芜银行业第一位，各项贷款余额78亿元，实现利润3.22亿元，缴纳各种税金1.59亿元。目前，莱商银行正式在职员工429人，在莱芜辖内设立22家支行和1个营业部，在菏泽设立1家分行、2家支行，实行总、分、支行管理模式，总行对各分、支行实行授权经营管理，在其授权范围内独立开展业务，单独核算。

莱商银行与浦发银行战略合作签约仪式

2008年4月，莱商银行在菏泽市设立了第一家分行，各项业务发展势头良好，为莱商银行跨区域经营积累了经验，增强了信心。2009年，莱商银行计划在江苏徐州市设立徐州分行，在河南南阳方城县投资发起设立村镇银行，在菏泽还将设立三家支行。2008年11月26日，莱商银行与浦发银行签订战略合作协议，资本结构得到优化，下一步双方还将在流程再造、风险控制、产品创新等方面全方位开展合作，为提高管理水平和创新能力搭建平台。

莱商银行主办第四次中小企业论坛

多年来，莱商银行始终把以民营经济为主体的中小企业视为信贷支持的重点，目前中小企业信贷客户1400余户，占总户数的80%以上，新增贷款的70%以上用于支持中小企业，贷款余额占贷款总额的70%，累计放贷超过700亿元，成为名副其实的中小企业主办行。2008年，为提高信贷管理的科学性，配合外部评级公司对706户法人客户进行了综合信用评级，对382户法人客户和503户个人客户进行了综合授信，提高了信贷工作的效率和质量。在信贷支持的同时，莱商银行坚持“融资”与“融智”相结合，从2002年起，由莱商银行组织发起的“中小企业发展论坛”已举办了四次，通过为中小企业提供信息，拓宽思路，引导其正确决策，实现银企互动双赢。

五一劳动奖状

良好的经营业绩和企业形象得到了社会各界的认可，莱商银行先后被授予“省级文明单位”、“省级服务业先进单位”、“山东省企业文化建设示范单位”、“山东省消费者满意单位”、“山东省劳动关系和谐企业”、“山东省重点服务业企业”、“山东省富民兴鲁劳动奖状”、“山东省小企业金融服务先进单位”、“中国银行业文明规范服务示范单位”、“全国守合同重信用企业”、“全国五一劳动奖状”等荣誉称号。已连续四年被评为山东省“良好银行”，2008年中国《银行家》杂志颁布的“中国商业银行竞争力评价报告”显示，莱商银行在全国112家城市商业银行竞争力综合评价中名列第一；在《金融时报》和中国社科院金融研究所联合组织的“2008中国最佳金融机构排行榜”中，被评为“年度最佳中型城市商业银行”和“年度最佳风险控制中小银行”。

青岛金融押运有限责任公司

QINGDAOJINRONGYAYUNYOUXIANZERENGONGSI

公司领导集体成员。左起：副总经理蔡玉忠、监事长徐进、董事长周兴泉、总经理杨玉文、副总经理汪宏伟

青岛市政府马世忠副市长（前中）率奥运安保督察组到公司视察工作

公安部治安管理局陈局长（左一）来公司视察工作

中国人民银行青岛市中心支行顾延善副行长在公司股东会上讲话

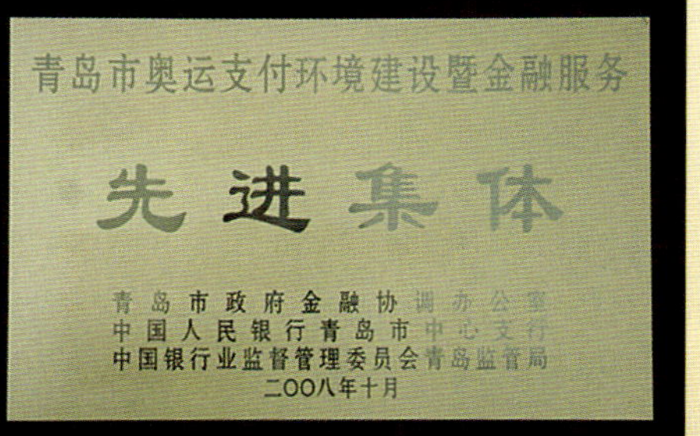

青岛市奥运支付环境建设暨金融服务

先进集体

青岛市政府金融协调办公室
中国人民银行青岛市中心支行
中国银行业监督管理委员会青岛监管局
二〇〇八年十月

2008年，公司被评为“青岛市奥运支付环境建设暨金融服务先进集体”

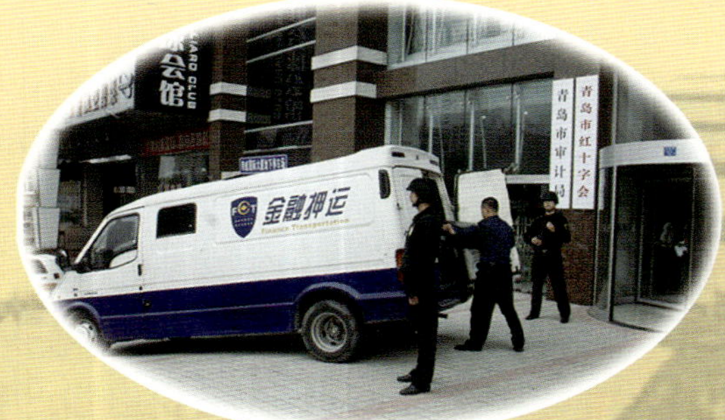

公司为四川汶川地震灾区捐款14万余元。为青岛市红十字会义务押运赈灾款40余车次

2008年公司服务网点数为1094个，比上年增加5.5%，业务运行准时率和整体服务质量不断提高。接收银行离行式自助设备223台，比上年增加57%

山东省企业信用担保有限责任公司

山东省企业信用担保有限责任公司（以下简称“省担保公司”）于1999年经省政府批准成立，1999年10月28日正式挂牌营业。2005年，根据省政府国有资产监督管理委员会《关于改组设立山东省国有资产投资控股公司的通知》（鲁国资企改〔2005〕18号）精神，公司的出资人转为山东省国有资产投资控股有限公司。目前，公司资本金为3.7亿元，总资产4.05亿元。公司实行董事会领导下的总经理负责制，下设总经理办公室、财务部、投资发展部、担保业务部和风险控制部五个部门。

自省担保公司成立以来，围绕着调整国有经济结构与布局的宏观调控思路开展担保业务。截至2008年12月31日，公司累计为全省16市的635家企业提供贷款担保业务达179.8亿元。省担保公司坚持以人为本、严格管理、规范运作、防范风险、稳健经营的原则，在积极拓展担保业务的同时，积累了一定的担保风险管理与控制经验。公司担保业务产生的社会效益和公司自身的经济效益逐年提高，已经在省内企业和金融机构中树立了“山东担保”的良好品牌，担保实力和信誉得到了金融机构和申保企业的普遍认可。

山东省企业信用担保有限责任公司召开深入学习实践科学发展观活动动员大会，董事长韩大鹏作动员讲话

山东省企业信用担保有限责任公司成立暨首批担保合同签约仪式，省领导与会并讲话

山东省企业信用担保有限责任公司与深圳高新技术投资担保公司合作协议签字仪式，徐笑凡总经理（右）与深圳高新技术投资担保公司总经理陶军（左）交换合作协议

公司全体员工赴北京参观学习

公司参加山东省产学研联合十周年洽谈会并设展位

公司主营业务包括为省内符合国家产业政策、效益好、成长性强、发展潜力大的企业和从事经营活动的事业法人单位的借贷、买卖、货物运输、加工承揽等合同履行提供担保服务。

运作的担保品种主要是：企业短期流动资金贷款担保、城市商品房预售款监管担保、出口船舶预付款退款保函担保、企业购销合同履约、诉讼保全等。

公司积极响应政府大力扶持中小企业发展的宗旨，以担保为手段，在缓解企业融资困难、促进企业发展、创造就业岗位、增加地方税收等方面发挥了积极的作用。近五年，公司已经培育起一批担保业务的绩优客户群，绩优客户群已达到110多家企业，担保业务已覆盖全省16个地区的600余家企业，每年担保总额稳定在20亿元。在山东省担保公司的扶持下，已有8户企业成功地在境内外资本市场上市，有7户企业因自身信用等级大幅提升，获得金融机构认可的信用贷款资质，还有10余户企业正在筹划境内外上市工作。绩优客户队伍的不断发展壮大，一方面有效改善了企业融资环境，提升企业信用水平，另一方面也降低了担保风险和经营成本。

省担保公司自成立以来积极拓展业务，与7家股份制商业银行、2家地方商业银行、3家国有商业银行的分支机构建立稳定良好的业务合作关系，每年仅6家股份制商业银行获准给予担保授信额度达16亿元。公司在与金融机构开展业务合作中，坚持自愿、平等、诚信、协商的基本原则，立足于资源共享、信息共用、优势互补、风险共担的目标，初步形成银保双方协同联动、安全有效、共同发展的良性合作机制。

中国平安

保险·银行·投资

中国平安财产保险

PING AN PROPERTY&CASUALTY INSURANCE OF CHINA

青岛分公司

平安产险青岛分公司党委书记、总经理 傅忠强

中国平安财产保险股份有限公司青岛分公司成立于1993年11月底，是平安产险设在山东半岛地区的省级管辖分公司，业务覆盖范围包括青岛、淄博、潍坊、烟台、威海、日照、临沂7个地市，设有共同资源、市场、运营、渠道四大中心，下设市场企划部、车险部等13个后线部门，综合拓展业务部、车行业务部等5个前线业务渠道部。自1993年成立至今全辖已拥有员工1300多名，对外营业网点68个，其中包括8个中心支公司、48个支公司、12个营销服务部。

目前，青岛分公司经营的险种主要包括机动车辆保险、企业财产保险、家庭财产保险、建筑工程险、飞机保险、公众责任保险、医疗事故责任保险及各类责任险、信用险、短期意外险及健康险等主险127个，附加险200个。2009年是中国平安成立21周年，同时也是青岛分公司成立16周年，在16年的发展历程中，青岛分公司业务发展突飞猛进，经营管理水平稳步提升，保费收入从01年的不到2个亿发展到08年的9.15亿，市场份额稳居前三，并与青岛市教育局、国信集团、海尔集团、烟台莱佛士船业有限公司、昌乐阳光纸业集团、山东海化集团、日照港集团、淄博博汇纸业集团、威海石岛港务有限公司、正大集团、麦当劳（中国）有限公司青岛分公司、肯德基（中国）有限公司青岛分公司等大客户均建立了良好的业务关系。

在客户服务方面，公司始终坚持以客户为中心，整合服务资源，完善服务手段，努力实现客户服务“由简单理赔服务到全方位、立体化服务”的转型：一是设立全国统一客户服务热线95512。平安客户可以在任何时间任何地方拨打全国统一服务热线95512，享受报案、查勘定损、事故救援、咨询、投诉等专业化服务。95512多次获得中国保险业最佳呼叫中心等荣誉称号。二是小额案件快速理赔。为了全面提升理赔时效，杜绝理赔难、理赔慢等问题的出现，针对“材料齐全、责任明确、双方无异议”的案件，公司开设了车险小额案件快速理赔服务，“平安车险，万元以下，材料齐全，三天赔付”；财产险结案金额10000元以下，案件（除人伤、盗窃等案件外）自接到报案第二日始，在15个工作日内完成结案；意健险结案金额在1000元以下，案件在提交索赔材料并确保齐全后，3个工作日内予以赔付。案件分级管理，缩短理赔时限，小额赔案通过快速理赔通道处理，保证客户在最短时间内获得满意理赔。同时，公司在理赔服务方面还进行了一系列创新服务战略部署，配合业务发展，通过核赔与核保的反馈沟通机制、VIP客户绿色通道等服务措施，提升理赔服务品质，组织骨干力量成立了大案查勘组，全程参与大案的案件调查、定损过程，有效提高了重大案件的处理效率。

“你的平安，我的承诺”，公司在注重提升业务品质、管理水平和服务质量的同时，非常重视企业文化建设，并积极参与公益活动，把“对社会负责、对股东负责、对客户负责、对员工负责”作为公司对社会的承诺，通过“诚信铸造品牌建设”活动、“诚信日”、诚信演讲比赛、诚信征文等举措开展诚信建设。同时，平安始终牢记对社会的责任，组织义务献血、关心残疾儿童等公益活动，5·12汶川大地震发生后，公司先后组织员工累计捐款40多万元，并援助建立“爱心图书室”为灾区儿童提供所需书籍，受到了社会的广泛认可和赞扬。

亲子演出

“纵横四海，平安领航”平安VIP俱乐部会员大型航海活动

目 录

1 第一部分

2 第二部分

第三部分

第四部分

5 第五部分

6 第六部分

9 第九部分

10 第十部分

11 第十一部分

12 第十二部分

14

15 第十五部分

第一部分

2008年经济金融形势与重要方针政策

2008 年山东省经济金融运行态势

【经济概况】 2008 年,面对复杂严峻的发展环境尤其是国际金融危机的冲击,山东省人民在省委、省政府的正确领导下,以邓小平理论和“三个代表”重要思想为指导,深入贯彻落实科学发展观,认真执行中央各项宏观调控政策和措施,扎实推进经济文化强省建设,国民经济继续保持平稳较快增长,社会事业全面进步,民生状况进一步改善。截至年末,全省实现生产总值 31072.1 亿元,比上年增长 12.1%,增幅回落 2.2 个百分点。其中,第一产业增加值 3002.7 亿元,增长 5.1%;第二产业增加值 17702.2 亿元,增长 12.1%;第三产业增加值 10367.2 亿元,增长 14.0%。人均生产总值 33083 元,增长 11.4%。

2004-2008 年全省生产总值及增长速度

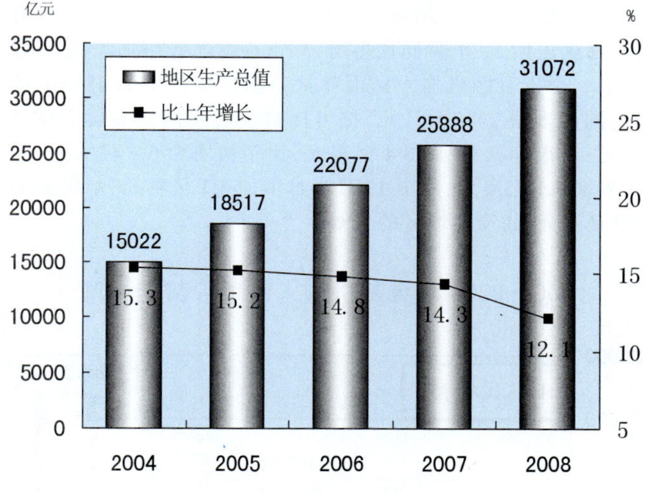

全省经济发展主要特点:

一、农林牧渔业稳定发展。2008 年,全省实现农业增加值 1697.3 亿元,同比增长 3.1%;林业增加值 70.9 亿元,增长 12.2%;牧业增加值 702.1 亿元,增长 7.3%;渔业增加值 423.4 亿元,增长 6.3%;农林牧渔服务业增加值 108.9 亿元,增长 16.6%。一是粮食生产连续 6 年实现增产,增长 2.7%;二是无公害农产品、绿色食品基地面积分别达到 870 万亩和 720 万亩;三是林业生态建设进展顺利,新增造林面积 276.0 万亩,新建湿地和森林类型自然保护区 5 个;四是现代渔业建设扎实推进,水产品出口创汇 34.9 亿美元,增长 2.3%。

二、工业经济效益增速放缓。2008 年,全省规模以上工业企业实现增加值 16718.8 亿元,同比增长 13.8%,回落 7.0 个百分点。规模以上制造业实现增加值 14436.2 亿元,增长 14.1%,占规模以上工业增加值的 86.3%。规模以上工业实现主营业务收入 61739.3 亿元,增长 26.5%,回落 4.0 个百分点;实现利润 3836.5 亿元,增长 13.3%,回落 17.1 个百分点;实现利税 6430.5 亿元,增长 18.2%,回落 10.6 个百分点。工业经济效益综合指数达到 261.8,提高 30.3 点。企业亏损面为 7.1%,扩大 0.6 个百分点,亏损企业亏损额增长 3.2 倍。

2004-2008 年三次产业增加值对比图

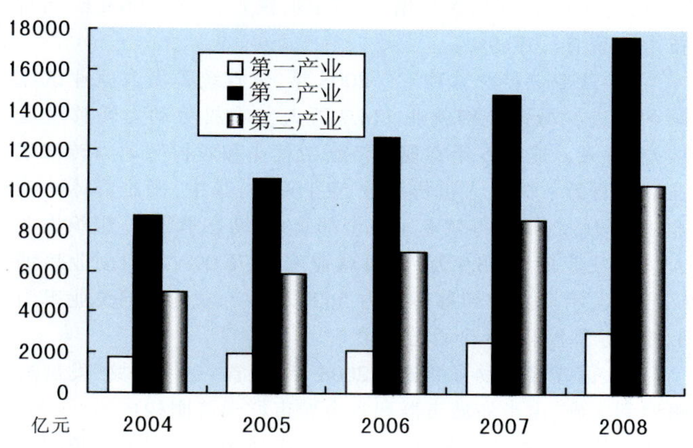

三、投资结构继续优化。2008 年,全省全社会固定资产投资增势良好,增幅逐步上升,呈低开高走态势。三次产业投资比重由上年 2.9%、59.9%和 37.2%调整为 3.6%、53.0%和 43.4%。部分与基础设施建设相关的工业行业投资明显回升,铁路、航空、城市公共交通业投资分别增长 1.4 倍、98.2%和 80.3%。重点领域和薄弱环节投入不断加大,高新技术产业、信息产业、装备制造业投资分别增长 57.8%、52.3%和 26.7%,科学研究技术服务和地质勘查业、水利管理业投资均增长 1.4 倍。

四、消费市场增长势头强劲。2008 年,全省实现社会消费品零售总额扣除价格因素,实际增长 17.3%,为 10 年来最高水平。其中,批发零售业实现社会消费品零售额 8730.6 亿元,增长 23.5%,拉动零售总额增长 19.7 个百分点;住宿餐饮业实现零售额 1370.6 亿元,增长 25%,拉动零售总额增长 3.2 个百分点。城市市场实现社会消费品零售额 7913.5 亿元,增长 24.4%;农村市场实现零售额 2467.7 亿元,增长 18.9%。非公有经济实现社会消费品零售额 8674.1 亿元,增长 23.0%,市场份额达到 83.6%,是市场繁荣活跃的支柱力量。

五、价格上涨得到有效控制。2008 年,全省居民消费价格指数呈前高后低走势,同比上涨 5.3%,涨幅提高 0.9 个百分点。其中,城市上涨 4.7%、农村上涨 6.2%。食品价格上涨 13.0%,回落 0.6 个百分点,拉动价格总水平上涨 3.8 个百分点,仍是推动居民消费价格上涨的主动力。生产价格上涨较大,农业生产资料价格上涨 19.3%,提高 12.2 个百分点;工业品出厂价格上涨 8.6%,提高 5.3 个百分点;原材料燃料动力购进价格上涨 13.1%,提高 8.3 个百分点。房屋销售价格上涨 6.0%,提高 0.2 个百分点。

六、对外贸易保持稳定增长。2008年，受国际金融危机影响，全省对外贸易增势呈高开低走态势。出口商品结构不断优化，农产品、纺织服装出口比重分别回落1.6和1.7个百分点，机电、高新技术产品出口比重分别提高4.3和3.4个百分点。欧盟仍然是山东省第一大出口市场，占出口总额的18.8%，其次是美国占17.3%。粮食和资源类产品及高新技术产品进口扩大，粮食增长1.1倍，大豆增长93.4%，铁矿砂增长86.9%，高新技术产品增长60.9%。

七、就业保持总体稳定。2008年，全省统筹城乡就业试点顺利推进，城镇新增就业114.7万人，农村劳动力转移就业149.9万人，连续5年实现城镇新增就业和农村劳动力转移就业双过百万。失业人员再就业52.1万人，其中，困难群体再就业11.5万人；城镇零就业家庭全部实现“动态消零”。组织失业人员再就业培训23.9万人，再就业率达76.0%；组织创业培训6.2万人；培训农村转移劳动力56.8万人。城镇登记失业率为3.5%，高于上年0.3个百分点。

八、区域经济协调推进。2008年，全省“一体两翼”发展战略顺利实施，由半岛城市群和省会城市群经济圈构成的“一体”生产总值占全省的三分之二以上，鲁南经济带和黄河三角洲高效生态经济区生产总值增长13%以上。县域经济实力进一步壮大，县级地方财政收入达到1197.6亿元，同比增长18.4%，其中，47个县(市、区)地方财政收入超过10亿元。

九、对口援建北川取得阶段性成果。2008年，全省社会各界为四川汶川地震捐款捐物36亿元，有力保障了抗震救灾和对口援建。一是围绕“再造一个新北川”目标，农村、乡镇、新县城、工业园区、人力智力等援建工作扎实展开；二是完成了北川县19个乡镇重建规划，全部启动建设项目；三是建设过渡安置板房3.3万套，建成永久性住房3.2万农户；四是签署了《北川－山东产业园区建设合作框架协议》；五是开通了县城医疗保健中心与山东20家医院的远程医疗系统。年末有2000多名援建干部职工在北川建设一线。

【金融概况】 2008年，山东省金融机构认真贯彻国家一系列宏观调控政策，加大信贷投放力度，信贷结构进一步优化，效益状况不断改善，对地方财政的贡献度提升。截至12月末，全省金融机构实现盈利455.6亿元，同比增盈120.5亿元，增长38.7%；缴纳地方营业税及附加90亿元，同比多增21.3亿元，增长31%。

当年金融机构信贷政策新动向：

一、金融机构上级行取消贷款规模控制，简化贷款审批程序。各商业银行对贷款的发放由规模控制改为实行指导性计划，普遍取消规模控制，并对贷款新增额度规定最低限额。如建行一是取消行业风险限额政策，实行企业准入及项目备案制度，上报的贷款省分行基本当日给予核准；二是取消人民币对公非贴贷款发放前的规模核准，各市分行年底前仅需将发放到位贷款向省分行备案，以便把握年末对公贷款总量。

二、通过调整呆账准备金计提政策，消除年底盈利考核机制对信贷投放的制约。据农行等国有银行反映，其总行为鼓励基层行进行信贷投放，考核政策做出了一些调整，当年11、12月发放的贷款允许占用明年的信贷投放计划，按照会计制度规定提取千分之一的呆账准备金，不再扣减当年实际利润。

三、下调系统内上存资金利率，鼓励基层行加大资金运用。据中行反映，半年、一年期上存资金利率由11月份以前的3.4%和4.8%，分别调整为1.2%和3.1%，目前地市分支机构在省行上存资金10亿元，利率下调后一年大约少收入2400万元；如果借用省中行资金，半年利率为1.25%，比半年储蓄存款资金利率还要低0.73个百分点，借用省行放贷比吸收存款还要合算。在当前普遍实行全额资金配置资金管理模式下，部分金融机构通过调整系统内资金转移价格，鼓励基层行加大闲置资金运用。

另外，在国家“保增长、扩内需”政策背景下，随着一批重点项目和基础设施投资步伐加快，为扩大信贷市场占有率，金融机构之间竞争加剧，“抢时间、抢项目、抢投入”倾向助推年底信贷投放力度加大。

【存款情况】 2008年，山东省人民币存款持续加快增长，增量连续12个月同比多增，外币存款显著增加。截至12月末，全省金融机构人民币存款余额比年初增加4858.1亿元，同比多增2418.1亿元，按可比口径实际同比多增2001.7亿元；外币存款余额53.4亿美元，比年初增加6.2亿美元，同比多增7.1亿美元，其中12月当月增加5.1亿美元，同比多增5.3亿美元，占全年增量的82%。

2004-2008年金融机构人民币存款走势图

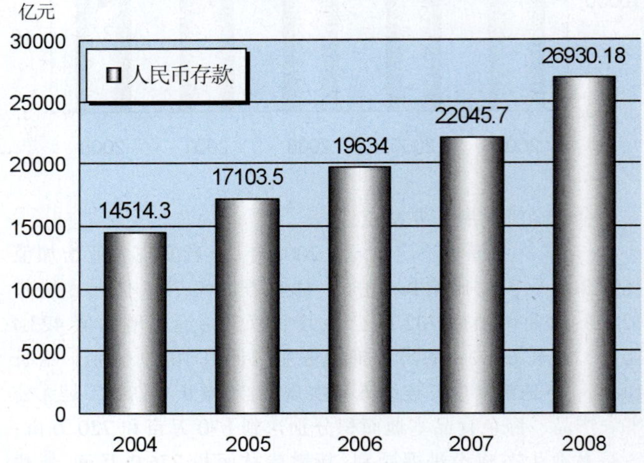

一、储蓄存款大幅度增加，定期化趋势增强。截至12月末，全省金融机构储蓄存款余额同比增长25.7%，提高15.3个百分点；比年初增加2944.1亿元，相当于上年全年增量的2.7倍，占全部存款增量的60.6%，月度增量连续11个月历史同期新高。其中，定期储蓄比年初增加2338.3亿元，是上年同期的3.7倍，占全部储蓄增量的79.4%，成为拉动当前金融机构存款增长的主要因素。

二、企业存款增长乏力，企业货币资金环境趋紧。截至12

月末，全省金融机构企业存款余额同比增长15.6%，回落8.2个百分点；比年初增加920亿元，同比少增254.8亿元。随着信贷投放力度不断加大和应收货款回笼增加，12月企业存款出现止降回升势头，当月猛增338.5亿元，同比多增148.1元，是6月份以来首个同比多增的月份，月度增量创近十年来新高。

【贷款情况】 2008年，山东省人民币贷款增势明显加快，增量连续第6个月同比多增，适度宽松的货币政策效果显现；企业外币贷款需求下降，增势持续减缓，连续7个月净下降。

截至12月末，全省金融机构人民币各项贷款余额比年初增加2966.2亿元，同比多增1130.6亿元；剔除上年信托公司"委托贷款"转出因素影响，按可比口径实际多增727.3亿元，其中四季度新增824.3亿元，占全年增量的27.8%，高于一季度占比2.4个百分点，8年来首次出现这种情况；外币贷款余额127.9亿元，比年初增加28.6亿美元，同比少增6.4亿美元，剔除开总行对委内瑞拉项目贷款(境外中长期贷款)后，实际比年初下降4.9美元，其中12月实际下降5.6亿美元，同比多降5.7亿美元。

2004-2008年金融机构人民币贷款走势图

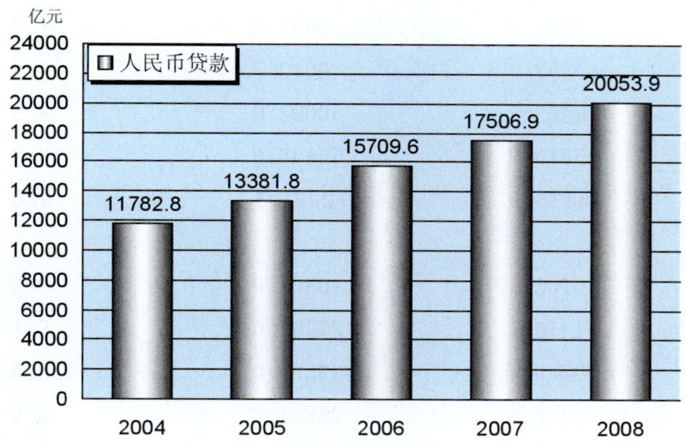

一、一般性贷款(短期和中长期)稳定增加，年底增速出现止降回升迹象。截至12月末，全省金融机构人民币短期贷款余额10404.3亿元，同比增长12.3%；从增量看，比年初增加1209亿元，少增59.2亿元，其中12月增加187.9亿元，多增126.3元，为历史同期最高增量。人民币中长期贷款余额7840.9亿元，增长18.7%，比上半年和上年同期分别下降3.1和1.9个百分点；从增量看，比年初增加1223.2亿元，同比多增76.8亿元。其中，12月增加106.6亿元，多增36.9亿元，扭转了6月份以来连续6个月同比少增的势头。

二、票据融资强势增长。截至12月末，全省金融机构票据融资余额1779.7亿元，比年初增加535.3亿元，同比多增721.2亿元，是拉动全年贷款同比多增的主要因素。其中，12月当月增加174.6亿元，多增263.3亿元。信贷政策松动尤其是央行信贷限额控制"淡出"以来，在企业投资意愿下降、中长期贷款增长受限的情况下，出于增强盈利性和安全性等方面考虑，金融机构加大了流动性强、风险较低的票据融资业务发展力度。票据融资增势加快在一定程度上弥补了短期贷款少增造成的流动资金缺口，作为中小企业主要融资方式，有利于缓解当前中小企业融资难问题。

【资本市场】 2008年，山东省资本市场平稳发展。年末拥有证券公司2家，证券营业部167家，证券服务部15家；期货公司6家，期货营业部35家。境内上市公司96家，境外上市公司66家，分别同比增加8家和10家。有10家境内上市公司实现境内再融资112.1亿元。全年股票基金交易额1.9万亿元，减少49.4%。

【期货市场】 2008年，山东省期货市场良好发展。全省期货公司全年代理期货交易量6283.3万手，交易金额3.4万亿元，分别增长51.7%和62.9%。

【保险业务】 2008年，山东省保险业快速发展，实现保费收入673.9亿元，同比增长34.3%。其中，财产险保费收入164.2亿元，增长13.5%；寿险保费收入452.8亿元，增长43.3%。服务能力进一步提高，支付各项赔款与给付198.4亿元，增长15.5%。市场体系更加完善，新增保险公司10家，总量达到51家；新增专业中介法人机构19家，总量194家。政策性农业保险试点扩大到60个县(市、区)，承担种植、养殖业风险责任金额142.8亿元，受益农户21.1万户次。

附表1-1

山东省国民经济主要指标占全国的比重

(2008年)

项　目	单　位	山　东	全　国	山东占全国比重(%)
一、人口与就业				
年底总人口	万人	9417	132802	7.1
就业人员	万人	6188	77480	8.0

续表

项　目	单　位	山　东	全　国	山东占全国比重（%）
二、土地面积	万平方公里	**15.7**	**960**	**1.6**
三、地区生产总值	亿元	**31072.1**	**300670.0**	**10.3**
第一产业	亿元	3002.7	34000.0	8.8
第二产业	亿元	17702.2	146183.4	12.1
第三产业	亿元	10367.2	120486.6	8.6
四、主要工农业产品产量				
粮　食	万吨	4260.5	52870.9	8.1
棉　花	万吨	104.1	749.2	13.9
油　料	万吨	340.6	2952.8	11.5
肉　类	万吨	660.3	7278.3	9.1
水产品	万吨	730.3	4894.9	14.9
原　油	万吨	2799.2	18973.0	14.8
原　煤	亿吨	1.4	27.9	5.1
发电量	亿千瓦时	2753.7	34669.0	7.9
家用电冰箱	万台	723.2	4756.9	15.2
彩色电视机	万台	864.7	9033.1	9.6
原　盐	万吨	1858.9	5953.0	31.2
化　肥	万吨	857.4	6012.7	14.3
粗　钢	万吨	4458.7	50092.0	8.9
平板玻璃	万重量箱	5619.2	55185.0	10.2
五、全社会固定资产投资额	亿元	**15435.9**	**172291.1**	**9.0**
六、运输、邮电				
货物周转量	亿吨公里	10102.3	110301.0	9.2
旅客周转量	亿人公里	1418.7	23197.0	6.1
沿海主要港口货物吞吐量	万吨	65789.4	429599.0	15.3
邮电业务总量	亿元	1486.0	23841.3	6.2
七、财政				
地方财政一般预算收入	亿元	1957.1	28644.9	6.8
地方财政一般预算支出	亿元	2704.7	49052.7	5.5
八、金融				
各项存款	亿元	26930.19	466203.32	5.8
各项贷款	亿元	20053.89	303463.77	7.0
九、外贸外经旅游				
进出口总额	亿美元	1581.4	25616.3	6.2
出口总额	亿美元	931.7	14285.5	6.5
国际旅游外汇收入	亿美元	13.9	408.4	3.4
十、居民消费价格指数	%	**105.3**	**105.9**	
十一、在岗职工工资总额	亿元	**2295**	**33714**	**6.8**
十二、社会消费品零售额	亿元	**10381.2**	**108487.7**	**9.6**

附表 1-2

山东省历年地区生产总值

单位：亿元

年份	地区生产总值	第一产业	第二产业	工业	建筑业	第三产业	#交通运输仓储邮电通信业	#批发零售贸易餐饮业	人均地区生产总值（元）
1952	43.81	29.55	7.27	6.82	0.45	6.99	1.01	2.72	91
1953	45.79	28.23	9.30	8.74	0.56	8.26	1.20	3.22	94
1954	52.98	32.48	10.98	10.38	0.60	9.52	1.31	3.92	106
1955	57.78	35.52	11.42	10.81	0.61	10.84	1.40	4.62	113
1956	63.13	35.67	16.34	14.98	1.36	11.12	1.44	4.53	121
1957	61.39	31.95	17.59	16.62	0.97	11.85	1.61	4.38	116
1958	72.97	33.94	23.73	21.29	2.44	15.30	3.28	4.88	135
1959	75.96	28.73	27.86	25.16	2.70	19.37	4.55	5.56	141
1960	71.37	20.61	31.07	28.11	2.96	19.69	5.38	4.68	135
1961	63.40	26.44	20.19	19.04	1.15	16.77	4.02	3.64	121
1962	64.38	30.42	16.91	15.90	1.01	17.05	3.89	3.93	120
1963	67.61	33.47	19.09	17.65	1.44	15.05	2.84	3.16	123
1964	71.66	33.05	23.43	21.74	1.69	15.18	3.25	2.64	128
1965	86.25	42.24	28.96	25.99	2.97	15.05	3.67	2.00	152
1966	97.58	46.99	34.44	31.34	3.10	16.15	3.98	2.67	169
1967	99.44	46.71	35.43	32.78	2.65	17.30	3.92	3.66	168
1968	99.34	44.46	37.43	34.72	2.71	17.45	3.77	3.77	165
1969	108.17	50.16	39.56	36.22	3.34	18.45	3.99	4.15	175
1970	126.31	52.23	53.71	50.16	3.55	20.37	4.84	4.69	199
1971	139.69	56.33	61.50	57.65	3.85	21.86	5.45	4.49	215
1972	146.52	59.11	63.22	58.57	4.65	24.19	6.07	4.51	221
1973	154.33	61.92	65.99	60.67	5.32	26.42	6.15	6.31	229
1974	130.81	59.19	47.44	42.70	4.74	24.18	5.15	4.60	191
1975	166.19	65.54	75.31	69.76	5.55	25.34	5.63	4.77	240
1976	179.58	68.88	84.70	78.23	6.47	26.00	6.27	4.40	242
1977	207.07	79.01	95.34	88.05	7.29	32.72	7.81	3.92	293
1978	225.45	75.06	119.35	108.53	10.82	31.04	8.27	3.29	316
1979	251.60	91.12	127.68	114.67	13.01	32.80	9.50	4.18	350
1980	292.13	106.43	146.11	130.55	15.56	39.59	10.07	6.39	402
1981	346.57	132.21	155.41	138.09	17.32	58.95	13.18	16.56	472

续表

年份	地区生产总值	第一产业	第二产业	工业	建筑业	第三产业	#交通运输仓储邮电通信业	#批发零售贸易餐饮业	人均地区生产总值（元）
1982	395.38	154.07	166.05	147.10	18.95	75.26	14.10	22.39	531
1983	459.83	185.57	178.75	159.15	19.60	95.51	17.12	32.07	611
1984	581.56	222.13	239.27	214.20	25.07	120.16	22.25	37.97	765
1985	680.46	235.96	293.07	259.42	33.65	151.43	28.22	46.14	887
1986	742.05	252.73	313.21	274.80	38.41	176.11	34.03	49.85	956
1987	892.29	287.31	384.57	341.31	43.26	220.41	47.45	60.58	1131
1988	1117.66	331.94	497.10	435.51	61.59	288.62	55.50	86.71	1395
1989	1293.94	359.14	579.65	513.97	65.68	355.15	66.55	108.51	1595
1990	1511.19	425.29	635.98	568.25	67.73	449.92	81.87	132.83	1815
1991	1810.54	521.85	745.90	663.90	82.00	542.79	98.97	161.00	2122
1992	2196.53	534.62	999.11	889.59	109.52	662.80	120.18	200.93	2556
1993	2779.49	596.63	1358.94	1204.58	154.36	823.92	141.35	234.84	3222
1994	3872.18	775.03	1900.46	1700.31	200.15	1196.69	214.36	325.90	4473
1995	5002.34	1010.13	2372.67	2113.34	259.33	1619.54	297.71	439.79	5758
1996	5960.42	1200.17	2810.72	2500.07	310.65	1949.53	364.71	528.40	6834
1997	6650.02	1195.00	3185.05	2830.05	355.00	2269.97	424.36	599.06	7590
1998	7162.20	1215.81	3457.03	3052.44	404.59	2489.36	442.20	665.33	8128
1999	7662.10	1221.00	3705.44	3251.77	453.67	2735.66	490.90	720.56	8673
2000	8542.44	1268.57	4244.40	3737.38	507.02	3029.47	553.17	785.68	9555
2001	9438.31	1359.49	4654.51	4092.24	562.27	3424.31	668.49	891.34	10465
2002	10552.06	1390.00	5309.54	4629.54	680.00	3852.52	667.75	1047.83	11645
2003	12435.93	1480.67	6656.85	5860.63	796.22	4298.41	724.62	1161.55	13661
2004	15490.73	1778.30	8724.52	7799.31	925.21	4987.91	990.65	1283.28	16925
2005	18516.87	1927.85 (1963.51)	10628.62	9568.58	1060.04	5960.40 (5924.74)	1196.89	1653.87	20096
2006	22077.36	2138.90	12751.20	11555.99	1195.21	7187.26			23794
2007	25965.91	2509.14	14776.53	13412.72	1363.81	8680.24			27807
2008	31072.06	3002.65	17702.17	16102.19	1599.98	10367.23			33083

注：1.本表按当年价格计算。

2.2005 年以后执行 2002 年国民经济行业分类（新行业分类），新行业分类中，农林牧渔服务业由第三产业调整到第一产业。括号外数据为旧行业分类数据，括号内数据为新行业分类数据。

3.根据国家统一方法，利用经济普查年度（2004 年）GDP 核算数据，对山东省 1993-2003 年度 GDP 历史数据进行了修订(下同)。

附表 1-3

山东省历年主要金融指标

单位：万元

年份	存款余额	#企业存款	#财政存款	#农业存款	#储蓄存款	贷款余额	#工业贷款	#农业贷款	#商业贷款	#基建贷款	#技改贷款
1952	27761	13282	10177	101	4201	15674	2786	3796	9092		
1953	37503	14033	16399	428	6643	44486	2584	6082	35820		
1954	37953	14230	12829	996	9898	92049	5722	8051	78276		
1955	66543	12862	38541	2255	12885	140448	6580	11898	121970		
1956	59508	17058	17275	6299	18876	162892	12195	34271	116426		
1957	66853	13671	21811	10970	20401	168720	10248	33183	125289		
1958	119815	30097	42900	12408	34410	349843	59095	56826	233922		
1959	174223	22237	94119	22061	35806	465430	117950	55414	292066		
1960	152412	26747	60237	29408	36020	539109	178222	78879	282008		
1961	154397	35419	65453	28048	25477	505425	119466	77270	308689		
1962	147935	41050	53695	15974	20691	414574	72815	75921	265838		
1963	155443	45826	56502	14924	25872	335573	39091	79662	216820		
1964	157531	46288	62306	18604	30271	336843	33558	82586	220699		
1965	173968	52426	65917	18600	37025	389927	41769	86353	261805		
1966	203942	51901	83799	25528	42714	467671	56561	91222	319888		
1967	249023	78115	92748	33202	44958	524989	82522	92431	350036		
1968	266821	85320	93774	40114	47613	573970	104699	92497	376774		
1969	271167	82682	105564	38148	44773	622424	143203	96513	382708		
1970	539978	97982	355104	41358	45534	669092	136735	97501	434856		
1971	564186	81566	374227	54081	54312	673315	172035	56895	444385		
1972	523844	81483	324625	54677	63059	709712	178014	58874	472824		
1973	617913	90537	397042	52709	77625	801467	181583	58446	555619		5819
1974	528596	111890	271985	60467	84254	833605	225297	63227	538531		6550
1975	722193	142258	417459	67018	95458	917553	235441	69972	607077		5063
1976	765045	160536	419241	76113	109155	1029329	282332	101031	639958		6008

续表

年份	存款余额	#企业存款	#财政存款	#农业存款	#储蓄存款	贷款余额	#工业贷款	#农业贷款	#商业贷款	#基建贷款	#技改贷款
1977	782107	123030	460033	66737	132307	1208633	323841	122037	754734		8021
1978	900037	130437	556357	68941	144302	1337139	352225	135620	839518		9776
1979	655921	219751	27280	106696	195573	1248830	376931	119144	735148		3355
1980	879427	312830	22597	151545	297520	1801830	456971	101552	1161848		29478
1981	1135778	403119	33461	150207	395513	2064250	515804	123506	1305492		51834
1982	1231364	356001	38951	141051	510980	2354235	533949	125550	1505177	1135	86526
1983	1554862	397019	52104	164557	730519	2650117	530720	144154	1742243	3916	110909
1984	2333485	725014	47686	219520	1001699	3666770	713687	291226	2088860	51276	164851
1985	2788151	799892	66522	190082	1301761	4464893	849353	290436	2496747	103677	212522
1986	3515824	972556	73213	215275	1755638	5549438	1189134	386722	2731161	135384	285757
1987	4702246	1201345	90726	247034	2427793	6678425	1464076	533772	2938915	203120	383431
1988	5913422	1416925	77620	263310	3282031	8031351	1821004	635129	3261651	285119	467099
1989	7246567	1544788	118179	276931	4291525	9413406	2279606	782795	3637710	352348	513105
1990	9340575	1976484	153542	335938	5754706	11667880	3023434	939869	4179923	499006	595666
1991	11636250	2845002	159394	404736	7216749	14280093	3570738	1130450	4737915	736741	868499
1992	14482703	3893897	114525	443904	8841510	17205544	4033468	1389718	5360085	916789	1124986
1993	18166260	4648492	159034	492086	11182415	20791075	4795134	1568072	6225867	1243646	1342356
1994	25225337	6194052	257887	521413	16003992	25204369	5434972	1118700	7388355	1477151	1718007
1995	34243843	8776853	263884	656439	21971982	31289040	6487091	1516858	8850079	1985458	2013439
1996	42938411	11317043	239414	829448	28177108	36802427	7658151	2474472	10289962	2250044	2531164
1997	49698489	13914367	246182	852300	32657331	44567197	9219803	3177039	11798956	2780310	2536443
1998	57554782	15010890	441380	883521	37353766	51067900	9795567	4189496	12097868	3879386	2522862
1999	65629934	17250542	584925	1084540	41098425	56798630	10391030	4435895	12657508	5563931	2522178
2000	74711987	20771967	764478	1351492	44667153	62090468	9938023	5281785	11249154	7315876	2678175
2001	85017294	23079030	1140353	1613431	50637936	70176588	11472037	7071209	12227300	8373434	2854302
2002	102477706	27371339	1318673	2050450	58057165	85365991	13466479	9073641	12561986	11343636	1111118
2003	124382360	33965555	1486500	2438209	67683453	104671108	16329927	11565081	12566663	13992866	1537491
2004	145142781	38730410	2258323	2715491	77214610	117828279	19255716	13401333	11660566	16834244	1946567
2005	171035148	41238617	2596570	3221967	90351351	133817462	20218176	15611128	10867721	20403236	2069666
2006	196339878	47745652	3431146	3954365	103580272	157096014	28372457	18446480	9981885	26278047	1433182
2007	220722430	59101969	4790568	4310596	114381079	175451466	33006922	21559437	10530468	30478416	1405230
2008	269301809	68289510	5352549	4471688	143821895	200539104	35509421	24634301	9439945	36443285	1528325

附表 1-4

山东省历年地区生产总值构成

单位：%

年份	地区生产总值	第一产业	第二产业			第三产业		
				工业	建筑业		#交通运输仓储邮电通信业	#批发零售贸易餐饮业
1952	100	67.4	16.6	15.6	1.0	16.0	2.3	6.2
1953	100	61.7	20.3	19.1	1.2	18.0	2.6	7.0
1954	100	61.3	20.7	19.6	1.1	18.0	2.5	7.4
1955	100	61.5	19.7	18.7	1.0	18.8	2.4	8.0
1956	100	56.5	25.9	23.7	2.2	17.6	2.3	7.2
1957	100	52.0	28.7	27.1	1.6	19.3	2.6	7.1
1958	100	46.5	32.5	29.2	3.3	21.0	4.5	6.7
1959	100	37.8	36.7	33.1	3.6	25.5	6.0	7.3
1960	100	28.9	43.5	39.4	4.1	27.6	7.5	6.6
1961	100	41.7	31.8	30.0	1.8	26.5	6.3	5.7
1962	100	47.2	26.3	24.7	1.6	26.5	6.0	6.1
1963	100	49.5	28.2	26.1	2.1	22.3	4.2	4.7
1964	100	46.1	32.7	30.3	2.4	21.2	4.5	3.7
1965	100	49.0	33.5	30.1	3.4	17.5	4.3	2.3
1966	100	48.1	35.3	32.1	3.2	16.6	4.1	2.7
1967	100	47.0	35.6	32.9	2.7	17.4	3.9	3.7
1968	100	44.7	37.7	35.0	2.7	17.6	3.8	3.8
1969	100	46.4	36.6	33.5	3.1	17.0	3.7	3.8
1970	100	41.4	42.5	39.7	2.8	16.1	3.8	3.7
1971	100	40.3	44.0	41.3	2.7	15.7	3.9	3.2
1972	100	40.3	43.2	40.0	3.2	16.5	4.1	3.1
1973	100	40.1	42.8	39.3	3.5	17.1	4.0	4.1
1974	100	45.2	36.3	32.7	3.6	18.5	3.9	3.5
1975	100	39.4	45.3	42.0	3.3	15.3	3.4	2.9
1976	100	38.3	47.2	43.6	3.6	14.5	3.5	2.5
1977	100	38.2	46.0	42.5	3.5	15.8	3.8	1.9
1978	100	33.3	52.9	48.1	4.8	13.8	3.7	1.5
1979	100	36.2	50.8	45.6	5.2	13.0	3.8	1.7
1980	100	36.4	50.0	44.7	5.3	13.6	3.5	2.2
1981	100	38.2	44.8	39.8	5.0	17.0	3.8	4.8
1982	100	39.0	42.0	37.2	4.8	19.0	3.6	5.7

续表

年份	地区生产总值	第一产业	第二产业			第三产业	#交通运输仓储邮电通信业	#批发零售贸易餐饮业
				工业	建筑业			
1983	100	40.3	38.9	34.6	4.3	20.8	3.7	7.0
1984	100	38.2	41.1	36.8	4.3	20.7	3.8	6.5
1985	100	34.7	43.0	38.1	4.9	22.3	4.2	6.8
1986	100	34.1	42.2	37.0	5.2	23.7	4.6	6.7
1987	100	32.2	43.1	38.3	4.8	24.7	5.3	6.8
1988	100	29.7	44.5	39.0	5.5	25.8	5.0	7.8
1989	100	27.8	44.8	39.7	5.1	27.4	5.1	8.4
1990	100	28.1	42.1	37.6	4.5	29.8	5.4	8.8
1991	100	28.8	41.2	36.7	4.5	30.0	5.5	8.9
1992	100	24.3	45.5	40.5	5.0	30.2	5.5	9.2
1993	100	21.5	49.0	43.4	5.6	29.5	5.1	8.7
1994	100	20.2	49.2	44.0	5.2	30.6	5.6	9.0
1995	100	20.4	47.6	42.4	5.2	32.0	6.0	9.5
1996	100	20.4	47.3	42.1	5.2	32.3	6.2	9.8
1997	100	18.3	48.1	42.7	5.4	33.6	6.4	10.2
1998	100	17.3	48.5	42.8	5.7	34.2	6.2	10.5
1999	100	16.3	48.6	42.6	6.0	35.1	6.5	10.5
2000	100	15.2	50.0	44.0	6.0	34.8	6.5	10.3
2001	100	14.8	49.5	43.5	6.0	35.7	7.2	10.6
2002	100	13.5	50.5	44.0	6.5	36.0	6.4	11.1
2003	100	12.3	53.7	47.3	6.4	34.0	5.9	10.6
2004	100	11.8	56.5	50.5	6.0	31.7	6.5	9.5
2005	100	10.4(10.6)	57.4	51.7	5.7	32.2(32.0)	6.5	8.9
2006	100	9.7	57.7	52.3	5.4	32.6		
2007	100	9.7	56.9	51.7	5.2	33.4		
2008	100	9.6	57.0	51.8	5.2	33.4		

注：1.本表按当年价格计算。

2.2005 年以后执行 2002 年国民经济行业分类(新行业分类),新行业分类中,农林牧渔服务业由第三产业调整到第一产业。括号外数据为旧行业分类数据,括号内数据为新行业分类数据。

附表 1-5

山东省历年地区生产总值指数（一）

（以 1952 年为 100）

年份	地区生产总值	第一产业	第二产业	工业	建筑业	第三产业	#交通运输仓储邮电通信业	#批发零售贸易餐饮业
1953	102.1	92.7	127.8	128.5	117.7	113.7	114.2	113.8
1954	116.4	104.7	148.5	150.0	124.3	131.0	120.4	139.5
1955	127.5	115.6	155.3	157.1	126.5	147.0	122.1	162.8
1956	142.5	116.1	236.5	234.4	279.7	151.7	131.7	159.5
1957	137.5	101.6	262.0	264.6	226.6	154.6	147.4	146.4
1958	163.2	107.7	349.5	334.7	572.4	199.4	300.3	162.9
1959	169.6	90.4	410.3	396.3	626.2	249.4	412.6	183.3
1960	149.2	63.6	394.7	375.3	682.6	251.4	483.6	153.1
1961	116.5	65.3	269.2	264.2	325.6	170.4	355.0	79.8
1962	113.5	69.7	214.8	213.2	236.4	184.4	349.0	97.3
1963	126.0	82.0	245.3	240.1	322.9	180.9	264.5	92.5
1964	140.4	84.7	311.5	307.1	379.1	193.0	306.6	83.0
1965	171.3	107.2	405.0	386.0	693.0	197.8	370.1	61.7
1966	199.2	122.4	499.8	485.2	725.6	213.4	403.4	83.8
1967	203.8	121.7	538.8	537.1	587.0	207.9	334.8	112.3
1968	201.8	112.3	565.2	563.4	608.1	209.6	321.7	115.7
1969	217.5	124.9	597.4	588.8	746.1	222.2	341.0	128.0
1970	251.6	129.3	753.3	748.4	833.4	260.9	454.9	150.8
1971	290.8	135.6	1004.9	1014.8	913.4	266.6	514.5	144.6
1972	315.2	139.7	1125.5	1132.5	1106.1	295.9	575.2	145.8
1973	332.5	146.1	1180.6	1180.1	1268.7	323.4	583.8	204.0
1974	280.0	139.8	854.8	840.2	1132.9	296.6	490.4	148.9
1975	361.8	154.6	1366.0	1374.6	1325.5	310.5	535.5	154.4
1976	380.6	162.0	1452.1	1450.2	1544.2	318.3	596.0	142.2
1977	423.6	185.7	1553.7	1544.5	1738.8	376.5	742.6	126.8
1978	466.4	174.6	1948.3	1907.5	2580.4	379.5	784.9	106.3
1979	497.2	188.9	2071.0	2004.8	3060.4	395.1	888.5	133.0
1980	557.9	207.4	2319.5	2233.3	3586.8	469.8	928.5	200.4
1981	590.3	220.9	2393.7	2329.3	3382.4	524.8	910.9	389.2
1982	657.0	244.8	2527.7	2443.4	3774.8	667.5	971.0	524.6

续表

年份	地区生产总值	第一产业	第二产业	工业	建筑业	第三产业	#交通运输仓储邮电通信业	#批发零售贸易餐饮业
1983	748.3	284.0	2719.8	2648.6	3823.9	825.7	1149.7	732.3
1984	878.5	336.0	3201.2	3090.9	4810.5	952.0	1368.1	794.5
1985	978.6	343.4	3793.4	3619.4	6200.7	1093.8	1582.9	880.3
1986	1040.3	341.3	4199.3	4035.6	6504.5	1189.0	1783.9	889.1
1987	1183.9	366.6	4917.4	4794.3	6764.7	1391.1	2326.2	1010.0
1988	1331.9	365.9	6033.6	5858.6	8537.1	1524.6	2277.3	1210.0
1989	1385.2	363.7	6462.0	6356.6	8101.7	1567.3	2279.6	1264.5
1990	1458.6	383.3	6927.3	6865.1	8028.8	1578.3	2227.2	1230.4
1991	1671.6	437.7	7897.1	7894.9	8478.4	1830.8	2588.0	1434.6
1992	1954.1	438.6	10155.7	10216.0	10225.0	2129.2	2994.3	1705.7
1993	2352.0	465.4	13005.4	13142.9	12506.2	2554.0	3433.9	1944.0
1994	2733.9	499.3	15269.6	15454.7	14448.4	3081.4	4192.1	2266.1
1995	3115.8	544.0	17419.6	17579.7	16984.1	3604.3	4984.8	2667.2
1996	3491.3	579.9	19830.5	19993.4	19521.5	4054.1	5602.4	3042.2
1997	3878.5	582.6	22350.9	22532.6	22032.0	4639.9	6334.1	3508.6
1998	4295.4	615.5	25048.7	25254.5	24658.2	5159.6	6861.1	3972.1
1999	4725.8	644.4	28069.5	28340.7	27237.5	5639.4	7630.9	4470.6
2000	5211.6	668.9	31429.5	31795.4	29884.9	6228.2	8491.6	4989.2
2001	5734.9	697.0	34883.6	35366.0	32649.3	6927.6	10190.8	5683.1
2002	6407.6	714.1	40102.1	40515.3	38519.6	7682.7	10284.6	6454.9
2003	7266.8	753.7	46839.3	47613.6	42987.9	8555.5	11480.7	7149.5
2004	8385.9	806.1	55855.9	57664.8	45154.5	9608.6	15291.1	7687.8
2005	9664.4	844.8	65844.4	68364.0	50573.1	10992.3	17493.0	8579.6
2006	11092.8	888.3	76847.0	80259.3	55832.7	12589.5		
2007	12681.3	923.8	89019.6	93622.5	60316.1	14440.2		
2008	14209.4	970.9	99755.4	105465.7	63923.0	16456.1		

注：本表按可比价格计算。

附表1-6

山东省历年地区生产总值指数（二）

（以上年为100）

年份	地区生产总值	第一产业	第二产业	工业	建筑业	第三产业	#交通运输仓储邮电通信业	#批发零售贸易餐饮业
1953	102.1	92.7	127.8	128.5	117.7	113.7	114.2	113.8
1954	114.0	112.9	116.2	116.7	105.6	115.2	105.4	122.6
1955	109.5	110.4	104.6	104.7	101.8	112.2	101.4	116.7
1956	111.8	100.4	152.3	149.2	221.1	103.2	107.9	98.0
1957	96.5	87.5	110.8	112.9	81.0	101.9	111.9	91.8
1958	118.7	106.0	133.4	126.5	252.6	129.0	203.7	111.3
1959	103.9	83.9	117.4	118.4	109.4	125.1	137.4	112.5
1960	88.0	70.4	96.2	94.7	109.0	100.8	117.2	83.5
1961	78.1	102.6	68.2	70.4	47.7	67.8	73.4	52.1
1962	97.4	106.8	79.8	80.7	72.6	108.2	98.3	121.9
1963	111.0	117.6	114.2	112.6	136.6	98.1	75.8	95.1
1964	111.4	103.3	127.0	127.9	117.4	106.7	115.9	89.7
1965	122.0	126.6	130.0	125.7	182.8	102.5	120.7	74.3
1966	116.3	114.2	123.4	125.7	104.7	107.9	109.0	135.8
1967	102.3	99.4	107.8	110.7	80.9	97.4	83.0	134.0
1968	99.0	92.3	104.9	104.9	103.6	100.8	96.1	103.0
1969	107.8	111.2	105.7	104.5	122.7	106.0	106.0	110.6
1970	115.7	103.5	126.1	127.1	111.7	117.4	133.4	117.8
1971	115.6	104.9	133.4	135.6	109.6	102.2	113.1	95.9
1972	108.4	103.0	112.0	111.6	121.1	111.0	111.8	100.8
1973	105.5	104.6	104.9	104.2	114.7	109.3	101.5	139.9
1974	84.2	95.7	72.4	71.2	89.3	91.7	84.0	73.0
1975	129.2	110.6	159.8	163.6	117.0	104.7	109.2	103.7
1976	105.2	104.8	106.3	105.5	116.5	102.5	111.3	92.1
1977	111.3	114.6	107.0	106.5	112.6	118.3	124.6	89.2
1978	110.1	94.0	125.4	123.5	148.4	100.8	105.7	83.8
1979	106.6	108.2	106.3	105.1	118.6	104.1	113.2	125.1
1980	112.2	109.8	112.0	111.4	117.2	118.9	104.5	150.1
1981	105.8	106.5	103.2	104.3	94.3	111.7	98.1	194.2
1982	111.3	110.8	105.6	104.9	111.6	127.2	106.6	134.8

续表

年份	地区生产总值	第一产业	第二产业	工业	建筑业	第三产业	#交通运输仓储邮电通信业	#批发零售贸易餐饮业
1983	113.9	116.0	107.6	108.4	101.3	123.7	118.4	139.6
1984	117.4	118.3	117.7	116.7	125.8	115.3	119.0	108.5
1985	111.4	102.2	118.5	117.1	128.9	114.9	115.7	110.8
1986	106.3	99.4	110.7	111.5	104.9	108.7	112.7	101.0
1987	113.8	107.4	117.1	118.8	104.0	117.0	130.4	113.6
1988	112.5	99.8	122.7	122.2	126.2	109.6	97.9	119.8
1989	104.0	99.4	107.1	108.5	94.9	102.8	100.1	104.5
1990	105.3	105.4	107.2	108.0	99.1	100.7	97.7	97.3
1991	114.6	114.2	114.0	115.0	105.6	116.0	116.2	116.6
1992	116.9	100.2	128.6	129.4	120.6	116.3	115.7	118.9
1993	120.4	106.1	128.1	128.7	122.3	120.0	114.7	114.0
1994	116.2	107.3	117.4	117.6	115.5	120.7	122.1	116.6
1995	114.0	108.9	114.1	113.8	117.6	117.0	118.9	117.7
1996	112.1	106.6	113.8	113.7	114.9	112.5	112.4	114.1
1997	111.1	100.5	112.7	112.7	112.9	114.5	113.1	115.3
1998	110.8	105.7	112.1	112.1	111.9	111.2	108.3	113.2
1999	110.0	104.7	112.1	112.2	110.5	109.3	111.2	112.6
2000	110.3	103.8	112.0	112.2	109.7	110.4	111.3	111.6
2001	110.0	104.2	111.0	111.2	109.3	111.2	120.0	113.9
2002	111.7	102.5	115.0	114.6	118.0	110.9	100.9	113.6
2003	113.4	105.6	116.8	117.5	111.6	111.4	111.6	110.8
2004	115.3	106.9	119.3	121.1	105.0	112.3	133.2	107.5
2005	115.2	104.8	117.9	118.6	112.0	114.4	114.4	111.6
2006	114.8	105.2	116.7	117.4	110.4	114.5		
2007	114.3	104.0	115.8	116.7	108.0	114.7		
2008	112.1	105.1	112.1	112.6	106.0	114.0		

注：本表按可比价格计算。

附表 1-7

山东省分市地主要经济指标

（2008年）

地区	地区生产总值（亿元）	比上年增长（%）	固定资产投资总额（亿元）	比上年增长（%）	出口总额（亿美元）	比上年增长（%）	社会消费品零售总额（亿元）	比上年增长（%）	居民消费价格指数（%）
济南	3017.42	13.00	1415.30	23.30	45.97	33.80	1356.70	23.00	105.69
青岛	4436.18	13.20			326.25	15.20	1464.77	22.20	104.70
淄博	2316.78	13.00			36.33	21.20	729.62	23.00	104.40
枣庄	1092.83	13.10	499.48	25.70	5.18	-4.20	297.60	22.90	104.80
东营	2052.60	23.77	873.81	25.08	19.72	40.76	254.61	23.21	103.50
烟台	3434.19	13.60	1953.79	24.10	206.47	46.50	1023.44	23.40	104.20
潍坊	2491.80	13.20	1523.40	26.10	65.40	26.20	830.30	23.10	105.20
济宁	2122.16	13.10	816.00	24.80	18.65	8.20	728.34	23.20	105.30
泰安	1513.3	13.40	809.40	25.30	9.21	8.00	466.80	23.40	104.90
威海	1780.35	12.10			74.55	9.60	483.62	23.20	104.64
日照	773.14	15.10			25.25	28.60	212.36	23.30	104.80
莱芜	455.79	12.30	207.46	25.49	13.66	12.40	135.60	21.24	105.56
临沂	1958.20	13.20			26.30	17.10	816.90	23.60	104.40
德州	1236.83	13.10	650.00	7.44	12.19	38.70	476.29	23.00	104.80
聊城	1252.67	13.00	530.34	26.20	15.15	51.70	396.73	23.10	105.20
滨州	1236.83	13.10	650.00	7.44	23.01	22.30	302.62	23.00	104.80
菏泽	821.79	15.60	380.63	18.30	8.37	15.80	404.85	23.50	104.10

注：该表为本编辑部根据山东省人民银行各市中心支行报送的《经济主要统计指标》整理。

附表 1-8

山东省分市地主要金融指标

（2008 年）

地区	存款余额（亿元）	比上年增长（%）	企业存款余额（亿元）	比上年增长（%）	储蓄存款余额（亿元）	比上年增长（%）	贷款余额（亿元）	比上年增长（%）	短期贷款余额（亿元）	比上年增长（%）	中长期贷款余额（亿元）	比上年增长（%）
济南	5075.96	23.68	1936.17	23.54	1588.53	25.41	4176.39	11.00	1762.04	11.07	1971.80	9.77
青岛	4896.29	21.35	1464.19	10.81	2123.36	24.75	4067.60	18.79	1660.27	19.07	1683.29	21.14
淄博	1692.20	20.22	377.74	13.17	1007.37	24.81	1105.22	9.89	648.25	5.22	286.77	14.81
枣庄	620.97	27.61	139.78	43.36	373.83	29.73	412.18	19.04	196.90	9.65	200.42	30.80
东营	1040.40	22.15	243.59	12.41	554.07	25.72	715.97	16.00	456.70	11.26	205.74	20.88
烟台	2615.93	19.10	648.98	14.58	1566.75	25.71	1632.34	9.06	824.71	6.53	534.95	11.01
潍坊	2060.05	24.69	389.97	14.72	1326.49	27.7	1513.40	20.26	829.43	14.95	486.05	37.28
济宁	1473.61	24.52	307.98	25.90	888.17	26.06	877.00	13.91	499.00	5.11	289.20	19.77
泰安	980.43	20.02	181.32	21.51	624.83	24.94	607.81	11.81	357.63	2.76	191.74	24.36
威海	1156.25	15.86	242.99	2.23	700.51	20.03	791.44	11.04	370.29	-2.46	323.95	29.10
日照	620.59	15.84	129.11	-3.63	321.02	28.16	574.53	6.65	302.52	10.31	184.21	7.95
莱芜	446.03	21.48	125.14	14.87	216.41	25.68	361.68	11.98	184.58	5.21	124.16	28.84
临沂	1411.34	21.74	184.77	12.13	997.16	28.16	1051.58	9.75	704.09	4.97	290.29	16.49
德州	889.12	22.00	128.53	13.67	610.24	27.52	619.05	4.00	428.11	-1.78	170.64	15.24
聊城	830.84	24.40	113.74	19.62	571.48	26.57	613.51	8.20	434.35	5.73	151.59	10.75
滨州	694.96	23.71	126.62	0.64	383.67	26.44	669.44	18.63	421.50	13.26	196.62	22.23
菏泽	705.54	23.25	93.09	28.79	531.18	24.07	484.67	8.75	307.11	3.01	164.38	15.74

注：该表为本编辑部根据山东省人民银行各市中心支行报送的《金融业务统计指标》整理。

附表 1-9

山东省各市地区生产总值

单位：亿元

地区	地区生产总值			第一产业增加值			第二产业增加值		
	2007年	2008年	2008年为2007年%	2007年	2008年	2008年为2007年%	2007年	2008年	2008年为2007年%
济南	2562.81	3017.42	113.0	150.30	175.01	105.0	1158.04	1330.68	110.1
青岛	3786.52	4436.18	113.2	203.59	223.40	101.4	1953.55	2255.45	111.1
淄博	1945.02	2316.78	113.0	74.38	82.18	107.2	1256.39	1500.45	112.6
枣庄	925.56	1092.83	113.1	80.59	96.09	101.7	590.99	686.16	113.0
东营	1664.80	2052.62	113.7	60.63	70.08	105.0	1269.24	1570.93	113.2
烟台	2879.96	3434.19	113.6	239.03	275.55	102.0	1755.79	2090.97	113.6
潍坊	2056.02	2491.81	113.2	237.54	281.69	105.7	1194.67	1455.05	112.6
济宁	1736.01	2122.16	113.1	213.53	256.81	103.7	960.13	1183.49	114.8
泰安	1226.11	1513.30	113.4	132.77	161.08	102.6	688.52	839.29	112.5
威海	1583.45	1780.35	112.1	127.80	132.28	104.1	978.19	1088.56	111.0
日照	629.58	773.14	115.1	86.20	82.74	105.7	320.21	419.74	117.5
莱芜	367.27	455.79	112.3	22.62	27.98	103.1	242.50	308.99	111.7
临沂	1660.46	1958.21	113.2	206.55	235.93	103.7	847.27	1001.70	113.8
德州	1180.82	1400.91	113.0	158.73	169.73	101.3	655.40	783.41	111.9
聊城	1025.42	1252.67	113.0	154.50	187.03	104.3	605.63	738.98	114.1
滨州	1030.29	1236.83	113.1	109.57	122.69	102.9	638.33	753.67	112.3
菏泽	686.02	821.79	115.6	182.00	195.51	103.1	331.98	415.15	120.0

续表

地区	#工业增加值			第三产业增加值			人均地区生产总值（元）	
	2007年	2008年	2008年为2007年%	2007年	2008年	2008年为2007年%	2007年	2008年
济　南	994.40	1140.14	110.7	1254.47	1511.73	116.8	39261	45724
青　岛	1785.31	2062.00	112.1	1629.38	1957.33	117.1	45399	52678
淄　博	1167.75	1393.15	112.7	614.25	734.15	114.6	43499	51547
枣　庄	546.31	630.99	113.4	253.98	310.58	116.8	25482	29978
东　营	1207.14	1500.00	113.5	334.93	411.60	117.2	84081	102741
烟　台	1607.82	1920.00	114.2	885.14	1067.66	116.5	41271	49012
潍　坊	1100.25	1339.38	112.8	623.81	755.07	116.8	23349	28106
济　宁	890.12	1100.88	115.3	562.35	681.86	113.5	21992	26721
泰　安	607.75	752.16	114.1	404.82	512.93	118.4	22617	27794
威　海	915.48	1011.97	110.0	477.46	559.51	116.5	63226	63519
日　照	282.55	370.36	117.8	223.17	270.67	115.1	23180	28300
莱　芜	228.25	291.52	111.9	102.15	118.82	115.6	29011	35846
临　沂	733.70	880.01	114.3	606.64	720.58	115.3	16962	19949
德　州	592.33	711.04	113.0	366.69	447.77	119.9	21723	25606
聊　城	565.32	692.05	114.7	265.29	326.66	115.5	18576	22556
滨　州	587.95	693.00	112.4	282.39	360.47	118.8	27561	33610
菏　泽	284.10	355.54	120.8	172.04	211.13	120.3	8424	10050

注：1.本表绝对额按当年价格计算，速度按可比价格计算。

2.本表按照2002年国民经济行业分类,农林牧渔服务业由第三产业调整到第一产业。

附表 1-10

山东省各市地区生产总值构成

单位：%

地区	地区生产总值		第一产业		第二产业		第三产业	
	2007年	2008年	2007年	2008年	2007年	2008年	2007年	2008年
济南	100.0	100.0	5.9	5.8	45.2	44.1	48.9	50.1
青岛	100.0	100.0	5.4	5.1	51.6	50.8	43.0	44.1
淄博	100.0	100.0	3.8	3.5	64.6	64.8	31.6	31.7
枣庄	100.0	100.0	8.7	8.8	63.9	62.8	27.4	28.4
东营	100.0	100.0	3.6	3.4	76.3	76.5	20.1	20.1
烟台	100.0	100.0	8.3	8.0	61.0	60.9	30.7	31.1
潍坊	100.0	100.0	11.6	11.3	58.1	58.4	30.3	30.3
济宁	100.0	100.0	12.3	12.1	55.3	55.8	32.4	32.1
泰安	100.0	100.0	10.8	10.6	56.2	55.5	33.0	33.9
威海	100.0	100.0	8.1	7.4	61.8	61.2	30.1	31.4
日照	100.0	100.0	13.7	10.7	50.9	54.3	35.4	35.0
莱芜	100.0	100.0	6.2	6.1	66.0	67.8	27.8	26.1
临沂	100.0	100.0	12.4	12.0	51.0	51.2	36.6	36.8
德州	100.0	100.0	13.4	12.1	55.5	55.9	31.1	32.0
聊城	100.0	100.0	15.1	14.9	59.0	59.0	25.9	26.1
滨州	100.0	100.0	10.6	9.9	62.0	60.9	27.4	29.2
菏泽	100.0	100.0	26.5	23.8	48.4	50.5	25.1	25.7

注：本表按当年价格计算。

2008年山东省金融工作的指导思想和主要任务

2008年是全面贯彻落实党的十七大精神的第一年，是实施“十一五”规划承上启下的一年。根据总行工作部署和辖区实际，分行党委研究确定整体工作思路是：**认真学习贯彻党的十七大精神，积极落实中央经济工作会议和人民银行工作会议精神，以科学发展观统领辖区金融工作全局，继续坚持以学习促工作、以规范促安全、以制度促创新、以文化促管理，在夯实安全基础上下真功夫，在调研分析引导上不断深化，在学习型班子队伍建设上见成效，在“三个体系”建设上抓落实，在央行文化建设上有作为，在行风建设上树形象，进一步强化党建保障作用，不断提高辖区各级行履行央行职责的能力和水平。**

全面理解和把握2008年辖区整体工作思路，要增强“四个认识”：一是增强对科学发展观统领性的认识，把科学发展观贯穿于从紧货币政策的执行上，落实到金融服务和外汇管理的改进上，体现在各级行领导班子领导水平的提高上；二是增强对工作思路稳定性的认识，实现稳定性与发展性的有机统一；三是增强对干部队伍素质建设根本性的认识，切实加强理论学习和教育培训，不断提高干部队伍整体素质；四是增强对树立央行形象重要性的认识。全面开展行风建设，坚持依法行政，提高服务效率，树立规范、诚信、创新的央行形象；进一步加强对外交流和沟通，正确引导市场预期，树立开放、透明、高效的央行形象；着眼经济社会发展全局，客观分析经济金融形势，当好各级党委政府的参谋助手，树立公正、严谨、负责的央行形象。

根据总行工作部署和辖区工作思路，2008年辖区工作重点是：

一、认真贯彻从紧货币政策，在调研分析引导上不断深化。2008年辖区贯彻从紧货币政策的总体要求是，切实通过深化调研分析和引导，确保从紧货币政策在与辖区实际相结合中得到认真落实、信贷政策在经济结构调整中发挥重要作用、各项贷款在结构优化中平稳增长，努力促进辖区经济又好又快发展。

(一)贯彻从紧货币政策，必须牢牢把握四条原则：一是坚持“紧中求好”，引导金融机构将着力点放在优化信贷结构上，加强对经济薄弱环节及和谐社会建设的信贷支持，严格控制高耗能、高排放和产能过剩行业中落后企业的贷款投放，促进两省农业做优、工业做强、服务业做大；二是坚持“紧中求稳”，引导金融机构科学安排全年贷款总量，根据实体经济需求均衡放款，同时密切监测地方中小金融机构的流动性变化，切实防范支付风险；三是坚持“紧中求进”，引导金融机构创新发展理念，完善盈利模式，减少对存贷款利差收入的过度依赖，优化业务组合，不断完善对经济发展的金融服务方式；四是坚持“紧中求活”，积极推动创新各种融资工具，继续引导大企业发行短期融资券，拓宽企业融资渠道，活跃金融市场。

(二)切实将窗口指导的重点放在优化信贷结构上。贯彻从紧货币政策，必须牢牢把握“控总量、稳物价、调结构、促平衡”的总体要求。控总量就是对货币供给和信贷投放实行更严格控制，抑制总需求过度膨胀，防止经济增长由偏快转为过热；稳物价就是合理调控货币供应量，促进供求均衡，加强对公众通胀预期的引导，维护人民币币值稳定，防止价格由结构性上涨演变为明显通货膨胀；调结构就是发挥信贷政策在促进结构调整中的积极作用，大力优化信贷结构，促进经济发展方式转变；促平衡就是继续增加汇率弹性，加强货币信贷政策与金融监管政策、财税政策、产业政策的协调配合，促进国际收支趋于平衡。

(三)切实加强对实施从紧货币政策的调研分析。一是继续深化调研支撑工作，着力在调研深度上下功夫，集中力量、划定时间段、行级领导牵头，全面规划和打造一批调研精品，使调研报告真正发挥对总行决策的参谋作用、对政府经济管理的影响作用、对社会预期的引导作用；二是突出调研重点，加强对执行从紧货币政策中新情况和新问题、通货膨胀形成机理、劳动力价格变动、固定资产投资、居民消费需求变化、外向型经济发展、人民币汇率变动影响、农村金融改革与发展等热点和难点问题的调查研究；三是进一步完善调研机制，建立健全重大课题联合调研、重点课题主办行调研和分区特色调研等各项制度；四是继续完善监测分析体系，加强信息资源和分析力量的整合利用，抓好各类信息数据的深加工。

(四)切实深化农村金融生态环境建设。从紧的货币政策强调宽松的支农环境，认真落实银发〔2008〕1号文件，增加对“三农”的信贷支持。辖区各级行要继续把优化和改善金融生态环境作为新时期履行央行职责新的切入点来抓，在农村地区推动落实“政府主导、央行参谋、部门联动、社会参与”的工作机制。一是加强与当地政府的沟通联系，推动地市以下政府把金融生态环境建设作为地方金融工作的中心任务；二是认真落实分行《关于加强农村信用体系建设的指导意见》，加快农村征信体系建设步伐，推动开展信用村、信用户评比工作；三是开展对农村金融生态环境建设的考核评价工作，加强农村金融生态环境示范点建设。

二、努力提高金融服务效率，在行风建设上树形象。2008年辖区“提高服务效率、树立央行形象”行风建设活动的总体要求是，切实通过行风建设，做到辖区金融服务意识不断增强、服务效率不断提高、创新措施不断涌现、文明单位创建再上新台阶，进一步做到辖区工作在政府有地位、在上级行有亮点、在社会上有形象。

(一)在创新中提高服务效率。开展创新要关注以下几个方面:一要关注支付结算系统的深化完善问题,在开展小额支付系统支票圈存业务试点、加快银行本票业务发展、推进农村支付结算体系建设、推广使用农村非现金支付工具等方面积极探索;二要关注现代国库业务发展问题,在推进财税库行横向联网、逐步扩大国库直接支付范围等方面积极探索;三要关注征信体系的健全完善问题,在拓展企业和个人信用信息数据库的功能、加大非银行信用信息采集力度、推进地方诚信建设、加快推进金融业统一征信平台建设、完善农村信用体系等方面积极探索;四要关注反洗钱工作机制建设问题,在规范反洗钱重点项目工作体系、健全反洗钱监管工作机制、建立反洗钱风险预警和评估指标体系等方面积极探索;五要关注县支库撤销后县域流通人民币券别结构不合理、整洁度下降问题,在加强辖区人民币流通监测、进一步发挥县支行现金管理的职能作用、切实做到"撤库不撤职能"等方面积极探索;六要关注贸易与投资便利化的外汇服务创新问题,在进一步深化外汇管理体制改革、改进外汇管理方式、精简各项不必要的管理制度、简化手续、支持企业"走出去"等方面积极探索;七要关注金融服务科技创新问题,在开发应用各种业务应用系统、加快金融服务现代化建设步伐等方面积极探索。

(二)在规范管理中提高服务效率。一是强化规范管理意识,督促金融机构认真落实金融服务规章制度;二是加强对社会公众的政策宣传和解释,防止监督管理不到位和宣传解释不到位;三是继续选择部分金融机构开展全面现场检查。

(三)在依法行政中提高服务效率。一是按照法定程序和权限履行职责,确保重大行政决策的合法性和科学性;二是进一步提高行政许可和行政处罚工作的合法性和规范性,继续推行规范性文件和法律文书备案制度;三是各中心支行制定的规范性文件和法律文书,应于规定时间向分行法律事务处备案。

(四)在政务公开中提高服务效率。一是全面梳理政务公开内容,认真编制政务公开目录和指南;二是完善政务公开项目内容审查机制,加强对拟公开内容的合法性、合规性和保密性审查,严禁发生失泄密事件;三是加强政务公开载体建设,在信息查阅场所和网站免费提供政务公开信息目录和指南;四是加强政务公开工作示范点建设。

(五)在文明单位创建中树立良好形象。一是继续掀起文明单位创建新高潮,认真抓好2008年创建方案的制定和创建动员工作;二是做好2006–2008年度文明单位的申报、评审和表彰工作;三是按照2006年初文明单位创建规划确定的目标任务,认真查找不足,上报自查报告。

三、继续开展学习制度落实制度活动,在夯实安全基础上下真功夫。2008年辖区安全工作的总体要求是,切实构建学习制度、落实制度的长效机制,真正做到全行性制度人人了解、专业性制度人人熟知、岗位性制度人人精通,努力实现济银发〔2007〕165号文关于"四个明显提高"的目标要求,继续创建"三无"安全行,打造平安辖区。

(一)继续深入开展学习制度落实制度活动。按照总行"制度落实年"的统一部署,继续在辖区开展学习制度、落实制度活动,着力在各级行党委(组)抓全行性制度、专业部门上下联动抓专业性制度、纪委抓活动开展情况的监督检查上构建长效机制,确保活动开展的制度化、及时化和严格化。"制度化"就是要将已经开展起来、行之有效的各种学习制度的方法和措施形成制度,始终一贯地坚持下去;"及时化"就是查补制度缺漏要及时,坚持边学习、边整改、边完善;"严格化"就是落实制度要严格,切实加大责任追究力度,使制度真正落实到位。

(二)切实强化日常性监督检查等工作。一是继续全面完善和落实分行《关于完善监督检查工作的意见》;二是科学设置监督检查登记簿,突出实用性与可操作性;三是继续加强应急预案的修订和演练工作。

(三)严格执行财经纪律。一是彻底清理规范津补贴项目,由各行"一把手"对津补贴项目的规范性负责;二是严格财务收支核算,各项预算收入一律纳入人民银行财务收入核算,各项预算外收入一律交本单位会计财务部门统一管理,在本单位营业部门设专户核算;三是认真贯彻国家关于出差和会议定点管理的规定,严禁超标准列支费用;四是全面加强基本建设管理和集中采购管理,严禁规避招投标制度和超预算、超投资、超规模搞基本建设。

四、狠抓全员教育培训,在学习型班子队伍建设上见成效。2008年辖区学习型班子队伍建设的总体要求是,切实通过加强全员教育培训,促进领导班子科学判断形势和驾驭全局能力不断提高,领导干部思想觉悟、理论水平和廉洁自律意识不断提高,各级行管理创新、理念创新和工作创新能力不断提高,"和谐央行"建设水平和干部队伍素质不断提高,行风行貌不断改善。

(一)加强班子素质建设。一是继续坚持各项学习制度,不断加强中心组理论学习;二是针对民主生活会和分行党委巡察发现的问题,有针对性地加强学习,提高班子解决自身问题的能力;三是继续开展学哲学用哲学活动。

(二)加强队伍思想素质建设。一是深入开展"党员要成为业务中坚力量"等主题实践活动;二是加强理想信念教育和思想道德建设,把社会主义核心价值体系融入干部职工教育全过程;三是加强社会主义荣辱观教育,使"八荣八耻"变成干部职工的自觉行动;四是继续开展用身边的事教育身边的人活动,挖掘长期从事基础性工作、兢兢业业工作的典型,培养职工爱岗敬业精神;五是继续开展"读好一本书、写好一篇心得"活动;六是注重人文关怀和心理疏导,探索加强心理健康教育。

(三)加强队伍理论素质建设。一是继续开展"创建学习型组织,争做知识型职工"活动,鼓励干部职工利用业余时间自学;二是继续落实鼓励干部职工学习的各项措施;三是继续开展各种类型的课题研究小组活动。

(四)加强队伍业务素质建设。一是认真落实分行《"十一五"干部培训规划》,全面加强干部培训;二是抓好两期党校主体培训,并充分利用分行党校分期分批对辖区副处级以上干部和县支行领导班子进行领导方法和领导艺术及分析问题解决问题能力的培训;三是加大重点项目培训和新业务、新知识培训力度。

五、强化干部履职问责制,在"三个体系"建设上抓落实。

2008年辖区“三个体系”建设的总体要求是，进一步完善决策科学、目标明确，责任到位、运转协调，考核严格、监督有力，廉洁高效、充满活力的工作机制，确保各级行管理更加严格、工作更加有序、运作更加规范、干事创业氛围更加浓厚。

（一）严格落实决策制度。一是认真落实集体决策、民主参与决策和重大决策调研等各项决策制度，规范决策程序，确保决策的依法、科学和民主；二是正确处理民主与集中的关系，既广开言路，又强化集体领导，做到敢抓敢管。

（二）严格落实执行责任。狠抓工作任务的分解落实，对各类会议和各类重要文件安排部署的工作任务，都要按照“纵向到底、横向到边”的原则，进行层层分解，落实责任到人、到岗位，明确完成时限，做到一级抓一级，层层抓落实。

（三）严格进行责任追究。一是强化干部履职问责制，认真贯彻分行《干部履职问责制实施办法》，对没有正当理由不能按时完成工作任务，特别是有制度不落实、问题屡查屡犯的，要严格追究责任；二是组织对辖区学习制度、落实制度，以及落实分行《关于完善监督检查工作的意见》等情况的检查，发现问题，严格追究责任。

六、继续使核心价值观深入人心，在央行文化建设上有作为。2008年辖区央行文化建设的总体要求是，通过央行文化建设，促进辖区整体工作思路得到全面贯彻、《央行文化建设指引》关于“六个进一步提高”的目标要求得到全面实现，使央行文化建设真正在铸魂塑形、凝心聚力、引领奋斗、推进工作中取得更大成果。辖区各级行要认真落实分行《央行文化建设指引》（济银发〔2007〕92号），紧紧围绕使核心价值观“内化于心、外化于形”这一关键，大力加强辖区央行核心价值观的宣传教育，切实提高干部职工思想修养，真正把核心价值观转化为干部职工思想上的统一、行动上的自觉和工作水平的提高。

七、深化县支行机制建设，在“小而有为”上有新进展。2008年县支行机制建设的总体要求是，通过深化机制建设，促进县支行履行核心职责能力明显增强，干部职工工作积极性、主动性明显提高，监督工作机制建设明显加强，干部职工的工作理念真正实现“三个转变”，确保分行辖区县支行真正实现“小而有为”的工作机制。

（一）认真履行县域内货币信贷政策传导者的职责。县支行是货币信贷政策的传导窗口，要强化对县域经济金融运行和新农村建设的调研分析，加强从紧货币政策宣传解释，引导金融机构加强对三农、中小企业等方面的信贷支持，疏通县域内货币信贷政策传导机制。

（二）认真履行政府决策和金融生态环境建设参谋者的职责。一是及时向当地政府汇报经济金融情况和有关金融政策；二是积极创新工作思路，大力推动农村金融生态环境建设，为增加三农贷款和县域经济又好又快发展创造条件。

（三）认真履行县域金融业可持续发展维护者的职责。一是积极推进县域金融改革，维护县域金融稳定；二是加强地方中小金融机构风险监测，及时上报重大变化情况。积极推动落实农村信用社各项改革措施。

（四）认真履行县域金融服务工作推动者的职责。一是积极研究实施与当地经济发展战略相适应的金融服务措施，要在现金管理、国库管理、支付结算、反洗钱、征信管理、外汇服务等方面发挥重要作用；二是结合履行县支行核心职责的实际情况，检查机制建设存在的问题和不足，有针对性地加以解决；三是继续加强监督工作机制建设，进一步优化岗位设置，稳步推进基础业务岗位合理兼岗，健全岗位激励机制。

八、深入持久地学习贯彻十七大精神，进一步强化党建保障作用。各级行党委（组）要把学习贯彻党的十七大精神作为首要政治任务来抓，切实加强领导，不断把学习贯彻活动引向深入。一是坚持“一岗双责”，不断完善党建工作机制；二是切实加强党支部建设，认真落实各项制度，提高基层党组织的凝聚力和战斗力；三是加强思想政治工作，努力提高思想政治教育的针对性和实效性；四是继续加强领导班子建设，不断优化班子结构；五是大力加强反腐倡廉工作，认真落实党风廉政建设责任制，加大责任追究力度；六是深入开展理想信念和廉洁从政教育，加强对领导干部特别是主要领导干部的监督；七是加强案件查防和巡察工作，着力加强问题整改；八是认真开展以规范管理为主题的行风创建活动，全面推行中心支行行风建设标准化管理工作。

（根据中国人民银行济南分行行长杨子强同志
在辖区2008年工作会议上的讲话内容摘编）

第二部分

中央银行、监管局

中国人民银行济南分行

【综述】 2008年，中国人民银行济南分行(以下简称“人行济南分行”)坚持以科学发展观统领工作全局，强化金融服务功能，努力维护金融稳定，各项工作取得明显成效。

一、着力优化信贷结构，保持货币信贷合理增长。一是围绕“区别对待、有保有压”的宏观调控要求，坚持求好、求稳、求进、求活，把贯彻货币政策、促进经济结构调整和支持经济又好又快发展的着力点放在优化信贷结构上；二是出台了支持全省经济发展、服务业发展的信贷指导意见和绿色信贷实施细则，定期组织召开货币信贷政策通报会对金融机构进行合理引导，全省信贷投放保持了连续性和稳定性。

二、把支持保增长作为金融工作首要任务。一是联合省发改委召开了全省重点建设项目推介会，对8大类共8000亿元的重大投资项目进行了银企对接；二是与省经贸委联合向全省金融机构推荐了276项重点技术改造项目和350家大型骨干企业；三是先后联合山东省14个市政府召开了多场银企合作会，交流项目4250个，达成协议或意向3099个，协议或意向贷款额3386亿元。

三、加大对“三农”信贷支持力度。一是制定出台了《关于加强农村信用体系建设工作的意见》，扎实开展“三信”评定工作，积极打造农村信用工程；二是积极培育并推广德州市齐河县农村金融生态环境示范点建设经验；三是开发了农村信用体系管理信息系统，在山东省建立农户信用档案804.5万户，其中对607.2万户农户累计发放贷款4189亿元。

四、增强中小企业扶持力度，拓宽大企业融资渠道。一是印发了《关于进一步做好中小企业金融服务的意见》；二是会同省中小企业办和省农联社共同实施了“万家小企业培育计划”；三是在全省积极推广济宁市开展“A级中小企业信用培植工程”、陵县政府设立“还贷周转金”的相关经验；四是联合省经贸委向全省金融机构推荐了492家优质中小企业，各金融机构对这些中小企业累计投放贷款249亿元，年末贷款余额达到238.9亿元；五是推动29家大企业发行非金融企业债务融资工具(短期融资券)筹措资金645.6亿元，居全国首位。

五、深化农村信用社改革。年初，该行针对剩余7家尚未通过专项票据兑付考核的农信社，制定了“一社一策”的方针，进行有针对性地重点指导，督促其落实改革措施，努力达到考核要求。截至年末，顺利完成了全省134家农信社专项央行票据兑付工作，累计兑付资金131.9亿元，是继浙江省之后全国第2个全部完成此项工作的省份。

六、加大金融政策宣传力度。一是在省委省政府的支持下，成功举办了两期市县领导干部金融知识学习班，对各市分管金融工作的副市长、金融办负责人及所辖县市区分管金融工作的副县(市、区)长，共计176人进行了培训；二是分行杨子强行长通过为省委办公厅、省发改委系统和有关市委市政府授课等方式，积极宣传金融政策，努力促进国家宏观调控政策与全省实际相结合。

七、不断提高金融服务水平。一是组织开展了“提高服务效率、树立央行形象”行风建设活动；二是扎实推进政务公开，建设了人行系统、金融机构和社会3个网络平台；三是加快现代化支付系统建设步伐，在全省17市全面开通了银行本票业务，组织邮储银行山东省分行在县及县以下2403个网点开通农民工银行卡业务；四是进一步加强国库服务，将直接支付范围由水库移民补贴资金拓展到三峡移民、成品油调价、廉租房等12个补贴项目；五是加强征信体系建设，使非银行信息采集范围扩展到行政执法、地税、仲裁等13个领域；六是加大反洗钱调查力度，配合案件协查37次，移交公安机关案件线索31条，协助破获案件6起，被总行授予“雷霆行动突出成果奖”；七是在全省290家金融机构和658家企业设立了现金供应监测网点，加强反假货币宣传，建立远程教育点8.89万个；八是发出《关于做好抗震救灾金融服务工作的通知》，开通绿色通道，制订出全面详细的金融重建方案，被评为人行系统抗震救灾工作先进单位；九是加强奥运支付环境建设，积极优化银行卡受理环境，荣获总行评定的“奥运支付环境建设杰出贡献奖”，被总行和公安部联合授予“联合整治银行卡违法犯罪专项行动优秀组织奖”。

八、扎实开展学习实践科学发展观活动。一是组织了多层次的学习培训和领导干部专题调研，开展了“解放思想找差距、转变作风促发展”、“我为科学发展建一言”、“解放思想大讨论”等活动；二是加强对各级领导干部思想理论教育，继续开展“党员要成为业务中坚力量”活动；三是抓好领导干部作风建设，强化落实党风廉政建设责任制，印发了《领导干部廉政档案管理办法(试行)》；四是组织干部职工向四川地震灾区捐款1228.19万元，组织辖区1.14万名党员以交纳“特殊党费”的形式，再次捐款684万元。

(郑玉坤)

【货币信贷管理】 2008年，人行济南分行货币信贷管理以“监测、分析、引导”为总体思路，认真组织实施从紧——适度宽松的货币政策，着力强化信贷政策的结构调控作用，积极履行金融市场监管职责，较好地完成了任务。

一、调研分析注重实效，服务领导决策。全年完成各类调研报告100余份，起草各类文件、书面材料90余份，累计100多万字。其中，《2007年山东省金融运行报告》获“全国优秀报告奖”，《流动性过剩背景下地方法人金融机构经营行为实证分析》获总行青年课题三等奖，“黄金市场调研”等3项工作在总行有关司局的评比中获优秀奖,《金融产品创新对货币信贷运行的影响分析》等7篇报告分别被《金融参考》、《中国债券》等刊物登载。

二、窗口指导审慎灵活,服务宏观调控。一是加强利率管理,督促金融机构进一步完善贷款定价管理办法和利率风险管理机制,通过差别利率及合理的风险溢价水平引导资金流向、优化投资结构;二是综合运用信贷规划、再贷款、再贴现、以及有区别的存款准备金率等多种工具,灵活调控经济金融运行;三是联合省发改委、经贸委召开全省重点建设项目推介会,推介重点建设项目240项、流动资金项目492项、技术改造项目39项。

三、金融生态建设扎实有效,服务和谐发展。该行结合山东省区域发展战略,把支持三农、中小企业金融服务等方面引入银政企合作平台建设中。全年先后举行了"半岛金融服务与创新促进会"、"万家中小企业培植计划"、"全省金融支持中小企业发展现场会"、德州齐河农村信用体系示范点建设、济宁中小企业信用培植工程等活动,都取得了很好的示范作用。

四、加强对农信社的考核检查,服务改革实效。一是按照"一社一策"的原则,对最后7家农信社加强指导,督促其落实改革措施,努力达到专项票据兑付考核要求,全年全省134家农信社兑付专项票据131.86亿元;二是在专项票据获得兑付的基础上,及时转移工作重点,强化后续考核,组织现场检查,推动农信社改革继续深入。

五、加强金融市场的宣传引导,服务经济发展。一是通过政策宣讲等形式,引导中小金融机构和非金融企业积极通过市场融资,进一步增强金融支持地方经济发展的能力,全年全省短期融资券发行总量已突破600亿元,稳居全国各省前列;二是指导、审批东营商行、韩国中小企业银行青岛分行、齐鲁证券和海尔财务公司加入同业拆借市场,淄博商行成功发行次级债券5亿元。

(货币信贷管理处)

【调查统计工作】 2008年,人行济南分行调统部门继续发扬"风正气顺人和、求准求快求新"的精神,制度建设促安全,监测分析上水平,专题调研出精品,较好地完成了各项工作。

一、全面推进数据集中工作,优化统计服务体系。一是金融统计工作实现连续11年上报总行数据"零差错";二是顺利完成数据集中系统双轨运行工作,在总行组织的两次数据核查中,全部一次过关;三是建立部署了《山东省全口径信用总量统计制度》,以信用总量体系监测金融机构对实体经济贡献度,获得省委、省政府领导认可;四是作为全国唯一试点行,承担完成了总行利率统计试点工作任务;五是参与总行统计制度调研、指标编码体系设计、试点等工作,先后参与涉农贷款和大中小型企业贷款情况统计制度的建立,并被总行指定撰写全国涉农贷款分析报告;六是建立健全政务公开工作机制,加强与各金融机构、"一行三局"统计数据信息共享;七是完成涉农贷款数据来源情况快速调查;八是配合总行完成《农村金融发展情况调查》、《信贷资产卖断和回购及代客理财统计调查》等多项调研课题。

二、加强监测分析,打造制度性调查精品。一是对银行家、企业家和储户问卷调查报告进行提炼,形成专报件报送省委省政府主要领导,并通过征信数据信息平台向全社会公布;二是扩大企业商品价格调查范围,编制并运用山东省企业商品价格指数,加大对物价走势的调研分析力度,并对重点商品按旬监测;三是开发完成银行家问卷系统校验程序,全省银行家问卷数据核对工作从原来的两天缩短到5分钟;四是积极探索电话访问调查新模式,提高调查质量和效率;五是配合总行完成银行家、城镇储户问卷调查制度调研工作;六是参与总行企业景气调查系统测试,并继续创新景气调查企业个性化服务方式,形成银企交流互动、双向服务的长效机制。

三、创新调查分析方法,宏观分析和专题调查水平有了较大提高。一是按月向省委省政府报送山东省金融运行及其他专题分析《专报件》16篇,7篇被原李建国书记、王仁元常务副省长等批示;二是建立完善了对固定资产投资、工业运行、物价、消费走势的按月监测分析制度,建立对重大经济金融调控政策效应的快速反映机制,及时跟踪各项宏观调控政策的实施效果,向总分行领导报送宏观调控信息20余项;三是全年完成调研分析报告50余篇,其中《农业产业化龙头企业贷款数据采集流程》被总行在全国推广,《劳动密集型中小出口企业就业调查报告》得到总行领导好评,《当前宏观调控背景下山东经济运行趋势分析》、《对当前信贷结构错配问题的调查报告》等20篇报告被总行《金融统计与分析》刊用;四是加强重点课题研究,根据经济金融运行形势、特点及总行关注的热点、难点问题,选定8个调研题目,采用"分行组织、一行牵头、多行参与"的方式组织完成调研报告;五是开发并完善汇率形成机制改革对进出口企业影响监测调查的数据库应用系统,提高了数据质量和工作效率。

四、年鉴史志工作成绩显著。2008年,年鉴史志工作遵循"夯实基础,保证质量,加强协调,把握进度,与时俱进,求实创新"的思路,取得了新的成绩。一是于5月份通过对55家参编单位提供的近500多万字的资料整理编辑的基础上,首次编印了近90万字的《山东省志·金融志》(征求意见稿);二是于6月16日在临沂召开了由35家参编单位出席的《山东省志·金融志》第6次续修工作会议,会议对《山东省志·金融志》(征求意见稿)进行了研究讨论,并制订了新的工作措施,布置了下一步的工作任务;三是圆满完成了近180万字的《山东金融年鉴》(2008年卷)(以下简称《年鉴》)的编辑、审校、彩页征集、排版、征订工作;四是完成了《年鉴》征订任务3700多册,比上年增加了200册,是完成征订任务最多的一年;五是首次对《年鉴》实施了双色印刷,提高了《年鉴》的质量和可读性;六是首次制作了《年鉴》电子版,使《年鉴》功能得到了显著的提高;七是开展了运用图形和分析对《年鉴》数据进行深加工的尝试,并取得一定的成效和经验。

在中国出版者协会年鉴工作委员会主办的第四届全国年鉴编校质量检查评比活动中,《年鉴》荣获一等奖。

(调查统计处)

【征信管理工作】 2008年，人行济南分行征信管理部门在数据质量核对、农村信用体系建设、评级市场监管和中小企业信用体系建设中成效显著，多次受到总行的表扬或介绍经验。

一、加强征信系统建设，提高服务水平。一是制定了企业和个人《征信系统管理指引》，改版了山东省重点企业征信系统；二是开展了贷款卡信息、数据上报和两端数据核对工作，使上报及时率达到99%；三是加快推广应收账款质押登记公示系统，累计注册系统常用户82个，登记1294笔，查询量居全国第4位；四是依法做好贷款卡管理工作，全省新发放贷款卡1.41万张，组织企业年审8.57万户，受理个人信用报告查询1.17万笔。

二、规范机构监管，促进信用评级市场发展。一是制定了《山东省企业信用评级管理工作指引》，建立了"担保机构备案管理制度"；二是认真落实了评级业务报备报告、专家委员会评议、季度例会和约见谈话制度；三是组织开展了对《行业自律公约》执行情况的自查和现场调查。全年全省共有1863户企业签订评级协议，完成评级报告1601份；185家担保机构申请参加信用评级，签订评级协议103份，完成评级报告80份。

三、推动中小企业信用体系建设，缓解融资难问题。一是探索建立了信用征集的部门协作机制，全省向征信系统加载企业信息8.61万户；二是加大对中小企业的宣传培训力度，及时挖掘具有良好示范作用的典型案例，不断提升中小企业的信用意识；三是利用银企洽谈会、项目推介会等时机，引导金融机构加大对中小企业的信贷投入。截至年末，在参与信息征集的企业中有12646户办理了贷款卡，5336户达成了授信意向，3782户取得了贷款，融资金额达343.29亿元。

四、加强农村信用体系建设，促进"三农"发展。一是制定《关于加强农村信用体系建设工作的意见》，完成了建设示范点工作；二是开发推广了"农村信用体系管理信息系统"，全省137个县区建立农户信用档案798.9万户，评定信用农户717.6万户；三是积极引导农信社等农村金融机构创新担保方式和信贷品种，加大对"三农"的信贷投入，全年累计发放贷款4027.9亿元，比年初增加1026.5亿元。

五、广泛开展征信宣传活动，推动长效机制建设。一是组织全省金融机构参加了"征信宣传月"和"应收账款质押登记公示系统运行一周年"宣传活动，累计发放宣传资料70余万份；二是与省教育厅合作，在驻济高校中举办了征信知识有奖竞赛和表彰座谈会；三是组织基层人行深入农村开展信用知识宣传，全省举办培训5694次，涉及农户957.7万户。

（征信管理处）

【反洗钱工作】 2008年，人行济南分行反洗钱工作日趋完善，被总行授予"中国人民银行雷霆行动突出成果奖"。

一、有效开展行政调查和案件协查。一是建立了本外币联合监管合作和信息共享机制；二是加大与公安、检察院和海关等部门的情报会商力度，全年组织召开了4次专题案情会和3次信息交流座谈会；三是制定了《山东省2008年反洗钱专项行动实施方案》，安排部署辖区5个重点地区开展打击地下钱庄专项行动相关事项；四是加大行政调查工作力度，全年发出反洗钱调查通知书154份，涉及交易37000余笔，金额69.48亿元；五是向公安机关移交可疑交易线索62个，其中立案12个。

二、积极开展现场检查。一是制定了反洗钱现场检查工作计划和现场检查工作指引；二是建立了现场检查督导、动态快报和科学评估制度；三是组织完成了对3家商业银行、1家期货公司、1家保险公司，共计91个分支机构的反洗钱现场检查；四是指导辖区人民银行组织完成了对5家银行、2家证券公司、5家保险公司，共计89个分支机构的反洗钱现场检查。

三、加强预警监测。一是按照《山东省金融机构反洗钱工作自律评估办法》，组织辖内3084家各级金融机构开展反洗钱工作自律评估，对586家市级及以上金融机构进行了评价；二是制定了《山东省金融机构反洗钱工作考核评价办法》，选取青岛、烟台、潍坊、济宁、威海、临沂共计103家金融机构进行试点；三是对金融机构2007年反洗钱工作中存在的问题进行了通报及风险预警提示；四是认真做好人民币大额现金存取监测试点工作；五是组织开发了反洗钱监管依据管理和非现场监管应用系统，探索建立了反洗钱监测分析预警系统。

四、完善制度措施。一是制订下发了《可疑交易、可疑行为分析报告及行政调查、案件协查等事项内部处理规程》，对辖区可疑交易、行为报告的内容和方式提出了具体要求，并按季进行通报；二是督促辖区人民银行和金融机构加大对可疑交易线索的梳理和排查力度。

五、反洗钱协调合作机制进一步优化。一是组织召开山东省反洗钱工作联席会议，通过了修订的《联席会议制度》，增加省民政厅和省经贸委为联席会议成员单位；二是相继与省公安厅经侦总队、治安总队和禁毒总队建立了反洗钱合作联系制度；三是探索建立人行与海关的合作联动机制，在分行的协调下，潍坊、淄博、东营和滨州市中心支行与潍坊海关缉私分局联合召开了"四行一局"合作协调联席会议，在打击洗钱及走私犯罪工作中实现了跨区域和跨行业协作。

六、深入开展培训和调研。一是制订了《反洗钱宣传培训工作指导意见》，组织辖区人行开展反洗钱宣传活动；二是制订了《反洗钱信息调研工作指导意见》，全年共向总行反洗钱局报告反洗钱专题信息32篇，其中，被总行《反洗钱工作简报》采用19篇。

七、加强内部管理和监督检查。一是进一步强化内部各项工作的监管力度，认真落实反洗钱岗位A、B角制度和"一岗双责"制；二是制订了《反洗钱监管工作指导意见》。

（反洗钱处）

【会计财务工作】 2008年，人行济南分行会计财务处较好地完成了年度工作任务，在总行07年度会计报表评比中再次获得综合优胜奖（会计系列最高奖）。

一、完善工作机制。一是推动会计联席会议平台机制建设；二是在辖区首次开展会计联合检查，在此基础上，完成了会计财务规章制度执行情况检查；三是举办了会计业务主管培训；

四是组织开展了会计制度体系建设及执行情况调研。

二、加强会计风险管理。一是成立评估小组，首次在辖区开展会计风险评估工作，形成了《会计风险评估报告》；二是及时处置各类会计风险；三是出台了《关于进一步加强辖区会计风险管理的意见》。

三、进一步强化预算约束与控制。一是全面修订了《财务管理办法》和《钞票处理中心财务管理办法》；二是加强对账户的日常管理；三是建立了预算执行情况定期考核通报制度，按季对费用预算执行过快或过缓的行进行点名通报。

四、规范会计财务行为。一是建立完善了会计财务内部、同级和对下三个层次的监督检查体系；二是配合审计署驻济南特派办完成了对分行2007年度财务预算执行情况检查；三是为迎接审计署京津冀特派办的检查，开展了全面自查自纠工作；四是对辖区2个培训中心及3个钞票处理中心的财务工作进行了专项检查。

五、优化资产配置。一是修订了《集中采购工作规程》；二是组织开展了集中采购和基建工程招投标自查自纠及政府采购执行情况专项检查工作。

六、严格监督管理。一是及时报送建设信息，实现非现场全程跟踪管理；二是制定了基本建设监督小组工作办法；三是督促、协助辖内两个基本建设项目单位及时办理各项报批手续。

七、深入开展会计调研和报表分析工作。一是开展人民银行会计财务报表的季度、年度和综合分析，按季对预算执行情况进行全面分析；二是开展山东省商业银行会计报表分析，形成了《山东省城市商业银行2007年度会计报表分析报告》；三是先后对新会计科目实施、财政存款交存及会计制度建设和执行情况开展了专项调研，并形成调研报告上报总行。

（会计财务处）

【科技工作】 2008年，人行济南分行不断加快信息化建设步伐，加强规范化管理，进一步提高科技服务水平。

一、完成重点系统建设、推广和升级工作。一是完成省级同城通信转接中心工程，实现了同城异地通信线路备份；二是顺利实施分行内、外网分离建设工程；三是建立了基于人行内联网的视频会议备份系统，确保总、分行召开的电视会议能够持续进行；四是小额支付系统银行本票业务和联网核查公民身份信息系统在山东省正式上线运行；五是顺利进行基于IPStor CDP技术的账户管理系统灾难备份项目建设，并组织完成了山东省地市中支内容分发系统建设工作；六是完成人民币银行结算账户管理系统的多次升级，并组织辖内分支行完成了ABS5.0和AAS4.0升级换版工作；七是完成了反假币系统上线、集成到人行金融信息服务平台的工作及发行基金管理系统数据库在分行的部署。

二、做好外管总局多个系统的开发、推广工作。一是完成了进口异地付汇程序和出口退税电子数据查询程序的开发并部署应用；二是组织了对地市的外汇非贸易非现场监管系统培训；三是建立了比较完备的主机备份机制，并完成了国际收支分析监测系统的安装部署；四是完成了直接投资外汇业务信息系统正式推广上线的技术支持，并组织了外汇账户系统的应急演练；五是完成了出口收汇联网核查系统上线的技术支持工作，保证该系统在全省成功推广上线；六是组织辖内各中心支局完成了2007年度进口付汇数据的提取和上报工作；七是完成了贸易信贷登记管理系统（预付货款部分）正式推广上线的技术支持工作。

三、做好信息安全保障工作。一是组织开展了2次信息安全风险评估，修订完善信息系统应急预案并开展演练，落实奥运期间值班和系统实时监测分析上报制度等多项工作；二是组织辖区17地中支开展信息安全交叉检查；三是配合总行奥运安保现场检查组和山东省信息化工作领导小组办公室完成了对机关的信息安全现场检查，并协调青岛市公安、通信、电力等部门完成了对青岛市3家金融机构的现场检查；四是在全辖开展2次计算机及移动存储设备安全保密大检查工作；五是完成入侵检测、防病毒及补丁分发系统的升级改造，平稳推进辖区4550个客户端的升级工作；六是组织编写了《地市中支网络管理规范》，并制定印发了《山东金融网电子邮件系统》、《同城通信转接中心》和《联网核查公民身份信息前置系统运行维护》等管理办法，切实加强运行维护制度建设。

四、加强科技信息建设，探索辖区特色金融服务。一是在全国率先举办报表分析工具（Cognos）培训班，对辖内40名科技人员进行了培训；二是积极探索研究数据集中备份系统实施方案，组织了网络存储技术讲座；三是组织对辖内金融机构科技主管、中支科技部分负责人等进行安全培训和技术交流，并邀请总行科技司的处长做了题为《银行业信息安全保障技术体系建设》的报告；四是工资信息管理系统（总行版）正式上线运行，并开发建设货币发行管理监测、金融稳定监测数据汇总和分行监督管理等系统；五是建设完成电子文件交换系统，并完成了征信查询平台修改完善及综合信息服务系统页面改版工作。

五、加强基础设施建设，做好日常安全防护。一是对全省金融城市网进行改造；二是完成机关办公楼综合布线工程，实现了主机房至各楼层弱点间纵向光纤的冗余备份；三是在全国率先以地市为单位进行OSPF子域划分；四是积极探索、部署集中存储和异地备份系统，增强重要信息系统容灾抗灾能力；五是完成了同城通信转接中心UPS及多次分行计算机设备采购的招标工作，并配合总行执法检查组完成对分行电子设备采购的审计；六是加强防病毒管理、补丁管理、漏洞扫描、非法外联和入侵检测事件管理，全年未发生重大安全事件；七是完成全省货币金银、纪委监察、国库等部门的CA证书发放、管理工作。

六、做好银行卡联网通用工作。一是及时向总行上报《关于规范发卡行银行卡BIN管理》、《关于山东省部分发卡机构银行卡系统、终端机具和银行卡卡片使用情况》和《关于<银行卡联网联合技术规范>等五项规范（征求意见稿）的修改意见》等报告；二是强化对银行卡工作的督促检查，先后两次组织了对银联青岛分公司的检查，发现和纠正存在问题近十余个；三是制定了《青岛市奥帆赛银行卡受理环境压力测试方案》，并组织实施了青岛市银行卡受理环境压力测试。

（科技处）

【内审工作】 2008年，人行济南分行内审部门组织完成各类审计项目499项，发现问题793个，提出整改建议160条，充分发挥了“保健医”作用。

一、切实规范审计行为。一是修订完善了《领导干部履行职责审计方案》；二是组织制定了《部门负责人履行职责审计实施办法》；三是进一步完善了监督检查和专业考核等制度，内审监督进一步程序化和规范化。

二、有效开展各类审计。一是完成了对5位中支行长的履职审计和7位中支行长的离任审计；二是开展了依法行政、基本建设项目管理、信息系统应急预案管理等29项专项审计；三是组织各中支开展了反洗钱管理、全行性应急管理情况等191项专项审计。

三、全面提高内审队伍素质。一是成功举办了内审专业综合技能竞赛，涉及会计财务、支付结算等6个专业；二是开展了以“联系一个行、精通一个专业、主审一个项目、完成一次专题讲座、开展一次专业技能竞赛”为中心内容的“五个一活动”，得到总行内审司领导的高度评价。

四、实现监督检查网络化。一是重新修订了2007年下发的《监督检查指导意见》；二是组织各部门完善了监督检查制度和“业务检查登记簿”，强化管理层的监督检查职责；三是会同科技处探索开发了《监督检查管理系统》，提升了监督效果。

五、改进信息技术审计工作。一是召开了信息技术审计创新攻关座谈会；二是成立创新攻关小组，对4家中支开展了信息技术应用和运行管理全面审计；三是编写了《信息技术审计现场操作表》；四是组织开发了《信息技术审计操作规程(软件版)》。

六、扩大审计成果利用力度。一是形成了审计成果运用、财务审计专题和信息技术审计专题等3篇分析报告；二是按季参加监督部门联席会议，与人事、监察、巡察和业务主管部门共享监督检查资源，实现了审计成果的有效转化。

七、提升内审调研水平。一是完成了《信息技术审计效应分析和路径选择》课题研究；二是起草的2篇理论研讨文章在《金融发展研究》发表；三是开展了以“风险导向审计、财务审计、绩效审计、信息技术审计”为主要内容的调研活动，评选出54篇优秀论文汇编形成《中央银行内审理论与实务探讨》，正式出版发行。

（内审处）

【组织人事工作】 2008年，人行济南分行组织人事部门努力发挥职能作用，较好完成了全年任务。

一、充分发挥组织部门职能作用，扎实推进思想政治建设。一是组织辖区各级成员开展学习实践科学发展观活动，并受到总行指导检查组肯定和好评；二是完成分行党校迁址和年内两期主体班的开办，108名处级干部及部分县支行行长先后参加了为期40天的培训；三是举办了中心支行党委书记及分行机关处级干部短期读书班；四是加强基层党建工作，并研究确定了4家中支和12个基层党支部为党建工作联系点，建立完善了联系基层制度。

二、以提高履职能力为目标，有效推进各级行领导班子组织建设和干部监督管理。一是及时提出调整配备意见，提出了分行机关正、副处长选拔工作方案，并组织完成了笔试、面试、民主测评和组织考察工作；二是组织对33家地市中支、分行营管部的干部选拔任用工作进行了现场检查；三是组织开展了对《干部任用条例》等学习测试活动，并对各单位干部选拔任用工作组织了民主评议。

三、发挥培训工作的基础、导向作用，进一步加强干部人才队伍建设。一是落实人行总行党委“五型”干部队伍建设要求和分行《“十一五”干部培训规划》，并制定下发了年度《干部培训工作安排意见》；二是先后举办分行机关业务骨干、数量经济学知识、县支行轮训师和BFT英语强化培训班等，并刊登在《金融时报》和总行《组织人事工作参考》中；三是改进推荐方式，探索实行量化考核，该年共向总行推荐57人申报高级专业技术资格，评审通过36人，通过率居各分行前列。

四、坚持规范管理，推进组织人事工作改革创新。一是下发了《关于进一步规范和加强非领导职务人员管理的通知》；二是规范人员招录管理，并实施了分行机关新录用人员到基层实习锻炼制度；三是贯彻《分支机构合同制用工管理暂行办法》和电视电话会议精神，合同制用工规范管理继续推进；四是修订印发了《年度工作考核暂行办法》，启动了县支行全员轮训工作；五是组织落实总行劳动工资计划，使各项基础工作，人事档案、信息、信访和养老保险统筹管理得到加强。

五、组织各类活动，加强行风建设与凝聚力。一是组织开展“讲党性、重品行、作表率，树组织人事干部新形象”活动，同时制定下发了《关于推进辖区各级组织人事部门“党员之家”、“干部之家”建设的意见》；二是按照“一岗双责”的要求，积极组织开展“文明处室”创建活动和行风建设活动，促进了业务工作的良好开展。

（人事处）

【货币金银工作】 2008年，人行济南分行货币金银处圆满完成了各项工作任务。奥运钞发行、救援兄弟行受阻在途发行基金工作得到总行通报表彰。

一、以“制度落实年”活动为手段，确保安全无事故。一是新建及修订了《销毁岗位风险管理办法实施细则》等5项规章制度；二是开展了“会计核算无差错年”活动，设立了《业务违规操作登记簿》；三是加大检查力度，推行了全省各行之间的交叉检查方式，提高了检查效率；四是研发了发行基金物流管理系统，实现了对回笼发行基金各流转环节的控制；五是完善了各项应急预案，并与保卫等部门联合组织了实战演练。

二、以预警体系和奥运流通环境建设为重点，确保全省现金供应。一是建立了全省现金流通的预警标准和机制；二是研发了“人民币流通监测系统”；三是进一步完善了对商业银行存取现金的两级预约制度，加大了对用现计划准确性的考核；四是制定了《山东省奥运期间现金流通环境建设实施方案》；五是建立了现金供应三级保障体系，实行了划分区域、重点保障、全省连动的现金供应机制；六是开展了发行基金调拨成本效益年活动，全年共组织跨行政区域调拨发行基金 223.26 亿元，占辖外调拨量的 76%。

三、反假货币工作取得新成效。一是创新宣传途径，推进长效宣传机制建设；二是不断深化农村和城市"两个网络"建设，已实现对行政村 100%覆盖；三是印发了《山东省货币真伪鉴定师、鉴别师和识别师考核认定暂行管理办法》；四是联合省公安厅经侦总队，在全省范围内开展了打击假币犯罪专项行动。

四、进一步畅通现金流通渠道。一是加大了对县级以下区域的流通中货币管理力度，制定了《进一步强化人民银行(山东省)县支行货币金银职责的指导意见》；二是加大残损人民币回收销毁力度，加强对市级商业银行和县级支行残损人民币回收计划执行情况的检查、指导，并定期进行考核、通报；三是通过确立主办银行制度，解决了长期以来大中城市公交公司小票缴存难、超市等用零大户取现难的矛盾；四是组织完成了对办理人民币存取款业务的金融机构人民币收付业务的专项检查和对辖内 40 家经营流通人民币企业的检查工作。

五、以博物馆建设为契机，钱币学会工作不断加强。一是组织召开了山东省钱币学会第四次会员代表大会，选举产生了新一届领导成员；二是筹建了齐鲁钱币博物馆；三是积极参加"科普知识进社区"等活动。

（货币金银处）

【支付结算工作】 2008 年，人行济南分行支付结算处以改善民生、支持金融业务创新和服务山东区域经济发展为目标，大力推动支付体系的改革与发展，荣获总行、公安部联合颁发的"打击银行卡违法犯罪专项行动优秀组织奖"，被总行授予"奥运支付环境建设杰出贡献奖"。

一、加强支付清算系统管理，强化金融服务。一是印发了《支付系统参与者管理办法(暂行)》；二是修订了支付清算系统等各项应急预案；三是建立了支付清算纠纷咨询登记制度；四是组织完成了支付、中央银行会计集中核算和会计事后监督系统的升级改版；五是指导邮储银行山东省分行加入同城清算和账户管理系统，为其开通对公支付结算业务提供基础平台。

二、开展账户管理和联网核查，切实落实账户实名制。一是组织辖区金融机构完成了个人人民币银行存款账户自查；二是推广应用了账户管理系统账号批量变更和账户批量迁移功能；三是组织 8 家城市商业银行接入联网核查系统；四是按季汇总上报辖区联网核查案例。

三、积极推广非现金支付工具，推动农村地区支付环境建设。一是在全省全面开通了银行本票业务；二是开展了"银联标准卡刷卡进县市"主题宣传活动；三是组织邮储银行山东省分行正式开通农民工银行卡特色服务受理业务；四是建立并实施了山东省农民工银行卡特色服务月通报制度；五是加大电话转账等农村非现金支付工具的推广力度。

四、扎实开展联合整治银行卡违法犯罪专项行动。一是组织完成了对部分市地的实地督查；二是与省工商局联合发布了《关于打击信用卡套现活动的通知》，联手打击信用卡代办和套现活动；三是下发了《关于进一步加强银行卡业务管理的通知》，督促银行机构加强风险防范；四是针对发现的涉外伪卡案件，及时启动应急预案，在全省发出风险提示并全面排查可疑交易。

五、加强内部管理和监督检查，确保辖区资金安全。一是修订下发了《支付结算专业监督检查办法》；二是修订了中央银行集中核算系统应急演练方案，并组织开展了应急演练；三是组织完成了对全省 2007 年度会计联行现场检查。

六、深入开展调查研究。一是深入一线开展调研，撰写调研报告 30 余篇，其中 1 篇在总行"支付服务与政策协商会"上宣讲；二是制定下发了支付结算联系会议办法和信息联系制度，召开了支付结算联席会和专题会；三是按季发布支付体系运行、资金流量流向分析、账户管理、银行卡和农民工银行卡特色服务业务等报告；四是加大政务信息公开力度，在省部级以上刊物发表文章 10 余篇。

七、建立"山东省支付结算重点联系企业制度"。通过采取深入企业、召开座谈会、开展业务培训、下发调查问卷和监测企业支付需求等形式，加强与重点企业的联系，提高支付结算工作的针对性和有效性。

（支付结算处）

【国库工作】 2008 年，人行济南分行国库部门全面推动山东国库健康发展，实现连续 11 年会计核算无差错，连续 6 年在总库综合业务、业务报表和会计核算三项考核中获得一等奖。

一、夯实业务基础，确保国库资金安全。一是制定了《<国库会计数据集中管理操作规程(试行)>补充规定》等一系列制度；二是组织各级国库开展了风险排查和会计风险评估；三是指导济南、菏泽等市中心支库完成了一般预算单位银行结算账户的核查工作；三是对全省 2007 年 1 月至 2008 年 4 月的国库业务进行了集中检查，检查面达 100%。

二、开拓创新，提升国库服务水平。一是扩大国库直接支付范围，资金种类增至 12 项，全省直拨各类补贴资金 11.4 亿元，惠及 187 万人；二是畅通农民国债投资渠道，启动了"送国债下乡活动"，第 3、4 期国债在农村网点共销售 4459.70 万元，总局局长邵长年在 11 月 1 日接受《金融时报》记者专访时，先后两次对这项工作提出表扬。

三、加强调研分析，强化国库反映职能。全年分库共编发情况反映 103 期，其中被总行国库局刊物采用 51 篇；在《金融时报》、《大众日报》、《齐鲁晚报》等媒体发表信息 11 篇，其中《山东省国库直接支付补贴资金领域加快拓展》被国务院办公厅采用。

四、举办应急演练，提高应急反应能力。一是进一步规范了突发事件应急机制，要求各中心支库重新上报领导小组名单和应急预案；二是组织开展了会计核算业务应急演练，提升应急处置能力；三是重新修订、下发了《国库业务系统突发事件处置预案》。

五、全力配合救灾救援工作。一是及时下发了《紧急通知》,要求各级国库紧密配合当地政府的救灾支援工作;二是建立了国库资金汇划绿色通道,即时跟踪资金到账情况;三是制定了救灾信息每日报告、24 小时联系和节假日值班制度,确保紧急救灾款项在节假日期间的正常办理。全年全省各级国库共拨付救灾款 13613.6 万元。

(国库处)

【金融稳定工作】 2008 年,人行济南分行金融稳定部门切实履行职责,维护辖区金融稳定。

一、强化制度支撑与保障,着力推动金融稳定业务规范化、信息化建设。一是在全国率先设计运行了金融稳定信息系统;二是探索创立了金融稳定联席会议机制,联合金融机构风险控制部门共同防控金融风险;三是建立了重点联系企业综合服务、金融机构信息采集报送与反馈等制度;四是修订了金融稳定专业考核办法,加大量化考评力度。

二、推进金融风险防控体系建设,风险分析评估和预警水平不断提高。一是开展了山东省金融稳定状况全面评估,2007 年报告摘要在《金融发展研究》杂志公开发表;二是建立了法人银行业机构流动性风险监测制度;三是调整完善 78 户重点企业监测指标,组织开发了山东省上市公司监测系统;四是建立实施了风险监测周报制度,目前已形成高质量监测报告 11 期,得到总行好评。

三、创新工作方式,加强金融改革政策实施效果跟踪监测与反馈。一是围绕农行完善服务"三农"组织架构和农发行改革需求,展开实地调查,为总行研究制定改革方案提供参考建议;二是分别会同农行、农发行山东省分行成立了领导小组和调研小组,广泛了解情况,使调研成果更具针对性和实效性。

四、提升风险应急处置和管理水平,着力防范和化解金融风险。一是修改了金融机构突发事件应急预案,制订了应急预案简明手册;二是组织 17 家中心支行、7 家城商行和 10 家农信社开展了突发事件应急演练;三是积极参与风险企业救助与重组,协调资金帮助企业恢复生产;四是协助公安部门冻结了济正公司非法集资案涉案账户和资金;五是组织举办各种金融安全知识宣传活动,积极开展投资者风险意识教育引导。

五、加大资产管理力度。一是开展金融稳定再贷款管理信息系统上线培训,组织相关中支全面整理再贷款档案资料;二是签署了自办经济实体遗留资产移交总协议和分项协议,明确相关职责;三是完成了鲁银实业总公司市场退出的相关工作。

六、强化调研信息支撑作用,加强稳定分析的针对性和时效性。一是承担完成了总行《农业保险、农产品价格与物价水平波动》研究课题;二是以招标的方式,在全省组织开展了 8 项重点研究课题;三是顺利完成了《经济下行风险对银行业的影响》、《山东省金融风险状况分析》和《金融组织体系对经济发展的适应性及优化思路》等热点调研报告;四是组织开展了金融机构履行社会责任和金融创新情况调查。截至年末,全年共组织专题调研 30 余次,向总行金融稳定局报送信息 36 篇,总行采用 4 篇。

(金融稳定处)

【事后监督工作】 2008 年,人行济南分行事后监督中心围绕"防范资金风险,促进操作规范"的工作目标,做了大量工作。

一、做好核算业务日常及专项监督检查工作。一是按季印发国库、发行核算业务监督情况通报及财务经费核算监督情况报告;二是对分行机关国库、发行、会计财务和后勤服务中心的会计财务制度执行情况进行了两次现场检查,形成了检查报告;三是完成了对培训中心财务经费核算业务的现场检查。

二、进一步建立健全制度。一是修订印发了《〈工作规程〉实施细则》、《会计(发行)事后监督操作规程》、《财务经费核算事后监督实施办法》和《事后监督工作监督检查实施办法》等制度;二是建立了事后监督工作情况反馈、会计资料传递交接、监督主管授权审批、政治业务学习和事后监督询证等管理制度。

三、进一步加强国库业务集中监督工作。一是组织完成了对"国库会计数据集中事后监督系统"全面优化升级换版工作;二是下发了《关于国库会计凭证监督签章及国库会计数据集中事后监督升级有关问题的通知》;三是起草了《关于国库部门与会计部门日(月)计表余额"合计"项科目汇总口径不一致情况反映》的签报;四是做好国库监督双周报的编报工作,全年共编发《国库监督周报》26 期上报总行。

四、加强业务指导和管理。一是组织召开了全省事后监督工作会议、座谈会和课题研讨会;二是完成了对部分中支事后监督工作的现场检查,印发了《关于 2008 年山东省事后监督工作检查情况的通报》;三是组织全省事后监督人员参加了会计联合培训、国库及支付结算业务培训;四是组织各中支事后监督部门参加了会计核算系统应急演练。

五、强化部门协调和监督信息共享。一是按季向会计和监督工作联席会议提交全辖核算业务监督情况和统计数据;二是撰写了《2007 年山东省事后监督情况分析通报》;三是汇总统计分析全省事后监督情况,为全省会计风险评估工作提供参考。

六、深化信息调研工作水平。一是完成了《商业银行事后监督运作模式研究与借鉴》、《县支行会计核算业务上收后深化事后监督工作的探讨》两项重点课题,分别被《金融会计》、总行研究局《金融研究报告》刊登和采用;二是全年编发《事后监督信息》16 期。

(事后监督中心)

【宣传工作】 2008 年,人行济南分行不断加强和改进宣传思想工作,为全面履行央行职责提供了精神动力和思想保证。

一、认真抓好理论学习工作。一是在全国人行系统率先起草下发了《关于深入学习贯彻十七届三中全会精神的通知》;二是加大中支中心组理论学习指导力度,下发《指导意见》和《关于调整中心组学习理论预报方法及有关材料报送要求的通知》;三是继续开展"读好一本书、写好一篇心得"活动,并在《党建通讯》开辟"读书心语"栏目,宣传获奖文章。

二、积极开展主题教育活动,不断加强思想道德建设。一是组织员工收看《人行抗震救灾模范事迹报告》专题片,并深入挖掘、宣传抗震救灾典型事迹；二是参加了“我为科学发展进一言”和“科学发展在身边”征文活动；三是先后开展了“央行文化建设画与话”征集活动、“道德模范评选”表彰活动、“党员要成为业务中坚力量”主题实践活动和“纪念改革开放 30 周年”征文活动。

三、切实加强和改进思想政治工作。一是不断完善思想政治工作制度，下发重点调研课题，进一步推动群众性理论研究开展；二是通过问卷调查、召开座谈会等形式，对 34 家中支、支行干部职工心理健康情况进行摸底调查，形成的调查报告被《金融简报》(61 期)转发；三是开展分行级宣传思想先进单位和个人的评选表彰活动；四是成功改版《党建通讯》，全年累计编发 9 期、45 余万字。

四、扎实开展文明单位创建活动。一是召开文明单位创建工作电视电话动员会议，下发做好该项工作的通知；二是检查 15 个分行级以上文明单位的创建进展情况，并针对发现的问题召开座谈会；三是成功研发、运行“文明单位创建电子化管理系统”；四是召开文明单位申报推荐座谈会，分别对申报总行级、分行级文明单位进行了集中检查和现场检查考核。

（党委宣传部）

【纪检监察工作】 2008 年，人行济南分行纪检监察部门认真履行职责，各项工作有序开展。

一、注重廉政文化建设。一是制定下发了《领导干部廉政档案管理办法（试行）》和《党风廉政建设工作日志管理办法》；二是组织开发了《领导干部廉政档案信息管理系统》，发布了《廉政文化建设屏幕保护程序》；三是开展了“扬正气、促和谐”全国廉政公益广告创作展播评选活动，辖区 7 件作品被总行纪委选送中纪委参加评选，列全国人行系统前茅。

二、努力提高监督效能，一是制定下发了《监督检查工作指导意见》，按季召开监督部门联席会；二是试行了监督联动机制，使被监督者从被动接受转变为主动邀请监督；三是加大信访核查力度，组织试行了由中支统一受理本辖区信访举报的工作机制；四是下发《关于进一步加大对县（市）支行监督检查工作的通知》，组织开发“县支行风险防范远程监控系统”，风险防控能力得到进一步提高。

三、全面开展行风建设。一是制定了《“提高服务效率、树立央行形象”行风建设活动指导意见》，进一步完善行风建设工作机制；二是制定推行了岗位工作、员工行为、监督检查、考核评价、责任追究等 5 项标准，细化评价指标，切实促进规范化管理；三是组织印发了工作规划，加强监督检查，行风建设活动取得明显效果。

四、查防并举取得新进展。一是承办了总行案件查防联系点工作座谈会，辖区青岛、南阳、信阳市中支和沂源县支行等 4 个单位在会上介绍了经验作法；二是代总行起草修订了《纪检监察案件查处操作规程》；三是举办案件检查工作人员培训班，对总行新运行的系统进行培训；四是组织干部职工学习《岗位风险防范指南》，认真开展风险部位和风险点排查工作。

五、认真开展执法监察工作。一是下发了《关于对集中采购、基建工程招投标情况进行自查自纠的通知》；二是从鲁豫两省各选定 8 个中支，分别开展了集中采购和基建工程招投标的执法监察；三是组织召开了执法监察经验交流会，郑州、青岛等 13 家中支在会上交流了经验作法；四是完成了对沈阳分行、杭州中支 2006 年和 2007 年集中采购和基建工程招投标的执法监察。

六、突出重点抓履职问责，建设长效机制。一是落实开展了“制度落实年”活动，认真梳理完善各项规章制度，累计修订 1921 个，新建 782 个，废止 245 个；二是制定下发了《履职问责实施办法（暂行）》和《关于进一步加强履职问责工作的通知》，针对检查发现的问题，按照“谁主管，谁问责”的原则，开展履职问责工作。对此，金融时报以《真正将制度落实到位》为题进行了宣传报道。

（纪检监察一处 纪检监察二处）

【安全保卫工作】 2008 年，人行济南分行安全保卫部门坚持“安全第一”的指导思想，实现了安全生产无事故。

一、充分发挥职能作用，圆满完成奥运安保工作。一是及时转发了省综治委和总行保卫局奥运期间安保工作的相关要求，并根据情况及时的安排部署，进一步的修改及完善应急处置预案，做好防范工作；二是进一步加强内部与守库值班室的管理，并严格控制非值班人员进入值班室，做到安全无空岗；三是在全省组织枪弹管理自查，对枪弹管理责任制落实情况与各环节制度执行情况做出检查；四是做好货币押运工作，明确责任，挑选精英人员执行任务，并在奥运期间实行货币押运任务报告备案制度；五是对运钞、护卫车辆进行检查维护，及时更新完善货币押运装备，对发行库守卫人员重申了 24 小时武装守卫要求，并安排增加了武警兵力；六是减少奥运期间押运任务，避开奥运比赛场地，减少安全风险；七是进一步深化、提高银武合作，做好反恐怖和应急管理工作，联合武警部队进行应急演练，加强突发事件的实战能力。

二、组织安全生产百日督查，推动系统平安建设。一是针对形势，开展百日督查活动，牵头成立督查组并起草制定了实施方案；二是统一制定综合、专业工作督查表及督查意见书并分两阶段进行督察活动，为平安奥运奠定了基础。

三、深化学习制度、落实制度活动，各项保卫基础工作得到加强。一是大力加强保卫队伍和保卫制度建设，层层签订《社会治安综合治理暨安全目标责任书》；二是积极配合总行保卫局对各项制度的修订工作，并积极推广安全保卫工作先进经验做法；三是为深化辖区保卫专业学习、落实制度活动，组织编写了保卫专业制度题库，为开展保卫专业大练兵奠定基础；四是以技术防范为重点，全面提高发行库守卫和枪弹管理的防范水平；五是合作研发安全保卫规范化管理系统，并向有关部门申请知识产权保护；六是加强枪支弹药管理和守卫押运工作的力度，组织并参与突发事件、发行库守卫及消防等多个预案的演练；七是提高安全保卫工作规范化管理水平，召开全省保卫档案管理培训班，同时推广枣庄中支保卫档案管理经验，进一步提升了安全保卫档案管理水平。

（保卫处）

【金融研究工作】 2008年，人行济南分行金融研究部门主要做了以下工作：

一、积极开展调查研究。一是与总行合作完成了《价格监测分析报告》4期，并发表于《金融时报》；二是承担了总行2008年度重点研究课题《绿色配额的金融定价机制和运作模式研究》；三是做好分行重点研究课题的招标、中期管理和评审工作，确定立项重点研究课题47项，并具体承担2项；四是承担总行调研任务5项，其中作为总行课题组的唯一分支行成员，开展了《银行业税收调查》工作；五是参与并承担省委省政府的重大课题和调研2项，分行调研任务10余项；六是结合辖区实际自主开展调研工作，其成果以内部刊物的形式上报，全年共上报《金融研究报告》33期、《金融研究报告（信息版）》7期。

当年金融研究工作获得以下荣誉：承办的2007年度总行重点研究课题《流动性过剩形成机制与货币政策工具执行效果研究》荣获总行一等奖，《流动性过剩：界定、表现及成因》荣获2007年青年课题组总行一等奖第1名；承担的分行2007年度重点研究课题《工业化中的固定资产投资平衡路径研究》和《货币政策工具在流动性管理中的效应研究》分获一等奖和二等奖；承担的山东省金融学会2007年重点研究课题《区域产业结构调整与金融生态环境建设研究》和《发展现代农业的金融支撑体系问题研究》均荣获一等奖。

二、围绕“进入核心期刊行列”目标，不断提高期刊建设水平。一是按时将期刊更名为《金融发展研究》；二是建立《金融发展研究》学术指导委员会，并邀请具有影响力的专家学者担任委员；三是完善约稿制度，健全匿名审稿制度；四是做好期刊的宣传通联工作，提高其社会影响力；五是加强与中文核心期刊评选单位的沟通，全年累计编辑、发行《金融发展研究》12期、增刊2期、组织编辑《金融研究增刊》2期。《金融发展研究》编辑部被分行授予“2007年度期刊工作突出贡献奖”。

三、积极开展金融学术交流，推广金融科普知识。一是成功举办了2008齐鲁金融论坛；二是先后举办经济金融论坛7期，并借助论坛平台分批举办了重点课题的开题、中期和结题报告会，选择部分中支承办，取得良好效果；三是与聊城市政府联合举办了“金融宏观调控与区域经济发展论坛”；四是探索理论研讨与实地调研相结合的学术交流形式，三季度学术研讨会在德州市中澳集团召开，并将其作为学会第一个“金融理论研究与实践基地”；五是与省外汇局、山东财税金融法学研究会共同举办了“2008齐鲁讲坛——金融分坛：外汇管理法规的现状与展望”，积极开展社科普及工作。

四、做好重点研究课题工作，促进学会规范化发展。一是组织学会学术委员对2007年度的研究成果进行审定，评出一等奖5个、二等奖10个、三等奖24个，其中的优秀成果以《金融研究》增刊出版；二是及时向各会员单位和主管部门反映学会动态，累计编发《山东省金融学会通讯》7期；三是积极参加省社科联组织的各项活动，在“2008年度社会科学普及周活动”中，省金融学会被省委宣传部、省社科联评为先进单位，学会秘书处1名同志被评为先进个人。

（金融研究处）

【法律事务工作】 2008年，人行济南分行法律事务部门紧紧围绕“强基础、促创新、上台阶、抓服务、抓调研”的目标开展工作，较好地发挥了职能作用。

一、加强规范管理，提高行政执法水平。一是进一步做好行政处罚工作，依法对某些金融机构违反账户管理规定的行为进行了处罚；二是对辖区中心支行依法行政开展了检查，并发文通报了检查情况；三是审核了分行机关政务公开工作制度、指南和目录，设置了政务公开热线电话等；四是规范执法证件管理，为分行机关和中支工作人员办理行政执法证件900余份；五是依法做好申请奥运钞发行信息政务公开和郑州市民就有关事项申请行政复议案件的处理工作。

二、继续推行规范性文件、法律文书备案制度，各中心支行制定的规范性文件、行政法律文书和法律意见书均于规定时间内上报备案。同时，加大了对各中心支行法律工作的督促检查力度，进一步规范了该项工作。

三、深化法制教育，贯彻落实普法规划。一是制定、部署了普法工作计划；二是开展了多种形式的法制教育和金融法制宣传活动，提高员工法制水平；三是进一步完善了中支向分行网站定期上报法制信息制度，促进了辖内法制工作信息交流。

四、狠抓服务效率，提供优质法律服务。一是加强合同文书审核工作，共对40余份合同提出法律意见，防范了法律风险；二是对百余份各类公文进行了法律核稿；三是协助办公室和人事处处理辖区员工信访案件；四是积极处理工会民事诉讼案件，切实维护人民银行的合法权益。

五、加强调研，提高调研整体水平。一是对《人民银行法》、《票据法》进行了调研，向全国人大提出了大量的修改意见和建议；二是按照总行条法司要求，对征信业发展状况、依法行政典型案例、灾区房贷法律问题和质押登记收费等10余项问题进行了调研，及时上报调研报告；三是向总行报送法制调研信息18期，被总行《金融法制动态与参考》刊发3篇；四是组织有关中支对民间借贷、征信管理及政府信息公开等课题进行了研究，为上级领导决策提供了有价值的参考。

（法律事务处）

【离退休干部工作】 2008年，人行济南分行辖区离退休人员共3759人，占总人数的26%，其中分行机关139人，占机关总人数的38%；离退休人员9人，占职工总数2.4%。离退休干部各项工作取得了明显成效。

一、全面落实离退休干部的两项待遇。一是分别组织了分行机关离退休干部新春团拜会和半年情况通报会，党委书记、行长杨子强到会并做重要讲话；二是坚持对离退休干部生病住院、日常走访、重大节日的慰问工作；三是认真落实对老同志生活待遇的从优政策，同等享受在职职工有关福利待遇；四是根据情况发放困难补助，进行健康查体，并组织春游、棋类比赛、参观等活动。

二、加强离退休干部党支部建设，增强党组织活力。一是按照中组部《关于进一步加强和改进离退休干部党支部建设工作的意见的通知》精神，采取了座谈会、走访、个别交流、请专家讲座等形式，严格落实各项制度；二是通过多种形式，组织离退休干部学习，进一步激发其政治热情；三是汶川发生地震后，辖内广大离退休人员心系灾区，慷慨解囊，先后两次向地震灾区捐款60余万元，为抗击特大自然灾害尽了一份绵薄之力。

三、积极推进老年文化建设，丰富晚年生活。一是组织开展形式多样、有益的老年文化活动，在省委老干部局组织的直机老年门球赛中取得第1名；二是组织参加总行举办的“爱我央行、共创和谐”老年交谊舞比赛，并获二等奖；三是加强管理，不断完善活动场地建设和日常管理服务工作。

四、强化活动阵地建设，“老年之家”工作取得新进展。一是创建“学习之家”，组织召开离退休人员座谈会，由行领导通报辖区经济金融情况，并鼓励参加老年大学；二是创建“快乐之家”，组织参加各种文体活动，倡导良好的生活理念，使老同志锻炼了身体，愉悦了身心，陶冶了情操；三是创建“健康之家”，依托“老年之家”，邀请专家举办健康知识讲座，并购置了《中国老年报》、《健康》等各种书籍，便于老同志了解保健知识。

五、加强调查研究，调研信息工作再上新台阶。一是根据总行部署，紧紧围绕退休干部管理工作进行专题调研，形成《关于退休干部管理与服务问题的调研报告》并上报总行；二是总结辖区老干部之家建设经验，撰写了《温馨的“家”文化》，并在《金融时报》上发表；三是对辖区上报的调研报告进行评比表彰，进一步提高了各行调研工作的积极性和主动性。

六、加强自身建设，扎实推进离退休干部工作。一是开展“讲党性、重品性、做表率”活动，并开展创建了学习、创新、服务、务实型的离退休干部工作队伍活动，创造了和谐的学习氛围；二是组织全辖离退休干部工作部门负责人参加政策法规培训班，为扎实推进离退休干部工作奠定了坚实的基础。

（离退休干部处）

【党建工作】 2008年，人行济南分行机关党建工作取得新成绩。

一、开展深入学习实践科学发展观活动。一是制定下发了活动实施方案及安排表，并召开支部书记会议，进行再动员和部署；二是组织全体党员干部听取辅导报告，举办干部培训班，组织到重汽进行参观，并邀请中国重汽集团党委书记、董事长马纯济做专题报告；三是召开案例剖析会，并深入开展调研活动，各支部共上报42篇调研报告，经专家评审组评审，共评出1、2、3等奖分别为4篇、8篇、11篇；四是开展解放思想大讨论，机关31个党支部分别组织开展了“我为科学发展进一言”活动，总结提出7个方面24条意见、建议；五是对机关全体党员进行了学习实践科学发展观知识的测试，平均成绩在98分以上。

二、文明单位创建工作成效显著。一是制定下发了创建计划，并召开动员大会；二是召开文明处室示范点会议，并组织6个检查组对所有处室进行了检查；三是对2007、2008年度创建资料进行归集、分类整理，建立健全了档案；四是组织开展了文明单位创建“回头看”，对发现的问题及时督促整改；五是编写、下发了文明单位建设知识测试题和《创建工作学习资料汇编》，并以处室为单位进行了自测；六是上报机关申报“总行级”文明单位的有关材料，并完成了总行文明单位考核验收组的考核验收；七是完成了省直文明委对机关省直文明单位的复查，并上报申报省级文明单位的报告；八是圆满完成了接待广州分行机关精神文明建设领导小组来分行学习考察的工作，得到其高度评价。

三、切实加强党的思想和组织建设。一是加强政治理论学习，按季下发学习计划，定期组织机关全体人员集中学习；二是组织召开机关纪念建党87周年大会，并开展了党的基本知识答卷活动；三是抓好机关宣传工作，全年举办宣传栏36期；四是对2007-2008年度机关在创先争优活动涌现出来的6个先进基层党组织、15名优秀共产党员和4名优秀党务工作者进行了评选表彰；五是严格党的组织生活，请杨行长为全体党员上了一堂《论共产党员精神》的党课；六是4月份举办以“加强党性修养，争做中坚力量”为主题的青年党员暨入党积极分子培训班，9月份在河南信阳举办以“强化一岗双责意识，发挥支部堡垒作用，推动机关文化建设”为主题的分行机关党支部书记培训班；七是做好党员发展工作，全年共发展了5名新党员。

四、加强反腐倡廉建设。一是加强教育，组织观看反贪污贿赂警示教育片《诱惑的黑洞》，各支部组织观后讨论并报送了心得体会；二是抓好党风廉政责任制的落实，重点抓好责任分解、责任落实、监督检查、量化考评、责任追究等环节，进一步强化支部书记的“一岗双责”意识；三是制定下发了加强新年春节及考核期间党风廉政建设的通知，并提出了具体要求。

五、万众一心，抗震救灾。一是组织开展以“众志成城抗震救灾”为主题的捐款活动，分行机关共530人主动捐款7.73万元；二是召开支部书记会议，组织缴纳“特殊党费”向灾区人民献爱心活动，共有406人（含入党积极分子19人）缴纳特殊党费49.74万元，其中缴纳1千元以上的达320人，彰显了分行党员的先锋模范作用；三是组织机关全体人员收看了“抗震救灾”先进事迹报告会；四是组织开展以“弘扬抗震救灾精神，争做中坚力量，为党旗增辉添彩”为主题的青年党员演讲活动。

（机关党委办公室）

【工会工作】 2008年，人行济南分行工会的主要工作：

一、深入开展“创建学习型组织、争做知识型职工”活动。一是加强组织领导，将“创争”活动作为一项重点工作进行部署；二是制订了2008-2011年“创争”活动规划和2008年活动意见，严格落实创建措施；三是制作“创争”活动宣传片和展板进行宣传，增强职工“创争”意识；四是及时宣传和推广在“创争”活动中涌现出来的先进典型和先进人物，编印完成了《青春在岗位闪光 在平凡工作中奉献》一书，营造了讲学习、比贡献、立足岗位建新功的良好氛围；五是在辖内山东、河南两省分别组织开展了支付结算、内审等6个专业的劳动竞赛，全年共举办各类专业竞赛61次。

二、扎实推进民主管理工作。一是进一步完善了职工代表大会制度，重点抓了职工提案征集、解答和落实工作；二是认真落实职工代表参与民主管理制度，提高职工参与民主管理的积极性；三是开展了以“建言献策”为主要形式的合理化建议活动，共征集意见建议320条，采用256条。

三、继续做好“送温暖”工作。一是走访慰问了452名困难职工，发放慰问金（含实物折款）102万元；二是组织开展给职工送生日蛋糕活动，把组织的关心带给每个职工；三是建立了困难职工档案，对重大疾病患者及时进行救济；四是认真落实《机关职工生活重要事项报告及慰问暂行办法》，全年共慰问机关困难职工20人，发放慰问金2万元；五是积极参与抗震救灾工作，先后2次在全辖组织开展向汶川地震灾区捐款活动，累计捐款420余万元；六是承办了人行地震重灾区基层行职工代表疗休养活动，并组织职工到省立医院对来自地震灾区的受伤儿童进行了慰问，资助四川绵阳灾区20余名小学生重返校园，并到革命老区看望困难群众20户，送去了慰问金，大米、面粉和花生油等慰问品。

四、组织开展各种文体活动。一是举办辖区职工游泳比赛，并承办了人行系统迎奥运职工游泳比赛；二是组织开展了“迎奥运、庆五一”登山等活动。全年辖区各级行工会共举办各类文体活动105次，在人行“我与奥运同行”活动中，有11家单位被评为优秀组织单位，11名个人被评为先进个人。

五、进一步做好女职工工作。一是组织开展了女职工“三项创建”专题调研和“环保节约从我家做起”的环保节约型“文明家庭”创建活动；二是对分行网站上“女工天地”专栏进行了及时的更新和维护；三是组织女职工进行健康检查，并续保了四项特殊疾病保险；四是开展了对困难女职工特别是单亲特困女职工的帮扶送温暖工作，共发放困难补助款17.1万元；五是组织开展了向“南方雨雪冰冻灾区捐款”、“慈心一日捐”、“牵手贫困、春风送暖”为贫困母亲、女大学生捐款等公益活动，激发了女职工奉献爱心、服务社会的热情。

（工会办公室）

【青年工作】 2008年，人行济南分行青年工作走在全国前列，荣获了各种奖项，主要做法是：

一、开展“创文明、展风采、促和谐”主题教育实践活动。一是结合实际开展了系列主题团日和读书活动，以“迎奥运、促和谐”为契机，树立了央行良好的社会形象；二是根据要求开展“青春共建和谐社区——金融知识进社区”活动，各地通过建立示范社区和流动宣传站、举办文艺演出、知识讲座、图片和影像展放、赠送图书等多种形式走进社区、企业、农村、校园和军营宣传普及金融知识，服务百姓生活。活动共设立定点联系社区和金融知识服务站342个，金融知识宣传窗2276个，举办现场咨询534场，开展讲座162场，举办主题文艺演出22场，发放《金融知识进社区》丛书8446套，各类宣传单97万多张，直接受众多达上百万。《金融时报》、山东电视台以及多家地市媒体对活动情况进行了报道。

二、为纪念建行60周年，开展“我与央行共奋进”主题教育活动，团委组织开展了“绽放青春、共创文明”青年风采大赛活动；向灾区人民奉献爱心并募集救灾资金416.9万元，与此同时通过省青少年发展基金会专项捐助四川绵阳灾区20余名小学生重返校园。

三、以青年文明号创建为抓手，全面提升青年履职能力。一是组织开展“青春风采行动月”活动，文明号的创建工作成效显著，得到了总行高度评价；二是大力开展评选表彰工作，被表彰为总行级的青年文明号辖区集体12个，青年岗位能手3人，分行级青年文明号36名，青年岗位能手34名。

四、以青年课题组活动为着力点，促进青年调研能力提升。一是通过论文评选、青年讲坛与业务讲座等形式开展青年课题组活动；二是在青年课题组活动中，全辖调研文章180篇，一等奖10篇，二等奖20篇，三等奖35篇；三是在2007年度青年课题组推荐的10篇调研成果全部获奖，一等奖4篇，二等奖4篇，三等奖2篇。

五、以团组织建设为根本，增强组织凝聚力和服务水平。一是在总行《工作通讯》和《央行工作简报》上刊发文章与信息107篇，《党建通讯》刊发24篇，分行网站《青年之窗》1300余篇；二是团组织建设成效显著，辖区内2个团委、1个团支部获总行五四红旗团委（团支部）称号，4人被评为总行优秀团干部，6人被评为优秀团员；三是撰写的《对基层人行青年员工现状的分析》一文，荣获共青团中央“全团调研信息奖”，成为人行系统唯一获此殊荣的调研成果；四是承担了总行《加强青年综合素质建设》和《加强团的自身建设》两项课题的调研工作。

（团　委）

【清算工作】 2008年，人行济南分行清算中心切实加强运行维护管理，各项工作健康有序开展。全年，山东省辖内支付系统运行稳定，各项业务处理准确无误，业务量持续稳定增长。截至11月底，大额支付系统共处理业务2052万笔，金额25万亿元；日均业务量8.5万笔、1062亿元，较2007年增长16.4%和21.1%，前11月业务量已超过2007年全年；小额支付系统共处理业务269万包，1097万笔，金额2506亿元，其中贷记业务265万包，1087万笔，1848亿元，业务笔数较去年有明显增长。全国支票影像交换系统共处理区域业务9.6万笔，金额56亿元，异地业务1.7万笔，金额13.4亿元。全年查询查复率保持在99.93%以上，安全运行率达到100%。

一、加强运行维护管理，确保全年安全运行。一是召开山东省支付系统运行维护暨经验交流会议，并组织5家金融机构交流了经验，并请专家授课，取得良好效果；二是重视日常业务运行实时监控，及时发现和解决出现的问题；三是充分利用季度巡检机会进行全面系统检查，提高运行维护和技术保障能力；四是严密监控，加强维护，保证了春节及汶川大地震救灾期间大额支付系统的持续运行，确保捐赠款、救灾款项及时汇划；五是完成了CCPC信息安全等级保护技术测评工作，并进行了信息安全自查，确保奥运会、残奥会期间，省内支付系统安全稳定运行；六是科学训练，在总行支付系统运行维护技术比赛中一举夺得预赛、决赛团体双第一。

二、进一步深化“学习制度、落实制度”活动。一是在修订完善《突发事件应急预案》、《值班制度》等内控制度的基础上，增加支付系统业务流程图，并制定了口令管理等办法；二是通过完善《工作监督检查制度》，明确各岗位监督检查职责，并按照制度要求，按时完成了各项检查工作。

三、不断提高服务质量，提升应急处置能力。一是召开地市清算分中心主任座谈会，并深入商行开展调研，密切与分中心、商行之间的交流与配合；二是及时启动应急预案，指导济南、济宁商行等直接参与者及时解决了支付系统运行过程中突发的数据库、网络等故障。

四、加强信息调研，各项课题取得丰硕成果。一是4次组织部分中支分中心或商行直接参与者召开关于支付系统运行维护突出问题、从紧的货币政策下商行头寸管理等专题座谈会，对一些难点、热点问题进行调研；二是积极参加分行青年课题、2008年度重点研究课题等调研项目，在总行《支付清算通讯》发表文章15篇。

五、圆满完成总中心部署的各项任务。一是完成了4个季度济南CCPC巡检、支付和CIS系统分中心及前置机操作系统的升级、境内外币支付系统相关设备的集成与上线、山东省银行本票暨支票截留业务的模拟测试及上线运行、支付清算系统城市处理中心远程维护连接和大容量存储管理情况专项检查、支付系统奥运安全保障检查与整改、支付系统城市处理中心安全保护等级技术测评、支付系统Windows平台终端补丁分发管理系统客户端的安装等工作；二是成立领导小组，扎实开展支付清算系统宣传工作；三是在全国支付清算通讯员会议上做先进经验介绍。

（清算中心）

【后勤工作】 2008年，人行济南分行后勤工作以学习、落实制度，规范管理，提高服务质量，强化安全生产，建立节能减排长效机制为重点，较好地完成了任务。

一、采取措施，确保安全生产。一是制订下发《关于进一步加强机关安全管理工作的通知》，提高了对安全生产重要性的认识；二是增加对水、电、暖、食堂餐饮卫生、消防设施及其他影响安全因素的防范，并进行检查和及时整改；三是对长期无人居住和租住房进行全面清理、登记、排查，预防事故发生。

二、以科学发展观为指导，抓住重点，全面推进节能减排。一是加强了对节能工作的指导和监督，进一步完善和落实工作方案；二是建立节能目标考核和能源审计制度，并将节能工作纳入全年考核范围；三是在淄博组织召开分行山东辖区节能减排工作会议，并对2007年度先进单位进行了表彰；四是举办支行能耗数据统计员培训班，通过对能耗数据的整理和综合对比分析，有针对性地提出和实施改进措施。

截至年末，分行机关节水408吨，节电388059度，共计节约费用27万元，并在全国人行系统2008年节能减排工作会议上进行了经验介绍，其中太阳能光伏发电系统和中央空调节能改造项目得到全体与会代表的观摩学习。

三、突出行风建设，提升工作水平。一是在后勤内部建立完善学习制度，保证学习时间和质量，按照学习计划，做好学习笔记和交流；二是进一步增强工作的主动、能动和前瞻性，明确职责和责任，加强部门内部和各处室之间的工作配合；三是努力提高服务层次，按照科学发展观和总行的要求，积极探索实践后勤改革，努力走到全国人行后勤系统的前列。

四、高效服务，保障工作进一步加强。一是对后勤内部管理及各项工作程序，特别是财务行为重新进行了规范，并按照《劳动合同法》，规范用工管理；二是对机关房产进行清理、划拨、建档，并办理了多年遗留的职工宿舍房权证；三是加强季节卫生防疫、职工保健以及机关办公用品调配和职工福利采购供应工作，并不断优化管理电话通信；四是合理调度车辆，全年行车140万公里，出车7万余次，运送人员28万人次，保证了工作用车；五是积极做好各种大型会议的接待服务，全年共接待总行会议5次，全辖会议10余次，得到领导充分的肯定。

（后勤服务中心）

【巡察工作】 2008年，巡察办公室加大巡查力度，圆满完成了工作任务。主要工作：

一、严格操作程序，规范巡察流程。一是召开各被巡察单位党委班子成员见面会和机关全体职工及县支行行长大会；二是通过调查问卷、听取汇报、设置意见箱、个别谈话、列席会议、走访有关单位、调查资料、接待信访、现场勘察等形式深入开展巡查工作；三是对各中支发现的问题提出建议76条，分别形成《巡察工作报告》向分行党委进行专题汇报，并向被巡察单位发放了《巡察反馈意见》。

二、及时调整巡察重点，灵活改进巡察方式。一是加大对“贯彻落实科学发展观，认真履行基层央行职责”新内容的监督检查力度；二是通过各种形式，对被巡察单位党委发挥的职能作用进行督导和检查；三是改进个别谈话的工作方式，提高副科级以下干部谈话比例，并将谈话范围由30%提高到50%。

三、不断深化巡察分析，确保客观公正。该办对巡察报告的撰写提出了“要深化分析”的要求，对被巡察单位班子建设的现状作出全面准确地评价，并对存在的问题从思想作风、政策观念、决策水平、管理能力等几个方面深入分析原因。

四、加强巡察反馈整改，提高巡察效果。一是将《巡察反馈意见》通过“一把手”面对面的方式进行反馈，并针对存在的问题进行谈话，提出明确地整改要求；二是对巡察中发现的违反制度或安全隐患问题，要求必须按照人行济南分行《履职问责管理办法》对有关人员进行问责，并上报分行。

五、加强学习型巡察队伍建设。一是制订计划，组织学习了“十七大”和有关会议精神、科学发展观重要论述，提高履职水平；二是培养巡察人员的优良作风，严肃巡察工作纪律，要求做到巡察组驻地、电话等公之于众，按规定交纳住宿和伙食费，使用自带车辆和通讯工具等，树立了正直、诚实、公正、廉洁的良好形象。

六、巡察工作取得了明显成效，通过巡察工作的扎实开展，领导班子建设不断加强，干部作风得到了深刻转变，工作部署得到有效落实，货币政策传导有效性不断增强，并将党内监督的关口前移，加强了对中支领导班子权力运行的监督。

（巡察办公室）

【金融大事记】 1月1日 人行济南分行2007年度会计年终决算账务处理工作全面完成。山东省各中支全部完成新旧会计科目转换工作，新会计科目顺利实施。

1月28日 人行济南分行印发《结算账户管理系统涉密单位银行结算账户业务操作手册》。

1月29日 人总行党委委员、副行长刘士余，纪委副书记王刘明一行，参加人行济南分行党委民主生活会，并到人行蒙阴县支行看望慰问了困难职工。

1月30日 人总行工会副主任董小布一行在济南分行工会主任肖辉光的陪同下，先后到阳谷、莘县和冠县支行慰问困难职工。

2月1日 人行济南分行对2007年度（山东省）发行库达标升级考核定级情况进行了通报。

2月13日 人行济南分行对2007年度分行营管部、各中支绩效考核情况进行了通报。

2月16日~18日 人行济南分行2008年工作会议暨纪检监察工作会议在南郊宾馆召开。会上，党委书记、行长杨子强发表重要讲话，并与分行各党委委员及各中支（分行营管部）签订了党风廉政建设责任书。

2月26日 由人行济南分行和省金融办联合主办，山东银监局、证监局、保监局协办的首期市、县（区）领导干部金融知识学习班在山东行政学院举行开班仪式。人总行党委委员、副行长易纲就当前宏观经济金融形势与货币政策做主题报告，省委常委、常务副省长王仁元在开班仪式上致辞。

3月15日 人行济南分行、省国税局、省地税局以及部分银行业金融机构，共同召开启用银行代收费业务专用发票联席会议。

3月26日 人行济南分行建立山东省全口径信用总量统计报表制度。

4月10日 人行济南分行和山东艺术学院联合举办“贷款助学、信用助人诚信教育”讲座，各院系辅导员及近300名大学生聆听了讲座。

4月29日 人行济南分行印发《山东省金融电子邮件系统管理办法》、《事后监督会计资料传递交接制度》、《事后监督工作情况反馈制度》、《会计核算业务事后监督操作规程》和《货币发行核算业务事后监督操作制度》。

5月1日 人行济南分行在山东省政府门户网站上开辟政务信息公开专栏，并作为第一批政务信息发布单位发布了政务公开信息。

5月6日 人行济南分行印发《中央银行会计集中核算危机处置预案实施细则》。

5月13日 人行济南分行、省公安厅召开全省专项行动座谈会，全面部署辖区专项行动，并在《齐鲁晚报》和银联山东分公司网站上公布山东省和各地市专项行动办公室电话，便于广大社会公众积极举报、踊跃揭露银行卡犯罪行为，为公安机关侦破银行卡犯罪案件提供有价值的线索。

5月14日 人行济南分行在5·12四川汶川地震后紧急筹集了大米、白面、食油、绿豆、蔬菜干等十余万元物资，由后勤服务中心带队交给人行成都分行和人行绵阳中支。

5月22日 人行济南分行在日照培训中心隆重举行了党校迁址揭牌仪式暨2008年第一期主体班开学典礼，党委书记、行长兼党校校长杨子强到会并做重要讲话。

人行济南分行对中国外汇交易中心青岛分中心和济南分中心业务进行整合。整合后，由青岛分中心承担山东省全省外汇交易业务相关管理服务职能。

人行济南分行全辖职工向汶川地震灾区捐款504.1万元。

5月26日 人行济南分行和省中小企业办联合印发《关于进一步做好担保机构信用评级工作的通知》。

5月30日 人行济南分行和省发改委研究决定：自二季度开始建立山东省重点建设项目调度制度。

5月31日 由人行济南分行和聊城市政府联合主办，山东省金融学会、金融发展研究杂志社协办的金融宏观调控与区域经济发展高峰论坛在聊城市召开。本次论坛由聊城市委常委、副市长侯军主持，中国社科院金融研究所所长、中国金融学会副会长李扬，国务院发展研究中心宏观经济研究部副部长魏加宁，人行济南分行副行长、山东省金融学会副会长王敏等经济金融界知名学者应邀出席并做精彩演讲。山东省金融学会学术委员，聊城市政、银、企有关单位的代表共280余人参加了论坛。

6月6日 人行济南分行全辖11468名党员为支援四川抗震救灾，主动交纳“特殊党费”683.86万元。

6月11日 由人行济南分行与临沂市政府联合举办的“山东省金融支持中小企业发展座谈会暨临沂市第六届银企合作推进会”在临沂市召开。会上，临沂市178家企业与市内外29家金融机构达成贷款意向和协议总额273.8亿元，其中意向类贷款175.6亿元，协议类贷款98.2亿元，90%以上的协议贷款项目投向成长型中小企业。

6月13日 人行济南分行印发《（山东省）发行基金供应暨货币押运突发事件演练方案》。

6月14日 人行济南分行“征信知识宣传月”活动在山东师范大学正式拉开帷幕。

6月15日~7月10日 人行济南分行和省教育厅联合在济南高校开展“济南市商业银行杯”征信知识有奖竞赛活动。

6月16日~20日 《山东省志·金融志》续修工作第6次会议在临沂市举行，全省30余家省级金融机构代表参加了会议。

6月23日 由山东省金融学会主办、农行山东省分行和招行济南分行协办，以“宏观调控中的山东经济：发展方式转变与金融服务推进”为主题的2008齐鲁金融论坛在济南隆重举行。论坛由人行济南分行副行长、山东省金融学会副会长王敏主持，省委常委、常务副省长王仁元到会并讲话，人行济南分行行长、山东省金融学会会长杨子强，农行山东省分行行长刁钦义等发表了演讲。

6月24日　人行济南分行参加山东省省直部门组织的“三下乡”活动，把真假币识别知识、爱护人民币常识和人民币管理条例等资料送到广大农村群众手中。

6月24日~27日　人行济南分行在金融干部培训中心举办会计业务主管培训班，邀请人总行各有关司局的领导及专家教授讲课，来自辖区各行分管会计工作的副行长，会计财务、营业室部门负责人，国库、货币金银、事后监督中心等部门会计业务主管共计150余人参加了培训。

6月25日　由人行济南分行和聊城市政府联合主办的“2008聊城市优化经济结构与金融支持推进会”在聊城市召开。与会金融机构和各推介企业项目达成贷款合同37.94亿元、意向167.27亿元，承兑、信用证、保理、保函等其他融资方式合同及意向59.74亿元，累计签约信用总量达264.95亿元。

7月11日　人行济南分行印发山东省《发行基金供应应急处置预案》、《货币金银管理信息系统应急预案》和《钞票处理中心突发事件应急预案(修订)》。

7月16日　人行济南分行印发《信息系统应急预案》。

7月17日　人行济南分行和省工商局联合印发《关于打击信用卡套现活动的通知》。

7月18日　《山东金融年鉴》（2007年卷）在第四届全国年鉴编校质量检查评比活动中荣获一等奖。

7月21日　人行济南分行荣获“中国人民银行抗震救灾模范集体”称号。

7月24日~27日　人行济南分行在日照培训中心召开2008年上半年全辖中支行长座谈会，传达贯彻总行年中工作电视电话会议精神，分析宏观经济金融形势，座谈交流上半年工作，安排部署下半年各项任务。

7月29日　人行济南分行成功组织开展了金融统计监测管理信息系统应急演练。

8月5日　人行济南分行下发《关于做好奥运信息安全保障临战准备工作的通知》。

8月7日　人行济南分行下发《关于深入开展全民节能行动的通知》。

8月8日　人行济南分行和省环保局联合印发《绿色信贷指导意见》。

8月12日　人行济南分行副行长李亚新会见了东方金诚国际信用评估有限公司总裁邓文超一行。

8月15日　人行济南分行印发《支付结算系统突发事件应急处置预案》。

8月18日　由省中小企业办和省联社主办的山东省实施万家小企业培育计划启动仪式在南郊宾馆举行。

8月25日　人行济南分行印发《支付结算信息联系制度（试行）》、《支付结算专业监督检查办法》和《结算账户管理系统突发事件应急处置实施办法》。

8月28日　人行济南分行、东营市政府联合主办黄河三角洲开发建设与金融支持论坛暨政银企合作洽谈会。东营市委常委、副市长曹连杰主持会议。人行济南分行行长杨子强、农行山东省分行行长刁钦义等领导和专家分别从不同视角阐述了金融支持黄河三角洲开发建设的相关构想和建议。研讨会结束后，有关银行机构和企业在前期筹备基础上，共签署项目147个、金额237.9亿元。

8月29日　人行济南分行印发《联网核查公民身份信息系统突发事件应急处置实施办法》。

9月5日　人行济南分行印发《联网核查公民身份信息前置系统运行维护管理办法》。

9月10日　人行济南分行印发《支付系统参与者管理办法（暂行）》。

9月11日~12日　山东省金融学会2008年第三季度学术研讨会暨秘书长会议在德州市庆云县中澳集团召开，19家会员单位的副秘书长参加了会议。

9月16日　人行济南分行纪检监察业务培训班在青岛举办，总行纪委副书记、监察部派驻人行监察局局长王辛敏做了反腐倡廉建设专题讲座。

9月18日　人行济南分行“绽放青春、共创文明”青年风采大赛决赛在青岛举行。开幕式由人行济南分行副行长李亚新主持，人行济南分行党委书记、行长杨子强发表重要讲话，人总行团委书记傅国文到现场观摩指导。经过紧张激烈的知识竞答，最终分行机关和青岛中支代表队夺得一等奖；南阳、枣庄中支代表队获二等奖；郑州、潍坊、漯河中支代表队获三等奖；南阳、枣庄、平顶山和济宁中支代表队获得最佳组织奖。

9月19日　人行济南分行举办“驻济高校征信知识竞赛表彰座谈会”，表彰获奖人员，并对学生信用问题及征信宣传工作与省教育厅和各高校进行了座谈。

9月22日　人行济南分行印发《国库业务系统突发事件处置预案》和《残损人民币销毁工作岗位风险管理实施细则》。

9月23日　人行济南分行、滨州市政府联合举办滨州市第7届银企合作洽谈会，山东省内外32家金融机构参加了此次洽谈。

9月26日　由人行济南分行主办的山东省中小企业信用培植工作现场会在济宁召开，总结交流A级信用企业培植工作经验，研究分析金融支持中小企业的方法途径。

9月27日　人行济南分行主办的山东省农村金融生态环境建设齐河县示范点建设现场会召开。会议总结交流了人行德州市中支在齐河县开展示范点建设的成功经验，研究部署推动全省农村金融生态环境建设工作。

10月14日~15日　人行济南分行举办全省支付结算专业视频形式培训班。

10月15日　人行济南分行成功组织全省中支及分行营管部参加的发行基金供应及货币金银管理信息系统突发事件应急演练。

人行济南分行举办反洗钱业务综合管理信息系统培训班。

10月21日　人行济南分行组织召开2008年山东企业资信评级专家委员会第一次评议会，对东方金诚国际信用评估有限公司山东分公司进入山东市场开展信用评级作业的资格进行了评议。

10月27日~31日　人行济南分行成功举行金融机构突发事件应急预案演练。人行青岛、烟台、泰安、德州和聊城等中支积极配合，德州市、烟台市商行，新泰市、临清市和胶州市农联社全程参与。

10月28日　人行济南分行制定《山东省货币真伪鉴定师、鉴别师和识别师考核认定暂行管理办法》。

11月4日~7日　人行济南分行山东省辖区各分支机构成功完成中央银行会计集中核算系统应急演练。

11月5日　人行济南分行召开“三季度山东省货币信贷政策及外汇管理情况通报会”。人行济南分行党委书记、行长杨子强向与会的省委政策研究室、省政府调研室、省金融办、银监局、发改委，驻鲁各银行业机构省级管辖行，人行（山东省）各市中支负责人等通报前三季度货币信贷及外汇管理情况时，对国内外经济金融形势进行了分析，对做好四季度全省货币信贷工作和各银行业机构落实好各项外汇管理政策提出了明确要求。

11月6日　人行济南分行在德州市召开山东省农户信用档案电子化工作推进会议。

11月12日　人行济南分行、省发改委联合主办的山东省重点建设项目推介会在南郊宾馆召开。会议由省政府办公厅副秘书长、金融办主任张超超主持，省委常委、常务副省长王仁元，人行济南分行行长杨子强，省发改委副主任李永健出席会议并讲话。驻鲁各银行业机构省级管辖行、山东省各市发改委、人行山东省各市中支等单位200余人参加了会议。

11月13日　人行济南分行和省经贸委联合印发山东省第一批企业技术改造重点改造项目的通知。

11月18日　人行济南分行和银联山东分公司联合制作了安全用卡宣传片，并在当晚20:20在济南商务台“好日子”栏目播出，详细讲解了银行卡的好处、如何使用银行卡在ATM、POS和网上银行进行安全交易、银行卡诈骗的主要手法和防范措施、山东省银行卡产业的发展概况、农村地区银行卡使用情况以及人行下一步工作打算。

人行济南分行门晓波副行长带领货币信贷管理处、货币金银处、征信管理处、经常项目管理处和资本项目管理处处长（副处长）参加了山东省广播电台“阳光政务热线”节目。

11月21日　人行济南分行印发《钞票处理中心财务管理办法》。

11月24日~28日　人行济南分行在泰安举办征信标准化暨金融机构数据质量培训班。

11月28日　人行济南分行组织召开山东省反洗钱工作联席会议。会议由人行济南分行黄向庆副行长主持，省政府办公厅副秘书长、金融办主任张超超、人行济南分行行长杨子强到会并做重要讲话，联席会议成员单位的分管领导和部门负责人以及人行济南分行、人行青岛市中支有关部门负责人共计40余人参加了会议。

12月3日　人行济南分行组织召开2008年山东省旺季现金供应工作会议。

人行济南分行行长杨子强参加山东省钱币协会第四次学会大会暨山东省钱币博物馆开馆仪式。

12月9日　人行济南分行与烟台市政府联合举办“2008扩内需保增长银企合作推进会”，人行济南分行行长杨子强出席并做重要讲话。烟台市政府精心筛选了501个重点企业（项目）向各参会银行进行了推介，项目总投资1022亿元，信贷资金需求567亿元。经过银企之间会前充分对接，有375个重点企业和重点项目与银行达成合作意向，意向贷款金额452亿元，占信贷资金需求额的80%，银企合作的数量、达成意向的规模均创近年来新高。

12月15日　人行济南分行印发《人民币发行库管理办法实施细则》。

12月20日　人行济南分行在济南金融干部培训中心举办山东省存量单位银行结算账户相关个人公民身份信息核实工作培训班。

12月22日　人行济南分行对2008年山东省省级金融机构金融统计工作考评情况进行了通报。

12月23日~24日　人行济南分行、济宁市政府联合在济南和青岛举办了济宁市重点贷款项目推介会。省政府办公厅副秘书长、金融办主任张超超，人行济南分行党委委员、副行长王敏，济宁市委书记、市人大常委会主任孙守刚，市委副书记、市长张振川，市委常委、常务副市长崔洪刚，副市长王次忠等出席了会议。

12月26日　人行济南分行印发《事后监督询证制度》。

12月29日　人行济南分行印发《山东省存量单位银行结算账户核实工作方案》。

12月30日　人行济南分行召开2008年度年终决算协调暨第5次会计工作联席会议。

（李　玲）

国家外汇管理局山东省分局

【综述】　2008年，国家外汇管理局山东省分局（以下简称“外管局山东省分局”）坚持以改革创新为突破，以调研分析为支撑，不断强化内控建设，努力提升工作水平，各项工作取得明显成效。

一、充分调动调研合力，信息工作名列全国第一。全年累计上报调研信息240篇、被总局采用120篇，分别比上年增长112%、85%。其中,《外资房地产企业资本金通过抵押贷款渠道结汇值得关注》、《人民币加速升值对不同行业进出口企业的影响及应对策略》、《高度关注近期外商投资企业外方股东移师香港的现象》等信息为总局决策提供了有效参考。

二、着力突出前瞻性,调研信息工作得到总局肯定。胡晓炼局长在《外汇管理条例》培训会议上对该局密切跟踪国际经济形势变化的影响、及时上报苗头性、倾向性问题提出了表扬;总局《外汇管理信息与调研》第40期刊发了该局的做法。

三、全面宣传外汇管理政策法规,社会影响力明显提高。该局以宣传新的《外汇管理条例》为中心,大力宣传外汇政策法规。一是《条例》出台后,立即向省政府相关领导进行了专题报告,并通过政务公开网站向社会发布;二是在全省范围内组织召开了《条例》视频培训会议;三是向省政府专题报告了出口收结汇联网核查与贸易信贷登记管理新政策,姜大明省长、才利民副省长做出批示,要求省外经贸厅、青岛海关认真落实总局的部署要求。

四、发挥凝心聚力作用,工作合力明显增强。一是建立了分局月度、季度外汇形势分析会制度;二是完善了局务会、局长办公会、分支局重大事项报告等制度;三是规范了局内公文流转、政策法规定期反馈等程序;四是建立了处长专家定期巡讲制度;五是积极开展文明单位、学习型组织等创建活动;六是组织了支持抗震救灾"献爱心"活动。

【外汇检查】 2008年,外管局山东省分局外汇检查工作取得了一定成效。截至年末,全省查处案件170起,累计收缴罚没款2256万元,比上年增长229%,创历史新高。

一、明确思路,贯彻落实各项工作任务。一是召开全省专业会议,传达贯彻全国外汇检查工作会议精神;二是研究制定了《外汇检查工作计划》,确保各项工作任务及有关要求落到实处。

二、创出亮点,大要案查处取得突破。一是联合青岛分局深入开展离岸账户专项检查,涉及青岛汇丰、渣打等6家外资银行和970家公司,资金往来1.8万笔,23.77亿美元;二是查实柏尼国际专案,依法处罚360万人民币,总局领导对此做了批示;三是查清SOHO系外资集中流入情况,依法处罚1200万元人民币,检查报告得到胡晓炼局长签批。

三、创新形式,开展"诚信兴商宣传月"活动。活动期间,全省各级领导累计出席147人次,制作展板2017个,张贴诚信宣传画9400余张,播放广播、电视专题节目及新闻报道48次,举办专题论坛和研讨会24次,广泛宣传外汇管理政策,取得了良好效果。

四、创建机制,促进工作有效开展。一是建立了异常与违规外汇资金流动监管内部协调机制;二是成立外汇专案(专项)检查组3个,深挖细查重大案件线索;三是与省公安厅密切配合,成立了山东省打击跨境资金违规流动专项行动协调领导小组,指导行动深入展开。

五、精心组织,专项检查成效显著。一是认真完成总局督办的深圳"11·15"和"12·28"地下钱庄涉及山东线索的排查任务;二是积极开展了银行执行贸易项下结汇"关注企业"政策、外商投资企业资本金结汇、"进口不付汇、付汇不购汇"、银行外汇新政策执行等情况的专项检查。

六、发挥优势,强化调研支撑作用。一是组织全省就贸易进出口与结售汇顺差变化等内容开展调查,重点选择9家企业进行现场调查,报告被总局采用;二是完成外汇资金结汇后流入资本市场情况开展调查的可行性研究;三是通过专项检查形成调研报告7篇,其中两篇得到总局领导批示或采用。

【资本项目管理】 2008年,外管局山东省分局资本项目管理工作取得新成效。

一、圆满完成FDI系统推广上线。该局历时半年时间,累计搜集审核数据信息表格30万张,现场调查取证排除注销、关停并转企业4113家,彻底摸清了改革开放30年来外商投资企业的底数,被总局评为"2008年度FDI系统推广工作先进单位",并作为第一家发言的分局在全国FDI系统推广工作总结会议上做经验交流。

二、推进实施"两大战略"成效显著。一是着力促进投资便利化,全年办理资本项目外汇审批、登记、备案、年检等各类业务6.91万笔,未出现重大业务差错和举报投诉事件;二是着力促进投资结构优化,严格外商投资业务审核,全省3000万美元以上项目数和引资数额均出现大幅增长;三是着力支持企业走出去,主动联合地方政府、商务部门、外汇指定银行等多家单位,先后在济南、淄博、聊城等地举办推动企业"走出去"外汇金融政策和避险知识宣讲活动8场,取得了良好的社会效果。

三、外债管理和监测工作规范可控。一是圆满完成了该省金融机构短期外债指标调减工作,受指标控制的外债余额仅占外债指标的21.3%;二是严格执行贸易信贷、外资企业"投注差"等各项外债管理政策,加强对7家地方商业银行新分配短期外债指标的管理和监督,确保各金融机构将每日短期外债余额控制在核定的指标范围内。

四、两项外汇年检工作取得新进展。一是广泛通过媒体、银行柜台、业务窗口等各种方式进行宣传,扩大受众企业范围;二是借助直接投资外汇业务信息系统的上线,对年检程序、审核资料等进行了规范;三是在全国率先研发了一个比较规范的数据采集分析工具,汇总建立起完整的历史企业信息数据库;四是在全国率先制定了《外商投资企业历史数据采集核对方案》,作为规范样本在全国推行。截至年末,全省外商投资企业年检企业1.76万家,参检率100%;境外投资企业年检340家,参加率100%。

五、各项新政顺利推行。一是加强与地方政府的沟通联系,营造良好的政策实施环境;二是突出抓好政策反馈,做到每一项重要新政策出台后都及时反馈社会各方反映和执行效果,为总局和地方政府提供了有益的参考;三是加强政策法规和业务培训，举办外汇管理政策通报会、专项业务培训70余期，培训外管局、银行、企业等人员近万人次。

六、信息数据综合利用得到深化。FDI系统上线后，该局与省外经贸厅联合签署了《关于加强外商直接投资管理与统计合作备忘录》，这是全国首次由外管局和商务部门就直接投资管理和统计达成书面合作意向，也是全国首次明确规定商务部门对外发布利用外资数据需与外管局进行事先核对，增强了话语权和社会影响力。

七、信息调研成果取得历史性突破。全年共编发《资本项目外汇信息》110期，上报信息96期、794篇，有167篇次被《金融研究》、《中国外汇》、《金融时报》和总局相关刊物采用，调研信息总量和被总局采用总量均居全国第一位。

八、内控机制建设扎实有效。一是在全国率先编发《资本项目外汇业务操作指南（2008年版）》，提出风险防范措施，彻底避免了因审核要点不系统和风险点不明确造成的业务风险；二是深入开展制度落实年活动，制定印发了《直接投资外汇业务信息系统操作管理内控制度》和《系统（FDI模块）运行管理制度》，使FDI上线和年检程序规范化，审核原则制度化；三是结合内审部门对行政许可管理事项的规范性审计，对2007年以来的所有行政审批业务进行了重新梳理和规范。

【经常项目管理】 2008年，外管局山东省分局经常项目工作着力抓住“实施有效监管和提升服务水平”两个关键环节，全年业务处理实现零差错和零投诉，得到总局领导的充分肯定，获得市级以上地方政府嘉奖15次，收到企业表扬信71封。截至年底，全省办理进出口核销业务247万笔、1298亿美元，分别同比增长8%、30%；发放核销单232万份，增长11%；服务贸易售付汇核准5722万美元，增长54%。

一、创新服务方式，推动贸易便利化有新举措。一是参与制定《关于进一步改进外汇管理支持涉外经济又好又快发展的指导意见》，提出13条具体意见和措施，得到省政府领导的好评；二是率先在全省实行进口付汇管理改革和出口退税无纸化政策，并配套开发全省进口付汇名录单、出口退税电子数据查询系统，实现了外管局、税务局和企业的多方共赢。《金融时报》以《山东助推涉外经济加速发展——外管局山东省分局推出贸易便利化实施新举措》为题进行了报道。

二、打造特色服务，外汇服务水平有新提升。一是积极向总局争取优惠政策，扶持三角集团实行经常项目外汇资金集中管理，每年可为企业节约成本200多万元；二是重新梳理和整合内部管理制度，规范了15类50项行政许可项目的业务处理程序和流程，并通过政府网站、业务大厅触摸屏和宣传材料等多种方式进行公示；三是制定《服务承诺制度》，实行首问负责制，切实提高了办事效率。

三、强化监测监管，跨境资金流动管理有新成效。一是在全省顺利推广服务贸易外汇业务非现场监管、贸易外汇资金流入动态监测系统；二是加强对异常资金的跟踪监督，建立了“三步递进式”服务贸易核查方法；三是完善“关注企业”管理制度，建立了“关注企业”核定的动态管理机制和结汇台账登记管理制度；四是加强贸易收结汇真实性审核，新增“关注企业”121家；五是先后组织全省对企业凭纸质报关单结汇和银行待核查账户使用等情况进行了专项检查，贸易外汇资金过快增长的势头得到遏制。

四、完善工作机制，外汇政策传导效果有新提高。一是完善政策执行机制，确保出口收结汇联网核查政策的顺利实施；二是完善沟通协调机制，与省外经贸厅、国税局和打私办等部门建立了良好的协作关系，联合举办政策培训和座谈会5期；三是完善业务应急机制，建立了外管局、外汇指定银行间的应急联络和突发事件报告等制度；四是个人结售汇应急管理工作被总局以汇综发〔2008〕75号文予以通报表扬。

五、发挥工作优势，参与总局政策改革与调研有新突破。

（一）全方位参与总局经常项目管理改革。一是全程参与了总局出口收结汇联网核查办法拟定和系统需求的论证；二是多次参加总局《出口收汇管理办法》、《进口付汇管理办法》和《服务贸易外汇管理暂行办法》及《实施细则》的修订；三是大力支持并参与了进出口核查系统在青岛的试运行工作。

（二）积极参与总局的政策调研和课题撰写。一是先后完成了贸易顺收顺差问题、服务贸易外汇收支、运输旅游项下外汇收支、个人外币现钞、经常项目外汇账户和捐赠外汇等6项专题调研；二是完成了经常司重点调研课题《来料加工贸易外汇资金流动形态分析及管理调研》和《山东省服务外包发展状况的调查报告》；三是撰写了《现行进出口核销管理政策评价及改革思路》和《金融风暴下山东省进出口企业的生存状况及应对策略》等多篇文章。

六、立足三个面向，信息调研分析工作有新亮点。该局坚持面向外汇热点、宏观调控、上级和领导决策需要开展调研分析。一是建立并落实了定期形势分析机制，对发现的问题及时深入银行、企业进行调研，基本掌握了该省贸易顺收顺差变化趋势和内在原因；二是组织对韩资撤逃、韩币流通、海外代付和旅游外汇等专题进行了调研。截至年末，全省上报总局各类经常项目调研信息169篇，被总局采用57篇，在省部级刊物发表14篇。

【国际收支】 2008年，外管局山东省分局坚持数据、分析、管理“三个并重”，打造“一个平台”（调查样本企业体系），突出“一个创新”（业务创新），国际收支工作取得一定成效。

一、不断强化数据质量控制。一是举办驻济外汇指定银行国际收支申报人员和全省银行结售汇统计监管等培训班2期；二是加强国际收支申报非现场核查，全年核查191万笔、金额1592亿美元，分别同比增长12.4%、34%；三是实行了外汇指定银行国际收支申报差错签字确认制度；四是制定下发了《关于进一步加强外汇指定银行国际收支统计申报工作的意见》；五是通过举办专题培训班、设立《工作简报》和网点现场调查等方法，扎实做好外汇金宏系统试点推广上线的准备工作；六是银行结售汇统计继续保持“零差错”。

二、加大监督管理工作力度。一是先后对交行、光大、中信、华夏济南分行进行现场核查；二是根据日常非现场核查中发现的问题，对建行、邮储山东省分行，中信济南分行，工行山东省分行营业部等 4 家单位进行了 5 次约见谈话；三是首次建立了驻济外汇指定银行国际收支统计申报人员档案库；四是制定下发了《国际收支业务考核评价暂行办法》，按季通报考核结果，各市数据差错率明显下降；五是全省 23 家地方性法人金融机构及外资银行主报告行，全部顺利完成通过互联网报送结售汇综合头寸情况表的工作。

三、着力打造“调查样本企业体系”平台。该局以出口换汇成本监测体系及贸易信贷调查体系为依托，对样本企业进行梳理，构建了外汇贸易信贷调查——出口换汇成本监测——重点调查三类样本企业体系。目前，全省有 900 多家样本企业可提供数据支持，为做好分析调研工作奠定了坚实基础。

四、拓展外汇分析的广度和深度。一是创办了《外汇形势分析调研》；二是组织撰写了《当前山东省顺收顺差情况调查》、《人民币汇率形成机制改革对外汇形势的影响》和《当前商业银行外汇放贷资金来源和主要用途调查》等 20 多篇调研报告；三是 1 月和上半年该省外汇形势分析报告分别被省政府王仁元常务副省长批示；四是首次按月单独编制《济南市国际收支统计快报》，并按月、按季单独形成《济南市外汇形势分析报告》。

五、业务创新工作取得新进展。一是自主开发、推广运行了国际收支统计监测分析系统；二是利用 Excel 功能自主设计开发了“非居民人民币账户数据汇总与核对辅助工具”，并在全省推广使用；三是受总局国际收支司委托，组织编写出《国际收支核查手册》初稿。

【金融大事记】 1 月 27 日~29 日 外管局山东省分局召开全省服务贸易外汇业务非现场监管系统培训会议。

1 月 31 日 外管局山东省分局下发《关于进一步改进外汇管理支持涉外经济又快又好发展的指导意见》。

2 月 18 日~19 日 外管局山东省分局 2008 年工作会议在济南召开，杨子强局长做工作报告，门晓波副局长、赵晓红助理巡视员、16 个分支局局长、副局长共计 100 余人参加了会议。会议传达了全国外汇管理工作会议精神，总结 2007 年全省外汇管理工作，分析面临的形势，并对下一步工作进行了部署。

3 月 11 日~14 日 外管局山东省分局先后组织召开全省外汇检查工作会议暨外汇业务培训会议、经常项目和资本项目外汇管理工作会议。

3 月 17 日 外管局山东省分局印发《2008 年外汇管理工作要点》。

4 月 14 日 外管局山东省分局印发《信息调研集中管理暂行办法》和《外汇管理重大事项报告制度》。

4 月 21 日 外管局山东省分局下发 2008 年度金融机构短期外债余额指标。

4 月 29 日 外管局山东省分局在日照市召开全省直接投资外汇业务信息系统推广上线启动工作会议，贯彻落实总局电视电话会议精神，回顾总结前期系统推广上线准备工作，并对下一步推广上线工作进行安排部署。总局系统推广领导小组负责人到会并做重要讲话。

5 月 21 日 山东省金融学会和外管局山东省分局在山东财政学院共同举办了以“外汇管理法制建设的现状与展望”为主题的“2008 齐鲁讲坛——金融分坛”，省委宣传部、省社科联，开行、农发行、工行、农行、建行、邮储山东省分行，中行、交行济南分行，省联社，各股份制商行济南分行，省国托，济南市商行，齐鲁证券，以及财政学院的师生约 200 人参加了讲坛。

5 月 28 日 由外管局山东省分局和省外经贸厅主办，进出口银行青岛分行协办的“走出去”外汇金融政策宣讲会在济南召开。

7 月 9 日 外管局山东省分局举办出口收结汇联网核查和贸易信贷登记管理培训班。

7 月 19 日~20 日 外管局山东省分局在济南举办全省银行结售汇统计监管培训班，全省各市分支局、各外汇指定银行共 450 余人参加了培训。

7 月 28 日 外管局山东省分局印发局务会议、月度（季度）外汇形势分析会等项《制度》。

7 月 29 日 外管局山东省分局和省外经贸厅签署《关于加强外商直接投资管理与统计合作备忘录》。

9 月 1 日~30 日 外管局山东省分局在全省组织开展“诚信兴商宣传月”活动。

9 月 11 日 外管局山东省分局举办全省贸易信贷调查工作培训班，各市分支局、济南市各样本企业 60 余人参加了培训。

9 月 22 日 外管局山东省分局和省经贸委共同举办全省企业外汇避险知识与技巧培训示范班，全省各市经贸委、外管局、省直有关部门、银行及涉外企业共 350 余人参加了培训。

10 月 10 日 外管局山东省分局在全省范围内组织召开了《外汇管理条例》视频培训会议。

11 月 10 日 外管局山东省分局召开案件集体审议会议，对济宁市 4 家公司非法使用外汇案进行审议，通过了行政处罚决议。

11 月 18 日 外管局山东省分局举办金宏工程国际收支数据采集系统培训班，全省各市中心支局和济南市各县（市）支局国际收支统计部门、进出口核销部门共计 50 余人参加了培训。

11 月 27 日 外管局山东省分局印发《山东省银行执行外汇管理规定情况考核办法实施细则（试行）》。

12 月 1 日 外管局山东省分局举办了山东省贸易信贷管理政策培训会，对总局近期出台的 4 项贸易信贷新政策的出台背景、重要意义、宣传口径、业务操作、系统操作、注意事项等进行了系统的讲解。各市中心支局的业务人员、驻济各银行业务负责人和业务人员近 80 人参加了培训会。

12 月 18 日　外管局山东省分局对 2008 年度优秀调研信息材料和优秀信息员进行了表彰通报。

12 月 29 日　外管局山东省分局举办境外投资外汇管理政策和 ODI 模块的系统操作培训会，对总局的境外投资管理政策进行了系统梳理，并对直接投资系统境外投资模块系统操作进行了详细讲解。各市中心支局的业务人员、驻济各银行业务负责人共 67 人参加了培训会。

（外管局山东省分局）

中国银行业监督管理委员会山东监管局

【综述】　2008 年，中国银行业监督管理委员会山东监管局(以下简称“山东银监局”)切实加强银行业风险管控，统筹推进改革开放和金融创新，银行业竞争力和监管有效性进一步提升，辖区银行业呈现出“六个同步提高、六个明显增强”的良好运行态势。

一、业务规模和运行效率同步提高，银行业支持经济社会发展的能力明显增强。截至 2008 年末，辖区银行业金融机构本外币各项存款余额 22058 亿元，较年初增加 4031 亿元，增长 22.36%；剔除剥离因素后，各项贷款余额 16862 亿元，增加 2002 亿元，增长 13.48%。农业、小企业贷款余额分别为 2463 亿元、1460 亿元，分别较年初增长 17.07%、20.69%，高于同期贷款增幅 4.5 个和 7.2 个百分点。

二、资产分类真实性和资产质量同步提高，银行业应对经济金融不确定因素的能力明显增强。该局突出资产质量真实性监管，督促有关机构暴露隐性不良贷款 113 亿元，占同期新增不良贷款的 53%。截至 12 月末，全辖统算不良贷款余额较年初减少 537 亿元，剔除农行不良贷款剥离因素，下降 114 亿元；不良贷款率 5.87%，下降 4.41 个百分点。

三、风险拨备和盈利水平同步提高，银行业抵御各类金融风险侵蚀的能力明显增强。截至 12 月末，全辖银行业累计计提各项准备 192 亿元，专项准备缺口较年初缩小 433 亿元，拨备覆盖率比年初提高 27.69 个百分点。在此基础上，银行业实现账面利润 418 亿元，同比增盈 127 亿元。

四、资本实力和股东质量同步提高，银行业公司治理能力与可持续发展能力明显增强。城商行资本结构持续优化，资本充足率全部保持在 9%以上；农村合作金融机构取消资格股进展顺利，取消资格股比例达 36.6%，全辖统算资本充足率较年初提高 4.11 个百分点。

五、改革深度和开放程度同步提高，银行业市场基础与综合竞争力明显增强。2 家新型农村金融机构成功组建，首家外资银行落户济南，恒丰银行改革迈出可喜步伐，邮储银行分支机构组建完毕，大型银行股改延伸、政策性银行商业化转型、财务公司、资产管理公司等各类机构改革稳步推进。

六、创新水平和服务质量同步提高，银行业履行社会责任的能力明显增强。主要做法：一是以奥运金融服务为契机，全面改进和加强窗口服务；二是以支持新农村建设和小企业信贷为重点，不断创新信贷机制、业务品种和服务手段。

【风险监管】　2008 年，针对经济金融运行中不确定因素较多的实际，山东银监局积极做好对经济金融运行趋势的预测，增强风险监管的针对性、主动性和有效性，取得扎实成效。

一、认真分析和把握宏观经济走势，指导银行业机构防范风险。一是分别建立了银行业运行情况季度分析通报会议、股份制银行和城商行监管联席会议制度；二是先后召开各类监管工作会议 60 余次，形成审慎会议纪要 30 份；三是适时加强监管引领和风险提示，下发监管提示、非现场和现场监管意见书 102 份；四是制定实施了《山东银行业支持节能减排工作实施意见》，深入开展“绿色信贷”行动；五是组织银行业对“两高”行业信贷风险开展自查，其授信增幅呈下降态势，低于全部贷款增速 5.39 个百分点；六是督促银行业不断加强风险管理基础工作，探索风险处置的新方式、新做法，有效防止风险点的蔓延和扩散。

二、打实审慎监管基础，督促银行业真实提升资产质量。一是把资产质量真实性作为风险监管的基础，加大监管力度，纠正不良资产压降考核和清收中的偏差，严肃处理人为隐瞒或虚假压降行为；二是引导银行业加强清收和核销，不良贷款处置结构得到很大改善；三是鼓励和帮助银行业创新处置思路，其中建行山东省分行通过资产证券化方式打包处置 14.55 亿元，潍坊商行通过增资扩股消化原地方政府置换的不良贷款 3.1 亿元，烟台商行将原定需要 20 年时间消化的 12 亿元不良贷款处置时间压缩至 3–5 年。

三、增进行业沟通与合作，努力防范集团客户风险。一是新组建俱乐部 6 个，指导其采取资产和负债重组等方式，成功化解了部分集团客户的贷款风险；二是指导南山集团、日照港俱乐部牵头行开展了财务顾问、现金池管理等业务；三是大力推动银团贷款发展，成功组建银团 14 个，贷款总额 352 亿元；四是建立了“大额授信压缩监测台账”，采取与市场准入挂钩等一系列措施，大力压缩授信集中度。截至 12 月末，城商行共压缩超比例授信集团客户 29 户，压缩授信 36.5 亿元，有 11 家行达到监管要求，较年初增加 8 家。

四、全力做好农村合作金融机构案件处置和防控工作。一是在上半年调查摸底和对部分发案机构深入分析的基础上，专门召开了全省农村合作金融机构案件防控工作会议；二是组织开展了以堵塞漏洞为核心的案件专项治理和风险深度排查；三是督促省联社完善综合业务系统和管理制度，实施飞行检查制度，切实摸清操作风险隐患和案件底数。

五、积极防范信息科技风险和跨市场转移风险。一是对5家机构的业务系统进行了评估检查，提出整改建议28条；二是开展应急演练和信息科技风险排查，提升银行业数据处理能力；三是组织开展银行理财产品业务清理检查，严格规范银行代销保险业务；四是特别关注金融风险跨市场转移情况，与证监局联合开展了对银行代销基金的现场检查。

【机构改革监管】 2008年，山东银监局深入推进辖内银行业金融机构改革开放，银行业市场基础和可持续发展能力明显增强。

一、恒丰银行改革取得新进展。一是提出了增资扩股"两步走"方案，推动该行引进大华银行作为战略投资者；二是加强与地方政府的沟通协调，及时疏导化解矛盾，努力保持该行改革期间的经营稳定；三是通过对该行引进战略投资者工作的阶段性评估，推进股改进一步深化；四是通过约见高管人员、下发监管意见书和监管提示等方式，认真抓好该行改革期间的风险监管；五是深入开展现场检查2次，使其风险状况得以真实反映。

二、城商行改革发展取得新突破。一是城商行合作联盟顺利开业，"三部一中心"的内部组织架构搭建完毕；二是支持符合条件的城商行跨区域发展，济南商行天津分行、临商银行宁波分行顺利开业，威海商行天津分行、莱商银行徐州分行、日照商行青岛分行获准筹建。

三、银行业引资工作取得新成果。一是成功举办了"外资银行齐鲁行"活动，推动地方政府出台激励政策，成功引进汇丰银行到济南设立分行；二是促成了烟台商行与恒生银行、莱商银行与浦发银行、枣庄商行与日照商行的合作。

四、农村合作金融机构改革取得新成效。一是积极推动此类机构优化股权结构，全辖资格股取消进度达36.6%，其中42家法人机构资格股取消比例在90%以上，22家全部取消；二是新设立农村合行3家，另有3家农村商行筹建已上报银监会审批；三是131.9亿元专项央行票据扶持资金兑付完毕，成为全国首个全部兑付的省份；四是强化对董(理)事和高管人员的动态、持续监管，建立了"双线"问责机制。

五、邮储银行改革取得新进展。一是顺利完成了全部邮储银行分支机构组建工作；二是在机构组建中，督促其通过外部引进和向社会公开招聘等方式积极贮备专业人才；三是对该行改革中出现的问题和风险隐患进行调研，督促其整改，对自身不能整改的体制性问题，积极向银监会反映。

六、其他各类机构改革取得新成效。一是推动工、中、建、交等已股改银行进行机制转换；二是推动农行做好股改准备和"三农"事业部改革试点工作；三是支持开行山东省分行开展商业化改革；四是推动资产管理公司加快业务转型，拓展业务领域和服务方式；五是按照新的管理办法继续深化信托公司改革；六是督促重汽财务公司完成增资扩股，支持其增加业务范围；七是支持合格的大型企业集团设立财务公司，南山集团财务公司顺利开业。

【监管服务】 2008年，山东银监局多措并举，督促辖内银行业金融机构积极履行社会责任，银行业服务经济社会发展的能力明显提高。

一、积极履行社会责任。一是制定实施了《山东银行业加强社会责任指导意见》，深入开展"银行社会责任建设年活动"；二是继续组织实施创评"良好银行"活动，并对评选出的39家2007年度良好银行进行了表彰；三是对各银行奥运金融服务组织了3次查访，对泰安等5个主要奥运旅游城市的银行业服务进行集中整顿；四是设立了票据业务自律委员会，组织开展银团贷款讲评和业务技术比赛，较好地发挥了银行业协会的作用。截至年末，全省有44家银行机构荣获"2008年度中国银行业文明规范服务示范单位"称号，获奖总数列全国第一位；山东省银行业协会荣获"中国银行业奥运金融服务组织奖"。

二、大力推进小企业信贷工作。一是深入开展特色支行、产品、管理和考核建设活动，在全国首次举办小企业金融服务高层研讨会；二是对城商行、农合行等法人机构董事长进行了小企业授信业务专项培训，督促其加强小企业战略规划和部署；三是深入开展小企业贷款工作评价，并对47家先进单位进行了表彰。该局连续2年被银监会授予小企业金融服务先进单位，年末辖内小企业贷款余额1460.4亿元，比年初增加250.34亿元，增长20.7%，高于贷款增速7个百分点。

三、努力改善农村金融服务，坚持以改革为动力，引入竞争机制，促进农村金融服务水平不断提高。

(一)稳妥推进新型农村机构试点。一是加强与地方政府的沟通协调，对2家新型农村金融机构试点工作给予具体指导；二是引导新成立的资金互助社加强民主管理和自助合作，采用社员参加贷款评审、贷款结果公示等方式，努力体现合作制特点；三是对寿光村镇银行的股权结构与公司治理提出监管要求，督促其成立之初即能按照银行标准审慎经营。目前，两家新型农村金融机构已顺利开业，支农作用开始得到发挥。

(二)鼓励银行向县域延伸机构。一是支持城商行设立县域支行34家，使其县域覆盖面达到45%；二是支持股份制银行设立县域支行7家，实现了预期规划目标，县域金融机构体系得到进一步完善。

(三)提升邮政储蓄银行基层机构的功能。截至目前，该局累计批准1659家邮储网点开办小额贷款业务，发放小额存单质押贷款34.15亿元、小额信用贷款15.68亿元。

(四)切实加大"三农"信贷投入。一是督促农信社、农行等重点机构制定信贷支农目标计划，加强支农贷款投放监测；二是积极推行联户联保、经营权抵押、林权抵押以及农村经济合作组织担保等方式，有效缓解涉农贷款"抵押担保难"问题。截至年末，该局辖内农业贷款余额2366亿元，比年初增加293亿元，增长14.2%，高于贷款增速0.7个百分点。

【监管能力建设】 2008年，山东银监局切实加强监管能力建设，监管工作效率和专业化水平明显提升。

一、进一步完善监管组织体系。一是顺利完成对省局机关监管部门和人员的调整，积极探索现场检查和非现场监管的有效分离；二是加大人力集成力度，指导分局积极开展监管办事处整合工作，19个监管办集中办公，集中人员150余人；三是组织开发和充实现场检查专业人才库，先后为39个现场检查项目和各临时工作小组调配人员300余人次。

二、有效完善非现场监管基础功能。一是充分发挥以主监管员为核心的非现场监管作业单元的作用，坚持主监管员报告制度；二是尝试建立城商行主监管员报告月度会审制度，配套实施主监管员工作机制；三是下发《月度会审意见书》36份，跟踪处置各类风险问题100多个；四是建立了数据质量"四单制度"，完善了非现场监管报表数据管理制度和程序。

三、进一步提升监管统计信息咨询服务功能。一是以非现场监管信息系统建设为重点，完善更新监管统计报表制度和体系；二是着力推进宏观经济运行分析和银行业风险分析工作，先后对普遍比较关注的银行业流动性、集团客户风险、房地产及"两高"行业贷款等问题进行了持续跟踪监测，有效发挥了监管统计分析的决策参谋和信息咨询作用。

四、不断创新监管技术手段。一是开发了《现场检查质量控制系统》，运用技术手段强制保存检查底稿和修改痕迹；二是开发使用了非现场监管质量管理与评价系统，通过与银监会非现场监管信息系统的对接，提供一定的筛查、预警和监管指标计算功能；三是开发建设了山东金融机构电子地图系统，已收集全省1.19万家机构网点和1.34万名高管人员信息；四是协助银监会开发了"派出机构客户风险监测预警系统"，并作为全国首个试点省局完成了试点工作；五是积极推进"银税信息共享"试点，系统作用初现。

五、持续加强教育培训。全年全系统组织业务培训班70余期，培训人员5200余人次，选派参加外出培训70余人次。主要工作：一是积极探索员工职业生涯规划培训的有效途径，组织举办了为期一周的全员脱产培训；二是加强专业师资库建设，完善省局网络培训测试系统，承办了银监会"三大模块"培训测试系统试题库的开发建设，被银监会推广试用。

六、持续规范和优化监管流程。一是制定实施了《行政应诉工作办法》、《行政处罚听证操作规程》和《行政复议操作规程》等3个制度办法；二是落实了《实施相关调查权操作规程》，将相关调查权纳入考核；三是开展了大额不良贷款现场检查，协调地方政府联合治理银企违规问题；四是组织对前两年检查发现问题整改情况的调查，强化监管意见的跟踪落实；五是促进非现场监管与现场检查的互动，在非现场监管中强化对现场检查发现问题的跟踪整改和责任追究。

【党风廉政建设】 2008年，山东银监局进一步强化党风廉政建设：一是制定并落实了《建立健全惩治和预防腐败体系2008–2012年工作规划》实施办法，坚持把监督监察贯穿在监管运行的全过程；二是加大执法监察力度，对6个分局进行巡视，对局机关9个部门进行执法监察；三是深入推进惩治和预防腐败体系建设，对机关各部门、各分局"一把手"开展廉政谈话；四是重视发挥审计监督作用，对干部选拔任用工作实施全程监管。

【内部管理】 2008年，山东银监局深入学习实践科学发展观，内部管理得到全面加强。

一、加强理论学习，深入开展实践活动。一是坚持党委中心组学习制度，先后组织党委中心组学习21次(13天)；二是通过开展解放思想大讨论和召开专题民主生活会，深刻剖析工作中存在的问题；三是深入开展专题调研8个，并研究提出相关解决思路。

二、强化班子队伍建设。一是组织开展省局机关处、科级干部任用选拔，并为5个分局配备了专职纪委书记；二是加大干部异地交流力度，对5个分局班子和4个分局"一把手"进行了交流；三是选派3名省局机关处级干部到分局任职，选拔10名分局年轻干部到省局交流锻炼；四是选派6名干部到商业银行挂职，同时有3名商业银行干部到银监局挂职。

三、切实改进工作作风。一是制定实施《进一步加强领导干部作风建设的意见》，建立局级领导干部联系点制度，促使其深入基层开展调研，广泛听取群众意见和建议；二是新一届党委班子坚持贴近一线开展工作，先后深入基层和被监管机构调研百余次。

四、举办丰富多彩的业余活动。一是开展了各种评选表彰活动，切实推进了监管文化建设；二是认真组织抗震救灾活动，全系统职工累计捐款18.42万元，交纳特殊党费61.41万元，在银监会系统各局中排名第3位。

【金融大事记】 1月1日 山东银监局分支机构非现场监管信息系统正式投入运行。

1月31日 山东银监局组织召开2008年度工作会议。

2月1日 山东银监局组织召开2008年山东省银行业工作(电视电话)会议。

3月17日 山东银监局周忠明局长、刘悦芹副局长出席山东省政府与外资银行齐鲁行考察团座谈会。

3月28日 山东省银行业文明规范服务大会在济南召开。

4月10日 2008年度山东银行证券保险三方监管合作联席会议在济南召开。

4月16日 山东银监局组织召开2007年度山东银行业小企业金融服务表彰(电视电话)会议。

4月23日 山东银监局印发实施农村中小金融机构《案件防控长效机制建设指导意见(试行)》和《行业管理部门履职责任追究指导意见(试行)》。

5月7日 山东银监局印发实施《山东银行业支持节能减排工作实施意见》和《农村中小金融机构内部审计监管评价指导意见(试行)》。

5月14日 山东银监局印发实施《农村中小金融机构实施股权改造取消资格股工作指导意见(试行)》。

6月16日 山东省银行业2007年度"良好银行"授牌表彰暨履行社会责任活动推动大会在济南召开。

6月26日 山东银监局印发实施《农村合作金融机构授权管理指导意见》。

7月1日 "银监会派出机构客户风险监测预警系统"在山东银监局正式投入运行。

9月17日 山东省城市商业银行合作联盟有限公司挂牌开业。银监会王兆星副主席出席开业典礼并为合作联盟揭牌。

10月28日 山东银监局印发实施《银行业金融机构支持全省服务业又好又快发展的指导意见》。

11月3日~4日 银监会刘明康主席深入山东省寿光市三元朱村和泰安市就贯彻落实党的十七届三中全会精神，落实科学发展观，搞好农村金融服务和银行监管工作等进行调研。

12月30日 山东银监局组织召开局机关2008年度总结表彰大会。

（吕苏越）

中国银行业监督管理委员会青岛监管局

【综述】 2008年，中国银行业监督管理委员会青岛监管局（以下简称"青岛银监局"）全面落实宏观调控政策，切实强化风险监管，推进银行机构深化改革，提高金融服务水平，促进了辖区银行业又好又快发展。

2008年，该局辖区银行业存、贷款余额增量再创历史之最，存、贷款余额分别为4896.3亿元和4067.6亿元，分别比年初增加860.7亿元和688.4亿元，增长21.3%和20.3%。不良贷款余额比年初减少52.8亿元，不良贷款率下降2.1个百分点，持续实现不良贷款"双降"和零案件，经营效益和风险抵御能力稳步提高。全年银行业实现利润100.2亿元，同比增长51.5%；贷款损失准备金比年初增加15.6亿元；法人银行机构资本充足率均保持在监管规定比例8%之上。

【业务监管】 2008年，青岛银监局一是加大银行业支农力度，完成了两家村镇银行的组建工作，引进了"一指通"等信贷产品，并启动了海尔集团利用农村信用社网络开展家电下乡活动的试点工作；二是解决中小企业资金链紧张问题，组建了小企业授信工作联席会议制度，召开座谈会对小企业授信工作的难点问题进行研究，并推动辖区银行机构多次召开小企业信贷业务推介会、融资洽谈会；三是积极开展下岗职工再就业贷款和贫困学生助学贷款等业务，弱势群体金融服务不断完善；四是按照"区别对待、有保有压"的原则，积极支持重点项目建设及外贸出口企业，加大对中小企业、技术改造、循环经济和民生工程的信贷支持力度；五是成立了奥运金融服务和应急工作领导小组，组建了消费者金融服务投诉联动处理机制和奥运金融服务日报与监测制度，完善了奥运期间安全保卫及值班制度，确保了快速反应与动态监测。

【风险监管】 2008年，青岛银监局加大风险监管力度，提高风险管理水平，进一步提高监管针对性和有效性。

一、防范不良贷款反弹。一是加强对不良资产绝对额和迁徙变化情况的监测；二是完善违约信息披露和通报制度，扩大客户风险监测范围和互动功能；三是密切关注房价回落、成交量萎缩可能给银行业带来的授信风险，全面开展房地产信贷风险压力测试，有效防范房地产信贷风险；四是加强了对大额不良贷款客户的跟踪监管。

二、防范集团客户风险。充分利用银监会客户风险监测预警系统，加大对客户风险的监测力度，督促银行机构建立风险的有效监测、及时预警和妥善处置机制。同时，注意防范大客户关联企业相互担保形成的风险。

三、加强理财产品等创新业务的风险管控。一是强化对理财产品市场变化情况的跟踪，逐一摸清风险底数，制定风险处置预案；二是通过召开专题监管会议、进行监管约谈、开展查访等措施，加强风险提示，督促银行机构客观地宣传产品，规范销售，切实防范理财业务中的声誉和突发事件风险。

四、推进案件防控工作。一是继续实行案件治理成效与机构准入和任职资格监管挂钩制度，督促银行机构认真落实操作风险管理的各项要求，加强案防长效机制建设；二是坚持案件形势分析通报和风险提示制度，定期组织开展风险隐患分析排查，先后对电子银行业务、贷款诈骗等隐患进行了风险提示。

五、加强流动性风险监管。一是督促法人银行机构建立完善流动性风险管理体系，制定流动性风险管理预案，并定期进行压力测试；二是制定实施了流动性风险监测和评估管理办法，根据监测评估结果，实施分类监管，流动性比例等指标均达到了监管要求。

六、注重信息科技风险监管。一是制定了信息科技风险防范预案和奥运期间信息系统安全运行工作实施方案，建立了信息系统突发事件报告制度，落实了相关责任；二是开展了信息科技风险奥运专项检查，督促各银行机构做好压力测试，确保了奥运期间系统正常运行和银行卡使用无障碍。

【机构改革监管】 2008年，青岛银监局全力推进机构改革，取得阶段性进展。

一、深化地方法人银行机构改革。一是指导并推动青岛银行引进了意大利联合圣保罗银行等境内外战略投资者，并支持其完成了更名和跨区域发展，青岛银行济南分行已于2008年8月开业；二是完成了辖区农村合作金融机构2007年度监管评级工作，依据评级状况，制订了2008至2010年主要风险指标及监管评级达标规划，督促其做好完善公司治理、化解历史包袱等改革发展的各项准备工作。

二、推进银行业分支机构改革。一是密切关注农业银行股改进程，督促其做好不良资产剥离核销等改革前期工作；二是督促政策性银行稳步推进改革转型进程；三是指导邮储银行青岛分行完成了116个支行的组建和开业工作，并通过开展人员培训、操作风险检查等措施，巩固了业务发展基础。

三、推进新型农村金融机构试点工作。一是指导即墨北农商村镇银行和胶南海汇村镇银行完成了筹建开业；二是开展了第三批新型农村金融机构试点的前期准备工作；三是配合青岛市政府开展了小额贷款公司试点工作。

【日常监管】 2008年，青岛银监局进一步强化日常监管工作，提高银行业服务水平。

一、加强准入管理。一是制定实施了《中小法人银行新设分支机构后评价办法》，以评价结果指导法人银行新设分支机构市场准入；二是针对部分银行机构业务开展中存在的风险隐患，对其派驻证券公司临时柜台申请不予受理，并叫停了部分代理销售业务；三是指导海信集团财务公司、瑞穗实业银行(中国)青岛分行和韩国釜山银行青岛代表处开业；四是完成了日照市商业银行设立青岛分行的初审；五是支持招商、民生银行青岛分行分别设立了日照和烟台支行。全年，共批准新设机构138个，新设自助服务设施133个，升格支行22个，机构变更80个，机构撤销10个。

二、改进现场检查，提高检查质效。一是创新检查方式，除到借款企业实地调查外，还到工商、税务等部门调查了解企业有关情况，提高了现场检查质量；二是强化现场检查发现问题整改情况的监控，建立了整改台账，组织开展了后续核查，提高了现场检查效力；三是开展了36项现场检查，发现问题447个，提出整改意见199条，促进了辖区银行机构依法合规经营和风险管控水平的提高。

三、加强非现场监管，提高持续监管能力。一是做好非现场监管信息系统的推广应用工作，顺利完成了各期非现场监管报表的收集和汇总工作；二是通过下发"提示单"、"警告单"等形式，及时对相关银行机构做出风险预警，并督促其采取风险防控措施。全年共完成非现场监管报告206份，发现风险问题343个，提出整改意见281条，充分发挥了非现场监管的预警功能和对现场检查的指导作用。

四、加强信息调研工作。成立了新资本协议、新会计准则和国际银行监管动态3个跨部门专业研究小组，对重点课题开展了深入跟踪研究，组织编译了相关资料，全年共形成各类调研报告及信息81篇，部分报告被银监会采用。

五、加强对银行业协会的监督指导。一是指导其做好银行债权的管理与维护，积极参与集团客户授信风险处置工作，为52户企业出具了落实银行债权证明，堵住12户企业拟借改制之机逃废银行债务，保全银行债权1.09亿元；二是指导其开展迎奥运文明规范服务系列活动，并加强服务督查，提升奥运服务水平；三是推动做好从业人员资格考试教育培训工作。

【金融大事记】 5月29日 青岛银监局召开辖区商业银行奥运金融服务查访工作会议。

6月5日 青岛银监局余龙武局长陪同青岛市夏耕市长会见韩国釜山银行行长李栎镐一行。

7月15日 青岛银监局成立奥运金融服务领导小组和应急领导小组，进一步加强奥运金融服务的组织领导。

7月21日 中国银监会郭利根副主席在青岛银监局干部大会上宣布陈育林担任青岛银监局局长，免去余龙武青岛银监局局长职务。

7月29日 青岛银监局召开2008年年中工作会议。

9月23日 中国银监会在青岛银监局召开银行机构客户风险监测预警系统培训会议。

11月3日 青岛银监局陈育林局长陪同中国银监会刘明康主席到海尔集团调研。

(刘淑芳 田祥新)

中国证券监督管理委员会山东监管局

【第一负责人简介】 徐铁，山东济南人，1981年7月入党。1983年5月至1985年8月任贵州省政府经济研究室副处长、处长；1990年1月至1992年1月任中共务川县委副书记；1992年2月至1998年12月历任贵州省体改委处长、副主任，其间兼任贵州省政府证券委和政府开发区办公室主任；1999年1月至2000年12月任中国证监会贵阳特派办主任；2001年1月至2008年9月任中国证监会发行监管部副主任；2008年10月至今任中国证监会山东监管局党委书记、局长。

【综述】 2008年，中国证券监督管理委员会山东监管局(以下简称"山东证监局")在证监会和省政府的正确领导下，通过科学监管和各市场主体的努力，保持了辖区市场的总体稳定及新的发展。

由于受国际金融危机影响，辖区上市公司整体盈利水平略有下滑。72家公司实现盈利，37家公司净利润突破亿元；实现净利润总额187.4亿元，同比下降8.0%，降幅低于全国平均水平6.2个百分点；净资产收益率10.6%，下降2.8个百分点，降幅低于全国平均水平0.9个百分点。

【规范化运作】 2008年，山东证监局推动规范运作，上市公司质量持续提高。一是深入推进公司治理专项活动，各公司建立健全了内控制度，对发现的问题进行了深入整改，整改率达96.3%；二是督促各公司建立了防止资金占用的专项制度，对33家公司实施了专项检查，责令存在问题的公司进行彻底整改；三是持续关注存在股价异动、媒体质疑、重大举报情况的公司，通过及时到场、知情人签署承诺函等措施，较好地防止了选择性和虚假披露；四是加大现场检查和督促整改力度，全年对70%以上公司实施了现场检查，对3家公司提出内部批评，对2家严重违规公司进行立案稽查；五是推动并购重组和再融资，通过并购重组向5家公司注入资产124.7亿元，有10家公司完成再融资，合计融资166亿元；六是通过采取制定处置预案、向地方政府通报、协调推进并购重组等措施，辖区退市风险化解工作取得积极成效，被特别处理的8家公司中，有6家已撤销退市风险警示或其他特别处理。

【监管与服务】 2008年，山东证监局将监管与服务并举，首发融资取得新进展。辖区8家企业发行上市，数量居全国第3位，募集资金45.4亿元；目前共有拟上市公司55家，正在改制企业34家，后备资源数量稳居全国前列。一是辖区主板、中小板后备资源数据库动态管理实施顺利，目前在库管理企业200余家，创业板后备资源数据库也建成运行，入库企业达100余家；二是加大对企业改制指导力度，对74家企业现场指导80余次，提出合理化建议数百条；三是对27家公司辅导情况进行现场调查评估，通过严把辅导备案、验收重点关口，进一步提高监管工作质量。全年辖区上会公司11家，过会9家。

【证券经营机构监管】 2008年，山东证监局支持创新发展，证券经营机构合规经营和风控能力明显增强。一是按法人对辖区营业部集中安排现场检查、集中通报存在问题，要求证券公司督促营业部整改；二是坚持证券公司“监管例会”制度，强化了宣讲监管政策、解决实际问题和督促整改的效果，并支持齐鲁证券在客户资金存管方面进行创新；三是推动辖区证券经营机构加强账户规范等基础性工作，督导齐鲁证券率先完成账户规范，累计清理规范不合格账户27万余户；四是积极引导机构合理布局，全年核准28家营业部迁址申请，支持16家服务部规范为营业部；五是加强现场监管力度，全年安排现场检查、专项业务检查、专项核查229次，对发现的违规行为，在督促整改的同时进行通报并记入诚信档案；六是做好天同证券风险处置的收尾工作，1月天同证券进入司法破产程序，目前进展顺利。

辖区124家证券营业部实现安全稳定运行，截至年底，累计代理交易总额1.78万亿元，实现营业收入36亿元，税前利润22亿元。辖区证券营业部总资产225亿元，投资者资金账户378万户，客户资产976亿元，行业整体实力大幅提升。

【期货市场监管】 2008年，山东证监局增强期货公司抵御风险实力，期货市场平稳健康发展。一是重组工作取得实质性进展，继2007年鲁证期货完成重组后，鲁能金穗和万杰鼎鑫期货又相继完成了增资扩股，3家公司重组后的注册资本均过亿元；二是对11家证券公司的51家营业部IB开业准备情况进行了现场检查；三是加大对注册资本金和保证金的监管力度，指导公司加强风险控制，平稳化解国庆长假后连续暴跌的极端行情引发的风险；四是依法做好审核工作，批准设立期货营业部9家，完成高管审核36项；五是在全国率先完成客户实名制工作；六是进一步规范期货公司居间人管理和公司营销模式，指导各公司再次降低了向居间人返佣比例；七是协调期交所在省内设立了两个硬冬白小麦交割库，对当地经济发展产生了积极作用。

截至年底，辖区5家期货公司共代理期货交易额2.8万亿元，同比增长56.3%；客户保证金余额13.24亿元，增长30.4%；净资本4.92亿元，增长57.5%；5家公司全部盈利，实现净利润3334.32万元，增长57.7%。

【稽查工作】 2008年，山东证监局从严打击违法违规行为，稽查效能进一步发挥。一是积极实施自主立案和稽查提前介入，对九发股份、德棉股份两起案件进行立案稽查，5起案件实施非正式调查，协查各类案件24起，对23人进行行政处罚，3人实施市场禁入，4人采取刑事强制措施，稽查执法威慑力明显增强；二是完善协调机制，会同有关方面转发了关于整治非法证券活动的通知，全年协同市地政府查处非法证券活动8起，关闭非法期货经营网点12个；三是通过发布各类风险提示公告等方式，向投资者进行风险提示，提高了投资者风险防范意识。

【风险监管】 2008年，山东证监局有效排查防范风险，辖区资本市场实现平稳运行。一是实施风险分类监管，每季度对上市公司风险情况进行排查、分类，采取现场检查、向政府有关部门通报等措施，及时揭示和化解风险；二是督导各证券期货经营机构多次进行全面风险排查，对辖区所有证券期货公司及110余家分支机构的信息系统和安保工作进行了全面检查，保证了信息系统和经营场所安全稳定运行；三是审慎处理好信访事项，全年接收信访事项670余件，解答来信来电来访880余人次。全年特别是在奥运期间，辖区资本市场运行平稳，未发生一起恶性或群体性事件。

【自律监管】 2008年，山东证监局充分发挥协会作用，自律管理取得积极成效。一是推动辖区证券期货经营机构签署新的行业自律公约，加强对上市公司高管人员买卖股票和防止资金占用等方面的自律管理；二是加强培训交流，协助完成辖区上市公司董监事、证券经营机构高管人员及从业人员培训，合计培训1100余人；三是借助协会网站、董秘例会、证券事务代表座谈会等多种交流方式，拓展协会服务功能；四是举办市场形势分析报告会7期，引导投资者理性投资。

（姚旭东）

中国保险监督管理委员会山东监管局

【第一负责人简介】 任建国，男，1957年9月生；历任人行湖南省分行办公室主任、非银行金融机构管理处处长，民生银行人事部副总经理，太平洋保险公司长沙分公司总经理，保监会湖北监管局党委书记、局长，第11届全国人大代表；现任山东保监局党委书记、局长。

【综述】 2008年，中国保险监督管理委员会山东监管局（以下简称"山东保监局"），围绕服务经济社会发展大局，使得保险市场健康稳定运行，各项工作不断迈上新台阶。截至年末，山东（不含青岛，下同）行业总资产达993亿元，增长21.11%，积累准备金1471亿元，增长26.4%；实现保费收入571.23亿元，同比增长34.69%，增速同比提高8.36个百分点，居全国第5位，其中财产、人身险公司实现保费分别为141.24亿元、429.99亿元，分别增长16.04%、42.19%。

【业务发展】 2008年，山东保险业发展呈现出增长速度较快、效益明显提高、结构持续优化的良好态势。

一、机构不断增加，业务稳步提升。一是新增保险公司9家、中心支公司（含）以下机构655个、专业中介法人机构16家，截至年底，共有保险主体49家（另有3家在筹），各类保险公司分支机构4763个，专业中介法人机构129家，从业人员27.25万人；二是产险公司效益显著提高，从9月开始，产险公司扭转了连续两年多来大额亏损的局面，实现了山东保监局提出的"年底盈亏打平"目标，累计实现承保利润7128万元，承保利润率同比提高15.74个百分点，高于全国平均水平7.29个百分点；三是人身险公司业务结构继续优于全国，内含价值较高的个人代理业务占人身险公司业务的49.91%，高于全国平均水平7.9个百分点，寿险新单期交率25.51%，高于全国平均水平4.7个百分点。

二、服务经济社会发展的能力进一步提升。一是积极发挥经济补偿功能，保险行业为经济社会承担着各类风险责任8.89万亿元，累计赔付支出165.07亿元，增长13.8%；二是服务新农村建设取得新成效，政策性农业保险试点县由2007年的20个扩大到60个，业务运作更加规范，承担种、养殖业风险责任金额133.13亿元，参保农户629.33万户次，实现签单保费3.05亿元，已决赔款1.2亿元，受益农户20.45万户次；三是出台了人身保险业服务"三农"工作的指导意见和农村营销服务部标准化建设指引，促进了农村保险业务健康发展。

三、为完善社会保障体系做出积极贡献。一是为全省1.07亿人次提供了1.65万亿元的养老、健康保险保障，全年累计支付各项医疗费用等13.37亿元，为72家单位7.72万余名职工提供了企业年金服务，基金管理规模17.01亿元；二是积极探索大额补充医疗保险业务，为151.53万人提供了商业健康保险保障，实现保费收入1.48亿元；三是积极参与社会管理，承担责任保险保障金额1.4万亿元，是上年同期的3.64倍；四是继续加大治安保险推动力度，累计承保6196个行政村（街道、社区），为232.14多万户家庭提供了183.27亿元的风险保障，实现保费收入2550.78万元。同时，全省保险业全年累计缴纳各类税金8.34亿元，为社会提供新增就业岗位8.38万个，向汶川地震灾区捐款1721万元。

【内控建设】 2008年，山东保监局辖区内各保险公司不断加强人才与内控合规建设，提升服务水平，行业基础更加牢固。一是开展了以"让消费者放心买保险"、落实《山东省保险行业服务质量规范》为主要内容的服务质量年活动；二是通过提供增值服务、100%客户回访、全国通赔、赔案在线查询、小额赔款快速给付和完善客户投诉处理机制等措施，提升了行业服务质量，山东省社情民意调查中心对保险行业诚信服务测评的得分87.04分；三是分批对辖区内311名高管人员开展了集中培训，参训人员超过支公司以上高管人员数的1/3；四是设立了专门的部门或设置专人专岗来加强内控，并针对内控薄弱环节，加强合规检查和信息系统管控，同时建立了产品宣传材料抽查暗访制度，加强销售行为管理。

【监管服务】 2008年，山东保监局按照保监会的总体要求，进一步加强监管，全年共处罚机构82家，罚款383.3万元，责令撤换6名高管人员，行政警告25人，罚款35.2万元，维护了保险市场的稳定，推动了山东保险业持续快速健康发展。

一、采取各种措施，加大监管力度。一是出台了七项禁令、见费出单、批单退费、产品说明会、客户回访和招聘招募人员、银行代理等一系列规范意见；二是开展分类监管工作，对各机构经营管理和风险状况进行评价，并首次组织开展保险行业诚信测评工作；三是以车险、销售误导和兼业代理3个市场突出问题为重点，加大现场检查与处罚力度，并对举报集中的市地开展了集中现场检查，通过多项举措综合治理，市场秩序明显好转；四是以风险防范为目标，加强市场的预警监测，果断处置了个别公司集中退保的风险苗头，防止了事态的扩大和蔓延；五是下发了《关于加强人身保险公司退保业务管理，防范市场风险的紧急通知》，建立了退保情况周报月报制度，健全和完善了风险处置预案；六是召开山东寿险工作会议，对人身险市场发展节奏、业务结构等提出总体要求；七是加强对大型商业保险领域的动态监管，在全国率先开展了地市保险市场运行状况的监测和风险等级评定工作。

二、政府支持力度加大，促使监管服务上新的台阶。一是省委、省政府领导10多次对保险工作做出重要批示或指示，省政府常务会议听取保险工作汇报、专题研究保险工作；二是王仁元常务副省长要求省政府调研室就加快保险业发展开展了专题调研，相关省领导亲自协调，推进政策性农业保险；三是省政府办公厅、安监、公安等部门积极支持农业、安全责任、火灾公众责任、旅游保险等险种业务的发展；四是省、市委宣传部专门下发通知，就保险业报道工作提出明确要求，其中媒体共报道新闻565篇，97.3%为正面内容；五是与公安部门联合开展了打击机动车盗抢和保险诈骗工作，追回被盗抢机动车3000多辆。

【精神文明建设】 2008年，山东保监局开展深入学习实践科学发展观活动，并圆满完成了学习实践活动5个阶段11个环节的各项工作任务，满意率达100%，其中群众参与的征求意见会与情况通报会各2次，取得了较好成效。一是成立活动领导小组；二是围绕“科学发展、防范风险”和“进一步解放思想，转变发展方式，实现由保险大省向保险强省新跨越”的实践载体，组织开展解放思想大讨论；三是通过集中培训、专题辅导、个人自学、集体研讨等形式组织活动来提高党员思想认识；四是将规定动作与自选动作相结合，宣传引导与营造良好氛围相结合，抓好专题调研，解决好突出问题。

【金融大事记】 1月22日 山东保监局分别被省委办公厅、省保密局评为党的公文处理工作先进单位、保密法制宣传教育先进集体，其中分别被授予平安山东建设先进个人、全省整顿和规范市场经济秩序工作先进个人、党的公文处理工作先进个人3名。

2月2日 山东保监局召开2008年全局工作会议，深入学习贯彻全保会精神，并提出8项重点工作。

2月27日 山东保监局组织召开全省保险工作会议，省委常委、常务副省长王仁元出席会议并做重要讲话，省直及中央驻鲁等20余家单位应邀出席会议。

4月23日 原湖北保监局党委书记、局长任建国任山东保监局党委书记、局长，鲁青任山东保监局党委委员、局长助理。

4月28日 胶济铁路淄博市周村站至王村站路段发生重特大交通安全事故，造成重大人员伤亡。事故发生后，山东保监局与青岛保监局迅速行动，成立“4·28”胶济铁路事故应急协调领导小组，有关负责人赶赴事故现场，对下一步的理赔工作提出具体要求。

5月14日 山东省委常委、常务副省长王仁元对山东省保险业“4·28”特大交通安全事故救灾理赔工作做出重要批示：行动快，抓得紧。望顾全大局，依法理赔，热情服务。

5月16日 山东保监局下发《关于做好抗震救灾有关工作的通知》，并组织干部职工捐款2.76万元。

5月21日 山东保监局召开全省保险工作座谈会，任建国局长在会上做重要讲话。

7月25日 山东保监局与山东省教育厅、山东省财政厅联合下发推行校方责任险的通知。

7月30日 山东保监局召开上半年全省保险市场运行情况分析会，省政府副秘书长、金融办主任张超超出席会议并讲话，局长任建国对下半年工作提出要求。

8月7日 山东保监局召开新闻通气会，通报全省保险业上半年运行状况、保险业服务经济社会的情况以及监管政策和动向，中央驻鲁、驻济有关媒体记者参加了会议。

8月21日 山东保监局纪委组织召开全省保险业纪检监察工作联席会议，组织各中资保险公司纪委书记、分管负责人到胜利油田听取治理商业贿赂专项工作及纪检监察工作方面的先进经验，研究部署深入推进山东保险业专项治理工作。

10月9日 山东保监局召开深入学习实践科学发展观活动动员大会，传达学习中央、保监会有关文件精神，全面安排部署学习实践活动。

10月13日 中国保监会深入学习实践科学发展观活动第二指导检查组到山东保监局检查指导工作。

10月14日 山东保监局与省公安消防总队联合签发《关于建立消防安全评价体系与保险费率挂钩机制、深入推进火灾公众责任保险工作的通知》（鲁公消〔2008〕260号），决定建立消防安全评价结果与保险费率挂钩机制，充分发挥保险费率价格杠杆作用，督促投保单位做好消防安全工作。

11月20日 山东保监局举行第三季度新闻通气会，向驻济各媒体通报前三季度山东保险业发展情况、监管政策措施以及下一步的重点工作。

（孙 乾）

第三部分

金融机构运行报告
——政策性银行

国家开发银行山东省分行

【第一负责人简介】 于泽水，男，中共党员，硕士研究生，高级经济师，现任国家开发银行山东省分行党委书记、行长。

【综述】 2008年，国家开发银行山东省分行（以下简称“开行山东分行”）围绕国家宏观调控、开行改革以及审计监管的形势要求，积极服务于山东经济社会发展，各项工作取得了新进展。截至年末，该行资产余额1266.23亿元，其中本外币贷款余额1095.48亿元，受托业务余额170.76亿元；发放本外币贷款535.08亿元，受托业务工作量72.62亿元；人民币新增项目开发184.90亿元，外汇新增项目开发19.41亿美元；人民币新增评审承诺265.11亿元，外汇新增评审承诺69.64亿美元；不良贷款余额2.90亿元，不良贷款率0.26%；实现利润15.43亿元。

一、大力支持山东重点项目建设和产业发展。一是加强与地方政府的沟通合作，在国家出台“扩内需、保增长”的宏观经济政策后，立即组成16个工作组赴省内各地进行调研，围绕山东省确定的240个重点项目，深入了解各级政府和重点客户推荐的项目情况；二是在项目开发和资金安排上，优先保证重大项目、重点客户和社会瓶颈项目用款需求，全年共调度重大项目近30个，申贷额超过1000亿元，推动了海阳核电、中委基金、黄河三角洲开发、兖矿、华能电厂、华润电厂、济南市城建等重大项目的开发评审工作；三是加大对中小企业、三农、教育、就业及技术改造、节能减排、循环经济的信贷支持，并继续限制向“两高”和产能过剩行业贷款，推动山东经济结构的优化和发展方式的转变。

二、强化基层金融与社会瓶颈业务建设。一是与山东征信信用咨询管理有限公司签订助贷机构合作协议，完成了《德州市信用评级担保一体化助贷机构建设方案》，同时与山东银联担保公司开展省级助贷机构合作，借助其在全省16个地市及部分百强县设立的分支机构或办事处，实现了助贷机构对全省的覆盖，截至年末，实现贷款发放1.82亿元；二是与省教育厅、邮储银行山东省分行分别签订了生源地信用助学贷款省级合作和代理结算协议，截至年末，累计发放贷款13.13万元；三是与省劳动与社会保障厅联合上报了《关于推荐2008年山东省农民工培训示范基地建设工程备选项目单位的报告》，完成了农民工培训基地项目的筛选和推荐工作，实现贷款发放500万元；四是与山东省台湾事务办公室继续联合筛选、推荐台资企业贷款项目，发放贷款1.37亿元；五是支持各地低收入家庭住房建设，发放贷款11.32亿元；六是支持节能减排项目，发放贷款8.94亿元。

三、坚持规划先行，加强各方合作。一是起草并印发了《规划编制工作方案》，并巩固与山东大学的合作关系，组织行内外专家召开了两次“规划专家评估论证会”，截至年末，共完成地市级区域规划12个，县级区域规划56个，产业、市场、社会和国际合作等规划5个；二是深化与地方政府的开发性金融合作，推进与省交通厅、济南市国有资产运营有限公司、兖矿集团、济南铁路局、鲁能集团等大客户合作；三是通过与光大银行、山东国际信托有限公司开展15.86亿元的公路贷款准证券化业务，有效缓解了规模约束问题；四是认真履行银团贷款合作委员会轮值主席行和大客户授信银行俱乐部主任行职责，积极推进小型银团微贷款等富民业务。

四、贯彻国家“走出去”战略，稳步推进国际合作业务。一是顺利完成中委基金40亿美元的发放，并配合总行完成了中委基金新增40亿美元的谈判工作；二是成立了专项工作组，全面负责中委农业合作项目的调研、开发等工作；三是组织完成了中委农业项目考察，并协助总行在山东召开了中委农业合作协调会。截至年末，该行外汇资产实现利润1.36亿元，外汇资产利润率为0.45%。

五、配合监管监察，提升风险管理水平。一是积极配合审计署驻济南特派员办事处、山东银监局和总行稽核专员组的工作，对发现的问题及时整改，截至11月，已全部整改完毕；二是配合内外部监管检查部门完成审计检查工作；三是定期与山东省纪委、监察厅、审计厅召开“联合监督工作协商联席会议”，认真开展联合监督检查工作；四是向全部贷款项目单位、被评审单位以及有关政府、行业主管、经济业务往来等部门发放《党风廉政建设征求意见函》。

六、加强党建和干部队伍建设。一是深入开展学习实践科学发展观活动，围绕促进山东经济社会发展、妥善解决开行改革发展中的突出问题开展学习调研；二是组织开展“致力于科学发展，力破2000亿大关”为主题的解放思想大讨论活动，征求内外部意见建议89条；三是开展“为开行改革发展谏言献策”、登山比赛、演讲比赛等活动，进一步增强队伍的凝聚力和向心力；四是引进了18名应届大学毕业生，充实了队伍，改善了结构；五是积极实施干部内外交流挂职工作；六是办好《每日工作动态》，确保信息直通；七是以推进后勤管理社会化改革为动力，努力做好各项保障工作。

【计划资金管理】 2008年，开行山东分行进一步加强计划资金管理，主要工作：

一、贷款发放计划管理。面对复杂多变的外部环境以及规模缺口、受托业务回购等困难，该行研究制定多情景工作预案，合理安排各项信贷规模资源，严控贷款发放节奏，切实做到精心组织，合理调度，确保了贷款余额调控目标的顺利实现。全年累计发放人民币贷款 211.16 亿元，发放外汇贷款 45.65 亿美元；人民币贷款余额 846.05 亿元，增长 79.62 亿元，完成全年余额新增计划的 100%。

二、贷款回收计划管理。一是逐季度组织各客户处对每个项目的贷款本息回收情况进行预测，据此下达贷款本息回收计划；二是密切监控不良贷款变化情况，并及时向总行及外部监管部门反馈收贷收息和资产质量信息。全年累计回收本外币贷款本息 281.05 亿元，贷款本息当期回收率为 99.85%，累计回收率 99.83%。

三、资金管理。一是以强化资金头寸管理为核心，加强对资金流量、资金缺口、日期分布和走势变化等情况预测，合理制定资金拆借金额和期限搭配方案，形成了稳健有效的资金运行机制；二是勤查询、勤调度、勤分析，对资金进行动态监控，随时掌握合同签订、贷款发放、本息回收、存款收付等信息，了解项目用款动态和需求；三是在确保资金支付的前提下，减少无效低效资金头寸占用，及时将本外币闲置资金拆借总行，全年共办理人民币拆出业务 46 笔，金额 183.89 亿元，实现净利息收入 2964 万元；美元拆出业务 10 笔，金额 20.39 亿美元，实现利息收入 869 万美元。

【信贷项目及管理】 2008 年，开行山东分行坚持“以客户为中心，以合同管理为基础，以风险控制为主线”的基本原则，加强信贷管理，调整优化信贷结构，努力提高资产质量。

一、强化信贷基础管理。一是以 2007 年监管检查问题整改为契机，对贷款项目实行全面的风险管理；二是完善信贷业务管理，贷前严格尽职调查，贷款合同签订和发放时，落实好项目审批手续等条件，贷后加强风险监控，密切关注借款人和担保人的经营管理、财务状况、重大投资和市场变化等情况，把风险控制贯穿业务发展全过程；三是对信贷人员进行业务培训和测试，加强资质管理。

二、防范贷款风险，稳步提高资产质量。一是按季、按月做好资产质量管理工作，并形成相关工作报告，分析预测资产质量变化趋势及存在问题；二是加大不良贷款化解工作力度，全年共收回不良贷款 5438 万元，其中，化解当年产生不良贷款 608 万元，化解 2007 年度不良贷款 4830 万元。截至年末，不良贷款余额 2.90 亿元，不良贷款率为 0.26%。

三、严格贷后管理，及时整改问题。为有效开展贷款“三查”制度执行情况的自查自纠工作以及对山东银监局、审计署驻济南特派员办事处 2007 年现场检查审计意见的整改工作，该行成立专项领导小组，制订了实施和整改《方案》，把整改工作落到实处。截至 11 月，对现场检查发现的问题已全部完成整改。

【金融债权维护】 2008 年，开行山东分行以提高资产质量和保全金融债权为目标，采取多种措施，积极开展金融债权维护工作。一是成立法律事务办公室，和由该办公室牵头、各客户处为成员的依法收贷协调工作小组，促进了该项工作的顺利开展；二是加强联系与沟通，通过分析案情，制定方案，切实加强依法收贷工作；三是加快积案清理工作，对未执行完结案件进行了整理、统计和分析，并积极参与法院破产工作进程。

截至年末，该行已累计对 31 个项目采取依法收贷措施，涉及贷款总额合计人民币 16.57 亿元；回收贷款本息 11.78 亿元，其中逾期本金 2.12 亿元，当期本金 5.39 亿元，当期利息 3.33 亿元，拖欠利息 0.94 亿元。

【筹资工作】 2008 年，开行山东分行加大存款考核力度，积极吸收与贷款项目有关的存款，努力降低筹资成本，提高资金的运营效益。截至年末，各项存款余额 96.78 亿元，同比增加 59.49 亿元。一是对总行评审通过的承贷项目，要求项目企业的资本金和自筹资金存入分行，将存款和贷款发放、本息回收、项目开发等工作紧密结合，并密切监督资金落实情况；二是努力吸收与贷款项目有关的其他存款，对项目建设相关企业原则上要求开立辅助性结算账户，重点抓好交通、铁路、电力、城建等行业大户，并做好公路项目的收费权质押管理工作；三是严格审查企业的用款申请，分季、按旬落实贷款发放进度，对贷款资金的沉淀量按旬做出预测汇总，据此合理安排信贷资金，努力提高资金沉淀。

【会计与财务管理】 2008 年，开行山东分行通过建立健全财会内控制度、完善国际结算业务手段等措施，进一步完善和规范了会计与财务管理工作。

一、建立健全财会内控制度。一是不断完善岗位责任制，规范业务操作流程；二是制订了《支付密码系统业务管理实施细则》、《大额交易和可疑交易报告报送管理实施细则（暂行）》、《人民币银行结算账户管理系统突发事件应急处置实施办法》等制度；三是重新调整了差旅费和会议费等项目开支内容和标准，印发了《关于调整部分营业费用项目开支标准的通知》，使业务经办人员能够按章办事，合规操作，保证了业务处理的准确性。

二、强化对财会工作的稽核监督检查。该行在会计业务处理过程中，做到事前要审批，事中要复核，事后要监督、稽核和检查。通过对每笔业务的监督，总行稽核专员组定期对财会业务实施的逐笔稽核审计，以及外部监管部门定期或不定期地检查指导，为各项业务的准确、规范、真实提供了保证。

三、完善国际结算业务手段。一是 1 月份开通了 SWIFT 系统并获得贷款项下的国际结算业务授权，由原来通过总行付汇改为分行自行付汇；二是在结算总量和产品种类等方面都有了重大突破，结算手段日臻完善，全年共完成国际结算量 48.22 亿美元，其中，T/T 汇款项下结算金额 43.93 亿美元，信用证项下结算金额 4.29 亿美元，实现国际结算业务手续费收入 177 万元人民币；三是通过总行完成结售汇业务量等值 3524 万美元，处理银行间 SWIFT 报文 190 余篇；四是开办了信用证结算业务，实现了该项业务零的突破。

【电子化建设】 2008年，开行山东分行进一步强化信息安全防护意识，加强安全管理与监督，做好各项业务的服务保障和技术支持。

一、全面落实信息安全管理工作。一是完成分行涉密和非涉密计算机及移动存储介质的安全保密排查工作，并做好奥运会期间的网络与信息安全保障工作；二是制定并发布《便携式计算机和移动存储介质保密管理规定》，加强开行业务秘密文件的管理；三是做好系统的病毒库升级工作；四是做好日常维护管理，加强对机房空调、新风、UPS、综合布线、防火、门禁等关键系统的检测与维护，实现机房全年安全运行；五是根据总行方案和实施计划，进行灾备中心系统切换演练工作。

二、完成新建系统的上线运行。一是多次对各市地行外合作机构及使用人员进行业务转培训，配置山东省生源地信用助学贷款系统，及时将发现的问题向总行反馈，并认真做好系统的管理维护工作；二是配合总行完成了移动办公安全子系统的上线测试运行工作。

三、为网络、系统及电子设备的平稳运行提供技术及后台保障。一是成功完成了计算机房及网络系统的升级改造工作；二是做好各业务系统的日常维护和系统升级工作；三是完成了分行柜台前移、大小额支付、核心、OA、山东省政府、省委机要、人行济南分行、山东银监局、新华社等系统的应用管理、升级与维护；四是协调电信、网通、联通等线路提供部门对分行数字电路进行检测与维护，保证网络系统的安全可靠运行。

四、圆满完成新研发系统的需求调研工作。该行设计研发了大客户IT服务系统等新应用系统，针对大客户的不同特点和IT服务需求，利用分行到各地调研的机会交由客户填写需求问卷，并进行汇总上报。

【纪检监察工作】 2008年，开行山东分行继续加强作风建设，认真落实教育、制度、监督并重的惩治和预防腐败体系建设，强化防范信贷和廉政风险，促进依法合规经营。

一、开展反腐倡廉教育，加强对领导干部的监督。一是深入开展理想信念、党风党纪、廉洁从业和艰苦奋斗教育，并将其纳入党校教育和入行培训中；二是编撰印制了《员工行为手册》，通过开展答题竞赛、邀请省监察机关领导做报告、对2008年新入行员工开展警示教育等活动，增强了员工反腐倡廉和作风建设的责任感和紧迫感；三是认真落实领导干部重大事项报告、述职述廉、民主评议等各项制度，并继续推行兼职监察员、任前提示和干部廉政档案制度；四是充分发挥党建巡视、纪检监察、稽核审计的整体合力，做到有权必有责，用权受监督，违法要追究。

二、内外监督并举，认真做好源头防腐治理。

（一）认真开展内部监督活动。一是研究制定了《党风廉政建设和反腐败工作实施与责任分解意见》等规章制度；二是及时下发了《关于加强元旦、春节期间廉政建设及有关工作的通知》，切实加强员工廉洁自律意识。

（二）积极开展社会监督工作。一是完成了《党风廉政建设征求意见函》发放和意见反馈工作，自觉接受社会监督，共发放152封，收到反馈函125封；二是在省委机关报《大众日报》和省内16个市地级（青岛市除外）主要报纸发布受理开行社会监督举报公告，并将具体情况上报总行审计举报办公室。

三、认真开展联合检查工作。一是与省监察厅、审计厅定期召开联席会议，并印发了《2008年联合监督检查工作方案》；二是不断完善省、市、县三级联合监督机制；三是落实了重大项目监督立项制度，对开行与地方政府双方确认的重大项目的项目启动、实施、竣工等各阶段，进行适时的全过程监督检查；四是开展了对中委基金、海阳核电、巴黎银行等贷款项目的同步监督检查；五是会同三级监察、审计机关对省、市、县（市、区）各级政府与开行合作的各类投融资平台、贷款主体及项目等进行了不同形式的检查。以市地、县为单位分别完成检查与自查信贷项目315个、融资平台95个，占应检查数的100%；完成中小企业项目12个，占应检查数的23%；检查项目贷款余额823.8亿元。

四、以审计整改促进内部管理水平提高。一是对反映出的问题进行仔细梳理，通过健全制度、规范管理、合规运营，加以整改；二是把各项制度落在实处，认真做好贷中审查、贷后检查，防止资金违规使用；三是落实评审和贷后管理责任制，实行责任追究制度；四是制定印发了《招待费管理暂行办法》，进一步规范申报与审批操作，坚决杜绝各种形式的“小金库”、“投融资奖”等。

【干部队伍建设】 2008年，开行山东分行以培养人才、用好人才为目的，扎实开展工作，干部队伍建设成效显著。全年共获得“山东省青年文明号”、总行“国际合作先进分行”等省部级以上集体荣誉5项，个人荣誉6项。

一、做好干部管理工作。一是组织开展了12名处级干部聘期满考核续聘和试用期满考核正式聘任工作；二是通过民主测评、处室推荐、组织考察等程序，确定了4名正科级行员、14名副科级行员；三是完成了37名员工专业技术职务任职资格的初认工作；四是招录了18名新员工；五是与共青团山东省委联合招募20名应届大学毕业生，派遣到山东省20个县市开展为期1年的开发性金融志愿服务工作。

二、大力开展教育培训，提高员工整体素质。一是认真开展深入学习实践科学发展观教育活动；二是制定干部理论学习计划并认真实施；三是完成了总行各类培训的参训工作；四是举办了新打业务大练兵活动；五是组织了新巴塞尔协议和商业银行法学习考试。全年分行员工共参加各类培训达780人次。

三、积极推进企业文化建设。一是举办了首届“迎七一”文艺会演；二是组织了4批员工外出考察调研活动；三是对员工进行健康体检，组建了乒乓球队、羽毛球队、网球队和篮球队，并组织了登山比赛，增强了员工队伍的凝聚力。

【金融大事记】 1月8日 开行山东分行刘珂副行长及有关人员参加山东副省长才利民组织召开的“走出去”战略协调领导小组工作会议，专题研究山东“走出去”与建立境外资源基地等工作。

1月31日　开行山东分行顺利完成了对委内瑞拉国家石油公司短期融资银团贷款2亿美元的发放工作，该项目是该行第一笔国际银团贷款。

2月19日　开行山东分行与省科学技术厅召开“支持自主创新加快高新技术产业发展座谈会”，共同签署了《合作协议》。

开行山东分行完成中委基金提款前提条件的最终确认工作，委方20亿美元注资提前到位，40亿美元贷款顺利完成发放。

开行山东分行为山东海阳核电有限公司开立4.1亿美元进口信用证，为该行首笔信用证业务。

3月11日　开行山东分行与省发改委、省发展投资有限公司举行高层协调会，座谈省级融资平台政策性贷款合作事宜。

5月8日　由总行评审一局牵头，总行企业局、开行山东分行参加，在北京与中电投集团就海阳核电项目融资召开沟通协调会议。

5月21日　总行副行长高坚在济南出席省政府与国家开发银行“开发性金融合作高层联席会”。

5月22日　开行山东分行党委号召全体党员缴纳特殊党费支援四川灾区人民，共收到来自12个党支部104名党员的捐款20万元。

6月2日　开行山东分行于泽水行长陪同省政府特邀咨询林廷生(原山东省政府常务副省长)在日照调研临港工业经济发展情况。

6月30日　开行山东分行与省中小企业办公室召开“支持中小企业发展暨信用担保体系建设”座谈会，并与山东银联担保有限公司就省级助贷机构签署了合作协议。

8月11日　共青团山东省委与开行山东分行联合举行“2008年开发性金融志愿者出征仪式”，共青团山东省委书记王磊、开行山东分行行长于泽水出席出征仪式并致辞。

8月26日　共青团山东省委印发了《关于命名和认定2007年度山东省青年文明号的决定》(鲁青发[2008]12号)，新命名开行山东分行业务发展处、客户二处为“山东省青年文明号”，并继续认定分行经营管理处、客户一处为“山东省青年文明号”。

9月　开行山东分行会同总行相关部门与委方就中委基金增资事宜进行磋商并达成共识。24日，陈元董事长在胡锦涛总书记与委内瑞拉查韦斯总统的共同见证下正式签署《谅解备忘录》，开行山东分行行长于泽水出席了签字仪式。

11月17日　开行山东分行抽调48人，结合各市(县)开发性金融志愿者，组成16个工作组，由行领导带队，分赴省内16个地市开展为期1周的调研。

12月1日　开行山东分行及青岛分行联合举行签约启动仪式，与省教育厅和邮储银行山东省分行分别签订了生源地助学贷款省级合作和代理结算协议。

(赵恒新)

国家开发银行青岛市分行

【第一负责人简介】　白桦，男，中共党员，在职硕士研究生学历。1991年3月任国务院办公厅秘书一局一秘（正处级），1998年2月任国务院公报室主任，2003年5月任国家开发银行政策研究室副主任，2005年8月至2008年8月，作为由中组部和开行党委选派的中央国家机关第五批援疆干部赴疆工作，任乌昌党委常委、乌鲁木齐市委常委、副市长(正厅长级)，兼任市国资委党委书记，2009年1月任国家开发银行青岛市分行行长、党委书记(正局级)。

【综述】　国家开发银行青岛市分行(以下简称“开行青岛市分行”)于2006年10月15日正式挂牌成立。自成立以来，该行积极为青岛市重大项目建设吸引市内外资金投入，有力支持了全市经济、社会的发展。截至2008年末，该行资产规模212.12亿元，较年初增加71.87亿元，增幅51.24%；发放本外币贷款117.19亿元，新增55.65亿元；表外受托业务余额61.34亿元，较年初增加29.65亿元，增幅93.56%；实现净利润3.03亿元，同比增长1.23亿元，增幅68.3%。

一、贯彻落实国家宏观调控政策，支持青岛市扩内需项目建设。11月，该行与该市13家企业客户签订50亿元总体授信，实现贷款发放23.19亿元，重点支持了火车站周边旧城改造、山东电力短贷等六大领域内的项目建设，贷款资金的及时足额到位，为全市重大项目和重点民生领域项目建设提供了有力的资金支持。

二、加强各方合作，以规划促发展。该行紧紧围绕“政府热点”及“县域发展”两大主题，协助市政府完成高新区、轨道交通及该市所辖五个县市发展等10项规划，受到市政府的高度评价。其中，《2008-2010年主要污染物减排规划》获得了专家的一致好评，成为市政府落实污染减排目标的考核依据。

三、加大“两基一支”项目支持力度。一是以市级平台项目为重点，全力做好城市基础设施项目的合同签订及贷款发放工作；二是在上半年国家信贷紧缩的货币政策下，重点支持了高新区基础设施、海底隧道、国医堂等一批对青岛国民经济健康发展具有促进作用的重大项目建设；三是重点支持了青岛市奥运配套项目建设，发放贷款20.59亿元。

四、推进基层金融业务发展。该行加大基层金融业务支持力度，全年累计发放贷款36.75亿元，项目覆盖县乡公路、农村医疗、清洁能源、中小企业、生源地助学贷款等多个领域。

五、大力拓展国际合作业务，推动企业“走出去”。一是率先在全行系统制定了分行国际银团业务操作指引，规范了国际银团操作和信贷管理；二是外汇贷款实现零突破后规模不断扩大，发放埃及OTH国际银团及新加坡政府组屋项目共1.36亿美元；三是根据开行总行部署，及时完成了埃及、挪威、冰岛三个国别组的组建并开展重大项目对接工作。

六、不断优化工作运行机制，提高内部管理水平。一是制订了涉及风险管理、国际合作业务、财务管理等22项制度，并根据实际情况修编了工作手册；二是切实加强办公管理，以督办协调为重点，全面提升办公效率，被评为开行系统公文管理先进单位；三是配合当地公安部门积极做好奥运安保工作，年底荣获奥运安防工作集体嘉奖。

【计划资金管理】 2008年，开行青岛市分行进一步加强计划资金管理：

一、贷款发放计划管理。该行按照总行核定的信贷规模，组织编制了年度经营业务情景计划，按季分月调度分析和调整，切实做到精心组织，合理调度，确保了对全市、县域民生等领域的信贷资金支持。

二、贷款回收计划管理。该行以难点回收项目为重点，狠抓贷款回收责任制和收贷挂钩项目的落实。全年累计回收贷款本息31.17亿元，贷款本息当期和累计回收率连续9个季度保持100%，不良贷款额和不良率连续9个季度保持“双降”。

三、加强同业合作业务。该行积极发挥项目评审优势，大力开发优质大项目，加强与各商行、信托公司的金融合作，全年合作额度达44.34亿元，其中银团贷款额度10.56亿元，为全市重点项目和各行业建设提供了持续稳定的资金支持。

四、严格资金管理工作。一是强化头寸管理，通过勤查询、勤调度，减少无效低效资金头寸占用，全年存款备付比率只有4.7%，控制在总行要求的下限；二是加强系统内拆借管理，全年共办理系统内资金拆出业务162笔，实现资金拆借收益6503.7万元；三是严格利率管理，截至年底，人民币优惠利率贷款余额92.46亿元，占比54.18%，上浮利率贷款余额5.88亿元，占比3.45%。

【信贷项目及管理】 2008年，开行青岛市分行坚持“以客户关系为中心、以风险控制为主线、以合同管理为基础”的信贷管理基本原则，不断优化信贷资产结构、提高资产质量。

一、强化信贷管理基础建设。一是明确了风险控制流程和各岗位职责，对信贷工作实行全过程、全方位的风险控制；二是及时完成信贷业务等核心系统的日常信息维护工作，保证各系统的正常运行；三是加强员工业务知识培训与学习；四是重点抓好合同签订及贷款发放工作，对每一重大项目，均成立工作小组，具体负责信贷合同的谈判与签订，并定期召开会议进行研究；五是加强对信贷档案、管理日志、台账系统等环节的管理。

二、加强市县合作机制建设。一是把派驻市县工作组和做实合作办作为推进市县合作机制建设的基础工作来抓；二是建立分行领导与市县主要领导高层沟通对话机制，在坚持严格细致监管基础上，不断增强服务意识、提升客户忠诚度；三是加强县域发展研究，在分析研究市县经济发展现状和发展趋势基础上，客观判断存在的不足，明确加强与市县合作的方向和具体措施；四是不断加强与地方政府的合作，探索建立组织化、批发式的贷款模式来支持中小企业发展，重点开展了对市农委、市工商联以及城阳区、经济技术开发区，胶州、胶南、平度等市有关部门的宣介工作。

三、严格贷后管理制度，及时整改落实内外部检查问题。一是配合审计署、银监会进行现场审计检查，认真剖析问题产生的根源，及时落实责任人并进行整改，并提出进一步加强和改进县域贷款项目信贷管理的工作措施；二是积极配合开行总行稽核专员天津组对贷款资产质量分类、信贷管理、客户关系分类、合同签订、贷款发放、资金支付、存款情况等有关业务的现场稽核检查，对检查提出的建议和要求逐一落实。

四、强化风险防控意识。该行重点从合同签订、贷款发放、资金支付等环节提出严格控制风险的具体要求和措施，进一步树立风险管理的理念和意识。

【金融债权维护】 2008年，开行青岛市分行一是健全授权授信制度，完善贷款审查程序，严防操作风险，努力将金融债权风险降到最低；二是不断加强贷后管理，密切关注债权存续期间出现的问题，建立金融债权风险预警机制，着力防范出现依法收贷项目。

【筹资工作】 2008年，开行青岛市分行结合总行存款倍增计划，制定了吸收存款计划，并积极落实责任部门，建立内部考核机制，加强项目资金监管，吸收贷款项下与项目有关的存款，推进各品种存款均衡发展，努力降低筹资成本，提高资金运用效率。截至年底，各项存款余额36.97亿元，同比增长20.5亿元。

【会计与财务管理】 2008年，开行青岛市分行不断完善会计基础工作，加强会计的稽核检查，努力提升财会人员的素质和能力。

一、加强制度建设。该行制定了《SWIFT报文处理系统(MPS)管理暂行办法》、《外汇汇出汇款操作规程》、《结汇、售汇业务操作规程》等相关制度，进一步规范了业务流程，提高了工作效率。

二、加强稽核监督检查。一是开展了针对财会业务的全面自查整改工作，包括所有资产、负债及权益、财务收支、会计核算质量等情况，重点对财会制度、交易文件、财会报表、财会账薄的完整性，交易核算和重控票证出入库的合规性进行了逐笔自查，有效控制了财务风险；二是开行总行稽核专员组定期对财务业务实施逐笔稽核，地方税务稽查部门对分行税款缴纳情况进行了检查，为各项业务的规范、合规提供了保证。

三、做好系统升级、上线工作。一是SWIFT报文系统上线，实现由分行独立发送外汇汇款电文；二是对管理会计系统进行了数据核对和校验，确保系统顺利上线；三是参加了总行核心系统灾备演习，并对人行大额支付系统进行了升级改造。

【电子化建设】 2008年，开行青岛市分行进一步强化信息安全意识，通过强化运维、安全、设备、外包管理等基础工作，保障对业务工作的支撑。一是加强监控、完善应急预案，保障了奥运期间信息、支付系统的稳定运行；二是切实提高制度、预算管理的工作水平；三是大力发展基础设施建设，做好各信息系统的日常维护和升级，完成了基层金融业务系统的测试上线以及推广使用工作；四是建立有效的业务和技术联动机制，保证系统的开发、改进能够满足业务部门的要求。

【纪检监察工作】 2008年，开行青岛市分行坚持防范廉政风险和业务风险相结合，不断完善惩治和预防腐败体系建设。

一、坚持教育、管理与监督相结合，积极推进反腐倡廉建设。一是把改进领导干部作风作为促进科学发展的重要切入点，督促其加强党性修养和锻炼；二是将党风廉政建设和反腐败工作责任分解落实到各处室，做到各负其责；三是制定印发了《员工廉洁自律手册》，并结合“一季一课”开展经常性教育活动。

二、积极完善内控机制，强化重要岗位廉政风险防范与监控措施的落实。一是坚持防范信贷风险与廉政风险一起抓，对廉政风险的监督、检查、考核、责任追究等采取了明确制约措施；二是严格执行党委、纪委负责人与下级主要领导、任前和诫勉三项谈话制度；三是强化党员领导干部个人重大事项报告制度，做好副处级以上党员领导干部个人及家庭基本信息、持有因私出国（境）证件等情况的登记和汇总工作；四是严格预算控制，坚决落实审批授权和流程，严格执行费用开支范围和标准，强化财务操作风险管理。

三、发挥各监督主体的积极作用，提高监督整体效能。一是强化社会监督措施，畅通信访举报渠道，每年2次在《青岛日报》刊登《关于受理社会各界对开行贷款监督举报的公告》，接受社会各界对贷款项目的监督以及对危害或可能危害国家、公众及开行利益行为的举报；二是定期走访监管、行业主管部门和客户，了解工作人员服务质量和廉洁从业情况，针对存在的问题采取有效措施，改进和提高工作水平和服务质量；三是把融资优势与政府的组织协调和执法监管优势相结合，保持了同市监察局、审计局“联合监督机制”的畅通。

【队伍建设】 2008年，开行青岛市分行一是圆满完成了深入学习实践科学发展观活动三个阶段的任务，并认真开展整改工作；二是重点加强对新员工的培训，并及时建立二级培训制度，全面提升全员业务素质；三是充分发挥党、工、团组织合力，在全行开展了“心系灾区、情系汶川”捐款活动、全员拓展训练、《商业银行法》、《巴塞尔新资本协议》培训和验收工作、清除浒苔、助威奥运火炬传递等多项活动，增强了员工凝聚力。

【金融大事记】 3月27日 开行总行姚中民副行长与中共山东省委常委、青岛市委书记闫启俊座谈，充分肯定了多年来的合作成果，并就青岛高新技术产业新城区合作、促进青岛经济社会发展等问题进行了深入交谈。

6月26日 开行青岛市分行召开全体员工大会，开行总行行长助理徐宜仁宣读了总行党委的任职决定，任命王磊为开行青岛分行党委委员、副行长、纪委书记，石太峰为党委委员、副行长。

11月19日 青岛市委常委、副市长秦敏带领市政府副秘书长刘承林、市金融办主任白光昭等有关部门领导到开行青岛市分行调研。

12月11日 开发银行与青岛市政府召开高层联席会，开行总行郑之杰副行长出席会议，双方就扩大内需合作项目达成共识，融资额度258.65亿元。

（魏 玮）

中国农业发展银行山东省分行

【第一负责人简介】 杨杰，男，汉族，山东潍坊人，1958年5月生，1975年11月参加工作，中共党员，中央财政金融学院金融专业本科毕业。1992年12月任人行山东省分行计划处处长，1995年2月任农发行山东省分行资金计划处处长，1996年11月任农发行总行资金计划部副主任。1998年9月任农发行山东省分行党委委员、副行长，2002年6月任农发行山东省分行党委副书记、副行长，2005年1月起任农发行山东省分行党委书记、行长。

【综述】 2008年,中国农业发展银行山东省分行(以下简称“农发行山东省分行”)以“大力支农、夯实基础、好字优先、稳中求进”为主线,全面加强管理,实现了各项业务健康稳定发展,为支持新农村建设做出了积极贡献。

截至年末,全行各项贷款余额678亿元,剔除呆账核销等因素比年初增加57.5亿元;存款余额154.3亿元,增加31.8亿元,同比增盈5.7亿元;不良贷款余额46.9亿元,较年初下降31.2亿元,占比6.9%,同比下降5.1个百分点;资产利润率2.2%,同比提高0.7个百分点;收入成本率11.5%,下降3.4个百分点;人均利润、存款、中间业务分别为51万元、542万元和0.7万元,同比分别增加22万元、91万元与0.3万元。

【粮棉贷款业务】 2008年,农发行山东省分行结合山东实际,确保粮棉油收购资金供应,重点支持农村基础设施建设。一是共发放粮棉油购销贷款179.6亿元,支持企业购入粮食87.3亿公斤、棉花716万担、油脂1亿公斤,其中,执行小麦最低收购价政策发放贷款49.8亿元,同比增长130.4%;二是支持企业收购小麦28.6亿公斤,增长125.9%;三是共对110家棉花企业批复贷款45.7亿元,实际发放新棉贷款24.1亿元,支持企业收购新棉312万担。

【商业性贷款业务】 2008年,农发行山东省分行加强行业调研,加大对农村建设的支持力度,确保了商业贷款的平稳发展。

一、重点支持农村基础设施建设。一是加大项目营销力度,形成了“政府部门推荐、农发行独立审贷”的中长期贷款项目营销运作机制;二是全年完成项目评估43个,评估贷款总额51.3亿元;三是共投放农村基础设施建设和农业开发贷款45.7亿元,贷款余额81.7亿元,占全部贷款余额的12%;四是支持病险水库除险加固、河流治理、农村路网等“民生工程”项目27个,农村中长期贷款项目60个,覆盖了全省17市的50个县市区。

二、择优支持产业化龙头加工企业项目。该行从严控制新项目贷款,适度控制一般企业贷款,择机退出劣质客户,规避了贷款风险。截至年末,全行产业化龙头、加工企业贷款余额161亿元,比年初增加8亿元,同比少增62.9亿元;小企业贷款余额5.9亿元,增加0.7亿元,增幅7.6%;发放科技贷款5.4亿元,农村流通体系建设和农业生产资料贷款2.5亿元,保护了农民利益。

【存款和中间业务】 2008年,农发行山东省分行一是积极推广全额保证金银行承兑汇票业务,大力开展同业存款业务,实现了存款的大幅增长;二是截至年末,全行实现中间业务收入2125万元,同比增长74.6%,其中保险代理业务手续费收入996万元,增长18.9%;三是全省7个市分行实现了国际业务自营,共办理国际结算业务5亿美元、国际贸易融资业务1.5亿元,实现手续费收入652万元;四是制定了网银业务操作管理实施细则,印制了《离柜结算业务服务手册》,截至年末,开办业务并加入集团账户的企业154家,并办理资金收付65亿元。

【资金计划管理】 2008年,农发行山东省分行积极探索和改进信贷计划与资金分类管理方式,各项贷款规模控制在计划之内,计划执行率100%。一是组织编报、调度借款计划,提高了编制准确率;二是督促基层行加强与财政部门的沟通协调,促进各项补贴资金落实到位。截至年末,粮棉挂账地方贴息到位3.6亿元,同比增加2801万元,到位率80.2%,提高0.3个百分点;累计审核省级专户资金330笔、133亿元;代理拨付320笔、68亿元,促进了国家财政补贴和惠农政策的落实。

【风险管理】 2008年,农发行山东省分行进一步加大了风险管理力度,商业性贷款风险在总体上得到有效控制。

一、严格贷款准入,加强行业市场分析,有效防控市场风险。一是认真执行审贷分离制度,全面调查企业经营管理情况,防止客户“带病入门”;二是建立“网络+专家+客户”的信息采集传导机制,指导分支机构强化信贷管理;三是开展粮棉油等主要农产品行业信息分析,有效防控市场风险;四是积极应对突发事件引发的行业性市场风险,重点加强纺织行业分析研究。

二、加强客户动态监测,实行分类排队管理。一是自主研发升级统计系统功能,将客户信息纳入系统管理,通过支行一级维护,实现了省、市、县三级行动态监测到户;二是对客户实行分类排队管理,及时退出劣质客户104家,金额11.8亿元;三是对贷款余额5000万元以上客户由市分行集中监测分析,1亿元以上客户月度分析报告,相关处室着重监控;四是下发《通知》,建立了贷款风险排查制度。

三、完善贷款预警机制,加强不良贷款处置。一是通过“提示函”的方式,向基层行发出风险提示和工作提示196条,处置化解风险16起、金额2.4亿元;二是截至年末,累计现金清收不良贷款0.7亿元,已有4个市分行、45个支行不良贷款清零;三是做好呆账申报工作,全年总行共批复核销呆账30.6亿元,是该行核销数额最多的一年。

【内控建设】 2008年,农发行山东省分行加强内控建设,对信贷、财会管理以及内部审计工作进行重点监测。

一、信贷管理。一是在省、市级行成立信贷审查中心,全年共审查贷款项目438个,对其中280个项目提示风险354条;二是组织召开贷审会39次,审批项目432个、231.6亿元,并制定实施了《信贷管理质量考核办法(试行)》;三是做好CM2006系统运行管理和征信接口系统上线准备工作,并对全省411家AA级(含)以上客户进行了信用评级,提出反馈意见2300余条;四是对10家集团客户进行了综合授信,额度共计98亿元;五是组织开展了贷款“三查”制度执行情况自查自纠活动，发现问题62项，涉及贷款9.1亿元；六是开展贷后评价14次，组织开展粮食库存专项核查工作2次，并对17个市分行72家企业粮油库存进行了实地抽查。

二、财会管理。一是制定了经营绩效专项量化考核办法，对不良贷款下降额、日均存款增量和中间业务收入下达专项考核指标；二是健全财务资源分配机制，制定了县级支行经费开支报账制管理核算办法；三是抓好会计坐班主任异地短期交流工作，全辖各县级支行全部完成了短期委派交流；四是建立委派财会主管工作例会制度，按季召开视频会议；五是制订了事后监督办法和措施，确保了综合柜员制试点工作的顺利实施。

三、内部审计。一是对任期满3年的196名分支行行长、副行长进行了任期经济责任审计，涉及二级分行负责人22人，基层营业机构负责人174人；二是组织开展对6个市分行及其辖属10个基层营业机构的序时审计，发现有问题资金40笔、金额1059.7万元；三是组织开展了对辖内101个机构的固定资产管理和核算真实性、合规性审计，审计机构数占全辖总数的71.1%，问题金额178.4万元；四是编印了《风险贷款案例》、《审计案例风险点提示》(信贷部分)和(财会部分)，促进了审计成果的转化。

【电子化建设】 2008年，农发行山东省分行以安全运行为目标，信息化建设得到进一步发展。一是制订下发了《计算机机房及办公楼综合布线系统建设操作规程》等10余个文件；二是自主开发推广了信息技术综合管理、电子设备管理台账、网络运行和支付系统前置机监控系统等；三是在全省范围内建立数据自动和异地备份机制，管控风险能力进一步增强；四是加强机房基础设施建设，全辖基层行机房地阻均达到总行规定标准，并建立了业务网络防病毒体系。

【干部队伍建设】 2008年，农发行山东省分行大力推进领导干部、员工队伍、企业文化建设，取得显著成效。

一、以“四好”为目标，不断加强思想政治建设。一是开展党员领导干部十七大精神集中轮训，组织全体党员知识竞赛，并获全国农发行系统优秀组织奖；二是加强对分支行领导班子及成员考核管理，调整优化分支行领导班子结构，推行支行副行长竞争上岗。

二、加强员工队伍建设及培训管理。一是全辖共举办各类培训班230期，培训6000余人次，提高了员工的业务素质；二是举办支行行长培训班，202人参加了为期9天的培训；三是鼓励员工参加银行业从业资格考试；四是制定《创新奖励试行办法》，激励员工开展工作创新；五是推行岗位绩效考核，实行工资及奖金兑现与考核结果挂钩；六是完成业务岗位过渡与竞聘工作，2340人平移过渡到业务岗位，1213人竞聘或聘任到业务岗位。

三、积极推进企业文化建设。一是主动向地震灾区捐款291.9万元，其中特殊党费和特殊团费共259.1万元；二是17个市分行及各支行召开了职工代表大会，全辖共有20个单位、9名个人被授予全国级或总行级荣誉称号；三是组织开展“送温暖”活动，慰问困难职工51名，发放慰问金15.4万元；四是组织开展纪念改革开放30周年征文、青年文明号以及巾帼建功等创建活动等，对促进工作开展起到了积极作用。

四、扎实做好反腐倡廉工作。一是研究制定了“四无”创建活动实施办法，建立并落实了创建活动目标责任制；二是与重要岗位人员签订了《预防案件事故责任书》；三是实行轮岗和强制休假制度，并逐级签订《党风廉政建设责任书》完善了监督制约机制；四是制定《信贷管理责任追究暂行办法》，完善案件防范体系，有效遏制了责任案件的发生。

【金融大事记】 1月8日下午 农发行山东省分行与工行山东省分行就网上银行和牡丹金山卡业务合作事宜签署合作补充协议。

1月14日 农发行山东省分行下发《通知》，决定在全系统开展“管理年”活动。

5月15日 农发行山东省分行共向灾区捐款291.9万元，其中员工个人捐款包括特殊党费和特殊团费共259.1万元。

5月22日 农发总行党委副书记、副行长尉士武在烟台市考察山东东方海洋科技股份有限公司。

6月5日 农发行山东省分行制定下发2008年夏季粮油收购资金供应与管理工作意见。

9月27日 农发行山东省分行行长杨杰向常务副省长王仁元汇报秋季粮棉收购资金供应工作。

10月27日 《大众日报》刊登长篇通讯《建设新农村的银行农发行山东省分行支持“三农”发展综述》。

11月7日 农发总行党委成员、副行长丁杰到威海市分行调研工作。

11月19日 农发行山东省分行党委书记、行长杨杰向中央第二企业金融巡视组汇报工作，下午，中央第二企业金融巡视组分别与行长杨杰、副行长柳翠茹、副行长尤志军谈话。

12月9日 农发行山东省分行党委书记杨杰主持召开党委学习实践科学发展观专题民主生活会，总行北京巡视组副组长邓建平等出席。

(段玉华)

中国进出口银行青岛分行

【第一负责人简介】 刘云清，男，湖北仙桃人，中共党员，研究生学历，博士学位。1995 年 8 月任中国进出口银行国际部外事处、综合处负责人、综合处副处长；1998 年 8 月任中国进出口银行青岛代表处代表（副处级）；1999 年 12 月起先后任中国进出口银行人事教育部教育培训处处长、人事教育部副主任、业务发展研究部副总经理、总经理、经济研究部总经理；2007 年 2 月至今，任中国进出口银行青岛分行党委书记、行长。

【综述】 2008 年，中国进出口银行青岛分行（以下简称“进出口银行青岛分行”）紧紧围绕“效益年”和“贷后管理年”的目标任务，重点抓了业务拓展、不良清收、基础管理和队伍建设四个方面的工作，取得了显著成效。截至年末，该行各项贷款余额 188.66 亿元，比年初增加 88.64 亿元，增幅 88.62%。

【业务发展】 2008 年，进出口银行青岛分行业务实现跨越式发展，主要体现在：

一、信贷规模大幅度增长。上半年，在人民币不断升值和从紧的货币政策条件下，企业对资金需求迫切，该行抓住机遇，重点发展了进口信贷和美元贷款业务，并拓展了一批优质客户。上半年共新增进口信贷 51.87 亿元，占全部新增贷款的 60%；新增美元贷款 9.54 亿美元，占比高达 72.71%，且 90%以上为低风险业务；开发新客户 17 个，占全部客户的 20%，新增客户贷款余额 57.46 亿元，占全部新增贷款的 64.83%。下半年，金融危机对中国宏观经济的影响开始显现，该行集中精力抓人民币贷款业务，12 月实现人民币贷款余额新增 13.82 亿元，占全年人民币新增贷款余额的 57%。

二、创新业务成为新的业务增长点。一是世界银行节能贷款业务取得可喜成果，石横特钢、山东玲珑橡胶两个项目已获批，累计放款 1.15 亿元；二是莱商银行小企业统借统还业务在试点的基础上进行了总结和完善，从单纯支持出口扩大到支持进出口，金额也由 1 亿元增加到 3 亿元；三是起草了《小企业统借统还贷款业务操作流程》，拟于 2009 年在全省推广；四是储备了青岛经济技术开发区、城阳开发区、济南高新区、德州开发区等园区基本建设项目，并探讨与政府合作的模式。

三、中间业务发展迅速，经营效益得到明显提高。全年共实现中间业务收入 2415 万元，同比增长 208%，圆满完成总行下达的 2281 万元的业务指标。

【转贷业务贷后管理】 2008 年，进出口银行青岛分行对转贷业务的贷后管理主要采取现场和非现场检查相结合的方式进行。一是领导高度重视，要求从基础和深入调查做起，建立了标准化的贷后管理卷，对转贷项目进行分地区、分行业管理；二是密切联系各级财政部门，加强业务宣传与合作，通过政府财政部门协调贷款企业还款，减少拖欠；三是针对重点项目加大催欠力度，对卖信项目督促企业按时归还转贷贷款，利用企业改制的有利时机，跟踪关注改制情况，与企业协商解决方案，并及时向总行反馈。截至年底，山东地区（含青岛市）转贷项目 68 个，协议额 6.13 亿美元，转贷余额 4.39 亿美元，地方转贷项目数量在全国省份中排名第二位。

【不良资产清收】 2008 年，进出口银行青岛分行加强了对宏观经济形势的研究，深入企业开展调研并对其进行指导，帮助企业渡过危机。一是于 11 月份组织召开了 3 次应对金融危机座谈会，先后邀请山东省 20 多家企业的 50 多名代表到会，深入了解企业经营情况和存在的问题，为风险排查工作提供了支持；二是面对年初数量较大的不良贷款和关注类贷款，按照“一户一策，逐笔化解”的原则，建立了“三级联动，层层负责”的清收管理机制，清收工作取得较为显著的成绩；三是对续贷项目特别是关注类项目，提早入手做好衔接，避免了新的不良贷款发生，资产质量进一步提高。

【内部管理】 2008 年，进出口银行青岛分行以建设“流程银行”为目标，重点开展了以下几项工作：一是成立专门小组，整理规范涉及所有部门、涵盖多数业务品种的业务操作流程 32 个；二是修订了项目档案管理方法，规范了操作流程，并聘请专门人员进行指导，着手对存放于信贷员手中的近 300 份项目档案进行集中归档；三是出台贷后管理实施细则，统一了贷后检查报告格式，明确了督察部门和职责。在总行组织的贷后管理规章制度考试中，该行成绩名列全行系统第 3 名。

【员工队伍建设】 2008 年，进出口银行青岛分行确立了“建设和谐银行、树立正风正气”的目标，号召全体员工增强“危机、创新、责任、大局、团结”五种意识，树立“学习研究，开拓创新、埋头苦干、团结协作、廉洁自律”的五种风气，并围绕目标积极开展工作：一是制定党建工作实施意见，并开展了优秀共产党员等一系列创优争先活动；二是继续选派人员赴总行学习培训，并举办各种培训讲座，提高员工整体素质；三是公开招聘了 8 名工作人员，统一培训后补充到各部门；四是组织工会换届选举，并举办各种文体活动，活跃气氛，提高队伍凝聚力；五是召开第一次团员大会，选举产生了第一届团委；六是加强党风廉政建设，积极开展党员奉献日活动，全行先后 3 次为汶川灾区累计捐款 68712 元。

【金融大事记】 1月14日 进出口银行青岛分行召开工作会议，总结了上年工作，研究部署全年各项工作。

5月～6月 进出口银行青岛分行与公司业务二处（原济南工作组）实现内部网络互通，解决了业务系统使用和信息共享等技术性难题，促进了业务开展。

7月20日～21日 进出口银行青岛分行在青岛海尔山庄召开年中工作会议，总结上半年工作，部署下半年工作。

11月17日 进出口银行青岛分行参加青岛市重点项目推介暨银行授信签约仪式，与青建集团、海信集团等4家企业签约7亿元授信协议。

11月13日～27日 进出口银行青岛分行组织召开3次应对金融危机座谈会，先后邀请了山东省20多家企业的50多名代表参加会议，深入了解了企业经营情况和存在的问题，为风险排查工作提供了支持。

12月6日～22日 进出口银行青岛分行分2次先后收回山东海宇集团有限公司不良贷款共计1640万元。

（王启臣 刘 强）

第四部分

金融机构运行报告
——商业银行（上）

中国工商银行股份有限公司山东省分行

【第一负责人简介】 沈荣勤，男，1957年6月生，汉族，中共党员，硕士研究生学历，高级经济师。1976年12月参加工作，1988年4月，任工行仙居县支行行长；1997年7月，任工行台州市分行党组书记、行长；2000年11月，任工行浙江省分行行长助理；2001年12月，任工行浙江省分行党委委员，副行长；2006年3月，任工行山东省分行党委副书记、副行长；2006年4月至今，任工行山东省分行党委书记、行长。

【综述】 2008年，中国工商银行股份有限公司山东省分行(以下简称"工行山东省分行")统筹推进各项工作，主要经营指标大幅增长，成为省内首家利润过百亿的金融机构。截至年末，全行本外币各项存款余额、增量四行(特指工、农、中、建四行，下同)占比分别为29.31%和29.67%；人民币各项贷款余额、增量四行占比分别为37.13%和32.23%，名列第一；累计清收处置转化不良贷款41亿元，不良贷款余额和占比分别较年初下降0.06亿元和0.27%。

一、准确把握宏观调控政策，各项贷款平稳较快增长。该行一是突出投放重点，适当扩大信贷规模，年末融资总量3424亿元，较年初增加592亿元，为历年最高；二是按照"区别对待、有保有压、调整存量、做大流量"的原则，加快调整信贷客户、品种和行业结构，压降一般流动资金贷款108亿元，增加国内贸易融资173亿元，退出"两高一剩"行业贷款7.9亿元；三是积极开展信用创新，大力拓展信贷二级市场，组织银团贷款75亿元，办理信贷资产证券化5.95亿元，办理委托贷款50.3亿元，短期融资券66亿元，信托+理财业务53.3亿元。

二、发展方式发生积极转变，盈利能力不断增强。该行一是进一步提高中间业务贡献度，实现中间业务收入27.1亿元，占营业净收入的比重达到15.2%，同比提高3.2个百分点；二是票据融资业务创历史新高，实现净利差收入8.3亿元，同比增加2.2亿元；三是通过完善费用分配机制，创新备付金管理模式，扩大集中采购范围等措施，有效控制经营成本；四是大力推进"绿色信贷"，服务中小企业和民营经济发展，受到社会广泛关注和新闻媒体专题报道。

三、服务创新稳步推进，竞争能力不断增强。该行一是开展了多层次、多形式的服务检查，力促网点服务质量提升；二是进一步完善公司客户分层营销体系，正式启动了个人客户分层服务工作；三是认真组织开展"迎奥运文明规范服务系列活动"，展示了良好的企业形象和服务水平；四是完成了综合业绩评价系统、社保卡"五保合一"、军区经费管理系统等57个项目的研发投产工作；五是在省内同业率先推出了保险见费出单、"特易通"电话POS、电信收单等新业务。

四、内控机制日益完善，风险掌控能力不断增强。该行一是持续开展对受金融危机影响较大行业的风险分析，有效防范了行业性、突发性信贷风险；二是深入开展防范案件教育，加强员工行为动态管理，抓好重点风险点防控，防范案件工作卓有成效，连续第2年实现零发案；三是稳步推进守押社会化改革，连续第7年实现防抢、防盗、防涉枪案件成功率100%；四是全力维护信息系统安全，全省生产系统可用率达到99.99%，ATM开机率达到98.42%。

五、党建和队伍建设取得新进展，凝聚力不断增强。该行一是通过组织学习培训、召开专题生活会、开展调查研究和解放思想大讨论等多种形式，扎实开展学习实践科学发展观活动；二是积极推进领导班子转型，着力加强学习型、创新型、进取型、服务型、实干型、廉洁型"六型"班子建设，省行党委被总行评为"四好"领导班子先进集体；三是组织向四川灾区捐款1112万元，支持抗震救灾和恢复重建。

【办公室工作】 2008年，工行山东省分行办公室不断改善内部服务，努力强化各项管理，积极维护安全稳定，圆满完成了各项任务。

一、围绕全行大局开展工作，突出强化服务职能。该行一是不断提升综合调研水平，文字材料的数量、质量和作用同步提高，参谋助手职能进一步强化；二是扎实有效开展督查工作，推动全行执行力的提高；三是组织策划多种形式的宣传活动，有力推动各项业务发展；四是持续加强档案和公文管理，有效提高行务运转效率。

二、强化风险意识，确保全行安全稳定。该行一是进一步扩大保密工作范围，严格落实保密责任制，全年未发生失泄密事故；二是加强对行政印章使用及重要用印事项的风险防控措施，确保了公章使用的安全；三是进一步建立健全信访工作责任制、预警防控机制和应急联动机制，维护了和谐稳定的发展局面。

【公司业务】 2008年，工行山东省分行转变营销理念，创新营销模式，完善分层营销体制，公司业务保持稳定增长。主要措施：一是制定出台了《关于做好"保增长、扩内需、调结构"金融服务工作的意见》；二是合理安排贷款进度，贷款投放均衡达到61.35%；三是新型融资产品对传统流动资金贷款的替代与分流效果显著，其中国内贸易融资余额占全部流动资金贷款余额的23%；四是小企业贷款发展快速，较年初增长40.42亿元，余额占流动资金贷款的比重提高3.58个百分点；五是大力推动表外业务发展，国内信用证业务同比增加128.38亿元，签发银行承兑汇票增加286.82亿元；六是深入推进分层营销体系建设，客户满意度不断提升，金融产品使用率达到30%，同比提高3个百分点；七是努力拓宽营销渠道，公司存款时点、日均增长创历史同期最好水平。

【机构业务】 2008年，工行山东省分行机构业务继续保持平稳较快发展。截至年末，全行机构存款余额687亿元，同业存款余额108亿元，两项存款合计比年初增长138亿元。

一、抓好机构负债业务。该行一是积极开展机构同业重点客户“千户营销”营销活动，新增开户2212户；二是大力挖掘重点行增存潜力，机构（同业）存款持续大幅增长，在连续几年超常规增长的基础上，实现了3年翻番目标。

二、强化系统客户服务维护。该行一是牵头组织了政府机构客户“体验工行产品”和住房公积金专项营销活动；二是完成了军区公务卡签约和业务推广、武警部队全系统专用商务卡换卡工作。

三、拓展同业合作。该行一是与齐鲁证券签订了全面业务合作协议，带动第三方存管客户总量大幅增加；二是与省内4家期货公司正式签署了银期转账协议，并在全国投产推广；三是加强产品和服务创新，省内首家发行了“理财+信托”人民币理财产品；四是积极营销对公理财产品，向同业客户销售对公理财产品约10亿元。

四、推动代理保险业务发展。该行一是加强和落实银保业务专项考核，进一步加大了代理保险业务行长经营目标考核力度；二是分层次、有步骤、有策略地拓展保险公司客户，加大与重点公司的合作力度，巩固了合作基础。

【企业年金业务】 2008年，工行山东省分行企业年金和资产托管业务快速健康发展，新增企业年金签约客户473户、个人账户44万户、资产托管规模101亿元。主要措施：一是大力开展企业年金专项营销活动，与109家企业集中签署了受托管理合同，成功营销福田雷沃国际重工、山东海龙、泉林纸业等一大批优质企业年金客户；二是积极开展保险、基金等同业合作，联合开展年金服务；三是全面推进“企业年金受托管理业务集中处理中心”的建设工作，成功运行了“如意养老1号”、“工行泰康恒泰”等企业年金计划；四是资产托管业务跨区域、跨领域拓展，填补了股权转让类信托资金、票据转让信托计划、理财集合信托资金等托管领域的空白。

【个人金融业务】 2008年，工行山东省分行个人金融业务各项指标取得较快发展，经营管理水平稳步提高，竞争力大幅提升。截至年末，全行金融资产5万元以上个人客户占比由6.9%提高到7.34%。

一、强力推行个人客户分层服务。该行一是制定下发了《关于建立个人客户分层服务管理体系的实施意见》、《个人客户经理管理办法》和《个人客户分层服务工作规范》，初步建立了以“网点分类、客户分层、业务分流”为内容的服务管理体系；二是强化核心竞争力项目4.0版本推广，以新建贵宾理财中心及垂直管理骨干网点为主先期推广178家；三是公开选拔527名优秀人才充实到客户经理队伍，同时强化理财专家队伍建设，通过金融理财师（AFP）、国际理财师（CFP）考试认证人数分别为508名和70名。

二、加强网点渠道建设管理。该行一是实施网点分类管理，明确各类网点的经营定位、目标客户、岗位配置标准和运营管理制度，进一步提高客户分层服务水平；二是加快财富中心和贵宾理财中心建设进度的督导；三是大力推进自助渠道建设，不断加大各类自助设备投入力度。

三、注重业务开拓创新。该行一是自行研发推出了新股随心打人民币理财产品；二是针对个人汽车贷款市场情况，及时出台了《直贷式个人汽车消费贷款业务发展意见》；三是下发了《个人贷款优质客户授信管理办法》，为优质个人客户贷款提供了便捷的绿色通道。

【投资银行业务】 2008年，工行山东省分行坚持创新、发展、管理并重，积极采取措施推动投资银行业务健康有序发展。截至年末，全行实现投行收入7.8亿元，创历史最好水平，居工行系统第二名。主要措施：一是成功运作了一批企业并购、重组、改制及项目融资等技术含量高、品牌效应明显的项目，促进了投行业务品牌形象的树立；二是创新推出了“集合信托”业务，解决优质客户或项目临时性资金紧张问题；三是设计推出了“金通上市”业务，专门为中小企业上市融资提供一站式、全过程的综合金融服务。

【住房金融业务】 2008年，工行山东省分行不断提高市场分析能力和营销组织管理能力，住房金融业务实现平稳较快发展。截至年末，全行新发放各类房地产贷款258.4亿元，较年初新增107.4亿元。

一、提高个人房屋贷款营销管理的精细化水平。该行一是组织修订了《个人房屋贷款管理办法》，构建起较完备的产品体系；二是制定印发了《个人购房置换贷款管理办法》，并加快该产品的推广；三是与82家房地产中介机构和92家房地产评估机构建立了业务合作关系；四是加强业务发展中的风险点分析，认真贯彻执行“二套房”信贷政策，将防止假按揭、假房价、假首付作为风险防范的重点。

二、认真做好法人房地产贷款营销管理工作。该行一是完善法人房地产贷款重点客户名单制度，加强房地产开发企业准入管理；二是优化开发贷款的客户和区域投向，实施差别化发展战略，加大对经济发展水平快、城市建设规模大、居民消费层次高的地区信贷投放力度；三是完善住房开发贷款全过程管理，从贷款调查、审查审批、发放及贷后管理各个环节制定了管理要求，并强化责任追究和处罚制度。

【结算业务】 2008年，工行山东省分行以客户需求为中心，完善机制，扩大营销，各项业务指标均呈现快速、均衡发展。

一是积极推进代理同业国际结算业务开展,代理同业国际结算业务4家,业务量1.02亿美元;二是开发新型贸易融资产品,推出了"融信通"、"贸财通"等产品;三是实施个性化服务,制定了具有鲜明企业特色的现金管理方案,提高其竞争能力;四是做大对公理财业务,形成了以超短期法人理财为重点,票据投资与债市通为基础,新股申购为突破口的产品体系;五是先后推出了品牌金、代理个人实物黄金买卖、代理上海黄金交易所仓储交割、代理上海期货交易所仓储交割和黄金质押贷款五大新产品,并积极申办黄金租赁及借贷等高收益业务。

【银行卡业务】 2008年,工行山东省分行信用卡业务部门积极拓展新兴市场,切实加强服务营销,进一步巩固了省内同业领先地位。截至年末,全行发卡量突破200万张,累计实现消费额132.6亿元,同业占比第一。

一、积极开展业务创新。该行一是加快推进牡丹社保卡项目后续营销、技术开发及业务流程制订等多项工作;二是先后与省内16家财险公司、130余家保险分支公司签订"见费出单"收单项目合作协议,开辟了信用卡业务新的增长点;三是在同业率先研发推出特易通电话POS业务,突破了商户个人账户不能作为收单账户的政策瓶颈,解决了中小商户结算及融资难题。

二、特色项目不断取得突破。该行一是与省财政厅签订了省级预算单位公务卡委托代理协议,投产公务卡支付转账系统;二是扩大已发城市联名卡项目营销成果,与部分优势企业签订了一系列联名卡项目。截至年末,全行牡丹国寿卡、牡丹风筝卡、江北水城卡,牡丹城中国菏泽城市联名卡等发卡量均超过万张。

三、积极组织专项营销活动。该行一是切实完善电话银行和柜面业务流程,保证受理渠道高效通畅,大力推广分期付款业务;二是积极与当地银联等专业服务机构开展业务合作,多渠道拓展特约商户;三是组织开展信用卡消费百日促销、优秀持卡人积分月月游、消费积分兑奖等特色促销活动,进一步提高了客户刷卡消费的积极性。

【电子银行业务】 2008年,工行山东省分行以提高高端客户渗透率和应用推广特色业务为主线开展工作,实现了电子银行业务的协调健康发展。截至年末,全行实现电子银行业务收入1.13亿元,电子银行离柜率达到38.3%。主要措施:一是积极开展网上代发工资专项营销竞赛活动,大力推广贵宾版网银、WAP手机银行、银企互联等新业务产品;二是充分发挥网上支付服务技术优势,深化与山东航空公司网上支付业务合作,并多次承担国家机关、省直、市级公务员、事业单位考试及计算机、英语资格考试报名网上支付工作;三是立足客户需求,先后投产或自主开发了网银小额售汇、网上实物黄金、电话银行预约转账、个人网银贷款、自助终端系统跨行转账等新的业务功能;四是在抗击汶川地震灾害期间,开辟了网上免费捐款渠道,并为省内10余家慈善机构开通网上捐款服务,确保救灾资金快速划拨。

【授信审批】 2008年,工行山东省分行授信审批工作坚持以风险控制为主线,努力提高审查审批质量和效率。一是加强对授信审批分部(组)的管理指导,进一步完善垂直审批体系;二是强化内部管理,实施信贷业务限时审批和公开通报制度;三是进一步推行一站式审批,整合评级授信流程,积极推行无纸化审批;四是加强调研,在满足优质客户和业务合理需求的同时,积极防范业务风险;五是实施"绿色信贷"评审机制,严控"两高一剩"行业信贷投放。

【信贷管理】 2008年,工行山东省分行加强信贷风险预警管理,持续强化贷后监督,严格防范潜在性信贷风险,全面提高信贷管理水平和风险防控能力。一是着力推进信贷结构优化调整,制定了《信贷结构调整实施意见》,加强监测、监督和考核管理,顺利完成退出压降任务;二是加大监测预警频度,着重对银行承兑汇票业务、房地产开发项目等主要风险领域加强现场检查力度,突出强化大户风险管理,有效监控大额信贷风险;三是进一步深化信贷管理体制建设,对客户分析评价、监测预警和作业监督等主要工作进行了规范。

【风险管理】 2008年,工行山东省分行狠抓全面风险管理和不良资产处置,不良贷款余额和占比继续保持双降。

一、全面风险管理不断深入。该行一是加强制度建设,推动全面风险管理制度体系趋于系统化、流程化、标准化;二是强化风险管理委员会在重大风险事项中的决策作用,对形成的决议进行全程督办和督察;三是规范风险报告工作流程,建立风险报告重点联系行制度,扩展了风险报告的广度和深度。

二、不良资产清收处置进展有序。该行一是成立了不良贷款双降办公室,加强对重点地区的督导,直接参与重点项目的清收处置;二是细化处置项目管理,充分运用有效方式加快处置进度。

【内控合规】 2008年,工行山东省分行着力强化内部控制、合规管理、常规审计等工作职能,被省内审协会授予"先进单位"称号。

一、深化操作风险管理。该行一是强化操作风险管理委员会秘书处职能,提升报告质量;二是自主开发了《风险监测预警系统》,实现各类业务的关联分析和对业务操作流程的全程监控;三是组织开展了"零违章、零差错营业网点及柜员"创建工作;四是适时开展专项审计和合规性检查,加强临柜业务突击检查。

二、扎实开展反洗钱工作。该行一是建立完善了反洗钱工作责任机制;二是开展多项检查,促进了反洗钱工作行为的规范性和有效性;三是全面梳理相关制度,进一步明晰了工作职责和依据。

【资产负债管理】 2008年,工行山东省分行资产负债管理工作积极应对客观环境与调控要求的逆转性变化,实施机动灵活的管理措施,良好控制市场、操作和流动性风险,创造了票据业务收益的历史最高记录。一是加大资金调拨频率，做好一线备付头寸调度管理；二是以点带面顺利投产内部资金收付系统，提高内部资金调拨业务自动化水平；三是实施动态调度管理，系统内备付金日均余额同比压缩4亿元；四是加大融入资金力度，努力压缩借款成本；五是加强外币资金预测，科学合理匡算每日资金头寸，统筹控制外汇贷款发放，保障了外汇资金的平稳高效运作；六是完善票据营销网络体系，增强议价能力，票据业务收益大幅增长。

【法律事务工作】 2008年，工行山东省分行坚持依法合规经营，努力提高防范和化解经营风险的水平：一是做好法律审查与咨询工作，累计完成各类法律审查百余件、处理法律咨询事项千余件，联合评审项目数百项；二是进一步加强起诉案件的规范化管理，并运用法律手段推动不良资产清收处置工作；三是兼顾业务发展、风险管理和内部控制的要求，实行逐级有限和区别授权。

【人力资源工作】 2008年，工行山东省分行加快人力资源管理的提升与转型，推动人事组织工作更好地服务全行科学发展。

一、全面加强党团建设。该行一是抓好领导干部作风建设、选拔任用和教育管理等各项工作，增强了各级领导班子的凝聚力和战斗力；二是启动青年爱心行动，开展了“投身奥运服务”主题实践活动；三是组织“青年岗位明星”网上评选，增强了共青团的生机与活力。

二、加强人力资源的开发与管理。该行一是深化人力资源提升项目成果，平稳建立新的岗位职级体系；二是进一步规范劳动用工和人员管理，积极推动内部人才流动；三是进一步完善绩效管理和薪酬分配制度，强化激励约束机制。

【财务会计工作】 2008年，工行山东省分行认真做好财务收支管理，不断提高财务会计精细化管理水平。

一、不断提高管理水平。该行一是创新预算管理模式，强化了预算的组织推动、经营导向和激励约束作用；二是修订了二级分行经营绩效考核办法，引入市场竞争力指标，增加发展潜力指标的考核；三是不断扩大经营分析的范围、深度，编制了未来三年发展规划；四是加强中间业务管理，强化费率管理机制。

二、进一步加强精细化管理。该行一是完善了费用分配机制，合理把握费用使用进度；二是合理安排固定资产投资计划；三是实行公务用车改革，有效控制费用支出；四是扩大集中采购范围，规范采购行为，降低成本。

【管理信息工作】 2008年，工行山东省分行加强信息资源整合，深化数据仓库应用，突出调研分析职能，信息支持决策和业务发展的能力显著增强。主要措施：一是进一步丰富了数据分析产品系列内容，累计完成各种分析报告74篇；二是修改完善了二级分行监测评价报告指标体系和季度分析报告制度；三是形成了客户信用风险管理、自动化统计、客户信息集成和管理等三大类9个应用系统；四是优化“网讯”信息窗口指导服务，全年发布信息访问量累计543万人次，同比提高85%；五是抓好良好银行创建活动，聊城、滨州、东营、济宁、枣庄分行被山东银监局授予“2007年度良好银行”称号。

【信息科技工作】 2008年，工行山东省分行信息科技工作紧紧抓住安全生产、开发创新和服务发展三大重点，不断完善科技支持体系，全年信息系统安全运行无事故。

一、认真落实安全生产措施。该行一是研发了“系统维护监控管理平台”，不断提高应用系统的监控频率；二是加大安全检查力度，确保信息系统安全稳定运行；三是完成了省行二级骨干网络带宽的升级工作，确保其畅通和三级网络连通率；四是完成了NOVA系列版本、网上考试等系统的投产应用。

二、加快产品开发整合和管理系统研发。该行一是完成了总行“银财通新流程改造项目”等11个开发任务；二是加快项目和网点信息管理系统的研发进度，开发了中间业务、电子银行、信息管理等57个项目。

三、加强基础设施建设。该行一是顺利完成了电话会议建设和全行VOIP的IP电话建设；二是完善主机房基础设施及运行监控手段，全面优化机房生产设备、网点对外柜面设备；三是进一步加大自动柜员机和自助服务终端设备的配置力度。

【运行管理】 2008年，工行山东省分行深入推进运行管理体系改革，强化运行基础工作管理和风险控制，业务运行效率、质量和风险管理能力得到全面提升。

一、深化运行管理体系改革。该行一是全面投产柜面业务操作风险监督系统二期，对296个营业网点的视频监控设备进行联网并实现了远程图像监控；二是开发了业务运行质量评价系统；三是组织柜面业务处理流程改革试点，为实现“网点受理、集中处理”打下基础。

二、强化业务运行基础管理。该行一是修订下发了《柜面业务检查手册》，组织开展柜面业务合规检查并及时整改；二是规范业务集中处理操作，提高资金清算效率；三是防范外部欺诈工作成绩显著，成功堵截30起案件，涉及金额1.04亿元；四是制定了金库标准化达标方案，对各金库逐一提出标准化改造要求。

【工会工作】 2008年，工行山东省分行充分发挥工会作用，营造和谐稳定和充满活力的工作局面。

一、加强基层民主制度建设。该行一是召开了首届职工代表大会，切实落实民主管理制度；二是充分引导和发动员工建言献策，征集评选的员工合理化建议200余条；三是制定并完善了行务公开各项业务制度，逐步实现内容、流程和结果全部公开的透明办事机制。

二、提升综合业务素质。该行一是组织开展了以“抢占优质市场，扩大同业占比，提高竞争力”为主题的旺季市场促销劳动竞赛活动；二是积极开展员工综合业务技术比赛，持续推动基层行岗位练兵活动的普及；三是大力开展“创建学习型银行，争做知识型员工”活动,培育一批先进模范典型。

三、加强服务工作管理。该行一是制定实施了《服务工作三年规划》,广泛开展星级服务达标网点创建活动;二是加大营业网点服务检查力度,通过网点监控网络和引入外部服务监测实施服务监督;三是完成了224家网点的改造工作,建立财富管理中心1家、贵宾理财中心78家。

【纪检监察】 2008年,工行山东省分行坚持从严治党、从严治行的方针,不断加大纪检监察工作力度,全年未发生经济案件。

一、切实做好反腐倡廉。该行一是建立完善了领导干部廉洁自律日常监督制度,抓好党内监督工作;二是加强思想作风建设,深化治理商业贿赂;三是认真做好信访举报工作,信访处结率、办结率为100%。

二、深化案件防控工作。该行一是认真落实防范案件责任制,增加相关人员防案职责,并加强检查考核;二是开展了多种形式的案件警示教育活动;三是将员工行为动态管理纳入各级纪检监察部门的责任目标,消除案件隐患;四是加强执法监察,严肃查处和纠正不认真落实内控案防制度和措施的行为。

【安全保卫】 2008年,工行山东省分行狠抓各项安保措施落实。一是提高防爆、报警、监控等各类安全基础设施的安装率;二是在安全检查常态化基础上,加强奥运期间对金库、枪支、营业网点和自助机具的安全检查,及时整改安全隐患;三是稳步推进守押社会化改革,实现改革目标的一级支行和现金营运中心达到169个,占相应机构总数的96%。

【教育工作】 2008年,工行山东省分行充分发挥宣传工作舆论引导、精神塑造的作用,深入开展全方位、有重点、多层面的员工教育培训,为全行改革发展提供强有力的智力支持和人才保证:一是严格落实党委中心组学习制度,积极组织开展调研活动;二是大力开展“感动工行十大好人好事”、抗震救灾先进典型、学习实践科学发展观等宣传活动,发挥典型引路的积极作用;三是开展员工思想状况调查,不断增强思想政治工作的针对性;四是规范文明单位管理,推动创建工作再上新台阶;五是推动企业文化建设,广泛征求各个层面的意见建议,不断丰富完善和宣传推广。

【金融大事记】 1月3日 工行山东省分行召开旺季业务竞赛活动动员视频会议。

1月8日 工行山东省分行与农发行山东省分行签署网上银行业务合作协议。

1月25日 工行山东省分行营业部大观园支行贵宾理财中心正式启动。

3月6日~10日 山东省省直机关及各市、县公务员考试报名缴费工作全面展开,省直机关及12个市人事考试中心开通了工行山东省分行B2C网上支付功能。

3月11日~13日 工总行召开重点二级分行银行卡业务座谈暨表彰会。会上,滨州、潍坊分行作为发卡量、消费额综合排名全国前20强,受到总行表彰。

3月31日 工行山东省分行与山东省商业集团举行企业年金合作协议签字仪式。

4月1日 工行山东省分行成功发行国内首张集芯片卡与磁条卡于一体,具有医疗、失业、养老、工伤、生育等五项保险“五保合一”功能的复合智能社会保障卡。

4月24日 工总行“专业化经营 系统化管理”座谈会在济南召开,工行山东省分行做典型发言。

5月14日 工行山东省分行与鲁证期货有限公司举行全面业务合作协议签字仪式。

6月17日 工行山东省分行与聊城市36家企、事业单位签订企业年金受托合同。

6月18日 工行山东省分行与齐鲁证券有限公司举行全面业务合作协议签字仪式。

7月8日~9日 工总行赵林监事长到工行山东省分行调研。

7月18日 工行山东省分行在泰安召开全省行长会议。

7月28日 工行山东省分行与济南军区联勤部财务部举行军队单位公务卡服务协议签字仪式。

7月30日 工行山东省分行举行机关青年员工 “投身奥运服务”活动启动仪式。

10月15日 工行山东省分行信用卡消费额突破百亿元,标志着该行信用卡业务在发卡规模持续快速扩张的基础上,发展质量和效益又迈上一个新台阶。

10月16日 工行山东省分行在济宁举行“牡丹华润燃气卡”首发式暨新闻发布会。

10月16日~21日 工行山东省分行档案管理中心获得“工行档案工作一级单位”称号。

10月18日 工行山东省分行与德州市政府联合举办“牡丹——中国太阳城卡”签约暨首发仪式。

10月25日~26日 工行山东省分行举行第六届职工业务技术比赛大会。

10月 工总行任命王跃民任工行山东省分行党委委员、副行长。

11月21日 工行山东省分行与深圳证券交易所、齐鲁证券股份有限公司三方共同签署了《中小企业综合金融服务战略合作协议》。

11月 工行山东省分行牡丹卡发卡量突破200万张大关。

12月2日 工行山东省分行在潍坊举行重点企业客户企业年金受托合同签字仪式。

12月7日 工行山东省分行协办的“工行杯”第一届山东省大学生创办小企业商业计划竞赛决赛在济南举行。

12月16日 工总行与山东省政府在济南举行战略合作备忘录签字仪式,杨凯生行长和姜大明省长代表合作双方签字,姜异康省委书记、王仁元常务副省长和沈荣勤行长,董培荣、孙建勇副行长,姚伟新巡视员出席签字仪式。

12月17日　工总行杨凯生行长在济南主持召开2009年经营形势座谈会。

12月25日　工总行表彰2008年度信用卡工作先进单位，工行山东省分行荣获“综合贡献奖”殊荣，跻身全国信用卡业务发展第一梯队。

12月28日　工行山东省分行举行营业部大观园支行“中国银行业文明服务示范单位”揭牌仪式。

12月29日　工行山东省分行与烟台市政府举行战略合作协议签字仪式。

（冯建军　孙凡臣　段维斌）

中国工商银行股份有限公司青岛市分行

【第一负责人简介】　栾建胜，男，1956年12月生，汉族，中共党员，北京大学EMBA学位，高级经济师。1974年6月参加工作，2000年5月，任工行山东烟台市分行党委书记、行长；2003年7月，任工行山东省分行党委委员、行长助理兼省行营业部党委书记、总经理；2004年12月，任工行山东省分行党委委员、副行长兼省行营业部党委书记、总经理；2006年4月至今，任工行青岛市分行党委书记、行长。

【综述】　2008年，中国工商银行股份有限公司青岛市分行（以下简称“工行青岛市分行”）面临经济金融危机和宏观政策的快速转向，积极调整经营结构、转变发展方式，实现当年存贷款增量双过百亿的重大突破，重夺“青岛第一信贷银行”称号。

【贷款业务】　2008年，工行青岛市分行不断加大优质贷款营销力度，积极调整优化信贷结构，各项贷款快速增长。一是紧紧抓住青岛市“环湾保护、拥湾发展”战略实施以及中央“扩内需、促增长”的历史性机遇，积极做好几大行业板块重点项目的全年储备工作；二是深入做好大项目客户的维护工作，整合各项业务资源，提升整体营销服务能力；三是拓宽经营思路，注重由公司信贷向公司金融的战略转型，稳步推进贸易融资业务以满足客户流动资金需求。年末不良贷款余额9.3亿元，较年初减少3亿元，不良贷款率由3.18%下降到1.9%，不良贷款额和不良贷款率实现双降。

【存款业务】　2008年，工行青岛市分行开拓思路、多措并举，推动各项存款实现大幅增长。一是组织开展全行营销活动和阶段性专项业务营销活动；二是对客户进行分类精细化营销管理；三是积极拓宽营销思路，实现业务融合互动发展。截至年末，全行人民币储蓄存款较年初增加60.25亿元，同比多增55.1亿元，是建行以来年增储蓄存款最多的一年；人民币公司存款较年初增加27.52亿元，人民币机构存款较年初增加23.72亿元。

【国际业务】　2008年，工行青岛市分行实现国际业务结算量88.11亿美元，较同期多增26.03亿美元，上升至同业第二位置。主要措施：一是强化市场调研工作，抓好目标客户对接；二是建立重点客户产品营销服务责任制；三是以业务创新带动业务发展，多方位进行业务宣传、推广。

【银行卡业务】　2008年，工行青岛市分行实现信用卡新增发卡量19.5万张，增量跃居同业第一位；信用卡消费额29.27亿元，开创历史最好水平；在工行总行银行卡专业工作考评中被授予“牡丹信用卡发展突出奖”。主要措施：一是进一步密切部室间合作，深层次落实产品部门专业化督导和产品支持职能，全力搭建立体化营销渠道；二是加大新项目、新产品的研发营销力度，进一步巩固和扩大信用卡业务发展市场；三是全面实施精品化特色服务，着力打造牡丹卡品牌美誉度。

【电子化建设】　2008年，工行青岛市分行坚持“把安全生产运行放在一切工作首位”的指导思想，加强科技管理体系建设。一是以“高度重视、充分准备、认真部署、狠抓落实”为宗旨，成功完成奥运保障任务，并实现全年生产运行零事故；二是提高应用系统维护水平，加强项目推广能力，圆满完成工行总行全年版本投产实施；三是加大自主研发力度，充分发挥科技推动作用，不断提升对业务的支持能力和对一线的服务水平。

【风险控制】　2008年，工行青岛市分行加强风险防范工作，保证了全行资产质量及经营效益的稳步提高，不良贷款率为青岛市四大国有银行之最低。一是加强制度建设，完善处置责任机制，夯实内部管理基础；二是积极推动全员的风险管理文化建设；三是转变观念，敢于创新，运用组合方式消化潜在风险。

【内部管理】　2008年，工行青岛市分行加快经营管理机制转换，采取多种措施加强内部管理，促进运营效率提高。一是开展全行员工职业发展工作，形成了新的岗位职级体系，为完

中国工商银行股份有限公司青岛市分行主要统计指标

单位:亿元

项目	2003	2004	2005	2006	2007	2008	2008年同比增幅(%)
资产总额	399.15	413.11	429.12	483.03	533.55	647.89	21.43
存款余额	331.07	372.1	413.81	447.59	504.2	611.43	21.27
企业存款	100.04	107.84	78.15	86.57	104.44	121.54	16.37
机关团体存款	17.31	36.01	81.32	91.48	111.39	131.3	17.87
储蓄存款	213.72	228.25	254.34	280.75	283.55	343.35	21.09
贷款余额	319.83	334.13	239.16	292.13	384.95	488.79	26.97
短期贷款	176.59	167.96	70.59	91.19	119.43	185.33	55.18
个人短期贷款	0.17	0.09	0.06	0.23	0.23	0.08	-65.22
中长期贷款	140.67	162.2	157.61	187.08	244.44	303.46	24.14
个人中长期贷款	62.35	72.78	74.06	70.61	90.67	94.32	4.03
票据融资	2.57	3.97	10.97	13.86	21.08	51.8	145.73
利润总额	0.05	0.07	0.62	6.12	12.17	15.58	28.02

善员工晋升发展机制奠定基础;二是依据全辖营业网点的重新规划,进一步理顺党的组织关系;三是推进机构布局优化调整,成立二级支行13家,增设自助银行7家,新增各类自主机具约200台,同时还增设了电话银行中心和自主银行管理中心;四是加大运行资源整合力度、加快流程优化进程,不断提高运营集约化、精细化水平,保证运行安全,全年未发生任何操作事故、重大差错及案件。

【金融大事记】 1月25日 工行青岛市分行香港中路阳光支行暨财富管理中心举行开业庆典仪式。

2月2日 青岛银监局(青银监会〔2008〕9号)授予工行青岛市分行"2007年度监管统计工作考核一等奖"荣誉称号。

2月29日 工行青岛市分行被中国银联青岛分公司授予"2007年度银联标准信用卡推广杰出贡献奖"。

3月10日 工行青岛市分行与青岛太屋不动产中介有限公司举行《存量房交易结算资金托管协议》签约仪式,标志着双方的业务合作走上了一个新的起点。

4月1日~6月30日 工行青岛市分行联合中国石油青岛分公司在青岛地区的80余家中石油加油站开展了"刷牡丹中油卡,享受超值大奖"优惠促销活动。

4月9日 工行青岛市分行与弘信期货经纪有限公司举办"全面业务合作签约仪式"。

4月23日 工行青岛市分行与青岛市农信联社举办"全面业务合作签约仪式"。

4月30日 工行青岛市分行与海信广场奥运店发行了首张联名信用卡——牡丹海信广场信用卡。

5月10日 在"银联杯"青岛市奥运支付环境建设知识竞赛决赛中,工行青岛市分行总分排名第一,并获优秀组织奖。

5月14日 工行青岛市分行与青岛城市建设投资集团举办"全面业务合作签约仪式"。

5月20日 工行青岛市分行向四川地震灾区捐助善款85.43万元,获青岛红十字会颁发的"博爱金奖"。

5月26日~30日 工行青岛市分行成功投产境内外币支付系统部分币种,包括英镑、欧元、日元、加拿大元、澳大利亚元及瑞士法郎业务。

6月29日 在"青岛市银行业征信知识竞赛"中,工行青岛市分行获得一等奖。

7月15日 工行青岛市分行与恒丰银行青岛分行举办"全面业务合作签约仪式"。

7月23日 工行青岛市分行举行"军队公务用卡项目"签约仪式。

8月18日 工行青岛市分行与农发行联合发文正式开展网上银行业务合作。

9月8日 工行青岛市分行与青岛海信集团财务中心正式启动银企互联服务业务合作。

10月21日 工行青岛市分行被授予"青岛市奥运支付环境建设暨金融服务先进集体"荣誉称号,市南第四支行也同时被授予先进集体称号。

11月17日　工行青岛市分行在青岛市重点项目推介暨银行授信签约仪式上向青岛国信发展（集团）有限公司等14家企业颁发了贷款意向书和授信协议书，授信额度、贷款意向额度分别达210亿元和41.7亿元。

11月23日　工行青岛市分行银行户口项目正式投产。

11月25日　省委常委、市委书记阎启俊在青岛市委常委、常务副市长王书坚，青岛市委常委、副市长秦敏等市府领导的陪同下到工行青岛市分行看望慰问全体干部员工。

12月18日　工行青岛市分行成功在中石油投产全国首台银行OPT。该项投产开创了国内自助加油服务受理银行卡的先河，也表明该行在银行卡外围业务受理方面已经处于全国领先地位。

（李志林　许小洁）

中国农业银行山东省分行

【综述】　2008年，中国农业银行山东省分行（以下简称“农行山东省分行”）坚持服务“三农”和县域经济，支持中小企业发展，加大有效信贷投放，加强和改进金融服务，推动了全省经济的发展。各主要监管指标均已达到“良好银行”标准，6个市分行存款总量及8个市分行存款增量均位居4家大型银行首位。同时，该行积极履行社会责任，荣获2008年“山东十大责任企业”称号。

一、加快有效信贷投放。一是围绕“做优农业、做强工业、做大服务业”的战略部署，加大了对基础产业、支柱产业和传统优势行业的支持力度；二是围绕山东省重大民生工程、基础设施、生态环保、自主创新和现代产业体系建设的总体部署，组建了8个专门服务团队，与全省240个重点项目实施提前对接，为进一步扩大信贷投放奠定了基础；三是相继与5个市地和省政府三大融资平台签署了合作意向协议，共落实有效信贷投放项目720亿元；四是加强行业信贷风险管控，对13个宏观调控行业实行了整体授信额度管理。

二、改进和创新金融产品。一是研究制定了《2008年-2009年新产品开发计划》，筛选确定了31个重点产品研发项目；二是以“三农”、电子银行和投资银行业务为重点，推出了“即远通”、"融汇通"和“宝中宝”等理财产品，研发了农户创业、农产品季节收购、渔船抵押、农民合作社和小企业动产抵押贷款等金融产品；三是加强网点标准化建设，建成标准化自助银行258个、精品网点210个；四是拟定了《柜面业务分流及流程再造规划》，强化了网上银行、转账电话和电话银行的营销，截至年末，全行非柜台交易量占比达到54.94%，较年初提高了10.54个百分点。

三、加强风险管理。一是开展了贷款12级分类和内部评级法的试点工作；二是开展了“三化三无一退出支行”创建活动；三是完善操作风险管理体系，出台了《关于加强合规管理的意见》；四是开展了“信息系统安全年”活动，实现了信息系统平安运行；五是加强了远程集中视频监控系统的应用，解决了金库管理、营业场所和社会化押运等环节的风险隐患，实现了保卫工作连续7年安全无事故。

【计划财务】　2008年，农行山东省分行计划财务工作以“服从、服务、推进股改”为宗旨，进一步完善管理机制、创新管理手段，计划财务精细化、规范化和科学化管理水平不断提高。一是圆满完成了各项股改工作任务，累计完成土地确权1307宗、房产确权1853宗，按宗数和面积统计的房地匹配确权率分别达到95.29%和93.64%；二是进一步完善经济资本管理，强化综合经营计划调控，促进各项业务协调发展；三是充分发挥内部资金转移价格的杠杆作用，进一步强化资金营运管理，全行日均资金备付率1.78%，同比下降0.07个百分点；四是狠抓精细化管理，促进信贷计划、绩效考核、固定资产管理等方面的创新。

【公司业务】　2008年，农行山东省分行公司业务立足创新发展，冲击高端市场，骨干支柱作用得到了进一步发挥。

一、找准定位推动营销。坚持“贴近客户、贴近市场”的原则，以调整提升为主线，深化实施重点产业、客户、产品和区域的“四重策略”，定位于高端市场，筛选行业龙头企业、大型基础设施和重点能源建设项目高层营销，有效提升了高端市场份额。

二、深化改革促进发展。一是不断完善市场营销体系，推进分层级直销机制建设；二是组建了专司重点客户和优势项目突破的大客户部，强化直销能力；三是深化准事业部制改革，规范和完善市分行直销体系建设，优化业务流程和资源配置；四是强化对联动营销、交叉销售的指导促进，形成了立体化营销格局和综合营销模式。

三、坚持创新。一是设计推广了“银星通”等新产品，率先实现与6大通信运营商合作；二是制定了投行重点产品目录及营销指引，加大重点新产品营销力度，投行业务收入连续3年翻番，特别是在兖矿集团中期票据业务拓展中，实现了山东省同业首笔中期票据业务的注册发行。

【机构业务】　2008年，农行山东省分行机构业务加强市场营销，强化系统管理，着力推进经营战略转型，各项经营指标大幅提升。

一、直销成果显著，省级社保基金存居14家代理行第1位，与济军联勤部、省武警消防总队实现了系统性合作，拓展各

中国农业银行山东省分行主要统计指标

单位：亿元

项 目	2003	2004	2005	2006	2007	2008	2008年同比增幅（%）
资产总额	1524.56	1718.9	1907.98	2555.96	2807.3	3475.71	23.81
存款余额	1590.91	1824.66	2065.43	2372.34	2652.52	3266.41	23.14
企业存款	385.28	447.28	437.52	535.9	671.86	797.38	18.68
机关团体存款	110	132.02	202.05	254.52	275.73	290.8	5.47
储蓄存款	1015.24	1145.34	1281.66	1442.14	1582.94	2018.36	27.51
贷款余额	1256.44	1419.62	1598.16	1769.53	1913.62	1820.36	-4.87
短期贷款	771.33	850.51	940.02	1045.42	1178.31	997.17	-15.37
个人短期贷款	11.25	10.28	6.86	6.27	9.96	23.21	133.03
中长期贷款	351.71	433.78	454.86	489.79	603.53	666.42	10.42
个人中长期贷款	120.49	124.24	114.55	103.52	139.01	174.77	25.72
票据融资	70.23	77.78	173.72	198.53	102.36	143.67	40.36
利润总额	0.19	1.09	13.61	6.09	19.15	32.85	71.54

级账户25个。

二、依托财政国库集中支付业务、转移支付和代理非税收入等3大代理平台，着力提升规模效益。组建了“重点社保项目营销支持团队”，直接参与各地社保卡竞标，积极跟进“城镇居民基本医保”试点，加大了对农村养老、新农合等新型社保基金营销。

三、加快保险代理创新转型。探索了合作公司评价机制、网点动态管理机制、通用型金穗银保卡、精品网点共建等4项管理制度，引领保险代理市场的发展，连续7年位居省内同业首位和系统内前3位。

四、金融同业合作实现新突破。新增客户在省内增量份额中达37.5%，企业年金托管客户总量位居系统内首位。

五、强化基础管理。一是重点实施了对全省127个财政集中支付经办网点的直接调度机制；二是完善了对30强县财政、社保等富集资源的营销评价机制；三是重新梳理和规范了19项重点业务；四是建立了保险代理准入管理和风险提示制度；五是举办各类培训班12期，确保合规培训取得实效。

【个人业务】 2008年，农行山东省分行以优质客户为中心，加快结构调整步伐，市场竞争能力进一步提高。截至年末，个人存款余额2018.36亿元，较年初增加435.42亿元；个人贷款较年初增加51.53亿元，居全国农行系统第1位。

一、以体制和机制创新加快推进零售业务转型。一是推行《重点零售业务产品计价考核办法》，建立了零售业务持续发展的长效机制；二是制定了《网点转型实施方案》，提升网点价值创造能力。

二、强化个人负债业务的基础地位。一是加大个人负债业务考核力度，通过激励措施调动各级行资金组织的积极性；二是通过组织“大行德广 伴你成长 金钥匙春天行动”综合营销、“客户大拜年”等活动，打造“百姓银行”的良好形象；三是开展个人客户普查，借助客户关系管理系统，挖掘优质客户，促进个人存款集约化发展。截至年末，个人存款10万元以上客户存款额增加189亿元，占个人存款增量的48.79%。

三、实行个人信贷业务的统一归口管理，推广个贷业务集中经营模式。按照“盯住城区、着力县域”的要求，大力发展个人住房贷款、自用车贷款等传统重点业务和个人客户综合授信、综合消费贷款等新开办业务。

四、进一步发展个人理财业务，提高个人优质客户服务水平。新建、筹建和已建的财富管理中心分别为2家、61家和52家，具有理财功能的网点覆盖率达到51.72%。

【信贷管理】 2008年，农行山东省分行信贷管理工作稳步发展。

一、推进信贷结构的战略性调整。一是制定了行业信贷政策管理细则，完善了行业信贷政策，扩大了行业授信范围；二是探索推行了客户名单制管理，将有保有压、有进有退的信贷政策落实到实处；三是加强客户评级管理，严格客户准入制度；四是进一步加大了对信贷转授权工作的差异化管理力度，增强了基层行的市场竞争力和风险控制能力。

二、健全和完善信贷管理机制。一是探索实施信贷审批体制改革,逐步建立起专家审贷、独立审批的新的信贷管理模式;二是推行网上决策,实现了管理系统对信贷决策的信息支持和流程控制作用;三是进一步明确和细化了"三农"信贷业务的客户准入、授信、担保和业务流程等管理内容,提高了决策的质量和效率。

三、强化信贷风险管理,提升基础管理水平。一是组织辖内支行开展了"三无三化一退出支行"创建活动,提高信贷经营管理的制度化、规范化和程序化操作水平;二是加强贷后管理,实现了贷后检查表格电子化、检查流程网络化和档案管理无纸化的目标;三是完善在线监控体系,落实每日预警制度,强化到期贷款的监测和管理,提高了贷款到期收回率。

【资产处置】 2008年,农行山东省分行狠抓不良资产的处置准备和清收处置。一是进一步摸清了不良贷款底数,开展了各类核查整改,为处置准备工作奠定了基础;二是全面落实不良资产剥离工作责任制,按时完成了不良资产剥离任务;三是做好不良资产清收工作,提高清收处置效益,同时做好债权维护和资产保全工作,防止新的诉讼时效丧失。

【银行卡业务】 2008年,农行山东省分行积极转变银行卡业务增长模式,推进惠农卡发行,大力发展商户和自助设备收单市场,强化业务运行风险的监控管理,主要业务指标继续保持较快增长。一是开展了系列银行卡优惠促销活动,加大业务经营调控力度和风险防控措施,产品、客户和收入结构进一步优化;二是适时推出贷记卡新产品,面向农户推广了金穗惠农卡产品;三是加大自助银行和ATM等自助设备的投放力度和管理,为奥运期间银行卡支付安全提供了保障。

【国际业务】 2008年,农行山东省分行外汇业务总体保持平稳增长,综合收益不断提高。国际结算量同比增长22.4%;结售汇业务量同比增长24.52%,其中远期结售汇增幅超过32%。一是加强全面风险管理,保障外汇业务稳健经营;二是加强代理行风险监控和预警,防范国家和代理行信用风险;三是加强贸易融资进出口商风险监控,控制客户风险;四是结合外管政策变化调整相关业务规程,严格规范操作风险。

【会计结算】 2008年,农行山东省分行会计结算工作稳步发展。

一、积极开展以"铁账、铁款、铁规章"为主要内容的"三铁"创建活动。一是印发了会计内控"三铁"活动实施方案和考核办法;二是自行开发推广了会计内控管理系统,初步实现了对会计内控的过程控制、动态评价和量化考核;三是实施滞后复核,实现了对业务的实时再监督,有效控制了前台操作风险。

二、做好金库管理、对账与支付密码器的推广工作。一是制定下发了金库、柜员现金箱和自助设备管理实施细则,健全了现金及金库制度体系;二是加强突击查库工作,全年检查中心金库252个(次),支行库620个(次),现金营运风险防控水平大幅提高;三是完善了对账制度体系,搭建了银企、同业和系统内往来"三位一体"的集中对账框架,对账率100%;四是进一步加快电子支付密码的普及,截至年末,结算账户支付密码器覆盖率达到99.97%。

三、加强支付结算管理。一是成功推广了小额支付银行本票业务系统和全国支票影像交换系统,探索了同城及跨系统小额支票的异地截留试点,努力达到风险防控、提高结算效率的统一;二是按照"保证业务需求,逐步扩大范围"的原则,扩大联行机构范围,综合营业机构支付系统开通率达到80%。

四、推动新会计准则实施。组织完成了股改前的建账工作,按照新会计准则要求,顺利完成了2007和2008年新会计准则报表转换和新旧准则差异的落账, 实现了与新会计准则的对接。

【房地产信贷】 2008年,农行山东省分行房地信贷业务实现稳健快速发展。

一、根据总行《房地产开发及经营类贷款业务准入管理暂行办法》的要求,制订下发了《省行级优质客户评定实施细则》,组织对存量和拟拓展客户进行筛选、评定。

二、重点客户拓展和维护工作不断加强。确定了20家重点拓展、46家重点挖潜提升和74家重点维护客户。46家重点挖潜提升客户维护客户日均存款4.61亿元, 贷款余额29.87亿元,按揭贷款余额9.13亿元;74家重点维护客户日均存款6.32亿元,贷款余额44.99亿元,按揭贷款余额21.99亿元。

三、抓好客户分类工作。对房地产开发、城市基础设施建设、建筑安装行业客户进行了分类,共筛选出战略合作类客户2家,支持类客户104家,实行名单制管理。

四、推进产品创新,加大保障性住房支持力度。一是转发了总行《经济适用住房开发贷款管理细则》和《关于做好保障性住房开发信贷业务的通知》, 明确了对经济适用房的信贷支持标准,规范了开发贷款管理;二是组织开展了市场调查,有选择地介入保障性住房项目;三是开发了经济适用房贷款新产品。

【农业信贷】 2008年,农行山东省分行积极服务"三农"和县域经济。一是制定了《服务"三农"实施意见》;二是推进"三农"金融事业部制改革,按照"条线管理、块块经营、重心下沉、独立核算"的运作模式,搭建了"三农"金融事业分部组织架构;三是大力发展惠农卡和农户小额贷款业务,全年共发行惠农卡57.6万张,农户小额贷款签约客户3.2万户,授信总额8.67亿元,累计发放贷款2.78万笔、7.36亿元;四是支持农业产业化、工业化和城镇化"三化进程",与318户省级龙头企业建立了业务关系,贷款较年初增加25亿元。

【审计工作】 2008年,农行山东省分行审计工作围绕一个中心,强化三种意识,实现了审计项目质量和审计人员素质的双提高。

一、围绕服务于全行发展和改革这一中心,审计工作得到进一步重视和支持。一是在决策和管理中重视对审计成果的运用；二是支持审计部门照章审计、如实反映审计情况，严肃处理发现的问题；三是加强审计办事处办公等基础设施建设，足额解决必需的工作经费。

二、强化大局、质量和创新三种意识。一是开展了不良资产剥离审计等10项工作；二是开展了房地产信贷、质押贷款等专项审计；三是深化对基层营业机构综合审计和对支行、二级分行内部控制评价；四是推进领导干部经济责任审计和高管人员强制休假审计；五是配合上级行、山东审计厅和银监局的检查监管，并积极参与上级行对其他分行开展的审计项目。

三、审计项目质量和人员素质进一步提高。一是通过完善规章制度，建立起统一的内部审计规范体系；二是通过时间、流程、责任和复核"四个控制"实现了对审计项目的精细化管理；三是审计队伍建设进一步加强，全年有3人获得风险管理师资格，5人通过了国际注册内部审计师资格考试。

【金融科技】 2008年，农行山东省分行将金融科技作为服务"三农"、网点转型及创收增效的重要途径，电子银行工作取得重大成效。

一、依托服务"三农"的股份制改革市场定位，全面开发了惠农卡及小额农户贷款交易功能。同时，在适合"三农"客户使用的电话银行、转账电话等电子银行交易系统中开发了惠农卡激活、查询、农户小额贷款及还款等功能，方便了农户新型银行交易渠道的使用，提高了惠农卡发卡工作成效。

二、保障"奥运服务"工作。一是在提前做好95599客户服务中心座席人员英语达标培训的基础上，在电话银行系统推出了英语服务菜单，保障了外宾客户的金融服务需求；二是制定了奥运期间应急预案，确保电子银行渠道的稳定畅通。

三、面对四川汶川特大地震灾害，该行在第一时间开通了抗震救灾爱心捐助绿色通道"，修改了网上银行收费程序，对网上爱心捐助免收交易费，方便了向受灾地区捐款。

【人力资源管理】 2008年，农行山东省分行坚持以人为本，加快改革创新。

一、强化领导干部队伍建设。一是进一步完善了领导班子和干部考评机制，并强化考核结果的运用；二是认真落实新《劳动合同法》和员工管理各项制度，制定了《员工带薪年休假实施办法》，依法保障员工的合法权益；三是把好人才准入关口，促进人力资源的有效配置和合理流动；四是完善培训工作机制，拓宽培训渠道和领域，有效提升了员工队伍整体素质。

二、稳步推进机构改革。一是设立了风险管理、资产处置及网点规划管理办公室，明确了部门职责，提高了组织运营效率；二是实施了"三农"事业部机构改革，搭建服务平台，进一步提升了服务"三农"的能力。

三、深化工资福利制度改革。一是完善了工资总额分配机制，加强工资末端分配的管理，提高了收入分配的公平性、及时性和透明度；二是探索多元化和长期激励机制，完成了福利负债测算，做好了实施企业年金相关基础工作，推行了补充医疗保险制度，提高了员工保障水平。

【纪检监察】 2008年，农行山东省分行一是严格落实党风廉政建设责任制，进一步规范各级行领导干部从业行为；二是逐步完善案件防控长效机制，重点从教育、制度、惩处三个方面加强各项案防措施的落实，构建员工"不想为"、"不能为"、"不敢为"的案防机制，实现了全年无案件；三是加大重点工作监督力度，落实业务检查责任制，加大对市分行信访工作的督导，核查信访率，及时化解风险，信访总量稳步下降。

【安全保卫】 2008年，农行山东省分行进一步抓好安全保卫工作规范化管理，物防、技防水平得到显著提升，全年未发生已遂案件和事故，连续第7年实现安全年。

一、全面完成了远程视频监控风险预警系统的建设任务，并通过总行验收，四项关键技术获得国家版权局颁发的《计算机软件著作权登记证书》。截至年末，该系统已经覆盖全省金库和营业网点及部分自助银行区域，共完成省行及市分行16个监控中心、16个中心金库、67个支行金库、1219个网点和87台银行自助设备的联网建设。

二、抓好金库和营业机构安防设施达标工作。对照《金库安防设施建设工作指引》，划分了金库区域功能区，制定了《金库守库室统一规划标准》，对守库室进行了规范化改造，建立和完善了金库安防设施档案，全行87个金库通过了当地公安部门的检查验收，并取得省公安厅颁发的合格证书或铜牌。在山东银监局和公安厅组织的安防设施达标验收中，该行1503个营业机构有1471个达标，达标率97.8%。

三、稳步推行社会化运钞押运，减枪减库工作取得新进展。全年新增推行社会化押运的营业机构121个，减少在用金库13个，金库总数减少到88个；在用枪支由年初的619支降为462支，减少157支。

四、狠抓内控制度的落实。一是组织开展了高风险部位安全大检查、安全评估检查和自律监管检查等3次综合性检查，重点对营业机构安全保卫规范化、金库安全制度化、运钞押运程序化和枪支精细化管理情况及ATM进行检查监督。全年编发《安全保卫风险提示》7期，下发《安全隐患整改通知书》16份。

五、切实做好反洗钱工作。一是建立了"一把手亲自抓，分管领导具体抓，职能部门牵头抓，协作部门配合抓，营业网点共同抓，临柜人员重点抓"的"六抓"工作体系；二是利用反洗钱信息管理系统向人行反洗钱监测分析中心报送大额交易171.6万份、本币40945亿元，外币131亿美元；可疑交易5.6万份，本币6972亿元、外币21亿美元；三是开展了反洗钱工作专项检查。

【精神文明建设】 2008年，农行山东省分行一是下发了《精神文明建设实施意见》和政治学习要点；二是在总行政治思想工作论文的评比工作中，有烟台和日照市分行论文获奖；三是开展了党建和企业文化调研；全年编发《党务信息》22期。

【金融大事记】 2月19日 山东银监局局长周忠明、副局长谢凝到农行山东省分行调研。

3月3日 农行山东省分行下发农银鲁办发[02208]190号文,成立个人信贷业务部,作为二级部挂靠个人业务部。

3月10日 农行山东省分行下发农银鲁办发〔2008〕216号文,设立网点管理工作领导小组,在个人业务部设立网点管理办公室,撤销原挂靠人力资源管理部的机构规划管理部。

3月13日 山东银监局、山东省公安厅在农行山东省分行召开银行业金融机构保卫部门负责人联席会议。

4月29日 人行济南分行李亚新副行长一行到农行山东省分行调研。

6月10日 农总行下发农银复〔2008〕877号文,撤销农业信贷处,在省分行和试点二级分行"三农"金融事业分部设立"三农"对公业务处(部)、"三农"个人金融处(部)。

6月16日 山东银监局召开"山东省银行业2007年度良好银行授牌暨履行社会责任活动推动大会",农行山东省分行营业部、东营、烟台和临沂市分行被授予"2007年度良好银行"称号。

6月23日 由山东省金融学会主办,农行山东省分行和招行济南分行协办的2008齐鲁金融论坛在山东大厦举行。

6月27日 农行山东省分行与国寿、泰康、平安三家养老保险公司举行企业年金合作协议签字仪式。

6月30日 农行山东省分行设立风险管理部。

7月1日 "农行山东省分行存款超3000亿元新闻发布会"在济南举行。

7月5日 农行山东省分行刁钦义行长参加国务院王岐山副总理在威海主持召开的金融形势座谈会。

7月10日 农行山东省分行召开上半年业务经营分析会议。

7月14日 农行山东省分行召开年中行长会议。

7月15日 德勤公司综合审计组进驻农行山东省分行,进行现场全面审计。

8月4日 "农行山东省分行"中国人寿养老保险股份有限公司山东省中心企业年金高端客户恳谈会"在日照举行。

8月5日 农总行下发农银党任〔2008〕52号和78号文,免去王志胜农行山东省分行委员会副书记、委员、工会工作委员会主任及副行长职务。

8月28日~29日 中国农业银行案件专项治理活动汇报会在烟台召开。

10月20日 中国农业银行运行维护服务台系统在山东省分行正式启用。

10月25日 农行山东省分行自主研发的"会计内控管理系统(APCE)"获得第二届中美信息技术峰会"2008年度信息化最佳IT项目实施奖"。

10月26日 农行山东省市分行行长会议在济南召开。

10月31日 农行山东省分行下发农银鲁发〔2008〕230号文,撤销资产风险部,设立资产处置部,负责自营和委托不良资产处置的经营管理;设立委托资产处置中心,作为二级部挂靠资产处置部,直接经营和处置权限内的大额委托不良资产。

11月11日 农总行下发农银党任〔2008〕129号和138号文,任命张晓男为农行山东省分行党委委员、副行长。

11月14日 农总行"国寿农行永丰企业年金计划经验交流会"在济南珍珠泉宾馆召开。

11月18日 农行山东省分行成功推广上线全国支票影像交换系统(直联式)。

11月19日 山东省中小企业办公室、省财政厅、农行山东省分行共同主办全省银政企合作支持中小企业发展"寿光模式"推介会,向全省38个经济强县(市区)推介寿光市"银政企"合作支持中小企业发展模式。

11月25日~26日 农总行罗熹副行长到农行山东省分行视察。

12月6日 山东省政府与农总行在济南签署战略合作协议。根据协议,农总行将山东省作为重要战略合作省份和业务发展的重点支持区域,给予政策支持和资源倾斜配置。签字仪式上,农行山东省分行刁钦义行长与山东钢铁集团、山东高速集团和临沂新程金锣肉制品公司负责人分别签订了350亿、300亿和25亿元综合融资协议。

12月28日 农行山东省分行与山东省国有资产投资控股有限公司签订全面合作协议。

12月29日 农行山东省分行下发农银鲁办发〔2008〕1518号文,撤销农业信贷部,设立三农对公业务部和三农个人金融部。

(王均乐 赵春光)

中国农业银行青岛市分行

【第一负责人简介】 王志胜,男,汉族,1953年生,山东青岛人,中共党员,高级经济师。历任农行青岛市分行计划处处长、农行胶州、青岛高科园支行行长、农行青岛市分行国际业务部总经理、党委副书记、副行长、农行山东省分行党委副书记、副行长,现任农行青岛市分行党委书记、行长。

【综述】 截至2008年末,中国农业银行青岛市分行(以下简称"农行青岛市分行")各项存款率先在青岛同业突破600亿元,余额达642.3亿元,比年初增加86.5亿元,同比多增33亿元,存款总量居同业第1位。其中,个人存款余额398.4亿元,比年初增加71.7亿元,个人存款存量、增量继续保持同业首位；各项贷款余额剔除剥离因素比年初增加 50 亿元，有效贷款投放创历年之最；中间业务收入 3.2 亿元，同比多增 3000 万元；实现拨备前利润 11.84 亿元，净利润 7.42 亿元，拨备覆盖率达 76.5%；总资产回报率（ROA）1.15%。

【存款业务】 2008 年，农行青岛市分行加大了分层、联合和全员营销力度。一是完善了对支行和分行部室绩效考核和市场营销专项考核等激励措施，建立了大客户直接营销管理制度；二是开展了春天行动综合营销活动，在总行综合考评中获得直属分行第 1 名，举办的“百名企业家综合营销”活动被总行评为十大优秀策划项目；三是针对对公存款持续波动、大幅下滑的问题，大力推广结构性存款产品，实行营销问责制。年末，对公存款余额达 243.9 亿元，同业存款余额 13.7 亿元，个人存款余额 398 亿元。

【贷款业务】 2008 年，农行青岛市分行加大对当地经济的信贷支持力度，客户结构进一步优化。一是建立了重点项目和客户营销目录，实施优质客户（项目）名单制管理；二是组建了“金色人生”高端客户俱乐部和个人 VIP 客户俱乐部，实施个性化服务，强化了客户关系维护；三是加大了城市基础设施重点项目和总分行级房地产优质客户、政策保障性住房项目的投放力度，年末，AAA 级优良客户贷款余额达 168 亿元，占法人客户贷款的比重达 52.2%；四是主动对接拉动经济增长的重点项目和企业，与 50 家企业签订了授信协议，累计投放贷款 57 亿元；五是对公务员等客户群体实施个性化、系统性综合授信，年末个人贷款余额达 39.2 亿元，剔除剥离因素比年初增加 4.1 亿元。

【中间业务】 2008 年，农行青岛市分行将投资银行、贷记卡和国际结算等重点中间业务与前台部门挂钩考核，加大对公与个人业务联动和产品交叉营销力度，规范中间业务收费管理，提高中间业务收入水平。一是加强与财政等政府部门的合作，代理财政国库集中支付、市级财政统发工资业务量居同业第 1 位，并成为财政预算单位公务卡主要承办行；二是维护、拓展优质外向型企业，积极营销贸易融资、外汇理财等金融产品，全年国际结算量达 81 亿美元、结售汇 43.6 亿美元；三是加大公务卡、贵宾卡和联名卡的发行力度，全年新增贷记卡 10.2 万张，银行卡总量达 323.7 万张；四是增加代理保险合作机构，代理保费收入达 5.9 亿元，创历史最好水平；五是加强银团贷款、财务顾问、短期融资券和企业债券业务营销，促进投资银行业务收入增长。

【电子化建设】 2008 年，农行青岛市分行一是顺利完成了间联 POS 系统 EMV 改造，新增商户 1000 家，消费额突破 100 亿元，国际卡收单 2.1 亿元，银行卡业务收入 1.23 亿元；二是积极推广银行电子产品，新增网上和电话银行注册客户分别达 9.2 万和 1.8 万个，新发展网上特约商户 5 家，全年电子渠道金融性交易量占全部交易量的 38.5%；三是研发了代理保险“见费出单”、“银彩通” 和银企对账辅助系统等项目和程序；四是加大了自助设备投放和功能升级力度，新增自助服务银亭 50 个。

【内控管理】 2008 年，农行青岛市分行以防范风险为主线，提升精细化水平，保障了各项业务安全、健康发展。一是成立了风险管理部，建立了风险监测报告制度，制定了工作规则；二是加大了受宏观调控政策和经济金融危机影响较大行业的风险监控力度，加强对集团、关联客户的风险管理，推进信贷审批体制改革和业务网上作业；三是加强会计内控管理，建立了会计内控 7 个责任主体履职档案，实行会计监控预警信息量化分析和处置，加大金库等重点部位和环节的管理和突击检查力度；四是加强流动性管理和利率汇率风险防范；五是加强安全、信息管理，保证奥运期间各项工作的正常进行；六是完善了 ISO9000 质量管理体系，形成了以质量体系文件为主体的内控制度体系，并编发手册，方便员工学习执行；七是加强法律与合规管理，建立了法律风险事件报告制度，完善了法律风险识别、预防和纠纷处理机制，开展了《员工行为守则》教育检查活动；八是深入开展案件专项治理活动。

【精神文明建设】 2008 年，农行青岛市分行一是加强领导班子和干部队伍建设，举办了 3 期党员领导干部培训班；二是加强员工队伍建设，落实自学奖励等制度，鼓励员工创造性地开展工作；三是增加员工薪酬福利，实行收入分配向一线员工倾斜的政策，建立了补充医疗保险制度；四是落实休假制度，积极开展“送温暖”活动；五是做好抗震救灾工作，向南方冰雪灾区和四川地震灾区捐款 166 万元；六是开展了迎奥运文明规范服务活动，涌现出一批优质服务先进单位和个人，青岛市南三支行被总行授予奥运金融服务先进单位和规范化服务示范单位称号，市南三支行、市北一支行京山分理处荣获中国银行业协会 2008 年度文明规范服务示范单位称号。

【金融大事记】 1 月 30 日 农行青岛市分行获得青岛银联公司银联标准卡消费杰出贡献奖和银联银行卡收单杰出贡献奖。

3 月 7 日 在农总行下发的《关于表彰 2006 年–2007 年度规范化服务示范单位和示范个人的决定》中，农行青岛市南三支行营业部被评为规范化服务示范单位。

3 月 20 日 农总行在青岛召开 “迎奥运文明规范服务系列活动”现场会。

3 月 25 日 农总行罗熹副行长在青岛主持召开分行干部大会，宣布任命王志胜为农行青岛市分行党委委员、副书记，主持全面工作。

4 月 11 日 农行青岛市分行成功中标青岛市代理财政统发工资招标项目。

8 月 3 日 农行青岛市分行举行“金色人生”VIP 俱乐部正式启动仪式，更好为高端客户提供优质服务。

8 月 11 日 农行青岛市分行接受了英国 BSI 英标管理体

系认证公司对该行ISO9000质量管理体系的审核,并连续第5次顺利通过监督审核。

8月　农行青岛市分行对符合要求的分理处和储蓄所升格为单点支行,并制定《单点支行扁平化管理实施方案(试行)》,加强对直属支行的管理。

8月25日　农行青岛市分行中标青岛市财政局举办的“市级国库集中支付代理银行”招标项目。

9月23日　农总行任命王志胜为农行青岛市分行党委书记、行长。

11月5日　农行青岛市分行召开不良资产剥离工作培训会议,安排不良资产剥离工作。

11月17日　在“青岛市重点项目推介暨银行授信签约”仪式上,农行青岛市分行对50家青岛市重点企业授信,并与10家企业达成贷款意向。

12月17日　农总行纪委书记朱洪波在农行青岛市分行主持召开干部队伍作风建设座谈会。

(刘　伟　祝　敏)

中国银行股份有限公司山东省分行

【第一负责人简介】　何兴祥,男,1963年11月生,浙江绍兴人,毕业于浙江大学工商管理专业,大学学历,经济师。1982年8月参加工作,历任中国银行嘉兴分行副行长、行长,中国银行浙江省分行风险管理处处长,中国银行吉林省分行副行长,中国银行海南省分行行长;2008年4月至今,任中国银行山东省分行行长、党委书记。

【综述】　2008年,中国银行股份有限公司山东省分行(以下简称“中行山东省分行”)大力支持优势业务和战略性业务的发展,加强重点客户和高回报率客户的营销,推动各项业务全面、协调、持续、健康发展。全行盈利水平大幅提高,主要财务指标均超额完成计划。

【计划财务管理】　2008年,中行山东省分行以推进精细化管理为主线,不断强化决策支持和资源配置职能,健全激励约束机制,各项工作稳步推进。

一、完善矩阵式预算管理体系,加强预算过程管理。一是将经济资本纳入机构和部门绩效考核体系,建立了条块结合的矩阵式管理模式,并制订了涵盖主要风险资产业务的多产品单笔业务经济资本边际效益测算模板;二是密切监控业务计划及财务预算的执行情况,按月召开主要业务部门参加的经营情况通报会,形成预算执行预测分析报告;三是按季提供经营情况分析,提示关注问题,为业务发展决策提供数据依据。

二、优化财务资源配置体系,加强成本精细化管理。一是制定《业务费用分配及管理办法》,严格执行重大成本事项监控制度,对费用开支及变动情况进行分析;二是发挥条线管理部门对固定资产资源配置的规划和指导作用,协调完成年初固定资产投资预算。

三、推进利率管理精细化,提高净息差水平。一是结合市场变化、宏观调控政策和总行各项政策规定,特别是针对美元利率,及时调整条线本外币利率授权;二是针对汇率、利率剧烈变动的宏观经济形势,认真研究分析外部定价和内部定价策略;三是定期召集利率定价例会,灵活调整利率授权和内部资金价格。

四、强化税务和中间业务统筹管理。一是建立沟通机制,分析新产品涉税风险,协调业务部门制定新产品涉税申报缴纳流程,提高税务精细化管理水平;二是重新梳理、修订并下发新的服务价格收费标准,组织全辖完成总行组织的新产品评奖活动。

五、强化制度和信息披露体系建设。一是先后修订并印发财务管理方面的规章制度,并完成了财务管理工作现场检查,业务覆盖面达100%;二是及时准确地完成中银统报表、非现场监管报表和各项内部管理性统计报表的编制和披露工作。

【零售业务】　2008年,中行山东省分行个人存贷款业务持续增长,个人理财业务快速发展,客户数量和资产规模同步增长。截至年末,零售贷款350.99亿元,较年初新增67.05亿元;人民币储蓄存款1093.31亿元,新增234.04亿元;外币储蓄存款10.38亿美元,新增0.53亿美元。

一、持续抓好个人存、贷款业务。一是深入研究宏观经济运行和市场变化,及时调整发展策略,改革机制,优化流程;二是建立零售贷款、储蓄存款专项激励约束机制,加强对辖内机构的指导,业务保持较快发展。

二、推进财富管理体系建设和理财业务发展。一是加快推进财富管理三级建设,实施“理财服务内涵”和“理财专业形象”提升计划,推行理财中心直管模式,完善条线激励约束机制;二是投产“结构性理财产品交易平台”,为理财产品销售管理提供系统支持;三是加强中银理财品牌建设,组织全辖“财富与投资、健康、时尚”等系列主题活动。

三、做好网点转型和渠道建设工作。该行完善网点改造审批流程,推动销售服务流程整合,提高客户服务能力和水平,加快推进网点转型工作实施,渠道建设工作继续保持系统内领先地位。

四、组织落实奥运金融服务工作。该行从网点装修改造、自助设备管理和维护、个金业务奥运服务标准及流程、奥运门票销售、奥运特许商品销售、监管部门奥运服务检查的整改落实、

中国银行股份有限公司山东省分行主要统计指标

单位：亿元

项　目	2003	2004	2005	2006	2007	2008	2008 年同比增幅(%)
资产总额	1229.58	1357.75	1635.65	1896.70	2211.05	2677.17	21.08
存款总额	1128.96	1224.64	1475.83	1753.50	1992.68	2416.27	21.26
企业存款	334.49	382.19	457.03	568.10	763.29	890.53	16.67
机关团体存款	21.85	26.08	44.67	60.62	78.77	81.25	3.15
储蓄存款	650.36	665.94	762.76	884.10	930.99	1164.31	25.06
贷款余额	1086.35	1000.12	1109.67	1286.43	1494.99	1679.90	12.37
短期贷款	658.22	552.45	538.95	624.58	709.97	698.99	-1.55
个人短期贷款	17.75	11.13	10.05	16.83	24.72	33.66	36.17
中长期贷款	213.49	241.22	404.65	488.17	636.68	786.69	23.56
个人中长期贷款	82.09	98.52	110.80	150.81	234.47	295.62	26.08
票据融资	64.14	83.09	97.38	95.57	72.20	73.42	1.69
利润总额	0.98	31.08	22.21	32.77	33.33	54.12	62.37

员工培训、应急预案的制定和组织演练等多方面入手，圆满完成奥运服务工作，实现了零投诉、零差错、零曝光。该行个人金融部获得总行级奥运服务先进集体和奥运产品销售先进单位荣誉称号。

【公司信贷业务】 截至 2008 年末，中行山东省分行公司授信 1329.03 亿元，较年初增长 118.05 亿元；不良授信余额 34.50 亿元，下降 1.67 亿元；不良率 2.60%，下降 0.39 个百分点，实现了“双降”。

一、加强主动风险管理，优化授信结构。该行转变风险管理观念，以提升全行净利润、REROC、EVA 等核心指标为目标，从产品、行业、客户和地区多个角度持续优化授信结构，准确把握授信投向，合理控制授信规模。

二、提高资产质量监控水平，夯实授信资产质量。一是加强精细化和针对性管理，严格控制贷款分类结果的偏离度，真实反映信贷成本；二是在全省推行授信资产质量快速评估法，对公司贷款逐户排查，实行差异化授信政策；三是强化对大额高风险贷款和客户的管理；四是对不良和潜在不良项目及客户加快清退力度，严控新发生不良。

三、提高风险管理制度前瞻、针对和有效性，指导授信业务健康发展。一是加强宏观经济金融形势研究分析，制定了《授信行业、客户政策指导意见》，有效指导授信投放；二是编写了《风险管理政策制度使用手册》，持续跟踪重点行业发展趋势，及时进行风险提示，指导授信业务健康、协调发展。

四、优化授信审批流程，提高授信决策质效。一是进一步强化“三位一体”授信审批机制，建立问题及争议项目会审制度；二是实施重要客户、重大优质项目绿色通道制度；三是建立和完善实地尽责、现场评审和审批机制，提升服务内涵。

五、强化风险管理系统建设。一是不断强化风险管理双基建设，实施《辖内机构风险管理能力评价办法》，引导和督促辖内机构持续提升风险管理能力；二是充分发挥风险管理窗口指导作用，不断提高风险管理技术水平；三是切实加强对分支行高层管理人员及风险管理条线人员的培训，及时转变风险管理理念，全面提升风险管理实力。

【企业存款】 2008 年，中行山东省分行企业存款继续保持高速增长。其中，人民币企业存款余额 1181.90 亿元，较年初新增 177.84 亿元，增长 17.71%，在人民币企业存款五大行中占比为 17.73%，上升 0.23 个百分点，在全部金融机构中占比为 9.42%，上升 0.02 个百分点；外币企业存款余额 10.25 亿美元，新增 2.36 亿美元，增长 29.91%，在外币企业存款五大行中占比为 41.41%，上升 4.97 个百分点，在全部金融机构中占比为 29.30%，上升 2.64 个百分点，外币企业存款市场份额及提升度排名均为首位。

【资金业务】 2008 年，中行山东省分行抢抓市场机遇，推动远期结售汇、直接融资、贵金属、商品、理财以及票据融资业务取得较大增长。截至年末，资金业务累计业务量 946.60 亿元，同比增长 120%。其中，对公资金业务量 802.13 亿元，增长 119%；对私资金业务量 144.47 亿元，增长 61%。对公资金业务中，人民币理财产品销售233.5亿元，外币理财产品销售34661万美元；对私资金业务中，人民币理财产品销售45.17亿元，外币理财产品销售1.37亿美元。票据融资较年初增加1.22亿元，全年累计业务交易量280.77亿元。

该行一是通过揭示市场风险，引导出口企业利用远期结汇、掉期等产品，锁定汇率规避人民币升值风险，引导进口企业通过远期售汇与信贷产品组合，提升远期结售汇盈利水平；二是为企业量身设计发行方案、降低筹资成本、提供搭桥贷款等服务，先后成功为魏桥集团、山东黄金集团分别发行18亿元和10亿元的短期融资券，其主承销短期融资券收益位居系统内第3名；三是继续拓展推广美元进口付汇产品组合，新推出欧元、日元进口产品组合，满足客户降低财务成本的需求；四是着力推进贵金属远期交易，业务基本上涵盖了省内的大中型黄金企业，推出的黄金融资组合产品荣获总行新产品创新鼓励奖，贵金属业务位居全行系统第1名；五是新推出商品衍生交易，广泛涉及基本金属、原油、燃料油保值业务；六是首次以私募方式成功发售"中银货币尊享理财计划"理财产品，并第一时间在全省推广"周末理财"新产品；七是适时推出商业汇票融资咨询服务业务，并及时表彰和推广先进经验。

【国际贸易结算】 2008年，中行山东省分行国际贸易结算量完成548.58亿美元，同比增长24.67%。其中，出口业务完成347.27亿美元，增长19.38%；进口业务完成201.31亿美元，增长34.98%；中间业务收入9.87亿元，增长39.02%；贸易融资收入8.19亿元，增长91.34%。全省国际结算业务市场份额为34.7%，下降1.2%；开立外汇保函8.32亿美元，下降1.97%；开立人民币保函20.98亿元，增长16.88%；办理国内保理业务61.64亿元，增长47.92%；办理国际保理业务3.54亿美元，增长2.98%。

一、加强管理，不断发展国际结算业务。一是开展"携手中行 共赢奥运"中行奥运知识及国际结算业务宣传活动，取得良好效果；二是大力推广贸易融资产品，发挥独家办理使用对外承包工程保函风险专项资金开立保函的产品优势，为符合条件的企业提供授信支持；三是充分发挥"融信达"及福费廷产品的优势，为企业提前结汇、加快出口退税提供便利，全年办理融信达业务金额1.58亿美元、福费廷业务金额3.84亿美元；四是制定综合评价办法，通过通报、简报、调研分析、召开会议等形式加强工作调度，全年累计完成国际贸易结算业务量548.58亿美元，成为省内首家年累计结算量超过500亿美元的商行。

二、加强内控、强化合规，切实防范操作性风险。一是针对国家外汇政策的重大调整，做好全辖机构新政策调整的贯彻落实、培训指导和流程改进等工作，并对人员和设备进行必要补充；二是制定、修订并下发了《国际结算业务操作规程(2008年版)》、《保税监管区域企业贸易售付汇审核要点》等10余项规章制度；三是针对金融危机向全辖机构下发《关于加强出口审单工作的通知》、《关于涉韩业务风险提示》等预警或风险提示类文件，指导辖属机构规范业务操作，防范和化解业务风险；四是组织全辖机构开展国际结算各项产品、外汇账户管理合规性等业务的自查，并对部分机构的加工贸易保证金台账业务、常规业务、自查情况进行现场检查和抽查；五是组织全辖举办国际结算产品营销、出口审单、MERVA操作视频等培训班，并针对外汇政策、外汇账户、国际收支申报等内容开展多期培训。

【银行卡业务】 2008年，中行山东省分行信用卡(不含借记卡)累计发卡量117万张，实现直接消费额98亿元，签约商户总量近8500家；实现人民币卡商户收单交易额250亿元；外卡商户收单市场份额60%，在同业中具有领先优势。主要工作措施：一是及时下发了《全省银行卡工作指导意见》、《中银信用卡交叉营销工作指引和实施方案》等文件，根据各阶段形势变化情况，适时加强分析调度，确保各项指标按进度完成；二是先后组织了多角度、多层次的市场调研活动，并在短期内开发升级新单系统，成功争揽"见费出单"POS收款业务；三是加强风险管理，先后组织全省银行卡业务条线的业务自查、信用卡柜台取现业务动态自查等非现场检查；四是加强对案件的防范工作，奥运会期间，指导辖内机构协助公安部门查办伪卡案件两起，收缴伪卡89张，挽回损失10万元；五是加强队伍建设，在全辖多次组织业务发展策略介绍、EACQ收单系统转换和EMV迁移收等培训，培训人数达5000人次。

【内控合规】 2008年，中行山东省分行采取有效措施，加强推动全行内控管理工作和建立健全合规风险管理体系。一是完善内控与合规经营考核机制，加大对特大案件、频发案件的处罚力度；二是建立完善专职代职管理人制度、基层机构自查制度以及内控二、三道防线协调机制并付诸实施；三是有序推进操作风险与控制评估(RACA)工作，全年共完成8个条线部门25个流程的初次评估和10个流程的更新评估；四是加大内控检查力度，并建立和完善问题整改库模板，加强对内外审检查发现问题的分析和整改；五是不断加强反洗钱制度和系统建设，认真做好反洗钱数据报送工作；六是加强规章制度合规审查和信息库推广使用工作，并建立完善全行的授权与关联交易管理机制；七是制定下发了《合同管理实施细则》，启动全行动产浮动抵押业务示范合同文本的制订工作，并组织实施示范合同文本的推广。

【稽核工作】 2008年，中行山东省分行对公司治理、风险管理、内部控制的适当性、有效性以及营运效果和效率实施评价，重点对系统性风险、屡查屡犯问题的综合治理和系统整改、资产业务风险预警、信息安全监督等方面进行检查，全年检查共涉及201家机构。主要举措：一是建立科学合理的报告路线，为管理层和职能部门提供优质的稽核报告；二是抓好问题整改和督促落实工作，并及时反馈整改情况；三是稽核部与法律与合规部共同建立二、三道防线例会管理制度，实现检查技巧和辅助系统运用的共享；四是健全全员、全过程和动态的质量保证和改进机制，实现稽核工作质量标准化、操作规范化和管理精细化；五是加强培训和后续教育，注重与职能部门加强沟通，争取第一时间掌握新业务、新系统和操作流程、管理模式的重大调整变化,增强工作的前瞻性。

【电子化建设】 2008年,中行山东省分行积极开发推广科技新产品,不断提升科技创新水平。

一、系统升级开发。一是全年组织完成总行项目测试70多个、投产应用系统31个,系统版本升级投产40多项;二是组织开发中间业务和个性化科技新产品,共完成新需求开发项目37个。

二、网络改造和资源整合。一是完成分行二、三级网网络分层改造、全省外联防火墙升级改造、青岛地区营业网点备份线路建设和网络结构改造、全省二级骨干网线路提速等工作;二是加强资源配置管理,在未影响生产运行的情况下完成CONET等八个奥运信息重点保障应用系统的资源调整工作,有效缓解了应用资源紧张的情况。

三、电子银行建设。一是推出BOCNET新版网上银行,整合了企业和个人网银服务,并首次大规模应用国际流行的安全认证工具——动态口令牌,全面提升网上银行的安全性;二是不断加强重点客户拓展与挖潜,深入开展企业网银大客户服务,并顺利完成奥运金融服务工作;三是不断扩大业务范围,新开通了网上银行客户服务和国外汇款到账查询业务,建立了全辖客户中英文服务体系以及服务协作流程;四是奥运期间提供7x24小时双语全时服务,实现奥运服务零投诉的工作目标,被评为总行级奥运服务先进单位。

【人力资源】 2008年,中行山东省分行进一步完善绩效和薪酬管理体系,加大机构发展规划力度,不断加强人才工程建设和培养开发力度。

一、制度建设。一是研究修订了机构(部门)、中高级管理人员、公司客户经理及财富管理中心、私人银行等新设机构等多项《绩效管理办法》;二是出台了《辖内机构主要负责人代职管理办法》,并制定《2008年-2010年机构发展指导意见》;三是制定《劳务派遣用工全辖统一招聘实施方案》,做好员工招聘和配置工作;四是重新修订了《交流、轮岗和强制休假管理暂行办法》;五是制定了《员工薪酬调整实施细则》,建立和完善员工福利体系建设,适时推出了员工福利改革计划。

二、领导班子和后备队伍建设。一是改革竞聘流程,采取公开竞聘的方式对中高级管理职位进行选拔;二是健全并落实中高级管理人员任前谈话制度,试行最高任职年龄制度,创新分支行负责人代职管理,并进一步明确规范了管辖支行行长的报批流程;三是探索推行了中高级管理人员和后备管理人才职业发展规划,加强绩效辅导与沟通以及轮岗交流。

三、整合机构,优化员工配置。一是对业务发展前景好、符合监管和内控要求的分理处进行升格,并对低产网点进行改造,全年共升格支行36家,支行级以上机构达279家,占比47%;二是加强职位聘任管理工作,通过实施"定岗、定责、定编",充实了一线队伍,优化了人员结构。

四、职工培训。一是尝试建立人才培养长效机制,大力推进岗位任职(从业)资格管理工作;二是加强各业务条线的培训,强化对中高级管理人员的培养;三是加大师资队伍建设,为各项事业的健康发展和提升比较竞争优势提供人才保障。全年共组织两天以上培训班161期,合计培训人数93163人次;共有1.3万人次参加了岗位任职资格考试。

【纪检监察】 2008年,中行山东省分行进一步加强以完善惩治与预防腐败体系建设为重点的反腐倡廉建设,着重加强对领导干部、管理人员和员工的教育监督,坚决防范大要案发生,全年实现经济案件零发案率。

一、加强反腐倡廉教育。一是落实党委中心组学习制度,加强党校培训工作,采取多种形式,抓好党员领导干部的理论学习和反腐倡廉教育;二是在全辖开展了为期5个月的"坚持廉洁自律,恪守双十禁"警示教育活动,通过观看警示片、参观监狱、开展家访等措施,加强员工合规意识教育。

二、完善制度,构建有效遏制案件和腐败的屏障。一是修订党风廉政建设责任制内容和量化考核标准,逐级签订《党风廉政建设责任书》和《防案责任书》,将其列入综合经营管理目标和管理人员绩效考核;二是细化了《党风廉政建设考核实施细则》,进一步强化各级领导干部特别是"一把手""一岗双责"意识;三是严格落实领导干部诫勉谈话、廉政谈话以及述职述廉制度;四是认真执行领导干部重大事项报告制度。

三、强化监督,形成对权力运用的有效制约。一是大力推进上下级之间、同级之间的监督体系建设;二是制定《招投标监察办法》,加大对基建、装修、大宗物品采购、招投标等项目的监督力度;三是加强对干部选拔任用工作中民主推荐、专业测评、组织考察、任前公示等环节进行全程监督;四是加强信访举报核查工作。

四、加强防控工作,努力遏制案件发生。一是通过加强三道防线联动、深入开展"风险与责任意识大讨论"活动和实施全面内控状况评价等措施,进一步增强了全行依法合规经营意识;二是制定《关于加强重要岗位重点人员管理的实施意见》,加强了监督管理力度;三是加强案例分析和风险提示;四是严格落实全辖重要岗位、重点人员交流、轮岗和强制休假制度。

五、严格责任追究,充分发挥问责的惩戒和教育作用。一是严格落实问责制度,严肃追究违规违纪和失职、渎职责任;二是强化各级管理人员和员工的责任意识、风险意识和遵章守纪的自觉性,提高执行力。

【安全保卫】 2008年,中行山东省分行突出奥运安保、案件防查、科技创安、内控建设等工作重点,不断强化人防、物防、技防措施,取得了"四类"案件和重大责任事故"零"发生的优异成绩。

一、全力做好奥运安保工作,做好"六个到位"。一是组织到位,自上而下成立了奥运安保领导小组和督查小组,明确任务责任;二是制度到位,先后制定了奥运安保、门票销售、火炬传递期间的安保工作方案;三是排查到位,先后组织开展了五个方面的排查整治活动;四是"三防到位",从"人防、物防、技防"三个方面完善安全防范措施;五是应急演练到位,全辖普遍进行了防抢劫、火灾逃生和反恐怖应急预案的演练；六是协调到位，领导亲自出面与青岛市政府、奥帆基地、公安机关等沟通协调，研究解决奥运安保中的实际问题。由此确保了全辖前期奥运门票销售三个阶段的万无一失、青岛奥帆赛场馆内金融服务安保措施及全省各项奥运金融服务工作的落实。

二、全面落实各项防案措施，实现年度“四类”案件防控目标。一是全力构建内外联动防查机制，密切关注金融诈骗犯罪新动向，突出保卫条线防案指导与防案信息服务和风险提示工作；二是积极配合公安机关打击银行卡违法犯罪活动；三是重点做好对外营业和守押运作中的防诈骗、防抢劫、防盗窃工作，严防恶性案件发生；四是在案件高发期组织开展防案集中行动，提高特殊时期全员内控防案的普遍关注度，强化防案联动作用。

三、推进录像查看工作。一是搭建全辖17个地区监控联网录像查看中心，组织制定了录像查看“四项”规章制度；二是实行业务、保卫两个条线监控联网查看模式；三是完善辖内机构网点技防、物防设施；四是强化技防系统管理，实现技防工作重点转移。

四、强化安保内控建设，不断提高条线管控水平。一是按照“谁主管、谁负责、一把手负总责”的原则，逐级落实安全目标管理责任制，层层签订安全责任书；二是开展安保条线年度排查整治工作，实施高频率、高密度的安全监督检查，及时排除潜在安全隐患。

五、持续推进守押机制改革，有效控制运作风险。一是组织全辖修订完善社会化守押《合同(协议)》，依法规避守押服务潜在风险；二是完善动态管理档案，规范和统一社会化日常监管标准；三是继续稳妥推进守押机制改革，实现了守押内部操作风险适度转移。

【金融大事记】 2月13日上午 中行山东省分行营业部开展了“爱心在行动——我为灾区送温暖”全员募捐活动，为受灾地区奉献一份爱心。

2月28日 中行山东省分行获青岛银监局2007年度监管统计工作总评“一等奖”。

中行山东省分行奥运门票抽奖活动首次举行开奖仪式。

3月28日 中行山东省分行首次以私募方式成功发售“中银货币尊享理财计划200801期—山东”理财产品。

3月31日 中行山东省分行举行从雅典到北京奥运金、奥运银纪念发行新闻发布会。

4月12日 中行山东省分行青岛莱西支行荣获中共莱西市委、莱西市政府2007年度目标绩效考核先进单位，成为当地唯一获得这一殊荣的金融机构，至此，该行已连续6年获得该荣誉。

4月21日 中总行李礼辉行长宣布何兴祥接任王建宏到中行山东省分行任职。

6月15日 中行山东省分行员工踊跃向四川地震灾区人民群众和中行受灾分行捐款捐物，全辖捐款数额已近千万元。

7月4日 中共中央政治局委员、国务院副总理王岐山在人行、银监会、国家海关总署、质检总局、商务部等有关部门负责人，山东省委、省政府负责人，人行济南分行、山东银监局负责人，以及中行山东省分行行长何兴祥的陪同下，到中行威海分行实地考察。

7月11日 中行山东省分行何兴祥行长、郭心刚副行长陪同总行李礼辉行长一行考察奥运场馆及周边金融网点服务情况，并汇报山东省分行奥运安保工作。

7月18日 中行山东省分行举行“服务奥运”新闻发布会。

8月30日 中行山东省分行银企对账系统实现全辖升级。

9月19日 中行山东省分行全辖人民币储蓄存款余额实现千亿元突破。

9月28日 国家审计署济南特派办在中行山东省分行召开商业银行改革成效审计调查进点会。

10月7日 中行山东省分行举行“爱在这片海，幸福就在我的左右”2008中银都市卡海上游艇集体婚礼启动仪式。

10月9日 中行山东省分行行长何兴祥等向总行赵世刚总裁一行汇报工作。

10月14日 总行财务管理部副总经理高洪亮送王锡峰到中行山东省分行任职行长助理兼财务总监。

10月20日 中行山东省分行行长何兴祥等陪同中总行周载群副行长视察青岛市南二支、四方、山东路支行，并到日照分行进行工作调研。

10月26日 中行山东省分行完成BOCNET2.0(二期)投产上线工作，新增借记卡与长城人民币信用卡间互相转账、借记卡、长城人民币信用卡向中银信用卡直接还款功能。

10月29日 中行山东省分行荣获全国捷报奥运媒体联盟、齐鲁报业联盟、高端品牌联盟、青岛日报报业集团、青岛广播电视局等单位联合授予的“2008中国(青岛)品牌市场领导力”金奖。

11月3日~5日 中行山东省分行行长何兴祥等向中总行李早航副行长、詹伟坚总监一行进行工作汇报，并陪同赴烟台分行调研。

11月6日 中行山东省分行成功为长城人寿、新华人寿开通总行版银保通系统，实现了代理保险业务从保费收入到出具保单的一条龙服务。

总行公司信贷管理系统(CCMS)授信发放审核模块培训班在中行山东省分行举办。

11月30日 中行山东省分行全辖累计完成国际贸易结算业务量506亿美元，成为省内首家年累计国际结算量超过500亿美元的商业银行。

12月2日 中行山东省分行纪委书记孟和平陪同中总行党务工作部刘秀琴部长为荣获2007年度全国级“青年文明号”的青岛香港路支行揭牌。

(刘学海 纪雪梅 张 民)

中国建设银行股份有限公司山东省分行

【第一负责人简介】 彭洪明，男，汉族，江西萍乡市人，中共党员，高级经济师，经济学学士，1983 年 7 月毕业于江西财经学院基建财务与信用专业。历任建行厦门市分行副行长、行长，现任建行山东省分行党委书记、行长。

【综述】 2008 年，中国建设银行股份有限公司山东省分行（以下简称“建行山东省分行”）以市场为导向、客户为中心，结合实际，各项工作取得积极进展。截至年末，不良贷款余额 32.48 亿元，同比下降 12.98 亿元；不良贷款率 1.76%，下降 1.1 个百分点；实现拨备前利润 61.8 亿元。

【计划财务】 2008 年，建行山东省分行完善资源配置和绩效考评机制，加快计财条线在“支持服务、价值创造、战略规划、全面成本管理”等方面的转型，各项业务持续快速发展。

一、以综合经营计划为载体，完善核心机制。一是组织实施综合经营计划，建立纵横对焦的 KPI 指标体系；二是按照有保有压、区别对待的原则，有效落实国家宏观调控政策；三是推行以经济增加值为核心的绩效考评和激励约束机制，对各行存在的经营基础差异进行适当调节；四是突出基础管理、个人银行和中间业务等战略性业务的考核力度。

二、积极适应形势变化，优化资源配置方式。一是加大业务发展的资源投入，促进方式转变和结构调整；二是突出中间业务的重要地位，促进经营方式转变；三是适应转型要求和经营形势变化，充分激励各行、各条线的主观努力，促进市场竞争力提升；四是加大营销支持服务力度，确保和谐平稳运行。

三、进一步提高资金和价格管理水平。一是建立主要存贷款产品效益测算模型，正确引导全行业务发展；二是加强日常资金监控和调度，建立奥运期间资金越级调度制度，提高应对突发事件的能力；三是提高利率信息的监测分析频度，调整外币存贷款价格审批流程以及部分产品的定价政策和对下授权，优化价格管理机制。

四、强化基础管理和规范化管理。一是细化本级财务管理、优化支出结构、强化条线营销费用管理；二是开展“学办法、用办法”、“财务规范管理”、“全面成本管理”、“问题专项清理”等活动；三是加强非现场监管和问题提示，严格责任追究，完善问题整改机制。

五、加强集中采购管理，提升采购效果。一是加强制度建设，优化业务流程；二是加强计划管理，合理组织项目采购；三是对供应商等信息实施动态管理，促进采购专业化。

【个人银行业务】 2008 年，建行山东省分行实现了个人金融业务又好又快持续健康的发展。个人存款达到 275.49 亿元，余额 1296 亿元。

一、统筹规划，落实个人银行业务战略地位。一是组织制定 2008-2010 年个人银行业务发展规划，确立个人银行业务客户、区域、产品、渠道中期战略及主要业务目标；二是从机制、体制、考核、队伍建设、创新、条线联动等方面夯实业务发展基础；三是针对市场开展“首季开门红，百日创佳绩”、“建行与您共赢 2008”、“心系客户，真情回报”、“金秋银冬，喜迎丰收”等主题营销活动。

二、加快网点建设及转型步伐，提升网点服务能力。一是对辖内未装修网点逐一进行梳理，统筹安排装修改造项目；二是通过制定指令性计划，完善激励约束措施、加强监督监控、银联数据分析和政策指导等；三是组织开展“我看网点转型”大讨论、“网点转型在我身边”有奖征文、网点转型情景演练大赛等。

三、推进组合创新，提升个人金融业务竞争。一是推广上线了 ACRM、结算通及 PBCS 系统；二是成功开发了 5 类 15 种借记联名卡，并先后推出了债券、信托贷款、基金、新股申购型等人民币理财产品。

四、强化管理，促进个人金融业务健康发展。一是根据业务及产品的变化，修改相关制度，促进规范管理；二是实施银行卡、理财产品销售、个人支付结算、实名制、代发工资、个人结售汇等业务检查，有效防范了业务风险。

【公司业务】 2008 年，建行山东省分行加快推进对公业务转型和结构调整，突出营销重点，适度调控信贷投放，公司业务整体收益创历史最好水平。

一、严格执行信贷结构调整政策。一是根据相关政策要求，重点加强对贷款投放和重点项目运行情况的监控；二是实行人民币非贴贷款发放逐笔核准制，有效提高贷款规模使用效率；三是制定实施信贷结构调整实施方案；四是对退出客户量身制定方案、加强前中后台的沟通、完善监测督办和考核激励机制，并对退出情况及时跟踪、分析，使信贷结构得到优化。

二、增强营销服务，形成客户营销快速反应机制。一是严格执行总行信贷行业准入、核准政策，做好客户准入、行业限额调整、资金证明业务、委托贷款、资金结算网络等营销管理工作；二是先后为南山、潍柴集团，山东钢铁等重点客户制定了综合金融服务方案；三是制定了现金管理业务操作流程、风险防范措施、GTS 平台建设等相关工作。

三、积极推广，以专业化经营促进小企业业务发展。一是业务模式实现岗位专业化分工、标准和流程化的集中业务运作，

中国建设银行股份有限公司山东省分行主要统计指标

单位：亿元

项目	2003	2004	2005	2006	2007	2008	2008年同比增幅(%)
资产总额	1426.08	1606.88	183.14	2035.19	2404.88	2856.79	18.79
存款余额	1254.20	1430.50	1726.26	1954.36	2207.08	2658.54	20.45
企业存款	417.28	471.68	471.78	527.17	635.36	726.67	14.37
机关团体存款	0	0	248.30	290.43	315.92	339.28	7.40
储蓄存款	620.30	695.91	790.47	915.59	1011.58	1290.50	27.57
贷款余额	1015.65	1112.90	1253.80	1425.41	1530.72	1797.63	17.44
短期贷款	375.42	380.63	346.74	394.34	480.49	446.67	-7.04
个人短期消费贷款	21.74	27.09	28.97	50.61	52.83	48.23	-8.70
中长期贷款	432.88	469.29	568.44	839.41	925.42	1159.551	25.30
个人中长期消费贷款	134.77	169.94	184.43	214.01	52.83	305.11	477.56
票据融资	82.68	160.90	212.50	189.28	925.42	190.27	-79.44
利润总额	-23.62	24.69	29.70	17.33	27.05	47.60	75.97

提高了工作效率；二是在全辖15家二级分行和济南地区成立小企业经营中心，为业务的发展奠定了基础。

四、成立企业年金中心，积极推进业务开展。一是在建章立制、完善业务操作流程、制定考核激励办法和组织业务培训的同时，积极组织和推进客户营销工作；二是通过业务联动和捆绑营销，确定了重点突破客户并举办了企业年金推介会等主题营销活动。

五、强化基础管理，加强分析、监控与风险防范。一是梳理内外部审计，从制度、流程、系统、管理等方面提出整改措施，组织系统整改；二是制定了《公司业务内外部审计检查发现问题整改工作管理办法（试行）》，提高整改工作成效；三是根据总行《加强公司类客户信贷业务贷后管理》的通知，提出具体措施。

【中间业务】 2008年，建行山东省分行以价值创造为主线，注重产品服务与创新能力提升，中间业务净收入18.36亿元，同比增加36.87%，实现了持续、快速、健康的发展。

一、加速业务发展，促进经营转型。一是研究制定了《2008年-2010年业务发展规划》及《综合考评奖励方案》，明确了发展目标和措施；二是组织开展总行EPEM系统（买单模块）的优化工作，为推进产品量化考核建设提供了技术保障；三是制定下发了《标杆管理实施方案》，开展了标杆管理、“双提”、“比、学、赶、超”营销等活动；四是组织开展以“提升系统排名、提高同业份额”为主题的产品推动，以及“产品扫零、增产”活动；五是在组织开展综合管理和投资银行业务经营管理合规性检查，并针对发现的问题及时整改，保证了业务健康发展。

二、搭建创新平台，加快专业化人才队伍培养。一是建立业务支持服务团队，并组成专项小组，负责产品创新；二是开展“金点子、好创意”征集活动，建立业务创新的信息沟通平台；三是先后组织多期业务培训班，创新培训模式，加快了专业人才队伍培养。

【机构业务】 2008年，建行山东省分行机构业务积极应对市场变化，强抓机遇，事业法人贷款资产结构进一步优化，各项业务良好发展。截至年末，机构类存款余额604.82亿元。

一、加大营销力度，促进机构业务发展。一是出台大抓机构类存款的营销竞赛活动方案，使存款增长80亿元；二是开展代理保险“营销百日，再创佳绩”活动；三是开展“鑫存管”百日营销及“建行鑫存管，财富之选，睿智之选”的专项营销活动，业务持续保持市场第一；四是成功发放系统第三笔标准仓单质押贷款，实现了该业务零的突破。

二、突出重点，实现机构业务的科学发展。一是明确发展的重点区域、产品、客户等，提高营销的针对性和有效性；二是加强对资源的利用和配置管理，对重点业务及客户实行重点倾斜，并实现新增社保存款56.96亿元，发行社保卡18万张；三是与70个单位签订财政公务卡服务协议书，并与省教育厅、山东省国托签署了全面战略合作协议。

【房地产金融业务】 2008年，建行山东省分行房金业务稳步发展，截至年末，全行个人贷款余额384.70亿元，同比增长45.12亿元。

一、积极调整信贷政策,促进各项业务稳步发展。一是重点支持优质住房楼盘项目,以及一级分行准入的优质合作中介机构推荐客户的贷款需求;二是有选择地发展个人及商用房贷款,优先支持与住房项目配套的贷款需求,规范发展个人住房最高额抵押贷款。

二、组织多种营销活动,拼抢市场份额。一是组织开展"让房贷减负,让幸福增值"旺季营销和二手房贷业务主题营销活动;二是全面启动了与阳光财险公司的战略合作,加强了对存量及潜在客户的挖掘。

三、积极推进住房金融业务发展。该行制定下发了《积极推进中低收入居民住房金融服务的实施意见》,并将扩展中低收入住房信贷市场定位于未来发展的重要利润增长点和支柱之一。

四、流程优化与产品创新工作稳步推进。一是组织开展了"房易安"资金交易账户业务的集中培训工作;二是印发了《个人信贷合作评估机构管理程序》和《合作中介管理程序》,初步建立合作机构储备库;三是正式开通了使用公积金联名卡查询个贷业务功能。

五、防范贷款风险,加快个贷中心建设。一是加强贷款动态监测和管理,对贷款用途和资金使用情况进行实时检查;二是加大贷后检查力度,定期对存量贷款进行检查回访;三是完善个贷中心软硬件设施的配套工作,实现业务流程的标准、规范、程序化。

【信用卡业务】 2008年,建行山东省分行以拓展目标客户群体、实现有质量发展为重点,大力推广信用卡重点产品,不断提升风险控制能力和基础运营水平。截至年末,信用卡客户新增31.29万户,消费额93.98亿元,贷款不良率1.63%。

一、积极开展市场营销活动。一是新增目标客户14.3万户,客户新增在系统内位居前列;二是紧抓节假日消费热点,开展了系列用卡促销活动;三是围绕奥运主题,在全辖开展"刷出08梦想,为中国加油"营销活动,并在全行开展信用卡睡眠账户激活活动。

二、整合渠道和客户资源,加大业务推进力度。一是加快预审批系统推广,实施营业网点高、低柜和大堂经理协作营销;二是强化联动营销,拓展优质目标客户群体,以大中型优质公司、机构类客户为主攻目标,实施团体批量发卡,取得显著效果。

三、加快创新和重点产品推进,积极拓展目标客户市场。一是加快公务龙卡推广力度,巩固和深化与政府机关及事业单位合作关系;二是积极开展龙卡汽车卡营销推广活动,进一步完善增值服务体系;三是加快信用卡新产品推广,突出"明卡"产品亮点;四是以奥运白金卡发行为机遇,积极拓展优质目标客户群体;五是加强与重点企业、行业的合作,加大银商卡、大润发龙卡、铁路龙卡重点项目的推进力度。

四、积极拓展商户收单市场,加快推进信用卡分期付款业务。一是积极发展宾馆、餐饮、百货、品牌专卖连锁店等大型中高端收单商户,进一步完善龙卡受理环境;二是引进第三方合作服务商,初步建立为龙卡持卡人提供优先优惠服务的特惠商户网络;三是启动信用卡分期付款厚利型业务,成功营销家装、建材、汽车商、保险公司等POS分期付款商户108家。

五、强化风险管理,信用卡业务运营质量进一步提高。一是顺利完成总行进件系统上线,实现全省信用卡业务集中审批;二是实施委外专业化催收,加大透支催收力度;三是深入开展套现排查处理工作,启动呆账核销业务。

【电子银行业务】 2008年,建行山东省分行以提高电子银行盈利能力、扩大活跃客户规模为重点,加强产品宣传和联动营销。截至年末,全行新增网银活跃客户52.69万户,实现电子银行业务收入4479.15万元,交易额12825.68亿元;人工客户服务电话210万通,接通率保持在94%以上。

一、加强组织推动,为业务发展夯实基础。该行通过组织业务座谈会和培训班等形式进行政策传导,并开展了"送培训到分行"活动,有效指导了业务的开展。

二、提高电子银行产品盈利能力,积极开展营销宣传。一是适当调整部分电子银行产品收费项目、价格及优惠期限,控制动态口令卡和USBKey的投放比例;二是开展了"建行E路通,精彩伴您行"活动、"USBKey"优惠大放送活动、"e路有好礼,越用越惊喜"等营销活动;三是在行内开展了"网上银行支付领USBKey"和"我知、我用、我营销"活动。

三、加大创新力度,提升竞争能力。一是整合业务申请表和服务协议,简化了客户签约流程;二是创新手机银行营销模式,组建直销团队,客户数达到总量的60%;三是全面推广电子银行移动POS签约系统,扩大签约渠道,同时上线了电子银行营销提示系统;四是完善优化短信批量签约和95533签约方式,实现了网上商户的一点接入。

四、加强95533客户服务中心建设,持续提升服务能力。一是加强人力资源配置和新员工的培训力度,积极开展呼入电话的嵌入式和呼出业务的主动营销,全年在线营销短信22846户,配合各业务条线开展外呼项目33个,外呼量达到32.58万通;二是开通了英语座席服务,完善了应急处理流程,全力做好奥运和四川地震期间的客服工作。

【国际金融业务】 2008年,建行山东省分行国际业务保持了平稳较快发展,各项指标均创历史新高,其中国际结算量与结售汇业务量分别为202.11亿美元和96.36亿美元,结算业务量同比增长38.33%,结算收入同比增幅132.41%;外汇中间业务收入4.32亿元,外汇衍生产品交易量25.55亿美元,外汇业务分支机构达175家。

一、加强外汇业务支持力度,积极营造成熟的发展环境。一是召开"加快国际业务发展专题会议"和国际业务工作会议;二是组织多种营销竞赛活动,提高了基层行发展外汇业务的积极性;三是开展培训和人员交流活动,并在全省范围内组建业务专家小组;四是科学规划外汇业务市场准入。

二、强化市场营销,大力培育和发展优质客户群体。一是加强对市场和客户的调研与分析,提高对重点业务和客户的支持力度；二是大力发展人民币债务 QUANTO 产品，全年共办理业务 4.42 亿美元，收入 0.33 亿元；三是加强与海外分行联动，拓宽收入来源渠道；四是开展高层营销，提升层次和质量。

三、开拓经营空间，打造品牌产品和服务。一是推出 10 项"汇利盈"系列产品，其中远期结售汇业务实现 20.69 亿美元，收入 0.69 亿元，居当地同业第一，"远期结汇（或掉期）和差额远期组合产品"获总行产品创新三等奖；二是积极推动国际融资业务转型，办理国内商行第一笔出口信贷再融资业务，并推出新产品——出口信用证项下保兑付款。

四、加大现场检查和日常督导力度，为安全运营提供基础保障。该行组织了外汇业务专项检查，对发现的违规行为和问题进行了督促整改。

【风险管理】 2008 年，建行山东省分行继续完善风险管理体制，管理能力进一步提升。

一、风险管理机制进一步完善。一是组织完成了二级分（支）行 2007 年度风险管理状况试评价，落实了改进措施；二是推进城市行风险条线集中管理，制定了《济南地区风险条线集中管理改革实施方案》，成立了风险管理中心。

二、政策制度管理得到改进。一是加强政策解读与传导，及时传达上级行、监管部门的政策要求，提出相应执行要求；二是推进信贷制度重检，明确房地产贷款准入门槛、调整借新还旧政策规定；三是落实总行信贷结构调整要求，调整部分受控行业、客户等审批权限；四是完成内部评级系统试点分行的系统数据补录、一般公司类客户模型定性指标测试、房地产类客户评级模型测试等多轮模型测试，完成房地产贷款压力测试方案及信贷业务大检查工作。

三、监控预警措施效果良好。一是全年共下发风险要情通报、风险事项提示书、督察意见 62 次；二是建立"双十大"客户、资产质量及信贷结构调整重点联系行的差别化管理制度，并分片召开座谈会研究管理对策；三是先后对出口、汽车、有色金属等 14 个重点行业客户开展了专项排查，制定风险应对预案；四是完成资产分类工作，分类质量处于全行前列。

四、操作和市场风险管理得到加强。一是完成桌面综合性应急演练方案、核心业务系统综合桌面演练、变配电系统应急演练等工作；二是严格执行关键风险点监控检查制度，对基层机构进行全面排查；三是组织完成"稽核资料运送外包管理流程"、"95533 坐席系统"和信用卡征信调查三个总分行自评估项目；四是组织开展运用营业监控录像资料进行相关业务检查，认真研究交易估值、担保监控、风险报告及处置应对等配套制度。

【会计结算】 2008 年，建行山东省分行牢牢抓住"夯实会计基础、防范会计风险、支持业务发展"主线，提升工作质量和服务效率，为业务又好又快发展奠定了基础。

一、积极完成会计部位检查监督工作。一是组织开展"防范操作风险 确保资金安全"、"突击、集中、重点"、两节期间专项检查等；二是制定年内外部审计检查发现问题的整改方案，对发现的 873 条问题制定并落实整改措施，同时督促各二级分行配备专职检查团队。

二、提升会计人员综合素质，夯实基础管理。一是以星级柜员考评活动为总抓手，确定了 172 名五星级柜员；二是区分不同会计岗位，组织各类培训 13 期、网上考试 3 次；三是组织完成了出纳业务技术能手的考核；四是定期对各行的工作开展情况进行分析通报，及时提出具体工作要求。

三、优化推广基础管理信息等系统建设。一是优化淄博市分行会计基础信息管理系统，并在二级分行推广；二是在全省组织推广 CCBS 取消密码认证功能、转岗转授权项目、柜员与尾箱脱钩等科技项目，并修订完善了《核心业务系统操作手册》。

【资产保全业务】 2008 年，建行山东省分行以提升不良资产的处置效率和效益为核心，圆满完成了资产保全各项工作。

一、推动不良资产经营体制的创新，强化不良资产处置效率的提升。一是完成了对二级分支行 5000 万元（含）以上及新的不良贷款的集中经营；二是初步建立了省分行、二级分行两级经营不良资产体制；三是尝试与邮政公司合作，委托发送逾期催收通知，进一步提升了个人不良贷款的催收处置效率。

二、充分利用不良资产证券化的批量处置手段，认真履行信托财产服务商职责。该行成功完成"建元 2008-1 重整资产证券化"的发行及会计出表工作，以证券化方式批量处置公司类不良贷款 14.56 亿元，分别实现现金回收和超值现金回收 3.31 亿元和 2.13 亿元。全年累计实现信托财产现金回收 4.45 亿元，完成总行计划的 162.01%。

三、充分利用财政部呆账核销政策，发挥处置损失类不良资产的重要作用。该行制定下发呆账核销计划，组织对全辖损失类不良贷款进行摸底调查及逐户分析诊断。截至年末，全行累计核销信贷类不良资产人民币 29182.13 万元、美元 8.33 万元；核销非信贷不良资产 570.49 万元，完成全年核销计划的 186.30%。

四、加强非信贷不良资产的经营管理，强化抵债资产和债转股资产的处置力度。一是先后完成了枣庄华众、济宁鲁抗医药股份有限公司等重点抵债项目的处置工作；二是完成裕兴化工有限公司 10980 万非剥离债转股资产的处置，实现现金回收 7030 万元。

五、狠抓业务基础管理，全方位防范经营风险。一是资产保全（SARM）信息管理系统二期优化顺利上线，实现了保全业务的无纸化申报和审批；二是对全行呆账核销、抵债资产、减免表外利息和 1000 万元以上不良贷款项目等 4 项业务进行全面检查，并分别举办了不良资产业务和证券化培训班，进一步强调了业务操作的风险控制。

【信贷审批】 2008 年，建行山东省分行以提高审批质量和效率为核心，加大差别化审批力度，进一步优化了审批流程。

一、推行限时审批承诺制度。一是坚持合规与独立审批，积极优化调整信贷结构;二是对重点优质客户和项目建立快速审批通道,全力保障重点优质客户营销;三是自6月15日起对信用评级与授信业务向申报单位承诺限时审批,使审批效率大幅提高;四是严格落实总行方案审批要求,着力提升审批决策的准确性。

二、推进实施电子化审批试点工作,简化信用评级操作规程。一是精简申报材料,完善各类授信业务申报书格式;二是加强申报管理,在申报高峰,实行专职审批人值班制,提高审定质量和效率。

三、强化行业分析调研和政策研究,加强重点优质客户差别化审批服务。一是对房地产、纺织、城市基础设施和机械设备制造等行业进行现场调研,提高审批应对能力;二是统一前中台对总行信贷政策、制度规定的理解、把握和执行,参与双层营销平台,完善重要行业及客户的金融服务方案;三是对总行战略性、优先支持类客户和国家重点建设项目等,从各环节调整简化受理审批程序。

四、强化审批人队伍建设。一是通过培训、业务研讨、轮流跟岗等方式,提高审批人的业务素质;二是利用完善激励约束制度建设和日常考核监督,不断增强审批人员的合规意识。

【信息技术】 2008年,建行山东省分行信息技术工作以强化奥运安全运行与服务保障为重点和契机,各项工作取得突出进展,IT支持保障及服务能力大幅提高。

一、圆满完成奥运技术保障工作。该行通过持续开展风险排查和整改,建立自我保障的机房供电体系,初步建立系统等级保护机制,实现了"主要系统运行稳定,系统可用率达到100%"的奥运保障目标,IT支持保障及服务能力大幅提高,并获得总行奥运金融服务与安全运营保障工作团队奖。

二、大力支持业务创新和发展。一是全年实施项目51项,已投产上线项目41项,完成系统优化、升级32项;二是在渠道建设、内部管理、支持服务与营销等方面开发了一系列支持平台和服务创新产品;三是受总行委托开发了分行集中监控系统(CMPB)、分析型客户关系管理系统(ACRM),并成为总行与美国银行ITIL协作项目试点行。

三、提升IT管理和服务的质量与效率。一是对济南城区IT支持服务实行集中管理,提高了资源利用率和服务效率与质量;二是完善全省IT计划、任务、考核管理机制,有效发挥了集中管理的优势。

四、大力推进信息安全与风险管理,初步建立了科学规范、持续改进的管理机制。一是持续开展风险排查与整改、评估等工作,进一步完善信息安全管理体系运作模式;二是加强互联网上网行为及内容访问管理,实现了后台系统集中监控。

【信息管理】 2008年,建行山东省分行加强日常数据质量管理,信息服务水平不断提高,并在人行济南分行组织的金融统计工作评比中荣获一等奖。一是建立完善数据质量长效管理机制,不断提高数据质量;二是严格落实统计工作制度,确保人行、统计及银监局部署的各类指标的填报工作;三是完善报表报送流程,加强报表统一管理、数据整合和共享应用;四是组织做好人行征信数据查询及系统存量数据核查、整改,并积极做好异议处理工作;五是深入开展信息分析,定期监测和整理发布全行业务运行情况及数据,加强分支行联动,搭建信息分析交流平台。

【人力资源管理】 2008年,建行山东省分行深化管理机制改革,加强领导班子建设,加大结构调整力度,提升员工队伍素质。

一、积极推进管理机制改革。一是参与和组织了济南地区第二步改革方案的制定及论证工作;二是制定营销队伍建设意见和客户经理管理暂行办法,并组织选拔考试。

二、加强领导班子建设。一是对全省98名六七职等、郊县支行9名八九职等领导人员进行了调整,提拔行长(总经理)助理7人;二是举办高级管理人员读书班、研修班等脱产培训,并对特殊岗位范围、轮岗期限、强制休假实施条件做了进一步明确。

三、加大人员结构调整,加强培训力度。一是进行人力资源结构调整,严格控制系统外进人、积极招录高素质大学生、活化柜面用工形式,全行离退休人数编制优先保证大学生招录,其他指标结余充实基层一线;二是加强业务培训,全年共组织各类培训班115期,培训人员8079人次,参加总行、银协等培训项目301期635人次,投入培训经费608万元。

四、完善薪酬政策,发挥激励保障功能。一是完善二级分支行与本部关键业绩指标设置、计分规则,提出人力资本回报概念;二是完善领导人员年薪制办法,改进员工薪酬管理,推进基本医疗保险制度及养老保险账务管理。

五、深入开展学习实践科学发展观活动。一是组织领导学习实践科学发展观系列讲座和高管人员访谈录,较好地完成了学习调研和分析检查阶段的工作;二是开展"创先争优"、"讲党性重品行作表率"活动及先进基层党组织和优秀党员表彰;三是发动党员积极缴纳抗震救灾"特殊党费"合计183.74万元;四是改进党组织设置和党员管理模式,完善了济南地区结对共建方案。

六、人力资源基础管理水平进一步提升。一是优化评价系统、完善考核办法,初步形成完整的领导班子绩效考核体系;二是撰写了《人力资源管理分析报告》,形成了《关于做好员工职业生涯规划管理工作的意见》。

【企业文化】 2008年,建行山东省分行突出服务文化建设和风险合规文化建设两大重点,精神文明建设取得丰硕成果。

一、积极开展思想宣传和文明创建。一是组织党委中心组学习16次,起草下发了《关于评选表彰建行文明单位的管理办法》,获总行级文明单位3家,第二届省分行级文明单位12家;二是开展"我的建行,我的生活"征文活动,共征集文章196篇,其中分别获总、省行表彰奖励的有8篇、50篇。

二、扎实推进文化建设。一是组织开展"学规范、明操守、重合规"员工教育主题活动;二是利用电子宣传、"文化长廊”、“晨会”、警示教育基地等多种宣传渠道，营造学习氛围；三是先后组织了网上考试、演讲比赛、知识竞赛，《员工手册》百题问答活动、实施客户满意度和外部神秘人服务质量调查等，推进了服务文化建设。

三、积极开展“奥运服务年”活动。该行努力改善服务环境，提高服务质量和水平，在总行“奥运金融服务与安全运营保障工作”评比中获“组织奖”一等奖，20个单位获“团队奖”、54名员工获 “明星奖”；同时妥善并直接处理各类投诉62起（次）。

四、加强宣传公关，塑造良好企业形象。一是强化新闻宣传管理，建立媒体监测制度，定期发布《媒体监测月报》；二是在省级以上媒体刊登新闻稿件465篇，并被总行评为新闻宣传先进单位；三是加强危机预案管理与媒体应对，全年共化解负面报道36起。

五、积极做好团组织和青年工作。一是组织开展“青春建行与您同行——金融知识进社区”主题活动，开展建行产品推介和金融知识宣传；二是组织开展“迎五四、展风采”、“微笑迎奥运，满意在建行”、“我型我秀” 网点青年论坛、“大堂制胜”大堂经理研讨会等系列活动。

【纪检监察】 2008年，建行山东省分行认真抓好反腐倡廉各项工作的落实，为全行改革和发展提供了有力的保障。

一、强化监督，进一步增强领导人员廉洁从业意识。一是与各分支行一把手签订《党风廉政责任书》和《案件防范、安全生产责任书》；二是规范领导人员行为，认真执行提醒谈话、诫勉谈话、任前送廉谈话等制度；三是各级党组织通过中心组学习、专题讲座、参观监狱等形式，加强反腐倡廉教育。

二、认真开展案件防控工作。一是印发了《关于继续做好案件防控及整改工作的通知》，并制定了《案件风险防范群防办法（试行）》等制度；二是建立健全督办机制，及时采取通报、警示、督促等措施进行推进；三是梳理检查发现的各类问题，并组织开展案件防控和基层机构及其负责人履职的效能监察；四是加大案防警示教育和员工行为排查力度，并对员工博彩及高风险投资进行专项排查。

三、健全处罚机制。一是严格执行违规积分办法，强化检查监督和问题整改；二是加大责任追究力度，对辖内出现案件、重大违规违纪行为、重大责任事故，进行责任追究，并与绩效考评、等级行评定、领导人员考核评价、选拔任用、薪酬分配等挂钩。

四、建立健全信访问题核查机制，维护稳定大局。一是充分利用信访举报资源，严肃查处各类违规违纪行为；二是建立健全群体性事件预防与处置工作机制，及时化解各类不稳定因素；三是强化措施，加大信访核查力度。

【安全保卫】 2008年，建行山东省分行以“平安建行”创建为主线，以奥运安全运营保障为重点，为实现全行又好又快全面发展提供了强有力的安全保障。

一、扎实做好奥运安全运营保障和“平安建行”建设工作。一是健全基层平安创建工作量化考核机制，拍摄日常安全操作规程示范片，实现了全行无盗抢案件、无安全责任事故目标；二是组织开展“迎奥运、保安全”百日督查专项行动，提高全员安防意识和应急处置能力。

二、强化要害部位和重点环节的检查监督。一是定期编发《安全周报》，在聊城、枣庄、泰安、德州等分行积极探索联合同业委托保安公司开展自助设备夜间安全巡查；二是对基层自助设备加钞、清机环节的安全制度执行情况进行检查和通报；三是组织开展了“规范电视监控管理集中整治监控死角”排查活动，并成立济南安保中心，受到基层机构的好评。

三、加强安防设施建设，提高网点安全达标水平。一是加大安全设施建设投入力度，全年安防设施建设资本性支出达4000多万元；二是全行769个对外营业网点和金库的防弹玻璃、电视监控、“110”联网、联动互锁门安装与营业网点派驻保安员率均达100%。

四、加快推进守押社会化进程。该行先后实现了委外移交27个县支行，全省除济南商河和淄博的7个支行外全部实现了守押社会化，运钞车由年初70辆降为10辆，枪支由179支减至21支。

【工会工作】 2008年，建行山东省分行各级工会认真履行职责，较好地完成了各项任务。

一、提升员工素质，促进中心工作开展。一是扎实开展劳动竞赛，在“省银行系统职工技术比赛”中，夺得单指单张点钞比赛第1名；二是开展“迎奥运强体质促发展”主题活动，组织本部暨济南地区支行第11届运动会、省分行第3届职工羽毛球比赛。

二、加强民主管理，提升工会组织凝聚力。一是召开了第一届三次职工代表暨工会会员代表大会，审议并通过了《关于进一步推进“关爱员工”工作的指导意见》；二是组织全行专兼职工会主席和部分干部系统学习《劳动合同法》知识，引导员工学法、懂法和依法维权；三是开展《企业工会工作条例》和工运知识的学习培训。

三、体现人本理念，提高帮扶救助成效。该行启动“英模母亲”资助项目和“建设未来——资助贫困高中生成长计划”，开展“送温暖”和帮扶救助工作。全年各级工会慰问员工3100多人次，慰问金额44万余元，补助特困员工680余人，补助金额100万余元；支持抗震救灾，组织全行员工通过省慈善总会、省妇联等部门向地震灾区捐款400余万元。

【金融大事记】 3月12日 经总行研究同意，给予济南市旧城改造投资运营有限公司一般额度授信25亿元，是建行山东省分行历史上的首例房屋拆迁专项贷款。

3月18日 建行山东省分行即开型体育彩票结算系统正式投入运行，成为全国第一家运行“奥运彩票”结算系统的单位。

4月 建行山东省分行开始在淄博、临沂、济南三个地市进行小企业经营中心业务模式试点，2008年底前全辖各市地行均批复成立了小企业经营中心。

4月15日　建行山东省分行在济南召开 “迎奥运文明规范服务系列活动” 动员大会。

建行山东省分行被省政府评为 “2007年度山东省纳税先进企业”。

4月24日　建行山东省分行成功完成历史上首单信托财产分包出售申报、审批工作。

5月4日　建行山东省分行印发《关于下发<积极推进中低收入居民住房金融服务的实施意见>的通知》(建鲁函〔2008〕354号),标志着该行开始全面介入保障性住房领域。

5月20日　建行山东省分行印发《迎奥运 保安全 百日督查专项行动方案》(建鲁函〔2008〕437号),并制定了《迎奥运安全稳定工作方案》。

5月30日　建行山东省分行为淄博博泵机电进出口公司办理了872万美元的出口信贷再融资业务,是全国商业银行第一笔该类业务。

6月5日　建行山东省分行完成与华融公司济南办信贷资产交割事宜。

6月26日　建行山东省分行与南山集团签订《战略合作协议》和《财务顾问协议》,建立长期战略合作关系。

7月　建行山东省分行与临清市政府联合发行中国运河名称联名卡,发行卡量2万张。

8月20日　由建行山东省分行牵头筹组的博汇集团35万吨高档包装纸板项目14亿元银团贷款在淄博隆重签约。

8月28日　建行山东省分行在济南与山东钢铁集团公司签署《战略合作协议》和《财务公司建设合作协议》。

8月29日　建行山东省分行成功发放了第一笔标准仓单质押贷款,实现了该行在这一业务领域零的突破。

9月　建行山东省分行与胜利油田签订合作协议,联合发行胜利油田一卡通。

11月8日上午　建行山东省分行与潍坊百货集团股份有限公司中百大厦联合举行中百龙卡首发仪式。

11月15日　建行山东省分行圆满完成了个贷催收平台上线工作。该平台充分利用新个贷系统(A+P系统)和95533,将短信、电话外呼、集中催收、信函催收等多种手段整合于统一的系统平台,有效增强了该行个人类贷款的催收管理水平。

12月17日　建行山东省分行与济南市政府签署战略合作协议。

12月23日　建行山东省分行与省教育厅签订了《战略合作框架协议》,同时,正式推出了省内首张面向全省120万教育工作者发行的银教联名认同卡——教育龙卡。

12月　建行山东省分行正式推出个人中高端客户健康关爱服务,提供包括专家热线咨询、著名专家预约挂号、贵宾休息室、私人医生服务、个性化健康体检设计、贵宾体检套餐、代购代寄药品服务等13项医疗健康服务。

(窦永密　刘太丽)

中国建设银行股份有限公司青岛市分行

【第一负责人简介】　刘铁彦,男,汉族,中共党员,高级会计师,1982年毕业于辽宁财经学院,历任中国建设银行黑龙江省大庆分行行长、黑龙江省分行行长,2006年10月至今任建设银行青岛市分行党委书记、行长。

【综述】　2008年,中国建设银行股份有限公司青岛市分行(以下简称“建行青岛市分行”)抓住市场营销和基础管理两大重点,持续提升金融服务水平、机制和产品创新能力以及风险控制能力,主要经营指标全面向好。

【公司业务】　2008年,建行青岛市分行及时顺应形势变化,加强了对重点优质客户和项目的营销和储备,各项工作取得快速发展。

一、发挥联动优势,大力营销信贷产品。一是依托环渤海联动平台,先后成功营销了天津航道局、北海重工、武船重工、青岛城建集团等优质客户和项目;二是更加密切了与海尔、青啤集团、大炼油等重点客户的合作关系;三是加大对军队客户的营销力度,先后营销了潜院新校建设工程等军队客户;四是成功中标青岛市级财政统发工资、青岛市级财政、青岛崂山区财政国库集中支付等业务。

二、抓住国家扩大内需机遇,全力落实国家调控政策。一是组建任务型团队迅速开展营销工作;二是与青岛市城建集团等12家企业签订授信协议书,协议授信金额81.5亿元,为青岛国信发展集团等3家企业出具贷款意向书,意向贷款金额9亿元。截至年末,发放新贷款67.21亿元。

三、多头并进,大力推进专业化建设。一是成立了企业年金与小企业中心,并与26户家公司签订合作意向书;二是深入开展“青岛市进出口百强企业”营销活动,对150家重点及目标客户,成立营销团队,扩大了存量重点客户的市场份额。

【个人业务】　2008年,建行青岛市分行努力提高服务质量,个人存款和投资业务保持了稳步发展的态势,实现中间业务收入1.15亿元,基金代销收入、保险代理收入居同业四行首位;稳步推进网点转型,95个网点实现了转型,占全部网点数量的89%。

中国建设银行股份有限公司青岛市分行主要统计指标

单位：亿元

项　　目	2003	2004	2005	2006	2007	2008	2008年同比增幅（%）
资产总额	289.48	321.74	344.54	397.31	439.31	548.08	24.76
存款余额	273.05	291.65	333.37	386.69	432.23	535.77	23.95
企业存款	128.90	141.79	139.98	166.78	194.93	242.70	24.51
机关团体存款	26.33	19.89	37.61	40.96	52.60	58.10	10.46
储蓄存款	117.82	129.97	155.78	178.94	184.70	234.98	27.22
贷款余额	238.82	249.67	296.71	350.71	390.66	418.23	7.06
短期贷款	106.68	78.87	90.05	89.50	84.72	90.03	6.27
个人短期贷款	0.97	1.24	1.93	3.13	1.43	2.16	51.05
中长期贷款	111.92	146.156	179.89	226.48	272.16	301.15	10.65
个人中长期贷款	52.81	67.21	86.8	110.62	121.47	126.05	3.77
票据融资	20.21	24.65	26.77	34.73	33.78	27.09	-19.80
利润总额	-2.32	3.89	8.50	9.03	7.77	10.13	30.37

一、全力推进奥运服务，服务水平和风险防范能力提升。一是制定了《奥运金融服务方案》，召开了奥运服务动员大会；二是实行延时服务，扩大了办理个人结售汇业务网点范围；三是加强了自助设备的监控和维护，网点服务质量进一步提升。

二、抢抓市场，不断提高市场竞争力。一是拓展代发工资、CTS客户等存款源头，以及拆迁安置资金代发工作和公积金转存工作；二是通过政策倾斜，调动了全行拓展存款的积极性和主动性；三是组织了以“增存款、增份额”为主题的“双增”竞赛，并参加了总行组织的“心系客户、真情回报”营销活动，荣获“增存优胜奖”。截至年末，个人存款同比增长50.05亿元，余额235.07亿元，增速居同业四行首位。

三、积极探索高端客户服务机制，深化服务内涵。一是以财富管理中心为依托，为高端客户组织了35场、1700余人次的投资讲座和客户联谊活动；二是以网点二代转型为契机，为200余位此类客户定制并销售个性化理财产品和财富系列产品1.5亿元。截至年末，AUM20万元以上客户新增1.08万户，其中金与白金级客户新增1.05万户，钻石级新增235户，AUM增速列第8位。

四、积极实施个人条线体制改革，推进扁平化管理。该行于年初对城区34个个人业务网点实行分行直管，有效提升了政策传导效率，其营销业绩和服务水平有了显著提高。

五、加快龙卡产品和发卡模式创新，信用卡业务快速发展。一是先后发行“公积金龙卡”、“姚明珍藏龙卡”、“VISA奥运白金信用卡”，发行百货类联名卡——“利群龙卡”和面向教育系统受资助学生的“希望龙卡”；二是有针对性地开展营销，组织开展了“利群龙卡，越刷越快乐”、“喜迎佳节 好礼百分百”、“金秋盛大感恩，礼上加礼”、“喜迎牛年——全家欢宴年夜饭”等一系列促销活动以及“2008，我期贷”分期付款系列活动；三是新发展商户418家，完成了全年计划的104.5%，签约分期付款商户45家，完成100%，实现商户收单额115亿元，列全市15家银联入网行首位；四是龙卡信用卡累计发卡25.5万张，净新增发卡5.9万张，新增客户7.1万户，其中汽车卡先后荣获“影响青岛2007最信赖的信用卡品牌”和青岛2008“市民最喜欢的银行卡”称号。

【房地产信贷业务】 2008年，建行青岛市分行全面提升客户服务水平和市场竞争力，房地产信贷业务得到长足发展。

一、调整营销策略，做好客户服务。一是围绕“安居”、“自住”、“保障”三大主题，做好中小户型及保障性住房的信贷服务；二是优化和完善个贷中心流程，个人住房贷款申请评分卡系统顺利上线，缩短了业务处理流程；三是开展个人贷款系统存量数据清理工作，不断推进个贷系统功能挖掘、应用和优化工作。全年，个人住房贷款余额达128.21亿元，同比新增5.31亿元，贷款余额继续稳居同业首位。

二、加强营销宣传力度，提高产品知名度，增强市场竞争力。一是先后组织开展了“让房贷减负 为幸福增值”、“巩固优势业务 打造特色产品”和“强化服务 提升质量”系列营销活动，实现了与客户“共赢”；二是举办了“存贷通”产品推介会，扩大“存贷通”产品的影响力；三是开展住房金融品牌形象整体宣传及个贷产品集中宣传，通过多种形式，增强了客户的认知度，提升了住房金融业务的市场竞争力。

三、加强业务合作，巩固公积金业务优势。一是成功举办青岛市住房公积金管理中心“优质合作伙伴”授牌仪式；二是与青岛市住房公积金中心签订《公积金龙卡合作协议》；三是发行住房公积金龙卡，做好小额支付系统归集住房公积金业务的全辖推广工作。

【中间业务】 2008年，建行青岛市分行为进一步推动中间业务的快速发展，加大直接激励力度。截至年末，实现中间业务净收入4.60亿元，同比增长1.05亿元，增速29.67%，中间业务净收入在主营业务收入占比由17.2%提高到19.43%，同比提升2.38百分点，实现了“同业增速第一、总量排名第二”的年度发展目标。

其主要做法：一是改进绩效考评和完善全行的激励约束机制，对绩效工资的分配模式进行重大调整，实行产品全买单制；二是发展供应链融资产品保理业务，经办机构由3家增加到12家，并荣获2008年度总行保理业务“先进集体奖”；三是加大保险代理业务发展，保险代理网点活动率达100%，创造了系统内的唯一。

【资产保全】 2008年，建行青岛市分行积极推进体制、机制、理念与经营方式的创新，通过多种形式使重点不良贷款项目处置取得较好进展。截至年末，五级分类口径不良贷款余额18.33亿元，较年初新增4.52亿元，不良贷款率为4.38%，上升0.31个百分点；累计处置各类不良资产7.73亿元，实现现金回收3.75亿元，超值现金回收8166万元，不良资产处置贡献4亿元，为全年经营效益指标的完成打下了基础。

其主要做法：一是成功地化解了涉及13家债权银行、26家企业的广源发集团不良贷款项目；二是有的放矢，妥善解决澳柯玛系列不良贷款，经与政府、企业多轮协调谈判，达成两年清偿4500万元的还款协议，现已按还款计划回收现金2000万元；三是采取果断措施加快处置高合项目，通过诉前保全措施查封了该公司全部有效资产，并现金回收1112万元。

【金融产品创新】 2008年，建行青岛市分行顺应市场变化，加强产品创新。一是相继推出了“新股月月打”、“票据盈”、“周周盈”等个人理财产品，以及外币旅行支票业务，并开办了首家外币代兑点；二是开发铁路公积金数据转换项目，巩固并扩大了住房公积金存款市场份额；三是发展代客外汇资产、人民币债务管理，远期结汇+掉期、人民币掉期+人民币存款等业务，并成功营销5家客户人民币QUANTO债务管理业务18.7亿元；四是为益佳海业集团开出1.3亿美元的备用信用证业务，创单笔贸易项下国际结算量历史新高；五是推出了整合概算审核、投资控制、项目评估和房地产评估等多项业务的高端造价咨询服务类产品“建设资金监管业务”。

【内部管理和企业文化建设】 2008年，建行青岛市分行紧密结合经济形势和工作任务不断加强班子建设。一是通过自学、座谈、专家授课等多种形式，增强各级领导解放思想、加快发展的紧迫感和事业心，同时做好对宏观形势、基层情况、同业动态、员工和客户心声的四个了解；二是严格执行廉洁从业各项规定，并选拔优秀年轻干部充实到基层一线，对部分领导人员进行调整和交流，使基层领导班子知识、年龄以及专业结构进一步优化；三是制订专业技术岗位职务聘任三年规划，组织实施了直管机构内设部室管理、专业技术以及经办岗位序列聘任工作；四是大力推进“人文奥运”创建活动，努力提升服务水平，涌现出一批总行级“迎奥运文明示范窗口”和“迎奥运服务明星”；五是在“5·12”大地震期间选派造价工程专家，奔赴四川陈家坝地区工地现场进行援建板房的对口支援工作，此外还落实了26名青岛地区“中国贫困英模母亲资助计划”中资助对象的资助款金。

【金融大事记】 1月12日　建行青岛市分行举办“共享盛世、相伴08”重点客户答谢峰会之“名家论坛”。

1月30日　建行青岛市分行在银联青岛举行的“青岛市2007年度银行卡业务表彰会”上，获“2007年度银联卡特约商户拓展最佳成长奖”。

1月31日　建行青岛市分行参与总行建元2008-1重整资产证券化业务，运用创新手段，实现23户共2亿元不良资产的批量处置，并获得发行分配收入5080万元。

2月1日　建行青岛市分行召开2008年工作会议，传达总行工作会议精神“回顾总结分行2007年工作”并对2008年工作进行部署。

2月28日　建行青岛市分行举行主题为“合作·创新——新服务、新领域、新发展”青岛市住房公积金中心“优质合作伙伴”授牌仪式。

3月29日　建行青岛市分行举行“国际金融市场动荡与企业财务风险管理”高级研讨会，100余家企业高级管理人员出席会议。

4月19日　建行青岛市分行召开迎奥运文明规范服务活动动员大会，拉开迎奥运文明规范服务活动的序幕。

4月26日　建行青岛市分行携手国内500强企业利群集团，发行百货联名信用卡——利群龙卡。

5月15日　建设银行青岛市分行与青岛城市建设投资(集团)有限责任公司签订《战略合作协议》。

6月　建行青岛市分行附行式自助设备纳入后台集中监测，集中监测的设备数量由原来的60余台增至360余台。

6月20日　团中央下发中青发19号文，认定建行青岛市分行95533客户服务中心为全国“青年文明号”。

6月27日　建行青岛市分行公司业务部二级部企业年金中心成立。

7月16日　建行青岛市分行档案中心库正式启用，实现全行系统档案的集中管理。

7月26日　建行青岛市分行个人贷款中心迁址。

9 月 22 日 总行下发建总任 137 号文，聘任刘从正为建行青岛市分行副行长；下发建党任 35 号文，任命刘从正为党委委员，张新华为纪委书记、党委委员；下发建总任 132 号文，聘任崔凤芹为总审计室总审计师兼主任，解聘刘远方总审计室总审计师兼主任职务，另行安排工作。

9 月 26 日 建行青岛市分行风险管理部评估评价中心成立并开始集中办公。

10 月 17 日 总行下发建总任 149 号文，聘任陈庆辉为建行青岛市分行风险总监，解聘隋岩风险总监职务，另行安排工作。

建行青岛市分行召开深入学习实践科学发展观活动动员大会，分行深入学习实践科学发展观活动全面启动。

10 月 31 日 在青岛日报报业集团、全国捷报奥运媒体联盟、齐鲁报业联盟等权威机构联合主办的“2008 品牌运动会金榜”颁奖典礼上，“龙卡汽车卡”获“2008 青岛品牌生命力”金奖。

11 月 1 日 建行青岛市分行实现现金集中整点、会计凭证影像信息采集、会计档案整理及会计资料运送业务外包。

11 月 21 日 建行青岛市分行举办“公积金龙卡”发卡仪式；并与青岛万正通置业有限公司签订分行新大楼购置合同。

11 月 24 日 建行青岛市分行成功营销第一单企业年金业务，与企业签订《企业年金基金受托管理合同》。

12 月 14 日 建行青岛市分行造价咨询中心与青岛市对口支援北川灾后恢复重建工作领导小组驻北川工作指挥部签订建设工程造价咨询合同。

12 月 30 日 建行青岛市分行出席青岛广源发系列不良贷款银团重组签约仪式，标志着青岛广源发系列不良贷款银团重组进入实质性操作阶段。

（郭 扬 谭庆勋）

交通银行济南分行

【第一负责人简介】 果志刚，男，汉族，1959 年 2 月生，北京人，大学学历，高级经济师，1978 年 4 月参加工作，1990 年 11 月入党。曾任工商银行北京市分行宣武支行行长助理、副行长、行长，交通银行北京分行行长助理，副行长，现任交通银行济南分行党委书记、行长。

【综述】 2008 年，交通银行济南分行（以下简称“交行济南分行”）夯实管理基础，加强风险防控，推进战略转型，促进业务发展，各项工作取得新的进展。

一、个人金融业务取得新的突破。全年新增双币卡 19.01 万张，新增基金定投户数 2.17 万户；理财产品销售总量达到 31.56 亿元，同比增加 30.74 亿元，其中保险销售总额和销售收入分别达到 1.73 亿元和 357 万元，是上年的 4 倍多。

二、国际业务发展速度加快。全年累计完成国际结算量 57.11 亿美元，同比增长 22.73%；同业代理开证 1.6 亿美元，同业海外代付 1.6 亿元，代理规模居交行系统首位；贸易融资发放额 2.20 亿美元，完成总行年度计划的 274.85%。

【资产负债管理】 2008 年，交行济南分行加强计划资金管理。一是定期组织召开资产负债管理例会，利用资产负债管理预警系统加强事前预警，确保资金的流动性和安全性；二是突出信贷资源配置重点，向资产质量有保证、综合效益高、能带动中间业务发展的优质贷款项目倾斜，提高了信贷资源对全省经济发展的支持力度；三是实行了资金集中管理模式，同时通过对内部资金转移定价，合理匹配资产负债业务，资金使用效率得到提高。

【授信业务】 2008 年，交行济南分行信贷管理工作加强条线指导，坚持发展与管理并重，促进信贷业务的质效发展。

一、加大信贷结构调整力度。该行一是提前完成了 1499 户授信客户环保标识分类和信息录入；二是本着“保增量重点客户、压存量风险客户”的原则，加大对装备制造、交通运输等优势行业的贷款投入，严格控制钢铁、纺织、房地产、教育等重点关注行业的贷款投放；三是组织开展了存量授信客户风险和收益排查；四是进一步清理了集团及授信客户关联担保。全年单户新增 2 亿元以上贷款客户 15 户，金额 79.38 亿元。

二、建立健全信贷管理机制。该行一是制定下发了《关于进一步加强授信管理基础工作的通知》；二是修订了授信部经理委派管理办法；三是建立了正常类客户逾期贷款每日监控制度，加强非现场监察和督导；四是制定了贷审会制度、授信业务送审登记制、送审项目细化评分制等一系列措施，促进授信管理向专业化、精细化、规范化方向发展。

三、加强授信条线政策和业务培训。该行一是充分利用全行会议、培训班、现场调研、贷审会等多种方式，积极推行信贷责任文化建设；二是相继开展了内部评级操作、授信部经理、审查员、授信流程讲解等多项培训，有效提升了信贷队伍的综合素质。

【公司业务】 2008 年，交行济南分行积极采取多种措施，进一步优化营销机制，公司业务取得较快发展。

一、完善考核管理体系。该行一是制定了《公司业务发展》

交通银行济南分行主要统计指标

单位:亿元

项　　目	2004	2005	2006	2007	2008	2008 年同比增幅（%）
资产总额	326.26	436.20	429.98	473.13	543.04	14.8
存款余额	307.19	415.80	408.30	452.09	513.36	13.6
企业存款	123.59	146.56	169.64	214.39	245.07	14.3
机关团体存款	11.36	19.02	20.51	25.72	33.25	29.2
储蓄存款	85.52	103.31	114.43	114.82	132.44	15.3
贷款余额	195.48	264.56	303.07	335.90	374.78	11.6
短期贷款	159.44	213.65	230.89	239.94	243.63	1.5
个人短期贷款	1.29	1.91	2.69	3.09	0.85	—
中长期贷款	17.15	26.99	45.87	89.93	123.33	37.1
个人中长期贷款	10.73	19.11	30.93	40.59	36.07	—
票据融资	13.31	13.72	9.53	5.34	7.10	32.8
利润总额	2.85	4.30	5.27	8.19	8.80	7.4

注：本表所填列数据均为人民币口径。

和《非营销条线人员交叉销售》等两项指导意见；二是修订补充了《客户经理管理办法》；三是制定了《公司条线经营单位绩效考核》、《新开户和睡眠户激活考核奖励》办法及针对各单项业务发展指标的多个专项奖励办法。

二、加大业务资源开发深度。该行一是建立了高层营销责任机制，密切银企合作关系；二是将整个公司板块定位前移，各业务部门密切协同，全力支撑前台营销；二是在对单个客户的营销过程中，强调团队营销，即实行从客户经理到支行行长，再到分行行长，匹配相应产品经理的"3+1"营销管理模式；四是完善重点区域、客户和行业营销策略，切实提高客户关系管理能力和服务质量。

三、推进综合营销的互动机制。该行一是加大省、市两级条线主管厅局的营销联动，搭建高层交流平台，整体推进负债业务的稳步增长；二是充分利用现有客户资源，大力拓展核心企业和链属企业客户；三是加大产品的交叉销售力度，推动投行、托管、保险等业务的快速发展。

【个人金融业务】　2008 年，交行济南分行认真贯彻总行零售业务战略转型的指导思想，切实加强内部管理，个人金融业务保持了良好的增长态势。

一、全力抓好销售队伍建设。该行一是根据业务经办量重新安排网点窗口配置，腾出人员增加个金销售服务力量；二是下发了优化窗口配置的指导意见，有力地促进了销售队伍的发展壮大；三是首次集中培训费用举办了 AFP 培训班，网点销售能力有效提升。

二、着力抓好营业网点改造。该行出台了专项激励措施，对按标准完成支行迁址改造及结算审计的，给予专项费用奖励，否则扣除费用；对改造进度落后的分行，要求其接受质询及汇报措施，网点服务功能和环境得到明显改善。全年完成网点改造 48 个，总行在册沃德网点达到 3 家。

三、持续推进中高端客户拓展机制。该行一是开办了沃德网球俱乐部和医院就诊绿色通道服务项目；二是举办了客户互荐积分有礼、沃德客户开卡有礼、高端客户免费体检等多项活动；三是组织开展跟踪营销，有效扩大了基础客户群。

四、加大产品创新力度。该行相继推出了"家易通"、"太平洋白金信用卡"、"个人实物黄金买卖"、"基金定期定投"等多项新产品，财富管理平台系统顺利上线，进一步扩展了产品服务体系，增强了金融服务功能。

五、切实提高服务质量。该行一是成立了提升服务质量办公室，加大检查力度，按月通报检查情况，督促整改落实；二是推行了服务规范化管理，统一服务行为规范，编制出服务手册和规范演示光盘，通过培训提升整体服务质量。

【国际业务】　2008 年，交行济南分行加大营销拓展力度，积极推动国际业务快速发展，在总行国际业务先进单位评选中荣获"优秀管理奖"。

一、积极调整营销策略。该行一是加大高层营销和联动营销力度，提高了重点客户营销的成功率；二是针对各地市分行的区域、客户和业务特点，坚持“一行一策”的原则进行指导和管理；三是大力开展全辖集中营销活动，举办离岸业务、融资快线、对公理财、结构性远期结售汇、快汇通等产品推介会和银企座谈会 20 余次。

三、着力营销境外上市 IPO 资金结汇业务。该行一是对有境外上市意向的客户进行重点跟进，利用高层、境内外和本外币联动等营销方式，有针对性展开营销活动，提高营销成功率；二是在客户确定境外上市后，积极提供优质的全方位服务。

四、深化重点客户合作，加快新品推广。该行一是重点发展对公理财业务，全年办理人民币与美元、欧元汇率挂钩的本外币交叉理财业务 10.9 亿元；二是拓展了进口汇出款融资、境外投标保函、外保内贷、国内信用证、进口保付等新业务，取得良好的综合效益。

【会计结算】 2008 年，交行济南分行进一步加强会计条线管理，严格落实规章制度，规范操作流程，严密防范操作风险，确保会计业务安全、高效、快捷运转。主要措施：一是修订完善了《会计机构综合考核评级办法》、《会计综合考核评级方案》和《基层会计主管考核办法》等多项制度，激励会计人员不断提高工作效率和核算质量，降低差错事故率；二是通过现场、非现场检查等方式，加大基层柜员日常操作、制度执行、服务和培训的考核力度；三是加强技能培训，大力开展技术练兵，在总行举行的会计技能大赛中，获得西安赛区第一名、总行决赛第四名，创历史最好成绩；四是通过推广“换箱法”现金管理办法、加强电子对账管理、推广电子验印系统、理顺票据业务流程等一系列措施，严密防范会计操作风险，保障了客户资金的安全。

【电子化建设】 2008 年，交行济南分行狠抓信息安全建设，进一步提升电子化建设水平，多项重点项目顺利上线，为业务发展提供了强有力的后台保障。

一、加大系统安全运营保障力度。该行一是提高了各系统健康性检查标准和频度；二是购置了安装机房应急发电设备；三是组织了重要业务系统技术应急演练；四是关键时段增加值班力度，圆满完成了奥运期间信息安全保障任务。

二、快速推进重点项目建设。该行一是完成了指标快报查询系统、内部管理平台一期的开发工作；二是开通了覆盖全辖所有营业网点的 10M VPN 线路，为数字信息发布平台、互联网统一出口等应用的推出奠定了网络基础；三是建设了同城远程数据备份中心，规范了数据备份管理流程；四是开通了异地支行视频会议系统，减少了信息传导环节。

三、积极开展系统开发推广。该行先后完成了沃德客户资金查询系统、三方存管报表查询系统、人力资源培训管理程序等 14 项开发任务和支票影像直联、银保通、财富管理平台等 16 个系统的推广上线工作，保障了各项业务的顺利开展。

四、加快自助银行建设。全年新投放现金设备 92 台、离行单体设备 16 台，新建在行自助银行 35 家、离行自助银行 15 家。截至年末，全辖共有 376 台现金设备投入运行，152 个网点中有 148 个网点有自助设备，自助银行的服务网络得到进一步扩展。

【风险管理】 2008 年，交行济南分行着力完善全面风险管理体系，积极开展风险过滤和排查，重视潜在风险的识别和化解，风险管理能力得到进一步提升。

一、狠抓基础工作。该行一是实施了合作中介机构集中招标；二是制定落实了《中介机构管理暂行办法》，增强了“假权证、假报表、假按揭、假注资”类风险的防范能力；三是进一步加强风险信息管理，明确了风险信息报告和管理职责，全年共转发各类风险信息 160 份，报送各类风险稿件 16 份。

二、强化重点风险客户的管理。该行一是认真落实清收方案，全额现金收回监察名单客户 14 户；二是通过加固担保、贷款压缩等措施，上调退出监察名单客户 10 户；三是清收和压缩部分监察名单客户的贷款余额，同比减少 4 户，有效防控了潜在信贷风险。

三、突出加强重点风险项目管理。该行一是建立了《重点风险项目管理的月度例会制度》，掌控风险化解进度；二是按照“过程管理、从速处置、降低损失、节约成本”的原则，为重点客户量身定制风险化解处置方案；三是对各分行化解措施落实和执行情况提出督办措施，确保重点风险项目控制化解工作的整体推进。

四、完善贷后管理制度，加强贷后管理工作。该行制定和完善了贷后管理考核细则、贷款逾期及垫款管理办法等规章制度，通过定性和定量、过程和结果相结合的方法，强化贷后管理各环节人员的履职意识和工作主动性。

五、积极开展风险管理专业培训。该行一是先后多次举办信贷风险管理专项培训，员工队伍综合能力得到提高；二是收集整理各类信用风险案例，编纂了《风险案例分析》(电子版)，供全行信贷管理人员下载参阅，相关条线人员业务管理工作的执行力得到加强。

【资产保全】 2008 年，交行济南分行严格执行不良资产管理政策，灵活制定落实清收处置策略，加大重点项目管理力度，不良资产压降工作取得较快进展，全年清收压缩对公不良贷款 7.07 亿元。

一、着力推行精细化管理模式。该行一是针对所有不良资产项目逐户分析，建立了管理台账；二是制定了“一户一策、一笔一策”的管理措施和压缩处置方案；三是将压缩计划分解、落实到具体责任人员。

二、着力加强重点项目管理。该行一是对余额 300 万元以上不良资产项目实行重点管理，年末不良贷款户数比年初减少了 37 户；二是对余额 1000 万元以上不良资产项目实行直接介入，年末不良贷款户数比年初减少了 16 户；三是推行了定项目、定人员、定措施、定进度、定考核的“五定”管理。全年重点项目实现压缩额 6.26 亿元，占全部存量不良贷款压缩额的 88.87%，其中全额处置 15 户，压缩金额 5.75 亿元。

三、加大损失核销工作力度。该行一是对符合核销条件的不良资产项目，安排专人申报核销，全年共上报核销项目 46

户,其中总行批复43户、金额3.57亿元;二是对经总行批复核销的项目,划分为追索类的资产实行账销案存,视同未核销资产管理,由核销分行指定专人继续管理、清收。

四、合理运用重组方式。该行实施的全部重组贷款,贷款余额均有不同程度的压缩,风险程度有效降低,贷款企业均制订了阶段性还款计划,未发生新的欠息,其中潍坊、济宁分行的重组贷款评级上调至关注类贷款。

【法律合规】 2008年,交行济南分行以提升合规风险管理水平、切实履行各项合规管理职责为出发点,积极规范法律审查,法律合规管理水平迈上新台阶。

一、以强化整章建制为重点,全面夯实法律合规管理基础。该行一是组织全辖清理建行以来至上年年末的自制规章制度1398份;二是建立完善了规章制度电子查询库,为基层提供了方便快捷的规章制度学习运用平台。

二、以规范法律审查为着力点,全面履行法律合规服务职责。该行一是及时修订了《合同管理实施细则》;二是编制了《格式合同汇总表》,并统一整理了表中涉及的总行最终修订文件;三是结合法律法规的变化,对前台业务操作中可能遇到的法律问题及时进行提示,有效防范合规风险。

三、切实加强诉讼管理。该行一是谨慎对待各类诉讼清收案件,提前做好可行性分析;二是对于决定起诉的案件,通过多种途径和渠道,认真核实企业资产状况,夯实诉讼基础;三是对争议大的案件,定期了解案件进展情况,积极寻求降解风险途径。

四、深入开展反洗钱工作。该行一是通过召开经验座谈会、开展专项培训等方式,强化反洗钱工作意识;二是在内网定期发布反洗钱法律法规、政策信息和工作简报,广泛宣传反洗钱信息;三是着力加大反洗钱工作检查力度,督促被检查单位及时整改,有效提升反洗钱工作水平。

【审计工作】 2008年,交行济南分行以内部控制为核心,以操作性风险防范为重点,进一步推进风险导向审计和持续审计,突出对重点业务领域和审计对象的持续监督,积极提升审计效能,增强审计威慑力。

一、积极开展现场检查。该行一是对本部32家营业网点、5家工商中心的内部控制执行情况进行了现场审计;二是配合总行、华北地区审计部对6家地市分行进行了内部控制专项审计;三是对大额资金支付、公私客户资金划转、授信业务保证金等结算业务进行了重点审计;四是对新增贷款质量、贷款投向及结构调整、贷款资金的流向和用途等授信业务进行了重点审计。

二、加大非现场监管的力度。该行充分运用审计支持系统,形成定期监控机制,及时发现被审计对象各项业务中的非正常变动,查找业务和指标异常变动的根源,为业务持续稳健发展提供了审计支持。

三、拓展新业务的审计范围和深度。该行着重对企业和个人网银、票据凭证印鉴防伪系统、联网核查公民身份证系统等操作环节的合规性和风险性进行了审计,针对发现的问题及时向条线管理部门提示风险,切实发挥审计监督作用。

四、充分运用审计结果。该行根据现场和非现场审计中发现的异常情况,下发审计风险提示单102份,督促各分支行进行整改,并对整改进度和效果进行持续监督,及时遏制风险隐患的苗头。

【纪检监察】 2008年,交行济南分行进一步加强党风廉政建设和反腐倡廉工作,努力促进各项业务稳定、健康发展。

一、持续开展廉政建设。该行一是组织基层营业单位、机关各部门负责人与分行党委签订了廉政建设责任书;二是制定了《2008-2010年审结案分行贯彻惩防腐败体系三年规划》,把反腐倡廉各项要求寓于改革发展管理之中,努力形成比较完善的拒腐防变教育长效机制、反腐倡廉制度体系和权力运行监控机制。

二、加强案件防控和商业贿赂治理。该行认真排查在会计结算、财务管理、基建装修、招标采购、信贷管理等方面是否存在不正当竞争行为,重点解决思想认识问题,自觉抵制和纠正经营活动中的不正当交易行为,严格规范经营行为。

三、落实违纪违规案件查防追究。该行严格按总行规定的案件查处工作流程,认真组织违纪违规案件和事故的查处工作,严格纪委审议、党委审定程序,办案质量不断提高,通过对案件及当事人的查处起到了积极的教育警示作用。

【安全保卫】 2008年,交行济南分行认真贯彻落实"查访并举、标本兼治、重在预防"的方针,加大安全检查力度,完善技术防范手段,加强安保队伍建设,全年未发生案件事故。主要措施:一是在修订完善安全保卫和消防安全责任制的基础上,严格督促各级经营管理机构和个人层层落实,为各项业务发展提供安全的运营服务环境;二是加大检查整改力度,全年组织开展专项检查11次、全面检查3次,同时加强跟随运钞车实地检查,查出安全隐患20余处,发出通报10余次,整改率达95%以上;三是专门成立了监控联网改造工作领导小组,组织监控报警系统全面普查2次,成功建成全省远程监控报警联网系统;四是金库改造工作取得突破性进展,全面落实达标标准,严格遵守实行开库期间双人实地守库、闭库期间异地双人监控的要求,制定并落实了相关管理人员职责规定;五是切实加强保卫队伍建设,各营业网点、在行式和离行式自助银行全部配备了保安人员;六是积极组织安保人员参加各项业务培训,提高自身修养和业务能力。

【金融大事记】 1月8日 山东银监局周忠明局长、谢凝副局长到交行济南分行召开调研工作会议。

1月12日 交行济南分行启动"明星基金经理山东行"系列活动。

1月14日 交行济南分行党委决定由赵纪庆主持交行烟台分行的工作。

1月15日 交行济南分行党委决定由王磊主持交行潍坊

分行的工作。

1月31日~2月2日　交行济南分行召开2008年工作会议。会议宣读了总行党委的任命决定：董莹、李悦、王磊任交行济南分行党委委员。

2月26日　交总行杨东平首席风险官到交行济南分行检查指导工作。

2月29日　交行济南分行本部金库整改工作顺利完成。

3月15日　交行济南分行新版自助设备运营管理系统上线。

3月22日　交行济南分行联合鲁能金穗期货经纪公司举办首期期货知识大讲堂活动。

3月25日　交行济南分行在山东会堂举办"交行百年华诞"京剧名家演唱会。山东省副省长黄胜、省政协副主席谢玉堂、省政府副秘书长兼省金融办主任张超超、山东银监局副局长谢凝、人行济南分行副行长李建文等各级领导出席了晚会，分行重要客户代表和社会各界人士共2000余人观看了演出。

3月29日　交行济南分行在莱芜雪野水库组织了以"迎百年行庆、展职工健身风采"为主题的百人迎春长跑比赛。

4月2日　交总行叶迪奇副行长一行到交行济南分行召开山东省零售业务调研指导会议。

4月25日　交行济南分行实施后台运营系统改造，完成全国支票影像交换系统集中直联模式(CIS)系统的上线工作，实现防伪系统印鉴库集中管理。

5月4日　交总行纪委书记寿梅生、人力资源部副总经理一行到交行济南分行召开分行中层以上干部会议，宣布领导班子调整：原北京分行副行长果志刚任济南分行党委书记、行长，王丹蕾不再担任济南分行党委书记、行长，另有任用。

5月22日　交行济南分行蕴通账户系统正式上线运行。

5月29日　交行济南分行"抗震救灾——自愿交纳特殊党费"活动圆满结束，合计34.8万元。

5月30日　交行济南天桥支行迁址开业。

6月1日　交行济南分行推出个人实物黄金买卖业务。

6月19日　交行济南分行与鲁证期货有限公司签署全面业务合作协议。

6月27日　交总行叶迪奇副行长到交行淄博分行调研指导工作。

6月28日　交行济南分行首家沃德财富服务中心开业。山东省省长助理臧海强、交总行副行长叶迪奇、济南市副市长张宗祥、山东银监局副局长谢凝、济南市金融办副主任狄保群、交行济南分行党委书记果志刚等有关领导以及百名沃德客户参加了开业典礼。

6月30日　交行济南分行存款首次突破500亿元，达到503.36亿元。

7月28日　交行济南济洛路支行沃德财富服务中心建成开业。

8月8日　交行济南文化西路支行沃德财富中心建成开业。

8月12日　交行济南分行首期票据挂钩人民币理财产品"得利宝·新蓝29号"发售成功，并于当日正式组盘成立。

9月17日　国家审计署驻济南特派办在交行济南分行召开股份制商业银行改革成效专项审计调研进点会。

9月20日　交行济南分行间连POS系统成功上线。

9月27日　交行济南分行在总行2008年会计技能决赛中获得团体总分第四名，杨建凤获得单指单张挑错点钞第一名，赵玉获得翻录传票第三名，均创历史最好成绩。

10月13日　交行济南分行召开本部全体中层干部会议，宣布成立营业部、市中、历下、槐荫、文化西路等5家中心支行。

11月13日　交总行杨东平首席风险官一行3人到交行济南分行调研指导工作。

12月3日　交通银行山东省分行召开2008年全辖年终决算暨2009年业务和财务预算计划编制工作视频会议。

12月29日　交行济南分行举办2008年度沃德财富客户答谢晚宴。

（白　凌）

交通银行青岛分行

【第一负责人简介】　陆涛，男，1965年5月生，江苏常熟人，中共党员，大学学历，硕士学位，高级经济师。1988年7月进入交通银行青岛分行工作，历任信贷一部副主任科员，信贷业务部工业信贷科副科长、科长，台东办事处信贷一科科长，四方办事处副主任，开发区支行副行长(主持工作)、行长；1998年9月，任交通银行青岛分行副行长、党委委员，2005年3月，任交通银行青岛分行行长、党委书记。

【综述】　交通银行青岛分行(以下简称"交行青岛分行")于1988年2月8日正式营业，多个网点连年被评为"中国银行业文明规范服务示范单位"。2008年，该行在全面控制风险、打造高绩效团队的基础上，以"让客户了解我们，让客户告诉大家"为主题统领全行工作，进一步提升综合经营管理能力，圆满完成各项任务，被交总行授予"2008年度经营管理优胜单位"称号。

【公司业务】　2008年，交行青岛分行加快战略转型步伐，加强结构调整，稳妥发展存款业务。

交通银行青岛分行主要统计指标

单位：亿元

项　目	2003	2004	2005	2006	2007
资产总额	148.49	183.04	222.87	247.43	295.60
存款余额	137.04	165.05	204.48	232.12	271.69
企业存款	80.46	91.60	105.95	103.19	111.56
机关团体存款	6.22	7.72	10.35	20.43	29.60
储蓄存款	42.90	54.75	71.44	84.81	101.61
贷款余额	115.34	144.25	172.77	187.59	207.63
短期贷款	86.10	98.07	107.63	98.75	101.17
个人短期贷款	0	0.11	0.12	1.71	0.24
中长期贷款	23.62	29.02	48.79	65.25	89.85
个人中长期贷款	4.47	7.91	11.01	9.93	11.33
票据融资	2.95	11.15	4.45	12.09	15.66
利润总额	1.86	2.85	4.25	5.21	6.10

注：本表数据为人民币统计口径。

一、重视纯存款客户，抓住最稳定的社会资金来源。该行积极吸纳社保资金和住房公积金等纯存款业务，打造以代收、代发事业单位、自由职业者劳动保险费和工资为主体的稳定的结算体系，目前已成为青岛市第二大社保资金、住房公积金结算经办行。

二、积极参与政府金融改革，支持经济建设。该行一是代理发行了青岛市政府和四方、城阳、胶州等区政府的公务员“一卡通”项目；二是中标了青岛市、崂山区财政集中支付代理银行项目；三是参与了青岛市“环湾保护、拥湾发展”项目建设，携手交银国际控股有限公司与青岛高新区管委联合组建高新区产业投资基金；四是参加了青岛市重点企业项目推介会，与50家客户达成授信协议。

三、打造“大交通链”金融服务优势行，形成以交通链企业为主要服务对象，以物流企业为载体的市场服务体系。一是支持以交通为主的基础设施和项目建设，为青岛交通委结算中心、青岛港和青岛前湾集装箱码头公司开立了基本结算账户，成为青岛国际机场贷款最大的贷款行和胶济铁路复线在青岛的唯一贷款行；二是深入开展与交通运输设备制造企业的合作，与南车四方、一汽轻卡、上汽通用、海油工程、北船重工和海油工程等企业确立了合作关系；三是参与物流体系企业的多层次服务，成功将马士基、中集、前湾港以及黄岛海关和青岛商检局发展为基本客户，成为开展企业业务的第一主办行。

四、密切基本客户合作关系，谋求业务稳定发展。该行进一步深化与华电青岛发电厂、黄岛发电厂、华电国际电源开发股份公司、华电潍坊发电厂等电力企业，以及朗讯、海信、海尔、青啤等品牌企业集团的合作关系，巩固了基本客户群。

【个金业务】 2008年，交行青岛分行注重战略转型，提高个金业务发展的核心竞争力。

一、注重客户群建设，中高端客户比例逐渐壮大。该行一是通过组织交银理财社区建设，理财进社区月月谈、沃德客户合唱节等活动，引导各网点加强与中高端客户的交流互动；二是通过专业的理财服务，亲情化的服务理念，提高“沃德财富”高端品牌知名度，并被山东省名牌战略推进委员会、山东省质量技术监督局评为2008年山东省服务名牌。

二、客户资产形式趋于多样。该行加大自主组盘理财产品力度，发行期数和金额均在交总行排名第一，有力拉动了个金业务的发展。客户持有资产形式由原来单一的存款转变为基金、理财产品等多种形式，其中三方存管、理财销售、特约商户等产品对储蓄存款影响增大。

三、加大产品创新力度。该行一是推出了实物黄金买卖业务，成为青岛市首家可以提取金交所实物黄金的银行；二是突出“家庭基本账户”概念，推出了家庭生日、“婚庆纪念全家福”等增值服务；三是与青岛市住房公积金管理中心联合推出了公积金太平洋联名卡。

四、不断创新服务渠道。该行一是与广播电台合办了《下周理财预告》专题广播节目，全年共播出50余期；二是推出了彩信版《家庭金融》手机杂志，全年编发30余期、共计10万余条，得到客户的认可。

【中间业务】 2008年，交行青岛分行以经济效益为中心，面向市场求发展，加快综合经营步伐，中间业务收入大幅增加。

一、及时调整经营策略，个金中间业务收入大幅增加。该行一是努力推动间联POS业务发展，联合大卖场，持续开展刷卡优惠促销活动，实现卡业务收入的快速增长；二是加大了自主组盘理财产品的销售力度，先后组盘“得利宝”人民币理财产品30期，全年总销量在交行系统内名列前茅；三是代理保险业务实现历史性跨越，本地市场份额达到7%；四是大力发展银证联名卡业务，拓展三方存管客户，吸收证券回流资金。

二、借助公司业务新产品优势，整合各类中间业务产品，增加利润增长点。该行一是积极发展投行业务，设计发行对公信托理财产品5个、累计总额6亿元；二是联合交银租赁公司分别为青岛安邦炼化、昌邑石化办理了融资租赁业务；三是企业年金发展发展迅速，账户管理签约职工9533人，托管金额1.2亿元；四是相继为多家大型集团上线蕴通账户，成为企业的主要现金管理合作银行，实现了大量低成本结算资金的稳定沉淀。

三、国际业务中间业务收入稳定增长。该行一是积极与交总行、海外分行联系，争取低成本的外汇资金拆借和代付资金，运作结构性付汇业务或海外代付业务，产生了较高的点差收入回报；二是通过办理NDF、远期信用证等新型业务，促使国际业务结售汇收入大幅提高；三是积极推介结构性付汇业务；四是建立了缓收费用台账，定期与支行对账，杜绝银行手续费应收未收现象的发生；五是加大国内信用证业务营销力度，增加了创收渠道。

【内部管理】 2008年，交行青岛分行进一步提高风险预警水平，实行全面风险控制，夯实进一步发展的基础。

一、推进风险监控机制建设。一是制定了《2008-2010年全面风险管理规划》，重点加强对信用、市场、操作、合规风险的识别分类、监测计量和控制化解；二是制定了公司业务贷后管理《实施细则》和《考核办法》，加强现场检查；三是推广了企业信贷预警管理系统（CAS），加强客户经理对客户财务状况的了解；四是采取了支行风险管理包干制，有效控制风险敞口；五是实行了每日晨会制度，督促清收方案的制定、修改和实施。

二、加强内部控制建设。一是组织开展了“依法廉洁从业法规学习教育活动”和相关法规测试；二是定期邀请检察院专家开展履职教育，组织新入行员工到监狱参观，营造了依法经营，守规操作，廉洁从业的良好氛围；三是开展了员工与客户违规交易行为专项治理工作；四是充分发挥内部主管“牧羊犬”的作用，加强网点合规经营意识。

【企业文化建设】 2008年，交行青岛分行借助奥运契机，不断推进服务改革，创建一流服务环境，加强精神文明建设和企业文化构建，取得一定成效。

一、加强服务，开展“微笑奥运进交行”活动。该行一是挑选优秀员工聘任为大堂经理，招聘职校优秀毕业生为沃德财富中心迎宾人员，提升了大堂服务水平；二是通过举办VISA专项培训、《金融服务100句》口语训练、“服务标兵评选”等活动，强化了员工的服务意识；三是通过开展“让客户了解我们，让客户告诉大家”、“交银理财进行社区月月谈”、“沃德客户合唱节”等活动，架起了员工与客户沟通的桥梁。

二、以人为本，促进企业与员工共同发展。该行一是开发了员工职业发展管理系统，帮助员工选择适合自己的岗位，使员工能够在胜任的岗位上发挥潜能；二是采用培训外包、联合办学的形式，积极探讨职业教育和专业教育、职业生涯规划和职业能力规划的有机结合，提升员工整体素质。

三、该行在每月经营调度会上推出了“赢在交行——本月要情回放”单元，将机关各部门、各经营单位在经营管理方面取得的重大突破和重大事件，精心剪辑成DVD录像短片进行播放，鼓舞全行士气。

四、关爱员工，开展丰富多彩的活动。该行一是与海信物业合作，解决了所有网点员工中午用餐难题；二是通过完善医疗保险等措施，解除了员工的后顾之忧；三是举办了健康知识讲座、员工按期查体等活动；四是举行了乒乓球、羽毛球等多项比赛。

五、积极投身社会公益活动。该行一是协办了青岛市“万人健身跑”和“新年音乐会”活动；二是组织全行员工参与青岛市清理浒苔“大会战”；三是举办了“百年交行沃德客户财富林”、“交行百年华诞百人合唱晚会”活动；四是与青岛市交通局合作，在青岛市主要路段设置了数百块交通安全路标；五是开展了“居民纳凉晚会”、“电影进社区”等群众性活动。

【金融大事记】 1月1日 由交行青岛分行冠名的“‘交通银行杯’迎新年万人健康长跑”在青岛市政府广场鸣枪开跑。

1月25日 在青岛市“2007-2008年度最受欢迎高端品牌”评选中，交行青岛分行“沃德财富”和“蕴通财富”分别荣获“最受欢迎”和“最值得期待”的高端品牌称号。

1月30日 交行青岛分行荣获青岛市“2007年ATM受理杰出贡献奖”。

2月2日 交行青岛分行被山东省经济贸易委员会授予“2007年度山东省企业教育培训先进单位”荣誉称号。

2月27日 交行青岛分行实现蕴通理财业务零的突破。

3月14日 交行青岛分行邀请100位重点沃德客户，携手共造“百年交行沃德客户财富林”，并立碑作为纪念，受到青岛各大媒体的关注，青岛市政府相关部门也对此次植树公益活动给予了肯定。

3月22日 交行青岛分行举办“庆交行百年华诞，办金融百家讲坛”系列活动，青岛市政府相关领导、青岛大中企业客户、沃德客户出席了讲座。

3月28日 交行青岛分行成功收回青岛纺联集团一棉有限公司不良贷款。

4月1日 交行青岛分行举办“交行百年华诞百人合唱晚会”，同时启动了沃德客户合唱节。

4月2日 交行青岛分行与法兰克福、首尔、胡志明等市3家海外分行合作，联合举办了对公理财座谈会，青岛市外经贸局的有关领导以及青岛近50家公司参加了座谈。

4月3日 交行青岛分行为胶济铁路项目提供授信支持，与铁路行业的合作取得了零的突破。

5月9日 交行青岛分行与交银金融租赁有限公司合作，与青岛安邦炼化有限公司正式签署了融资租赁业务合同，成功办理了山东省首笔金融租赁业务。

5月12日 交行青岛分行获山东省支付系统运行维护先进单位称号，是青岛市唯一一家支付系统操作先进单位。

5月14日 交行青岛分行自助设备报修快速响应系统正式上线。

5月15日 交行青岛分行成功营销青岛市高新技术产业开发区财政拨款资金。

6月3日 交行青岛分行开立了首笔即期信用证。

6月4日 交行青岛分行与中国进出口银行青岛分行合作办理代付业务。

6月5日 交行青岛分行与青岛市金融办、人行青岛市中支、青岛市工商业联合会联合举办"2008年金融产品及融资方式宣讲会"。

6月12日 交行青岛分行成功营销韩国独资佳施（青岛）能源有限公司开立一般结算账户，双方将就外汇结算、poss收费等业务展开合作。

6月18日 交行青岛分行在全国经济百强县级市设立的第2家支行——胶州支行正式开业。

6月20日 交行青岛分行被青岛市政府定为青岛市服务业重点企业。

6月24日 交行青岛分行成功叙做首笔光票托收最终贷记业务。

6月26日 交行青岛分行与青岛港（集团）合作的青岛港物流网上支付业务（B2B）正式上线，成为交行系统内首家B2B开户行。

6月27日 交总行叶迪奇副行长到青岛调研，听取了交行青岛分行全面情况以及个金、零售业务发展的专题汇报，视察参观了南京路沃德网点。在青期间，叶迪奇副行长会见了青岛市吴经建副市长，双方就交行发展和支持青岛市经济建设等话题进行了坦诚友好的会谈。

7月1日 交总行华庆山监事长到交行青岛分行检查指导奥运金融服务等方面的工作，视察了青岛奥帆赛基地周边的6个网点，并对奥运期间分行银行业务服务、支付系统保障等方面提出了意见。在青期间，华庆山监事长还会见了青岛市市委副书记王文华，双方进行了亲切友好的会谈。

7月2日 交行青岛分行与青岛港（集团）有限公司就商品融资质押监管业务达成合作意向，签订了《质押监管业务合作协议》。

7月15日 交行青岛分行首支自主组盘理财产品"得利宝·新蓝14号"人民币3个月理财产品成功发行。

7月28日 交行青岛分行正式开通个人实物黄金买卖业务，按照金交所实时报价进行黄金买卖，成为青岛市首家可以提取金交所实物黄金的银行。

7月29日 交行青岛分行李沧一支行荣获"青岛市迎奥运文明服务窗口"称号。

7月30日 交行青岛分行成功向武船麦克德莫特海洋工程有限公司提供项目授信支持，用于建设青岛海西湾造船基地浮式生产储油装置FPSO项目。

7月31日 交行青岛分行成功为中铁十局集团有限公司新增授信额度，用于沪宁城际铁路项目的建设。

8月4日 交行青岛分行自主开发了离行自助设备日常调度管理系统并正式投入使用，进一步提高了离行自助设备的正常运行率，强化了对押运公司的调度和管理。

8月5日 交行青岛分行开发的企业信贷预警管理系统（CAS）正式上线使用。

8月19日 交行青岛分行自主组盘理财产品销售突破5亿元人民币。

8月23日 交行青岛分行成功推出首期2亿元票据挂钩对公理财产品。

8月27日 交行青岛分行成功中标青岛市市级国库集中支付代理银行项目。

8月28日 交行青岛分行与交银金融租赁有限公司合作，成功营销山东昌邑石化有限公司融资租赁业务。

8月29日 交行青岛分行与青岛利群集团签订网银合作协议，网银系统正式上线。

9月1日 交行青岛分行个金目标客户管理系统正式上线。

9月2日 交行青岛胶州支行与胶州市政府成功签订公务员补贴代发协议。

9月8日 交行青岛分行特邀著名京剧表演艺术家叶少兰先生和中国戏剧"梅花奖"获得者、国家一级演员赵秀君，以及他们率领的天津市青年京剧团来青举办迎中秋京剧晚会，青岛市人大主任张若飞、市委副书记王文华以及沃德客户观看了演出。

9月10日 交行青岛分行成功中标国家金库青岛市高新区支库代理项目。

10月8日 交行青岛市南二支行专柜、南京路储蓄所正式成为国家级文明规范服务单位。

10月9日 交行青岛分行向2008年青岛国际啤酒节独家提供全程金融服务，包括啤酒大棚内的POS收单、零钞兑换等。这是青岛国际啤酒节开办18届以来，首次由商业银行独家提供全程金融服务。

10月10日 交行青岛分行与韩国中小企业银行成功签订美元人民币互存协议，并顺利办理了首笔互存业务。

10月13日 交行青岛分行与中海信托股份有限公司合作，成功办理山东聊城热电信贷资产买断业务。

10月20日 在青岛市金融办、人行青岛市中支、青岛银监局联合举办的"青岛市奥运支付环境建设暨金融服务"总结表彰大会上，交行青岛分行及营业部荣获"先进集体"称号，4名员工荣获"先进个人"称号。

10月24日 交行青岛分行成功中标青岛市崂山区财政

集中支付代理银行项目。

10 月 28 日　交行青岛分行携手交银国际与青岛华通签署了企业财务资本运作协议。

交行青岛分行积极参与青岛市“环湾保护、拥湾发展”项目,在青岛市委、市政府举办的老城区企业搬迁改造大型招商推介会上,与重汽集团青岛专用汽车有限公司、首和金海制药有限责任公司签署了合作协议。

10 月 29 日　交行青岛分行与青岛高新区签约共同设立青岛市首支高新区产业投资基金。

11 月 7 日　交行青岛分行成功营销海尔集团财务有限责任公司企业网银业务。

11 月 18 日　交行青岛分行参加青岛市重点企业和重点项目推介暨银行授信签约仪式,与 50 家授信客户达成协议,并现场为青岛国信发展(集团)有限责任公司、青岛马士基集装箱工业发展有限公司、华电青岛发电有限公司、南车四方机车车辆股份有限公司、利群集团等 12 家客户现场颁发了授信协议书;与 42 家企业、项目达成合作意向,涉及授信意向额 947.7 亿元。

11 月 19 日　交行青岛分行与法兰克福分行合作,成功为青钢进出口公司叙做美元海外代付业务。

11 月 20 日　交行青岛分行与青岛市住房公积金管理中心共同开发、联合推出公积金太平洋联名卡。

11 月 21 日　交行青岛分行与南车四方机车车辆股份有限公司签订《供应商金融网络合作协议》。

12 月 5 日　交行青岛分行成功叙做 1 亿美元远期结汇业务。

12 月 10 日　交行青岛南京路储蓄所、市南第二支行荣获“中国银行业文明规范服务示范单位”荣誉称号。

12 月 12 日　交行青岛分行在县域地区设立的首家自助银行——即墨服装市场离行式 24 小时自助银行正式对外营业。

12 月 27 日　交行青岛分行成功组盘了首款信贷资产信托理财产品海蓝 88 号和海蓝 104 号。

12 月 29 日　交行青岛分行“青岛二中校园一卡通”正式上线。

12 月 30 日　由青岛市政府主办、交行青岛分行协办的“2008 年青岛新年音乐会”在市人民会堂举行,青岛市市委、市政府主要领导与交行贵宾客户一起共享音乐盛典。

12 月 31 日　交行青岛分行档案中心正式运行。

(李庆童)

中国邮政储蓄银行山东省分行

【第一负责人简介】　韩广岳,山东宁阳人,1966 年 4 月生,硕士研究生学历,中共党员,九三学社社员,高级经济师。1988 年 7 月参加工作;2002 年 11 月任山东省邮政局副局长、党组成员;2007 年 2 月任山东省邮政公司副总经理、党组成员;2007 年 12 月任中国邮政储蓄银行山东省分行行长。

【综述】　2008 年,中国邮政储蓄银行山东省分行(以下简称“邮储银行山东省分行”)立足于支持国民经济建设和服务城乡居民,坚持审慎经营,夯实发展基础,推动全面转型,经营管理水平不断提高,各项业务取得了较好发展。

截至年底,全辖邮政储蓄存款余额达 1260.99 亿元,居全省金融系统第 5 位,余额市场占有率 10.29%;实现公司业务存款余额 38.22 亿元,开立对公存款账户居全国邮储银行系统第 1 位;绿卡户数达 1242.44 万户;累计开发电子汇票 1042.51 万笔,开发款额 251.68 亿元;代收付业务量 381.99 亿元;代收保费 59.85 亿元,居全省银行代理渠道第 1 位;小额信贷业务累计发放贷款 31.78 亿元,贷款结余 26.80 万元,累计发放和贷款结余均居全国邮储银行系统第 2 位;定期存单小额质押贷款业务累计发放贷款 37.11 亿元,贷款结余 5.39 亿元,累计发放和贷款结余均居全国邮储银行系统第 2 位。

同时,该行积极上划资金,支持邮储银行总行储蓄资金自主运作。截至年底,通过开展协议存款、银团贷款和国债逆回购业务,邮储银行总行先后向山东返还资金 1700 亿元,用于支持地方经济建设和服务“三农”发展。

【内部管理】　2008 年,邮储银行山东省分行进一步加强内控管理,加强风险防范,确保了各项业务健康安全运行和资金安全。一是完善了各项业务规章制度,实施流程管理,强化了由业务、风险管理和内部审计部门构成的风险管理的三道防线,并形成有效的机制,保证各项业务制度和流程执行到位;二是重视金融风险防控工作,开展对三分之一以上的网点负责人的谈心活动,使其进一步树立全员内控的思想以及“两手抓,两手都要硬”的理念;三是做好审计项目与稽核检查的组织实施工作,并加大安防设施建设投入,保证邮政金融资金的安全;四是与邮政企业加强合作、统筹协调,做好代理金融业务的风险防范工作。

【电子化建设】　2008 年,邮储银行山东省分行一是重点做好对公业务全国集中系统、全国集中 95580 电话银行系统、全国集中信用卡系统等工程的上线工作,为下一步邮政金融业务的拓展提供了有力的技术支撑;二是做好系统应急方案的准备、演练工作,保障了奥运会期间的邮政储蓄计算机系统安全运行。

【新兴业务】 2008年,邮储银行山东省分行注重新业务的引进、开发与推广,积极培育新的亮点业务。一是实现小额信贷业务"县县通",并做好个人商务贷款业务的推广工作,扎实推动二手房贷款业务的试点工作,积极满足城乡居民的融资需求;二是开办了对公业务,积极拓展新的业务领域;三是加大中间业务市场开发力度,大力发展商易通、绿卡通、绿卡淘宝卡、绿卡VIP卡、信用卡和本外币理财等新业务,不断丰富中间业务品种,为城乡居民提供多元化金融服务;四是加强与政策性银行、商业银行的沟通与交流,积极协助邮储银行总行开展协议存款、银团贷款业务推广工作。

【网络建设】 2008年,邮储银行山东省分行加大网点建设力度,服务渠道由单一的柜台服务,逐步向全方位的包括营业网点、自助终端、电子支付等多种方式转变,成为山东省城乡网络覆盖面最广、客户交易规模庞大的个人金融服务网络之一,极大地促进了各项业务的发展。截至年底,全省邮政储蓄网点2578个,联网率100%。

【金融大事记】 1月18日　邮储银行山东省分行在济南召开全辖邮储银行分支机构组建工作会议。

4月　邮储银行山东省分行16家二级分行相继挂牌开业。

4月28日　邮储银行山东省分行工作会议在济南召开。

5月　邮储银行山东省分行107家一级支行全部开业。

5月24日　邮储银行山东省分行在东营、德州4个支行试点开办对公业务。

6月　邮储银行山东省分行所有二级支行全部开业。

8月8日　邮储银行山东省分行在临沂城区试点开办个人商务贷款业务。

8月15日　邮储银行山东省分行在济南召开全行业务发展座谈会。

8月22日　邮储银行山东省分行实现小额信贷业务"县县通",辖内全部县支行均开通小额信贷业务。

11月13日　邮储银行山东省分行在淄博试点开办二手房贷款业务。

12月7日　邮储银行山东省分行小额信贷业务结余突破20亿元。

12月　山东省直机关工委授予邮储银行山东省分行省直文明单位称号。

(梁　骞)

第五部分

金融机构运行报告
——商业银行（下）

恒丰银行

【综述】 2008年,恒丰银行不断深化管理体制和运行机制改革,及时调整发展战略,盈利规模实现超预期增长,资产质量保持良好,资金配置、资产结构进一步优化,已跻身英国《银行家》"全球1000家大银行"之列。

【增资扩股工作】 2008年，恒丰银行成功引进新加坡大华银行为境外战略机构投资者,注册资本由10亿元人民币变更为16.9亿元人民币，募集资金已全部用于补充公司核心资本。年内,完成了发行10亿元长期次级债券工作,募集资金全部用于补充附属资本,有利于保证银行的持续快速稳健发展。

【资金结构调整】 2008年，恒丰银行重点支持了国家政策重点扶持和发展的产业,大力支持黄金、通讯、石油、煤矿、铁路、港口和交通运输等基础设施行业和区域优势行业、龙头骨干企业,严格控制"两高一资"行业、房地产业等重点调控行业的信贷投放。

恒丰银行主要统计指标

单位：亿元

项　　目	2003	2004	2005	2006	2007	2008	2008年同比增幅（%）
资产总额	203	272	370	570	1079	1509	40.63
存款余额	132	190	278	427	681	881	35.06
企业存款	64.5	102	161	295	538	654	21.56
机关团体存款	0.9	2.09	7.8	12.4	14.18	23.5	65.73
储蓄存款	66.68	8.62	109	119.8	128.48	203.31	58.24
贷款余额	95	129	246	361	460	657.55	42.98
短期贷款	78.65	111.83	234	300	100. 45	512.64	411.34
个人短期贷款	--	--	--	--	--	--	--
中长期贷款	16.56	16.75	11.3	60.5	359. 44	144.92	-59.68
个人中长期贷款	--	--	--	--	--	--	--
票据融资	7.7	43.8	146	192	81. 21	176.57	117. 42
利润总额	0.96	1.32	1.62	1.64	4.56	9.34	106.49

【资产质量管理】 2008年，恒丰银行加强资产负债期限管理,有效控制流动性缺口,解决流动性不足。截至年末,全行流动性资产326.67亿元,比年初增加97.16亿元,流动性比例68.13%,备付金比率19.41%,存贷比74.6%,均符合监管要求,并保持了较高流动性水平,资金流动性显著增强。

【信贷管理】 2008年，恒丰银行通过强化内控，完善授权,有效指导分行业务。一是抓好现场检查,高度关注重点调控行业;二是加强集团客户监测,强化抵质押资产管理;三是引进大华银行外部合作机制;四是发挥信息管理系统作用,加大信贷管理队伍建设。截至年末,全行不良贷款余额3.6亿元,较年初减少0.7亿元,不良贷款率0.55%,减少0.39个百分点。

【中间业务】 截至2008年末，恒丰银行中间业务收入同比增长46%。一是投资银行业务实现零突破,完成独立主承项目3个、联合主承销项目2个,共承销短期融资券金额18.5亿元;二是银行卡业务持续扩增,九州卡发卡量近35万张,特约商户496户,ATM169台。全年共发行期限以1年为主的理财产品8套,总计16.48亿元。

【国际业务】 2008年,恒丰银行共完成国际结算量25.23亿美元、同比增长205%,贸易融资授信累计发放10.7亿美元;网银业务扩展迅速,网银客户突破5000户,规模不断扩展。

【机构建设】 2008年,恒丰银行通过组织架构和流程再造,初步建立了适合全国性股份制商行发展的总分行组织架构。截至年末,南京分行总资产247亿元,存款139.6亿元,贷款114.3亿元;杭州分行总资产197.5亿元,存款 133.5亿元,贷款112.6亿元;青岛分行总资产136亿元,存款113.6亿元,贷款85.2亿元;济南分行总资产115.6亿元,存款100亿元,贷款70.2亿元;成都分行总资产116.7亿元,存款85.1亿元,贷款73.7亿元。烟台区域全部经营机构总资产434.7亿元,存款309.6亿元,贷款201.6亿元。

【内控建设】 2008年,恒丰银行进一步完善内控和合规管理体系。一是落实岗位操作流程,强化了稽核的独立审计功能,加大了对操作风险和业务合规性问题的检查、整改和问责力度;二是法人治理机制进一步完善,风险识别与评估的技术含量进一步提升,全年未发生重大案情。

【精神文明建设】 2008年,恒丰银行积极履行企业社会责任,大力援救四川灾区,人均捐款、捐物近6000元,企业文化建设再创佳绩,得到了全社会的肯定,先后荣获中国民政部、共青团中央、全国总工会、全国妇联联合主办的"2008全国金融业慈善榜·银行业突出贡献奖";中华全国妇女联合会、第29届奥组委、中国妇女巾帼建功领导小组联合授予的"全国巾帼文明岗"称号,以及"中国十大标志性银行服务品牌"等各项荣誉100项。

【金融大事记】 7月30日 恒丰银行成功引进境外战略投资者新加坡大华银行有限公司。大华银行持有恒丰银行15.38%的股份,为第二大股东。

(单筱强)

中国光大银行济南分行

【第一负责人简介】 王琳,生于1965年,中共党员,研究生学历。历任中国光大银行发展证券部经理、证券部副总经理、信贷部副总经理、北京管理部主任助理、北京分行副行长;2007年12月至今,任中国光大银行济南分行党委书记、行长。

【综述】 2008年,中国光大银行济南分行(以下简称"光大济南分行")全面抓好集团、总行工作思路、方针的贯彻落实,严格执行监管部门的各项要求,业务实现快速发展,达到了"一年奋力起步"和"实现恢复性增长"的目标要求。

截至年末,该行存款总量122.5亿元,比年初增加32亿元,增长率35%;贷款日均93.96亿元,其中,对公贷款日均75.89亿元,减少4.23亿元,个贷日均18.07亿元,增加4.73亿元,信贷结构得到优化;贸易融资日均5.09亿元,增加3.49元,增长率210%;理财销售21.4亿元,增加16.92亿元,增长率447%;中间业务收入3015万元,完成全年计划的129%;营业利润1.47亿元,风险调整后利润7848万元,完成全年计划的115%。

【公司业务】 2008年,光大济南分行积极落实"创新工程",转变经营理念,围绕选定的20多家核心企业客户,重点营销推广贸易融资、链式融资、货权质押、票据贴现和托管、集团客户现金管理、企业年金、代发工资、网银业务,提供"一揽子"服务,进行链式和交叉营销,尽快抢占市场份额,对公业务一些重点产品得到较快拓展。

一、贸易金融业务得到快速发展。截至年末,该行贸易融资日均余额、收付汇量、贸金项下非息净收入三项指标,均超额完成总行计划指标,拉动了对公存款的增长。

二、票据贴现特别是阳光票据托管业务获得重要突破。该行从6月份开始办理票据贴现,截至年末,累计办理金额达29.6亿元;"阳光票据托管"从8月开办,年末票面金额达26.75亿多元。票据业务集约化、专业化进程加快,对增加对公存款、对公网银等业务均起到较大推动作用,树立了"光大票据、阳光托管"的市场品牌。

三、重大核心客户的拓展和全面业务合作关系得到加强。一是与一批重点企业客户的业务合作得到有效拓展,合作关系进一步密切;二是广泛开展贸易链融资、"全程通"法人按揭、票据托收、商业承兑、信用卡等业务,增加了中间业务收入,形成了综合收益。

【零售业务】 2008年,光大济南分行围绕打造首选的"理财银行、按揭银行、缴费银行"的目标开展零售业务,并逐步抓好落实,收到了较好成效。

一、理财销售获得突破性进展。一是积极探索创新同业代销模式,先后与4家同业签订了代销理财业务协议,代理销售理财产品1.9亿元;二是加大宣传营销力度,增加广告宣传投入;三是开办理财课堂,带动了理财产品销售的快速增长,共举办理财课堂90多场次,全年理财销售达21.4亿元,净增额全系统排名第三,计划完成率居系统内第一。

二、个贷业务得到较大增长。该行重点支持鼓励开办一手房、二手房按揭和工程机械贷款,带动了个贷业务迅速发展,全年新增个贷增量排名系统内第五。尤其是工程机械贷款,在当地同业位居前列,已成为济南金融市场知名品牌。

三、代缴代发业务有了新起色。一是积极发展网上银行,大力开展自助银行、自助缴费终端建设,全年在统一银座等市内重要位置安装自助缴费机 62 台;二是完成了与本地网通、移动、联通、电力代缴话费、电费业务的开通运营。

四、发卡业务迅猛增长。该行发动全员营销,突出抓好信用卡直销团队营销,加快了信用卡进度,下半年以来,信用卡客户以每月 1.5 万的速度快速增长,新增信用卡量在系统内排名第三,完成全年计划的 460%。

【运营机制】 2008 年,光大济南分行积极推进各项变革,完善运营机制,为业务发展提供了保障和支撑。

一、完善运营平台,倡导共创价值的理念。在职能分离的基础上,通过调整较好地实现了前、中、后台的有机结合和相互支持,推动了风险控制关口前移。

二、改进绩效分配和用人机制。一是实行支行长和行业部负责人年薪制改革试点,对客户经理实行佣金制与积分制相结合的考核办法,并继续完善柜员考核办法;二是实行员工公开招聘和竞争上岗制度,在全行范围内公开进行了柜台经理和理财经理的竞聘;三是积极吸纳优秀人员加盟,加大对一线营销的费用支持力度,调动全体员工拓展业务的积极性。

三、改进和优化业务办理流程,提高运行质量和效率。一是制定了新的业务办理程序,优化了操作流程;二是对产品经理、风险、运营条线和客户经理实行平行作业,实现风险控制与业务发展目标的有效平衡;三是成立了个贷中心,实现个贷业务的一条龙流水作业,提高了风险控制的有效性和个贷审批效率;四是分行部门对支行实行"一站式"服务和"一次性告知制度";五是改进印章管理使用办法和审批流程,对全行各类印章实行集中管理,双人保管。

四、调整优化了人员结构。一是根据业务发展的实际需要,对全行各部门人员结构进行了调整,从二线部门抽调人员补充到各经营单位,壮大了一线展业人员的营销力量;二是通过新增网点,扩大营销队伍等,较好地促进了存款的增长。

【风险管理】 2008 年,光大济南分行重视"管理工程"建设,加强内部控制和信贷管理,防范化解各类风险。

一、信贷结构不断得到优化调整。一是按照"有进有退"要求和信贷指引,全年主动退出了 11 户高污染、高风险、低效益的"小、散、弱"授信客户,总额达 2.6 多亿元,有效规避了信贷风险;二是加大信贷结构调整,新开发了一批优质授信客户和项目,进一步增强了应对国家宏观调控和防范风险的能力。

二、严格规范信贷操作,做好风险预警。一是积极完善全面风险报告制度和防控措施,落实风险监测岗制度;二是制定并认真落实"季度控制存量授信风险"和"贷后监测报告"制度,严格控制了存量授信风险;三是进一步拓宽信息搜集渠道,落实"信息报告奖惩"制度;四是认真落实贷后检查责任制和到期授信专项报告制度,增强了风险预警和风险防范的及时性和有效性。

三、进一步加强网点规范管理。该行提出了"员工着装、晨会组织、物品摆放、标示设施、产品宣传、服务用语""六统一"要求,在各支行统一推行晨会制度、组织员工写工作日志,进一步强化了网点规范和时间资源的管理。

四、重视抓好"三防一保"工作,加强网点安全检查。该行启动并完成了远程电子监控系统和档案库房建设,实现了全行营业网点的集中监控和档案的集中管理,消除了可能的安全隐患,促进了安全运营。

【队伍建设】 2008 年,光大济南分行重视抓好"人才工程",加强队伍建设,提高员工的素质。一是加强员工培训,年初拟定了培训计划,确保员工全年 40 小时脱产培训,同时建立了内部培训制度并狠抓落实;二是加快零售业务直销团队建设,陆续成立了分行个贷、理财和信用卡中心,建立了理财、信用卡直销团队,健全了营销队伍;三是实行员工公开招聘和竞争上岗制度,通过公开招聘吸纳了一批优秀人才加盟,壮大了员工队伍。

【企业文化】 2008 年,光大济南分行围绕构建企业文化,积极打造"人心工程"。一是先后开展了多种主题演讲活动,并在"三八妇女节"期间,组织全行女员工参加文娱晚会;二是组织员工开展拓展训练等文体比赛活动,培养员工的团队精神,增强员工的凝聚力和向心力;三是全行员工自觉开展抗震救灾爱心捐款活动,累计捐款 17.7 万余元;四是组织开展"青年文明号"和"文明规范服务示范单位"的创建工作,分别有三家支行被全国金融系统、光大银行和省市有关部门继续确认为"青年文明号"和"文明规范服务示范单位"。

【服务提升】 2008 年,光大济南分行大力抓好"服务工程",尤其是借助奥运会召开的有利时机,对照奥运会给银行业服务提出的新要求和新标准,对营业网点进行高标准装修改造,并在全行推广了"提升基础服务水平,打造标杆营业网点"项目。目前全行各营业网点已初步建立了以优良的视觉营销系统,高标准的服务规范,先进的管理工具和流程为核心内容的标杆营业厅建设体系,支行的营业环境得到进一步改善,员工的服务理念和意识有了明显增强,客户的满意度得到进一步提升。

【金融大事记】 1 月 9 日 光大济南分行召开各单位主要负责人会议,对全年工作进行部署和安排。

2 月 28 日 光大济南分行与中国重汽首批汽车按揭交车仪式。

3 月 7 日晚 光大济南分行举行庆"三·八"国际劳动妇女节联谊晚会。

4月11日　光大济南分行与山东新广源集团公司举行“阳光新广源行车卡”签约和全面启动仪式。

5月16日　光大济南分行参加山东省产学研展会暨（山东）国际装备制造业博览会。

6月4日～6日　中央金融巡视组到光大济南分行检查指导工作。

8月28日　光大济南分行与济南市小清河开发建设投融资管理中心举行合作签字仪式。

9月5日　光大济南分行组织全行员工参加以“宣扬合规价值，深化合规理念”为主题的演讲比赛。

10月16日　光大济南分行与济南阳光壹佰房地产开发公司联合推出“光大－阳光100商旅信用卡”。

11月15日　光大济南分行与中国重型汽车集团有限公司推出“阳光重汽商旅联名信用卡”。

12月22日　光大济南分行泉城支行喜迁新址，隆重举行新址开业庆祝仪式。

12月24日　光大济南分行自助缴费机代收物业费成功上线运行。

（陆德军　许　松）

中国光大银行青岛分行

【第一负责人简介】　刘鹰，男，1963年8月生，河南卫辉人，中共党员，大学学历，经济学士、工商管理硕士。1981年进入建行郑州市分行工作；1988年起在交通银行郑州分行工作；2001年起在交行总行工作，历任预算审查员、信贷员、科长、支行副行长、处长；2002年10月起任交行沈阳分行副行长；2005年4月至今任中国光大银行青岛分行党委书记、行长。

【综述】　2008年，中国光大银行青岛分行（以下简称“光大青岛分行”）不断强化全面风险管理，加强内控建设，整体经营步入良好循环、持续向好的发展轨道。

该行推行重点行业和重点客户战略，钢铁、交通、港口、石化等信贷资产行业优势开始凸现，贷款整体质量显著提高。截至年末，不良贷款率2.74%，同比下降3.04个百分点，实现了该行2005年提出的“用三年时间基本解决不良贷款问题”的目标。

【零售业务】　2008年，光大青岛分行继续加强“三个品

中国光大银行青岛分行主要统计指标

单位：亿元

项　　目	2003	2004	2005	2006	2007	2008	2008年同比增幅（%）
资产总额	88.79	93.49	102.40	123.72	147.12	188.62	28.21
存款余额	85.60	86.59	94.89	111.23	118.96	112.39	-5.52
企业存款	43.81	34.14	40.29	43.51	60.10	43.93	-26.91
机关团体存款	7.20	6.83	3.71	3.09	2.84	2.43	-14.44
储蓄存款	11.08	20.09	21.27	21.49	20.76	27.28	31.41
贷款余额	63.58	59.91	71.05	87.65	109.79	127.20	15.86
短期贷款	34.11	27.57	28.04	28.57	38.93	37.19	-4.47
个人短期贷款	1.13	0.45	0.08	0.12	0.10	0.05	-50.00
中长期贷款	26.01	26.72	34.62	51.70	51.20	66.38	29.65
个人中长期贷款	2.39	4.25	6.71	12.07	17.84	19.35	8.46
票据融资	2.37	1.39	4.35	1.75	16.89	21.12	25.04
利润总额	-0.12	0.23	0.78	1.58	2.73	2.01	-26.37

牌”建设。一是理财产品品牌，“阳光理财”被评为省服务名牌，理财产品销售量位居该市同业前列；二是队伍品牌，理财师在零售条线人员占比在该市银行业名列前茅，在市第2届“市民理财节”中，该行夺得唯一的“理财方案大赛金奖”，并蝉联“岛城最佳理财团队”；三是服务品牌，年内用7个月时间完成的服务营销项目建设效果显现，在该市银行业奥运金融服务评比中获先进集体称号。

【中间业务】 2008年，光大青岛分行大力发展中间业务，实现中间业务收入6789万元，同比增长81%。一是同业票据业务异军突起，同业存款日均余额40.1亿元，完成年度计划的401%，全年商业汇票累计交易量330亿元，实现贴现利息净收入2亿元；二是票据业务的综合指标列光大银行第4名，贸易融资日均4.7亿元；三是新产品营销亮点纷呈，截至年底，企业年金资金归集规模1.6亿元，管理个人账户1.25万户，成功营销短债42亿元，对公网银有效户数1134户，银关系列产品交易量和笔数一直稳居光大银行前三名，理财代销21亿元，两次参加青岛市国库集中支付代理资格招标均中标。

【会计结算】 2008年，光大青岛分行不断强化会计基础管理，优化业务流程，初步建立起制度完善、内控严密、运作高效、响应及时的运营操作和管理平台，并顺利通过了ISO9001认证的年检工作。一是以提高效率为突破口，使网点对公业务上收分行集中处理工作平稳运行；二是加强业务培训和系统检测排查，制定保障预案，实施延时服务，增加外币兑换品种，并加大人民币现金残券回笼力度，被评为该市奥运支付环境建设暨金融服务先进集体；三是完成银企对账工作，其工作始终保持在光大银行系统内先进行列；四是充分发挥监控对账和放款审核中心的作用，建立较为完善的会计风险防范机制；五是加强现金管理，实行分行集中配送出入库制度，现金清分整点实行分行集中清分为主、网点自行整点为辅模式。

【内控管理】 2008年，光大青岛分行完成了内控管理的“四个项目建设”。一是内控项目建设，梳理了正在使用的1027个文件，绘制了325个流程图，共排查和识别了864个风险点，全员参与、高层表率、尽职免责的风险文化基本形成；二是档案项目建设，系统梳理了自成立以来14年的20余种档案4万余本，编制档案信息3万余条，整理装订档案3000余箱，建立了电子档案管理系统；三是服务营销项目建设，历时7个月，编制了五大标准文件，推行了“一会两表三巡检”制度；四是人力资源信息系统建设，在“识人、选人、用人、育人、留人”五大系统中不断探索，提高了人力资源的技术水平和效率。

【电子化建设】 2008年，光大青岛分行一是实现了对公业务的集约化管理，提高了效率；二是行内加密平台系统的全面升级，从而更加完整、严密，并与国际标准接轨；三是上线并通过了银联公共支付代收费渠道的代收费系统，从原有的联通代收费的单一业务品种，扩大至电费、网通、移动、联通4个业务种类；四是网银客户量从原有2000多户升至20000多户，网银交易量排光大系统第3名；五是通过实施奥运电子系统的安全保障措施，确保了全行奥运期间电子系统的平稳运行。

【党建和企业文化建设】 2008年，光大青岛分行一是于10月份启动“深入学习实践科学发展观活动”，经过广泛动员、学习培训、深入调研、解放思想大讨论等环节，于11月底完成了第一阶段学习调研任务，并于12月份转入第二阶段即分析检查阶段的活动；二是以奥运为契机，优质服务出成效，在市银行业系统奥运支付环境知识竞赛中获第2名，在市金融机构个人征信系统知识竞赛中获第4名，在市团委组织的“迎奥运、讲文明、树新风”英语大赛中获第3名。

【金融大事记】 3月10日 光大银行总行单建保副行长带队的调研组莅临青岛分行调研。

5月10日 光大青岛分行在市“银联杯”奥运支付环境建设大型知识竞赛决赛中夺得亚军，同时获优秀组织奖。

5月27日 在人行青岛市中支举办的“银行业征信知识竞赛”中，光大青岛分行选手取得第4名。

6月末 光大青岛分行票据买入量累计109.18亿元，突破百亿元大关。

7月20日 光大青岛分行召开领导班子及部分中层干部会议，传达了光大总行唐双宁董事长、郭友行长、单建保副行长等领导的重要讲话精神，刘鹰行长对上半年工作进行了总结，对下半年的工作进行了部署，要求从7月21日起全面进入奥运状态。

8月4日 光大银行总行奥运金融服务检查组一行3人对青岛分行8家奥运金融服务网点进行了奥运开幕前的各项检查，对其迎奥运的内外环境、标识标牌、设备机具、大堂经理配备、行容行貌、仪容仪表、行为规范等方面给予了充分肯定和赞许。

9月8日上午 光大青岛分行与邮储银行青岛分行在海天大酒店举行了全面业务合作签约仪式。

11月4日 光大银行总行李杰副行长到青岛分行检查指导学习实践活动开展情况。

11月14日 光大青岛分行参加市银监局、市银行业协会共同组织的改革开放30年“银行业职工文艺汇演”，并获得曲艺类第3名。

11月21日 光大青岛分行票据业务买入量达339亿元，实现贴现利息净收入超过2亿元，票据业务的综合指标进入光大总行系统前三名。

11月24日 光大银行总行同意将青岛分行设立胶州支行的计划列入2009年机构发展计划，要求该行积极向监管部门提报申请。

11月26日 光大青岛分行在总行组织的合规演讲比赛中获得两项第一名，同时获得最佳组织奖。

12月16日　光大青岛中央商务区支行成立。

12月20日　光大银行总行考核组对青岛分行学习实践活动第二阶段工作进行检查指导，并对该行领导班子进行年终考核。

12月22日　光大青岛分行高端客户答谢会在青岛海天大酒店举行。

（王国军）

中信银行济南分行

【第一负责人简介】　侯训义，男，1959年11月生，中共党员，研究生学历，高级经济师。历任工行济南分行工业信贷处副处长、长清县支行副行长、开发区支行行长；工行山东省分行工业信贷处、资产风险处处长、营业部副总经理；2001年5月，任中信济南分行副行长；2008年7月28日，任中信济南分行行长。

【综述】　2008年，中信银行济南分行（以下简称“中信济南分行”）全面完成了总行各项经营指标，管理能力大幅提升，合规发展、精细管理水平逐步提高，实现了质量、效益、规模协调发展。

【公司业务】　2008年，中信济南分行以提升业务发展能力为核心，各项工作呈现了良好的发展态势。一是对公一般性存款稳步增长，非授信存款同比增长超过30亿元，在对公一般性存款中占比超过40%；二是公司网银交易量过千亿，开户数突破千户，业务发展迈上新台阶；三是成功开通了中央、省、市、区四级财政非税收入收缴业务；四是托管业务实现了零突破，在当地率先推出企业年金品牌“信福年金”，同时对企业理财产品成功实现托管；五是积极参与企业上市业务，实现了对企业上市资金的管理；六是为当地卫生系统提供金融服务方案，实现了从产品营销到服务方案营销的转变。

中信银行济南分行主要统计指标

单位：亿元

项　　目	2003	2004	2005	2006	2007	2008	2008年同比增幅（%）
资产总额	119.25	126.82	159.45	207.51	253.087	301.78	19.2
存款余额	88.56	120.05	143.40	183.24	220.81	264.56	19.8
企业存款	77.17	101.81	117.72	135.86	150.24	186.82	24.4
机关团体存款	3.64	8.43	9.52	10.09	11.43	19.10	67.1
储蓄存款	7.74	9.82	16.16	37.29	59.15	58.63	-0.9
各项贷款	93.68	100.53	102.08	153.94	169.89	183.86	8.2
短期贷款	66.25	49.20	64.01	103.55	114.25	129.75	13.6
个人短期贷款	0.24	0.3948	0.36	0.21	0.70	0.46	-35.4
中长期贷款	17.73	30.50	31.37	37.50	34.35	37.21	8.3
个人中长期贷款	1.16	2.24	2.85	4.57	7.51	9.88	31.5
票据融资	9.71	20.83	6.70	12.89	21.29	16.90	-20.6
利润总额	-0.50	-1.98	2.35	1.69	2.33	5.49	135.6

注：2005年之前为同城数据，取至人行营管部每月下发的小册子，2006年之后数据为全辖口径，取至头寸表。

【国际业务】 2008年，中信济南分行国际业务将后台支撑融入一线营销，变被动操作业务为主动开发产品，实现了持续、健康、稳定发展。针对客户需求和市场变化，积极开展业务和产品创新，满足客户融资和规避汇率风险的需求，市场竞争力得到提高。

【零售银行业务】 2008年，中信济南分行贯彻“零售银行”战略，不断加强体系建设，营销水平持续提高，储蓄存款快速增长。一是围绕“获取客户、经营客户、提升客户”三个环节，组织各项营销活动；二是进一步充实理财经理队伍，组织了理财规划师培训；三是强化对自助设备的管理，提高了服务质量和效率；四是信用卡工作取得突破，成为获取零售银行客户最重要的渠道之一；五是资产业务落实抵押登记，严控贷款风险，该项业务有序推进；六是获得了当地首批存量房交易资金托管行资格。

【风险管理】 2008年，中信济南分行风险管控能力逐步增强，截至年末，不良贷款余额较年初下降2.04亿元，不良贷款率降至3.89%；资产质量不断改善，拨备覆盖率达193%。

工作措施：一是在严把授信准入关口的基础上，积极推动信贷结构调整，按照“支持、维持、压缩、退出、备选退出”的五级标准，落实压缩退出计划；二是组织对全辖存货质押业务进行了全面排查，并及时将质押物价格调整的管理权限上收，督促部分质物不足值的企业补充各类货物或提前备付、偿还授信敞口，共缓释授信风险超过5亿元；三是严控新增不良贷款的发生，对于新增不良贷款，及时采取措施，年末新增不良贷款余额控制在可控范围内；四是按照“配备人员、明确职责、重点监控、严格考核”的要求，加强贷后管理力度，开展了专项贷后检查。

【财务管理】 2008年，中信济南分行一是推进资产转移定价工作，不断增强计划财务工作的前瞻性和预见性；二是优化资产负债结构，引导各项业务协调发展；三是加强利率管理，完善利率定价机制；四是对考核及资源配置激励机制进行了全面改革；五是完善财务制度，提高财务操作规范化程度。

【会计管理】 2008年，中信济南分行一是完善会计人员考核机制，按照“增加量化指标考核，让数据说话，借助信息技术平台，减少成本”的原则，减少人为因素对考核的干预；二是通过月度量化考核和管理机构评价，提高柜员队伍素质；三是完成了会计3代系列配套系统上线和账务集中工作；四是实现了支付系统与电子汇划系统升级、自助设备柜员转化、指纹身份认证等配套系统的上线工作。

【企业文化】 2008年，中信济南分行提出建设“和谐发展、共同成长、精细合规、良性循环”的企业文化，开展了学习实践科学发展观活动，制订了《工作方案》，成立了活动指导检查组，深入全辖各个单位进行调研，提高了全行的学习水平和能力。

2008年，该行自发向南方遭受雪灾的省市捐款11万元；向“5·12”汶川地震灾区捐款51.59万元，交纳特殊党费19.88万元，捐物折金5.45万元，合计76.92万元，并在各网点设立捐款窗口和爱心通道，保证汇往灾区的款项畅通无阻。奥运会举办期间，成立了奥运应急保障领导小组，制定了专项应急预案，并进行了实战演练。

【金融大事记】 3月 中信济南分行成功获得济南市存量房交易资金托管资格，成为济南市唯一获此资格的中小商业银行。

5月6日 中信总行宣布中信济南分行主要领导职务调整的决定，许卫东不再担任中信济南分行行长职务，由侯训义主持工作。

7月18日 中信济南高新支行开业。

7月28日 经山东银监局核准，中信总行聘任侯训义为中信济南分行行长。

9月2日 中信济南分行成功实现中央、省、市、区级财政非税收入代收代缴业务全部开通，成为获得四级财政非税代理资格的银行业金融机构。

11月19日 中信济南分行与山东省商业集团签署全面合作协议。

11月23日 中信济南槐荫支行荣获“中国银行业文明规范服务示范单位”称号。

（李 勇）

中信银行青岛分行

【综述】 2008年，中信银行青岛分行（以下简称“中信青岛分行”）以完成战略转型为目标，以业务发展为重点，妥善应对形势和政策变化，圆满完成了年度各项经营及管理任务。

【公司业务】 2008年，中信青岛分行客户和业务结构不断优化。一是战略客户贡献度进一步提高，战略客户一般性存款55.43亿元，同比增加11.76亿元，日均存款67.32亿元，同比增加30.3亿元；二是对公存款结构进一步优化，新增对公存款1000万元以上客户99户，新增对公贷款5000万元以上客户27户；三是机构客户营销取得较快发展，机构存款总户数

746 户,比年初增加 287 户,增长 62.52%,日均存款余额 34.09 亿元,比年初增加 7.56 亿元;四是收益结构进一步改善,全年实现公司类中间业务收入 3833 万元,增长 74.7%。

【零售业务】 2008 年,中信青岛分行实现管理资产 114.78 亿元,增长 13.56%。一是零售客户结构逐步优化,5 万元和 50 万元以上贵宾客户分别为 3.94 万户和 3956 户,拥有管理资产 103.29 亿元和 56.10 亿元,占比分别为 89.98%和 48.87%;二是信用卡业务、个人网银大力推进,全年信用卡发卡 7.79 万张,个人网银新增 3.4 万户。

【国际业务】 截至 2008 年末,中信青岛分行完成国际业务收付汇量 76 亿美元,增长 50%;实现收入 1.7 亿元,增长 29%。

一、客户结构进一步优化。1000 万美元以上客户数 106 户,同比增加 9 户,收益 1.37 亿元;山东省百强企业客户数 29 户,同比增加 9 户。

二、"港口金融"系列组合产品营销取得初步成效,国内信用证、未来货权质押开证、保函业务成为国际业务新亮点。国内信用证 9.3 亿元人民币,带动国际业务 1.5 亿美元;未来货权质押开证 7200 万美元,带动新客户开发 5 户,户均业务量 1400 万美元;海外工程承包类和船舶类预付款保函 7300 万美元,带动国际业务 7300 万美元。

【财务管理】 2008 年,中信青岛分行进一步加强财务管理工作,提升财务管理水平。一是通过引入贷款定价和竞价机制提高贷款收益率,人民币贷款利率不断走高,达到 7.69%,同比提高 0.8 个百分点;二是通过实施 FTP 定价管理,引导分支机构降低存款成本、提高贷款收益率;三是合理配置财务费用资源,提高了投入产出效率;四是在等级行考评中引入风险资产回报率、经济利润等指标,强化资本成本管理理念;五是制定了《绩效工资考核方案》。

【会计管理】 2008 年,中信青岛分行一是顺利实现账务系统、外币清算系统和后督电子档案管理"三大集中",有效控制了操作风险,提高了柜面服务水平和效率;二是完善会计考核管理体系,引入会计管理系统,对柜员的工作质量、服务评价等方面进行量化考核,差错率由上年的万分之 3.6 降至万分之 1.2,降幅 66.67%。

【风险管理】 2008 年,中信青岛分行风险控制水平进一步提高,年末不良贷款率 4.16%,比年初下降 0.97 个百分点。

一、通过信审会分层管理、信审人员行业审贷等措施,提高审批质效。全年审批新客户 231 户,上报总行项目 85 个。

二、按照"有保有压"政策,调整信贷结构。一是大力支持港口、汽车、钢铁金融、未来货权质押等特色产品和石化炼油、船舶等行业特色支行建设,加强对创新产品的支持力度;二是坚决压缩退出高风险的授信客户,全年共压缩退出高风险客户 34 户,压缩退出金额 5.7 亿元。

三、强化贷后管理,有效排除风险。一是建立分行行长约谈制,了解客户经营状况和业务需求,进一步密切了银企合作关系;二是严格执行到期授信管理,首次实施了对后三个月内到期的授信业务提前安排的措施,实时认定贷款五级分类,主动调整贷款级次;三是开展了授信业务大排查,全年共排查授信企业 1000 余户,化解风险金额约 2.5 亿元;四是实施贷后独立飞行检查,对日照、东营等 11 个地市和胶州、平度等地近 200 个授信客户实行了检查,异地授信客户检查率 98%,地区覆盖率 100%。

【法保工作】 2008 年,中信青岛分行在清收、核销及抵债资产处置等三个方面取得了重大进展,实现现金回收 1.59 亿元,其中本金回收 1.24 亿元;核销不良资产 1.13 亿元人民币。处置抵债资产项目 7 个,变现金额 5853 万元;通过有效重组和化解,对澳柯玛股份、三洋水产公司等重组项目成功追加价值 1 亿元的房产土地抵押。

【内审工作】 2008 年,中信青岛分行全辖垂直管理的合规审计管理体制初见成效,审计方法逐步改善。通过开展专项审计、突击审计及内控评价工作,全行内控环境明显改善,内控和风险意识进一步增强。全年通过内控评价等 12 个审计项目,发现问题 380 条,与往年相比数量大幅下降,违规问题性质明显好转,被总行评为先进内审单位。

【信息技术】 2008 年,中信青岛分行完成了奥运信息技术保障和会计三大集中工作,开发了会计和信贷管理报表系统,改造了通用管理系统等 26 个项目,同时,强化电子银行业务的维护与运行,提高了该业务的交易成功率和安全性,为业务发展提供了有力的技术支撑。

【安保工作】 2008 年,中信青岛分行安保工作以安全评估和奥运安保为重点,提高安全意识,构建"人防、物防、技防、制度防"四位一体的防范体系,连续 4 年保持无案件、无事故,被总行授予"安全防范优秀单位"称号。

【队伍建设】 2008 年,中信青岛分行不断优化人员结构。一是加强领导班子建设,对威海、烟台分行及青岛同城 6 个支行、分行本部 7 个部室主要负责人进行了调整,完成了 103 名干部的职务聘任、解聘;二是强化员工队伍建设,通过考核共有 167 名正式员工获聘技术职务,零售客户经理 16 人通过 AFP 考试,成为该行第一批获得 AFP 资格的理财规划师。

【金融大事记】 2 月 25 日 山东银监局周忠明局长一行 5 人到中信青岛分行进行工作调研。

2 月 27 日 中信总行曹彤副行长和零售银行部李欣总经

理向零售资产过百亿元的中信青岛分行授匾。

4月24日　中信银行2008年外汇业务战略客户高层论坛在山东蓬莱举行。

青岛银监局对中信青岛分行进行2007年度风险评估,综合评估结果由上年的4级提升为2级,列参评的8家中小股份制商业银行的最优级别(一级空缺)。

6月26日　中信青岛分行“企业年金·港口金融推介会”在青岛海情大酒店召开,总行苏国新副行长参加了会议。

6月30日　中信集团孔丹董事长视察中信青岛分行。

7月5日　中信银行中信万通证券白金联名卡发布会暨投资策略报告会在青岛海景花园大酒店举行。

7月8日　中信总行欧阳谦副行长到中信青岛分行检查奥运安全保障工作。

7月31日~8月1日　中信总行在青岛召开中信银行国际物流融资研讨会,总行欧阳谦副行长出席会议并做重要讲话。

8月24日　中信青岛分行举办“激情2008 畅享白金盛宴”理财产品推介会。

12月14日~15日　中信青岛分行在深圳召开2009年度发展务虚会。

12月18日　中信银行青岛香港中路支行迁址更名暨开业仪式在青岛山孚大厦举行。

12月28日　在“青岛市财政局市级国库集中支付代理银行”招标会上,中信青岛分行成功中标。

12月29日　在“青岛改革开放30年财经风云人物·风云企业颁奖典礼”上,中信青岛分行行长吴小平荣膺“改革开放三十年青岛金融行业风云人物”奖。

(中信银行青岛分行)

华夏银行济南分行

【第一负责人简介】　赵琴波,男,生于1956年,中共党员,博士,高级经济师。历任人行青岛市分行(外管局青岛分局)副科长、副处长、处长、办公室主任,华夏银行青岛支行党组(委)书记、行长,2004年6月至今任华夏银行济南分行党委书记、行长。

【综述】　2008年,华夏银行济南分行(以下简称“华夏济南分行”)坚持以客户开发为重点,以提升整体服务水平为主线,以加强机制建设为保障,不断提高风险防控能力,努力转变增长方式,进一步深化集中营销、经营转型和业务结构调整,资产负债规模稳步增长,业务结构得到优化,财务实力进一步增强,不良资产清收化解取得明显进展,产品推广成效显著,整体运行质量进一步优化提高。业务发展呈现四个特点:

一、存款规模实现新的跨越。截至年末,全行实现一般性存款余额(考核口径)317.98亿元,增长12.5%,增量在系统内名列前茅;一般性存款余额和日均在系统内均排名第四;储蓄存款余额和日均在系统内均排名第三。

二、个人业务取得新的突破。该行信用卡累计发卡量、新增发卡量、核卡率、激活率及目标责任履责综合得分系统排名第一;个人贵宾客户、黄金客户增量系统排名第二;第三方存管客户数完成总行计划的305%;在总行“客户立行,勇创佳绩”竞赛活动中,业绩排名第二。

三、财务实力得到新的夯实。该行实现营业利润比上年增长23.9%;中间业务收入增长32.5%,其中国际结算收入位列系统第二,同比增长54.3%;拨备覆盖率同比提高43.2个百分点。

四、资产质量实现新的提高。截至年末,全行四级不良贷款、五级不良贷款余额及非应计贷款、欠息贷款、展转贷款余额均控制在总行计划以内;成功现金收回4笔存续时间近10年的不良贷款和2笔账销案存的不良贷款。

【公司业务】　2008年,华夏济南分行积极开展公司业务,进一步理顺了营销管理机制,强化了市场开发能力。

一、重点推广物流金融业务。该行一是在公司业务总部管理部配备了专职物流业务产品经理;二是成立了货押管理中心,建立起专业的营销管理团队;三是加大培训力度,提高了营销人员的业务素质和操作技能;四是成立了专门的物流金融部,全年实现物流金融业务量33亿元。

二、建立完善考核激励办法。该行一是进一步完善了《模拟利润考核办法》,调整了相关参数;二是制订完善了《无贷户存款营销奖励办法》和《物流金融业务营销推动及考核办法》;三是加大对公有效户考核分值和奖惩力度,把全部有效户归属划分到各经营单位,实现计划到月、任务到人。

三、做好存款组织推动工作。该行一是实施了存款日监控、周通报和周预测制度,及时掌握存款进出情况和变化;二是完善了营销周例会制度,邀请经营单位参加例会,共同研究业务发展中存在的困难;三是开展了“对公有效客户开发与服务”竞赛活动,有效激发了经营单位和客户经理的积极性。

【个人业务】　2008年,华夏济南分行坚持以客户为中心,紧贴市场,强化条线业务管理,促进了个人业务的健康发展。

截至年末,该行在总行“携手2008,文明、安全、规范服务在华夏”系列活动评比中,荣获“服务创新奖”;营业部在中国银行业协会的网点服务评比中,荣获“优质文明服务示范网

华夏银行济南分行主要统计指标

单位：亿元

项　　目	2003	2004	2005	2006	2007	2008	2008年同比增幅（%）
资产总额	172.82	206.81	223.14	259.94	293.69	325.99	11.00
存款余额	136.73	173.27	193.39	225.75	265.67	308.35	16.06
企业存款	76.91	83.96	77.45	107.03	129.07	117.61	-8.88
机关团体存款	10.01	21.77	17.81	21.22	24.42	23.06	-5.55
储蓄存款	17.01	23.51	28.60	36.88	43.29	52.36	20.96
其他存款	32.80	44.04	69.54	60.61	68.90	115.31	67.38
贷款余额	121.99	115.85	167.11	176.58	201.41	229.30	13.85
短期贷款	75.16	88.09	115.04	131.39	172.27	178.50	3.62
个人短期贷款	1.69	3.85	4.29	11.52	9.65	9.44	-2.24
中长期贷款	24.73	21.83	25.03	24.25	28.36	38.02	34.06
个人中长期贷款	2.74	2.81	3.38	5.46	4.19	3.26	-22.23
其他贷款	0.39	0	0.49	0.95	0.01	0	-100.00
票据融资	21.12	5.34	25.98	19.80	0.45	12.06	2554.50
各项垫款	0.60	0.59	0.57	0.19	0.31	0.71	124.09
利润总额	0.63	1.23	3.01	3.17	4.21	3.65	-13.15

点”称号；3家网点在总行“礼在华夏”网点服务竞赛中，荣获“优秀服务网点”称号。

一、改革个人业务体制，提高营销能力。该行一是成立了零售业务总部，直接贴近市场，打造零售业务营销平台；二是强化市场开拓职能，发挥零售业务的营销核心作用，建立了助销员团队，团队业务年底存款额3.7亿元，在系统内名列前茅。

二、强化客户开发管理，促进业务发展。该行一是紧抓贵宾客户增长，通过推动理财、黄金、保险、三方存管、基金定投等业务，做好优质客户营销；二是加大代发工资及优质客户群体开发，新增有效代发工资户比年初增长290%；三是注重对优质客户的后期维护及捆绑营销，储蓄存款留存率大大提高。

三、改进营销模式，推动卡业务健康发展。该行积极探索网点营销、直销和合作营销相结合的多层次银行卡营销模式，在保持信用卡业务增长速度的同时，进件数量和资产质量均保持了较高水平。截至年末，全年华夏有效卡新增2.85万张。

四、不断改进服务机制，提升服务水平。该行一是完善了网点服务监测评价体系；二是开通了贵宾窗口，为持有至尊卡和钛金信用卡的客户提供绿色服务通道；三是设立了4处理财中心，为贵宾客户提供“一对一”服务；四是实施了“开门迎宾礼”和“首席大堂经理制”，举办了“业务技能大赛”和“服务礼仪风采大赛”等活动，提升员工的综合服务素质。

【国际业务】 2008年，华夏济南分行在总行开展的国际业务营销竞赛中荣获“国际业务营销竞赛优胜行”称号。截至年末，全行办理国际结算量同比增长25%。

一、加强营销组织推动工作。该行一是制定了《国际业务发展工作意见实施细则》，分地区列明山东省内重点进出口客户名单；二是研究出台了进一步加强国际业务客户开发储备工作的政策，鼓励经营单位拓展国际结算有效客户和贸易融资授信客户；三是组织开展了形式多样的国际业务营销竞赛活动。

二、狠抓国际结算客户建设。该行一是通过贯彻“以中型客户为主，抓中不放大”的客户营销策略，积极介入省内优质进出口企业；二是对现有的人民币授信客户逐户进行梳理，通过增加贸易融资授信等方案和措施，启动国际结算业务合作；三是进一步夯实客户基础，与一批省内进出口龙头企业建立了合作关系。

三、加强国际业务风险监控。该行一是对重点授信客户、商品和业务的货物流和现金流加强监督管理，防止因企业经营状况恶化、资金链断裂导致出现不良贸易融资；二是对远期信用证、进口押汇、进口代付等业务坚持付款“双向管理”，确保到期付汇；三是针对个别问题企业，通过“提前收回资金、备足开证保证金、不符点单据合理拒付”等方式，规范贸易融资风险管理。

【计划财务】 2008年，华夏济南分行不断强化财务管理力度，提高资金运营能力。一是针对存贷比变化、资产业务刚性情况，及时调整存贷款内部转移价格等核心参数，存贷款利差同比扩大0.09个百分点；二是加强资产负债管理，对贷款投放实行额度调剂使用的做法，重点支持个人贷款、物流金融业务的发展；三是加强本外币资金的调度，主动联系同业资金来源，满足了业务发展和资金流动性管理的要求；四是合理发展票据贴现业务，坚持加快流转速度，票据业务量和收益率都取得了较好的营运成绩。

【会计工作】 2008年，华夏济南分行会计工作以防范风险为中心，强化规范管理，完善队伍建设，不断提高管理水平。一是持续推进会计业务ISO9001质量管理体系认证，组织了内部审核和管理评审，系统地开展认证的后续工作；二是开展了“会计专业安全合规运行百日竞赛”活动，着重培养员工良好的会计操作习惯；三是加强检查力度，按季开展常规检查，同时有针对性地开展业务培训和现场业务辅导；四是开展了“增强合规意识，防范案件风险”自查，同时对银行承兑汇票、个人外汇业务和反洗钱等工作进行了多次专项检查；五是开展了“知识竞赛、技术比赛”活动，全面提高会计从业人员素质。

【风险管理】 2008年，华夏济南分行成立了济南地区信用风险管理部，确立了信用风险管理全行一盘棋思想，提高了风险防控能力。一是理顺了内部管理流程，确定由分行专业管理部门与地区信用风险管理部共同负责全行资产质量，形成信用风险管理合力；二是严把市场准入关，不符合国家产业政策和环保政策的授信客户坚决不介入，没有自主技术、市场不稳定及经营业绩明显下滑的中等规模以下企业坚决退出；三是研究制定了《授信业务风险预警管理暂行办法》，及时监测风险动态变化；四是加强贷后管理，先后开展了纺织行业、物流金融业务、集团及互保客户、到期业务和“了解你的客户”授信业务等一系列风险排查。

【科技工作】 2008年，华夏济南分行科技服务部门坚持“积极防范、突出重点、技管并重、保障发展”的工作思路，实现了信息系统的安全稳定运行。一是完成了综合业务主机升级更换、自助设备受理环境全面梳理、重要信息系统的应急演练、信息科技风险奥运专项自查等工作；二是完成了黄金2期、支付宝、小额本票、网上集团结算中心2.0版、网上企业银行3.0版、新基金代销等金融产品系统的安装、测试及上线工作；三是完成了“公司客户授信用信业务管理信息系统”、“利率报备自动转换系统”、“联网信息发布系统”及第三方存管业务在自助设备上的开发应用工作；四是完成了泺口服装城、佛山苑小区、北小辛庄、阳光舜城、花园路、鑫苑小区6家自助银行的设备安装、调试和投产运行。

【安全保卫】 2008年，华夏济南分行认真开展安全保卫达标考评和银行金融机构网点评估达标工作，同城所有营业网点顺利通过公安机关的达标验收。一是完成了离行式自助银行和单点自助设备电视监控和110报警改造，实现了电视监控与济南市公安局监控平台的联网；二是举办了各类防恐安全知识讲座，经常性组织员工进行防抢劫、防失火、反恐防爆炸等预案演练；三是全年编发日常生活安全防范系列常识7期、《安全保卫专刊》8期，提升了员工的安全防范意识。

【企业文化建设】 2008年，华夏济南分行以构建和谐银行为目标，积极培育优秀企业文化。一是先后组织开展了“尊老爱幼”主题征文、“创先争优”、“一方有难，八方支援”抗震救灾捐款、“慈心一日捐”、《文化手册》学习讨论等活动；二是举办了登泰山比赛、员工文艺汇演晚会、“欢乐颂华夏”音乐会等12周年行庆活动；三是成立了篮球、足球、网球等5个兴趣爱好协会；四是作为“2008山东文化产业博览会唯一指定金融服务商”，在文博会上展现了独特文化魅力；五是继续打造高质量、高水准的行报《新华夏》，传播业务动态和企业文化，为员工和客户沟通提供了交流平台。

【金融大事记】 1月1日 华夏济南分行个人黄金业务旺季营销活动正式拉开帷幕，通过全方位的营销宣传，积极打造“金盈”品牌。

1月16日 华夏济南分行在山东大厦成功举办2008房地产重点项目高层论坛。

5月15日 华夏济南分行举办“一方有难，八方支援”抗震救灾捐赠仪式。

6月10日~11日 华夏银行发展规划纲要学习落实及上半年经营情况座谈会在济南召开。在济期间，山东省省委常委、常务副省长王仁元会见了华夏银行翟鸿祥董事长一行。

6月 华夏济南分行零售业务总部正式成立，下设管理部、财富中心、个贷中心、银行卡中心和自助服务中心。

7月6日 华夏济南分行圆满完成综合业务系统主机更换升级工作。

7月 华夏济南分行在机关办公大楼成功组织反恐防爆演练。

9月5日 华夏银行资产质量管理工作座谈会在济南召开。

9月5日~7日 华夏济南分行以“华夏理财，财聚福来”为主题参加了“第四届中国(济南)国际信息技术博览会”。

9月7日 “2008山东文化产业博览会唯一指定金融服务商签约仪式新闻发布会”在山东大厦隆重召开，华夏济南分行二度成为山东文化产业博览会“唯一指定金融服务商”。

9月24日 华夏济南分行组织员工在济南监狱现场召开“警示教育大会”。

10月19日　华夏济南分行举办"12周年行庆登泰山比赛"。

10月24日　华夏银行IT支持业务发展总分联动研讨会在济南召开。

10月27日～29日　华夏银行在济南举办2008年供应链金融产品培训班。

12月18日　华夏济南分行邀请中国交响乐团合唱团来济南，成功举办"欢乐颂华夏"12周年行庆音乐会。

（张继林　熊　苹）

华夏银行青岛分行

【第一负责人简介】　关文杰，男，满族，中共党员，1970年生于青岛，国际经贸关系专业硕士学位。自1988年9月参加工作以来，一直从事银行工作，有着较丰富的银行管理经验和较深厚的金融理论功底，并善于将先进的管理理念与银行经营相结合。现任华夏银行青岛分行党委书记、行长。

【综述】　2008年，华夏银行青岛分行（以下简称"华夏青岛分行"）坚持"客户立行"的原则，紧紧抓住创新、便捷、个性化等服务要素，不断提升服务水平，大力开发金融产品，有效满足了客户需求。

华夏银行青岛分行主要统计指标

单位：亿元

项　　目	2003	2004	2005	2006	2007	2008	2008年同比增幅（%）
资产总额	62.80	73.52	108.07	115.31	153.91	149.17	-3.08
存款余额	55.73	68.87	83.29	101.67	115.31	123.54	7.13
企事业存款	27.01	29.84	26.91	38.67	54.06	43.86	-18.87
机关团体存款	5.13	9.57	2.35	3.53	6.96	3.70	-46.88
储蓄存款	8.55	13.01	13.67	21.78	29.26	36.55	24.92
贷款余额	41.44	58.33	94.37	85.08	101.63	106.22	4.52
短期贷款	22.16	27.19	40.95	51.54	61.85	63.43	2.55
个人短期贷款	1.40	4.87	7.22	4.74	5.26	5.35	1.72
中长期贷款	10.30	20.67	19.53	28.64	35.60	35.06	-1.51
个人中长期贷款	7.81	6.37	6.14	4.67	3.45	2.86	-17.20
票据融资	7.81	9.23	31.92	2.94	2.56	5.40	111.00
利润总额	0.48	0.72	1.02	1.82	2.36	3.20	35.59

【资金管理】　2008年，华夏青岛分行进一步完善资金管理机制，对货币市场、债券、结售汇和外汇买卖、基金投资、贵金属和衍生产品等资金业务，都制订了详细完整的规定，形成了有效的资金调配体系，满足了业务经营的流动性需求。一是建立了大额资金流向报告制度，科学监测资金头寸；二是制定了完善的流动性风险预案，提高流动性风险处理能力；三是建立了备付金管理制度，确保备付率控制在合理区间内。

【内控管理】　2008年，华夏青岛分行不断强化内部管理，建立健全内控机制，为业务健康发展奠定了坚实的基础。一是建立了内控管理目标框架，指导员工依法合规开展生产经营和业务操作；二是关注道德、市场和操作等层面的风险控制，制定了具体的职责权限和相应的控制策略，定期对各类内控政策进行评审改进；三是完善了监督评价与纠正管理机制，制定了违规、险情、事故处置和纠正预防措施，定期开展内控综合评价,实现内控管理的持续改进。

【风险管理】 2008年,华夏青岛分行深化风险管理体制改革,围绕信贷、资金两条主线,实施全过程、全方位的专业化、集约化管理,风险识别、评估、预警、控制和处置能力显著提高。一是设立了信贷支持、授信审批、资产保全等3个中心,进一步理顺了信用风险管理组织架构;二是举办了银行承兑汇票和外币反假知识培训,切实加强前台人员的防伪鉴别能力;三是召开了贷后管理效能监察动员大会,进一步提高了风险预警能力;四是召开了"理财突发事件应急部署工作会议",确保了"慧盈2号"理财产品的顺利兑付;五是组织开展了核心系统应急演练,不断提升突发性事件应急处置能力。

【公司业务】 2008年,华夏青岛分行坚持稳中求进的经营思路,通过调整客户结构和业务结构,推动存款稳定增长。一是把产品销售作为业务增长的根本手段,用产品打市场、稳客户、增存款;二是狠抓有效客户营销,全年新开发有效户存款39亿元;三是重点突破无贷户营销,年末无贷客户存款增长了9.03亿元,同比多增5.82亿元;四是加强客户经理考核评价机制,同时通过外部引进、加快培养等方式,有质量地扩大客户经理队伍,新增营销人员拉动存款增加11.3亿元。

【个人业务】 2008年,华夏青岛分行牢固树立"存款立行"的经营理念,依托准确的客户与市场定位、健全的组织体系和优质的客户服务,以银行卡、个人信贷、理财产品为业务发展载体,储蓄存款逐年提升。2003-2008年,该行储蓄存款余额年均增长34%;储蓄与一般性存款占比年均提高2.85个百分点。

【宣传营销】 2008年,华夏青岛分行坚持"围绕中心,服务大局,加强引导,树立形象"的思路,充分利用办公网络、电视、报纸等媒体开展产品推介,为业务发展提供了强大的宣传支持。

一、加大宣传力度,打造华夏品牌竞争优势。该行先后在当地报纸发表宣传文章143篇,在《青岛市银行业通讯》刊发信息36篇;在《半岛都市报》举办的"青岛市第二届市民理财节"上,荣获最具实力理财团队和读者最信赖金融机构奖,"华夏理财"、"华夏钛金卡"分别被评为读者最喜爱的理财品牌、最贴心的信用卡品牌;在《青岛晚报》举办的"2008品牌运动会"上,荣获品牌生命力奖;在"青岛金融理财盛宴"评选活动中,被《财经日报》评为公司创新品牌;在《青岛早报》改革开放30周年评选活动中,丽人卡被评为消费者最喜欢的银行卡。

二、利用办公网络,加强组织内部宣传交流。该行一是密切与业务部门的联系,及时了解各项新产品、新业务,确保第一时间宣传到位,为全面营销创造了有利条件;二是积极发挥典型引导作用,注重挖掘各类典型所蕴含的先进经验,进一步提高营销队伍素质;三是通过OA系统及时将各单位的先进做法进行宣传交流,有效促进了全行各项工作的不断完善和提高。

【会计管理】 2008年,华夏青岛分行进一步完善会计内控体系,增强会计人员规范操作意识,确保了系统的安全平稳运行。一是组织召开了会计内控风险分析座谈会和年度工作会议;二是先后开展了"会计要素管理系统"、"现金新干线系列产品"等业务培训;三是举办了会计、储蓄实务考试和反洗钱知识竞赛等活动,切实提高了前台业务人员的专业操作技能。

【队伍建设】 2008年,华夏青岛分行加强员工队伍建设,提高了队伍的整体素质。一是建立"赛马机制",推行公开竞聘制度,完善了"能上能下,能进能出"的用人机制;二是完善人才培育机制,不定期地举办各类培训,强化对员工的素质教育;三是以内部培养为主的前提下,建立了人才外部引进机制;四是健全激励约束机制,充分调动了全员积极性。

【精神文明建设】 2008年,华夏青岛分行扎实开展精神文明建设,被市委授予"青岛市精神文明标兵单位"称号。一是进一步加强党员思想教育,组织召开了党员教育报告会;二是通过举办法制教育报告会、开展监狱警示教育等方式,不断增强员工的法制观念;三是以实际行动支持奥运,连续两次组织开展清理浒苔活动;四是以10周年行庆为契机,举办了"华夏之夜"系列文艺汇演;五是举办了迎新年冬季越野赛,增强了团队协作精神。

【金融大事记】 1月23日 华夏总行在青岛香格里拉大酒店举办"华夏银行私营企业主贷款产品推介会"。

1月24日 德意志银行专家、总行国改办等一行6人到华夏青岛分行进行了为期2天的访谈。

3月17日 华夏青岛分行召开东吴基金销售及创盈1号稳存动员大会,掀起了销售热潮。

4月7日 华夏青岛分行办公地址迁至青岛市东海西路5号甲华银大厦,暨山东路支行开业。

4月12日 华夏青岛分行全体员工欢聚一堂,在青岛音乐厅成功举办了以"喜迎十年华诞,共创美好未来"为主题的建行10周年文艺汇演。

4月20日 华夏青岛分行召开"携手2008,文明、安全、规范服务在华夏"活动动员大会,正式启动迎奥文明服务活动。

4月26日 在人行青岛市中支组织的"银联杯"奥运支付环境建设知识竞赛中,华夏青岛分行荣获"优胜奖"和"优秀组织奖"。

5月7日 由华夏青岛分行、青岛市文化局主办,俄罗斯莫斯科国立芭蕾舞剧院表演的"华夏之夜"世界经典名剧《天鹅湖》在青岛市人民会堂上演,为市民献上一场艺术盛宴。

5月9日　华夏青岛分行举办“华夏之夜”喜迎奥运大型交响音乐奥运经典歌曲演唱会。

5月11日　华夏青岛分行召开现金管理产品推介会，与客户达成“集付快线”合作意向12家，“集算快线”合作意向4家。

5月13日　四川汶川发生8级强烈地震后，华夏青岛分行全体员工踊跃捐款，共计16.57万元。

5月16日　华夏总行首席信息官恽铭庆到华夏青岛分行调研，并组织相关人员召开了CRM座谈会。

5月20日　华夏青岛分行全体党员以缴纳特殊党费的形式，向四川灾区人民捐款8.23万元。

5月27日　青岛城市建设投资集团董事长王爱国等一行6人到访华夏青岛分行，就双方的业务开展，签署了银企合作意向书。

6月1日　华夏青岛分行员工把儿童节发放的过节费1.29万元全部捐给四川灾区儿童。

6月2日　德意志银行亚太信用卡主管董事总经理Shameek，华夏信用卡中心CEO侯平、CFO兼副CEO孙璐等一行5人，与华夏青岛分行行长、青岛信用卡直销团队负责人，就信用卡营销等问题召开专题座谈会。

6月29日　华夏青岛分行与客户青岛森泰达集团有限公司在天泰体育场举行足球友谊比赛。

7月10日　华夏银行“融资共赢链”品牌推介会青岛站活动在青岛海情大酒店隆重举行。

8月21日　青岛市城阳区政府对非税收入代理银行入驻行政审批服务大厅项目组织了公开招标，华夏青岛分行在3家竞标机构中脱颖而出，一举中标。

10月20日　华夏青岛分行在县域地区设立的首家支行即墨支行开业。

10月21日　在“青岛市奥运支付环境建设暨金融服务”评比中，华夏青岛分行荣获“先进集体”称号，延安三路支行杨栋、分行个人业务部刘海萍荣获“先进个人”称号。

10月29日　华夏青岛分行积极开展“送温暖、献爱心”活动，累计捐款5万元。

11月7日　华夏青岛即墨支行存款额突破1亿元。

11月14日　华夏青岛分行在青岛市同业协会举办的大型文艺汇演活动中荣获一等奖。

11月15日　“华夏盈、中国行”理财产品全国巡回培训会第4站在华夏青岛分行举行。

12月23日　华夏青岛延安三路支行荣获“2008年度青岛市银行业文明规范服务示范单位”称号。

12月29日　在人行青岛市中支2008年度金融统计考核评比中，华夏青岛分行荣获一等奖。

（仲　慧）

深圳发展银行济南分行

【第一负责人简介】　刘峰，男，汉族，1960年生，货币银行学研究生，1981年参加工作，历任中行江西省分行国际贸易处科长、深圳发展银行国际业务部副总经理、深发行珠海支行行长，2003年10月至今任深发济南分行行长。

【综述】　2008年，深圳发展银行济南分行（以下简称“深发济南分行”）积极推进市场开拓，强化内部管理，防范经营风险，各项业务实现大幅增长，发展规模再上新台阶。截至年底，各项存款、贷款（含贴现）余额比年初分别增加30.50亿元、47.45亿元，年度增幅均在当地17家商行中排名第一。存贷比（不含贴现）74.88%，在当地股份制商行中处于较低水平。

【公司业务】　2008年，深发济南分行按照年初制定的“政策引导、授权支持、流程优化、操作规范、风控前移、质效提升”的授信工作方针及“面向贸易融资、面向中小企业”的市场定位，进一步优化业务结构，调整营销策略，加大新产品推广力度，各项业务实现稳步增长。

该行一是支持国控行业中的优质龙头企业和省内传统优势行业，大力开拓济南市本地业务，截至年末，全行公司授信客户364户，较年初增长109户，增幅43%，授信敞口额度172亿元，增长53亿元，增幅44%；二是对一些国家宏观调控行业中竞争力一般或存在潜在风险因素的客户实施了退出策略，全年退出授信客户94户，涉及授信金额47.7亿元；三是建立了总、分、支行联动营销机制；四是加快新产品营销，继货押业务之后推出的供应链金融、“池融资”理念领先同业产品，得到市场的广泛认可；五是推动产品经理制，提升营销专业水准，截至年底，已有13位产品经理通过总行的资格认证，其中2名为专职产品经理；六是以专题推介、区域性业务推介、新产品推广等各种银企活动为依托，举办了融资业务新闻发布会、离岸业务推介会等活动。

【零售业务】　2008年，深发济南分行加大零售业务营销力度，实现了“规模、质量、效益”的协调增长和良性发展。全年新增有效借记卡4.14万张，新增贷记卡3747张；拥有VIP客户1191户，拥有有效客户2.07万户；销售理财产品（本外币）4.13亿元，实现中间业务收入（本外币）270万元，零售综合指标完成率列全系统第一。

该行一是加强零售业务队伍建设，每个网点均配备了个贷与理财经理，并组织业务培训，增强员工素质；二是开展“金融新体验、服务心感受”综合营销、“加入天玑、天赐良机”VIP新客户晋升、“天玑送喜福禄寿”VIP老客户维护、“还款无忧、

深圳发展银行济南分行主要统计指标

单位：亿元

项　　目	2003	2004	2005	2006	2007	2008	2008 年同比增幅（%）
资产总额	--	55.62	55.15	74.67	78.62	147.70	87.87
存款余额	36.45	52.38	51.05	64.45	76.37	106.87	39.94
企业存款	34.10	48.56	45.71	57.65	69.58	95.95	37.91
机关团体存款	0.09	0.09	0.01	0.07	0.05	0.13	160.75
储蓄存款	2.26	3.73	5.33	6.73	6.74	10.78	60.05
贷款余额	22.11	30.03	28.19	47.27	57.75	78.34	35.66
短期贷款	19.35	25.01	25.77	38.04	44.57	64.00	43.59
个人短期贷款	0.08	0.04	0.71	0.33	5.20	1.05	-79.90
中长期贷款	2.76	5.03	2.42	9.22	13.18	14.34	8.83
个人中长期贷款	1.19	0.95	0.37	3.62	6.70	8.14	21.46
票据融资	5.77	4.76	12.50	2.80	7.08	32.26	355.39
利润总额	0.08	0.37	0.71	1.16	0.75	-0.17	-122.63

开卡有礼”专项营销等多种活动，推动零售业务发展；三是先后推出了固定利率气球贷、省息产品组合、新存抵贷、个人经营性贷款、客户介绍客户等新产品和新服务，进一步丰富了个贷业务品种；四是在理财方面先后推出了聚财宝人民币理财产品、聚汇宝外币理财产品、聚金宝个人实物黄金交易、汇赢通外汇实盘交易、金抵利个人黄金理财产品、按揭信用卡等100多款产品；五是严格控制风险，提高资产质量，在总行开展的历次全行个贷资产质量考核中，该行资产质量一直名列前茅，优于全行平均水平。

【内控建设】　2008年，深发济南分行继续强化内部管理，内控水平进一步提高。一是将合规部设为独立的一级部门，组织开展新入行员工合规与反洗钱培训，并开展了“啄木鸟”风险防控改进建议、“合规·发展”海报宣传以及“员工涉赌等不当行为的排查”等宣传活动，不断完善合规体系建设；二是先后开展了授信合规、支付系统、信息系统、安全保卫、理财业务、反洗钱等专项检查和会计业务检查辅导等工作，重点业务和关键岗位检查覆盖面达100%；三是信贷业务方面，通过完善授信审批流程，积极开展贷后实地检查，加大对资金链风险、互保风险和贷款资金用途的监控等手段，强化风险监测和预警；四是会计结算管理方面，通过对重点岗位、关键环节和重要项目的风险排查，进一步强化会计人员风险防控意识，提高案件防控水平；五是加强制度建设，全年共清理各类规章制度169项，废止制度26项，新建制度11项，修订制度5项；六是认真落实交流、轮岗和强制休假制度，全行累计交流、轮岗37人次，强制休假117人次；七是完成了移动、联通、网通自助缴费程序的开发并上线运行，实现了网上、电话、自助终端的缴费，并开发了水费代扣、统计程序，实现了批量扣费；八是加强与各级党委、政府及新闻媒体、公安、消防等相关部门的联系，保障全行经营活动的正常运行，确保全年无事故发生。

【队伍建设】　2008年，深发济南分行将员工队伍建设作为业务拓展和全行发展的重要支撑之一：一是加强管理团队建设，适度调整行长室成员分工，并通过开通行长邮箱、定期召开金融形势分析会，积极开展基层调研和业务研讨；二是通过公开竞聘和外部引进，全年共选拔了7名新的经营单位负责人；三是加强现有人才的培养，对表现优秀的业务骨干主动压担子，促其尽快成长，全年共提拔任命干部54人；四是招收大学毕业生31名，从其他机构引进人员20名；五是通过会计审核制度、英语、手语、货币反假识假、票据鉴别防伪等多种形式的业务培训，提高服务技能，并组织了第七届职工技术比赛。该行先后获得了“2008年度中国银行业文明规范服务示范单位”称号、省级“工人先锋号”、山东省银行系统职工技术比赛“精神文明单位”称号、深发总行举办的综合业务知识比赛第5名等系列好成绩。

【企业文化建设】　2008年，深发济南分行高度重视企业文化建设，通过多种形式营造积极向上、和谐共赢的工作氛围。

一、调动全员参与分行决策和经营。一是组织员工参与总行“啄木鸟”风险防控合理化建议活动，共收到各类建议 15 项，组织上报总行 12 项，其中 9 人的 8 项建议被总行采纳，4 项获得铜奖；二是组织了“公司存款劳动竞赛”，动员全员主动开拓新业务，营销新客户，对全年目标任务的完成起了决定性作用。

二、发挥组织优势，培育健康向上的风气。一是组织了迎新春联欢晚会等活动；二是积极参与当地政府、监管部门组织的“职业道德建设标兵”、“优秀工会工作者”评选活动；三是成立了乒乓球、足球、羽毛球、篮球、摄影等 5 个俱乐部，并分别拿出专项资金组织开展丰富多彩的文体活动，充实员工业余生活；四是组织开展了第一届职工运动会；五是开展了“慈心一日捐”、“向灾区送温暖”、缴纳特殊党费等捐赠活动，分别筹集专项捐款 20950 元和 132850 元，筹集“特殊党费”18000 元、“特殊团费”1770 元，捐赠衣物 129 件，提升员工社会责任感；六是倡导捐资助学活动，据不完全统计，该行以个人名义参加捐资助学人数达 8 人，捐助贫困学生 10 人次。

三、关心员工工作生活。一是组织了全员体检；二是陆续为员工购买补充养老保险、及时足额缴存住房公积金、办理员工及子女的商业保险等；三是制定了工会送温暖实施方案，从细微之处入手，关注员工生活，增强员工归属感。

【金融大事记】 1 月 25 日　深发济南分行在济南索菲特酒店召开 2008 年工作会议，刘峰行长总结了上年工作，对全年工作进行了部署，并对 2007 年评比的先进集体和个人进行了表彰。

5 月 28 日　深发总行胡跃飞行长莅临深发济南分行指导工作。

6 月 30 日　深发总行监事会巡检组管维立一行到深发济南分行指导工作，随后拜会了当地银监局领导。

分行存款规模突破了 100 亿元大关。

11 月 29 日　在深发济南分行成立 7 周年行庆之际，在山东师范大学组织召开了第一届职工运动会，共 8 个团队的 244 名员工及 98 位家属参加了运动会。

12 月 10 日　深发总行监事会康典主席一行到深发济南分行指导工作。

（崔建伟）

深圳发展银行青岛分行

【第一负责人简介】 陈彦，男，1963 年 5 月生，浙江义乌人，硕士研究生学历，中共党员。历任广东惠州建行办公室副主任、信贷部副经理，深圳发展银行发展大厦支行春风路分理处主任、副行长，深发行总行公司部副总经理（主持工作），深发行宝安支行行长，深发行总行发展研究部总经理；2003 年至今任深圳发展银行青岛分行行长、党委书记。

【综述】 2008 年，深圳发展银行青岛分行（以下简称“深发青岛分行”）秉承“诚信、专业、服务、效率”的经营理念，加大业务拓展力度，完善风险管理体系，深化内部管理改革，加强企业文化建设，实现了规模和效益的显著增长，在总行分支机构经营综合考核中排名第一。

【公司业务】 2008 年，深发青岛分行加强营销管理，大力推广新产品，推动公司业务规模再上新台阶。

一、加大新产品的推广力度，开辟新的业务增长点。一是大力营销票据池业务，票据池客户达 6 户，累计转让（质押）票据 26.6 亿元，实现存款超过 3 亿元，中间业务收入 133 万元；二是重点营销保理业务，开展“保理月”业务竞赛活动，审批通过保理业务授信档案 5 笔，敞口额度 1.1 亿元；三是探索保税区贸易融资业务创新，出账客户 5 家，累计出账近 1300 万美元；四是先后在潍坊、烟台、东营等地举办“供应链金融”贸易融资业务推介会，并申报成功 2 家总行“1+N”供应链业务主办行，全年授信规模达 55 亿元，增长 10 亿多元。

二、加强公司业务的协调管理。一是加强资产负债管理，实行出账预报和大额存贷款到期前提示制度；二是制定了《定价管理实施细则》，明确定价的业务流程和审批权限管理，降低了负债成本，提高了资产收益；三是加强贸易融资业务平台建设，新增加“中国外运山东”、“青岛中远国际货运”、“日照港（集团）岚山港务”、“上海中远物流配送”、“青岛港（集团）油港分公司”、“烟台海通联合发展”等 6 家监管合作单位。

三、加强客户经理的考核与管理。一是制定了《兼职产品经理聘任管理办法》，通过组织客户经理学习总行产品经理研究成果、轮流培训和参加资格考试等，提高队伍的整体素质，全年新增兼职公司产品经理 13 名；二是制定了《客户经理分类管理办法》，将公司客户经理分为增量和存量两类分开管理，使增量客户经理摆脱了经管户数太多的束缚，全力拓展新增业务；三是加强对公司客户经理的动态考核，为其建立了动态档案数据库并及时通报工作业绩；四是积极开展问卷调查活动，及时发现存在的问题并加以改进。

【零售业务】 2008 年，深发青岛分行完善考核办法，加强营销宣传力度，推动零售业务持续快速发展。截至年末，储蓄存款余额、日均储蓄存款（以上含结构性理财产品）均超额完成年度计划；销售各项理财产品 5.36 亿元，完成年度计划的

深圳发展银行青岛分行主要统计指标

单位：亿元

项　　目	2003	2004	2005	2006	2007	2008	2008 年同比增幅（%）
资产总额	22.68	24.67	32.95	51.72	63.22	133.52	111.2
存款余额	16.78	23.73	31.80	50.58	60.16	96.06	59.67
企业存款	11.00	7.03	7.91	14.55	18.5	20.56	11.14
机关团体存款	0.1	2.1	0.67	0.52	0.33	0.50	51.52
储蓄存款	1.22	2.43	3.57	5.1	7.35	10.23	39.18
贷款余额	18.87	21.97	26.82	40.26	56.73	82.71	45.8
短期贷款	9.26	13.53	16.18	30.37	38.31	48.84	27.49
个人短期贷款	0.22	0.28	0.54	0.79	1.84	1.47	-20.11
中长期贷款	0.57	1.87	3.36	6.90	12.07	14.84	22.95
个人中长期贷款	0.57	1.86	3.34	6.24	11.74	13.81	17.63
票据融资	9.02	6.56	7.27	3.00	6.35	18.90	197.64
利润总额	—	0.32	0.50	0.75	1.02	2.07	102.94

121.47%；VIP 客户数量 1687 户，增长 917 户；借记卡有效卡发放 21992 张，贷记卡发放 5988 张。个贷余额和日均个贷均超额完成总行年度计划，个贷市场占有率达 3.35%。

一、完善考核激励办法。该行制定了针对零售银行部、个人信贷部、支行零售主管行长、营业网点理财经理、个贷客户经理等多项考核激励办法，充分调动其开拓业务的积极性和创造性，推动了业务的快速发展。

二、深入开展各项营销宣传活动。一是开展“营业网点理财业务竞赛”、“分行内勤部门 VIP 竞赛”、“个贷业务竞赛”等活动，促进了零售产品的阶段性销售；二是开展“优质客户提升及拓展营销”、“加入天玑、天赐良机”新 VIP 客户营销、“理财产品营销”、“金融新体验、服务心感受”、“‘袋’出环保新生活”、“放心用卡、安全支付”、“中介座谈联谊会”、“深发银行杯”第二届搜房网全国经纪人大赛启动暨选手培训仪式等活动，带动了理财和个贷产品的销售；三是开展“新春回馈”、赠送“福”字和“财神”、“天玑喜送福禄寿”、“宝马试驾”、“百万保险送到家”、“理财大讲堂”、“一元钱看电影”等贵宾俱乐部系列活动，为白金和钻石客户赠送生日蛋糕和祝福，并对贡献度较大的贵宾客户赠送全年的《钱经》和《天玑财富》杂志；四是举办了“展业贷”业务新闻发布会，在报纸、电台、网络等主流媒体投放各类广告 100 余次，收到了良好的宣传效果。

三、加强队伍建设。一是积极开展业务培训，提高零售队伍素质，理财经理 100%取得了基金、保险销售资格和 CCBP 证书，5 人取得了 AFP 证书，分行理财队伍被《青岛早报》评选授予“2008 年岛城最佳理财师团队”荣誉称号；二是大力推广 SFE 项目，对单一客户进行零售产品交叉销售。该行被总行评为上半年度 SFE 项目“优秀推广分行”，并有 2 名员工分获“明星指导师”和“明星培训师”称号。

【国际业务】 2008 年，深发青岛分行依托离岸业务特色优势产品，大力拓展国际业务，拉动了中间业务收入快速增长。全年国际结算量达 42.87 亿美元，完成全年计划指标的 158.7%。其中，离岸业务结算量 36.87 亿美元，在岸业务结算量 6 亿美元，同比分别增长 124%和 47%。实现中间业务收入 2085 万元，增长 68%，完成总行下达任务指标的 128.7%；利润 3583 万元，增长 56%，其中离岸实现利润 2279 万元，在总行 19 家分行中排名第 2；离岸业务结算量、中间业务收入和开户数量等指标连续数月位列总行 19 家分行前 4 位，离岸、在岸贸易融资无一笔逾期或不良。

该行一是加大营销宣传力度，组织召开了“池融资”和“国际网银”2 次国际业务新闻发布会，并分别在潍坊、烟台、胶州市举办了 3 次大型异地离岸业务研讨会，截至年末，新增离在岸客户 850 多家，涉及国际贸易融资授信客户 15 家；二是加大“货权质押开证”、“进口代收项下货押业务”、“出口池融资业务”、“全程进口货押授信业务”、“出口退税池融资”、“银关通”、“国际网银”等新产品营销，仅进口货押授信业务全年上报审批通过 12 户，授信金额近 7000 万美元，办理出账 1 亿多美元，直接带动离、在岸结算量近 2 亿美元。

【信贷管理】 2008年，深发青岛分行改进信贷审查审批工作，加强信贷风险管理和资产保全工作，信贷资产继续保持良好态势。

一、适时调整信贷政策。针对下半年金融及宏观经济形势的变化，该行制定印发了《在当前宏观经济形势下分行对公授信业务应关注的若干问题》，并在《分行审批信息》中对国家信贷政策和市场形势的变化做出相应提示，引导经营单位开展市场营销工作。

二、改进信贷审查审批工作环节。一是两次调整风险审查委员会议事流程，简化贷审会陈述授信项目程序，提高了审批质量和效率；二是实行关口前移，在审查、审批阶段参与考察和授信项目方案设计，利用审查人员的技术优势为市场人员出谋划策；三是坚持每季发布《分行审批信息》，总结通报信贷审批中发现的问题，并及时发布信贷政策指引；四是规范了公司授信业务抵押资产推荐评估机构和委托贷前调查律师的管理工作。全年共受理信贷档案492笔，同比增长57.7%，审批通过各类贷款项目304笔、金额153.73亿元。

三、加强信贷管理和监测检查工作。一是印发了《分行客户风险信息共享管理办法》、《关于当前宏观经济形势下加强信贷管理工作有关事项的通知》等30多项制度办法；二是组织开展了为期2个月的信贷大检查，实地走访客户44户，并对泰安大市场、福旺市场、聊城钢管市场进行了调研检查；三是完善风险客户退出机制，全年共核查退出风险客户29户，涉及授信金额3.29亿；四是加大信贷监测检查工作力度，现场检查的客户数占比达50%，有效规避了风险；五是对开发区支行对公信贷业务成功实施远程放款，节省了客户经理的费用和时间；六是工作得到了监管单位的认可，取得了中小企业信用体系建设与信息管理第一、征信知识竞赛第三的好成绩。

四、持续改进货押监管工作。一是编制了《货押业务监管手册》，使其在操作层面上更加规范化、标准化、统一化；二是规范统一合作的监管方操作模式，并建立定期沟通洽谈制度；三是针对下半年经济出现重大变化、大宗商品价格下跌的情况，强化应急预案和风险预警，严格执行价格管理和跌价补偿制度，有效防范了货押业务风险。

五、资产保全工作取得重大进展。全年共清收不良资产2051.44万元，完成全年清收任务的1368%。其中，青岛北钢铸管和龙口市环龙化工厂拖欠长达近4年之久的不良贷款全部收回。截至年末，该行在贷款规模大幅增长的情况下，信贷资产继续保持良好态势，贷款不良率仅为0.07%，较年初下降0.36个百分点，不良贷款余额和不良率实现了双降，两项指标均控制在总行下达的目标以内。

【奥运服务】 2008年，深发青岛分行以举办奥运会为契机，加强和改善金融服务工作，推动服务水平迈上新台阶。

一、夯实服务基础管理。该行制定了《服务监督考核》、《客户投诉》等管理办法，深入开展银行业文明规范服务单位创建活动，促进了营业网点服务水平的提高。南京路支行荣获“2008年度中国银行业文明规范服务示范单位”称号，福州南路支行荣获“2008年度青岛市银行业文明规范服务示范单位”称号。

二、狠抓奥运金融服务。一是成立了奥运金融服务领导小组和执行小组，完善了相关制度和应急预案；二是加强软硬件环境建设，对陈旧的自助机具、IT设备、服务设施等及时进行了更换，将全行营业网点标牌统一更换为中英文格式，对管理的35个系统进行了逐一排查，发现问题和隐患及时消除；三是组织了金融英语、奥运支付等服务培训，并开展了主机切换、灾备演练、应急预案等实战演练。该行被总行评为“奥运金融服务工作先进分行”，被人行评为“青岛市奥运支付环境建设及金融服务”先进集体，并在“青岛银联杯”奥运支付环境建设知识竞赛中夺得了团体三等奖。

【内控建设】 2008年，深发青岛分行加强内控机制建设，强化安全保卫工作，不断提高内控管理水平。

一、强化内控合规管理。一是制定了《内控/合规评价指标(2008年版)》、《反洗钱工作考核评估办法(2008年版)》等制度，并对开业以来的363条规章制度进行了全面清理；二是开展了理财业务、洗钱风险控制、IT管理、会计管理等11项合规检查，共发出7项风险提示；三是加强合规文化建设，在全行张贴合规海报，安装“合规·发展”系列海报屏保程序，在内部网站设立了“合规之窗”专栏，向员工宣传合规文化；四是发动员工积极参与“啄木鸟”行动，共向总行报送风险防控建议11项，被采纳6项，获奖4项。

二、加强计财管理工作。一是成立事后监督和对账中心，实现了外部对账集中，减轻了网点压力；二是制定了《关于重申柜员签退制度、加强网点平账监控及不平账处理的通知》等20多项制度办法；三是加强网点会计人员的内控管理和考核，出台了《网点会计经理考核办法》、《会计工作无差错奖考核办法》、《事后监督奖惩管理办法》等办法；四是加大操作风险排查和会计检查辅导工作，成功堵截假银行承兑汇票两笔，涉及金额850万元。

三、加强安全保卫工作。一是加大检查力度，每月不定期对各营业网点进行安全检查，发现隐患及时消除；二是加强了全行员工和保安员队伍的安全意识教育和防范技能培训，开展了防抢劫、消防等预案演练，确保了全行安全经营无事故。2008年，青岛银监局对该行2007年度监管评价为“二级”，在青岛市所有股份制银行中排名前列；人行青岛中支对该行2007年反洗钱自律评估工作评级为“A”级。

【内部管理】 2008年，深发青岛分行积极推进内部改革，提升了管理水平。

一、深化人力资源管理改革。一是组织开展业务技术比武，在总行举办的业务技能比赛中，该行理财参赛团队获得第4名，在总行组织的运营条线考试中，取得了团体第2名、网点第1名、个人第1名的好成绩；二是组织开展了“管理干部技能”、“员工礼仪”、“新员工入行”、“员工拓展训练”等培训，提高员工的综合素质；三是加强人才的培养和引进，建立了后备人才库,出台了导师管理办法,为该行发展提供了人力资源支持。

二、改革资金同业管理制度。该行成立了资金同业部二级部,并成功申请成为总行9家重点同业业务发展分行之一。全年累计办理票据贴现58亿元,同比增加4亿元;票据直贴业务实现净收益6074万元,票据转贴现业务实现考核利润3735万元。

三、加快科技运营建设步伐。一是分行网络架构调整、OA和邮件服务器分离、客户经理考核系统等重大项目顺利实施,新OA系统、固定资产管理系统、档案管理系统、IT管理系统等多项系统平稳上线运行;二是网银业务继续保持良好发展势头,全年新增企业网银用户119户、交易量37亿元,新增个人网银用户1742户、交易量5.75亿元。

四、加快支行机构建设步伐。该行营业网点布局得到了明显优化,第5家支行福州南路支行于3月份正式开业,业务发展势头强劲,存贷款规模双双突破10亿元;第6家支行秦岭路支行也于12月份正式开业,填补了分行在经济发达城区崂山区营业网点的空白;第7家支行江西路支行正在筹建之中。

【企业文化】 2008年,深发青岛分行大力加强企业文化建设,为推动业务发展提供强大的精神动力。一是组织向四川汶川地震、南方大雪灾区捐款约20万元;二是举办了"知责任、献计策、构和谐、促发展"主题演讲比赛,增强了全行员工的使命感和责任感;三是开展合理化建议活动,引导员工围绕业务拓展、业务创新、营销手段、流程优化等各个层面,为该行发展献计献策,被总行工会授予合理化建议活动"最佳组织奖";四是成功举办了第一届职工运动会;五是积极参加银行业职工文艺汇演,选送的舞蹈《千手观音》荣获三等奖;六是创办了内部刊物《发展星空》,开辟了企业文化建设的重要阵地。

【金融大事记】 1月27日 深发青岛分行在青岛花园大酒店召开2008年工作暨2007年表彰会议。

2月28日 深发青岛分行在海明威大酒店举办房产中介机构新春联谊会。

3月18日 深发青岛分行第5家支行青岛福州南路支行隆重开业。

3月23日 深发青岛分行与潍坊市外经贸局、晟诺鑫国际(香港)有限公司携手,在潍坊国际金融大厦举办"降低外贸成本,拓展海外市场"离岸贸易操作技巧高级研讨会。

4月22日 深发青岛分行在3楼多功能厅举办"池融资系列产品推介暨新闻发布会"。

5月10日 深发青岛分行荣获由人行青岛市中支举办的"银联杯"奥运支付环境建设知识竞赛团体三等奖。

5月17日 深发青岛分行在三楼多功能厅与搜房网联合举办了"深发展杯"第二届搜房网全国地产经纪人大赛启动暨选手培训仪式。

5月28日 深发青岛分行行刊《发展星空》创刊。

6月5日 深发青岛分行与烟台市对外经济贸易合作局、莫萨克冯赛卡律师行、香港招商局烟台海通联合发展有限公司携手,在烟台市东方海天大酒店举办贸易融资及离岸业务产品研讨会。

6月12日 深发青岛分行在3楼多功能厅召开"展业贷"业务新闻发布会。

6月29日 深发青岛分行荣获由人行青岛市中支举办的"金融机构征信知识竞赛"三等奖。

7月30日 深发总行郝建平副行长莅临青岛分行检查指导奥运金融工作。

9月19日 深发青岛分行携手青岛胶州市外经贸局和豪迈国际商务咨询有限公司,在胶州市世纪大酒店举办"供应链贸易融资暨离岸业务研讨会"。

9月22日 深发青岛分行在3楼多功能厅举办了"国际网银产品推介暨新闻发布会"。

11月9日 深发青岛分行在青岛大学体育场隆重举办第一届职工运动会。

11月14日 深发青岛分行荣获由青岛市银监局指导、银行业协会主办的银行业职工文艺汇演三等奖。

11月20日 深发青岛分行荣获总行"奥运金融服务工作先进集体"称号。

12月10日 深发总行监事会主席康典、秘书长刘志玲一行3人莅临青岛分行指导工作。

12月25日 深发青岛分行第6家支行青岛秦岭路支行正式开业。

(程晓华)

招商银行济南分行

【第一负责人简介】 连柏林，男，1958 年出生，安徽合肥人，中共党员，研究生学历，高级经济师，济南市第十四届人大代表，山东大学第一届校董会校董。历任中国银行安徽省分行处长、招商银行合肥分行副行长、上海分行副行长，2007 年 3 月起任招商银行济南分行行长。

【综述】 2008 年，招商银行济南分行（以下简称"招行济南分行"）以"优化结构、提升管理、合规经营、再创佳绩"为指导，较好地完成了各项工作任务。截至年底，资产总额 330.10 亿元，同比减少 3.80 亿元；存款 301.50 亿元，新增 61.30 亿元；贷款 320.90 亿元，新增 8.10 亿元；实现中间业务收入 1.93 亿元，同比增加 0.27 亿元；实现账面税前利润 10 亿元，同比增加 2.10 亿元；资产不良率 1.26%，控制在总行核定范围内；全年未发生任何重大案件和差错，实现了安全运营。

一、业务结构明显向好。全折贷存比 106.40%，同比下降 23.80 个百分点；加权风险资产比例同比下降 0.04 个百分点，风险资产余额增速低于表内外资产增速 8.20 个百分点；个人贷款克服阻力稳步增长，余额占一般贷款的 14.50%，同比提高 2.80 个百分点；金葵花客户金融资产余额 81.40 亿元，余额占比 47.60%，同比提高了 7 个百分点。

二、客户结构不断优化。截至年末，中小企业贷款余额占比为 13.70%，同比提高 0.04 个百分点；无贷户存款增长迅速，全年无贷户新增 635 户，存款增加 17.90 亿元，同比提高 1.60 个百分点；全年退出企业 49 户，涉及金额近 8.40 亿元；达标金葵花客户数 5242 户，新增 2231 户，增幅 74%；私人银行客户 57 户，新增 22 户，增幅 63%。

三、收入结构有所改善。实现零售中间业务净收入 1.02 亿元，增长 9.40%；公司银行中间业务净收入 4936 万元；国际业务中间业务净收入 724.40 万美元，增长 32%。贷款利息收入结构趋于合理，个人贷款及贴现等低风险资产利息收入占比不断提高，全年累计实现个人贷款利息收入 2.7 亿元，增幅 89%，占营业净收入比重 17.60%，同比提高 4.90 个百分点；累计实现票据业务净利息收入 1.86 亿元，增幅 178%，占营业净收入比重 12.1%，同比提高 6.9 个百分点。

招商银行济南分行主要统计指标

单位：亿元

项　目	2003	2004	2005	2006	2007	2008	2008 年同比增幅（%）
资产总额	158.07	157.61	215.68	250.60	333.95	330.14	-1.14
存款余额	99.78	136.61	188.36	225.82	240.19	301.52	25.54
企业存款	78.67	68.92	79.69	99.61	120.09	138.50	15.33
机关团体存款	0	11.04	13.96	11.92	6.80	9.07	33.37
储蓄存款	20.41	27.77	40.06	53.99	56.13	83.41	48.59
贷款余额	121.11	153.87	206.37	245.15	312.81	320.94	2.60
短期贷款	69.22	98.37	137.60	166.52	196.69	183.12	-6.90
个人短期贷款	0.33	0.66	0.63	1.57	3.38	4.30	27.53
中长期贷款	38.7	39.07	51.89	69.81	101.75	119.29	17.24
个人中长期贷款	0.68	2.64	7.67	17.00	31.76	39.66	24.88
票据融资	13.19	16.44	16.84	8.80	14.37	18.33	27.55
利润总额	1.28	2.45	3.93	5.34	6.94	8.86	27.72

【公司业务】 2008年，招行济南分行转变营销理念，市场规模不断拓展。

一、强化对公负债中心工作地位。一是先后取得中国重汽、九阳、山水、晨鸣、法因数控等企业上市资金存管资格，累计吸存22.70亿元；二是成功向鸿富泰电子公司营销7000万美元进口代付业务，吸收保证金存款5亿多元；三是集中攻关省内重点工程和重要无贷户，取得滨德高速建设资金归集账户，增存5亿元，获得非煤高危行业安全风险抵押金存储资格，预计将增存2亿元，推动了负债业务的稳步增长。

二、加快特色批发业务发展。商务卡新增提前6个月完成全年计划，网上企业银行有效户新增和"银关通"用户新增均提前4个月完成全年任务。其中，新增商务卡有效户73户，新发卡4872张；新开网上企业银行有效户322户、"银关通"用户33户，累计交易26466笔，支付海关税费27.89亿元；新增机构第三方存管有效户163户。

【零售业务】 2008年，招行济南分行加大组织推动，不断壮大零售业务。

一、全面推广网点创赢。建立了由大堂经理、贵宾经理、低柜理财专员、保险服务专员和证券服务专员组成的营销队伍。统一制定了零售产品销售计价积分，并安排专项费用用于营业厅销售指标的激励。

二、集中突破代发和证券存管业务。成功中标济南市财政统发工资项目，取得6000名公务员每年1.80亿代发业务包，并相继在济南市教育、山东电力和省市医疗卫生系统取得代发业务的新突破。全年新增代发单位1335家、代发账户5.10万户，代发累计金额74.70亿元，同比多发17亿元；新增第三方存管18419户，其中50万元以上客户新增143户，总模拟市值升至40.67亿元，占比升至23.78%，增长速度与幅度均高于系统平均水平。

三、优化个贷流程。加强了中后台人员配备，实现了集中审查、档案管理、放款、办理抵押登记和贷后，全年发放个贷2.40万笔、金额近29亿元，个人汽车消费贷款新增市场份额突破50%，当地一手楼按揭市场份额提高到23%。

四、不断巩固信用卡市场领先地位。一是在济南市场上首家推出车购易分期、"非常1+1"、"红商圈"、优惠金等新产品、新业务；二是联合中石油济南销售分公司在当地首发异型汽车信用卡。全年实现发卡16.20万户，提前2个月完成全年任务。

【国际业务】 2008年，招行济南分行以"国际业务大服务"为理念，推动国际业务持续快速增长，全年共完成国际结算量39.80亿美元，同比增长100%，办理结售汇业务17.76亿元，增长82.40%。

一、重点客户挖潜成效显著，前16强客户总结算量达到8.55亿美元，同比增长2.70亿美元，增幅46%；新客户开发成绩斐然，结算量过千万的大客户数量由去年同期22户增至28户，5000万以上的特大型客户由去年同期2户增至5户。

二、离岸业务突飞猛进。离岸结算量突破10亿美元，新增离岸有效客户74户，计划完成率740%，离岸日均存款余额5052万美元，计划完成率1010%。

三、联动业务收获丰厚。先后成功营销三星油脂430万欧元上市资金、盛大科技纳斯达克9500万美元增发资金、山水集团香港6200万美元红筹资金、普联软件纳斯达克760万美元上市资金。转开香港本地信用证业务始终高居系统内榜首，全年累计转开金额达4492万美元，实现转开收益10万美元。

四、特色产品营销不断开辟增收渠道。叙做未来货权质押进口开证业务4笔，总金额7534万美元，在总行"我的2008供应链融资"业务竞赛中名列第一；叙做国际保理业务32笔，总金额2453万美元；为德州商业银行代开进口信用证80万美元，成功实现代理中小商业银行进口开证业务零的突破。

【中间业务】 2008年，招行济南分行持续开拓收入来源和创利方式，大力发展中间业务。

一、零售业务顺势前行。设计推出了当地首批银行优质信贷资产类理财产品，实现销售55亿元，中间业务收入1600万元；根据市场变化和客户需求，实现基金销售29.60亿元，中间业务收入1586万元；销售代理保险产品超过4.30亿元，中间业务收入1140万元，同比增长215%。全年理财销售累计89亿元，销售规模在当地同业中居第一位。

二、公司业务多头开花。公司理财产品销售46.75亿元，同比增长386%，实现中间业务收入539.17万元，增长153%；代理财产保险354.54万元，实现中间业务收入78万元，同比增长379.70%；承销华电国际8亿元短期融资券，实现中间业务收入74万元；资产托管提前10个月完成全年任务，实现托管费收入335.60万元，同比增长143.90%；企业年金签约客户新增6户，个人账户新增7053户，年金托管资产新增2500万元。此外，中期票据取得重大突破，先后取得济钢、潍柴、华电三家大型企业中期票据承销资格。

三、信用卡业务扩大优势。POS交易笔数累计突780万笔，交易金额67.93亿元，实现手续费收入2455万元；分期交易额2.12亿元；开拓收单商户406家，超额完成全年任务。

【风险管理】 2008年，招行济南分行适应宏观形势和市场变化，不断强化信用风险管理。

一、积极开展行业聚焦和集团客户授信管理。一是对煤炭、钢铁、有色金属、电力、交通等行业实施聚焦，集中有限资源向聚焦行业和优质客户倾斜；二是进一步理清了各集团客户的授信主体及授信额度，共对56家集团客户进行了授信管理，涉及金额210亿元，覆盖面100%。

二、扎实推进信贷直查。一是建立了授信复审及提款审核制度，将风险客户按风险等级从低到高分为ABC类，并对已授信客户强化提款审核；二是对130户授信企业进行了贷后直查，并设立了贷后直查信息库，提高了贷后直查的效率和作用。

三、夯实信贷基础管理。一是开发上线了“放款中心内部控制程序”,实现了全流程电子化控制;二是全面启动了信贷非现场监控扫描工作,达到了与放款业务“T+2”日同步扫描的目标;三是制订下发《放款中心业务实施细则》等 8 个文件,进一步完善了信贷制度。

四、进一步加大不良贷款清收力度。全年累计现金清收不良贷款 3971 万元,其中清收上年不良贷款 1049 万元,完成总行任务的 104.90%;清收当年新增不良贷款 2922 万元,收回当年发生逾期类贷款 7417 万元。

【合规管理】 2008 年,招行济南分行努力建立贯穿经营全过程的内部控制机制,形成了办事有制度、操作有程序、岗位有制约、过程有监督、违规有处罚的内部治理秩序。一是成立了审计部,开展了涉及 17 家行部、共 77 项问题的整改情况专项跟踪审计;二是抓好合规建设,启动了“重点整治会计条线八项问题”活动,开展了专项检查和培训,举办了“商业银行内部控制有效性的提升”等讲座;三是建立了规范高效的制度管理体系,加强对反洗钱制度执行情况的监督检查,反洗钱现场检查覆盖面达 100%。

【企业文化建设】 2008 年,招行济南分行积极推动落实总行“企业文化节”的各项安排,一是成功举办了“首届职工运动会”、迎行庆篝火晚会和交响音乐会,丰富了员工的文体生活;二是策划出版了大型画刊《你和我一起走过》,同时编辑了 50 余期《工作快讯》及 12 期《精彩》;三是开展了“服务创想、细节致胜”活动,得到了社会的广泛认可,该行营业部再次被中国银行业协会授予“优质文明服务示范单位”光荣称号;四是组织开展了实践科学发展观集中学习活动,并结合业务发展进行了深入调研。

【金融大事记】 1 月 8 日 招行济南分行成功中标“济南市财政统发工资代理银行”,取得年统发金额达 1.80 亿元、代发人数 6000 人的最大业务包,成为唯一一家中标的股份制商业银行。

1 月 14 日～25 日 招行总行稽核部对招行济南分行进行了整改情况追踪稽核。

1 月 31 日 招行潍坊分行经中国银监会以银监复 58 号文正式批准筹建。

1 月 招行济南分行成功取得中国重汽集团香港上市资金存放资格,一次性吸收定期存款 6.50 亿元。

2 月 5 日 招行总行下发招银发 84 号文,招行济南分行被评为 2007 年度“优秀分行”,行长连柏林被授予“优秀分行行长”。

2 月 28 日 山东省分管金融工作的市、县长到招行济南分行参观考察,人行济南分行杨子强行长陪同考察。

3 月 3 日～6 日 招行总行合规检查组对济南分行进行了为期 3 天的检查。

3 月 5 日 山东银监局王朝弟副局长到招行潍坊分行考察筹备情况。

3 月 28 日 第二批山东省金融工作分管市、县长到招行济南分行参观考察。

4 月 1 日 招行济南分行成功营销“三星油脂”巴黎“纽约泛欧交易所”2008 年首单 IPO430 万欧元转入该行离岸账户。

4 月 8 日 根据招银济发 138 号文,招行济南分行“内控合规部”更名为“法律与合规部”。

4 月 17 日 招行济南分行与山东省外经贸厅在烟台联合举办“离岸业务推介会”,100 多家企业代表出席会议。

4 月 25 日 招行济南天桥支行开业,这是该行第 16 家同城支行。

5 月 5 日 根据招银济发 191 号文,招行济南分行设立人力资源部。

5 月 8 日 招行济南分行正式推出个人贷款“消费易”产品。

5 月 14 日 人行济南分行副行长刘克俭等到招行济南分行调研。

5 月 19 日～6 月 6 日 招行总行审计部北京分部到招行济南分行进行常规审计。

5 月 20 日 招行济南分行成功中标 5.85 亿元“九阳股份上市募集资金业务”。

5 月 31 日 烟台首张区域联名信用卡招商银行振华百货联名信用卡正式揭幕上市。

5 月 招行济南分行为德州商业银行代开进口信用证 80 万美元,成功实现代理中小商业银行进口开证业务零的突破。

6 月 6 日 招行济南分行提前 6 个月完成全年第三方存管营销任务,新增第三方存管有效户 8243 户。

6 月 16 日 招行济南分行被山东银监局授予“2007 年度良好银行”。

6 月 招行济南分行成功取得晨鸣纸业集团股份有限公司 3 亿元香港上市资金存放资格。

招行济南分行积极组织参与汶川大地震抗震救灾捐款,累计捐助超过 60 万元。

7 月 9 日 根据招银发 431 号文,聘任齐君承为招行济南分行副行长兼潍坊分行行长。

7 月 11 日 招行济南分行与天桥区财政局正式签署《济南市天桥区国库集中支付代理银行协议》,并成功营销天桥区政府统发工资业务。

7 月 15 日 根据招银济发 320 号文,招行济南分行设立审计部。

7 月 18 日 招行济南分行成功营销山水集团首笔 6200 万美元香港上市资金划入该行。

招商银行“点金贸易金融八大套餐”产品发布会在济南舜耕山庄召开。

7 月 23 日 根据招银济发 351 号文,招行济南分行设立票据中心。

7 月 27 日～30 日 招行总行马蔚华行长视察招行济南

分行,参加了招行2008年审计工作会议,并与中层干部座谈。

7月29日 招行潍坊分行正式开业。

7月29日~31日 招行2008年全国审计工作会议在济南召开,招行总行尹凤兰副行长、范鹏稽核总监及各分行分管行长参加了会议。

8月4日 招行"金色人生1号"中小企业年金计划产品推介会在山东大厦举行,56家中小企业和14家大型企业参加。山东三强建设咨询有限公司、济南同圆建筑设计院有限公司、普联软件(济南)有限责任公司与招行济南分行现场签署企业年金合作协议。

8月28日 根据招行总行招银党发39号文,招行济南经七路支行被中国银监会继续认定为2006年度至2007年度"中国银监会系统青年文明号"称号。

8月29日 招行济南分行成功取得山东法因数控机械股份有限公司上市资金存管资格,全部30555万元上市募集资金已划入。

中央驻鲁省属企业安全生产风险抵押金存储工作会议在舜耕山庄召开,招行济南分行与省财政厅、安监局签约,成功取得非煤高危行业安全风险抵押金存储资格。

招行济南分行成功营销歌尔声学股份有限公司的公司认同卡业务,为该行公司认同卡第一个有效项目。

8月30日 招行济南分行举行第八届业务技术比赛"精英选拔赛",来自16家同城支行和烟台、潍坊分行的110名业务能手参加了比赛。

9月1日 招行济南分行公司理财年累计销售额突破27亿元,提前4个月完成总行下达的年度营销任务。

9月2日 招行济南分行与山东省财政厅签署《山东省省级预算单位公务卡委托代理协议》,与工农建3家国有银行并列成为4家签约行之一。

9月4日 招行济南分行与山东省高级人民法院签署《山东省省级预算单位公务卡项目服务协议》。

9月25日~26日 招行济南分行承办山东银监局辖内股份制商业银行第3届经营管理暨监管联席会议,山东银监局周忠明局长、王朝弟副局长出席会议并讲话。

10月7日~8日 招商银行总行李浩副行长一行到济南分行调研,并走访济钢和山水集团。

10月9日 招行济南分行成功营销普联软件纳斯达克上市资金760万美元收结汇业务。

10月17日 招行济南分行企业存款达到263.98亿元,创历史新高,新增近80亿元,招行总行张光华副行长发贺信祝贺。

10月19日 招行济南分行在山东会堂举办了行庆8周年交响音乐会。

10月23日 招行济南分行金葵花财富管理中心正式开业。

招行济南分行实现专业版新增44647户,提前两个多月完成全年电子银行营销任务。

11月6日 招行温商好太太俱乐部成立仪式暨首期活动在山东大厦举行。

11月7日 招行济南分行营销九阳上市资金存管方案荣膺2008年招商银行品牌营销最佳大客户攻关奖。

11月13日 山东省外经贸厅与招商银行联合举办的"离岸银行业务推介会"在潍坊鸢飞大酒店举行。

11月13日~14日 招行总行唐志宏副行长一行到招行济南分行调研。

11月17日 在中国银监会全国银行业奥运金融服务总结表彰(电视电话)会议上,招行济南分行营业部被授予"2008年度中国银行业文明规范示范服务单位"称号。

11月25日 招商局集团傅育宁总裁到招行济南分行视察指导工作,对该行在山东取得的成绩及高品质的营业环境给予了高度评价。

11月 招行潍坊分行成功营销潍柴动力27亿元的中期票据独立主承销资格。

12月8日 根据招银济党发12号文,任命文磊为招行烟台分行党委书记,孟丽不再担任该职务。

12月11日 山东银监局王朝弟副局长一行来招行济南分行调研。

12月23日 招行济南分行首家异地县域支行烟台龙口支行正式开业。

12月25日 根据银监鲁准479号文,招行济南分行第17家同城支行华龙路支行正式开业。

12月26日 招行济南分行与山东省发改委举行"扩大内需 促进产业结构调整"《合作协议》签订仪式。

(逄 钢)

招商银行青岛分行

【第一负责人简介】 郭少泉,男,汉族,党员,本科学历。1982年9月起到建行青岛市分行工作,历任副科长、科长、副主任、主任、支行行长、分行副行长。1999年7月至今,任招行青岛分行行长。

【综述】 2008年,招商银行青岛分行(以下简称"招行青岛分行")深化管理,积极营销,较好地完成了各项工作。

【资产业务】 截至2008年末,招行青岛分行人民币一般性贷款时点余额154.53亿元,较年初增长19.14亿元,增幅

招商银行青岛分行主要统计指标

单位：亿元

项　　目	2003	2004	2005	2006	2007	2008	2008 年同比增幅（%）
资产总额	109.39	105.07	131.34	184.93	315.33	265.79	-15.71
存款余额	69.74	97.37	125.14	144.42	165.94	207.52	25.06
企业存款	43.59	48.26	51.14	62.19	87.40	88.75	1.54
机关团体存款	0.00	1.34	4.73	4.85	4.71	4.68	-0.64
储蓄存款	22.09	35.69	51.45	61.87	58.52	90.60	54.82
贷款余额	89.51	81.35	90.52	175.83	183.27	223.78	22.10
短期贷款	49.55	40.66	45.99	76.17	113.82	88.27	-22.45
个人短期贷款	0.24	0.26	0.26	0.93	5.56	5.35	-3.78
中长期贷款	11.35	21.76	27.32	40.82	51.53	68.80	33.51
个人中长期贷款	9.46	20.26	26.88	33.45	39.74	41.58	4.63
票据融资	25.87	13.67	8.49	52.23	14.38	45.24	214.60
利润总额	0.63	2.07	2.45	2.39	5.24	7.38	40.84

14.1%，其中一般性对公贷款时点余额 103.83 亿元，增幅 18.6%；个人贷款余额 50.64 亿元，新增 2.85 亿元。在“加按揭”和“随借随还”等业务受限的情况下，该行积极推进个人住房评分卡、二手房循环授信、汽车消费贷款、消费易、同名转按、一手楼特殊放款模式等新业务。

【公司业务】 2008 年，招行青岛分行一是发行了山东省内第一张区县级财政公务卡，并成功营销青岛市市南区政府和高新区管委该业务，共计发卡 155 张；二是发展网上票据业务，抓住南车集团等重点大客户需求，叙做电子票据业务近亿元；三是成功中标青岛市财政国库集中支付招标和建筑施工投标保证金项目招标；四是推出了财务顾问、额度管理费、资产转让、融资租赁等新业务，开拓了收入来源；五是推动短期融资券业务发展，成功营销晨鸣纸业短期融资券业务，发行短期融资券 19 亿元。

【零售业务】 截至 2008 年末，招行青岛分行管理客户总资产 167 亿元，较年初增加 35 亿元，增幅 26.5%。高端客户在原有资产 50 万以上的金葵花客户基础上又细分出 500 万以上的金钻客户和 1000 万以上的私人银行客户，完善了客户的分级管理布局。利用 CRM 等支持线系统，细化考核方案，激发营销积极性，重点加强对标准金葵花客户的营销。一是加强对理财产品的综合销售考核，规范了理财销售流程；二是成功举办了“金葵花”少儿钢琴大赛青岛分站比赛，成功挖掘 10 位新金葵花客户；三是举办了理财教育公益行第 2 期活动，连续邀约了富国基金、招商基金等机构进行讲座；四是举办了第 4 届金葵花温馨理财节，组织开展了专家讲座、全民健身登山节、高尔夫精英赛等活动；五是深化与高端商户的合作，阳光百货、巴黎春天都进行了专享的客户优惠活动。

【票据业务】 2008 年，招行青岛分行共计办理贴现业务 477.68 亿元，实现利差收益 7556.11 万元。其中，办理直贴 149.77 亿元，实现利息收入 3.24 亿元，利差收入 3825.70 万元；办理转贴现买入业务 209.79 亿元，实现利息收入 1.86 亿元；办理转贴现卖出业务 118.11 亿元，实现利差收入 3730.41 万元。

【国际业务】 截至 2008 年末，招行青岛分行实现国际结算量 84.61 亿美元，增幅 32.14%；完成中间收益 1549.96 万美元，增幅 20.46%；结售汇收益 797.96 万美元，增幅 30.97%；手续费收益 293.64 万美元，增幅 38.09%；担保收益 58.74 万美元，增幅 89.73%；“内保外贷”余额 8395 万美元；通过进出口银行叙做进口代付业务 7188.81 万美元，争揽人民币存款 5.25 亿元；船舶融资、高速列车项目、矿石及油品业务形成国际业务总量达 7.5 亿美元。

【内控管理】 2008 年，招行青岛分行一是设立了合规管理委员会，制定了《管理计划》；二是做好各项法律咨询和文本的审核工作;三是建立了内控管理考核制度,梳理了各业务条线的合规风险点;四是加强反洗钱工作,加大对发现问题的通报力度,先后发布反洗钱提示8期;五是开辟了五禁行为《排查简报》和《排查系列专刊》,开展了干部廉洁从业、员工违规行为处理和诚信举报及奖励三项规定执行情况的执法监察;六是开展了“迎奥运百日安全无事故”活动。

【金融大事记】 1月18日 招行青岛分行在香格里拉大饭店举行“帆船之都”主题银行卡首发仪式,成为青岛首家推出以“城市形象”为主题银行卡的银行。

1月23日 在青岛高端品牌联盟成立暨颁奖典礼上,招行青岛分行“金葵花理财”获得“2007-2008最受欢迎高端品牌金融类大奖”。

2月5日 招行青岛分行、行长郭少泉连续第四年被招行总行评为综合经营管理优秀分行、优秀分行行长。

3月8日 “招商银行第4届企业文化节”开幕。

4月6日~5月6日 招行青岛分行举办“第4届温馨理财节”。

5月30日 中国海洋大学第3届“招商银行‘一卡通’奖学金”颁奖典礼在海大鱼山校区举行。

6月26日~27日 招行总行唐志宏副行长就招行青岛分行组织管理体制改革和零售业务发展情况等问题进行调研。

8月1日 招行青岛分行在青岛设立的第一家财富管理中心招行青岛云霄路支行正式对外营业。

8月25日 招行青岛分行成功中标青岛市国库集中支付代理银行资格。

10月9日~10日 招行总行李浩副行长到招行青岛分行调研信贷业务。

10月 “招商银行青岛分行(温馨理财)”被评为“全市服务业品牌文化建设优秀单位”。

11月3日 招行总行尹凤兰副行长到招行青岛分行进行内控管理工作调研。

11月17日 招行青岛分行首家县域支行即墨支行开业。

12月5日 青岛银监局陈育林局长到招行青岛分行进行工作调研。

12月16日 招行青岛分行在东海路9号举行“私人银行卡首发仪式”。

12月22日 招行青岛分行首家异地支行招行日照支行正式对外营业。

(王 娟)

上海浦东发展银行济南分行

【第一负责人简介】 耿光新,男,汉族,生于1961年7月,山东泰安人,1984年加入中国共产党,研究生学历,高级经济师。1978年9月起先后任人行莒县支行会计员、信贷员、股长;1984年7月起先后任人行、工行临沂地区中心支行人事、计划科科员、副科长、科长;1989年12月起任工行日照市分行副行长、党委副书记,行长、党委书记;2000年8月至今,任上海浦东发展银行济南分行行长、党委书记。

【综述】 2008年,上海浦东发展银行济南分行(以下简称“浦发济南分行”)坚持以科学发展观为指导,实现了各项业务快速发展。截至年末,该行不良资产较年初减少0.51亿元,不良率为1.27%,下降0.42个百分点;在股份制银行中,存款余额居第一位,贷款余额、利润总额居第二位;该行还获得“省直文明单位”等荣誉,市场形象和社会美誉度得到更好展现。

【业务发展】 浦发济南分行坚持区域发展战略,客户定位、业务定位,依托方案式营销和团队营销,较好地促进了主营业务的发展。

一、公司业务发展迅速。该行一是先后启动了省市财政资金、国华风电项目、九阳公司上市募集资金托管、京沪高铁、恒隆广场等十多项重点项目营销;二是建立了分行行长、条线管理部门、营销单位三级一体的营销推进体系,带动了存款、国际结算、中间业务收入等相关业务的发展;三是先后制定了《支行行长、客户经理绩效收入管理办法》等十余项制度规定和业务指导政策,建立了新授信客户预审制度和月度例会、季度分析制度,推动了业务发展和管理水平的提升。

二、个人业务发展成效显著。该行一是加大人力投入,积极推动全行联动,强化对个人业务发展的支持;二是借鉴他行个人业务发展经验,积极调整发展思路;三是加强市场分析,推动物流、大型批发市场、楼盘等目标客户群体的方案式营销;四是加快对代发、理财、个贷等重点业务的拓展。截至年末,储蓄存款余额20.96亿元,同比增长4.66亿元;个人贷款余额3.91亿元,同比增长1亿元;新增银行卡10.3万张,新增网银有效户1.5万户。

【内部管理】 浦发济南分行按照增强管理的“科学化、精细化、制度化、规范化”的方针,积极提升服务能力、保障能力,管理促进业务发展的效能得到有效发挥。

一、加强机制建设,充分发挥机制的保障支撑作用。该行

上海浦东发展银行济南分行主要统计指标

单位：亿元

项　　目	2003	2004	2005	2006	2007	2008	2008年同比增幅（%）
资产总额	128.22	137.56	158.56	198.68	222.72	354.66	59.24
存款余额	82.15	94.52	132.16	158.73	193.74	259.52	33.95
企业存款	76.53	86.77	116.98	136.21	166.93	221.52	32.7
机关团体存款	2.59	2.42	5.68	8.04	10.51	17.04	62.13
储蓄存款	3.03	5.33	9.5	14.48	16.3	20.96	28.59
贷款余额	80.49	91.12	126.67	151.55	182.25	214.9	17.86
短期贷款	63.37	70.92	103.68	118.93	133.15	155.94	17.12
个人短期贷款	0.12	0.58	0.36	0.39	0.77	0.68	-11.69
中长期贷款	18.14	20.20	23	32.61	49.1	58.96	20.08
个人中长期贷款	0.9	1.07	1.19	1.16	2.13	3.24	52.11
票据融资	9.43	32.94	12.34	25.19	10.94	1.84	-83.18
利润总额	0.96	1.8	2.86	3.36	5.23	4.59	-12.24

一是下发了《2008年目标管理考核办法》和《分行2008年度支行行长、公金客户经理绩效收入管理办法》，增强了对重点业务的考核力度；二是加强人力资源建设，充实干部队伍，培育、引进营销一线人员以及具有较强业务素质的管理人员；三是积极推动内控体系建设，完成了内控手册、体系文件和场所文件的编写；四是开通了内控体系电子文件柜，并取得积极成果。

二、推行大服务理念，提高服务效率和水平。该行一是积极倡导大服务理念，推行管理部室服务承诺制和服务效率评价制；二是加快运营业务流程再造步伐，紧跟总行流程，实现全业务、网点的集中业务上线和后台集中业务处理；三是着力推进服务建设，开展系列活动，推进营业网点管理，服务质量和服务效率有了明显提升。

三、加强风险管理，有效防范风险。该行一是及时发布授信政策和行业指引，加强对客户的检查和监控；二是制定《经营单位风险管理评价办法》等十余项规定，建立与完善了客户分类管理和调查机制，并发布风险提示52份，现场检查客户120余户，调查新授信户179户；三是调整信贷结构，加大客户调整退出力度。全年新增授信客户115户，较年初增加25%，调整退出客户74户，涉及金额22.6亿元。

【企业文化建设】　2008年，浦发济南分行坚持“以人为本”，使员工全方面发展。一是建立了员工成长发展机制，与山大建立了教育协作，为员工提供了学习深造机会；二是组织运动会、登山比赛等活动，丰富了员工的业余文化生活；三是组织员工体检，保障了员工的身心健康；四是积极开展社会公益活动，加大社会捐赠力度，为地震灾区累计捐款36.89万元，交纳党员特殊党费9.29万元，捐赠棉衣被367件(套)；五是开展志愿者服务活动，向山区小学捐赠教学设施。

【金融大事记】　1月14日　浦发银行董事长吉晓辉一行赴山东考察，并拜会山东省副省长王仁元。

1月18日　浦发济南分行槐荫支行开业。

2月2日　浦发济南分行召开年度工作会议暨2007年度总结表彰会，传达了总行年度工作会议精神，回顾了分行2007年工作，重点部署了2008年工作。

3月28日　山东省银行业协会授予浦发银行济南分行“2007年度山东省银行业文明规范服务系列活动宣传奖”。

4月8日　浦发济南分行耿行长一行赴莱芜商行考察调研，就双方的业务合作进行了深入探讨。

5月9日　浦发济南分行成功堵截一起银行承兑汇票伪造案件，截获假票金额高达1310万元。

5月16日　浦发济南分行成功运作两笔共1350万美元远期购汇业务，开启了新的业务渠道。

5月29日　浦发济南分行被山东银监局评为2007年度良好银行，监管评级为二级。

6月13日　济钢集团与浦发济南分行在舜耕山庄签署全面战略合作协议。

6月20日　浦发银行与齐鲁证券在上海签署全面业务合作协议。

7月16日　浦发济南分行在省内设立的第一家异地支行上海浦东发展银行淄博支行正式开业。

11月26日　浦发银行与莱商银行在莱芜签署全面战略合作协议。

浦发济南分行市北支行开业。

（燕　峰）

上海浦东发展银行青岛分行

【第一负责人简介】　常征，男，汉族，1962年5月生，中共党员，工商管理硕士，1981年参加工作，历任工商银行青岛市分行财务处副科长、科长，会计处副处长，计财处处长，市南支行党委书记、行长，工商银行青岛市分行党委委员、副行长；现任浦发银行青岛分行党委书记、行长。

【综述】　2008年，上海浦东发展银行青岛分行（以下简称“浦发青岛分行”）紧紧围绕总行中心任务和发展战略，积极应对国际金融危机的冲击，各项业务取得了长足进展。

截至年末，该行本外币各项存款余额为107.69亿元，较年初增长27.87亿元，增幅34.92%。其中储蓄存款余额17.86亿元，同比增长6.61亿元，增幅58.76%。本外币各项贷款余额101.69亿元，较年初增长40.15亿，增幅65.24%，其中中间业务收入3370万元，增加1753万元，增幅108.41%。不良贷款余额11716万元，减少9917万元，不良率为1.23%，下降2.27%。

【业务拓展】　2008年，浦发青岛分行加强业务发展，存贷款及其它业务发展迅速。

一、存贷款规模双双创出历史新高。一是按照总行确定的年度预算指标和3年规划发展目标，推出一季度全员营销竞赛活动；二是修订完善了《客户经理考核办法》、《个银客户经理、理财经理年度考核办法》，集中全行优势资源向存款考核倾斜；三是大力拓展营销渠道，把稳存增存作为工作重点积极调度，促进了各项结算类、同业和个人存款的快速增长。截至年末，存贷款余额双双突破“百亿”大关，创出了历史新高。

上海浦东发展银行青岛分行主要统计指标

单位：亿元

项　目	2003	2004	2005	2006	2007	2008	2008年同比增幅（%）
资产总额	36.16	34.10	48.28	58.15	81.15	119.34	47.05
存款余额	28.53	32.87	46.20	55.65	77.92	106.46	36.62
企业存款	12.20	18.29	28.92	36.70	54.69	48.99	-10.41
机关团体存款	0.05	0.00	0.10	0.03	0.51	0.37	-27.28
储蓄存款	1.09	1.85	5.40	6.73	10.99	17.55	59.71
贷款余额	35.15	31.61	37.75	52.44	61.00	99.77	63.56
短期贷款	29.95	26.43	24.15	31.25	34.87	67.77	94.33
个人短期贷款	0.00	0.01	0.03	0.08	0.63	1.45	131.52
中长期贷款	0.22	4.60	8.77	17.03	20.26	18.30	-9.68
个人中长期贷款	0.02	0.40	2.77	6.43	9.40	8.96	-4.72
票据融资	4.98	0.58	4.83	1.67	3.70	12.89	248.23
利润总额	-0.17	0.99	1.16	0.80	0.54	1.62	201.57

二、多项业务指标得到快速发展。该行国际结算业务量30.63亿美元，同比增长70.36%；其中在岸国际结算量为11.05亿美元，离岸国际结算量19.58亿美元。轻松理财卡发卡量34932张，信用卡有效进件量达3567张；个人网银签约5662户，代发业务量5.8亿元，新增特惠与特约商户分别为252家与23家；第三方存管存量2636户，存管资金3593万元，实现各类基金销售3.13亿元。

三、以战略转型为主线，调整信贷结构，推动重点业务的快速发展。

（一）合理调整信贷结构，实现业务可持续发展。一是加强流动性管理，多数贸易融资类授信业务得到了较快的发展；二是加强对青岛钢铁、啤酒，中石化青岛炼油化工公司等龙头企业集团授信业务的开展，强化了在龙头客户群中的地位；三是调整业务结构，提高新增异地贷款客户的介入标准。截至年末，异地贷款余额15.07亿元(不含贴现)，较年初增加2.11亿元，占比提高2.09个百分点，为设置异地分行和实现区域化发展创造了有利条件。

（二）优化中小企业信贷业务操作流程，创新业务产品，全面推进其业务发展。一是确立市场开发策略，优化了内部运作流程，不断创新中小企业业务品种；二是加大了对资信情况良好、忠诚度高的中小基础客户群的业务与贷款支持力度；三是首次将中小企贷款纳入考核体系，贷款余额7.74亿元，较年初增长4.66亿元，增长151%。

（三）机构建设进一步提速，网点综合效应日渐显现。2008年，即墨支行的开业实现了县域支行的首次突破，全年新增自助设备网点23个，重点区域的网点密集度进一步提高，作为产品销售、服务推广和品牌展示渠道的营销转型作用日益提升。

【品牌推广】 2008年，浦发青岛分行不断加大中间业务，提高服务质量，为全方面发展打好基础。

一、以公银产品带动业务转型，推动中间业务全面发展。一是加快投行业务发展，加强财务顾问业务的立项、备案、资产托管业务的审批和日常管理工作；二是成功发行3期信托票据型理财产品，并配合总行销售了2.83亿元“利多多”对公理财计划产品；三是制定并下发了《关于全力做好安盛价值成长股票型基金代销工作的通知》；四是组织弘信期货经纪公司、青岛葳尔资产管理公司参加总行组织的“创富杯”股指期货黄金联赛，并获得“风险控制奖”等；五是完成股指期货仿真交易期货公司的营销指标，并举行了经济及投资策略期货高峰论坛暨颁奖典礼。

截至年末，该行对89户公司客户提供了信息咨询及财务顾问服务，全年累计收入831万元；同时对13户公司客户进行交易资金托管，收入112万元、托管金额28600万元；实现各类投行业务约1150万元，非投行类中间业务1800万元。

二、开展各类业务促销活动，提升个人银行品牌效应。一是与部分商家合作，进行现场刷卡兑奖活动，并对合作的特惠商户进行了清理，针对部分优质商户开展了合作活动；二是设立基金精品屋，开展基金投资报告会，进行各类基金集中销售推荐活动；三是成功举办“轻松理财知性卡”联名卡发卡仪式，开发了“轻松理财饮食通”联名卡；四是策划并牵头组织了个人业务体验月玫瑰之约、办理轻松理财卡即赠环保购物袋、“情系灾区，您办卡，我捐款”、“积分节节高，欢乐乐翻天”轻松理财卡综合积分、“健康生活，轻松理财”贵宾沙龙等活动。

【精神文明建设】 2008年，浦发青岛分行围绕中心工作开展精神文明创建活动，员工职业道德和业务水平有了较大提高，各项业务稳步增长。

一、注重党的建设。一是加强党委理论学习，提高班子决策水平，并制定与出台了党委理论中心组学习、党建工作、思想政治工作、党内民主生活会、党费收缴等制度；二是开展学习党章活动，并完善了制度建设，加强了党务干部队伍建设与支部班子培训工作；三是召开党建暨纪检监察工作会议，针对性地开展职业道德教育和遵纪守法教育；四是加强业务制度的学习，健全各项规章制度，增强抵御各种风险能力。

二、营造良好工作环境。一是成立治理商业贿赂领导小组，并对授信管理、基建工程、大额采购、商业广告、产品营销等环节重点排查；二是建立人事任免党委会决议、大宗物品采购由财务委员会集体审议制度；三是开展案件专项治理，并加强了监管与安全保卫工作。

三、积极开展公益爱心和社会志愿者活动。一是与驻地的部队、学校、社区、企事业单位、村镇开展文明单位共建与岗位创建活动；二是开展“爱心飞扬慈善一日捐”以及向贵州对口支援贫困地区捐赠棉衣被活动，累计捐助衣被900多件，捐款30多万元；三是开展了交纳“特殊党费”活动，1天内56名党员捐款44400元；四是制定下发了《规范化服务管理办法》，在强化服务质量、提高办公效率、打造服务品牌开展了一系列活动；

四、服务奥运，加强奥运期间管理。一是开展关于迎奥运文明规范服务系列活动；二是举办“奥运英语、手语”培训以及“服务礼仪专题培训”，参加人数累计达到200人次；三是开设奥运服务专柜，实施理财经理值班制度，并对奥运重点网点延长了服务时间，同时建立了营业网点的日常柜面服务应急机制；四是完成10多项系统应急演练和切换，保证了业务系统稳定，提高了软硬件服务水平。

【员工队伍建设】 2008年，浦发青岛分行注重加强队伍建设，提高干部员工综合素质。一是加强管理力度，改进工作作风，提高工作效率并组织运营条线业务主办与一线员工业务技能达标考试；二是动员员工踊跃参加各类视频与现场培训，共参加专场培训20多场，培训业务骨干300人次；三是先后举行了企业年金和期货业务两个专题培训会，并组织了理财与客户经理参加个银业务岗位培训及考试工作，考试通过率达到100%；四是结合总行案件综合治理要求，提高了员工法制意识，增强了合规守法观念；五是组织员工参加各种有益的文体活动，相继举办了“卓信杯”羽毛球赛、首届员工沙滩运动会，并组织员工参加了"迎奥运圣火"活动。

【金融大事记】 1月2日 浦发青岛分行在海天大酒店召开全员营销竞赛活动动员大会，正式拉开此项活动的序幕。

1月3日～10日 浦发青岛分行个银条线进驻青岛理工大学开展项目营销，共增加1.1亿元储蓄存款，完成个人委托贷款协议和贷款合同7000多份。

1月15日 浦发青岛东海中路支行与岛城知名大型高档私人会所鑫金利美健水疗国际俱乐部合作举办的高端女性客户答谢酒会在香格里拉大饭店宴会厅举行，并推出了由双方共同打造的"财貌双全"面向岛城高端女性客户的服务品牌。

1月23日 在青岛日报报业集团、青岛市广播电视局、青岛市商业联合会联合举办的"高端品牌"评选活动颁奖仪式上，"浦发卓信"高端客户理财品牌喜获"最值得期待高端品牌"称号，行长常征到会领取奖杯。

1月28日 浦发青岛分行在青岛市金融办公室、人行青岛中支及银联青岛共同举办的青岛银行卡年度表彰大会上，荣获2007年度银联标准信用卡"推广最佳成长奖"、"消费最佳成长奖"、"ATM降低差错杰出贡献奖"三项年度大奖。

2月1日 浦发青岛分行在3楼会议室举行2008年工作会议，全面总结2007年度工作，传达贯彻总行工作会议精神，制定落实2008年度各项业务发展目标。各级领导及骨干共80多人参加了会议。

3月8日 浦发青岛分行在麦凯乐青岛总店隆重举办"知性佳人，玫瑰之约"知性卡首发仪式。人行青岛中支副行长王丽艳、银联青岛分公司总经理赵玉栋与行长常征共同开启水晶球，宣告轻松理财知性卡正式登陆岛城。

3月30日 浦发青岛分行与离岸业务合作伙伴莫萨克·冯赛卡律师行，在青岛颐中皇冠假日酒店针对青岛及周边地区离岸客户举行了"中国企业的'海外'之路离岸业务最新法律与政策研讨会"。

4月20日 浦发青岛分行公银业务主管行长朱相宇带队参加了由青岛市人民政府及烟台、潍坊、威海、日照市政府、人行济南分行、国家外汇管理局山东省分局、金融时报社联合举办的"山东半岛经济发展与金融支持推进会"，并与1家优质企业进行了合作意向签约。

5月15日 浦发青岛分行组员参加有中国五大汽车展览会之称的"2008第七届青岛国际汽车工业展览会"，设置展台现场宣传，在高档消费市场客户群众中提升了产品"轻松理财、轻松生活"的活力形象。

5月22日 浦发青岛分行与人行青岛中支、青岛银监局、开发区管委会联合在开发区海都大酒店举办了开发区中小企业银企合作洽谈会。会上，开发区支行先后同青岛华轩环保科技公司等签订了总额5000万元的授信协议。

6月26日 浦发青岛分行成功发行首期信托票据型理财产品5000万元，该期对公理财产品的成功发行，增加了中间业务收入，盘活了票据资产。

6月27日 浦发青岛分行在新东大酒店举行新形象标识启用、"轻松理财—饮食通"联名卡发布暨福州路支行开业仪式，宣布在岛城正式启用新形象标识。

浦发青岛分行公银业务主管行长朱相宇带队参加了由青岛市经贸委、人行青岛中支、青岛银监局联合举办的"中小企业项目融资洽谈会暨青岛中小企业融资服务中心成立大会"，并与山东银联担保青岛分公司签订了银保合作协议，成为此次会上3家签约银行之一。

7月10～11日 浦发青岛分行开展了为期2天的创富之旅青岛行重点投行业务巡回营销推介活动，对青岛银行、海信集团、山东黄岛电厂等进行了走访。

7月27日 由浦发银行、中小企业协会与威海市政府联合主办的2008中小企业大巡诊活动在威海举行，来自全省各地的近200家中小企业代表参加了活动。

9月12日 浦发青岛分行协办的青岛市金融支持小企业发展授信仪式在青岛黄海饭店隆重举行。会议邀请了全市530多家企业与会，18家金融机构与各自授信客户共163户企业签订了授信协议。该行行长常征与10户中小企业签订了总额为5730万元的授信协议。

9月22日 浦发青岛分行与弘信期货公司合作举办的"弘信创富杯"大赛取得成功，先后共有513名投资者参加了各阶段比赛，并且有18人次分获阶段一、二、三等奖。

10月17日 由总行主办，浦发青岛分行承办的银关通网上担保暨供应链电子化支持产品推介会在海天大酒店举行。并现场与4家企业签订了银关通网上担保合作意向书。

11月14日 浦发青岛分行在青岛市银行业协会组织了青岛市银行业职工文艺汇演中，参演的音舞快板《高唱凯歌向前行》获得二等奖。

11月17日 浦发青岛分行在市政府召开的全市重点项目推介授信签约仪式上，与30户企业签约授信，授信总额16亿多元。

11月18日 浦发青岛分行在即墨宾馆，举行支持区域经济发展新产品发布暨即墨支行开业庆典仪式。

12月14日 浦发青岛分行与青岛弘信期货公司、青岛早报联合在汇泉王朝大酒店举办"弘信创富杯"股指期货黄金联赛颁奖典礼，青岛市金融办主任白光昭、人行青岛中支行副行长顾延善，青岛证监局副局长殷建华，总行公投总部期货结算部副总经理应华，青岛弘信期货公司董事长隋志先等400多名贵宾客户出席了颁奖典礼。

12月24日 浦发青岛分行在青岛人民会堂举办"2008圣诞幽默交响音乐会"。各单位领导和1500多名客户一同欣赏了音乐会。

12月29日 由青岛财经日报、青岛电视台、新浪网、商周刊联合举办的"青岛改革开放30年"杰出财经人物、十大财经人物暨行业风云人物·风云企业评选大型活动在青岛香格里拉大饭店盛世堂举行颁奖典礼，党委书记、行长常征出席颁奖典礼并荣获"行业风云人物"大奖。

（张海峰）

兴业银行股份有限公司济南分行

【第一负责人简介】 张霆，男，汉族，1969 年 5 月生，祖籍福建泉州，中共党员，工商管理硕士，高级经济师。曾任兴业银行福州鼓楼支行行长、龙岩分行行长、泉州分行行长等职务；现任兴业银行济南分行党委书记、行长。

【综述】 2008 年，兴业银行股份有限公司济南分行（以下简称“兴业济南分行”）坚持“内涵提升与外延扩张相联动”的发展战略，着重推进业务结构调整和经营模式转型，深入开展内部组织架构改革和流程银行改造，各项业务保持了良好的发展势头。截至年末，该行本外币各项存款余额 228.17 亿元，其中一般性存款 172.47 亿元，较年初增加 56.67 亿元，增长 49.27%；本外币各项贷款余额 150.09 亿元，增长 24.50%。

【资产负债管理】 2008 年，兴业济南分行加强资产负债管理的分析及监测工作，定期召开资产负债及业务分析会，及时调整资产配置、负债管理策略。

一、贷款规模及现金管理。该行一是根据总行资产负债比例管理政策与制度以及自身需要，按月调控贷款投放进度，确保贷款在总行核定的规模内；二是加强资金调度管理及人民币存贷比的日常监控，做好流动性及资金的安排；三是加强对现金收支的管理、指导，及时监测现金占用情况，按季向人行和总行提交现金分析报告；四是合理测算各机构库存现金余额，并下发了“关于核定库存现金限额的通知”。

二、流动性及资金管理。该行一是每月初编制当月流动性缺口预测表，每日实时分析、监控资金头寸变化，定期分析来源与运用期限匹配情况；二是及时制定了《异地支行资金业务管理实施细则》，有效提高了资金营运效率，防范了潜在的风险；三是降低低效资金占用，全年备付率控制在 2.5%以内，全年未出现因备付资金不足而开启清算窗口的情况；四是加强分析比较，合理上存、下借资金，以提高收益降低成本；五是定期检查、核对并完成存款准备金、日均存贷比考核、统筹金、FTP 等资金等业务。

三、利率及资产定价管理。该行为加强授信客户资产定价能力，先后制定了资产客户分类定价《管理办法》和《评价标准》，为今后的发展打下基础。

【风险管理】 2008 年，兴业济南分行以合规文化建设为主线，加强全面风险管理，风险管理水平得到进一步提升。

一、把握区域经济发展方向，加快信贷结构调整步伐。该行一是结合区域经济发展特点有针对性的调整信贷资产结构

兴业银行股份有限公司济南分行主要统计指标

单位：亿元

项　　目	2003	2004	2005	2006	2007	2008	2008 年同比增幅（%）
资产总额	119.79	158.93	197.15	188.91	203.14	307.92	51.58
存款余额	79.00	116.25	135.60	133.30	120.80	149.84	24.04
企业存款	61.32	76.62	100.89	104.61	62.65	89.81	43.35
机关团体存款	0	0	0	0	0	0	0
储蓄存款	2.19	4.05	4.39	4.09	5.92	11.98	102.31
贷款余额	98.06	94.28	79.63	102.24	120.54	132.62	10.02
短期贷款	45.99	69.63	60.17	57.38	61.52	66.26	7.71
个人短期贷款	0.15	0	0.55	0.75	0.96	0.41	-57.16
中长期贷款	27.05	22.40	17.1	43.51	57.49	59.11	2.83
个人中长期贷款	0.91	0.81	1.31	2.84	10.80	16.41	52.00
票据融资	13.91	1.63	2.00	1.06	1.15	7.08	515.05
利润总额	1.33	1.65	1.79	2.22	1.79	1.52	-15.18

和信贷投向；二是对贷后检查发现问题进行分析及部署，并果断退出了敞口 9.32 亿元的控货业务；三是退出高风险行业，对综合收益与风险度不匹配的客户提高审批条件，压缩客户数量，降低整体风险。

二、不断提高风险管理水平，有效的控制信贷风险。该行一是完善了风险管理部门的职责，下设了尽职调查部门，并起草了《尽职调查操作规程》等办法；二是先后完成了山东省能效项目、中小企业、境外工程保函业务、纺织行业的专项调研工作及风险识别和控制工作；三是规范信用业务贷后管理流程，提高贷后管理实效，建立了信用业务风险报告制度，并实施了信用业务问责制；四是有针对性地对同行内或同类业务品种的授信客户开展专项检查，并形成调研报告提供决策参考。

三、加强内控制度建设，确保内控风险的长效管理。一是确定了管理目标，制订了《2008 年内控关键点》；二是健全内部风险报告管理体系，明确内控工作流程，加大检查监督力度；三是下发了《关于加强贷后管理、强化责任追究的通知》，对信用业务责任追究、交接等工作做出统一规范；四是强化人员管理，针对各项业务风险点和案件专项治理工作重点进行专题培训，使风险控制措施落到实处。

【市场拓展】 2008 年，兴业济南分行紧紧围绕目标市场，以企业、零售金融两大事业部改革为契机，大力推广创新产品，各项业务实现了快速协调发展。截至年末，该行票据业务累计贴现量 78 亿元，完成国际结算 14.6 亿美元，增加 2.5 亿美元，完成总行计划的 292.10%

一、以核心负债业务的拓展为重点，公司业务发展迅速。该行一是通过调查研究，重点支持了一批符合国家产业政策和信贷导向的优质项目；二是加大对产品的创新和推介力度，通过产品营销提升对客户的服务能力，实现了业务结构的调整；三是加大考核力度，强化营销组织，细化计划管理，确保了公司业务的快速增长。

二、依托重点产品，零售业务占比不断攀升。该行持续开展个贷业务及优质一手房按揭营销，当年，个贷累计投放 9.5 亿元，年末余额 17.96 亿元，新增 5.56 万元，新增市场占有率 15%，其中个人住房类贷款占 30.3%，分别位居济南同业第 3 与第 1；在理财与卡类业务高速发展时期，该行累计销售综合理财 19.67 亿元，全年新增信用卡 93305 张，累计发卡 18.6 万张，新增发卡在系统内列第 6 位，刷卡消费 16.3 亿元，在系统内列第 5 位。

三、业务转型逐步深入，新兴业务步入良性发展轨道。该行一是继续深入推进业务转型，持续加大对新产品的推广和业务创新能力的提升，截至年末，能源效率项目贷款余额 5.9 亿元，列系统内第 1 名；二是与省内 11 家中小金融机构开展代销理财业务合作，代销理财规模达 10 亿元，签订债券承销协议 4 家，与 5 家企业开展了财务顾问业务。

【会计结算】 2008 年，兴业济南分行会计工作对外提高服务水平，对内加强内控管理，核算质量继续保持优良。

一、组织对规章制度的调研和及时反馈。该行一是对辖属机构开展内控现场检查，累计 34 次，专项检查 12 次，每季度网点检查覆盖面达到 100%；二是监督传票差错 212 笔，分类综合差错率同比大幅减少；三是开展了 19 项相关规章制度，以及总行、人行调研反馈工作；四是向人行反馈了第二代支付系统建设构想和账户管理法规制度，财税库行业务中个人车辆购置税退税流程等调研报告；五是成功堵截了 1 起银行承兑汇票诈骗案件和 1 起利用假身份证挂失诈骗案件。

二、完善规章制度。该行先后制定与修订了《会计主管考核实施细则》、《反假货币工作内部管理实施细则》、《代保管物品管理办法》、《机构库存限额管理通知》、《重要空白凭证、现金集中调拨业务操作规程》、《支付清算系统应急处置预案》等 11 项制度，使各项操作有章可依，严肃了会计结算纪律。与此同时先后共完成了包括电子验印系统、银行本票、汇票联机密押系统等 12 个项目系统上线及演练测试工作。

三、加强会计业务培训与技能练兵。全年共进行各类业务培训 672 人次，课时 59 小时，前台人员培训覆盖率达到 100%，该行还开展了 2 次全行范围的技能练兵与选拔活动，并参加了总行与省银行业协会举办的技能竞赛活动。

【信息科技】 2008 年，兴业济南分行继续坚持“科技兴行”策略，加强安全保障，强化技术支持。一是制定了机房安检制度，奥运期间实行了 24 小时值班制度，保障了所有系统在奥运期间无故障发生；二是完成了 IDS 入侵检测系统上线后升级维护工作，并对电话银行和第三方存管系统上线后的运行进行维护；三是参加了第 4 届中国国际信息技术博览会，通过多种形式让客户认识到电子银行的特色服务和功能优势。

【人力资源】 2008 年，兴业济南分行继续坚持“以人为本”，加强人力资源管理与开发：一是根据通过报刊、网络等多种招聘方式，多方位吸收各类专业人才，全年共招聘员工 67 人；二是做好员工内部调配工作，不断优化人力资源结构；三是加大培训力度，全年开展培训 14 个课程，受训人员超过 1000 人次，为深化改革提供了人力支持。

【企业文化】 2008 年，兴业济南分行仍然致力于深化团结积极、快乐向上的家园文化建设，引导员工树立高尚的思想追求和团结一致、拼搏创业的职业精神。该行成功组织了汶川地震捐款活动，员工捐款达 300620 元，122 人自愿缴纳特殊党费 87300 元；除此之外还举办行歌的学唱比赛，改进了内刊《齐鲁兴业》，并开办了职工食堂，让“家园”文化更进一步深入人心。

【金融大事记】 1 月 15 日 兴业济南分行举办银银合作推介会，邀请省内各地市农信社和城商行等 20 家金融同业机构参会。

2 月 13 日　兴业济南分行荣获总行 2007 年度两项大奖“银银合作营销优胜奖”和“同业业务创新奖”。

3 月 3 日　兴业济南分行营业部成功堵截一起利用克隆银行承兑汇票诈骗资金案件。

3 月 20 日　兴业济南分行举办第一届中小企业 IPO 财务顾问推介会,参会企业近 50 家,企业代表 80 余人,通过洽谈达成了多项业务合作意向。

4 月 9 日　山东银监局王朝弟副局长一行赴兴业济南分行召开 2007 年度审慎监管会议。

4 月 19 日　兴业济南分行成功举办大型财富论坛，邀请兴业全球视野基金的基金经理、兴业证券策略分析师主讲,约 330 名客户到场参加。

5 月 13 日　兴业济南分行举办财务顾问银企合作论坛暨签约仪式，与 30 家中小企业签署了财务顾问业务合作协议；总行行长李仁杰、深圳证券交易所上市推广部区域首席代表郑静及省发改委、证监局的有关领导出席了仪式。

5 月 30 日　兴业济南分行启动发售 08 年首支自行设计的“特别理财计划”,当日实现销售额 8000 万元,创分行理财产品单日销售纪录。

5 月 31 日　兴业济南分行举行兴业银座联名卡上市新闻发布会，包括济南电视台在内的多家新闻媒体到场进行了采访。

6 月 22 日　兴业济南分行与兴业证券济南营业部联手举办“2008 年中期投资策略会”。

7 月 5 日　兴业济南分行召开全体客户经理大会,研究分行公司业务发展及考核管理。

10 月 28 日　兴业济南分行首家异地支行潍坊支行开业。

11 月 16 日　兴业银行济南分行举行“健康人生 金彩人生”黄金投资报告会,邀请总行资金营运中心高级交易员、黄金及外汇业务市场营销部负责人丘峰现场讲解代理上海黄金交易所黄金产品业务知识，共有 230 余名签约客户参加了此次报告会。

11 月 28 日　山东省档案局法规处一行 4 人赴兴业济南分行进行档案工作现场检查验收,经综合考评,该行档案工作获批“省一级”标准。

（耿　伟）

兴业银行股份有限公司青岛分行

【第一负责人简介】　张晓莉,女,中共党员,清华大学 EMBA,高级经济师，历任建行济南市中区支行行长,建行济南，兴业济南、青岛分行副行长；2007 年 8 月至今，任兴业银行青岛分行党委书记、行长。

【综述】　兴业银行股份有限公司青岛分行(以下简称“兴业青岛分行”)于 2007 年 9 月 7 日正式营业,直属总行一级分行。2008 年,第一年完整创业发展，完成了自助银行网点建设 4 处，投放 ATM 机 18 台。各项业务的健康快速发展,为金融市场的地位奠定了基础。

【公司业务】　兴业青岛分行加大对国家和地方经济建设的信贷投入,重点支持符合国家产业政策导向的项目和企业,实现了公司业务的持续快速稳健发展。

一、成功介入辖区主流业务市场。一是与青岛市相关政府及各区市财政部门和政府项目融资平台建立了密切的业务联系与日常联络机制;二是与青岛城投签订战略全面合作协议,并与辖区主流行业的骨干企业建立合作关系；三是依托总行大型客户部,做好中铁建、中建、中铝、中冶科工等总对总授信客户在本地企业的落地工作。

二、初步实现了公司存贷款业务的协调同步发展。截至年末，该行的公司本外币存款余额 54.02 亿元，同比增长 39.82 亿元,完成总行计划的 166.49%;贷款余额 62.04 亿元,增加 38.91 亿元,其中:票据贴现余额 27 亿元,增加 23.06 亿元;一般性公司贷款余额 35.04 亿元,增加 15.85 亿元。

三、公司客户数快速增长,核心客户培育工作成效显著。该行公司客户发展至 776 户,较年初增加 465 户,其中:存款超过 500 万元以上的重点客户 119 户,同比增加 66 户;授信客户 255 户,同比增加 177 户;符合总行核心客户标准的客户 182 户,居总行系统内同类区行第二名。

【个人业务】　2008 年，兴业青岛分行高度重视个人业务发展,在资源投入、产品创新、队伍建设等方面加大支持力度,业务发展初具规模。

一、贷款业务逐渐增长。截至年末,该行储蓄日均存款同比新增 1.58 亿元，全年累计发放零售贷款 7301 万元，余额 1.22 亿元,增幅 55.73%,累计销售本外币综合理财产品 28302 万元,完成总行计划的 197.92%。

二、各项业务发展迅速。一是全年非白金和白金信用卡发卡量分别为 53312 与 110 张,分别完成总行计划的 177.71%和 110%;二是新增个人第三方存管开户 978 户,完成总行计划的 108.67%;三是代理个人黄金交易额 26969 万元,完成计划的 179.79%;四是自主设计发售的首款低风险票据人民币理财产品受到市场追捧,并取得了公积金贷款经办行资格。

兴业银行股份有限公司青岛分行主要统计指标

单位：亿元

项　　目	2003	2004	2005	2006	2007	2008	2008年同比增幅（%）
资产总额	--	--	--	--	36.95	92.71	150.91
存款余额	--	--	--	--	20.2	68.48	239.01
企业存款	--	--	--	--	19.49	64.41	230.48
机关团体存款	--	--	--	--	0	0	0
储蓄存款	--	--	--	--	0.71	4.07	473.24
贷款余额	--	--	--	--	23.98	63.26	163.80
短期贷款	--	--	--	--	18.79	32.55	73.23
个人短期贷款	--	--	--	--	0.005	0.0274	448.00
中长期贷款	--	--	--	--	1.24	3.71	199.19
个人中长期贷款	--	--	--	--	0.7791	1.19	52.74
票据融资	--	--	--	--	3.9434	27	584.69
利润总额	--	--	--	--	-2497	9321	473.29

【同业业务】 2008年，兴业青岛分行在与证券公司、银行同业、信托财务公司等的长期业务合作中，积累了丰富经验及一批优质客户。截至年末，同业本外币各项存款余额10.39亿元，同比增加5.12亿元。其主要做法：一是与在青岛设立的19家证券营业部达成第三方存管合作意向，其中开展实质性合作的法人券商17家；二是与日照商行完成首个银银平台柜面通业务上线，成功操作了第一笔中小金融机构代销理财产品业务；三是与信托和财务公司建立业务合作关系，完成了机构客户理财业务1.77亿元。

【电子银行业务】 2008年，兴业青岛分行以成立电子银行中心为契机，统一了电子银行业务的专业培训、营销组织和服务管理，“在线兴业、热线兴业、无线兴业”的电子银行服务品牌建设也初见成效。

截至年末，该行企业网银客户150户，新增108户，完成总行新增计划的216%，企业网银使用率85%，完成计划186.49%，累计交易笔数6662笔，交易金额156.63亿元；零售电子银行客户37706户，新增34843户，完成计划的458.34%，使用率为18.50%，完成计划的119.35%；累计个人网银交易笔数21103笔，交易金额11.81亿元。

【内部管理】 2008年，兴业青岛分行坚持在认真研究和把握市场的基础上，不断强化风险和发展、合规和创新、质量和效率的意识，塑造了具有兴业特色的体制和机制优势。

一、提升专业管理和服务能力，稳步推进营销组织服务体系变革。一是强化业务发展统筹管理和协调运作；二是以提升专业管理和服务能力为重点，稳步推进业务营销管理流程建设；三是建立分支行联动营销机制，提升机构业务发展的风险管控能力；四是加强零售市场细分，完善零售业务产品，加快专业化零售直销队伍建设；五是成立个贷中心，建立标准化按揭业务流程，提高基层网点销售和服务能力。

二、强化资产负债和财务管理，发挥计划财务导向和考核作用。一是坚持效益最大化原则，优化资产负债的期限及利率结构；二是积极推进综合经营计划的科学编制与有效执行，做好经营单位与管理部门指标考核体系的建设工作；三是以集中财务管理为出发点，加强对内财务管理与约束控制，开展常规业务分析；四是建立内部资金市场，引入“经营模拟利润”指标，达到成本核算精细化；五是根据需要，在确保支付的前提下，减少低效资金占用，有效规避流动性和利率风险。

三、建立完善科学决策机制，导入和实施规范管理和效率管理。一是坚持“规范、严格、全面、科学”的原则，建立完善工作规则和各专业委员会议事程序；二是倡导与建立简单上下级关系和良性沟通渠道，对决策的执行进行全面跟踪、督查，推动各项工作任务高质量、高效率完成；三是贯彻落实总行在前台服务、日常办公、营销等有关服务的质量标准，提高营业“窗口”的服务水平，树立良好企业形象。

四、建立基层党组织，确保党的建设和思想政治工作落到实处。一是坚持以党建促发展为指导思想，制定党委工作规则，完善日常运作机制；二是深入开展学习科学发展观活动；三是成立纪委，加强纪检监察工作，预防和杜绝违规违纪和腐败行为。

【风险管理】 2008年，兴业青岛分行全方面的实施风险管理，严格落实问责制度，通过改进制度安排等，完善了风险管理和内部控制体系，被青岛人行评定为反洗钱自律评估A级单位，安全保卫工作荣立青岛市公安局“集体三等功”。其主要做法：一是建立授信业务受理公示和审结公告制度、审查审批后评价制度；二是实施重点监控和一般风险项目的分类管理，并实施双线贷后现场检查61户，检查覆盖率66%，涉及信用业务余额22.27亿元；三是建立有效的风险信息反馈交流机制，多渠道、多层面地获取企业经营状况。

【企业文化】 2008年，兴业青岛分行将“以人为本”的人力资源管理与开发作为企业文化建设的核心。一是发放岛城首笔节能减排贷款4000万元，并向灾区捐款74921元，交纳特殊党费41700元；二是建立“高素质”的人才引进机制，通过公开招聘、同业推荐、员工引荐等多种形式，选拔优秀人才；三是建立人才评价、分配和使用机制，对经营单位、管理部门实行定量与定性的综合考核评价体系；四是做好员工福利保障工作，注重员工的身心健康；五是提倡“团队、超越”的榜样文化，强调领导和各部门负责人的榜样模范作用和团队合作意识；六是通过业务培训活动，培养员工终生就业能力，为确保各项业务的可持续发展奠定了基础。

【金融大事记】 1月2日 兴业青岛分行成立金融创新工作委员会。

2月21日 兴业青岛分行召开2008年工作会议，党委书记、行长张晓莉做了题为《发挥优势 加快发展 全面推进现代精品银行建设》的工作报告，部署2008年工作。

3月7日 兴业青岛分行成功举办“金芝麻”中小企业融资方案启动仪式暨青岛市中小企业融资洽谈会。

4月14日 兴业青岛分行顺利通过总行开业辅导期的检查验收。

8月11日 总行行长李仁杰赴兴业青岛分行考察指导工作。

8月26日 兴业青岛分行顺利通过了青岛银监局在内控合规发展方面的现场检查。

11月11日 兴业青岛分行为招远利奥橡胶制品公司办理总行系统内第一笔国际金融公司（IFC）备用证担保下自营福费廷业务151万美元。

11月12日 兴业青岛分行第一家同城支行经济技术开发区支行正式开业。

11月18日 经总行党委研究决定，兴业青岛分行纪律检查委员会成立，步延进任副书记。

11月21日 兴业青岛分行营业部被评为“2008年度青岛市银行业文明规范服务示范单位”。

12月4日 青岛市政府副市长秦敏一行莅临兴业青岛分行调研指导工作。

12月23日 兴业青岛分行召开全面合规管理体系建设启动大会，总行法律与合规部总经理华兵出席并做重要讲话。

（吴 锴）

中国民生银行济南分行

【第一负责人简介】 马琳，男，汉族，1970年生，中共党员，中共河南省委党校研究生。自2007年10月任中国民生银行济南分行党委副书记、副行长，现主持工作。在中国民生银行工作期间，曾获北京管理部“优秀行长奖”、“十佳支行行长”、“优秀党员”、2006年度北京管理部级优秀行长、“新起点 新突破活动突出贡献客户经理”等荣誉称号。

【综述】 2008年，中国民生银行济南分行（以下简称“民生济南分行”）面对宏观形势的复杂多变，抢抓机遇，努力实现了经营理念、发展思路、增长方式与业务结构的快速转变，内部控制和风险管理更加得以强化，各方面得到了进一步提升。

【存款业务】 2008年，民生济南分行以对公业务为支撑，带动国际业务、中间业务等相关业务全面发展，存款余额屡创新高。截至年末，存款增量与余额在当地银行和民生银行系统内均名列前茅。

一、准确定位，实施战略调整和业务转型。该行根据深入调研和市场细分，制定了业务发展规划，并重新进行了机构改革和调整，确立了交通、能源、化工、冶金、贸易金融等重点发展行业。

二、加强新产品研究和综合运用，改变业务增长方式。该行一是成功办理首笔无追索权国际双保理业务；二是成功上线首单自主托管的理财项目“四川电力理财产品”，并募集资金1.04亿元；三是整合对公金融服务资源，托管资产18.09亿元，荣获总行颁发的“机构成功营销奖”、“机构优胜奖”等四个奖项。

三、积极探索区域与链条式开发模式。一是通过多种形式，先后在临沂、莱芜、滨州、泰安、济宁等地市进行了区域客户批量开发；二是拓展重点企业的上下游客户，间接帮助了企业扩大了生产规模；三是成功开发了山东九阳股份有限公司上游供应商的批量保理业务，并与省内的临工机械、时风集团、山推集团等大型机械生产商全面合作，租赁、保理等成功

中国民生银行济南分行主要统计指标

单位：亿元

项　目	2003	2004	2005	2006	2007	2008	2008年同比增幅（%）
资产总额	69.69	114.50	140.25	139.53	284.05	258.81	-8.88
存款余额	55.55	106.58	131.86	123.46	183.73	212.14	15.46
企业存款	48.30	89.29	108.40	97.57	156.03	169.93	8.91
机关团体存款	3.64	9.16	10.32	12.11	10.54	22.02	108.85
储蓄存款	3.61	8.13	13.15	13.78	17.16	20.19	17.63
贷款余额	46.13	79.25	87.99	104.79	159.75	182.49	14.23
短期贷款	41.04	40.38	53.34	65.74	89.38	103.84	16.18
个人短期贷款	0.15	0.18	0.15	0.24	0.12	0.06	-53.80
中长期贷款	5.09	38.87	34.66	39.05	70.37	78.65	11.76
个人中长期贷款	0.59	1.24	2.60	3.46	6.91	8.16	18.06
票据融资	2.25	1.02	5.26	7.23	2.94	2.52	-14.41
利润总额	0.28	0.88	1.35	1.32	1.69	4.37	158.23

产品模式得到了客户高度认可。

四、合理科学布设机构网点，扩大业务覆盖领域。该行一是顺利完成对经七路支行的改造升级工作，并新设大观园支行；二是首家异地支行临沂支行已被银监会核准，潍坊支行正在积极筹建中。截至年末，营业机构达10家，自助银行达38家，自助设备开机率达到99.85%。

【信贷业务】　2008年，民生济南分行不断完善授信操作流程，优化贷款投向，积极支持地方经济建设，逐步建立授信风险管理体系。

一、加强信贷管理。一是认真落实信贷政策，谨慎投放房地产行业贷款；二是加快调整高耗能、高污染、资源性行业以及国家严格限制发展的行业；三是坚决禁入低效益、高风险项目，坚持利率浮动政策。

二、加大营销力度。一是充分发挥贷款推动日均存款和中间业务收入增长的作用，提高贷款综合收益；二是完善并再造了部分授信流程和工作模式；三是分工协作，信贷与产品经理深入一线，确保“营销－产品设计－授信方案拟定－授信审批－放款”整个过程的高质、高效。

三、提高安全意识与金融创新。一是组织了存量授信客户“贷后大检查”专项活动，并调整了客户结构，成功化解和规避了几起险情，实现了不良资产的持续双降；二是为企业量身定做金融服务方案，成功操作济钢5亿元和新矿4亿元融资租赁等项目，为客户“雪中送炭”，解决了融资难等问题。

【内部管理】　2008年，民生济南分行在业务快速发展的同时，不断强化内部管理，建立健全内控机制，为业务健康发展奠定了良好基础。一是加强制度建设，对历年来的现行业务流程及规章制度进行梳理、完善；二是重新整合经营机构，制定了等级行业部和等级支行办法，解决经营部门一系列的问题；三是加强依法、合规经营的自觉主动性，重视内控工作，认真做好管理并从业务和人员两方面把控风险。

【职工教育】　2008年，民生济南分行大量引进优秀市场人才49名，人员结构得到进一步优化，为进一步发展储备了宝贵财富，该行先后举办了第二届公司业务客户经理峰会、公司业务核心产品培训会、动产融资专题研讨会、中小企业融资咨询会、理财产品培训会等，与此同时行内12人次获得省市级技能标兵等称号，在济南市工会组织的技能比武大赛中获得团体总分第4名；结算工作全年安全运营，在人行年度考核中由上年的良好升至优秀，跨入A级行序列，在民生系统内尚属首家。

【精神文明建设】　2008年，民生济南分行紧紧围绕全行中心工作，大力开展精神文明建设活动。一是调整设立12个党支部，吸收预备党员10名，发展了正式党员12名；二是开展学习实践科学发展观活动，并制定了方案，较好地完成了前两阶段工作；三是行领导带领职能部门负责人分头深入基层走访座谈，广泛征求意见和建议，解决了员工关心的实际问题；四是引导员工思想并将注意力转移到业务发展上，同时积极开展了“争先创优”活动，做好奥运金融服务各项活动的要求；五是组织全行员工学习《深入学习实践科学发展观指南》、《背水一战——中国商业银行改革》、《货币战争》等书籍，提高了风险防范意识；六是组织员工捐款70余万元，设立灾后重建绿色通道，并开通“银行在线捐赠联盟”；七是组织了职工运动会、媒体答谢会及《风云鲁商》开机仪式等系列活动。

【金融大事记】 1月11日 民生济南分行在燕子山庄召开第二届客户经理峰会，特邀陕国投、民生租赁公司等专家授课，全行100余名客户经理与会。

1月16日 民生济南分行被《齐鲁周刊》、《中国经营报》等机构评为2007年“10大最具责任机构”。

1月30日 民生济南分行在索菲特银座大饭店举行2007年度总结表彰大会暨文艺演出，肖瑞彦行长在会上讲话，各部门员工演出了精彩纷呈的节目。

4月7日 山东银监局2007年度审慎监管工作会议在分行25楼会议室召开，王朝弟副局长一行6人到会，对该行2007年经营管理情况进行分析评价，并对高管人员2007年度履职情况进行民主测评。

5月5日 民生济南分行2008年一季度工作例会和“奋战一季度，首季开门红”劳动竞赛颁奖仪式在山东大厦举行。

5月15日 民生济南分行组织了抗震救灾募捐仪式，并交纳特殊党费，共收到捐款48.06万元。

5月17日上午 民生济南分行“畅想财富，非凡08——中国民生银行财富管理济南启动仪式暨投资理财报告对话会”在山东大厦举行，特邀股市传奇人物水皮先生等进行专题讲座。

5月17日下午 民生银行济南分行“快乐服务 快乐民生，迎奥运文明规范服务系列活动暨第二届优质服务节”在燕子山庄拉开帷幕，总行零售委员会副主席郭世邦先生和省银行业协会部分领导参加了此次活动。

6月23日 民生银行大观园支行隆重开业，肖瑞彦行长、马琳副行长、彭秀沼行长助理以及市中区部分区委领导也参加了开业仪式。

7月24日 民生济南分行机构金融业务经验交流会在南郊宾馆俱乐部一楼礼堂举行，总行机构部高峰总裁、萧丽副总裁，太原、重庆、昆明等分行机构部负责人与该行员工共同分享机构金融业务营销经验。

7月26日 民生济南分行在山东大厦召开2008年上半年资产负债工作会议。

7月26日 “为争第一与奥运同圆梦百日劳动竞赛誓师大会”在山东大厦召开，全行员工参会。

7月30日 民生济南分行赞助的青春励志影片《隐形的翅膀》公益播放专场活动圆满闭幕。

8月22日 民生济南分行与鲁证期货签署合作协议。

9月10日 民生总行洪崎行长来济，并在山东大厦召开会议，宣布肖瑞彦行长调离，马琳主持工作、陈焕德任行长助理、张振芳任纪检书记。

10月11日 民生济南分行第三季度资产负债工作会议在临沂新闻大厦举行。

10月25日 民生济南分行第三届运动会在山东大学运动场召开，共有323名选手报名参加了40个项目的角逐。

11月15日 民生济南分行7周年行庆活动在山东大厦举行。山东省委常委、宣传部长李群和人行济南分行、山东银监局领导，总行副行长梁玉堂及中央驻鲁省市各大主流媒体负责人和记者共180余人参加了庆典活动。

11月19日 “与奥运通圆梦，为民生争第一”百日劳动竞赛圆满落下帷幕，并在30楼大会议室举行了表彰大会。

（何方平）

中国民生银行青岛分行

【第一负责人简介】 宋春，女，中共党员，工商管理硕士，经济师。1991年8月起在工行青岛分行工作；1994年7月起在光大银行青岛分行工作，历任信贷部副总经理、财务会计部、科技部总经理、党委成员、行长助理、副行长；2005年5月至今在民生银行青岛分行工作，历任筹备组组长、党委副书记、副行长（主持工作）、党委书记、行长。

【综述】 2008年，中国民生银行青岛分行（以下简称“民生青岛分行”）全面完成了总行下达的各项任务指标。目前，该行已拥有分行营业部、香港东路、开发区、正阳路、香港中路、麦岛及烟台支行共7家营业性网点。

【公司业务】 2008年，民生青岛分行以“建立强势、优势区域公司业务品牌”为目标，大力发展区域特色业务，逐渐由上规模重外延向上质量重内涵、重效益转变。一是积极介入重点大型项目，与青岛市多家大型企业集团建立了业务合作关系；二是通过产品开发和流程设计，支持中小企业发展；三是两次参与市、区级国库联网系统的招投标，在完善制度、系统及服务的同时，丰富了参与大项目招投标的经验；四是争取到财政性存款可按照税收贡献大小在股份制商业银行中配置的政策，突破了财政性存款原先只能存入各国有或国有股份制商行的限制；五是注重产品创新，将以旅游酒店业为代表的现代服务业作为区域优势行业，实现了民生系统内酒店业商业模式零突破；六是完善业务条线，设立了电子、石化、建筑施工

中国民生银行青岛分行主要统计指标

单位：亿元

项　　目	2003	2004	2005	2006	2007	2008	2008 年同比增幅（%）
资产总额	--	--	0	79.14	152.46	121.34	20.41
存款余额	--	--	0	49.02	82.51	98.02	18.8
企业存款	--	--	0	21.06	28.63	34.31	16.55
机关团体存款	--	--	0	6.11	2.26	2.04	-9.73
储蓄存款	--	--	0	4.78	8.21	14.23	73.33
贷款余额	--	--	0	55.59	68	84.55	24.34
短期贷款	--	--	0	36.11	46.7	55.33	15.6
个人短期贷款	--	--	0	0.27	0.33	0.43	30.3
中长期贷款	--	--	0	12.11	20.35	29.21	43.54
个人中长期贷款	--	--	0	0.61	3.71	4.61	24.26
票据融资	--	--	0	6.93	0.94	0.01	-98.94
利润总额	--	--	0	-0.11	0.89	1.64	84.27

等业务发展组织，在新建区域中心支行设立了企业金融部。

【零售业务】 2008 年，民生青岛分行通过规划定位、整合资源、重塑架构、激励考核等措施，推动了零售银行业务的快速发展。一是调整完善组织架构，先后成立了零售市场营销部等，在各级经营机构组建了销售、理财、矮柜和客户服务 4 支专业零售团队；二是为规范服务标准，提升销售能力，推广实施了支行标准化作业模式；三是围绕高档社区、专业会所和集团客户等目标市场，开展了系列营销活动，加强了客户关系，提升了满意度；四是成功与青岛市住房公积金管理中心签约，成为继工农中建交以外青岛市第 6 家可办理各类住房公积金贷款的银行；五是加强服务平台建设，在原有三大贵宾通道基础上，补充完善了服务渠道，发展并巩固了一批高端贵宾客户；六是下发了《关于以奥运为契机全面加强和提升服务工作的通知》，通过举办“奥运英语培训班”、“商务礼仪专题培训”和“各类突发事件应急演练”，提高员工沟通、协调和处理能力，提升服务质量。

【国际业务】 截至 2008 年末，民生青岛分行外汇存款余额 3326 万美元；国际结算量 11.55 亿美元，交易 4692 笔；贸易融资 7.8 亿美元，其中进口贸易融资 7.2 亿美元，出口贸易融资 5709.29 万美元。围绕贸易链和现金管理，继续完善产品布局，推进信保短险融资、国际保理、船舶融资、物流融资、保函、国内信用证、应收账款池融资和“走出去”等重点产品。

【票据业务】 2008 年，民生青岛分行从独家经人民银行批准开办“票据包买”和“买方付息”票据业务到代理贴现、票据置换、票据管理、电子票据等创新产品，再到首家推行全行“专业化、集中化”票据经营管理模式，不断设计出各种票据产品，为企业融资带来便利，促进了业务发展。

【同业金融】 2008 年，民生青岛分行同业存款日均达 9.68 亿元，取得了很好的经营成果。通过引进同业资金，经营工作日趋灵活，同业合作更加紧密，先后与中行总行、建行、山口等银行驻青机构及青岛银行、农信社等近 20 家金融同业展开业务洽谈，并积极营销中信万通证券等非银行金融机构；与中总行达成开立活期清算账户合作意向，并为其提供资金清算服务方案。

【内部管理】 2008 年，民生青岛分行按照精细化、标准化管理的要求，加强内部管理。

一、加强对授信业务的风险监控。一是对授信项目进行全方位的风险测评，在项目的评审上准确把握、严控风险；二是组织召开了多次专题会议，研究了解一线行业部门在营销过程中的困难，协助行业部在授信方案设计方面予以改进；三是在贷款发放方面逐一落实每项放款条件，对印章管理严格按照行领导班子的授权启用；四是在贷后管理环节严格履行风险跟踪后续测评的职责。

二、深化创利能力建设。一是加强资金调度管理，修订了

《资金预报管理暂行办法》,确保资金的流动性和安全性;二是根据资金余缺情况,合理匡算头寸,按时向总行进行本、外币的头寸资金报备,办理资金调拨手续,在保证各项支付正常进行的基础上,压缩备付率,降低资金成本;三是强化价格指导,将有限的资金优先配套给盈利最大的项目。

三、做好客户维护工作,提升客户服务水平。一是建立了支行会计主管委派制度,选拔经验较为丰富,熟悉会计规章制度的人员担任这一职务;二是加大对会计、储蓄临柜人员的考核管理力度,提高客户满意度;三是培养理财经理队伍,为所有网点配备了服务经理;四是及时处理客户投诉。

四、加大人力资源开发。一是加大对应届毕业生的引进力度,对成绩优秀者进行了拓展训练和业务培训;二是组织员工参加了总行纪委组织的"防风险、促改革、保发展"宣传教育活动,提高员工的警惕性和责任心;三是举办各项业务培训80余次,提高了员工的业务素质和技能。

【企业文化建设】 2008年,民生青岛分行以"高立起点、智慧经营、严格治行、科学发展"为指引,倡导企业文化。一是创建和谐的工作氛围,提高员工的认同感和归属感;二是先后向青岛市红十字会等社会公益机构及汶川大地震灾区捐款近百万元;三是连续3年举办了"风险防范警示教育"活动,强化安全保卫工作。

【金融大事记】 3月28日 民生青岛正阳路支行开业。

5月9日 民生总行董文标董事长到民生青岛分行调研。

7月17日~18日 民生总行2季度风险管理工作会议在青岛召开。

7月30日 民生总行王浵世行长视察青岛分行服务奥运工作,对分行营业部、香港东路和正阳路支行进行了实地检查。

11月18日 民生青岛香港中路支行开业。

12月26日 民生青岛分行烟台支行开业。

"民生银行杯"纪念改革开放30年青岛民营经济发展高峰论坛暨青岛功勋乡镇企业家、2008青岛民营经济年度人物最具成长型中小企业揭晓颁奖盛典在青岛香格里拉大酒店举行。

(方思志)

渤海银行济南分行

【第一负责人简介】 王仁宝,男,1958年7月生,山东长岛县人,中共党员,大学本科学历,高级经济师。1978年参加工作,历任深圳发展银行济南分行行长助理、副行长,深圳发展银行公司银行部副总经理,渤海银行批发银行山东业务组总经理、渤海银行济南分行筹备组组长。2008年10月至今,任渤海银行济南分行党委书记、行长。曾先后荣获山东省劳动模范、深圳发展银行总行先进工作者、青岛市优秀共产党员等荣誉称号。

【综述】 渤海银行济南分行(以下简称"渤海济南分行")是山东金融业的新军,于2008年8月19日获准筹建,10月27日正式对外营业。

开业以来,面对严峻的经济金融形势,该行全体干部员工锐意进取,各项业务平稳较快发展,实现了"开好头,起好步"的预期目标。截至年底,全行开立银行卡2025张、开通个人网银1057个,销售理财产品460万元。

【存款业务】 2008年,渤海济南分行强化负债业务的基础和战略地位,采取有效措施,狠抓存款业务。一是精心策划了开业庆典,共有近400位嘉宾出席庆典,其中有80多家企业的200位相关负责人,开业当天新增存款超过10亿元;二是积极拓展结算存款,以开业为契机,配合营销竞赛活动,加强对本地市场的营销力度,以优质服务吸引更多客户;三是不断完善重点客户关系管理,形成了分行高管、营销部门负责人、经办客户经理共同参与、分工明确、责权利清晰的维护体系,进一步深化同重点客户的合作。

【贷款业务】 2008年,渤海济南分行以支持地方建设为己任,根据国家产业政策的发展方向,加大贷款投放力度,创造了股份制银行开业当年贷款投量的新记录。

一、制定清晰的信贷投放规划。该行根据渤海总行的工作部署和指导意见,结合山东省和济南市的经济特点,拟定了2008年信贷业务营销规划,确定了信贷投放的整体思路、目标客户和营销策略。

二、强化产品营销。该行一是在系统内首笔办理了对核心企业授信的买方贴息商业承兑汇票贴现业务,全年共办理商票贴现业务8.7亿元;二是拟定了船舶金融综合服务授信、重点机械制造企业供应链融资服务等方案,这些新产品和新业务在带来较高综合收益的同时,也有效降低了信用风险。

三、服务保增长,加大贷款投量。该行在严格控制"两高一剩"行业贷款的同时,积极支持国家重点投资项目、基础设施、优势工业、高新技术产业、现代服务业和优秀中小企业,促进了贷款的快速增长。

四、严格防范信贷风险。该行一是严把准入关,建立了双人调查、送审复议等制度,全年共否决客户经理提报的项目8

渤海银行济南分行主要统计指标

单位：亿元

项目	2003	2004	2005	2006	2007	2008	2008 年同比增幅（%）
资产总额	—	—	—	—	—	41.73	—
存款余额	—	—	—	—	—	18.92	—
企业存款	—	—	—	—	—	18.69	—
机关团体存款	—	—	—	—	—	—	—
储蓄存款	—	—	—	—	—	0.23	—
贷款余额	—	—	—	—	—	41.00	—
短期贷款	—	—	—	—	—	26.20	—
个人短期贷款	—	—	—	—	—	—	—
中长期贷款	—	—	—	—	—	14.80	—
个人中长期贷款	—	—	—	—	—	—	—
票据融资	—	—	—	—	—	3.70	—
利润总额	—	—	—	—	—	-0.06	—

个,合计申报金额近 5 亿元;二是高度重视贷后管理检查,成立了风险控制和市场营销规划领导小组,对涉及环保、出口、汇率、市场等风险问题的授信企业进行全面排队梳理,并形成自查报告上报总行。

【内部管理】 2008 年，渤海济南分行重视和加强内部管理:一是强化了“三防一保”基础工作和常规管理,在办公楼装修工程中,严格按照公安机关的要求,完善技防设施,并建立了突发事件应急预案和晚间干部值班制度； 二是加大了营运条线的风险控制力度,对于业务系统开通、操作员权限申请、内部账户开立、账务处理、授信执行业务等,严格贯彻集中统一、有权人审批原则;三是注重全过程风险控制,例如对公账户管理,从开户资料的复审、印鉴启用、对账单传递、回单补制等都制定了具体管理办法,并严格贯彻落实。当年全行银企对账单回执率达 100%，得到总行营运条线相关领导的高度评价。

【企业文化建设】 2008 年，渤海济南分行把企业文化建设和干部队伍建设紧密结合,重点做了以下工作:一是充分考虑筹备组人员的贡献，把在筹备工作中业绩突出的人员提拔到相应的领导岗位,原筹备组 13 名人员中,有 3 名进入分行领导班子,5 名成为中层干部,起到了良好示范效应;二是充分重视员工的招聘工作,通过省市主要报刊刊登招聘广告,重点招聘营运条线和零售条线员工,严格控制后台人员数量,将有限的人力资源向市场一线倾斜;三是借助多种渠道,采购实用的商品,按月给员工发放福利,同时努力增收节支,将节余的财力用于改善员工收入,使员工切实感受到集体的温暖;四是丰富员工文化生活,举办了形式多样的文体活动,大大增强了员工的向心力和凝聚力。

【金融大事记】 8 月 19 日 银监会正式批准渤海济南分行筹建。

10 月 24 日 渤海济南分行经山东银监局批准开业,王仁宝任行长,宋奇、潘新兵任副行长,孙开贤任行长助理。

10 月 27 日 渤海济南分行正式宣布对外营业,并在山东大厦举行开业典礼,山东省副省长李兆前、渤海总行董事会主席羊子林、行政总裁马腾参加了开业庆典。

11 月 27 日 渤海总行党委研究决定:宋奇任渤海济南分行纪律检查委员会书记。

12 月 12 日 渤海总行副行政总裁张士明到渤海济南分行检查指导工作。

12 月 22 日 渤海总行党委副书记、监事会主席、纪委书记张华，资讯科技总监刘政权一行到渤海济南分行检查指导工作。

12 月 23 日 渤海济南分行与山东阿拉丁信息技术有限公司在山东大厦举行战略合作项目签约仪式，省经贸委副主任李建生、渤海总行资讯科技总监刘政权、渤海济南分行行长王仁宝参加了签约仪式。

12 月 25 日 渤海总行业务营运总监郭金利到渤海济南分行检查指导工作。

（鞠加亮）

第六部分

金融机构运行报告
——区域性金融机构

一、农村信用合作社

山东省农村信用社联合社

【第一负责人简介】 宋文瑄，男，汉族，中共党员，1954年9月生，山东乳山人，硕士研究生。自1989年9月起历任山东省政府办公厅政工处副处长、处长、机关党委副书记，山东省政府驻海南办事处主任，山东省政府副秘书长，省政府办公厅党组成员。2004年5月至今，任山东省农村信用社联合社理事长、党委书记。

【综述】 2008年，山东省农村信用社联合社（以下简称“省联社”）坚持以科学发展观统领全局，圆满完成了全年目标任务，主要经营指标创历史最好水平。截至年末，各项存款较年初增加934亿元，各项贷款增加515亿元，存、贷款增加额稳居全省金融机构首位，分别跃居全国同行业第一和第二位，有效地发挥了金融支农主力军作用。

【内部改革】 2008年，省联社积极推进各项改革，经营活力进一步增强。一是实现专项央行票据全面兑付，全省134家市、县联社131.86亿元票据资金全部足额到位；二是银行化改革取得新进展，莱州、邹平和寿光农村商业银行改革试点工作稳步推进，筹建申请已上报银监会；三是恒泰、博兴和东平农合行于年底前顺利开业，全省合作银行达19家，数量居全国前列；四是县级法人股权规范工作稳步展开，治理结构完善工作取得新成效。

【支农】 2008年，省联社在资金安排上优先保证“三农”需求，农业和农户贷款明显增加。截至年末，农业贷款余额2457亿元，较年初增加368亿元，增长17.6%。一是继续推进信用工程建设，扩大农户贷款面，全省已评定信用户745万户、信用村2.9万个、信用乡镇379个，分别占全省农户、行政村和乡镇总数的38%、35%和24%；二是完善贷款操作流程，全面推广贷款证、贷款上柜台等便民措施，为农民搭建贷款“绿色通道”；三是积极创新信贷业务和担保方式，开办第三方监管动产质押和信用共同体贷款，推广大联保体和农民专业合作社贷款；四是启动“万家小企业培育”计划，支持小企业719家，累计发放贷款28亿元；五是“百千万农村青年创业计划”和“信贷助推百万农村妇女创业行动”向纵深发展；六是对农户、涉农企业和中小企业贷款予以优惠，全年实际执行利率下降6%。

【员工队伍建设】 2008年，省联社积极推动员工内部退养和补员工作，有序开展大学生招聘工作，队伍结构不断优化。一是全年通过内退、协议离岗减员671人，补员1519人，招聘应届毕业生531人；二是实施“百千万人才工程”，重点加强全省农信社高级专业、各级管理、专业技能等人才队伍建设；三是做好高管人员的推荐、选拔和考察工作，加强对县级联社班子调整和换届工作的指导推动；四是扎实开展员工教育培训，全省共举办2743期培训班，培训员工近19万人次。

【电子化建设】 2008年，省联社加快应用开发，网络系统功能日益完善。一是“新一代”工程建设稳步推进，核心和外围系统开发全面完成，总账及客户管理系统建设稳步推进，整体测试进展顺利；二是认真开展信息科技规范年活动，进一步健全信息科技风险管理体系；三是优化完善综合业务系统，加强取款交易和授权业务控制；四是全面推广应用办公自动化系统，外部网站开始试运行；五是开发推广公民身份信息核查、在线考试、反洗钱等系统；六是成功试运行农民自助服务终端，迈出了电子银行进村入户的第一步；七是加强货币市场业务管理和风险防范，为33家联社融入资金133.9亿元，为12家困难联社提供资金支持28.3亿元；八是完善资金清算体系，新增实时汇兑和全国汇票业务网点671个，实现了跨省通存通兑、电子汇兑等业务功能。

【党建和企业文化建设】 2008年，省联社加强党建和企业文化建设，社会形象进一步提升。一是积极组织“两好一高”机关创建活动，并深入开展学习实践科学发展观活动；二是开展以“爱心捐助，情系灾区”为主题的“慈心一日捐”及交纳“特殊党费”支持抗震救灾活动，全省农信社累计捐款3087万元；三是争创“劳动关系和谐企业”，并顺利通过“文明单位”复审；四是全面开展迎奥运文明规范服务系列活动。年内，有5个营业网点被授予全国银行业文明服务示范网点，省联社代表队获全省银行业业务技能比赛第一名。

【金融大事记】 1月1日 由山东省委宣传部、省广播电

山东省农村信用社联合社主要统计指标

单位：亿元

项　目	2003	2004	2005	2006	2007	2008	2008年同比增幅(%)
资产总额	3315.71	4066.87	4311.87	4721.77	5304.00	6176.89	16.46
存款余额	2071.72	2460.83	2933.5	3432.76	3966.52	4900.18	23.45
企业存款	347.89	373.24	438.34	522.66	556.96	578.28	3.76
机关团体存款	6.15	6.32	6.33	8.61	13.18	15.39	16.77
储蓄存款	1646.45	1930.1	2284.2	2690.7	3209.64	4150.4	29.31
贷款余额	1739.97	1937.11	2320.56	2699.19	3174.6	3689.42	16.22
短期贷款	1655.55	1826.95	2125.09	2455.9	2857.83	3210.69	12.35
中长期贷款	42.02	57.49	118.84	108.74	112.67	110.87	-1.6
票据融资	40.75	52.67	75.69	129.15	201.67	365.59	81.28
利润总额	1.01	12.91	29.37	33.99	45.24	60.60	33.96

视局、省文化厅、省联社共同举办的“2008山东省新年音乐会”在山东会堂举行。

1月10日　省联社被省综治委命名为2007年平安山东建设先进单位，是受表彰的41个单位中唯一一家经营性金融机构。

1月　省委书记李建国，省委副书记、代省长姜大明，省委副书记刘伟，省委常委、常务副省长王仁元，副省长贾万志，中国银监会副主席蒋定之相继对省联社工作做出重要批示，对全省农信社改革发展取得的成绩给予充分肯定和高度评价。

3月6日～7日　全省深化农信社改革工作会议暨省联社第五次社员大会在济南召开，省委常委、常务副省长王仁元出席会议并做重要讲话。

3月8日　全省农信社纪检监察、安全管理暨巡视工作会议在济南召开，会议通报了2007年全省农信社案件和重大违规问题查处情况，安排部署了全年工作任务。

3月28日　省联社纪委书记展西亮带队参加在山东会堂召开的山东省银行业迎奥运文明规范服务大会，全省农信社1家文明示范单位、10名示范标兵受到表彰，省联社同时被授予优秀组织奖。

4月2日　省联社第一次职工代表大会在济南召开，工会主席展西亮做了工作报告，55名职工代表出席了会议。

5月26日　经农信银资金清算中心核准，青岛即墨合行通济支行等187家营业网点正式开办农信银系统实时汇兑和银行汇票业务，进一步扩大了县以下农村地区业务覆盖范围。

6月19日　省联社与山东银监局联合召开全省农村合作金融机构案件防控工作会议，部署相关工作。

6月30日　全省农信社干部职工累计向四川地震灾区捐款3087万元。

11月14日　省联社代表队参加山东省银行系统职工技术比赛，获得团体第一名，并被评为优秀组织单位。

11月20日　省联社在济南召开全省信贷业务工作会议，研究进一步扩大信贷投放，提高支农服务水平，促进全省经济增长。

12月2日　肥城市联社7453万元央行专项票据资金兑付到位，至此，全省134家市、县联社131.86亿元票据资金已全部足额到位。

（孙德鹏）

二、城市商业银行

【济南市商业银行】 2008年,济南市商业银行实现了突破性发展。截至年末,全行不良贷款占比2.55%,同比提高1.21个百分点;资本充足率达到11.18%,同比提高1.05个百分点;实现中间业务收入6358.87万元,同比增加2496.95万元,增长64.66%;贷款80%以上投向了中小企业,并上缴税金4.12亿元,为地方经济发展做出了积极贡献。

2008年,该行被省政府、省委分别授予"2007年纳税先进企业"、"先进基层党组织"、"2006-2007年度思想政治工作优秀企业";被山东银监局评为2007年度"良好银行"、"小企业金融服务先进单位",并成功入选中国服务业500强,同时被中国银监会评级为二级行。其主要做法:

一、战略布局实现新突破。一是聊城、天津分行,平阴、长清支行相继开业,从而使该行跨出了济南市和山东省,实现省内外异地分支机构的突破;二是与澳洲联邦银行(CBA)签订了深化合作协议,确定了5年的合作计划,在股权安排、技能引进、人员培训与交流等方面达成了合作共识。

济南市商业银行主要统计指标

单位:亿元

项目	2003	2004	2005	2006	2007	2008	2008年同比增幅(%)
资产总额	199.43	236.39	251.24	324.09	378.41	495.45	30.93
存款余额	135.19	170.95	212.68	267.89	315.24	433.71	37.58
企业存款	68.44	69.53	91.85	112.44	141.47	212.72	50.36
机关团体存款	0	9.11	4.99	27.16	37.81	49.74	31.56
储蓄存款	24.47	35.32	46.09	59.86	69.99	99.94	42.79
贷款余额	106.01	168.73	170.32	217.37	248.82	281.39	13.09
短期贷款	58.05	65.88	75.57	93.81	118.82	142.12	19.61
个人短期贷款	1.33	2.45	4.33	12.80	22.52	27.31	21.32
中长期贷款	25.12	32.40	39.57	65.71	82.13	91.38	11.27
个人中长期贷款	5.91	11.02	13.16	16.92	16.73	17.39	3.94
票据融资	17.92	64.84	49.16	57.71	47.72	47.65	-0.15
利润总额	0.70	0.93	1.60	2.47	3.96	4.55	14.97

二、自主创新取得新成效。一是全年实现各类创新59项,开发新产品41个,为中小企业打造的"银企家园"产品品牌,荣获中国银行业协会评选的"首届中国地方金融十佳特色产品奖";二是银企协会成立分会20家,会员1009家;三是理财实现了由单一产品到7个系列14个产品的突破,并成功推出了国内首张物流卡齐鲁物流联名卡。

三、风险管控取得新进展。一是强化信用风险管理,严格贷前审查,在审批过程中对客户准入条件、行业选择、担保结构等方面予以严格控制;二是制定《市场风险管理实施方案》及相关管理办法,制定危机管理计划,加强业务持续管理,并定期开展信息安全检查,不断完善灾备系统建设,成功举行了灾难应急演练。

四、结构调整迈出新步伐。一是合理调配信贷资产和投资的比例,重点支持优质的中小企业及个人客户;二是开展服务进社区、刷卡优惠等系列营销活动,齐鲁卡发卡量128万张,居该市银行业第二位;三是实现ATM机317台,特约商户

1022户，POS机1500台，自助银行15家，布放数量和交易量居市银行业首位；四是优化盈利结构，将中间业务发展纳入部门及支行考核。

五、服务能力呈现新面貌。一是先后组织英语、高管研究班、在职研究生班及各级各类业务培训50余期，参训人员5000余人次；二是引入世界知名咨询公司尼尔森对一线服务人员及网点营业环境进行监督，启动神秘顾客监测项目，取得了较好的成效；三是开通全国统一的客户服务热线，同时该行营业部荣获了“2008年度中国银行业文明规范服务示范单位”称号。

六、科技建设取得新成果。一是大总账项目成功上线运行，实现了财务集中管理、薪资统一发放，提高了效率；二是扎实推进KD项目核心系统建设和外围系统改造，结合全行跨区域经营以及新业务创新要求，自主开发了多项业务支持系统，大大提高了业务支持水平。

七、精神文明创建活动再上新台阶。该行通过各类精神文明创建活动，凝聚了内部力量，树立了外部形象，同时党政工团成立了不同形式的员工俱乐部，举行了“感动商行”人物评选活动，并通过多种形式强化了团队协作。

（魏　震）

【青岛银行】 2008年，青岛银行以产品创新、流程改造、品牌创立为主线，以风险控制与业务结构调整为重点，实现了各项业务持续、稳定、健康发展。截至年末，该行不良资产余额3.59亿元，下降20.60%；全年纳税总额3.50亿元，其中上缴地方税收1.56亿元，增长55.40%。

一、重点工作成果卓著。一是于4月28日正式更名为青岛银行；二是跨区域发展实现新突破，8月3日，济南分行筹建成功并开始营业，四季度关于筹建上海分行的申请已报中国银监会；三是引进意大利联合圣保罗银行（ISP）与洛希尔金融集团控股公司（RCH）两家外资股东及北京国际信托投资有限公司等八家内资股东的工作圆满结束，注册资本19.85亿元，资本净额39亿元，资本充足率19.83%；四是以现金方式置换为主、先化解不良后考虑分红的不良资产解决方案取得圆满成功，彻底丢掉不良资产包袱。

二、工作创新亮点纷呈。

（一）多管齐下，大幅提升资产质量。一是以多种方式对不良贷款进行清收，全年累计处置不良资产2.55亿元，使不良贷款率降低到2%以内，不良资产率接近1%，达到同业较好水平；二是对适合终结执行、以资抵债、资不抵债的不良资产，通过合理使用拨备资金进行税前核销；三是出台了一系列重点授信业务发展指引，对授信业务进行规范和引导。

（二）集思广益，丰富产品服务种类。一是先后推出出口退税账户质押贷款、应收账款质押授信、“随e贷”、“保税通”等

青岛银行主要统计指标

单位：亿元

项　　目	2003	2004	2005	2006	2007	2008	2008年同比增幅（%）
资产总额	161.21	152.43	190.63	237.01	311.68	325.21	4.34
存款余额	106.91	118.92	152.54	178.69	223.14	267.37	19.82
企业存款	85.75	93.24	118.22	137.51	177.9	204.06	14.70
机关团体存款	0	0	0	0	0	0	0
储蓄存款	21.16	25.68	34.32	41.18	45.24	63.31	39.94
贷款余额	75.99	89.36	131.74	153.60	175.06	176.90	1.05
短期贷款	33.55	37.25	53.39	76.10	82.47	100.49	21.85
个人短期贷款	0.17	0.17	0.49	2.03	3.57	4.33	21.29
中长期贷款	31.67	35.38	42.14	43.09	42.66	45.16	5.86
个人中长期贷款	15.10	17.21	18.93	23.11	29.92	31.96	6.82
票据融资	9.55	14.67	33.75	29.44	44.92	26.00	-42.12
利润总额（净利润）	0.28	0.92	2.06	0.50	4.83	4.61	-4.55

新业务种类，开发了养殖户小额担保贷款等新信贷品种，满足不同用户资金需求；二是推出了“速决速胜”公司理财产品、“月月赢”票据通短期理财产品、“年年丰”融嘉稳健理财产品以及基金代销等业务；三是推出了银行本票和跨行批量代发工资业务，满足客户的个性化需求，提升了服务水平。

（三）拓展渠道，推动发展模式转变。一是加快电子渠道发展，推进“小银行、大网络”建设，网银服务便捷程度和业务受理效率不断提高，全年网上银行交易额136亿元，同比增长7.50倍，POS交易金额为37.47亿元，成为拉动存款增长的亮点；二是先后成立了青岛经济开发区、平度、济南等承兑分中心，有效推动了分中心所在地银行承兑业务的发展。

（四）调整结构，改善资产风险收益组合状况。一是大幅压缩票据融资额度，投放到收益较高的贷款项目上，年末票据贴现余额25.50亿元，较年初下降43%，普通贷款及贸易融资余额较年初增长19%；二是加大对“两高一剩”行业授信压缩力度，降低授信集中度风险。

三、基础工作循序渐进。

（一）完善支持体系，保障业务顺利发展。一是实施核心客户战略，通过理顺授信环节，明确工作时效，提高授信业务的审批效率；二是多措并举，通过厘清股权关系、提高基建管理水平、理清机构筹建方案、探索改进培训效果、完成短信预警系统项目、集中管理票据交换等，做好后台支持；三是创新企业文化，推出行报社评文章，对经营理念进行探讨和研究；四是鼓励参与外部竞争，开展劳动竞赛，营造学习氛围，培养发展信心。

（二）加强外防内控，确保健康运行。一是进一步做好规章制度的细化完善工作，加强监管指标监控；二是通过兼职检查、总行抽查等相结合，进行交叉检查辅导，提高检查效果和质量；三是规范监控监管，逐步实行联网、实时监控，使风险监控涉及范围进一步前移；四是对新业务、新机构进行专项稽核，保障跨区域发展战略的健康推进。

（青岛银行）

【淄博市商业银行】 2008年，淄博市商业银行连续四年荣获“全国服务业500强”，并成功发行了5亿元次级债券，沂源、高青支行相继开业后及时推出了支持滨州、沂源、高青支行加快发展实施方案；在不断完善公司治理结构，加强风险防范能力的同时，综合管理水平进一步提高，各项工作再上新台阶。

截至年末，该行资本与核心资本充足率分别为14.20%和9.56%，拨备覆盖为101.08%，贷款损失准备充足率151.32%，存贷比例71.56%；不良贷款余额4.21亿元，不良贷款率2.69%，较年初下降0.12个百分点；实现经营利润7.31亿元，同比增加0.88亿元，增幅13.71%，资产与资本利润率分别为1.24%和20.18%；累计上缴各项税金2.06亿元，为地方经济建设做出了新的贡献。

淄博市商业银行主要统计指标

单位：亿元

项　　目	2003	2004	2005	2006	2007	2008	2008年同比增幅（%）
资产总额	126.49	140.30	155.61	187.30	210.44	246.81	17.28
存款余额	93.83	108.40	137.73	157.96	160.25	200.45	25.09
企业存款	59.86	69.58	87.58	83.45	80.61	106.54	32.17
机关团体存款	0	0	0	0	0	0	0
储蓄存款	21.76	27.27	34.73	45.05	46.84	74.74	59.56
贷款余额	71.36	88.01	93.03	123.32	129.61	154.11	18.90
短期贷款	53.97	59.40	53.52	86.01	87.51	105.72	20.81
个人短期贷款	0.40	0.27	0.42	0.97	0.96	0.35	-63.54
中长期贷款	13.28	15.51	11.97	12.63	12.61	12.92	2.46
个人中长期贷款	3.63	3.11	2.63	2.96	2.92	2.01	-31.16
票据融资	7.51	13.10	27.54	24.69	29.50	35.47	20.24
利润总额	0.46	0.56	0.62	2.03	0.68	3.53	419.12

一、存款结构持续优化，资金业务进一步提升。截至年末，该行本外币存款余额218.41亿元，市场占比达到12.78%；债券累计结算交易量9723亿元，居全国总排名第 39 位，城商行排名第11 位，省内第1位；累计实现票据贴现量255.04亿

元,转出票据244.85亿元。

二、国际业务继续保持健康发展。截至年末,该行累计发放打包贷款2.15亿人民币,开出信用证3.83亿美元,余额3922万美元;贸易融资余额3184万美元,实现国际结算量9.8亿美元,同比增长0.6亿美元,增幅6.75%。

三、金达卡和中间业务发展迅速。一是金达卡发卡量38万张,较年初增加2万张;二是ATM交易金额9.72亿元,设备拥有量位居市金融机构第2位,实现POS交易消费38.33万笔;三是中间业务收入达2.31%,圆满完成了监管部门任务目标。

四、加大内控监督力度,风险管理水平再上新台阶。该行及时组织力量,对钢铁、建材、房地产等11个行业企业开展了大规模的风险排查工作,摸清了主要授信行、企业的风险底数,为信贷结构持续优化奠定了基础。

五、党建、精神文明建设进一步加强。一是开展警示教育和思想政治工作,严格落实党建、反腐倡廉建设目标责任制,并被省委评为"先进基层党组织";二是及时组织救灾捐款活动,以实际行动支持灾后重建;三是大力宣传全行改革发展的最新成果,品牌建设水平不断提高。

该行先后获得"中国改革开放30年企业文化十佳单位"、"全国企业文化建设工作优秀单位"、"省企业文化建设创新成果奖"、"省纳税先进企业"、"省职业道德先进单位"、"全国三八红旗集体" 等60多项集体荣誉;90多名员工分别获得了"改革开放30年企业文化十佳个人"、"企业文化建设'特殊贡献人物'"、"省劳动模范"、"市双拥工作先进个人"、"市优秀共产党员"、"市优秀党务工作者"等荣誉称号。

(张 波 肖 斌)

【烟台市商业银行】 2008年,烟台市商业银行继续保持平稳较快发展势头。截至年末,不良贷款余额6.35亿元,比年初减少2.20亿元,下降25.70%;不良贷款比率3.98%,下降1.21个百分点。

一、法人治理结构不断完善,资本补充长效机制逐步建立。一是以规范和完善董事会、监事会建设为重点,不断完善独立董事、外部监事及外聘审计机构工作机制;二是加强了对关联交易的控制与防范,积极推动信息披露建设,通过多种公众媒体对2007年经营情况进行了披露,增强了披露内容的准确性与完整性。

二、坚持"引资"与"引智"和"引技"相结合,全力引进境外战略投资者。该行继年初与香港恒生、永隆银行签署《认股协议》后,全力推进引资进程,先后组织召开了三届四次、五次董事会,三届三次监事会、三届二次股东大会,审议并通过相关引资文本,完成了内部审批程序,同时完成了向上级监管部门的申报工作,并获得批准。

三、进一步加大对中小企业信贷扶持力度。一是坚持"立足地方、面向中小、服务市民"的市场定位,加大对中小企业的

烟台市商业银行主要统计指标

单位:亿元

项 目	2003	2004	2005	2006	2007	2008	2008年同比增幅(%)
资产总额	201.59	201.26	225.36	226.03	266.04	264.08	-0.74
存款余额	121.72	129.97	158.00	159.31	189.53	214.28	13.06
企业存款	39.73	43.11	53.2	52.31	67.49	79.8	18.24
机关团体存款	0.01	1.41	6.03	6.75	11.73	8.23	-29.84
储蓄存款	67.09	70.84	84.08	88.38	98.24	116.55	18.64
贷款余额	99.95	98.91	105.61	132.23	162.98	158.82	-2.55
短期贷款	57.12	60.25	64.52	55.65	49.53	60.07	21.28
个人短期贷款	0.64	0.79	0.72	1.44	1.23	0.89	-27.64
中长期贷款	38.01	36.04	37.93	37.69	40.94	44.83	9.50
个人中长期贷款	2.10	3.17	3.31	3.87	2.95	4.36	47.8
票据融资	2.48	0.73	2.32	38.32	72.12	53.55	-25.75
利润总额	0.49	0.51	0.6	0.71	0.93	0.89	-4.30

授信力度；二是不断推出门槛适中、简便快捷的“额度循环”、“仓储货物抵押”、“第三方监管”存货抵押、“应收账款收益权质押”和“出口托收单质押”等贷款，有效满足了各类中小企业的融资需求。

四、以金通卡为载体的代理业务种类不断增加。除代发工资、失业金，代收（或代扣）煤气费、暖气费、水费、电费、移动手机话费、有线电视费（开发区范围）外，4月29日，该行又开通了全市代收代扣网通话费和出租车加气业务，推出缴费“一卡通”。截至年末，金通卡发卡量达34.68万张，比年初增长17%；特约商户668家，终端机具（POS）880台，增长75%；完成代收业务114万笔，增长571%，代收金额2.88亿元，增加2.79万元。

五、风险内控制度进一步强化，全年无案件事故、无结算差错发生。一是重点加强了对前台业务操作风险的检查，针对检查发现的问题，下发了整改通知书，并对整改情况进行了跟踪检查；二是对全行业务传票进行持续的事后监督，按月由监督员向被监督支行进行书面反馈并提出建议；三是严格全行内控操作制度，拟定前台业务自查提纲，并不定期对前台业务进行抽查，促进了全行的依法合规经营。

六、企业文化建设取得丰硕成果。一是机构人事制度改革持续推进，将3处经营行升格为直属行，12月18日招远支行正式营业，成为继龙口支行后该行在县域设立的第2家支行；二是增设了公司业务部，出台了专职审贷人制度，将信贷、个贷、不良资产类档案全部上划总行，实行集中管理；三是全行干部员工自发向地震灾区捐款43万元，交纳特殊党费8.5万元；四是积极组织各项活动，在全市银行业首届职工乒乓球团体比赛勇夺第一名，在全省银行系统职工技术比赛中获团体第六名。

（李　健　秦　天）

【潍坊市商业银行】 2008年，潍坊市商业银行坚持“文化兴行、效益富行、特色立行、制度固行”的管理理念，多项战略性工作实现重大突破，增资扩股工作如期圆满完成，年末资本充足率达11.69%，抗风险能力全面增强。

一、业务营销取得新突破。一是存款营销方面，确立了“把握节奏，稳健发展，防止波动”的营销思路，截至年末，全部支行存款规模均达3亿元以上，平均存款规模达5.4亿元，存款规模居全省城商行第3位；二是贷款营销方面，信贷资源继续向优势、骨干行业和优质客户、小微业务、特色市场业务、国际业务倾斜，结构有了进一步优化；三是在风险管理上，加大对行业和客户的经济周期敏感分析，强化落实“绿色信贷”建设，实现了客户、行业、票据等结构，及重点信贷指标的优化。

二、积极开展特色业务。一是把发展小微业务作为业务转型战略的突破口，着力完善小微业务营销组织体系，在差别化利率、简洁有效的审批、以利润为核心的独立核算、责权利相结合的激励约束机制以及系统化培训等方面做了积极探索，

潍坊市商业银行主要统计指标

单位：亿元

项　　目	2003	2004	2005	2006	2007	2008	2008年同比增幅（%）
资产总额	90.6	119.2	148.2	181.9	214.0	269.7	26.03
存款余额	69.44	90.07	124.86	150.53	196.38	229.59	16.91
企业存款	54.8	69.01	91.46	78.73	101.37	98.54	-2.79
机关团体存款	0	0	0	0	0	0	0
储蓄存款	14.47	20.76	32.4	44.11	64.1	91.57	42.85
贷款余额	45.19	64.55	85.99	107.39	127.59	153.07	19.97
短期贷款	29.5	37.05	52.83	74.85	96.53	108.02	11.9
个人短期贷款	0.07	0.04	0.02	0.02	0.03	0.04	33.33
中长期贷款	12.03	13.19	11.24	7.65	10.25	9.27	-9.56
个人中长期贷款	3.33	3.33	2.68	1.45	1.1	1	-9.09
票据融资	3.65	14.31	21.92	24.89	20.8	35.77	71.97
利润总额	0.25	0.003	0.05	0.06	0.85	2	135.29

全年累计发放小微贷款 27.68 亿元，同比增加 15.29 亿元，余额 28 亿元，增长 117%；二是经过不断探索，初步形成了独特的小企业贷款营销管理模式；三是积极构建担保公司信用合作平台，加强银政企合作，取得了良好的社会和经济效益；四是依托纺织、钢材、小商品批发、盐业、竹木、花卉、茶叶等专业市场和物流中心创建了小微特色支行。

三、改革取得新发展。该行确立了"监管评级升二级"的工作目标，在监管部门的指导帮助下，对 23 项定量指标、33 项定性指标逐项分析，找出影响监管评级的各项制约因素。通过一年的努力，该行监管评级和良好银行涉及的各项指标均有大幅度进步，受到了省、市银监局的高度评价。

四、县域扩张战略深入推进。一是先后在潍坊市较发达的县域高密、昌邑、安丘成功设立支行；二是作为主发起人发起设立的青岛胶南海汇村镇银行如期开业，标志着该行跨区域发展有了实质性突破。海汇村镇银行作为法人银行机构，引进该行的经营管理模式和文化理念，以"立足当地经济、立足服务三农、立足小微企业"为市场定位，向当地农户、涉农个体工商户和中小企业、微小企业提供全方位、多样化的金融产品和服务。

五、着力完善内控机制建设。一是引进全面风险管理理念，加强内部审计和合规制度建设，深度挖掘工作质量方面的问题，严格责任追究力度；二是持续深化以绩效考核、人事管理及员工培训为内容的内部管理，强化客户服务管理，着力推进科技兴行建设，全力做好安保工作，实现全年安全无事故；三是组织开展了改进工作作风建设活动，重点解决全行员工在工作纪律、工作效率、服务态度、廉洁自律、勤业尽职、合规审慎 6 个方面存在的问题，着力提高员工素质，有效控制风险。

六、加强企业文化建设。一是大力倡导合规和服务文化建设，对员工进行危机教育，以《质量管理誓言》引导员工树立良好的职业规范和行为准则；二是扎实履行社会责任，全年累计捐款 151.74 万元。2008 年，该行被评为潍坊市文明单位、全市和谐创建示范单位。

（仲　峰）

【威海市商业银行】 2008 年，威海市商业银行积极应对市场变化，不断抢抓市场机遇，各项业务继续呈现出"越来越好，越来越快"的发展势头。

一、增长速度更快。一是主要监管指标不断改善，不良贷款比例降至 1.60%，较年初下降 0.35 个百分点，资本充足率达 10.55%，提高 0.08 个百分点；二是各项业务持续攀高，总资产、存款、贷款和经营利润增量、增幅均创全行历史最好水平。

二、业务结构更优。一是资产结构进一步改善，截至年末，全行存贷款比(含贴现)控制在 72%以内，票据、债券等资产占

威海市商业银行主要统计指标

单位：亿元

项　目	2003	2004	2005	2006	2007	2008	2008 年同比增幅（%）
资产总额	80.06	98.15	122.49	161.78	193.70	251.77	30.0
存款余额	60.54	85.03	106.15	142.87	165.82	207.51	25.1
企业存款	35.88	47.38	51.64	69.70	88.26	83.01	-6.0
机关团体存款	0	0	0	0	0	4.56	--
储蓄存款	20.90	27.83	39.42	53.80	65.25	96.55	48.0
贷款余额	46.01	62.64	80.03	105.19	125.79	149.42	18.8
短期贷款	28.81	36.09	35.99	37.28	49.01	57.30	16.9
个人短期贷款	0.05	0.02	0.55	0.59	0.77	1.11	43.8
中长期贷款	15.69	19.54	30.88	44.88	48.20	46.82	-2.9
个人中长期贷款	0.61	0.69	0.57	0.87	0.60	0.72	21.3
票据融资	1.35	6.68	12.83	22.69	28.40	45.15	58.9
利润总额	0.18	0.11	0.33	0.61	1.01	0.51	-49.8

比提高到14.86%;二是负债结构更加优化,储蓄存款占总存款的比例为46.53%,较年初提高7.18个百分点,负债的稳定性不断增强;三是客户结构调整成效显著,小企业贷款余额20.93亿元,较年初增加2.58亿元,增长14.09%,增加额占新增贷款的10.94%。

三、跨区域经营实现了新突破。12月15日,经中国银监会批准,威海市商行天津分行获准筹建,这是该行获准筹建的第一家跨省分行,标志着该行"立足山东,环绕渤海,面向全国"的跨区域经营战略实现了新的重大突破,向"治理先进、内控严密、管理规范、资产优良、效益良好、具有明显特色的、上市的股份制商业银行"又迈出了坚实的一步。

四、管控能力更强。一是全面启动了"管理咨询项目",对组织架构和业务流程进行了优化调整,建立了前、中、后台相互分离与有效制衡的组织架构;二是提出保流动性,防范流动性风险、信用风险和案件的"一保三防"的风险防范思路,风险管控能力全面提升。

五、队伍素质更高。该行以建设"学习型快乐银行"为导向,突出强调人才培养与人力资源开发。"培育百名人才,打造百年商行"的双百培训顺利结束,全行100多名管理人员和业务骨干的管理理念、管理能力、理论水平有了质的提升,形成了"发展汇聚人才,人才推动发展"的良性循环局面。

(冷朝晖)

【临商银行】 2008年末,临商银行本外币各项存款余额148.62亿元,同比增加27.51亿元;贷款余额106.20亿元,增加4.30亿元;累计外汇业务结算量3.50亿美元,增加1.70亿美元;五级分类不良贷款率4.31%,增加0.74个百分点;资本充足率11.20%,增加0.29个百分点;拨备覆盖率110.19%,增加8.65个百分点;实现拨备前利润36218万元,增加5523万元。

一、发展战略。11月12日,经银监会批准,临沂市商业银行股份有限公司更名为临商银行股份有限公司(简称临商银行),并于11月22日正式揭牌,实现了由地方性商业银行向跨区域性股份制银行乃至全国性股份制商业银行的重大转变。12月25日,跨省设置的分支机构宁波分行正式开业,成为全省第二家跨省经营的城商行。与此同时,加快县域机构的设置步伐,5月设立了莒南支行。

二、负债业务。该行一是坚持以"五动"(公私联动、产品拉动、全员推动、激励促动、网点驱动)促进"三个特色"(特色支行、产品和服务)、"四支队伍"(客户经理、存款信息员、大堂经理、理财经理)、"三个重点"(重点人员、岗位和环节)发展,带动了负债规模的快速增长;二是以十年行庆、更名庆典为契机,开展了增存竞赛,银企、银政迎春座谈会等活动,实现了存款总量的快速增长;三是加大机构存款增加力度,实现机关团体存款16.67亿元,同比增加4.70亿元;四是开展特色营销,提高网点单产,培育了一批产量高、定位准确、特色鲜明的骨干网点,13家支行新增存款过亿元。

临商银行主要统计指标

单位:亿元

项　　目	2003	2004	2005	2006	2007	2008	2008年同比增幅(%)
资产总额	83.69	97.90	117.00	133.84	151.51	169.61	11.95
存款余额	69.07	80.26	96.55	107.00	120.44	147.59	22.54
企业存款	24.29	28.88	33.19	35.31	38.36	41.87	9.15
机关团体存款	--	--	0.86	5.18	11.87	16.67	40.44
储蓄存款	25.01	29.08	40.31	45.29	53.41	74.48	39.45
贷款余额	56.53	63.97	80.56	91.56	100.22	104.79	4.56
短期贷款	46.04	54.18	69.18	80.32	88.30	93.23	5.58
个人短期贷款	0.08	0.08	0.09	0.11	0.14	0.14	0
中长期贷款	1.52	1.97	2.09	1.46	2.27	2.09	-7.93
个人中长期贷款	0.15	0.25	0.37	0.43	0.50	0.38	-24.00
票据融资	8.93	7.48	8.92	9.27	9.28	8.97	-3.34
利润总额	0.99	1.58	2.91	3.71	3.07	3.60	17.26

三、资产业务。该行一是开展了不良贷款清收攻坚活动，通过上下联动、责任人限期清收、依法清收、委托清收等方式，多管齐下；二是制定了一系列制度规范贷款投放，采取了行领导"包点包干"、设立资产管理科，对支行负责人约见谈话等方式，促进贷款业务健康发展；三是加快结构调整步伐，制定实施了"中小企业救助计划"，解决中小企业的资金运营困难；四是开发推出了"动产质押"和"薪加薪"贷款业务，解决了存货商户及固定收入客户的融资难题。截至年末，全行贷存比例71.46%，贷款抵质押率21.50%，同比增加4.09个百分点；新增贷款4.30亿元，累计投放信贷资金277.70亿元。

四、中间业务。该行一是通过下达考核计划、发动支行重点营销，开展银企、银银合作等措施，大力发展培植优质客户群，争取国内外银行授信额度，推动外汇业务快速发展，已建立海外代理行109家，外汇业务结算量3.50亿美元；二是发挥货币、票据两个市场的优势，协同运作，实现了风险防控与业务的协调发展，年末货币市场业务交易量达427亿元，票据市场贴现量170亿元，均创历史最好水平；三是深化银行卡功能，发行了"财智卡"，成立了财智精英俱乐部，开展了银行卡消费积分奖励活动和收银员业务技术竞赛，营造了良好的用卡氛围，累计发卡59.12万张、同比增加14.74万张，沉淀存款25.60亿元、增加8.80亿元；四是在全省首家推出了"商付通"电话刷卡业务，全国首家实现了"商付通"业务与人行大额支付系统的无缝对接，突破了跨行业务瓶颈，全年发展"商付通"5760多户，累计交易5.83万笔，交易额超过60.78亿元。

五、内控管理。该行一是以增收节支为核心，先后开发上线了重要空白凭证管理、支行头寸调剂系统和费用预算模块，开发了企业贷款利息自动扣收系统，对固定资产进行了全面清理；二是强化对干部员工的日常监督管理，对发展缓慢、措施不力的支行实行了约见谈话制度，精细化管理水平进一步提高；三是完成了基本工资套改，实现了由"行员等级工资制度"向"岗位绩效工资制度"的转换，实施了带薪年休假制度，并将其与强制休假相结合，保障了员工权益；四是加大内部稽核力度，全年开展稽核项目5个，现场检查75场次，稽核覆盖面达100%；五是做好IT核心业务系统的更新换代及业务系统的开发上线工作，成功开通了4006企业直线业务，建立了省内城商行第一家异地实时灾备系统；六是严格落实"三防一保"措施，在全市金融行业中首家建成GPS运钞车卫星定位监控平台，实现了全年安全无事故。

（李会利）

【日照市商业银行】 2008年，日照市商业银行以"稳健发展年"为主题，以"转观念、严管控、强实力、上层次"为主线，经营运行总体良好，监管指标保持达标。截至年底，不良贷款率0.93%，资产利润率2.03%，流动性比例78.16%，贷款损失准备充足率636.01%，提高333.94个百分点。

一、公司治理不断完善，发展战略实现突破。一是建立了

日照市商业银行主要统计指标

单位：亿元

项　　目	2003	2004	2005	2006	2007	2008	2008年同比增幅（%）
资产总额	169.14	223.84	291.42	388.79	473.38	495.62	4.7
存款余额	152.00	182.90	233.92	276.47	355.85	406.15	14.14
企业存款	54.14	66.43	87.16	92.03	128.10	121.26	-5.34
机关团体存款	11.12	11.21	15.22	30.50	43.68	47.17	7.98
储蓄存款	72.48	82.03	94.03	108.96	124.10	159.82	28.78
贷款余额	136.26	194.12	257.21	33.81	391.63	409.36	4.53
短期贷款	70.67	93.15	116.56	150.17	176.07	189.91	7.86
个人短期贷款	1.32	1.34	1.46	2.64	2.25	2.14	-4.89
中长期贷款	58.68	75.53	107.80	138.33	168.61	180.37	6.97
个人中长期贷款	11.51	20.72	30.24	38.24	51.57	58.51	13.46
票据融资	5.89	24.12	32.42	49.11	46.57	38.81	-16.66
利润总额（当年结益）	-0.21	2.59	4.64	7.62	11.18	15.91	42.31

董事会4个专门委员会议事规则、《监事会工作制度》以及《董事、高级管理人员离任审计办法》,并通过《金融时报》和本行网站披露信息;二是"引进境外战略投资者、跨区域经营、公开上市"三步走发展战略取得突破性进展,首家异地分支机构青岛分行获银监会批准筹建;三是正式启动引进境外战略投资者工作,与枣庄市商行签署战略合作备忘录。

二、营销方式加快转变,存款结构显著改善。一是建立三级联动营销责任制,强化存款工作线组织领导,统筹营销能力大大提高;二是开展半年存款跨越130亿元活动,挖潜存量客户,攻关新增客户,存款结构显著优化。全年新增单位账户1441个、个人账户11.14万个,储蓄存款同比增加8.13亿元,创历史最高增幅。

三、信贷投放科学稳健,资产质量总体稳定。一是调整信贷结构,累计投放表内外授信资金398.66亿元;二是加强小企业授信工作,制定《小企业金融服务三年发展规划》,并与市民营经济发展局联合出台了《关于加强金融支持促进中小企业成长的意见》;三是成立尽职调查委员会,实行不良贷款与支行行长年薪挂钩考核,展开清收盘活,累计化解不良贷款6678万元;四是开展全面贷后检查、"重新认识我们的客户"活动,加强集团客户和关联企业管理,适时压缩及退出不符合产业政策、市场前景暗淡、风险度高的客户授信。

四、同业合作日益扩大,业务创新活力增强。一是深化与南京银行的战略合作,加强与兴业青岛分行、邮储日照分行的合作,承接山东银监局流动资金银团贷款试点项目进展顺利,境内外代理行发展到450家,同比增加50家;二是推出中小企业系列融资品牌"成长宝"之"商贷宝",货权监管质押融资业务"银港通"获《银行家》中国"金融产品十佳奖";三是获准开办代客外汇买卖业务,开发"定活一卡通",增设8台ATM、57台银联POS,黄海卡发行增加2.76万张,全年货币市场业务累计交易量1022.77亿元,累计办理国际结算业务量10.30亿美元。

五、各种风险有效管控,经营机制更加健全。一是进一步完善风险管理框架,开展排查风险点活动、会计主管岗位轮换、支行内控评价、突击检查、离任审计、事后监督、安保整治,以及流动性和房地产贷款压力测试、信息科技应急演练、网络改造、系统升级等,实现奥运期间安全无事故;二是实行资金转移定价,上线财务管理信息系统,在省内城商行中率先实现新会计准则格式报表自动出具和外币折算准则执行;三是上线客户信用评级系统,对部分企业开展了试评;四是制定实施压力测试方案、专项应急预案、《信贷业务操作规程》等28个制度、办法和流程,风险管理和内部控制更加健全。

六、人力资源配置优化,优质服务水平提高。一是开展"青春奋斗价值"主题教育活动,并实行员工等级薪酬制度;二是加大员工培训,全年行内组织和参加外部各类培训75期,培训员工1316人次,并与北京大学联合举办工商管理高级研修班;三是开展服务标准化建设,评选"十佳服务明星","市民自己的银行"荣获山东省服务名牌。

七、社会责任意识强烈,公信力进一步提升。一是开展抗震救灾、"送温暖、献爱心"、扶贫济困等社会公益活动,累计向地震灾区捐款166万余元;二是成功承办全省城商行联席会议,赢得广泛赞誉。该行被银监会评为2类行,连续第3年被山东银监局评为"良好银行";在《银行家》2008全国城商行竞争力排名中列第2位,被金融时报社和中国社科院金融研究所评为年度最佳中型城商行,被中国金融网评为中国金融业年度创新奖;荣获山东省小企业金融服务先进单位、企业教育培训先进单位、2008鲁商最佳信誉银行,日照市纳税先进企业、企业文化建设十佳企业等多项称号。

（林　凡）

【德州市商业银行】 2008年,德州市商业银行立足"地方金融、市民银行"的市场定位,秉承"离您最近、与您最亲"的服务理念,紧紧把握合规建设和创新发展两条主线,全行呈现出良好的发展势头。截至年末,全行新增账面贷款13.6亿元,剔除资产转让1.8亿元及核销不良贷款8671万元后,实际新增贷款16.3亿元,增长26%,同比多增9.2亿元。该行先后被评为全国最具成长性企业、全国企业文化建设优秀单位、全国优秀企业形象单位、山东省银行卡工作先进单位等荣誉称号。

一、资产负债结构调整取得新成效,储蓄存款成为拉动存款增长的主要来源。截至年末,储蓄余额占全部存款的50%以上,存款结构进一步稳定。小企业贷款余额8.3亿元,新增3.8亿元,占比达全部贷款增量的80%;实现中间业务收入2048万元,在主营业务收入中的占比为2.12%,同比提高0.51个百分点。

二、发展质量取得进步。全年实现总收入98524万元,其中利息收入72277万元;票据贴现利差收入12743万元,投资收益1820万元;资本和资产利润率分别达到27.74%和2%,同比分别提高14.91个百分点和1.04个百分点;成本收入比为28.23%,同比下降1.05个百分点。

三、风险防控能力得到提升。进一步完善了风险防控机制,开展了流动性压力测试工作,切实落实科技信息安全各项措施。全年提取资产损失准备金9000万元,资产损失准备充足率达205.26%,拨备覆盖率101.28%;资本充足率10.11%,核心资本充足率9.66%。

四、金融服务效能进一步提高。一是优化业务流程,建立了授权范围内自主授信、零售业务信贷审批"绿色通道"、小企业贷款审批中心和总部贷款审查委员会四位一体的贷款审批机制;二是会同有关部门通过实施网点的规范化改造,参加行业文明规范服务创建活动等方式,推进临柜一线文明规范服务进程,三八路支行被评为全国银行业文明规范示范单位,营业部荣膺国家级青年文明号;三是以银行卡为代表的新业务进一步提升了金融服务功能,全年长河卡新增8万张,卡内存款新增近3亿元,实现国际业务结算量9325万美元。

五、重点工作取得新突破。一是推行了存量贷款主办行制度,对县域存量贷款实施集约化、实时管理,防范信用风险;二是加大了对控制类行业的分析、监控和风险预警力度,在做好信贷资产分类的基础上,重视关注类贷款的运行动向,力促贷

德州市商业银行主要统计指标

单位：亿元

项　　目	2003	2004	2005	2006	2007	2008	2008 年同比增幅（%）
资产总额	38.28	44.36	58.01	71.18	82.12	103.65	26.21
存款余额	34.80	39.33	51.34	61.89	72.16	90.92	26.00
企业存款	21.87	23.00	25.96	26.89	25.96	25.45	2.34
机关团体存款	—	—	—	—	—	—	—
储蓄存款	7.76	8.27	9.51	17.46	28.60	46.35	62.02
贷款余额	25.04	26.14	36.79	45.45	52.54	65.71	25.93
短期贷款	20.94	21.98	30.32	38.65	45.82	53.49	18.00
个人短期贷款	0.15	0.20	0.11	0.07	0.11	0.08	-37.50
中长期贷款	3.07	3.87	3.42	3.59	3.31	3.50	-11.59
个人中长期贷款	0.09	0.15	0.12	0.08	0.07	0.06	-14.29
票据融资	1.03	0.29	3.05	3.21	3.41	8.72	155.99
利润总额	0.16	0.17	0.37	0.62	1.29	2.61	102.58

款正向迁徙；三是通过追加业主或企业负责人无限保证责任等方式，有效解决小微企业的运行特点和客观存在的信息不对称问题；四是严控集团型关联企业风险，密切关注关联企业间的关联交易情况，防止企业利用该方式转移资产。

六、重大战略安排进一步推进。一是顺利完成了新一届领导班子换届工作；二是启动了引进战略投资者工作；三是向县域延伸机构工作取得突破，第一家县域支行已于 2008 年 8 月 7 日在宁津开业，乐陵支行的筹建工作已获得山东银监局批复；四是实施了股权优化工作。

（郑亚林）

【济宁市商业银行】 2008 年，济宁市商业银行坚持“服务中小企业、服务城市居民、服务地方经济”的市场定位，不断改进金融服务，加快各项业务发展，资产规模迅速扩张，经营效益大幅度提升，抗风险能力进一步增强，实现了自身和社会效益的良性发展。4 月，该行被山东银监局评为“良好银行”和“小企业金融服务先进单位”，7 月在《银行家》研究中心公布的全国 112 家城商行综合竞争力排名中位列第 24 位、盈利能力排名第 8 位。截至年末，该行总部内设 11 个部室，下辖 19 处分支机构，共有正式员工 415 人。

一、不断推进内部改革。

（一）不断完善组织结构。为弥补长期以来对公存款增长乏力的短板，该行加大对机构客户及法人客户的存款营销力度，从建立健全内部组织架构入手，设立了业务开拓部，制定了岗位职责及工作重点，提出了全行上下联动、整体营销的全新市场营销理念，为今后机构类、法人类客户营销奠定了基础。

（二）积极做好银行卡发行的准备工作。该行制定了《银行卡业务管理办法》、《银行卡业务会计核算暂行办法》、《自动柜员机(ATM)管理暂行办法》等各项规章制度，确定了银行卡的卡名及发展规划，选定了部分银行卡设备，完成了加入中国银联的申报工作，为 2009 年银行卡业务的开办做好了准备。

（三）积极开展“特色支行”建设。该行一是认真研究客户需求，不断丰富服务内容，相继开办了下岗失业人员小额担保、小康之家消费、钢材经销商、汽车消费、微小企业贷款等特色信贷业务；二是努力推进“特色支行”建设，已有 6 家支行获得“特色支行”称号，约占全部机构的三分之一。

二、主营业务健康、快速发展。在业务经营上，该行一是认真落实国家宏观调控政策和监管要求，严格控制对“两高一剩”等重点关注行业和限制行业的信贷投放，适当控制信贷增长幅度，压缩了部分限制行业的贷款存量直至退出；二是进一步突出为中小企业服务的市场定位，年末中小企业贷款余额 36.72 亿元，占全部贷款余额的 88.29%，增加 3.05 亿元，增长 9.06%，累计办理担保公司担保贷款 1.49 亿元，支持小企业 190 户，有效解决了中小企业担保难问题。

三、风险管理能力不断加强。一是完善风险管理体系，重点加强了对授信审批、信贷决策、贷后管理、不良资产管理、合规制度、内部审计等重点环节原有规章制度的修订完善，新制定制度、办法、规定 52 项，基本覆盖了各项业务的全过程；二是积极培育合规经营理念，重新整理了《内部控制制度汇编》；

济宁市商业银行主要统计指标

单位：亿元

项　　目	2003	2004	2005	2006	2007	2008	2008年同比增幅（%）
资产总额	--	--	--	43.15	53.10	68.40	28.81
存款余额	--	--	--	40.08	48.41	57.48	18.74
企业存款	--	--	--	15.70	18.33	20.14	9.87
机关团体存款	--	--	--	--	--	--	--
储蓄存款	--	--	--	11.37	15.20	22.75	49.67
贷款余额	--	--	--	28.82	38.14	41.59	9.05
短期贷款	--	--	--	18.36	27.98	25.06	-10.44
个人短期贷款	--	--	--	0.11	0.32	0.51	59.38
中长期贷款	--	--	--	2.10	1.88	2.20	17.02
个人中长期贷款	--	--	--	0.19	0.55	1.00	81.82
票据融资	--	--	--	8.15	8.28	14.28	72.46
利润总额	--	--	--	0.35	1.05	1.22	16.19

三是组织开展监管法规学习教育活动，增强了员工合规意识；四是认真开展内部审计和风险排查活动，对检查和审计过程中发现的问题，及时提出整改意见，消除风险隐患。

四、精神文明建设丰富多彩。一是设立了社会责任委员会，积极参与省银行业协会组织开展的“金融机构社会责任巡礼”活动；二是积极开展向南方雪灾地区、四川地震灾区等的捐助活动；三是坚持开展走访慰问困难群众、“希望工程”等活动，被济宁市政府授予“爱心企业”和“抗震救灾捐助先进单位”，并得到《济宁日报》、济宁市电视台、《齐鲁晚报》等媒体的宣传报道；四是大力开展优质文明服务活动，制定了《文明规范服务考核办法》及《窗口服务标准》等制度，开发区支行被评为“2008年度中国银行业文明规范服务示范单位”；五是加强客户投诉管理，深入开展暗访工作，改善了服务质量。

（张　俊　高　雷　郭晓娟）

【东营市商业银行】 2008年，东营市商业银行圆满完成了各项工作，实现了效益、质量、规模协调发展。

一、主要发展指标再上新台阶。截至年末，该行不良贷款余额8948万元，不良贷款率1.04%，继续实现了“双降”的管控目标；贷款风险准备金余额18223万元，增加4080万元，增长28.85%，拨备覆盖率203.65%，提高46个百分点。

二、成功完成法人治理换届工作。按照“加强领导，借鉴吸收，依法合规，着眼长远”的思路，制定了法人治理换届方案，引入资深金融专家担任独立董事，完善了法人治理架构各主体的有关制度及议事规则，履职能力进一步提升。

三、圆满完成了增资扩股工作，共募集资本金15934.59万元，其中实收资本8852.55万股，资本公积7082.04万元，注册资本变更为50250.55万元。一是制定了增资扩股方案，首次实行溢价发行，提高增资扩股时效性；二是组织召开了职工代表会议，维护职工股东权益；三是召开了董事会临时会议、临时股东大会，首次公告增资扩股方案，做好与在册法人股东的沟通交流，积极协调主要股东资金到账，确保每个环节合规合法。

四、服务手段不断丰富。一是开展服务创新，对多户联保、动产质押进行了业务试点推广；二是编制了《中间业务产品手册》，进一步明确了其发展方向；三是顺利开办联通、网通代收费业务，丰富了业务载体和平台；四是成功上线银行卡，截至年末，发行胜利卡47498张，卡存款余额2.07亿元，累计消费1.08亿元；五是加大国际业务开办和创新力度，全年累计完成国际结算量1.92亿美元，实现净利润折合人民币481万元。

五、资产质量进一步优化。一是对信贷管理制度和运行方式进行了重新梳理；二是制定了信贷投向指引，明确行业和客户投向；三是逐步改变单纯以额度担保条件为主要标准的授权模式，把好信贷入口关；四是继续实施不良资产的集中处置模式，截至年末，现金收回不良贷款891万元。

六、发展基础进一步夯实。一是加强结算管理，编写了《结算业务制度汇编》；二是强化人力资源管理，聘请知名咨询管理公司进行管理诊断，拟定人力资源建设方案，并结合实际进

东营市商业银行主要统计指标

单位：亿元

项　　目	2003	2004	2005	2006	2007	2008	2008年同比增幅（%）
资产总额	--	--	155.54	179.91	230.80	264.13	14.44
存款余额	--	--	70.67	86.12	102.16	117.50	15.02
企业存款	--	--	18.97	39.79	57.94	49.00	-15.43
机关团体存款	--	--	0.00	0.00	0.00	0.00	0
储蓄存款	--	--	47.34	41.50	37.05	45.05	21.59
贷款余额	--	--	47.20	60.26	75.01	85.53	14.02
短期贷款	--	--	23.28	20.24	49.79	51.49	3.41
个人短期贷款	--	--	0.00	0.00	0.02	0.03	50.00
中长期贷款	--	--	10.05	10.69	13.96	15.25	9.24
个人中长期贷款	--	--	0.26	0.13	0.14	0.12	-14.29
票据融资	--	--	13.87	12.05	11.26	18.80	66.96
利润总额	--	--	0.60	1.09	1.75	2.14	22.29

行推广；三是加强财务管理，编制了全面财务预算，完善财务管理流程；四是加强信息化建设，相继开发了网通、联通代收费业务，代收保险业务，网上电子报税和税库银联网系统等，为业务发展提供了技术支持。

七、风险管控扎实有效。一是强化流动性风险防控，确保合适流动性；密切与各同业的业务关系，成功获批网上拆借资格，拓宽了资金的来源渠道；二是印发了《关于加强操作风险管理的工作意见》；三是开展了操作风险专项检查，并进行通报；四是防范信息风险，制定了重要信息系统应急预案、操作流程和报告制度，并进行应急演练。

（吴术华）

【莱商银行】 2008年，莱商银行面对复杂多变的外部环境和日益激烈的同业竞争，各项经营指标大幅增长，全面完成了各项目标。截至年末，该行缴纳各种税金1.59亿元，同比增加3268万元，资本充足率15.1%。

一、战略性工作实现新突破。一是莱芜市商业银行正式更名为莱商银行，菏泽分行顺利开业，实现了由地方性股份制商业银行向区域性银行的成功跨越；二是与浦发银行签订战略合作协议，为引资引智战略的实施搭建了较高的平台；三是启动了徐州分行、河南方城村镇银行的筹备工作，为搭建苏、冀、鲁、豫的机构发展格局奠定了基础。

二、社会形象有了新的发展。一是在全国城商行竞争力综合评价中名列第一，并在《金融时报》和中国社科院金融研究所联合组织的“中国最佳金融机构排行榜”中，被评为“年度最佳中型城市商业银行”和“年度最佳风险控制中小银行”；二是连续四年被山东银监局评为“良好银行”，并荣获“省级文明单位”、“山东省劳动关系和谐企业”等荣誉称号。

三、积极应对市场变化，机构建设和业务发展实现了同步推进。一是4月菏泽分行开业，截至年末，其各项存款余额达到7.64亿元，贷款余额5亿元，实现利润1466万元；二是合理把握贷款投放的节奏和结构，全年累计发放贷款144亿元，签发银行承兑汇票56亿元；三是累计向中小企业发放贷款115亿元，占比达到80%，发放微贷资金4814万元，并与134户企业建立了信贷关系，余额达2393万元，有力支持了中小企业发展。

四、强化案件专项治理和合规文化建设，风险管控能力有了新的提高。

（一）内部控制日益严密。一是修订、补充、完善各项规章制度61个，制定操作规程13项，清理废止制度24项，实现了管理制度与业务发展的同步推进；二是严格落实管理人员交流制度和强制离岗制度，全年共交流干部51人次；三是组织全面业务大检查3次，对6家支行会计业务进行现场突击检查；四是加强了安全保卫工作，并建立律师坐班制度，规范了诉讼案件的管理工作，有效防范了法律风险。

（二）信贷管理得到加强，信用风险得到了有效控制。一是按照工作意见，加强对行业风险的分析和监测，对农副产品等行业的信贷投放规模进行调整，并制定风险防控措施；二是加强信贷基础管理，与外部评级公司进行综合信用评级706户，并对382户法人和503户个人客户进行了综合授信；三是加

莱商银行主要统计指标

单位：亿元

项　目	2003	2004	2005	2006	2007	2008	2008年同比增幅（%）
资产总额	29.57	45.4	65.07	112.9	129.15	145	12.27
存款余额	27.42	38.41	56.02	74.39	88.19	113.84	29.08
企业存款	15.31	20.92	23.57	37.69	53.48	59.6	11.44
机关团体存款	--	--	--	--	--	--	--
储蓄存款	6.08	8.1	12.57	17.39	20.35	29.41	44.52
贷款余额	19.07	29.92	48.73	81.47	79.44	77.84	-2.01
短期贷款	14.39	19.07	25.73	38.44	48.62	54.27	11.62
个人短期贷款	--	--	--	--	--	--	--
中长期贷款	1.88	4.17	3.42	9.35	5.23	3.45	-34.03
个人中长期贷款	--	--	--	--	--	--	--
票据融资	2.8	6.67	19.58	33.68	25.58	20.12	-21.34
利润总额	0.17	0.35	0.92	1.94	2.98	3.04	2.01

大不良贷款的清收处置力度，化解不良资产3500多万元；四是进一步前移风险防范关口，全行共退出潜在风险客户48户，夯实了资产质量基础。

（三）顺利完成换届工作，公司治理水平不断完善。该行严格按照公司治理的要求完成了董事会、监事会、经营层的换届工作，增加了4名独立董事和2名外部监事，并由原来的9人增加到15人；第一次进行了在高管人员续聘前进行了公开述职，提高了高管人员自我约束、自我加压的意识。

（四）高度重视企业文化建设，社会公信力不断提升。一是形成别具一格的文化体系，即发展、管理、经营、风险、人本文化和品牌文化；二是新华社内参和大众日报分别对其工作经验进行了宣传报导，并相继刊发了《商业银行创新发展要强化品牌意识——莱商银行如何在竞争中创出"莱商模式"》和《十年磨一剑 潮头勇争先》；三是向四川灾区捐款420余万元，在全国城商行中位居第5位，并被省妇联评为"山东省春蕾计划爱心单位"。

（狄宪孔　赵艳华　吕　华）

【枣庄市商业银行】 2008年，枣庄市商业银行认真贯彻落实国家经济金融宏观调控政策，始终坚持走审慎经营、防范风险、扩张规模、提升效益的路子，注重发展与速度质量的有机结合，各项经营指标再上新台阶。

截至年末，全行不良贷款占比降至1.97%，流动性比例72.65%，拨备覆盖率达到186.37%，贷款损失准备充足率223.90%，已具备较强的防御流动性风险能力；备付金余额17.75亿元，比例为44.21%；所有者权益2.72亿元，较年初增加872万元；实收资本1.84亿元，资本总额2.93亿元，资本充足率13.37%，核心资本充足率12.41%，资产利润率1.12%，资本利润率15.92%；实现经营利润1.18亿元，核销3200万元的不良资产；实现税费2801万元，比上年增加66万元。在全省13家城商行综合排名中，该行各项经营指标增幅均跃居前列。其主要工作：

一、努力提升存款规模，切实增强营运实力。该行一是积极寻求新的存款源头，与中铁十六局工程部门签订互惠合作协议，该局同意在商行开立结算账户，每月存款金额平均超过3000万元；二是加大对滕州、薛城等异地支行的扶持力度，发挥县域支行在存款工作中的带动作用；三是组织开展了"巩固储蓄定期存款竞赛活动"，收到明显效果。

二、全力抓好信贷营销管理。该行一是以"服务于地方经济、服务于中小企业、服务于城市居民"为重点，压缩贷款集中度和解决单户贷款超比例问题，继续实施"有保有压"的信贷营销政策，积极推进"绿色信贷"；二是制定了《县域支行特别转授权、授信管理办法》，依据各支行经营管理水平、风险管控能力、主要负责人工作业绩、县域支行等级以及所处区域经济总量活跃程度等因素，实行区别转授权授信；三是加大核销工作力度，全年核销不良贷款1504万元；四是大力拓展中间业务，为枣矿集团及其下属公司办理委托贷款8.13亿元，适时购买淄博商行十年期发行人可赎回固定利率债券，实现手续费

枣庄市商业银行主要统计指标

单位：亿元

项　　目	2003	2004	2005	2006	2007	2008	2008年同比增幅（%）
资产总额	15.88	20.85	26.26	27.23	31.82	43.90	37.96
存款余额	14.25	19.04	24.31	24.59	27.81	40.14	44.36
企业存款	7.35	8.18	7.98	7.84	10.85	18.43	70.05
机关团体存款	0	0	2.05	2.03	3.60	3.76	4.57
储蓄存款	5.60	6.28	8.38	8.95	9.87	15.23	54.26
贷款余额	9.70	12.76	14.71	14.81	20.27	21.01	3.63
短期贷款	7.12	9.35	10.05	12.01	15.14	18.09	19.46
个人短期贷款	0	0	0.01	0.23	0.49	0.78	57.65
中长期贷款	1.30	1.89	3.10	2.58	2.56	2.16	-15.63
个人中长期贷款	0.15	0.06	0.006	0.068	0.18	0.18	2.09
票据融资	1.28	1.52	1.56	0.22	2.57	0.76	-70.53
利润总额	0.062	0.03	0.23	0.47	0.42	0.57	35.04

收入3万元。

三、加强内控制度建设，严格监督检查和责任追究。该行一是重点对贷款风险责任追究、违规责任处罚、绩效考核等3个方面的制度进行了认真研究、分析和论证，修改完善制度11项、新增订9项；二是注重发挥稽核监督和内部审计等职能作用，加大各类专业的检查指导力度，及时发现和纠正一些存在的违规操作和逆程序现象，全年查处各类违规操作55人次、累计罚款7500元，形成了较强的警示作用。

四、整合内部机构，实现“四化”管理。该行一是对机关部室进行了内部机构合并，将原来的18个部门合并成8个部室，达到了精简高效、各司其职的效果；二是全面推行“任务目标化、岗位竞争化、收入差异化、考核科学化”的管理模式，同时完善目标管理办法，逐步建立起科学有效的激励约束机制。

五、加快推进增资扩股工作，积极引进战略投资者。该行拟增资扩股1.3亿股，其中面向企业法人募集约7000万股，引进战略投资者的参股份额约6000万股。在实施引进战略投资者工作中：一是把战略投资者的引进范围锁定在省内城商行序列，通过多方洽谈接触对比后，拟定了日照商行作为目标；二是在枣庄和日照银监分局的推动下，与日照商行顺利签订战略合作备忘录，形成了合作意向框架。

（马洪素）

【泰安市商业银行】　2008年，泰安市商业银行取得了良好的经济和社会效益。截至年末，全行新增贷款18亿元，占该市银行新增贷款的22.2%；个人贷款实现利息收入31143.24万元，较年初增加7476.42万元，增幅31.59%；小企业贷款户数增至225户，同比增加190户，占全行的58%，小企业贷款余额5.22亿元，同比增加4.81亿元，占全行公司类贷款总量的13.54%；信贷、债券、票据贴现净收益率分别达到了8.32%、4.53%和12.86%，同比分别增长了0.98、0.54和0.83个百分点。

一、转变经营思路，提高盈利能力。一是实现业务经营由重规模扩张向重效益提高的转变，负债结构坚持向稳定性高、成本较低的存款调整；二是调增信贷、票据规模，信贷资金重点向中小企业倾斜，实现了资产质量和效益的同步提高；三是按照建设“流程银行”要求，调整经营机构设置，明晰职责分工，完善各类授权，整合业务流程；四是建立了货币市场与票据业务联动机制，加快了资金调剂速度和规模，提高了资金使用效率和收益。

二、存款规模增长较快，结构更趋优化。一是研究实施了新的考核办法，并深入开展了季度业务竞赛活动，提高了全员工作的积极性；二是各项存款余额在全市9家金融机构中排名第5，其中，储蓄存款余额大幅增长，高于该市储蓄存款增幅近20个百分点。

三、信贷资产结构优化，资产质量得到提高。一是完善了促进小企业发展的机制，建立了约见支行行长谈话、定期通报、考核奖惩等一系列小企业贷款激励机制；二是归纳整合现

泰安市商业银行主要统计指标

单位：亿元

项　　目	2003	2004	2005	2006	2007	2008	2008年同比增幅（%）
资产总额	42.15	59.92	70.98	119.24	143.67	146.62	2.06
存款余额	30.42	48.40	52.98	75.25	88.09	105.37	19.62
企业存款	9.26	19.74	23.77	26.11	22.72	24.15	6.29
机关团体存款	0.56	1.89	2.53	3.64	3.84	6.23	62.00
储蓄存款	4.91	7.76	17.74	32.45	32.78	46.90	43.04
贷款余额	18.17	27.86	33.12	43.57	46.53	64.52	38.68
短期贷款	1.45	18.68	17.27	17.17	23.31	32.24	38.30
个人短期贷款	0.07	0.04	0.01	—	—	—	—
中长期贷款	0.59	0.74	7.97	7.16	8.11	10.01	23.46
个人中长期贷款	0.07	0.05	0.04	0.01	0.01	0.75	10522.54
票据融资	3.17	8.45	7.88	19.23	15.11	22.27	47.43
利润总额	0.16	0.18	0.20	0.23	0.61	0.61	0.38

有业务模式，先后推出了应收账款质押、汽车合格证质押等新产品；三是全面推开个人生产经营贷款和个人抵押贷款业务。

四、市场定位进一步明确，支持地方经济力度明显加大。一是按照“有保有压、区别对待”的原则，支持重点企业、项目和行业建设；二是与29家市重点企业签订了银企合作协议，签约资金总量11.23亿元，并向签约企业提供授信资金12.5亿元；三是大力支持“三农”及下岗再就业，并实现“三农”授信余额8.9亿元，下岗失业人员小额贷款余额1881万元，同比增加426万元，增长29%，取得了良好的社会效益。

五、业务创新加速推进，服务功能持续提升。一是先后与兴业银行，中国人民健康、新华人寿保险公司展开业务合作，推出了代售理财产品、保险产品等新业务；二是“岱宗”银行卡成功发行，通过相继开展的各类营销活动，有效扩大了知名度，提升了该行形象；三是新安装运行自助设备11台，发展特约商户130家，累计发行“岱宗卡”28525张，并开通了柜面通业务；四是开通了客户服务热线、短信通知系统，为市民和客户提供了24小时人工、电子语音服务，提升了服务客户的层次、质量，并取得了明显实效。

（安　鹏）

三、农村合作银行

【山东临沂兰山农村合作银行】 山东临沂兰山农村合作银行是经银监会批准成立，由农民、农村工商户、企业法人及其他经济组织自愿入股，在合作制的基础上，吸收股份制运作机制组成的股份合作制银行。

2008年，该行紧紧抓住发展第一要务，始终围绕"业务经营、资产质量和内部管理"三大主线，锐意进取，改革创新，各项业务实现又好又快发展。截至年末，各项存、贷款余额分别达105.45亿元和80.25亿元，交纳税款1.13亿元，实现经营利润5.55亿元，经营利润及缴纳税金连续多年居全省农信系统第一位。

一、存款市场不断扩大。该行一是通过实施全员营销战略，使组织存款成为全体员工的自觉行为；二是通过改革考核机制，按劳计酬，充分调动员工积极性，以经济杠杆撬动存款市场；三是通过开展贷款抵质押和差异化营销等活动，巩固老客户，挖掘新客户，增强了银企间的信息沟通和共享。10月末，全行各项存款超过100亿元，提前2个月实现了超百亿的奋斗目标。

二、信贷营销力度持续加大。该行一是制定了一系列信贷营销措施，为全年信贷任务的顺利完成提供了制度保障；二是加大信贷投放，继续做好"百万农户致富工程"、"惠农贴息让利贷款"等农户短期贷款的投放工作，累计投放农业贷款86.67亿元、农业贷款余额62.93亿元，同比增加4.41亿元；三是完善中小企业信贷服务机制，支持中小企业535家，贷款余额达25亿元；四是实施客户差异化贷款营销，制定不同的优惠措施，增强了客户的忠诚度。

三、资产质量显著提升。该行一是从主要业务部门抽调骨干，派驻不良贷款清收难点支行，帮助解决不良贷款清收管理的问题，取得了较好的效果；二是大力开展"不良资产集中清收季"活动，建立了不良贷款清收管理的长效机制；三是充分利用不良贷款处置政策，加大对不良贷款的消化力度。截至12月末，共打包处置转让不良资产债权2亿元，有效降低了不良贷款占比，得到了省联社的认可与好评。

四、经营效益稳步提高。该行一是全面落实省联社"创建节约型企业"的发展目标，树立"以创新增效益、以管理控支出"意识，将营业费用与经营指标完成情况相挂钩，实行双项控制，节约了费用支出；二是根据各分理处每月业务指标完成情况确定享受的业务开办费用，实行动态管理，充分调动了员工的工作积极性。

五、积极拓展银行卡业务市场。截至12月末，全行发卡总量达到43.68万张，同比增加8.39万张；卡存款余额达22.67亿元，增加6.84亿元。全行ATM机总量达70台，较年初增加8台；POS商户总量达231户，增加56户。

六、风险防范能力显著增强。该行一是全面推行了定期通报、风险提示和责任追究等制度；二是加大日常检查监督力度，促进内部管理向制度化、科学化方向发展；三是推行接管审计机制，对2家支行2004年以来新增贷款质量、经营管理指标真实性等进行审计，帮助2家支行累计收回欠息贷款93笔、金额39.94万元，逾期贷款13笔、金额312万元；四是狠抓案件防控与"三个专项治理"，加大案件和重大违规问题的查处力度，为改革发展提供了安全稳定的环境。

七、高度重视企业文化建设，广泛开展社会公益活动。该行一是出资50万元在兰山区开展了为1000名贫困户"送温暖、献爱心"活动；二是在四川汶川5·12大地震发生后，先后组织4次捐款近60万元；三是定期开展岗位技能比赛，员工业务技能和整体素质不断提高，在临沂农信系统大学生员工业务技术比赛中连续7届蝉联冠军；四是组织开展思想作风整顿活动，把全员学习作为加强思想作风建设、防范道德风险的一项重要举措，为业务又好又快发展提供了思想保证。

2008年，该行先后被兰山区委、区政府授予"富民强区"特别贡献奖，被山东省银监局评为"良好银行"，被山东省质监局评为"山东省服务名牌"，被中华妇女联合会评为"全国三八红旗集体"。

（李　琳）

【山东圣泰农村合作银行】 2008年，山东圣泰农村合作银行以改革为主线，以发展为目标，以管理为手段，圆满完成了各项工作，连续3年被山东银监局评为"良好银行"。该行党委被省联社党委授予"五个好"基层党组织和党建工作示范点，被济宁市市中区区委授予"五星级"优秀党组织和"抗震救灾"优秀党组织荣誉称号。

截至年末，该行下辖1个营业部、16个支行、10个分理处，共有员工416人；各项存款余额27.87亿元，同比增加4.61亿元，增幅19.82%；各项贷款余额22.16亿元，同比增加3.49亿元，增幅18.69%；按五级分类口径，不良贷款余额2.49亿元，占比11.23%，同比下降2.64个百分点；实现利润总额0.55亿元，同比增加0.07亿元，增长14.58%。

一、进一步深化产权制度改革，完善法人治理结构，建立健全资本长效约束机制。该行对股权结构进行统一规范，全部取消资格股，进一步理顺所有者与经营者的关系，有效解决了股权分散及股权不稳等问题，为下一步深化改革打下良好的基础。

二、规范信贷管理。一是按照黄金客户、优质客户、一般客户、劣质客户和淘汰客户的划分，实行差异性信贷服务，实现了"有保、有控、有压"的目标管理要求；二是全年共对563户公司类企业进行了信用评定，为实行公司客户分级管理制度提供了基本依据；三是建立个人信用档案2800余户，实现了个人客户的信用信息化管理，进一步夯实了信贷管理基础。

三、加大不良贷款清收力度。为进一步优化信贷资产质量，降低不良贷款率，该行一是开展了清收不良贷款百日竞赛活动，清收不良贷款0.39亿元；二是开展了领导干部“认领包清”不良贷款活动，清收不良贷款0.24亿元。

四、积极拓展中间业务。一是票据贴现业务取得新进展，累计办理票据贴现106笔、金额2.47亿元，利息收入0.06亿元，实现账面利润0.08亿元；二是代理业务拓展取得明显成效，累计办理各类代理保险业务1844笔、保费0.03亿元，实现代理保险手续费收入0.01亿元，代收话费0.03多亿元，代征各类税收0.71亿元；三是信通卡用卡环境进一步改善，新建自助银行3处，拓展POS商户49户，新安装POS机58台，全年发放信通卡15662张。

五、全面提升风险防控能力。一是认真落实岗位交流和亲属回避制度；二是成立了公司业务部，实行公司类贷款业务集中管理；三是积极利用内部网络资源优势，成功开发应用了《信贷报送审批及关联企业贷款查询、拦截系统》；四是实施了《审计人员稽核主责任人制度》，进一步明确审计人员的责任；五是成立了信息科技风险管理委员会，对硬件设施进行了更新改造；六是按照安全设施达标规划，对部分网点进行整修，有效防范和杜绝了各类案件和安全事故的发生。

（张　俊　高　雷　郭晓娟）

四、外资银行

中国银行(香港)有限公司青岛分行

【综述】 中国银行(香港)有限公司(简称"中银香港")于2001 年 10 月 1 日正式成立,是香港主要上市商业银行集团之一,通过设在香港的 280 多家分行、450 多部自动柜员机和其它服务和销售渠道,向零售和企业客户提供全面的金融产品与服务。

此外,中银香港还是香港 3 家发钞银行之一,获人行委任为香港人民币业务的清算行,通过设在内地的 18 家分支行,为其香港和内地的客户提供跨境银行服务。

中银香港青岛分行前身为香港宝生银行青岛分行,于1994 年 11 月 18 日正式成立并对外营业。中银集团重组合并后,于 2002 年 5 月 1 日正式更名。

【业务情况】 2008 年,中银香港青岛分行加大贷后监控力度,增强客户联系,及时掌握企业情况,有效保障了资产的安全。

一、配合业务发展,不断完善营运功能。该行一是积极协调相关部门,相继开通了人民币大小额支付系统、人民币账户及身份证联网核查等系统;二是顺利完成了 FAC 财务新系统上线工作,为业务发展奠定了基础;三是积极拓展国际结算、结售汇及代理保险业务,促进了中间业务的良好发展。

二、周密部署,做好奥运金融服务工作。该行一是建立、制定了奥运期间的报告机制和应急处置预案,从人员的配备和培训到系统的检测和维护,都做了认真细致的准备;二是协调开通了奥运解钞业务绿色信道,保证奥运期间外币现钞的合理调配。奥运期间,全行未发生任何投诉事件、系统故障和安全事故。

【内部管理】 2008 年,中银香港青岛分行坚持把合规经营作为一项重要工作来做,加强内部管理,确保各项业务合规、合法地稳健发展。一是重视员工培训,严格按照国家的监管政策法规和总行的规章制度及操作规程办理业务;二是加强合规检查,完善反洗钱工作流程;三是合理安排并实行了岗位 A、B 角制度,有效地防范、杜绝了各类违规事件的发生。

【金融大事记】 5 月 1 日 中银香港青岛分行顺利完成行址搬迁工作,由青岛市云霄路迁至东海西路 41 号 2 号楼1-2 层东侧。

8 月 22 日 经银监会批准,中银香港向青岛分行增拨人民币营运资金 1 亿元人民币等值的自由兑换货币。增资后,中银香港青岛分行营运资金为 4 亿元人民币,其中人民币营运资金 2 亿元,外汇营运资金 2 亿元人民币等值的自由兑换货币。

(孙婉珺)

韩亚银行(中国)有限公司青岛分行

【第一负责人简介】 裵范圭,男,1956 年 12 月生。1987 年获韩国延世大学经济学硕士学位。1974 年加入韩国银行,1987 年起,历任韩国银行大丘分行及韩国银行业务部代理;1991 年加入韩亚银行,历任资金部科长,吉洞、驿村洞、大丘广场、松坪等分行行长,大企业金融 1 部部长,上海分行行长;2008 年1 月至今,任韩亚银行(中国)有限公司青岛分行行长。

【综述】 韩亚银行(中国)有限公司青岛分行(以下简称"韩亚青岛")前身为青岛国际银行,成立于 1996 年 6 月 26日,是韩国韩亚银行和工行的合资银行。2007 年 8 月,韩国韩亚银行收购了工行持有的股份,青岛国际银行成为独资银行。2007 年 12 月 11 日,银监会银监函〔2007〕493 号批准韩亚银行(中国)有限公司(以下简称"韩亚中国")、韩亚青岛开业。27日,青岛国际银行正式改制成为韩亚青岛,营运资金为 1 亿元等值人民币。

截至 2008 年末,韩亚中国总资产 126.18 亿元人民币,存款 44.16 亿元人民币,贷款 90.33 亿元人民币,实现纯利润

7700万元人民币。总资产和存款分别同比增加50%和525%。

【金融大事记】 1月9日 韩亚上海分行行长裵范圭调任青岛分行任行长，原青岛分行行长郑完澈调任上海分行任行长。

7月22日 青岛银监局核准陈国华韩亚青岛分行副行长任职资格。

8月13日 韩亚沈阳分行副行长金永基调任青岛分行任副行长，原青岛分行副行长金映植调任哈尔滨分行任筹备组组长。

9月24日 韩亚青岛分行黄岛支行经青岛银监局获准筹建。

（周 峰）

东亚银行(中国)有限公司青岛分行

【第一负责人简介】 梁志伟，香港大学社会科学学士，主修经济及统计；英国伦敦大学硕士研究生，主修金融管理。2002年被美国特许金融分析师学院（CFA Institute）授权使用特许财经分析师（CFA）的称谓。于1997年开始长驻中国内地工作，先后在上海、深圳、广州及青岛担任外资银行分支机构的管理层职位，并曾在北京接受挂职培训。现任东亚银行（中国）有限公司青岛分行行长、中国人民政治协商会议第十一届青岛市委员会委员、中国国际商会山东商会副会长、青岛市银行业协会理事和青岛市侨商会常务理事。

【综述】 东亚银行（中国）有限公司是东亚银行有限公司在内地注册成立的全资附属公司，总部设于上海，是内地外资银行中拥有最强大网络的公司之一。该行现有18家分行，45家支行，获准经营全面的个人银行和企业银行服务，亦可为内地居民和企业提供境外投资服务，以及通过分行代理一般保险和人寿保险产品。

2008年，东亚银行（中国）有限公司青岛分行（以下简称“东亚中国青岛分行”）各项工作继续保持健康、快速发展，业务指标均有大幅增长。一是大力拓展山东省内业务，并稳步向周边省份推进；二是发行了人民币银行卡，为客户提供更全面、便捷的服务；三是不断改进和完善服务网络，并积极开展品牌宣传和精神文明建设。

【经营管理】 2008年，东亚中国青岛分行切实加强经营管理，加大市场推广力度，不断改进和完善服务，树立了良好的企业形象。

一、大力拓展人民币业务。一是积极开发省内各大城市的优质客户，并向周边省份渗透；二是在青岛市的核心区域开设了第一家支行青岛香港中路支行，并推出周末营业；三是在青岛流亭国际机场、海天大酒店等处增设了8台ATM机；四是分别于5月和12月发行了首张银联人民币借记卡和信用卡，成为青岛市第一家发行人民币银行卡的外资银行；五是10月开通新版个人网上银行，成为青岛市第一家推出本地化网上银行的外资银行。

二、加强市场推广，提升品牌形象。一是承办了山东国际商会2007年年会暨东亚银行理财产品推介会；二是参加青岛经济广播电台“3.15”维权活动宣传，并与沃尔玛联合开展“东亚银行－沃尔玛绿色购物联合行动”；三是参加“2008青岛首界国际金融博览会”，与各知名机构联合开展联谊活动、知识讲座、答谢会等，提升了社会知名度和美誉度。该行被评为“2008年青岛市银行业文明规范服务示范单位”，是目前唯一获此殊荣的青岛外资银行。

三、改进和完善内控体系，确保经营活动依法、合规、稳健。一是严格授信审查，进一步强化贷后管理，并做好贷款质量监测和风险预警；二是开展内部培训，提高员工各项工作技能；三是认真落实反洗钱措施。

【金融大事记】 5月27日 东亚中国青岛分行发行首张银联人民币借记卡，成为青岛市第一家发行人民币借记卡的外资银行。

8月11日 东亚中国青岛分行推出首款外资银行信托理财产品上汽金融信贷资产理财计划。

10月21日 东亚中国青岛分行开通新版个人网上银行，成为青岛市第一家推出本地化网上银行的外资银行，同时也是第一家通过中国金融认证中心（CFCA）安全评测的外资银行个人网上银行。

11月21日 东亚中国青岛分行被评为“2008年青岛市银行业文明规范服务示范单位”。

东亚中国青岛分行的首家支行青岛香港中路支行隆重开业。

12月23日 东亚中国青岛分行正式推出人民币信用卡，成为青岛市第一家发行人民币信用卡的外资银行。

（徐文斌）

渣打银行(中国)有限公司青岛分行

【综述】 渣打银行成立于1853年，分别在伦敦及香港交易所上市，并名列富时指数首25家公司之内。该行在全球超过70个国家和地区设有1700多家分支机构，业务集中于亚洲、非洲及中东等新兴市场，并处于领先地位。其中，在中国拥有15家分行（大连代表处筹建分行中），33家支行，1家代表处。渣打银行(中国)有限公司青岛分行(以下简称"渣打青岛分行")于2007年4月2日正式开业。

【经营管理】 2008年，渣打青岛分行秉承致力于成为个人和企业客户的首选银行和合作伙伴的经营理念，保持审慎合规经营的原则，各项业务实现健康快速发展，经营情况呈现业务结构继续优化、存款较快增长、盈利同比大幅提高三个特点。一是利用渣打的国际网络，在巩固传统业务的同时，注重新兴业务品种开发，为当地企业做大做强，发展海外业务提供创新金融解决方案；二是坚持对中小企业加大扶持力度，提供银行多样化产品的配套销售；三是个人银行通过"优先理财"和"创智理财"两个品牌为本地客户提供全面高效且个性化的理财产品，挂钩标的覆盖汇率、利率、股票指数/篮子、商品指数/价格等各类资产。

【金融大事记】 5月 渣打青岛分行向青岛银监局递交了筹备渣打青岛香港中路支行(以下简称"香港中路支行")的申请，6月获准筹备支行。

7月 渣打青岛分行行长高慧陪同总行行长兼首席执行总裁曾璟璇拜会了青岛市委、市政府和青岛银监局的主要领导。

12月 渣打青岛分行获得银监会批准正式成立香港中路支行。

渣打青岛分行行长高慧离职。

（潘晓东 叶 旻）

韩国中小企业银行有限公司青岛分行

【第一负责人简介】 金箕燮，男，1960年生，1986年毕业于韩国全北大学，2006年5月获赫尔辛基大学工商管理硕士学位，1988年加入韩国中小企业青岛分行，在韩国出版了《信托业务》一书并开发了债权市场价值评价方面金融理财产品，获得韩国认证的理财规划师(CERTIFIED FINANCIAL PLANNER)证书；2008年2月，经青岛银监局核准，金箕燮获得担任韩国中小企业银行有限公司青岛分行分行长资格。

【综述】 韩国中小企业银行是在《中小企业银行法》的基础上由政府出资设立的韩国国家银行；它以扶植和培育中小企业为目的，总资产达1110亿美元，世界银行排名第133位，韩国国内银行排名第四位。目前总行已在纽约，伦敦，东京，中国香港等地都设有分行，相继在中国大陆设立了青岛、天津、沈阳、烟台、苏州五家分行。

韩国中小企业银行有限公司青岛分行(以下简称"企业银行青岛分行")成立于2003年7月15日，是青岛第一家韩国独资银行，该行营运资金折合约3亿元人民币，内设：进出口部、汇款部、资金部、存款部、信贷部、总务部、电算部、清算部、合规部。

该行主要针对各类客户的外汇业务以及对除中国境内公民以外客户的人民币业务。其经营范围：吸收公众存款；发放短期、中期和长期贷款；办理票据承兑与贴现；买卖政府债券、金融债券，买卖股票以外的其他外币有价证券；提供信用证服务及担保；办理国内外结算；买卖、代理买卖外汇；代理保险；从事同业拆借；提供保管箱服务；提供资信调查和咨询服务；经银监会批准的其他业务。此外，还可以吸收中国境内公民每笔不少于100万人民币的定期存款。

【经营管理】 2008年，企业银行青岛分行吸取国外先进经验，坚持以扶植和培育中小企业发展为己任。截至年底，该行资产总额达9.22亿元人民币，同比增长1.32%；实现税前利润2004万元，增长6%；存款总额达1亿元，增长86%；普通贷款余额为7.20亿元，增长18%。同时，中间业务发展较快，截至年底，进出口结算量达到5亿美元。

加强信贷支持。该行一是加强对出口主导型中小企业的支持，在资金投入的同时提供各种外汇服务，引导企业合理运用汇率避险工具，提高其应对人民币汇率波动的能力；二是加强对汽车行业、电子信息、新材料等重点产业的支持，帮助企业加强产学研合作，并尽最大努力满足中小企业的发展需求，推动了青岛经济发展。

【金融大事记】 2月22日 经青岛银监局核准，金箕燮获企业银行青岛分行行长的任职资格。

3月10日 经青岛银监局核准，青岛分行李准汉获得副行长的任职资格。

4月26日 企业银行获得银监会的筹建批准，在中国筹建外商独资银行，名称拟定为“企业银行(中国)有限公司”。

5月20日 企业银行青岛分行及总行为四川抗震救灾捐款，折合人民币共150万元。

11月6日 企业银行获得银监会派出机构出具的法人银行筹建现场验收合格意见书。

(韩国中小企业银行有限公司青岛分行)

日本山口银行股份有限公司青岛分行

【第一负责人简介】 小野哲，1958年生，1981年毕业于日本庆应义塾大学经济系，同年4月入山口银行工作，先后在总行营业部、外国部(东京)、大连代表处、国际部、企划调查部、人事部和经营管理部任职；2004年10月任绫罗木分行行长；2005年12月任山口银行青岛分行行长。

【综述】 日本山口银行股份有限公司(以下简称“山口银行”)位于日本山口县下关市，是一家经营稳妥的地方银行。除了在青岛、大连和韩国的釜山设有分行外，在香港还设有代表处。

山口银行青岛代表处设立于1985年11月，于1992年升格为山口银行青岛分行，主要客户为山东省内的日资企业和部分韩资企业。

【业务情况】 2008年，山口银行青岛分行充分发挥自身优势，依托总行及其营业网络，大力开发日资企业。一是以优质服务争取新客户，从客户企业计划来华投资的阶段开始，便为其提供有关帮助和咨询服务；二是加强和充实对老客户的服务，争取在现有基础上，进一步扩大业务规模；三是将业务拓展延伸到青岛以外的地区，在进一步拓展商机的同时，实现银企共赢。与前年相比，当年存款增加约10%，贷款增加约17%，不良贷款率继续保持为零。

【金融大事记】 3月17日 中村直嗣接替兼重清史担任山口银行青岛分行副行长。

8月9日 山口银行总行行长福田浩一应青岛市市长夏耕的邀请，参加第29届奥林匹克运动会帆船比赛启动仪式。

12月22日 银监会批准山口银行总行向青岛分行增拨营运资金2亿元人民币等值的自由兑换货币。

(山口银行青岛分行)

新韩银行(中国)有限公司青岛分行

【第一负责人简介】 成国济，1960年10月生，韩国东国大学国际贸易系毕业。1985年8月进入新韩银行有限公司明洞分行；1989年11月起历任总行外换业务部代理、香港代表处代理、香港代表处科长、新村分行次长、汝矣岛大企业金融分行任营业主管、元堂分行分行长、资金结济室室长、富平中央企业金融分行行长。现任新韩银行青岛分行行长。

【综述】 新韩银行(中国)有限公司青岛分行(以下简称“新韩银行青岛分行”)于2005年10月开业，原名为“韩国新韩银行股份有限公司青岛分行”坐落于东海西路，该行自开业来各项业务与资产规模均稳健发展，员工总数达36名，含支行14名员工；截至年末，资产总额为15.19亿元，各项存款2.55亿元，贷款总额达14亿元，纯损益达3274万元。

新韩银行青岛分行自开业来随着业务增长更加致力于加强内部控制制度、合规经营及人员队伍建设，2008年7月该行正式经营人民币业务，范围扩大至内资企业；该行积极开拓内资企业市场，主要为以下范围内经营对各类客户的外汇业务，以及对除中国境内公民以外客户的人民币业务：吸收公众存款；发放短期、中期和长期贷款；办理票据承兑与贴现；买卖政府债券、金融债券、买卖股票以外的其他外币有价证券；提供信用证服务及担保；办理国内外结算；买卖、代理买卖外汇；从事同业拆借；提供保管箱业务；提供资信调查和咨询服务；经中国银行业监督管理委员会批准的其他业务。

【经营管理】 2008年，新韩银行青岛分行业务范围不断扩大，并有条不紊地开展，资产规模稳步增长，不良率为零。该行一是在多方面业务中经营各类客户的外汇业务以及对除中国境内公民以外客户的人民币业务，以及经银监会批准的其他业务；二是加强内部控制制度和合规经营，扩大原有外币业务营业规模和发展国际结算业务；三是准备以人民币零售业务及开发中资企业客户为主，采用多种广告宣传手段，提升品牌价值。

【金融大事记】　4月3日　新韩银行青岛分行获青岛银监局批复筹建青岛城阳支行。

5月12日　新韩银行法人机构正式开业，与此同时原有“韩国新韩银行股份有限公司青岛分行”更名为“新韩银行（中国）有限公司青岛分行”。

7月22日　新韩银行青岛分行获银监会关于经营人民币业务的批复，并于2008年7月25日开展人民币业务。

9月1日　新韩银行青岛城阳支行正式开业。

（王　瑜）

新加坡华侨银行有限公司青岛代表处

【第一负责人简介】　傅皎雪，女，1973年4月29日生，毕业于中国海洋大学外国语学院，本科学历，1994年9月至11月就职于青岛大宇石材有限公司；1994年11月就职于东亚银行有限公司青岛代表处；2006年9月至今，任新加坡华侨银行有限公司青岛代表处首席代表。

【综述】　华侨银行创办于1912年，前身是华商、和丰及华侨银行三大银行，于1932年正式合并，现拥有资产1840亿新元，在全球15个国家及地区拥有480间分行及代表处，其中包括附属的印尼OCBC NISP银行。1925年该行在厦门设立第一家分行，并一直保持在中国的持续经营，1927年，上海分行成立，并在成都建立了第一家外国银行，华侨银行提供了专业金融服务来满足顾客需求，其中包括个人、公司业务，投资、私人、交易银行业务，全球资金、股票经纪业务以及资产管理。其附属公司大东方控股，是新加坡和马来西亚最大的保险集团，拥有450亿新币的资产及超过300万的投保人。

华侨银行（中国）有限公司（以下简称“华侨银行中国”）成立于2007年8月1日，是新加坡华侨银行全资拥有的外商独资银行，华侨银行中国总部设在上海，包括了华侨银行原在中国的所有分行，分支机构包括上海总部，北京、成都、厦门、天津、广州和北京分行以及青岛代表处。

新加坡华侨银行有限公司青岛代表处（以下简称“华银青岛代表处”）于1997年6月正式成立，是山东省内唯一的新加坡金融机构。

【经营管理】　华银青岛代表处自成立以来，主要从事与总行相关的业务洽谈以及咨询服务的联络工作，从而促进了山东省内外资的引进。

（傅皎雪　宗天慧）

第七部分

金融机构运行报告
——非银行金融业

一、信托公司

山东省国际信托有限公司

【第一负责人简介】 孟凡利，男，1965年8月生，经济学博士。1997年12月至2000年6月，历任山东经济学院财务会计系副主任、主任。2000年6月，任财政厅副厅长、党组成员，先后分管财政法规、税政管理、企业以及经济建设、政府债务及金融管理、会计及注册会计师、统计评价、投资评审、财政监督等方面的工作。2005年7月，任山东省鲁信投资控股集团有限公司副董事长、党委副书记、总经理。2007年7月，兼任山东省国际信托有限公司董事长。

【综述】 山东省国际信托有限公司（以下简称“山东国托”)成立于1988年2月，是经人行总行和山东省人民政府批准设立的非银行金融机构，为国有独资公司。2002年8月，完成增资改制，变更为有限责任公司，注册资本由11亿元增至12.8亿元(其中美元1500万元)。2007年8月，经银监会批准改为现名，股东包括山东省鲁信投资控股集团有限公司、山东省高新技术投资有限公司、山东黄金集团有限公司、济南市能源投资有限责任公司、潍坊市投资公司5家单位。

2008年，山东国托实现营业收入3.30亿元，投资收益1.20亿元，合并利润2.54亿元，净利润2.07亿元(未经审计)。截至年末，公司合并固有资产18.22亿元，负债1.33亿元，归属于母公司所有者权益15.42亿元。

【信托业务】 自成立以来，山东国托先后发行了山东省第一个集合资金信托计划，推出了中国第一个外汇资金信托计划，发行了国内第1只结构保障型证券投资资金信托计划，在国内率先设计出了以股权收益权为载体的信托产品，涵盖了产业、货币和资本等市场领域。

2008年，山东国托积极实践“受人之托，代人理财”的理念，大力开拓房地产、产业投资、证券投资、融资租赁、股权投资等信托业务，为委托人提供了优质高效的专家理财服务和丰富的投资渠道。全年共开展集合和单一信托业务392笔，累计募集资金294亿元，支持了一批社会影响大、盈利能力强的重点工程项目，树立了良好的市场形象。

一、基金投资信托业务。山东国托一是受山东省发展投资公司委托管理资产9.2亿元；二是受省政府委托管理省基建基金132.5亿元，全年实现增值4.03亿元，支持全省重点工程项目1000多个，涉及能源、交通、电子、通讯、原材料、轻纺、化工等领域，吸引了大量的国家和地方政府的资金投入，为山东省经济建设做出了重要贡献。

二、产业投资信托业务。山东国托充分利用在募集资金投资非上市企业灵活便利的制度优势，推出多支具有成长潜力的产业投资信托产品，通过专业技能加强资本运营，帮助企业提升内在价值，为投资者实现高额回报，得到了专业人士及社会投资者的好评。

三、证券投资信托业务。山东国托积极开展新股申购、结构保障型和ETF套利证券投资信托等低风险收益型的证券投资信托业务，全年累计成立或存续证券投资信托计划12支。

四、基础设施投资信托业务。山东国托与地方政府密切合作，积极开展以地方财政信用为依托的基础设施投资信托，参与各地能源、交通、污水处理等大型项目，发挥信托平台职能，引导民间资本支持基础设施建设。

五、不良资产处置业务。山东国托一是大力开拓不良资产受托管理业务，受托管理项目100多个，建立了较成熟的资产处置业务模式；二是采用调查、保全、诉讼、执行、和解、重组等手段，最大限度地挖掘项目价值，资产变现率达20%以上，有力地维护了委托人利益。

六、投资银行业务。山东国托一是采取项目融资、并购策划和受托持股等方式，大力开展企业职工持股改制业务；二是积极开展融资租赁、企业债券承销业务；三是开展资产证券化业务，实现各类企业的结构性融资，盘活企业存量资产，改善资产结构；四是充分利用金融产品市场，为企业提供较高收益的资金管理服务。

【自营业务】 2008年，山东国托积极开展证券投资基金业务，控股泰信基金管理公司、参股富国基金管理公司。截至年末，泰信基金公司管理的基金规模为188.62亿份，净值126.06亿元。

山东国托自有资金投资项目山东中华发电有限公司是采用合作方式组建的中外合作经营企业，总投资168.31亿元，总装机容量300万千瓦。该项目自投产运营以来，经营效益良好。根据银监会关于信托公司固有项下实业投资项目清理的要求，该项目将于2010年3月1日前退出。

【内部管理】 2008年，山东国托加强内部管理，主要做了以下工作：一是推进激励约束机制改革，根据“以岗定薪、绩效挂钩、按劳取酬”等原则设计推出了新的薪酬分配办法，实施了业务风险问责办法；二是调整部门设置，在全体员工中实施了竞争上岗和双向选择；三是根据业务发展需要，不断完善规章制度体系；四是进一步健全风险防范机制，严格按照业务操作规程办理业务，加强法律和财务工作人员在业务考察决策过程中的参与程度；五是积极推进网站建设，通过网站展示优质投资项目、理财产品、优秀信托经理；六是编辑《信托信息参考》，与监管机构、主管部门建立了顺畅的联系方式。

【公司大事记】 3月11日 山东银监局副局长刘悦琴一行到山东国托召开年度审慎监管会议。

4月17日 山东国托在济南召开董事会、监事会、年度股东会会议，聘请黄可华、郝书臣、苗复春为公司独立董事。

4月 用益信托工作室对山东国托推出的鲁信恒富2号产业投资集合资金信托计划给予高度评价，其他专业信托网站和理财网站相继转载。

5月15日 山东国托开展工资“一日捐”活动，汇集捐款1.91万元，通过山东省民政厅、山东省慈善总会捐给汶川地震灾区。

5月22日 山东国托交纳“特殊党费”，共募集捐款21.43万元，通过省国资委捐给地震灾区。

5月24日 由山东国托代表山东省投资建设的中国石化青岛炼油化工有限责任公司1000万吨炼油项目建成投产。

7月29日 由山东国托代表山东省投资建设的山东海阳核电一期工程正式启动。

8月15日 山东国托发行的天业股份股权收益权投资集合资金信托计划成立。

9月13日 山东国托发行的“法宝”一号集合资金信托计划成立，信托资金用于投资法国巴黎银行（中国）有限公司北京分行的结构性产品。

9月 山东国托与聊城市签署全面战略合作协议。

12月21日 由山东国托代表山东省投资建设的胶济铁路客运专线工程淄博济南东客货分线顺利开通。

12月26日 山东信托·长金2号证券投资集合资金信托计划成立。

（门家春）

英大国际信托有限责任公司

【第一负责人简介】 康建瓴，男，汉族，1959年10月生，中共党员，毕业于长沙电力学院会计学专业，本科。历任中电联财务部科员、主任科员，电力工业部财会处主任科员、副处长，国家电力公司财务部经营处副处长、综合处处长，安徽省电力公司总会计师，国家电网公司监察局副局长、社保中心主任，英大信托监事长、党组书记，2008年7月至今，任英大信托公司董事长。

【综述】 英大国际信托有限责任公司（以下简称“英大信托”）的前身为济南国际信托投资公司，成立于1987年5月。1997年11月由山东电力集团实施重组，名称变更为“济南英大国际信托投资公司”。1998年5月，公司注册资本从8860万元增加到3.6亿元。2001年12月31日，经中国人民银行批复，获得《中华人民共和国信托机构法人许可证》，在信托业清理整顿过程中成为全国第6家成功获得重新登记的信托投资公司，注册资本扩充到5亿元，名称变更为“英大国际信托投资有限责任公司”。2003年11月26日，经山东银监局核准，获得《中华人民共和国金融许可证》。2006年6月，该公司再次实施增资扩股，注册资本扩充到15亿元。2007年9月，经中国银监会正式批复，成功换领新的金融许可证，改为现名。

目前，英大信托共有国家电网公司、山东鑫源控股有限公司、中国电力财务有限公司、济南市能源投资有限责任公司、华东电网有限公司、上海市电力公司、山东鲁能集团有限公司、济南钢铁集团总公司等13家股东单位。

2008年，该公司以受益人利益最大化为核心，加大市场开拓，推进业务转型，完善法人治理结构，强化风险防控体系，成功取得了资产证券化创新业务资格和上海交易所大宗交易系统合格投资者资格。同时，该公司积极承担社会责任，全年上缴税金2亿元，在金融时报社和中国社会科学院联合主办的年度最佳金融机构评选活动中，获得“年度最佳信托公司”称号。截至年底，公司资产总规模为1057.35亿元，位居全国信托行业前列。

【信托业务】 2008年，英大信托强化服务和业务拓展力度，信托资产规模成功突破1000亿元，继续保持快速增长趋势。

一、积极开拓社会市场，推进与大型银行的全面战略合作。一是开展能源、基础设施建设项目业务合作，资金规模达64.91亿元；二是共同推出电网建设信托理财产品，发售额达20亿元。

二、深入推进业务转型，积极研发创新产品。一是推进地产股权信托项目，额度达10.5亿元，实现产品创新、产业集团融资和社会投资者理财的多赢效果；二是通过银信合作，完成业务规模近30亿元；三是完成了第1笔银行票据资产信托受让业务，为公司开展票据融资业务奠定了基础。

【固有业务】 2008年，英大信托固有业务实现收入13000万元，资产收益率7.99%。重点支持节能环保、基础建设项目，业务操作严格执行贷款三查等制度，加强贷后监管，确保贷款本息按期收回。在已控股、参股山东英大投资顾问、英大证券和英大保险经纪公司之后，积极参股鲁能金穗期货公司，进一步丰富了金融股权投资。

【内部管理】 2008年，英大信托全面推进精细化管理和标准化建设，继续加强内控管理工作。

一、加大建章立制工作力度。一是建立了财务管理体系，加强成本控制，防范化解财务风险；二是加强新颁布法律法规的培训，增强全员法律意识；三是完善了信息监控体系，规范业务管理流程，有效控制业务风险因素。

二、加快推进信息化建设工作。进一步完善了公司信息化基础环境，重建了公司网站和企业邮箱，加强网络与信息系统安全建设，实现了双网隔离和移动存储介质管理。

三、加强队伍建设。一是推进绩效考核和分配制度改革，有效调动了员工的工作积极性；二是深入贯彻《劳动合同法》及其实施条例，规范用工模式，促进人才优化配置；三是组织开展了全员培训工作。

【公司大事记】 1月 英大信托组织召开第一次临时股东会、七届六次董事会和七届四次监事会，选举了新任董事长、监事长。

2月 英大信托组织召开第二次临时股东会，增选独立董事一名。

4月 经中国银监会银监复〔2008〕139号文正式批复，英大信托取得特定目的的信托受托机构资格。

英大信托组织召开股东会年会暨七届七次董事会会议。

英大信托公司网站和企业邮箱正式投入运行。

英大信托组织召开新任高级管理人员座谈会，履行到任手续。经中国银监会银监复〔2008〕281号和山东银监鲁准〔2008〕260号、261号、266号文件批复，核准公司高级管理人员任职资格。

7月 英大信托召开公司年中工作会议。

8月 英大信托召开公司七届八次董事会，修订各委员会实施细则。

10月 经上海证券交易所批准，授予英大信托上海交易所大宗交易系统合格投资者资格。

12月 在金融时报社和中国社会科学院联合主办的评选活动中，英大信托获得“2008年度最佳信托公司”称号。

（高会青 王恒磊）

二、办事处

中国华融资产管理公司济南办事处

【第一负责人简介】 魏学坤，男，1962年12月出生，汉族，四川简阳人，大学文化程度，1987年7月入党，副研究员。1983年7月起在人行贵州省分行计划处工作；1985年2月起在工行贵州省分行工作，历任办公室秘书、副主任、主任、体改办主任；1997年3月起任工行贵州省遵义分行行长、党委书记；2000年4月起任华融公司贵阳办事处副总经理、党委委员；2001年9月起任华融公司投资银行部副总经理；2002年4月起任华融公司研究发展部、业务发展部总经理；2006年9月起任华融公司济南办事处总经理、党委书记。

【综述】 中国华融资产管理公司济南办事处（以下简称“华融公司济南办”）是华融公司在山东的分支机构，于2000年4月24日正式挂牌成立。

2008年，华融公司济南办进一步明确发展思路和工作重点，以防范风险为前提，做好政策性债权资产处置扫尾工作，加大商业化转型，取得了明显成效。

【不良资产的接收情况】 截至2008年末，华融公司济南办累计收购工行剥离的不良资产7564户，账面金额328.72亿元。其中，呆滞、可疑类1726户，账面债权140.23亿元，占42.66%；债转股类19户，账面金额32.03亿元，占9.74%；呆账类915户，账面金额33.78亿元，占10.28%；以物抵贷类7户，账面金额0.59亿元，占0.18%；损失类信贷资产3231户，账面金额102.14亿元，占31.07%；非信贷风险资产1666笔、账面金额19.94亿元，占6.07%。

【不良资产的管理和处置】 2008年，华融公司济南办共处置各类资产账面价值21.9亿元，其中，剩余政策性资产累计处置1.61亿元；工行损失类项目处置11.84亿元；各类委托类资产处置8.49亿元。累计回收现金3313万元，其中，政策性债权资产收现724万元；政策性股权分红441万元；1232项目收现315万元；融德公司项目收现742万元；损失类资产收现1091万元。

主要措施：一是确定了全年各类债权处置具体工作目标，并层层分解落实到部门，总经理与分管副总经理、部门高级经理签订了全年的《目标责任书》，明确工作目标及考核奖励措施；二是加强资产处置的计划管理和市场营销，加大对项目的调度协调；三是加快推进工行自办公司清算工作；四是对所有债权资产的管理和处置的各个环节进行了检查，保证了扫尾验收工作目标的实现。

【股权管理情况】 2008年，华融公司济南办对12户企业持有股权，为做好持股企业的管理工作，主要采取了四项措施：一是继续加强股权基础管理工作，组织人员深入转股企业走访调查，了解其生产经营情况，补充完善了股权企业档案；二是落实股权资产的分类管理，按照经营开发、管理维权、营销退出三类实行差别化管理；三是积极参加企业股东会、董事会和监事会；四是督促有条件的股权企业及时分红，切实维护股东权益。

【商业化转型】 2008年，华融公司济南办在原有资产运营、租赁业务、担保业务、委托代理和投资银行五个市场部门的基础上，增设了青岛业务部和融德项目组，对市场部门费用部分实行相对独立的核算管理，促进了商业化业务开拓，全年实现收入1565万元。

主要措施：一是开拓商业化收购、处置金融机构不良资产及委托代理业务，全年完成委托代理项目8个；二是积极拓展代理华融金融租赁股份有限公司（以下简称“华融租赁公司”）项目，全年通过华融租赁公司立项审查16个，涉及金额67110万元，已经投放资金的项目12个，金额37710万元，累计投放项目18个，金额59810万元，到期租金12796.98万元已全部足额回收；三是完成了代理华融国际信托有限责任公司受理交行济南分行10亿元信贷资金信托业务；四是与山东天元担保公司合作项目稳步推进，山东天元担保公司注册资本增加到1亿元，实收资本达到7000万元。

【内部管理和队伍建设】 2008年，华融公司济南办一是修改完善了《合规管理实施细则》，各部门按季进行合规管理工作执行情况的自查和自我评价，分析工作中的薄弱环节，提出具体改进措施；二是做好商业化业务防范风险关口前移工作，对19个商业化项目进行了风险审查；三是做好商业化项目、资产处置项目的回访工作，及时发现问题，消除风险隐患；四是定期开展员工行为动态分析工作，进一步完善教育、制度和监督机制，防范各类案件的发生；五是加强员工的思想政治工作和学习培训，适应商业化转型的需要。

【金融大事记】 3月10日 公司梁志军副总裁到办事处检查指导工作。

8月11日 公司隋运生副总裁到办事处检查指导工作。

10月29日 公司丁仲篪总裁、章琳总裁助理带领调研组及巡视组到办事处开展调查研究并进行巡视工作。

10月30日 公司丁仲篪总裁拜会山东银监局周忠明局长，刘悦琴副局长。

（王志新 王建华）

中国长城资产管理公司济南办事处

【第一负责人简介】 胡建忠，男，中共党员，经济学硕士，金融学博士，高级会计师，中央财经大学硕士研究生导师，中国农业银行长春、天津、武汉管理干部学院兼职教授，中国金融不良资产处理问题专家，著述颇丰，主要有《国有商业银行理财方略》、《证券业务导论》等。现任中国长城资产管理公司济南办事处党委书记、总经理。

【综述】 中国长城资产管理公司是经国务院批准成立、具有独立法人资格的国有独资金融企业，注册资本金100亿元人民币，由财政部全额拨入。中国长城资产管理公司济南办事处(以下简称“长城公司济南办”)是长城公司在山东省派驻的分支机构，2000年3月3日正式挂牌成立，负责收购、管理和处置银行系统剥离的不良资产。

2008年，该办坚持以不良资产处置的商业化运作为核心，科学制定发展规划，加大资产经营和管理力度，加强基础管理和内部控制，深化机制改革，最大限度克服了金融危机带来的影响，各项工作稳步推进，全年实现净现金回收8.39亿元。

【不良资产的经营】 2008年，为提升不良资产处置价值，长城公司济南办提出了兼并式重组、自救式重组、债权置换、物权置换、股权置换、结构交易、信托计划、组建项目公司等经营思路，筛选出13个经营类项目，并列入了经营规划，涉及本金28.32亿元。

截至年底，已实施的经营项目正稳步推进：一是加强与各部门的联系与协调，顺利完成了齐鲁宾馆的破产和解，整体取得齐鲁宾馆资产及饭店抵押权，成立了长城齐鲁酒店投资管理有限公司，并与山东省商业集团签订《关于齐鲁饭店、齐鲁宾馆之合作协议书》，项目运作取得突破性进展；二是该办平台公司青岛联城置业有限公司项目开发的洛阳路7.9万平方米联城花园项目、海岸路47.4万平方米联城海岸项目稳步实施；三是山东长城海的贝瓷有限责任公司项目完成了股权置换和公司组建，并正式启动了生产经营；四是济南槐荫化工总厂项目继续与外方沟通，多纳勒烟台电子有限公司项目重新申请法院启动执行程序，济南一机床项目正在与其他几家公司共同招商。

【不良资产的处置】 2008年，长城公司济南办进一步实施不良资产处置精细化运作，项目运作质量明显提高。

一、做好项目的深度市场营销。一是要求每个项目至少向3家以上的客户进行推介，亿元以上项目必须向不少于30个潜在客户营销；二是统一了营销格式，规范了广告用语，并在《大众日报》固定版面360日不间断营销，实现了所有未处置项目全部在线营销；三是与天津产权交易中心建立起战略合作关系，拓宽了营销渠道；四是成功举办了成立以来最大规模的金融不良资产推介会。通过广泛开展营销活动，该办掌握的客户数量已经由2007年底的500个增加到700个。

二、瑕疵资产处置开始启动。一是为从整体上解决工行剥离资产的瑕疵问题，先后多次致函省工行，协商解决问题的方法和路径；二是通过阅读档案、实地调查等方式，掌握瑕疵资产的证据，并直接与工行各地分行接洽，引起广泛关注。如潍坊项目部在尽职调查基础上，对工行剥离前终结执行程序的116个项目进行了调查研究，掌握了这些项目的不合规、不合法的事实材料，并有选择地启动了两结项目的处置程序。

三、继续通过诉讼程序追偿债权。一是在6月6日举办的资产(代理)推介会上推出30个项目，吸引了来自北京、山东各地的近百名律师提出代理诉讼意向；二是积极参与总部组织的业务合作座谈会，筛选两结及瑕疵项目500个，刻制光盘100张，向40余家北京律师事务所推介，有近10家事务所提出项目合作意向。

四、实施精细化运作，进一步提升项目价值。该办坚持以竞价处置作为主要方式，全年共实施竞价项目26个，处置回收现金4.34亿元，占全部现金回收的48%。项目精细化运作提高了中行资本金包的处置效益，如大宇汽车零部件有限公司等5户企业打包项目，涉及债权总额为7.41亿元，通过竞价处置方式，回收现金3.55亿元，高出底价0.26亿元，其中大宇汽车零部件有限公司项目贷款本金及利息全部收回。

【内部管理和队伍建设】 2008年，长城公司济南办切实加强内部管理和队伍建设，经营管理能力进一步提高。

一、强化审计监督，建立以落实经营目标责任制为核心的激励机制。一是重点加强常规审计及资产处置的后评价工作，启动了自评程序，对发现的问题及时向相关部门发出整改通知书并责令其整改；二是落实处置责任制，签订目标责任状，对重点项目实行事业部制管理办法，并成立了齐鲁饭店、新立克、山东丝绸、大宇汽车等重点项目部；三是对难点项目公开招聘优秀项目经理，并在重点大项目管理处置方面进行了探索和创新。

二、加强项目评估及法律事务管理。一是在重点项目实行异地内评的同时，全面开展本地内评，对现有备选库中的评估机构进行考核，并建立新的评估中介机构备选库；二是调整法律顾问机构及坐班律师，形成诉讼、执行案件管理台账，基本实现对案件的动态管理。

三、进一步加强财务管理。一是修订了费用管理实施细则，适当调整费用审批权限和程序，强化费用"一支笔"管理，有效地减少了跑冒滴漏；二是对费用开支坚持严把付费标准、结算方式、付款凭证三道管理关口，严格审查审批程序，对需按规定由财审会研究的事项及时召开资金财务审查委员会。

四、加强档案和办公网络管理。一是完成了全部未处置商业化收购档案主要内容的制作；二是全面实施ISO9001质量管理体系；三是加强了经营管理系统4期(2)和OA办公系统的培训、测试、管理、运行等工作；四是成功实现文件流转、项目操作的网络化、自动化和无纸化。

五、加强人力资源和薪酬管理。一是推进劳动用工制度改革，实行了全员合同制；二是实现员工信息电子化系统管理，完成新旧职位体系转换；三是进行员工薪酬套改，执行了新的薪酬管理制度。

六、加强党风廉政建设。一是充实调整了纪委班子，配备21名部门纪检监察员；二是组织签订"党风廉政建设和风险防范目标责任书"，明确各职能部门的责任目标；三是完善资产管理处置中的风险防控措施；四是加强反腐倡廉宣传教育和检查监督，强化了案件查防力度。

【金融大事记】 1月4日上午 长城公司济南办与工行山东省分行举行联席会议，研究工行资产包中瑕疵资产处置问题，重点就齐鲁饭店破产和解中涉及工行资产的处置问题达成初步意向。

1月10日～11日 长城公司总裁赵东平、副总裁张晓松在济南会见王仁元副省长，就齐鲁宾馆重组有关政策支持进行协商。

1月18日 长城公司济南办平台公司青岛联城置业有限公司与青岛市南投资公司签订《合作开发协议书》，共同出资成立青岛联城海岸置业有限公司开发海岸路2号项目。

3月17日～18日 长城公司济南办在东方大厦召开2008年度工作会议，总结了上年工作，对全年工作进行部署。

3月19日～20日 长城公司济南办总经理胡建忠陪同总公司张晓松副总裁到淄博进行调查研究。

4月18日 长城公司济南办递交的齐鲁宾馆破产和解协议(草案)成功获得齐鲁宾馆第三次债权人会议通过。

5月12日 济南市中级人民法院作出(2007)济民破字第2-3号民事裁定书，确认齐鲁宾馆债权人会议表决通过的《和解协议》有效。

6月6日 长城公司济南办与天津产权交易中心正式签订《业务合作协议》，双方建立起战略合作关系。

长城公司济南办在南郊宾馆举办成立以来最大规模的金融不良资产推介会，来自130家单位的近300位嘉宾参加会议，推出涉及十几个行业、产业的金融资产包或者单个项目99个，涉及债权总额90亿元。

6月16日 长城公司济南办项目公司长城齐鲁酒店投资管理有限公司取得企业法人营业执照。

11月11日 长城公司济南办与山东商业集团总公司在济南市索菲特大酒店成功举行齐鲁宾馆项目合作签约仪式。

(李西方 王 颢)

中国信达资产管理公司济南办事处

【综述】 2008年，中国信达资产管理公司济南办事处(以下简称"信达公司济南办")坚守诚信为本理念，通过专业化的不良资产处置、国际水准的资产管理和稳健的多功能金融服务，努力铸造世界知名的金融服务品牌。

【不良资产收购】 2008年，信达公司济南办新增商业化收购和受托资产73.58亿元，其中商业化收购3单资产23.05亿元，新增商业化委托1单资产50.53亿元；当年净增加商业化资产43.51亿元。

【不良资产处置】 2008年，信达公司济南办处置各类购入资产29.51亿元，全口径回收现金5.33亿元，实现拨备前商业化营业利润0.79亿元；全年三项费用支出2553.36万元，控制在总部核定的预算之内。

【债转股股权管理】 2008年，信达公司济南办一是对所有辖下债转股企业进行走访调研，发现并梳理相关问题；二是对不能按时召开"三会"的3户企业，正式发函督促开会；三是向青岛双桃精细化工公司派出财务审计机构；四是实现了对山东东岳能源、肥城矿业集团有限责任公司的专项审计；五是初步完成了山东鲁泰煤业公司的清产核资工作。

【员工队伍建设】 2008年，信达公司济南办强化经营和道德风险教育，培养员工敬业爱岗精神。一是注重员工的成长和进步，领导干部多与员工沟通，及时了解员工的思想动态和要求，解决员工工作和生活中的实际问题；二是多渠道加强员工业务培训，树立以人为本的经营理念，规划员工的职业生涯，鼓励员工考取各类职业资格和素质能力培训，以适应商业化转型的需要。

【金融大事记】 1月4日 信达公司济南办成立新一届党委班子：张长意任党委副书记，主持全面工作。

1月9日～25日 信达公司济南办全面完成“蚁力神”山东公司清理接收工作，累计动用人员39人次、车辆13辆，行程8500公里，历时16天。

2月3日 信达公司下发信党函〔2008〕1号和信总函〔2008〕32号，免去朱金叶信达公司济南办党委书记和主任职务，另行安排工作。

3月2日～3日 信达公司济南办召开年度工作会议。

3月5日 经信达公司济南办党委研究，发文授予重点项目处、审核委办公室、政策资产处和办公室等4个部门“先进集体”荣誉称号；授予常峥、宋方明、胡蔚萱、周涛、张立波、姜传彬、周宇承、王传伟、王伟清等9人“先进个人”荣誉称号。

3月13日 山东银监局在信达公司济南办召开审慎经营监管工作会议。

3月20日 信达公司党委委员、副总裁侯建杭到信达公司济南办调研、检查指导工作。

4月8日 信达公司党委任命张长意为信达公司济南办党委书记、主任，王泽为主任助理。

4月14日 信达公司济南办在光大银行不良资产收购招标中胜出，涉及光大银行山东地区不良资产包债权12.9亿元。这是公司2006年底开始商业化转型后，实现的第一单商业化收购业务，取得商业化市场收购业务零的突破。

4月22日～25日 信达公司济南办二届一次职工大会在绍兴举行，选举新一届工会委员会。

4月23日～25日 信达公司党委委员、副总裁庄恩岳到信达公司济南办调研。

4月25日 信达公司济南办宫红兵获得中国金融工会全国委员会“全国金融系统优秀工会积极分子”称号。

6月4日 信达公司董事长陈玉华到信达公司济南办调研。

6月20日 经信达公司工会研究决定，同意王泽任信达公司济南办工会副主任，李月瑾不再担任该办工会主任职务。

7月8日 建行山东省分行彭洪明行长到信达公司济南办拜访，双方就全面业务合作达成共识。

7月10日 山东银监局在信达公司济南办召开2008年上半年审慎经营监管工作座谈会。

7月11日 信达公司济南办召开中介机构座谈会，当地的法律、拍卖、评估等36家中介机构参加了会议，就建立阳光清新的合作关系进行了广泛的交流。

7月29日～8月2日 由总部主办，信达公司济南办协办的公司市场化业务工作会在烟台举行。

8月4日～8日 在总部选聘专家的指导下，信达公司济南办内审小组对2007年7月1日至2008年7月1日期间形成的工作记录和经办事项进行了全面检查。

9月3日～12日 信达公司审计部谢玉清带队对信达公司济南办2003年至2008年总部批复项目执行情况进行专项审计。

11月14日 信达公司与上海浦发银行签订资产转让协议，信达公司济南办成功收购上海浦发银行涉及山东地区不良资产3.2亿元。

11月25日～26日 幸福人寿副董事长詹肇岚、人力资源部总经理李清一行到信达公司济南办进行调研。

12月16日 信达公司副总裁许志超带领总部学习实践科学发展观指导检查组到信达济南办检查指导相关工作。

（周 涛）

中国东方资产管理公司青岛办事处

【第一负责人简介】 吴少杰，男，山东莱西人，1960年10月生，1977年11月参加工作，1981年7月入党，大学学历。1977年11月起先后任山东省即墨县汽车配件厂主管会计、即墨县地方工业供销公司会计、乡镇企业局干部、中国银行山东省分行即墨支行副行长、行长等职；1997年10月起任中国银行青岛市分行副行长、党委委员；1999年5月起任中国银行山东省分行公司业务处处长；2000年5月起任中国东方资产管理公司青岛办事处助理总经理、党委委员；2005起先后任中国东方资产管理公司西安办事处副总经理、党委副书记（主持工作）、副总经理（主持工作）和总经理、党委书记等职；2008年11月至今任中国东资公司青岛办事处总经理、党委书记。

【综述】 2008年，中国东方资产管理公司青岛办事处（以下简称“东资公司青岛办”）按照总公司的工作部署，加大力度推进建行可疑类不良资产处置，切合实改进管理和完善内控体系，提高经营管理水平，较好地完成各项工作任务。

【不良资产的接收】 截至年末，东资公司青岛办累计接收省中行剥离的政策性不良资产企业 1174 户，金额 265.39 亿元，其中，债权企业 1155 户，金额 207.60 亿元，分别占总户数和总金额的 98.38%和 78.22%；政策性债转股企业 19 户，金额 57.79 亿元，分别占总户数和总金额的 1.62%和 21.78%；该办于 2004 年接收财政部委托处置的省中行损失类贷款本金 159.12 亿元，通过市场化运作收购了建行山东省分行可疑类贷款本金 73.85 亿元；2006 年 12 月 31 日和 2007 年 6 月 27 日，购买省中行的两个结构性交易资产包分别为 4.1 亿元和 11.34 亿元；2008 年成功收购光大银行资产包 3 亿元、中行山西 5.74 亿元和青岛中行 4.05 亿元。

【不良资产处置和回收】 2008 年，东资公司青岛办根据资产资源合理配置人力，一抓建行可疑类资产收现不放松，二抓商业化新业务不动摇；据统计，该办全年累计回收资金 66416.5 万元，其中建行可疑类收现 23223 万元，中行结构性交易项目收现 12960 万元；光大资产包项目收现 651.5 万元，中行山西包收现 16914 万元，青岛 08 中行包收现 10166 万元；政策类收现 762 万元，中行损失类收现 399 万元，资本金项目回收资金 91 万元，中间业务收入 1250 万元。

其主要做法：一是完善资产处置承包责任制和考核激励机制，提高全员劳动积极性；二是加强增值运作，提高资产处置的技术含量，提升资产价值；三是强化现金净回收观念，项目处置由“最大免责”向“最大尽责”转变；四是按照新的思路，全面推进中行损失类资产处置工作，全年回收现金 18845 万元。

【不良资产的管理】 2008 年，东资公司青岛办认真做好不良资产的管理工作。一是及时做好调查工作并及时入档，确保档案管理的完整性；二是加强与政府、媒体的交流沟通，有效推动部分限制转让项目的处置；三是做好项目管理，及时公告催收，确保时效延续；四是积极配合总公司完成 ISO9001 复核认证工作；五是学习推进资产处置网上审查工作，拟从 2009 年开始正式运行网上审核系统。全年，东资公司青岛办采取报纸公告方式对 672 户损失类项目、82 户光大包项目进行有效催收。

【债转股进展情况】 截至年末，东资公司青岛办接收的政策性债转股企业中，已明确不再进行债转股的 9 家，金额 30.11 亿元，重新按债权项目要求进行管理、处置，完成债转股注册登记的 11 家，金额 17.45 亿元。其中，由该办牵头的完成注册登记 7 家，金额 15.24 亿元；非牵头的完成注册登记 4 家，金额 2.21 亿元。在完成注册登记的 11 家企业中，莱钢集团、浪潮集团 2 家企业的股权退出工作已于 2004 年完成，退出股权 2.06 亿元，回收现金 1.09 亿元，回收率 52.91%。此外，该办成立以来共接收资本金项目 6 个，东方信托项目 4 个，零价格项目 10 个，港澳信托项目 4 个，合计 24 个项目，截至年底，已全部处置完毕。

【思想政治工作】 2008 年，东资公司青岛办围绕商业化转型和建行可疑类资产处置为中心，加强思想政治工作。一是明确工作的主要方向和重点，逐步建立各种机建，保持了转型发展良好势头；二是通过多种形式教育引导员工思想工作，其精神面貌发生了可喜的变化；三是学习和建立健全惩治和预防腐败体系 2008-2012 年工作规划，积极开展了深入学习实践科学发展观活动。

【金融大事记】 4 月 9 日 ~ 10 日 东资公司梅兴保总裁视察该公司青岛办工作情况。

7 月 10 日 东资公司党委任命崔磊为该公司青岛办副总经理。

12 月 3 日 陈江旭副总裁一行到该公司青岛办宣布主要领导人事调整，由吴少杰任该办党委书记、总经理，李志环同志不再担任该办党委书记、总经理。

（刘世平）

三、保险公司

中国人民财产保险股份有限公司山东省分公司

【第一负责人简介】 云珍，男，蒙古族，1957年9月出生，内蒙古呼和浩特市人，中共党员，高级经济师。1976年3月在内蒙古托克托县工作；1985年5月进入中国人民保险公司，历任县支公司经理、中支公司副总经理、总经理，自治区分公司副总经理、党委书记、总经理。2006年11月至今，任人保财险山东省分公司党委书记、总经理。

【综述】 中国人民财产保险股份有限公司山东省分公司（以下简称“人保财险山东省分公司”）创立于1949年10月，主要经营企业财产保险、机动车辆保险及第三者责任保险、船舶保险、货物运输保险、建筑安装工程保险、石油保险、政策性农业保险和各种信用保险，以及人身意外伤害保险、短期健康险等。

2008年，该公司实现保费收入58.75亿元，为221万辆机动车、244万户家庭财产、4632户规模以上工业企业等承担2.49万亿元的保险责任；全年支付赔款33.37亿元，缴纳营业税金3.12亿元，为恢复生产、稳定社会、保障发展发挥了积极作用。

【经营管理】 2008年，人保财险山东省分公司在加强经营管理方面的主要工作：

一、持续提升发展能力。一是密切与各级党委政府及职能部门的联系，强化政府推动、部门互动和社会参与；二是通过强化月点评、季考核和开展专项业务竞赛，形成了争先创优、比学赶超的良好氛围，业务发展呈现出“整体推进、局部跨越”的良好局面。

二、持续提高盈利能力。一是进一步完善承保管理规定，规范核保流程，严把业务入口关；二是继续实行“铁的纪律、铁的手腕、铁的制度”治赔，加强理赔队伍建设，强化关键环节管控，提升理赔质量和效率；三是严格落实全面预算管理，优化财务资源配置，深入开展“开源节流、增收节支”活动，费用成本得到较好控制。

三、持续推进改革创新。一是改革创新经营管理模式，稳步推进业务处理省集中，单证管理、理赔数据实现全部集中，核保、核赔集中基本到位，95518专线集中有序推进；二是推行网上银行系统，加大资金集中管理力度；三是积极参与政策性农业保险试点工作，并较好地完成试点任务；四是以平安山东建设为切入点，把城市社区和农村治安保险列入社会治安综合治理考核，有效扩大了治安保险的覆盖面。

四、持续完善销售体系。该公司加强销售体系建设工作，确立了城市市场在巩固中拓展、农村市场在拓展中巩固的工作思路，延伸了市场触角，提高了市场渗透力，实现了城网与农网“两轮驱动”，直销和营销“并驾齐驱”。

五、持续增强合规意识。一是加大专项检查力度，狠抓内控制度执行，大力推进精细微管理，切实把防风险纳入经营活动的全过程；二是逐级签订合规经营承诺书，并组织自查自纠和整改落实工作；三是发挥大公司的带动作用，积极倡导行业自律，带头规范经营行为。

六、持续改善服务水平。一是服务经济社会全局的能力进一步增强，全年共承担保险责任24889亿元，缴纳营业税金3.12亿元；二是深入开展“服务质量年”活动，首次面向社会公开承诺24项服务内容，自觉接受公众监督；三是加强奥运品牌宣传，圆满完成奥运客户嘉宾接待计划；四是举办了第二届客户节，并组织自驾游服务、开展客户答谢等活动，赢得客户广泛好评。

【班子和队伍建设】 2008年，人保财险山东省分公司切实加强班子和队伍建设。一是加大对班子成员聘期管理和年度考核，并对全省16个市级分公司领导班子进行了调整，增强了干部队伍的战斗力；二是加强党风廉政建设，强化巡视工作，加大反腐败力度；三是采取跨区域任职、下派挂职、上调锻炼等方式，加强干部交流；四是继续开展用工清理工作，规范招聘录用管理，顺利完成了全省系统应届大学毕业生招聘工作，共录用45人；五是加大对销售人员的激励约束力度，全省系统共22名一线销售人员纳编管理；六是加大全员培训力度，队伍整体素质明显提高；七是实施员工关爱工程，开展形式多样的送温暖活动。

【公司大事记】 1月27日～28日 人保财险山东省分

公司在济南召开 2008 年全省系统工作会议，总结了上年工作，表彰先进，安排部署全年工作任务。

2 月 28 日　人保财险日照市分公司获 2008 年日照市重大体育赛事公众责任保险独家承保权，为 12 项重大体育赛事及 8 项重大体育活动公众责任保险。

3 月 14 日　人保财险烟台市分公司独家承保第十二届全国跆拳道锦标赛暨第二十九届奥运会选拔赛，为大赛组委会提供比赛场馆公众责任保险、人身意外保险等保障。

4 月 9 日　人保财险潍坊市分公司独家承保第二十五届国际风筝会，为参加本次风筝会开幕式的参赛队员、客商、观众等提供了 2 亿元的公众责任保险保障。

4 月 23 日　人保"奥运客户俱乐部"正式成立，在万张奥运门票大抽奖活动中获得奥运门票的人保客户成为首批会员。

5 月 1 日　人保财险山东省分公司启动为期 8 个月的"服务质量年"活动。活动以"铸金牌服务，为梦想护航，零距离接触，全流程满意"为主题，向社会公布服务承诺和监督电话，进行客户回访，推行快速理赔，推广俱乐部建设，组织有奖建议征集，强化宣传力度，加强外部合作。

5 月中下旬　人保财险山东省分公司开展向四川汶川地震灾区捐款捐物献爱心活动，广大党员踊跃交纳特殊党团费，累计向灾区捐款近百万元。

6 月 3 日～23 日　人保财险山东省分行与山东省保险学会举办"奥运与保险"校园巡展活动，巡展陆续在山东大学、山东经济学院、山东财政学院展出。

7 月 5 日　人保财险山东省分行举行"拥有人保财险，喜看北京奥运万张奥运门票大抽奖活动"奥运门票兑付仪式。山东省共有 817 名单位和个人客户幸运中奖，获得了奥运会门票，其中 10 人获得了开幕式门票，18 人获得了闭幕式门票。

8 月 27 日　人保财险山东省分公司召开业务处理省集中工作会议，将以建立核保中心、核赔中心、95518 客户服务中心为载体，逐步实现业务处理的省集中。

9 月 8 日　人保财险山东省分公司牵头召开山东省财险公司首届高峰会，在行业内倡导自律规范经营，会上通过了《自律倡议书》和《财产保险规范经营自律承诺书》。

人保财险山东省分公司主承保南水北调东线穿黄河及鲁北输水工程，为工程提供建筑工程一切险、附加第三者责任险和雇主责任险保险保障，保险金额 192411 万元。

9 月 20 日　人保财险潍坊市分公司为鲁台经贸洽谈会主展厅的房屋主架、室内装修及展厅内的参展摊位提供了保险金额为 1000 万元的财产基本险，为参会人员提供了保险金额为 1200 万元的公众责任险。

9 月下旬～10 月上旬　人保财险山东省分公司举办第二届客户节，组织自驾游服务、开展客户答谢等活动。

9 月 26 日　人保财险山东省分公司预赔付商河县受灾农户 291 万元赔款，这是济南政策性农业保险业务开展以来的最大一笔预付款，帮助近期因灾受损农户尽快恢复生产。

12 月 1 日　车险"见费出单"在全省系统 17 家经营单位顺利实施。

12 月 10 日　人保财险与中国重汽集团在济南举行战略合作及车贷险业务合作签约仪式，拉开了双方战略合作的序幕。

（庄　洁）

中国人寿保险股份有限公司山东省分公司

【第一负责人简介】　宋金平，男，汉族，1951 年 2 月生，中共党员，大学毕业，高级经济师，现任中国人寿保险股份有限公司山东省分公司党委书记、总经理，山东省保险行业协会副理事长，山东省金融家与企业家俱乐部常务理事。

【综述】　2008 年，中国人寿保险股份有限公司山东省分公司（以下简称"人寿山东省分公司"）按照打造国际顶级金融保险集团战略和积极探索特色发展道路的要求，努力创造良好发展格局，公司建设和事业发展取得了新的成绩。全省系统实现保费收入 177.39 亿元（含集团），同比增长 38.27%；公司总资产 491.21 亿元，保费市场份额为 41.23%。

【市场开拓】　2008 年，人寿山东省分公司各项业务快速健康运行，寿险首年保费 109.22 亿元，其中首年期交保费 23.37 亿元，同比分别增长 65.26%和 14.27%；长期风险型首年保费收入 19.23 亿元，短险业务 6.57 亿元，分别增长 23.91%和 12.33%；年金中心中标基金总规模达 38.65 亿元，受托和投管基金分别为 25.46 亿元和 7.46 亿元，账户管理达 57294 户。

一、销售组织建设扎实推进。一是强势启动了"万众创富"大赛，积极推动阶段性集中促销活动；二是扎实开展 9 个基本建设问题研讨，强化“成功创富特训营”项目，对各级1100多人进行了专项培训；三是制定出台个险省级集中方案，以“四行一局”为重点，加强代办渠道合作关系，银邮业务快速均衡发展。全年个险渠道营销员队伍规模达51454人，实现寿险首年保费20.10亿元，增长14.91%，其中10年以上期交保费7.39亿元，增长7.9%；银邮渠道专管员和理财经理队伍规模分别达2508人和2610人，实现寿险首年保费80.53亿元，其中首年期交保费3.72亿元，分别增长123.52%和61.72%；团险渠道人力规模达1251人，实现寿险首年保费7.84亿元，增长1.1%。

二、城乡市场协调均衡发展。一是8个大中城市实现保费总量121.83亿元，占全省总保费的68.68%，保费总量过10亿的市分公司达到8个，济南、烟台分公司突破20亿元；二是县域公司继续保持加快发展的良好态势，107个县域公司保费总量达122.68亿元，占总保费的69.2%；三是加快推进标准化农村营销服务部建设，其人力规模达25783人，寿险首年保费达9.81亿元，其中首年期交7.46亿元，全年共达成A级以上农村营销服务部462家，其中AAA级33家，AA级94家。

【经营管理】 2008年，人寿山东省分公司经营管理进一步完善，其主要工作：

一、集中管理稳步推进。一是完善预算制管理和绩效考核办法，加强年度经营管理指标分解考核和月度财务经营状况分析，并组织开展了资金专项核查；二是提高业务后台处理响应速度，实现了上报的核保、保全、理赔、银行转账等业务问题当天处理；三是完成短险、健康险团单、清单汇交件的集中打印和对激活卡的测试上线工作；四是加强了对柜面人员的管理培训，加大了用于柜面基础设施建设的资金投入，柜面职场标准化建设完成率超过80%；五是处理分红保险满期给付业务27.01万件，给付金额32.07亿元，CBPS8版系统内转保保费约为6.33亿元，金额转保率为19.73%；六是95519受理呼入电话32万通，回访呼出254万人次，妥善处理客户投诉1000余件；七是完成审核录入客户信息849万组，全面实施了“国寿1+N”服务品牌建设，并开展了“牵手”系列活动和第二届国寿客户节活动。

二、公司风险管控能力全面加强。一是深入开展了“规范业务行为防范经营风险”业务质量大检查和“诚信我为先”活动，对营业单位的单证、印章、业务管理进行了重点核查；二是分别完成了对93个、5个任期3年和4年以上县级营业单位和市分公司经理、总经理的经济责任审计；三是组织开展对4个市分公司、15个县区公司，3个市和所辖9个县区公司及抗震救灾捐款情况分别进行了后续审计、以库存现金、重要单证、个人代理人保证金管理为重点的机动审计、教育培训费用管理情况专项审计；四是对全省72个营业单位取消营销员暂收款收据和案件防范工作责任制落实的情况进行了效能监察。

三、加大市场宣传力度，发展环境进一步优化。一是通过集中刊发、播报公司的经营成果和先进事迹，提高了影响力，全年在省级主导媒体刊发稿件100余篇，制作播出情景剧20余期，电台广播1500余次，平面广告累计2000多平米；二是在山东省4·28特别重大交通事故善后处理中，启动应急预案，理清保险责任，开通赔付通道，积极协助各级政府开展救助工作；三是通过个人捐款、特殊党团费、工会会费等形式，共计向地震灾区捐款466万元。

【班子队伍建设】 2008年，人寿山东省分公司加强推进党风廉政建设和反腐败工作。一是调整充实了4个市分公司、96个县级营业单位领导班子，新提拔市公司领导成员10人，加强了后备干部队伍建设；二是对4个市分公司开展了党风廉政建设巡视，与11个市的21名领导班子成员进行了廉政谈话，对16个市分公司进行了党风廉政建设责任制考核；三是积极开展“遵章守纪、合规经营”主题教育和深入学习实践科学发展观活动；四是工、青、妇工作继续加强，全年受到全国总工会、金融工会、集团和总公司表彰的先进集体1个、先进单位3个、劳动模范和先进个人23人，受到省总工会和省财贸金融工会表彰的先进单位6个、先进个人3人。

【公司大事记】 2月20日 人寿山东省分公司对2007年获得总公司奖励的43个收展部进行表彰，其中济南市分公司收展管理本部，临沂、泰安分公司城区收展部获得AAA级标准化区域收展部荣誉称号。

3月6日 人寿山东省分公司制定出台2008年“诚信维权”客户服务活动方案，并下发全省执行。

3月10日 人寿山东省分公司正式在全省范围内推广“国寿畅行保险激活卡（年卡、月卡、周卡）”三款航意险替代产品。

3月19日 人寿山东省分公司在德州、枣庄、泰安分公司首先开办瑞丰万能险。

3月28日 人寿山东省分公司制定下发了2008年度“国寿1+N”附加值服务推动方案。

4月2日 人寿养老保险山东省中心与山东烟草专卖局签署了企业年金基金投资管理合同，共获得山东烟草专卖局企业年金计划基金管理三项资格。

4月7日下午～8日上午 人寿山东省分公司在山东大厦召开2007年度“万众创富”大赛表彰大会，各分公司分管销售副总经理、3个销售部门负责人、参加表彰的会议代表共500余人参会，宋金平总经理出席会议并做重要讲话，并邀请广州市分公司王淑珍主管就组织发展问题进行经验分享。

4月8日 人寿山东省分公司评选表彰2007年度十大优秀青年工作正式启动。

4月28日 人寿山东省分公司总经理宋金平召集分管副总和有关部门对胶济铁路事故制定研究应对方案，并启动重大事件紧急预案，要求各分公司妥善处理此次重特大安全事故的理赔工作。

5月20日 人寿山东省分公司与中行山东省分行联合推出“激情超越 喜迎奥运”百日竞赛方案。

5 月 31 日　人寿山东省分公司在泉城举办了国寿大讲堂活动预防少儿手足口病知识讲座，全省 16 地市同步视频播出，邀请了传染病专家主讲。

6 月 3 日　山东保监局任建国局长赴人寿山东省分公司调研，公司召开座谈会，总经理宋金平做了工作汇报。

人寿山东省分公司累计向灾区捐款超过 324 万元，其中第一次向总公司上交捐款 115 万元，第二次向省政府上交捐款 94.5 万元，第三次向总公司组织部门上交特殊党费 115.09 万元。

6 月 13 日　人寿山东省分公司在全辖开始销售“国寿学生儿童定期寿险”等八款新学生险产品。

6 月 23 日下午　人寿山东省分公司副总经理侯清英一行赶赴山东省立医院，探望在此疗伤的四川地震受伤客户，院方领导热情地接待了公司一行，并请主治医生为大家介绍了受伤客户的恢复情况。

6 月 25 日　人寿山东省分公司表彰了一批全省系统先进党组织、优秀共产党员和优秀党务工作者，决定授予章丘市支公司等 17 个党支部“全省系统先进党组织”称号，分别授予李海帆等 21 人、李爱红等 4 人“全省系统优秀共产党员”及“全省系统优秀党务工作者”称号。

6 月 27 日　人寿山东省分公司为山东高速公路股份有限公司承保国寿永泰团体年金保险，交保费 580 万元，承保人数 42 人。

7 月 1 日　人寿山东省分公司出台《大爱无疆——“特别保费”专项竞赛活动方案》，并在全省系统深入开展。

7 月 16 日　人寿山东省分公司为山东祥和集团股份有限公司承保国寿永泰团体年金保险，保费 529 万元，承保人数 40 人。

9 月　人寿山东省分公司开展了大病救助项目，对患有重大疾病的贫困农民进行了就医资金救助。

11 月 11 日　人寿山东省分公司在德州召开了银保渠道工作会议。

11 月 12 日　总公司副总裁张响贤一行来人寿山东省分公司调研指导工作。

11 月 18 日　人寿山东省分公司获得“省第七届消费者满意单位”称号。

11 月 21 日　人寿山东省分公司为中国移动山东有限公司承保国寿永泰团体年金保险，交保费 3400 万元，承保人数 312 人。

12 月 4 日下午　人寿山东省分公司本部召开颁发年功奖章座谈会，为忠诚奉献山东国寿事业的员工发放了纪念性年功荣誉奖章、奖牌，本部 30 余位员工代表参加了会议，共有 1 人获得金质奖章、48 人获得银质奖章。

12 月 26 日　人寿山东省分公司与省老龄办在济南珍珠泉宾馆联合召开“银龄安康工程”启动大会，领导、员工以及省内主要新闻媒体的记者出席了会议，山东人民广播电台进行了全程直播。

（齐登宝）

中国太平洋财产保险股份有限公司山东分公司

【第一负责人简介】　宋建国，男，汉族，1966 年 12 月出生，中共党员，高级经济师，硕士学位，澳新保险金融学会资深会员，中央财经大学国际保险专业本科毕业，中欧国际工商学院 EMBA。1989 年毕业到黑龙江中国人保工作，1991 年进入交通银行海南分行保险部，2003 年任中国太平洋财产保险股份有限公司海南分公司党委书记、总经理，2007 年 8 月任太平洋财险总公司财产责任险部总经理，2008 年 7 月至今任太平洋财险山东分公司党委书记、总经理。

【综述】　2008 年，中国太平洋财产保险股份有限公司山东分公司（以下简称“太平洋财险山东分公司”）围绕推进公司价值持续增长的目标，按照“战略引导，价值驱动，体制推进，机制保障”的发展思路，坚持业务发展、效益导向、合规经营、以人为本不动摇，各项工作呈现出稳定、健康的发展态势。全年实现保费收入 17.74 亿元，同比增长 13.14%；承担保险责任 6220 亿元，累计赔款支出 10.62 亿元，综合赔付率 64.74%。

【改革创新】　2008 年，太平洋财险山东分公司始终把改革创新作为增强经营活力、提高竞争能力的关键来抓。一是继续深化干部管理体制改革，对车险部、意健险部、销售管理部、客户服务部等部门主要负责人和副职等岗位进行了公开竞聘；二是稳步推进组织架构改革，先后设立了意健险部和合规管理部，并对销售管理部等专业部门进行了整合；三是初步实现了业务核保、出单、财务、客服等关键岗位人员的集中管理；四是创新销售模式，在加强与专兼业代理机构合作的同时，全面启动了交叉销售工作；五是配合总公司先后开展了合规达标考核试点、车险零配件系统上线、P09 系统上线试点等工作，进一步提升了工作效率和风险管控能力。

【内控管理】 2008年，太平洋财险山东分公司围绕提升内控能力，采取了一系列措施：一是通过召开专题会议、邀请保监局领导开展合规教育专题讲座等形式，推进合规文化建设；二是制定出台了《合规达标考核办法》，对9家中支机构进行了合规达标检查，并成立了合规管理部，逐步建立起与独立调查人、专业条线管理部门有效联动的合作机制和内控管理网络；三是对业务承保、理赔、财务管理流程等进行了全面检查和梳理；四是通过规范理赔流程、实行严格考核、加大非现场监控、落实"黑名单"管理办法、建立客服经理异地交流制度、推行重大案件集中管理等8项措施，堵塞违规操作渠道；五是通过推行小额案件快速理赔制度、加快理赔案件流转速度、加强对重大突发事件的及时处理，提高了公司品牌地位和服务形象。

【队伍建设】 2008年，太平洋财险山东分公司加强对员工的专业技能培训，队伍凝聚力日益增强。一是招聘录用了55名毕业生，通过系统的培训和基层实习，充实到分公司及全辖各机构相关岗位；二是分期分批对全辖管理干部进行专业化脱产培训，相继完成了第一批11名客服高管人员和第一期县区支公司32名经理的培训工作；三是健全完善考核评价体系，先后出台了《专业管理部门考核》、《分公司部门及人员综合考评》、《中支机构经营等级评定》等办法；四是制定员工工资调整方案，完成了全辖薪酬普调工作。

【公司大事记】 1月11日~12日 太平洋财险山东分公司召开全省工作会议，并专题召开了客户服务工作会议，围绕创新服务提升经营品质，出台了多项新举措。

1月 太平洋财险山东分公司成功续保山东日照发电有限公司财产险一揽子保险，承保金额达57.2亿元。

太平洋财险山东分公司向孚日集团股份有限公司火灾事故赔付135万元。

2月28日~29日 太平洋财险总公司在济南召开"车险零配件报价系统管理平台上线"全国推广会，太平洋财险山东分公司的经验被总公司命名为"山东模式"并在全国推广。

2月 太平洋财险山东分公司向烟台俊杰食品有限公司火灾事故赔付237万元。

3月 太平洋财险山东分公司成功续保山东山水水泥集团有限公司和华鲁恒升化工股份有限公司财产险一揽子保险，承保金额分别达67.2亿元和63.5亿元。

4月28日 胶济铁路火车相撞事故发生后，太平洋财险山东分公司及时安排人员赶赴现场，跟进了解伤亡人员承保信息，及时、快速地为客户提供保险服务。

4月 太平洋财险山东分公司在京沪高铁三标段工程项目保险招标中成功中标，保额共计127.8亿元。

5月12日 在汶川县发生8.0级地震当天下午，太平洋财险山东分公司总经理室立即与四川分公司总经理室取得了联系，主动提出利用公司95500客户服务系统集中运行平台优势，转接四川分公司客户理赔救援工作。

太平洋财险山东分公司向山东省消防总队赴川抗震救援官兵和赴震区采访报道的山东电视台记者赠送总保险金额4亿元的人身意外伤害保险，公司员工通过各种方式累计捐款120万元，并先后派出4名同志奔赴甘肃灾区，帮助开展理赔查勘和救援工作。

5月27日~28日 太平洋财险山东分公司与上海大众公司举行"上海大众山东销售服务中心－太平洋产险山东分公司合作签约仪式"，在全国范围内率先建立了战略性合作关系。

6月 太平洋财险山东分公司成功续保晨鸣集团财产险一揽子保险，承保金额255.29亿元。

太平洋财险山东分公司向蓬莱市临阁橡塑制品有限公司火灾事故赔付674.34万元。

7月1日~3日 太平洋保险集团公司董事长高国富来山东调研，听取了产、寿险山东分公司的工作汇报，先后到产险95500电话呼叫中心及济南、淄博、潍坊中心支公司进行调研。

7月8日~9日 太平洋财险山东分公司举办反洗钱工作专题培训班，邀请人行济南分行反洗钱处领导做了《当前反洗钱的形势和任务》的专题讲座。

7月14日~17日 太平洋财险总公司在淄博召开"95500省级集中推广会议"，向全国宣传推广太平洋财险山东分公司95500省级集中模式及经验。

7月24日 太平洋财险公司总经理吴宗敏到太平洋财险山东分公司宣布重大人事任免，任命宋建国为山东分公司党委书记、总经理。

7月 太平洋财险车险核心业务P09系统在太平洋财险山东分公司试点成功并正式上线运行。

7月~8月 太平洋财险山东分公司开展"巅峰时刻不错过，金牌保险太平洋"大型奥运竞猜品牌传播活动，省内3万余名客户参与了活动，最终评选出一等奖1名，二等奖20名，三等奖2000名。

8月8日 由太平洋财险山东分公司主办的山东保险业纪检监察工作联系会议三次会议在东营市召开，组织会议代表参观了中国石油化工股份有限公司胜利油田分公司反腐纪念馆和反腐广场，山东保监局及全省40家中资保险公司领导参加了会议。

8月 太平洋财险山东分公司95500呼叫中心荣获总公司"2008年十佳服务团队"称号。

9月 太平洋财险山东分公司在南水北调东线穿黄河工程和鲁北输水工程保险项目招标中成功中标，总保额19.2亿元。

太平洋财险山东分公司95500呼叫中心员工宋乐获总公司举办的首届"95500服务之星全国业务技能竞赛"金奖。

10月1日 太平洋财险山东分公司在济南地区实行车险

见费出单，从根本上解决了车险应收保费问题。

10月 太平洋财险山东分公司向临沂新程金锣肉制品有限公司火灾事故赔付150万元。

11月12日 中国重汽集团、太平洋财险山东分公司车贷险合作协议签字仪式在济南举行，双方与重汽财务公司、山东鑫海担保公司联合推出车贷险业务。

11月13日~14日 太平洋保险集团公司常务副总经理徐敬惠到山东分公司指导召开党委班子民主生活会，并赴泰安中心支公司调研。

12月 太平洋财险山东分公司入围2008山东十大责任企业候选榜单，并最终获得“十大责任企业”称号。本次评选活动由山东省文明办、大众报业集团、省经贸委、省国资委、省工商联、团省委、山东慈善总会、省社科联等共同参与组织，由齐鲁晚报主办。

（郭宗杰）

中国平安财产保险股份有限公司青岛分公司

【第一负责人简介】 傅忠强，生于1965年4月，浙江奉化人。1985年毕业于杭州商学院会计系，大学本科，经济学学士，会计师，中共党员，曾任杭州商学院团委书记。1993年加入中国平安财产保险股份有限公司浙江分公司，先后任总经理助理、副总经理，2002年5月至今担任平安产险股份有限公司青岛分公司党委书记、总经理。2006年12月至今兼任山东保险行业协会第五届理事会会长。

【综述】 中国平安财产保险股份有限公司青岛分公司（以下简称“平安产险青岛分公司”）成立于1993年，业务管辖青岛、烟台、威海、淄博、潍坊、临沂、日照等7个地市。

2008年，该公司在业务规模和经营效益方面取得了长足的进步，全年累计完成保费91477万元，同比增长17.2%，连续3年获得消费者最满意品牌称号。

【经营管理】 2008年，平安产险青岛分公司切实加强经营管理，力促效益提升。

一、加强销售推动，提升保费规模。该公司根据总公司要求组织开展了业务竞赛，按照险种、渠道对保费目标进行逐月分解，通过每日统计追踪和每月业绩考核，推动目标的达成。

二、优化险种结构，改善业务品质。一是积极推进“重点险种重点发展”策略，通过有效的过程管控促使销售人员积极转型，增强团车、财产险、意健险的展业能力；二是积极做好资源调配，加大对大项目的投入和激励，提升优质业务规模，改善业务结构。

三、加强风险管理，加大内部管控力度。一是完善了“应收考核管理”、“疑难通融案件审批”、“印章集中管理” 等各项制度，并狠抓落实，提高了对基层的约束力；二是通过建立例会制度，提高基层机构的执行力；三是通过班子分工负责、险种、机构专项问责等措施，改善机构经营管理者的工作态度和经营意识；四是定期对各销售单位进行常规稽核检查，确保业务的合规发展和公司的正常运转。

【队伍建设】 2008年，平安产险青岛分公司实施了问责考核制，提升工作人员的职业操守，并对销售队伍进行分类指导与培训，努力打造一支高素质的销售队伍。

【优质服务】 2008年，平安产险青岛分公司整合服务资源，完善服务手段，努力实现“由简单理赔服务到全方位、立体化服务”的转型。一是设立了全国统一客户服务热线95512，客户可以24小时在任何地方拨打，享受报案、查勘定损和事故救援服务，同时相继推出电话批改新车车牌，行驶证、驾驶证到期提醒等服务项目；二是开设了车险小额案件快速理赔通道，凡5000元以下案件，在责任明确、提交完整索赔材料后，赔款立等可取；三是推出了道路救援服务项目；四是完成了全辖理赔支付转账项目的推广，规避了赔款领取的风险；五是成立了中国平安VIP俱乐部。

（平安产险青岛分公司）

中国平安人寿保险股份有限公司青岛分公司

【第一负责人简介】 韩光，男，1968年10月15日生，辽宁省锦西市人，中共党员，1992年毕业于南京河海大学工业企业管理专业。1996年10月加入中国平安保险股份有限公司南京分公司（寿险）；2000年7月担任南京分公司营销部和培训部负责人。2001年10月担任无锡支公司总经理；2002年7月在集团改革发展中心和董事长办公室任职；2003年3月任青岛寿险营销负责人；2004年9月，任平安人寿青岛分公司总经理，主持工作；2007年4月，当选中国共产党青岛市第十次代表大会代表；2008年，荣膺"青岛改革开放30年行业风云人物"。

【综述】 2008年，中国平安人寿保险股份有限公司青岛分公司（以下简称"平安人寿青岛分公司"）以"诚信第一、效率第一、客户至上、服务至上"为宗旨，锐意进取，开拓创新，不断提高风险防控能力和经营管理水平，实现了业务发展和品牌提升的双丰收。

当年，该公司在《半岛都市报》举行的大型读者评选活动中，获得"2007年青岛读者最信赖的保险公司"及"最具关怀性的保险产品平安附加智富人生提前给付重大疾病保险"两项殊荣；3·15期间，在青岛市"履行消费维权社会责任的良好企业"评选活动中，荣获"青岛市履行消费维权社会责任的良好企业"称号；4月，客服柜面被青岛市经贸委评选为"青岛市迎奥运模范服务窗口"；11月3日，荣获"山东省消费者满意单位"称号，是青岛地区唯一获此称号的保险公司；12月5日，在《青岛早报》开展的"改革30年青岛民生发展总评榜金融类榜单"评选活动中，荣获"2008年度青岛十佳保险公司"称号。

【内部改革】 2008年，平安人寿青岛分公司紧紧围绕"贯彻P-STAR五星级服务和打造以客户为中心的服务文化"这条主线，进一步深化内部管理体制改革。一是加大对违规件的处罚追踪力度，从客户服务、出险理赔入手，为客户提供"主动、简单、及时、方便、可靠"的优质服务，成功创建了"温馨理赔在平安"的服务品牌；二是进一步加强投诉整改、投连保本、全国WAC电话、综合服务平台和知识库上线等项目，优化各项工作和服务流程，努力提高服务水平，提升了客户满意度和对外形象。

【办公自动化】 2008年，平安人寿青岛分公司一是进一步完善了集团文件处理系统，通过网络处理各种审批，实现了无纸化办公；二是全面推行了人力资源系统，优化人员招聘、绩效评估、员工晋升、薪酬管理等流程，提高了管理规范化和时效性。

【客户服务工作】 2008年，平安人寿青岛分公司继续贯彻"关爱客户、关心业务、关注指标"的服务理念，以提高客户满意度为目标，加强服务窗口管理，树立了良好的服务口碑。一是推出了客户个人密码自助服务活动，通过95511电话或平安官方网站，客户可凭密码查询保单相关信息，还可自助完成部分保全项目，服务更加便捷可靠；二是举办了第13届客服节，通过举办夏令营之旅、少儿乒乓球比赛和知识竞赛等一系列活动，提高了保险业的社会公信力。

【员工培训】 2008年，平安人寿青岛分公司注重员工职涯规划的实施、内勤管理平台的提升和干部队伍的梯队建设，结合不同岗位人员的需求，自行设计培训课程，在提升技能的同时，增强了员工的归属感，为平安的团队建设和长远发展奠定了坚实的基础。

【公益活动】 2008年，平安人寿青岛分公司广泛开展公益活动，一是积极参与"众志成城 抗震救灾"捐款活动，累计捐款83万元，获得青岛红十字协会颁发的"红十字博爱银奖"；二是组织全体党员交纳"特殊党费"1.59万元，全部用于支援抗震救灾；三是与青岛市体育局联合举办了"中国平安全民健康健步跑青岛站"大型公益活动，并代表代表每位参跑客户向中国青少年基金会捐款20元。

【公司大事记】 4月 "4·28"铁路重大事故发生后，平安人寿青岛分公司在接到客户报案5小时内，实现快速赔付，受到了客户和社会的赞扬。

5月3日 平安人寿总公司副总经理刘小军赶赴青岛，指导平安人寿青岛分公司进一步开展"4·28"铁路重大事故的后续理赔服务，并到淄博慰问了住院客户和处理事故的平安员工。

5月25日 平安人寿青岛分公司在青岛话剧院举行"2008中国平安人寿第十三届客服节开幕式暨'庆六一'少儿文艺演出"大型活动。

6月11日　平安人寿临沂中心支公司费县探沂营销服务部经保监会批准开业，并于23日在费县工商局注册登记，成为临沂中心支公司在临沂辖区乡镇设立的第一家二元化乡镇营业网点。25日，该服务部举行了隆重的开业典礼，总公司副总经理刘小军，青岛分公司总经理韩光出席了开业仪式。

10月25日　平安人寿青岛分公司在青岛大学音乐厅举办了中国平安“健康中国大讲台”活动。

（李　涛）

四、银联公司

中国银联股份有限公司山东分公司

【第一负责人简介】 李金良，高级工程师，原就职于人行济南分行科技处，2001年5月任山东银行卡网络服务中心总经理，2002年3月至今任中国银联山东分公司总经理，长期从事银行卡工作，为山东省银行卡发展做出了突出贡献，2006年被评为人行系统“优秀共产党员”。

【综述】 2008年，中国银联股份有限公司山东分公司（以下简称“银联山东分公司”）围绕建设民族银行卡品牌核心工作，全力推进银联标准卡的发行，夯实受理市场基础，全面推动了山东省银行卡事业的快速发展。

一、受理市场发展迅速，应用领域更加广泛。截至年底，山东省直联特约商户54891家，新增22748家；POS机79373台，新增31778台；电信、保险、批发等行业已广泛受理银行卡，税务、高速公路和公用事业收费等领域用卡正式启动，公务卡全省开始试点，手机支付、网上支付等新型支付模式逐步得到用户认可，受理环境得到根本改善。

二、跨行交易再创新高，转接质量稳步提升。ATM成功交易笔数1.07亿笔、交易金额312亿元，分别增长42.8%和52.9%；POS成功交易笔数1.05亿笔、交易金额2024亿元，分别增长66.9%和66.9%；主机、网络可用率，卡表加载成功率均为100%，发卡方、受理方交易成功率分别为99.25%和99.87%，交易承兑率89.82%。

三、品牌建设成效初显，民族品牌竞争力快速提升。累计发行银联标准借记卡4700万张，信用卡282.5万张，分别新增1990万张和157.3万张；银联标准卡交易笔数、交易金额占比均有较大幅度提高。

【市场营销】 2008年，银联山东分公司坚持“以促进银行卡交易为宣传主线，以推动发卡为重点，兼顾风险防范”的宣传思路，携手省内各入网成员机构组织开展“刷银联卡 开吉利车 共创自主品牌”的全年营销活动；全年共组织专项营销活动20余项，其中在20个县市开展的“银联标准卡刷卡进县市”的主题宣传活动，日均标准卡交易量同比增幅166.21%，在通过广播、电视、报刊媒体、现场活动等多种宣传渠道下，促进了刷卡交易增长，提高了持卡人刷卡及风险防范意识。

【内部管理】 2008年，银联山东分公司强化战略执行考核力度，并根据公司发展需要，不断健全内部组织结构，加强业务管理，充实了公司力量，增加了分公司的发展动力。

【金融大事记】 1月21日 银联山东分公司以“共同事业，共求发展”为主题，在贵和皇冠假日酒店成功举办了2008年山东省银行卡同业联谊会。来自省内25家入网成员机构的银行卡业务、技术负责人参加了会议。

4月25日 银联总公司刘廷焕董事长莅临山东分公司视察指导工作，听取了分公司工作汇报并给予了充分肯定。

5月30日 人行济南分行副行长刘克俭等莅临山东分公司调研指导工作。

8月28日 由银联山东分公司分公司与25家入网成员机构共同发起成立的山东银行卡市场发展委员会在济南召开成立大会暨第一次会议。

11月13日～14日 银联总公司许罗德总裁莅临山东分公司视察指导工作，听取了分公司工作汇报，并与当地人行、地方商行进行了座谈。

（赵葆军 段好勇）

中国银联股份有限公司青岛分公司

【第一负责人简介】 赵玉东,男,生于1970年5月,本科学历,中共党员,经济师。1993年7月参加工作,历任人行青岛中支计划处副主任科员,青岛市银行卡网络服务中心办公室副主任、市场部经理、总经理助理,中国银联青岛分公司助理总经理、副总经理等职。于2004年8月担任中国银联青岛分公司总经理。

【综述】 2008年,中国银联股份有限公司青岛分公司(以下简称“银联青岛分公司”)紧紧围绕“奥运支付环境建设”为主线,以创建银联品牌、推广银联标准卡、保障系统稳定运行、规范受理市场秩序、加快业务创新为工作重点,进一步夯实了青岛市银行卡产业发展基础。

【业务发展】 2008年,银联青岛分公司各项业务取得了较快发展。

一、POS交易得到快速发展。截至年底,全市特约商户达10773家,直联POS总量为18685台,全年实现直联POS消费交易3852万笔、378亿元,同比分别增长39%和15%。

二、ATM新旧业务同步发展。一是ATM跨行取款业务得到稳步增长,截至年底,入网ATM机具达2582台,全年实现跨行取款1723万笔、取款金额111亿元,同比分别增长34%和47%;二是新增ATM跨行转账业务,轻松完成同城或异地跨行转账,目前青岛已有交行、中信、光大、华夏、深发、浦发、恒丰、农信、青岛银行等11家银行正式开通,实现转账交易23041笔,转账金额4590万元,分别增长3.5倍和12.4倍。

三、加快新业务发展步伐。一是柜面通业务,办理银行卡跨行存、取款和查询等,该业务目前仅限青岛市范围中信、光大和深发展3家银行,2008年实现柜面取款交易1554笔,取款金额1374万元,分别增长123%和104%;二是银联缴费通业务,更方便的实现水、电、燃气、电话等费用的缴纳,实现缴费交易71万笔,缴费金额9755万元,分别增长324%和363%;三是银联乡村汇款通,青岛市实现银联乡村汇款通受理业务1.87万笔,柜台取款金额710万元,分别增长13%和45%;四是银联外卡受理,目前岛城通过银联接口开展外卡收单业务的入网机构已达12家,可受理的外币卡种有Visa、MasterCard、JCB和运通卡,实现外卡收单量4万笔、4800万元,同比增长均为18%。

【精神文明建设】 2008年,银联青岛分公司大力开展企业文化及精神文明建设,并取得丰硕成果。

一、加强领导班子建设,优化公司内控制度。该公司一是结合人行系统“廉文荐读”活动,强化党员干部廉洁自律意识;二是召开民主生活会,以树立班子良好形象;三是以“提高制度执行力”为主题,完善和落实公司内控制度,提高公司经营管理水平。

二、大力推进学习型组织创建活动。努力培养复合型人才与知识型员工队伍,并先后对员工进行了各方面培训,提高了员工队伍整体素质。

三、以服务奥运为契机,不断增强员工社会责任意识。该公司先后组织员工对南方雪灾和汶川地震进行捐款,并主动参与“抗击浒苔、迎接奥运”活动,展现了优良的精神风貌。

【金融大事记】 1月18日 银联青岛分公司与招行青岛分行合作举行“帆船之都”银联标准信用卡发布仪式。

1月28日 银联青岛分公司组织召开2008年青岛市银行卡同业联谊会。

3月1日 青岛市2008年度“银联刷卡月月奖”活动隆重启动。

4月 银联青岛分公司联合辖区内16家成员机构开展《奥运期间银行卡风险事件应急处置预案》的完整演练。

5月10日 “银联杯”青岛市奥运支付环境建设知识竞赛决赛在青岛电视台演播厅成功举办。

5月15日~17日 银联青岛分公司联合青岛市红十字会相继开通了刷卡捐款和网上捐款渠道。

6月 银联青岛分公司冠名青岛市第三届“手绘我心,心向奥运”青少年书画大赛。

8月~9月 银联青岛分公司圆满完成奥运会及残奥会期间系统安全运行保障工作。

9月28日 银联青岛分公司参展“2008青岛国际金融博览会”,推出体验式金融服务。

10月21日 银联青岛分公司获“青岛奥运支付环境建设暨金融服务先进集体”荣誉称号。

11月25日 银联青岛分公司推动出台《关于对我市机动车辆保险“见费出单”业务银行卡手续费扣率标准的指导意见》,为青岛市机动车辆保险“见费出单”银行卡受理业务的顺利开展奠定了基础。

(路　瑶)

五、财务公司

中国重汽财务有限公司

【综述】 2008年，中国重汽财务有限公司（以下简称“重汽财务公司”）按照“合规、稳健、诚信、创新”的经营思路，积极履行金融服务职能，较好地克服了年初国家宏观调控及下半年全球金融危机的影响，各项业务取得了较好发展。

截至年末，公司资产总额24.09亿元，同比增加10.70亿元，增幅80%；所有者权益11.00亿元；全年实现营业收入1.65亿元，增加5796万元，增幅54.2%；实现利润总额1.07亿元，增加7784万元，增幅266%。全年信贷资产运营良好，未发生一笔不良贷款、资产及呆滞贷款。

【业务经营情况】 2008年，重汽财务公司发挥集团结算、金融服务中心的功能，为集团公司和成员单位提供融资支持。

一、结算业务。该公司结算中心经过三年多的运转，取得了积极效果：一是业务已覆盖集团所有成员单位，向其提供了安全、快捷、便利的结算平台；二是不断加强网络的维护与扩展，形成了在结算中心开户的成员单位，月末集中现场结算制度，为集团公司资金的集中管理发挥了积极作用。

二、贷款业务。截至年末，该公司累计向集团成员单位发放贷款17笔，金额17.29亿元，既改善了重汽的资金状况，又为公司拓展金融业务、涉足资本和金融市场奠定了基础。

三、商业承兑汇票贴现及转贴现业务。该公司利用自身的金融平台，帮助集团成功推行了商业承兑汇票据结算业务，全年共办理票据贴现业务2269笔，金额33.51亿元。

四、汽车消费信贷业务。截至年末，该公司发放汽车消费贷款8031万元，促销集团汽车近411辆，实现消费信贷收入279万元。

【内部控制与风险管理】 2008年，重汽财务公司正确处理公司利益与集团利益的关系，始终把风险防范放在第一位，坚持依法操作、合规经营，实现了稳步健康持续发展。

该公司一是建立了与自身经营发展相适应，能有效确保各项风险、经营管理目标实现的较为完善的内部控制体系；二是按上市公司标准对重新修订、补充完善的各项规章制度进行了测试和检查，使规章制度体系更加完善；三是由上海甫瀚投资管理咨询有限公司（中国重汽上市中介机构之一）协助对各项主要业务整理编制了细致、专业的流程图，使业务管理的每个环节、岗位职责明确；四是加大监督检查力度，通过自身内部稽核、集团专项检查、会计师事务所验证，外聘内控顾问，公司现场测试、提缺陷等方式，确保了内控制度的有效落实；五是重点强化信贷风险管理，坚持贷审分离的信贷决策机制。截至年底，各项信贷资产质量正常，无一例风险事故发生。

【金融大事记】 1月30日 山东银监局批复了重汽（香港）有限公司对重汽财务公司增加注册资本人民币5亿元的申请。

3月19日 银监会非银行部副主任陈琼一行和山东银监局刘悦芹副局长到中国重汽进行工作调研。

6月3日 山东银监局周忠明局长、刘悦芹副局长一行到中国重汽调研并与重汽集团董事长马纯济等进行了座谈。

6月16日 重汽财务公司董事会、股东大会在济南召开。

11月17日 国务院商贸部批准并核发了重汽财务公司增加到10亿元注册资本金证书。

（刘其贵）

海尔集团财务有限责任公司

【综述】 2008年，海尔集团财务有限责任公司（以下简称“海尔财务公司”）对内不断提高自身金融服务水平，为集团成员企业提供优质、高效的金融服务；对外持续强化与同业间交易对手的合作，加强资金网络的建设与巩固，创新收入渠道和发展空间，有力地推动了全年工作目标的实现。

截至年底，公司资产规模142.2亿元，同比增长13.7%，资本充足率为14.25%；全年累计实现营业收入6.88亿元，利润总额4亿元，分别增长63%和79%；加权平均净资产收益率28%，增长10个百分点，资产盈利能力不断增强。

【金融创新】 2008 年，海尔财务公司初步完成了由单纯的资金集中管理服务商到以集约化金融服务、集团化金融管理、集成化金融支持三位一体的特色金融服务综合供应商的蜕变。

一、集约化金融服务“司库型”集团资金管理模式的建立。一是积极构建集团本外币现金池，提出了全集团“一个账户”和构思“收支两条线”的资金预算与归集模式，同时管理着集团全球 500 多家公司逾 1500 多个账户；二是集中统一配置管理资金的流量、存量和增量，优化配置资金资源，激活了内部的闲置和沉淀资金，使外部融资规模降为零，资金集中度达 100%；三是将 KPI 指标与实现指标的关键任务及员工管理与部属培育三个互为支持的项目形成有机的体系。

二、扩大资金集中管理模式，加强风险管控的集中。

(一)外汇资金集中管理，实现了风险的集中控制。一是年均外币结算规模突破 50 亿美元，截至年末，实现内部交易对冲 30 余亿美元，年均对冲 8 亿美元，年规避汇兑成本逾 2 千多万元；二是整合内部外汇资源，建立内部动态的汇率成本控制体系、建立统一资金与外汇风险管理平台；三是通过项目实施为集团累计节约汇兑成本逾亿元人民币，为集团外币资产规避汇率损失达 10 亿元人民币；四是开源节流，充分利用闲置资金的增值管理，实现外汇资金在集团范围内的最优配置；五是实现境内、外金融资源共享的绿色通道；六是为海外公司的应收账款风险管理，库存管理等提供综合金融解决方案。

(二)集团化票据池管理。一是流入银行承兑汇票 10 万笔，金额近 400 亿，同比分别增长了 20%；二是实施内部的票据流程的再造，实现了全国 300 多家公司票据在青岛总部的集中管理，并在内部成员单位之间实现电子票据的自动清算；三是积极参与人行总行推出的电子商业汇票系统的金融创新结算体系，递交直连接入 ECDS 系统的申请，打通了集团内外部瓶颈。

三、加强以产业为链条的全流程金融服务与支持。一是将传统金融产品嫁接集团产业，形成新的商业模式，并迅速推开收到了成效；二是拓展消费信贷市场，支持个人终端销售，为消费者个人提供分期付款服务，提高了消费者的购买力，并使集团企业资金得到快速流转。

【风险管理】 2008 年，海尔财务公司一是加强内控制度建设，在原有制度的基础上，修订了各项规章制度；二是对于新业务品种，坚持在推出前先行制定管理、操作规程和会计处理办法，以控制操作风险；三是将金融风险控制模型注入集团产业，全面构建集团产业资金风险控制体系，提高整体风险防范能力；四是借力外资银行、知名基金公司、房地产行业金融专家，搭建了房地产项目资金运作模式；五是搭建了房地产全面预算与风险管控模式，实现了资金低风险前提下的效益最大化。

【精神文明建设】 2008 年，海尔财务公司扎实推进思想道德建设，努力提高干部职工思想道德素质。一是制定了周密的学习计划，组织员工进行学习；二是积极向灾民伸出热情援手，及时捐赠 2200 万，帮助灾区人民重建家园。

【金融大事记】 7 月 海尔财务公司与万向财务公司承办了中财协华东分会金融政策形势与发展对策研讨会。

11 月 3 日 银监会党委书记、主席刘明康一行，在青岛银监局局长陈育林的陪同下到海尔参观指导，并对财务公司的业务开展给予了高度评价。

海尔财务公司全球外汇资金集中管理项目获准实施。

(孙晓丽)

六、金融院校

山东轻工业学院金融职业学院

【第一负责人简介】 唐宴春，女，1951年6月生，山东省龙口市人，大学文化程度，共产党员，教授。1971年9月在山东黄县参加工作，1973年9月至1975年8月在山东财政学校学习，毕业后留校任教。1976年10月调入山东银行学校，历任教研室副主任、主任、副校长等职务。2001年6月，组建山东轻工业学院金融职业学院后任副院长，党委成员。2002年12月任党委副书记，副院长，主持学院行政工作。2004年3月至今任山东轻工业学院金融职业学院院长。

【综述】 山东轻工业学院金融职业学院（以下简称“山轻金融学院”）前身是成立于1948年的原山东银行学校，隶属中国人民银行。2001年6月，经鲁编办（2001）49号文件批准，整建制划转到山东轻工业学院，组建金融职业学院，实行二级法人管理体制。学院设置金融学、会计学、财务管理、法学、市场营销、信息管理与信息系统、金融保险、投资理财、计算机应用技术等9个专业，全日制在校生1630人。现有教职工221人，其中在职职工155人，离退休职工66人。118人拥有教师资格证书，37人具有硕士以上学位，占比27%。其中，教授6人，副教授35人，讲师54人，具有高级职务教师占比35%。

该院占地面积64000平方米，建筑面积32306平方米，教学仪器设备价值831.26万元，校园网、语音室、多媒体教室、计算机室、专业实验室、体育场地等教学服务设施齐全。2008年，该院在学生培养方面突出知识－能力－素质的整体优化，推行双证书培养模式（毕业证书＋职业资格证书），毕业生一次性就业率91.36%。

【教学工作】 2008年，山轻金融学院将教学工作作为人才培养的中心环节。一是新增设计算机应用技术专业，并按要求制定了该专业的人才培养方案；二是修改和完善了教学管理有关文件，根据培养目标的要求，制定各年级的教学计划，并通过各教学单位组织落实；三是注重学生实践能力的培养，根据社会需求状况，在新修订的九个专业人才培养方案中，增加了学生选修的课程；四是组织完成了各专业有关课程的实验教学大纲和教学计划，并采取相应措施促进实践教学体系的建立；五是加强命题和考试环节的管理，做好试卷复查及试题的分析评价工作；六是完善学生评教办法，落实教学研讨、教学观摩、教案检查、集体备课、抽查听课等措施，把授课质量与教师的各项评定直接挂钩；七是积极开展第二课堂活动，组织各类学术讲座30余次，演讲、辩论、键盘录入、点钞等各类技能比赛50余次，丰富实践教学内容；八是图书采购投入资金10.3万元，采购图书6744册、订购期刊384种，报纸49种，装订过期报纸179册，目前图书馆馆藏图书16.76万余册。

【内部管理】 2008年，山轻金融学院一是对新进人员全面落实了聘用制，拟定编内人员的岗位设置方案上报教育厅和人事厅审批；二是职称评审推荐工作坚持公平、公正、公开的原则，有15人通过了省教育厅组织的各类专业技术职务的评审；三是增补2名副院长、1名院长助理，提高领导班子的决策能力和领导水平；四是通过教师在职培训，改善教师队伍的知识和学历结构，提高科研能力和教学水平；五是学生管理工作着力提升学生的学习、创造、实践和自律能力，关注特困生群体，建立贫困生档案，做好心理咨询，完善贫困生补助制度，提供校内勤工助学岗位79个，每月支付学生1万多元劳动报酬，为家庭困难学生办理生源地助学贷款；六是认真做好毕业生就业工作，定期分析就业形势，对毕业生进行就业心理及自我定位的辅导，组织教师外出推荐毕业生，反馈用人单位信息，先后有中信银行、中国银行、农信社、各地市邮储银行等单位到学校举办了专场招聘会；七是加强预算管理，严格执行财务会计制度和各项收支标准，并通过了省审计厅对学院2007年度预算执行情况的财务审计；八是与各部门负责人签订了《校园治安综合治理目标责任书》，建立全院安全防范体系，定期开展安全检查，被评为2008年度校园治安综合治理先进单位。

【成人教育】 2008年，山轻金融学院金融培训中心依托金融高校的教学条件和优秀师资，学术氛围浓厚，为全省农信社和部分商业银行举办培训班12期，1500多人次，累计120余天，增加了学校可利用资源。

【科研工作】 2008年，山轻金融学院一是承担省金融学会科研课题2项，《地方社会信用信息收集与评价体系建设研究》荣获一等奖；二是与兄弟学校合作共同承担省级科研课题《山东省县域可持续发展研究》，现已结题；三是在省级以上刊物共发表自然、社科类论文43篇，其中核心期刊16篇；四是主编和参编各种各类教材4本，并已出版发行。

【思想政治工作】 2008 年，山轻金融学院一是举办基层党组织培训班，探索新形势下基层党组织发挥政治核心作用、提高工作水平、规范党员发展工作的方法与途径；二是党校教育实行分层次办学，共培训入党积极分子和党员发展对象 200 余人；三是组织为四川地震灾区交纳特殊党费，174 名党员交纳特殊党费 8 万余元；四是加强领导班子自身建设，健全中心组学习制度，开展了各种形式的党风党纪教育；五是抓好党风廉政建设和反腐败工作，重点加强对基建维修工程、物资采购、图书采购、教材采购等环节的招投标管理和监督，推进院务和财务公开；六是认真抓好学生党员培养和发展工作，发展学生党员 68 名；七是加强辅导员队伍建设，探索中层领导干部联系班级工作的新机制；八是开展形式多样的校园文化活动，拓展社会实践活动领域，增强学生社会责任感，营造健康、和谐、向上的校园文化氛围。

（田清正）

第八部分

区域性金融运行报告
——鲁中地区

济南市

【经济金融简况】 2008年，济南市全年社会劳动生产率人均82482元，增长12.1%，非公有制经济增加值1237.7亿元，增长18.4%，占生产总值的41.0%；该市金融运行平稳，其主要特点：

一、信贷资金实力进一步增强，存贷款总量分别突破5000亿元和4000亿元。截至年末，全市银行业金融机构各项外汇存款余额5.73亿美元，同比多减0.65亿美元；外汇贷款余额8.71亿美元，较年初减少2.74亿美元，多减6.92亿美元。

二、企业融资渠道进一步拓宽。截至年末，银行承兑汇票余额906.20亿元，较年初新增325亿元，同比多增396.90亿元；发行短期融资券103.3亿元，多发33.3亿元，余额133.3亿元，发行额与余额均列全省首位；重汽集团获准发行50亿元中期票据，成为济南市首家成功发行中期票据的企业。

三、信贷资源配置结构进一步优化。截至年末，全市第一、二、三产业贷款余额分别为103.60亿元、1748.84亿元和1906.61亿元，较年初分别增加9.92亿元、317.44亿元和104.58亿元；个人消费贷款余额301.37亿元，增加46.33亿元。

四、国有商业银行贷款增长快于股份制银行和地方法人金融机构贷款增长。截至年末，国有商业银行贷款余额1521.11亿元，较年初增加225.40亿元，占全部贷款增量的46.43%；股份制商业银行贷款余额1558.27亿元，增加207.80亿元，占42.81%；地方法人金融机构贷款余额530.73亿元，增加68.67亿元，占14.15%。

五、金融机构效益稳步提高。截至年末，全市金融机构人民币业务累计实现盈利83.5亿元，同比增盈14.3亿元，增长20.7%；国有商业银行、股份制、市商行、农村合作机构实现利润同比分别增长37.9%、14.1%、15%和6.4%，国有商业银行利润增长高出股份制银行23.8个百分点。

【货币政策实施】 2008年，中国人民银行济南分行营业管理部(以下简称"人行济南分行营管部")根据国家货币政策变化，适时调整工作着力点，保持了金融稳定健康运行。其主要工作：

一、深入理解国家宏观调控政策意图，积极做好与经济社会发展相结合的文章。一是制定了贯彻落实货币信贷政策，促进济南市经济科学和谐、率先发展的七条指导意见；二是结合济南市促进经济社会发展重点，出台了"九个加快、九个促进"的信贷工作指导意见，市长张建国与人行济南分行行长杨子强分别做出重要批示，给予充分肯定。

二、加强协调配合，提高政、银、企合作的实效性。一是与市金融办、经委等部门联合召开"优化金融环境银企合作推进会"，共推介项目448个，签约贷款和授信金额183.5亿元，达成贷款和授信意向405.7亿元；二是整理汇编了全市金融机构现有中小企业融资金融产品216个；三是调整放宽辖内法人金融机构的信贷投放规划，新增优先支持中小企业和"三农"信贷额度的政策；四是农信社涉农贴现票据优先办理再贴现，全年累计办理再贴现5183万元，发放支农再贷款2.4亿元。

三、加强监测分析，积极发挥参谋助手作用。一是充分整合金融统计、经济监测等各项资源，建立了该市与省内及全国副省级城市经济金融指标对比的统计数据框架；二是推动政府出台了《关于促进中小企业又好又快发展意见》，会同市建委、财政局等部门出台了《关于保持房地产市场稳定健康发展的意见》。

四、加大金融宣传力度。一是开展"弘扬货币知识，喜迎奥运盛世"、"推进政务公开构建和谐金融"、"迎奥运放心用卡安全支付"等宣传活动；二是在《济南日报》头版宣传报道了分行营管部适度宽松货币政策、支持该市经济平稳较快增长的工作措施，强化了影响作用。

五、努力维护辖区金融稳定。加强对辖内法人机构的风险监测，建立了典型风险分析和每周风险监测制度，对法人机构经营变化情况及受经济波动影响情况进行风险提示，确保了辖区金融稳定。

【金融服务】 2008年，人行济南分行营管部寓监管于服务，进一步加大金融服务工作创新力度，不断提高金融服务工作水平。

一、做好抗震救灾支付工作，加强奥运期间支付环境建设。一是建立了同城结算、支付系统和财政抗震救灾资金拨付"绿色通道"；二是将非现金支付工具作为奥运支付环境建设的着力点，大力推广银行本票业务，全辖共签发25241笔，金额103.21亿元；三是加大农民工银行卡推广力度，交易量达到18901笔，金额2752万元，居全省前列。

二、进一步提高国库服务水平。一是建立由国库直接办理残疾人就业保障金征缴业务的新模式；二是督促协助市财政局对650家一般预算单位收款账户信息进行核查、清理，提高预算资金使用效率。

三、进一步提高人民币管理和服务水平，夯实反洗钱工作。一是在市中区7个街道办事处的10个社区建立了济南市首批反假货币工作站；二是向市政府写出了《关于市公交总公司零币票款缴存问题的报告》，提出了"尽快启动'市政一卡通'"工作的意见建议；三是上报分行可疑交易与行为9项，其中4项经分行调查后移交公安部门，为打击洗钱犯罪提供了重要线索。

四、进一步改进征信服务。一是在济南金融网设立了"贷

济南市经济主要统计指标

指标 \ 年度	2004	2005	2006	2007	2008	2008年同比增幅（%）
土地面积（平方公里）	8177	8177	8177	8177	8177	0
人口（万人）	590	597.4	603	604.85	603.99	-0.14
非农业人口（万人）	301.4	330.3	338.6	--	--	--
地区生产总值（亿元）	1619	1876.5	2185.1	2554.3	3017.42	13.0
第一产业（亿元）	118.7	132.4	145.1	150.3	175.01	5.0
第二产业（亿元）	742.4	864	1001.8	1163	1330.68	10.1
工业（亿元）	616.8	734.0	861.5	999.4	1140.14	10.7
建筑业（亿元）	81	130.0	140.3	163.6	190.54	5.5
第三产业（亿元）	757.8	880.1	1038.2	1241	1511.73	16.8
人均地区生产总值（元）	27610	31604	36394	42171	45724	12.90
地区生产总值构成（%）	100	100	100	100	100	--
第一产业（%）	7.5	7.1	6.6	5.88	5.80	-0.08
第二产业（%）	45.1	46	45.9	45.53	44.10	-1.43
第三产业（%）	47.4	46.9	47.5	48.58	50.10	1.52
财政总收入（亿元）	377.82	380.75	463.5	758.63	922.6	20.4
地方财政收入（亿元）	89.47	106.01	128.4	157.02	186.0	18.5
财政总支出（亿元）	--	--	--	--	--	--
地方财政支出（亿元）	101.51	120.67	145	180.07	221.5	23.1
全社会固定资产投资（亿元）	651.33	856.9	1016.8	1151.7	1415.3	23.3
规模以上固定资产投资（亿元）	547.53	724.42	932.25	869	994.1	14.4
规模以下固定资产投资（亿元）	92.07	132.58	84.52	89.53	147.1	64.30
房地产开发（亿元）	110.2	121.1	160.1	193.2	274.1	41.87
进出口总值（亿美元）	30.5	37.62	43.89	62.18	80.27	29.1
出口总值（亿美元）	13.7	17.78	24.39	34.35	45.97	33.8
实际利用外资（亿美元）	7.94	5.1	6.34	5.61	8.64	54.01
社会消费品零售总额（亿元）	621	807.9	939.3	1103.1	1356.7	23.0
居民消费价格指数（%）	102.5	101.1	100.9	103.9	105.69	1.82
城市居民人均可支配收入（元）	12005	13578	15340	18005.1	20802.2	15.5
农民人均现金收入（元）	4116	4812	5480	6300.1	7180.2	14.0

注：上表中数据均按照统计局公布的数据填写。

济南市工农业主要统计指标

农业主要统计指标（万吨）				规模以上工业企业主要统计指标（亿元）			
项目 \ 年度	2007 年	2008 年	增幅(%)	项目 \ 年度	2007 年	2008 年	增幅（%）
粮食	268	281.5	5.0	工业增加值	930.3	1095.0	17.70
夏粮	114.6	123.2	7.5	国有工业	84.45	155.99	84.71
秋粮	153.4	158.3	3.2	集体工业	40.45	39.13	-3.26
棉花	3.6	3.5	-0.7	股份制工业	473.74	529.47	11.76
油料	5.8	5.9	2.2	股份合作制工业	6.19	5.95	-3.88
水果	44.9	45.3	1.0	外商及港澳台投资工业	80.73	89.65	11.05
蔬菜	691.8	548.4	5.0	轻工业	179.96	228.5	26.97
肉类	40.3	36.2	9.5	重工业	750.36	866.4	15.46
禽蛋	48.4	35.3	1.0	销售收入	3111.2	3704.0	19.05
奶类	30.1	28.2	9.6	利税	332.3	361.9	8.91
水产品	3.98	4.09	2.8	利润	176.6	180.0	1.93
森林覆盖率（%）	26.6	27.8	1.2	经济效益综合指数（%）	260	278.2	7.0

注：上表中“2008 年”和“增幅”均按照统计局公布的数据填写。

济南市主要金融机构负责人

单位名称	行长（或其他称谓的第一负责人）	副行长（或其他称谓的同级领导）
人行济南分行营业管理部	李建文	王珏琰　崔玉林　黄　磊　孙国强　刘其恒
农发行山东省分行营业部	石寿江	祝曙光　李　慧
工行山东省分行营业部	王跃民	张　杰　玄克忠　朱岩峰　刘　静　杨景泉　于洪春　杨　峰　王　波
农行山东省分行营业部	益　虎	陈贵江　张宜霞　孙延风　袁朝阳　李登才
中行济南分行	李　光	王述曦　李元作　王传明　聂　林　房泽壮　张述明　仲维功　李栋柱
建行山东省分行济南经营管理部	李建平	张凌波　王振祥　魏兴华　孙　娜
济南市商行	邱云章（董事长）　郭　涛（行　长）	张苏宁　王洪业　赵学金　张常平　贾汉忠　张志高　柴传早　李迎春　毛芳竹　张　华
威海商行济南分行	赛志毅	凌　伟　谢　磊
青岛银行济南分行	王卫民	刘同刚　张甲富

续表

单位名称	行长（或其他称谓的第一负责人）	副行长（或其他称谓的同级领导）
农信社济南市办事处	李　毅	张洪堂　杨　艳　吕鸿献
邮储银行济南市分行	路　滔	李建新　刘　欣
人民保险公司济南市分公司	何　晓	步　明　张志波　王桥军
人寿保险公司济南市分公司	李国栋	杨守林　彭庆刚　刘子强
平安人寿保险公司济南分公司	潘　亮	胡海梅　童　燚

济南市金融业务统计指标

指标（亿元） \ 年度		2004	2005	2006	2007	2008	2008 年同比增幅（%）
银行类	本外币存款余额	3038.64	3527.45	4064.23	4104.24	5075.96	23.68
	人民币存款余额	2991.13	3483.34	4024.62	4062.43	5036.81	23.98
	企业存款	992.86	1106.69	1333.04	1567.19	1936.17	23.54
	储蓄存款	870.55	1024.42	1182.57	1266.66	1588.53	25.41
	定期储蓄存款	594.86	703.34	802.80	837.23	1081.14	27.97
	活期储蓄存款	275.68	321.08	379.77	429.43	507.10	18.09
	本外币贷款余额	2905.19	3335.44	3845.79	3762.46	4176.39	11.00
	人民币贷款余额	2829.94	3259.86	3788.42	3678.27	4116.68	13.20
	短期贷款	1094.50	1240.49	1417.10	1618.70	1762.04	11.07
	工业贷款	411.65	445.87	529.81	603.36	685.20	15.05
	商业贷款	173.63	173.55	168.36	185.96	130.88	-18.88
	农业贷款	75.47	79.30	90.11	108.44	120.17	13.95
	中长期贷款	1121.20	1410.58	1552.34	1805.85	1971.80	9.77
	基本建设贷款	664.53	779.54	888.61	978.07	1058.86	8.68
	技术改造贷款	30.32	40.08	33.26	36.85	19.82	-46.19
	票据融资	223.07	322.43	413.06	251.11	379.87	51.28
	现金收入	4282.9	4716.28	5595.62	5998.45	6005.19	0.11
	现金支出	4178.8	4630.37	5494.15	5893.23	5889.14	-0.07
	现金投放（+）回笼（-）	-108.2	-98.34	-108.63	-105.22	-116.05	10.29
	当年结益	47.76	50.95	48.36	69.64	88.57	27.18
保险类	保险公司保费收入	38.04	39.33	50.48	63.97	85.28	33.32
	财险收入	7.73	8.89	10.93	15.78	17.47	10.70
	寿险收入	30.30	30.44	39.56	48.19	67.81	40.72

续表

指标（亿元）＼年度		2004	2005	2006	2007	2008	2008年同比增幅（%）
保险类	保险公司赔款和给付支出	7.11	8.80	13.17	18.13	20.51	13.14
	财险赔款	4.58	5.96	7.91	7.81	9.69	24.05
	寿险给付	2.54	2.84	5.25	10.32	10.82	4.88
	当年结益	--	--	--	--	--	--
证券类	证券市场成交总额	2349.15	1806.65	2855.66	7746.94	4247.92	-45.17
	投资者保证金余额	--	17.82	37.19	100.31	53.14	-47.02
	佣金收入	--	--	--	48.02	28.87	-39.88
	净利润	--	--	--	37.83	14.02	-62.94

注：上表中“保险类”和“证券类”数据分别由济南市保险业协会和山东省证监局提供。

济南市金融机构统计指标

指标（个）＼年度		2004	2005	2006	2007	2008	2008年同比增幅（%）
银行类	法人机构	174	162	149	148	146	-1.35
	省级分行	--	--	--	--	1	--
	二级分行	1	1	1	1	7	600
	县区支行	179	180	242	240	254	5.83
	分理处、营业所	542	542	479	599	616	2.84
	储蓄所	134	117	79	85	70	-17.65
	从业人员总数	13202	13134	12932	15917	16972	6.63
保险类	保险机构	53	59	69	87	102	17.24
	财险机构	27	30	37	54	63	16.67
	省级分公司	--	--	--	--	--	--
	地市分公司	5	8	11	16	20	25
	县区支公司	22	22	26	38	43	13.16
	寿险机构	26	29	32	33	39	18.18
	省级分公司	--	--	--	--	--	--
	地市分公司	6	9	12	13	19	46.15
	县区支公司	20	20	20	20	20	0
	从业人员总数	13711	14206	14931	20348	25305	24.36
	财险人员	1174	1898	1677	4044	5016	24.04
	寿险人员	12537	12308	13254	16304	20289	24.44

续表

指标（个） \ 年度		2004	2005	2006	2007	2008	2008年同比增幅（%）
证券类	证券机构	35	36	36	39	39	0
	证券公司	2	2	1	1	1	0
	证券营业部	30	31	32	35	36	2.86
	证券服务部	3	3	3	3	2	-33.33
	从业人员总数	--	--	--	745	895	20.13
	投资者开户	--	54.78	55.54	88.34	103.54	17.21
	境内上市股票支数	18	20	19	20	23	15
	境外上市股票支数	2	2	2	3	6	100
	辖区上市公司总数	20	20	19	21	27	28.57

注：上表中“保险类”和“证券类”数据分别由济南市保险业协会和山东省证监局提供。

济南市主要金融机构业务概况

单位：亿元

单位名称	人民币存款余额	企业存款	储蓄存款	人民币贷款余额	短期贷款	中长期贷款
农发行山东省分行营业部	7.69	6.39	--	42.28	41.38	0.89
工行山东省分行营业部	764.90	211.54	317.50	659.15	160.81	416.49
农行山东省分行营业部	580.59	239.08	265.23	361.25	110.64	189.85
中行济南分行	282.28	183	88.82	132.94	59.92	72.04
建行山东省分行	653.10	231.09	260.99	367.76	67.93	250.88
济南市商行	433.71	212.71	99.94	281.39	142.12	91.38
农信社济南市办事处	318.73	20.05	244.32	249.34	206.72	3.43
邮储银行济南市分行	78.56	2.90	75.46	1.92	1.90	0.03

济南市各县级区域经济金融主要统计指标

名称	人口（万人）	面积（平方公里）	地区生产总值（亿元）	地区生产总值增速（%）	本外币存款余额（亿元）	储蓄存款（亿元）	本外币贷款余额（亿元）
章丘市	100.83	1855	374.40	14.10	184.36	132.29	100.74
平阴县	37.10	827	135.41	24.67	43.21	29.48	23.80
济阳县	54.42	1076	141.04	16.00	42.43	32.02	20.38
商河县	60.98	1162.90	71.42	24.12	37.96	28.46	19.12

款卡报备校验平台”,实现了贷款卡网上集中年审;二是采集了6366户中小企业信用信息并纳入征信系统,支持212户中小企业获得银行融资13.2亿元。

五、严格依法行政,树立央行监管工作权威。一是实施空头支票行政处罚667起,处罚金额277.7万元;二是先后对辖内116家机构网点现金收付业务进行现场检查,并对各类违规违法问题做出处罚,共计罚款32.1万元,督促落实整改意见209条,维护了辖区良好的金融秩序。

【精神文明建设】 2008年,全市金融机构以构建和谐金融为目标,以开展行风建设活动为载体,以作风建设为核心,全面建设高素质干部队伍。

一、人行济南分行营管部积极开展“提高服务效率,树立央行形象”活动;工行山东省分行营业部启动了品牌金条业务,并相继开展了“牡丹信用卡,新年送贺礼”和“信用卡消费百日促销活动”;农行山东省分行营业部启动了济南市“文明践行我带头,文明单位在行动”活动,引起了社会广泛关注。

二、全面落实“六个倡导”、“六个不准”的行为规范,完善职工自我约束机制。在对外服务部门,开展了“党员示范岗”、“女职工示范岗”、业务工作“零违规”和对外服务“零投诉”等服务竞赛活动。

【金融大事记】 1月20日 山东省金融城市网改造工程实施期间相关业务系统停运及重启工作顺利完成。

1月29日 建行山东省分行与济南市小清河开发建设投资有限公司签署战略合作协议。

2月8日 人行济南分行党委委员、副行长李建文兼任营管部党委书记、主任。

3月 人行济南分行营管部荣获人行济南分行“委托管理资产处置工作贡献突出单位”荣誉称号,在济南市残疾人联合会第5次代表大会上,被授予“济南市扶残助残先进集体”,营业室被总行认定为总行级“女职工文明示范岗”。

3月11日 农行山东省分行营业部举办金钥匙财富管理中心和保管箱业务揭牌仪式。

3月19日 济南市商业银行首家异地分行聊城分行开业。

3月20日 中国邮政储蓄银行济南市分行挂牌成立。

4月9日 人行济南分行营管部与市政府有关部门承办的“2008济南优化金融生态环境银企合作推进会”在南郊宾馆举行。

4月10日 建行山东省分行与济南市旧城改造投资运营有限公司签署授信合作协议。

5月 人行济南分行营管部组织开展向灾区爱心捐助活动3次,480名职工和离退休人员捐款21.56万元,339名党员交纳特殊党费20.35万元,济南市商行累计捐款188万元。

7月12日 工行山东省分行营业部正式成功投产全功能银行系统NOVA2.6.1版本和运行管理专业NOVA2.6.2版本。

7月30日 人行济南分行营管部在市中区舜玉街道办事处举行了“济南市反假货币宣传工作站授牌仪式”,正式建立了济南市首批反假货币工作站。

8月3日 青岛银行济南分行正式营业。

8月29日 农行山东省分行营业部在商河县玉皇庙、白桥、贾庄等乡镇成功发行首批惠农卡。

8月 济南市商行全国统一客户服务号码4006096588正式开通。

9月 济南市商行入选“2008年中国服务业企业500强”,名列第345位。

11月17日 市委常委、市长张建国在人行济南分行营管部报送的专报件《抓住机遇 迎接挑战全市银行行长联席会议提出落实适度宽松货币政策“九个加快、九个促进”工作措施》上做出重要批示。

11月18日 市政府张建国市长、张宗祥副市长率市经济主管部门主要负责人到分行营管部进行调研。

11月26日 建行首张结算通联名卡“盖世龙卡”在济南举行首发仪式。

11月30日 济南市商行天津分行开业,成为山东省首家实现跨省经营的城市商业银行。

12月17日 济南市政府与建行山东省分行在山东大厦举行战略合作协议签字仪式,根据合作协议,向济南市提供300亿元人民币金融支持。

12月19日 工行山东省分行营业部隆重举行乔迁银泉大厦庆典仪式,同时首家财富管理中心舜井财富管理中心正式启动。

12月22日 山东省精神文明建设委员会发布《关于命名表彰2008年度省级文明单位的决定》,分行营管部被命名为“省级文明单位”。

12月31日 人行济南分行营管部被评为人行济南分行央行文化建设先进单位。

章丘市

【经济金融简况】 2008年,章丘市全年规模以上工业企业达到427家,销售过亿元的企业达到100家,为更快更好的发展奠定了基础;金融部门认真贯彻适时调整货币政策,积极进行产品创新应对国际金融危机造成的影响,确保了全市经济的健康平稳运行。

截至年末,金融机构综合存贷比为54.64%,不良贷款(五级分类)余额8.18亿元,占各项贷款的8.12%,同比降低5.87个百分点;银行类金融机构11家,营业机构147家,从业人员1326人;保险营业机构28家,从业人员2047人,保费收入4.16亿元,增加1.14亿元,增长37.63%。

章丘市主要经济金融指标

经济指标	2007	2008	经济指标	2007	2008
土地面积（平方公里）	1855	1855	地方财政支出（亿元）	22.35	25.06
人口（万人）	100.38	100.83	全社会固定资产投资（亿元）	219.46	190.09
非农业人口（万人）	16.59	--	固定资产投资增速（%）	12.25	-13.38
地区生产总值（亿元）	320.53	374.40	进出口总值（万美元）	18000	25500
地区生产总值年增速（%）	18.93	14.10	出口总值（万美元）	18000	25500
第一产业（亿元）	38.18	42.10	实际利用外资（万美元）	5800	40200
第二产业（亿元）	174.20	203.10	社会消费品零售总额（亿元）	113.22	140.48
第三产业（亿元）	108.15	129.2	居民消费价格指数（%）	--	--
财政总收入（亿元）	28.67	33.69	人均地区生产总值（元）	32003	37215
地方财政收入（亿元）	17.91	20.03	城镇居民可支配收入（元）	11353	13267
财政总支出（亿元）	22.35	25.06	农民人均现金收入（元）	7051	8110
金融指标（亿元）	**2007**	**2008**	**金融指标（亿元）**	**2007**	**2008**
本外币存款余额	146.51	184.36	财险收入	2720	2171
企业存款	20.95	25.03	寿险收入	27516	39470
储蓄存款	103.56	132.29	财险赔款	1792	1662
本外币贷款余额	81.71	100.74	寿险给付	10723	11091
短期贷款	48.76	55.14	证券市场交易总额	--	--
中长期贷款	28.78	34.16	投资者保证金余额	--	--
票据融资	4.17	11.42	证券交易佣金收入	--	--

章丘市主要金融机构负责人

单位名称	行长（或其他称谓的第一负责人）	副行长（或其他称谓的同级领导）
人行章丘市支行	鹿　伟	赵黎明　吕　萍　赵延东
银监会章丘市办事处	马印忠	王振斌
农发行章丘市支行	张　宏	张光华　郝　冰
工行章丘支行	穆庆军	赵正旭　庞会伟　王鲁勃
农行章丘市支行	万宪钢	马　峰　朱成军
中行章丘支行	林　良	王　涛　任慧峰　李文菊
建行章丘支行	刘廷涛	王绍鹏　李枝玖　张学松
济南市商行章丘支行	韩明垒	
交行章丘支行	王　群	刘春霞　徐　勇
章丘市农信联社	张而诗	徐庆三　任成常　唐　军　李　哲
邮储银行章丘市支行	丁　健	宋长瑜

章丘市主要金融机构业务概况

单位：亿元

单位名称	本外币存款余额	企业存款	储蓄存款	本外币贷款余额	短期贷款	中长期贷款
农发行章丘市支行	0.35	0.30	--	1.39	1.39	0
工行章丘支行	23.38	4.81	13.19	25.10	4.18	20.92
农行章丘市支行	40.75	5.52	31.85	5.50	3.57	0.71
中行章丘支行	9.51	4.22	4.98	5.97	2.70	2.42
建行章丘支行	19.32	5.08	10.06	11.51	0.62	2.96
济南市商行章丘支行	4.75	1.87	1.35	4.92	2.30	1.23
交行章丘支行	5.15	1.38	0.40	0.76	0.73	0.03
章丘市农信联社	58.95	1.56	51.62	45.24	39.31	0.01
邮储银行章丘市支行	19.22	0.30	18.84	0.35	0.35	0

【金融发展与改革】 2008年，章丘市金融业发展继续保持快速增长势头，经济与金融互动性进一步增强，信贷资产质量和银行经营效益明显提高，实现盈余3.01亿元；同时该市被确定为省农村经济金融改革试点县(市)之一。

【金融服务与监管】 2008年，人行章丘支行继续推进金融生态环境建设，健全货币政策传导机制，支持地方经济快速健康发展。

一、积极推进农村信用体系建设。成立体系建设和金融工作协调领导小组，对信用示范乡镇、社区、村和信用示范户集中表彰。

二、进一步完善以“监测、分析、引导”为主要内容的货币政策传导机制，着力提高货币政策的实施效应。一是完善了经济金融运行分析制度，完善了与统计、经贸、发展规划局等部门的信息资料交流和经济金融形势分析季度例会制度；二是增进联系，进一步扩大监测工作对经济金融运行的覆盖面；三是引导农信社找准信贷支农重点，加强生源地助学贷款宣传，提高社会对助学贷款的认知度。

三、搭建银政企合作平台，加大对地方经济的支持力度。定期组织金融联席会议，制定《章丘市金融部门支持地方经济发展的指导意见》和《政府支持金融业发展的指导意见》，促进优质项目与信贷资金的有效衔接，实现政府、银行、企业共赢。

平阴县

【经济金融简况】 2008年，平阴县规模以上工业企业达到143家，实现销售收入211.66亿元，利税30.45亿元。

该县银行存款增长较快，同比增加9.70亿元，创历史新高，增长22.44%，同比提高16.31个百分点；银行贷款出现负增长，同比减少1.02亿元，下降12.76个百分点。

【金融发展与改革】 2008年，平阴县金融部门以科学发展观为指导，稳步推进农村金融改革，有力地促进了经济金融平稳较快发展。

一、货币政策传导效果明显，金融生态环境进一步优化。一是协助县财政局修订了《金融机构信贷投入考核奖励暂行办法》，为增加银行信贷投入奠定了基础；二是县政府办公室转发了县人行《关于信用户、村、镇评定试点工作实施方案的通知》，并在孔村镇举行启动仪式，形成了政、银、企、社共同关注、积极参与的良性格局。

二、新金融机构入驻，金融改革稳步推进。一是邮储银行平阴县支行成立，济南商行平阴支行设立；二是县农行开办惠农卡业务，累计营销3320张、授信0.15亿元、发放贷款0.11亿元；三是做好成立“三农”事业部的准备工作，加强人员培训，简化贷款评级、授信和审批程序，同时做好股改工作，并剥离不良资产0.39亿元。

三、保险对经济的补偿作用不断提高。人保财险公司开办的政策性奶牛保险、生猪保险和小麦保险进展顺利。

【金融服务与监管】 2008年，人行平阴县支行认真落实国家调控和货币政策，有效提高履行基层央行职责的能力。

一、加强专项票据兑付后的农信社监测考核。一是完成了季度监测和年度监测考核报告，开展了存款准备金、支农再贷

平阴县主要经济金融指标

经济指标	2007	2008	经济指标	2007	2008
土地面积（平方公里）	827	827	地方财政支出（亿元）	5.86	7.37
人口（万人）	36.87	37.10	全社会固定资产投资（亿元）	52.83	65.31
非农业人口（万人）	9.94	10.08	固定资产投资增速（%）	18.69	23.62
地区生产总值（亿元）	108.61	135.41	进出口总值（万美元）	21301	37355
地区生产总值年增速（%）	20.12	24.67	出口总值（万美元）	21301	37355
第一产业（亿元）	15.00	17.36	实际利用外资（万美元）	520	1011
第二产业（亿元）	65.41	83.94	社会消费品零售总额（亿元）	35.03	43.56
第三产业（亿元）	28.20	34.11	居民消费价格指数（%）	--	--
财政总收入（亿元）	6.46	9.24	人均地区生产总值（元）	29506	36612
地方财政收入（亿元）	3.56	5.61	城镇居民可支配收入（元）	9908	11165
财政总支出（亿元）	6.50	9.64	农民人均现金收入（元）	5854	6766
金融指标（亿元）	**2007**	**2008**	**金融指标（亿元）**	**2007**	**2008**
本外币存款余额	43.21	52.91	财险收入	0.12	0.09
企业存款	8.06	9.97	寿险收入	0.55	0.94
储蓄存款	29.48	36.58	财险赔款	0.08	0.08
本外币贷款余额	23.80	22.39	寿险给付	0.21	0.25
短期贷款	14.08	14.18	证券市场交易总额	--	--
中长期贷款	3.53	3.51	投资者保证金余额	--	--
票据融资	6.16	4.66	证券交易佣金收入	--	--

平阴县主要金融机构负责人

单位名称	行长（或其他称谓的第一负责人）	副行长（或其他称谓的同级领导）
人行平阴县支行	李　杰	程业群　李明强　生士海
银监会平阴县办事处	伊　勇	
农发行平阴县支行	岳　峰	王爱平　陈家宝
工行平阴支行	郭瑞刚	曹红旗　戴晓梅　闫统亮
农行平阴县支行	王兴洲	孟　涛　马守和
中行平阴支行	任发平	毕恒元
建行平阴支行	王帮林	张建军　刘　虎
济南市商行平阴支行	王光明	
平阴县农信联社	张行举	周　力　苏广军　李忠臣　苏　平
邮储银行平阴县支行	郭志柱	解培军

平阴县主要金融机构业务概况

单位：亿元

单位名称	本外币存款余额	企业存款	储蓄存款	本外币贷款余额	短期贷款	中长期贷款
农发行平阴县支行	0.06	0.06	—	0.65	0.65	0
工行平阴支行	6.51	1.10	4.50	1.55	0.76	0.79
农行平阴县支行	11.66	3.78	6.40	3.19	1.50	1.68
中行平阴支行	6.27	2.64	3.37	1.13	0.67	0.46
建行平阴支行	4.60	1.50	2.50	3.71	0.20	0.45
济南市商行平阴支行	1.22	0.59	0.25	0.01	0.01	0
平阴县农信联社	15.04	0.30	13.59	11.99	10.25	0.12
邮储银行平阴县支行	6.01	—	6.01	0.16	0.15	0.01

款和改革进展情况专项检查；二是县农信社不良贷款与资本充足率同比分别下降7.46和5.71个百分点。

二、加强履行服务职能。一是开展农民工银行卡特色服务宣传，认真履行反洗钱职责，并对县农行反洗钱工作自律评估情况进行了抽查；二是加强货币金银管理，举办特殊残缺、污损人民币和货币真伪识别培训班，并开展了反假货币集中宣传月活动；三是上线运行了《服务贸易外汇资金流入动态监测系统》、《直接投资外汇业务信息系统》，为外向型经济发展提供了良好服务。

三、发挥信息服务与领导决策作用。2008年报送各类信息材料96篇，被县有关部门和上级行采用50篇，人行平阴县支行信息工作位居前列。

济阳县

【经济金融简况】 2008年，人行济阳县支行认真贯彻执行适度宽松的货币政策，为辖区金融稳定和经济平稳较快增长提供了有力支持和保障。

【金融发展与改革】 2008年，人行济阳县支行密切关注涉农金融机构改革动向，不断加大支农力度，加快辖区新农村建设。一是加大对农信社改革试点情况的日常监测和季度考核工作；二是密切关注其他涉农金融机构改革动向，针对存在的问题提出相关政策建议。

【金融服务与监管】 2008年，济阳县金融机构进一步加

济阳县主要经济金融指标

经济指标	2007	2008	经济指标	2007	2008
土地面积（平方公里）	1076	1076	地方财政支出（亿元）	4.97	5.43
人口（万人）	53.92	54.42	全社会固定资产投资（亿元）	66.51	83.10
非农业人口（万人）	11.42	10.12	固定资产投资增速（%）	20.20	25.00
地区生产总值（亿元）	120.09	141.04	进出口总值（万美元）	4690	5535
地区生产总值年增速（%）	14.00	16.00	出口总值（万美元）	4690	5535
第一产业（亿元）	24.00	27.93	实际利用外资（万美元）	4100	4257
第二产业（亿元）	65.21	76.48	社会消费品零售总额（亿元）	36.90	45.90

续表

经济指标	2007	2008	经济指标	2007	2008
第三产业（亿元）	30.88	36.63	居民消费价格指数（%）	--	--
财政总收入（亿元）	7.39	9.16	人均地区生产总值（元）	22067	26097
地方财政收入（亿元）	3.50	4.20	城镇居民可支配收入（元）	10635	12013
财政总支出（亿元）	7.45	8.37	农民人均现金收入（元）	6515	8615
金融指标（亿元）	**2007**	**2008**	**金融指标（亿元）**	**2007**	**2008**
本外币存款余额	35.06	42.43	财险收入	0.17	0.21
企业存款	4.61	5.17	寿险收入	0.87	1.33
储蓄存款	25.60	32.02	财险赔款	0.08	0.11
本外币贷款余额	19.60	20.38	寿险给付	0.03	0.04
短期贷款	36.81	13.29	证券市场交易总额	--	--
中长期贷款	3.96	5.12	投资者保证金余额	--	--
票据融资	--	1.97	证券交易佣金收入	--	--

济阳县主要金融机构负责人

单位名称	行长（或其他称谓的第一负责人）	副行长（或其他称谓的同级领导）
人行济阳县支行	杜恒华	王成昆　牛传东
银监会济阳县办事处	王修功	
农发行济阳县支行	宋志勇	李传涛　于珠兴
农行济阳县支行	田　伟	王宗民　姜光福　刘红岩
中行济阳支行	王会明	董玉荣
建行济阳支行	李永富	刘永勤　孙善森
济阳县农信联社	王兆星	周学军　李修坤　崔克诚　李水清
邮储银行济阳县支行	张实强	葛庆国

济阳县主要金融机构业务概况

单位：亿元

单位名称	本外币存款余额	企业存款	储蓄存款	本外币贷款余额	短期贷款	中长期贷款
农发行济阳县支行	0.03	0.03	--	1.53	1.23	0.3
农行济阳县支行	12.97	2.06	9.93	3.65	0.05	1.63
中行济阳支行	3.81	2.09	1.60	1.60	0.46	1.14
建行济阳支行	4.45	0.88	2.37	1.54	0.09	1.45
济阳县农信联社	15.44	0.06	13.86	11.83	11.23	0.60
邮储银行济阳县支行	4.32	0.06	4.26	0.23	0.23	0

强服务，坚持服务与监管并重，不断提高效率和水平。

一、人行济阳县支行有效发挥“窗口指导”作用。一是召开全县金融工作会议，提出执行从紧货币政策、调整信贷结构、坚持有保有压和支持县域经济发展的意见；二是召开半年经济金融分析会，对全辖金融工作提出了具体意见；三是组织召开中小企业金融服务推进会、货币政策调整情况通报会，及时汇报实施适度宽松的货币政策情况；四是组织召开全县银企合作洽谈会，促成6家金融机构与95家企业达成6.38亿元贷款支持意向。

二、金融服务明显改善。人行济阳县支行一是通过履行经理国库职能，确保及时、准确地组织财政收入和支出；二是加强人民币管理和反假货币宣传，有效地维护了人民币尊严和消费者权益；三是通过建立辖区反洗钱联席会议制度，规范了金融机构反洗钱工作；四是强化企业和个人信用信息基础数据库建设，加强征信管理和宣传，提高了对征信知识的认识。

三、山东监管局济阳办事处以“抓监管、促规范，抓改革、求发展”为重心，以合规监管为基础，以风险监管为核心，以不良贷款“双降”、资本充足率达标为重点，监管与服务并重，推动了辖区的经济发展。

商河县

【经济金融简况】 2008年，商河县金融运行总体平稳。一是贷款投放力度加大，各项存款稳定增长；二是现金收入增加，全年累计实现现金收入119.78亿元，同比多增4.62亿元，增长4%，累计投放现金23203万元；三是金融机构效益良好，全县商业性金融机构实现盈利4443万元，其中国有商行盈利2765万元，同比增加810万元。

【金融发展与改革】 2008年，商河县金融改革与发展取得显著成绩，年末全辖共有金融机构7家，网点67个，分别是人行、银监局办事处，农发行、农行、建行，农信社、邮储银行，其中，邮储银行于2008年5月22日成立。

【金融服务与监管】 2008年，商河县努力提高金融监管能力和金融服务水平，强化金融企业内部管理，保障了金融稳

商河县主要经济金融指标

经济指标	2007	2008	经济指标	2007	2008
土地面积（平方公里）	1162.96	1162.90	地方财政支出（亿元）	5.48	7.33
人口（万人）	60.98	61.05	全社会固定资产投资（亿元）	12.85	18.45
非农业人口（万人）	19.71	19.90	固定资产投资增速（%）	15.00	43.5
地区生产总值（亿元）	57.54	71.42	进出口总值（万美元）	4868	5506
地区生产总值年增速（%）	3.80	24.12	出口总值（万美元）	4868	5506
第一产业（亿元）	22.10	26.34	实际利用外资（万美元）	804	1058
第二产业（亿元）	19.61	25.56	社会消费品零售总额（亿元）	25.1	31.17
第三产业（亿元）	15.83	19.52	居民消费价格指数（%）	6.5	4.2
财政总收入（亿元）	3.24	3.86	人均地区生产总值（元）	9435	11706
地方财政收入（亿元）	1.54	1.85	城镇居民可支配收入（元）	8952	10298
财政总支出（亿元）	7.64	9.96	农民人均现金收入（元）	4631	5336
金融指标（亿元）	**2007**	**2008**	**金融指标（亿元）**	**2007**	**2008**
本外币存款余额	31.74	37.96	财险收入	1000	1816
企业存款	2.59	3.34	寿险收入	8439	10687
储蓄存款	22.70	28.46	财险赔款	741	1065

续表

金融指标（亿元）	2007	2008	金融指标（亿元）	2007	2008
本外币贷款余额	15.90	19.12	寿险给付	4619	6780
短期贷款	14.81	16.80	证券市场交易总额	--	--
中长期贷款	1.08	1.68	投资者保证金余额	--	--
票据融资	--	0.64	证券交易佣金收入	--	--

商河县主要金融机构负责人

单位名称	行长（或其他称谓的第一负责人）	副行长（或其他称谓的同级领导）
人行商河县支行	任道华	吴广焕
银监会商河县办事处	曲学友	李桂华
农发行商河县支行	任　方	李德林
农行商河县支行	李曰兵	李付胜　李百秋
建行商河支行	林寿升	孙培江　王云清
商河县农信联社	刘绍旺	马秀东　李广峰　娄以奎　杨家花
邮储银行商河县支行	王以强	王玉银

商河县主要金融机构业务概况

单位：亿元

单位名称	本外币存款余额	企业存款	储蓄存款	本外币贷款余额	短期贷款	中长期贷款
农发行商河县支行	0.08	0.4	--	1.61	1.61	0
农行商河县支行	13.78	2.70	8.56	2.91	2.18	0.69
建行商河支行	2.36	0.29	1.15	0.71	--	0.70
商河县农信联社	16.80	0.14	14.39	13.68	12.79	0.28
邮储银行商河县支行	4.52	0.15	4.36	0.22	0.22	0

定和资金安全。一是完善了金融分业监管体制机制，加强监管协调配合；二是强化金融监管手段，健全金融法制；三是加强对跨区短期资本流动，以投机资本的有效监控为重点，加大了反洗钱工作力度；四是继续深入整顿规范金融秩序，确保了辖区金融业稳健、安全运行；五是强化服务职能，提高金融服务水平，保障县域经济和农村各项事业的稳健发展。

（田兆武）

淄博市

【经济金融简况】 2008年，淄博市国民经济总体呈现增长较快、价格回稳、结构优化、民生改善的发展态势；该市认真贯彻落实各项货币信贷政策，为促进全市经济继续平稳较快发展创造了良好的金融环境。

一、银行机构效益改善，抗风险能力增强。全市银行业营业收入210.3亿元，利润总额28.36亿元，同比多增13.31亿元；不良贷款余额86.51亿元，贷款不良率7.83%，下降6.19个百分点。

二、支付业务稳步增长。各金融机构通过支付系统发生业务250.02万笔、金额27165.47亿元，资金净流入408.85亿元，发起、接受金额分别是去年的1.65倍和1.71倍；支票影像中心业务量同比增长44.19%，净提出金额1.32亿元；同城票据交换系统共清算资金120.03万笔、金额1643.35亿元；办理集中代付业务50344笔、2.36亿元，集中代收业务6009笔、1616.21万元。

【货币政策实施】 2008年，人行淄博市中支认真贯彻各项货币政策，全面落实“保增长、扩内需、调结构”的要求，促进经济金融的健康发展。

一、加大“窗口指导”力度，全面落实货币信贷政策。一是结合全市实际，出台《关于做好货币信贷工作促进殷实小康和谐淄博建设的意见》；二是召开全市信贷、产业、环保政策通报会、中小企业信贷政策传导会，并组织政银企对接活动12次；三是落实信贷政策导向效果评估报告制度，召开表彰会。

二、创新工作方式，实施金融支持经济“四大工程”：一是联合市委农村工作领导小组开展“十百千万工程”，即重点支持10个特色乡镇、100个特色村，新增1000户特色种养大户、10万户小额农户贷款；二是将118家企业选入“金种子计划”并进行了重点支持，同时为企业提供资金结算、结售汇、代理、信息咨询等6方面优惠金融服务；三是支持全市重点建设项目“攻坚工程”；四是开展了进企业到居民的“信贷知识普及工程”。

三、创新金融稳定协调机制，优化金融生态环境。一是牵头组织与鲁中四地市建立金融稳定协调机制，并召开创立大会，创办《金融稳定信息交流》刊物；二是定期召开金融稳定联席会议，开展银行、证券、保险行业运行分析，加大辖内企业集团、国有银行改革、交叉性金融工具、流动性风险的监测；三是制定农村信用体系建设工作指导意见，开展征信知识和新业务的宣传与推广；四是将金融生态环境建设情况纳入各区县政府的考核系列，完善了该市银行业考核办法。

四、运用货币政策工具，加强金融市场监测。一是对辖内9家机构存款准备金缴存情况进行检查；二是对8家农信联社专项中央银行票据兑付后运营情况进行现场检查；三是对利率报备人员开展培训，做好民族用品贷款贴息工作；四是要求对历年来结算代理协议进行整理并重新备案；五是指导淄博商行做好次级债发行与申请资料的初审和上报工作。

【金融监管】 2008年，淄博市各机构强化风险监管，促进了银行业的稳健经营。全年累计处置不良贷款73.53亿元，其中现金清收14.26亿元，贷款核销9.92亿元。

一、注重风险资产核实与处置。一是督促各银行机构暴露隐性不良贷款6.92亿元，核查74笔10.66亿元，计提各项准备18.23亿元，全市资产减值准备余额38.55亿元，较年初增加8.07亿元，拨备覆盖缺口同比缩小47.15亿元，提高21.65个百分点；二是强化清收与核销，鼓励和帮助银行机构压降风险资产。

二、加强贷款集中度风险的有效压缩。一是直接化解集团客户风险约40亿元，间接化解因企业互保、连保等产生的潜在风险贷款近百亿元；二是淄博商行年末资本充足率14.2%，较年初提高3.71个百分点；三是农村合作机构全市统算资本充足率5.22%，提高7.13个百分点。

三、注重案件专项治理长效机制建设。一是突出基层网点、负债业务、票据业务等案防重点，成功堵截了多起票据类欺诈案件；二是开展对高青联社的飞行检查。全年共处理责任人185人，对两家机构罚款54万元。

【外汇管理】 2008年，淄博市外管局加强外汇管理，支持外向型经济发展。一是按月对30家重点企业召开政策通报和座谈会；二是推广运行了直接投资外汇业务信息系统；三是推动市政府将外汇局的数据作为考核各级政府利用外资完成情况的依据；四是取消了企业办理进口省内异地付汇的备案手续，办理结售汇业务的银行机构177家；五是加大对指定银行基础业务的监管力度，开展“国际收支申报无差错活动”，创造了良好的金融支持环境。

【证券市场】 2008年，淄博市全年沪深两市开户总数67万户，同比增长7.36%，证券托管市值87.67亿元，同比下降44.95%；年内证券市场融资额12.25亿元，其中联合化工上市首发3.53亿元，鲁泰公司增发9.72亿元。

【精神文明建设】 2008年，淄博市金融系统全面加强班子队伍和精神文明建设，取得了良好效果。

一、人行淄博市中支一是以素质建设为核心，以创建总行级文明单位为总抓手，提高干部职工的文明素质；二是认真组

淄博市经济主要统计指标

指标 \ 年度	2004	2005	2006	2007	2008	2008年同比增幅（%）
土地面积（平方公里）	5938	5938	5938	5938	5965	***
人口（万人）	414.99	416.77	418.13	419.6	420.62	0.24
非农业人口（万人）	274.61	169.15	182.81	183.53	184.13	0.46
地区生产总值（亿元）	1230.96	1430.95	1645.16	1945.02	2316.78	13.0
第一产业（亿元）	54.06	58.68	62.72	74.38	82.18	7.2
第二产业（亿元）	796.90	955.78	1079.06	1256.39	1500.45	12.6
工业（亿元）	708.00	868.75	--	--	1393.15	12.7
建筑业（亿元）	88.90	87.03	--	--	107.30	11.8
第三产业（亿元）	380.00	416.49	503.38	614.25	734.15	14.6
人均地区生产总值（元）	29662	34408	37039	46354	51547	12.5
地区生产总值构成（%）	100	100	100	100	100	--
第一产业（%）	4.4	4.1	3.8	3.8	3.5	-7.89
第二产业（%）	64.7	66.8	65.6	64.6	64.8	0.31
第三产业（%）	30.9	29.1	30.6	31.6	31.7	0.32
财政总收入（亿元）	118.95	148.00	200.53	--	247.86	--
地方财政收入（亿元）	50.04	64.13	80.70	97.86	114.69	17.2
财政总支出（亿元）	--	--	--	--	--	--
地方财政支出（亿元）	62.6	80.6	101.1	117.6	141.44	20.3
全社会固定资产投资（亿元）	--	--	--	--	--	--
规模以上固定资产投资（亿元）	530.95	649.48	615.10	646.83	807.97	24.9
规模以下固定资产投资（亿元）	--	--	--	--	--	--
房地产开发（亿元）	57.17	75.05	96.82	105.33	121.37	15.2
进出口总值（亿美元）	26.64	31.35	37.60	46.92	56.93	21.3
出口总值（亿美元）	14.51	20.17	25.09	29.97	36.33	21.2
实际利用外资（亿美元）	4.51	3.19	3.37	2.68	3.12	16.4
社会消费品零售总额（亿元）	299.82	430.94	499.81	593.08	729.62	23.0
居民消费价格指数（%）	102.9	100.1	101.1	103.6	104.4	4.4
城市居民人均可支配收入（元）	9960	12032	13794	15849	17629	11.2
农民人均纯收入（元）	4432	5107	5641	6465	7364	13.9

注：1.“***” 全市土地面积较上年的变化原因是2008年以前统计部门数据采集自民政部门，2008年后土地面积数据采自国土管理部门。

2.划“--”的指标为统计局已停用的指标和年报数据未核实仍不能提供的指标。

淄博市工农业主要统计指标

农业主要统计指标（万吨）				规模以上工业企业主要统计指标（亿元）			
项目 \ 年度	2007 年	2008 年	增幅（%）	项目 \ 年度	2007 年	2008 年	增幅（%）
粮食	149.96	157.74	5.2	工业增加值	1296.74	1433.10	12.9
夏粮	66.64	70.49	5.8	国有工业	304.43	207.98	-31.68
秋粮	83.32	87.25	4.7	集体工业	98.79	116.70	18.13
棉花	2.01	1.77	-12.1	股份制工业	111.85	148.88	33.11
油料	1.54	1.76	13.9	股份合作制工业	20.48	24.59	20.07
水果	69.0	78.08	13.2	外商及港澳台投资工业	149.71	181.28	21.09
蔬菜	198.15	211.65	6.8	轻工业	210.07	236.77	12.71
肉类	10.95	12.93	18.1	重工业	1059.35	1196.33	12.93
禽蛋	7.99	8.39	4.5	销售收入	4335.18	5249.5	23.68
奶类	9.67	11.59	19.9	利税	460.11	450.65	-1.78
水产品	2.9	2.91	0.8	利润	272.24	237.48	-12.33
森林覆盖率(%)	--	33.4	--	经济效益综合指数（%）	--	--	--

注：划“--”的指标为统计局已经停用的指标和年报数据未核实仍不能提供的指标。

淄博市主要金融机构负责人

单位名称	行长（或其他称谓的第一负责人）	副行长（或其他称谓的同级领导）
人行淄博市中心支行	陈好孟	徐 宁 刘 洁 孙广明 马 征 王 剑
银监会淄博市监管分局	张 强	于树明 姜立惠
农发行淄博市分行	柴洪德	李 钢 杨庆岭
工行淄博分行	赵玉良	韩庆德 王国友 王立亭 石志国 李新武 王云龙（纪委书记） 祝广成 杨和平（工会主任）
农行淄博市分行	尹德凯	宋作家 韩文英 张海山 韩怀德 白 明 王冬梅（行长助理）
中行淄博分行	李进生	周曙光 邓德旭 刁玉波 杨京连（纪委书记）
建行淄博分行	马天军	曹元吉 娄文杰 张兆鹏 吴光庆 魏成花 韩化俊
交行淄博分行	韩会雷	陈允建 鲁林法 牛希军
中信淄博分行	张少华	张 军 赵 波 孙 庆
浦发淄博支行	孙启晨	丁 平 吴 卫 张晓黎
淄博市商行	杲传勇（董事长） 赵晓东（行 长）	韩兴柱（党委副书记、监事长） 鞠 杰 王 强 丁树博 王 涛 郑文杰（纪委书记） 曹爱萍（工会主席） 张东升（总经济师）
农信社淄博市办事处	李本领	丁 涛 张洪玲
邮储银行淄博市分行	许同博	马金刚 焦方正 马洪生

淄博市金融业务统计指标

	指标（亿元）＼年度	2004	2005	2006	2007	2008	2008 年同比增幅（%）
银行类	本外币存款余额	943.90	1120.01	1245.96	1407.53	1692.20	20.22
	人民币存款余额	943.90	1104.94	1228.77	1394.84	1677.90	20.29
	企业存款	254.61	262.04	260.27	333.78	377.74	13.17
	储蓄存款	543.20	631.86	725.30	807.13	1007.37	24.81
	定期储蓄存款	383.42	442.17	494.79	541.67	703.57	29.89
	活期储蓄存款	159.78	189.69	230.51	265.46	303.79	14.44
	本外币贷款余额	675.73	764.22	879.41	1005.71	1105.22	9.89
	人民币贷款余额	675.73	737.04	849.60	964.88	1076.88	11.61
	短期贷款	445.16	463.48	540.34	616.07	648.25	5.22
	工业贷款	140.32	157.52	223.63	241.90	236.33	-2.30
	商业贷款	44.06	37.61	43.90	47.68	49.93	4.72
	农业贷款	117.12	137.39	157.14	179.64	199.34	10.97
	中长期贷款	160.93	176.26	209.08	249.77	286.77	14.81
	基本建设贷款	49.89	53.11	66.47	78.12	90.04	15.26
	技术改造贷款	14.17	12.12	11.64	11.19	7.05	-37.00
	票据融资	54.87	96.07	99.33	97.57	140.88	44.39
	现金收入	3124.66	3566.84	3797.67	4104.96	4086.75	-0.44
	现金支出	3119.38	3566.22	3800.25	4120.35	4088.92	-0.76
	现金投放（+）回笼（-）	-5.28	-0.62	2.58	15.4	2.17	-85.91
	当年结益	9.56	13.06	12.99	15.04	28.36	88.56
保险类	保险公司保费收入	21.45	23.85	25.49	33.18	40.37	34.20
	财险收入	6.17	7.29	8.04	10.60	11.46	9.70
	寿险收入	15.28	16.56	17.45	22.58	28.91	47.23
	保险公司赔款和给付支出	5.91	7.29	10.64	13.71	13.16	-3.94
	财险赔款	3.43	4.56	5.29	5.99	6.28	4.93
	寿险给付	2.48	2.73	5.35	7.22	6.88	-10.82
	当年结益	21.45	23.85	25.49	33.18	40.37	34.20
证券类	证券市场成交总额	--	--	--	1348.9	1888.9	40.03
	投资者保证金余额	--	--	--	20.42	18.42	-9.79
	佣金收入	--	--	--	--	--	--
	净利润	--	--	--	--	--	--

注：证券类划“--”部分的数据说明：证券类统计数据取自淄博市政府金融证券工作办公室。市金融办对证券行业的数据统计始于 2007 年，以前年度数据无法获取。

淄博市金融机构统计指标

指标（个）		2004	2005	2006	2007	2008	2008年同比增幅（%）
银行类	法人机构	9	9	9	9	9	0
	省级分行	0	0	0	0	0	0
	二级分行	9	9	9	10	11	10.00
	区县支行	162	153	167	174	194	11.49
	分理处、营业所	710	695	648	641	624	-2.65
	储蓄所	209	188	177	176	154	-12.50
	从业人员总数	12915	12935	13087	13400	13151	-1.86
保险类	保险机构	10	13	18	24	146	508.33
	财险机构	4	7	10	12	94	683.33
	省级分公司	0	0	0	0	0	0
	地市分公司	4	7	10	12	17	41.67
	区县支公司	--	--	--	--	77	--
	寿险机构	6	6	8	12	52	333.33
	省级分公司	0	0	0	0	0	0
	地市分公司	6	6	8	12	19	58.33
	区县支公司	--	--	--	--	33	--
	从业人员总数	--	--	--	--	20889	--
	财险人员	--	--	--	--	8062	--
	寿险人员	--	--	--	--	12827	--
证券类	证券机构	--	--	--	4	4	0
	证券公司	--	--	--	4	4	0
	证券营业部	--	--	--	10	14	40
	证券服务部	--	--	--	3	2	-33.33
	从业人员总数	--	--	--	219	225	2.74
	投资者开户	--	--	--	548800	549100	0.05
	境内上市股票支数	11	11	12	12	12	0
	境外上市股票支数	1	2	2	3	3	0
	辖区上市公司总数	10	11	12	14	14	0

注：1. 从业人员数的统计口径包括机构编制正式员工以及合同制、临时员工。

2. 划“--”部分的数据说明：证券类统计数据取自淄博市政府金融证券工作办公室。市金融办对证券行业的数据统计始于2007年，以前年度数据无法获取；保险类数据取自淄博市保险行业协会，划“--”部分为市保险行业协会未提供数据。

淄博市主要金融机构业务概况

单位：亿元

单位名称	本外币存款余额	企业存款	储蓄存款	本外币贷款余额	短期贷款	中长期贷款
农发行淄博市分行	4.26	2.91	0	29.47	22.65	6.83
工行淄博分行	264.67	61.60	150.06	172.41	88.03	84.37
农行淄博市分行	271.96	93.15	178.81	135.13	73.73	32.13
中行淄博分行	184.31	102.42	81.89	127.00	56.83	49.70
建行淄博分行	218.11	103.11	115.00	150.65	44.09	106.56
交行淄博分行	59.13	19.85	24.56	41.49	27.30	13.17
中信淄博分行	36.07	16.64	11.54	20.09	14.75	2.55
浦发淄博支行	9.91	4.50	0.44	7.18	7.16	0.02
淄博市商行	218.41	107.33	74.83	156.29	106.37	12.92
农信社淄博市办事处	332.96	37.16	286.70	263.50	257.46	6.04
邮储银行淄博市分行	90.55	1.88	88.62	2.12	2.01	0.11

注：农行淄博市分行贷款年内剥离。

淄博市各县级区域经济金融主要统计指标

名称	人口（万人）	面积（平方公里）	地区生产总值（亿元）	地区生产总值增速（%）	本外币存款余额（亿元）	储蓄存款（亿元）	本外币贷款余额（亿元）
淄川区	67.76	1000	319.53	13.1	221.38	152.79	78.55
博山区	46.3	682	225.65	12.5	128.96	96.79	85.89
临淄区	60.61	668	559.65	12.5	310.37	202.69	163.04
高青县	36.48	830	83.02	14.5	45.42	29.95	29.83
沂源县	55.98	1635.60	134.54	14.50	75.86	47.81	50.14
桓台县	49.67	509.68	265.41	14.52	147.04	83.67	153.54

织开展“文明创建回头看”活动和“学文明知识、树文明形象、做文明员工”主题教育；三是制定了文化建设实施方案、考核评价办法和长效机制建设意见；四是探索推行了“五个标准化”，即岗位工作、员工行为、监督监察、评价方法与评价结果运用、责任追究标准化；五是举办了“央行文化、文明创建、行风建设电视知识竞赛”、“动力青春，华彩央行”、“心理健康文化月”、各类体育比赛等文体活动；六是组织向困难职工、南方雨雪灾区、四川地震灾区捐款献爱心，营造了“家和万事兴”的氛围；七是利用新闻媒体宣传普及金融知识，树立良好的央行形象。

二、银监局各项工作取得良好成就。一是被银监会授予“学习型组织先进单位”被该市市委命名为理论宣教研究基地，被市政府记集体二等功；二是党委书记张强当选为市第十届党代会代表和山东省第十一届人代会代表，并被市政府记个人二等功，另有1名员工被山东银监局、银监会、金融工会、中华全国总工会表彰为“优秀工会积极分子”荣誉称号。

三、工行淄博分行持续推进企业文化建设。一是积极开展文明建设、争优创先、劳动竞赛等活动；二是桓台支行被总行授予“文明建设先进单位”，张店丽景苑支行、分行营业部营业室被新命名为省行级“青年文明号”；三是高洪建被评为“感动工行山东分行十大好人好事”；四是组织向四川地震灾区捐款23万多元，交纳特殊党费24.7万元，较好地履行了社会责任。

四、淄博市商行精神文明建设进一步加强。一是加强党的建设,行党委被省委评为“先进基层党组织”;二是组织救灾捐款活动,以实际行动支持灾后重建。该行共获得“中国改革开放30年企业文化十佳单位”、“企业文化建设工作优秀单位”、“省企业文化建设创新成果奖”、“省纳税先进企业”、“省职业道德先进单位”、“全国三八红旗集体”等60多项集体荣誉;90多人分别获得了“改革开放30年企业文化十佳个人”、“企业文化建设‘特殊贡献人物’”、“省劳动模范”、“市双拥工作先进个人”、“优秀共产党员”、“优秀党务工作者”等荣誉称号。

五、淄博农信联社企业文化与党建工作更上新台阶。一是做好《淄博农信》报编发工作,全年共编发13期,整体质量在全省农信系统前列;二是组织开展全市征文、乒乓球、演讲比赛,田径运动会、羽毛球赛,“银行业社会责任年”和“迎奥运文明规范服务”等活动;三是组织开展以“爱心捐助,情系灾区”为主题的慈心捐款活动,共向四川灾区捐款 188.4万元;四是逐级签订责任书,落实党风廉政建设责任制,提高经营管理效能;五是推进党委基础建设,指导办事处、区县联社建立了党员活动室。

【金融大事记】 1月1日 嘉禾人寿保险股份有限公司淄博营销服务部成立。

1月2日 工行桓台支行被总行授予“文明建设先进单位”称号。

1月7日 省农信联社纪委书记展西亮一行对淄博办事处领导班子及成员进行了年度考评。

1月29日 中行淄博分行叙做首笔人民币结构性理财业务,金额1000万元。

1月30日 建行淄博分行按照总行“建元2008-1重整资产证券化”项目计划要求,完成4.5亿元不良贷款本金利息的账务处理。

2月8日 人寿保险公司淄博中心支公司成立。

2月19日 中行淄博分行叙做首笔协议付款业务,金额672万美元。

2月20日~21日 交行山东省分行行长助理李悦到淄博分行调研指导工作。

2月26日 “淄博商行滨州分行支持中小企业发展授信大会”在滨州金太洋酒店召开。

3月5日 中行淄博分行叙做首笔人民币利率掉期业务,金额1亿元人民币。

3月5日~6日 山东银监局副局长王朝弟到淄博银监分局调研。

3月7日 淄博市商行在“三八”国际劳动妇女节98周年暨表彰大会上荣获全国“三八红旗集体”荣誉称号。

3月13日 省农信联社张建民主任一行在淄博银监局张强局长、淄博办事处李本领主任、丁涛、张洪玲副主任的陪同下,到张店农村合作银行视察调研工作。

3月19日 全市农信社会议在鲁中宾馆隆重召开。市政府、淄博银监分局、人行淄博中支有关领导出席了会议,市政府林建宁副市长在会议上作重要讲话。

民安财产保险股份有限公司淄博中心支公司成立。

3月20日 淄博市商行第二家县域支行沂源支行开业。

3月27日 浙江银监局到淄博分局调研岗位绩效管理情况。

交行总行公司业务部总经理方建华到交行淄博分行考察指导工作。

3月31日 市建行与市保安服务公司签订协议,实现张店城区24处网点守押社会化。

4月3日 恒安标准人寿股份有限公司淄博营销服务部成立。

4月10日 中行淄博分行叙做首笔贵金属业务,交易量1000盎司。

4月22日 陕西榆林银监分局副局长解鹏光,带领榆林多家商行领导到淄博市商行“青年文明号”、“银行业文明服务示范单位”中心路支行参观考察。

4月23日 青海海东银监分局到淄博银监分局学习考察。

4月25日 省工行任命赵玉良为工行淄博分行党委书记,主持全面工作;原党委书记、行长李跃刚调淄博市政府工作。

4月29日 市保险行业协会组织相关保险机构对胶济铁路淄博段发生的重大交通事故展开保险理赔工作。

全省企业文化建设工作会议暨企业社会责任高峰论坛在济南举行,淄博市商行获2007年度山东省企业文化创新成果奖。

5月12日~31日 淄博保险业为支援四川地震灾区,捐款167.6万余元。

5月13日 山东省保监局局长任建国抵淄博慰问“4·28”交通事故中受伤的保险客户,拜访淄博市政府,征询对保险善后赔付等方面的意见。

5月14日 省农信社理事长宋文瑄到临淄农信联社视察调研工作。

5月15日 淄博市商行组织“向地震灾区献爱心”活动,共为灾区紧急捐赠30万元。

5月18日 生命人寿保险股份有限公司淄博中心支公司成立。

5月20日~21日 淄博市商行组织全行党员为支援地震灾区交纳特殊党费约30.09万元,全行团员缴纳特殊团费20470元。

5月23日 淄博市商行当山东省宣传文化系统“鲁川血脉情 帮灾区人民建个家”抗震救灾义演募捐活动在省演播大厅举行时,向灾区捐款300万元。

5月28日 山东银监局周忠明局长到淄博银监分局调研,并听取了工作汇报,会见了淄博市委书记刘慧晏,市委副书记、市长周清利,市委常委、市委秘书长宋军继和副市长林建宁等地方党政领导。

5月30日 建行成功为山东博泵公司办理首笔出口信贷

再融资业务823万美元。

5月31日　淄博市农信社累计向灾区捐款近190万元。

6月1日　淄博市保险行业机动车辆保险自律公约正式执行。

6月4日　中行淄博分行周村支行丝绸路分理处、博山支行西冶街南分理处升格为支行。

6月11日　山东银监局王朝弟副局长到淄博分局调研，考察了浦发银行淄博支行的筹建工作。

6月24日　山东银监局谢凝副局长到淄博分局调研。

6月27日　交行总行叶迪奇副行长到淄博交行调研指导工作。

6月30日　交行淄博车站支行迁址并更名为淄博城西支行。

7月1日起　淄博市商行对全行88台ATM机全部更换了中、英文的双语操作提示。

7月16日　赵玉良被任命为工行淄博分行行长。

交行山东省分行果志刚行长到淄博进行调研。

7月17日　交行山东省分行李文方副行长到淄博交行调研指导工作。

7月22日　交行淄博淄川开发区支行迁至淄川经济开发区建设路淄博佳能石化机械有限公司办公楼1楼。

7月27日　淄博市商行参加了“2007-2008商业银行竞争力评价报告新闻发布会”，综合竞争力位居全国城商行第26位。

7月28日　淄博市商行代收物业维修基金业务系统正式上线。

8月1日　工行淄博分行新成立张店车站、张店学院、张店体坛、张店丽景苑、高新铁山5个管理二级支行。

8月13日　渤海财产保险股份有限公司淄博中心支公司成立。

8月19日　交行淄博临淄牛山路支行迁址并更名为交行淄博临淄齐都支行。

中行淄博分行华光路、金晶大道分理处分别升格为支行。

8月20日　人行淄博市中支举行“山东博汇纸业35万吨高档包装纸板项目银团贷款”签约仪式，联合淄博工、农、中行为其提供14亿元人民币的贷款额度授信。

8月25日　华泰人寿保险股份有限公司淄博中心支公司成立。

8月27日　深发总行郝建平副行长一行到访淄博市商行，就双方合作事宜进行洽谈。

8月28日　天平汽车保险股份有限公司淄博中心支公司成立。

9月8日　中行淄博周村支行丝绸路分理处升格为支行。

9月12日　国华人寿保险股份有限公司淄博中心支公司成立。

9月28日　中宏人寿保险股份有限公司淄博中心支公司成立。

10月10日　省工行党委任命祝广成为工行淄博分行党委委员、副行长。

10月13日　中行淄博分行营业部2007年度被继续认定为全国级“青年文明号”。

10月22日　德国德累斯登银行中国区主管韦国强先生一行到该行参观访问。

11月17日　淄博市商行被授予2008年度“银行业文明规范服务示范单位”称号。

11月20日　交行山东省分行副行长黄家栋到淄博交行进行调研。

11月24日　淄博市保险行业协会成立高青县自律协调工作委员会。

11月29日　永诚财产保险股份有限公司淄博中心支公司成立。

12月17日　市建行组织参加张店区东部化工企业布局调整暨山东新华东风化工有限公司新址奠基仪式，分别与城区化工业布局调整工作领导小组办公室、山东新华制药、山东大成农药、山东东大化学工业、山东新华东风化工有限公司等签署了银政、银企战略合作协议。

（冯　波）

淄川区

【经济金融简况】　2008年，淄川区经济金融发展迅速，各金融机构努力调整优化信贷结构，不断改进金融服务，积极开展代客理财等中间业务。截至年末，人民币各项存款余额221.38亿元，各项贷款余额78.55亿元，同比实增8.37亿元，增幅10.65%。

淄川区主要经济金融指标

经济指标	2007	2008	经济指标	2007	2008
土地面积(平方公里)	1000	1000	地方财政支出(亿元)	10.72	10.58
人口(万人)	67.62	67.76	全社会固定资产投资(亿元)	97.29	120.18

续表

经济指标	2007	2008	经济指标	2007	2008
非农业人口(万人)	23.89	23.98	固定资产投资增速(%)	26.7	23.5
地区生产总值(亿元)	258.54	319.53	进出口总值（万美元)	59977	66325
地区生产总值年增速(%)	15.4	13.1	出口总值(万美元)	47798	57350
第一产业(亿元)	4.85	6.22	实际利用外资(万美元)	5012	2144
第二产业(亿元)	164.5	202.54	社会消费品零售总额(亿元)	93.87	115.38
第三产业(亿元)	89.18	110.76	居民消费价格指数(%)	104	103.4
财政总收入(亿元)	16.39	18.52	人均地区生产总值(元)	38296	47156
地方财政收入（亿元）	10.1	10.3	城镇居民可支配收入（元）	14636	17095
财政总支出（亿元）	12.58	12.47	农民人均现金收入（元）	6786	7722
金融指标（亿元）	2007	2008	金融指标（亿元）	2007	2008
本外币存款余额	179.1	221.38	财险收入	--	--
企业存款	39.71	51.55	寿险收入	--	--
储蓄存款	119.3	152.79	财险赔款	--	--
本外币贷款余额	82.3	78.55	寿险给付	--	--
短期贷款	562.14	62.99	证券市场交易总额	--	--
中长期贷款	20.12	11.59	投资者保证金余额	--	--
票据融资	1.01	3.96	证券交易佣金收入	--	--

淄川区主要金融机构负责人

单位名称	行长（或其他称谓的第一负责人）	副行长（或其他称谓的同级领导）
人行淄川区支行	邵承伟	陈玉胜　韩克路
农发行淄川区支行	张德森	张敦虎　岳翠玲
工行淄川支行	郑拥军	李　凯　谭　军　张丽军
农行淄川区支行	李宏基	胡成才　梁贻峰
中行淄川支行	王学军	郑相峰　田福生
建行淄川支行	李明强	姚海涛　秦学文
交行淄川支行	苏兴越	吴绍峰　翟洪涛
中信淄川支行	王迎春	陈　澄
淄博市商行淄川支行	谭　勇	李传峰　袁　峰
淄博市商行淄川松龄支行	李元武	李炳峰　徐美静
淄川区农信联社	宋　文　崔军昌	王洪祥　孙希荣　魏　萌
邮储银行淄川支行	郭峻青	亓夏红

淄川区主要金融机构业务概况

单位：亿元

单位名称	本外币存款余额	企业存款	储蓄存款	本外币贷款余额	短期贷款	中长期贷款
农发行淄川区支行	0.07	0.07	0	1.33	1.33	0
工行淄川支行	34.77	8.1	21.83	7.75	3.48	4.27
农行淄川区支行	38.1	4.62	32.69	1.89	0.92	0.53
中行淄川支行	22.1	7.81	13.7	5.81	1	2.83
建行淄川支行	25.37	11.41	10.02	8.02	5.05	2.97
交行淄川支行	7.41	3.01	4.11	2.19	2.01	0.18
中信银行淄川支行	7.16	5.7	1.46	0.05	0.05	0
淄博市商行淄川支行	9.12	4.83	4.05	3.18	2.92	0.26
淄博市商行松龄支行	10.39	5.44	4.24	5.43	5.08	0.35
淄川区农信联社	52.46	0.46	46.38	42.57	42.36	0.21
邮储银行淄川区支行	14.43	0.11	14.29	0.33	0.33	0

【金融发展与改革】 2008年，淄川区金融机构坚持“稳中求进，好字优先”的原则，积极稳妥地推进金融改革。一是邮储银行淄川支行挂牌成立；二是农行淄川区支行上划剥离不良贷款6.28亿元，使贷款质量大幅提高。

【金融服务与监管】 2008年，人行淄川区支行努力提高金融服务和监管水平。一是制定《关于金融支持县域经济发展的指导意见》，引导商行积极创新金融品种；二是为辖区进行经济决策、监测，金融自身稳健运行和经营管理提供统计信息和咨询意见；三是制定金融系统支持新农村建设的指导意见，加大对“三农”的支持力度，截至年末，农业贷款余额38.6亿元，新发放支农贷款3.35亿元，同比增长9.49%；四是推动政府将“优化金融生态环境工作考核评价机制”纳入经济目标的考核范围。

（赵进波　王厚宝）

临淄区

【经济金融简况】 2008年，临淄区经济金融继续保持平稳增长，区域综合实力稳步提升，金融机构为社会提供信用的能力进一步增强，经营效益持续改善。

【金融发展与改革】 2008年，人行临淄区支行一是举办了“落实货币政策，支持地方经济发展”论坛，落实了涉外主体

临淄区主要经济金融指标

经济指标	2007	2008	经济指标	2007	2008
土地面积（平方公里）	668	668	地方财政支出（亿元）	17.31	19.86
人口（万人）	60.32	60.61	全社会固定资产投资（亿元）	112.86	143.91
非农业人口（万人）	31.20	31.41	固定资产投资增速（%）	26.40	27.50
地区生产总值（亿元）	478.14	559.65	进出口总值（万美元）	87973	109378

续表

经济指标	2007	2008	经济指标	2007	2008
地区生产总值年增速（%）	15.40	12.50	出口总值（万美元）	42204	53000
第一产业（亿元）	18.47	19.07	实际利用外资（万美元）	4580	6319
第二产业（亿元）	362.92	426.54	社会消费品零售总额（亿元）	84.15	103.44
第三产业（亿元）	96.75	114.04	居民消费价格指数（%）	102.20	104.90
财政总收入（亿元）	73.63	47.10	人均地区生产总值（元）	79267	92337
地方财政收入（亿元）	16.31	17.01	城镇居民可支配收入（元）	16213	18653
财政总支出（亿元）	17.31	19.86	农民人均现金收入（元）	7265	8267
金融指标（亿元）	2007	2008	金融指标（亿元）	2007	2008
本外币存款余额	261.69	310.37	财险收入	--	--
企业存款	58.84	67.08	寿险收入	--	--
储蓄存款	166.01	202.69	财险赔偿	--	--
本外币贷款余额	150.23	163.04	寿险给付	--	--
短期贷款	106.57	108.49	证券市场交易总额	--	--
中长期贷款	24.67	31.31	投资者保证金余额	--	--
票据融资	14.98	20.57	证券交易佣金收入	--	--

临淄区主要金融机构负责人

单位名称	行长（或其他称谓的第一负责人）	副行长（或其他称谓的同级领导）
人行临淄区支行	王玉华	张　光　路其永
银监会临淄区办事处	吕文亮	苏建新
农发行临淄区支行	李三卫	巩　伟　丁爱丽
工行临淄支行	燕淑凤	吴　静　王景和　赵有锋
农行临淄区支行	许孝忠	李全德　张福强　高建军
中行临淄支行	郭洪志	徐蓬勃　邢维民
建行齐鲁石化支行	孟祥晶	马如军　李安长　王　明
交行临淄支行	陈　民	马会利　贾宝忠
中信辛店支行	罗俊美	张彩云
淄博市商行临淄支行	李　庆	王　颖
淄博市商行辛店支行	王　文	岳　峰
淄博市商行齐都支行	王洪刚	王光荣
临淄区农信联社	张春生	毕方利　朱利民　刘永葆　王廷军
邮储银行临淄区支行	刘建军	刘海平　徐　媛

临淄区主要金融机构业务概况

单位：亿元

单位名称	本外币存款余额	企业存款	储蓄存款	本外币贷款余额	短期贷款	中长期贷款
农发行临淄区支行	0.15	0.07	--	1.84	1.84	--
工行临淄支行	43.13	7.58	26.24	11.13	6.56	2.76
农行临淄区支行	55.39	14.4	34.36	42.11	26.36	5.17
中行临淄支行	29.06	4.52	12.40	15.7	6.98	3.62
建行齐鲁石化支行	52.60	11.52	34.21	18.01	4.57	13.36
交行临淄支行	8.32	2.21	4.09	7.24	3.42	3.82
中信辛店支行	3.76	0.95	2.60	0.07	0	0.07
淄博市商行临淄支行	14.80	8.58	5.15	8.47	8.44	0.03
淄博市商行辛店支行	11.22	5.97	3.91	7.69	7.37	0.32
淄博市商行齐都支行	6.88	3.79	2.97	2.22	2.22	--
临淄区农信联社	67.09	7.36	59.01	48.26	40.42	2.16
邮储银行临淄区支行	17.88	0.13	17.75	0.30	0.29	--

与财税库银的联席会议等制度；二是创新了借助钱币博物馆进行反假货币宣传的模式，成立了区县级第一家城市反假货币工作站；三是制定并实施了《关于金融支持中小企业发展的指导意见》，开展了农村信用体系示范点建设工作。

【金融服务与监管】 2008 年，人行临淄区支行积极探索创新金融服务手段和措施，大力提高服务效能。一是创新实施《货币政策落实申饬制度》，了解和掌握信贷投放总量与行业投向，加强对信贷政策导向效果的评估；二是加强监测分析，落实好银行家问卷调查制度、企业景气监测、法人机构风险评估、房地产开发、劳动力价格、流动资金等监测等工作；三是推进新农村建设，引导金融机构积极进行农村金融产品和服务创新。

（江 波）

博山区

【经济金融简况】 2008 年，博山区经济金融保持平稳较快发展。一是大力培植的机电、新材料、陶琉三大主导产业，实现经济总量占全区的 70%以上；二是被国家科技部命名为国家火炬计划泵类产业基地，并获得国家科技计划实施 20 周年先进管理单位荣誉；三是积极开展金融创新，支持老工业基地振兴；四是建行博山区支行先后开发了中长期出口信用保险项下应收账款买断、出口信贷再融资、流动资金贷款间接支持出口等新信贷品种。截至年末，人民币各项存款余额 127.4 亿元，较年初增加 18.2 亿元，各项贷款 83.4 亿元，同比增加 7.4 亿元；全年累计提供信用总量 74.48 亿元；各项保费收入 3.29

博山区主要经济金融指标

经济指标	2007	2008	经济指标	2007	2008
土地面积（平方公里）	682	682	地方财政支出（亿元）	7.54	8.83
人口（万人）	46.7	46.3	全社会固定资产投资（亿元）	59.3	89.20
非农业人口（万人）	24.8	23.65	固定资产投资增速（%）	21.6	50.38
地区生产总值（亿元）	187.8	225.65	进出口总值（万美元）	38953.3	39900.00

续表

经济指标	2007	2008	经济指标	2007	2008
地区生产总值年增速(%)	12.8	12.5	出口总值(万美元)	30216.12	29196.20
第一产业(亿元)	5.81	6.48	实际利用外资(万美元)	1253	2043.15
第二产业(亿元)	120.4	144.72	社会消费品零售总额(亿元)	64.03	78.72
第三产业(亿元)	61.59	7.45	居民消费价格指数(%)	106.6	105.5
财政总收入(亿元)	12.10	12.94	人均地区生产总值(元)	40222.2	48736.5
地方财政收入（亿元）	6.18	7.38	城镇居民可支配收入（元）	14427.62	16202.22
财政总支出（亿元）	7.96	8.02	农民人均现金收入（元）	6465.00	7357.18
金融指标（亿元）	**2007**	**2008**	**金融指标（亿元）**	**2007**	**2008**
本外币存款余额	110.7	128.96	财险收入	--	--
企业存款	20.03	18.12	寿险收入	--	--
储蓄存款	77.9	96.79	财险赔款	--	--
本外币贷款余额	89.85	85.89	寿险给付	--	--
短期贷款	58.65	5.66	证券市场交易总额	--	--
中长期贷款	19.59	18.69	投资者保证金余额	--	--
票据融资	9.70	10.41	证券交易佣金收入	--	--

博山区主要金融机构负责人

单位名称	行长（或其他称谓的第一负责人）	副行长（或其他称谓的同级领导）
人行博山区支行	王利明	许聿文　张学问　赵玉文
银监会博山区办事处	黄立恩	
农发行博山区支行	王其玉	杨军升　刘孝德
工行博山支行	王恒利	苗纪宏　杨长义　孙其德
农行博山区支行	罗光庆	张荣志　陈　亮　刘玉海　张福虎
中行博山支行	王　锐	张连江　李爱军　周健波
建行博山支行	寇宏图	石　峰　常承波
交行博山区支行	鹿子红	岳　锋　郭发勇
中信博山支行	张卫东	高海霞
淄博市商行博山支行	王光兴	孙红涛　刘　红
淄博市商行白虎山支行	孙丰刚	赵　华
淄博市博山区农信联社	范京卫	朱文辉　张艳芳　李　杰　邢长远
邮储银行博山区支行	江　涛	韩　刚

博山区主要金融机构业务概况

单位：亿元

单位名称	本外币存款余额	企业存款	储蓄存款	本外币贷款余额	短期贷款	中长期贷款
农发行博山区支行	0.07	0.07	0	0.85	0.84	0.01
工行博山支行	23.56	3.05	17.69	15.74	9.05	6.68
农行博山区支行	15.84	1.45	12.58	6.22	3.07	1.08
中行博山支行	14.3	3.76	7.17	12.45	9.9	1.09
建行博山支行	12.3	2.28	7.55	11.07	3.48	7.59
交行博山支行	3.23	0.87	2.03	3.81	3.00	0.4
中信博山支行	0.90	0.11	0.78	0.02	0.01	0.01
淄博市商行博山支行	8.08	4.31	3.24	2.77	2.11	0.65
淄博市商行白虎山支行	4.20	1.88	2.26	3.34	3.33	0.01
博山区农信联社	35.82	0.21	33.42	29.31	21.51	1.13
邮储银行博山区支行	10.14	0.09	10.05	0.27	0.27	0

亿元，证券业股票保证金账户3.89万户，客户总资产13.5亿元。

【金融发展与改革】 2008年，人行博山区支行一是积极推动内部改革工作，连续4年实现了争创A级行的工作目标；二是加强了对农行博山区支行改革动态的监测分析；三是联合区金融办公室开展了对辖区金融机构支持地方经济业绩考核工作。

【金融服务与监管】 2008年，人行博山区支行一是制定了《关于做好货币信贷工作促进博山区经济金融稳定发展的意见》；二是利用《货币政策宣导》载体和新创办的“学习实践科学发展观振兴博山老工业基地工作简报”，加强宣传；三是制定了《金融机构执行货币政策考核办法》；四是推动文明信用单位评选，强化征信管理，加强外汇管理与服务；五是加强税库银联网系统的维护，保证了国库资金安全。

（刘承海）

桓台县

【经济金融简况】 2008年，桓台县产业结构进一步优化，经济综合实力进一步增强；该县金融机构增加有效信贷投入，大力支持地方经济发展，信贷投放与地方经济发展相适应，取得了良好的经济效益和社会效益。

【金融发展与改革】 2008年，人行桓台县支行认真执行国家货币政策，加大窗口指导力度，全面贯彻“适度宽松”的政策，适时推出了创业贷款、小企业贷款、“速贷通”、仓单质押贷款等信贷品种，确保了县域经济平稳较快发展。

一、开展“金惠三农赢立方”活动，助“吨粮县”实现新跨越：一是完善组织体系，做好金融支农“大文章”；二是提升金融服务功能构建惠农“直通车”；三是强化信贷投入，在支持三农中实现了经济和社会效益的统一。

二、优化金融生态环境。一是制定实施了《金融生态镇分类考核细则》，定期考核乡镇金融生态建设工作；二是积极推动农信社开展信用村、信用户、信用企业“三信”评比活动，并指导涉农金融机构实施农户档案、信用评定等工作实行电算化运作。全县建成信用镇、村、户分别为6、186和5.6万个，占全县镇、村、户总数分别为55%、57%和56%。

三、提升金融服务功能。一是发挥经理国库功能，对纳入财政补贴范畴的家电下乡、库区移民、能繁母猪及青贮补贴等惠民政策，分别拨付资金100万元、26万元、40万元和67万元；二是推动农信社利用“齐鲁惠农一卡通”支付结算便捷的特点，2个月内，将政府补贴资金310万元粮食直接支付到2万多农户手中。

【金融服务与监管】 2008年，人行桓台县支行认真履行监督监测职能，确保了辖区金融稳定。一是组织开展银行结算

桓台县主要经济金融指标

经济指标	2007	2008	经济指标	2007	2008
土地面积(平方公里)	509	509.68	地方财政支出(亿元)	15	16.68
人口(万人)	49	49.67	全社会固定资产投资(亿元)	90	115.71
非农业人口(万人)	9	9.67	固定资产投资增速(%)	27	32.80
地区生产总值(亿元)	208	265.41	进出口总值（亿美元)	6.33	7.70
地区生产总值年增速(%)	16	14.52	出口总值(亿美元)	3.98	3.50
第一产业(亿元)	13	12.04	实际利用外资(万美元)	7800	15393
第二产业(亿元)	142	184.68	社会消费品零售总额(亿元)	60	73.43
第三产业(亿元)	53	68.68	居民消费价格指数(%)	104	104.30
财政总收入(亿元)	37	20.69	人均地区生产总值(元)	41908	53402
地方财政收入（亿元）	9	11.05	城镇居民可支配收入（元）	16088	18662
财政总支出（亿元）	14	16.52	农民人均现金收入（元）	7071	8069
金融指标（亿元）	**2007**	**2008**	**金融指标（亿元）**	**2007**	**2008**
本外币存款余额	125	147.04	财险收入	--	--
企业存款	25	27.87	寿险收入	--	--
储蓄存款	68	83.67	财险赔款	--	--
本外币贷款余额	139	153.54	寿险给付	--	--
短期贷款	101	109.20	证券市场交易总额	--	--
中长期贷款	33	34.04	投资者保证金余额	--	--
票据融资	4	8.43	证券交易佣金收入	--	--

桓台县主要金融机构负责人

单位名称	行长（或其他称谓的第一负责人）	副行长（或其他称谓的同级领导）
人行桓台县支行	高文博	董　雷　孙延滨
银监会桓台县办事处	张荣博	张　浩
农发行桓台县支行	高文清	丁义峰　张玉英
工行桓台支行	段　军	崔　凌　李立柱　崔海刚　崔守东
农行桓台县支行	范建强	丁修凯　巩国庆　沈　剑　胡敬臣
中行桓台支行	郑桂峰	逯　勇　李　辉
建行桓台支行	盛　斌	成　光　李爱民
淄博市商行桓台支行	荆　铭	刁立波
桓台县农信联社	唐元茂	唐光发　尚延辰　李嘉耘　刘　勇
邮储银行桓台县支行	王克禄	王红梅

桓台县主要金融机构业务概况

单位：亿元

单位名称	本外币存款余额	企业存款	储蓄存款	本外币贷款余额	短期贷款	中长期贷款
农发行桓台县支行	0.64	0.17	0	9.26	6.99	2.27
工行桓台支行	21.50	4.53	5.64	32.54	19.04	12.37
农行桓台县支行	35.36	7.45	21.60	31.36	22.07	4.45
中行桓台支行	12.14	5.35	2.08	13.75	9.28	4.14
建行桓台支行	15.81	3.21	4.69	21.31	10.04	10.54
淄博市商行桓台支行	6.63	2.40	1.90	8.36	8.35	0.01
桓台县农信联社	43.53	4.53	36.98	36.67	33.02	0.20
邮储银行桓台县支行	11.03	0.24	10.79	0.29	0.24	0.05

账户开立、使用情况大检查，及时处罚签发空头支票等结算违规行为；二是开展国库经手处业务检查，对 38 个金融机构基层营业网点和 8 个大型商、企业的人民币收付业务进行检查，创建了人民币管理“六好辖区”；三是完善反洗钱工作机制，做好外汇资本金到位的监测工作；四是加强对农信社专项中央银行票据兑付后的监督检查，维护了辖区金融的良性运营。

（徐学峰　王红梅）

高青县

【经济金融简况】 2008 年，高青县着力培植“油区、园区、镇域”三大经济支柱，加快推进由农业向工业县的重大转变，综合实力明显增强；金融方面总体运行平稳，较好地实现了产业与信贷政策的良性互动。截至年末，全县各金融机构贷存比例为 65.68%；不良贷款同比下降 1.89 亿元，不良贷款率 11.31%，下降 6.17 个百分点。

【金融发展与改革】 2008 年，人行高青县支行围绕促进经济平稳较快发展为主线，确保了上半年从紧和下半年适度宽松货币政策的落实。

一、积极搭建银企合作平台。一是指导农信社对 186 家中小企业授信 9.16 亿元，组织银企合作促进会，签约总额 21.8

高青县主要经济金融指标

经济指标	2007	2008	经济指标	2007	2008
土地面积（平方公里）	830	830	地方财政支出（亿元）	5.68	7.27
人口（万人）	36.48	36.48	全社会固定资产投资（亿元）	32.82	36.64
非农业人口（万人）	5.54	5.54	固定资产投资增速（%）	16.9	41.9
地区生产总值（亿元）	66.58	83.02	进出口总值（万美元）	13043	17991
地区生产总值年增速（%）	17	14.5	出口总值（万美元）	8304	12202
第一产业（亿元）	12.94	13.80	实际利用外资（万美元）	1186	2376
第二产业（亿元）	33.17	43.56	社会消费品零售总额（亿元）	15.05	18.51
第三产业（亿元）	20.46	25.66	居民消费价格指数（%）	104.4	104.1

续表

经济指标	2007	2008	经济指标	2007	2008
财政总收入(亿元)	8.18	9.71	人均地区生产总值(元)	18250	18285
地方财政收入（亿元）	3.51	4.34	城镇居民可支配收入（元）	11475	13422
财政总支出（亿元）	5.68	7.29	农民人均现金收入（元）	5030	5815
金融指标（亿元）	**2007**	**2008**	**金融指标（亿元）**	**2007**	**2008**
本外币存款余额	39.39	45.42	财险收入	0.15	0.15
企业存款	3.21	4.36	寿险收入	0.56	0.70
储蓄存款	24.81	29.95	财险赔款	0.10	0.09
本外币贷款余额	30.14	29.83	寿险给付	0.03	0.02
短期贷款	23.75	24.88	证券市场交易总额	--	--
中长期贷款	3.90	2.75	投资者保证金余额	--	--
票据融资	2.50	2.20	证券交易佣金收入	--	--

高青县主要金融机构负责人

单位名称	行长（或其他称谓的第一负责人）	副行长（或其他称谓的同级领导）
人行高青县支行	郑保军	孙洪彬　樊守彬　董有明
银监会高青县办事处	杨建设	
农发行高青县支行	刘志玉	魏星太　耿在文
工行高青支行	杨　瑜	王希民
农行高青县支行	宗　新	王建民　高　红　陈会清　曹玉波
建行高青支行	李国宏	毕立成　张俊涛　刘文勇
淄博市商行高青支行	王　贵	刘保华
高青县农信联社	田成钰（理事长）	李岩松（主任）　蔡瑞波　宋新伟　赵　慧
邮储银行高青县支行	安洪波	张　峰

高青县主要金融机构业务概况

单位：亿元

单位名称	本外币存款余额	企业存款	储蓄存款	本外币贷款余额	短期贷款	中长期贷款
农发行高青县支行	0.73	0.39	0	3.43	3.43	0
工行高青支行	3.63	0.90	1.00	3.55	2.66	0.89
农行高青县支行	10.64	1.51	6.53	4.17	3.40	0
建行高青支行	5.42	1.11	2.02	3.78	2.43	1.35
淄博市商行高青支行	0.18	0.11	0.02	0.07	0.07	0
高青县农信联社	19.42	0.25	16.20	14.66	12.72	0.51
邮储银行高青县支行	4.28	0.09	4.19	0.18	0.18	0

亿元，资金到位率68%；二是组织召开金融支持新农村建设"十百千万"工程活动推进会，引导各涉农金融机构签订综合授信意向书；三是利用以村为单位的"大联保体"贷款等多种方式，支持"三农"经济发展。

二、加强调研监测分析力度。一是对重点企业进行监测分析，加强对货币政策传导机制和实施效果的分析研究；二是召开"加强企业信贷风险监测，落实适度宽松货币政策"专题研讨会，提出了促进全县经济平稳较快发展的五项建议。

三、优化农村金融生态环境建设。一是制定了《农村信用体系建设试点规划》、《优化农村金融生态环境暨金融支持新农村建设工作评价办法》；二是指导农信社出台了《关于加强农村信用体系建设，完善支农优惠政策的意见》，推动了此项工作的开展。

【金融服务与监管】 2008年，人行高青县支行不断加强服务措施，提升服务效能。一是加强国库监督，做好预算收支分类科目改革工作；二是加强现金和人民币的管理工作，净化人民币流通环境；三是加强对外汇指定银行的合规性监管，加大金融知识宣传力度，开展了"送人民币知识和反假技能下乡"活动。

（刘恒营）

沂源县

【经济金融简况】 2008年，沂源县经济金融发展呈现出平稳、较快的发展局面，社会综合实力和人民生活水平得到改善；人行沂源县支行认真履行宏观调控职能，积极引导金融部门对县域经济支持力度。截至年末，不良贷款率15.91%，比年初下降1.55个百分点。

【金融发展与改革】 2008年，人行沂源县支行结合辖区实际贯彻落实货币政策，引导金融部门以信贷的合理稳定增长促进经济平稳较快发展。一是引导金融机构坚持"区别对待、有保有压"原则，开展对全县重点项目和骨干企业信贷支持；二是创新货币信贷工作方式，引导协调全县金融运行和经济发展；三是加大对经济薄弱环节和社会弱势群体的金融支持，启动金融支持新农村"十百千万"工程，并召开了支持重点企业和小企业调度会；四是开展风险评估和县域生态环境评价工作，加强农信社票据兑付后跟踪监测工作；五是落实区域

沂源县主要经济金融指标

经济指标	2007	2008	经济指标	2007	2008
土地面积(平方公里)	1635.60	1635.60	地方财政支出(亿元)	9.32	10.38
人口(万人)	55.80	55.98	全社会固定资产投资(亿元)	34.63	55.02
非农业人口(万人)	12.41	12.47	固定资产投资增速(%)	23.70	42.11
地区生产总值(亿元)	110.31	134.54	进出口总值（亿美元）	2.22	1.87
地区生产总值年增速(%)	16.90	14.50	出口总值(亿美元)	1.38	1.37
第一产业(亿元)	13.01	15.77	实际利用外资(亿美元)	0.02	--
第二产业(亿元)	58.61	71.35	社会消费品零售总额(亿元)	44.26	54.41
第三产业(亿元)	38.68	47.42	居民消费价格指数(%)	102.7	104.2
财政总收入(亿元)	10.84	13.32	人均地区生产总值(元)	19768.82	24031.35
地方财政收入（亿元）	5.28	6.50	城镇居民可支配收入（元）	12279	14435
财政总支出（亿元）	--	--	农民人均现金收入（元）	5005	5786
金融指标（亿元）	2007	2008	金融指标（亿元）	2007	2008
本外币存款余额	64.33	75.86	财险收入	--	--
企业存款	9.90	14.04	寿险收入	--	--
储蓄存款	40.93	47.81	财险赔款	--	--

续表

金融指标（亿元）	2007	2008	金融指标（亿元）	2007	2008
本外币贷款余额	42.62	50.14	寿险给付	--	--
短期贷款	30.88	33.91	证券市场交易总额	--	--
中长期贷款	10.46	14.81	投资者保证金余额	--	--
票据融资	1.26	1.42	证券交易佣金收入	--	--

沂源县主要金融机构负责人

单位名称	行长（或其他称谓的第一负责人）	副行长（或其他称谓的同级领导）
人行沂源县支行	葛大江	刘艳玲　张佩珠　张培祥
农发行沂源县支行	刘胜龙	翟永果
工行沂源支行	李长清	秦海云　宋以国　唐玉成　黄立军
农行沂源县支行	魏会敏	隗　涛　陈　峰　白怀明　张　炎
中行沂源支行	丁　伟	苏立华　孙红星
建行沂源支行	丁敬军	陈洪波　曹世剑　王俊生　胡　博
淄博市商行沂源支行	葛　涛	路红军　葛　兵
沂源县农信联社	于光辉	朱利民　白　卫　李嘉耘　杨建军
邮储银行沂源县支行	王林贵	张正新

沂源县主要金融机构业务概况

单位：亿元

单位名称	本外币存款余额	企业存款	储蓄存款	本外币贷款余额	短期贷款	中长期贷款
农发行沂源县支行	0.36	0.12	--	2.26	1.46	0.80
工行沂源支行	9.68	1.85	4.74	6.87	3.62	3.22
农行沂源县支行	13.43	3.81	6.69	6.11	3.18	1.59
中行沂源支行	5.72	3.39	1.30	5.51	3.67	1.78
建行沂源支行	9.54	2.91	3.92	7.86	2.50	5.36
淄博市商行沂源支行	1.33	0.04	0.14	0.79	0.79	--
沂源县农信联社	25.50	0.75	21.95	20.52	18.47	2.05
邮储银行沂源县支行	9.14	0.05	9.08	0.22	0.21	0.003

金融稳定工作机制，以银行、证券、保险联席会议制度载体，确保辖区金融稳定。

【金融服务与监管】　2008年，人行沂源县支行一是定期以《金融要情快报》和《专报件》形式，向政府提出金融与经济发展的建议；二是初步建立了适合本地实际的农村信用体系建设机制；三是在全县开展“送国债知识下乡，助农民理财”活动，设立了城乡人民币反假工作站；四是加强外汇、进出口收付汇核销监管，坚持国际收支申报季度现场和月度非现场核查工作。

（丁　峰　蔡成霞）

泰安市

【经济金融简况】 2008年，泰安市以"建设经济文化强市、打造国际旅游名城"为目标，人均生产总值首次突破4000美元，民营经济实现增加值941.7亿元，增长24.7%；实现税收76.1亿元，增长34.3%，提高了5.0个百分点。

一、银行业在调控中保持稳健运行态势，各项指标均稳步增长。一是人民币存、贷款增势强劲，增量创历史同期新高；二是加强重点项目和大型骨干企业信贷的支持，农业贷款持续增长；三是重点支持有机蔬菜、畜牧业养殖等规模经济的发展和生产资料的购买、小型农田水利建设等。

二、信用总量继续扩张。一是全市表外融资业务增加16.86亿元，其中委托贷款增加7.5亿元，签发信用证余额增加8.81亿元，办理保函余额增加0.55亿元；二是市外金融机构向该市企业增发异地贷款26.77亿元，对全市经济平稳较快发展起到了积极的促进作用。

三、外汇存款大幅增长，贷款明显下降。全年外汇存、贷款呈现明显的反向变动，截至年末，全市外汇存款余额9208万美元，同比增加2904万美元，增长46.07%；外汇贷款余额3930万美元，同比减少1319万美元，下降21.85%。

【货币政策实施】 2008年，人行泰安市中心支行继续强化"监测、分析、引导"的货币信贷工作思路，促进了经济金融平稳较快发展。

一、突出信贷支持重点，引导金融机构优化信贷资源配置。

(一)指导金融机构改进和完善农村金融服务。一是大力推广农户小额信用和农户联保贷款；二是创新贷款抵押担保方式，扩大有效担保品范围，按照因地制宜、灵活多样的原则，探索发展各类贷款；三是探索推进农村消费信贷业务，拓展消费领域，开展住房按揭贷款，支持农民住房消费。

(二)指导金融机构落实好"绿色信贷"政策。一是与环保局联合向有关企业宣讲"绿色信贷"政策，使企业对其有了全面的认识和掌握；二是按照泰政发〔2007〕30号文件的要求，引导金融机构切实改善信贷资源配置，防止盲目投资和低水平建设；三是制定下发了《关于金融支持绿色信贷工作的意见》。

二、促进银企更高层次合作，优化区域金融生态环境。该中支于5月9日承办了人行济南分行与泰安市政府联合组织的"金融生态环境建设暨银企合作会议，与137家企业达成项目协议232个，协议贷款金额148.48亿元；从签约看，中小企业、三农、节能减排和高新技术签约金额占68.46%，同比提高8.5个百分点；从产业分布看，涵盖了农业、制造业、采矿业以及重点发展的八大优势产业。

三、加强再贷款和准备金的管理，促进宏观调控成果巩固。

(一)提高支农再贷款的政策引导效应，严格管理制度。一是累计办理再贴现7910万元，80%面向"三农"和中小企业；二是进一步完善了再贷款操作规程，使辖内人行系统对各类再贷款、再贴现的各环节操作更趋规范。

(二)切实加强准备金的管理。一是强化了地方法人机构存款准备金管理，按旬加强了缴存及流动性变动等有关指标的监测；二是对辖内7家法人机构进行了存款准备金缴存的现场检查，并对问题机构的负责人进行了谈话。

【金融监管】 2008年，银监会泰安监管分局按照"更新理念、科学监管、提高标准"的要求，各项工作取得全面进展。

一、抓改革，提升银行业整体竞争能力。一是全力推进合作银行的组建工作，梯次推进农信社深化改革，选择各项指标接近准入条件的东平县联社作为银行化改革的试点，通过大力引导和积极推荐，促使东平农联社于2008年12月份改制为泰安市第一家农村合作银行；二是调整股权结构，制定了取消资格股计划，并对2007年度股金实行了差别分红的监管政策；三是促进城商行发展步入良性轨道，使得贷款规模稳步增长，自身盈利能力增强；四是先后推出了银行卡、代理保险、代理理财、应收账款质押、动产质押、个人生产经营贷款等新型贷款业务；五是推进辖内邮储银行分支机构的组建工作，严格把关，并对13个拟配备"初中学历、劳务用工"行长的支行批复暂停开业；六是组织内控建设培训班，提高员工合规和案防意识，并对新开展的小额贷款业务进行监管，有力防范了信用风险。

二、促发展，提高支持社会经济发展能力。一是提高信贷支持能力，坚持"区别对待、有保有压"，优化信贷结构；二是加强对扩大内需政策受益行业的支持力度，提高优质客户的信贷审批效率；三是加大对小企业和农业的信贷投入力度，并成立了小企业贷款业务推进工作领导小组；四是编发《小企业融资指南》、召开全市小企业贷款工作现场会，搭建了银企沟通平台；五是全市小企业贷款余额实现67.32亿元，较年初增加20.87亿元，增长44.93%，高于全市贷款增速29.81个百分点，新增小企业贷款占新增贷款总额的60%，有力地解决了部分小企业贷款难题。

【外汇管理】 2008年，外管局泰安市中心支局稳抓各关键环节，积极探索建立新时期基层外汇管理工作的新机制，有力推动了辖区外汇管理工作的创新和发展。

一、强化政策引导，做好宏观调控与支持涉外经济发展的新文章。一是制定了《关于进一步改进外汇管理支持地方涉外经济又好又快发展的指导意见》；二是与人行泰安中支货币信贷部门制定了《关于加快推进农村金融产品和服务方式创新

泰安市经济主要统计指标

指标 \ 年度	2004	2005	2006	2007	2008	2008 年同比增幅（%）
土地面积（平方公里）	7762	7762	7762	7762	7762	0
人口（万人）	549.9	550.8	551.7	552.6	554.7	0.39
非农业人口（万人）	177.2	157.2	157.2	159.1	159.3	0.13
地区生产总值（亿元）	691.94	855.66	1012.2	1226.1	1513.3	13.4
第一产业（亿元）	95.44	105.21	116.3	132.8	161.1	2.6
第二产业（亿元）	359.91	477.91	572.2	688.5	839.3	12.5
工业（亿元）	304.05	419.69	503.5	607.8	752.2	14.1
建筑业（亿元）	55.86	58.22	68.7	80.7	87.1	6.5
第三产业（亿元）	236.59	272.54	323.7	404.8	512.9	18.4
人均地区生产总值（元）	12608	15547	18752	22617	27794	12.9
地区生产总值构成（%）	100	100	100	100	100	--
第一产业（%）	13.79	12.30	11.49	10.8	10.6	-1.85
第二产业（%）	52.02	55.85	56.51	56.2	55.5	-1.25
第三产业（%）	34.19	31.85	32.00	33.0	33.9	2.73
财政总收入（亿元）	52.59	69.74	87.39	105.36	131.58	24.89
地方财政收入（亿元）	31.21	40.63	51.7	64.2	76.4	19.0
财政总支出（亿元）	--	--	--	--	--	--
地方财政支出（亿元）	51.50	63.71	78.1	104.6	111.6	6.7
全社会固定资产投资（亿元）	357.19	498.6	533.9	646.0	809.4	25.3
规模以上固定资产投资（亿元）	330.50	478.30	513.08	638.88	803.0	25.8
规模以下固定资产投资（亿元）	26.69	20.29	20.78	7.12	6.4	-10.12
房地产开发（亿元）	19.89	30.5	22.4	33.9	43.1	25.7
进出口总值（亿美元）	6.01	7.45	9.85	13.45	15.08	12.1
出口总值（亿美元）	4.50	5.45	6.88	8.52	9.21	8.0
实际利用外资（亿美元）	3.05	5.28	7.97	9.82	11.75	19.6
社会消费品零售总额（亿元）	224.18	273.64	318.2	378.5	466.8	23.4
居民消费价格指数（%）	103.5	101.6	101.3	104.0	104.9	0.87
城市居民人均可支配收入（元）	8883	10337	11966	13818	16095	16.5
农民人均现金收入（元）	4068	4679	5184	5963	6533	9.56

泰安市工农业主要统计指标

农业主要统计指标（万吨）				规模以上工业企业主要统计指标（亿元）			
项目＼年度	2007年	2008年	增幅（%）	项目＼年度	2007年	2008年	增幅（%）
粮食	278.6	290.7	4.3	工业增加值	546.3	800.6	16.8
夏粮	125.4	135.9	8.3	国有工业	43.4	70.5	-1.8
秋粮	153.2	154.8	1.1	集体工业	35.6	35.1	11.5
棉花	1.5	1.2	-16.4	股份制工业	383.3	528.1	19.6
油料	18.3	19.9	8.7	股份合作制工业	2.6	4.0	27.7
水果	56.6	54.9	-3.0	外商及港澳台投资工业	24.0	31.5	5.7
蔬菜	702.3	681.3	-3.0	轻工业	118.8	151.5	12.6
肉类	41.2	34.8	7.3	重工业	445.5	649.1	17.3
禽蛋	23.0	17.4	-12.6	销售收入	1949.9	2543.4	30.6
奶类	42.0	41.0	6.5	利税	227.4	308.6	35.4
水产品	8.02	6.9	6.6	利润	130.5	178.5	35.8
森林覆盖率（%）	31.2	34.4	10.3	经济效益综合指数（%）	228.7	264.8	34.9

注：表中“2007年”与“2008年”各类型增加值口径不可比，造成增幅误差，但数据属实。

泰安市主要金融机构负责人

单位名称	行长（或其他称谓的第一负责人）	副行长（或其他称谓的同级领导）
人行泰安市中心支行	张海清	张仁明 庞建敏 刘慧英 孙世超 刘 波 石建民
银监会泰安监管分局	田 钢	杜经涛 王希娟 陈树涛（调研员）
农发行泰安市分行	李元林	张为民 孔庆才
工行泰安分行	姜 宁	周成芳 王向东 武 晓 张福震 侯传和 郭 义
农行泰安市分行	孙成军	郭良运 冯洪敏 安 勇 孟宪军 单伟强
中行泰安分行	赵宏春	路忠义 石 峰 薛 涛
建行泰安分行	孙 飙	张岱山 王君泰 张开锦 李其祥
泰安市商行	李俊荣（董事长） 石占银（行长）	曹在山 张海涛 史建国 展 鹏 赵传迎
农信社泰安市办事处	王季刚	陈运成 房义来 郑允幸
邮储银行泰安市分行	冯克军	谢 强 张兆辉
人保财险公司泰安市分公司	赵玉强	杜庆凯 张立群
人寿保险公司泰安市分公司	王铁林	李海荣 张 振
海通证券泰安营业部	李美玲	
齐鲁证券泰安营业部	徐建冬	赵 杰

泰安市金融业务统计指标

指标（亿元） \ 年度		2004	2005	2006	2007	2008	2008年同比增幅（%）
银行类	本外币存款余额	542.49	642.13	756.02	816.88	980.43	20.02
	人民币存款余额	536.83	636.31	749.98	812.29	974.14	19.93
	企业存款	122.79	127.74	147.73	149.22	181.32	21.51
	储蓄存款	338.57	401.73	467.61	500.11	624.83	24.94
	定期储蓄存款	248.00	293.50	338.81	360.44	462.07	28.20
	活期储蓄存款	94.42	108.23	128.80	139.67	162.76	16.53
	本外币贷款余额	376.93	430.91	487.42	543.59	607.81	11.81
	人民币贷款余额	372.39	427.28	484.95	539.18	605.12	12.23
	短期贷款	246.78	273.44	306.88	348.01	357.63	2.76
	工业贷款	88.74	84.84	111.18	122.63	104.98	-14.39
	商业贷款	28.23	25.68	25.79	26.77	27.04	1.01
	农业贷款	64.70	89.46	105.00	125.93	138.02	9.60
	中长期贷款	83.19	114.20	132.95	154.18	191.74	24.36
	基本建设贷款	38.44	44.19	51.79	55.13	78.50	42.39
	技术改造贷款	4.69	7.60	6.21	5.33	7.47	40.15
	票据融资	32.36	39.32	44.93	36.79	55.66	51.29
	现金收入	1799.75	2021.89	2299.66	2504.09	2863.99	14.37
	现金支出	1789.39	2009.83	2279.59	2479.52	2831.27	14.19
	现金投放（+）回笼（-）	-10.36	-12.06	-20.06	-24.57	-32.72	33.15
	当年结益	1.30	6.19	6.11	11.41	16.33	43.12
保险类	保险公司保费收入	13.37	15.32	17.06	21.39	30.33	41.80
	财险收入	2.62	3.14	3.93	5.48	6.14	12.04
	寿险收入	10.76	12.18	13.14	15.91	24.19	52.04
	保险公司赔款和给付支出	2.48	3.09	5.06	6.19	8.46	36.67
	财险赔款	1.54	1.96	2.66	3.11	3.48	11.90
	寿险给付	0.94	1.13	2.4	3.08	4.97	61.36
	当年结益	--	--	--	--	--	--
证券类	证券市场成交总额	221.2	88.82	208.94	863.10	683.02	-20.86
	投资者保证金余额	2.05	1.83	2.82	7.39	7.20	-2.58
	佣金收入	2.84	2.11	5.64	2.32	1.69	-17.1
	净利润	0.02	0.01	0.24	1.31	0.89	-32.07

泰安市金融机构统计指标

指标（个）	年度	2004	2005	2006	2007	2008	2008 年同比增幅（%）
银行类	法人机构	7	7	7	7	7	0
	省级分行	0	0	0	0	0	0
	二级分行	6	6	6	6	7	16.66
	县区支行	81	83	85	82	98	19.51
	分理处、营业所	108	106	118	115	130	13.04
	储蓄所	634	577	530	514	437	-15.99
	从业人员总数	11759	9938	9648	9399	9196	-2.16
保险类	保险机构	--	--	--	--	--	--
	财险机构	--	--	--	--	--	--
	省级分公司	0	0	0	0	0	0
	地市分公司	4	6	8	9	11	22.22
	县区支公司	24	32	34	41	48	17.07
	寿险机构	--	--	--	--	--	--
	省级分公司	0	0	0	0	0	--
	地市分公司	5	6	8	11	17	54.55
	县区支公司	21	25	27	30	38	26.67
	从业人员总数	9068	10307	10540	13570	16821	23.96
	财险人员	2212	2325	2420	2961	2547	86.02
	寿险人员	6856	7982	8120	10609	14274	34.55
证券类	证券机构	--	--	--	--	--	--
	证券公司	0	0	0	0	0	--
	证券营业部	5	5	5	5	6	20.00
	证券服务部	1	1	1	1	1	0
	从业人员总数	160	160	157	156	155	-0.64
	投资者开户	127895	129154	132507	182059	218348	19.93
	境内上市股票支数	5	5	5	5	5	0.00
	境外上市股票支数	0	0	0	1	2	100
	辖区上市公司总数	5	5	5	6	7	16.67

泰安市主要金融机构业务概况

单位：亿元

单位名称	本外币存款余额	企业存款	储蓄存款	本外币贷款余额	短期贷款	中长期贷款
农发行泰安市分行	2.27	1.64	0	22.35	17.75	4.6
工行泰安分行	129.33	32.02	74.28	92.68	37.48	54.81
农行泰安市分行	151.62	37.49	101.33	77.84	36.23	34.26
中行泰安分行	95.43	42.02	41.21	60.09	20.50	34.97
建行泰安分行	120.17	30.70	62.75	71.56	16.00	44.25
交行泰安分行	26.91	9.86	8.09	21.32	16.44	2.73
泰安市商行	105.37	24.15	46.90	64.53	32.24	10.01
农信社泰安市办事处	264.40	3.98	228.23	195.52	179.15	6.46
邮储银行泰安市分行	6.73	2.70	64.50	1.94	1.88	0.05

泰安市各县级区域经济金融主要统计指标

名称	人口（万人）	面积（平方公里）	地区生产总值（亿元）	地区生产总值增速（%）	本外币存款余额（亿元）	储蓄存款（亿元）	本外币贷款余额（亿元）
泰山区	63.0	337	225.3	14.0	38.23	26.88	29.25
岱岳区	97.3	1750	162.8	13.5	52.46	46.64	39.27
新泰市	137.76	1933	433.33	13.70	196.38	139.16	102.41
肥城市	97.11	1277.3	368.8	13.7	172.08	111.32	109.97
宁阳县	81.36	1125	153.34	13.6	71.74	52.46	39.75
东平县	78.43	1340	129.51	13.5	61.48	49.73	41.09

的意见》、《关于做好当前货币信贷工作的意见》；三是联合交行、中行泰安分行分别举办了企业贸易融资座谈会、外汇衍生产品推介会；四是举办了出口收汇风险通报会、次贷危机影响与对策培训班，邀请分局领导和银行资深人士授课，全年共举办由涉外企业参加的座谈会、通报会、培训班共计12次，与会人员900人次。

二、完善双向均衡监管机制，促进跨境资金有序流动。

（一）强化贸易项下外汇收支监管。一是及时对银行和企业进行培训，合理核定企业预收货款额度，满足企业经营需要；二是加强对预收货款的监管，严格出口退汇审核，严防套利资金以预收货款名义流动，并对逾期未核销业务进行了清理。

（二）改进服务贸易和个人外汇收支管理。一是积极推广“服务贸易非现场核查系统”，建立了《服务贸易外汇管理定期监测制度》；二是利用“个人结售汇系统”和“国际收支统计监测系统”进行交叉核对，重点监测个人大额、异常交易情况，强化对个人外汇收支的统计分析与预警。

（三）严格资本项目汇兑监管。一是制定了《贸易信贷登记管理制度》，明确了业务操作规程，严格贸易融资监管；二是集中清理外债数据，注销了部分已废止债务，校对现有外债登记数据；三是建立了《资本项目支付结汇监测制度》，通过整合国际收支、结售汇、外资外债等统计资源，对资本项目进行核对。

三、加大外汇监督检查力度，维护外汇市场秩序。一是形成外汇、反洗钱、会计、征信等部门的信息共享和协作机制，增强外汇局对异常资金和外汇违法行为的甄别能力和防控能力；二是通过多种方式，及时发现和纠正银行执行政策法规中存在的问题和纰漏，并与5家外汇指定银行签订了《外汇监管责任书》；三是结合情况对外商投资资本金结汇进行专项检查，查处非法使用外汇行为2起，检查辖内房地产外资企业外汇收支情况3家，并依法对非法套汇行为进行处罚；四是对3

家执行关注企业收结汇政策情况进行了检查，开展“进口不付汇、付汇不购汇”专项调查，逐笔核查了辖内106家企业、861条进口不付汇、付汇不购汇以及延期付汇信息，并对2家违反外债登记管理的企业进行了查处。

【金融改革】 2008年，泰安市金融改革取得进一步进展。一是农村金融体制改革进一步推进，东平县农信联社成功改制为该市首家农村合作银行；二是通过成立“三农事业部”、发行“惠农卡”等形式，大力推进农村信贷业务；三是城商行实行支行行长公开竞聘选拔制度、约见谈话制度、末位淘汰制度和员工双向选择、竞聘上岗、定期交流等制度，法人治理结构进一步完善。

【精神文明建设】 2008年，泰安市金融系统切实加强精神文明建设，促进了各项工作的顺利开展。

一、继续推进文明单位创建工作。一是人行泰安市中心支行及时修订完善《文明单位创建工作规划》和工作方案；二是农行泰安市分行组织开展创建文明行业、文明单位、先进集体、优秀员工评选等活动，在全市政风、行风评议中获得公共服务类第2名，居金融系统第1名，并荣获总行“奥运金融服务先进单位”称号，在全省系统内首个获得市级“AAA级劳动关系和谐企业”称号。

二、深入开展“继续解放思想推进科学发展”学习教育活动，大力推进企业文化建设。一是建行泰安分行党、政、工、团等部门先后组织开展了一系列多形式、多层次的企业文化教育宣传活动；二是中行泰安分行机关进一步巩固机关作风整顿成果，自觉接受监督，引导全行树立以“追求卓越”和“诚信、绩效、责任、创新、和谐”为主要内容的中行核心价值观。

【金融大事记】 3月13日下午 人行泰安中支在泰山会议中心组织召开了辖内银行业金融工作座谈会。

6月14日 泰安市“征信知识宣传月”活动启动仪式在财源大街隆重举行，各金融机构主要负责人及宣传人员100余人参加，人行泰安中支韩伟副行长发表了讲话，市政府副秘书长任树凯参加启动仪式并致辞。

6月20日 泰安市金融系统在人行泰安中支举办法治演讲比赛。

6月25日 由人行总行工会主办、济南分行承办的人行系统职工游泳比赛暨“相聚泰山祝福奥运”活动在泰安市举行，人行党委委员、纪委书记兼工会主任王洪章，济南分行党委书记、行长杨子强，泰安市副市长闫新建出席了此次活动。

7月31日 泰安市召开全市金融运行形势分析会，闫新建副市长，各市、区负责人，市各金融机构主要负责人、分管信贷工作的负责同志参加了会议。

11月28日 人行泰安中支与岱岳区政府联合组织召开了“银企联谊暨重点建设项目推介会”，80家工业企业、20家流通企业主要负责人约150人参加了会议。

（倪云贞）

新泰市

【经济金融简况】 2008年，新泰市大力推进经济文化强市和全面小康建设，金融方面积极调整优化信贷结构，加强银企合作，大力支持了重点项目、中小企业、“三农”经济、服务业、就业再就业、助学和节能环保等领域发展，保持了信用总量的持续稳定增长，为地方经济发展提供了支持。

【金融发展与改革】 2008年，新泰市金融改革稳步推进，金融生态环境与体系进一步优化，股改上市商行经营机制

新泰市主要经济金融指标

经济指标	2007	2008	经济指标	2007	2008
土地面积（平方公里）	1933	1933	地方财政支出（亿元）	23.68	24.64
人口（万人）	136.71	137.76	全社会固定资产投资（亿元）	159.81	195.00
非农业人口（万人）	39.47	39.71	固定资产投资增速（%）	23.60	23.90
地区生产总值（亿元）	346.60	433.33	进出口总值（万美元）	33157	35882
地区生产总值年增速（%）	16.80	13.70	出口总值（万美元）	9242	9450
第一产业（亿元）	30.16	38.18	实际利用外资（万美元）	15607	19050
第二产业（亿元）	216.90	264.31	社会消费品零售总额（亿元）	84.99	105.14
第三产业（亿元）	99.53	130.84	居民消费价格指数（%）	104.0	104.9

续表

经济指标	2007	2008	经济指标	2007	2008
财政总收入（亿元）	35.02	48.05	人均地区生产总值（元）	25398	31575
地方财政收入（亿元）	16.30	19.59	城镇居民可支配收入（元）	13306	15838
财政总支出（亿元）	--	--	农民人均现金收入（元）	7294	8064
金融指标（亿元）	2007	2008	金融指标（亿元）	2007	2008
本外币存款余额	163.77	196.38	财险收入	1.05	--
企业存款	27.18	33.30	寿险收入	2.89	--
储蓄存款	112.60	139.16	财险赔款	1.23	--
本外币贷款余额	96.32	102.41	寿险给付	4.46	--
短期贷款	62.61	64.58	证券市场交易总额	103.76	79.61
中长期贷款	28.14	27.80	投资者保证金余额	1.43	0.68
票据融资	4.22	9.73	证券交易佣金收入	0.32	0.23

新泰市主要金融机构负责人

单位名称	行长（或其他称谓的第一负责人）	副行长（或其他称谓的同级领导）
人行新泰市支行	吴　勇	刘灿升　张　晶　李长征
银监会新泰市办事处	张传明	
农发行新泰市支行	申　波	王　慧　张延宏
工行新泰支行	杨　帆	林贞全　娄岱光　郭　政
工行新汶支行	于传和	徐庆梓　王　翔
农行新泰市支行	王　超	尹贻新　尹　刚
中行新泰支行	李承君	来　峰　曹　峰
建行新泰支行	王　辉	刘守军　李德健
建行新汶支行	张克勇	田茂新　刘广孝
新泰市农信联社	王　斌	李传颖　徐西军　张义玉　佟兆庆
邮储银行新泰市支行	许兴常	张钦良

新泰市主要金融机构业务概况

单位：亿元

单位名称	本外币存款余额	企业存款	储蓄存款	本外币贷款余额	短期贷款	中长期贷款
农发行新泰市支行	0.31	0.18	0	1.30	1.30	0
工行新泰支行	19.75	3.56	10.63	8.07	3.22	4.56

续表

单位名称	本外币存款余额	企业存款	储蓄存款	本外币贷款余额	短期贷款	中长期贷款
工行新汶支行	18.63	6.92	10.72	9.42	6.39	3.04
农行新泰市支行	30.17	4.91	23.11	18.27	5.88	11.44
中行新泰支行	17.74	9.22	7.82	10.85	4.74	5.72
建行新泰支行	11.63	2.17	6.47	6.92	0.98	1.24
建行新汶支行	23.47	5.12	15.10	2.50	1.40	1.05
新泰市农信联社	57.48	0.96	49.50	44.46	40.08	0.72
邮储银行新泰市支行	16.07	0.26	15.81	0.62	0.60	0.02

完善。一是各金融机构快速增长，截至年末，该市共有银行、证券、保险各类金融机构32家，下设分支机构167处，从业人员5758人，遍布20个乡镇办事处；二是邮储银行新泰市支行成立，并试点开办了小额信用贷款业务；三是农信联社创办了“金桥梁”农户信用互助大联保和“龙头企业+银行+担保+养殖户”的“四位一体”贷款模式，并与工行开办了小企业动产质押贷款业务；四是农行完成了贷款剥离，农发行的商业信贷业务也得到长足发展。

【金融服务与监管】 2008年，新泰市金融服务质量进一步提高，支付结算系统高效快捷，票据、银行卡、直接转账和电子货币等非现金支付工具得到广泛使用；网络、电话银行业务蓬勃发展，自助银行网点和设施不断增加。

人行新泰市支行一是开展了反洗钱、账户、现金、乡镇国库、准备金管理等检查工作，对违规行为进行了了处罚；二是加强货币信贷、金融稳定、支付清算、国库收支等监测分析工作；三是被济南分行和新泰市委、市政府分别授予“2006-2008年度文明单位”、“十大文明行业”称号。银监局新泰办事处积极开展法人金融机构非现场和年度监管评级工作，进一步提高了金融机构质量和效益。

（刘　磊　李桂兰）

肥城市

【经济金融简况】 2008年，肥城市经济继续保持快速、健康发展，金融机构认真贯彻货币政策由“从紧”向“适度宽松”的转变，经济金融保持良好运行。截至年末，全市金融机构：

一、各项人民币存款余额增长23.21%，增加32.28亿元，同比多增20.54亿元；其中，储蓄存款余额比年初增长26.08%，增加22.99亿元，同比多增19.69亿元。

二、各项人民币贷款余额比年初增长13.00%，增加12.62

肥城市主要经济金融指标

经济指标	2007	2008	经济指标	2007	2008
土地面积（平方公里）	1277.3	1277.3	地方财政支出（亿元）	19.48	28.80
人口（万人）	96.63	97.11	全社会固定资产投资（亿元）	155.00	197.7
非农业人口（万人）	26.23	27.1	固定资产投资增速（%）	24.6	27.5
地区生产总值（亿元）	302.09	368.8	进出口总值（万美元）	29039	34441
地区生产总值年增速（%）	16.9	13.7	出口总值（万美元）	21093	19640
第一产业（亿元）	28.86	31.3	实际利用外资（万美元）	14606	17600
第二产业（亿元）	192.1	226.9	社会消费品零售总额（亿元）	81.00	99.7
第三产业（亿元）	81.13	110.6	居民消费价格指数（%）	104.00	--

续表

经济指标	2007	2008	经济指标	2007	2008
财政总收入（亿元）	23.14	28.67	人均地区生产总值（元）	31323	37628
地方财政收入（亿元）	12.81	15.4	城镇居民可支配收入（元）	13558	15992
财政总支出（亿元）	21.51	32.17	农民人均现金收入（元）	6107	7271
金融指标（亿元）	**2007**	**2008**	**金融指标（亿元）**	**2007**	**2008**
本外币存款余额	139.09	172.08	财险收入	0.80	0.92
企业存款	23.88	32.40	寿险收入	2.6	3.31
储蓄存款	88.15	111.32	财险赔款	--	--
本外币贷款余额	99.87	109.97	寿险给付	--	--
短期贷款	64.94	63.15	证券市场交易总额	--	--
中长期贷款	28.11	41.36	投资者保证金余额	--	--
票据融资	6.78	5.46	证券交易佣金收入	--	--

肥城市主要金融机构负责人

单位名称	行长（或其他称谓的第一负责人）	副行长（或其他称谓的同级领导）
人行肥城市支行	张继轩	冷 静 牛兰季
银监会肥城市办事处	刘同新	刘贤武
农发行肥城市支行	张 波	王学武 李元华
工行肥城支行	顾 滨	汪顺成 区少平 李守军 祝云岗 张 磊 张晓云
农行肥城市支行	王 勇	徐宝瑾 高 凯
中行肥城支行	冯德厚	陈 磊 迟 强
建行肥城支行	闫 明	张 燕 梁化训 李光营 田茂新 毕华栋
肥城市农信联社	赵平东	李 斌 侯国振 王延防 阴国庆
邮储银行肥城市支行	高 明	李先进

肥城市主要金融机构业务概况

单位：亿元

单位名称	本外币存款余额	企业存款	储蓄存款	本外币贷款余额	短期贷款	中长期贷款
农发行肥城市支行	0.65	0.44	0	2.62	2.62	0
工行肥城支行	26.87	7.69	14.71	19.65	10.71	8.93
农行肥城市支行	26.70	8.28	17.59	12.47	8.90	3.43
中行肥城支行	13.69	5.79	4.70	15.10	5.31	9.29
建行肥城支行	23.31	9.27	9.24	23.13	3.12	17.45
肥城市农信联社	55.75	0.49	50.50	36.62	32.10	2.26
邮储银行肥城市支行	15.02	0.45	14.57	0.39	0.39	0

亿元，同比多增0.88亿元。

【金融发展与改革】 2008年，肥城市金融机构稳步推进金融改革和发展。一是引导各机构贯彻"有保有压、区别对待"的信贷政策，优化信贷结构，积极进行业务创新；二是加大中小企业信用培植力度，探索出"政府主导、人行引导、金融机构主动服务，中小企业积极回应"的信用培育模式；三是召开了全市信用体系建设推进大会，开展了"文明信用户"等级评定及授信工作；四是农信社顺利实现央行专项票据兑付，在不断完善经营机制和法人治理结构的基础上，加大了服务三农力度；五是农行通过股份制改造，强化了内部控制和风险防范；六是邮储银行肥城市支行成立，肥城鑫旺小额贷款有限公司试点运行。

【金融服务与监管】 2008年，人行肥城市支行与银监会泰安监管分局肥城办事处进一步强化金融监管和服务，确保辖内金融稳定。一是搞好《人民币结算账户管理系统》运行，构建国库资金安全网，提升金融服务水平；二是加强外汇管理与服务，促进外向型经济的发展；三是开展银企签约对接活动，搭建银政企合作平台；四是加大监管力度，对农信社专项票据、特约联行汇兑、乡镇国库等业务进行了专项检查；五是加强对小额贷款公司资金流向监测和利率监管，确保辖区金融稳健运行。

（张圣猛　王　成）

宁阳县

【经济金融简况】 2008年，宁阳县经济和社会各项事业稳定健康发展，该县金融运行平稳，较好地支持了全县经济发展。

一、存款继续增加，储蓄存款拉动明显。截至年末，各项人民币存款余额71.62亿元，同比增加13.36亿元，增长22.93%；外汇存款余额177万美元，减少2万美元；居民储蓄存款52.36亿元，增加9.17亿元，增长21.23%，占全县全部新增存款的68.67%，其中，定期储蓄存款余额38.62亿元，同比增加7.33亿元，活期储蓄存款余额13.74亿元，增加1.84亿元。

二、贷款总量增长放缓，贷款结构继续优化。截至年末，各项人民币贷款余额39.75亿元，同比增加2.04亿元，增长

宁阳县主要经济金融指标

经济指标	2007	2008	经济指标	2007	2008
土地面积（平方公里）	1125	1125	地方财政支出（亿元）	7.95	9.35
人口（万人）	80.91	81.36	全社会固定资产投资（亿元）	82.61	108.92
非农业人口（万人）	16.68	16.99	固定资产投资增速（%）	27.20	26.93
地区生产总值（亿元）	121.42	153.34	进出口总值（万美元）	7714	4511
地区生产总值年增速（%）	16.60	13.60	出口总值（万美元）	6401	3556
第一产业（亿元）	23.48	29.44	实际利用外资（万美元）	14082	17540
第二产业（亿元）	61.30	77.04	社会消费品零售总额（亿元）	44.99	55.50
第三产业（亿元）	36.64	46.86	居民消费价格指数（%）	104.00	104.90
财政总收入（亿元）	9.86	10.29	人均地区生产总值（元）	15006	18847
地方财政收入（亿元）	4.50	5.40	城镇居民可支配收入（元）	9991	12088
财政总支出（亿元）	9.22	10.95	农民人均现金收入（元）	4546	5193
金融指标（亿元）	2007	2008	金融指标（亿元）	2007	2008
本外币存款余额	58.39	71.74	财险收入	0.43	0.45
企业存款	7.03	11.16	寿险收入	1.49	1.78
储蓄存款	43.32	52.46	财险赔款	--	--

续表

金融指标（亿元）	2007	2008	金融指标（亿元）	2007	2008
本外币贷款余额	39.22	39.75	寿险给付	--	--
短期贷款	31.39	30.50	证券市场交易总额	--	--
中长期贷款	5.48	5.73	投资者保证金余额	--	--
票据融资	2.33	3.52	证券交易佣金收入	--	--

宁阳县主要金融机构负责人

单位名称	行长（或其他称谓的第一负责人）	副行长（或其他称谓的同级领导）
人行宁阳县支行	杜　辉	刘　健　王　华　程令顺
银监会宁阳县办事处	徐　红	董艳秋
农发行宁阳县支行	张志军	尤昌银　宫庆杰
工行宁阳支行	马　锐	李建军　任海涛　顾　俊　刘传芹
农行宁阳县支行	宗　力	何　健　宁　东　李宗旺
中行宁阳支行	韩　刚	孙克祥　朱开锋
建行宁阳支行	魏洪国	杨建峰　周长波
宁阳县农信联社	李延玲	孙法学　陈长青　马　强　孙松岚　刘玉岳
邮储银行宁阳县支行	赵祥东	徐文强

宁阳县主要金融机构业务概况

单位：亿元

单位名称	本外币存款余额	企业存款	储蓄存款	本外币贷款余额	短期贷款	中长期贷款
农发行宁阳县支行	0.10	0.10	0	1.95	1.95	0
工行宁阳支行	9.70	2.82	5.37	6.22	2.77	3.44
农行宁阳县支行	14.79	3.97	9.58	2.34	1.72	0.23
中行宁阳支行	6.45	2.93	3.26	2.15	1.21	0.95
建行宁阳支行	3.31	0.85	1.51	5.57	2.18	0.90
宁阳县农信联社	27.85	2.60	23.97	21.10	20.27	0.19
邮储银行宁阳县支行	9.16	0.37	8.76	0.41	0.39	0.02

5.13%；短期工业贷款余额 6.19 亿元，减少 3.45 亿元；农业贷款余额 15.17 亿元，增加 1.74 亿元。

【金融发展与改革】 人行宁阳县支行认真履行基层央行职责，提高金融服务水平，全力支持经济发展。一是组织协调各金融机构开展金融生态环境建设；二是坚持按季召开金融机构联席会议制度，分析、通报县域金融运行趋势；三是督促引导业务创新，认真贯彻“有保有压”信贷政策，加大对农业和中小企业支持力度；四是加强对该县农信社专项中央银行票据兑付后的监督检查，促进农信社改革健康稳定发展。

【金融服务与监管】 2008 年，人行宁阳县支行指导各金融机构积极改进信贷、结算等服务，大力开展中间业务，加强银企合作；银监会泰安监管分局宁阳办事处突出监管重点，充分运用非现场监管、进行入社等手段，提高监管有效性，促进了全县金融机构健康发展。

（谢 涛 刘亚平）

东平县

【经济金融简况】 2008 年，东平县经济金融持续平稳发展，工农业经济效益显著提高，财政收入实现较快增长，较好地实现了贯彻货币政策与促进经济发展的协调统一。

从贷款投向看，短期贷款增速趋缓，中长期贷款增长较快，重点支持了铁矿、石油管、电力、化工等重点行业和企业；其中农业贷款 23.28 亿元，同比增加 1.86 亿元，促进了农业结构调整和农民增产增收。

【金融发展与改革】 2008 年，东平县积极推进农村信用体系和金融生态环境建设。一是东平县邮储银行的正式成立，标志着邮储资金回流农村、支持新农村建设迈出了实质性的一步；二是在农信社的基础上成立了泰安市首家农村合作银行——山东东平农村合作银行。

东平县主要经济金融指标

经济指标	2007	2008	经济指标	2007	2008
土地面积（平方公里）	1340	1340	地方财政支出（亿元）	10.01	10.25
人口（万人）	78.01	78.43	全社会固定资产投资（亿元）	53.30	96.89
非农业人口（万人）	9.53	9.21	固定资产投资增速（%）	20.6	25.5
地区生产总值（亿元）	107.71	129.51	进出口总值（万美元）	3093	4083
地区生产总值年增速（%）	19.42	13.5	出口总值（万美元）	1769	1712
第一产业（亿元）	17.9	22.92	实际利用外资（万美元）	7234	8700
第二产业（亿元）	61.60	70.58	社会消费品零售总额（亿元）	32.68	40.33
第三产业（亿元）	28.21	36.01	居民消费价格指数（%）	104	--
财政总收入（亿元）	5.42	8.71	人均地区生产总值（元）	13840	16513
地方财政收入（亿元）	3.74	4.49	城镇居民可支配收入（元）	9162	10820
财政总支出（亿元）	12.06	15.96	农民人均现金收入（元）	4009	4610
金融指标（亿元）	2007	2008	金融指标（亿元）	2007	2008
本外币存款余额	50.21	61.48	财险收入	0.36	0.36
企业存款	2.62	4.49	寿险收入	1.21	1.42
储蓄存款	40.01	49.73	财险赔款	--	--
本外币贷款余额	35.47	41.09	寿险给付	--	--
短期贷款	29.23	30.99	证券市场交易总额	--	--
中长期贷款	6.19	9.94	投资者保证金余额	--	--
票据融资	0.04	0.15	证券交易佣金收入	--	--

东平县主要金融机构负责人

单位名称	行长（或其他称谓的第一负责人）	副行长（或其他称谓的同级领导）
人行东平县支行	张　良	谷　平　何传信　徐艳霜　展东文
银监会东平县办事处	陈克泉	陈曰颖
农发行东平县支行	李存祥	张　伟　张效会
工行东平支行	郑　云	
农行东平县支行	刘　超	周长传　亚　军　薛军广
中行东平支行	邱海涛	
建行东平支行	董　波	赵建强
东平农合行	田汝会	赵志强　王学军　李学富
邮储银行东平县支行	翟树泉	谢　鑫

东平县主要金融机构业务概况

单位：亿元

单位名称	本外币存款余额	企业存款	储蓄存款	本外币贷款余额	短期贷款	中长期贷款
农发行东平县支行	0.25	0.2	0	1.65	1.65	0
工行东平支行	6.05	1.56	3.10	7.67	2.82	4.85
农行东平县支行	9.16	1.25	6.16	3.95	1.74	2.07
中行东平支行	2.19	0.86	0.93	0.66	0.34	0.32
建行东平支行	1.85	0.14	1.06	2.08	0.11	1.97
东平县农信联社	32.63	0.05	30.75	24.82	24.08	0.74
邮储银行东平县支行	8.15	0.44	7.71	0.25	0.25	0

【金融服务与监管】　2008年，人行东平县支行与银监会泰安监管分局东平办事处认真履行职责，及时制定和调整货币信贷工作指导意见，进一步完善金融服务。一是积极推动县委、县政府组织召开了金融生态环境建设暨银企合作会议，签署贷款协议15亿元；二是完善支付结算体系，加强了银行卡、人民币银行结算账户、现金以及征信的管理，并完善了反洗钱工作机制；三是建立了鲁豫两省五县反假货币协调机制，积极配合有关部门做好水库移民后期扶持直补资金的发放工作，累计为129万人次发放补贴金额19335万元；四是加强对农信社专项票据兑付的后续考核，做好非银行信息采集工作，在全市4个支行中率先实现个人法院诉讼信息采集。

（展东文　李娅群）

莱芜市

【经济金融简况】 2008年,莱芜市经济平稳健康发展,工业生产增速回落,固定资产投资以及财政收入稳定增长,居民生活继续改善。

一、各项存、贷款稳定增长,结构进一步优化。一是企业存款先增后减,凸显企业经营严峻形势;二是中长期贷款增长迅速,短期贷款增势放缓,农业贷款同比多增,累计发放贷款835.8亿元,同比多投放83.1亿元;三是第4季度变化较大,短期贷款下降12.8亿元。

二、金融机构利润增速同比有所下滑,地方金融机构占比回升。第4季度全市金融机构仅实现盈利0.42亿元,同比少盈利1.8亿元;全年国有商业银行盈利5.82亿元,占比54.6%,同比增盈0.92亿元,地方法人机构占比42.9%,较第3季度上升8个百分点。

【货币政策实施】 2008年,货币政策由紧转向适度宽松,全市融资总量保持了平稳增长,经济金融稳步运行。

一、社会融资总量持续增长,企业融资渠道进一步拓宽。一是表内外融资余额619.92亿元,较年初增加86亿元,直接融资50亿元,全年共实现融资总量136亿元;二是莱芜市政府联合人行济南分行在济南召开了莱芜重点项目济南推介会,共推介87家企业123个项目,签约金额达293.7亿元,资金到位金额125.936亿元,合同资金到位率达102.06%。

二、认真贯彻适度宽松货币政策,有效支持辖区经济平稳发展。人行莱芜市中支制定出台了《关于进一步做好当前货币信贷工作的意见》,督促金融机构认真贯彻"保增长、扩内需、调结构"的方针,并坚持以信贷结构调整促进经济结构优化,全面提升央行金融服务水平。

【金融监管】 2008年,人行莱芜市中支与银监会莱芜监管分局坚持监管与服务并举,着力提高监管能力和银行业竞争能力。

一、加大现场检查力度,加强风险监管。一是人行莱芜中支先后进行了20多项业务检查,提出整改意见50多条;二是银监会莱芜监管分局围绕风险防控进行了专项业务检查30多项,取得了较好的效果。

二、狠抓不良贷款双降,降低银行业风险水平。银监会莱芜监管分局对不良贷款实行双向考核责任制和监管对象"一把手"负责制,累计下发清收处置新增不良贷款的监管提示6份,约见高管人员谈话7次,组织对工、农、中行新增不良贷款核查5次,使得不良贷款较年初分别下降了4.27亿元和2.13个百分点。

三、严防各类操作风险。银监会莱芜监管分局继续加大案件防控工作与"一票否决"制,强化压力传导,并结合案件防控形势,分别组织召开了农信社、城商行两家金融机构的高管人员、内控合规部门、风险管理部门和基层网点负责人参加的案件防控大会,推动合规建设。

【外汇管理】 2008年,外管局莱芜市支局积极推进外汇管理各项改革,努力提高监管和服务水平,圆满达成了外汇管理为外向型经济发展服务的工作目标。

一、加强外汇非现场监管,加大专项检查力度,维护辖区外汇市场秩序,并与公安部门建立打击违规跨境资金流动长效合作机制,联合开展专项行动。

二、不断优化外汇服务,力促涉外经济发展。一是研究制定了《关于进一步改进外汇管理支持涉外经济又好又快发展的实施意见》,并出台了16条优惠政策措施;二是大力开展外汇业务培训,增强外汇政策执行效果,根据实际情况,加大政策宣传培训力度。

【证券市场】 2008年,证券市场围绕优化经纪业务管理模式、完善各项管理制度,实行高端客户分类,突出差异化管理、增加证券信息数量等业务开展工作;截至年末,莱芜市投资者开户数达62278户,较年初增加5191户,市区值9.85亿元,同比下降9.93亿元。

【精神文明建设】 2008年,莱芜市金融系统大力加强精神文明建设,开展了一系列活动,取得了良好成果。

一、人行莱芜市中支精神文明建设更上新的台阶。一是研究制订了《关于进一步深入开展央行文化建设的意见》,并确定年度工作任务;二是组织各科室提炼形成自己的工作理念,开展自学成才、岗位练兵和专业技术竞赛活动,共有65人次参加了总、分行举办的培训班;三是开展"一线员工为党委成员上课"活动,分别举办了计算机网络应用、人民币反假、进出口核销等13场工作讲座。

二、全市其他金融机构成效显著。一是莱商银行在全市创建省级文明城市工作会议上,荣获"省级文明单位"荣誉称号,被省妇联评为"山东省春蕾计划爱心单位",并向四川灾区捐款420余万元;二是建行莱芜分行连续两年被省精神文明建设委员会命名为省级文明单位;三是工行莱芜市分行举办了"智慧女性 财富一生"理财沙龙活动;四是中行莱芜分行奥运指挥部,全面服务奥运、保障奥运,赢得了较好的社会形象。

【金融大事记】 1月 建行莱芜市分行被山东省精神文明建设委员会命名为2007年度省级文明单位。

1月11日 工行莱芜市分行发放莱钢集团节能节水项目贷款3.5亿元。

莱芜市经济主要统计指标

指标 \ 年度	2004	2005	2006	2007	2008	2008 年同比增幅（%）
土地面积（平方公里）	2246	2246	2246	2246	2246	0
人口（万人）	124.29	124.38	124.86	125.35	125.96	0.49
非农业人口（万人）	43.03	49.46	50.19	48.53	49.62	2.25
地区生产总值（亿元）	223.88	256.34	287.29	367.23	455.79	12.3
第一产业（亿元）	16.93	18.12	19.55	22.62	27.98	3.1
第二产业（亿元）	141.42	172.72	192.40	242.5	308.99	11.7
工业（亿元）	120.74	162.67	180.59	228.25	291.52	11.9
建筑业（亿元）	14	9.05	11.81	14.25	17.47	8.0
第三产业（亿元）	65.53	65.5	75.34	102.15	118.82	15.6
人均地区生产总值（元）	18024	20616	23053	29011	35846	11.8
地区生产总值构成（%）	100	100	100	100	100	--
第一产业（%）	7.5	7.1	6.8	6.2	6.1	-1.61
第二产业（%）	63.2	67.3	67	66	67.8	2.73
第三产业（%）	29.3	25.56	26.2	27.8	26.1	-6.1
财政总收入（亿元）	24.39	34.14	49.05	68.12	80.12	17.58
地方财政收入（亿元）	10.30	14.56	19.26	26.07	30.25	16.03
财政总支出（亿元）	24.39	34.14	49.05	64.65	77.95	20.13
地方财政支出（亿元）	14.48	22.03	28.24	34.53	39.38	14.04
全社会固定资产投资（亿元）	103.60	129.3	140.42	165.32	207.46	25.49
规模以上固定资产投资（亿元）	103.60	129.3	140.42	165.32	207.46	25.49
规模以下固定资产投资（亿元）	--	--	--	--	--	--
房地产开发（亿元）	4.44	7.13	6.82	13.55	12.84	-5.2
进出口总值（亿美元）	7.19	10.53	12.23	16.48	27.63	67.6
出口总值（亿美元）	4.35	6.6	9.74	12.15	13.66	12.4
实际利用外资（亿美元）	1.03	1.06	1.22	1.31	1.48	11
社会消费品零售总额（亿元）	67.10	81.39	94.5	111.85	135.60	21.24
居民消费价格指数（%）	103.4	101.2	100.26	104.77	105.56	0.75
城市居民人均可支配收入（元）	10131.74	10786	11588	14906.38	17223.51	15.54
农民人均现金收入（元）	4232.47	4684	5200.5	5912.5	6646	12.41

莱芜市工农业主要统计指标

农业主要统计指标（万吨）				规模以上工业企业主要统计指标（亿元）			
项目 \ 年度	2007 年	2008 年	增幅（%）	项目 \ 年度	2007 年	2008 年	增幅（%）
粮食	26.67	27.38	2.6	工业增加值	224.01	304.19	11.95
夏粮	7.27	8.26	13.6	国有工业	8.62	11.62	13.6
秋粮	19.41	19.12	-1.5	集体工业	0.94	--	--
棉花	0.1	0.1	15.2	股份制工业	199.2	264.97	9.6
油料	1.61	1.8	9.3	股份合作制工业	1.67	--	--
水果	10.19	11.7	-1.3	外商及港澳台投资工业	8.85	22.35	31.7
蔬菜	118.4	115.8	-3.1	轻工业	21.11	29.20	22.14
肉类	5.97	5.6	10	重工业	202.9	274.99	10.81
禽蛋	2.67	2.68	15.8	销售收入	1027.05	1306.94	31.81
奶类	0.35	0.3	0.7	利税	131.5	89.88	-9.34
水产品	0.5	0.34	-33.3	利润	80.43	38.34	-21.08
森林覆盖率（%）	32.6	33.1	1.53	经济效益综合指数（%）	273.85	243.07	-11.24

注：表中“2007 年”与“2008 年”各类型增加值口径不可比，造成增幅误差，但数据属实。

莱芜市主要金融机构负责人

单位名称	行长（或其他称谓的第一负责人）	副行长（或其他称谓的同级领导）
人行莱芜市中心支行	肖承发	周登宪　牛庆国　马兴国　李念国　张　森
银监会莱芜监管分局	田　钢	初云鹏
农发行莱芜市分行	常卫东	王世军　单民生
工行莱芜分行	闫小明	苏新华　亓立刚　亓建国　刘振民　其登明　李沧海　谭慧鹰
农行莱芜市分行	房　旭	潘正光　刘学德
中行莱芜分行	汪　雷	石道菊　刘　钧　纪兆峰
建行莱芜分行	李凤强	耿　刚　边永彪　刘庆富　张玉林　牟玉鹏　张爱中
莱商银行	李敏实	谭乐清　徐信英　赵怀方　尚海燕　李学斌
农信社莱芜市办事处	王　军	李玉林　钟金铭　王其学　焦学杰　韩广胜
邮储银行莱芜市分行	金卫东	李长立
人民财产保险公司莱芜市分公司	何　华	毕德利
人寿公司莱芜分公司	王子岳	张其亮
齐鲁证券公司莱芜鲁中东大街营业部	周　健	吕淑杰

莱芜市金融业务统计指标

指标（亿元）	年度	2004	2005	2006	2007	2008	2008年同比增幅（%）
银行类	本外币存款余额	188.67	250.18	320.46	367.15	446.03	21.48
	人民币存款余额	188.67	250.18	318.60	365.12	444.81	21.83
	企业存款	51.94	59.36	75.88	108.94	125.14	14.87
	储蓄存款	101.50	130.28	157.04	172.19	216.41	25.68
	定期储蓄存款	71.67	90.45	108.55	121.71	156.82	28.85
	活期储蓄存款	29.83	39.83	48.50	50.49	59.59	18.02
	本外币贷款余额	166.06	216.70	294.78	322.98	361.68	11.98
	人民币贷款余额	166.06	216.70	287.51	313.45	350.14	11.71
	短期贷款	77.23	112.77	150.09	175.44	184.58	5.21
	工业贷款	32.24	50.58	57.69	57.20	49.11	-14.14
	商业贷款	14.07	16.71	28.83	34.07	36.76	7.90
	农业贷款	15.44	26.10	32.33	34.66	45.44	31.10
	中长期贷款	72.59	76.26	93.77	96.37	124.16	28.84
	基本建设贷款	32.40	29.93	39.90	23.15	33.56	44.97
	技术改造贷款	26.07	24.57	11.50	11.50	28.55	148.26
	票据融资	12.97	27.65	42.67	41.53	40.81	-1.73
	现金收入	605.95	754.93	844.68	955.09	907.51	-4.98
	现金支出	632.36	788.17	879.14	992.14	941.83	-5.07
	现金投放（+）回笼（-）	26.41	33.24	34.46	37.05	34.32	-7.37
	当年结益	1.8	3.65	6.37	9.22	10.66	15.62
保险类	保险公司保费收入	4.3	5.2	6.0	8.3	9.7	16.67
	财险收入	0.9	1.3	1.8	2.4	2.5	4.62
	寿险收入	3.4	3.9	4.2	5.9	7.2	21.42
	保险公司赔款和给付支出	0.8	0.9	1.0	3.5	2.1	21.62
	财险赔款	0.5	0.7	0.8	1.0	1.3	-40.00
	寿险给付	0.3	0.2	0.2	2.5	0.8	-68.00
	当年结益	3.5	4.3	5.0	4.8	7.6	58.33
证券类	证券市场成交总额	26.7	--	76.4	448	264	-41.07
	投资者保证金余额	0.53	--	1.11	2.99	2.29	-23.41
	佣金收入	0.01	--	0.20	0.91	0.60	-34.07
	净利润	0.02	--	0.08	0.70	0.45	-25.00

莱芜市金融机构统计指标

指标（个）		2004	2005	2006	2007	2008	2008年同比增幅（%）
银行类	法人机构	18	3	3	3	3	0
	省级分行	1	1	1	1	1	0
	二级分行	5	5	5	5	5	0
	县区支行	29	31	32	46	52	13.04
	分理处、营业所	142	157	151	133	126	-5.26
	储蓄所	54	50	51	49	48	-2.04
	从业人员总数	2239	2461	2518	2514	2660	5.81
保险类	保险机构	7	7	9	12	18	50
	财险机构	4	4	5	7	10	42.86
	省级分公司	0	0	0	0	0	0
	地市分公司	1	1	1	1	1	0
	县区支公司	3	3	4	6	9	50
	寿险机构	3	3	4	5	8	60
	省级分公司	0	0	0	0	0	0
	地市分公司	1	1	1	1	1	0
	县区支公司	2	2	3	4	7	75
	从业人员总数	2	1113	2635	4535	6726	48.31
	财险人员	9	87	721	1332	1577	18.39
	寿险人员	218	1026	1914	3203	5149	60.76
证券类	证券机构	5	5	5	4	3	-25
	证券公司	2	2	2	1	1	0
	证券营业部	3	3	3	3	2	33.33
	证券服务部	0	0	0	0	0	0
	从业人员总数	37	37	38	40	37	-7.5
	投资者开户	47121	—	47878	62158	67469	8.54
	境内上市股票支数	—	—	—	—	—	—
	境外上市股票支数	—	—	—	—	—	—
	辖区上市公司总数	—	—	—	—	—	—

莱芜市主要金融机构业务概况

单位：亿元

单位名称	本外币存款余额	企业存款	储蓄存款	本外币贷款余额	短期贷款	中长期贷款
农发行莱芜市分行	1	0.9	0	7.95	3.77	4.18
工行莱芜分行	68.49	14.82	39.71	58.40	16.65	36.90
农行莱芜市分行	41.72	11.49	18.89	40.88	17.29	23.42
中行莱芜分行	48.58	20.90	21.13	50.84	15.14	32.40
建行莱芜分行	37.80	5.62	16.71	46.00	7.41	27.82
莱商银行	113.94	59.71	29.41	78.29	54.27	3.45
农信社莱芜市办事处	99.03	11.38	62.90	77.98	68.81	0.21
邮储银行莱芜市分行	28.97	0.59	28.37	1.33	1.30	0.04

2月2日　人行莱芜中支被评为“全市工会工作先进单位”。

3月1日　工行莱芜市分行龙潭支行举办“智慧女性 财富一生”理财沙龙活动。

4月8日　中行莱芜分行成立了奥运指挥部。

4月10日　中行莱芜分行汪雷任中国银行莱芜分行行长、党委书记，原行长、党委书记王启贵离职。

4月11日　人行莱芜市中支连续十年荣获“市经济文化保卫工作先进集体”荣誉称号。

4月12日　莱芜市商业银行菏泽分行开业。

4月16日　银监会批准莱芜市商业银行更名为莱商银行。

4月27日　莱芜市商行被山东银监局授予“2007年度良好银行”称号。

5月　莱芜市商行被山东省服务业发展领导小组授予“山东省重点服务业企业”荣誉称号。

5月6日　莱芜市商行与山东华信资信评估有限公司举行资信评级业务合作签字仪式。

5月19日　莱芜市商行向四川地震灾区捐款300万元。

7月1日　莱芜市商业银行正式更名为莱商银行。

9月19日　莱芜市联社与济南市商行战略合作框架协议签字仪式在济南举行。

10月20日　“泰钢龙卡”联名卡首发仪式在泰钢隆重举行。

11月18日　莱芜市联社与人行莱芜市中支在莱城区口镇下水河村，联合举办了金融知识进农村暨信用体系建设示范点授牌仪式，并对2个信用示范镇、10个信用示范村和20个信用示范户颁发了奖牌。

11月26日　莱商银行与浦发银行举行战略合作签约仪式。

12月28日　莱商银行在《金融时报》和中国社科院金融研究所联合举办的“2008中国最佳金融机构排行榜”评比中，被评为“年度最佳中型城市商业银行”和“年度最佳风险控制中小银行”。

（狄宪孔　赵艳华　吕　华）

第九部分

区域性金融运行报告
——鲁东地区

青 岛 市

【经济金融简况】 2008年，青岛市认真贯彻中央宏观调控政策，努力保持全市经济平稳较快发展。其特点：一是宏观经济效益稳步提高，市场物价过快上涨得到控制；二是轻、重工业协调发展，高新技术产业发展迅速；三是固定资产投资稳定增长，房地产开发投资增幅回落；四是城乡消费市场共同繁荣，对外贸易增长较快，对外经济技术合作步伐加快。

全市银行业总体保持了又好又快的发展态势，全年新设立3家银行类金融机构（瑞穗实业银行青岛分行、海信集团财务公司和即墨北农商村镇银行）。

一、各项人民币存款增加843.80亿元，同比多增197.44亿元；各项外汇存款余额23.54亿美元，增加3.83亿美元，同比多增4.18亿美元。其中，企业存款呈缓增态势，储蓄存款大量回流银行，并且定期化趋势显著。

二、各项人民币贷款增加694.81亿元，同比多增175.70亿元；各项外汇贷款余额46.72亿美元，增加2.14亿美元，同比少增14.03亿美元。其中，人民币贷款增长呈现短期化态势，外汇贷款持续下降。一是新增贷款主要投向制造业和公共设施建设；二是票据融资年末快速反弹，对实体经济的支持力度加大；三是房地产市场观望氛围浓厚，个人住房贷款少增。

三、中间业务及电子银行业务实现快速增长。一是中间业务发展提速，利润贡献率逐年提高，全年累计实现中间业务收入29.74亿元，同比增长23.95%，其中代理保险、代理同业清算和融资顾问等中间业务收入同比分别增长251.09%、186.33%和174.30%；二是以网上银行、电话银行、自主服务设备、短信平台等为代表的电子银行业务取得较快发展。截至年底，共有POS（销售点刷卡机）特约商户10773家，直联POS 18685台，全年直联POS消费交易3852万笔、378亿元，分别增长39%和15%；入网ATM（自动取款机）机具2582台，全年实现跨行取款1723万笔、金额111亿元，分别增长34%和47%。

四、年末不良贷款率2.90%，下降2.10个百分点。

【货币政策实施】 2008年，人行青岛市中支不断创新窗口指导方式，加强货币信贷政策引导，发挥调研支撑作用，积极促进信贷结构调整，有力支持了全市经济平稳较快发展。

一、加强窗口指导，落实各项宏观调控政策。一是以防止经济增长由偏快转为过热、防止价格由结构性上涨演变为明显通货膨胀为目标，引导银行机构全面贯彻执行从紧的货币政策；二是探索提高信贷政策实施效果的有效手段，建立了信贷导向效果评估报告制度；三是9月份以后，由于国际金融形势急剧恶化，配合国家实施的各项措施，将适度宽松的货币政策和有保有压的信贷政策通过金融机构有效传导到实体经济，引导银行机构保持信贷投放稳定增长，满足实体经济合理资金需求。

二、引导金融机构调整信贷结构，创建金融服务品牌。一是督促引导金融机构重点加大对符合产业政策的固定资产投资、新农村建设、中小企业、涉外企业、保障性住房、弱势群体、服务业和消费的信贷支持力度，不断促进信贷结构优化；二是针对中小企业、弱势群体、“三农”等经济薄弱环节的信贷需求，积极推进“金智惠民”、“金助民生”、“金促民企”的三金工程，其中“金智惠民”贷款模式被青岛市政府确定为2008年全市发展县域经济的六大措施之一，全年贷款余额2.20亿元，全市7000多农户受益。

三、积极搭建银企合作平台，增强政策引导实效。一是通过多次举办金融服务产品推介会，对经济与金融的良性互动、有效应对国际金融危机影响起到了良好的推动作用；二是围绕中小企业、重点项目和新农村建设等专题组织开展了多次银行授信活动，推动全市银行业累计提供直接授信630.50亿元，达成融资意向1696亿元。

四、加大统计分析、调研监测和新闻宣传力度，发挥政策引导作用。一是围绕中小企业融资、异常跨境资金流动监管、金融危机的影响、房地产业发展状况、韩资企业经营状况等专题深入开展调研，全年完成调研报告170多篇，信息600多篇，被总分行和市委市政府采用各类调研信息400多篇；二是面向居民、企业大力宣传普及金融知识，特别是以青岛市国际金融博览会和社会科学普及周为平台，大力宣传金融改革开放成果和货币政策取向以及征信、中小企业融资等知识，拉近了金融、货币政策与百姓的距离。

【金融监管】 2008年，人行青岛市中支依法履行监督检查职能，促进金融机构依法合规经营，努力维护辖区金融稳定。

一、加强现场检查，规范促进相关业务的发展。一是对辖内8家金融机构的存款准备金缴存情况进行了现场检查，并对迟缴、欠缴存款准备金行为的机构给予了行政处罚；二是对辖内部分金融机构开展债券市场交易、债券结算代理业务、同业拆借、国债柜台交易情况进行了全面检查；三是对6家金融机构实施反洗钱现场检查，对发现的问题及时进行后续监管，督促其进行整改；四是组织对22家金融机构开展了账户管理执法现场检查，查处了违规办理人民币银行结算账户的开立、使用、撤销等有关问题。

二、全面加强金融稳定工作。一是加强利率监测，实行不同时间档次利率的分类统计，提高了利率监测的实用性和时效性；二是建立外资银行流动性监测制度，密切关注金融危机影响下辖内法人金融机构流动性状况，防止出现流动性风险；

青岛市经济主要统计指标

指标 \ 年度	2004	2005	2006	2007	2008	2008 年同比增幅（%）
土地面积（平方公里）	10654	10654	10654	10654	10654	0
人口（万人）	731.10	740.90	749.38	757.99	761.56	0.47
非农业人口（万人）	258.40	265.43	271	275.55	276.25	0.25
地区生产总值（亿元）	2270.16	2695.50	3206.58	3786.52	4436.18	13.20
第一产业（亿元）	163.49	174.64	183.95	203.59	223.40	1.40
第二产业（亿元）	1149.94	1399.75	1677.17	1953.55	2255.45	11.10
工业（亿元）	1046.93	1266.79	1527.49	1785.31	2062	12.10
建筑业（亿元）	121.76	132.96	149.68	168.24	193.45	15
第三产业（亿元）	956.73	1121.11	1345.46	1629.38	1957.33	17.10
人均地区生产总值（元）	31051.29	36381.43	42789.77	49954.75	58251.22	16.61
地区生产总值构成（%）	100	100	100	100	100	--
第一产业（%）	7.21	6.49	5.74	5.40	5.10	-5.56
第二产业（%）	50.65	51.92	52.30	51.60	50.80	-1.55
第三产业（%）	42.14	41.59	41.96	43.00	44.10	2.56
财政总收入（亿元）	495.10	613.41	771	1070.50	1251.60	16.90
地方财政收入（亿元）	130.50	176.34	225.77	292.58	342.40	17
财政总支出（亿元）	--	--	--	--	--	--
地方财政支出（亿元）	164.55	203.06	236.79	321.18	369.40	15
全社会固定资产投资（亿元）	--	--	--	--	--	--
规模以上固定资产投资（亿元）	1025.40	1456.60	1485.70	1635.40	2019	23.50
规模以下固定资产投资（亿元）	--	--	--	--	--	--
房地产开发（亿元）	162.70	223.80	268.40	322.40	373.10	15.80
进出口总值（亿美元）	269.90	330.22	391.16	457.25	536.37	17.30
出口总值（亿美元）	157.80	194.22	234.66	283.10	326.25	15.20
实际利用外资（亿美元）	38.17	36.56	36.58	38.07	26.40	10
社会消费品零售总额（亿元）	747.76	865.91	1006.67	1199.18	1464.77	22.20
居民消费价格指数(%)	102.10	102.30	100.90	104.50	104.70	0.19
城市居民人均可支配收入（元）	11089	12920	15328	17856	20464	14.60
农民人均现金收入（元）	5080	5806	6546	7477	8509	13.80

注：1. 其中全市生产总值、各产业增加值、按经济类型分组的增加值绝对数按现价计算，增长速度按可比价计算。

2. “全社会固定资产投资”、“规模以下固定资产投资”两项指标青岛市统计局不予统计；“财政总支出”青岛市统计局不对外部提供。

3. “实际利用外资”自 2008 年起统计口径有所改变。

青岛市工农业主要统计指标

农业主要统计指标（万吨）				规模以上工业企业主要统计指标（亿元）			
项目＼年度	2007年	2008年	增幅（%）	项目＼年度	2007年	2008年	增幅（%）
粮食	300.74	333.66	10.90	工业增加值	1785.31	2018.96	13.98
夏粮	139.60	162.10	16.12	国有工业	239.57	131.98	-44.91
秋粮	161.10	171.60	6.52	集体工业	110.97	103.81	-6.45
棉花	0.43	0.40	-6.98	股份制工业	733.32	924.68	26.10
油料	49.60	47.10	-5.04	股份合作制工业	--	--	--
水果	79.39	80.68	1.60	外商及港澳台投资工业	623.04	715.95	14.91
蔬菜	615.75	611.89	-0.60	轻工业	801.39	880.68	11.73
肉类	51.23	51.54	0.60	重工业	895.42	1138.28	15.64
禽蛋	32.01	19.83	-28.40	销售收入	6462.55	7813.77	23.66
奶类	45.99	35.22	-9.60	利税	522.52	530.89	0.90
水产品	120.52	105.74	-1.60	利润	266.89	246.27	-9.68
森林覆盖率（%）	33.76	35.37	4.77	经济效益综合指数（%）	209.67	222.20	5.98

青岛市主要金融机构负责人

单位名称	行长（或其他称谓的第一负责人）	副行长（或其他称谓的同级领导）
人行青岛市中心支行	王　迅	朱传友　裴云燕　王丽艳　顾延善　陶寿年　李建力　李清松
银监会青岛监管局	陈育林	刘志勇　陈裕恒　王永存　罗　中　徐　强
农发行青岛市分行	王建淑	吴辉家　张玉华　董祚涛
进出口银行青岛分行	刘云清	王伟明　王学超
开行青岛市分行	孟亚平	马鲁海　王　磊　石太峰
工行青岛市分行	栾建胜	赵松彪　吴　刚　程　青　时　辉
农行青岛市分行	王志胜	张志强　王延磊　邱泽波
中行山东省分行	何兴祥	张维克　李　光　王　军
建行青岛市分行	刘铁彦	王士清　郭中华　刘从正
交行青岛分行	陆　涛	徐建民　杨　勇　郑佳怡　刘鹏涛
中信青岛分行	吴小平	陈文德　陈　英　邢丽青
光大青岛分行	刘　鹰	杨鲁平　孙昌勇　韩曙光
华夏青岛分行	关文杰	刘　辉　吕　东　赵　劼　于丰星　崔　巍

续表

单位名称	行长（或其他称谓的第一负责人）	副行长（或其他称谓的同级领导）
招行青岛分行	郭少泉	杨　虹　陈旭红　王　京　战长春　辛　琪
深发展青岛分行	陈　彦	谷　辉　马培军　衣　铖
浦发青岛分行	常　征	王京杰　朱相宇　朱敏红
青岛银行	张广鸿	刘肖鼓　邹君秋　陈　青　杨峰江　王　瑜
民生青岛分行	宋　春	吴　强
农信社青岛市办事处	任荫盈　傅相成	任　静　马书平　丁明来　刁显世
恒丰青岛分行	王　旭	于　玲　于国强　张　渤
兴业青岛分行	张晓莉	郑少鸣
山口银行青岛分行	小野哲	中村直嗣　夏　铮
汇丰银行青岛分行	高　慧	孙翠霞　仇吉媛
韩亚银行青岛分行	裵范主	陈国华　金永基
韩国中小企业银行青岛分行	金箕燮	李准汉　孙大协
中银香港青岛分行	江　滔	马　勇
东亚银行青岛分行	梁志伟	刘峻德　孙善功　隋　青
新韩银行青岛分行	成国济	李明锡
瑞穗银行青岛分行	吉田晓	李　健
渣打银行青岛分行	高　慧	潘晓东
邮储银行青岛市分行	谈　宏	王平顺　江守湖　王　平
海尔财务公司	武克松	李占国
银联青岛分公司	赵玉东	吴　坚

青岛市金融业务统计指标

指标（亿元）＼年度		2004	2005	2006	2007	2008	2008 年同比增幅（%）
银行类	本外币存款余额	2390.73	2849.24	3401.54	4035.12	4896.29	21.35
	人民币存款余额	2246.26	2697.54	3245.36	3891.59	4735.38	21.68
	企业存款	792.47	822.67	1014.43	1321.34	1464.19	10.81
	储蓄存款	1089.49	1343.10	1567.62	1702.04	2123.36	24.75
	定期储蓄存款	704.87	892.95	1024.10	1085.84	1466.56	35.06
	活期储蓄存款	384.62	450.16	543.52	616.20	656.80	6.59
	本外币贷款余额	2011.70	2232.81	2801.40	3424.23	4067.60	18.79

续表

指标（亿元） \ 年度		2004	2005	2006	2007	2008	2008 年同比增幅（%）
银行类	人民币贷款余额	1847.26	2039.48	2577.94	3097.06	3748.32	21.03
	短期贷款	954.89	981.51	1196.42	1394.40	1660.27	19.07
	工业贷款	330.68	306.87	422.71	483.53	662.87	37.09
	商业贷款	162.82	129.70	133	143.08	136.18	-4.82
	农业贷款	82.50	89.44	98.89	128.37	150.31	17.09
	中长期贷款	621.49	807.35	1077.55	1389.55	1683.29	21.14
	基本建设贷款	200.86	244.17	400.45	491.04	625.93	27.47
	技术改造贷款	28.91	23.17	20.32	9.97	12.34	23.77
	票据融资	178.81	242.67	297.75	290.73	385.74	32.68
	现金收入	4739.30	5464.45	6351.58	7255.73	7084.25	-2.36
	现金支出	4821.70	5574.36	6470.49	7370.45	7216.51	-2.09
	现金投放（+）回笼（-）	82.40	109.92	118.91	114.72	132.27	15.30
	当年结益	32.32	34. 05	38.40	66.09	100.23	51.66
保险类	保险公司保费收入	47.58	49.57	60.51	77.60	102.72	32.37
	财险收入	13.68	15.98	19.92	27.42	29.21	6.53
	寿险收入	28.46	27.65	32.82	41.61	73.51	76.66
	保险公司赔款和给付支出	12.86	14.41	19.45	26.69	33.32	24.84
	财险赔款	8.29	9.27	11.52	13.88	16.96	22.19
	寿险给付	3.53	3.75	5.90	10.11	16.36	61.82
	当年结益	--	--	--	--	--	--
证券类	证券市场成交总额	1185.45	760.30	1978.94	8938.87	5593.47	-37.43
	投资者保证金余额	17.43	15.81	55.43	113.81	60.45	-46.89
	佣金收入	1.57	1.21	3.32	14.49	8.64	-40.37
	净利润	-0.02	-0.34	1.39	8.76	4.63	-47.15

注：“当年结益”青岛保监局无此统计。

青岛市金融机构统计指标

指标（个） \ 年度		2004	2005	2006	2007	2008	2008 年同比增幅（%）
银行类	法人机构	4	5	5	4	5	25
	省级分行	15	28	31	35	36	2.86
	二级分行	1	1	1	1	1	0
	县区支行	322	281	385	407	557	36.86

续表

指标（个）＼年度		2004	2005	2006	2007	2008	2008年同比增幅（%）
银行类	分理处、营业所	509	553	451	432	399	-7.64
	储蓄所	545	474	437	443	183	-58.69
	从业人员总数	22486	22733	23860	25624	26095	1.84
保险类	保险机构	16	20	24	30	37	23.33
	财险机构	10	11	14	15	19	26.67
	省级分公司	10	11	14	15	19	26.67
	地市分公司	0	0	0	0	0	0
	县区支公司	0	0	0	0	0	0
	寿险机构	6	9	10	15	18	20
	省级分公司	6	9	10	13	13	0
	地市分公司	0	0	0	0	0	0
	县区支公司	0	0	1	2	5	150
	从业人员总数	15233	16040	18229	24843	36318	46.19
	财险人员	1523	1604	1823	2484	3632	46.22
	寿险人员	13710	14436	16406	22359	32686	46.19
证券类	证券机构	43	42	43	42	44	4.76
	证券公司	1	1	1	1	1	0
	证券营业部	39	38	39	38	43	13.16
	证券服务部	3	3	3	3	0	-100
	从业人员总数	--	--	--	--	--	--
	投资者开户	64.01	55.5	54.96	72.74	79.25	8.95
	境内上市股票支数	9	9	11	11	11	0
	境外上市股票支数	0	0	1	1	1	0
	辖区上市公司总数	9	9	11	11	11	0

注："省级分行"含一级分行，"从业人员总数"青岛证监局无此统计。

青岛市主要金融机构业务概况

单位：亿元

单位名称	本外币存款余额	企业存款	储蓄存款	本外币贷款余额	短期贷款	中长期贷款
开行青岛市分行	36.98	36.98	0	179.23	11.64	167.59
进出口银行青岛分行	29.98	29.21	0	188.66	73.25	87.46
农发行青岛市分行	3.34	3.05	0	42.22	35.95	6.27

续表

单位名称	本外币存款余额	企业存款	储蓄存款	本外币贷款余额	短期贷款	中长期贷款
工行青岛市分行	596.60	149.78	343.36	488.79	116.44	302.81
农行青岛市分行	642.25	187.64	398.37	364.87	159.40	160.29
中行山东省分行	495.62	163.86	289.37	307.87	94.62	167.24
建行青岛市分行	478.92	126.26	234.98	418.24	90.03	292.83
交行青岛分行	330.12	112.45	121.33	236.26	99.42	117.50
中信青岛分行	166.36	50.50	43.36	164.57	99.74	51.34
光大青岛分行	112.39	46.36	27.28	127.20	37.19	66.38
华夏青岛分行	123.54	43.86	36.55	106.22	63.43	35.06
深发展青岛分行	96.06	20.56	10.23	82.71	48.84	14.84
招行青岛分行	207.52	88.75	90.60	223.78	88.27	68.80
浦发青岛分行	107.70	40.27	17.86	101.69	68.53	18.30
兴业青岛分行	45.49	25.96	4.07	63.26	32.40	3.71
民生青岛分行	86.75	24.42	12.84	74.44	48.38	26.06
恒丰青岛分行	108.55	75.60	5.77	85.24	44.72	11.61
青岛银行	250.37	139.47	63.31	176.90	100.49	45.16
农信社青岛市办事处	408.50	19.96	318.64	297.80	276.32	9.93
邮储银行青岛市分行	148.36	2.42	145.92	1.62	1.62	0
海尔财务公司	128.15	102.90	0	84.94	15.75	28.58
汇丰银行青岛分行	23.36	10.50	6.35	20.67	12.69	7.08
山口银行青岛分行	2.18	2.08	0	5.79	3.92	1.44
新韩银行青岛分行	2.55	2.24	0	14.00	8.18	5.11
东亚银行青岛分行	21.92	17.09	3.06	18.33	0.64	16.21
渣打银行青岛分行	2.46	1.27	0.50	3.30	2.63	0
中银香港青岛分行	3.44	2.29	0.06	21.63	2.16	19.07
韩亚银行青岛分行	10.99	9.76	0.02	26.44	23.32	3.09
瑞穗银行青岛分行	4.57	4.57	0	6.84	6.55	0.29

青岛市各县级区域经济金融主要统计指标

名称	人口（万人）	面积（平方公里）	地区生产总值（亿元）	地区生产总值增速（%）	本外币存款余额（亿元）	储蓄存款（亿元）	本外币贷款余额（亿元）
平度市	136.96	3166	418.82	13	185.75	152.88	68.55
即墨市	112.10	1780	499	14.80	237.46	172.44	137.73

续表

名称	人口（万人）	面积（平方公里）	地区生产总值（亿元）	地区生产总值增速（%）	本外币存款余额（亿元）	储蓄存款（亿元）	本外币贷款余额（亿元）
莱西市	72.80	1522	330.03	13	114.78	91.97	60.82
开发区	32.10	274	708.18	16.20	307.44	119.47	336.45
胶南市	83.38	1802	439.63	13.20	149.59	104.85	93.05
胶州市	79.65	1210	474.05	13.26	174.03	130.08	81.70

三是建立了山东半岛五城市区域金融稳定协作联席会议制度；四是建立了金融稳定与反洗钱、外汇管理、调查统计等部门的信息交流与定期会商制度，整合行内信息资源，共同维护区域金融稳定。

【外汇管理】 2008年，外管局青岛市分局突出外汇特色服务与跨境资金流动监管，积极促进外向型经济发展和转型升级，各项工作取得了明显成效。

一、积极推进外汇服务便利化，开展外汇特色服务。一是推广无纸退税促进贸易便利化，提高了退税数据传递质量、效率和退税速度；二是简化进出口核销和外债管理工作程序，通过减少审批环节、缩短核准时间、下放权限、积极争取短债指标，帮助企业主动有效地应对危机影响；三是量身定做外汇资金集中管理方案，帮助企业提高资金管理和使用效率，全市实行外汇资金集中管理的企业集团达5家；四是推动企业“走出去”并继续加大后续融资支持，全年全市境外投资汇出资金1.22亿美元，是上年的20倍；五是进一步加强外汇交易服务，提高交易会员外汇头寸调度效率，全年完成外汇交易15.80亿美元。

二、加大对异常跨境流动资金的监管力度，切实维护外汇资金合法有序流动。围绕促进国际收支平衡，全年共组织开展各类专项和常规检查4次，检查办理外管总局督办的重大案件2起，与公安部门联合查处网络炒汇案件1起，立案65起，涉案金额4858万美元，结案68起，收缴罚没款金额512.50万，收缴率100%。

【金融改革】 2008年，人行青岛市中支加强跟踪监测，推动辖内金融机构改革。一是对青岛市农联社以及莱西、平度、胶州三家农信社就宏观调控影响、股本金变化、盈利状况、历年挂亏消化、资产质量等方面进行了实地调研，对辖内8家农信社、合作银行票据兑付后的改革进展情况进行了现场检查，对检查中发现的贷款形态反映不真实等问题提出了整改意见；二是按季对工、中、建三家股改行的动态情况进行监测，并对农行股份制改革和服务“三农”组织架构改革情况进行了专题调研；三是对农发行政策性和经营性金融业务发展情况、经营发展中存在的困难和问题进行了专题调研。

【证券市场】 2008年，青岛市资本市场保持了平稳健康的发展态势。年内分别新批设证券、期货营业分支机构3家和7家。年末，全市共有证券账户124.14万户，资金账户77.82万户。期货市场实现较快发展。截至年底，全市期货交易客户数量7338户，增长158.11%；客户交易保证金余额5.93亿元，增长82.08%；期货经营机构实现手续费收入4552.49万元，增长76.33%；利润总额956.88万元，增长51.49%。

【精神文明建设】 2008年，青岛市各金融机构结合行业特点，深入开展精神文明和文化建设，进一步提高了整体服务水平。一是以学习贯彻党的十七大、十七届三中全会精神和深入学习实践科学发展观为主线，进一步加强领导班子和干部队伍建设；二是以喜迎奥运、战浒苔、科学发展、抗震救灾、应对危机等为主题，通过内部刊物、征文、演讲、辩论、社会实践等多种形式，深化单位文化建设，培养员工情操；三是组织开展资助贫困聋哑学生、向灾区人民捐款、交纳特殊党费等社会公益活动，激发员工的奉献精神和干事创业的热情。

【金融大事记】 1月10日 人行青岛市中支王迅行长当选为青岛市人民代表大会常务委员会委员，并兼任青岛市人民代表大会财经委员会副主任。

1月28日 邮储银行青岛分行成立。

2月22日 外管总局经常司王晓东副司长、信息中心朱庆副主任率相关人员来外管局青岛分局对进出口核销改革系统试运行进展情况进行调研。

3月5日～10日 人行总行征信中心在青岛召开全国企业征信系统数据质量工作会议，总行征信中心戴根有局长、陈波副局长、济南分行李亚新副行长等有关领导出席了会议。

3月28日 人行青岛市中支组织召开“青岛市银行业奥运支付环境建设工作会议”，青岛市人大副主任吴淑玲、青岛市副市长马世忠、人行济南分行副行长刘克俭、青岛中支行长王迅以及青岛市各银行业金融机构负责人参加了会议。

4月18日～19日 “第三次中日韩央行司局级会议”在

青岛举行，日本银行国际司出泽敏雄司长、韩国银行准备金管理司李镕宸司长、人行总行国际司金琦司长等参加了会议。

4月20日　山东半岛经济发展与金融支持推进会在青岛隆重举行。人行济南分行行长杨子强、金融时报社社长汪洋、青岛市副市长马世忠以及威海、日照、烟台、潍坊市相关市委领导出席会议并分别讲话，山东省辖内金融机构负责人及企业的代表共200余人参加了会议。

4月28日　青岛市商业银行正式更名为青岛银行。

瑞穗实业银行（中国）有限公司青岛分行正式开业。

5月12日　新韩银行（中国）有限公司法人机构正式开业，同时“韩国新韩银行股份有限公司青岛分行”更名为“新韩银行（中国）有限公司青岛分行”。

5月22日　外管总局管检司许满刚司长来外管局青岛分局就已收汇未核销调查工作进行调研督导。

5月31日　人行青岛市中支完成了中央银行会计集中核算系统V5.0版和中央银行会计事后监督子系统4.0版升级换版工作。

6月5日　韩国釜山银行青岛代表处正式开业。至此，青岛市已拥有外资银行分行10家，外资银行代表处1家。

人行青岛市中支与青岛市金融办、青岛市工商业联合会、交行青岛分行在黄海饭店联合举办2008金融产品及融资方式宣讲会。

6月19日～20日　外管总局王小奕副局长、国际收支司方文副司长、经常项目司王晓东副司长等一行6人到青岛就外汇收支形势、贸易信贷统计等内容进行调研，外管局山东省分局门晓波副局长等3人陪同调研。

7月4日　由青岛市金融办、社科联和金融学会联合举办、以“环湾保护、拥湾发展：金融支持与金融服务”为主题的“2008青岛金融论坛”在青岛香格里拉大饭店举行。青岛市吴经建副市长到会并发表演讲。青岛市人大吴淑玲副主任、山东省金融学会王敏副会长、人行青岛市中支王迅行长以及市直部门负责人、各金融机构的代表和有关专家学者共200多人出席了此次论坛。

7月10日　外管总局李东荣副局长、资本项目司孙鲁军副司长、山东省分局门晓波副局长等一行来外管局青岛分局调研督导直接投资系统运行及外资换证工作进展情况。

8月6日　人行青岛市中支组织全市29家银行业金融机构成功开展了青岛市银行业奥运支付突发事件应急处置预案演练。

9月12日　人行青岛市中支联合青岛市金融办、经贸委、外经贸局和银监局在黄海饭店举办了“青岛市金融支持小企业发展授信仪式”。人行济南分行杨子强行长、青岛市马世忠副市长、人行青岛中支王迅行长、青岛市银监局陈育林局长参加了本次仪式并讲话。18家银行共向全市512家小企业集中授信72亿元，融资需求满足率达90%。此次授信活动是近年来青岛市规模最大、融资效率最高的小企业专题融资活动。

9月28日～30日　人行青岛市中支协办并参加的“2008青岛国际金融博览会”在青岛国际会展中心隆重开幕。青岛市政府马世忠副市长出席开幕式并致辞，人行济南分行李亚新副行长、人行青岛中支王丽艳副行长到会祝贺。

10月28日　人行青岛市中支宣布领导班子调整情况：李清松不再担任青岛中支党委委员、副行长职务，回人行总行工作；任命时东为青岛中支党委委员、副行长。

10月30日　山东省副省长才利民来青岛市就当前形势下外贸出口情况进行调研，人行青岛市中支顾延善副行长就有关外汇方面的问题进行了汇报和座谈。

11月10日　青岛市金融学会召开2008年年会暨“金融支持农村改革发展”专题研讨会，全市28家会员单位的主要负责人及部分会员代表约100人参加了会议。青岛市金融办白光昭主任、青岛市社科联任银睦副主席应邀出席会议。

11月17日　青岛市举行重点项目推介暨银行授信签约仪式，青岛市夏耕市长出席签约仪式并讲话，秦敏副市长主持签约仪式，人行济南分行王敏副行长出席签约仪式。

12月16日　青岛市2008年反洗钱联席会议在市政府召开。会议由青岛市金融办白光昭主任主持，青岛市秦敏副市长讲话，人行青岛市中支王迅行长进行了工作报告，市检察院、法院、公安局、青岛海关等成员单位负责人共30余人参加了会议。

12月17日　青岛市秦敏副市长、金融办白光昭主任等人莅临人行青岛市中支指导工作。

12月23日　东亚银行青岛分行正式推出人民币信用卡，成为青岛市第一家发行人民币信用卡的外资银行。

平度市

【经济金融简况】　2008年，平度市固定资产投资增量适度回落；产业结构日趋合理，农业基础地位更加稳固，工业运行质量进一步提高；商贸流通规模不断扩大，财政收入增速加快。

全市金融运行总体平稳，信贷投放力度加大，新增贷款重点投向民营中小企业、“三农”、基础设施和居民消费等领域，有力支持了当地经济发展。

【金融发展与改革】　2008年，平度市金融业在深化改革中步入了有序竞争、加快发展的新阶段。一是国有商行以股改为契机，加大业务流程再造力度，强化风险控制管理，财务状况逐步改善；二是农信社票据兑付后主要经营指标持续好转，支农强农服务能力显著增强；三是邮储银行挂牌成立，小额信贷业务试点取得积极进展；四是青岛银行进驻平度，市场拓展实现重大突破。

平度市主要经济金融指标

经济指标	2007	2008	经济指标	2007	2008
土地面积（平方公里）	3166	3166	地方财政支出（亿元）	20.42	24.65
人口（万人）	136.53	136.96	全社会固定资产投资（亿元）	161.04	201.80
非农业人口（万人）	42.81	43.07	固定资产投资增速（%）	29.50	25.30
地区生产总值（亿元）	360.28	418.82	进出口总值（万美元）	109511	129697
地区生产总值年增速（%）	18	13	出口总值（万美元）	79875	95516
第一产业（亿元）	54.36	62.17	实际利用外资（万美元）	18161	16360
第二产业（亿元）	183.21	212.53	社会消费品零售总额（亿元）	114	138
第三产业（亿元）	122.71	144.13	居民消费价格指数（%）	--	--
财政总收入（亿元）	18.52	20.90	人均地区生产总值（元）	26394	30578
地方财政收入（亿元）	12.16	14.63	城镇居民可支配收入（元）	13910	15941
财政总支出（亿元）	22.30	26.38	农民人均现金收入（元）	7146	8135
金融指标（亿元）	**2007**	**2008**	**金融指标（亿元）**	**2007**	**2008**
本外币存款余额	150.52	185.75	财险收入	--	--
企业存款	17.55	19.96	寿险收入	--	--
储蓄存款	120.89	152.88	财险赔款	--	--
本外币贷款余额	63.74	68.55	寿险给付	--	--
短期贷款	46.12	45.60	证券市场交易总额	--	--
中长期贷款	14.01	17.20	投资者保证金余额	--	--
票据融资	3.57	5.69	证券交易佣金收入	--	--

注：关于保险、证券的金融指标青岛市保监局、证监局没有相关县级区域统计，下同。

平度市主要金融机构负责人

单位名称	行长（或其他称谓的第一负责人）	副行长（或其他称谓的同级领导）
人行平度市支行	张　伟	滕振瑞　陆训令　冯　刚
农发行平度市支行	张振河	孙玉香　陈建毅
工行平度支行	王利军	
农行平度市支行	李　洪	田洪芳　刘永高
中行平度支行	葛勤生	于福智　刘志勇
建行平度支行	管恩新	林玉忠　孙德军
青岛银行平度支行	刘元华	于　群　李正斌

续表

单位名称	行长（或其他称谓的第一负责人）	副行长（或其他称谓的同级领导）
平度市农信联社	董常进　衣林龙	刘宝芹　陈玉云　姜　伟　朱光青　高国明
邮储银行平度市支行	荆云叶	刘智玉

平度市主要金融机构业务概况

单位：亿元

单位名称	本外币存款余额	企业存款	储蓄存款	本外币贷款余额	短期贷款	中长期贷款
农发行平度市支行	0.15	0.14	0	6.55	6.55	0
工行平度支行	12.62	2.71	8.02	4.75	0.93	3.82
农行平度市支行	52.09	8.90	41.34	11.46	6.84	3.68
中行平度支行	18.07	3.97	13.98	5.93	1.79	2.22
建行平度支行	13.05	1.79	8.16	5.15	0.45	4.70
青岛银行平度支行	4.26	2.26	1.12	2.22	2.05	0.09
平度市农信联社	50.02	0.16	47.31	32.17	26.67	2.68

【金融服务与监管】　2008年，人行平度市支行围绕履行核心职能，以实施“金智惠民”、“金助民生”和“金促民企”工程为重点，以承办助学贷款推介会、征信知识讲座和金融支持新农村建设授信仪式等为载体，着力创新窗口引导方式，加大货币信贷政策宣传力度，改善支付结算和外汇管理服务，扩大信用信息采集服务范围，不断拓宽金融服务领域。

同时，适时强化法人机构风险监测评估工作，开展存款准备金政策执行等监督检查活动，建立了空头支票黑名单通报制度等，维护了辖区金融业的平稳健康运行。

即墨市

【经济金融简况】　2008年，即墨市经济保持了较快增长势头，农业生产稳步推进，工业生产平稳增长，投资保持较快增势，城乡消费市场异常活跃，外经外贸平稳增长，财政实力显著增强。

全市金融总体运行稳健，存贷款稳定增长。9月份以来，各金融机构认真贯彻执行适度宽松的货币政策，积极应对土地、

即墨市主要经济金融指标

经济指标	2007	2008	经济指标	2007	2008
土地面积（平方公里）	1780	1780	地方财政支出（亿元）	22.43	36.29
人口（万人）	111.19	112.10	全社会固定资产投资（亿元）	201.29	252.40
非农业人口（万人）	48.34	49	固定资产投资增速（%）	24.20	25.40
地区生产总值（亿元）	433.80	499	进出口总值（万美元）	367779	410429

续表

经济指标	2007	2008	经济指标	2007	2008
地区生产总值年增速（%）	17.60	14.80	出口总值（万美元）	265315	295431
第一产业（亿元）	35.75	38.80	实际利用外资（万美元）	24004	27605
第二产业（亿元）	242.93	275.10	社会消费品零售总额（亿元）	124.77	152.60
第三产业（亿元）	155.12	185.10	居民消费价格指数（%）	--	--
财政总收入（亿元）	36.06	38.54	人均地区生产总值（元）	39014	44432
地方财政收入（亿元）	20.37	29.12	城镇居民可支配收入（元）	15813	18055
财政总支出（亿元）	22.43	36.29	农民人均现金收入（元）	7382	8393
金融指标（亿元）	**2007**	**2008**	**金融指标（亿元）**	**2007**	**2008**
本外币存款余额	197.12	237.46	财险收入	--	--
企业存款	33.82	40.10	寿险收入	--	--
储蓄存款	140.54	172.44	财险赔款	--	--
本外币贷款余额	125.79	137.73	寿险给付	--	--
短期贷款	77.89	79.34	证券市场交易总额	--	--
中长期贷款	44.39	52.26	投资者保证金余额	--	--
票据融资	2.59	5.30	证券交易佣金收入	--	--

即墨市主要金融机构负责人

单位名称	行长（或其他称谓的第一负责人）	副行长（或其他称谓的同级领导）
人行即墨市支行	曹展鹏	马德梅　宋光波
农发行即墨市支行	李炳蔚	刘竹清　李伯军
工行即墨支行	张　玮	韩卫民
农行即墨市支行	尹兆宏	谢炳坚　姜进崧
中行即墨支行	孙　静	李方俊　刘振贤
建行即墨支行	丁世义	黄　云　姜修文　孙伟波
交行即墨支行	高建华	吴　欣　修宗海
华夏即墨支行	孙保雷	王培花
招行即墨支行	肖　琳	黄绪红
浦发即墨支行	陆　增	张昌亮
青岛银行即墨支行	王志珊	王恒增
青岛即墨农合行	李荣鹏　姜冬梅	王平刚　管德英　丁　伟　陈祥谦
邮储银行即墨市支行	孙　毅	于建青

即墨市主要金融机构业务概况

单位：亿元

单位名称	本外币存款余额	企业存款	储蓄存款	本外币贷款余额	短期贷款	中长期贷款
农发行即墨市支行	0.11	0.10	0	3.26	2.18	1.08
工行即墨支行	18.17	4.45	10.97	30.67	8.20	22.39
农行即墨市支行	50.26	11.40	36.52	18.08	5.62	10.73
中行即墨支行	41.49	11.74	27.99	10.38	3.07	6.42
建行即墨支行	16.84	3.06	11.85	15.67	5.25	10.26
交行即墨支行	2.76	0.78	1.25	0.41	0.17	0.20
华夏即墨支行	3.53	1.88	1.62	1.77	1.74	0.03
招行即墨支行	1.25	0.13	0.60	0.05	0.01	0.04
浦发即墨支行	0.62	0.20	0.10	0.21	0.21	0
青岛银行即墨支行	5.93	3.36	1.52	2.81	1.77	1.03
青岛即墨农合行	72.41	2.37	59.44	54.12	50.83	0.08

产业政策调整对信贷资金管理的影响，着力缓解经济运行中重点环节的资金供需矛盾，为全市经济的平稳快速发展发挥了积极作用。

【金融发展与改革】 2008年，即墨市金融发展与改革取得新进展。一是人行完善了农合行改革动态监控，加强对农合行票据兑付后的监督管理；二是国有商行股份制改革和金融体制改革取得重要进展，在经营网点萎缩和减员的同时，收入水平整体上升；三是招商、华夏、浦发银行相继在即墨挂牌成立支行，即墨北农商村镇银行开始营业。

【金融服务与监管】 2008年，人行即墨市支行一是着力推进“窗口指导”，引导辖内金融机构认真贯彻货币政策；二是加强对中小企业的金融服务，坚持服务三农；三是加强征信体系、反洗钱、账户管理和现金管理建设，努力提高金融服务水平；四是加强系统性风险的监测与评估，维护辖区金融稳定；五是落实外汇管理措施，支持涉外经济健康发展。

莱西市

【经济金融简况】 2008年，莱西市经济实现又好又快发展，工业经济保持较快增长，经济外向度进一步增强，外商投资持续增长。

金融体系得到进一步发展，金融服务功能不断完善。全市存、贷款业务有较大增长，不良贷款比例明显下降，金融对经济的支持力度进一步加大，贷款重点支持了当地三农经济及农业产业化的发展以及居民消费信贷的需求。

莱西市主要经济金融指标

经济指标	2007	2008	经济指标	2007	2008
土地面积（平方公里）	1522	1522	地方财政支出（亿元）	12.59	14.82
人口（万人）	72.83	72.80	全社会固定资产投资（亿元）	157.93	197.64
非农业人口（万人）	31.79	31.90	固定资产投资增速（%）	29.20	25.10

续表

经济指标	2007	2008	经济指标	2007	2008
地区生产总值（亿元）	277.45	330.03	进出口总值（万美元）	156402	178700
地区生产总值年增速（%）	16.90	13	出口总值（万美元）	104241	132392
第一产业（亿元）	30.79	35.52	实际利用外资（万美元）	13700	15900
第二产业（亿元）	139.02	164.60	社会消费品零售总额（亿元）	83.41	102.17
第三产业（亿元）	107.64	129.91	居民消费价格指数（%）	--	--
财政总收入（亿元）	13.77	16.46	人均地区生产总值（元）	38085	45334
地方财政收入（亿元）	10.22	12.77	城镇居民可支配收入（元）	15228	17361
财政总支出（亿元）	16.78	19.11	农民人均现金收入（元）	7159	8150
金融指标（亿元）	**2007**	**2008**	**金融指标（亿元）**	**2007**	**2008**
本外币存款余额	98.47	114.78	财险收入	--	--
企业存款	13.62	13.93	寿险收入	--	--
储蓄存款	74.83	91.97	财险赔款	--	--
本外币贷款余额	60.48	60.82	寿险给付	--	--
短期贷款	42.78	42.60	证券市场交易总额	--	--
中长期贷款	15.73	15.51	投资者保证金余额	--	--
票据融资	1.06	2.11	证券交易佣金收入	--	--

莱西市主要金融机构负责人

单位名称	行长（或其他称谓的第一负责人）	副行长（或其他称谓的同级领导）
人行莱西市支行	曲维涛	张忠民　张贤明　毕恩忠
农发行莱西市支行	姜立敏	党庆荣　刘志坚
工行莱西支行	李喜泉	王伟民
农行莱西市支行	万　磊	刘　波
中行莱西支行	周　波	姜　杰　葛　鑫
建行莱西支行	马瑞芳	陈建新
青岛银行莱西支行	于胜功	陆春霞
莱西市农信联社	戚宝忠　张维荣	史先邦　李慎峰　常大慧
邮储银行莱西市支行	胡　磊	展德彬

莱西市主要金融机构业务概况

单位：亿元

单位名称	本外币存款余额	企业存款	储蓄存款	本外币贷款余额	短期贷款	中长期贷款
农发行莱西市支行	0.47	0.39	0	8.29	7.06	1.23
工行莱西支行	11.30	1.67	7.62	5.76	1.02	4.54
农行莱西市支行	32.37	4.92	27.06	10.94	6.40	3.80
中行莱西支行	21.34	4.60	13.92	7.40	3.20	3.89
建行莱西支行	4.41	0.56	2.27	5.09	3.11	1.98
莱西市农信联社	29.35	0.82	27.50	21.75	20.24	0.05
青岛银行莱西支行	1.71	0.96	0.66	1.44	1.41	0.01

【金融发展与改革】 2008年，莱西市金融机构改革取得了较大进展：一是工、中、建行股份制改革取得了明显成效，经营效益显著提高；二是农信社加大改革力度，进一步完善了法人治理结构，资产状况及资本充足率有了较大改善，历史包袱得到有效化解；三是农发行进一步扩大了商业性贷款范围，支农力度不断加大。

【金融服务与监管】 2008年，莱西市金融机构不断改善服务手段，提高服务质量，金融服务水平有了新的提高。一是随着企业和个人征信系统的推广使用，社会信用体系得到进一步发展；二是强化外汇服务与管理，不断改善和优化外商投资外汇服务环境；三是建立了辖区征信、金融统计、反洗钱、反假货币联席会议制度，维护了辖区良好的金融秩序。

开发区

【经济金融简况】 2008年，青岛开发区经济继续保持良好的发展势头，呈现出产业结构不断优化、经济运行持续平稳、发展质量稳步提升的良好局面。

金融运行总体平稳，各项存、贷款均稳步增长，对大项目建设的支持作用进一步增强，银行经营效益显著上升。

【金融发展与改革】 2008年，青岛开发区金融体系持续发展，规模不断壮大。随着邮储银行、兴业银行青岛经济技术

开发区主要经济金融指标

经济指标	2007	2008	经济指标	2007	2008
土地面积（平方公里）	274	274	地方财政支出（亿元）	46.10	48.20
人口（万人）	32.70	32.10	全社会固定资产投资（亿元）	214.90	254.30
非农业人口（万人）	32.70	32.10	固定资产投资增速（%）	8.20	18.30
地区生产总值（亿元）	590.10	708.18	进出口总值（万美元）	1023450	1303498
地区生产总值年增速（%）	23	16.20	出口总值（万美元）	588542	739289
第一产业（亿元）	3.30	3.19	实际利用外资（万美元）	99800	125000
第二产业（亿元）	410.30	484.29	社会消费品零售总额（亿元）	62.40	76.70
第三产业（亿元）	176.50	220.70	居民消费价格指数（%）	--	--
财政总收入（亿元）	369.23	452.54	人均地区生产总值（元）	180459	220617

续表

经济指标	2007	2008	经济指标	2007	2008
地方财政收入（亿元）	56.50	56.90	城镇居民可支配收入（元）	19689	22450
财政总支出（亿元）	46.10	48.20	农民人均现金收入（元）	8463	9659
金融指标（亿元）	**2007**	**2008**	**金融指标（亿元）**	**2007**	**2008**
本外币存款余额	262.07	307.44	财险收入	--	--
企业存款	121.66	130.43	寿险收入	--	--
储蓄存款	91.93	119.47	财险赔款	--	--
本外币贷款余额	278.89	336.45	寿险给付	--	--
短期贷款	102.55	127.88	证券市场交易总额	--	--
中长期贷款	167.47	187.28	投资者保证金余额	--	--
票据融资	3.69	5.36	证券交易佣金收入	--	--

开发区主要金融机构负责人

单位名称	行长（或其他称谓的第一负责人）	副行长（或其他称谓的同级领导）
人行青岛开发区支行	岳隆庆	匡荣刚
工行青岛开发区支行	毛　波	孙云波
农行青岛开发区支行	张　勇	于洪庆　张茂森
中行青岛开发区支行	王　勃	赵俊方　夏岩岚
建行青岛开发区支行	何　路	郭永忠　张崇光　张明亮
交行青岛开发区支行	郭军生	徐芝清　曲荣诺
中信青岛开发区支行	于　珂	王新明
招行青岛开发区支行	赵伟民	王云田　刘凤华　于　鹏
深发展青岛开发区支行	单树涛	薛学茂
浦发青岛开发区支行	逄焕柏	薛　胜
青岛银行香江路支行	李金增	王爱洪　薛　瑛
民生青岛开发区支行	张咸江	
青岛黄岛农合行	黄清发　滕玉友	宋景华　崔　萍　高　平
恒丰青岛开发区支行	张　辉	缪　丹　王钦涛
兴业青岛开发区支行	田中胜	郭和利
汇丰青岛开发区支行	姜　红	
邮储银行青岛开发区支行	匡秀艳	张泽村

开发区主要金融机构业务概况

单位：亿元

单位名称	本外币存款余额	企业存款	储蓄存款	本外币贷款余额	短期贷款	中长期贷款
工行青岛开发区支行	32.37	15.50	12.18	49.65	13.54	31.62
农行青岛开发区支行	43.52	18.05	21.92	56.22	25.08	28.26
中行青岛开发区支行	25.36	10.93	12.33	21.33	9.89	10.13
建行青岛开发区支行	29.55	11.28	12.93	55.35	6.59	46.52
交行青岛开发区支行	20.30	10.34	5.03	24.67	7.38	16.47
中信青岛开发区支行	15.84	7.61	3.00	10.18	4.22	5.97
华夏银行开发区支行	7.74	2.76	3.12	12.15	3.55	8.59
青岛黄岛农合行	30.81	3.54	20.44	22.91	22.80	0.11
招行青岛开发区支行	19.94	10.64	6.29	28.36	9.74	11.49
浦发青岛开发区支行	17.54	11.38	1.69	17.45	10.65	5.52
深发展青岛开发区支行	13.24	6.00	2.16	8.81	4.94	3.37
兴业青岛开发区支行	0.49	0.22	0.24	0	0	0
民生青岛开发区支行	7.26	5.03	1.56	3.06	0.67	2.39
恒丰银行青岛开发区支行	9.49	5.48	1.42	4.60	3.56	1.04
青岛银行香江路支行	16.45	8.47	6.13	9.71	3.82	5.27

开发区支行的相继开业，辖区支行级银行机构已发展到23家，营业网点达到77个。

【金融服务与监管】 2008年，人行青岛市开发区支行加强企业信用信息数据库建设，支持信贷风险防范。一是做好贷款卡的发卡、年审工作，全年新发放贷款卡297个，年审和补审贷款卡1296个；二是认真维护企业和个人信用信息基础数据库的安全运行，全年总计采集中小企业信息1077户。

胶南市

【经济金融简况】 2008年，胶南市经济实现又好又快发展。一是突出抓好重点行业和重点企业的节能降耗工作；二是成功引进46家总部经济项目，成为经济增长的重要力量。

各金融机构结合经济特点，重点支持了“三农”、基础设施建设、个人消费以及高新技术产业的发展。一是推进个人创业，支持新农村建设；二是加大对农业、中小企业、服务业等的信贷支持力度，推进产业升级和信贷结构优化。

胶南市主要经济金融指标

经济指标	2007	2008	经济指标	2007	2008
土地面积（平方公里）	1802	1802	地方财政支出（亿元）	34.90	41
人口（万人）	82.67	83.38	全社会固定资产投资（亿元）	187.90	241.80
非农业人口（万人）	38.30	38.79	固定资产投资增速（%）	25.10	28.70

续表

经济指标	2007	2008	经济指标	2007	2008
地区生产总值（亿元）	390.06	439.63	进出口总值（万美元）	231896	261480
地区生产总值年增速（%）	16.80	13.20	出口总值（万美元）	164326	190528
第一产业（亿元）	31.50	35.40	实际利用外资（万美元）	21000	13232
第二产业（亿元）	236.16	258.31	社会消费品零售总额（亿元）	90.80	110.20
第三产业（亿元）	122.40	145.92	居民消费价格指数（%）	--	--
财政总收入（亿元）	30.70	36.30	人均地区生产总值（元）	47183	52726
地方财政收入（亿元）	30.70	36.30	城镇居民可支配收入（元）	15255	17416
财政总支出（亿元）	34.90	41	农民人均现金收入（元）	7373	8382
金融指标（亿元）	**2007**	**2008**	**金融指标（亿元）**	**2007**	**2008**
本外币存款余额	123.16	149.59	财险收入	--	--
企业存款	25.95	26.91	寿险收入	--	--
储蓄存款	84.72	104.85	财险赔款	--	--
本外币贷款余额	86.94	93.05	寿险给付	--	--
短期贷款	40.23	39.85	证券市场交易总额	--	--
中长期贷款	44.71	52.06	投资者保证金余额	--	--
票据融资	1.24	0.30	证券交易佣金收入	--	--

胶南市主要金融机构负责人

单位名称	行长（或其他称谓的第一负责人）	副行长（或其他称谓的同级领导）
人行胶南市支行	王德利	丁树田　王　芹　赵吉清　张秀月
农发行胶南市支行	姜绍华	刘文朋　毕爱清
工行胶南支行	王　波	范立胜
农行胶南市支行	兰卫东	张风臣
中行胶南支行	潘文武	李　栋　苗祺荣　李　丽
建行胶南支行	刘建青	徐建军　江艳华
青岛银行胶南支行	薛福勤	郜振华
胶南市农信联社	常怀德　张少强	姜成刚　徐建波　徐征红
邮储银行胶南市支行	战金合	陈焕伟

胶南市主要金融机构业务概况

单位：亿元

单位名称	本外币存款余额	企业存款	储蓄存款	本外币贷款余额	短期贷款	中长期贷款
农发行胶南市支行	0.35	0.19	0	4.30	2.80	1.50
工行胶南支行	17.90	3.81	9.74	21.14	5.04	15.80
农行胶南市支行	42.38	11.52	27.95	21.68	6.19	14.96
中行胶南支行	18.71	5.77	12.64	8.41	2.61	5.58
建行胶南支行	12.94	2.15	8.60	9.28	1.17	8.11
青岛银行胶南支行	6.54	3.11	1.25	3.80	1.90	1.88
胶南市农信联社	33.28	0.36	28.60	24.26	19.95	4.24

【金融发展与改革】 2008年，胶南市金融机构积极推进各项改革：一是国有商行以推进股份制改革为契机，大力转换经营机制，优化组织架构，树立起以客户为中心，市场为导向的经营理念；二是农发行推进农业龙头企业信贷业务试点、邮储银行开办小额担保贷款业务以及青岛胶南海汇村镇银行在胶南开业，均取得了良好的经济和社会效益。

【金融服务与监管】 2008年，人行胶南市支行通过召开季度金融联席会、专题座谈会，通报金融运行情况，研究金融运行中存在的矛盾和问题，争取有利金融发展的最优方案。胶南市金融监管部门认真落实“管法人、管内控、管风险、提高透明度”的监管理念，加大了金融监管工作力度，确保了辖区金融秩序的健康稳定。

胶州市

【经济金融简况】 2008年，胶州市着力构筑胶州湾产业新区、少海新城和胶州湾国际物流中心“三大平台”发展战略，经济继续保持平稳较快发展，运行质量不断提高。

全市金融保持了健康、平稳运行的良好态势。一是企业存款增减波动明显，整体少增，储蓄存款成倍多增；二是贷款同比少增，但有效投放不减，四季度经济不可控因素增加，银行

胶州市主要经济金融指标

经济指标	2007	2008	经济指标	2007	2008
土地面积（平方公里）	1210	1210	地方财政支出（亿元）	16.76	22.96
人口（万人）	79.22	79.65	全社会固定资产投资（亿元）	195.17	250.30
非农业人口（万人）	29.02	29.41	固定资产投资增速（%）	16.19	28.24
地区生产总值（亿元）	418.56	474.05	进出口总值（万美元）	409569	461941
地区生产总值年增速（%）	20.07	13.26	出口总值（万美元）	293762	330827
第一产业（亿元）	28.92	31.88	实际利用外资（万美元）	19548	24511
第二产业（亿元）	245.77	272.56	社会消费品零售总额（亿元）	103.22	125.64
第三产业（亿元）	143.87	169.62	居民消费价格指数（%）	--	--
财政总收入（亿元）	28.44	33.74	人均地区生产总值（元）	52835	59517
地方财政收入（亿元）	15.34	18.51	城镇居民可支配收入（元）	15709	18052
财政总支出（亿元）	19.65	29.13	农民人均现金收入（元）	7444	8436

续表

金融指标（亿元）	2007	2008	金融指标（亿元）	2007	2008
本外币存款余额	144.32	174.03	财险收入	--	--
企业存款	26.03	27.06	寿险收入	--	--
储蓄存款	100.33	130.08	财险赔款	--	--
本外币贷款余额	75.24	81.70	寿险给付	--	--
短期贷款	43.35	45.27	证券市场交易总额	--	--
中长期贷款	28.55	32.41	投资者保证金余额	--	--
票据融资	0.96	2.26	证券交易佣金收入	--	--

胶州市主要金融机构负责人

单位名称	行长（或其他称谓的第一负责人）	副行长（或其他称谓的同级领导）
人行胶州市支行	庄建文	邱建国　安　青
农发行胶州市支行	原耀利	王守三　班希山
工行胶州支行	于清泉	孙建秋
农行胶州市支行	张拥辉	逄焕波　刘静波
中行胶州支行	高　智	陈　平　耿　烨
建行胶州支行	丁　伟	陈焕淼　李云龙
交行胶州支行	侯倩旭	徐　华
青岛银行胶州支行	侯述礼	孙文德　贾秀琴
胶州市农信联社	纪中慷　范文钊	薛坤强　高　蕾　孙从程
邮储银行胶州市支行	徐　毅	杜翠荣　王正生

胶州市主要金融机构业务概况

单位：亿元

单位名称	本外币存款余额	企业存款	储蓄存款	本外币贷款余额	短期贷款	中长期贷款
农发行胶州市支行	0.72	0.70	0	5.26	2.80	2.46
工行胶州支行	20.94	4.56	13.51	13.34	3.42	8.97
农行胶州市支行	42.21	9.21	32.68	7.84	5.54	0.99
中行胶州支行	24.10	7.59	16.08	10.38	3.35	6.40
建行胶州支行	17.62	2.90	10.14	13.43	0.62	12.81
交行胶州支行	2.11	0.63	0.93	1.12	1.06	0.06
胶州市农信联社	40.39	1.42	33.41	30.00	28.16	0.72

新增贷款趋于谨慎。

【金融发展与改革】 2008年，胶州市金融机构内控建设和风险防范机制不断完善，金融产品创新、自主经营和抗风险能力不断加强，金融生态环境明显改观。邮储银行顺利在胶州市开业，青岛银行分支机构正在开业筹备，金融业竞争开始进入实质性阶段。

【金融服务与监管】 2008年，人行胶州市支行一是积极推进小企业贷款业务发展，督促银行机构切实改进窗口服务；二是完善和落实"六项机制"，确保年内小企业贷款增速不低于全部贷款平均增速。

银行监督管理部门在积极开展日常监管的同时，采取多项举措引导和督促辖内银行机构加强风险管理：一是加强对不良贷款客户的监测；二是加强审查融资票据业务；三是加强涉外企业授信风险管理；四是加大对公职人员所担保的不良贷款清收盘活力度，收到较好效果。

（牟晓丽）

烟台市

【经济金融简况】 2008年，烟台市经济呈现增长较快、物价回稳、结构优化、民生改善的发展态势，各项社会事业全面发展。

各金融机构以科学发展观为指导，积极优化信贷结构，提高金融服务水平，使全市经济保持了持续、快速、协调发展的良好态势。截至年末，全市金融机构：

一、各项外汇存款余额6.71亿美元，比年初增加0.20亿美元，同比少增0.28亿美元；各项外汇贷款余额8.30亿美元，减少1.71亿美元，同比少增6.12亿美元。

二、办理银行承兑汇票、信用证、保函等授信业务余额250.98亿元，比年初增加28.20亿元；为大企业发行短期融资券余额12.5亿元。考虑委托贷款等因素，年末，全市全口径金融信用总量余额2530.13亿元，比年初增加194.79亿元。

三、不良贷款余额及占比继续"双降"。不良贷款余额74.56亿元，比年初减少46.47亿元；不良率为4.57%，下降3.54个百分点。

【货币政策实施】 2008年，人行烟台市中支以"监测、分析、引导"为着力点，通过加强窗口指导，引导金融机构围绕各项调控措施，适度增加信贷投放，调整优化信贷结构。

一、完善了"调研先导、窗口指导、活动传导、工具疏导、环境诱导、检查督导"的货币信贷"六导"机制，努力疏通货币政策传导机制。一是开展了对全市经济金融运行情况的调查研究；二是出台了《关于做好2008年货币信贷工作促进全市经济科学、和谐、率先发展的意见》，同时围绕加大金融支持促进文化产业发展，支持春耕备耕、增加三农信贷投入，抗震救灾等方面适时出台了6个信贷指导意见；三是成功举办了"2008金融服务与创新促进会议"，集中推介了全市187个项目与银行达成合作意向；四是贯彻落实国家有关民族贸易和民族用品生产贷款的优惠利率政策，先后审批办理贷款贴息308.34万元，支持银行发放流动资金贷款5.02亿元；五是加强了对存款准备金、资金拆借、同业存放业务的监督检查，督促商行保持合理的资金流动性。

二、推动信贷投放平稳增长和结构优化，促进经济结构调整。该中支引导金融机构积极调整优化信贷结构，加大对农业、重点产业、先进制造业、民营经济以及经济发展薄弱环节的信贷支持力度。截至年末，全市中小企业贷款余额860.06亿元，比年初增加50.31亿元，中小企业资金环境进一步改善；个人消费贷款余额170.26亿元，增加32亿元，其中住房消费贷款增加19.07亿元；助学贷款余额1.13亿元，增加3883万元；下岗失业贷款余额1145万元，增加67万元，以金融手段促进和谐社会建设取得积极成效。

三、加强金融市场监测和督导。一是继续完善金融市场管理制度，加强对辖区债券结算代理业务的监督和引导，截至年末，共办理债券结算代理业务731笔，金额596亿元，丙类账户已扩大至23户；二是引导全市各银行间市场成员积极调整资产结构，合理控制流动性，截至年末，全市货币市场成员持有各类债券281.55亿元，比年初增加86.50亿元；三是短期融资券发行工作成效显著，已累计有5家大型企业获准发行短券52.40亿元，实际发行12.50亿元；四是全面建立黄金市场监测制度，加强对场外黄金市场交易和异常交易的重点监测，不断扩大黄金市场交易主体，推动恒丰银行成为辖区首家黄金交易金融类会员。

四、加强规范和督导，推动农信社改革深入开展。一是广泛开展调查研究，及时汇报沟通协调；二是加强对已兑付专项票据信用社的日常监测考核，确保监测报表数据真实、准确；三是进一步加强监督考核，督促农信社对置换出的不良贷款登记造册，完善贷款手续，加快清收进度，将损失降到最低。

【金融监管】 2008年，烟台市金融监管部门依法履行监督检查职能，努力维护辖区金融稳定。一是抓好关键岗位管控，督促各行明确风险部位、业务和人员，先后进行岗位轮换2822人次，干部交流324人次，强制休假1890人次；二是积极推广邮政对账，在上年试点基础上，又有12家银行开展了该

烟台市经济主要统计指标

指标＼年度	2004	2005	2006	2007	2008	2008年同比增幅（%）
土地面积（平方公里）	13746.47	13746.47	13746.47	13746.47	13746.47	0
人口（万人）	646.82	647.78	649.98	651.47	651.69	0.03
非农业人口（万人）	236.14	296.81	298.90	299.59	--	--
地区生产总值（亿元）	1639	2012.46	2402.10	2878.97	3434.19	13.60
第一产业（亿元）	175.24	193.48	216.01	239.03	275.55	2.00
第二产业（亿元）	948.88	1228.43	1426.23	1755.79	2090.97	13.60
工业（亿元）	850.46	1120.98	1336.25	1607.82	1920.00	14.20
建筑业（亿元）	165.69	107.45	242.87	279.30	170.97	6.60
第三产业（亿元）	543.06	590.55	723.86	884.15	1067.67	16.50
人均地区生产总值（元）	25183	30899	36849	44242	49012	13.10
地区生产总值构成（%）	100	100	100	100	100	--
第一产业（%）	10.45	9.62	8.99	8.30	8.02	-0.28
第二产业（%）	56.42	61.04	60.87	60.99	60.89	-0.08
第三产业（%）	33.13	29.34	30.14	30.71	31.09	0.36
财政总收入（亿元）	235.00	293.50	378.56	431.21	--	--
地方财政收入（亿元）	64.02	87.04	112.42	140.82	166.17	18
财政总支出（亿元）	--	--	--	--	--	--
地方财政支出（亿元）	92.05	114.11	143.69	174.50	209.25	19.90
全社会固定资产投资（亿元）	1085.05	1460.38	1591.16	1606.79	1953.79	24.10
规模以上固定资产投资（亿元）	1021.43	1422.68	1591.16	1606.79	1953.79	24.10
规模以下固定资产投资（亿元）	63.62	37.70	--	--	--	--
房地产开发（亿元）	95.16	109.88	143.64	205.12	263.69	28.60
进出口总值（亿美元）	79.94	114.80	150.77	239.44	350.31	46.30
出口总值（亿美元）	44.95	64.83	87.99	140.92	206.47	46.50
实际利用外资（亿美元）	21.38	25.50	21.55	24.16	10.58	12
社会消费品零售总额（亿元）	440.42	599.58	679.96	829.70	1023.44	23.40
居民消费价格指数（%）	102.40	101.60	101.60	103.40	104.20	0.77
城市居民人均可支配收入（元）	10803	12452	14374	16772	19350	15.40
农民人均现金收入（元）	3952	4819	5640	6170	7182	16.40

烟台市工农业主要统计指标

农业主要统计指标（万吨）				规模以上工业企业主要统计指标（亿元）			
项目＼年度	2007年	2008年	增幅（%）	项目＼年度	2007年	2008年	增幅（%）
粮食	232.00	240.72	3.80	工业增加值	1563.58	2005.73	17.50
夏粮	87.18	89.70	2.90	国有工业	62.64	91.93	2.50
秋粮	144.82	151.02	4.28	集体工业	161.62	203.69	11.20
棉花	--	--	--	股份制工业	609.96	757.67	13.10
油料	47.49	48.97	3.10	股份合作制工业	10.18	13.11	8.00
水果	395.80	435.23	10.00	外商及港澳台投资工业	591.07	786.87	27.80
蔬菜	273.41	265.72	-2.80	轻工业	477.16	588.05	8.60
肉类	45.10	40.23	11.60	重工业	1086.42	1417.68	21.60
禽蛋	32.52	28.45	1.10	销售收入	6444.06	7711.76	24.50
奶类	27.08	27.81	2.70	利税	628.26	709.82	17.10
水产品	205.30	184.04	2.40	利润	474.86	533.85	17.00
森林覆盖率（%）	37.30	38	1.88	经济效益综合指数（%）	250.51	313.52	25.15

注：2008年同比增幅按统计局口径。

烟台市主要金融机构负责人

单位名称	行长（或其他称谓的第一负责人）	副行长（或其他称谓的同级领导）
人行烟台市中心支行	吴明理	张春晓　徐忠波　宋建平　宫志诚　宫云美　张立坤　夏红旗　浴庆平
银监会烟台监管分局	毕继繁	李明强　赵先海　宋孚军
农发行烟台市分行	丛建国	曲天军　于忠保　任小燕
工行烟台分行	徐光林	唐德元　宋建军　宫毓昌　赵　辉　柳峻林　杜秀波　于忠全
农行烟台市分行	刘序林	臧汝舜　贾建生　战　捷　刘玉壮　孙树东　王君兰
中行烟台分行	郝连才	刘焕竹　窦鲁生　邵　军　任志昱
建行烟台分行	冯汝臣	王宪明　刘　军　孙传波　李　峰　崔益敏　李雪萍　姚有茂
交行烟台分行	赵纪庆	薛　峰　史晓杰　王　洁
中信烟台分行	王智华	蔡伟波　朴伟东　崔毅敏
招行烟台分行	文　磊	李向党　于泽增　韩少伟
光大烟台分行	郑学筠	赵红石　杨丽霞　张　伟

续表

单位名称	行长（或其他称谓的第一负责人）	副行长（或其他称谓的同级领导）
华夏烟台支行	刘　杰	鲍军民　王裕文　巩卫中　潘　涛
民生烟台支行	张文学	王明昆　侯　健
恒丰银行	姜喜运	娇　毅　孙才厚　宋恒继　栾永泰　潘力均　周美乐　于海松
烟台市商行	庄永辉	李永平　刘杰敏　孙　涛　左　华　冯丽强
韩亚烟台分行	刘馨钟	金泰亨
韩国中小企业烟台分行	权纯沭	李柱宪
农信社烟台市办事处	姜国平	邹　维　张治年　于维林　刘韶伟
邮储银行烟台市分行	陈光灵	王　辉
人保烟台市分公司	刘廷祥	高宗如　李大平　于树文　黄　海　顾恩谭
人寿烟台市分公司	张泽仁	王清涛　李岩波　隋　涛　刘　宁

烟台市金融业务统计指标

指标（亿元）＼年度		2004	2005	2006	2007	2008	2008年同比增幅（%）
银行类	本外币存款余额	1463.55	1683.20	1913.62	2196.41	2615.94	19.10
	人民币存款余额	1414.68	1636.12	1866.66	2148.90	2570.05	19.60
	企业存款	361.63	372.34	440.89	566.40	648.98	14.58
	储蓄存款	893.32	1015.41	1129.69	1246.36	1566.75	25.71
	定期储蓄存款	718.73	815.32	885.49	964.25	1250.34	29.67
	活期储蓄存款	174.59	200.10	244.20	282.10	316.42	12.17
	本外币贷款余额	1022.35	1148.40	1342.52	1496.79	1632.34	9.06
	人民币贷款余额	987.93	1115.51	1298.05	1422.94	1575.60	10.73
	短期贷款	644.01	655.69	678.13	774.19	824.71	6.53
	工业贷款	166.64	162.40	214.72	264.79	263.88	-0.34
	商业贷款	103.77	84.19	64.63	64.50	64.56	0.09
	农业贷款	121.25	129.13	150.78	189.51	218.58	15.34
	中长期贷款	274.53	317.11	423.53	481.88	534.95	11.01
	基本建设贷款	98.43	120.67	172.41	201.32	220.34	9.45
	技术改造贷款	14.90	9.35	5.89	3.35	2.96	-11.64
	票据融资	50.92	140.56	193.59	164.38	214.74	30.64

续表

指标（亿元）＼年度		2004	2005	2006	2007	2008	2008年同比增幅（%）
银行类	现金收入	4208.16	4561.65	5092.59	5489.94	5448.11	-0.76
	现金支出	4253.14	4613.86	5141.73	5544.26	5515.12	-0.53
	现金投放（+）回笼（-）	44.98	52.21	49.14	54.32	67.01	23.37
	当年结益	6.86	12.85	18.10	22.05	31.24	41.68
保险类	保险公司保费收入	35.12	36.43	41.16	53.27	68.65	25.80
	财险收入	6.68	7.92	9.49	12.75	16.08	20.50
	寿险收入	28.44	28.51	31.67	40.52	52.58	27.50
	保险公司赔款和给付支出	6.51	6.90	14.51	20.22	19.23	-2.50
	财险赔款	3.80	4.74	6.82	6.72	8.59	27.50
	寿险给付	2.71	2.16	7.69	13.50	10.64	-18.10
	当年结益	—	—	—	—	—	—
证券类	证券市场成交总额	355.40	444.60	908.03	3109.10	140.75	-95.47
	投资者保证金余额	—	—	—	—	—	—
	佣金收入	—	—	—	—	—	—
	净利润	—	—	—	—	—	—

烟台市金融机构统计指标

指标（个）＼年度		2004	2005	2006	2007	2008	2008年同比增幅（%）
银行类	法人机构	92	15	15	15	15	0
	省级分行	3	3	6	4	4	0
	二级分行	9	9	9	9	10	11.11
	县区支行	220	237	248	243	279	14.81
	分理处、营业所	789	761	722	735	765	4.08
	储蓄所	181	131	82	81	76	-6.17
	从业人员总数	16547	16235	16358	16896	17663	4.54
保险类	保险机构	13	16	23	32	44	37.50
	财险机构	7	8	13	18	20	11.11
	省级分公司	—	—	—	—	—	—
	地市分公司	1	1	1	1	1	0
	县区支公司	6	7	12	17	19	11.76
	寿险机构	6	8	10	14	24	71.43

续表

指标（个） \ 年度		2004	2005	2006	2007	2008	2008年同比增幅（%）
保险类	省级分公司	--	--	--	--	--	--
	地市分公司	1	1	1	1	1	0
	县区支公司	7	7	9	13	23	76.92
	从业人员总数	1235	12359	13897	13575	38038	180.20
	财险人员	--	2322	3014	2631	7104	70.01
	寿险人员	--	10037	10883	10944	20934	91.28
证券类	证券机构	20	20	21	20	20	0
	证券公司	--	--	--	--	--	--
	证券营业部	15	15	15	14	14	0
	证券服务部	5	5	6	6	6	0
	从业人员总数	--	--	--	--	--	--
	投资者开户	259000	253500	311300	363000	417000	14.88
	境内上市股票支数	--	--	10	10	13	30
	境外上市股票支数	--	--	6	7	7	0
	辖区上市公司总数	11	13	15	16	19	18.75

烟台市主要金融机构业务概况

单位：亿元

单位名称	本外币存款余额	企业存款	储蓄存款	本外币贷款余额	短期贷款	中长期贷款
农发行烟台市分行	3.45	2.95	0	28.57	23.26	5.31
工行烟台分行	278.99	89.99	124.23	267.42	84.03	175.95
农行烟台市分行	378.20	86.94	265.55	145.03	88.65	55.11
中行烟台分行	250.11	78.15	135.49	135.24	58.07	57.61
建行烟台分行	230.77	76.72	104.48	143.39	52.95	83.18
交行烟台分行	53.23	23.62	20.15	44.24	25.96	17.71
中信烟台分行	34.27	16.57	10.39	24.20	18.06	5.10
招商烟台分行	41.37	18.97	12.75	47.76	27.56	13.41
光大烟台分行	35.61	20.59	8.82	32.66	10.54	17.96
华夏烟台支行	59.59	28.09	9.82	38.55	35.93	1.30
民生烟台支行	11.27	9.89	1.38	10.11	6.95	3.16
恒丰银行	308.60	118.38	177.62	201.55	59.17	54.61

续表

单位名称	本外币存款余额	企业存款	储蓄存款	本外币贷款余额	短期贷款	中长期贷款
烟台市商行	215.40	80.41	116.78	159.59	60.49	44.83
韩亚烟台分行	2.21	2.01	0	5.74	5.74	0
韩国中小企业烟台分行	0.38	0.38	0	2.91	2.75	0
农信社烟台市办事处	417.71	14.00	357.36	278.54	232.79	9.90
邮储银行烟台市分行	168.86	3.48	165.02	2.57	2.29	0.27

烟台市各县级区域经济金融主要统计指标

名称	人口（万人）	面积（平方公里）	地区生产总值（亿元）	地区生产总值增速（%）	本外币存款余额（亿元）	储蓄存款（亿元）	本外币贷款余额（亿元）
牟平区	47.21	1588.45	170.53	7.90	148.94	100.72	63.64
蓬莱市	44.79	1129	290.58	13.20	164.32	109.27	108.66
龙口市	63.44	893	570.04	14.79	296.52	200.31	165.83
招远市	56.88	1433.18	369.47	16.20	200.55	127.58	88.43
莱州市	85.91	1878	410.26	15	255.67	193.27	79.43
莱阳市	87.21	1732	280.30	12.30	146.25	105.26	77.15
栖霞市	62.80	2016	136.10	5.40	94.54	80.62	34.38
海阳市	66.70	1887	143.51	16.10	114.09	82.92	55.41
长岛县	4.30	56	35	14.50	10.40	13.41	5.90

项工作；三是根据风险排查情况，对农合机构、城商行、邮储银行等机构实行重点监控，集中开展了“案件防控年”活动，推广“互保”和“人盯人”的办法，构建起了全方位的监控体系；四是在开展15项内控专项检查的基础上，下半年又集中开展了对操作风险拉网式大检查，对查出的问题，从制度、操作各个层面进行整改。

【外汇管理】 2008年，外管局烟台市中心支局总结提炼并深入实施“本外币一体”、“调研先导、窗口指导、活动传导、制度引导、环境诱导、检查督导”的“一体加六导”的工作方针，着力构建基层外汇管理工作的新机制，确保了辖区外汇收支形势稳定有序。

一、突出调研支撑作用，全力打造本外币工作联动格局。一是每季度召开经济金融形势通报会，并举办金融推介会，进行本外币政策、产品宣传和推介；二是通过实现数据信息共享、召开联合形势和案情分析会、开展联合调研和检查等方式，贯彻落实了“本外币一体”的工作方针，全年共召开了3次联合形势和5次联合案情分析会，开展了4次联合检查和8次联合调研；三是制定出台了《关于进一步加强外汇信息调研工作的意见》，引导全辖开展外汇信息调研；四是坚持完善月度、季度、年度分析例会制度，实时掌握辖区外汇收支形势，并按季向市委市政府有关部门报送分析报告；五是围绕涉外经济运行中的热点、难点问题开展调查，深入研究维护外汇收支形势稳定的有效途径和面临问题的解决办法。

二、加强窗口指导，着力实现国际收支基本平衡与支持辖区涉外经济又好又快发展的协调统一。一是制定出台了《关于进一步改进外汇管理支持涉外经济又好又快发展的指导意见》；二是定期召开全市金融机构外汇收支形势分析例会，多渠道传达和宣传外汇管理政策，准确判断和分析辖区外汇收支形势；三是加大政策宣传、培训力度，全年共组织举办各类政策通报会、业务培训班、业务交流会和政策答疑会30多期，培训人员2000多人次；四是利用政府门户网站、烟台大经贸网、胶东在线以及烟台晚报等新闻媒体专题、专栏解读宣传政策10多次，与市发改委、外经贸局等部门共同建立了“政策发布会制度”，以新闻发布会的形式宣传外汇管理政策并现场答疑，年内已举办了5期，其中有1期外汇专场。

三、组织活动传导，搭建政银企合作平台。一是先后组织举办各类传导活动9次，累计参会的各层次企业达2000多家次，对全市涉外企业的覆盖率已达40%以上；二是按季度召开了全市外汇管理工作通报会；三是与商行联合举办了两期特色贸易融资产品推介会。

四、实施制度引导，夯实安全生产和规范化管理基础。一是修订完善了11项内控制度，制定了《内控监督检查办法》、《外汇信息调研集中管理办法》等8项新制度，重点加强内部公文、印章、重要凭证及专项经费管理；二是组织对辖区4家支局外汇业务的全面检查，对检查中发现的问题进行了通报；三是对金融机构所有的统计报表进行全面梳理，进一步明确了报送时间、方式和要求；四是制定下发了《外汇指定银行外汇表外业务统计监测制度》，扩大外汇统计监测范围。

五、注重环境诱导，进一步树立良好的服务形象。一是规范业务流程，公开办事程序，制定了《服务承诺制度》，接受社会各界的监督；二是积极与当地税务部门沟通协调，建立电子数据查询及联系人制度，在全省率先实现了无纸化退税核销，极大地方便了企业出口退税业务办理；三是实现对全辖2755家外商投资企业的历史数据导入、换卡及年检工作，在全省率先实现了FDI系统推广上线工作；四是按时完成涉及全市4000多家企业和15家银行的197个分支机构的出口收结汇联网核查和贸易信贷登记两项政策的实施；五是大力支持企业境外上市融资，解决了招金矿业、北方安德利等企业境外上市资金的调回和结汇问题。

六、严格检查督导，有效疏通了辖区外汇政策传导机制。一是在辖内率先制订了《外汇检查操作规程》，明确了案件查处职责和责任追究；二是全面加强对银行履行外汇监管职责的监督检查，对辖区6家银行45个分支机构的国际收支统计申报业务进行了现场核查，对全市37个金融机构分支机构执行“关注企业”结汇政策情况进行专项检查；三是开展了“11·15”和“11·28”地下钱庄案涉案资金的调查工作，并对全市31家涉案企业的18621万元的涉案资金进行逐笔核查；四是开展了企业“进口未付汇、付汇不购汇”专项调查，对全市2300多家企业55000多笔进出口业务数据进行了调查分析。

【金融改革】 2008年，烟台市银行业改革开放取得新进展。一是恒丰银行优化股权结构，成功引进新加坡大华银行作为战略投资者，为进一步改善公司治理，提升管理水平奠定了良好基础，综合改革实现了新的突破；二是烟台市商行与恒生、永隆银行签署战略合作意向，成功引进战略投资者；三是各农信联社将5.4亿元资格股转化为投资股，占总量的75.5%，走在了全省前列；四是推动莱州市农信联社积极创造条件改革为农商行；五是推动全市138家邮储银行分支机构在省内首家全部开业；六是推动农行股份制改革顺利完成；七是农发行在保持政策性业务的同时，加快了商业性业务开展步伐。

【精神文明建设】 2008年，烟台市各金融机构以科学发展观为指导，贯彻落实“三个代表”重要思想，全面推进精神文明建设。

一、人行烟台市中支开展了一系列主题教育和文体活动，不断丰富员工精神生活。一是深入开展学习实践科学发展观主题活动，切实提高执政水平和履职效能；二是组织全辖向地震灾区捐款献爱心，并开展纪念改革开放三十周年征文和“我们在一起”抗震救灾征文活动；三是组织“央行发展我成长”图片和文章征集，并开展“榜样在我身边”学习激励活动，培养、总结和宣传了一批先进典型；四是派代表队参加人行济南分行“绽放青春、共创文明”青年风采大赛；五是推进“青春共建和谐社区 金融知识进社区”活动，并开展了青年课题组等活动；六是组织中支机关“迎新春联欢会”；七是开展了游泳、羽毛球、篮球、钓鱼等各种比赛，较好地调动了员工参与的积极性。

二、全市各金融系统积极推动精神文明建设。如农发行烟台市分行积极组织开展各种创建活动，该行开发区支行党支部被省行评为“先进基层党组织”；工行烟台分行积极宣传企业文化，通过感恩的心稿件征集、企业文化大讨论、制作看板等一系列活动，提高员工的凝聚力和向心力；农行烟台市分行开展“四好”(政治素质好、经营业绩好、团结协作好、作风形象好)领导班子创建活动，并加大对各级管理人员、专业人才和一线柜员的培训力度，全年举办各类培训班54期，该行被授予省行创建“四好”领导班子先进集体、烟台市“AAA”级劳动关系和谐企业、“市级文明单位”等荣誉称号；中行烟台分行积极参加向灾区捐款捐物、参加植树造林、对口扶贫、创业带动就业等社会公益活动，已连续12年被评为“省级文明单位”，连续多年被评为“烟台市劳动关系AAA级和谐企业”，被烟台市政府评为支持“烟台发展贡献单位”和“纳税先进企业”；交行烟台分行组织召开第12届职工运动会、登山等活动；光大烟台分行以“诚信为本、创新为先、团队合作、卓越执行、和谐发展”为企业的核心价值观，并在市场销售、产品创新、风险控制和服务体系中取得最佳平衡；民生烟台支行全力塑造民生文化氛围，精心设计宣传专栏，组织员工野外拉练，全面提高团队的向心力和凝聚力；烟台市商行积极推动精神文明建设，在全市银行业首届职工乒乓球团体比赛勇夺第一名，在全省银行系统职工技术比赛中获团体第六名；农信社烟台办事处深入开展“迎奥运文明规范化服务”和“文明窗口”创建活动，获得“山东省思想政治工作优秀企业”荣誉称号，在市委、市政府组织的“万人评窗口”活动中，继续名列全市17家银行业金融机构前茅；韩亚烟台分行通过开展“workshop”、“拓展训练”等丰富多彩的活动，培养员工团队合作意识和自主、自律、进取的精神。

【金融大事记】 1月10日 人行济南分行党委委员、副行长门晓波率考核组莅临人行烟台中支开展年度考核工作。

1月14日　中国人民健康保险股份有限公司烟台中心支公司挂牌成立。

1月31日　烟台市商行与香港恒生银行、永隆银行签署战略合作协议。

2月15日　工行烟台分行被烟台市委、市政府授予2007年"全市发展突出贡献奖"。

2月　中行山东省分行聘任郝连才任中行烟台分行党委书记、行长。

根据光大总行党委决定，张伟担任光大烟台分行风险总监、党委成员。

3月3日　华夏烟台支行组织召开2007年度工作会议暨纪检监察工作会议。

3月17日　人行烟台市中支组织召开全市2008年金融工作会议。

生命人寿保险股份有限公司烟台中心支公司挂牌成立。

3月21日　中银国际副执行总裁李彤一行来烟参加中银国际与烟台市政府促进企业上市座谈会。

3月24日　烟台银监分局组织召开2007年度审慎会议。

3月27日　人行烟台市中支与莱阳市政府联合举办了"金融服务与和谐发展推进会议"。

人行烟台市中支组织召开了由全市14家金融机构分管行长及部门负责人参加的现金供应和流通管理工作会议。

4月3日　中行烟台分行成功叙做一笔42万美元的LME铜远期保值业务，在山东省内实现商品保值业务的率先突破。

4月7日　中国人民人寿保险股份有限公司烟台中心支公司挂牌成立。

4月9日　人行济南分行党委委员、工会主任肖辉光代表分行党委宣布人行烟台中支领导班子调整事宜，张春晓调任烟台中支党委委员、副行长，宋宏伟和战庆欣调离烟台。

4月10日　人行烟台市中支与烟台市政府联合举办2008金融服务与创新促进会议。

工行烟台分行与烟台港集团举行企业年金受托合同签字仪式。

工行山东省分行沈荣勤行长、董培荣副行长到工行烟台分行进行工作调研。

4月12日　交行总行与斗山工程机械(中国)有限公司在烟台正式签署协议，斗山工程机械金融网成功启动。

4月15日　人行烟台市中支组织召开了辖区金融机构2008年反洗钱工作会议，人行各县市支行分管行领导、综合业务部主任、各银行、证券(期货)、保险业金融机构反洗钱牵头部门负责同志参加了会议。

邮储银行山东省分行聘任陈光灵为邮储银行烟台市分行行长，王辉为副行长。

4月16日　邮储银行烟台市分行挂牌成立。

5月13日　烟台市金融工作办公室与外管局烟台市中心支局联合举办了"烟台2008汇率避险工具推介会"。

外管局山东省分局门晓波副局长一行莅临烟台鸿富泰精密电子有限公司进行调研。

5月14日　人行济南分行会计联合检查组莅临人行烟台中支对会计财务、国库业务进行检查。

6月13日　农信社烟台市办事处被山东银监局授予"2007年度小企业金融服务先进单位"称号；被烟台市委、市政府授予"文明单位"称号；被省委宣传部、组织部、经贸委、省政府国有资产监督管理委员会、省总工会联合授予"2006-2007年度山东省思想政治工作优秀企业"称号。

6月16日　山东省银行业2007年度良好银行授牌表彰暨履行社会责任活动推动大会授予农行烟台市分行"良好银行"荣誉称号。

中银保险有限公司烟台中心支公司挂牌成立。

6月18日　韩亚烟台分行获准开办人民币对公业务。

6月20日　人行烟台市中支与烟台市中级人民法院联合召开了烟台市第二次金融司法环境建设联席会议。

7月23日　天平汽车保险股份有限公司烟台中心支公司挂牌成立。

7月25日　中行烟台分行全辖联网监控中心正式投入运行。

8月4日　外管局烟台中心支局召开案审会，专题研究对外汇指定银行执行"关注企业"收结汇政策检查发现问题的处罚意见。

8月5日　华夏人寿保险股份有限公司烟台中心支公司挂牌成立。

8月15日　烟台市保险行业协会召开第三次会员大会，彭翠兰当选新一届会长，山东保监局局长任建国到会指导。

8月20日　山东保监局局长任建国到烟台调研指导工作。

8月27日　人行烟台市中支组织召开了全市金融形势分析调度座谈会。

9月1日　农行总行纪委书记朱洪波在省农行党委书记、行长刁钦义陪同下赴烟台市芝罘区支行考察工作。

9月10日　外管局烟台中心支局召开全市外汇管理工作通报会。

国华人寿保险股份有限公司烟台中心支公司挂牌成立。

9月12日　徐光林调任工行烟台分行党委书记、行长，王波不再担任工行烟台分行党委书记、行长职务。

9月19日　国泰人寿保险有限责任公司山东分公司烟台营销服务部挂牌成立。

9月20日　华夏银行烟台胜利路支行迁址更名为华夏银行烟台龙口支行。

10月12日　由中行烟台分行投资建设的800亩"中国银行林"举行隆重揭牌仪式。

10月15日　邮储银行山东省分行韩广岳行长到邮储银行烟台市分行开展调研。

10月16日　嘉禾人寿保险股份有限公司烟台中心支公司挂牌成立。

华泰人寿保险有限公司山东分公司烟台营销服务部挂牌

成立。

10 月 17 日　交行总行叶迪奇副行长在交行烟台分行调研。

10 月　光大烟台支行经银监会审查批准正式升格为分行，成为烟台市首家直属总行的一级分行。

11 月 5 日　中行总行李早航副行长到中行烟台分行工作调研。

信诚人寿保险有限公司山东分公司烟台营销服务部挂牌成立。

11 月 6 日　人行济南分行党委委员、副行长门晓波一行到人行烟台中支调研督导工作。

11 月 8 日　中行山东省分行何兴祥行长到中行烟台分行调研指导工作。

11 月 18 日　阳光人寿保险股份有限公司烟台中心支公司挂牌成立。

12 月 5 日　经中国银监会批准，香港恒生银行、永隆银行入股烟台市商行。

12 月 9 日　人行济南分行与烟台市政府联合举办"2008 扩内需保增长银企合作推进会"。

人行济南分行赵晓红助理巡视员到人行烟台市中支召集企业和银行代表分别召开"项目资金对接座谈会"。

12 月 15 日　邮储银行烟台市分行开通台湾地区邮政部门汇入由邮储银行兑付的电子汇款业务。

12 月 17 日　中行山东省分行与南山集团、南山集团财务有限公司举行战略合作协议签约仪式。

12 月 19 日　建行山东省分行与烟台市政府举行战略合作协议签字仪式。

韩亚银行(中国)有限公司烟台经济技术开发区支行挂牌成立。

12 月 23 日　招商银行龙口支行挂牌成立。

12 月 25 日　农行山东省分行与烟台市政府举行战略合作协议签字仪式。

12 月 26 日　民生烟台支行挂牌成立。

12 月　光大烟台分行营业部荣获全国"2008 年度中国银行业文明服务示范单位"称号。

（李国斌）

牟平区

【经济金融简况】　牟平区海岸线长度 65 公里，辖内昆嵛山、养马岛已发展成为著名的旅游胜地。

2008 年，全区各金融机构积极贯彻国家货币信贷政策，存、贷款业务稳定增长，金融运行良好，经济效益明显提高。截至年末，农业贷款余额 17.74 亿元，同比增加 3.04 亿元；工业贷款余额 22.55 亿元，增加 3.08 亿元；消费贷款余额 6.77 亿元，增加 2.10 亿元。

牟平区主要经济金融指标

经济指标	2007	2008	经济指标	2007	2008
土地面积（平方公里）	1588.45	1588.45	地方财政支出（亿元）	6.92	7.87
人口（万人）	47.23	47.21	全社会固定资产投资（亿元）	99.26	110.00
非农业人口（万人）	18.12	17.29	固定资产投资增速（%）	27.70	10.80
地区生产总值（亿元）	150.03	170.53	进出口总值（万美元）	58914	79146
地区生产总值年增速（%）	16.10	7.90	出口总值（万美元）	44329	57432
第一产业（亿元）	14.94	21.96	实际利用外资（万美元）	12961	4499
第二产业（亿元）	87.44	90.26	社会消费品零售总额（亿元）	45.91	56.02
第三产业（亿元）	51.55	58.31	居民消费价格指数（%）	103.40	104.20
财政总收入（亿元）	10.41	11.63	人均地区生产总值（元）	31797	36112
地方财政收入（亿元）	5.65	6.19	城镇居民可支配收入（元）	14831	16403
财政总支出（亿元）	6.92	7.87	农民人均现金收入（元）	7940	8162

续表

金融指标（亿元）	2007	2008	金融指标（亿元）	2007	2008
本外币存款余额	120.97	148.94	财险收入	0.50	0.60
企业存款	28.37	32.38	寿险收入	2.63	2.83
储蓄存款	80.47	100.72	财险赔款	0.27	0.29
本外币贷款余额	60.35	63.64	寿险给付	0.50	0.40
短期贷款	45.71	48.35	证券市场交易总额	129.74	74.65
中长期贷款	8.58	11.66	投资者保证金余额	1.56	0.87
票据融资	4.46	3.38	证券交易佣金收入	0.29	0.16

牟平区主要金融机构负责人

单位名称	行长（或其他称谓的第一负责人）	副行长（或其他称谓的同级领导）
人行牟平区支行	郑　军	娄礼文　林正星　孙覃春
农发行牟平区支行	葛培奎	王尚波　于　琪
工行牟平支行	臧红阳	刘永江　曲宏云　孔凡柱
农行牟平区支行	张　华	王学军　马瑞恩　宋文明
中行牟平支行	张云发	贺永建　张　新
建行牟平支行	宋　杰	王仁帅　徐绍花
交行牟平区支行	田亚堃	曲　健
中信牟平区支行	黄树军	蔡新源
烟台市商行牟平区支行	孔庆森	娄礼章　于新生
恒丰牟平区支行	徐宝辉	费志远　曲爱国
牟平区农信联社	陈志刚	王彤辉　张学刚　李瑞俊　张世忠
邮储银行牟平区支行	郝爱玉	贺宗秋

牟平区主要金融机构业务概况

单位：亿元

单位名称	本外币存款余额	企业存款	储蓄存款	本外币贷款余额	短期贷款	中长期贷款
农发行牟平区支行	0.20	0.20	0	1.25	1.25	0
工行牟平支行	12.39	1.64	5.28	5.58	2.40	3.16
农行牟平区支行	23.01	6.39	15.01	5.71	4.51	1.20
中行牟平支行	8.32	2.36	4.98	3.08	2.19	0.78
建行牟平支行	9.52	1.87	6.60	5.49	3.77	1.71

续表

单位名称	本外币存款余额	企业存款	储蓄存款	本外币贷款余额	短期贷款	中长期贷款
交行牟平区支行	4.09	1.75	1.84	2.89	1.95	0.82
中信牟平区支行	3.48	1.81	1.37	3.61	3.57	0.05
烟台市商行牟平区支行	16.85	6.20	9.94	7.38	5.60	1.47
恒丰牟平区支行	26.20	9.30	15.90	4.57	2.31	2.25
牟平区农信联社	30.76	2.79	26.40	23.92	20.65	0.22
邮储银行牟平区支行	12.78	0.05	12.73	0.15	0.15	0

【金融发展与改革】 2008年，人行牟平区支行一是进一步健全了全区经济金融季度分析例会、行长联席会和重点企业沟通制度；二是围绕金融生态环境建设，积极搭建银企合作平台，努力创建和谐的经济金融环境；三是针对固定资产投资、社会主义新农村建设、半岛制造业基地建设等社会热点问题，积极开展调查研究，提高货币政策的透明度和影响力。

【金融服务与监管】 2008年，牟平区监管部门在加强银行结算、账户、外汇、征信管理与服务的同时，加大对农信社票据兑付后的考核工作，进一步更新管理理念，坚持管理与服务并重，突出风险防范与化解工作，确保了辖区金融秩序的稳定。截至年末，不良贷款余额8.28亿元，同比减少3.74亿元。

（郑　军　陈玉东）

蓬莱市

【经济金融简况】 蓬莱市位于胶东半岛北端，以“蓬莱阁”和“海市蜃楼”景观成为国际知名的海滨旅游城市，“国际和平城”和“中国葡萄酒城”正在成为新的城市名片。

蓬莱市设有人行、银监局、农发行和7家经营性金融机构，共有82个经营性综合机构和17个储蓄所，从业人员1152人。2008年，全市各金融机构积极贯彻国家货币信贷政策，存、贷款业务稳定增长，金融运行质量较好，经济效益明显提高。

截至年末，全市金融机构农业贷款余额24.75亿元，同比

蓬莱市主要经济金融指标

经济指标	2007	2008	经济指标	2007	2008
土地面积（平方公里）	1129	1129	地方财政支出（亿元）	12.20	13.10
人口（万人）	44.48	44.79	全社会固定资产投资（亿元）	104.92	131.70
非农业人口（万人）	17.50	17.59	固定资产投资增速（%）	17.50	25.52
地区生产总值（亿元）	242.9	290.58	进出口总值（万美元）	60685	66821
地区生产总值年增速（%）	16.20	13.20	出口总值（万美元）	39015	45517
第一产业（亿元）	18.90	20.00	实际利用外资（万美元）	22836	8606
第二产业（亿元）	153.70	182.62	社会消费品零售总额（亿元）	51.37	63.40
第三产业（亿元）	70.30	87.96	居民消费价格指数（%）	103.40	102.30
财政总收入（亿元）	26.00	30.36	人均地区生产总值（元）	54619	65048
地方财政收入（亿元）	10.02	11.00	城镇居民可支配收入（元）	14373	16801
财政总支出（亿元）	12.20	13.10	农民人均现金收入（元）	7398	8547

续表

金融指标（亿元）	2007	2008	金融指标（亿元）	2007	2008
本外币存款余额	131.47	164.32	财险收入	0.59	0.70
企业存款	24.82	35.32	寿险收入	1.98	2.47
储蓄存款	88.92	109.27	财险赔款	0.26	0.39
本外币贷款余额	100.29	108.66	寿险给付	0.19	0.22
短期贷款	55.25	62.84	证券市场交易总额	97.5	58.67
中长期贷款	40.89	42.22	投资者保证金余额	1.17	0.79
票据融资	3.38	3.22	证券交易佣金收入	0.29	0.18

蓬莱市主要金融机构负责人

单位名称	行长（或其他称谓的第一负责人）	副行长（或其他称谓的同级领导）
人行蓬莱市支行	车宗山	王振通　高明祥　杨　芸
银监会蓬莱市办事处	史靖宇	
农发行蓬莱市支行	于昌美	张兰清　王　倩
工行蓬莱支行	李　敏	张家智　孟祥君　宁广庭
农行蓬莱市支行	王光晓	李元忠　刘在玉　张启栋
中行蓬莱支行	郭贤凤	龚新中　见绍瑛
建行蓬莱支行	王腾江	张　伟　宋　伟
恒丰蓬莱支行	门成梅	赵雪梅　葛　元
蓬莱市农信联社	孙树伦	刘　杰　谭博慧　孙大鹏　杨树新
邮储银行蓬莱市支行	陈维锦	赵志谨

蓬莱市主要金融机构业务概况

单位：亿元

单位名称	本外币存款余额	企业存款	储蓄存款	本外币贷款余额	短期贷款	中长期贷款
农发行蓬莱市支行	1.27	1.13	0	3.66	2.16	1.50
工行蓬莱支行	18.58	7.87	5.18	32.75	9.39	23.36
农行蓬莱市支行	30.42	6.41	22.04	8.83	4.75	4.08
中行蓬莱支行	10.32	4.21	4.89	6.48	4.26	1.66
建行蓬莱支行	15.43	5.30	5.35	7.39	4.49	1.69
恒丰蓬莱支行	31.86	9.12	20.70	15.43	7.24	8.18
蓬莱市农信联社	41.94	1.24	38.15	33.93	30.35	1.76
邮储银行蓬莱市支行	13.01	0.04	12.97	0.19	0.19	0

增加 3.66 亿元，增幅 17.37%；工业贷款增加 7.02 亿元，主导行业骨干企业的贷款满足率达 90%以上；基本建设贷款增加 2.53 亿元，投放对象主要是基础设施建设以及造船、黄金、葡萄酒、远洋捕捞业中的强势企业，对全市经济的长远发展产生了积极的推动作用。

【金融发展与改革】 2008 年，蓬莱市各金融机构发展与改革取得新进展。一是不断优化信贷结构，在大力促进新农村建设、打造半岛制造业基地、支持外向型经济和私营经济发展方面取得明显成效；二是金融服务品种不断增加，收入结构不断改善，盈利能力进一步提高；三是农行的股改准备工作、农发行和邮储银行的改革工作正在稳步推进中；四是农信社积极运用专项票据资金，不断加大对“三农”的支持力度，改革成效明显。

【金融服务与监管】 2008 年，蓬莱市金融监管部门坚持监管与服务并重，突出风险防范与化解工作，确保了辖区金融秩序的稳定。截至年末，不良贷款余额 4.7 亿元，同比减少 5.51 亿元；不良贷款占比 2.86%，下降 4.91 个百分点。

（周英杰　陶传学）

龙口市

【经济金融简况】 2008 年，龙口市经济保持平稳健康态势，运行质量进一步提高，经济、金融总量继续在烟台各县（市）中保持领先地位。

全市金融运行总体健康平稳，各金融机构扎实推进各项工作，金融产业规模、效益全面提高。截至年末，全市农业贷款比年初增加 6.94 亿元，同比多增 1.99 亿元；临港产业项目贷款增加 3.51 亿元，同比多增 1.18 亿元；环保工程设施贷款增加 3.48 亿元，同比多增 4.21 亿元；个人消费贷款增加 4.69 亿元，同比多增 6.17 亿元。

【金融发展与改革】 2008 年，龙口市各金融机构严格执行宏观调控政策，促进货币信贷和产业结构调整，推动金融改革深化发展。一是进一步做好农行股改工作，强化内部管理，增强风险识别和评估能力；二是继续深化农信社改革工作，提高支持“三农”的金融服务水平；三是稳步推进农发行和邮储银行的改革工作，拓宽新农村建设融资渠道。

龙口市主要经济金融指标

经济指标	2007	2008	经济指标	2007	2008
土地面积（平方公里）	893	893	地方财政支出（亿元）	22.31	27.09
人口（万人）	63.29	63.44	全社会固定资产投资（亿元）	210.90	264.73
非农业人口（万人）	30.20	30.24	固定资产投资增速（%）	25.19	25.47
地区生产总值（亿元）	480.00	570.04	进出口总值（万美元）	140200	187200
地区生产总值年增速（%）	16.70	14.79	出口总值（万美元）	91500	100600
第一产业（亿元）	24.00	27.98	实际利用外资（万美元）	23000	6300
第二产业（亿元）	307.39	361.08	社会消费品零售总额（亿元）	98.00	122.04
第三产业（亿元）	148.61	180.98	居民消费价格指数（%）	106.11	104.64
财政总收入（亿元）	35.93	52.63	人均地区生产总值（元）	75841	89855
地方财政收入（亿元）	21.11	25.01	城镇居民可支配收入（元）	15734	17932
财政总支出（亿元）	23.28	27.12	农民人均现金收入（元）	7905	9012
金融指标（亿元）	**2007**	**2008**	**金融指标（亿元）**	**2007**	**2008**
本外币存款余额	231.12	296.52	财险收入	1.19	1.39
企业存款	47.79	67.23	寿险收入	2.52	3.29

续表

金融指标（亿元）	2007	2008	金融指标（亿元）	2007	2008
储蓄存款	158.48	200.31	财险赔款	0.77	0.87
本外币贷款余额	152.41	165.83	寿险给付	1.83	1.96
短期贷款	102.55	103.29	证券市场交易总额	253.10	137.30
中长期贷款	42.31	48.49	投资者保证金余额	2.20	1.60
票据融资	6.36	11.99	证券交易佣金收入	0.68	0.37

龙口市主要金融机构负责人

单位名称	行长（或其他称谓的第一负责人）	副行长（或其他称谓的同级领导）
人行龙口市支行	夏法云	王　政　赵福臻　官佩君
银监会龙口市办事处	李淑梅	
农发行龙口市支行	刘永胜	陆　伟　隋　丽
工行龙口支行	赵　明	郑祖彦　姚克庆　史春健　张　杰　周　波　辛德武
农行龙口市支行	姜　岩	王国维　王　宏　王　勇　陈　鹏
中行龙口支行	刘　健	张海东　遇奇志
建行龙口支行	闫洪茂	丁建功　邵才强　于建中
恒丰龙口支行	唐洪文	戚艳华　赵经华
华夏龙口支行	巩卫中	温良海
招行龙口支行	侯云辉	姜庆国
烟台市商行龙口支行	冷松良	纪　丽　王　浩
龙口农合行	王海滨	于瑞章　吕　强　姜青松　王旭田
邮储银行龙口市支行	周　波	赵衍鹏

龙口市主要金融机构业务概况

单位：亿元

单位名称	本外币存款余额	企业存款	储蓄存款	本外币贷款余额	短期贷款	中长期贷款
农发行龙口市支行	0.19	0.15	0	1.78	1.78	0
工行龙口支行	40.74	12.75	18.29	31.20	9.87	19.54
农行龙口市支行	52.72	13.65	37.75	18.57	16.11	2.46
中行龙口支行	23.03	5.30	12.52	14.96	6.23	6.12
建行龙口支行	33.58	12.01	20.30	23.89	11.52	12.33
恒丰龙口支行	32.17	11.91	20.24	7.83	2.27	5.49

续表

单位名称	本外币存款余额	企业存款	储蓄存款	本外币贷款余额	短期贷款	中长期贷款
华夏龙口支行	3.96	3.01	0.75	0.45	0.38	0.07
招行龙口支行	1.16	0.64	0.18	0.05	0.05	0
烟台市商行龙口支行	7.16	4.68	1.85	2.51	0.55	1.92
龙口农合行	83.90	2.68	74.22	60.09	50.04	0.67
邮储银行龙口市支行	16.50	0.08	16.41	0.32	0.32	0

【金融服务与监管】 2008年，人行龙口市支行和金融监管部门认真履行职能，不断提高金融管理和服务水平，保障了辖区金融业的合法稳健运行。一是加强对符合国家产业政策和市场准入条件、有利于调整产业结构的项目以及民营中小企业的信贷支持力度；二是增加了有市场、有效益、有利于增加居民就业的企业流动资金贷款；三是规范发展消费信贷，加快金融业务和产品创新；四是不良贷款实现“双降”，截至年末，全市金融机构不良贷款余额9.14亿元，较年初减少8.09亿元，不良率5.74%，下降5.70个百分点。

（赵福臻　胡志广）

招远市

【经济金融简况】 2008年，招远市经济社会各项事业均保持了健康平稳发展的良好态势。

各金融机构坚持区别对待，保压结合的原则，优化信贷结构，加快业务创新，提高金融服务，有力地支持了地方经济又好又快发展。截至年末，共为企业办理银行承兑汇票、信用证、保函等业务余额6.87亿元，市外金融机构投入信贷资金26亿元。综合各因素，全年银行机构为招远市企业提供金融信用总量121.30亿元。

【金融发展与改革】 2008年，招远市金融发展和改革取得明显成效。一是成立了邮储银行和烟台市商行的招远支行；二是推动农行股份制改革顺利完成；三是农发行在保持政策

招远市主要经济金融指标

经济指标	2007	2008	经济指标	2007	2008
土地面积（平方公里）	1433.18	1433.18	地方财政支出（亿元）	13.18	16.18
人口（万人）	56.55	56.88	全社会固定资产投资（亿元）	156.11	195.58
非农业人口（万人）	19.23	19.14	固定资产投资增速（%）	22.60	25.30
地区生产总值（亿元）	298.52	369.47	进出口总值（万美元）	109451	137043
地区生产总值年增速（%）	17.60	16.20	出口总值（万美元）	72956	91779
第一产业（亿元）	17.43	20.12	实际利用外资（万美元）	21814	8803
第二产业（亿元）	196.65	240.29	社会消费品零售总额（亿元）	57.58	71.29
第三产业（亿元）	84.45	109.06	居民消费价格指数（%）	106.20	107.30
财政总收入（亿元）	30.18	38.80	人均地区生产总值（元）	52908	65143
地方财政收入（亿元）	12.75	15.56	城镇居民可支配收入（元）	13911	16440
财政总支出（亿元）	14.57	18.06	农民人均现金收入（元）	6537	7533

续表

金融指标（亿元）	2007	2008	金融指标（亿元）	2007	2008
本外币存款余额	178.57	200.55	财险收入	0.62	0.73
企业存款	55.47	46.70	寿险收入	2.76	2.98
储蓄存款	104.08	127.58	财险赔款	0.53	0.39
本外币贷款余额	85.77	88.43	寿险给付	0.92	0.71
短期贷款	66.49	68.16	证券市场交易总额	139.36	96.44
中长期贷款	10.36	10.99	投资者保证金余额	3.17	0.93
票据融资	5.28	6.87	证券交易佣金收入	0.32	0.20

招远市主要金融机构负责人

单位名称	行长（或其他称谓的第一负责人）	副行长（或其他称谓的同级领导）
人行招远市支行	杨 强	赵广兴 张建波
银监会招远市办事处	王景瑞	
农发行招远市支行	路子松	赵力橡
工行招远支行	刘进胜	李韶光 李 平 李永平 丁国群
农行招远市支行	张润鹤	戴令山 杨希彬 梁友丰
中行招远支行	秦健伟	考少侠 徐学臻 汪淑华
建行招远支行	石学东	赵 勇 蔡小燕 徐克旭
恒丰招远支行	王洪民	欧学贤 金爱东
招远市农信联社	赵庆光	马旭东 闫福敏 李维刚 刘曙光
邮储银行招远市支行	秦晓东	张少轶

招远市主要金融机构业务概况

单位：亿元

单位名称	本外币存款余额	企业存款	储蓄存款	本外币贷款余额	短期贷款	中长期贷款
农发行招远市支行	0.08	0.07	0	1.90	1.90	0
工行招远支行	24.85	5.82	8.56	17.63	11.61	5.61
农行招远市支行	37.37	6.37	26.22	11.71	11.35	0.35
中行招远支行	25.03	8.56	14.31	11.16	6.58	1.16
建行招远支行	21.19	8.29	8.46	6.83	4.27	0.96
恒丰招远支行	32.45	13.20	19.24	13.34	10.49	2.85
招远市农信联社	42.79	7.86	34.81	25.69	21.78	0.07
邮储银行招远市支行	16.44	0.46	15.98	0.18	0.18	0

性业务的同时，加快了商业性业务开展步伐；四是各金融机构进一步完善内部管理机制，有效防范金融风险；五是各金融机构加快业务创新，依托丰富的黄金资源，大力开展黄金质押、租赁及远期买卖业务；六是邮储银行积极拓展农村金融服务，力促“三农”发展。

【金融服务与监管】 2008年，人行招远市支行认真履行央行职责，提高金融服务水平，强化金融监管理念，确保了辖区金融秩序的稳定。一是组织召开“绿色信贷银企合作推进会”，签约项目28个，签约资金74.97亿元，资金到位率83.40%；二是利用网络、报纸、知识竞赛等多种方式进行征信知识宣传；三是举办外汇政策通报、形势分析、知识宣传、业务培训、汇率避险等10次学习班，帮助外向型企业积极应对金融危机；四是建立完善农村反假货币宣传网络长效机制，分工明确、划片包干、责任到人；五是组织开展了账户、国库、外汇、人民币流通、金融统计、贷款卡等项管理和业务的监督检查，规范了辖区金融业务的操作，维护了金融秩序，确保了金融稳定。

（杨 强 潘 刚）

莱州市

【经济金融简况】 2008年，莱州市经济保持了平稳较快的增长势头。各金融机构始终坚持稳健经营、合法经营的原则，不断增强金融服务和创新意识，金融运行全面提速，有力支持了地方经济的持续快速健康发展。

【金融发展与改革】 2008年，人行莱州市支行认真履行基层央行职责，引导辖内金融机构继续深化金融体制改革，不断提升核心竞争力。一是引导农行深入开展以风险管理、贷后管理、科技创新、人才培养为核心的“四项工程”建设，强化服务“三农”的市场定位和责任，股份制改革的各项基础性工作取得了较大突破；二是继续加强对农信社改革的监督和指导，在引导其不断完善法人治理结构，转换经营机制，强化内控建设的同时，积极推动农商行改革工作，取得了良好成效。

莱州市主要经济金融指标

经济指标	2007	2008	经济指标	2007	2008
土地面积（平方公里）	1878	1878	地方财政支出（亿元）	15.83	20.60
人口（万人）	86.02	85.91	全社会固定资产投资（亿元）	147.99	188.31
非农业人口（万人）	35.72	35.89	固定资产投资增速（%）	23.20	27.30
地区生产总值（亿元）	340.20	410.26	进出口总值（万美元）	85753	102634
地区生产总值年增速（%）	17.10	15.00	出口总值（万美元）	70859	84565
第一产业（亿元）	36.50	41.23	实际利用外资（万美元）	7159	7594
第二产业（亿元）	201.60	244.37	社会消费品零售总额（亿元）	98.05	120.96
第三产业（亿元）	102.10	127.67	居民消费价格指数（%）	104.90	107.50
财政总收入（亿元）	30.46	44.92	人均地区生产总值（元）	39549	47755
地方财政收入（亿元）	13.81	16.51	城镇居民可支配收入（元）	14537	16965
财政总支出（亿元）	17.81	22.75	农民人均现金收入（元）	8450	7302
金融指标（亿元）	2007	2008	金融指标（亿元）	2007	2008
本外币存款余额	212.77	255.67	财险收入	2.61	2.90
企业存款	36.68	41.40	寿险收入	1.54	1.87
储蓄存款	154.87	192.34	财险赔款	1.31	1.48

续表

金融指标（亿元）	2007	2008	金融指标（亿元）	2007	2008
本外币贷款余额	82.55	79.43	寿险给付	0.53	0.66
短期贷款	57.58	51.12	证券市场交易总额	—	—
中长期贷款	20.25	20.18	投资者保证金余额	—	—
票据融资	4.36	7.85	证券交易佣金收入	—	—

莱州市主要金融机构负责人

单位名称	行长（或其他称谓的第一负责人）	副行长（或其他称谓的同级领导）
人行莱州市支行	孙伟力	李长胜　王　玲　张建成　刘洪本　王清军
银监会莱州市办事处	陈忠毅	
农发行莱州市支行	张金铭	任海若　初立军
工行莱州支行	张海波	张文军　孙建刚　郑叶琪　胡庆芳
农行莱州市支行	张卫国	杨宏光　张红光　裴　闯
中行莱州支行	姜兆华	宋庆亮　董　武
建行莱州支行	曲书勇	田金光　王茂盛　原金石　张卫波　吕启超　陈达兴
恒丰莱州支行	王运东	提云霞　孙积存
莱州市农信联社	初晓光	杨伟歧　邱国耀　王君波
邮储银行莱州市支行	张群波	李春苹

莱州市主要金融机构业务概况

单位：亿元

单位名称	本外币存款余额	企业存款	储蓄存款	本外币贷款余额	短期贷款	中长期贷款
农发行莱州市支行	0.13	0.09	0	1.90	1.90	0
工行莱州支行	22.58	3.57	14.68	8.04	1.06	6.98
农行莱州市支行	52.26	9.01	39.89	8.43	2.36	6.00
中行莱州支行	25.79	9.62	15.06	5.05	1.24	3.36
建行莱州支行	15.81	4.38	8.78	3.12	1.29	1.83
恒丰莱州支行	21.81	12.36	9.30	7.93	6.03	1.80
莱州市农信联社	93.69	6.25	84.84	44.55	36.86	0.16
邮储银行莱州市支行	21.28	0.37	20.72	0.41	0.36	0.04

【金融服务与监管】 2008 年，人行莱州市支行和金融监管部门认真履行职责，不断提高金融服务和监管水平，保障了辖区金融运行的健康和稳定。一是出台了《关于进一步改进金融服务促进全市经济又好又快发展指导意见》，引导辖内金融机构进一步优化信贷结构，提升服务水平；二是以完善内控管理、强化风险约束为内容，采取非现场监管和现场检查相结合的方式，改进和提升监管水平，先后对辖内各金融机构的外汇、账户、统计、征信、反洗钱等业务进行了业务监督检查，维护了辖区金融秩序的安全和规范。截至年末，全市金融机构不良贷款率为 4.60%，比年初下降 7.60 个百分点。

（盛春光　付霞德）

莱阳市

【经济金融简况】 2008 年，莱阳市以科学发展观统揽全局，干事创业，凝心聚力，全市经济金融保持了健康快速发展的良好势头。

各金融机构认真贯彻执行国家宏观调控政策，金融运行继续保持了持续、平稳、健康的发展势头，金融资产质量和效益同步提高。截至年末，各项外汇存款余额 2785 万美元，较年初增加 653 万美元，同比多增 729 万美元；各项外汇贷款余额 140 万美元，减少 478 万美元，同比少增 872 万美元。工业贷款余额 19.13 亿元，减少 2.60 亿元，同比少增 11.16 亿元；农业贷款余额 3.91 亿元，减少 0.80 亿元，同比少增 1.27 亿元。

莱阳市主要经济金融指标

经济指标	2007	2008	经济指标	2007	2008
土地面积（平方公里）	1732	1732	地方财政支出（亿元）	8.90	9.68
人口（万人）	87.21	87.51	全社会固定资产投资（亿元）	116.10	118.70
非农业人口（万人）	29.24	29.36	固定资产投资增速（%）	19.20	2.30
地区生产总值（亿元）	235.89	280.30	进出口总值（万美元）	71899	64205
地区生产总值年增速（%）	16.60	12.30	出口总值（万美元）	63440	56658
第一产业（亿元）	26.95	30.07	实际利用外资（万美元）	12945	8078
第二产业（亿元）	140.82	165.58	社会消费品零售总额（亿元）	83.98	102.60
第三产业（亿元）	68.13	84.67	居民消费价格指数（%）	103.4	104.20
财政总收入（亿元）	12.10	12.30	人均地区生产总值（元）	27051	32085
地方财政收入（亿元）	6.80	6.86	城镇居民可支配收入（元）	12361	14018
财政总支出（亿元）	8.90	9.70	农民人均现金收入（元）	6513	7075
金融指标（亿元）	**2007**	**2008**	**金融指标（亿元）**	**2007**	**2008**
本外币存款余额	117.7	148.15	财险收入	--	--
企业存款	22.41	29.64	寿险收入	--	--
储蓄存款	83.84	105.94	财险赔款	--	--
本外币贷款余额	83.55	77.15	寿险给付	--	--
短期贷款	66.7	54.32	证券市场交易总额	--	--
中长期贷款	14.33	17.74	投资者保证金余额	--	--
票据融资	2.01	4.99	证券交易佣金收入	--	--

莱阳市主要金融机构负责人

单位名称	行长（或其他称谓的第一负责人）	副行长（或其他称谓的同级领导）
人行莱阳市支行	林学龙	尹培尧　孙培宽　杨本花
银监会莱阳市办事处	封慧盈	宋振玺
农发行莱阳市支行	姜伟业	丁希忠
工行莱阳支行	张立涛	董灵珍　谭　琨　孔鲁东
农行莱阳市支行	王同伟	辛向荣　潘　峰　胡殿光
中行莱阳支行	杭东升	张新全　崔爱华
建行莱阳支行	刘忠涛	林　军
交行莱阳支行	杨　涛	薛开章
恒丰莱阳支行	于　宙	邱建东　郝向明
莱阳市农信联社	王英成	张玉璞　王新舰　藏松茂　宋秀君
邮储银行莱阳市支行	李庆利	孙艳萍

莱阳市主要金融机构业务概况

单位：亿元

单位名称	本外币存款余额	企业存款	储蓄存款	本外币贷款余额	短期贷款	中长期贷款
农发行莱阳市支行	0.54	0.52	0	5.17	3.51	1.66
工行莱阳支行	14.97	2.65	8.70	9.65	6.05	3.48
农行莱阳市支行	29.44	5.22	23.40	9.01	8.28	0.72
中行莱阳支行	10.10	2.77	6.63	8.06	6.47	0.97
建行莱阳支行	8.25	2.10	4.33	7.04	2.41	4.63
交行莱阳支行	6.34	1.91	2.83	2.18	1.62	0.56
恒丰莱阳支行	24.08	13.69	8.35	9.22	6.03	3.19
莱阳市农信联社	36.77	1.50	34.59	26.61	19.76	2.50
邮储银行莱阳市支行	17.32	0.21	17.11	0.21	0.19	0.02

【金融发展与改革】　2008年，莱阳市金融机构严格执行宏观调控政策，推动金融改革深化发展。一是进一步做好农行股改工作，强化内部管理，增强风险识别和评估能力；二是继续深化农信社改革工作，提高支持“三农”的金融服务水平；三是稳步推进农发行和邮储银行的改革工作，拓宽新农村建设融资渠道。

【金融服务与监管】　2008年，人行莱阳市支行和金融监管部门以“监测、分析、引导”为着力点，通过窗口指导、活动传导、工具疏导、检查督导等灵活有效的引导方式，适度增加信贷投放，优化信贷结构。一是引导金融机构加大对农业、中小企业、高新技术企业、外经外贸、民营经济、重点项目、重点企业等方面的信贷支持；二是搭建政、银、企合作平台，推动76家企业与银行签订了22.80亿元的项目投资，实际到位资金20.10亿元，占签约资金的88.10%；三是坚持服务与监管并重，维护辖区金融稳定。截至年末，不良贷款余额11.53亿元，不良率为15%，同比下降8.20个百分点。

（任常松　范书君）

栖霞市

【经济金融简况】 2008 年，栖霞市经济继续保持快速、健康发展势头。各金融机构认真贯彻执行国家宏观调控政策，着力优化调整信贷结构，不断提高金融服务水平，经济金融运行质量和效益进一步提高。

【金融发展与改革】 2008 年，栖霞市金融发展和改革取得新成效。一是农信社改革效果明显，完善了激励约束机制，继续加大支农力度，资产质量得到切实提高；二是农行改革顺利，剥离了 38555 万元的不良贷款，提高了资产质量；三是邮

栖霞市主要经济金融指标

经济指标	2007	2008	经济指标	2007	2008
土地面积(平方公里)	2016	2016	地方财政支出（亿元）	5.65	5.45
人口(万人)	62.75	62.80	全社会固定资产投资(亿元)	60.96	72.64
非农业人口(万人)	15.18	15.20	固定资产投资增速(%)	25.10	19.20
地区生产总值(亿元)	125.30	136.10	进出口总值(万美元)	21409	24740
地区生产总值年增速(%)	11.50	5.40	出口总值(万美元)	17592	20410
第一产业(亿元)	29.30	30.60	实际利用外资(万美元)	5600	1301
第二产业(亿元)	52.70	58.30	社会消费品零售总额(亿元)	50.43	60.12
第三产业(亿元)	43.30	47.20	居民消费价格指数(%)	105.80	102.80
财政总收入(亿元)	5.04	4.58	人均地区生产总值(元)	19974	21672
地方财政收入(亿元)	2.56	2.82	城镇居民可支配收入（元）	11986	13185
财政总支出（亿元）	5.88	7.16	农民人均现金收入（元）	5835	6421
金融指标（亿元）	2007	2008	金融指标（亿元）	2007	2008
本外币存款余额	76.40	94.54	财险收入	0.23	0.45
企业存款	6.57	6.61	寿险收入	1.03	0.94
储蓄存款	64.20	80.62	财险赔款	0.18	0.37
本外币贷款余额	36.60	34.38	寿险给付	0.05	0.08
短期贷款	26.10	24.79	证券市场交易总额	--	--
中长期贷款	7.52	7.69	投资者保证金余额	--	--
票据融资	2.99	1.90	证券交易佣金收入	--	--

栖霞市主要金融机构负责人

单位名称	行长（或其他称谓的第一负责人）	副行长（或其他称谓的同级领导）
人行栖霞市支行	李建章	张立群　王　政　李沙强
银监会栖霞市办事处	宫立萍	

续表

单位名称	行长（或其他称谓的第一负责人）	副行长（或其他称谓的同级领导）
农发行栖霞市支行	刘云龙	王家川　蒋少玲
工行栖霞支行	柳永正	王　平　王永光　柳冬松　崔海霞
农行栖霞市支行	李庆阳	宫佩忠　迟兴光　周嘉勇
中行栖霞支行	王茂顺	宋　强　赵　鹏
建行栖霞支行	张　敏	丁建庆　吕永军　高建为
恒丰栖霞支行	尹子刚	王国平
栖霞市农信联社	韩作庆	徐　杰　姜海亭　孙益平　高志铭
邮储银行栖霞市支行	李　彬	姜孟臣

栖霞市主要金融机构业务概况

单位：亿元

单位名称	本外币存款余额	企业存款	储蓄存款	本外币贷款余额	短期贷款	中长期贷款
农发行栖霞市支行	0.14	0.14	0	1.91	1.06	0.85
工行栖霞支行	7.75	1.07	5.26	4.88	1.92	2.96
农行栖霞市支行	13.13	1.30	10.92	1.14	0.53	0.61
中行栖霞支行	6.96	1.86	3.98	1.24	0.45	0.79
建行栖霞支行	3.77	0.33	2.31	1.45	0.00	1.45
恒丰栖霞支行	4.07	1.29	2.38	1.50	0.87	0.63
栖霞市农信联社	37.64	0.48	35.23	22.07	19.78	0.39
邮储银行栖霞市支行	20.69	0.14	20.55	0.19	0.19	0

储银行栖霞市支行正式挂牌成立，开始面向三农开展信贷业务。

【金融服务与监管】 2008年，人行栖霞市支行和金融监管部门不断加强窗口指导，强化监督检查措施，提高经营效率和服务水平，保障辖区金融的健康发展。一是引导金融部门加大支农和中小企业信贷投放，优化信贷结构；二是通过组织银企合作项目推荐会、金融联席会等活动，加大对重点项目和民营经济的支持力度；三是加强金融生态环境建设，为货币政策传导创造良好环境；四是加强支付结算服务，提高外汇服务水平，强化征信管理；五是按季对农信社专项票据改革情况进行现场检查；六是先后组织了人民币流通管理、国库业务、账户管理、反洗钱、外汇等业务监督检查，有效规范了区域金融的运行秩序。

（迟克幸　牟战森）

海阳市

【经济金融简况】 2008年，海阳市经济综合实力不断增强，发展质量稳步提升。

各金融机构贯彻落实国家宏观调控政策，采取多种措施，积极应对金融危机和经济减速对实体经济的影响，进一步优化信贷资源配置，有力地支持了地方经济健康发展。截至年末，各项外汇存款余额1067万美元，比年初减少43万美元，同比多增230万美元；各项外汇贷款余额 9391万美元，增加301万美元。农业贷款余额 13.23 亿元，增加2.18亿元；工业贷款余额 2.0 亿元，增加3043万元；商业贷款余额1.12亿元，增加599万元；个人消费贷款余额 5.85亿元，增加1.37亿

海阳市主要经济金融指标

经济指标	2007	2008	经济指标	2007	2008
土地面积（平方公里）	1887	1887	地方财政支出（亿元）	7.99	9.34
人口（万人）	66.70	66.70	全社会固定资产投资（亿元）	120.20	153.40
非农业人口（万人）	21.60	20.60	固定资产投资增速（%）	31.20	37.40
地区生产总值（亿元）	143.51	182	进出口总值（万美元）	41152	51900
地区生产总值年增速（%）	16.62	16.10	出口总值（万美元）	32177	39000
第一产业（亿元）	30	37.60	实际利用外资（万美元）	11019	4300
第二产业（亿元）	68.11	86.60	社会消费品零售总额（亿元）	52.41	64.80
第三产业（亿元）	45.4	57.80	居民消费价格指数（%）	104.80	105.40
财政总收入（亿元）	10.07	12.85	人均地区生产总值（元）	21500	27300
地方财政收入（亿元）	7.09	8.41	城镇居民可支配收入（元）	12987	15276
财政总支出（亿元）	9.21	12.02	农民人均现金收入（元）	6268	7328
金融指标（亿元）	**2007**	**2008**	**金融指标（亿元）**	**2007**	**2008**
本外币存款余额	99.77	114.09	财险收入	0.32	0.33
企业存款	15.76	15.87	寿险收入	1.38	1.86
储蓄存款	67.79	82.92	财险赔款	0.19	0.22
本外币贷款余额	53.38	55.41	寿险给付	0.63	0.81
短期贷款	36.98	35.69	证券市场交易总额	--	--
中长期贷款	12.09	14.48	投资者保证金余额	--	--
票据融资	4.22	5.08	证券交易佣金收入	--	--

海阳市主要金融机构负责人

单位名称	行长（或其他称谓的第一负责人）	副行长（或其他称谓的同级领导）
人行海阳市支行	郝立君	贾通志　徐　杰　于永斌
银监会海阳市办事处	李　坤	

续表

单位名称	行长（或其他称谓的第一负责人）	副行长（或其他称谓的同级领导）
农发行海阳市支行	王志勇	宗学勇　于少勇
工行海阳支行	邱义闽	由永秋　从德忠　徐卫军
农行海阳市支行	秦德军	王辉波　李　丽　董丰国
中行海阳支行	王春增	梁永杰　王　涛
建行海阳支行	杨德庆	宫庆凯　姜华庆
恒丰海阳支行	项淑珍	姜利勇
海阳市农信联社	于　平	王祥兴　张　伟　杨竹山　林忠义　刘　利
邮储银行海阳市支行	孙卫涛	赵海玲

海阳市主要金融机构业务概况

单位：亿元

单位名称	本外币存款余额	企业存款	储蓄存款	本外币贷款余额	短期贷款	中长期贷款
农发行海阳市支行	0.04	0.04	0	1.01	1.01	0
工行海阳支行	9.89	2.03	4.87	13.03	8.99	4.04
农行海阳市支行	15.93	1.64	12.35	1.10	0.47	0.63
中行海阳支行	11.45	2.69	5.33	9.33	5.75	3.44
建行海阳支行	10.40	3.37	4.05	1.61	0.19	1.42
恒丰海阳支行	13.69	5.67	7.78	4.17	0.18	3.99
海阳市农信联社	36.26	0.36	33.88	24.97	18.92	0.96
邮储银行海阳市支行	14.79	0.14	14.64	0.20	0.20	0

元。

【金融发展与改革】　2008年，海阳市金融发展和改革继续稳步推进。一是农信社改革效果明显，完善了激励约束机制，继续加大支农力度，资产质量得到切实提高；二是农行改革顺利，业务发展迅速，资产质量明显提高；三是邮储银行海阳市支行正式挂牌成立，开始面向三农开展信贷业务；四是征信体系建设迈出新步伐，建立了由法院、工商、税务、环保、社会保障等部门联合参与的多领域信用信息共享机制，引导金融机构实施绿色信贷工程，提高了金融风险防范能力。

【金融服务与监管】　2008年，海阳市金融监管部门以创建"良好银行"为己任，坚持"管法人、管风险、提高透明度"的监管理念，以防范化解金融风险为监管核心，以金融案件专项治理、内部控制和法人治理监管为重点，坚持服务与监管并重，不断完善监管机制，有效防范了金融风险，维护了金融稳定。

（于优红　姜德星）

长岛县

【经济金融简况】 2008 年，长岛县经济继续保持平稳较快的发展势头。各金融机构围绕国家宏观调控政策，加大货币信贷投放力度，调整优化信贷结构，金融运行质量和效益进一步提高。

【金融发展与改革】 2008 年，长岛县各金融机构以优化金融生态环境为总抓手，金融发展与改革不断向纵深发展。一是农信社改革效果明显，完善了激励约束机制，继续加大支农力度，资产质量得到切实提高；二是农行改革顺利，业务发展迅速，资产质量明显提高；三是邮储银行长岛县支行正式挂牌

长岛县主要经济金融指标

经济指标	2007	2008	经济指标	2007	2008
土地面积（平方公里）	56	56	地方财政支出（亿元）	0.60	2.70
人口（万人）	4.30	4.30	全社会固定资产投资（亿元）	5.10	5.40
非农业人口（万人）	1.70	1.70	固定资产投资增速（%）	0.40	3.80
地区生产总值（亿元）	29.00	35.00	进出口总值（万美元）	2511	2184
地区生产总值年增速（%）	15	14.50	出口总值（万美元）	2374	2045
第一产业（亿元）	16.10	19.60	实际利用外资（万美元）	57	0
第二产业（亿元）	3.30	3.90	社会消费品零售总额（亿元）	7.70	9.10
第三产业（亿元）	9.60	11.50	居民消费价格指数（%）	103.40	104.20
财政总收入（亿元）	0.60	0.80	人均地区生产总值（元）	67248	81175
地方财政收入（亿元）	0.60	0.80	城镇居民可支配收入（元）	--	--
财政总支出（亿元）	1.96	2.70	农民人均现金收入（元）	8894	10451
金融指标（亿元）	**2007**	**2008**	**金融指标（亿元）**	**2007**	**2008**
本外币存款余额	16.25	18.40	财险收入	0.04	0.05
企业存款	1.89	2.65	寿险收入	0.33	0.42
储蓄存款	11.9	13.41	财险赔款	0.03	0.03
本外币贷款余额	5.82	5.90	寿险给付	0.58	0.21
短期贷款	4.35	3.66	证券市场交易总额	--	--
中长期贷款	1.30	2.04	投资者保证金余额	--	--
票据融资	0.17	0.20	证券交易佣金收入	--	--

长岛县主要金融机构负责人

单位名称	行长（或其他称谓的第一负责人）	副行长（或其他称谓的同级领导）
人行长岛县支行	杨占法	王晓方　张双庆　徐　萍
银监会长岛县办事处	邢攸江	

续表

单位名称	行长（或其他称谓的第一负责人）	副行长（或其他称谓的同级领导）
工行长岛支行	孟祥军	
农行长岛县支行	张仁领	
建行长岛支行	迟进伟	张德宝
恒丰长岛支行	梁克杰	高英卫
长岛县农信联社	丛　卫	张毅魁　聂宏广　李　维　吕　辉
邮储银行长岛县支行	孙艳玲	邹曙光

长岛县主要金融机构业务概况

单位：亿元

单位名称	本外币存款余额	企业存款	储蓄存款	本外币贷款余额	短期贷款	中长期贷款
农行长岛县支行	3.06	0.93	1.52	0.14	0.05	0.09
建行长岛支行	1.81	0.62	0.65	0.63	0	0.63
恒丰长岛支行	2.26	0.72	1.55	0.49	0.06	0.43
长岛县农信联社	6.75	0.27	5.74	4.59	3.50	0.89
邮储银行长岛县支行	4.07	0.12	3.95	0.03	0.03	0

成立，开始面向三农开展信贷业务。

【金融服务与监管】 2008 年，长岛县金融监管部门认真履行监管职责，强化监管力度，更新监管理念，积极防范和化解金融风险，努力营造良好的金融秩序和信用环境。一是人行长岛县支行不断加大对各金融机构的考核力度，在货币政策传导、信用社改革、征信和反洗钱等领域取得明显成效；二是加大了对农信社票据兑付后后续考核的力度，资产质量不断提高。截至年末，全县金融机构不良贷款余额 0.58 亿元，比年初减少 1.13 亿元；不良率为 9.97%，下降 19.49 个百分点。

（吴　强）

威海市

【经济金融简况】 2008 年，威海市国民经济继续保持快速协调健康发展，就业、社会保障和环境保护工作稳步加强，城乡居民生活不断改善，各项社会事业全面进步。

全市金融业继续保持健康平稳运行。截至年末，全市金融机构各项外汇存款余额 4.3 亿美元，同比增加 0.96 亿美元，增长 28.75%；各项外汇贷款余额 1.9 亿美元，同比下降 1.04 亿美元。储蓄存款增势迅猛，稳定性增强，定期存款占全部储蓄存款比为 80.49%，同比增加 4.83 个百分点；企业存款增势减缓，同比少增 50.57 亿元。农业贷款投放额继续增大，工业和个人消费贷款增速减缓，商业和技术改造贷款大幅下降，固定资产投资增速加快。

【货币政策实施】 2008 年，人行威海市中支继续加大窗口指导力度，全面落实各项货币政策，支持了地方经济平稳健康发展。

一、强化政策传导效果。一是先后出台了支持地方经济发展、做好货币信贷工作的两个指导意见；二是召开了 3 次经济金融形势分析和 4 次银企对接会议，促成 165 个重点项目与

威海市经济主要统计指标

指标 \ 年度	2004	2005	2006	2007	2008	2008 年同比增幅（%）
土地面积（平方公里）	5698	5698	5698	5698	5698	0
人口（万人）	248.39	249.09	249.83	251.06	252.23	0.47
非农业人口（万人）	113.68	117.74	117.56	119.05	120.78	1.45
地区生产总值（亿元）	960.05	1169.77	1368.53	1583.45	1780.35	12.1
第一产业（亿元）	100.88	108.12	116.58	127.8	132.28	4.1
第二产业（亿元）	588.99	725.42	849.59	978.19	1088.56	11.0
工业（亿元）	544.25	674.25	793.12	915.48	1015.15	10.89
建筑业（亿元）	44.74	51.17	56.47	62.71	73.41	17.06
第三产业（亿元）	270.18	336.23	402.36	477.46	559.51	16.5
人均地区生产总值（元）	40613	46881	54778	63326	70749	11.6
地区生产总值构成（%）	100	100	100	100	100	--
第一产业（%）	9.8	9.24	8.52	8.07	7.43	-0.64
第二产业（%）	61.09	62.01	62.08	61.78	61.14	-0.64
第三产业（%）	29.1	28.75	29.4	30.15	31.43	1.28
财政总收入（亿元）	84.24	110	131.88	156.2	180.63	15.6
地方财政收入（亿元）	42.64	57.54	70.11	82.02	93.67	14.2
财政总支出（亿元）	--	--	--	--	--	--
地方财政支出（亿元）	58.52	72.39	88.28	103.36	122.22	18.3
全社会固定资产投资（亿元）	--	--	--	--	--	--
规模以上固定资产投资（亿元）	530.49	663.9	696.96	750.39	926.14	23.7
规模以下固定资产投资（亿元）	--	--	--	--	--	--
房地产开发（亿元）	45.68	58.34	80.41	94.8	150.21	58.5
进出口总值（亿美元）	55.95	75.47	95.15	110.81	118.05	10.0
出口总值（亿美元）	34.49	47.34	60.11	69.72	74.55	9.6
实际利用外资（亿美元）	11.24	13.8	13.05	13.37	5.26	31.3
社会消费品零售总额（亿元）	238.14	284.8	331.21	392.63	483.62	23.2
居民消费价格指数（%）	100.1	100.8	100.97	104.37	104.64	0.25
城市居民人均可支配收入（元）	10194	11112	13975	12007.27	18536.80	13.83
农民人均现金收入（元）	4751	5376	6842	7737	8495.42	9.8

注：2006-2007 年实际利用外资为外商直接投资口径，2008 年实际利用外资为外汇管理局提供的实际到账外资数。

威海市工农业主要统计指标

农业主要统计指标（万吨）				规模以上工业企业主要统计指标（亿元）			
项目＼年度	2007 年	2008 年	增幅（%）	项目＼年度	2007 年	2008 年	增幅（%）
粮食	95.18	100.13	5.2	工业增加值	840.93	1003.26	108
夏粮	41.8	44.19	5.7	国有工业	11.7	14.21	9.4
秋粮	53.38	55.94	4.8	集体工业	76.69	85.75	8.0
棉花	--	--	--	股份制工业	307.36	355.17	6.4
油料	25.03	26.43	5.6	股份合作制工业	42.41	70.16	19.8
水果	68.06	75.1	10.3	外商及港澳台投资工业	308.43	365.9	14.6
蔬菜	105.88	108.90	2.9	轻工业	365.1	414.49	9.0
肉类	11.64	10.8	13.3	重工业	475.83	588.77	12.3
禽蛋	11.04	10.64	11.4	销售收入	3619.8	4196.47	19.0
奶类	25.46	26.35	11.4	利税	262.33	293.87	15.5
水产品	264.93	205.64	4	利润	171.88	192.69	14.9
森林覆盖率（%）	37	38.2	3.24	经济效益综合指数（%）	234.91	232.36	1.38

注：2008 年同比增幅按统计局口径。

威海市主要金融机构负责人

单位名称	行长（或其他称谓的第一负责人）	副行长（或其他称谓的同级领导）
人行威海市中心支行	张胜林	王延伟　曲吉光　吴志家　赵　杰　叶景亮　李少伟
银监会威海监管分局	于明文	张建滋　于　海　刘玉洋
农发行威海市分行	刘志远	滕建洲　徐文君
工行威海分行	刘志刚	隋志勇　刘　明　常乃海　杨　明　安洪立
农行威海市分行	杨晓生	李佃福　杨志宇　朱永平
中行威海分行	陈　杰	王建光　王军法　焉长海　臧翠荣
建行威海分行	孙鲁泉	胡光明　刘韶涛　李旭阳　梁洪亮　隋守江
交行威海分行	姜式经	栾春强　张宗谦　张淑丽
中信威海分行	陈文德	于春燕　王　惠　江海波
威海市商行	谭先国	赛志毅　邓　卫　张仁钊
农信社威海市办事处	鞠世一	王祖玉
邮储银行威海市分行	牟秋波	李　忠

续表

单位名称	行长（或其他称谓的第一负责人）	副行长（或其他称谓的同级领导）
人保威海市分公司	张春茂	席琳华
人寿威海市分公司	毕建贵	高卫升
泰康人寿威海中心支公司	刘　峰	王佐华
平安人寿威海中心支公司	荣　军	薛　梅
太平人寿威海中心支公司	李巧龙	郭玉东
新华人寿威海中心支公司	徐忠涛	李世新
太平洋人寿威海中心支公司	肖洪冰	杨绪召
长城人寿威海中心支公司	牛元斌	
民生人寿威海中心支公司	王　巨	
嘉禾人寿威海中心支公司	王玉琨	
人民人寿威海中心支公司	张海滨	
人民健康威海中心支公司	宋志刚	
华夏人寿威海中心支公司	王新华	
恒安标准威海中心支公司	贾　萱	
华泰财产威海中心支公司	李　平	
太平财产威海中心支公司	张衡勋	廖振书
太平洋财产威海中心支公司	陈亚光	宋吉进
平安财产威海中心支公司	徐德平	
大地财产威海中心支公司	王　健	王学乾
永安财产威海中心支公司	姜文洲	刘淑波
中华联合财产威海中心支公司	于振章	郭　超
安邦财产威海中心支公司	辛钰杭	蔡秀泽
天安保险威海中心支公司	王　胜	丛　萍
华安财险威海中心支公司	蔡秀泽	
阳光财险威海中心支公司	张润洁	李　斐
都邦财险威海中心支公司	张大平	陈万里
安华财险威海中心支公司		王　峰
永城财险威海中心支公司	张云峰	
渤海财险威海中心支公司	孙正航	
海通证券威海证券营业部	孙晓东	杨竹芬　汤　琼
齐鲁证券威海证券营业部	段少波	李雪梅
中投证券威海证券营业部	于海强	

威海市金融业务统计指标

指标（亿元）	年度	2004	2005	2006	2007	2008	2008 年同比增幅（%）
银行类	本外币存款余额	604.08	731.11	854.31	998.02	1156.25	15.86
	人民币存款余额	604.08	704.53	823.63	973.21	1126.37	15.74
	企业存款	142.25	154.80	180.56	237.69	242.99	2.23
	储蓄存款	394.88	473.92	524.59	583.63	700.51	20.03
	定期储蓄存款	319.46	380.23	411.46	441.57	563.84	27.69
	活期储蓄存款	75.41	93.69	113.13	142.06	136.67	-4.22
	本外币贷款余额	420.12	469.07	563.87	712.8	791.44	11.04
	人民币贷款余额	420.12	449.91	543.10	690.49	778.45	12.74
	短期贷款	280.77	267.58	305.87	379.64	370.29	-2.46
	工业贷款	55.55	47.84	78.13	105.1	112.18	6.74
	商业贷款	48.85	37.24	22.26	37.8	26.97	-28.65
	农业贷款	71.38	83.48	102.15	114.29	116.25	1.71
	中长期贷款	114.78	163.63	201.69	261.08	323.95	29.10
	基本建设贷款	34.09	41.34	47.41	52.51	70.43	34.13
	技术改造贷款	5.05	3.54	4.09	4.63	4.04	-12.74
	票据融资	14.57	17.97	34.86	49.29	83.88	70.18
	现金收入	1752.79	1982.45	2295.63	2585.52	2494.46	-3.52
	现金支出	1791.46	2019.0	2327.13	2617.75	2519.92	3.74
	现金投放（+）回笼（-）	38.68	36.55	31.5	32.24	25.46	-21.03
	当年结益	-2.71	-2.71	7.41	9.75	19.24	97.34
保险类	保险公司保费收入	8.57	16.96	19.07	22.6	26.42	19.93
	财险收入	3.61	4.21	4.85	6.83	5.52	-19.11
	寿险收入	4.96	12.75	14.22	15.77	20.90	32.54
	保险公司赔款和给付支出	3.38	2.99	4.32	9.4	8.98	-4.40
	财险赔款	0.57	2.72	4.03	3.74	3.44	-7.88
	寿险给付	0.79	0.28	0.29	5.66	5.54	-2.10
	当年结益	0.33	-0.22	-0.68	-1.12	-0.69	38.39
证券类	证券市场成交总额	40.21	50.33	154.21	98.14	70.35	-28.32
	投资者保证金余额	1.98	2.53	4.66	19.55	9.24	-52.72
	佣金收入	0.21	0.22	0.41	2.40	2.96	23.33
	净利润	0.02	0.03	0.20	1.68	1.10	-34.25

威海市金融机构统计指标

指标（个）	年度	2004	2005	2006	2007	2008	2008年同比增幅（%）
银行类	法人机构	5	5	5	5	5	0
	省级分行	0	0	0	0	0	0
	二级分行	7	7	7	7	8	14.29
	县区支行	104	102	109	115	127	10.43
	分理处、营业所	246	244	232	226	265	55.84
	储蓄所	119	99	84	77	120	55.84
	从业人员总数	9350	9264	8901	7344	7640	40.31
保险类	保险机构	60	76	88	105	134	27.62
	财险机构	42	56	63	75	92	22.67
	省级分公司	0	0	0	0	0	0
	地市分公司	6	8	11	11	17	54.55
	县区支公司	36	48	52	64	75	17.19
	寿险机构	18	20	25	30	42	40.00
	省级分公司	0	0	0	0	0	0
	地市分公司	5	6	7	8	11	37.50
	县区支公司	13	14	18	22	31	40.91
	从业人员总数	3178	2932	3698	3544	10195	187.67
	财险人员	506	714	1256	1414	2432	71.99
	寿险人员	2662	2218	2442	2130	7763	264.46
证券类	证券机构	4	4	7	6	6	0
	证券公司	0	0	0	0	0	0
	证券营业部	4	4	7	6	6	0
	证券服务部	0	0	0	0	0	0
	从业人员总数	87	114	135	138	275	99.28
	投资者开户	64200	65400	67600	114000	149900	31.49
	境内上市股票支数	4	5	5	5	6	20.00
	境外上市股票支数	1	1	1	3	3	0
	辖区上市公司总数	6	6	6	8	9	12.5

威海市主要金融机构业务概况

单位：亿元

单位名称	人民币存款余额	企业存款	储蓄存款	人民币贷款余额	短期贷款	中长期贷款
农发行威海市分行	2.88	2.31	--	21.72	15.29	6.43
工行威海分行	112.84	28.33	54.25	114.72	25.55	89.04
农行威海市分行	120.59	25.02	81.45	85.37	43.36	39.90
中行威海分行	98.72	24.00	58.96	65.72	24.89	38.94
建行威海分行	102.99	28.67	50.84	105.60	24.25	77.72
交行威海分行	39.17	16.83	15.08	24.51	18.12	6.14
中信银行威海分行	57.93	25.92	21.30	21.13	20.16	0.90
威海市商行	207.51	83.01	96.55	149.42	57.30	46.82
农信社威海市办事处	258.64	6.54	229.27	188.97	140.14	17.99
邮储银行威海市分行	95.46	2.36	92.80	1.28	1.22	0.07

威海市各县级区域经济金融主要统计指标

名称	人口（万人）	面积（平方公里）	地区生产总值（亿元）	地区生产总值增速（%）	本外币存款余额（亿元）	储蓄存款（亿元）	本外币贷款余额（亿元）
荣成市	66.74	1495	550.02	13.1	258.99	20.3	163.31
文登市	64.17	1780	476.84	11.7	180.21	11.7	92.46
乳山市	57.37	1654	288.44	12.9	140.18	14.1	98.02

信贷资金实现对接，各项贷款增速始终稳居全省前列。

二、促进金融创新。一是实施以"政府引导、央行助推、银企联动、互利共赢"为主要内容的"金创助力"工程，促成市委、政府设立200万元金融产品创新奖；二是在全省率先编撰《金融产品概览》，鼓励金融机构推出4大类64项创新产品，扶持400余个企业成长壮大，惠及800多个村集体和农户，取得良好的经济和社会效益。

三、积极为银企对接搭建有效平台。一是引导辖内金融机构以优化信贷结构为着力点，不断加大对重点领域和项目的投入，推动和协助市政府于10月31日召开"经济形势分析暨银企对接会议"，会上18个银企合作项目签约资金50.54亿元；二是对列入全省重点支持的24个重点建设项目、28家中小企业和3项重点技术改造项目建立定期调度制度，积极做好信贷资金对接工作；三是积极参与"2008半岛经济群五城市项目推介银企签约仪式"活动，全市共5家企业出席，签约资金8.1亿元；四是参与山东半岛五城市金融稳定协作联席会议制度，积极推进半岛区域金融稳定课题调研和评估工作。

四、及时出台各类信贷指导意见。一是继续加强信贷政策对节能环保、就业、助学、中小企业等经济薄弱环节的支持，先后制订下发了绿色信贷、房地产信贷、节约用地等一系列指导意见；二是及时出台了《关于做好当前货币信贷工作的意见》，配合地方政府构建项目对接、投放提速、正向激励机制；三是出台了《区域金融生态环境评价办法》，得到了市委考核办的认可和各市区政府的高度重视，将此办法纳入对各市区的绩效考核。

【金融监管】 2008年，威海市金融监管部门着力引导辖区银行业贯彻国家宏观调控政策，有效防范和化解各类风险，推动了经济金融的和谐运行。

一、深入开展"平安和谐年"活动。一是引导银行业加强风险排查和日常检查，加快建立和完善突发事件应急处置机制；二是面向辖内银行业高管、风险管控和基层业务操作人员编发了《银行案件查防启示》，引导银行业提高案防水平。

二、促进银行业运行质量显著提高。一是以完善法人治理为重点，积极推进农村信用社改革信贷政策，着力突出不良贷款压降管理，注重动态监管，多措并举消除不良贷款反弹隐患；二是为防范韩资企业逃废银行债务，及时下发风险提示，督促各行、社全面完善韩资企业贷款风险管控措施，强化贷后管理和资产保全；三是对于新发生的大额不良贷款，坚持进行逐笔核查，在贷款增速减缓的情况下，全市银行业不良贷款余额和占比分别较年初下降29.03亿元和4.58个百分点，资产质量得到显著改善。

三、促进辖区银行业增强风险抵御能力。一是切实强化对威海市商行的风险监管，组织该行高管人员及相关部门负责人专门就流程银行建设、小企业贷款、风险管理等方面内容深入浙江宁波银行进行考察学习，引导和督促其加快引进银行类战略投资者，优化股权结构，改善公司治理，同时督促该行压缩超比例授信，优化监管指标；二是着力推动农信社深化改革，组织省联社威海办事处负责人和4家联社理事长赴江苏江阴、常熟、张家港3家农商行进行考察，探寻解决农信社改革的突破口。

四、促进辖区银行业全面提升经营管理水平。一是引导各商行在进一步加大国际业务、银行卡、电子银行、代理保险等传统中间业务营销力度的基础上，大力发展投资银行、财务顾问等新兴中间业务，扩大中间业务收入规模；二是组织召开"促进银行理财业务健康发展座谈会"，加强金融消费者风险教育，提升公众金融知识水平，收到了良好效果。

【外汇管理】 2008年，外管局威海市中心支局继续提升外汇管理水平，支持了涉外经济快速协调发展。全年实现涉外收付汇总量110.55亿美元，同比增长16.04%。其中，收入77.76亿美元，增长37.82%；对外支出32.79亿美元，增长10.44%；实现顺差44.97亿美元。结售汇总量71.07亿美元。其中，结汇57.58亿美元，增长19.82%；售汇13.49亿美元，增长34.97%；结售汇顺差44.09亿美元，增长15.84%。

一、改进贸易进口付汇管理方式。一是研究出台了《关于进一步改进外汇管理支持威海涉外经济又好又快发展的指导意见》，提出了转变管理方式，简化审核程序，便利企业贸易投资行为的12条意见和措施；二是积极搭建"阳光政务、政策传导、部门联动、特色服务"四个平台，全面提升外汇管理服务水平；三是在全省率先试点并推广使用"山东省进口付汇名录（单）系统"，实现了辖内各外汇指定银行企业进口付汇名录（单）的实时网上查询，取消了省内进口付汇异地备案管理，大大便利了企业进口付汇。

二、推动企业实施"走出去"战略。一是联合市政府、外经贸局等多家单位举办全市实施"走出去"战略推进会，对200多家企业传授经验、培训业务，使企业全方位了解"走出去"政策支持、实务操作、风险防范等方面的政策措施；二是针对威高集团境内外股权置换和资产收购、成山集团境外投资融资难等问题，主动与企业沟通协调，扶持企业大力开展国际间资本运作，有效解决了企业境外运营中融资难题。

三、创新监管工作机制。该局创新构建"十位一体"非现场监管工作体系，与市公安局签订合作备忘录，在外汇非现场与现场检查紧密结合方面进行新的尝试。全年共立案22起，同比增长22.22%，结案率100%；收缴罚没款人民币144.63万元，增长124.69%，收缴率100%，无一起复议和诉讼案件，立案数量和收缴的罚没款金额均创历史新高。

四、加强外汇信用体系建设。一是与市外经贸局联合签发《关于预防外商投资企业非正常撤离的实施意见》，探索建立预防外资企业非正常撤离工作机制；二是深入开展"诚信兴商宣传月"和"送政策下区、下企业、下乡镇"活动，张贴诚信宣传画500张，发放宣传手册9500份，现场解答咨询服务5000人次，对企业相关人员培训达620多人次。

【金融改革】 2008年，人行威海市中支密切关注金融体制改革，维护了区域的金融稳定。一是引导金融机构实行"完善激励机制、创新信贷审批、加快产品创新、优化贷款投放、完善风险防范"等5项措施，支持了中小企业的发展；二是不断完善各项监督检查制度，积极推动了农信社改革进一步深化；三是在建立金融稳定工作联动机制的基础上，修订完善了金融稳定联席会议制度、重大事项报告制度、金融突发事件应急预案、金融机构风险与资产部门报告制度等一系列制度，形成了行内外联动的风险防范机制，并探索建立了重点产业监测分析机制，金融稳定履职能力不断提高。

【精神文明建设】 2008年，威海市各金融机构全面推进精神文明建设。

人行威海市中支着力构建央行文化建设长效机制。一是制定了《具体实施方案》，并安排了主题教育、廉政教育、讲座、演讲、征文比赛、文艺演出、体育比赛等活动；二是开展央行文化"画与话"征集活动，并进行200余人次的知识测试；三是建立央行文化建设电子系统，设立了工作机制、文化理念、员工格言、文化动态、文化成果等栏目；四是开展了迎新春棋牌赛、庆"八一"联欢会、与烟台中支羽毛球联谊赛等活动，丰富员工业余生活。

银监会威海监管分局继续加强作风建设，切实提升员工素质。一是继续组织实施每位员工每年选读一部经济金融论著、写一篇文章、开展一项调研活动并撰写一篇报告、开展一场专题讲座的"五个一工程"；二是对全年工作任务进行了逐项分解，规范制度优化流程，着力改进员工工作作风；三是通过聘请社会义务监督员、组织召开党风廉政建设和行风建设座谈会等方式，倾听社会和群众意见，有效发挥了外部监督制约作用。

工行威海分行一是组织地方和系统内文明单位"双创"活动，荣成、石岛两个支行荣获省行级文明单位；二是对30多个网点进行了装修改造和功能升级；三是以业务技术比赛、职工运动会、文艺晚会为载体的岗位练兵和文化生活更加丰富多彩；四是开展了扶贫济困送温暖和"爱心一日捐"活动。

农行威海市分行一是通过实施规范化服务细则、定期检查、神秘人暗访、考核评比等多种措施，提升网点规范化服务水平，当年，该行省级规范化服务示范单位达2个，市级规范化服务单位达6个；二是组织开展了植树活动、迎奥运登山比赛、元旦联欢晚会、演讲比赛等活动；三是组织员工向冰冻灾区捐款6.8万元，向四川地震灾区捐款41.7万元，组织青年团员到市特殊教育学校为特殊儿童奉献爱心，捐款2200元；四是在春节前夕走访慰问劳模、困难员工和离退休老干部，发放困难补助金和慰问金10万余元。

中行威海分行一是开展“奥运金融服务”、“文明优质服务”等活动，员工的服务技能与意识显著提高，员工综合能手率达99.75%，在山东中行系统内列第1位；二是积极参与为市民提供奥运门票、纪念品销售服务、地震捐款、资助贫困学生、向高校提供助学贷款、帮扶村和敬老院等公益事业，品牌形象大幅提升。该行被市委授予“共建和谐示范单位”、“先进女职工集体”、“责任目标考核优秀单位”，被省总工会评为“创争活动优秀组织单位”；下属单位被中行总行评为“职工职业道德建设先进班组”、“巾帼文明示范岗”，连续两年被省精神文明办评为“精神文明单位”。

建行威海分行一是加快服务网点转型步伐，全年完成网点装修改造项目18个，转型后的网点产品日均销售量明显增长，营销效率和客户满意度有了显著提高；二是深入推进案件防控和平安建行创建工作，加大了对违规行为的问责和问题整改力度，实现了全年安全运营无案件、无事故；三是组织开展系列文体活动，员工的凝聚力和责任心不断增强。该行连续两年被评为全国建行“文明单位”，所辖振兴路支行被中国银行业协会评为全国银行业“文明规范服务示范单位”，分行营业部被共青团中央命名为全国“青年文明号”。

中信威海分行一是在全行普遍推行文明用语，员工挂牌服务，站立接待，使全行服务品质明显提升；二是组织为地震灾区捐款，并开展了“中信情·温暖灾区特困生行动”、“中信银行杯·我的理财故事征文”、“中信银行杯·家庭趣味乒乓球大赛”等系列活动；三是开展各项文体活动，陶冶职工情操，增强团队凝聚力。

邮储银行威海市分行强化精神文明建设，要求全体从业人员充分认识审慎经营、合规经营的重要性，坚持合规文化建设，从高层管理者做起，建立“人人有责”的合规经营理念。

威海市商行继续做好文明创建活动。一是在办公自动化系统上建立“网上政工天地”栏目，包括企业文化、思想政治、文明创建、党建工作、荣誉档案、图片资料等10个方面内容；二是关爱员工成长，形成了一套员工生日祝贺，生病探视慰问、年度查体、困难职工救济等制度；三是建立行政职务和专业技术职务晋升两条职业生涯发展通道，真正实现了干部能上能下、优胜劣汰，员工人尽其才的用人机制；四是积极参与捐资助学、救灾扶贫等社会公益事业及赞助“人居节”、冠名体育馆、参与“诚信威海”大型评比等活动。

【金融大事记】 1月9日 人行济南分行门晓波副行长一行对人行威海市中支领导班子进行年度考核。

1月 人行威海市中支被市政府授予行政审批服务“先进窗口”。

农行威海市分行自行研发的“威海地税局电子扣税系统”正式投入运营，有力支持了全市“金税工程”建设。

2月22日 农行威海市分行被市政府评为“2007年度工作优秀单位”，党委书记、行长杨晓生荣记三等功。威海市商行连续4年被市委市政府授予“2007年度工作优秀单位”荣誉称号，李路炜董事长和谭先国行长荣记三等功。

2月28日 外汇局威海市中心支局被市行政审批中心和人事局评为“行政审批部门服务先进窗口”。

3月3日 牟秋波被任命为邮储威海市分行行长，李忠为副行长。

3月9日 邮储威海市分行正式揭牌成立，威海市委常委、副市长董进友，省邮政公司副总经理杜永模，邮储山东省分行党委书记李毅出席会议。

3月18日 人行威海市中支组织家家悦超市开户银行在“家家悦”网络视频培训中心举办了大型反假币培训班。

3月 农行威海市分行办理全省农行系统首笔“即远通”外汇理财业务。

人行威海市中支保卫科被省公安厅授予集体二等功。

4月8日 威海市商行荣获2007年度山东省银行业文明规范服务系列活动“组织奖”；总行营业部荣获“文明规范服务示范单位”荣誉称号；文登支行王晓梅被评为“文明规范服务示范标兵”。

4月22日 经中信青岛分行同意，中信威海分行崔俊峰辞去风险主管兼副行长职务。

5月14日 人行济南分行副行长门晓波一行莅临人行威海市中支检查指导工作。

5月21日 威海广泰空港设备有限公司利用网上银行向交行威海分行提交了第一笔信用证开证申请业务，标志着该行的网上银行国际业务正式开通。

5月23日 山东银监局王晓春副局长在威海银监局李新章局长陪同下，到威海市商行视察工作。

5月28日 工行武汉内审分局检查组来工行威海分行检查工作。

6月10日 人行威海市中支和中行威海分行联合在山东大学威海分校和哈尔滨工业大学威海分校开展“大学生征信宣传月”活动。

6月24日 外汇局威海市中心支局、市外经贸局联合举办了威海市实施“走出去”战略推进会，来自商务部、外汇局山东省分局、省外经贸厅等部门的9位领导、专家，围绕实施“走出去”战略为全市260余名企业管理人员传授经验、培训业务。

7月4日 工行山东省分行沈荣勤行长来威海分行进行工作调研。

中共中央政治局委员、国务院副总理王岐山在人行、中国银监会、国家海关总署、国家质检总局、国家商务部等有关部门负责同志，山东省委、省政府负责同志，以及济南人行、山东银监局负责同志的陪同下，到中行威海分行进行实地考察，听取了行党委工作报告，对该行在发展、经营和管理方面取得的成绩表示充分肯定。

中共中央政治局委员、国务院副总理王岐山，银监会主席刘明康，人行副行长兼外管局局长胡晓炼，人行副行长易纲等领导一行在山东省委书记姜异康、省长姜大明、副省长王仁元等省领导的陪同下来威海市商行视察工作。

7月5日　中行山东省分行何兴祥行长到中行威海分行进行调研。

7月26日～28日　农行威海市分行参加市政府举办的“中韩(威海)中小投资创业项目暨连锁加盟博览会”，向参会700余家中小企业推荐了“小企业简式快速贷款”等重点产品。

8月14日　人行济南分行依法行政和“五五”普法工作检查组一行5人莅临人行威海市中支行检查指导工作。

9月　工行烟台分行人力资源部总经理杨明被任命为工行威海分行副行长。

10月15日　邮储银行山东省分行韩广岳行长一行赴威海市分行开展工作调研。

10月23日　工行总行王为强监事长来威海分行调研。

11月4日～5日　外管局山东省分局门晓波副局长等一行3人来威海进行“学习实践科学发展观、促进贸易便利化”专题调研。

11月15日　中信威海分行15周年行庆暨营业部开业庆典在威海中信大厦广场隆重举行，中信青岛分行行长吴小平，市委书记王培廷等领导和战略客户代表200余人参加典礼。

12月5日　山东银监局下发同意威海市商行筹建天津分行的批复，标志着该行跨区域经营迈出新的步伐。

12月11日　人行济南分行副行长王敏带领分行考核组莅临人行威海市中支进行年度考核。

12月15日　交行韩商圣诞联谊晚会在威海卫大厦举行，市政府、银监局、人行、交行首尔分行和省分行有关领导及在威韩商企业代表共140余人参加。

12月31日　威海市委常委、副市长董进友在人行威海市中支党委书记、行长张胜林的陪同下，到人行和辖区各金融机构营业场所走访慰问坚守在年终决算第一线的干部职工。

（邵明志　吕迎社）

荣成市

【经济金融简况】　2008年，荣成市国民经济继续保持快速发展的势头。全市金融机构认真贯彻适度宽松的货币信贷政策，不断深化金融改革，改进金融服务方式，金融运行质量大幅提高。各项外汇存款余额6574万美元，同比减少1500万美元。各项贷款快速增加，其中，工业贷款呈现较快增长态势，增加5.7亿元，个人消费贷款增长迅猛，增加7.8亿元。

荣成市主要经济金融指标

经济指标	2007	2008	经济指标	2007	2008
土地面积（平方公里）	1392	1392	地方财政支出（亿元）	27.72	34.4
人口（万人）	66.5	66.75	全社会固定资产投资（亿元）	205.8	254.33
非农业人口（万人）	31.7	32.15	固定资产投资增速（%）	22.2	23.9
地区生产总值（亿元）	479.1	550	进出口总值（万美元）	180643	208476
地区生产总值年增速（%）	15.2	13.1	出口总值（万美元）	112553	130252
第一产业（亿元）	45.5	52.7	实际利用外资（万美元）	9982	11000
第二产业（亿元）	291.3	324.9	社会消费品零售总额（亿元）	101.8	125.89
第三产业（亿元）	142.3	172.4	居民消费价格指数（%）	--	--
财政总收入（亿元）	40.9	42.05	人均地区生产总值（元）	72148	82572
地方财政收入（亿元）	22.04	25.43	城镇居民可支配收入（元）	15660	18009
财政总支出（亿元）	28.03	36.3	农民人均现金收入（元）	--	--

续表

金融指标（亿元）	2007	2008	金融指标（亿元）	2007	2008
本外币存款余额	215.22	258.99	财险收入	0.45	0.54
企业存款	29.20	39.28	寿险收入	0.21	0.25
储蓄存款	152.97	179.90	财险赔款	0.35	0.37
本外币贷款余额	149.47	163.31	寿险给付	0.17	0.18
短期贷款	111.48	109.28	证券市场交易总额	92	100
中长期贷款	28.31	41.02	投资者保证金余额	1.5	1.3
票据融资	9.12	11	证券交易佣金收入	0.25	0.22

荣成市主要金融机构负责人

单位名称	行长（或其他称谓的第一负责人）	副行长（或其他称谓的同级领导）
人行荣成市支行	董国胜	张福信　杨　彬　周军威
银监会荣成市办事处	王　岩	
农发行荣成市支行	曲厚礼	张启芹　包丽平
工行荣成支行	许永刚	房　泽　曲炜家
工行石岛支行	孟　凯	李华明　殷　涛
农行荣成市支行	张培仲	范　娟　王连强　张明光　赵洪亮
农行石岛支行	王恩广	杜罡剑　丁宗爽
中行荣成支行	孔令军	梁国栋　梁华双
中行石岛支行	刘增海	迟法泉　熊东方
建行荣成支行	尉旭明	于伟伟　葛建文　孙君然
建行石岛支行	孙洪波	王黎峰　许友毅
中信荣成支行	张军辉	鞠学军　于大鹏
中信石岛支行	梁华杰	张永胜　张晓明
威海市商行荣成支行	李　明	
威海市商行石岛支行	姜忠洲	张　伟
威海市商行崖头支行	王国锋	
荣成市农信联社	卢均平	向新文　邢汝勇　王云鹏　孙志昂
邮储银行荣成市支行	车延宁	孙茂军

荣成市主要金融机构业务概况

单位：亿元

单位名称	本外币存款余额	企业存款	储蓄存款	本外币贷款余额	短期贷款	中长期贷款
农发行荣成市支行	1.27	0.96	--	4.65	4.15	0.5
工行荣成支行	20.98	14.03	6.95	17.11	5.30	11.80
工行石岛支行	7.24	3.89	3.35	11.98	8.33	3.64
农行荣成市支行	17.72	3.87	13.86	8.24	5.82	2.42
农行石岛支行	10.85	2.11	8.75	5.32	3.85	1.34
中行荣成支行	15.41	7.48	7.76	11.29	6.99	3.35
中行石岛支行	13.58	8.60	4.99	7.46	3.88	2.54
建行荣成支行	9.94	5.06	4.87	8.28	2.34	5.19
建行石岛支行	3.08	0.98	2.1	6.05	1.71	4.34
中信荣成支行	10.93	7.89	3.04	4.31	4.29	0.02
中信石岛支行	5.27	3.54	1.73	4.37	3.90	0.40
威海市商行荣成支行	9.21	4.32	4.89	5.66	4.51	1.14
威海市商行石岛支行	4.90	1.54	3.35	1.67	1.67	0
荣成市农信联社	92.95	8.33	83.40	66.65	55.29	2.68
邮储银行荣成市支行	30.88	0.08	30.80	0.29	0.29	0

【金融发展与改革】 2008年，荣成市积极推进金融改革。一是以农村信用体系示范点建设为突破口，借鉴外地专业市场联盟等大联保体经验，开展大联保体组建工作；二是率先开发运行了税票管理系统并在威海辖区推广应用，同时依托小额支付系统，将农村“五保供养”纳入国库直接支付范围，提高了资金的拨付效率。

【金融服务与监管】 2008年，荣成市金融监管部门引导辖区银行机构进一步提高抗风险能力，不断提升金融服务水平。一是以落实该市《银行业金融机构“平安和谐年”建设活动指导意见》为主导，确保辖区银行机构健康发展；二是引导银行机构逐步优化社会资源配置，进一步加大对技术改造项目、农业贷款和小企业贷款的投放力度；三是认真做好村镇银行试点的前期准备工作。

（姜　洲）

文登市

【经济金融简况】 2008年，文登市加强南海新区和城市新区两大经济板块建设，加快经济结构调整步伐，经济运行质量稳步提高，实现了全市经济又好又快发展。全市金融运行继续保持平稳的发展态势，各项存款持续增长，储蓄稳定性有所上升。

【金融发展与改革】 2008年，文登市全力推进金融生态环境建设，促进经济金融协调发展。为切实解决中小企业贷款难问题，一是成立了中小企业信贷推进工作办公室，引导辖内金融机构学习借鉴各地拓展中小企业贷款的经验做法，创新融资业务品种；二是探索推广设备按揭贷款、仓单质押、应收账款质押、创业贷款、商铺租赁专项贷款等方式，较好地满足

文登市主要经济金融指标

经济指标	2007	2008	经济指标	2007	2008
土地面积（平方公里）	1645	1645	地方财政支出（亿元）	20.01	24.10
人口（万人）	64.06	64.17	全社会固定资产投资（亿元）	163.06	201.21
非农业人口（万人）	25.05	25.05	固定资产投资增速（%）	21.8	23.40
地区生产总值（亿元）	419.71	476.84	进出口总值（万美元）	109734	116471
地区生产总值年增速（%）	15.1	11.7	出口总值（万美元）	79367	83113
第一产业（亿元）	32.98	36.09	实际利用外资（万美元）	9904	5200
第二产业（亿元）	257.21	288.57	社会消费品零售总额（亿元）	97.28	120.48
第三产业（亿元）	129.52	152.18	居民消费价格指数（%）	103.54	105.10
财政总收入（亿元）	23.83	28.48	人均地区生产总值（元）	65511	74367
地方财政收入（亿元）	16.65	19.55	城镇居民可支配收入（元）	12139	14138
财政总支出（亿元）	--	--	农民人均现金收入（元）	9214.99	9675.29
金融指标（亿元）	**2007**	**2008**	**金融指标（亿元）**	**2007**	**2008**
本外币存款余额	161.34	180.21	财险收入	0.52	0.59
企业存款	26.17	20.98	寿险收入	2.99	3.12
储蓄存款	118.19	138.92	财险赔款	0.43	0.32
本外币贷款余额	84.99	92.46	寿险给付	0.09	0.10
短期贷款	53.37	46.63	证券市场交易总额	--	--
中长期贷款	25.21	33.48	投资者保证金余额	--	--
票据融资	6.19	12.29	证券交易佣金收入	--	--

文登市主要金融机构负责人

单位名称	行长（或其他称谓的第一负责人）	副行长（或其他称谓的同级领导）
人行文登市支行	王新军	王　军　宋吉刚　赛明霞
银监会文登市办事处	王进生	
农发行文登市支行	曲厚礼	徐兆功　曲利威
工行文登支行	孙本新	邹宏德　姚建涛
农行文登市支行	张华祝	陈卫东　曲思强　董建涛
中行文登支行	邹积玲	王　鲲　杜红霞
建行文登支行	李　晓	于波涛　谭晓广
中信文登支行	张建波	李　玲　于　萍

续表

单位名称	行长（或其他称谓的第一负责人）	副行长（或其他称谓的同级领导）
威海市商行文登支行	赵晓博	王　文
文登市农信联社	王志勇	侯献琛　李松旦
邮储银行文登市支行	邢　昀	林　波

文登市主要金融机构业务概况

单位：亿元

单位名称	本外币存款余额	企业存款	储蓄存款	本外币贷款余额	短期贷款	中长期贷款
农发行文登市支行	0.76	0.55	--	5.82	4.02	1.80
工行文登支行	19.83	2.10	7.82	11.59	2.56	9.03
农行文登市支行	24.23	3.28	19.50	6.58	3.55	3.02
中行文登支行	11.53	1.79	8.99	6.46	2.61	3.70
建行文登支行	12.65	3.36	7.11	9.73	0.94	8.78
中信文登支行	7.02	3.90	2.83	2.33	2.25	0.08
威海市商行文登支行	14.75	3.36	10.67	5.65	2.22	2.56
文登市农信联社	58.87	2.20	53.56	44.02	28.20	4.52
邮储银行文登市支行	29.00	0.45	28.44	0.28	0.27	0.01

了中小企业资金需求，帮助企业节约了财务成本。

【金融服务与监管】　2008年，文登市金融监管部门探索建立了家用纺织品产业金融稳定监测机制，利用两个多月的时间设计家纺产业监测分析制度方案，深入统计局、经贸局、家纺局、各金融机构及40户企业、镇、加工点调查，成功撰写了家用纺织品产业金融稳定监测报告两期，收到了良好效果。

（杨建萍　梁海涛）

乳山市

【经济金融简况】　2008年，乳山市经济实现又好又快发展，社会繁荣进步，民生持续改善。全市金融机构贯彻执行适度从紧的货币政策，保持了货币信贷平稳、健康运行。各项存款持续增长，稳定性增强；各项贷款增长合理，结构优化；资产质量和盈利水平明显提高。

乳山市主要经济金融指标

经济指标	2007	2008	经济指标	2007	2008
土地面积（平方公里）	1668	1668	地方财政支出（亿元）	12.99	15.12
人口（万人）	57.33	57.37	全社会固定资产投资（亿元）	124.26	152.87

续表

经济指标	2007	2008	经济指标	2007	2008
非农业人口（万人）	15.39	15.69	固定资产投资增速（%）	21.82	23.6
地区生产总值（亿元）	251.62	288.44	进出口总值（万美元）	50948	57331
地区生产总值年增速（%）	15.5	12.91	出口总值（万美元）	36870	44649
第一产业（亿元）	23.63	24.22	实际利用外资（万美元）	23614	4323
第二产业（亿元）	152.51	173.41	社会消费品零售总额（亿元）	57.03	71.03
第三产业（亿元）	75.49	90.8	居民消费价格指数（%）	104.37	104.64
财政总收入（亿元）	15.35	21.77	人均地区生产总值（元）	43680	50297
地方财政收入（亿元）	10.49	12.07	城镇居民可支配收入（元）	--	--
财政总支出（亿元）	--	--	农民人均现金收入（元）	6860	7533
金融指标（亿元）	**2007**	**2008**	**金融指标（亿元）**	**2007**	**2008**
本外币存款余额	122.87	140.18	财险收入	2878.5	3808.5
企业存款	16.13	16.37	寿险收入	20974	28571
储蓄存款	85	102.8	财险赔款	1751.17	2527.72
本外币贷款余额	78.55	98.02	寿险给付	2876	3967
短期贷款	43.34	39.33	证券市场交易总额	--	--
中长期贷款	34.29	51.21	投资者保证金余额	--	--
票据融资	0.69	7.13	证券交易佣金收入	--	--

乳山市主要金融机构负责人

单位名称	行长（或其他称谓的第一负责人）	副行长（或其他称谓的同级领导）
人行乳山市支行	徐东风	高　伟　宫云山　姜福芝
银监会乳山市办事处	王卫东	
农发行乳山市支行	于延之	徐　卫　王钧禄
工行乳山工行	孙本浩	宋　宁　侯旭东　孙光明
农行乳山支行	于炳涛	姜　明　宫福杰　宋旭日
中行乳山支行	王明信	沙海涛　于永春
建行乳山支行	杜志刚	高绪明　徐　辉
威海市商行乳山支行	孙京柱	宫本军
乳山市农信联社	丁新强	李　岩　韩文龙　于　洋　郑　利
邮储银行乳山市支行	林　飞	刘　利

乳山市主要金融机构业务概况

单位：亿元

单位名称	本外币存款余额	企业存款	储蓄存款	本外币贷款余额	短期贷款	中长期贷款
农发行乳山市支行	0.26	0.23	--	3.88	2.75	1.13
工行乳山支行	14.2	2.3	7.07	14.29	0.79	13.29
农行乳山支行	16.33	4.21	8.95	9.58	2.4	7.18
中行乳山支行	9.18	2.29	6.44	4.14	0.55	3.45
建行乳山支行	15.17	2.46	7.02	21.16	0.4	20.76
威海市商行乳山支行	11.02	3.29	6.55	3.12	1.54	1.58
乳山市农信联社	61.29	0.73	55.67	41.62	30.7	3.79
邮储银行乳山市支行	12.11	0.87	11.09	0.23	0.21	0.02

【金融发展与改革】　截至 2008 年末，乳山市共有金融机构 23 家，其中银行业金融机构 8 家，保险机构 14 家，典当行 1 家。全市法人银行业金融机构资产总额 70.87 亿元，同比增加 11.26 亿元；共办理支付结算业务 739.9 亿元，银行卡 7.5 万张，银行卡业务 94.59 亿元；代理基金业务 1.49 亿元，代理收付款业务 5.21 亿元。

【金融服务与监管】　2008 年，乳山市金融监管部门以风险监管为工作重点，努力创建“平安和谐年”，促进了辖内银行业金融机构安全稳健发展。一是狠抓不良贷款“双降”，金融机构资产质量不断提高；二是改进和完善非现场监管措施，深入开展现场检查；三是完善年度审慎会议制度，提升审慎监管效果。

（于建政　冷国庆）

潍坊市

【经济金融简况】　2008 年，潍坊市贯彻落实科学发展观，着力优化调整经济结构，加快转变经济发展方式，大力推进全面小康建设。

全市金融机构积极创新金融服务方式，拓展融资渠道，加大信贷投放，优化信贷结构，运行质量和经营效益继续提高，货币资金运行与经济的协调互动更加紧密。主要特点：

一、各项存款增量创历史新高，在全省 17 个地市中居第 4 位，增幅居第 2 位。其中，各项外汇存款余额 2.87 亿美元，较年初增加 0.84 亿美元，同比多增 1.1 亿美元。

（一）从全年存款变动区间看，存款增长呈“V”形走势。其中，一季度增加 144.9 亿元，同比多增 23.87 亿元；二季度增加 101.37 亿元，同比多增 42.96 亿元；三季度增加 65.6 亿元，同比多增 42.17 亿元。四季度，在适度宽松的货币政策影响下，存款增势明显回升，增加 95.95 亿元，同比多增 89.93 亿元。

（二）地方性中小金融机构增势明显趋缓。城商行全年新增存款 33.35 亿元，同比少增 12.62 亿元；农村合作机构存款新增 113.05 亿元，同比多增 53.89 亿元；两家机构存款占全部存款增量的 35.9%，下降 15.9 个百分点。国有商行存款市场份额稳步回升，全年新增存款 193.25 亿元，同比多增 105.87 亿元；占全部存款增量的 47.39%，提高 5.59 个百分点。

二、各项贷款增量大、增速快，增量在全省 17 个地市中居第 3 位，增幅居首位。其中，各项外汇贷款余额 2.61 亿美元，较年初减少 1.29 亿美元，同比多减 2.38 亿美元。

（一）从全年贷款变动区间看，贷款投放均衡性明显增强，季度间投放量差异缩小。其中，一季度增加 111.47 亿元，同比多增 21.66 亿元；二季度增加 73.97 亿元，同比少增 12.66 亿元；三季度增加 74.96 亿元，同比多增 17.78 亿元；四季度增加 41.6 亿元，同比多增 73.6 亿元。

（二）国有商行贷款市场份额下降较大，全年新增贷款 146.68 亿元，同比多增 227.97 亿元，占全部贷款增量的 48.57%，下降 10.31 个百分点；地方性金融机构贷款市场份额小幅缩减，全年城商行和农村合作机构新增贷款 100.39 亿元，

潍坊市经济主要统计指标

指标 \ 年度	2004	2005	2006	2007	2008	2008 年同比增幅（%）
土地面积（平方公里）	15859	15859	16005	16005	16005	0
人口（万人）	850.7	852.2	855.3	859.1	862.5	0.4
非农业人口（万人）	247.9	323.1	328.3	371.7	407.4	9.6
地区生产总值（亿元）	1246.4	1471.2	1720.88	2056.02	2491.8	13.2
第一产业（亿元）	180.4	196.8	211.8	237.54	281.7	5.7
第二产业（亿元）	683.5	836.5	1000.6	1194.67	1455	12.6
工业（亿元）	618.5	757.2	916.5	1100.25	1339.4	12.8
建筑业（亿元）	65	79.3	84.1	94.42	115.6	15.2
第三产业（亿元）	382.5	437.9	508.4	623.81	755.1	16.8
人均地区生产总值（元）	14678	17279	19677	23349	28106	12.4
地区生产总值构成（%）	100	100	100	100	100	—
第一产业（%）	14.48	13.38	12.31	11.55	11.31	-0.24
第二产业（%）	54.79	56.86	58.15	58.11	58.39	0.28
第三产业（%）	30.73	29.76	29.54	30.34	30.3	-0.04
财政总收入（亿元）	107.8	141.6	177.7	224.4	260	15.8
地方财政收入（亿元）	52.6	70.7	88.5	110.6	132	19.3
财政总支出（亿元）	73.62	102.7	114.9	148.79	182.3	22.6
地方财政支出（亿元）	68.8	95.3	107.4	135.2	160.4	18.7
全社会固定资产投资（亿元）	825.1	1100.45	1043.2	1208.39	1523.4	26.1
规模以上固定资产投资（亿元）	782.2	1051.6	999.5	1178.2	1499.9	26.2
规模以下固定资产投资（亿元）	42.9	48.9	43.7	30.2	23.5	22
房地产开发（亿元）	43	79	98.4	156.63	196.4	25.4
进出口总值（亿美元）	30.4	39.4	51.9	65.1	83.8	28.8
出口总值（亿美元）	21.3	29.5	38.6	51.8	65.4	26.2
实际利用外资（亿美元）	10.2	15.95	6.9	6.2	7.56	21.9
社会消费品零售总额（亿元）	405.2	493.34	573.6	674.3	830.3	23.1
居民消费价格指数（%）	102.7	101.8	101	103.8	105.2	5.2
城镇居民人均可支配收入（元）	9297.1	10317.8	11846	13716.2	15691.4	14.4
农民人均纯收入（元）	4438	5017	5507.5	6278.3	7071.6	12.6

注：2008 年同比增幅按统计局口径。

潍坊市工农业主要统计指标

农业主要统计指标（万吨）				规模以上工业企业主要统计指标（亿元）			
项目＼年度	2007 年	2008 年	增幅(%)	项目＼年度	2007 年	2008 年	增幅（%）
粮食	447.9	491.2	9.7	工业增加值	1021.7	1343.5	14.4
夏粮	226.5	251.3	10.9	国有工业	58.3	74.3	7.7
秋粮	221.4	239.9	8.36	集体工业	35.3	48	13.4
棉花	5.2	5.2	-0.1	股份制工业	642.8	878.1	15.1
油料	29.6	30	1.1	股份合作制工业	8.4	8	2
水果	106.5	101.5	-4.7	外商及港澳台投资工业	197.4	244.3	13
蔬菜	958.4	974.7	1.7	轻工业	463.8	649.1	14
肉类	128	104	7.6	重工业	558	694.4	14.7
禽蛋	28.8	25.9	-10	销售收入	4340.56	5310.3	24.3
奶类	27	21.6	-20	利税	371.76	425.44	16.6
水产品	68.1	46.2	28.2	利润	239.38	277.91	18.8
森林覆盖率（%）	25.6	30.6	5	经济效益综合指数(%)	--	--	--

注：1.2008 年同比增幅按统计局口径。

2.工业经济效益综合指数自 2007 年始不再统计。

潍坊市主要金融机构负责人

单位名称	行长（或其他称谓的第一负责人）	副行长（或其他称谓的同级领导）
人行潍坊市中心支行	刘福毅	李永清　王卫东　陈光升　刘云昭　徐广平
银监会潍坊监管分局	陈福成	郭虎英　张志荣　刘文正
农发行潍坊市分行	刘书香	李　波　韩玉忠　杜　军
工行潍坊分行	毛卫东	王世明　高华江　刘明江　杨宗海　吴　江　鞠立坤　沈沛玉
农行潍坊市分行	李新民	张志忠　曲延航　张俊国　贺祥君　付　晓
中行潍坊分行	宋志枫	慕永仕　张　军　马　杰
建行潍坊分行	杨德峰	陈德明　胡永军　白彤文　辛立国（总会计）　姜之东（风险主管）　逄显辉（行长助理）
交行潍坊分行	王　磊	赵伟建　陈允建　冯景伦　刘安奎

续表

单位名称	行长（或其他称谓的第一负责人）	副行长（或其他称谓的同级领导）
潍坊市商行	史跃峰	王新光（监事长） 王宗华（副行长主持工作） 温英杰 陈瑞源 周世国 仪修喜 朱毅达
招行潍坊分行	齐君承	郑　禄 董绍东
兴业潍坊支行	魏　军	吴永林 张廷文
农信社潍坊市办事处	王新声	王祖玉（主任） 孔祥波（监事长） 马春成 袁义东 曹洪启 颜廷军
邮储银行潍坊市分行	张立海	张俊兰 薛　梅
人保潍坊市分公司	崔建生	耿建军 李凤岐 李东峰
人寿潍坊分公司	常保华	于志东 王志东 程金虎 李培礼
太平洋财险潍坊中心支公司	王　强	陈洪英 张丽伟 张克国
太平洋人寿潍坊中心支公司	庄　岩	吕　宏
平安财险潍坊中心支公司	马向东	王　磊 李向阳
平安人寿潍坊中心支公司	逯星火	梁艳霞 纪迎春
泰康人寿潍坊中心支公司	孙　超	李　旭 白栋梁
新华保险潍坊中心支公司	韩伟娜	钟经胜 张金运 岳光波 丁智勇
天安保险潍坊中心支公司	侯成伦	杨宏伟
大众保险潍坊中心支公司	潘月海	于吉平
大地财险潍坊中心支公司	李　强	刘修顺 郭少波 张宝平
太平保险潍坊中心支公司	赵传忠	齐　峰
永安财产潍坊中心支公司	李储杰	于富舜（总经理助理） 冯德林（总经理助理）
中华联合财险潍坊中心支公司	崔佃军	李玉敏 王新坤 冯卫国（总经理助理）
华安财险潍坊中心支公司	陶金强	
安邦保险潍坊中心支公司	孙庆年	
合众人寿潍坊中心支公司	王伟良	
民生人寿山东分公司潍坊营销服务部	徐国森	
安华农业保险公司潍坊中心支公司	周延泽	
永诚财险潍坊中心支公司	刘岱海	
都邦财险潍坊中心支公司	孟庆东	王金贵 丁永胜
齐鲁证券公司潍坊业务总部	于　波	刘华琦
西部证券公司潍坊营业部	尉向东	
中信万通证券公司潍坊营业部	董　衡	

潍坊市金融业务统计指标

指标（亿元） \ 年度		2004	2005	2006	2007	2008	2008年同比增幅（%）
银行类	本外币存款余额	1076.41	1265.38	1443.33	1652.17	2060.05	24.69
	人民币存款余额	1055.36	1249.26	1425.55	1637.44	2040.46	24.61
	企业存款	228.23	262.04	274.53	339.92	389.97	14.72
	储蓄存款	696.22	804.61	913.02	1038.74	1326.49	27.7
	定期储蓄存款	480.47	552.3	611.72	700.85	918.28	31.02
	活期储蓄存款	215.76	252.31	301.3	337.89	408.2	20.81
	本外币贷款余额	773.49	876.88	1056.82	1258.45	1513.40	20.26
	人民币贷款余额	743.9	848.29	1031.72	1227.02	1495.57	25.5
	短期贷款	529.92	548.5	644.3	753.73	829.43	14.95
	工业贷款	139.72	140.34	199.09	250.82	259.63	12.34
	商业贷款	96.19	77.69	70.92	69.03	63.25	1.94
	农业贷款	140.37	142.75	177.24	193.09	251.82	32.42
	中长期贷款	134.87	202.06	277.24	357.32	486.05	37.28
	基本建设贷款	51.05	70.85	120.42	151.82	187.98	24.69
	技术改造贷款	4.08	5.79	3.96	5.66	8.92	57.6
	票据融资	61.2	94.32	106.35	112.59	179.88	59.77
	现金收入	4291.13	4859.5	5323.99	6017.63	6389.57	6.18
	现金支出	4254.07	4819.6	5268.2	5962.51	6346.8	6.45
	现金投放（+）回笼（-）	-37.06	-39.9	-55.8	-55.12	-42.76	-22.42
	当年结益	4.47	10.67	13.04	22.72	38.86	71.04
保险类	保险公司保费收入	26.91	29.73	31.78	41.29	56.58	37.03
	财险收入	6.18	7.7	10.04	13.65	15.91	16.56
	寿险收入	20.73	22.03	21.74	27.64	40.67	47.14
	保险公司赔款和给付支出	5.48	7.8	12.44	11.9	16.19	36.05
	财险赔款	3.3	4.4	6.18	6.8	8.62	26.76
	寿险给付	2.18	3.4	3.26	5.1	7.57	48.43
	当年结益	0.09	0.23	-1.56	-2.99	-3.02	0.72
证券类	证券市场成交总额	386.34	126.49	275.46	1258.17	965.27	-23.28
	投资者保证金余额	2.61	1.68	6.03	17.63	11.11	-36.98
	佣金收入	0.33	0.27	0.73	3.25	2.29	-29.54
	净利润	0.02	0.07	0.23	2.29	1.52	-33.62

注：因2008年农行不良贷款剥离，银行类机构年末各项贷款余额不可比。

潍坊市金融机构统计指标

指标（个） 年度		2004	2005	2006	2007	2008	2008 年同比增幅（%）
银行类	法人机构	2	2	2	2	2	0
	省级分行	0	0	0	0	0	0
	二级分行	7	7	7	7	10	42.86
	县区支行	148	153	159	159	174	9.43
	分理处、营业所	399	522	496	495	607	22.63
	储蓄所	650	485	454	416	410	-1.44
	从业人员总数	17380	17301	17694	18156	18982	4.55
保险类	保险机构	144	189	174	204	252	23.53
	财险机构	60	95	94	103	122	18.45
	省级分公司	0	0	0	0	0	0
	地市分公司	8	11	14	16	20	25
	县区支公司	52	84	80	87	102	17.24
	寿险机构	84	94	80	101	130	28.71
	省级分公司	0	0	0	0	0	0
	地市分公司	6	7	8	12	20	66.67
	县区支公司	78	87	72	89	110	23.6
	从业人员总数	16488	16205	17392	20465	29684	45.05
	财险人员	2604	3732	4800	5871	7111	21.12
	寿险人员	13884	12473	12592	14594	22573	54.67
证券类	证券机构	11	11	11	12	12	0
	证券公司	1	1	1	1	1	0
	证券营业部	6	6	6	7	7	0
	证券服务部	4	4	4	4	4	0
	从业人员总数	96	102	104	133	149	12.03
	投资者开户数	104042	107204	110855	217087	262226	20.79
	辖区上市公司总数	8	8	11	16	19	18.75
	境内上市股票支数	7	7	8	10	11	10
	境外上市股票支数	2	2	4	9	11	22.22

潍坊市主要金融机构业务概况

单位：亿元

单位名称	本外币存款余额	企业存款	储蓄存款	本外币贷款余额	短期贷款	中长期贷款
农发行潍坊市分行	7.41	6.32	0	80.5	45.41	35.09
工行潍坊分行	257.25	70.49	134.39	287.25	96.93	182.61
农行潍坊市分行	333.86	59.93	240.1	186.81	120.82	55.25
中行潍坊分行	176.79	51.73	87.34	145.92	71.68	48.17
建行潍坊分行	210.36	48.9	118.79	145.17	26.99	98.08
潍坊市商行	229.85	98.58	91.57	153.12	108.02	9.27
交行潍坊分行	81.2	29.52	23.13	39.43	22.81	13.45
潍坊市农村合作机构	562.56	10.51	494.12	435.7	314.25	34.21
邮储银行潍坊市分行	144.53	3.15	141.27	2.42	2.38	0.05

潍坊市各县级区域经济金融主要统计指标

名称	人口（万人）	面积（平方公里）	地区生产总值（亿元）	地区生产总值增速（%）	本外币存款余额（亿元）	储蓄存款（亿元）	本外币贷款余额（亿元）
潍城区	37.47	289	131.7	15.1	78.22	47.35	56.59
奎文区	50.31	88	105.4	17.3	78.17	42.72	88.69
坊子区	24.75	312	66.2	15	38.61	27.84	26.64
寒亭区	36.29	869	77.7	13.1	48.67	39.05	41.77
青州市	90.33	1569	263.5	13.9	204.02	164.16	113.85
诸城市	106	2168.6	362.6	13.9	174.45	128.97	149.63
寿光市	102.52	2072	400.6	13.9	266.91	193.16	197.27
安丘市	93	1710	142.7	10.6	117.15	91.15	75.13
高密市	84.94	1526.6	239.6	13	123.35	92.93	106.04
昌邑市	57.97	1582	192.5	13.0	153.13	112.85	93.14
临朐县	86	1833	113.53	13.1	104.03	85.23	46.24
昌乐县	60.2	1101	128.49	17	87.29	65.48	69.15

同比多增 28.34 亿元，占全部贷款增量的 33.24%，下降 2.47 个百分点；新设股份制商行贷款投放较多，成为地方信贷投放的重要力量，新成立的兴业和招商两家银行新增贷款 37.07 亿元，贷款市场份额占 12.27%。

（三）县域信贷投放力度持续减弱。全年辖区 8 个县市增加贷款 146.41 亿元，同比多增 18.23 亿元，占全市贷款增量的 48.48%，下降 15.13 个百分点。中心城区贷款增势明显上升，全年城区增加贷款 155.59 亿元，同比多增 82.18 亿元。

三、票据贴现利率持续下行，票据业务规模稳步扩大。各金融机构票据市场竞争加剧，票据市场利率步入下行通道。至 12 月份，直贴和转贴利率分别达 1.7‰和 1.45‰左右的历史低位。全市银行业金融机构利用相对较低的资金成本开展票据贴现业务，为企业发展提供多渠道融资支持。累计签发银行承兑汇票426.8亿元，办理贴现188.3亿元，同比分别增加62.9亿元和24亿元，增长17.3%和1.3%。年末，银行承兑汇票余额212.5亿元，较年初增加64.6亿元，增长43.7%，增速同比提高57.7个百分点。银承保证金余额130.6亿元，保证金比例61.5%，下降0.8个百分点。

四、以创新和发展为主线，各金融机构大力开发和拓展保理、银行卡、理财、国际结算等中间业务和新兴业务品种，促进社会和经营效益的"双赢"。如：

（一）工行潍坊分行一是全年实现信用卡发卡4.18万张，消费额15.4亿元，同比增长108%，保持全国二级分行发卡量、消费额前20强；二是实现网上银行交易额3653亿元，增幅74.7%；三是实现国际结算量26.82亿美元、结售汇14.52亿美元，分别增长34%和61%；四是率先与潍坊52户重点企业进行了年金业务集中签约，托管户数达1.57万户，基金财产1.22亿元；五是全年实现中间业务收入2.74亿元，同比增加9500万元，增幅53.8%。

（二）建行潍坊分行一是全年实现中间业务收入1.8亿元，同比增长35.3%，居全省系统和潍坊同业第2位；二是先后为晨鸣纸业发行了5亿元"利得盈"，为潍柴动力发行了6亿元短期融资债，为高新区政府发行了3亿元"龙信—融资通"，为墨龙石油机械、海化进出口分别办理了1亿美元"远期结汇+NDF"产品组合业务，为福田雷沃重工办理了1.2亿元证票通业务；三是全年实现国际业务收入5452万元，在中间业务总收入中的占比达30%。

（三）农行潍坊市分行一是全年实现中间业务收入1.62亿元，同比增收2503万元，收入总额和同比增收额分别居系统第3位和第2位；二是积极推进电子银行业务，年末，网上银行个人注册客户、企业注册客户、转账电话客户分别增加5.8万户、468户和4336户，累计实现电子银行业务收入581万元，居系统第3位。

五、金融机构信贷资产质量持续向好，盈利水平不断提升。截至年末，全市银行业金融机构本外币不良贷款率为3.7%，同比下降6.6个百分点。全年缴纳地税8.3亿元，缴纳国税2.7亿元，形成地方财政收入8.6亿元，对地方财政收入的贡献率达6.5%。其中，营业税增量和增幅均居全市各行业第1位。

【货币政策实施】 2008年，人行潍坊市中支积极引导金融资源配置，推动优化金融生态环境，改善金融服务质效，支持和促进经济金融的健康协调发展。

一、加强窗口指导和政策引导，贯彻执行货币政策成效明显。一是制定实施了支持重点项目、"三农"、抗震救灾、服务业、中小企业等信贷指导意见；二是指导寿光市农行创新实施"政银企"合力支持中小企业发展模式，被省政府定为"寿光模式"予以推广；三是指导人行高密市支行与政府协作，高密市政府筹集资金5000万元，设立"过桥还贷资金"，有效地破解了中小企业"资金短路"问题；四是配合市政府参加了山东半岛经济发展与金融支持推进会；五是引导农信社推出了抗震救灾专项信贷业务；六是实施适度宽松的货币政策后，迅速召开了辖区人行工作会议、金融机构联席暨支持中小企业座谈会和贯彻落实金融促进经济发展30条措施专题座谈会等会议，并与市经贸委、奎文区、高新区、经济区等召开了不同形式的银企对接合作会，达成授信意向60多亿元。

二、强化监测分析和调研工作，有效发挥参谋助手作用。一是加强对经济金融运行的监测分析，突出调研服务支撑，积极为上级行和市委、市政府提供科学决策参考和政策建议；二是建成1949-2007年大型金融时序数据库，搭建了研究分析辖区金融运行和发展的平台；三是举办了第三次齐鲁讲坛潍坊金融分坛讲座；四是组织开展了"纪念改革开放30周年"金融改革与发展调研活动。

三、优化金融生态环境，积极推进金融业改革与发展。一是出台贷款投放和融资担保奖励补贴与风险补偿、支持金融产业加快发展、严厉打击逃废金融债务等政策措施，协助召开了全市金融工作、（青岛）潍坊周金融对接、严厉打击逃废金融债务等会议；二是加强对农信社专项票据兑付的后续考核，督促认真落实各项改革措施；三是积极支持邮储银行、招行、兴业、寿光张农商村镇银行（该行是省内首家村镇银行）等在潍坊设立分支机构和开展业务；四是制定实施了推进农村信用体系建设意见，在安丘、临朐开展了农村金融生态环境示范点建设工作，对全市60万农户建立信用档案并开展信用评价；五是与全省8个地市建立了区域间多边金融稳定协作机制；六是组织对缴存存款准备金、农信社改革、人民币收付、反洗钱、外汇业务等进行检查监督，查处纠正违法违规行为。

四、创新金融服务方式，提升金融服务质效。一是实施全口径信用总量统计制度，开发的非银行数据征信通用程序在全国推广；二是建立支付结算重点企业联系制度，选定潍柴动力、寿光蔬菜批发市场等10家企业作为重点联系企业；三是试行推广认定残损人民币多种分割法，较好地解决了残损人民币兑换难问题，货币金银管理信息数据报送是全省无差错的4家中支之一；四是在全省率先牵头建立了潍坊、淄博、东营、滨州四市中支和潍坊海关缉私分局"四行一局"反洗钱合作联动机制；五是联合市电视台开办了"潍坊金融"专题栏目；六是分别开展了征信知识、反假币、诚信兴商等宣传月及金融知识进社区、送国债下乡、支付结算知识到农户等活动，其中在"银联标准卡 刷卡进县市"宣传活动中，寿光、高密等市支行分别获分行"突出贡献奖"和"最佳组织奖"。

【金融监管】 2008年，银监会潍坊监管分局围绕提高监管有效性和银行业竞争力的目标，抓改革、求创新，推动经济金融实现和谐发展、互促共赢。

一、推动银行业深化改革，提升发展动能。一是稳步推进农行改革，帮助其做好股改相关工作，暴露、剥离其不良资产47亿元；二是推进邮储银行改革，在严把市场准入关，批复129家支行开业的同时，督促其开展存单质押和小额贷款等资产业务；三是积极推进城商行改革，制定了补充资本金，消化财务包袱方案和进位升级计划，溢价发行3亿股，增扩股金7.8亿元,消化财务包袱6.5亿元,资本充足率达11.69%;四是积极扩大县域机构覆盖,市城商行的高密、昌邑、安丘支行先后开业,并支持市城商行启动“走出去”战略,批准其发起设立的胶南村镇银行于年底开业;五是推进农合机构达标升级,深化股份制改革，投资股占比由年初的68.83%提高到99.35%，居全省首位，全市统算资本充足率9.38%，提高7.64个百分点。

二、优化整合各种监管手段,提高风险监管能力。一是加强对不良贷款双降、贷款增量和增速、贷款投向和结构的监测分析，对发现的不符合地方经济发展要求和国家产业政策的贷款,及时进行窗口指导和提示;二是加大现场检查力度,督促银行业处理责任人573人,其中降级以上处分的8人;三是督促城商行对董、监事会进行调整,增设了2名独立董事和1名外部监事,新增了“战略委员会”;四是修订了《银行业金融机构应急预案》,并组织演练;五是结合奥运金融服务工作,选取109家网点进行了抽查,督促完善支付系统、加强自助设备管理、提升服务水平;六是强化案件防控机制,全市银行业成功堵截2起假存折诈骗案,2起“克隆票”诈骗案,建行成功堵截数10起短信、电话诈骗资金案,案防能力明显提高。

三、采取分类监管措施,提高监管执行力。一是抓好对重点机构、重点业务的监管,对交行实施特别监管一年多来,多措并举督促其调整业务结构,防范和化解经营风险,使贷款质量获得较大提高,内部管理得到加强,经营形势开始好转,11月份解除了特别监管;二是组织对辖内大型商行2000年以来新发放形成的百万元以上不良贷款逐笔核查，指导农合机构进一步强化信贷管理；三是将案件专项治理成果与高管人员履职评价和任职资格挂钩,强化对重点单位、部位、业务、人员的监管和责任追究力度。

四、措施联动,提升风险管控能力。一是不断完善“风险评级－非现场监测－现场检查－审慎监管会议－风险评级提高”的监管运作模式,根据风险评级结果,分类制定监管措施;二是充分发挥主监管员和主查员作用，主监管员定期做好非现场数据、资料上报的同时,对分析发现的苗头性风险和问题进行及时预警和提示，主查员切实抓好现场检查及发现问题的督促整改。

【外汇管理】 2008年，外管局潍坊市中心支局以搞好外汇服务为重点,以强化收支分析和调研信息为支撑,以落实制度为保障,努力促进国际收支平衡,支持涉外经济发展。

一、认真推行各项业务系统,确保各项新政顺利实施。一是组织在辖区推广运用企业外汇信息档案数据库系统，实现了各业务系统之间的企业信息共享；二是推广运用贸易外汇资金流入监测系统,抑制了贸易项下异常资金的流入;三是充分利用服务贸易非现场监测系统及相应的预警指标，监测和排查异常的外汇资金流动；四是及时推广应用出口收结汇联网核查和贸易信贷登记管理系统，在控制异常资金通过贸易渠道流入的同时,避免了因政策变化对企业收结汇的影响;五是加强了对个人外汇结售汇行为的监测和核查；六是组织开展直接投资外汇信息系统推广运行及外商投资企业历史数据采集整理工作，更换了1051家外商投资企业IC卡外汇登记证,办理了30家新设外资企业IC卡外汇登记。

二、落实外汇管理政策,促进贸易投资便利化。一是开展辖内进口名录(单)系统的推广和进口异地付汇备案的取消工作,减少了进口异地付汇备案手续;二是加快辖内出口退税免于提供纸质核销单试点推广进程,降低涉外企业经营成本;三是简化外汇资金流出审核手续，支持具有比较优势和竞争力的企业走出去,全年办理境外投资外汇登记15笔,实际汇出外汇资金2115万美元,同比增长204.5倍。

三、加强政务公开,提升外汇服务水平。一是制定窗口服务规范,推行首问负责、承诺服务、限时服务工作责任制;二是统一外汇行政许可项目、设立依据、申请条件、办事程序、办理时限,通过市政府门户网站、电子触摸屏、信息公告栏、柜台摆放资料等方式向社会公开;三是开通外汇业务服务热线,及时解答企业的各类疑难问题;四是宣传新的《外汇管理条例》,举办了2期外汇指定银行外汇政策法规培训班，帮助涉外企业防范汇率风险。

四、加强跨境资金流动监管,规范辖区外汇市场秩序。一是加强对外商投资企业审核与资金流入结汇管理，控制违规资金流入,全年办理外商投资企业外汇登记65笔,外商直接投资出资额39731.3万美元;二是开展外商投资和境外投资企业外汇年检工作，联合年检了1273家外商投资企业和23家境外投资企业,年检率达100%;三是核定了市城商行2008年短期外债余额指标;四是加强对货物贸易项下外债登记管理,确保企业具有真实贸易背景的预收货款及时结汇。全年办理外债签约登记5987万美元，预收货款特批可收汇额度3616万美元。

五、协助、指导银行开办结售汇业务。一是改进结售汇头寸报送方式,组织市城商行、诸城农合行两家机构实现了通过国家外管局网上平台报送银行结售汇综合头寸报表；二是进一步规范银行即期结售汇市场准入备案管理，调整了中心支局与支局的管理权限;三是先后协助、指导辖区招商、兴业等37家银行机构开办了即期结售汇业务，指导寿光农合行办理了结售汇市场准入前期的外汇资本金购买事宜。截至年末,全市共有结售汇机构170家,其中法人机构2家,有远期结售汇机构25家,人民币与外币掉期机构3家。

【保险业务】 2008年，潍坊市产寿险公司共同承担社会风险保险金额为8167.59亿元,增加2213.47亿元,同比增长37%。年末,潍坊市保险深度为2.24%,同比提高0.24个百分点;保险密度为661.76元/人,同比增加181.16元。

【证券市场】 2008年,受资本市场低迷影响,证券机构股票、基金、权证等累计交易量、佣金收入、盈利都比上年减少。

企业上市融资取得新突破,全年共募集资金78.9亿元。全年有歌尔声学、昱合股份、豪源集团等3家公司在境内外上市；沃华医药、潍柴动力、晨鸣纸业和山东海龙等4家上市公司实现再融资。截至2008年末，全市共有19家企业、22只股票在境内外发行上市，累计从资本市场募集资金212.5亿元。

【精神文明建设】 2008年，潍坊市金融部门进一步加强党的建设、行风建设、队伍建设和思想政治工作，为各项业务工作顺利开展提供了有力保障。

人行潍坊市中支一是组织开展了以强化内控机制、防范岗位风险为主要内容的“制度落实推进年”活动，并深入开展学习实践科学发展观活动，加强党风廉政建设和思想政治教育；二是组织开展社会主义荣辱观、“迎奥运、树新风”等主题教育活动以及“创建学习型组织、争做知识型职工”活动；三是组织创建以“崇尚学习、和谐共融、修炼素质、规范精细、创优争先”为核心内容的央行文化，开展大唱行歌等文化建设活动；四是举行了我与奥运同行、央行文化画征集、登山摄影比赛、我与央行共奋进演讲比赛等活动。

潍坊银监分局一是全面落实党风廉政建设责任制，分层次签订了党风廉政建设及安全保卫责任书，并深入开展领导干部述职述廉活动；二是召开了二届二次职工大会和迎新春联欢晚会；三是开展了全员素质拓展训练、改革开放30周年主题演讲、登山健身等系列活动；四是组织员工为地震灾区捐款、交纳特殊党费等累计5.3万元。

工行潍坊分行一是围绕“坚持科学发展，提升竞争能力，建设一流强行”主题，深入开展了学习实践科学发展观活动；二是组织开展了经营管理人员思想动态调查、向地震灾区捐款活动、学习贯彻十七大精神网上知识竞赛活动和“感动工行十大好人好事”评选活动；三是积极推进团员青年工作，组织开展了上门服务民营商户、迎奥运服务体验、潍坊青年企业家协会平台营销、科学发展观演讲等活动。

农行潍坊市分行一是以“四好班子”创建活动为抓手，着力推进领导班子的思想、组织和作风建设，寿光支行领导班子被总行评为先进基层党组织；二是召开了“纪念建党87周年暨‘一先两优’表彰大会”，举办了员工才艺表演大赛，并组队参加了市银行业第三届业务技术比赛，获得团体总分第2名的好成绩；三是组织了“抗震救灾”、“培植青年林”等活动，提升了农行的品牌知名度和社会美誉度。

潍坊市商行一是继续坚持“文化兴行战略”，企业文化的理念和工作体系日趋完善；二是在四川地震、南方雪灾发生后，发动金鼎俱乐部成员募集捐款16.31万元，员工捐款、捐物累计69.45万元，交纳“特殊党费”9.58万元；三是利用县域支行和海汇村镇银行开业之际，设立“优秀特困生助学基金”，分别向当地教育部门捐款达36.4万元。被评为市文明单位、全市和谐创建示范单位。

【金融大事记】 1月14日 人行潍坊市中心支库被人总行评定为“一级发行库”。

2月21日 农行潍坊市分行房地产信贷部被农总行授予“2006-2007年度房地产信贷工作先进集体”。

3月21日 建行潍坊分行财富管理中心开业。

4月29日 中国邮政储蓄银行潍坊市分行正式挂牌成立。

6月13日 农行潍坊市分行作为全省农行系统2个试点行之一，率先启动“三农”金融事业部改革。

6月14日 人行潍坊市中支组织开展“2008’全国征信知识宣传月潍坊启动仪式”活动。

7月5日 潍坊市金融机构开展了以“弘扬货币知识，喜迎奥运盛世”为主题的反假货币宣传活动。

7月21日~22日 建行潍坊分行成功为潍柴动力股份有限公司发行6亿元短期融资券。

7月29日 招行潍坊分行在鸢飞大酒店举行开业庆典仪式。

8月27日~28日 由新华社、经济日报、大众日报、经济导报等中央和省级主流媒体组成的采访组，到农行寿光市支行采访“银政企”合作缓解中小企业贷款试点情况。

9月23日 交行潍坊分行正式开通间联POS业务，成为省内继青岛分行和济南分行后第3家开通此项渠道业务的分行。

9月24日 兴业银行潍坊支行开业。

9月25日 人行潍坊市中支组织10家驻潍银行业市级机构和人行各县市支行召开了全市中小企业信贷政策传导会。

11月3日 国家银监会主席刘明康到寿光就金融服务“三农”进行专题调研。

11月8日 建行潍坊分行与中百大厦联合举行了“中百龙卡”首发仪式，此卡是全省建行系统第一张“名店卡”。

11月18日 潍坊市金融学会和人行潍坊市中支联合举办第三次“齐鲁讲坛潍坊金融分坛”学术讲座。

11月19日 山东省中小企业办公室、省财政厅、农行山东省分行共同主办全省银政企合作支持中小企业发展“寿光模式”推介会，向全省38个经济强县（市区）推介寿光市“银政企”合作支持中小企业发展模式。

11月28日 人行潍坊市中支与潍坊市经贸委联合组织召开“银企对接合作会议”。

12月2日 工行潍坊分行与全市55家企业单位在鸢飞大酒店举行企业年金受托合同签字仪式。

12月12日 潍坊市农信联社在鸢飞大酒店召开三届一次社员大会，选举产生了新一届理事会和监事会。

12月30日 由潍坊市商行作为主发起人的青岛胶南海汇村镇银行开业。

（杨金柱 邓大海）

青州市

【经济金融简况】 2008年，青州市各金融机构认真贯彻执行货币政策，积极增加信贷投放，改善金融服务，大力支持地方经济，实现了经济金融协调、快速、可持续发展。

农信社贷款形态试行“五级”分类，其他银行四、五级分类并行。截至年末，全市金融机构四级分类不良贷款27523万元，较年初减少34102万元，占2.76%，同比下降3.58%。其中，逾期贷款3715万元，呆滞贷款23808万元。全年实现账面利润3.73亿元，增加1.37亿元。

青州市主要经济金融指标

经济指标	2007	2008	经济指标	2007	2008
土地面积（平方公里）	1569	1569	地方财政支出（亿元）	11.72	13.06
人口（万人）	90.08	90.33	全社会固定资产投资（亿元）	136.40	155.0
非农业人口（万人）	31.20	32.12	固定资产投资增速（%）	26.70	25.5
地区生产总值（亿元）	221.10	263.5	进出口总值（万美元）	22027	33756
地区生产总值年增速（%）	18.90	13.9	出口总值（万美元）	18257	29554
第一产业（亿元）	24.3	25.6	实际利用外资（万美元）	5000	4088
第二产业（亿元）	129.0	155.9	社会消费品零售总额（亿元）	72.8	89.4
第三产业（亿元）	67.8	82.0	居民消费价格指数（%）	105.28	106.6
财政总收入（亿元）	26.73	31.46	人均地区生产总值（元）	24546.21	29166
地方财政收入（亿元）	9.72	11.78	城镇居民可支配收入（元）	11005	12818
财政总支出（亿元）	12.07	14.4	农民人均现金收入（元）	6105	7023
金融指标（亿元）	2007	2008	金融指标（亿元）	2007	2008
本外币存款余额	162.22	204.02	财险收入	1.12	1.26
企业存款	16.64	19.63	寿险收入	3.48	4.59
储蓄存款	128.55	164.16	财险赔款	0.60	0.61
本外币贷款余额	86.09	113.85	寿险给付	0.37	0.48
短期贷款	61.04	69.54	证券市场交易总额	20	16
中长期贷款	17.69	25.90	投资者保证金余额	0.5	0.4
票据融资	7.33	18.32	证券交易佣金收入	0	0

青州市主要金融机构负责人

单位名称	行长（或其他称谓的第一负责人）	副行长（或其他称谓的同级领导）
人行青州市支行	赵卫东（行长）	刘莉莉　董建平　高永玲
银监会青州市办事处	璩新民（主任）	张洪波
农发行青州市支行	葛金忠（行长）	张连斌　李秋萍

续表

单位名称	行长（或其他称谓的第一负责人）	副行长（或其他称谓的同级领导）
工行青州支行	庄宏伟（行长）	李明年　闵庆龙　于海城　肖　强
农行青州市支行	张俊生（行长）	吴玉生　刘中华　尹爱生　史洪春
中行青州支行	付廷泉（行长）	石作军　李智明
建行青州支行	黄　杰（行长）	王玉慧　冯恩生　李　东
潍坊市商行青州支行	崔家祥（行长）	聂兴华
青州市农信联社	岳俊强（理事长）	杭　枚（主任）　高　岭（监事长） 张林学　郎咸鹏　陈会润
邮储银行青州市支行	梁伟业（行长）	郭江波

青州市主要金融机构业务概况

单位：亿元

单位名称	本外币存款余额	企业存款	储蓄存款	本外币贷款余额	短期贷款	中长期贷款
农发行青州市支行	0.13	0.09	0	8.47	6.47	2.00
工行青州支行	24.23	5.31	15.27	16.61	7.01	9.58
农行青州市支行	47.00	5.62	38.28	18.08	8.42	6.99
中行青州支行	15.39	1.31	9.07	8.66	6.78	0.46
建行青州支行	22.34	3.79	15.23	6.35	0.99	5.35
潍坊市商行青州支行	6.55	2.36	3.03	5.18	4.37	0.81
青州市农信联社	67.39	1.00	63.07	50.23	35.25	0.71
邮储银行青州市支行	30.36	0.15	20.21	0.25	0.25	0

【金融发展与改革】　2008年，青州市各金融机构平稳运营，业务范围越来越广，电算化水平越来越高。一是人行适时调整和贯彻不同时期的货币信贷政策；二是农发行继续推行业务范围扩展；三是继建行、中行、工行之后，农行进行了股份制改造；四是农信社实行专项中央银行票据兑付后，各项改革继续深化。

【金融服务与监管】　2008年，人行青州市支行积极传导货币政策，引导各金融机构调整信贷投向，扩大信贷投放，支持经济发展效果突出；金融机构网点、人员不断整合，金融服务渗透力日益增强，经营效益明显提高。银行监管部门创新监管思路，完善监管手段，提高监管质效，切实维护了金融稳定。

（李英海　王　波）

诸城市

【经济金融简况】　2008年，诸城市实现了经济金融的健康协调发展。工业继续保持良好发展态势，效益稳步增长；固定资产投资较快增长，大项目投资增势较快；外贸进出口平稳增长；消费市场繁荣活跃，农资价格上升明显；地方财政收入增长较快。

全市金融部门把贯彻货币政策与该市经济金融实际结合起来，准确把握信贷投放的重点、节奏和层次，继续保持了信贷资金的较大增长，促进了全市经济的协调健康发展。各项存

诸城市主要经济金融指标

经济指标	2007	2008	经济指标	2007	2008
土地面积（平方公里）	2168.6	2168.6	地方财政支出（亿元）	18.15	22.17
人口（万人）	106	106	全社会固定资产投资（亿元）	135.76	175.4
非农业人口（万人）	46.7	--	固定资产投资增速（%）	25.1	29.8
地区生产总值（亿元）	303.07	362.63	进出口总值（万美元）	69717	83846
地区生产总值年增速（%）	16.8	13.9	出口总值（万美元）	61089	70511
第一产业（亿元）	33.59	39.74	实际利用外资（万美元）	6308	1613
第二产业（亿元）	195.47	229.33	社会消费品零售总额（亿元）	73.78	91.41
第三产业（亿元）	74	93.55	居民消费价格指数（%）	105.7	107.2
财政总收入（亿元）	28.25	32.59	人均地区生产总值（元）	28591.21	34210.38
地方财政收入（亿元）	16.32	20.41	城镇居民可支配收入（元）	12407	14089
财政总支出（亿元）	19.43	24.78	农民人均现金收入（元）	8979	10032
金融指标（亿元）	**2007**	**2008**	**金融指标（亿元）**	**2007**	**2008**
本外币存款余额	144.08	174.45	财险收入	1.1	1.2
企业存款	22.41	22.98	寿险收入	3.4	3.9
储蓄存款	103.61	128.97	财险赔款	0.43	0.77
本外币贷款余额	131.87	149.63	寿险给付	0.14	0.25
短期贷款	91.22	94.32	证券市场交易总额	--	--
中长期贷款	30.13	39.76	投资者保证金余额	--	--
票据融资	10.03	15.12	证券交易佣金收入	--	--

诸城市主要金融机构负责人

单位名称	行长（或其他称谓的第一负责人）	副行长（或其他称谓的同级领导）
人行诸城市支行	陈关庆（行长）	唐述涛　张作良　张振望　王泽民
银监会诸城市办事处	刘永国（主任）	郑凤楼
农发行诸城市支行	隋全亮（行长）	曹永生　车承斌
工行诸城支行	宋新岗（行长）	王海军　常见京　赵景平
农行诸城市支行	王会堂（行长）	刘新春　谢文峰　江文胜　任　江
中行诸城支行	王方和（行长）	刘　飞　孟　咏
建行诸城支行	刘志勇（行长）	王　群　齐鲁生　王建强
潍坊市商行诸城支行	郑友坤（行长）	郭培森

续表

单位名称	行长（或其他称谓的第一负责人）	副行长（或其他称谓的同级领导）
诸城农合行	单亦聚（董事长）	李文祥（行长） 孙　军（监事长） 高　建　杨成东
邮储银行诸城市支行	戴　京（行长）	东庆吉

诸城市主要金融机构业务概况

单位：亿元

单位名称	本外币存款余额	企业存款	储蓄存款	本外币贷款余额	短期贷款	中长期贷款
农发行诸城市支行	0.85	0.22	0	6.81	5.06	1.75
工行诸城支行	23.57	6.10	11.95	33.53	11.76	21.43
农行诸城市支行	38.55	6.64	28.09	30.08	24.97	5.11
中行诸城支行	15.28	4.28	8.59	16.13	8.78	2.78
建行诸城支行	11.82	2.3	7.38	8.68	2.11	5.94
潍坊市商行诸城支行	6.65	2.49	2.18	6.09	5.89	0.2
诸城农合行	63.17	0.34	57.65	48.11	35.54	2.56
邮储银行诸城市支行	13.8	0.63	13.14	0.21	0.21	0

款保持较快增长，增幅创历史新高；各项贷款持续增长，票据融资增长迅速，信贷投向重点突出。全市金融机构不良贷款按五级分类划分为6.52亿元，同比减少8.63亿元，不良贷款率4.37%，降低7.14个百分点；实现经营收益4.96亿元。

【金融发展与改革】 2008年，人行诸城市支行一是推动、配合市政府出台了《关于金融产业创新发展的意见》，从多个方面落实了相关措施和优惠政策；二是拟订《民间借贷房地产抵押合同》和《房地产开发企业房屋抵押民间借贷管理办法》，探索推动民间资本进入房地产生产建设领域；三是探索建立股权质押保证担保制度，拟订了《股权质押贷款指导意见》；四是推动设立潍坊市首家小额贷款公司，开辟支持经济发展的资金配置新渠道。

【金融服务与监管】 2008年，诸城市金融部门一是深入研究外汇政策和操作技巧，为辖区企业上市创造了有利条件；二是认真开展中小企业数据采集信息更新工作，更新率达100%；三是组织开展征信知识和支付结算知识宣传活动；四是组织金融机构利用电子屏幕进行反假货币宣传。

（于彦昌　王丽娜）

寿光市

【经济金融简况】 2008年，寿光市金融运行态势良好，各项存贷款大幅增长，资产质量不断改善，经营效益较高。截至年末，不良贷款余额3.21亿元，同比减少0.28亿元，不良贷款率1.69%，下降47个百分点。其中，国有商行不良贷款余额0.6亿元，不良贷款率0.51%；地方金融机构不良贷款余额1.33亿元，不良贷款率1.95%。全年实现账面利润7.14亿元，增加3.19亿元，增长80.76%。

【金融发展与改革】 2008年，寿光市金融机构一是积极优化内部管理机制，完善金融服务，加大信贷投入；二是积极支持村镇银行的设立，为进一步完善农村金融结构创造条件。

寿光市主要经济金融指标

经济指标	2007	2008	经济指标	2007	2008
土地面积（平方公里）	2072	2072	地方财政支出（亿元）	18.94	22.98
人口（万人）	102.12	102.52	全社会固定资产投资（亿元）	128.4	177.8
非农业人口（万人）	14.2	47.82	固定资产投资增速（%）	27.1	32.7
地区生产总值（亿元）	332.9	400.6	进出口总值（万美元）	105000	126048
地区生产总值年增速（%）	17.3	13.9	出口总值（万美元）	72456	85897
第一产业（亿元）	48.2	51.6	实际利用外资（万美元）	8101	9152
第二产业（亿元）	175.7	216.8	社会消费品零售总额（亿元）	75	92.5
第三产业（亿元）	108.9	132.2	居民消费价格指数（%）	101.8	102.2
财政总收入（亿元）	33.1	40.5	人均地区生产总值（元）	32664	39155
地方财政收入（亿元）	17	21	城镇居民可支配收入（元）	13400	16016
财政总支出（亿元）	18.94	22.98	农民人均现金收入（元）	10696.6	11800
金融指标（亿元）	2007	2008	金融指标（亿元）	2007	2008
本外币存款余额	213.54	266.91	财险收入	1.45	1.01
企业存款	33.49	49.57	寿险收入	2.73	3.89
储蓄存款	150.76	193.16	财险赔款	0.18	0.21
本外币贷款余额	178.97	197.27	寿险给付	0.11	0.17
短期贷款	112.72	119.99	证券市场交易总额	126.5	65.9
中长期贷款	57.24	62.1	投资者保证金余额	4.6	2.6
票据融资	8.89	14.01	证券交易佣金收入	0.33	0.23

寿光市主要金融机构负责人

单位名称	行长（或其他称谓的第一负责人）	副行长（或其他称谓的同级领导）
人行寿光市支行	姜　森（行长）	翟　波　孙瑞民　张　杰
银监会寿光市办事处	王淑梅（主任）	牟俊国
农发行寿光市支行	冯　锐（行长）	苗乃敏　孙建华
工行寿光支行	伦九亮（行长）	赵忠义　李林林　孙秋平　李　军
农行寿光市支行	李衍成（行长）	刘凤森　桂卫东　吴振坤
中行寿光支行	范云令（行长）	董法政　于建波
建行寿光支行	刘广辉（行长）	程建华　王登祥　程伟华
潍坊市商行寿光支行	李文玲（行长）	李　峰

续表

单位名称	行长（或其他称谓的第一负责人）	副行长（或其他称谓的同级领导）
寿光农合行	崔延强（董事长）	李全富（行长） 孙国义　赵　磊　赵庆国
邮储银行寿光市支行	郭维政（行长）	孙玉成
寿光张农商村镇银行	季　颖（董事长）	张　帆（行长）　张　震　孙功成

寿光市主要金融机构业务概况

单位：亿元

单位名称	本外币存款余额	企业存款	储蓄存款	本外币贷款余额	短期贷款	中长期贷款
农发行寿光市支行	0.45	0.45	0	3.71	3.71	0
工行寿光支行	33.82	10.69	14.82	32.26	13.03	18.9
农行寿光市支行	56.62	10.79	41.72	46.89	36.92	8.96
中行寿光支行	15.51	8.11	5.4	19.61	5.44	12.69
建行寿光支行	18	4.86	9.43	18.24	3.31	14.26
潍坊市商行寿光支行	7.14	3.32	2.32	7.01	6.86	0.13
寿光农合行	90.17	8.25	81.14	64.42	49.27	3.48
邮储银行寿光市支行	31.56	0.16	31.35	0.16	0.16	0
寿光张农商村镇银行	0.32	0.15	0.17	0.22	0.22	0

【金融服务与监管】 2008年,寿光市金融机构不断加大服务力度。一是推行了"面对点"银企合作制度,为中小企业增加贷款8.6亿元;二是积极推进非现金支付工具的使用,累计发行银行卡54.7万张,自助银行50家、转账电话1205部;三是加强金融宣传,开办了27期《寿光金融》专题栏目;四是金融业务品种不断发展,"利得盈"、"海外投资宝"等产品为企业融资超过10亿元。

监管部门以深化农村合作银行改革，全面提高信贷资产质量,加强内控制度建设,提高风险管理和防范能力为重点,实施依法、有效监管,维护了良好的金融秩序。

（王向明　孙　凯）

安丘市

【经济金融简况】 2008年，安丘市经济实现平稳较快增长,结构调整步伐明显加快,生态环保建设力度加大,社会事业协调和谐发展,城乡居民生活水平提高。

全市金融机构着力加大资金投入、不断优化信贷结构、努力提升服务水平,促进了金融业平稳较快发展。一是通过创新产品、改善服务等措施,积极组织资金,各项存款保持了较快增长;二是不断创新业务产品,拓宽企业融资渠道,努力加大贷款投入；三是为缓解企业资金供需矛盾，降低企业筹资成本，引导企业使用银行承兑汇票，并为急需资金企业办理贴现;四是加强经营管理,改善金融服务,全年实现盈利2.62亿元,同比增加1.29亿元,增长96.99%;五是通过清收、活化、剥离等措施,积极处置不良贷款,年末不良贷款余额1.80亿元,减少8.50亿元,占各项贷款的比例2.42%,下降12.78个百分点。

【金融发展与改革】 2008年,人行安丘市支行认真探索

安丘市主要经济金融指标

经济指标	2007	2008	经济指标	2007	2008
土地面积（平方公里）	1710	1710	地方财政支出（亿元）	7.16	8.39
人口（万人）	93	93	全社会固定资产投资（亿元）	69.63	92.12
非农业人口（万人）	26.70	36.58	固定资产投资增速（%）	20.23	28.90
地区生产总值（亿元）	132.52	142.66	进出口总值（万美元）	40306	42630
地区生产总值年增速（%）	12.71	10.6	出口总值（万美元）	36242	38107
第一产业（亿元）	26.52	25.90	实际利用外资（万美元）	4806	779
第二产业（亿元）	67.02	72.00	社会消费品零售总额（亿元）	56.62	63.40
第三产业（亿元）	38.92	44.76	居民消费价格指数（%）	103.81	105.20
财政总收入（亿元）	7.63	9.67	人均地区生产总值（元）	12641	15336
地方财政收入（亿元）	3.83	4.33	城镇居民可支配收入（元）	8949	10251
财政总支出（亿元）	8.63	10.15	农民人均现金收入（元）	5409	6026
金融指标（亿元）	2007	2008	金融指标（亿元）	2007	2008
本外币存款余额	97.30	117.15	财险收入	0.63	0.75
企业存款	12.72	13.18	寿险收入	0.92	1.1
储蓄存款	73.22	91.15	财险赔款	0.37	0.39
本外币贷款余额	68.82	75.13	寿险给付	0.41	0.51
短期贷款	49.36	47.80	证券市场交易总额	--	--
中长期贷款	14.66	17.23	投资者保证金余额	--	--
票据融资	4.47	9.93	证券交易佣金收入	--	--

安丘市主要金融机构负责人

单位名称	行长（或其他称谓的第一负责人）	副行长（或其他称谓的同级领导）
人行安丘市支行	李兆军（行长）	潘海平 张子程 孙远征
银监会安丘市办事处	薛德绍（主任）	
农发行安丘市支行	许永明（行长）	韩新华 王凤山
工行安丘支行	钱 梅（行长）	王友明 李勇涛 李锦和（总会计） 李 波（纪检员）
农行安丘市支行	李 刚（行长）	孙建伟 刘运华 李文超
中行安丘支行	朱建军（行长）	于 明 孙洪祥

续表

单位名称	行长（或其他称谓的第一负责人）	副行长（或其他称谓的同级领导）
建行安丘支行	高镇滨（行长）	吴全城　郑有冰　赵　勇（纪检特派员） 姜贵东（会计主管）
潍坊市商行安丘支行	魏成田（行长）	张瑞波
安丘市农信联社	王学伟（理事长）	王继坤（主任）　呼聚明（监事长） 姚立春　高　杰　王子斌
邮储银行安丘市支行	魏中华（行长）	阚　森

安丘市主要金融机构业务概况

单位：亿元

单位名称	本外币存款余额	企业存款	储蓄存款	本外币贷款余额	短期贷款	中长期贷款
农发行安丘市支行	0.30	0.30	0	3.34	2.44	0.90
工行安丘支行	14.17	3.31	8.36	12.69	7.26	5.37
农行安丘市支行	18.86	3.69	14.05	8.77	5.13	2.66
中行安丘支行	10.73	1.56	7.07	5.05	1.48	2.16
建行安丘支行	13.29	1.90	8.68	6.49	1.96	2.82
潍坊市商行安丘支行	0.14	0.09	0.04	0	0	0
安丘市农信联社	48.92	2.08	42.96	38.58	29.33	3.32
邮储银行安丘市支行	10.24	0.25	9.99	0.21	0.21	0

创新内部管理机制，强化核心职责履行，特色县支行建设取得初步成效；农行股份制改革稳步推进，剥离不良资产5.34亿元；邮储银行安丘支行设立、潍坊商行落户安丘，金融组织体系进一步健全；农信社扩充股本金0.50亿元，资产充足率达12.77%，抵御风险能力得到增强。

【金融服务与监管】　2008年，人行安丘市支行一是组织9家异地金融机构与16家重点企业进行对接，积极引进域外资金；二是制定了《社会信用体系建设工作意见》，促进了社会信用环境的改善；三是配合财政部门做好水库移民补贴资金的拨付工作，确保资金及时发放到位；四是组织开展了对农信社票据兑付后的业务经营情况检查，促进了农信社的稳健经营。

（王全林　王炳春）

高密市

【经济金融简况】　2008年，高密市存贷款业务稳步增长，信贷结构进一步优化，经济金融协调互动性更为紧密。全市金融机构信贷资产质量显著提高，截至年末，不良贷款余额4.86亿元，比年初减少60352亿元，占比4.55%，下降7.79个百分点；累计实现利润3.30亿元，增加1.3亿元，增长45.37%。

【金融发展与改革】　2008年，高密市各金融机构改革取得新进展。一是已经股改上市的工、中、建行经营机制进一步市场化，农行股改实现突破性进展；二是邮储银行成功实现转型，突出了市场营销和风险管理；三是农发行实施商业化运

高密市主要经济金融指标

经济指标	2007	2008	经济指标	2007	2008
土地面积（平方公里）	1526.63	1526.63	地方财政支出（亿元）	10.06	11.76
人口（万人）	84.39	84.94	全社会固定资产投资（亿元）	130.01	150.96
非农业人口（万人）	27.58	27.76	固定资产投资增速（%）	28.9	25.5
地区生产总值（亿元）	197.92	239.6	进出口总值（万美元）	73024	100000
地区生产总值年增速（%）	20	13	出口总值（万美元）	59433	81864
第一产业（亿元）	26.54	30.1	实际利用外资（万美元）	5619	2414
第二产业（亿元）	131.46	161	社会消费品零售总额（亿元）	60.55	74.33
第三产业（亿元）	39.92	48.5	居民消费价格指数（%）	105.36	106.45
财政总收入（亿元）	18.38	19.38	人均地区生产总值（元）	22647	28209
地方财政收入（亿元）	10.06	11.76	城镇居民可支配收入（元）	13156	14381
财政总支出（亿元）	12.36	15.20	农民人均现金收入（元）	7217	7276
金融指标（亿元）	**2007**	**2008**	**金融指标（亿元）**	**2007**	**2008**
本外币存款余额	104.68	123.35	财险收入	1.06	1.15
企业存款	15.75	14.06	寿险收入	2.49	3.53
储蓄存款	72.58	92.93	财险赔款	0.58	0.8
本外币贷款余额	88.31	106.04	寿险给付	0.42	0.46
短期贷款	64.89	74.22	证券市场交易总额	40.18	42.29
中长期贷款	19.63	26.57	投资者保证金余额	0.41	0.35
票据融资	2.28	4.36	证券交易佣金收入	0.11	0.12

高密市主要金融机构负责人

单位名称	行长（或其他称谓的第一负责人）	副行长（或其他称谓的同级领导）
人行高密市支行	王乃秋（行长）	穆新军　马庆军　魏同亮　李卫东
银监会高密市办事处	肖育生（主任）	
农发行高密市支行	李　峰（行长）	宫延安　李　军
工行高密支行	孙　伟（行长）	潘　斌　李宗敏　潘爱琴　张发亮
农行高密市支行	单伟强（行长）	袁荣春　王　岩　王立民
中行高密支行	韩桂志（行长）	刘文斌　单亦亮
建行高密支行	王传文（行长）	朱洪波　肖艳国　马克霞

续表

单位名称	行长（或其他称谓的第一负责人）	副行长（或其他称谓的同级领导）
高密市农信联社	朱相中（理事长）	赵连东（主任） 李占喜（监事长） 王林业 王继智
邮储银行高密市支行	岳 华（行长）	赵明勇

高密市主要金融机构业务概况

单位：亿元

单位名称	本外币存款余额	企业存款	储蓄存款	本外币贷款余额	短期贷款	中长期贷款
农发行高密市支行	1.27	1.07	0	14.72	13.22	1.50
工行高密支行	17.13	3.77	10.30	18.62	7.95	10.48
农行高密市支行	26.99	3.88	19.23	18.51	14.39	3.31
中行高密支行	10.39	2.00	5.51	8.85	3.78	3.55
建行高密支行	8.60	1.17	6.05	9.85	2.77	4.85
潍坊市商行高密支行	2.31	1.67	0.54	2.18	2.18	0
高密市农信联社	46.46	0.37	41.25	33.06	29.68	2.88
邮储银行高密市支行	10.19	0.13	10.06	0.26	0.25	0.01

作;四是农信社股本结构进一步规范,公司治理结构进一步完善,经营效益显著提高,支农力量进一步增强。

【金融服务与监管】 2008年,高密市各金融机构金融服务和信用体系建设进一步完善。一是人行认真贯彻落实货币政策,加强窗口指导,金融机构信贷投向更趋合理;二是四大国有商行加快业务创新,推出了保理、理财、电子银行、非信用证项下打包贷款及龙鼎金现货交易等业务;三是潍坊市商行高密支行的成功设立进一步完善了服务体系;四是银监会高密市办事处坚持“以监管促发展,在发展中防范化解金融风险”的总体思路,促进辖内银行业不断增强防范化解风险能力,实现健康稳健发展。

（王金堂）

昌邑市

【经济金融简况】 2008年,昌邑市经济保持了健康平稳的发展态势。各金融机构贯彻执行国家宏观调控政策,存贷款业务保持了较快发展态势,信贷结构进一步优化,经营效益提高明显。

金融机构通过采取对不良资产的核销、剥离、清收等措施,使得资产质量明显提高,截至年末,核销贷款0.66亿元,剥离不良贷款4.72亿元,不良贷款余额1.58亿元;实现利润2.81亿元,增加0.83亿元,同比增长41.92%。

【金融发展与改革】 2008年,人行昌邑市支行引导、督促辖内金融机构合理增加信贷投入,加强信贷和产业结构调整,有效地支持辖区经济又好又快发展。一是不断加强对货币信贷市场的运行监测分析,增强政策实施的有效性和时效性;二是继续深化金融生态环境建设,积极搭建银企合作交流平台,着力构建银企经济金融和谐发展的格局。

【金融服务与监管】 2008年,人行昌邑市支行和金融监管部门不断加强和深化金融监管,维护辖区金融稳定,提升金

昌邑市主要经济金融指标

经济指标	2007	2008	经济指标	2007	2008
土地面积（平方公里）	1812	1582	地方财政支出（亿元）	9.37	10.65
人口（万人）	68.06	57.97	全社会固定资产投资（亿元）	99.82	108.81
非农业人口（万人）	9.98	8.16	固定资产投资增速（%）	25.4	28.0
地区生产总值（亿元）	173.92	192.5	进出口总值（万美元）	29370	45870
地区生产总值年增速（%）	19.0	13.0	出口总值（万美元）	26406	38870
第一产业（亿元）	22.75	24.2	实际利用外资（万美元）	2662	2624
第二产业（亿元）	108.32	122.14	社会消费品零售总额（亿元）	55.19	66.74
第三产业（亿元）	42.85	46.16	居民消费价格指数（%）	106.7	108.9
财政总收入（亿元）	14.55	16.02	人均地区生产总值（元）	25554	32258
地方财政收入（亿元）	7.04	7.96	城镇居民可支配收入（元）	10202	10641
财政总支出（亿元）	9.37	10.65	农民人均现金收入（元）	7496	8081
金融指标（亿元）	2007	2008	金融指标（亿元）	2007	2008
本外币存款余额	121.85	153.13	财险收入	0.35	0.38
企业存款	12.63	19.82	寿险收入	1.68	2.24
储蓄存款	91.01	112.85	财险赔款	0.21	0.21
本外币贷款余额	79.12	93.14	寿险给付	0.36	0.42
短期贷款	50.92	49.38	证券市场交易总额	--	--
中长期贷款	19.23	25.09	投资者保证金余额	--	--
票据融资	8.01	14.56	证券交易佣金收入	--	--

昌邑市主要金融机构负责人

单位名称	行长（或其他称谓的第一负责人）	副行长（或其他称谓的同级领导）
人行昌邑市支行	郭　海（行长）	于海军　郭晗军　郝建芳　任显奇
银监会昌邑市办事处	魏明卿（主任）	
农发行昌邑市支行	黄云廷（行长）	方海滨　王述贞
工行昌邑支行	庄维鹏（行长）	王德民　孙善伟
农行昌邑市支行	张金平（行长）	夏连之　冯爱生
中行昌邑支行	王明涛（行长）	金振森　张小梅
建行昌邑支行	孙伟东（行长）	齐群化　邢在金

续表

单位名称	行长（或其他称谓的第一负责人）	副行长（或其他称谓的同级领导）
潍坊市商行昌邑支行	姜言辉（行长）	于佳彤
昌邑市农信联社	张有彪（理事长）	徐伟民（主任） 杨旭光（监事长） 隋显峰 孙山明
邮储银行昌邑市支行	夏增欣（行长）	于秀芝

昌邑市主要金融机构业务概况

单位：亿元

单位名称	本外币存款余额	企业存款	储蓄存款	本外币贷款余额	短期贷款	中长期贷款
农发行昌邑市支行	0.79	0.62	--	8.23	5.32	2.91
工行昌邑支行	15.79	3.90	7.62	13.88	3.72	6.57
农行昌邑市支行	31.00	5.12	23.74	12.39	7.88	4.06
中行昌邑支行	14.77	2.64	5.75	11.55	9.37	0.42
建行昌邑支行	15.33	6.21	6.27	9.18	0.84	8.02
潍坊市商行昌邑支行	0.71	0.46	0.23	0.44	0.44	0
昌邑市农信联社	52.96	0.51	48.94	37.20	21.56	3.10
邮储银行昌邑市支行	20.65	0.36	20.29	0.26	0.25	0.01

融服务水平。一是以加强货币政策传导为重点，以加强合规性监管为目标，突出防范信用、操作和市场风险，切实提高农村合作金融机构的抗风险能力；二是加强对金融机构新业务准入、高级管理人员业绩的审查和考核，提高金融监管的前瞻性；三是通过强化对监管人员的业绩和行为考核，提高监管能力和水平；四是通过拓展业务品种、优化网点布局、开展行风评议等措施，提升金融服务水平。

（徐振三 孙亚梅）

临朐县

【经济金融简况】 2008年，临朐县着力打造宜居、生态、旅游、文化和铝型材等“五个品牌”强县，扎实推进经济社会建设，区域经济保持了平稳较快增长。

全县金融部门重点加大对“三农”、基本建设和个人消费的信贷投入，努力提高农村金融服务水平，贷款周转速度明显加快。金融机构不断强化对原有不良信贷资产的管理和清收，

临朐县主要经济金融指标

经济指标	2007	2008	经济指标	2007	2008
土地面积（平方公里）	1833	1833	地方财政支出（亿元）	5.84	6.63
人口（万人）	85.35	86	全社会固定资产投资（亿元）	74.9	96
非农业人口（万人）	12	14	固定资产投资增速（%）	23	28.2

续表

经济指标	2007	2008	经济指标	2007	2008
地区生产总值（亿元）	98.2	113.53	进出口总值（万美元）	16533	13746
地区生产总值年增速（%）	15.2	13.1	出口总值（万美元）	10296	11123
第一产业（亿元）	18.4	20.24	实际利用外资（万美元）	4210	5100
第二产业（亿元）	50.5	59.31	社会消费品零售总额（亿元）	42.7	52.3
第三产业（亿元）	29.3	33.98	居民消费价格指数（%）	103.8	105.2
财政总收入（亿元）	5.25	5.84	人均地区生产总值（元）	11527	13252
地方财政收入（亿元）	2.54	2.80	城镇居民可支配收入（元）	10886	12801
财政总支出（亿元）	7.01	8.63	农民人均纯收入（元）	5358	6073
金融指标（亿元）	**2007**	**2008**	**金融指标（亿元）**	**2007**	**2008**
本外币存款余额	81.25	104.03	财险收入	0.31	0.35
企业存款	7.53	8.56	寿险收入	1.07	1.64
储蓄存款	66.32	85.23	财险赔款	0.17	0.22
本外币贷款余额	43.3	46.24	寿险给付	0.43	0.48
短期贷款	31.99	34.49	证券市场交易总额	--	--
中长期贷款	9.79	10.18	投资者保证金余额	--	--
票据融资	1.20	1.46	证券交易佣金收入	--	--

注：目前临朐县还未成立证券交易机构，因此无法获得证券交易相关数据。

临朐县主要金融机构负责人

单位名称	行长（或其他称谓的第一负责人）	副行长（或其他称谓的同级领导）
人行临朐县支行	刘福龙（行长）	井光祥　陈洪源　宗先克　王汝敬　何同文
银监会临朐县办事处	李　涛（主任）	王　涛
农发行临朐县支行	王建生（行长）	高　红　李　飞
工行临朐支行	王英智（行长）	刘世春　宫克强　刘海峰
农行临朐县支行	王建朋（行长）	郭立芳　冯在瑞　冯淑忠　王景江
中行临朐支行	谭炳毅（行长）	刘长永　潘维亭　安建民
建行临朐支行	王绪洲（行长）	刘松之　冯恩生　许德胜　王树春
临朐县农信联社	鞠仲润（理事长）	徐　敏（主任兼监事长）　李洪蒙　刘敬军
邮储银行临朐县支行	尹兆禄（行长）	刘成志

临朐县主要金融机构业务概况

单位：亿元

单位名称	本外币存款余额	企业存款	储蓄存款	本外币贷款余额	短期贷款	中长期贷款
农发行临朐县支行	0.15	0.13	0	1.31	0.87	0.44
工行临朐支行	7.22	1.70	3.89	6.56	3.29	3.25
农行临朐县支行	16.20	1.63	12.65	1.82	1.60	0.22
中行临朐支行	10.37	3.02	6.50	2.95	1.66	0.70
建行临朐支行	10.42	1.77	6.65	4.82	1.68	2.81
临朐县农信联社	46.83	0.15	44.80	28.55	25.16	2.76
邮储银行临朐县支行	10.90	0.16	10.74	0.23	0.23	0

截至年末，不良贷款余额2.49亿元，比年初减少6.59亿元，不良贷款率5.41%，下降15.62个百分点。实现当年结益1.33亿元，同比增盈0.51亿元。

【金融发展与改革】 2008年，临朐县各金融机构改革取得新进展。一是邮储银行临朐县支行正式挂牌成立；二是组建"企业信用联盟"，解决了部分企业贷款担保难问题；三是成立了辖内首家政府注资的临朐县正信担保公司。

【金融服务与监管】 2008年，人行临朐县支行积极推动区域金融生态环境建设，促进全县经济金融和谐发展。一是协助县政府制定了《关于进一步加强银企对接的工作意见》，召开了6次银企交流会，促成了双方8亿元的合作意向和协议；二是制定下发了《银行业金融机构信贷政策执行效果评估报告制度》；三是推动县政法委出台《关于严厉打击逃废金融债务依法维护金融市场秩序的意见》，明确了各部门在维护金融债权和金融生态中的责任。

（李培凯　李逢斌）

昌乐县

【经济金融简况】 2008年，昌乐县继续大力发展工业经济、现代农业，加快和谐社会建设，实现经济社会又好又快发展。

全县金融机构充分发挥金融在经济发展中的主导作用，不断创新贷款方式，拓宽融资渠道，加大信贷投放力度，较好地促进了全县经济平稳较快发展。

一、各项存款稳定增长，增量增速创历史最高，各项贷款总量持续增加。短期贷款增加5.68亿元，主要是加大了对焦化、乐港等骨干企业、中小民营企业和"三农"等领域的信贷支持力度；中长期贷款增加3.63亿元，主要是积极支持县域内大

昌乐县主要经济金融指标

经济指标	2007	2008	经济指标	2007	2008
土地面积（平方公里）	1101	1101	地方财政支出（亿元）	7.35	9.00
人口（万人）	59.78	60.20	全社会固定资产投资（亿元）	70.05	91.50
非农业人口（万人）	28.28	24.68	固定资产投资增速（%）	31.6	32.6
地区生产总值（亿元）	102.89	128.49	进出口总值（万美元）	47720	50062
地区生产总值年增速（%）	17.5	17	出口总值（万美元）	28456	35152
第一产业（亿元）	17.94	20.15	实际利用外资（万美元）	4301	6726

续表

经济指标	2007	2008	经济指标	2007	2008
第二产业（亿元）	56.03	71.80	社会消费品零售总额（亿元）	40.33	49.73
第三产业（亿元）	28.92	36.54	居民消费价格指数（%）	103.80	105.20
财政总收入（亿元）	9.88	13.53	人均地区生产总值（元）	17211	21347
地方财政收入（亿元）	5.51	6.83	城镇居民可支配收入（元）	--	--
财政总支出（亿元）	8.12	10.41	农民人均现金收入（元）	5736	6543
金融指标（亿元）	**2007**	**2008**	**金融指标（亿元）**	**2007**	**2008**
本外币存款余额	70.14	87.29	财险收入	0.14	0.17
企业存款	11.06	10.55	寿险收入	0.53	0.96
储蓄存款	49.44	65.48	财险赔款	0.12	0.08
本外币贷款余额	56.51	69.15	寿险给付	0.03	0.04
短期贷款	36.75	42.43	证券市场交易总额	--	--
中长期贷款	16.88	20.51	投资者保证金余额	--	--
票据融资	2.01	4.98	证券交易佣金收入	--	--

昌乐县主要金融机构负责人

单位名称	行长（或其他称谓的第一负责人）	副行长（或其他称谓的同级领导）
人行昌乐县支行	范存敬（行长）	鞠剑波　桂　强　徐启军
农发行昌乐县支行	党永胜（行长）	张现役　唐念琴
工行昌乐支行	王乘华（行长）	高学军　张学福
农行昌乐县支行	李洪波（行长）	王忠伟　谢宝川　党永利
中行昌乐支行	陈伯彪（行长）	钱　昌　王守教
建行昌乐支行	丁金海（行长）	李忠良　刘　民
昌乐县农信联社	褚玉国（理事长）	范晓明（主任）　蔡纪文（监事长） 孙山明　高　健
邮储银行昌乐县支行	王德荣（行长）	赵长城

昌乐县主要金融机构业务概况

单位：亿元

单位名称	本外币存款余额	企业存款	储蓄存款	本外币贷款余额	短期贷款	中长期贷款
农发行昌乐县支行	0.05	0.05	0	3.28	1.28	2.00
工行昌乐支行	10.08	3.06	5.28	13.15	6.36	6.27

续表

单位名称	本外币存款余额	企业存款	储蓄存款	本外币贷款余额	短期贷款	中长期贷款
农行昌乐县支行	14.34	2.68	10.26	3.71	2.52	0.83
中行昌乐支行	9.93	2.26	5.93	7.92	3.77	2.70
建行昌乐支行	4.06	1.81	1.53	7.88	1.71	6.16
昌乐县农信联社	41.54	0.56	36.27	33.05	26.63	2.55
邮储银行昌乐县支行	6.34	0.12	6.21	0.16	0.16	0

中型企业的项目建设，房地产开发和个人消费信贷业务；银行承兑汇票余额 4.19 亿元，增加 1.56 亿元；累计签发银行承兑汇票 9.97 亿元，增加 1.23 亿元；办理贴现 11.78 亿元，增加 1.43 亿元。

二、各金融机构积极采取剥离、核销、清收等措施，加快对不良贷款的处置力度。年末，不良贷款余额（五级分类）2.61 亿元，减少 6.21 亿元，不良贷款率 3.77%，下降 11.82 个百分点。其中，农行不良贷款剥离 3.73 亿元。

三、各金融机构积极创新金融产品，建立健全内部考核机制，加强信贷资产管理，经营效益不断提高。全年实现盈利 1.97 亿元，同比增加 1.11 亿元。其中，4 家国有商行实现盈利 1.36 亿元，增加 0.68 亿元。

【金融发展与改革】 2008 年，人行昌乐县支行一是先后组织召开了 7 次规模较大的会议，及时向县委、县政府及企业宣传货币政策的变化情况，引导金融机构进一步加大对经济的支持力度；二是积极开展金融生态建设，起草了《规范和加快担保业发展的意见》，协助县金融办建立政府金融信息网，制定了《金融安全区创建实施意见》，为地方经济发展创造了良好环境。

【金融服务与监管】 2008 年，人行昌乐县支行加大金融监管力度。一是对农信社专项中央银行票据兑付后的业务进行了检查；二是继续加大对法人金融机构的监测力度，建立周报监测制度，督促其进一步完善法人治理结构，促进各项业务健康稳健运行；三是银监办事处撤销，对金融机构的监管由潍坊市监管局实施。

（李玉利 路瑞霞）

日 照 市

【经济金融简况】 2008 年，日照市国民经济实现平稳较快增长，社会事业全面进步，城乡面貌明显改善，人民生活水平进一步提高。其主要特点：一是宏观经济景气保持较好状态，年末反映企业家对宏观经济环境信心的企业家信心指数为 109.41，反映企业综合生产经营状况和经济效益的企业景气指数为 123.38；二是市场价格涨幅逐渐回稳，居民消费价格总水平同比上涨 4.8%；三是工业生产保持较快增长，年末全市规模以上工业企业 870 家，同比增加 47 家，实现主营业务收入 1512.41 亿元，增长 53.6%，实现利润 105.01 亿元，增长 26.5%，利税合计 149.53 亿元，增长 27.4%；四是固定资产投资结构渐趋优化，高新技术产业和装备制造业投资分别增长 148.9%和 24%，改建和技术改造投资增长 54.4%，环境管理业投资增长 187.4%。

人行日照市中支积极履行职责，夯实工作基础，扎实推进各项工作，取得了明显成效，全市金融业继续保持健康平稳运行。

【货币政策实施】 2008 年，人行日照市中支继续加大窗口指导力度，全面落实各项货币政策，支持地方经济平稳健康发展。

一、完善政策引导机制，提高执行政策的有效性。一是坚持行长联席会议和金融形势分析例会制度，及时出台具体的贯彻落实措施；二是制定并由市政府转发了《认真贯彻从紧货币政策促进全市经济又好又快发展的意见》，并召开了全市金融形势分析会和中小企业信贷政策传导会；三是下半年宏观形势受国际金融危机影响加深后，又及时下发了《关于贯彻适度宽松货币政策促进全市经济平稳发展的意见》，推动辖区金融机构落实扩内需、保增长的政策措施，加快信贷投放，保持

日照市经济主要统计指标

指标 \ 年度	2004	2005	2006	2007	2008	2008年同比增幅（%）
土地面积（平方公里）	5310	5310	5310	5310	5310	0
人口（万人）	280.48	281.71	282.4	283.38	284.54	0.324
非农业人口（万人）	75.88	95.4	93.12	99.54	100.66	1.13
地区生产总值（亿元）	352.25	426.5	505.87	629.58	773.14	15.1
第一产业（亿元）	63.31	68.34	73.89	86.2	82.74	5.7
第二产业（亿元）	155.62	204.21	251.56	320.21	419.73	17.5
工业（亿元）	129.73	176.37	220.07	236.63	369.57	28.2
建筑业（亿元）	25.91	27.84	31.49	37.66	104.49	20.2
第三产业（亿元）	133.32	153.95	180.42	223.17	270.67	15.1
人均地区生产总值（元）	13148	15829	18720	23180	28300	14.5
地区生产总值构成（%）	100	100	100	100	100	—
第一产业（%）	16.1	16.0	14.6	13.7	10.7	-3
第二产业（%）	49.3	47.9	49.7	50.9	54.3	3.4
第三产业（%）	34.6	36.1	35.7	35.4	35	-0.4
财政总收入（亿元）	65.16	86.42	110.41	149.69	163.05	52.8
地方财政收入（亿元）	11.23	14.75	20.76	28.98	36.33	25.4
财政总支出（亿元）	—	—	—	—	—	—
地方财政支出（亿元）	18.41	22.71	32.67	46.38	57.08	23.1
全社会固定资产投资（亿元）	183.68	241.8	235.09	351.13	—	—
规模以上固定资产投资（亿元）	153.00	235.43	223.89	335.91	518.43	26.4
规模以下固定资产投资（亿元）	30.68	6.37	11.20	15.22	—	—
房地产开发（亿元）	21.23	29.43	35.59	37.51	54.08	24.3
进出口总值（亿美元）	18.43	25.47	39.15	57.59	92.68	60.9
出口总值（亿美元）	10.82	13.23	19.38	19.64	25.25	28.6
实际利用外资（亿美元）	1.07	1.62	1.36	1.82	5.13	180.1
社会消费品零售总额（亿元）	104.50	125.1	145.06	172.27	212.36	23.3
居民消费价格指数（%）	103.8	101.1	101.1	104	104.8	4.8
城市居民人均可支配收入（元）	9083	9809	11040	13021	14409	10.7
农村居民人均纯收入（元）	3695	4123	4645	5319	6038	13.5

注：无“财政总支出”指标。

日照市工农业主要统计指标

农业主要统计指标（万吨）				规模以上工业企业主要统计指标（亿元）			
项目 \ 年度	2007年	2008年	增幅（%）	项目 \ 年度	2007年	2008年	增幅（%）
粮食	103.96	106.35	2.3	工业增加值	236.63	369.57	28.2
夏粮	43.18	46.04	6.6	国有工业	11.31	7.84	11.2
秋粮	60.79	60.31	-0.8	集体工业	1.9	3.6	56.1
棉花	0.12	0.13	14.8	股份制工业	177.03	270.82	25.1
油料	22.6	23.78	5.2	股份合作制工业	0.99	1.18	11.3
水果	19.19	18.5	-3.6	外商及港澳台投资工业	32.49	58.43	31.1
蔬菜	117.13	122.3	-4.1	轻工业	87.08	136.80	30.2
肉类	15.64	14.31	12.6	重工业	149.55	232.77	27.0
禽蛋	12.3	10.53	-6.8	销售收入	944.84	1512.41	53.6
奶类	0.60	1.17	129.3	利税	109.98	149.53	27.4
水产品	67.95	46.47	3.2	利润	80.94	105.01	26.5
森林覆盖率（%）	33.45	34.2	0.75	经济效益综合指数(%)	—	—	—

注：2008年同比增幅按统计局口径。

日照市主要金融机构负责人

单位名称	行长（或其他称谓的第一负责人）	副行长（或其他称谓的同级领导）
人行日照市中心支行	王德业	陈　刚　尹峰世　刘茂伟　孙元学　张传朋
银监会日照监管分局	汲长虹	罗玉民　闫　鸣
农发行日照市分行	田　青	李绪光　孙海平
工行日照分行	刘光海	高月日　贾　萍　焦　东　娄　波　周　华
农行日照市分行	刘聪盛	陈占平　王明军　丁剑波　戴国文
中行日照分行	孙成刚	邱永明（纪委书记）　李绪平（副行长）　史　华（副行长）
建行日照分行	赵德昌	金广健　孙继先　赵　晋　苏洪礼　赵志强　姜瑞梅　陈尚涛
日照市商行	费洪军（董事长）	徐东高（行长）　王　森（监事长）　焦自竺（副行长）　黄　玲（副行长）　宋兴华（纪委书记）
农信社日照市办事处	张洪俊	胡予宁　胡克敬

续表

单位名称	行长（或其他称谓的第一负责人）	副行长（或其他称谓的同级领导）
邮储银行日照市分行	张建明	郑　森
人保财险日照市分公司	李普廷	申志军　毕岩玉　郭和平　张　波
人寿日照分公司	宋彦余	张大海
太平洋财险日照中心支公司	徐　冰	葛庆民　李　霞
太平洋人寿日照中心支公司	吴文新	常　春　潘海涛
平安财险日照中心支公司	庄乾元	徐永东　孔　杰
平安人寿日照中心支公司	黄体昌	刘　凯
泰康人寿日照中心支公司	李　彦	杨　成
天安保险日照中心支公司	宁方生	李　玲
永安财险日照中心支公司	周祥诺	常立国
新华人寿日照中心营业区	陈　朋	丁兆云
齐鲁证券公司日照市分公司	王　黎	白桂文　薛　勇

日照市金融业务统计指标

指标（亿元）＼年度		2004	2005	2006	2007	2008	2008年同比增幅（%）
银行类	本外币存款余额	275.68	349.38	420.4	535.76	620.59	15.84
	人民币存款余额	270.47	344.12	414.55	527.88	612.15	15.96
	企业存款	70.14	91.15	97.67	133.98	129.11	-3.63
	储蓄存款	153.39	181.76	214.22	250.49	321.02	28.16
	定期储蓄存款	107.37	125.94	145.64	171.19	224.54	31.16
	活期储蓄存款	46.01	55.82	68.58	79.30	96.48	21.66
	本外币贷款余额	273.51	346.30	450.24	538.72	574.53	6.65
	人民币贷款余额	246.41	323.02	419.51	494.82	533.03	7.72
	短期贷款	143.09	180.24	230.17	274.25	302.52	10.31
	工业贷款	29.94	36.73	65.50	72.05	67.07	-6.91
	商业贷款	30.41	34.36	39.25	41.89	41.38	-1.22
	农业贷款	35.77	47.27	58.31	70.65	82.71	17.07
	中长期贷款	76.31	110.11	139.25	170.65	184.21	7.95
	基本建设贷款	36.50	66.06	80.04	98.06	103.57	5.62
	技术改造贷款	0.21	0.75	1.43	1.26	1.31	3.97

续表

指标（亿元）＼年度		2004	2005	2006	2007	2008	2008 年同比增幅（%）
银行类	票据融资	25.69	33.05	50.25	49.86	45.97	-7.8
	现金收入	972.79	1087.14	1123.15	1262.59	1374.42	8.86
	现金支出	963.08	1077.28	1111.83	1245.29	1345.64	8.06
	现金投放（+）回笼（-）	-9.71	-9.86	-11.31	-17.31	-28.78	66.3
	当年结益	3.28	6.18	9.42	13.70	19.64	43.36
保险类	保险公司保费收入	6.52	7.76	9.38	12.35	15.45	25.1
	财险收入	2.16	2.91	3.79	5.61	6.21	10.75
	寿险收入	4.36	4.85	5.59	6.74	9.24	37.10
	保险公司赔款和给付支出	1.41	1.72	2.32	2.93	3.7	26.28
	财险赔款	1.23	1.51	2.16	2.74	3.50	27.00
	寿险给付	0.18	0.22	0.16	0.19	0.20	5.6
	当年结益	--	--	--	--	--	--
证券类	证券市场成交总额	23.53	21.47	58.47	311.69	246.9	-20.79
	投资者保证金余额	0.02	0.03	1.07	2.65	2.12	-20.00
	佣金收入	0.06	0.06	0.16	0.87	0.63	-27.59
	净利润	0	0	0	-0.06	0.05	--

日照市金融机构统计指标

指标（个）＼年度		2004	2005	2006	2007	2008	2008 年同比增幅（%）
银行类	法人机构	5	5	5	5	5	0
	省级分行	0	0	0	0	0	0
	二级分行	5	5	5	5	5	0
	县区支行	50	51	55	60	70	16.67
	分理处、营业所	103	104	107	119	123	3.37
	储蓄所	230	215	161	168	147	-12.5
	从业人员总数	5098	5301	5018	5309	5236	-1.38
保险类	保险机构	9	12	15	15	20	33.34
	财险机构	5	6	9	9	13	44.44
	省级分公司	0	0	0	0	0	0

续表

指标（个）		2004	2005	2006	2007	2008	2008 年同比增幅（%）
保险类	地市分公司	5	6	9	9	13	44.44
	县区支公司	0	0	0	0	0	--
	寿险机构	4	6	6	6	7	16.67
	省级分公司	0	0	0	0	0	0
	地市分公司	4	6	6	6	7	16.67
	县区支公司	0	0	0	0	0	0
	从业人员总数	5003	5357	6058	8917	14893	67.02
	财险人员	751	1035	1556	2556	4532	77.31
	寿险人员	4252	4322	4502	6361	10361	62.89
证券类	证券机构	2	2	2	1	1	0
	证券公司	2	2	2	1	1	0
	证券营业部	2	2	2	1	3	--
	证券服务部	2	2	2	2	0	--
	从业人员总数	45	43	42	41	40	-2.44
	投资者开户	21912	22213	22877	45005	54919	22.03
	境内上市股票支数	0	0	1	1	1	0
	境外上市公司	0	0	0	0	0	0
	境内上市公司	0	0	1	1	1	0

日照市主要金融机构业务概况

单位：亿元

单位名称	本外币存款余额	企业存款	储蓄存款	本外币贷款余额	短期贷款	中长期贷款
农发行日照市分行	4.02	3.67	--	13.83	10.63	3.20
工行日照分行	63.43	15.94	28.56	116.98	30.68	83.36
农行日照市分行	66.67	12.72	36.11	55.58	32.15	15.31
中行日照分行	86.83	29.01	30.90	110.72	42.31	36.31
建行日照分行	65.96	17.92	31.09	64.87	12.06	38.68
日照市商行	131.65	50.20	34.99	102.71	78.75	6.98
农信社日照市办事处	140.31	3.19	119.69	108.28	100.45	0.61
邮储银行日照市分行	42.52	1.00	41.51	1.57	1.53	0.04

日照市各县级区域经济金融主要统计指标

名称	人口（万人）	面积（平方公里）	地区生产总值（亿元）	地区生产总值增速（%）	本外币存款余额（亿元）	储蓄存款（亿元）	本外币贷款余额（亿元）
东港区	80.54	1156	240.89	18.8	363.23	161.34	419.11
岚山区	41.9	759	201.01	36.5	56.85	34.14	60.59
莒　县	111.06	1952	159.40	15.8	114.50	75.14	58.18
五莲县	51	1443	120.07	15.5	69.83	52.22	36.47

全市经济稳定增长。

二、完善金融生态建设长效机制。一是积极推动辖区金融生态环境优化，增强社会对货币政策的敏感度，提高政策执行效果；二是扎实开展农村信用体系建设试点工作，在全市农信社推广农信体系管理信息系统，建立适合农村经济特点的信用评价体系，初步实现了农户信用档案的电子化和标准化。

三、不断创新银企合作模式。一是成功举办了2008鲁南经济带临海产业区发展与金融支持推进会，得到了分行、市委、市政府领导的肯定；二是充分发挥金融服务中心作用，推动辖区金融生态环境不断优化，6月17日的《大众日报》头版头条报道了该市政府、银行、企业三方共建良好金融生态的做法；三是采用金融机构自我评估与人行全面评估双层构架相结合的模式，增强了金融机构优化信贷结构的积极性。

四、完善宣传沟通机制，提高货币政策的社会认同度。一是完善了新闻宣传工作制度，以联席会议等方式与政府各部门之间建立联系沟通机制；二是通过召开行长联席会、金融形势分析会、银企推介会，向市委、市政府报送呈阅件，利用新闻媒体等手段，正确引导社会心理预期，提高社会对货币政策的认同度和人行的社会公信力。

五、完善工作机制，维护辖区金融安全稳定。一是完善重点企业联系制度，加强上市公司监测，对辖内城商行进行了利率风险、汇率风险和盈利状况压力测试，并认真做好辖区银行业法人金融机构风险评估与监测工作；二是探索建立辖内金融理财产品市场监测工作机制，制定了《金融理财产品市场监测制度》，并定期召开金融理财工作联席会议，有效防范交易风险；三是积极协调政府部门出台救助措施，成功化解了某企业因资金链断裂引发的金融风险，有效维护了辖区金融稳定。

【金融监管】 2008年，日照市金融监管部门加大工作力度，实现了金融资产质量和经营效益的进一步提高。一是积极引进股份制商行，金融跨区域经营战略意识增强，12月22日招行日照支行成立，同日，中国银监会（银监鲁准〔2008〕535号）印发，正式批复同意日照市商行筹建青岛分行；二是邮政金融改革取得重大成果，4月23日邮储银行日照市分行挂牌成立，全市各级邮政金融机构全部组建完毕，建立起自上而下、运行良好的邮储银行组织管理构架。

【外汇管理】 2008年，外管局日照市中心支局着力构建以岗位标准化管理为主线、行为规范化管理为形式、绩效考核和外部监督为保障的行风建设长效机制。一是制定了《提高服务效能的若干规定》，实行了服务承诺制、限时办结制、首问负责制等制度；二是完善了“一体化”行政许可服务大厅，实行统一整合、集中办公、规范服务；三是制定实施了《外商投资企业历史数据采集核对方案》和《直接投资外汇业务信息系统运行管理制度》，在全省率先完成直接投资外汇业务系统推广应用工作，相关做法被总局领导批示转发全国，并在省分局工作会议上做了典型发言；四是研究制定了《银行结售汇统计数据非现场核查办法》；五是举办外汇业务培训班，设立两部专线电话，解答企业在政策执行过程中遇到的问题，为企业提供咨询服务1000余次。

【金融改革】 2008年，日照市各金融机构加大金融改革，取得良好成效。

一、人行改进对县支行的指导管理。一是制定了县支行风险内控责任评估和责任追究办法，并对支行监督机制建设情况进行了检查；二是加强学习型班子队伍建设，认真开展县支行轮训工作；三是在传导货币政策、优化金融生态环境、改进金融服务等方面做了大量工作，有力地推动了县域经济的发展。

二、继续推动金融支持新农村试点工作。一是针对在试点工作中遇到的困难和障碍，与相关部门进行了沟通，制定了新的扶持政策方案，得到市领导肯定；二是人行济南分行与山东农业大学组成了联合调研组对试点工作进行了专题调研，济南分行领导对调研报告做了批示，并转发其他地市参阅。

三、农行改革。12月31日，农行日照市分行共剥离信贷、非信贷资产10.52亿元，完成了财务重组；五级分类不良贷款余额21028万元，不良贷款占比为3.78%。

【精神文明建设】 2008年，日照市各金融机构开展了形式多样的精神文明建设活动。

人行日照市中支继续深化央行文化建设。一是落实分行《央行文化建设指引》,不断深化各项措施的落实,在分行绩效考核中连续3年进入A级行行列;二是制定实施了《关于建立健全反腐倡廉"大宣教"工作格局的意见》和《2008年反腐倡廉宣传教育工作实施意见》,研究制定了《廉政文化建设指引》。该中支货币信贷管理科被共青团中央命名为全国级青年文明号。

农发行日照市分行获得省行国际结算业务专项奖励2等奖,全省信贷质量考核第4名;被中央组织部授予组织人事档案管理二级先进单位;分行机关党支部被省行表彰为先进基层党组织;全系统连年被市委、市政府授予市级文明单位。

中行日照分行年度综合绩效考核连续4年居全省16家二级分行首位;内控防案工作扎实有效,全年实现零案件、零事故,被山东银监局授予"良好银行"和"小企业金融服务先进单位"称号;全年有4个直属分理处升格为经营性支行;对营业网点实施模块化改造,被中总行授予"员工职业道德建设先进单位"。

建行日照分行在市银行业协会组织的迎奥运金融服务评选中总评第一,在省行的服务积分考评中获第6名;岚山支行被总行授予"奥运金融服务与安全运营保障工作团队奖",营业部被授予总行级"青年文明号"。

日照市商行加强人力资源管理与开发,开展了"青春奋斗价值"主题教育活动,组织和参加外部各类培训75期,培训员工1316人次,并与北京大学联合举办工商管理高级研修班。在《银行家》2008全国城商行竞争力排名中列第二位,被金融时报社和中国社科院金融研究所评为年度最佳中型城商行,被中国金融网评为中国金融业年度创新奖;荣获省小企业金融服务先进单位、企业教育培训先进单位、2008鲁商最佳信誉银行,日照市纳税先进企业、企业文化建设十佳企业等多项称号。

农信社日照市办事处一是系统制订了《委派财务督察管理暂行办法》,公开选聘4名财务督察委派到各联社开展工作;二是深入开展创建"两好一高"机关活动和"迎奥运"文明服务系列活动。岚山联社观海路分社被省文明办授予省级文明服务单位,1名员工被授予省级文明服务标兵。

【金融大事记】 4月15日 日照市保险业在市政府会议大厅隆重举行第3届"保险之星"、"十大保险明星"表彰暨服务质量年动员大会。日照市委常委、副市长侯成君出席会议并讲话,市人大常委会副主任薄明、市政协副主席孙承金等出席了会议。

4月20日 第4届中国金融(专家)年会暨2007中国金融年度人物颁奖盛典在北京举行,日照市商行荣获2007中国金融业年度创新奖,该行党委书记、董事长费洪军被评为2007中国城商行年度人物。

4月22日 人行日照市中支与毗邻的江苏省连云港中支举行了联谊活动,正式结为联谊行,将定期组织开展工作交流、学术研讨、文体娱乐等联谊活动。

4月23日 邮储银行日照市分行挂牌成立,日照市政府副市长万同,省邮政公司副总经理刘福义,邮储总行党委书记李毅等出席成立庆典。

4月29日 农行山东省行杨国月行长助理参加农行日照市分行领导干部会议,代表省行党委宣布了以刘聪盛为日照市分行党委书记、行长的新领导班子任命。

5月12日 日照市市委副书记、代市长赵效为在市委常委、常务副市长侯成君、市政府秘书长陈刚等陪同下到该市各金融机构视察工作。

6月6日 人行济南分行与日照市政府联合举办了"鲁南经济带临海产业区发展与金融支持推进会"。省政府副秘书长、金融办主任张超超、人行济南分行行长杨子强,省内外28家金融机构主要负责人,日照市委、市政府主要领导及200多企业负责人等共计800余人参加了会议。

6月14日 人行日照市中支举办征信宣传月活动"诚信走天下"迎奥运人民币反假暨征信知识电视竞赛,全市金融机构6个代表队参赛。

6月26日 建行日照分行、日照市发改委联合举办了企业上市培训暨业务洽谈会,各区县发改局和部分企业的有关负责人参加了座谈会。

6月28日 建行日照分行与中国人寿日照分公司在碧波酒店联合举办了"相约建行、牵手国寿"家庭理财规划分析会,近200名客户参加了活动。

8月18日 农发行山东省分行党委任命田青为农发行日照市分行党委书记、行长。

8月28日 农发行总行党委副书记、副行长孟献斌在山东省分行党委书记、行长杨杰的陪同下到日照市进行调研。

9月6日 工行总行杨凯生行长在山东省分行沈荣勤行长陪同下到日照分行调研指导工作。

9月17日 外管局日照市中心支局将港口、码头等重点场所以及涉汇机构、人员等作为宣传重点,全面开展外汇市场"诚信兴商宣传月"活动。

9月19日 人行日照市中支召开了全市中小企业信贷政策传导会,市民营经济发展局、各金融机构负责人、人行各支行和相关科室负责人出席了会议。

10月21日 中行总行周载群副行长在山东省分行何兴祥行长的陪同下来中行日照分行检查工作。

11月3日 建行日照分行为日照经济开发区成功发行"龙信融资通"产品,归集资金7000多万元,标志着该行投资银行业务又取得了重大突破。

11月4日 日照市新车保险服务大厅举行开业庆典。市委常委、侯成君副市长、市人大常委会薄明副主任、市政协董淑波副主席以及市银监局、工商局、公安局、民间组织管理局等部门领导出席庆典。

12月16日 中行日照分行孙成刚行长获得"纪念改革开放30周年推动日照经济社会发展风云人物"称号。

12月22日 招行日照支行开业,行长綦琨。

中国银监会(银监鲁准〔2008〕535号)印发,正式批复同意日照市商行筹建青岛分行。

12 月 28 日　日照市商行被金融时报社、中国社会科学院金融研究所评为“年度最佳中型城市商业银行”。

12 月 29 日　日照市委副书记、市长赵效为，市委常委、副市长侯成君一行到日照市各金融机构走访慰问干部职工。

（丁　文）

莒　县

【经济金融简况】　2008 年，莒县经济呈现出发展速度比较快、运行质量比较好、收益比较高的特点。全县规模以上工业增加值完成 52.61 亿元，增长 25.7%；实现产品销售收入 213.87 亿元，增长 30.66%；实现利税 17.57 亿元。

全县金融总体运行平稳。新增储蓄定期存款占比为 71.3%，同比下降 5.39 个百分点；企业存款占全县各项存款的比重为 13.66%。从全年新增贷款的时间分布来看，呈现出明显的先升后降的态势。农业贷款增加 8.96 亿元，同比多增 5.20 亿元；基本建设贷款增加 1996 万元，个人中长期消费贷款增加 6431 万元；新增中长期贷款占各项贷款增加额的 16.38%。

【金融发展与改革】　2008 年，人行莒县支行年初以县政府文件下发《关于促进金融机构加大信贷投入加快县域经济发展的意见》，并修订完善《金融机构支持经济发展考核奖励

莒县主要经济金融指标

经济指标	2007	2008	经济指标	2007	2008
土地面积（平方公里）	1952	1952	地方财政支出（亿元）	8.67	9.43
人口（万人）	110.36	111.06	全社会固定资产投资（亿元）	49.43	105.57
非农业人口（万人）	21.99	20.50	固定资产投资增速（%）	26	98.23
地区生产总值（亿元）	127.78	159.39	进出口总值（万美元）	49427	79967
地区生产总值年增速（%）	16.1	15.8	出口总值（万美元）	16637	18131
第一产业（亿元）	28.17	30.43	实际利用外资（万美元）	2123	2716
第二产业（亿元）	61.77	83.19	社会消费品零售总额（亿元）	43.39	52.94
第三产业（亿元）	37.83	45.77	居民消费价格指数（%）	--	--
财政总收入（亿元）	9.19	10.16	人均地区生产总值（元）	11590	14397
地方财政收入（亿元）	2.57	3.00	城镇居民可支配收入（元）	--	--
财政总支出（亿元）	9.19	10.15	农民人均纯收入（元）	5027	5661
金融指标（亿元）	2007	2008	金融指标（亿元）	2007	2008
本外币存款余额	88.73	114.50	财险收入	0.77	0.86
企业存款	11.52	10.90	寿险收入	1.62	1.75
储蓄存款	59.11	75.14	财险赔款	0.49	0.54
本外币贷款余额	51.99	58.18	寿险给付	0.08	0.95
短期贷款	44.37	49.38	证券市场交易总额	20	25
中长期贷款	7.31	8.65	投资者保证金余额	0.2	0.17
票据融资	0.20	0.04	证券交易佣金收入	0.04	0.05

注：无“农民人均现金收入”指标，改为“农民人均纯收入”。

莒县主要金融机构负责人

单位名称	行长（或其他称谓的第一负责人）	副行长（或其他称谓的同级领导）
人行莒县支行	庄举伦	杜家强　魏金松
银监会莒县办事处	张成阜	
农发行莒县支行	王宗桂	李学民　徐　军
工行莒县支行	李希民	王京强　陈淑俊
农行莒县支行	丁福昌	崔亚林　杨善喜
中行莒县支行	商玉平	张元真　夏　波
建行莒县支行	安佰刚	李朝阳　张　雁
日照市商行莒县支行	马继军	钟　杰
莒县农信联社	单连涛	牛学强　何兴义
邮储银行莒县支行	史国栋	郭淑梅

莒县主要金融机构业务概况

单位：亿元

单位名称	本外币存款余额	企业存款	储蓄存款	本外币贷款余额	短期贷款	中长期贷款
农发行莒县支行	0.61	0.56	0	2.71	1.81	0.90
工行莒县支行	12.23	2.96	4.44	8.49	3.27	5.19
农行莒县支行	11.23	2.38	7.19	1.24	0.95	0.28
中行莒县支行	16.47	1.11	4.23	8.25	7.25	1.00
建行莒县支行	5.73	1.21	2.82	0.71	0.11	0.60
日照市商行莒县支行	3.49	1.46	0.33	2.53	2.21	0.32
莒县农信联社	44.41	5.96	38.36	33.72	33.31	0.37
邮储银行莒县支行	17.85	0.36	17.49	0.65	0.65	0

办法》，引导金融机构坚持“区别对待、有保有压”的原则，有针对性地做好金融工作。一是贷款期限结构进一步优化，压缩了部分中长期贷款，提高了流动性强的短期贷款比例，年末短期贷款比年初增加5亿元，占全部贷款增量的81%；二是加快劣质客户贷款退出，促进信贷资源优化配置，全县金融机构共清退劣质客户贷款9876万元；三是融资类非贷款模式快速发展，票据、信用证和保函等低风险业务得到长足发展，全县累计贸易融资额34.6亿元，同比多增7.1亿元，累计签发银行承兑汇票28.7亿元，同比多增4.8亿元。

【金融服务与监管】　2008年，莒县金融监管部门创新监管方式，不断加大对金融机构的监管力度，制定实施了《辖内银行业金融机构非现场监督考核办法》，加强对辖内金融机构的人民币结算账户、国库经收、反洗钱、金融统计和货币信贷等业务非现场监管，各金融机构业务差错率大幅下降，自觉执行法律法规意识明显增强。

（黄甫昌　刘印杰）

五莲县

【经济金融简况】 2008年，五莲县规模以上工业企业完成增加值285.3亿元，增长17.3%；实现产品销售总收入242.7亿元，增长33.3%；实现利税12.8亿元。

全县金融系统大力开展金融创新，促进全县经济金融协调可持续发展，金融形势整体运行平稳。全县金融机构实现账面结益14295万元，同比增盈5557万元，其中，国有独资商行盈利4869万元，减盈1087万元，农信社盈利7590万元，增盈6390万元；各项外汇存款余额253万美元，各项外汇贷款余额

五莲县主要经济金融指标

经济指标	2007	2008	经济指标	2007	2008
土地面积（平方公里）	1443	1443	地方财政支出（亿元）	6.00	6.41
人口（万人）	51	51	全社会固定资产投资（亿元）	33.35	65.87
非农业人口（万人）	17.72	17.63	固定资产投资增速（%）	76	97.5
地区生产总值（亿元）	96.44	120.07	进出口总值（万美元）	11671	14097
地区生产总值年增速（%）	16.9	15.5	出口总值（万美元）	10356	12417
第一产业（亿元）	12.96	13.48	实际利用外资（万美元）	2362	686
第二产业（亿元）	53.86	70.61	社会消费品零售总额（亿元）	22.80	27.4
第三产业（亿元）	47.2	35.98	居民消费价格指数（%）	--	--
财政总收入（亿元）	5.03	4.97	人均地区生产总值（元）	18911	23543
地方财政收入（亿元）	2.34	2.51	城镇居民可支配收入（元）	--	--
财政总支出（亿元）	6.00	6.41	农民人均现金收入（元）	6197	--
金融指标（亿元）	**2007**	**2008**	**金融指标（亿元）**	**2007**	**2008**
本外币存款余额	58.21	69.83	财险收入	0.29	0.27
企业存款	8.18	9.26	寿险收入	0.62	0.88
储蓄存款	42.16	52.22	财险赔款	0.18	0.44
本外币贷款余额	30.01	36.47	寿险给付	0.02	0.28
短期贷款	22.13	25.36	证券市场交易总额	--	--
中长期贷款	1.56	5.88	投资者保证金余额	--	--
票据融资	3.32	5.13	证券交易佣金收入	--	--

五莲县主要金融机构负责人

单位名称	行长（或其他称谓的第一负责人）	副行长（或其他称谓的同级领导）
人行五莲县支行	牟宗杰	高　飞
银监会五莲县办事处		
农发行五莲县支行	刘世军	杜庆会　古全兵

续表

单位名称	行长（或其他称谓的第一负责人）	副行长（或其他称谓的同级领导）
工行五莲支行	李　锋	王富青　龙庆祥
农行五莲县支行	刘鲁武	王洪新　郑德志　魏　波
中行五莲支行	相元昌	李善民　朱云涛
建行五莲支行	李业军	李吉丰　徐永君
日照市商行五莲支行	赵中华	娄源新　宋作峰
五莲县农信联社	单连涛	陈修善　商庆收　王培忠 王建国　王　斌
邮储银行五莲县支行	范中华	秦昌深

五莲县主要金融机构业务概况

单位：亿元

单位名称	本外币存款余额	企业存款	储蓄存款	本外币贷款余额	短期贷款	中长期贷款
农发行五莲县支行	0.16	0.14	0	2.19	1.19	1.00
工行五莲支行	8.28	1.81	5.37	4.10	0.72	3.08
农行五莲县支行	8.30	1.51	6.10	1.30	0.98	0.12
中行五莲支行	5.81	1.91	3.81	4.81	4.21	0.59
建行五莲支行	5.48	1.46	2.65	2.21	1.22	0.99
日照市商行五莲支行	3.34	1.71	0.52	1.84	1.82	0
五莲县农信联社	26.61	0.72	23.60	19.67	14.87	0.10
邮储银行五莲县支行	10.17	0	10.17	0.36	0.36	0

957万美元，比年初下降210万美元；农业贷款增加3.69亿元，工业贷款增加7385万元，分别占全县贷款增加额的55.37%和11.09%；商业贷款余额7667万元，减少1186万元。

【金融发展与改革】 2008年，人行五莲县支行坚持以经济建设为中心，以“监测、分析、引导”作为货币信贷工作的总体思路，灵活运用各种货币政策工具，促进全县经济金融持续健康平稳发展。

【金融服务与监管】 2008年，五莲县金融系统认真落实宏观调控政策，坚持执行“区别对待、有保有压”的原则，加大监管力度，支持经济发展，提升了辖区银行竞争力和风险管控水平。

（刘善国　李　政）

第十部分

区域性金融运行报告
——鲁北地区

东 营 市

【经济金融简况】 2008年，东营市积极转变经济发展方式，着力调整产业和产品结构，大力推进"黄河三角洲开发建设"，经济继续保持快速增长。

该市各金融机构不断优化信贷结构，支持油田和地方经济发展，全市金融运行平稳。

一、截至年末，东营市本外币各项存款余额同比多增105.95亿元，增长率提高11.39个百分点。其中，企业存款多增0.15亿元，增速放缓1.62个百分点；储蓄存款多增99.71亿元，相当于上年增量的7.2倍，增长率提高22.33个百分点；其他存款余额235.55亿元，增加48.25亿元，多增6.04亿元。从其他存款内部构成来看，保证金存款变化是重要原因。年末，东营市保证金存款余额93.01亿元，增加29.07亿元，占全部存款增加额的60.25%。

二、外币各项贷款持续增长，中长期贷款增长较快，票据融资增加明显。截至年末，东营市本外币各项贷款余额同比少增5.35亿元，增速降低4.15个百分点。其中，短期贷款增长平稳，总量占全市贷款总额的64.62%；中长期贷款受央行信贷额度控制"淡出"影响，10–12月增速加快，余额加速上扬。

三、金融机构效益保持良好增长势头。2008年，东营市国有商业银行实现盈利20.09亿元，增盈6.13亿元；商业银行盈利2.27亿元，增盈0.45亿元；农村合作金融机构盈利2.84亿元，增盈0.87亿元；农发行盈利0.97亿元，增盈0.31亿元。

【货币政策实施】 2008年，人行东营中支继续把监测分析和引导作为货币信贷工作的着力点，积极贯彻落实各项货币信贷政策。

一、加大窗口指导力度，有效疏通货币政策传导渠道。一是先后制定下发了《做好2008年货币信贷工作、促进地方经济又好又快发展指导意见》和《金融机构执行信贷政策实施效果导向评估》等制度，加大监测分析引导力度；二是定期组织辖内各银行业机构和分管信贷的主要负责人召开座谈会，分析辖区金融形势，引导金融机构适应货币政策调整变化，优化信贷结构。

二、加大信息调研工作力度，成立了调研课题小组，探索建立了金融研究和重点课题等系列制度，提高货币信贷管理水平。

三、加强预警监测工作。一是先后建立完善了法人机构动态监测、重点企业联席会议和橡胶轮胎、石油化工等重点行业监测制度；二是探索建立了与地方经济管理综合、金融监管、财税等部门及无基层人民银行地方政府的协调机制，畅通了政策传导渠道，提升了信息共享水平。

【金融监管】 2008年，人行东营市中心支行和银监会东营监管分局严格依法监管，确保了辖区金融业安全稳健运行。

一、人行东营市中心支行以监测、引导和检查为重点，切实防范系统性金融风险。一是制定出台了《大企业集团资金链断裂突发信贷风险应急预案》和《应对金融风暴法人金融机构流动性风险预警机制》；二是加强部门间的信息沟通，制定了《信息共享协调机制办法》；三是加强对辖内各金融机构反洗钱、会计账户及国库等业务的监督检查力度。

二、银监会东营监管分局加强现场、非现场监管工作，提高监管效能。一是建立了授信10亿元以上集团客户统计制度，对大型企业集团实行授信集中填报，密切关注贷款的异动和关联交易情况；二是围绕提示、通知、现场检查和处罚单等"四单"制度，加大非现场监管风险点及苗头性问题的预警提示力度；三是提高现场检查效能，组织实施省局统一立项现场检查项目15个，重点对个人房贷、贷款真实性、新发放贷款投向及风险等内容进行了检查；结合辖区实际自主立项1个，对城商行近3年来现场检查发现问题的整改落实情况进行了现场检查；四是严格市场准入管理，建立了市场准入与分类监管相结合的激励约束相容机构，全年累计受理审核金融机构行政许可194项。

【外汇管理】 2008年，外管局东营市中心支局不断强化外汇管理，积极支持辖内金融机构开办外汇业务。全年办理出口收汇核销15808笔，金额18.08亿美元；进口核销4929笔，金额18.79亿美元；外商投资企业外汇登记1.22亿美元，外债转贷款余额5232万美元，其中外债转贷款提款450万美元，还本付息2372万美元；办理境外投资1020万美元；境外上市1家。

主要工作：一是开发了外汇非现场检查和国际收支统计申报非现场核查系统；二是推行了出口退税无纸化制度，简化企业出口退税手续；三是取消了省内企业贸易进口异地付汇的备案管理，为企业提供付汇便利；四是举办外汇政策法规系列讲座6次，培训银行和企业人员近600人，突出外汇政策的宣传和培训效应；五是开展了"上门服务，争当黄河三角洲开发建设排头兵"服务月活动；六是推广了FDI、出口收结汇联网核查和贸易信贷登记管理系统。

【金融改革】 2008年，人行东营市中心支行积极支持金融改革与创新，维护辖区金融稳定。一是深化农村合作金融机构改革，积极推动农村商业银行组建工作；二是推进邮政储蓄银行改革。

【精神文明建设】 2008年，东营市各金融机构组织开展了多种形式的宣传教育活动。如：人行东营中支相继组织开展

东营市经济主要统计指标

指标 \ 年度	2004	2005	2006	2007	2008	2008 年同比增幅（%）
土地面积（平方公里）	7923	7923	7923	7923	7923	0
人口（万人）	178.83	180.50	181.80	183.09	183.97	0.48
非农业人口（万人）	84.47	76.75	78.16	78.80	76.91	-2.40
地区生产总值（亿元）	893.2	1166.1	1450.3	1658.4	2052.6	23.77
第一产业（亿元）	40.57	48.20	53.27	60.63	70.08	15.59
第二产业（亿元）	718.50	959.45	1192.66	1269.24	1570.93	23.77
工业（亿元）	655.16	894.68	1137.56	1207.14	1500.00	24.26
建筑业（亿元）	63.34	64.77	55.10	62.10	70.93	14.22
第三产业（亿元）	134.11	158.49	204.38	328.55	411.61	25.28
人均地区生产总值（元）	50155	64907	74048	90580	111574	23.18
地区生产总值构成（%）	100	100	100	100	100	--
第一产业（%）	4.80	4.10	3.67	3.66	3.41	-6.83
第二产业（%）	80.80	82.30	82.23	76.53	76.53	0.00
第三产业（%）	14.40	13.60	14.10	19.81	20.05	1.21
财政总收入（亿元）	187.22	276.40	361.70	342.20	413.86	20.94
地方财政收入（亿元）	28.31	38.50	48.09	60.12	70.95	18.01
财政总支出（亿元）	35.50	50.50	61.86	76.29	89.72	17.60
地方财政支出（亿元）	35.50	50.50	61.86	76.29	89.72	17.60
全社会固定资产投资（亿元）	450.60	605.70	609.90	698.60	873.81	25.08
规模以上固定资产投资（亿元）	--	446.70	537.56	612.23	754.40	23.22
规模以下固定资产投资（亿元）	--	103.32	72.30	86.37	119.41	38.25
房地产开发（亿元）	35.10	47.00	41.90	63.48	69.99	10.26
进出口总值（亿美元）	10.56	14.83	18.80	26.52	41.19	55.32
出口总值（亿美元）	6.06	8.54	11.21	14.01	19.72	40.76
实际利用外资（亿美元）	4.00	1.16	1.39	1.67	1.79	7.19
社会消费品零售总额（亿元）	117.10	149.00	173.50	206.64	254.61	23.21
居民消费价格指数（%）	103.20	103.61	101.30	106.00	103.50	-2.36
城市居民人均可支配收入（元）	14789	14939	16742	18626	19487	4.62
农民人均现金收入（元）	4033	4603	5157	5869	6660	13.49

垦利县主要金融机构业务概况

单位：亿元

单位名称	本外币存款余额	企业存款	储蓄存款	本外币贷款余额	短期贷款	中长期贷款
农发行垦利县支行	0.46	0.32	0	3.81	2.27	1.54
工行垦利支行	24.31	4.54	15.00	24.58	14.35	10.23
农行垦利县支行	25.50	5.23	17.14	13.06	12.09	0.31
中行垦利支行	11.11	2.77	5.09	16.99	9.80	7.19
建行垦利支行	4.81	1.90	0.95	12.65	6.13	6.52
东营市商行垦利支行	0.75	0.60	0.15	0.21	0.21	0
垦利县农信联社	29.41	0.86	20.82	23.93	23.16	0.38
邮储银行垦利县支行	4.10	0.33	3.77	0.22	0.22	0

落实国家由从紧到适度宽松货币政策的转变，加强窗口指导，确保了全县重点项目、行业和工程的资金需求。同时，充分发挥货币政策工具的引导作用，促进农信社调整信贷结构，改善经营环境，支持农村经济发展。

【金融服务与监管】 2008 年，人行垦利县支行在金融服务方面主要做了以下工作：一是认真做好贷款卡发放和年审工作，保证信贷登记信息的完整性和准确性，贷款卡年审率达到 90%以上；二是加强外汇管理，努力提高办理外汇出口核销业务能力，全年为全县 33 家涉外企业发放核销单 2536 份，核销金额 16328 万美元；三是加强人民币宣传，加大反假力度。

（李祥勇）

利津县

【经济金融简况】 2008 年，利津县解困变强目标实现了新突破。该县金融机构不断改进金融服务，各项业务迅速发展。截至年末，全县金融机构累计签发银行承兑汇票 11.37 亿元，办理贴现 0.53 亿元，信用证业务 1.49 亿美元，信托贷款 3.07 亿元，协调、引进域外贷款 18.46 亿元。

【金融发展与改革】 2008 年，利津县金融运行质量和效益持续提高，对地方经济社会发展贡献度不断增大。一是国有

利津县主要经济金融指标

经济指标	2007	2008	经济指标	2007	2008
土地面积（平方公里）	1665.60	1665.60	地方财政支出（亿元）	6.21	7.39
人口（万人）	29.62	29.71	全社会固定资产投资（亿元）	46.75	54.03
非农业人口（万人）	3.86	3.91	固定资产投资增速（%）	26.35	20.60
地区生产总值（亿元）	81.80	100.06	进出口总值（万美元）	22895	47730
地区生产总值年增速（%）	23.14	15.60	出口总值（万美元）	9986	5889
第一产业（亿元）	13.90	16.45	实际利用外资（万美元）	1070	1450
第二产业（亿元）	49.90	58.98	社会消费品零售总额（亿元）	15.40	18.87
第三产业（亿元）	18.00	24.63	居民消费价格指数（%）	106.19	104.10
财政总收入（亿元）	6.70	6.79	人均地区生产总值（元）	27691	33720
地方财政收入（亿元）	2.80	3.36	城镇居民可支配收入（元）	14007	15408

续表

经济指标	2007	2008	经济指标	2007	2008
财政总支出（亿元）	7.59	8.39	农民人均现金收入（元）	5920	6257
金融指标（亿元）	2007	2008	金融指标（亿元）	2007	2008
本外币存款余额	31.06	41.46	财险收入	0.17	0.20
企业存款	3.43	4.89	寿险收入	0.56	0.61
储蓄存款	19.70	26.34	财险赔款	0.14	0.16
本外币贷款余额	31.95	32.69	寿险给付	0.06	0.07
短期贷款	23.39	25.31	证券市场交易总额	--	--
中长期贷款	8.56	6.97	投资者保证金余额	--	--
票据融资	--	0.40	证券交易佣金收入	--	--

利津县主要金融机构负责人

单位名称	行长（或其他称谓的第一负责人）	副行长（或其他称谓的同级领导）
人行利津县支行	王学亮	李士春　张爱民
银监会利津县办事处	张启新	张丽玲
农发行利津县支行	任庆国	王学良
农行利津县支行	张向坤	刘志勇　李　军
建行利津支行	李华东	任向阳　陈龙武
东营市商行利津支行	牟光辉	陈　闯　些遵建
利津县农信联社	陈文歧	赵树华　林珍三　潘荣先　王占国
邮储银行利津县支行	刘彦军	袁树英

利津县主要金融机构业务概况

单位：亿元

单位名称	本外币存款余额	企业存款	储蓄存款	本外币贷款余额	短期贷款	中长期贷款
农发行利津县支行	1.09	0.33	--	4.35	3.94	0.41
农行利津县支行	12.53	2.75	6.68	9.19	6.07	2.72
建行利津支行	6.00	1.12	3.71	6.47	2.64	3.82
东营市商行利津支行	0.05	--	0.05	0.10	0.10	--
利津县农信联社	15.23	0.29	11.89	12.30	12.29	0.01
邮储银行利津县支行	4.42	0.41	4.01	0.28	0.27	0.01

商业银行股改稳步推进，城市商业银行县支行顺利完成组建工作并合规运行；二是农信社产权关系进一步明确，支农力度明显加大，农村信用体系建设工作不断推进；三是邮储银行县支行不断加大存单质押小额贷款业务发展力度，积极开办新的资产业务品种，服务"三农"能力进一步提升。

【金融服务与监管】 2008年，利津县金融机构围绕支持黄河三角洲开发建设和"突破利津"发展战略，进一步强化金融服务与监管，为全县经济发展提供了良好的金融服务。一是加强对影响县域经济金融热点、难点问题的调研分析，为金融决策提供了信息和依据；二是加强窗口指导职能，召开了金融机构联席会议，确保货币政策的贯彻落实；三是加强对支农再贷款、法人机构存款准备金等资金的管理，定期做好中央银行专项票据兑付后的监测考核与检查工作；四是加强和改进外汇管理，为全县进出口企业提供优质服务；五是财税库银电子信息传递横向联网系统正常运行，保证了地方税收及时入库和财政库款的正常拨付；六是进一步加强支付体系建设，有效杜绝了多头开户、违规提取现金等问题；七是加强票币防假、反假意识；八是加强信贷征信管理与服务，社会信用环境得到优化。

(辛玉梅　高建刚)

滨州市

【经济金融简况】 2008年，滨州市积极转变经济发展方式，优化信贷结构，增加信贷投放，银行经营效益继续改善，有力地支持了地方经济发展。

一、企业存款下滑明显，居民储蓄存款持续快速增长。受经济危机影响，企业生产经营状况持续恶化，资金链趋紧，除电力行业首年出现亏损外，作为重点支柱产业的滨州纺织业利润同比下降7.82%，多个重点行业利润增速同比大幅下降。12月，央行连续的降息政策逐步产生效应，全市居民活期储蓄增加7.64亿元，定期储蓄增加2.06亿元。

二、短期贷款增长，中长期贷款下滑，贷款结构发生变化，农业贷款增加较多，贷款投入向消费贷款与第三产业领域快速转移。截至年末，本外币制造业贷款新增48.65亿元，农业贷款增加29.66亿元。其中，卫生、社会保障和社会福利业贷款增长7.64倍；采矿业增长2.75倍；住宿和餐饮业增长64.98%；居民服务和其他服务业增长57.01%；个人消费贷款增长33.86%；农林牧渔业增长26.5%。受经济环境影响，部分行业贷款呈下降趋势。如：电力、燃气及水的生产和供应业全年亏损2.19亿元，贷款减少8521万元，下降1.63%；交通运输、仓储和邮政业贷款下降18.76%，信息传输、计算机服务和软件业贷款下降14.63%。

三、盈利能力增强。全年滨州市国有商业银行实现人民币盈利19.61亿元，增盈5.67亿元，增长40.68%；农村合作机构盈利2.30亿元，增盈0.53亿元，增长29.99%。

【货币政策实施】 2008年，人行滨州市中心支行认真贯彻落实国家宏观政策，积极推进金融生态环境建设，实现了辖区信用总量的持续快速增长。

一、充分发挥窗口指导职能。一是制定下发了《关于做好货币信贷工作促进实现富民强市新跨越的指导意见》，通过定期召开金融形势分析会、行长(主任)联席会议等形式，及时传递宏观调控意图，引导金融机构合理调整信贷结构，准确把握信贷投放节奏；二是制定实施了《金融机构货币信贷政策执行情况考核评价办法》，定期对货币政策执行和信贷投放情况进行通报。

二、搭建银企合作平台，促进银企双方互利共赢。一是协助滨州市政府举办了"优化环境，和谐共赢"2008诚信滨州银企合作推进会，银企双方签订合同、协议820亿元；二是配合滨州市政府召开了银企合作促进会，共签订合作项目194个，合同贷款131.35亿元，协议贷款57.88亿元，意向贷款75.53亿元。

三、完善利率监测制度，推进利率市场化。一是加强了对农信社贷款定价管理办法的指导，通过召开座谈会、举办培训班等方式，提高了其贷款定价水平；二是进一步提高民间借贷利率监测力度，重点选择了150个监测点，力求全面反映辖区民间融资情况；三是对民贸民品生产企业贷款优惠利率执行情况及合规性进行了专项检查，规范了操作规程。

四、全面提高监测评估、分析和预警水平，确保辖区金融体系稳健运行。一是关注农信社改革，对全市农信社的重要风险源、法人机构的资金流动性变化等进行动态监测，及时作出风险警示；二是加强对国有银行深化改革的跟踪监测，做好政策实施效果反馈，配合人行济南分行对农发行和农业银行的改革与发展问题进行了实地调查；三是对辖内重点企业和项目的资金状况进行监测分析，避免企业集团因资金链条断裂引发大规模金融风险。

【金融监管】 2008年，银监会滨州银监分局以提高银行业竞争力和监管有效性为目标，努力改善金融服务，确保了辖区银行业的健康有序运行。

一、抓好金融机构不良贷款双降工作。一是与各银行业金融机构签订了"双降目标责任书"，按季召开不良贷款压降工作调度会，防止其反弹；二是建立了新增不良资产汇报制度，要求银行业金融机构对新发生百万元以上不良资产及时进行专题汇报，同时，对500万元以上大额不良贷款建立监测台账，实时监测。

滨州市经济主要统计指标

指标 \ 年度	2004	2005	2006	2007	2008	2008 年同比增幅（%）
土地面积（平方公里）	9445	9445	9445	9453	9453	0
人口（万人）	368.90	371.25	373.16	374.48	375.68	2.40
非农业人口（万人）	62.19	78.70	94.01	95.29	104.69	9.86
地区生产总值（亿元）	530.50	667.27	833.67	1030.29	1236.83	13.10
第一产业（亿元）	80.71	89.10	97.21	109.57	122.69	2.90
第二产业（亿元）	300.04	401.66	514.82	638.33	753.67	12.40
工业（亿元）	258.06	304.85	471.75	587.95	693.00	12.40
建筑业（亿元）	41.98	37.27	43.07	50.38	60.67	11.70
第三产业（亿元）	138.70	176.51	216.99	282.39	360.47	18.80
人均地区生产总值（元）	14133	18031	22273	28125	33610	12.60
地区生产总值构成（%）	100	100	100	100	100	--
第一产业（%）	15.54	13.66	11.66	10.63	9.92	-0.71
第二产业（%）	57.76	60.20	61.75	61.96	60.94	-1.02
第三产业（%）	26.70	26.14	26.59	27.41	29.14	1.73
财政总收入（亿元）	43.19	65.9	91.60	118.56	138.32	16.70
地方财政收入（亿元）	22.01	32.11	45.12	59.37	70.37	18.50
财政总支出（亿元）	--	--	--	--	--	--
地方财政支出（亿元）	36.87	48.43	64.67	84.94	100.88	18.76
全社会固定资产投资（亿元）	310.00	495.00	600.00	605.00	650.00	7.44
规模以上固定资产投资（亿元）	267.86	477.63	496.87	481.83	578.69	21.00
规模以下固定资产投资（亿元）	--	--	--	--	--	--
房地产开发（亿元）	11.80	15.9	15.47	23.45	50.67	116.50
进出口总值（亿美元）	19.05	22.44	27.03	33.59	45.28	34.80
出口总值（亿美元）	9.04	12.41	15.83	18.81	23.01	22.30
实际利用外资（亿美元）	3.47	0.93	1.52	2.52	3.01	19.40
社会消费品零售总额（亿元）	117.87	179.73	208.57	246.05	302.62	23.00
居民消费价格指数（%）	101.70	102.2	100.70	103.2	104.8	1.60
城市居民人均可支配收入（元）	9009	10286	11726	13888	15960	14.92
农民人均现金收入（元）	3378.12	3817	4370	4986	5662	13.58

注：依据市财政、统计部门说明，“财政总支出”、“规模以下固定资产投资”两项指标不做统计。

滨州市工农业主要统计指标

农业主要统计指标（万吨）				规模以上工业企业主要统计指标（亿元）			
项目＼年度	2007年	2008年	增幅（%）	项目＼年度	2007年	2008年	增幅（%）
粮食	263.66	276.96	5.00	工业增加值	631.49	660.55	12.96
夏粮	128.19	136.29	6.30	国有工业	11.34	11.56	1.96
秋粮	135.47	140.67	3.80	集体工业	2.46	3.32	42.68
棉花	15.83	16.11	1.80	股份制工业	477.90	569.08	13.33
油料	0.68	1.09	60.00	股份合作制工业	1.20	0.79	-7.98
水果	94.85	103.72	9.40	外商及港澳台投资工业	30.91	51.79	10.50
蔬菜	215.36	186.94	-13.20	轻工业	307.11	381.03	13.12
肉类	29.15	34.73	19.14	重工业	236.00	279.52	11.85
禽蛋	14.74	16.42	11.40	销售收入	2300.46	2786.90	24.40
奶类	11.61	10.60	-8.8	利税	209.64	210.91	0.40
水产品	31.26	32.61	4.30	利润	132.29	126.24	-5.80
森林覆盖率（%）	25.40	28.50	3.10	经济效益综合指数（%）	232.42	244.30	8.30

滨州市主要金融机构负责人

单位名称	行长（或其他称谓的第一负责人）	副行长（或其他称谓的同级领导）
人行滨州市中心支行	李庆胜	郑现中　李秀杰　李　虹　贾克玲　赵向东
银监会滨州监管分局	王丙亮	胡红坚　侯庆华
农发行滨州市分行	谢　军	李晓东　刘志波
工行滨州分行	范炜东	王　莹　张建新　吴建华　魏长进　姚春洪
农行滨州市分行	闵令民	赵传敬　陈　东　何宝林　叶武红
中行滨州分行	葛春尧	曹亚军　徐　林　于　泳　王晓楠
建行滨州分行	修　琦	田　青　焦　兵　孔凡忠　徐元兴　王东方　刘振毅
淄博市商行滨州分行	鞠　杰	孙高荣
农信社滨州市办事处	马立军	宋修宝　李　臣　高　平
邮储银行滨州市分行	王金虎	许欣山　张　萍
人民财产保险公司滨州分公司	曹宏伟	李　波　李良曦
人寿保险公司滨州分公司	刘忠田	张　波　盖　青
中信万通证券公司滨州营业部	赵俊云	
齐鲁证券公司滨州渤海七路证券营业部	魏玉军	苑　强

滨州市金融业务统计指标

	指标（亿元）＼年度	2004	2005	2006	2007	2008	2008年同比增幅（%）
银行类	本外币存款余额	347.55	406.22	480.13	566.03	700.22	23.71
	人民币存款余额	341.80	399.94	476.08	562.83	696.69	23.78
	企业存款	79.89	79.65	93.00	125.81	126.62	0.64
	储蓄存款	214.12	242.14	274.39	303.44	383.67	26.44
	定期储蓄存款	144.10	158.55	169.36	179.30	227.39	26.82
	活期储蓄存款	70.02	83.59	105.03	124.15	156.27	25.87
	本外币贷款余额	292.59	352.23	474.50	564.31	669.44	18.63
	人民币贷款余额	277.16	331.90	453.32	549.69	649.87	20.58
	短期贷款	197.24	241.15	317.00	372.16	421.50	13.26
	工业贷款	57.39	73.36	124.51	141.43	151.26	6.95
	商业贷款	45.14	57.80	34.28	33.10	26.77	-19.12
	农业贷款	63.22	77.46	86.97	106.22	136.01	28.05
	中长期贷款	80.18	86.06	122.98	160.86	196.62	22.23
	基本建设贷款	33.55	43.74	52.24	69.46	90.56	30.38
	技术改造贷款	1.77	2.24	7.26	8.02	9.95	24.06
	票据融资	11.63	14.53	19.62	26.99	34.79	28.89
	现金收入	1591.99	1807.14	2051.96	2061.87	2276.75	10.42
	现金支出	1623.87	1863.96	2131.30	2137.79	2354.97	10.16
	现金投放（+）回笼（-）	31.87	56.81	79.33	75.92	78.21	3.02
	当年结益	3.75	7.55	11.18	17.61	24.12	36.97
保险类	保险公司保费收入	9.32	9.76	11.41	14.87	20.50	37.86
	财险收入	1.95	2.46	3.44	5.30	7.01	32.26
	寿险收入	7.37	7.30	7.96	9.57	13.49	40.96
	保险公司赔款和给付支出	1.44	1.79	2.67	3.32	3.87	16.57
	财险赔款	1.18	1.50	2.27	2.95	3.35	13.56
	寿险给付	0.26	0.29	0.30	0.37	0.52	39.39
	当年结益	—	—	—	—	—	—
证券类	证券市场成交总额	30.5	37.76	149.11	661.05	862.35	30.45
	投资者保证金余额	0.50	0.50	1.19	5.26	2.88	-45.25
	佣金收入	0.09	0.09	0.23	1.41	1.02	-27.66
	净利润	0	0.006	0.13	0.94	0.60	-36.17

注：保险类“当年结益”指标因部分保险公司数据未核实不能对外提供，无法汇总统计。

滨州市金融机构统计指标

指标（个）		2004	2005	2006	2007	2008	2008 年同比增幅（%）
银行类	法人机构	7	7	7	7	7	0
	省级分行	0	0	0	0	0	0
	二级分行	7	7	7	7	8	14.29
	县区支行	41	40	41	38	47	23.68
	分理处、营业所	348	336	315	308	305	-0.97
	储蓄所	37	25	17	17	17	0
	从业人员总数	6190	5852	5614	5853	6216	6.2
保险类	保险机构	9	12	14	18	23	27.78
	财险机构	21	28	48	85	98	15.29
	省级分公司	0	0	0	0	0	0
	地市分公司	4	7	9	12	14	16.67
	县区支公司	17	21	39	73	84	15.07
	寿险机构	30	30	30	32	41	28.13
	省级分公司	0	0	0	0	0	0
	地市分公司	5	5	5	6	9	50.00
	县区支公司	25	25	25	26	32	23.08
	从业人员总数	5876	7895	9575	10545	12845	21.81
	财险人员	1081	1581	2012	2890	3750	29.76
	寿险人员	4795	6314	7563	7655	9095	18.42
证券类	证券机构	7	7	7	6	6	0
	证券公司	0	0	0	0	0	0
	证券营业部	4	4	4	3	6	100
	证券服务部	3	3	3	3	0	-100
	从业人员总数	42	40	39	48	57	18.75
	投资者开户	32729	31590	33891	86794	91412	5.32
	境内上市股票支数	3	3	3	3	3	0
	境外上市股票支数	1	2	2	4	5	25.00
	辖区上市公司总数	4	5	5	7	8	14.29

滨州市主要金融机构业务概况

单位：亿元

单位名称	本外币存款余额	企业存款	储蓄存款	本外币贷款余额	短期贷款	中长期贷款
农发行滨州市分行	14.46	4.45	—	61.97	58.97	3.00

续表

单位名称	本外币存款余额	企业存款	储蓄存款	本外币贷款余额	短期贷款	中长期贷款
工行滨州分行	145.38	39.37	56.73	159.28	71.45	83.08
农行滨州市分行	139.97	34.58	81.58	115.33	82.06	26.86
中行滨州分行	63.66	17.65	20.05	79.54	34.21	33.75
建行滨州分行	93.32	18.00	40.62	93.86	28.67	44.74
农信社滨州市办事处	184.36	6.67	139.58	154.83	141.68	5.15
邮储银行滨州市分行	46.06	1.29	44.73	1.24	1.20	0.04

滨州市各县级区域经济金融主要统计指标

名称	人口（万人）	面积（平方公里）	地区生产总值（亿元）	地区生产总值增速（%）	本外币存款余额（亿元）	储蓄存款（亿元）	本外币贷款余额（亿元）
滨城区	63.16	1041	266.20	14.00	218.91	106.33	188.71
惠民县	63.50	1363	105.83	8.00	47.06	36.64	32.09
阳信县	44.65	799	68.73	10.50	33.17	24.38	20.73
无棣县	44.67	1984	145.66	10.60	58.47	38.49	67.16
沾化县	38.82	2116	97.19	8.10	40.12	26.40	34.59
博兴县	48.36	900	155.84	13.20	115.63	63.21	90.26
邹平县	72.53	1250	429.76	14.50	186.15	88.16	235.32

二、加强银行业务操作风险深度排查。将案件治理与反商业贿赂及合规文化建设相结合，建立了内部审计后评价制度，加大问责力度，构建起了“查、防、堵、惩、教”相结合的案件防控长效机制。

三、依法惩处和打击非法集资活动。牵头制订了滨州市处置非法集资联席会议制度，会同16家相关部门共同承办依法处置非法集资工作，确立了预警监测、性质认定、集资处置和信息上报机制，制定了非法集资处置预案。

四、稳步推进银行业体制改革。邹平农村合作银行申请组建农村商业银行、博兴县农信联社申请组建农村合作银行各项筹备工作基本完成，邮政储蓄银行分支机构组建工作进展顺利，全市邮储银行二级分行和67家支行全部批准开业。

五、加大对辖内中小企业的信贷支持力度。一是指导各银行业金融机构认真贯彻执行“区别对待，有保有压”的信贷政策，重点发展小企业贷款业务，优化信贷结构；二是制定了《小企业金融服务先进单位评选办法》，进一步完善其贷款业务激励机制。全年指导银行业金融机构对小企业授信户4838数户，比年初增加1283户，发放贷款余额14.44亿元。

六、加强对金融机构合规经营的监督检查。一是重点加强了对金融机构房地产信贷业务、银行业信息系统、个人理财业务等风险点的监管提示；二是组织开展了大型国有商业银行高级管理人员履职、农村中小金融机构贷款质量真实性及农发行贷款“三查”制度执行情况等19项(次)现场检查，促进了依法合规经营。

【外汇管理】 2008年，外管局滨州市中心支局密切关注外汇收支的新特点和跨境资金的新动向，着力加强对短期资本流入的监管，严厉打击各种外汇违法行为，进一步整顿和规范外汇市场秩序，较好地完成了各项工作。

一、加强跨境资金流动监管。一是制定了《外汇业务非现场监管试运行实施方案》和《外汇收支非现场核查内控制度》，加强对日常业务的监测、分析和预警；二是完善个人结售汇管理，重点对大额、频繁的个人结售汇业务进行跟踪监测，对可疑交易行为及时进行核查。

二、强化资本流入的引导管理。全年共办理外商投资企业外汇登记19家，投资总额16973万美元，注册资本7742万美元，办理验资询证1.35.亿美元。

三、组织开展了合规性监督检查。一是对中行滨州分行、农行滨州经济开发区、邹平县支行等3家外汇指定银行2007年度外商投资企业资本金收汇与结汇业务进行了现场检查；二是对农行经济开发区支行、中行无棣县支行2007年度执行"关注企业"外汇管理政策情况进行了专项检查;三是对全市214家进口不付汇、付汇不购汇企业进行了全口径调查。

四、以监管为基础提高外汇管理水平。一是按照《关于银行执行外汇管理规定情况考核办法的通知》,成立了考核领导小组,根据日常监管情况,对辖区各银行进行考评,并对考评结果较差的银行实行重点监管,督促其履行代位监管职能;二是及时对简化即期结售汇市场准入管理效果进行调查、评估,全年为20家银行及邮政储蓄银行办理即期、个人结售汇市场准入备案。

五、加强内部管理,提高金融服务水平。一是制定了外汇管理重大事项报告制度,结合《突发事件应急预案》的完善和演练工作,对涉外重大事件实行统一归口管理;二是加强外汇政策反馈,先后开展了对人民币汇率预期走向、从紧货币政策下涉外企业融资现状等调查,其中《取消原粮及其制粉出口退税政策对企业的影响调查》和《对山东省商业银行外汇放贷资金来源和用途的调查》等调研报告被省局转发采用。

【保险业务】 2008年,滨州市新增5家保险公司。截至年末,共有23家全国性保险公司在滨州市设立分支机构,包括9家寿险公司和14家产险公司,另外还有4家保险代理机构。全年意外险和健康险保费收入分别为0.59亿元和0.77亿元,分别增长40.3%和19.5%;机动车险保费收入5.85亿元,增长30.8%。

【精神文明建设】 2008年,滨州市金融部门积极推进精神文明建设,取得了良好效果。

人行滨州市中心支行以丰富职工业余生活为主题,举办了迎新春文艺晚会、"同乐杯"中心支行职工行羽毛球比赛、"金融杯"金融系统羽毛球比赛、央行文化"画与话"征集等活动。同时,通过开展文明单位创建、巾帼建功标兵、青年文明号、青年岗位能手等创先争优活动,促进了文明单位创建。在向四川地震灾区献爱心活动中,组织党员交纳特殊党费11.6万元,辖区干部职工捐款8.9万元。

工行滨州分行一是组织开展了山东省"感动工行十大人物"和"青年岗位明星"推选工作;二是组织员工向四川地震灾区捐款60余万元;三是举办了全辖员工业务技术比赛,提高了一线员工的业务技能。

农行滨州市分行以强化行风建设,塑造先进文化,创建"和谐农行"为宗旨,开展了"客户满意在农行"活动,全面推行营业网点晨会制度和"首问负责制",通过举办规范化服务比赛、大堂经理服务等礼仪培训,提升了服务层次和质量。

中行滨州分行加大员工服务质量检查力度,先后开展了服务优化工程、提升年、技能大比武、"迎奥运、练技能、创文明窗口,争取零投诉"等活动;在全辖建立了"廉洁自律,依法合规,增强风险与责任意识"定期约见谈话制度,金融服务水平进一步提高。同时,组织员工向四川灾区捐款50余万元。

建行滨州分行举办了"迎奥运盛会、创文明城市"活动启动仪式暨西城支行"山东省银行业文明规范服务示范单位"揭牌仪式、"再铸辉煌——迎奥运、庆七一"职工文艺晚会、第二届职工运动会等文体活动,营造了浓厚文化氛围。

农信社滨州市办事处一是举办了全市农信社系统银企联谊会和文艺晚会、农信社系统篮球赛、乒乓球赛和第二届职工运动会,丰富了职工业余生活;二是组织全辖311名员工参加了函授本、专科学习。全年累计举办自主培训项目147期。

【金融大事记】 3月7日 邮储银行滨州市分行举行成立暨揭牌仪式。

4月1日 阳信农信联社票据成功兑付,滨州市农信社票据兑付工作全面结束。

4月17日 农信社滨州办事处举办"首届全市农信社市场定位与可持续发展论坛"。

5月6日 人行总行国库局副局长金玉珍一行到滨州中支就国库资金汇划报解等业务进行调研。

6月14日 人行滨州市中支在渤海国际广场举办"诚信滨州·和谐金融"征信知识系列宣传活动启动仪式。

7月29日 人行滨州市中支协助济南分行成功组织举办2008年第二期经济金融论坛暨重点研究课题报告会。

8月5日 人行滨州市中支、滨州市金融学会联合举办非金融企业债务融资政策宣讲会。

9月23日 人行济南分行、滨州市政府联合举办2008诚信滨州银企合作促进会,共签订合同项目1475个,合同金额820.5亿元。

10月1日 工行滨州分行贵宾理财中心正式对外营业。

10月29日~30日 人行济南分行王敏副行长一行莅临滨州中支调研督导工作。

11月11日 滨州市委书记邓向阳一行到人行滨州市中支进行工作调研。

11月17日 博兴县农信联社营业部荣获"全国银行业规范化服务示范单位"称号;建行滨州西城支行获得"中国银行业文明规范服务示范单位"称号。

12月15日 山东博兴农村合作银行召开创立大会。

12月18日 人行济南分行杨子强行长、李建文副行长一行对人行滨州市中支发行库进行业务检查。

12月30日 山东博兴农村合作银行正式挂牌成立。

(吕建国)

惠民县

【经济金融简况】 2008 年，惠民县大力实施"工业兴县、三产活县、三农稳县、环境立县"四大战略，较好地完成了经济发展目标。

2008 年，该县各金融部门大力推进经济结构调整和增长方式转变，信用供给总量不断增加，银行经营效益继续改善。截至年末，全县金融机构本外币存款余额较年初增加 10.35 亿元，增长 28.19%；本外币贷款余额增加 5.85 亿元，增长 22.31%；实现本外币结益 5705 万元，增盈 3772 万元，增长 195%。

【金融发展与改革】 2008 年，人行惠民县支行充分发挥货币政策的传导职能，促进了地方经济发展。一是组织辖区金融机构参加了"诚信滨州银企洽谈会"，签约资金达 26 亿元；二

惠民县主要经济金融指标

经济指标	2007	2008	经济指标	2007	2008
土地面积（平方公里）	1357	1357	地方财政支出（亿元）	6.56	7.38
人口（万人）	63	63	全社会固定资产投资（亿元）	44	49
非农业人口（万人）	15	15	固定资产投资增速（%）	21.75	12.50
地区生产总值（亿元）	90.48	105.83	进出口总值（万美元）	1283	1935
地区生产总值年增速（%）	13.28	8.00	出口总值（万美元）	991	1361
第一产业（亿元）	17.01	18.94	实际利用外资（万美元）	575	201
第二产业（亿元）	49.14	54.46	社会消费品零售总额（亿元）	29.63	36.33
第三产业（亿元）	23.34	32.43	居民消费价格指数（%）	103.20	104.80
财政总收入（亿元）	3.14	7.73	人均地区生产总值（元）	14323	16694
地方财政收入（亿元）	1.54	2.56	城镇居民可支配收入（元）	9722	11150
财政总支出（亿元）	--	--	农民人均现金收入（元）	4666	5107
金融指标（亿元）	**2007**	**2008**	**金融指标（亿元）**	**2007**	**2008**
本外币存款余额	36.71	47.06	财险收入	0.40	0.56
企业存款	2.48	2.90	寿险收入	0.47	0.61
储蓄存款	28.89	36.64	财险赔款	0.34	0.40
本外币贷款余额	26.24	32.09	寿险给付	0.38	0.30
短期贷款	21.39	25.68	证券市场交易总额	--	--
中长期贷款	4.42	4.16	投资者保证金余额	--	--
票据融资	0.40	2.26	证券交易佣金收入	--	--

惠民县主要金融机构负责人

单位名称	行长（或其他称谓的第一负责人）	副行长（或其他称谓的同级领导）
人行惠民县支行	张岿然	张道红　张枚房
银监会惠民县办事处	赵建杰	
农发行惠民县支行	张瑞冬	李　峰　赵新国

续表

单位名称	行长（或其他称谓的第一负责人）	副行长（或其他称谓的同级领导）
工行惠民支行	秘立惠	张相国　杨玉和　陈卫红
农行惠民县支行	郭志伟	张国华　柴瑞峰　张世珍
建行惠民支行	王兴亮	杨兆成　郭建军　薛海涛
惠民县农信联社	吴加军	李景龙　郭永胜　王今峰　张玉江
邮储银行惠民县支行	吴佃新	商建华

惠民县主要金融机构业务概况

单位：亿元

单位名称	本外币存款余额	企业存款	储蓄存款	本外币贷款余额	短期贷款	中长期贷款
农发行惠民县支行	0.46	0.34	--	5.57	5.57	--
工行惠民支行	7.19	1.03	5.06	3.92	1.89	2.03
农行惠民县支行	8.37	0.71	7.11	2.06	1.16	0.05
建行惠民支行	3.93	0.56	2.44	0.81	0.27	0.53
惠民县农信联社	21.60	0.26	16.98	19.61	16.66	1.54
邮储银行惠民县支行	5.05	--	5.05	0.13	0.13	--

是引导金融部门继续增加对“三农”的信贷投入，有力地推动了粮食、棉花、农产品加工等农业产业化龙头企业的发展；三是积极推进金融生态环境建设，举办了第一届金融生态环境建设示范单位授牌仪式，有4个乡镇、20家企业、30个自然村和100家农户被授予多点生态环境建设示范单位。

【金融服务与监管】　2008年，人行惠民县支行把加强征信体系建设作为提高金融服务水平的重要手段，对尚未与银行发生信贷业务的180家中小企业中进行了信息征集并成功加载中小企业数据库。

人行惠民县支行与银监会惠民监管办事处协调配合，建立了金融监管协调和监管信息共享机制，并提前做好风险分析与评价，保障了全县经济金融的稳健运行。

（张馥芳）

阳信县

【经济金融简况】　2008年，阳信县金融部门存贷规模保持了与经济发展同步增长。

截至年末，全县金融机构本外币存款余额同比增加6.39亿元。其中，企业存款增加1.12亿元；储蓄存款增加4.81亿元，占全县新增存款的75.19%。其中，定期储蓄存款余额15.92亿元，同比增加3.32亿元；活期储蓄余额8.45亿元，增加1.49亿元。本外币各项贷款余额同比增加4.76亿元。其中，短期贷款增加1.69亿元，中长期贷款增加3.19亿元；累计现金净投放2.9亿元，同比下降2.08%。

阳信县主要经济金融指标

经济指标	2007	2008	经济指标	2007	2008
土地面积（平方公里）	793	793	地方财政支出（亿元）	4.96	5.41
人口（万人）	44.44	44.65	全社会固定资产投资（亿元）	50.62	65.00
非农业人口（万人）	4.37	3.69	固定资产投资增速（%）	55.6	28.41

续表

经济指标	2007	2008	经济指标	2007	2008
地区生产总值（亿元）	58.06	68.73	进出口总值（万美元）	15371	19417
地区生产总值年增速（%）	17.8	10.5	出口总值（万美元）	12430	15071
第一产业（亿元）	10.94	13.08	实际利用外资（万美元）	1280	267
第二产业（亿元）	33.65	38.69	社会消费品零售总额（亿元）	16.36	20.25
第三产业（亿元）	13.47	16.96	居民消费价格指数（%）	103.2	104.8
财政总收入（亿元）	3.25	4.10	人均地区生产总值（元）	13122	15428
地方财政收入（亿元）	1.6	1.56	城镇居民可支配收入（元）	7533	9040
财政总支出（亿元）	--	--	农民人均现金收入（元）	5136	5925
金融指标（亿元）	2007	2008	金融指标（亿元）	2007	2008
本外币存款余额	26.78	33.17	财险收入	0.28	0.42
企业存款	3.33	4.45	寿险收入	0.29	0.45
储蓄存款	19.57	24.38	财险赔款	0.13	0.21
本外币贷款余额	15.98	20.73	寿险给付	0.23	0.31
短期贷款	14.66	16.35	证券市场交易总额	--	--
中长期贷款	0.83	4.01	投资者保证金余额	--	--
票据融资	0.44	0.10	证券交易佣金收入	--	--

阳信县主要金融机构负责人

单位名称	行长（或其他称谓的第一负责人）	副行长（或其他称谓的同级领导）
人行阳信县支行	刘凤贤	吴文德　高建刚　陈少波　张　伟
银监会阳信县办事处	崔其伟	
农发行阳信县支行	杨景春	温向东　丁兰英
农行阳信县支行	王连章	杭玉刚　宋延民　商公德
中行阳信支行	王金东	马　勇　马　泳
建行阳信支行	赵延军	张寿军
阳信县农信联社	任汉真	刘永新　李月勇　张　波　张昭永
邮储银行阳信县支行	于　军	

阳信县主要金融机构业务概况

单位：亿元

单位名称	本外币存款余额	企业存款	储蓄存款	本外币贷款余额	短期贷款	中长期贷款
农发行阳信县支行	0.36	0.36	--	2.06	2.06	--
农行阳信县支行	6.70	1.47	4.88	0.71	0.06	0.01
中行阳信支行	5.82	1.47	3.37	3.36	1.04	2.04
建行阳信支行	2.87	1.07	1.21	1.25	0.01	1.19
阳信县农信联社	13.49	0.35	11.16	13.22	12.41	0.71
邮储银行阳信县支行	3.82	0.07	3.75	0.14	0.14	--

【金融发展与改革】 2008年，人行阳信县支行引导各金融机构认真贯彻执行国家货币政策，协助政府改善辖区金融生态环境，经济金融实现了快速发展。

【金融服务与监管】 2008年，人行阳信县支行加强支付清算、外汇管理、经理国库、货币金银、征信体系建设等基础业务建设，努力为各金融机构和政府相关部门提供良好的金融服务。

银监会阳信县监管办事处按照“管法人、管机构、管内控”的指导思想，以防范风险、促进稳健经营为目标，认真做好辖内银行业金融机构的各项监管工作，确保了全县金融业高效稳健运行。

（沈国星　段曰新）

无棣县

【经济金融简况】 2008年，无棣县经济实现了平稳较快发展。各金融部门认真贯彻落实货币信贷政策，存贷款总量实现平稳较快增长。截至年末，全县金融机构本外币存款余额新增11.35亿元，增长24.07%；本外币贷款余额新增11.01亿元，增长19.1%；实现人民币结益2.47亿元，同比增盈0.59亿元，增长31.5%。

【金融发展与改革】 2008年，人行无棣县支行积极发挥组织协调职能，按季召开经济金融形势分析例会，传达货币政

无棣县主要经济金融指标

经济指标	2007	2008	经济指标	2007	2008
土地面积（平方公里）	1984	1984	地方财政支出（亿元）	8.89	10.24
人口（万人）	44.38	44.67	全社会固定资产投资（亿元）	59.39	73.03
非农业人口（万人）	4.71	4.83	固定资产投资增速（%）	-18.7	22.95
地区生产总值（亿元）	121.77	145.66	进出口总值（万美元）	9012	10034
地区生产总值年增速（%）	28.52	10.60	出口总值（万美元）	2066	2266
第一产业（亿元）	20.40	23.30	实际利用外资（万美元）	1780	1030
第二产业（亿元）	79.92	93.27	社会消费品零售总额（亿元）	24.57	30.25
第三产业（亿元）	21.44	29.09	居民消费价格指数（%）	103.20	104.80
财政总收入（亿元）	9.48	10.82	人均地区生产总值（元）	27438	32608
地方财政收入（亿元）	6.01	6.62	城镇居民可支配收入（元）	15825	18025
财政总支出（亿元）	--	--	农民人均现金收入（元）	4630	5302

续表

金融指标（亿元）	2007	2008	金融指标（亿元）	2007	2008
本外币存款余额	47.12	58.47	财险收入	0.40	0.69
企业存款	6.14	6.04	寿险收入	0.53	0.62
储蓄存款	30.52	38.49	财险赔款	0.22	0.29
本外币贷款余额	57.66	67.16	寿险给付	0.02	0.02
短期贷款	28.83	36.35	证券市场交易总额	--	--
中长期贷款	25.67	28.52	投资者保证金余额	--	--
票据融资	3.13	2.24	证券交易佣金收入	--	--

无棣县主要金融机构负责人

单位名称	行长（或其他称谓的第一负责人）	副行长（或其他称谓的同级领导）
人行无棣县支行	刘凤贤	吴文德　高建刚　陈少波　张　伟
银监会无棣县办事处	董海前	
农发行无棣县支行	张延军	王朝晖　张桂苹
工行无棣支行	朱前锋	曹宗智　马风格
农行无棣县支行	郭建海	张志强　崔　华　张尊义
中行无棣支行	赵书会	王胜利
建行无棣支行	陈连合	马洪山　张崇刚
无棣县农信联社	尚子彬	庞建中　高立强　从荣普　王　玲
邮储银行无棣县支行	赵　泉	寇星元

无棣县主要金融机构业务概况

单位：亿元

单位名称	本外币存款余额	企业存款	储蓄存款	本外币贷款余额	短期贷款	中长期贷款
农发行无棣县支行	0.41	0.11	--	1.69	1.69	--
工行无棣支行	10.39	1.04	4.95	18.04	9.74	8.30
农行无棣县支行	12.22	2.50	8.52	10.44	4.66	5.76
中行无棣支行	3.83	0.36	2.17	7.03	1.07	5.91
建行无棣支行	7.46	0.47	3.27	13.30	2.99	8.10
无棣县农信联社	18.29	0.49	13.81	16.41	15.96	0.46
邮储银行无棣县支行	5.77	0.01	5.76	0.25	0.25	--

策。一是制定下发了《关于对建设经济社会发展强县做好2008年货币信贷工作的指导意见》；二是配合县政府下发了《关于加强农村金融生态环境建设的指导意见》；三是组织辖内7家金融机构参加了"滨州市第七届银企合作洽谈会"，与企业签约合同金额达94亿元，同比增幅37%。

【金融服务与监管】 2008年，为解决农信社支农资金不足和农村金融需求不断扩大的矛盾，人行无棣县支行申请新增支农再贷款限额1.6亿元，累计发放4.05亿元。无棣县农信联社在全省首推的"海域使用权抵押贷款"受到上级高度关注。

在监管方面，人行无棣县支行与银监会无棣办事处协调配合，确保了辖区金融运行安全稳定。针对县农信社贷款增长过快问题，及时发出预警，对其主要负责人进行了约见谈话。同时，人行无棣县支行配合上级行对农信社专项票据和支农再贷款进行了专项检查。

(刘凤贤 丁 晖)

沾化县

【经济金融简况】 2008年，沾化县经济呈现出"工业农业齐头并进，商业发展明显跨越"的良好态势。

截至年末，全县金融机构本外币各项存款余额同比增长7.26亿元。其中，企业存款减少0.75亿元；储蓄存款增长6.29亿元。本外币各项贷款余额同比增加2.54亿元。

【金融发展与改革】 2008年，人行沾化县支行认真贯彻执行国家货币政策，促进地方经济发展。一是组织辖区金融机构参加了"2008'诚信滨州银企洽谈会"，签约合同金额达46.38

沾化县主要经济金融指标

经济指标	2007	2008	经济指标	2007	2008
土地面积（平方公里）	2114	2114	地方财政支出（亿元）	6.73	7.66
人口（万人）	38.70	38.80	全社会固定资产投资（亿元）	80.00	90.00
非农业人口（万人）	4.28	4.30	固定资产投资增速（%）	10.98	12.50
地区生产总值（亿元）	80.48	97.19	进出口总值（万美元）	7815	6190.45
地区生产总值年增速（%）	18.70	8.10	出口总值（万美元）	755	824.69
第一产业（亿元）	17.80	20.28	实际利用外资（万美元）	3849.60	3241.30
第二产业（亿元）	39.90	47.60	社会消费品零售总额（亿元）	22.28	27.24
第三产业（亿元）	22.80	29.31	居民消费价格指数（%）	103.20	104.80
财政总收入（亿元）	5.15	6.08	人均地区生产总值（元）	20795	25049
地方财政收入（亿元）	2.86	3.60	城镇居民可支配收入（元）	12700	14000
财政总支出（亿元）	--	--	农民人均现金收入（元）	6308.32	6946.34
金融指标（亿元）	**2007**	**2008**	**金融指标（亿元）**	**2007**	**2008**
本外币存款余额	32.86	40.12	财险收入	0.29	0.34
企业存款	6.24	5.49	寿险收入	0.19	0.28
储蓄存款	20.11	26.40	财险赔款	0.15	0.16
本外币贷款余额	32.05	34.59	寿险给付	0.62	0.36
短期贷款	19.57	21.88	证券市场交易总额	--	--
中长期贷款	12.48	12.03	投资者保证金余额	--	--
票据融资	0	0.68	证券交易佣金收入	--	--

沾化县主要金融机构负责人

单位名称	行长（或其他称谓的第一负责人）	副行长（或其他称谓的同级领导）
人行沾化县支行	曲志勇	石立伟　刘德玉
银监会沾化县办事处	燕钦峰	
农发行沾化县支行	邢建国	桑滨峰　刘恩山
工行沾化支行	张友德	刘洪忠　张　涛　赵淑香
农行沾化县支行	李海涛	贾　敏　房泽玉
中行沾化支行	马金栋	姚志强
建行沾化支行	李延宽	尹晓林　王向梅
沾化县农信联社	张　涛	肖延民　霍振洪　吴洪生　刘国栋
邮储银行沾化县支行	齐鹏鸣	乔希文

沾化县主要金融机构业务概况

单位：亿元

单位名称	本外币存款余额	企业存款	储蓄存款	本外币贷款余额	短期贷款	中长期贷款
农发行沾化县支行	0.04	0.04	--	1.77	1.77	--
工行沾化支行	10.58	3.14	3.73	11.43	4.40	7.03
农行沾化县支行	5.78	1.08	3.61	3.82	2.02	1.80
中行沾化支行	1.97	0.43	0.85	2.09	0.50	1.59
建行沾化支行	2.04	0.22	1.36	2.11	0.58	1.53
沾化县农信联社	15.38	0.60	13.02	13.28	12.52	0.07
邮储银行沾化县支行	3.84	--	3.84	0.09	0.09	--

亿元，同比增长79%；二是引导金融部门继续增加“三农”的贷款投入，推动全县农业产业化龙头企业的发展。

【金融服务与监管】　2008年，外管局沾化支局加大监管力度，规范出口收汇核销工作，全年为企业核销314笔，收汇656万美元，核销率达到100%；为1家外商投资企业办理了外汇登记，对12家外商投资企业进行了年检审核；对外汇账户进行了清理、核对。

人行沾化县支行与银监会沾化监管办事处协调配合，建立了金融监管协调和监管信息共享机制，并提前做好风险分析与评价，保障了全县经济金融的稳健运行和快速发展。

（徐新峰　李云增）

博兴县

【经济金融简况】　2008年，博兴县规模以上工业实现主营业务收入369.26亿元，增长28.92%，下降22.28个百分点；利润11.18亿元，减少0.59%，下降45.62个百分点；利税17.7亿元，增长5.45%，下降29.69个百分点。

2008年，该县金融机构各项存款稳步增长，贷款投放增长较快，金融机构经营效益明显改善，现金投放进一步加大。截至年末，金融机构本外币存款余额较年初增加23.16亿元。其中，储蓄存款增加12.77亿元；企业存款减少2.75亿元。本外币各项贷款余额增加12.15亿元。其中，短期贷款增加8.35亿元，中长期贷款增加5.61亿元，实现结益3.69亿元。

博兴县主要经济金融指标

经济指标	2007	2008	经济指标	2007	2008
土地面积（平方公里）	900.70	900.70	地方财政支出（亿元）	7.08	8.14
人口（万人）	48.80	49.10	全社会固定资产投资（亿元）	83.16	91.80
非农业人口（万人）	8.09	9.31	固定资产投资增速（%）	41.6	10.39
地区生产总值（亿元）	130.02	155.84	进出口总值（万美元）	47777	101024
地区生产总值年增速（%）	17.30	13.20	出口总值（万美元）	15599	24786
第一产业（亿元）	12.34	13.16	实际利用外资（万美元）	1540	2175
第二产业（亿元）	79.98	93.29	社会消费品零售总额（亿元）	30.77	37.90
第三产业（亿元）	37.70	49.39	居民消费价格指数（%）	103.20	104.80
财政总收入（亿元）	13.56	16.08	人均地区生产总值（元）	26643	31675
地方财政收入（亿元）	7.17	9.04	城镇居民可支配收入（元）	13294	14086
财政总支出（亿元）	--	--	农民人均现金收入（元）	5549	5992
金融指标（亿元）	**2007**	**2008**	**金融指标（亿元）**	**2007**	**2008**
本外币存款余额	92.53	115.69	财险收入	0.82	1.06
企业存款	20.41	17.66	寿险收入	0.7	0.83
储蓄存款	50.44	63.21	财险赔款	0.51	0.52
本外币贷款余额	78.20	90.36	寿险给付	0.03	0.05
短期贷款	58.00	66.36	证券市场交易总额	--	--
中长期贷款	16.58	22.19	投资者保证金余额	--	--
票据融资	1.25	0.97	证券交易佣金收入	--	--

博兴县主要金融机构负责人

单位名称	行长（或其他称谓的第一负责人）	副行长（或其他称谓的同级领导）
人行博兴县支行	徐书亮	孙建平　王孔宝　张志武
银监会博兴县办事处	吴敬远	
农发行博兴县支行	王俊岭	尹　华　王力君
工行博兴支行	泥宗友	李永清　付新平
农行博兴县支行	梁仁强	杨国生　刘曰闽　益希昌
中行博兴支行	尹卫东	钟棉祥
建行博兴支行	高立江	尹金波　毛鲁虎　付凤昊
博兴县农合行	张海涛	韩胜祥　郝树海　魏　新　马久峰
邮储银行博兴县支行	郑伟华	王炳青

博兴县主要金融机构业务概况

单位：亿元

单位名称	本外币存款余额	企业存款	储蓄存款	本外币贷款余额	短期贷款	中长期贷款
农发行博兴县支行	0.36	0.34	--	5.41	5.41	--
工行博兴支行	22.47	4.82	8.84	21.24	9.88	11.13
农行博兴县支行	23.27	5.36	14.12	13.92	11.3	2.62
中行博兴支行	9.16	2.99	2.1	11.48	7.09	3.55
建行博兴支行	16.93	2.67	6.5	10.13	5.58	4.55
博兴县农合行	33.95	1.06	23.06	27.99	26.91	0.34
邮储银行博兴县支行	9.02	0.42	8.59	0.19	0.19	--

【金融发展与改革】 2008年，博兴县实现大、小额支付、全国电子联行系统的混合稳定运行。各商业银行实现了现代化支付系统与证券、外汇等市场的有机连接，为企业提供了快速、高效的资金汇划和清算服务，有力地支持了县域经济快速发展。

【金融服务与监管】 2008年，人行博兴县支行充分发挥窗口指导作用，引导金融机构优化信贷结构，加大信贷投放力度，较好地促进了地方经济发展。通过组织召开行长联席会议、金融工作座谈会等形式，及时向地方政府和金融机构传达国家宏观调控政策信息，促进了县域经济金融的稳健运行。

（张建波）

邹平县

【经济金融简况】 2008年，受国际金融危机影响，邹平县各项经济指标增速回落。各金融部门积极调整信贷结构，确保全县金融平稳运行。

截至年末，金融机构本外币各项存款余额新增37.54亿元，增长25.22%。本外币各项贷款余额增加25.53亿元，增长11.08%。其中，人民币农业贷款31.17亿元，增加5.62亿元；工业贷款79.67亿元，增加4.53亿元；商业贷款3.06亿元，减少1.05亿元；个人消费贷款12.61亿元，减少1.53亿元；现金累计净投放55.96亿元，同比增加3.81亿元，增长7%。

【金融发展与改革】 2008年，邹平县实现了大、小额支付和全国电子联行系统的混合稳定运行。各商业银行实现了现

邹平县主要经济金融指标

经济指标	2007	2008	经济指标	2007	2008
土地面积（平方公里）	1251.75	1251.75	地方财政支出（亿元）	22.00	26.86
人口（万人）	72.31	72.5	全社会固定资产投资（亿元）	78.77	82.33
非农业人口（万人）	18.87	19.28	固定资产投资增速（%）	-30.35	4.52
地区生产总值（亿元）	343.9	429.76	进出口总值（万美元）	235972	305505
地区生产总值年增速（%）	21.1	14.5	出口总值（万美元）	125795	135007
第一产业（亿元）	18.96	20.84	实际利用外资（万美元）	12658	20500
第二产业（亿元）	262.92	328.86	社会消费品零售总额（亿元）	53.54	65.70
第三产业（亿元）	62.02	80.06	居民消费价格指数（%）	103.20	104.80
财政总收入（亿元）	45.98	48.66	人均地区生产总值（元）	47654	59277

续表

经济指标	2007	2008	经济指标	2007	2008
地方财政收入（亿元）	19.94	24.11	城镇居民可支配收入（元）	13918	15700
财政总支出（亿元）	--	--	农民人均现金收入（元）	6038	6980
金融指标（亿元）	**2007**	**2008**	**金融指标（亿元）**	**2007**	**2008**
本外币存款余额	148.61	186.15	财险收入	0.99	1.48
企业存款	43.34	397.45	寿险收入	1.43	1.57
储蓄存款	68.17	88.16	财险赔款	0.54	0.69
本外币贷款余额	209.8	235.32	寿险给付	0.07	0.08
短期贷款	146.11	160.11	证券市场交易总额	--	--
中长期贷款	56.81	60.17	投资者保证金余额	--	--
票据融资	6.43	11.5	证券交易佣金收入	--	--

邹平县主要金融机构负责人

单位名称	行长（或其他称谓的第一负责人）	副行长（或其他称谓的同级领导）
人行邹平县支行	刘洪欣	吕洪军　李　军
银监会邹平县办事处	张立平	
农发行邹平县支行	张炳俊	李　民　韩士义　孙永涛
工行邹平支行	刘卫东	刘来忠　张可冰　潘为群　柴树元
农行邹平县支行	孙学雷	裴伟强　张立东　乔振琴　张　伟
中行邹平支行	刘　军	王　勇　马　刚　贾　峰
建行邹平支行	徐进杰	高　勇　董　涛　张　跃
邹平县农合行	常兆贤	陈宝政　刘长平　赵延苍　王洪兴
邮储银行邹平县支行	韩晓谦	张新强

邹平县主要金融机构业务概况

单位：亿元

单位名称	本外币存款余额	企业存款	储蓄存款	本外币贷款余额	短期贷款	中长期贷款
农发行邹平县支行	11.79	3.17	--	39.74	36.74	3
工行邹平支行	36.38	12.97	9.45	46.92	22.44	24.07
农行邹平县支行	48.09	11.59	25.23	66.41	50.82	11.12
中行邹平支行	17.08	5.17	4.3	16.68	7.33	9.15

续表

单位名称	本外币存款余额	企业存款	储蓄存款	本外币贷款余额	短期贷款	中长期贷款
建行邹平支行	19.96	6.07	5.98	32.58	11.78	11.8
邹平县农合行	41.36	0.45	32.41	32.78	30.79	1.03
邮储银行邹平县支行	11.11	0.32	10.79	0.21	0.21	--

代化支付系统与证券、外汇等市场的有机连接，为企业提供了快速、高效的资金汇划和清算服务。

【金融服务与监管】 2008年，人行邹平县支行发挥窗口指导作用，认真贯彻执行前紧后松的货币政策，保证了全县经济平稳发展。通过召开行长联席会、金融形势分析会，约见金融机构负责人谈话、发布《货币信贷工作指引》等方式，及时向当地政府和金融机构传递宏观调控政策信息。

银监会邹平县监管办事处加大银行业操作风险预警提示，确保了辖区金融健康稳健运行。

（毕洪亮）

德州市

【经济金融概况】 2008年，德州市"南融北接"战略深入实施，开发区建设迈上新台阶。工业生产平稳增长，经济效益增速减缓，高新技术产业发展迅速。固定资产投资增势较好，投资结构继续优化，房地产开发投资增长较快。消费市场增长势头强劲，城乡市场全面繁荣。对外贸易实现较快增长，财政实力进一步增强。城镇居民生活水平进一步提高，农民生活继续改善。

2008年，该市各金融机构认真贯彻早先的"适度从紧"及后来的"适度宽松"货币政策，以调整信贷结构为着力点，保持了经济金融的协调、可持续发展。

一、存款大幅增加，趋势变化明显。全市各金融机构人民币存款中，企业存款增势放缓，活期化趋势明显。截至年末，企业活期存款较年初增加18.83亿元，同比多增7.67亿元；企业定期存款减少3.37亿元。储蓄存款稳定增长，定期化趋势增强。活期储蓄存款较年初增加29.69亿元，同比多增12.35亿元；定期储蓄存款增加102.01亿元，多增63.71亿元。银行承兑汇票保证金存款小幅增长，余额37.62亿元，较年初增加0.09亿元。

二、贷款稳定增长，结构调整加快。截至年末，该市金融机构剔除不良贷款处置因素，各项人民币贷款比年初增加80.96亿元，同比多增26.66亿元；各项外汇贷款余额0.29亿美元，下降0.03亿美元。其中，票据融资增势迅猛，较年初增加6.55亿元，同比多增14.15亿元。

三、中间业务快速增长。2008年，全市国有商业银行共实现中间业务收入2.62亿元，同比增长107.94%。

（一）商业汇票签发业务呈现小幅回升。截至年末，各行未结清商业汇票余额72.07亿元，较年初增加7.77亿元。其中，未结清银行承兑汇票余额71.35亿元，增加8.35亿元。

（二）网上银行业务快速增长。全年新增网上银行企业用户1327户，个人用户145504户，共实现网上银行交易额2081亿元。

（三）银行卡业务蓬勃发展。全年，各金融机构共发卡70.76万张，其中信用卡6.96万张。截至年末，德州市共有ATM机363台、POS机2191台。

（四）理财产品、银证转账业务发展迅速，代售基金同比萎缩。全年，各金融机构共销售人民币理财产品10.08亿元，同比增长206.38%；代售基金9.19亿元，为上年同期业务量的23.56%；银证转账开户3.19万户，交易额90.53亿元。

四、资产质量不断提高，经营效益稳定增长。2008年，该市金融机构共处置不良贷款59.86亿元，年末不良贷款余额85.97亿元，比年初减少27.54亿元，不良贷款率13.89%，比年初下降5.09个百分点。

【货币政策实施】 2008年，人行德州市中支着力优化信贷结构，促使全市金融运行呈现出良好发展态势。

一、加强窗口指导，提高政策引导水平。2008年，该行在继续执行季度金融机构联席会议制度、月度金融运行情况通报制度的基础上，深入贯彻执行《货币政策"窗口指导"实施办法》，提高窗口指导的针对性和有效性。一是针对德城区农联社农业贷款占比偏低的现象，组织召开了对省农联社德州办事处、德城区农联社相关负责人的约见谈话会议，引导其合理把握贷款投放节奏，调整新增贷款结构，压缩非农贷款规模，加大对"三农"的支持力度；二是制定了《关于加大对重点企业金融支持力度的指导意见》，建立健全调度制度；三是充分发挥金融对中小

德州市经济主要统计指标

指标 \ 年度	2004	2005	2006	2007	2008	2008 年同比增幅（%）
土地面积（平方公里）	10356	10356	10356	10356	10356	0
人口（万人）	549.3	552.63	557.85	561.67	564.19	0.45
非农业人口（万人）	130.33	145.42	155.2	159.80	160.59	0.49
地区生产总值（亿元）	686.9	831.83	1003.38	1180.82	1400.91	13.00
第一产业（亿元）	118.24	127.1	140.73	158.73	169.73	1.30
第二产业（亿元）	360.74	459.04	559.51	655.40	783.41	11.9
工业（亿元）	322.04	337.16	451.85	563.40	711.04	26.21
建筑业（亿元）	38.7	48.28	55.51	62.71	72.37	15.40
第三产业（亿元）	207.9	245.69	303.14	366.69	447.77	19.9
人均地区生产总值（元）	12542	15098	18071	21723	24830	14.3
地区生产总值构成（%）	100	100	100	100	100	--
第一产业（%）	17.2	15.3	14.0	13.4	12.1	-1.3
第二产业（%）	52.5	55.2	55.8	55.5	55.9	0.4
第三产业（%）	30.3	29.5	30.2	31.1	32.0	0.9
财政总收入（亿元）	41.1	55.39	67.4	87.4	96.74	10.7
地方财政收入（亿元）	24.32	30.7	35.72	42.01	47.1	12.1
财政总支出（亿元）	40.26	50.39	63.6	77.04	95.74	24.30
地方财政支出（亿元）	40.26	50.39	63.6	77.04	95.74	24.30
全社会固定资产投资（亿元）	429.66	582.51	566.76	604.29	732.89	26.00
规模以上固定资产投资（亿元）	395.49	542.98	527.06	555.90	669.09	20.40
规模以下固定资产投资（亿元）	0.36	0	0	0.3	0	--
房地产开发（亿元）	33.81	39.53	39.70	48.09	63.8	32.7
进出口总值（亿美元）	5.91	7.35	8.27	10.42	15.48	48.6
出口总值（亿美元）	4.55	5.52	6.32	8.79	12.19	38.7
实际利用外资（亿美元）	3.07	1.00	1.00	1.36	1.64	15.2
社会消费品零售总额（亿元）	187.21	282.21	328.26	387.20	476.29	23.0
居民消费价格指数（%）	103.8	100.6	101.1	104.7	104.1	-0.6
城市居民人均可支配收入（元）	8048.72	9056.37	10257	12392	14545	17.4
农民人均现金收入（元）	3380	3800	4279.42	4986	5659	13.5

德州市工农业主要统计指标

农业主要统计指标（万吨）				规模以上工业企业主要统计指标（亿元）			
项目 \ 年度	2007 年	2008 年	增幅（%）	项目 \ 年度	2007 年	2008 年	增幅（%）
粮食	552.4	572.48	3.6	工业增加值	563.4	695.08	16.1
夏粮	274.2	287.48	4.8	国有工业	60.32	35.8	-0.3
秋粮	278.2	285.00	2.4	集体工业	9.01	3.50	4.9
棉花	21.0	25.06	19.2	股份制工业	272.32	403.68	15.1
油料	2.2	2.21	-0.4	股份合作制工业	6.12	6.16	8.8
水果	51.3	43.56	-15.1	外商及港澳台投资工业	43.25	51.09	17.6
蔬菜	428.2	386.88	-9.6	轻工业	278.45	342.57	17.4
肉类	59.9	52.02	7.9	重工业	284.95	352.51	14.8
禽蛋	34.5	33.73	12.5	销售收入	2109.58	2740.50	31.2
奶类	14.3	13.69	-4.1	利税	266.65	308.59	15.0
水产品	9.89	7.28	-26.4	利润	146.65	166.07	11.0
森林覆盖率（%）	27.8	28.7	0.9	经济效益综合指数（%）	243.23	243.89	0.66

德州市主要金融机构负责人

单位名称	行长（或其他称谓的第一负责人）	副行长（或其他称谓的同级领导）
人行德州市中心支行	刘吉运	苑治亭　徐靖元　张春超　温金龙
银监会德州监管分局	郭俊杰	刘忠民　马天奎　张立庆　柴一峰
农发行德州市分行	薛建强	陈鲁宁　杨富格　孙建民
工行德州分行	李晓霞	姜　凯　巴　超　赵忠江　狄建明　迟晓光　侯士彬
农行德州市分行	李长波	李遵政　崔传宝　司　峰　王东风
中行德州分行	倪保国	潘洪峰　戴鲁华
建行德州分行	陈　鹏	张　璞　石尚哲　兰志良　封汇泉　李骁军
德州市商行	孙玉芝	王乃堂　王福利　王振辉　杜成金　尹德恩　郑亚林　李书华　周成亮　侯玉荣　薛　梅
农信社德州市办事处	辛士勇	杨忠诚　巩方波　陈志刚
邮储银行德州市分行	陈高峰	房振平　周振忠　赵　林
人民财产保险公司德州市分公司	杜亚军	陈庆春　孙传鲲　张宪仁
人寿保险公司德州市分公司	李恩林	刘玉民　康小川　姚本建
民生人寿保险公司德州中心支公司	杨海波	
大地财产保险公司德州中心支公司	伏志强	马圣强

全面分析；四是不断提高辖内法人金融机构流动性监测工作水平，切实加强大企业集团和上市公司监测分析工作。

【金融监管】 2008 年，人行德州市中支和银监会德州监管分局依法加强金融监管，切实维护金融稳定，促进了辖内银行业金融机构的规范经营和稳健发展。

人行德州市中支依法对辖区有关金融机构进行了反洗钱、现金管理、国库经收、个人收汇业务等业务的现场检查，促进了金融机构依法合规经营。

银监会德州监管分局进一步加强银行行政管理，规范行政许可行为，严把机构和高管人员市场准入关。全年受理行政许可 308 件，备案业务 56 件。一是督促各行严格执行国家宏观政策，全年全市银行业退出与国家节能减排政策不符的“三高一汰”行业贷款共计 2.7 亿元；二是加大案件治理工作力度，组织开展了“堵塞管理漏洞、防控操作风险”排查活动，对工行德州分行个人住房贷款业务及银行承兑汇票业务、中行德州分行 2007 年度经营业务进行了两次现场检查，切实防范各类金融案件；三是积极推动已股改国有银行将改革效应向基层延伸，重点督促农行德州市分行做好不良资产真实充分地剥离工作，全年该行政策性剥离不良贷款 35.71 亿元；四是完成了对全市 11 家农联社 2007 年度监管评级工作，并按照评级结果实施分类监管；五是完成了邮储银行德州市分支机构的组建、开业审批工作，并顺利完成 121 家分支机构的开业工作；六是支持临邑等 5 个县进行小额贷款业务试点，并对邮储银行开办小额贷款试点业务实施了跟踪指导检查。

【外汇管理】 2008 年，外管局德州市中心支局以促进外向型经济发展为目标，认真传导外汇管理政策，加强监管与服务，促进各项工作扎实开展，确保了辖内外汇市场秩序的稳定。

一、加强传导，促进外汇管理政策在辖区科学实施。一是制定了《关于改进外汇服务促进德州涉外经济健康快速发展的指导意见》；二是通过市政府《政务通讯》通报每季度外汇形势，传导最新外汇政策；三是坚持每季召开全市外汇指定银行联席会，促进外汇政策的有效实施；四是加强对支局、外汇银行和涉外企业的分类指导；五是针对部分企业境外上市、投资并购需求，做好政策咨询，使地方政府和企业能够较好地把握政策意图。

二、落实新政，确保改革工作顺利开展。一是积极推广使用直接投资外汇业务信息系统，开展了辖内外商投资企业历史数据采集、审核和录入工作；二是创新服务方式，重点开展了取消省内异地付汇备案，实行出口退税无纸化管理，建立了服务贸易非现场监管系统，推出了出口收结汇联网核查和贸易信贷登记管理、资本金结汇等；三是积极开展培训工作，提高了辖区从业人员素质。

三、强化监管，营造良好的外汇市场秩序。2008 年，该局完成了对外汇指定银行执行“关注企业”外汇管理政策，进口不付汇、付汇不购汇，及德州市商行外汇业务、农行个人收汇业务的专项检查，并充分利用非现场监测系统，加强国际收支申报、进出口企业未核销业务及外商投资企业的监管，确保了各项业务的依法、健康、合规运行。

【金融改革】 2008 年，人行德州市中支和银监会德州监管分局指导各农信社完善法人治理结构、转换经营机制、规范股本金、降低不良贷款，农信社改革取得明显成效。全市 11 家农信联社专项票据全部成功兑付，金额 7.55 亿元。新增资扩股 3.27 亿元，有 7 家联社全部完成资格股的投资化改造工作。截至年末，全市农信社统算资本充足率 0.34%，较年初提高 4.4 个百分点；贷款损失准备充足率 16.3%，提高 6 个百分点；贷款损失准备缺口 18.5 亿元，减少 0.5 亿元，历年亏损挂账全部弥补完毕。

【保险业务】 2008 年末，德州市保险公司市级分支机构同比增加 8 家。其中财险公司增加 3 家，寿险公司增加 5 家。全年全市有 21448 家企业参加财产保险，60.3 万户居民参加家庭财产保险，192.31 万人参加人寿保险。

【证券市场】 截至 2008 年末，德州市证券营业机构为齐鲁证券公司德州三八路营业部和共青团路营业部 2 家。截至年末，投资者开户数 90798 户，同比净增加 12633 户；托管市值 11.65 亿元，同比下降 51.36%；销售开放式基金 47 只，累计份额 1.75 亿元，同比增长 75%。

【精神文明建设】 2008 年，德州市各金融机构加强政治理论学习，广泛开展了形式多样的精神文明创建活动，取得了较好成果。

人行德州市中支坚持“重在创建”、"重视创建过程”的方针，健全机制，完善管理，被人行济南分行评为 2006-2008 年度分行级文明单位，并被德州市委、市政府评为支持企业发展先进单位、支持地方经济建设先进单位、机关效能暨政风行风建设先进单位和先进外向型经济发展先进单位。货币信贷管理科连续 4 年被认定为总行级“青年文明号”；调查统计科被认定为分行级“青年文明号”。全行及所辖支行有 10 余人被总行及济南分行授予各种荣誉称号，其中，工会主任温金龙被总行工会评为“我与奥运同行”先进个人；调查统计科王安国被总行和总行工会联合授予“2004-2007 年度调查统计系统先进个人”荣誉称号。

农发行禹城市支行先后被银行业协会和农发行总行评为“文明规范服务示范单位”和“文明单位”。工行德州分行连续 6 年保持省级“文明单位”。农行德州市分行连续 7 年荣获省级“文明单位”荣誉称号。中行德州分行和夏津支行继续被授予“省级文明单位”，营业部“三八”女子服务班继续被授予为全国级“巾帼文明岗”。德州市商行三八路支行被评为“全国银行业文明规范示范单位”，该行营业部荣膺国家级“青年文明号”。

【金融大事记】 1 月 31 日 邮储银行德州市分行挂牌成立。

4月1日　乐陵市农村信用合联社央行专项票据成功兑付，至此，德州市11家联社7.5亿元票据资金全部兑付到位。

7月14日　建行德州分行员工李宁宁被建行总行评为第七届“十大杰出青年”。

7月17日~19日　中行山东省分行何兴祥行长到中行德州分行调研指导工作。

8月26日　德州市政府召开全市农村金融生态环境建设齐河示范点建设现场会暨金融生态环境建设A级县授牌仪式。

9月27日　人行济南分行在齐河县召开全省农村金融生态环境齐河县示范点建设现场会。

10月　中国人寿德州分公司被山东省消费者协会授予“消费者满意单位”荣誉称号。

10月18日　工行德州分行联手德州市委、市政府成功举办德州首张城市名片——“牡丹–中国太阳城卡”首发暨签约仪式。

11月11日　人行济南分行和德州市政府联合召开“抓机遇、保增长、促发展，2008德州政银企合作恳谈会”。

12月27日　建行山东省分行彭洪明行长到德州调研。

（曹黔然　王安国　王　静）

乐陵市

【经济金融简况】　2008年，乐陵市经济实现平稳较快发展，金融运行质量显著提高。全市规模以上企业增加41家，总量达到241家。全年实现工业增加值57.74亿元、销售收入215.53亿元、利税28.52亿元。农民人均纯收入5700元，增长16.3%，增幅创近年来最高纪录。被评为“全国最具投资潜力百强中小城市”、“中国特色魅力200强城市”、“中国金丝小枣产业城”、“山东省十大品牌之都”、“省级文明城市”。

2008年，该市金融机构认真贯彻货币政策，深化体制改革，狠抓业务创新，优化信贷结构，金融运行平稳发展。截至年末，全市金融机构各项人民币存款余额较年初增加10.74亿元，增长23.5%。其中，储蓄存款增加8.33亿元。各项人民币贷款余额增加0.94亿元，实现当年结益1.42亿元。

【金融发展与改革】　2008年，人行乐陵市支行进一步加强对乐陵市农村信用合作联社改革试点工作的督促指导，建立了决策、执行、监督相互制衡的有效法人治理结构。一季度中央

乐陵市主要经济金融指标

经济指标	2007	2008	经济指标	2007	2008
土地面积（平方公里）	1172	1172	地方财政支出（亿元）	4.49	6.69
人口（万人）	67.3	68.17	全社会固定资产投资（亿元）	49.24	62.71
非农业人口（万人）	17.5	19.91	固定资产投资增速（%）	27.5	28.7
地区生产总值（亿元）	95.95	117.84	进出口总值（万美元）	7599	9614
地区生产总值年增速（%）	16.9	14.9	出口总值（万美元）	6081	6541
第一产业（亿元）	16.96	19.65	实际利用外资（万美元）	4215	1033
第二产业（亿元）	47.42	59.3	社会消费品零售总额（亿元）	32.2	39.4
第三产业（亿元）	31.57	38.89	居民消费价格指数（%）	107.7	104.1
财政总收入（亿元）	3.1	2.84	人均地区生产总值（元）	14257	17286
地方财政收入（亿元）	1.68	1.44	城镇居民可支配收入（元）	12732	12971
财政总支出（亿元）	4.49	6.69	农民人均现金收入（元）	4900	5577
金融指标（亿元）	**2007**	**2008**	**金融指标（亿元）**	**2007**	**2008**
本外币存款余额	45.85	56.51	财险收入	0.17	0.24
企业存款	4.74	5.55	寿险收入	0.67	0.84
储蓄存款	32.22	45.65	财险赔款	0.12	0.14

续表

金融指标（亿元）	2007	2008	金融指标（亿元）	2007	2008
本外币贷款余额	40.21	41.15	寿险给付	0.13	0.21
短期贷款	34.03	32.76	证券市场交易总额	0	0
中长期贷款	6.11	8.4	投资者保证金余额	0	0
票据融资	0	0	证券交易佣金收入	0	0

乐陵市主要金融机构负责人

单位名称	行长（或其他称谓的第一负责人）	副行长（或其他称谓的同级领导）
人行乐陵市支行	赵金兰	孟宪尧　刘长勇　张宜国　卞东华
银监会乐陵市办事处	辛俊胜	
农发行乐陵市支行	张　静	段兴和　张以楼
工行乐陵支行	郝建波	卞红远　韩起强　高秀军
农行乐陵市支行	彭晓敏	刘绪生　刘汉春　孟德胜
中行乐陵支行	张　彬	刘宗义
建行乐陵支行	苗应选	商国珍　吕秀峰　王金峰
乐陵市农信联社	朱国庆	杨希军　宋守华　王长东　王英明
邮储银行乐陵市支行	李　锋	李毅然

乐陵市主要金融机构业务概况

单位：亿元

单位名称	本外币存款余额	企业存款	储蓄存款	本外币贷款余额	短期贷款	中长期贷款
农发行乐陵市支行	0.55	0.17	--	4.35	4.35	0
工行乐陵支行	8.42	1.64	4.45	7.89	2.63	5.26
农行乐陵市支行	11.35	1.69	8.64	8.96	8.57	0.40
中行乐陵支行	3.40	1.03	2.07	2.43	2.02	0.40
建行乐陵支行	5.72	0.84	4.22	2.09	1.36	0.73
乐陵市农信联社	17.89	0.00	17.31	15.29	13.69	1.61
邮储银行乐陵市支行	9.15	0.19	8.96	0.14	0.14	0

银行专项票据得到了兑付，支农服务水平进一步提高。同时，稳步推进邮政储蓄改革，邮储银行乐陵市支行于 2008 年 2 月 25 日正式挂牌成立。

【金融服务与监管】　2008 年，人行乐陵市支行一是加大窗口指导力度，着力解决经济金融运行中的突出矛盾和问题，增强宏观调控的针对性和有效性；二是建立了《金融稳定重大事项报告制度》和《金融突发事件处置预案》，促进了辖区金融稳定；三是代市政府起草了《关于进一步改善全市金融生态环境工作的意见》；四是搭建银企合作平台，召开了乐陵市重点项目推介会，辖区 28 家企业与金融机构达成贷款意向 4.6 亿元，为两家企业办理贷款 1.7 亿元。

银监会德州监管分局乐陵办事处切实加强金融监管，密切关注辖内银行业经营状况，加强非现场监管力度，做好风险分析与评价，确保了辖区金融稳定。

（孟宪尧　赵　斌）

禹城市

【经济金融简况】　2008年，禹城市以科学发展观统领全局，实现了经济平稳较快增长。荣获国家高技术生物产业基地、中国食品馅料城、山东生态经济十佳县市等城市品牌和称号，在德州市年度综合考核中荣获第1名。自营进出口获权企业达到101家，进出口总值增长28.45%。

2008年，该市各金融机构认真贯彻货币政策，不断推进金融改革，改进金融服务，金融业保持平稳运行。截至年末，全市金融机构各项人民币存款余额较年初增加15.07亿元。各项人民币贷款余额增加4.69亿元。

【金融发展与改革】　2008年，人行禹城市支行认真贯彻货币政策，积极发挥窗口指导职能。一是通过《禹城经济金融信息》、金融联席会议、银企座谈会等形式传达国家货币政策，指导企业加强信贷投放，优化金融服务；二是按照“政府支持中介，中介服务企业”的原则，组建了中小企业信用联盟协会，有效缓解了中小企业贷款难问题；三是制定了《关于加快农村信用体系建设实施方案》，利用“国债宣传周”等形式，促进农村小企业与涉农金融机构的对接，使该市新农村建设获得最大限度的银行信贷支持。

禹城市主要经济金融指标

经济指标	2007	2008	经济指标	2007	2008
土地面积（平方公里）	990	990	地方财政支出（亿元）	6.01	6.78
人口（万人）	51.68	51.80	全社会固定资产投资（亿元）	56.60	68.61
非农业人口（万人）	16.17	16.46	固定资产投资增速（%）	27.90	28.40
地区生产总值（亿元）	105.32	120.33	进出口总值（万美元）	12213	15688
地区生产总值年增速（%）	16.20	15.30	出口总值（万美元）	11495	15249
第一产业（亿元）	17.04	18.91	实际利用外资（万美元）	363	2022.50
第二产业（亿元）	54.80	60.68	社会消费品零售总额（亿元）	32.32	39.80
第三产业（亿元）	33.48	40.74	居民消费价格指数（%）	104.70	106.10
财政总收入（亿元）	6.51	7.48	人均地区生产总值（元）	20439	23257
地方财政收入（亿元）	3.19	3.44	城镇居民可支配收入（元）	8800	9460
财政总支出（亿元）	7.05	8.87	农民人均现金收入（元）	5016	5707
金融指标（亿元）	**2007**	**2008**	**金融指标（亿元）**	**2007**	**2008**
本外币存款余额	45.26	60.37	财险收入	0.31	0.44
企业存款	7.99	10.50	寿险收入	0.67	0.78
储蓄存款	28.84	39.12	财险赔款	0.17	0.23
本外币贷款余额	51.30	55.99	寿险给付	0.21	0.31
短期贷款	36.99	39.17	证券市场交易总额	—	—
中长期贷款	14.28	16.78	投资者保证金余额	—	—
票据融资	0	0	证券交易佣金收入	—	—

禹城市主要金融机构负责人

单位名称	行长（或其他称谓的第一负责人）	副行长（或其他称谓的同级领导）
人行禹城市支行	顾其巨	周俊青　贺明田
银监会禹城市办事处	刘洪涛	
农发行禹城市支行	张建国	周传勇
工行禹城支行	马士军	马丰刚
农行禹城市支行	王秀斌	王　勇　刘文山　黄卫东
中行禹城支行	高志祥	邢玉婷　高　勇
建行禹城支行	王　坤	彭元新　李淑平
禹城市农信联社	王加静（理事长）　王吉合（主任）	张建忠　董和泉　华　林
邮储银行禹城市支行	刘建春	李文军

禹城市主要金融机构业务概况

单位：亿元

单位名称	本外币存款余额	企业存款	储蓄存款	本外币贷款余额	短期贷款	中长期贷款
农发行禹城市支行	1.84	0.56	--	8.38	7.68	0.70
工行禹城支行	7.83	2.46	2.49	12.23	4.96	7.27
农行禹城市支行	9.62	2.84	5.39	9.13	7.36	1.78
中行禹城支行	4.50	1.37	2.42	3.83	1.86	1.92
建行禹城支行	4.05	1.29	2.15	6.18	1.92	4.26
禹城市农信联社	24.67	1.71	20.86	16.03	15.18	0.85
邮政银行禹城市支行	6.08	0.28	5.80	0.21	0.21	0

【金融服务与监管】 2008年，人行禹城支行一是召开了反假货币工作会议，开展以防止假币流入、流出金融机构为主题的“护行行动”；二是与禹城市公安局经侦大队联合开展了整治银行卡违法犯罪专项行动；三是为加快残损币回收，召开了残损人民币回收计划落实会议；四是强化征信服务，组织开展了征信知识宣传活动；五是通过《禹城经济金融信息》公布了2007年金融生态指标，促进了银行信贷登记咨询系统数据质量提升；六是建立完善了民间借贷监测体系，形成了企业、农户和个体工商户监测点20个；七是组织编写了《便民服务手册》。

（段立华　范雪芹）

陵　县

【经济金融简况】 2008年，陵县突出工业经济、民营经济、招商引资三大重点，推动工业结构向提高科技含量、外向型、提高市场占有率转变，形成了以谷神和乐悟集团等为龙头骨干的产业集群，企业技术创新能力不断增强。谷神集团分别被批准和认定为“国家博士后科研工作站”、“省级企业技术开发中心”，乐悟集团被认定为“国家星火计划龙头企业技术创新中心”。

2008年，陵县各金融机构各项存贷款保持了较快增长，贷款投向重点突出，信贷结构优化。截至年末，陵县各金融机构各项人民币存款余额较年初增加10.71亿元，增幅26.2%。其中，企业存款增加0.21亿元；储蓄存款增加7.71亿元。各项人民币贷款余额较年初增加5.12亿元，增幅10.85%。其中，农业贷款同比增加1.37亿元；个人消费贷款同比增加0.91亿元，增长42.39%。

陵县主要经济金融指标

经济指标	2007	2008	经济指标	2007	2008
土地面积（平方公里）	1213.4	1213.4	地方财政支出（亿元）	5.28	6.47
人口（万人）	56	57.89	全社会固定资产投资（亿元）	57.93	63.05
非农业人口（万人）	12.3	12.6	固定资产投资增速（%）	27.48	26.85
地区生产总值（亿元）	104.3	118.89	进出口总值（万美元）	4742	9433
地区生产总值年增速（%）	16.6	15.9	出口总值（万美元）	3875	7182
第一产业（亿元）	17.29	18.86	实际利用外资（万美元）	867	1343.6
第二产业（亿元）	50.56	63.30	社会消费品零售总额（亿元）	28.6	35.3
第三产业（亿元）	28.96	36.74	居民消费价格指数（%）	106.50	103.43
财政总收入（亿元）	3.79	4.75	人均地区生产总值（元）	18625	20537
地方财政收入（亿元）	1.61	1.93	城镇居民可支配收入（元）	15390	17480
财政总支出（亿元）	5.37	6.55	农民人均现金收入（元）	5238	5618
金融指标（亿元）	**2007**	**2008**	**金融指标（亿元）**	**2007**	**2008**
本外币存款余额	40.88	51.57	财险收入	0.07	0.12
企业存款	4.88	5.09	寿险收入	0.56	0.56
储蓄存款	30.33	38.04	财险赔款	0.01	0.02
本外币贷款余额	47.18	47.71	寿险给付	0.07	0.09
短期贷款	1213.4	1213.4	证券市场交易总额	--	--
中长期贷款	56	57.89	投资者保证金余额	--	--
票据融资	12.3	12.6	证券交易佣金收入	--	--

陵县主要金融机构负责人

单位名称	行长（或其他称谓的第一负责人）	副行长（或其他称谓的同级领导）
人行陵县支行	张若丰	张志远　黄巨龙　王胜先
农发行陵县支行	王世国	张吉杰　王树清
工行陵县支行	黄宏军	武海涛　付维良　赵德胜
农行陵县支行	李耀民	马　青　马传胜　张广春
中行陵县支行	苏世普	郝淑琴
建行陵县支行	刘金河	陶志坤　吴健蕾
陵县农信联社	李文星（理事长）　王爱国（主任）	武建军　扬晓亮　刘　兰
邮储银行陵县支行	高永强	孙世广

陵县主要金融机构业务概况

单位：亿元

单位名称	本外币存款余额	企业存款	储蓄存款	本外币贷款余额	短期贷款	中长期贷款
农发行陵县支行	1.11	0.13	--	9.33	9.33	0
工行陵县支行	8.19	1.4	3.53	9.40	5.40	4.00
农行陵县支行	5.34	0.71	3.34	6.4	5.40	1.00
中行陵县支行	2.72	0.73	1.90	1.27	0.6	0.67
建行陵县支行	6.36	1.84	3.30	7.35	3.07	4.28
陵县农信联社	17.79	0.14	17.02	13.76	10.15	12.51
邮储银行陵县支行	9.04	0.11	8.92	0.17	0.16	0.01

【金融发展与改革】 2008年，人行陵县支行以优化区域金融生态环境建设为切入点，一是先后制订出台了《关于对金融部门支持企业发展的考核奖励办法》、《关于金融支持地方经济发展的指导意见》；二是按季组织召开行长联席会议、金融工作座谈会，及时向地方政府和金融机构传递国家宏观调控政策信息；三是面对企业普遍存在资金周转难的问题，建议县政府通过财政出资5000万元设立了“企业还贷周转金”，帮助资金周转困难的企业按时还贷，防范因资金链条断裂可能引发的信贷风险，实现政银企三方共赢，该做法在全省推广。全年，该县共动用“企业还贷周转金”14次，累计归还贷款3.8亿元。该县被德州市评为“金融生态环境建设A级县”。

【金融服务与监管】 2008年，人行陵县支行建立了金融服务深化机制，稳步提高服务水平。一是改进外汇管理，支持开放型经济发展；二是加强国库管理，提高国库核算质量；三是完善征信管理，做好贷款卡发放和年审工作；四是加强人民币管理，建立了反假宣传长效机制。

（董志刚）

宁津县

【经济金融简况】 2008年，宁津县以发展特色产业作为县域经济的突破口，打造中国的“桌椅之乡”、“工艺毯之乡”、“工艺毯出口第一县”三块特色招牌，经济保持了平稳较快发展。

2008年，人行宁津县支行引导辖内各金融机构认真贯彻执行货币政策，改善金融服务，积极发放中小企业和“三农”贷款，加强和完善信贷管理，为全县经济发展创造了良好的金融环境。截至年末，全县金融机构各项存款余额较年初增加11亿元，增长19.2%；各项贷款余额增加5.2亿元，增长14.0%。

【金融发展与改革】 2008年，人行宁津县支行实行了辖内金融机构风险处置重大问题报告、研究、紧急磋商制度，就两个企业因生产经营处于停滞状态形成的地域性金融风险情况进行了专项调查分析，并向地方政府和上级行及时汇报情况。同时，全力推进农村金融生态环境建设。一是推动出台了《农村金融生态环境建设实施方案》并成立了领导小组；二是发动金融机构及相关部门开展了“农村诚信宣传月”活动；三是选择宁

宁津县主要经济金融指标

经济指标	2007	2008	经济指标	2007	2008
土地面积（平方公里）	833	833	地方财政支出（亿元）	4.58	5.24
人口（万人）	46.32	46.49	全社会固定资产投资（亿元）	58.75	72.8
非农业人口（万人）	5.8	5.8	固定资产投资增速（%）	27.5	21.5
地区生产总值（亿元）	95.78	108.53	进出口总值（万美元）	5569	6191
地区生产总值年增速（%）	15.1	14.8	出口总值（万美元）	5092	5539

续表

经济指标	2007	2008	经济指标	2007	2008
第一产业（亿元）	14.06	15.71	实际利用外资（万美元）	449	324
第二产业（亿元）	50.74	56.99	社会消费品零售总额（亿元）	28.64	35.41
第三产业（亿元）	30.98	35.82	居民消费价格指数（%）	104.60	104.10
财政总收入（亿元）	3.11	3.02	人均地区生产总值（元）	20678	23431
地方财政收入（亿元）	1.71	1.52	城镇居民可支配收入（元）	8576	10085
财政总支出（亿元）	4.58	5.24	农民人均现金收入（元）	5105	5778.38
金融指标（亿元）	2007	2008	金融指标（亿元）	2007	2008
本外币存款余额	56.43	67.42	财险收入	0.26	0.30
企业存款	7.14	9.36	寿险收入	0.17	0.19
储蓄存款	44.79	54.7	财险赔款	0.89	1.01
本外币贷款余额	37.19	36.68	寿险给付	0.03	0.03
短期贷款	32.81	31.73	证券市场交易总额	--	--
中长期贷款	3.64	3.89	投资者保证金余额	--	--
票据融资	0	0	证券交易佣金收入	--	--

宁津县主要金融机构负责人

单位名称	行长（或其他称谓的第一负责人）	副行长（或其他称谓的同级领导）
人行宁津县支行	范宜和	郭德生　王长德　张晶华　陈志红
农发行宁津县支行	常新宏	张其英　王克智
工行宁津支行	李连峰	张学斌　杨小玲
农行宁津县支行	郭德祥	吴金涛　张长明　刘桂玲
建行宁津支行	张长泉	吕万新　贾　敏　王旭光　张艳荣
德州市商行宁津支行	王福刚	王培红
宁津县农信联社	张立新（理事长）　王爱国（主任）	张国平　李广财　闫俊青
邮储银行宁津县支行	范连森	张志明

宁津县主要金融机构业务概况

单位：亿元

单位名称	本外币存款余额	企业存款	储蓄存款	本外币贷款余额	短期贷款	中长期贷款
农发行宁津县支行	0.37	0.29	--	3.78	3.78	0
工行宁津支行	7.34	1.66	4.64	4.07	2.56	1.51

续表

单位名称	本外币存款余额	企业存款	储蓄存款	本外币贷款余额	短期贷款	中长期贷款
农行宁津县支行	14.65	3.03	11.03	5.26	4.87	0.34
建行宁津支行	8.94	1.95	6.42	1.97	0.75	1.22
德州市商行宁津支行	1.19	0.64	0.46	1.94	1.68	0.26
宁津县农信联社	24.10	1.72	21.75	19.45	17.88	0.57
邮储银行宁津县支行	10.44	0.05	10.39	0.21	0.21	0

城街道办事处为乡镇示范点，加强考核，推动“农信社信用体系管理信息系统”顺利运行。

【金融服务与监管】 2008年，人行宁津县支行一是组织召开了辖区金融机构行长（主任）联席会议，积极搭建政银企联系平台；二是抓好“税库银横向联网”、“国库集中支付”两个系统建设，切实履行经理国库职能；三是积极构建农村和城镇反假网络，对义务宣传员进行了现场培训；四是组织了全县金融机构征信知识考试，为金融机构防范信贷风险提供了保障；五是开展了涉恐资金专项调查、排查活动；六是对农信社改革试点专项中央银行票据兑付后续考核进行了现场检查；七是召集农信联社理事长、主任、监事长及相关人员进行了约见谈话，针对农信社改革中存在的问题及监测考核相关工作提出了要求。

（李红梅　张培新）

庆云县

【经济金融简况】 2008年，庆云县继续把招商引资做为统领全县经济工作的“天字号”工程，坚持推进旅游业发展。一是小商品现代批发市场成为“山东省八大现代批发市场”之一，进入“山东省30强市场”，蔬菜水果市场跻身商务部“双百市场工程”；二是开发区升格为省级开发区，入区企业达到199家；三是佛教文化游已成规模，商贸市场游、生态枣乡游、城市休闲游和工业园区游全面跟进，以宗教文化为特色的现代旅游格局初步形成。

2008年，该县金融机构认真贯彻货币政策，不断推进金融改革，改进金融服务，保持了金融业的平稳运行。截至年末，全县金融机构各项人民币存款余额较年初增加8.24亿元；各项人民币贷款余额增加3.98亿元，首次实现人均存款超万元，当年存、贷款增幅均列全市第1。

庆云县主要经济金融指标

经济指标	2007	2008	经济指标	2007	2008
土地面积（平方公里）	502	502	地方财政收入（亿元）	0.72	1.08
人口（万人）	30.32	30.34	全社会固定资产投资（亿元）	45	46
非农业人口（万人）	5.69	5.16	固定资产投资增速（%）	25	2
地区生产总值（亿元）	58.47	75.30	进出口总值（万美元）	2236	2394
地区生产总值年增速（%）	17.8	15.90	出口总值（万美元）	2194	2380
第一产业（亿元）	7.25	7.37	实际利用外资（万美元）	967.5	120
第二产业（亿元）	26.74	33.41	社会消费品零售总额（亿元）	23.11	28.57
第三产业（亿元）	24.48	34.52	居民消费价格指数（%）	104.80	103.91
财政总收入（亿元）	1.80	2.63	人均地区生产总值（元）	19335	24818
金融指标（亿元）	**2007**	**2008**	**金融指标（亿元）**	**2007**	**2008**
本外币存款余额	22.36	30.49	财险收入	0.07	0.12

续表

金融指标（亿元）	2007	2008	金融指标（亿元）	2007	2008
企业存款	3.93	5.21	寿险收入	0.56	0.56
储蓄存款	16.42	22.66	财险赔款	0.01	0.02
本外币贷款余额	16.98	20.97	寿险给付	0.07	0.09
短期贷款	15.16	16.21	证券市场交易总额	--	--
中长期贷款	1.81	4.76	投资者保证金余额	--	--
票据融资	0	0	证券交易佣金收入	--	--

庆云县主要金融机构负责人

单位名称	行长（或其他称谓的第一负责人）	副行长（或其他称谓的同级领导）
人行庆云县支行	杨如冰	胡成军　魏殿峰　赵关岭
农发行庆云县支行	张　方	刘华峰　潘德章
工行庆云支行	蒋爱芹	赵金强
农行庆云县支行	王洪涛	李　珺　杨　新
建行庆云支行	魏志军	郭宝辉　张新成
庆云县农信联社	徐宗申（理事长）　李海贤（主任）	王景田　冯奎祥　王淑华
邮储银行庆云县支行	陆泽顺	张思明

庆云县主要金融机构业务概况

单位：亿元

单位名称	本外币存款余额	企业存款	储蓄存款	本外币贷款余额	短期贷款	中长期贷款
农发行庆云县支行	0.83	0.62	--	4.09	3.64	0.45
工行庆云支行	4.88	1.07	2.74	3.39	1.04	2.36
农行庆云县支行	5.35	1.48	3.35	4.59	3.41	1.18
建行庆云支行	3.86	1.14	2.56	1.95	1.21	0.74
庆云县农信联社	7.82	0.66	6.50	6.76	6.72	0.04
邮储银行庆云县支行	7.75	0.24	7.51	0.19	0.19	0

【金融发展与改革】　2007 年，人行庆云县支行加强与各职能部门的联系与合作，充分发挥金融稳定职能，取得了良好的效果。各金融机构适时把握调控方向、力度和节奏，对重点建设项目、中小企业和“三农”进行了重点扶持、优先服务。其中，农行依托国家级农业产业化龙头企业中澳集团，为创业农户量身定做了信贷新产品“惠农卡”，把“公司+农户”作为“惠农卡”发行和创业贷款发放的模式稳步推进；邮储银行开办了小额贷款和个人房产抵押贷款业务，做到手续简化，随到随办；农发行为县域中澳控股和鼎力枣业两家农业产业化龙头企业发放商业性流动性贷款和项目开发贷款，余额达到 2.5 亿元。

【金融服务与监管】　2008 年，人行庆云县支行继续推进建立金融服务深化机制和货币政策执行评价与警示制度，进一步完善征信系统，改进服务水平，支持了地方经济金融健康快速发展。

（胡洪玺　孙景树）

临邑县

【经济金融简况】 2008年，临邑县经济实现平稳较快发展。一是工业经济强势推进，石化、纺织、食品、机械等十大主导产业集群产销规模、综合效益稳定提高，恒源石化成为德州市第1家销售收入过50亿元的企业；索通发展年生产能力达到60万吨，成为全国最大的铝用碳素生产基地；桦阳塑业成为全国最大的塑编生产基地；二是品牌建设成果丰硕，继洛北春之后，克代尔又荣获中国驰名商标；三是民营经济发展活跃，对外开放步伐加快，索通发展出口创汇1.77亿美元，成为全市第1出口创汇大户。该县在全国县域经济综合实力排名上升13个位次，居163位，列全市首位。

2008年，该县各金融机构认真贯彻货币信贷政策，不断深化金融改革，改进金融服务，保持了金融业的平稳运行。截至年

临邑县主要经济金融指标

经济指标	2007	2008	经济指标	2007	2008
土地面积（平方公里）	1016	1016	地方财政支出（亿元）	8.31	9.41
人口（万人）	53.22	53.71	全社会固定资产投资（亿元）	60.72	74.05
非农业人口（万人）	19.57	19.78	固定资产投资增速（%）	28.10	28.20
地区生产总值（亿元）	110.21	128.69	进出口总值（万美元）	9492	23374
地区生产总值年增速（%）	15.90	15.20	出口总值（万美元）	9101	22621
第一产业（亿元）	17.20	18.04	实际利用外资（万美元）	432	1709.50
第二产业（亿元）	57.29	66.69	社会消费品零售总额（亿元）	33.73	41.49
第三产业（亿元）	35.72	43.96	居民消费价格指数（%）	104.70	108.40
财政总收入（亿元）	9.07	9.89	人均地区生产总值（元）	20759	23960
地方财政收入（亿元）	5.09	5.35	城镇居民可支配收入（元）	12920	14470
财政总支出（亿元）	8.13	9.65	农民人均现金收入（元）	5020	5774
金融指标（亿元）	**2007**	**2008**	**金融指标（亿元）**	**2007**	**2008**
本外币存款余额	47.45	60.11	财险收入	0.17	0.20
企业存款	3.79	5.60	寿险收入	0.52	0.78
储蓄存款	37.72	47.01	财险赔款	0.08	0.10
本外币贷款余额	36.59	39.56	寿险给付	0.41	0.33
短期贷款	29.26	31.21	证券市场交易总额	--	--
中长期贷款	7.33	8.31	投资者保证金余额	--	--
票据融资	0	0	证券交易佣金收入	--	--

临邑县主要金融机构负责人

单位名称	行长（或其他称谓的第一负责人）	副行长（或其他称谓的同级领导）
人行临邑县支行	何　意	许树海　邢增彩　张兆河
农发行临邑县支行	赵学东	燕崇禄　崔藏月

续表

单位名称	行长（或其他称谓的第一负责人）	副行长（或其他称谓的同级领导）
工行临邑支行	李国豪	鲍淑华　李德忠　常进功 杨鲁燕（总会计）
农行临邑县支行	王　军	卞建强　王振江
中行临邑支行	姬　刚	王忠良
建行临邑支行	张久波	蔡德勇　赵立新 仝建民（纪检特派员） 高洪亮（会计主管）
临邑县农信联社	王朝宏（理事长）　李树声（主任）	邵　范　张　波　王　敏（监事长）
邮储银行临邑县支行	许晓龙	王　强

临邑县主要金融机构业务概况

单位：亿元

单位名称	本外币存款余额	企业存款	储蓄存款	本外币贷款余额	短期贷款	中长期贷款
农发行临邑县支行	0.20	0.03	--	3.26	3.26	0
工行临邑支行	16.99	3.28	10.20	11.71	6.07	5.64
农行临邑县支行	6.26	0.62	4.77	4.61	4.32	0.24
中行临邑支行	3.08	0.32	2.13	1.90	1.73	0.17
建行临邑支行	8.47	0.89	6.67	3.23	1.38	1.85
临邑县农信联社	15.65	0.03	14.70	14.63	14.23	0.40
邮储银行临邑县支行	8.97	0.42	8.55	0.23	0.22	0.01

末，全县金融机构各项人民币存款余额较年初增加12.56亿元；各项人民币贷款余额增加2.97亿元，考虑不良贷款核销、剥离因素，贷款实际增加6.98亿元。

【金融发展与改革】　2008年，在人行临邑支行的窗口指导下，各金融机构强化内部管理，不断提高金融风险防范能力，增强核心竞争力，实现可持续发展。邮储银行临邑县支行正式挂牌成立，小额贷款业务启动。临邑县农信联社以专项央行票据资金支持为动力，完善法人治理结构，规范股本金管理，资本充足率提高，信贷支农功能不断强化。年内增资6528万元，同比增加103.95%；全年增加涉农贷款2.10亿元，同比多投放2.05亿元。

【金融服务与监管】　2008年，人行临邑县支行积极履行职能，开展了对临邑县农信联社改革成果巩固状况的专项检查，提高了专项票据兑付后监测的针对性。

（何　意　邢有武）

齐河县

【经济金融简况】　2008年，齐河县着力打造“北部工业区、中心主城区和南部休闲度假区”三大板块，综合实力明显增强，经济运行质量显著提高。招商引资工作成效显著，第三产业繁荣活跃，黄河北区被列为全省重点旅游项目。钢铁、煤及煤化工、板纸、物流、休闲旅游等支柱产业产值利润快速增长，企业规模迅速扩张。被评为全国粮食生产先进县，被省委省政府列为全省6个综合改革试点县之一。

2008年，该县各金融机构认真贯彻落实各项宏观调控政策，改善金融服务，存贷款业务快速发展，信贷结构进一步优化。截至年末，全县金融机构各项人民币存款余额较年初增加13.51亿元，增长29.10%，同比多增7.36亿元。各项人民币贷款增加3.96亿元，增长9.57%。银行经营效益大幅提高，实现当年结益同比增加0.55亿元，增长70.17%。不良贷款余额2.44亿

齐河县主要经济金融指标

经济指标	2007	2008	经济指标	2007	2008
土地面积（平方公里）	1411	1411	地方财政支出（亿元）	8.65	10.33
人口（万人）	61.62	61.93	全社会固定资产投资（亿元）	60.86	78.58
非农业人口（万人）	7.41	7.43	固定资产投资增速（%）	27.9	27.9
地区生产总值（亿元）	117.33	131.38	进出口总值（万美元）	6299	19704
地区生产总值年增速（%）	17.5	14.8	出口总值（万美元）	3843	6233
第一产业（亿元）	17.61	21.61	实际利用外资（万美元）	33	131.4
第二产业（亿元）	64.63	68.28	社会消费品零售总额（亿元）	33.49	41.16
第三产业（亿元）	35.09	41.49	居民消费价格指数（%）	109.5	104.1
财政总收入（亿元）	11.34	12.57	人均地区生产总值（元）	19049	21268
地方财政收入（亿元）	5.13	5.65	城镇居民可支配收入（元）	9220	11060
财政总支出（亿元）	8.65	10.33	农民人均现金收入（元）	5098	5774
金融指标（亿元）	**2007**	**2008**	**金融指标（亿元）**	**2007**	**2008**
本外币存款余额	46.46	59.98	财险收入	0.29	0.34
企业存款	5.20	6.80	寿险收入	0.87	1.27
储蓄存款	33.20	43.38	财险赔款	0.15	0.18
本外币贷款余额	41.43	45.40	寿险给付	0.14	0.34
短期贷款	25.99	28.02	证券市场交易总额	--	--
中长期贷款	9.63	16.64	投资者保证金余额	--	--
票据融资	0.12	0.73	证券交易佣金收入	--	--

齐河县主要金融机构负责人

单位名称	行长（或其他称谓的第一负责人）	副行长（或其他称谓的同级领导）
人行齐河县支行	侯建省	刘万清　范士俊　司英民
农发行齐河县支行	胡志和	赵德清　黄　齐
工行齐河支行	张希建	戴希林　张荣珍　朱春红
农行齐河县支行	常　勇	吕　峰　栾本营　孙　波
中行齐河支行	邵秀玲	米丰虎
建行齐河支行	张　栋	杜厚森　朱建升　张广忠　潘家灵
齐河县农信联社	刘洪丽（理事长）　房士荣（主任） 张传东（监事长）	黄家信　苑化芳　孙秀斌
邮储银行齐河县支行	汪　波	从立刚

齐河县主要金融机构业务概况

单位：亿元

单位名称	本外币存款余额	企业存款	储蓄存款	本外币贷款余额	短期贷款	中长期贷款
农发行齐河县支行	0.43	0.36	--	4.55	3.67	0.88
工行齐河支行	10.11	2.54	3.79	13.58	4.03	9.55
农行齐河县支行	9.63	2.00	5.71	2.66	2.21	0.44
中行齐河支行	4.05	1.09	2.48	4.36	3.14	1.22
建行齐河支行	4.00	0.47	2.39	3.10	0.99	1.38
齐河县农信联社	22.82	0.13	20.64	16.93	13.77	3.15
邮储银行齐河县支行	8.58	0.21	8.37	0.23	0.21	0.01

元，较年初减少7.36亿元；不良贷款率5.37%，下降了18.27个百分点，实现“双降”。

【金融发展与改革】 2008年，人行齐河县支行充分发挥窗口指导作用，科学把握货币政策由从紧向适度宽松的转变，支持地方经济金融持续、健康发展。一是全力推进农村金融生态环境齐河示范点建设，《农村信用体系管理信息系统》成功上线运行，农户信用信息管理的规范化建设实现突破；在全市率先发放农户小额信用贷款及大联保体贷款业务，被授予德州市“金融生态环境建设A级县”称号，该县农村金融生态建设模式已在全省推广；二是邮储银行齐河县支行正式挂牌成立，农行齐河县支行改革进展顺利，支农定位更加明确；三是不断深化农信社改革，扎实做好专项中央银行票据兑付后的考核、监测工作，农信社法人治理结构进一步完善；四是农村合作银行筹建准备工作稳步推进，筹建申报材料已报送德州银监分局审批。

【金融服务与监管】 2008年，人行齐河县支行认真履行央行职责，夯实基础工作，提高金融服务效率，依法加强金融监管，做好风险分析与评价，有效防范和化解辖内银行业金融风险。对专项中央银行票据兑付后农信社改革进展情况进行了现场检查，对辖区金融机构网点进行了人民币管理专项检查。

（范士俊　焦玉英）

平原县

【经济金融简况】 2008年，平原县积极抓好民营经济、招商引资两大工程，拉动了全县经济持续健康发展。

人行平原县支行加强窗口指导，引导金融机构进一步优化信贷结构，着力加大了对“三农”以及以中小企业为重点的民营经济的信贷投入。截至年末，平原县金融机构各项存款余额较年初增加11.02亿元。各项贷款余额增加1.58亿元。

【金融发展与改革】 2008年，人行平原县支行加强窗口指导，引导金融机构不断加大信贷投放力度，促进产业结构调整，支持地方经济持续、健康、快速发展。通过对票据兑付后的平原县农信联社的现场检查与监督引导，深化了农信社改革。

平原县主要经济金融指标

经济指标	2007	2008	经济指标	2007	2008
土地面积（平方公里）	1047	1047	地方财政支出（亿元）	6.01	6.17
人口（万人）	45.33	45.57	全社会固定资产投资（亿元）	63.00	57.00
非农业人口（万人）	12.64	12.70	固定资产投资增速（%）	22.70	-9.52
地区生产总值（亿元）	93.19	107.44	进出口总值（万美元）	4484	3930
地区生产总值年增速（%）	14.20	14.60	出口总值（万美元）	1864	2837

续表

经济指标	2007	2008	经济指标	2007	2008
第一产业（亿元）	16.39	17.94	实际利用外资（万美元）	1047	2010
第二产业（亿元）	48.88	55.82	社会消费品零售总额（亿元）	26.40	32.76
第三产业（亿元）	27.92	33.68	居民消费价格指数（%）	104.70	105.20
财政总收入（亿元）	5.19	5.78	人均地区生产总值（元）	20613	23639
地方财政收入（亿元）	2.35	1.84	城镇居民可支配收入（元）	9885	11500
财政总支出（亿元）	6.01	6.17	农民人均现金收入（元）	4942	5618
金融指标（亿元）	**2007**	**2008**	**金融指标（亿元）**	**2007**	**2008**
本外币存款余额	49.28	60.29	财险收入	0.18	0.19
企业存款	3.69	5.63	寿险收入	0.21	0.41
储蓄存款	38.86	49.35	财险赔款	0.13	0.12
本外币贷款余额	46.86	45.82	寿险给付	0.01	0.01
短期贷款	35.13	34.36	证券市场交易总额	--	--
中长期贷款	10.49	10.49	投资者保证金余额	--	--
票据融资	0	0.96	证券交易佣金收入	--	--

平原县主要金融机构负责人

单位名称	行长（或其他称谓的第一负责人）	副行长（或其他称谓的同级领导）
人行平原县支行	倪　峰	唐吉贵　毛爱武　吕洪昌
银监会平原县办事处	庞玉军	
农发行平原县支行	张　军	马传松　金传谱
工行平原支行	李万江	任俊国　张景波
农行平原县支行	刘洪军	王景祥　王国权
中行平原支行	赵立章	刘仪涛
建行平原支行	周　易	王世忠　袁会峰
平原县农信联社	王庆华	王丙章　董志国
邮储银行平原县支行	程　德	赵宝国

平原县主要金融机构业务概况

单位：亿元

单位名称	本外币存款余额	企业存款	储蓄存款	本外币贷款余额	短期贷款	中长期贷款
农发行平原县支行	0.55	0.35	--	4.01	4.01	0

续表

单位名称	本外币存款余额	企业存款	储蓄存款	本外币贷款余额	短期贷款	中长期贷款
工行平原支行	5.83	0.90	3.12	7.32	5.34	1.97
农行平原县支行	11.43	2.43	7.26	10.84	6.70	4.14
中行平原支行	4.84	1.09	3.26	5.35	1.96	3.37
建行平原支行	2.57	0.31	1.81	0.97	0.13	0.83
平原县农信联社	25.14	0.10	24.26	17.17	16.04	0.16
邮储银行平原县支行	9.71	0.07	9.64	0.17	0.17	0

同时，积极推进邮政储蓄改革，邮储银行平原县支行于 2 月 22 日成立。

【金融服务与监管】 2008 年，人行平原县支行一是加强国库管理，及时办理各种国库资金的报解和划拨；二是积极做好出口收汇核销、实行网上核销，不断提高外汇管理与服务水平；三是通过召开辖内金融机构主要领导联席会、银企座谈会等形式，密切银政、银企关系。

（倪　峰　张洪来）

夏津县

【经济金融简况】 2008 年，夏津县着眼于“银色夏津”建设，继续抓好优质棉标准化生产基地，农业生产稳步发展。依托棉纺织、面粉、植物油加工三大特色支柱产业，大力培植生物质能发电、生物柴油、太阳能光伏电池等新兴项目。“黄河故道森林公园”建设已初具规模，2008 年被评为山东省最具成长力景区。该县荣膺“全国优质棉标准化示范基地”、“国家级旅游景区”、中国“棉纺织名城”、“植物油示范县”、“面粉大县”等多项荣誉称号。

2008 年，该县金融机构采取有效措施，积极应对国际金融危机的不利影响，保证了各项业务的稳步发展。截至年末，全县金融机构各项人民币存款余额较年初增加 9.09 亿元，增长 24.49%；各项人民币贷款余额下降 3.46 亿元，减少 9.96%，剔除剥离核销不良贷款 6.76 亿元因素，全年实际新增贷款 3.4 亿元。

【金融发展与改革】 2008 年，夏津县金融机构深化体制改革，加强内部管理，转变经营理念，拓展业务市场，实现了各

夏津县主要经济金融指标

经济指标	2007	2008	经济指标	2007	2008
土地面积（平方公里）	872	872	地方财政支出（亿元）	4.62	5.82
人口（万人）	50.37	50.86	全社会固定资产投资（亿元）	46.44	58.24
非农业人口（万人）	13.63	14.31	固定资产投资增速（%）	16.50	26.90
地区生产总值（亿元）	88.33	106.11	进出口总值（万美元）	1450	2696
地区生产总值年增速（%）	12.90	15.00	出口总值（万美元）	1006	1516
第一产业（亿元）	14.49	16.55	实际利用外资（万美元）	260	405
第二产业（亿元）	47.24	54.71	社会消费品零售总额（亿元）	29.58	30.49
第三产业（亿元）	26.59	34.85	居民消费价格指数（%）	104.70	105.90
财政总收入（亿元）	3.50	3.94	人均地区生产总值（元）	17536	20965
地方财政收入（亿元）	1.57	1.50	农民人均现金收入（元）	4490	4872

续表

金融指标（亿元）	2007	2008	金融指标（亿元）	2007	2008
本外币存款余额	37.12	46.21	财险收入	0.19	0.21
企业存款	2.98	2.98	寿险收入	0.46	0.56
储蓄存款	29.05	37.73	财险赔款	0.10	0.14
本外币贷款余额	34.73	31.27	寿险给付	0.15	0.12
短期贷款	27.13	23.23	证券市场交易总额	--	--
中长期贷款	7.43	7.99	投资者保证金余额	--	--
票据融资	0.16	0.02	证券交易佣金收入	--	--

夏津县主要金融机构负责人

单位名称	行长（或其他称谓的第一负责人）	副行长（或其他称谓的同级领导）
人行夏津县支行	张如宝	张国德　刘美青
农发行夏津县支行	李保华	冯树华　邹爱民
工行夏津支行	秦成强	刘忠波　张　伟
农行夏津县支行	郑建平	李书军　牛金军　张志勇
中行夏津支行	任松岭	王德贵
建行夏津支行	刘建武	张　伟　张桂芹　孟庆东
夏津县农信联社	孙德奎	李培刚　李桂芳　王连军　李有山
邮储银行夏津县支行	王　新	尹玉凯

夏津县主要金融机构业务概况

单位：亿元

单位名称	本外币存款余额	企业存款	储蓄存款	本外币贷款余额	短期贷款	中长期贷款
农发行夏津县支行	0.53	0.03	--	3.89	3.89	0
工行夏津支行	3.84	0.76	1.83	6.37	3.31	3.05
农行夏津县支行	8.05	0.60	6.97	3.86	2.19	1.63
中行夏津支行	4.46	1.07	2.50	2.66	0.17	2.48
建行夏津支行	3.04	0.23	1.95	1.50	1.13	0.37
夏津县农信联社	16.66	0.08	15.88	12.83	12.37	0.45
邮储银行夏津县支行	8.79	0.20	8.59	0.17	0.17	0

项业务的健康发展。工行票据融资业务进一步拓展，信用证融资、保理融资、应收账款质押融资等新业务在县支行首次开办。农行进一步深化改革，支农定位更加明确，惠农政策深入农户，惠农卡得到积极推广。邮储银行夏津县支行于2月24日正式挂牌成立，信贷业务迅猛增长，截至年末，各项贷款余额0.17亿元，较年初增加0.12亿元，增长234.19%。农信社完善管理体

制，提高服务水平，全年实现营业收入1.12亿元，增长19.39%，实现利润0.21亿元，增长12.05%。

【金融服务与监管】 2008年，人行夏津县支行一是通过召开金融联席会、信贷例会、约见谈话等形式，及时传导货币信贷政策，引导金融机构优化信贷结构，加大信贷投入；二是利用政银企合作交流平台，促进政银企合作；三是积极推动金融生态环境建设，配合县委、县政府出台了该县《金融生态环境建设实施方案》。

（张国德 冉祥武）

武城县

【经济金融简况】 2008年，武城县各项经济指标高速增长，在欠发达县综合考核中位居全市首位。汽车和汽车零部件、玻璃钢、地毯、棉花和农副产品深加工及酿酒成为五大支柱产业。民营和高新技术产业得到长足发展，全县民营业户达1.8万户，实现营业收入360亿元；高新技术产业实现产值75.5亿元。全年新增规模以上工业企业46家，增量居全市首位。

2008年，该县各金融机构认真贯彻执行稳健的货币信贷政策，努力提升金融服务水平，信贷投放重点突出，主要投放“三农”和11家骨干型企业及13家成长型企业，促进了全县经济结构调整和产业经济发展。截至年末，全县金融机构各项人民币存款余额较年初增加6.89亿元，增长17.4%；各项人民币贷款余额增加3.30亿元，增长9.9%。核销不良贷款6.94亿元。

【金融发展与改革】 2008年，人行武城县支行扎实推进金融改革，维护辖区金融稳定。一是进一步完善和强化支农再

武城县主要经济金融指标

经济指标	2007	2008	经济指标	2007	2008
土地面积（平方公里）	751	751	地方财政支出（亿元）	4.02	4.97
人口（万人）	37.75	38.20	全社会固定资产投资（亿元）	48.18	49.26
非农业人口（万人）	7.62	7.74	固定资产投资增速（%）	28.36	23.20
地区生产总值（亿元）	82.61	97.65	进出口总值（万美元）	2109	3350
地区生产总值年增速（%）	15.70	14.60	出口总值（万美元）	1891	2609
第一产业（亿元）	10.32	11.57	实际利用外资（万美元）	415	0
第二产业（亿元）	48.28	56.35	社会消费品零售总额（亿元）	24.76	30.3
第三产业（亿元）	24.01	29.73	居民消费价格指数（%）	105.01	105.2
财政总收入（亿元）	2.58	2.65	人均地区生产总值（元）	21965	25562
地方财政收入（亿元）	1.42	1.27	城镇居民可支配收入（元）	9724	11552
财政总支出（亿元）	4.11	5.04	农民人均现金收入（元）	4951	5566
金融指标（亿元）	2007	2008	金融指标（亿元）	2007	2008
本外币存款余额	39.64	46.57	财险收入	0.12	0.12
企业存款	3.71	3.27	寿险收入	0.59	0.79
储蓄存款	33.29	40.18	财险赔款	0.08	0.09
本外币贷款余额	33.29	36.59	寿险给付	0.13	0.10
短期贷款	28.64	31.15	证券市场交易总额	--	--
中长期贷款	3.86	4.28	投资者保证金余额	--	--
票据融资	0.79	1.16	证券交易佣金收入	--	--

武城县主要金融机构负责人

单位名称	行长（或其他称谓的第一负责人）	副行长（或其他称谓的同级领导）
人行武城县支行	曹国江	林红霞　徐芳庭
农发行武城县支行	宋怀兴	周庆华　张智慧
工行武城支行	刘秀江	杜成宝
农行武城县支行	常　连	孙连耕　张继强　胡寿勇
中行武城支行	侯建东	张传涛　王　磊
建行武城支行	李胜国	程洪斌　刘　勇　陈　勇
武城县农信联社	孙德奎（理事长）　王立国（主任）	鲍明文　刘德涛　霍　强
邮储银行武城县支行	纪金国	李玉花

武城县主要金融机构业务概况

单位：亿元

单位名称	本外币存款余额	企业存款	储蓄存款	本外币贷款余额	短期贷款	中长期贷款
农发行武城县支行	0.58	0.34	--	5.46	5.46	0
工行武城支行	4.58	0.50	2.97	4.38	2.51	1.87
农行武城县支行	7.49	0.82	6.25	5.32	4.67	0.63
中行武城支行	2.53	0.38	1.76	2.21	1.20	1.01
建行武城支行	4.84	0.58	3.83	2.54	1.21	0.72
武城县农信联社	17.03	0.47	16.15	15.74	15.15	0.05
邮储银行武城县支行	9.41	0.18	9.23	0.15	0.15	0

贷款的投向监督和使用效果考核，加强对农信社的后续检查工作；二是进一步推进农村金融生态环境建设，围绕“压不良、增信贷、树诚信”的目标，全年核销不良贷款6.94亿元；三是稳步推进邮政储蓄改革，邮储银行武城县支行于2月25日正式挂牌成立；四是提请县政府建立企业应急资金0.36亿元，全年累计为企业提供周转资金1.6亿元。

【金融服务与监管】　2008年，人行武城县支行支行充分发挥窗口指导作用。一是定期召开金融形势分析会、银企恳谈会，传达贯彻国家金融宏观调控政策，推动银企交流合作；二是积极开展反洗钱、反假币等金融知识的宣传活动。

（徐芳庭　田瑞超）

聊　城　市

【经济金融简况】　2008年，聊城市经济运行态势整体良好。一是工业经济效益明显提高，科技自主创新能力继续增强；二是农业基础地位进一步巩固，农业投入进一步加大，各项支农惠农政策得到落实；三是固定资产投资快速增长，投资结构不断优化；四是消费市场保持繁荣活跃，物价水平出现结构性上涨，通货膨胀压力加大；五是对外贸易增势强劲，进出口增速均居全省前列；六是财政收入稳定增长，财税实力进一步增强。

2008年，聊城市各金融机构认真贯彻执行中央各项宏观调控政策，经济金融持续协调健康发展。

一、各项存款大幅增长，存款定期化特征显著。截至年末，

聊城市经济主要统计指标

指　　标	2004	2005	2006	2007	2008	2008年同比增幅（%）
土地面积（平方公里）	8715	8715	8715	8715	8715	--
人口（万人）	563.76	566.50	572.82	580.75	584.91	0.72
非农业人口（万人）	135.79	139.92	164.40			
地区生产总值（亿元）	439.68	582.40	839.45	1022.96	1252.67	13.00
第一产业（亿元）	101.51	147.59	138.84	154.51	187.03	4.30
第二产业（亿元）	217.02	297.16	491.95	605.16	738.98	14.10
工业（亿元）	187.25	254.78	453.45	564.85	692.05	14.70
建筑业（亿元）	29.76	42.38	41.40	40.31	53.40	15.80
第三产业（亿元）	121.15	137.65	208.66	263.29	326.66	15.50
人均地区生产总值（元）	7816	9775	15312	17858	22556	12.30
地区生产总值构成（%）	100	100	100	100	100	--
第一产业（%）	23.09	21.29	16.54	15.10	14.90	-1.32
第二产业（%）	49.36	53.79	58.60	59.20	59.00	-0.33
第三产业（%）	27.56	24.92	24.86	25.70	26.10	1.56
财政总收入（亿元）	33.27	45.40	76.14	99.98	119.89	19.90
地方财政收入（亿元）	20.24	22.43	33.64	42.40	48.93	15.40
财政总支出（亿元）	--	--	--	--	--	--
地方财政支出（亿元）	33.27	40.56	59.94	75.03	91.20	21.50
全社会固定资产投资（亿元）	200.93	267.38	367.80	414.19	530.34	26.20
规模以上固定资产投资（亿元）	187.10	240.30	350.85	410.00	525.22	28.10
规模以下固定资产投资（亿元）	--	--	--	--	--	--
房地产开发（亿元）	22.65	25.13	23.90	25.67	33.13	29.10
进出口总值（亿美元）	3.86	1.60	9.95	17.20	29.06	69.00
出口总值（亿美元）	2.32	3.64	6.11	9.99	15.15	51.70
实际利用外资（亿美元）	1.22	1.68	0.69	1.03	1.19	174.00
社会消费品零售总额（亿元）	101.09	127.32	271.80	322.30	396.73	23.10
居民消费价格指数（%）	100.40	101.70	101.40	104.10	105.20	1.10
城市居民人均可支配收入（元）	9841	10919	10474	12401	14559	17.40

聊城市工农业主要统计指标

农业主要统计指标（万吨）				规模以上工业企业主要统计指标（亿元）			
项目 \ 年度	2007 年	2008 年	增幅（%）	项目 \ 年度	2007 年	2008 年	增幅（%）
粮食	455.54	459.92	1.00	工业增加值	539.66	692.05	28.24
夏粮	236.31	229.89	-2.70	国有工业	35.92	28.28	-8.40
秋粮	219.23	230.03	4.90	集体工业	4	10.27	156.75
棉花	9.20	9.74	5.90	股份制工业	405.07	507.92	17.10
油料	15.83	16.52	4.40	股份合作制工业	2.72	2.66	-8.60
水果	50.83	51.03	0.39	外商及港澳台投资工业	31.49	36.33	8.00
蔬菜	814.22	873.39	7.30	轻工业	165.42	232.18	18.50
肉类	52.28	43.28	-17.21	重工业	374.24	442.18	15.20
禽蛋	24.92	23.36	-6.26	销售收入	2099.30	2607.45	25.48
奶类	6.55	5.91	-9.77	利税	214.98	248.48	15.48
水产品	7.59	6.34	-16.47	利润	140.16	160.36	15.26
森林覆盖率（%）	28.13	29.20	1.10	经济效益综合指数（%）	246.93	258.19	11.26

聊城市主要金融机构负责人

单位名称	行长（或其他称谓的第一负责人）	副行长（或其他称谓的同级领导）
人行聊城市中心支行	吴金忠	姚　冬　王武声　崔长夫　张维建　李振林
银监会聊城监管分局	刘世明	邱玉祥
农发行聊城市分行	肖连奎	周　强　徐敬喜
工行聊城分行	亓立强	皮桂亭　贾光祥　房志波　叶晓升
农行聊城市分行	王旭光	王文平　李联盟　刘连军　罗秉环
中行聊城分行	陈　涛	许兰梅　周生显　郭兴盛　汪文泰
建行聊城分行	王广升	王力强　郭　胜　魏相军　王秀芬　朱　青　乔丽娟　刘福军
华夏聊城支行	薛炳珠	张洪贞　孙红兵　卢武成　宁金龙
济南市商行聊城分行	张　华	张克非
农信社聊城市办事处	张明星	陈东升　陈志刚　林超美
邮储银行聊城市分行	石敬民	申春晔
人寿保险公司聊城市分公司	徐正毅	郝晓忠 吴法太
人民保险公司聊城市分公司	杜亚军	李秋诗　石　岗　管瑞岩
齐鲁证券聊城中心管理部	李丙堂	房广斌

聊城市金融业务统计指标

指标（亿元）		2004	2005	2006	2007	2008	2008 年同比增幅（%）
银行类	本外币存款余额	462.42	531.57	585.95	672.53	830.84	24.4
	人民币存款余额	462.42	531.57	585.95	672.53	836.64	24.40
	企业存款	71.55	69.10	83	95.89	113.74	19.62
	储蓄存款	320.70	360.30	403.89	451.50	571.48	26.57
	定期储蓄存款	241.76	271.16	300.76	334.84	430.17	28.47
	活期储蓄存款	78.94	89.14	103.12	116.67	141.31	21.19
	本外币贷款余额	374.02	417.29	482.93	572.67	613.51	8.2
	人民币贷款余额	374.	417.29	482.93	572.67	607.22	8.16
	短期贷款	275.74	312.24	359.23	410.97	434.35	5.73
	工业贷款	62.52	71.55	109.42	134.09	142.15	6.03
	商业贷款	58.83	60.24	54.87	47.69	39.51	-17.15
	农业贷款	77.94	92.27	101.87	121.94	124.69	2.26
	中长期贷款	68.60	81.87	102.67	136.87	151.59	10.75
	基本建设贷款	23.63	28.60	50.63	75.99	91.98	21.04
	技术改造贷款	1.33	3.72	1.12	0.55	1.15	109
	票据融资	20.40	22.36	16.70	13.62	21.30	56.38
	现金收入	1604.97	1699.6	1932.90	2164.48	2356.77	8.88
	现金支出	1614.58	1703.6	1939.20	2176.30	2353.77	8.15
	现金投放（+）回笼（-）	9.61	4.01	6.32	11.82	-3	--
	当年结益	2.94	5.51	7.48	11.15	12.69	13.81
保险类	保险公司保费收入	9.60	9.85	11.58	15.10	22.30	52.08
	财险收入	2.01	2.26	3.18	4.50	5.77	28.84
	寿险收入	7.59	7.59	8.40	10.59	16.53	62.30
	保险公司赔款和给付支出	2.46	1.70	3.31	4.76	5.09	29.20
	财险赔款	1.12	1.30	2.04	2.00	2.88	40.01
	寿险给付	1.34	0.40	1.27	2.76	2.21	17.36
	当年结益	--	--	--	--	--	--
证券类	证券市场成交总额	30.00	29.17	87.00	411.00	229.00	-44.28
	投资者保证金余额	0.98	0.85	2.04	3.06	3.40	11.11
	佣金收入	0.09	0.08	0.24	1.00	0.70	-30.00
	净利润	0.04	0.06	0.11	0.60	0.40	-33.33

聊城市金融机构统计指标

指标（个）		2004	2005	2006	2007	2008	2008年同比增幅（%）
银行类	法人机构	8	8	8	8	8	0
	省级分行	--	--	--	--	--	0
	二级分行	8	8	8	8	9	12.50
	县区支行	59	61	65	68	151	122.06
	分理处、营业所	610	588	538	523	408	21.98
	储蓄所	29	23	19	19	19	0
	从业人员总数	7650	7890	8542	8596	8475	4.46
保险类	保险机构	9	11	76	98	120	22.45
	财险机构	4	6	41	56	70	25.00
	省级分公司	--	--	--	--	--	--
	地市分公司	4	6	8	11	13	18.18
	县区支公司			33	45	57	26.67
	寿险机构	5	5	35	42	50	19.05
	省级分公司	--	--	--	--	--	--
	地市分公司	5	5	5	7	10	42.86
	县区支公司	--	--	30	35	40	12.50
	从业人员总数	7535	7951	9243	11468	16472	43.63
	财险人员	965	1222	1761	2551	2547	-0.16
	寿险人员	6570	6729	7482	8917	13925	56.16
证券类	证券机构	2	2	2	2	2	0
	证券公司	2	2	2	2	1	-50.00
	证券营业部	--	--	--	--	--	--
	证券服务部	--	--	--	--	--	--
	从业人员总数	35	33	31	26	26	0
	投资者开户	500	800	8675	19856	16050	-19.17
	境内上市公司	3	3	3	3	3	0
	境外上市公司	3	3	3	3	3	0

聊城市主要金融机构业务概况

单位：亿元

单位名称	人民币存款余额	企业存款	储蓄存款	人民币贷款余额	短期贷款	中长期贷款
农发行聊城市分行	5.44	3.56	0	49.24	46.87	2.36

续表

单位名称	人民币存款余额	企业存款	储蓄存款	人民币贷款余额	短期贷款	中长期贷款
工行聊城分行	116.01	23.34	57.17	152.29	77.49	74.13
农行聊城市分行	108.53	17.59	70.02	63.76	37.64	20.13
中行聊城分行	77.13	25.05	35.07	49.49	36.13	13.36
建行聊城分行	99.31	20.18	53.38	74.78	37.45	32.42
华夏聊城支行	53.22	13.89	19.76	31.94	24.81	3.24
济南市商行聊城分行	8.17	6.44	1.05	5.89	2.10	1.20
农信社聊城市办事处	256.58	1.39	241.08	177.47	169.50	4.72
邮储银行聊城市分行	96.26	2.31	93.95	2.36	2.33	0.02

聊城市各县级区域经济金融主要统计指标

名称	人口（万人）	面积（平方公里）	地区生产总值（亿元）	地区生产总值增速（%）	本外币存款余额（亿元）	储蓄存款（亿元）	本外币贷款余额（亿元）
东昌府区	104.45	1254	200.84	111.50	294.79	177.94	208.63
茌平县	58.02	1117	136	25.19	68.13	38.13	82.08
东阿县	42	787	79	16.0	53.68	38.32	24.44
高唐县	48.45	949	174.44	11.10	71.87	43.08	66.38
冠　县	77.96	1161	119.98	13.90	66.09	50.40	42.72
临清市	73.77	960	175.86	14.00	110.75	82.29	77.73
莘　县	100.07	1416	140.42	13.00	67.54	59.96	34.20
阳谷县	78.60	1065	130.90	13.50	92.49	71.55	70.73

聊城市金融机构各项人民币存款同比增加166.17亿元，各项外汇存款余额较年初增加0.06亿美元，存款增量、增幅均为2001年来的最高点。

二、贷款增长适度，信贷投向结构基本稳定，工、农业贷款平稳增长，商业贷款大幅下降，基建贷款迅猛增长，消费信贷呈现“短减长增”态势。截至年末，聊城市金融机构各项人民币贷款同比增加67.22亿元，各项外汇贷款较年初减少0.18亿美元。

三、中间业务快速发展。2008年，全市金融机构累计办理保函业务2.77亿元，同比增加2.55亿元；保理业务35.55亿元，增加16.65亿元；国外信用证10.36亿美元，增加3.97亿美元；首次以信托方式为辖内企业和项目发行了理财产品，合计金额6.50亿元。

四、证券交易大幅萎缩，保险业务保持较快发展速度。

五、金融机构稳健运行能力增强。2008年，聊城市各金融机构实现利润同比增盈5.85亿元。其中，4家国有商业银行实现利润13.18亿元，增盈4.65亿元，增幅达54.51%；华夏银行实现盈利1.30亿元，增加0.27亿元；农信社实现盈利1.75亿元，增盈0.31亿元。

【货币政策实施】 2008年，人行聊城市中支充分发挥窗口指导和货币政策工具的作用，引导政府、企业和金融机构进行结构调整，实现了调控与发展的双赢。

一、积极贯彻落实宏观调控政策。一是联合市环保局出台了《绿色信贷指导意见》；二是建立了信贷政策导向效果评估报告制度、中小企业流动资金贷款和企业技术改造重点项目贷款落实情况调度制度，引导金融机构坚持区别对待、有保有压的原则，进一步突出重点、调整结构、创新方式，努力实现信贷政策与产业、环保、财政政策的协调配合,促进经济发展方式的转变。

二、搭建银企合作平台,拓宽企业融资渠道。一是推动人行济南分行与聊城市政府共同举办了“优化经济结构与金融支持推进会”,共推介符合国家产业政策和调控导向的重点项目246个,累计签约信用总量264.95亿元,实际到位111.93亿元,其中贷款60.54亿元;二是分别与冠县、高唐和莘县政府联合召开了以支持中小企业发展、优化金融生态环境和金融产品宣传为主题的银企合作促进会,达成信贷资金支持协议金额115.12亿元。

三、不断加大对“三农”的支持力度。一是召开了全市农信社信贷工作窗口指导会,下发了《关于做好金融服务工作促进奶业持续健康发展有关工作的通知》,帮助全市奶业企业平稳度过困难期;二是制定了《关于开展“金政助农”活动支持全市农业产业化龙头企业加快发展的意见》,率先在冠县进行试点,引导金融机构对农业产业化企业贷款优先、利率优惠,地方政府对企业给予贷款贴息、税收减免等政策扶持。前10个月,冠县7户农业产业化龙头企业销售收入同比增长28%,带动全县粮经作物种植和畜禽养殖户5万余户。

四、强化监测分析调研,进一步发挥参谋助手作用。一是建立了《重点服务企业联系制度》,合理确定监测和服务对象,以人行金融服务为基础,带动各金融机构对重点企业的金融服务水平的整体提升;二是高度关注民间借贷新特点、新趋势,积极参与市政府小额贷款公司筹建工作,科学引导民间资金;三是认真做好贷款利率和金融市场监测工作,完善进出口企业汇率承受力监测工作;四是完善了房地产信贷和房地产市场监测制度,加强了票据市场监测分析。

【金融监管】 2008年,人行聊城市中支和银监会聊城银监分局不断加大监管力度,促进辖区金融业稳健发展,资产质量明显提高,盈利能力持续增强。

一、人行聊城市中支大力加强对农信社的监督检查,推动其改革进程。一是认真落实差别存款准备金政策,要求地方法人金融机构合理预测资金头寸,确保政策顺利实施;二是加强了对辖内法人金融机构存款准备金制度执行情况的管理,对欠缴准备金存款违法行为依法进行了行政处罚;三是认真贯彻落实农信社专项票据兑付后的按季监测考核制度,使其主要考核指标保持稳定;四是对全市农信社改革进展情况进行了现场检查,协助济南分行起草了全省农信社改革进展情况检查实施方案,组织对全市8家农信社进行了现场检查。该中支还连续3次被抽调参加对农信社改革进展情况的检查,其中两次参加总行和银监会组织的对全国农信社专项票据兑付申请材料的非现场材料审查和现场检查。

二、根据山东省银监局下达的不良贷款“双降”指标与各银行业金融机构上级机构安排的年度压降指标,科学确定“双降”指标,落实“双降”责任。一是部署辖区银行业金融机构对信贷资产质量状况逐户排队、分析和预测,对可能发生的不良贷款情况做到心中有数,督促其逐户逐笔制定对应措施,并严格落实风险防范和化解责任;二是对辖区银行业金融机构进行大额不良贷款核查,严格责任追究措施。

三、银监会聊城银监分局严格落实案件防控三项监管制度,即:季度内控约见谈话制度、四项制度执行情况核查制度和违法违规责任人记录制度,遏制了案件高发势头。同时,监管与服务并重,加快新设银行的审批工作。完成了对邮储银行聊城市分行及其20个一类支行、72个二类支行的审批组建,以及济南市商业银行聊城分行成立的审批工作,该商行于3月19日顺利开业。

【外汇管理】 2008年,外管局聊城市中心支局以提升外汇服务水平、寻求有效监管为重点,强化外汇检查,较好地完成了各项工作,有力地支持了辖区涉外经济持续、健康、快速发展。

一、加强外汇政策宣传,进一步提升社会影响力。一是组织召开了“实施‘引进来走出去’外汇政策报告会”;二是承办了省外汇市场“诚信兴商宣传月”活动专题论坛会,举办了全市7家外汇指定银行电视知识竞赛等系列活动,外汇诚信体系建设成效显著。

二、在全省率先完成FDI系统推广上线工作。一是完成了外商投资企业外汇业务信息登记表收集审核工作,系统上线工作取得阶段性成果;二是作为省内唯一的中心支局,参加了总局在扬州举办的直接投资外汇业务信息系统推广培训会议,并被省分局授予“直接投资外汇业务信息系统推广先进单位”。

三、不断加大调研工作力度,调研信息工作实现了较大突破。全年共上报外汇信息44篇,有24篇分别被总、分局采用。其中,《外资“借壳拼装”流入房地产行业应引起高度重视》一文被省分局《高度关注从紧货币政策下外资概念化倾向》部分采用,先后得到了周小川行长、胡晓炼局长的批示。

四、加强外汇检查,维护外汇市场秩序。开展了外汇指定银行执行“关注企业”外汇管理政策、“进口不付汇、付汇不购汇”、资本金结汇银行合规性、部分外汇指定银行市场准入合规性等专项检查。同时,不断创新检查手段,围绕外汇非现场检查系统运用,着力提升检查质效。

【金融改革】 2008年,人行聊城市中支积极推进金融改革,支持金融业做大做强。一是积极推动国有商行股份制改革和政策性银行的业务改革,促成邮储银行、济南市商业银行两家金融机构的聊城分行顺利开业;二是扎实推进农信社改革,完成了对阳谷农联社专项票据兑付申请的审核工作,并顺利通过济南分行和总行审查获得兑付,至此,全市8家农联社全部实现票据兑付,共获得专项票据资金3.19亿元。

【保险业务】 2008年,聊城市保险业呈现出业务发展快、市场主体多、社会信誉高、服务功能强、经营效益好等特点,新增保险公司5家。全年累计实现保费同比增长高于全省增幅18.68个百分点,增幅居全省第2位。

【证券市场】 2008年,股票交易市场持续低迷,居民投资更趋谨慎。全年新开户 1.6 万户，同比下降 19.16%。

【精神文明建设】 2008 年，聊城市金融系统不断创新开展精神文明建设活动，取得显著成效。

一、人行聊城市中支加强央行文化建设。一是认真落实济南分行《央行文化建设指引》，编纂了《文化手册》，并在办公楼大厅制作了"汲千年文化灵韵 铸现代央行精彩"文化墙；二是在全辖开展了以"益智 修身 养心 润德"为主题的"品质人生 精彩同行"员工自我设计活动；三是开展了"精彩央行在聊城"采风活动，举办了迎奥运"快乐健身，共建和谐"第九套大众广播体操比赛和"歌颂祖国，唱响和谐"摄影作品大赛；四是在全辖组织开展了改革开放 30 周年、抗震救灾、庆祝人民银行成立 60 周年征文活动；五是参加了济南分行组织的"绽放青春共创和谐"知识比赛，并获得 3 等奖；六是积极组织为四川地震灾区献爱心活动，全辖干部职工累计捐款 22.8 万元。文化建设、采风活动等被《金融时报》刊登。

二、各金融机构坚持以人为本，构建特色企业文化。工行聊城市分行一是组织向汶川地震灾区捐款 20.22 万元，并通过开辟救灾汇款绿色通道，提高救灾企业贷款审批效率，为 3 户救灾物资生产企业发放贷款 3600 万元；二是制订出台了《星级服务达标网点管理办法》及《服务质量专项考核办法》，制订了《迎奥运文明规范服务系列活动实施方案》，改善金融服务，规范服务管理，被工总行评为"全国二级分行经营三十强"、"全国工行绩效排名第 6 名"、"创建四好班子先进集体"，被省分行评为"全省二级分行绩效排名第 3 名"。农行聊城市分行被聊城市委、市政府评为 2008 年度"目标管理考核先进单位"、"行风建设先进单位"。中行聊城市分行被省公安厅荣记集体二等功，被聊城市委、市政府评为"平安聊城建设先进单位"、"2008 年度目标管理考核先进单位"，所辖临清市支行被继续认定为"总行级青年文明号"，茌平县支行、开发区支行被继续认定为"省行级青年文明号"。全市各保险机构向汶川地震灾区捐款 30 多万元。

【金融大事记】 3 月 6 日 人行聊城市中心支行领导班子调整，党委书记、行长徐小林调离，党委副书记、副行长吴金忠主持工作。

3 月 8 日 人保寿险聊城中心支公司举行开业庆典。

3 月 11 日 邮储银行聊城市分行举行成立及揭牌仪式，石敬民任行长。

3 月 19 日 济南市商业银行聊城分行在东昌宾馆举行开业庆典，开业当天存款达到 3.18 亿元。

4 月 18 日 邮储银行聊城市分行小额信贷业务率先在莘县邮政局试点开办。

5 月 23 日 济南市商业银行邱云章董事长到聊城分行视察。

5 月 28 日 ~6 月 2 日 邮储银行聊城市分行全辖 9 个一级支行、19 个一类支行全部挂牌成立。

6 月 25 日 农行山东省分行党委委员、副行长胡晓毅参加聊城市优化经济结构与金融支持推进会。

山东省农联社主任张建民、业务发展部部长黄效杰到茌平县农联社视察指导工作。

6 月 30 日 邮储银行聊城市分行公司业务系统正式在聊城市花园南路支行上线。

7 月 18 日 聊城市东昌府区农信社召开"金色水城"中小企业融资推进会。

9 月 20 日 聊城市保险行业协会组织 21 家市级保险公司及其县(市、区)保险机构举行"保险营销员挂牌展业宣传活动"启动仪式。

9 月 28 日 在人行济南分行的促成下，由济南、聊城两地共同为聊城发售第一个理财产品——"江北水城"1 号理财产品。

11 月 26 日 中行聊城分行举行卫育路和柳园北路分理处升格支行揭牌仪式。

12 月 10 日 人行聊城市中心支行召开领导班子调整大会，任命吴金忠为该行党委书记、行长。

(王银光)

临清市

【经济金融简况】 2008 年，临清市围绕建设"先进制造业基地、区域性商贸中心、文化旅游名城"的目标开展工作，全市经济实现持续、快速、健康发展。工业、投资、税收等各项指标快速增长，居民生活水平稳步提高。

该市金融机构各项存款大幅提升，信贷总量增势稳健，中长期贷款高位增长，重点项目资金需求得到满足。年末，全市金融机构本外币存款余额同比增加 22.82 亿元。本外币贷款余额同比增加 6.96 亿元。

【金融发展与改革】 2008 年，人行临清市支行密切关注商业银行改革，对其进展情况定期跟踪调查，并撰写了《调查报告》。同时，做好农信社票据兑付后跟踪监测工作，对其法人治理结构、资本充足率、不良贷款率等指标进行跟踪监控及现场检查。

【金融服务与监管】 2008 年，人行临清市支行加强货币政策传导，突出金融服务职能，不断提高经济金融的分析预测能力。一是制定了《货币信贷工作指导意见》和《金融机构支持地方经济发展考核办法》，引导金融机构合理增加信贷投放务；二是提升外汇管理水平，制定了《关于企业加强汇率风险管理的指导意见》，全年该市实际出口同比增加 0.08 亿美元，增长 2.9%；三是加强对受理缴库、支拨、退库等业务的审核，做好各代理银行的直接和授权支付的额度控制和资金清算工作，推动

临清市主要经济金融指标

经济指标	2007	2008	经济指标	2007	2008
土地面积（平方公里）	960	960	地方财政支出（亿元）	7.53	9.39
人口（万人）	73	73.77	全社会固定资产投资（亿元）	69.25	91.54
非农业人口（万人）	29	30.31	固定资产投资增速（%）	23.9	32.19
地区生产总值（亿元）	143.98	175.86	进出口总值（万美元）	32657	33073
地区生产总值年增速（%）	16.4	14	出口总值（万美元）	27277	28084
第一产业（亿元）	14.62	15.97	实际利用外资（万美元）	408	860
第二产业（亿元）	91.45	113.54	社会消费品零售总额（亿元）	48.28	59.38
第三产业（亿元）	37.91	46.36	居民消费价格指数（%）	106.5	104.9
财政总收入（亿元）	9.56	11.07	人均地区生产总值（元）	19723	23800
地方财政收入（亿元）	4.43	5.21	城镇居民可支配收入（元）	11000	12548
财政总支出（亿元）	7.53	9.39	农民人均现金收入（元）	4553	5017
金融指标（亿元）	**2007**	**2008**	**金融指标（亿元）**	**2007**	**2008**
本外币存款余额	87.93	110.75	财险收入	0.35	0.41
企业存款	7.43	7.28	寿险收入	0.6	0.97
储蓄存款	65.95	82.29	财险赔款	0.16	0.18
本外币贷款余额	70.78	77.73	寿险给付	0.03	0.04
短期贷款	55.7	55.46	证券市场交易总额	--	--
中长期贷款	12.38	20.31	投资者保证金余额	--	--
票据融资	0.7	0.78	证券交易佣金收入	--	--

临清市主要金融机构负责人

单位名称	行长（或其他称谓的第一负责人）	副行长（或其他称谓的同级领导）
人行临清市支行	金庆友	李琰玲　刘振强
银监会临清市办事处	张利民	
农发行临清市支行	王仕韬	杜生华　赵　明
工行临清支行	谢林明	孙　鹏　高振荣　程文玺
农行临清市支行	牛玉栋	李　华　刘文晓　李　波
中行临清支行	刘桂华	蔡　丽
建行临清支行	肖之寅	王国红　庞　燕
临清市农信联社	牛维杰	刘合刚　陈向东　季文岗
邮储银行临清市支行	刘庆秀	汪跃岭

临清市主要金融机构业务概况

单位：亿元

单位名称	本外币存款余额	企业存款	储蓄存款	本外币贷款余额	短期贷款	中长期贷款
农发行临清市支行	0.56	0.37	0	6.08	5.58	0.5
工行临清支行	18.51	2.04	9.82	20.26	11.37	8.40
农行临清市支行	14.96	1.32	10.20	6.99	3.10	3.24
中行临清支行	11.26	2.25	4.76	7.30	4.08	2.40
建行临清支行	13.82	1.24	8.34	13.05	8.17	4.89
临清市农信联社	38.17	0.06	36.71	23.76	22.86	0.89
邮储银行临清市支行	12.47	0.22	12.25	0.30	0.29	0.005

全市预算单位集中支付工作的顺利开展；四是加强国债发行和对无记名国债常年兑付点的管理，全年共办理各级预算收入入库4.09万余笔、金额10.76亿元；预算拨款4600余笔、金额9.73亿元；核批账户308户，办理销户80户，票据交换1.89万多笔，未发生任何资金风险；五是建立健全了反假货币宣传网络。

（王思玲）

阳谷县

【经济金融简况】 2008年，阳谷县经济运行实现持续、快速、健康发展。工农业生产平稳运行，固定资产投资适度增长，结构继续优化，消费市场持续攀升，财政收入稳定增长，人民生活水平显著提高。

该县金融机构认真贯彻执行国家的宏观调控政策，积极优化信贷结构，金融运行健康平稳。各项存款平稳增长，贷款支持重点突出、结构合理。截至年末，全县金融机构本外币各项存款余额同比增长29.90%。其中，储蓄存款增长25.04%；企业存款增长19.60%。本外币各项贷款余额同比增长8.88%。其中，农业贷款余额为20.11亿元，重点支持了凤祥集团等农业产业化龙头企业、优秀涉农加工小企业，以及蔬菜大棚基地和批发市场的建设；工业贷款11.68亿元，重点支持了祥光铜业、三山集团、日辉电缆等重点骨干企业和项目，以及华泰化工等优秀民营企业。

【金融发展与改革】 2008年，人行阳谷县支行引导金融机构深化内部管理机构改革，加大对重点行业和重点项目的信

阳谷县主要经济金融指标

经济指标	2007	2008	经济指标	2007	2008
土地面积（平方公里）	1065	1065	地方财政支出（亿元）	3.86	7.06
人口（万人）	77.99	78.60	全社会固定资产投资（亿元）	41.88	53.46
非农业人口（万人）	17.95	17.97	固定资产投资增速（%）	23.4	31.08
地区生产总值（亿元）	107.9	130.9	进出口总值（万美元）	18550	73937
地区生产总值年增速（%）	16.3	13.5	出口总值（万美元）	9006	8940
第一产业（亿元）	21.86	24.06	实际利用外资（万美元）	6786	1346
第二产业（亿元）	61.37	76.77	社会消费品零售总额（亿元）	37.59	46.29
第三产业（亿元）	24.67	30.07	居民消费价格指数（%）	104.7	105.2
财政总收入（亿元）	6.44	9.66	人均地区生产总值（元）	14197	16934

续表

经济指标	2007	2008	经济指标	2007	2008
地方财政收入（亿元）	1.95	2.27	城镇居民可支配收入（元）	10523	11825
财政总支出（亿元）	6.44	7.06	农民人均现金收入（元）	5491	6443
金融指标（亿元）	2007	2008	**金融指标（亿元）**	2007	2008
本外币存款余额	71.18	92.49	财险收入	1522	1806
企业存款	4.19	5.01	寿险收入	6215	6683
储蓄存款	57.22	71.55	财险赔款	803	864
本外币贷款余额	64.96	70.73	寿险给付	1497	1510
短期贷款	50.82	57.71	证券市场交易总额	--	--
中长期贷款	8.31	7.19	投资者保证金余额	--	--
票据融资	0	0.17	证券交易佣金收入	--	--

阳谷县主要金融机构负责人

单位名称	行长（或其他称谓的第一负责人）	副行长（或其他称谓的同级领导）
人行阳谷县支行	步国强	刘潮洋　孟庆祝　杜云太
银监会阳谷县办事处	陈　勇	
农发行阳谷县支行	张福申	张建利
工行阳谷支行	张　磊	韩　进　张东洲
农行阳谷县支行	杜朝宏	岳宗波　吴广清　常　勇
中行阳谷支行	纪利兵	徐长宏
建行阳谷支行	董广英	董维东
阳谷县农信联社	吴士合	张保太　邵景国　杨茂合　梁庆河
邮储银行阳谷县支行	李苑华	孙道勇

阳谷县主要金融机构业务概况

单位：亿元

单位名称	本外币存款余额	企业存款	储蓄存款	本外币贷款余额	短期贷款	中长期贷款
农发行阳谷县支行	1.14	0.47	--	8.19	8.19	--
工行阳谷支行	6.31	0.99	1.81	11.27	8.79	0.16
农行阳谷县支行	10.13	0.69	69.32	6.75	4.08	2.51
中行阳谷支行	9.88	1.07	4.22	6.11	4.48	1.63
建行阳谷支行	10.70	1.56	6.16	9.29	3.26	2.68

续表

单位名称	本外币存款余额	企业存款	储蓄存款	本外币贷款余额	短期贷款	中长期贷款
阳谷县农信联社	39.13	0.01	38.57	28.77	28.56	0.21
邮储银行阳谷县支行	14.07	0.21	13.86	0.35	0.34	0.01

贷投入力度,促进全县金融业走上稳健运行、良性循环的轨道。一是进一步夯实内控基础,深入扎实开展"制度落实年"活动;二是农信社改革取得重大进展,4132万元中央银行专项票据顺利兑付;三是农行股份制改革不断深化,剥离不良资产2.19亿元;四是继续开展信用镇、村、户评选,大力推进中小企业信用评级工作;五是邮储银行开办了农村信贷业务。

【金融服务与监管】 2008年,人行阳谷县支行完善窗口指导,强化金融服务,防范系统风险,确保了辖区金融稳定。一是组织召开金融机构联席会和经济金融形势分析会,引导金融机构为县域经济发展提供信贷支持;二是积极推进金融生态环境建设,确保金融稳定;三是加快人民币反假制度建设,维护正常流通秩序。

(唐衍国)

莘　县

【经济金融简况】 2008年,莘县工业经济稳中有进,三农工作好中有升,城乡面貌明显改观,服务业发展势头良好,政府建设不断加强。

该县金融运行平稳,存款大幅增长,信用总量明显增加,支持经济发展力度进一步增强。截至年末,全县金融机构各项存款余额较年初增加13.59亿元,同比多增7.4亿元,增幅25%,提高9个百分点。各项贷款余额较年初增加4.9亿元,同比多增3.1亿元,增幅16.7%,提高10.8个百分点;剔除金融机构核销、剥离、处置贷款等因素,实际净增贷款6.4亿元。全年信用总量增加10.4亿元。

【金融发展与改革】 2008年,人行莘县支行认真贯彻国

莘县主要经济金融指标

经济指标	2007	2008	经济指标	2007	2008
土地面积(平方公里)	1416	1416	地方财政支出(亿元)	6.65	9.98
人口(万人)	99.25	100.07	全社会固定资产投资(亿元)	34.22	49.24
非农业人口(万人)	12.65	12.82	固定资产投资增速(%)	25.6	30.9
地区生产总值(亿元)	110.28	140.42	进出口总值(万美元)	2604	4276
地区生产总值年增速(%)	16.3	13	出口总值(万美元)	1911	3177
第一产业(亿元)	25.26	33.08	实际利用外资(万美元)	1780	816
第二产业(亿元)	54.49	69.12	社会消费品零售总额(亿元)	38.85	56.64
第三产业(亿元)	30.52	38.22	居民消费价格指数(%)	106.5	105.2
财政总收入(亿元)	8.71	11.56	人均地区生产总值(元)	11111	14032
地方财政收入(亿元)	1.88	2.14	城镇居民可支配收入(元)	9809	11084
财政总支出(亿元)	8.71	11.56	农民人均现金收入(元)	4465	5111
金融指标(亿元)	**2007**	**2008**	**金融指标(亿元)**	**2007**	**2008**
本外币存款余额	53.95	67.54	财险收入	0.17	0.31
企业存款	2.10	2.07	寿险收入	0.58	0.79

续表

金融指标（亿元）	2007	2008	金融指标（亿元）	2007	2008
储蓄存款	47.53	59.96	财险赔款	0.11	0.15
本外币贷款余额	32.46	34.20	寿险给付	0.29	0.30
短期贷款	28.03	31.79	证券市场交易总额	--	--
中长期贷款	3.86	2.42	投资者保证金余额	--	--
票据融资	0.56	0	证券交易佣金收入	--	--

莘县主要金融机构负责人

单位名称	行长（或其他称谓的第一负责人）	副行长（或其他称谓的同级领导）
人行莘县支行	刘　军	李庆军　王文胜
银监会莘县办事处	赵宪福	
农发行莘县支行	臧朝华	李卫东　杨林朝
工行莘县支行	辛同福	史　勇
农行莘县支行	袁朝杰	唐海涛　段海臣
建行莘县支行	董经庆	杨　杰
莘县农信联社	颜景元	燕东杰　贾成忠　王瑞亭
邮储银行莘县支行	贾红军	

莘县主要金融机构业务概况

单位：亿元

单位名称	本外币存款余额	企业存款	储蓄存款	本外币贷款余额	短期贷款	中长期贷款
农发行莘县支行	0.19	0.15	--	5.76	5.76	--
工行莘县支行	5.51	0.48	3.77	2.37	1.18	1.19
农行莘县支行	8.35	0.52	6.89	0.43	0.41	0.01
建行莘县支行	5.65	0.62	3.44	1.64	1.24	0.39
莘县农信联社	32.13	0.02	31.28	23.70	22.88	0.82
邮储银行莘县支行	14.86	0.27	14.58	0.32	0.32	--

家货币信贷政策，印发了《关于切实做好当前金融稳定工作的通知》，促进金融支持地方经济加快发展。一是制订了货币信贷工作意见，搞好工作指导和分析监测；二是积极搭建银企合作平台，开展了金融产品推介等银企对接活动；三是以农村信用体系建设为重点，全市农村信用体系建设工作现场会在莘县召开；四是推动金融改革，邮储银行莘县支行于5月正式挂牌；五是加强农信社风险监测评估和票据兑付后考核；六是协助县政府制订了《金融突发事件应急手册》，开展了农信社突发事件应急演练。

【金融服务与监管】　2008年，人行莘县支行一是加强制度建设和财务管理，防范国库资金风险；二是推动金融机构开展产品和服务创新，引导其拓展服务领域；三是加强贷款卡、统计、账户、人民币和现金管理，对金融机构进行全方位监管。

（田 旭）

茌平县

【经济金融简况】 2008年，茌平县经济实现又好又快发展，综合实力明显提升，人民生活不断改善，社会事业全面进步。

2008年，该县金融业务全面发展，存、贷款总量、盈利均创历史新高。截至年末，全县金融机构各项存款余额较年初增加11.77亿元，增长17.25%。其中，储蓄存款增加10.18亿元，增长26.7%，占存款增量的86.5%。各项贷款余额较年初增加7.26亿元，同比少增15.23亿元，增速明显减缓。信贷投放表现为两个集中：一是贷款投放时间集中，1月新增贷款4.04亿元，占全年投放总量的55.73%；二是贷款投向集中，向茌平信发集团新增贷款5.4亿元，占全部贷款增量的74.6%。

【金融发展与改革】 2008年，茌平县各金融业务稳步发展。一是农发行开办了商业经营性业务，发放农业基本建设贷款1.5亿元；二是邮储银行正式挂牌营业，加强了对“三农”的信贷支持；三是农信社改革进一步深化，资本充足率进一步提高，贷款不良率大幅下降；四是县域资金洼地效应更加显现，辖

茌平县主要经济金融指标

经济指标	2007	2008	经济指标	2007	2008
土地面积（平方公里）	1120	1120	地方财政支出（亿元）	11.77	13.94
人口（万人）	58.73	59.19	全社会固定资产投资（亿元）	69.69	92.05
非农业人口（万人）	14.87	15.87	固定资产投资增速（%）	26.3	32.1
地区生产总值（亿元）	142	178	进出口总值（万美元）	14000	85000
地区生产总值年增速（%）	24.6	16.4	出口总值（万美元）	12000	35000
第一产业（亿元）	20.66	22.88	实际利用外资（万美元）	2630	2040
第二产业（亿元）	100.83	128.92	社会消费品零售总额（亿元）	30.72	38
第三产业（亿元）	20.97	26.29	居民消费价格指数（%）	5.2	4.8
财政总收入（亿元）	25	24.87	人均地区生产总值（元）	24447	30208
地方财政收入（亿元）	7.51	9.01	城镇居民可支配收入（元）	12198	14516
财政总支出（亿元）	11.77	13.9	农民人均现金收入（元）	4637	5323
金融指标（亿元）	**2007**	**2008**	**金融指标（亿元）**	**2007**	**2008**
本外币存款余额	68.13	80.32	财险收入	0.15	0.16
企业存款	10.37	13.65	寿险收入	0.51	0.62
储蓄存款	38.13	48.32	财险赔款	0.1	0.12
本外币贷款余额	82.08	89.68	寿险给付	0.11	0.14
短期贷款	70.24	70.2	证券市场交易总额	--	--
中长期贷款	11.84	17.31	投资者保证金余额	--	--
票据融资	1.21	1.82	证券交易佣金收入	--	--

茌平县主要金融机构负责人

单位名称	行长（或其他称谓的第一负责人）	副行长（或其他称谓的同级领导）
人行茌平县支行	吴玉林	孙　峰　曹连方
银监会茌平县办事处	王　霞	
农发行茌平支行	马春青	苏红波
工行茌平支行	王玉生	张道静　王士贵　刘卫东
农行茌平县支行	白利军	李　明　薛云峰　孙庆峰
中行茌平支行	从　凯	司胜利
建行茌平支行	李汝诗	王悦华
茌平县农信联社	伍永清	冯俊湖　贺怀龙　陶兆红　刘建忠
邮储银行茌平县支行	郭宗强	刘　涛　杨秋军

茌平县主要金融机构业务概况

单位：亿元

单位名称	本外币存款余额	企业存款	储蓄存款	本外币贷款余额	短期贷款	中长期贷款
农发行茌平县支行	1.92	1.7	0	5.1	3.6	1.5
工行茌平支行	14.75	4.9	4.6	40.87	26.36	14.37
农行茌平县支行	11.52	2.03	6.17	9.33	7.41	0.11
中行茌平支行	8.82	3.33	2.84	10.65	10.04	0.62
建行茌平支行	4.56	1.6	1.01	5.06	4.57	0.49
茌平县农信联社	29.8	0.06	25.67	18.42	18.2	0.22
邮储银行茌平县支行	8.4	0.35	8.05	0.24	0.23	--

外信用总量余额为43.22亿元，同比增加90.1%。

【金融服务与监管】　2008年，人行茌平县支行进一步加强了对农信社专项票据兑付后续监管考核。

（迟曙涛）

东阿县

【经济金融简况】　2008年，东阿县经济运行特点：一是优化产业结构，构建生态东阿、和谐东阿的新局面；二是重点抓好农村和农业经济；三是积极推进城市化进程，城乡面貌明显改善。

2008年，该县金融机构呈现存款稳中有升、贷款平稳变动的态势，盈利水平继续提高。截至年末，全县金融机构本外币存款余额同比增加2.48亿元，其中，外汇存款不足0.01亿美元，升降趋势不明显。本外币贷款余额较年初增加0.40亿元。

【金融发展与改革】　2008年，人行东阿县支行一是支持农业经济发展，为农信社争取到2000万元的支农再贷款；二是加强经济金融数据的采集和整理，做好企业监测工作；三是加强外汇管理，进一步完善了《外汇管理工作职责》等10项内控

东阿县主要经济金融指标

经济指标	2007	2008	经济指标	2007	2008
土地面积(平方公里)	787	787	地方财政收入(亿元)	2	2.53
人口(万人)	42	42	全社会固定资产投资(亿元)	34	36
非农业人口(万人)	8	8	固定资产投资增速(%)	26	21
地区生产总值(亿元)	76	79	进出口总值(万美元)	0.25	0.26
地区生产总值年增速(%)	17.5	16.0	出口总值(万美元)	0.23	0.24
第一产业(亿元)	10	11	实际利用外资(万美元)	0.01	0.01
第二产业(亿元)	49	50	社会消费品零售总额(亿元)	19	21
第三产业(亿元)	17	18	居民消费价格指数(%)	--	108.90
财政总收入(亿元)	28	28	人均地区生产总值(元)	13886	18808
金融指标(亿元)	**2007**	**2008**	**金融指标(亿元)**	**2007**	**2008**
本外币存款余额	44.12	53.68	本外币贷款余额	24.93	24.44
企业存款	7.83	7.91	短期贷款	22.05	22.41
储蓄存款	30.61	38.32	中长期贷款	2.46	2.02

东阿县主要金融机构负责人

单位名称	行长(或其他称谓的第一负责人)	副行长(或其他称谓的同级领导)
人行东阿县支行	刘树华	张　勤
银监会东阿县办事处	金元明	
农发行东阿县支行	张　兰	刘桂婷
工行东阿支行	王晓力	陶淑兰　张焕军　魏其根
农行东阿县支行	刘成涛	李国胜　门建伟
中行东阿支行	高　俊	付新峰
建行东阿支行	刘良勇	藏立强　吴建平
东阿县农信联社	魏风阳	张兆起　赵云浩　王金伦　王　囡
邮储银行东阿县支行	刘　升	郭华芝

东阿县主要金融机构业务概况

单位:亿元

单位名称	本外币存款余额	企业存款	储蓄存款	本外币贷款余额	短期贷款	中长期贷款
农发行东阿县支行	0.03	0.03	--	1.04	1.04	--

续表

单位名称	本外币存款余额	企业存款	储蓄存款	本外币贷款余额	短期贷款	中长期贷款
工行东阿支行	6.51	2.83	2.59	2.35	2.08	0.26
农行东阿县支行	5.86	0.55	4.34	1.48	1.48	--
中行东阿支行	3.68	2.13	1.46	2.09	1.58	0.51
建行东阿支行	6.31	1.96	3.43	2.73	1.52	1.20
东阿县农信联社	2.17	0.24	1.86	1.44	1.44	--
邮储银行东阿县支行	8.04	0.15	7.88	0.26	0.26	--

制度，加大对企业和个人外汇资金流出、流入的监控力度，有效遏制了非法外汇交易行为；四是加强反洗钱工作，积极参加上级组织的反洗钱现场检查；五是加强人民币管理和反假工作。

【金融服务与监管】 2008 年，人行东阿县支行积极贯彻落实国家宏观调控政策，完善窗口指导，防范金融风险，确保辖区金融稳定。一是与银监会东阿办事处合作，建立了金融监管协调和共享机制；二是加强对基础业务的现场检查。

（黄　鹏）

冠　县

【经济金融简况】 2008 年，冠县经济实现持续、健康发展。一是工业实现速度、质量、效益同步提高，规模以上企业实现销售收入 225.8 亿元；二是新农村建设扎实推进，农业结构调整成效明显，实现了种植、养殖、果品等特色经济规模化生产；三是城市建设规划全面推进，旅游强县创建工作效果显著，完成了武训纪念地、天沐二期、梨园三期、生态植物园和马颊河生态文化旅游风景区五大景区规划设计方案。

2008 年，人行冠县支行及时传导国家宏观货币政策，加强窗口指导与督促，积极搭建银企合作平台，推动金融业务稳健发展。截至年末，全县金融机构本外币各项存款余额同比增加 16.57 亿元。其中，企业存款增加 0.98 亿元；储蓄存款增加 11.43 亿元，同比多增 6.59 亿元；各项外币存款余额 62 万美

冠县主要经济金融指标

经济指标	2007	2008	经济指标	2007	2008
土地面积（平方公里）	1161.29	1161.29	地方财政支出（亿元）	6.98	8.00
人口（万人）	74.83	77.96	全社会固定资产投资（亿元）	34.48	50.09
非农业人口（万人）	8.41	9.07	固定资产投资增速（%）	23.8	31.55
地区生产总值（亿元）	94.06	119.98	进出口总值（万美元）	5443	18401
地区生产总值年增速（%）	16.7	13.90	出口总值（万美元）	863	17410
第一产业（亿元）	23.21	25.57	实际利用外资（万美元）	697	737
第二产业（亿元）	47.94	64.79	社会消费品零售总额（亿元）	33.29	40.96
第三产业（亿元）	22.91	29.62	居民消费价格指数（%）	—	—
财政总收入（亿元）	6.47	8.29	人均地区生产总值（元）	12569	15390
地方财政收入（亿元）	1.65	2.01	城镇居民可支配收入（元）	10019	11923
财政总支出（亿元）	6.3	8.13	农民人均现金收入（元）	4416	5067

续表

金融指标（亿元）	2007	2008	金融指标（亿元）	2007	2008
本外币存款余额	49.52	66.09	财险收入	0.09	0.14
企业存款	3.35	4.33	寿险收入	0.07	0.12
储蓄存款	38.97	50.40	财险赔款	0.01	0.01
本外币贷款余额	38.05	42.72	寿险给付	0	0.01
短期贷款	33.04	37.33	证券市场交易总额	—	—
中长期贷款	2.97	3.28	投资者保证金余额	—	—
票据融资	1.25	2.08	证券交易佣金收入	—	—

冠县主要金融机构负责人

单位名称	行长（或其他称谓的第一负责人）	副行长（或其他称谓的同级领导）
人行冠县支行	宋金超	李金良　赵文砚　李朝杰
银监会冠县办事处	班晓晨	
农发行冠县支行	张　健	张敬芳　李洪利
工行冠县支行	王志宁	刘为新　王志勇　王贵河
农行冠县支行	孔德太	王传宝　郭忠民　陈　忠
中行冠县支行	冉令敏	澎振朝　程跃国
建行冠县支行	徐明华	高建新　冀绪刚　郑国林
冠县农信联社	张念才	陶绪国　魏保胜　冯贺钦　宋书章
邮储银行冠县支行	王庆雁	张红光

冠县主要金融机构业务概况

单位：亿元

单位名称	本外币存款余额	企业存款	储蓄存款	本外币贷款余额	短期贷款	中长期贷款
农发行冠县支行	0.89	0.51	0	4.14	4.14	0
工行冠县支行	7.41	1.56	2.83	6.89	4.91	1.93
农行冠县支行	9.12	0.74	5.22	5.84	3.86	0
中行冠县支行	3.30	1.15	1.20	2.71	2.49	0.21
建行冠县支行	4.05	0.17	1.45	2.77	1.85	0.93
冠县农信联社	28.80	0	28.32	20.06	19.76	0.20
邮储银行冠县支行	11.59	0.20	11.39	0.32	0.31	0

元，同比减少33万美元。本外币各项贷款余额增加4.67亿元，剔除剥离、核销因素，实际增加8.19亿元。其中，工业贷款增幅14.34%；农业贷款增幅27.88%。

【金融发展与改革】 2008年，冠县金融机构均取得了较大的发展，金融改革稳步前进。人行冠县支行以“信用户”、“信用村”等创建为载体，召开了全县信用体系建设推进会，对部分信用村镇进行了授牌仪式。邮储银行冠县支行于6月2日正式挂牌营业。

【金融服务与监管】 2008年，人行冠县支行一是积极传导央行货币政策，加强对辖区政策效应监测与反映；二是创新现金管理模式，成立了全省第1家现金管理服务中心，调剂银行间库存现金余缺，解决重点单位大量用现问题；三是构建城乡反假网络，成立了全省首家农村反假工作站，并向群众推出“暖心卡”；四是成立了行政审批中心，对贷款卡、账户管理等行政许可项目集中进行审批，提高了对外窗口的服务水平；五是开展了“企业发展我发展，我为企业做贡献”主题实践活动，通过“点对面”、“贷款绿色通道”、“理财辅导”和“金融进厂区”等方式，助推中小企业发展；六是以“金政助农”试点为契机，加大金融支持农业产业化力度。

（冯晓彩）

高唐县

【经济金融简况】 2008年，高唐县经济保持又好又快发展势头，农业生产稳步推进，城乡居民收入持续增加，商贸流通市场日趋活跃，各项事业和谐进步。

2008年，该县各金融机构全面贯彻国家信贷政策，优化信贷结构，加大有效信贷投放，信贷业务得到了快速发展。截至年末，全县金融机构本外币存款余额同比增加13.78亿元。各项贷款余额同比增加8.04亿，全县货币供应量达92亿，存贷比达99.98%，创历史新高。

【金融发展与改革】 2008年，在县委、县政府举办的“优化金融生态环境暨银企合作促进会”后，各家银行积极向上级

高唐县主要经济金融指标

经济指标	2007	2008	经济指标	2007	2008
土地面积（平方公里）	949	949	地方财政支出（亿元）	9.38	11.06
人口（万人）	48.11	48.45	全社会固定资产投资（亿元）	61.12	63.59
非农业人口（万人）	15.30	16.21	固定资产投资增速（%）	42.76	19.48
地区生产总值（亿元）	147.70	174.44	进出口总值（万美元）	20000	24374
地区生产总值年增速（%）	16.30	11.1	出口总值（万美元）	15000	15497
第一产业（亿元）	18.12	15.58	实际利用外资（万美元）	2300	1006
第二产业（亿元）	102.86	128.79	社会消费品零售总额（亿元）	32.43	40.82
第三产业（亿元）	26.74	30.07	居民消费价格指数（%）	104.1	105.2
财政总收入（亿元）	12.70	14.25	人均地区生产总值（元）	30790	36071
地方财政收入（亿元）	6.09	7.05	城镇居民可支配收入（元）	11871	13106
财政总支出（亿元）	9.7	11.3	农民人均现金收入（元）	4884	5323
金融指标（亿元）	2007	2008	金融指标（亿元）	2007	2008
本外币存款余额	58.09	71.87	财险收入	0.11	0.09
企业存款	11.26	11.82	寿险收入	0.56	0.67
储蓄存款	35.29	43.08	财险赔款	0.06	0.05

续表

金融指标（亿元）	2007	2008	金融指标（亿元）	2007	2008
本外币贷款余额	58.34	66.38	寿险给付	1.51	0.42
短期贷款	41.65	44.79	证券市场交易总额	--	--
中长期贷款	14.72	20.92	投资者保证金余额	--	--
票据融资	1.92	0.59	证券交易佣金收入	--	--

高唐县主要金融机构负责人

单位名称	行长（或其他称谓的第一负责人）	副行长（或其他称谓的同级领导）
人行高唐县支行	李庆广	闫玉真　乔索明　孙　刚
银监会高唐县办事处	李永忠	
农发行高唐县支行	臧景闽	徐保锐
工行高唐支行	许　龙	刘鸣久　池德东　张玉华
农行高唐县支行	肖　栋	董立嘉　刘光荣　董风录
中行高唐支行	王晓峰	张晓艳　刘新路
建行高唐支行	荆桂红	贾　兵　武敬民　崔玉荣
高唐县农信联社	高月河	牛为勇　陈先民　郭金炬　申　伟
邮储银行高唐县支行	王泽民	刘春芬

高唐县主要金融机构业务概况

单位：亿元

单位名称	本外币存款余额	企业存款	储蓄存款	本外币贷款余额	短期贷款	中长期贷款
农发行高唐县支行	0.42	0.08	--	3.90	3.54	0.36
工行高唐支行	13.53	2.50	4.39	25.48	9.92	15.49
农行高唐县支行	13.32	4.54	5.61	12.57	9.25	2.73
中行高唐支行	7.54	2.35	2.92	4.51	3.13	1.37
建行高唐支行	9.22	2.03	4.23	5.64	4.89	0.76
高唐县农信联社	20.73	--	19.62	14.08	13.88	0.20
邮储银行高唐县支行	6.63	0.32	6.30	0.20	0.20	--

行争取资金，努力保持较快的信贷增速，为全县经济稳健运行提供了有力的信贷支持。人行高唐县支行被授予“支持经济发展一等奖”。

【金融服务与监管】　2008 年，人行高唐县支行进一步强化金融监管与服务，防范金融风险，确保了辖区金融稳定。一是建立健全了金融稳定工作协调机制，定期召开金融稳定工作会议，较好地防范了金融风险；二是加大了监管力度，对各行开展了反洗钱、征信等专项检查，对农信社进行了专项票据管理情况检查。

（张文瑞）

第十一部分

区域性金融运行报告
——鲁南地区

济宁市

【经济金融简况】 2008年,济宁市经济快速增长。一、二、三产业对GDP的贡献率分别为3.1%、63.8%和33.1%。

截至年末,全市金融机构:

一、企业存款先扬后抑,储蓄存款持续增长。主要表现:一是企业存款二季度增势强劲,增长额占全年企业存款新增额的81.30%,四季度则下降了6.87亿元;二是储蓄存款依然是各项存款增长的主导力量,且定期化趋势明显,定期储蓄存款占全部储蓄存款新增额的74.85%。

二、贷款总量缓慢增长。主要表现:一是贷款增速呈现两头加快、中间回落的态势,具体表现为1月强劲增长,2至6月明显回落,三季度再度增强,四季度(剔除农行剥离不良贷款因素)快速增长;二是中长期贷款增速明显高于短期贷款增速。

三、中间和电子银行业务发展良好。全年实现中间业务收入5.66亿元,同比增加1.42亿元,增长33.49%。全年电子银行开户66.75万户,新增26.64万户;交易量4246.64万笔,增加3012.62万笔;交易额2803.79亿元,增加1469.87亿元。

【货币政策实施】 2008年,人行济宁市中支切实发挥监测、评估、分析、引导作用,积极改进货币信贷政策传导方式,坚持以结构优化促信贷增长,构建金融稳定长效机制,有效促进了经济金融协调健康发展。

一、认真贯彻货币信贷政策,提升政策执行效果。一是先后制定了《关于做好2008年货币信贷工作支持经济战略转型和跨越发展的指导意见》和《关于进一步做好当前货币信贷工作的意见》;二是制定实施了《货币政策执行与金融稳定信息交流例会制度》,加强与金融机构的信息交流;三是组织开展民间借贷、区域性利率、房地产市场及信贷业务发展、助学贷款、下岗职工小额担保贷款等方面的监测和分析,为领导决策提供参考。

二、采取多种措施,加强窗口指导。一是推动A级信用企业培植,加大中小企业信贷投放力度,该工作得到省政府、人行济南分行的充分肯定和大力支持,姜大明省长还做出专门批示;二是加大对“三农”、中小企业的信贷支持,印发了《关于认真贯彻落实信贷调控政策,加强对中小企业和“三农”信贷支持的通知》;三是加快推广“民营经济发展促进会”等信贷新模式,举办银企合作促进会4次,推动了信贷政策和产业政策的有效结合。

三、推动优化金融生态环境工作不断深入。一是组织开展对各县市区金融生态环境的考核评价,确定“A级金融生态区”5个、“B级金融生态区”7个;二是指导县市支行推动创建信用社区15个,授信总额1.76亿元,进一步优化了金融生态环境;三是制定了《济宁市金融生态环境建设进乡(镇)活动实施方案》,推动该项活动深入开展。

四、积极构建金融稳定长效机制。一是创新特色监测分析途径,在全市大型企业和重点行业中选取25户重点企业建立了济宁市《重点企业金融服务联系制度》和《金融稳定性风险评估指标体系》,及时对金融风险隐患进行预警或提示;二是完善金融稳定信息采集渠道,牵头建立了鲁南地区《金融稳定协作联席会议制度》和《金融稳定信息共享办法》;三是修订了济宁市《金融机构风险控制部门和资产保全部门风险分析报告制度》、《金融稳定重大事项报告制度》和《金融稳定信息工作管理办法》。

【金融监管】 2008年,银监会济宁监管分局创新监管方式,强化风险监管,狠抓案件防范,监管成效显著,实现了银行业风险防范和改革发展的新突破。

一、贯彻落实国家宏观调控政策,支持经济社会又好又快发展。一是坚持“区别对待、有保有压”,督导银行业机构优化调整信贷结构,严格控制向限制性行业授信;二是优先支持重点建设项目,引领银行业优先支持全市50个重点项目和50强企业;三是建立完善小企业、支农贷款机制,建议济宁市政府修订了《小企业贷款风险补偿试行办法》和《中小企业和农业信用担保机构风险补偿及扶持发展资金管理暂行办法》,提高银行业支持“三农”和小企业的积极性。

二、坚持风险监管为本,化解各类银行业风险。一是强化资本达标监管,督导城商行完善公司治理,优化股权结构;二是逐步理顺监管、行业管理部门和农信社法人自主经营的关系,督促农村合作金融机构建立有利于长期发展的财务政策;三是狠抓不良贷款“双降”,对清收处置目标进行量化,督促各银行业机构落实责任,防范化解信用风险;四是加强对重点集团客户和关联交易的持续跟踪监控,严查超比例授信,化解集团客户风险;五是联合市公安局、人事局对全市银行机构信息网络安全从业人员开展继续教育培训,有效防范信息科技和流动性风险。

三、扎实做好基础性工作,坚持监管创新。一是严把机构市场准入关,全年核准新设机构115处,变更14家,终止营业23家;二是结合年度审慎会议的召开,对辖区高级管理人员2007年度的履职情况进行了全面考核;三是突出现场检查的实效性,完成现场检查项目16项,查出违规金额8.85亿元;四是制定了《济宁市商业银行风险监管指标三色预警试行办法》,设立黄、橙、红色预警指标,在指标临近法定风险值时就提前预警,达到早发现、早控制风险的目的。

【外汇管理】 2008年,外管局济宁市中心支局全面落实外汇管理体制改革政策措施,促进贸易投资便利化,严格跨境资金流动监管,加大对鲁南经济带规划建设的支持力度,促进外

济宁市经济主要统计指标

指标＼年度	2004	2005	2006	2007	2008	2008年同比增幅（%）
土地面积（平方公里）	10685	10685	10685	10685	10685	0
人口（万人）	802.30	805.78	811.83	818.27	822.75	0.50
非农业人口（万人）	239.24	210.37	215.75	209.74	256.12	22.11
地区生产总值（亿元）	1045.52	1266.19	1456.09	1736.01	2122.16	13.10
第一产业（亿元）	154.64	173.57	187.06	213.53	256.81	3.70
第二产业（亿元）	551.40	696.40	803.44	960.13	1183.49	14.80
工业（亿元）	498.97	640.11	740.97	890.12	1100.88	15.30
建筑业（亿元）	52.43	56.29	62.47	70.01	82.61	8
第三产业（亿元）	339.48	396.22	465.59	562.35	681.86	13.50
人均地区生产总值（元）	13766.76	15748	18500	21992	26721	12.40
地区生产总值构成（%）	100	100	100	100	100	--
第一产业（%）	14.80	13.70	12.80	12.30	12.10	-1.63
第二产业（%）	52.70	55	55.20	55.30	55.80	0.90
第三产业（%）	32.50	31.30	32	32.40	32.10	-0.93
财政总收入（亿元）	104.70	134.30	167.74	207.30	249.20	20.21
地方财政收入（亿元）	54.06	66.50	81.55	101.21	119.45	18
财政总支出（亿元）	105.69	127.72	157.99	207.55	284.04	36.85
地方财政支出（亿元）	73.23	87.80	114.03	143.07	174.67	22.20
全社会固定资产投资（亿元）	511.50	667.60	517	645	816	24.80
规模以上固定资产投资（亿元）	490	638.60	491.22	636.30	796.80	25.22
规模以下固定资产投资（亿元）	21.50	29	25.78	8.70	19.20	120.69
房地产开发（亿元）	36.72	39.80	44.40	57.31	69.10	20.50
进出口总值（亿美元）	14.44	18.68	23.45	28.15	32.68	23.70
出口总值（亿美元）	8.25	11.64	15	18.13	18.65	8.20
实际利用外资（亿美元）	1.47	2.48	3.15	3.16	3.88	22.90
社会消费品零售总额（亿元）	370.33	429.76	499.60	591.28	728.34	23.20
居民消费价格指数（%）	102.30	101	100.95	103.50	105.30	5.30
城市居民人均可支配收入（元）	9502.21	10739.39	11995.90	13894	15617	12.40
农民人均现金收入（元）	3648.20	4128.20	4590	5271.50	5965	13.20

济宁市工农业主要统计指标

农业主要统计指标（万吨）				规模以上工业企业主要统计指标（亿元）			
项目 \ 年度	2007 年	2008 年	增幅（%）	项目 \ 年度	2007 年	2008 年	增幅（%）
粮食	395.60	416.90	5.40	工业增加值	790.44	1047.70	17.60
夏粮	182.50	203.80	11.60	国有工业	75.88	113.70	10.10
秋粮	213	213	0	集体工业	9.89	10.80	1
棉花	15.80	16.60	4.90	股份制工业	506.18	694.40	20.50
油料	29.10	28.40	-2.40	股份合作制工业	16.82	16.70	-0.70
水果	26.50	28	5.80	外商及港澳台投资工业	95.95	102.20	5.30
蔬菜	932	919.20	-1.40	轻工业	221.18	269	16.70
肉类	79.40	65.30	7.80	重工业	569.26	778.70	17.90
禽蛋	51	47.10	6.70	销售收入	2396.60	3124.50	35
奶类	15	15.30	5.30	利税	332.69	417.80	31.10
水产品	32.40	30.40	4.70	利润	206.05	269.30	34.60
森林覆盖率（%）	25	26	4	经济效益综合指数（%）	223.90	241.06	7.66

济宁市主要金融机构负责人

单位名称	行长（或其他称谓的第一负责人）	副行长（或其他称谓的同级领导）
人行济宁市中心支行	岳隆杰（行长）	罗亮森 孙义昌 孙秋生 吕士伟 李玉祥 邢宝星
银监会济宁监管分局	张　懿（局长）	盛作安 郑　浩
农发行济宁市分行	张志强（行长）	龙志强 董　旭 崔玉堂
工行济宁分行	李立民（行长）	许在敏 王卫星 盖　伟 白文英 王　军
农行济宁市分行	刘玉琳（行长）	孙成军 孙士乐 王　华 王　克
中行济宁分行	庞新锋（行长）	周　源 陈宗权 夏晓晖 李　波
建行济宁分行	刘春龙（行长）	马仁明 曾庆敏 陈志诚 李清华 邵泽忠 刘　峰
交行济宁分行	潘　燕（行长）	李锡军 郭玉华 刘　赟
中信济宁分行	王中兴（行长）	刘　勇
济宁市商行	李　敏（董事长）	李维水 李印玺 申家勇 程传新 路　军 陈振勇 梁汝亮
农信社济宁市办事处	刘仲生（主任）	王　力 徐富春
邮储银行济宁市分行	张　文（行长）	王向文 纪军令

续表

单位名称	行长（或其他称谓的第一负责人）	副行长（或其他称谓的同级领导）
中国人保财险济宁分公司	胡　伟（总经理）	霍书贞　李洪武
中国人寿济宁分公司	焉立迎（总经理）	孟　勇　田亚平　吴兆运
太平洋财险济宁中心支公司	国先建（总经理）	王玉洪　张云中　孙成海
太平洋人寿济宁中心支公司	张联军（总经理）	刘金梅
平安财险济宁中心支公司	桑　强（总经理）	刘华炜　于玉娟
平安人寿济宁中心支公司	黄自涛（总经理）	
泰康人寿济宁中心支公司	甄洪流（总经理）	闫　艳
新华人寿济宁中心支公司	王景华（总经理）	
天安财险济宁中心支公司	孔祥军（总经理）	
大地财险济宁中心支公司	亓　军（总经理）	朱宁峰　马士柱
太平财险济宁中心支公司	率　坤（总经理）	
太平人寿济宁中心支公司	郭训河（总经理）	蔡志贤
华安财险济宁中心支公司	张　彬（总经理）	
永安财险济宁中心支公司	张丽闽（总经理）	王　瑛
中华联合济宁中心支公司	孟春雷（总经理）	谭　文　杨书红　杨金杰
阳光财险济宁中心支公司	张志全（总经理）	
合众人寿济宁中心支公司	韩建国（总经理）	
渤海财险济宁中心支公司	赵　国（总经理）	胡海洋
民生人寿济宁市中心支公司	李忠亚（总经理）	
安邦财险济宁中心支公司	孙恒华（总经理）	
民安（中国）财险济宁中心支公司	徐　涛（总经理）	曹　睿
嘉禾人寿济宁中心支公司	孙宜东（总经理）	韩玉都　周　琰
都邦财险济宁中心支公司	王　谦（总经理）	
永诚财险济宁中心支公司	张天庚（总经理）	
中银保险济宁中心支公司	杨　峰（总经理）	范笂狄　孙秀菊
安华农业保险济宁中心支公司	俞　鹏（总经理）	
恒安标准人寿济宁中心支公司	崔　涛（总经理）	
人民人寿济宁中心支公司	秦景瑜（总经理）	周　凌　胡庆海
人民健康保险济宁中心支公司	梁来法（总经理）	刘卫东
长城人寿济宁中心支公司	秦　伟（总经理）	
华夏人寿济宁中心支公司	田玉龙（总经理）	
国华人寿济宁中心支公司	朱广明（总经理）	贾允尚
中英人寿济宁中心支公司	李繁荣（总经理）	
阳光人寿济宁中心支公司	石树春（总经理）	

济宁市金融业务统计指标

类别	指标（亿元）＼年度	2004	2005	2006	2007	2008	2008 年同比增幅（%）
银行类	本外币存款余额	815.09	962.69	1083.74	1183.46	1473.61	24.52
	人民币存款余额	778.89	939.57	1065.67	1169.48	1460.29	24.87
	企业存款	167.50	178.63	204.16	244.62	307.98	25.90
	储蓄存款	488.10	565.17	648.38	704.57	888.17	26.06
	定期储蓄存款	350.56	405.37	455.56	490.53	627.96	28.02
	活期储蓄存款	137.54	159.80	192.82	214.03	260.21	21.58
	本外币贷款余额	564.01	634.78	666.31	769.94	877.00	13.91
	人民币贷款余额	543.76	623.14	659.09	757.03	864.60	14.21
	短期贷款	348.89	384.18	425.60	474.75	499.00	5.11
	工业贷款	107.11	127.35	178.99	187.82	205.77	9.56
	商业贷款	74.49	69.85	55.60	67.95	60.28	-11.29
	农业贷款	72.96	88.18	110.21	119.37	128.85	7.94
	中长期贷款	157.98	171.57	203.78	241.47	289.20	19.77
	基本建设贷款	51.45	56.83	93.07	103.98	138.28	32.99
	技术改造贷款	12.68	12.02	0.60	4.63	4.90	5.83
	票据融资	35.49	66.24	27.81	40.00	76.01	90.03
	现金收入	2475.85	2782.53	3233.79	3587.45	4119.84	14.84
	现金支出	2493.36	2815.59	3263.12	3614.48	4125.21	14.13
	现金投放（+）回笼（-）	17.51	33.06	29.32	27.03	5.37	-80.13
	当年结益	6.24	13.85	13.40	19.88	26.80	34.81
保险类	保险公司保费收入	18.81	20.02	22.88	28.74	40.61	41.30
	财险收入	4.83	5.41	6.29	8.88	10.60	19.37
	寿险收入	13.98	14.61	16.59	19.86	30.01	51.11
	保险公司赔款和给付支出	3.93	4.29	6.32	9.26	13.77	48.70
	财险赔款	2.94	3.28	4.03	4.87	6.47	32.85
	寿险给付	0.99	1.01	2.29	4.39	7.30	66.29
	当年结益	—	—	—	—	—	—
证券类	证券市场成交总额	33.33	27.53	129.85	1099.86	862.40	-21.59
	投资者保证金余额	1.04	0.99	2.57	18.66	12.07	-35.32
	佣金收入	0.10	0.08	0.26	2.82	1.95	-30.85
	净利润	-0.01	-0.03	0.14	1.79	1.21	-32.40

济宁市金融机构统计指标

类别	指标（个）\ 年度	2004	2005	2006	2007	2008	2008 年同比增幅（%）
银行类	法人机构	12	12	13	13	13	0
	省级分行	--	--	--	--	--	--
	二级分行	7	7	7	7	8	14.29
	县区支行	70	81	93	109	127	16.51
	分理处、营业所	681	665	671	599	586	-2.17
	储蓄所	330	298	260	260	241	-7.31
	从业人员总数	12542	12231	12202	12925	12620	-2.36
保险类	保险机构	12	14	17	24	34	41.67
	财险机构	6	7	9	14	17	21.43
	省级分公司	--	--	--	--	--	--
	地市分公司	5	5	9	14	17	21.43
	县区支公司	37	42	58	84	97	15.48
	寿险机构	6	7	8	10	17	70
	省级分公司	--	--	--	--	--	--
	地市分公司	6	7	8	10	17	70
	县区支公司	48	50	67	62	77	24.19
	从业人员总数	12100	12632	13150	14833	20197	36.16
	财险人员	1030	1116	1871	2204	3020	37.02
	寿险人员	11070	11516	11279	12629	17177	36.01
证券类	证券机构	5	5	5	7	7	0
	证券公司	--	--	--	--	--	--
	证券营业部	4	4	4	6	7	16.67
	证券服务部	1	1	1	1	0	-100
	从业人员总数	111	113	113	126	129	2.38
	投资者开户	106958	108079	111720	186846	240105	28.50
	境内上市公司股票支数	3	3	4	5	5	0
	境外上市公司股票支数	--	--	--	--	--	--
	上市公司总数	3	3	4	5	5	0

济宁市主要金融机构业务概况

单位：亿元

单位名称	人民币存款余额	企业存款	储蓄存款	人民币贷款余额	短期贷款	中长期贷款
农发行济宁市分行	1.82	1.58	--	44.11	40.07	4.04

续表

单位名称	人民币存款余额	企业存款	储蓄存款	人民币贷款余额	短期贷款	中长期贷款
工行济宁分行	287.46	63.36	170.78	186.84	80.21	106.56
农行济宁市分行	285.02	59.51	172.02	113.59	66.20	43.13
中行济宁分行	156.65	69.00	70.95	93.18	54.45	31.49
建行济宁分行	210.67	59.37	104.24	113.58	27.84	78.03
交行济宁分行	40.62	16.31	13.03	34.11	16.12	17.73
中信济宁分行	27.54	7.18	5.34	19.74	16.69	0.05
济宁市商行	57.48	20.14	22.75	41.59	25.06	2.20
农信社济宁市办事处	300.74	8.14	249.07	215.51	170.10	5.89
邮储银行济宁市分行	83.42	3.39	79.99	2.35	2.26	0.09

济宁市各县级区域经济金融主要统计指标

名称	人口（万人）	面积（平方公里）	地区生产总值（亿元）	地区生产总值增速（%）	人民币存款余额（亿元）	储蓄存款（亿元）	人民币贷款余额（亿元）
城　区	59.00	--	138.02	14.10	445.41	197.22	336.71
任城区	50.86	--	163.51	14.80	107.23	68.90	63.35
兖州市	62.25	648.20	289.30	14.30	135.27	95.52	94.86
曲阜市	63.73	896	200.53	14.40	96.43	61.85	38.48
邹城市	114.14	1616	446.96	14.10	257.30	147.34	156.92
泗水县	61.02	1118.96	89.33	15.70	42.48	34.66	21.50
微山县	70.95	1780	195.06	14.70	89.07	53.69	30.59
鱼台县	46.19	654.20	87.70	14.00	34.84	26.55	16.41
金乡县	62.48	886.46	104.22	14.50	54.60	42.95	26.91
嘉祥县	81.94	960	125.97	14.30	67.11	55.15	34.66
汶上县	75.90	877	112.71	14.50	60.96	46.31	22.94
梁山县	74.31	962.70	118.34	14.50	69.59	58.00	21.27

向型经济稳定发展。

一、畅通政策传导机制，支持涉外经济发展。一是制定《关于进一步改进外汇管理支持济宁市涉外经济又好又快发展的指导意见》，扩展了外汇管理政策的传导渠道；二是实施亮点工程，与市外经贸局联合主办了“人民币汇率波动应对经验交流暨避险产品展示会”，促进银企共赢。

二、强化内控建设，确保各项业务规范运行。一是以开展“制度落实年”活动为契机，推行《内控监督工作实施办法》，全面梳理了现有的规章制度；二是制定《重大事项报告制度》，初步建立了对重大和突发事件的快速反应机制；三是组织开展“进口付汇核销系统突发事件”应急演练，提高了处理突发事件的意识和能力。

三、夯实工作基础，提高外汇分析监测水平。一是积极开展对申报主体的辅导培训，编发新老系统兼容的国际收支申报手册，为企业提供了具有操作性的业务指南；二是建立大额交易逐笔重点核查制度，制定实施了银行国际收支统计申报差错自查报告制度，同时加大非现场核查频率和力度，提高统计数据质量；三是及时组织外汇系统培训，加强与试点银行的沟通，稳步推进系统上线进度。

四、加大治理力度，维护外汇市场秩序稳定。一是完成了对深圳“11·15”和“12·28”专案涉案企业的现场检查；二是协助外管局山东省分局查处了SOHO系4家外资企业非法使用外汇的行为；三是完成了银行执行“关注企业”政策情况、资本金结汇银行和银行外汇业务合规性等专项检查；四是依法对1家银行违反国际收支统计申报管理规定行为、1家企业外方投资者以人民币利润在境内支付股权购买对价的违法行为进行了处罚；五是充分发挥非现场检查系统的技术平台作用，促进了检查工作的整体推进。

【金融改革】 2008年，济宁市金融改革取得新进展。主要特点：

一、改革创新不断深化，机制体制日臻完善。一是农行济宁市分行组织开展不良贷款剥离工作，为股改上市奠定了良好基础；二是建行济宁分行实施组织架构改革，压缩中后台部门，增加了机构部、小企业经营中心等前台部门；三是山东圣泰农合行完善法人治理结构，全部取消资格股，股权改造顺利完成；四是经银监会山东监管局批准，邮储银行济宁市分行于4月18日正式成立，截至6月27日，其一类、二类分支机构全面获准开业。

二、业务创新层出不穷，服务水平不断优化。一是工行济宁分行公司业务部创新了汽车动产质押附加汽车合格证监管融资方式，该项目获其上级行创新鼓励奖；二是建行济宁分行加快结构调整，个人存款余额超过百亿元，新增额持续7个月位居系统内首位；三是交行济宁分行重点推广蕴通供应链业务，推广办理了无追索权银行承兑汇票贴现和结构性外汇理财业务；四是济宁市农信社加大业务创新力度，共对10项业务和项目进行了研发和创新。

【证券市场】 截至2008年末，有2家证券公司在济宁市设立了7家证券营业部，其中齐鲁证券6家，中信万通证券1家。

【精神文明建设】 2008年，济宁市金融部门不断创新工作思路，深入扎实开展富有特色的精神文明建设活动，取得了良好效果。

一、人行济宁市中支被评为总行级、金融系统学习型组织先进单位和全国“学习型组织先进班组”，调查统计科被人总行授予“调查统计系统先进集体”称号，会计财务科获得人行济南分行支付结算专业竞赛团体第一名。开展了以下工作：一是在全省率先组织开展了机关中级专业技术职务竞争上岗工作；二是起草制定了《行员业绩档案管理办法》；三是对事关全行重大决策、职工切身利益的重要事项，通过党委成员接待日、重点联系行、职代会等方式，广泛听取群众意见；四是在支援汶川抗震救灾活动中，累计捐款49.5万元，以实际行动展示了央行文化的建设成果。

二、各金融机构不断强化内部管理，积极开展丰富多彩的精神文明创建活动。一是农行济宁市分行组织开展了“一心为客户、满意在农行”优质文明服务竞赛活动；二是建行济宁分行积极开展员工关爱活动，成立了书画、摄影等8个文体协会；三是交行济宁分行先后举办了“迎百年行庆、展健身风采”百名职工迎春长跑比赛、“迎奥运、讲文明、树新风”礼仪知识竞赛等活动；四是中信济宁分行创办了《管理简报》，确保全行上下政令畅通；五是农信社冠名承办了“济宁农信杯”改革开放30年成就展，通过历时40天的广场成就展和3个月的网上展出，提升了形象和社会认知度。

【金融大事记】 2月27日 人行济宁市中支组织召开2008年工作会议暨纪检监察工作会议。

4月9日 建行济宁分行与济宁市建委成功举行《经济适用住房建设项目金融合作协议》签约仪式。

4月22日 交行济宁分行与交行首尔分行合作，成功办理首笔金额为219.4万美元的结构性进口代付业务。

4月25日 中国邮政储蓄银行济宁市分行成立。

4月27日 “济宁农信杯”济宁改革开放30年成就展活动启动仪式在济宁文化广场隆重举行。

4月29日 人行济宁市中支举办金融研究案例分析讲座。

5月15日 人行济南分行纪委在济宁邹城召开纪检监察工作会议情况督导调研座谈会，分行党委委员、纪委书记辛树人，济宁、泰安等6地市中心支行纪委书记参加了座谈。

5月27日 人行济南分行联合济宁市政府举办济宁市深化金融生态环境建设暨银企合作促进会。

6月4日 农行济宁市分行领导班子进行调整，刘玉琳任党委书记、行长，孙成军任党委副书记、副行长，王克任党委委员。

6月17日 工行济宁分行被山东银监局评为2007年度“小企业金融服务先进单位”。

7月7日 交行济宁分行召开中层干部会议，宣布新的党委成员任命。郭玉华、刘赟被任命为党委委员，同时被聘任为行长助理。

8月18日 全国金融工会考核组对人行济宁市中支创建“全国学习型组织先进班组”进行检查验收。

9月8日 工行济宁分行调整领导班子，任命王军为党委委员、副行长。

10月31日 人行济宁市中支组织召开重点企业金融服务联系制度启动仪式。

11月4日 中信济南分行党委书记许卫东带领调研组，到中信济宁分行调研科学发展观学习实践活动开展情况。

11月7日　人总行党委委员、行长助理杜金富，党委组织部副部长、人事司副司长水汝庆等一行，在人行济南分行党委书记、行长杨子强等陪同下，在人行曲阜市支行召开学习实践科学发展观活动座谈会。

11月29日　农行济宁市分行完成不良资产剥离工作，不良贷款占比降到5.57%。

12月8日　山东圣泰农合行召开首届董事会第十六次会议，审议通过了《取消资格股实施方案》。

12月11日　人行济宁市中支举行发行库及营业办公用房奠基仪式，人行济南分行副行长李建文，济宁市委常委、常务副市长崔洪刚等市委、市人大、市政府、市政协、济宁军分区领导出席了奠基仪式。

12月24日　人行济宁市中支协助济宁市政府在青岛举办"济宁市重点贷款项目推介会"，中行山东省分行何兴祥行长，人行青岛市中支及驻青岛相关金融机构负责人，济宁市政府张振川市长、王次忠副市长，人行济宁市中支岳隆杰行长、罗亮森副行长参加了此次推介活动。

（张　俊　高　雷　郭晓娟）

兖州市

【经济金融简况】　2008年，兖州市积极应对复杂多变的国内外形势，经济继续保持平稳较快发展态势，民营经济发展势头强劲。

该市各金融机构切实贯彻各项宏观调控政策，围绕区域经济发展重点，积极开拓新的信贷投放区域，保持了全市信用总量的较快增长和各项金融业务的健康发展，金融支撑能力大幅提高。截至年末，全市金融机构：

兖州市主要经济金融指标

经济指标	2007	2008	经济指标	2007	2008
土地面积（平方公里）	648.20	648.20	地方财政支出（亿元）	15.30	18.30
人口（万人）	61.35	62.25	全社会固定资产投资（亿元）	83.31	91.81
非农业人口（万人）	20.12	20.20	固定资产投资增速（%）	31.30	10.20
地区生产总值（亿元）	242.16	289.30	进出口总值（万美元）	56343	89084
地区生产总值年增速（%）	17.60	14.30	出口总值（万美元）	13599	28272
第一产业（亿元）	23.36	27.74	实际利用外资（万美元）	10773	10650
第二产业（亿元）	145.83	174.72	社会消费品零售总额（亿元）	63.96	72.43
第三产业（亿元）	72.97	86.84	居民消费价格指数（%）	--	--
财政总收入（亿元）	26.90	32.50	人均地区生产总值（元）	39471	46812
地方财政收入（亿元）	13.24	15.64	城镇居民可支配收入（元）	13976	15606
财政总支出（亿元）	16.69	--	农民人均现金收入（元）	6555.20	7155
金融指标（亿元）	2007	2008	金融指标（亿元）	2007	2008
人民币存款余额	104.68	135.27	财险收入	0.60	0.64
企业存款	18.64	20.05	寿险收入	2.14	3.59
储蓄存款	73.98	95.52	财险赔款	0.30	0.36
人民币贷款余额	71.07	94.86	寿险给付	0.46	0.89
短期贷款	53.36	56.63	证券市场交易总额	--	7
中长期贷款	16.29	30.20	投资者保证金余额	--	1.10
票据融资	1.41	8.03	证券交易佣金收入	--	0.10

兖州市主要金融机构负责人

单位名称	行长（或其他称谓的第一负责人）	副行长（或其他称谓的同级领导）
人行兖州市支行	谭海燕	范敬彬　侯圣民　杨晓霞
银监会兖州市办事处	苏玉多	张　波
农发行兖州市支行	孙祥宝	于鲁强　胡　冰
工行兖州支行	张　弛	杨荣铎　刘　萍　毕可利　高宏伟
农行兖州市支行	宋恩银	金　辉　田少华　杨国胜
中行兖州支行	王延昶	宗　实　蔡庆运
建行兖州支行	赵振强	袁　涛　刘会东　张海元　王剑秋　刘　妍
兖州市商行	张从立	何瑞东
兖州市农信联社	周建民	孟　静　孔德新　苏　强　徐清华
邮储银行兖州市支行	乔常勇	马申平

兖州市主要金融机构业务概况

单位：亿元

单位名称	人民币存款余额	企业存款	储蓄存款	人民币贷款余额	短期贷款	中长期贷款
农发行兖州市支行	0.18	0.14	--	5.04	4.66	0.38
工行兖州支行	31.30	4.92	20.54	29.77	16.97	12.80
农行兖州市支行	25.04	7.02	15.35	12.83	7.16	2.56
中行兖州支行	24.45	5.01	17.33	16.84	10.46	6.19
建行兖州支行	18.98	2.51	12.48	10.21	3.50	6.71
兖州市农信联社	25.52	0.16	20.72	19.94	13.66	1.55
邮储银行兖州市支行	9.40	0.30	9.10	0.23	0.22	0.01

一、人民币贷款增量、增幅均创历史新高。其中短期工业贷款余额21.99亿元，增加1.43亿元；短期乡镇企业贷款余额3.19亿元，增加0.24亿元；基建贷款余额12.30亿元，增加6.95亿元；其他中长期贷款余额16.89亿元，增加7.26亿元。

二、不良贷款余额8.08亿元，同比减少3.33亿元，不良贷款占比8.45%，下降7.26个百分点。

【金融发展与改革】　2008年，在人行兖州市支行的“窗口指导”下，辖区金融运行呈现出“亮点”频闪的良好局面。一是银企合作形式更加灵活，信贷投放的针对性明显提高；二是通过组建民营经济促进会、推出“惠农卡”等创新方式，有效缓解中小企业和农户贷款难问题；三是城商行、邮储银行在辖区设立分支机构，进一步健全金融体系框架；四是各部门积极参与金融生态环境建设，有力推动融资秩序与社会信用环境的持续改善。

【金融服务与监管】　2008年，人行兖州市支行认真履行信贷政策指导和金融服务职责，引导金融机构不断加大对民营经济和中小企业的支持力度，同时加强与银监部门的密切合作，维护了辖区金融稳定。一是与银监会兖州办事处相互协调，实现了监管信息共享；二是加强对社会经济环境的监控，努力维护辖内金融机构的运营安全，适时加强对贷款企业经营趋势和异常行为的监控，有效防范和化解了金融风险。

曲阜市

【经济金融简况】 2008年，曲阜市加快推进产业结构优化升级，大力发展以文化旅游为龙头的现代服务业，经济呈现平稳较快发展态势。

该市各金融机构认真执行各项经济金融政策，信贷投入持续增长，信贷结构进一步优化，有力促进了地方经济的快速发展。其主要特点：

一、贷款继续向优势企业和重点项目倾斜，房地产贷款下降明显，重点企业、重点项目、农业贷款和票据融资增长迅速。

二、进一步加大了对农村基础设施建设和农业生产的信贷支持。

曲阜市主要经济金融指标

经济指标	2007	2008	经济指标	2007	2008
土地面积（平方公里）	896	896	地方财政支出（亿元）	9.68	11.99
人口（万人）	64.08	63.73	全社会固定资产投资（亿元）	57.04	62.60
非农业人口（万人）	18.25	17.97	固定资产投资增速（%）	34.18	26.20
地区生产总值（亿元）	175.09	200.53	进出口总值（万美元）	9026	9232
地区生产总值年增速（%）	16.60	14.40	出口总值（万美元）	8548	8929
第一产业（亿元）	14.71	18.37	实际利用外资（万美元）	5481	4812
第二产业（亿元）	84.05	90.02	社会消费品零售总额（亿元）	58.20	68.27
第三产业（亿元）	76.33	92.14	居民消费价格指数（%）	103.90	105.30
财政总收入（亿元）	11.38	14.08	人均地区生产总值（元）	27290	31379
地方财政收入（亿元）	7.01	8.20	城镇居民可支配收入（元）	10675	11538
财政总支出（亿元）	12.20	16.70	农民人均现金收入（元）	5477	6115
金融指标（亿元）	2007	2008	金融指标（亿元）	2007	2008
人民币存款余额	76.93	96.43	财险收入	0.45	0.40
企业存款	11.30	17.68	寿险收入	1.56	1.97
储蓄存款	50.52	61.85	财险赔款	0.24	0.29
人民币贷款余额	37.47	38.48	寿险给付	0.34	0.51
短期贷款	21.49	19.05	证券市场交易总额	26.80	25.60
中长期贷款	15.37	15.37	投资者保证金余额	0.23	0.19
票据融资	0.61	4.07	证券交易佣金收入	0.72	0.71

曲阜市主要金融机构负责人

单位名称	行长（或其他称谓的第一负责人）	副行长（或其他称谓的同级领导）
人行曲阜市支行	王兖宁	王德玉　邢殿法　潘教贞
银监会曲阜市办事处	孔　丽	
农发行曲阜市支行	赵德军	孔令河　孙　莹

续表

单位名称	行长（或其他称谓的第一负责人）	副行长（或其他称谓的同级领导）
工行曲阜支行	孔令致	徐建国　李　华　胡聚华　何　潞
农行曲阜市支行	吴　松	刘　霞　张友平　胡彦亮　何　磊
中行曲阜支行	柴洪树	马利民　张艳梅
建行曲阜支行	庄　明	陈　晖　王　伟
曲阜市商行	赵刚毅	
曲阜市农信联社	刘福远	张　棣　颜廷喜　孔凡娣
邮储银行曲阜市支行	李红卫	蒋　辉

曲阜市主要金融机构业务概况

单位：亿元

单位名称	人民币存款余额	企业存款	储蓄存款	人民币贷款余额	短期贷款	中长期贷款
农发行曲阜市支行	0.06	0.03	—	2.69	1.69	1.00
工行曲阜支行	18.00	2.91	8.30	6.21	1.96	4.25
农行曲阜市支行	20.31	3.74	13.20	4.26	2.34	1.92
中行曲阜支行	13.33	5.95	6.61	5.13	1.94	3.15
建行曲阜支行	14.38	3.69	7.87	5.02	0.14	4.88
曲阜市农信联社	23.86	1.24	19.66	14.98	10.78	0.16
邮储银行曲阜市支行	6.34	0.11	6.23	0.20	0.19	0.01

三、截至年末，全市金融机构不良贷款余额3.74亿元，同比减少4.23亿元，不良贷款占比9.78%，下降11.51个百分点。

【金融发展与改革】　2008年，曲阜市各金融机构积极开展金融生态环境建设，全力推进金融发展与改革。一是继续优化金融生态环境，评选农村信用户5.8万余户、信用村120个，同时对68家中小企业开展了评级授信工作，在济宁市开展的金融生态环境建设考评中，曲阜市再次获得A级金融生态区；二是不断推进农信社改革试点工作，其不良贷款率下降为13.46%，资本充足率达到9.36%，实现盈利0.22亿元；三是逐步推进农行股改工作，完成了土地和房屋确权工作，剥离不良资产2.06亿元，为财务重组和股份制改革奠定了坚实的基础。

【金融服务与监管】　2008年，人行曲阜市支行一是在地方政府部门的积极配合下，通过组织信贷项目推介、贷款企业现场考察等活动，有效搭建银企对接的平台；二是及时加强金融业务检查，维持了辖内金融秩序，确保各项金融业务稳健运行。

邹城市

【经济金融简况】　2008年，邹城市紧紧围绕建设“经济强市、文化名市、生态靓市、和谐新市”的战略目标，积极应对国际金融危机带来的影响，开拓进取，共克时艰，经济呈现又好又快发展态势。

人行邹城市支行积极发挥“窗口指导”职能，引导各金融机构加大对地方经济的信贷支持力度，存贷款保持强劲增长趋势。截至年末，全市金融机构：

邹城市主要经济金融指标

经济指标	2007	2008	经济指标	2007	2008
土地面积（平方公里）	1613	1616	地方财政支出（亿元）	20.29	26.69
人口（万人）	113.59	114.14	全社会固定资产投资（亿元）	101.54	126.95
非农业人口（万人）	39.60	40.01	固定资产投资增速（%）	8.90	25.00
地区生产总值（亿元）	376.91	446.96	进出口总值（万美元）	29346	12593
地区生产总值年增速（%）	17.30	14.10	出口总值（万美元）	24560	7047
第一产业（亿元）	25.18	30.43	实际利用外资（万美元）	7067	960
第二产业（亿元）	237.94	281.52	社会消费品零售总额（亿元）	88.55	108.04
第三产业（亿元）	113.79	135.01	居民消费价格指数（%）	--	--
财政总收入（亿元）	56.99	71.38	人均地区生产总值（元）	33713	39254
地方财政收入（亿元）	18.70	22.29	城镇居民可支配收入（元）	14071	15985
财政总支出（亿元）	20.48	27.56	农民人均现金收入（元）	5836	6543
金融指标（亿元）	**2007**	**2008**	**金融指标（亿元）**	**2007**	**2008**
人民币存款余额	208.78	257.30	财险收入	1.02	1.04
企业存款	65.14	80.04	寿险收入	1.74	2.73
储蓄存款	115.95	147.34	财险赔款	0.46	0.59
人民币贷款余额	130.79	156.92	寿险给付	0.65	1.03
短期贷款	59.14	70.54	证券市场交易总额	203.28	177.04
中长期贷款	57.85	66.05	投资者保证金余额	2.63	1.24
票据融资	13.73	20.33	证券交易佣金收入	0.54	0.36

邹城市主要金融机构负责人

单位名称	行长（或其他称谓的第一负责人）	副行长（或其他称谓的同级领导）
人行邹城市支行	韩厚晶	孙广宾　陈玉玲　韩西瑾
银监会邹城市办事处	何庆雪	
农发行邹城市支行	张传弛	孟令贵　尹建民
工行邹城支行	段仰建	赵道峰　吕毅波
农行邹城市支行	贾　伟	姜鸿燕　翟贞奎　李龙海
中行邹城支行	孔令国	田　文　刘月生
建行邹城支行	张　锋	徐　锋　许家兴
建行兖州矿区支行	李庆国	楚爱民　徐敬东　李　峰

续表

单位名称	行长（或其他称谓的第一负责人）	副行长（或其他称谓的同级领导）
建行邹城电力支行	庄　林	付尚军
邹城市商行	李　东	刘学锋
邹城市农信联社	周龙运	井长锋　郑绪宝　徐　智
邮储银行邹城市支行	邹学珍	来　波

邹城市主要金融机构业务概况

单位：亿元

单位名称	人民币存款余额	企业存款	储蓄存款	人民币贷款余额	短期贷款	中长期贷款
农发行邹城市支行	0.08	0.08	--	3.74	1.19	2.55
工行邹城支行	81.03	23.92	46.87	43.6	18.29	25.27
农行邹城市支行	32.5	11.59	18.64	37.4	20.26	17.14
中行邹城支行	35.04	21.86	10.06	18.46	11.69	6.77
建行邹城支行	23.31	10.71	10.1	5.76	0.12	5.64
建行兖州矿区支行	22.44	6.94	13.64	11.57	3.2	8.37
建行邹城电力支行	4.22	1.36	2.85	1.44	1.44	--
邹城市农信联社	47.92	3.04	36.98	34.76	14.17	0.31
邮储银行邹城市支行	8.73	0.53	8.2	0.18	0.18	--

一、信贷资金的流动性明显增强。在具体投向上，短期工业贷款余额 52.75 亿元，增加 14.75 亿元；基建贷款余额 36.52 亿元，增加 8.01 亿元。

二、不良贷款余额 7.95 亿元，同比减少 1.71 亿元，不良贷款占比 4.86%，下降 2.20 个百分点。

【金融发展与改革】　2008 年，人行邹城市支行立足地方经济发展实际，充分发挥政策引导功能。一是积极引导金融机构优化信贷结构，加大对新农村、重点项目和基础设施建设等方面的信贷支持；二是疏通货币政策传导渠道，积极搭建政银企合作交流平台，实现良性互动；三是深化农村金融生态环境建设，加大对新农村建设信贷支持。当年，邹城市被列为“优化农村金融生态环境示范点”。

【金融服务与监管】　2008 年，邹城市金融服务水平进一步提升，各金融机构大力开展贷款创新业务，积极开发信贷产品 60 余项，有效缓解了中小企业融资难题。

与此同时，人行邹城市支行不断强化资金管理工作，每季定期监测辖内金融机构经营、存贷款、不良贷款变化等情况，并组织对农信社存款准备金执行、资金运营规划执行和专项票据兑付后等情况的全面检查，切实防范和化解金融风险。

泗水县

【经济金融简况】　2008 年，泗水县继续深入实施“工业强县、果牧大县、生态名县”战略目标，国民经济保持了平稳增长的良好态势。

该县金融运行平稳，各项存款稳定增长，贷款适时投放，信贷结构进一步优化。截至年末，全县金融机构不良贷款余额 1.99 亿元，同比减少 3.16 亿元，不良贷款占比 9.28%，下降 13.99 个百分点。

泗水县主要经济金融指标

经济指标	2007	2008	经济指标	2007	2008
土地面积（平方公里）	1118.96	1118.96	地方财政支出（亿元）	5.11	6.37
人口（万人）	60.56	61.02	全社会固定资产投资（亿元）	29.59	44.43
非农业人口（万人）	15.91	16.13	固定资产投资增速（%）	54.50	50.20
地区生产总值（亿元）	70.95	89.33	进出口总值（万美元）	11991	13871
地区生产总值年增速（%）	18.00	15.70	出口总值（万美元）	7691	8600
第一产业（亿元）	17.50	21.21	实际利用外资（万美元）	3816	763
第二产业（亿元）	32.60	42.93	社会消费品零售总额（亿元）	28.35	36.93
第三产业（亿元）	20.84	25.19	居民消费价格指数（%）	--	--
财政总收入（亿元）	3.82	3.88	人均地区生产总值（元）	11741	14457
地方财政收入（亿元）	2.00	2.31	城镇居民可支配收入（元）	11739	14659
财政总支出（亿元）	5.11	6.37	农民人均现金收入（元）	4748	5401
金融指标（亿元）	2007	2008	金融指标（亿元）	2007	2008
人民币存款余额	35.11	42.48	财险收入	0.22	0.25
企业存款	3.94	2.99	寿险收入	0.61	0.92
储蓄存款	27.24	34.66	财险赔款	0.10	0.16
人民币贷款余额	21.89	21.50	寿险给付	0.13	0.13
短期贷款	18.66	18.45	证券市场交易总额	--	--
中长期贷款	2.58	2.85	投资者保证金余额	--	--
票据融资	0.55	0.20	证券交易佣金收入	--	--

泗水县主要金融机构负责人

单位名称	行长（或其他称谓的第一负责人）	副行长（或其他称谓的同级领导）
人行泗水县支行	廉　龙	王金生　王召林　王　敏
银监会泗水县办事处	朱道工	
农发行泗水县支行	谭成华	李本华　王立祥
工行泗水支行	葛行健	张　超
农行泗水县支行	张　涛	张玉平　开瑞彬
中行泗水支行	刘　济	杜绍信　王常忠
建行泗水支行	郭海涛	石礼佩
泗水县农信联社	寇　宁	赵　鲁　张根柱　孟凡群　李巧云
邮储银行泗水县支行	杨冠东	宋起龙

泗水县主要金融机构业务概况

单位：亿元

单位名称	人民币存款余额	企业存款	储蓄存款	人民币贷款余额	短期贷款	中长期贷款
农发行泗水县支行	0.21	0.19	--	0.84	0.84	—
工行泗水支行	5.64	0.68	3.67	3.47	2.04	1.43
农行泗水县支行	10.18	0.64	8.39	2.95	2.74	0.21
中行泗水支行	3.94	0.67	2.75	2.42	1.69	0.53
建行泗水支行	2.88	0.63	1.38	1.60	1.01	0.59
泗水县农信联社	14.87	0.11	13.88	10.02	9.94	0.08
邮储银行泗水县支行	4.67	0.07	4.60	0.19	0.19	—

【金融发展与改革】 2008年，人行泗水县支行适时加大“窗口指导”力度，努力提高货币政策的前瞻性和有效性。一是通过召开银企座谈会、项目推介会、经济金融形势分析会与实地走访金融机构等形式加强政策引导，确保货币信贷的连续性、有效性，促进地方经济金融的协调发展；二是积极创造条件，优化辖区金融生态环境。

【金融服务与监管】 2008年，人行泗水县支行一是积极加强与地方政府的沟通，充分发挥金融对地方经济的支撑作用；二是进一步优化金融发展环境，健全金融服务机制；三是强化对农信社专项央行票据兑付后的考核与监督；四是加强对辖内金融机构在执行存款准备金、金融统计制度、外汇业务、信贷登记等方面的监督检查，确保金融业稳健经营。

微山县

【经济金融简况】 2008年，微山县经济运行总体呈现出“经济稳步上升、发展充满活力、质量不断提高、民生持续改善”的良好局面。

该县金融运行平稳，存贷款均大幅增加，截至年末，全县金融机构：

一、信贷投放重点向三农和中小企业倾斜。人民币短期工业贷款余额3.54亿元，增加0.87亿元；短期农业贷款余额17.56亿元，增加4.69亿元。

二、信贷资产质量不断提高。不良贷款余额4.27亿元，同比减少0.89亿元，不良贷款占比14.03%，下降5.39个百分点。

微山县主要经济金融指标

经济指标	2007	2008	经济指标	2007	2008
土地面积（平方公里）	1780	1780	地方财政支出（亿元）	10.32	12.88
人口（万人）	70.64	70.95	全社会固定资产投资（亿元）	46.01	64.10
非农业人口（万人）	14.61	15.39	固定资产投资增速（%）	37.40	39.30
地区生产总值（亿元）	161.51	195.06	进出口总值（万美元）	2823	3984
地区生产总值年增速（%）	17.20	14.70	出口总值（万美元）	2627	3795
第一产业（亿元）	19.48	22.59	实际利用外资（万美元）	1066	1444
第二产业（亿元）	79.61	98.85	社会消费品零售总额（亿元）	34.05	43.10
第三产业（亿元）	62.42	73.62	居民消费价格指数（%）	105.20	105

续表

经济指标	2007	2008	经济指标	2007	2008
财政总收入（亿元）	20.90	22.70	人均地区生产总值（元）	22986	27553
地方财政收入（亿元）	7.81	9.77	城镇居民可支配收入（元）	13961	16000
财政总支出（亿元）	18.50	20.00	农民人均现金收入（元）	5130	5828
金融指标（亿元）	**2007**	**2008**	**金融指标（亿元）**	**2007**	**2008**
人民币存款余额	69.54	89.07	财险收入	0.39	0.40
企业存款	17.55	19.19	寿险收入	0.71	1.35
储蓄存款	40.48	53.69	财险赔款	0.18	0.23
人民币贷款余额	26.63	30.59	寿险给付	0.21	0.35
短期贷款	22.00	26.81	证券市场交易总额	--	--
中长期贷款	2.44	2.32	投资者保证金余额	--	--
票据融资	2.19	1.46	证券交易佣金收入	--	--

微山县主要金融机构负责人

单位名称	行长（或其他称谓的第一负责人）	副行长（或其他称谓的同级领导）
人行微山县支行	崔　健	李瑞田　孙海波　蔡　靖
银监会微山县办事处	李体提	王儒刚
农发行微山县支行	宋秀华	李成德
工行微山支行	侯代立	张海生　史孝全　王吉魁　张　震
农行微山县支行	王继东	李发春　马玉民　高新德
中行微山支行	许让波	马厚勇
建行微山支行	于　勇	刘　彪　孙茂峰　周忠诚
微山县农信联社	王嗣水	褚衍成　亓志勇　邢新珂　苏　强
邮储银行微山县支行	李世信	刘何勤

微山县主要金融机构业务概况

单位：亿元

单位名称	人民币存款余额	企业存款	储蓄存款	人民币贷款余额	短期贷款	中长期贷款
农发行微山县支行	0.05	0.04	--	1.62	1.62	--
工行微山支行	14.67	3.62	6.76	1.98	1.90	0.08
农行微山县支行	20.65	5.51	13.43	4.17	2.75	1.05
中行微山支行	10.59	6.32	3.37	1.84	0.79	0.73

续表

单位名称	人民币存款余额	企业存款	储蓄存款	人民币贷款余额	短期贷款	中长期贷款
建行微山支行	9.11	2.31	4.53	1.10	0.72	0.38
微山县农信联社	27.59	1.14	19.53	19.71	18.84	0.09
邮储银行微山县支行	6.31	0.23	6.08	0.18	0.18	—

【金融发展与改革】 2008年，微山县金融机构以增强核心竞争力、防风险能力、可持续发展能力为目标，落实各项改革措施，积极推进业务流程再造和内控体系建设，金融运行效率进一步提高。一是农行股份制改革进入实质性阶段，全年共剥离不良贷款0.8亿元；二是邮储银行正式挂牌营业，为进一步完善金融组织体系奠定了良好基础。

【金融服务与监管】 2008年，人行微山县支行不断强化金融服务职能，努力提高服务水平。一是积极与有关部门沟通协调，建立了金融稳定协调和信息共享工作机制；二是建立金融风险监测分析机制，加强民间借贷监测分析，切实做好重大金融风险隐患预警；三是认真做好贷款卡发放和年审工作，积极开展企业资信评级和中小企业信用信息采集。

鱼台县

【经济金融简况】 2008年，鱼台县实施工业立县和城市化战略，在项目带动、招商引资、城市建设、园区发展和特色经济上强力突破，经济保持又好又快发展态势。

人行鱼台县支行引导各金融机构认真贯彻落实“有保有压、区别对待”的货币政策，较好地保持了信贷投放的连续性和稳定性。截至年末，全县金融机构：

一、人民币短期工业贷款余额3.32亿元，增加1.92亿元；短期私营企业及个体贷款余额0.12亿元，增加0.11亿

鱼台县主要经济金融指标

经济指标	2007	2008	经济指标	2007	2008
土地面积（平方公里）	654.20	654.20	地方财政支出（亿元）	2.19	2.78
人口（万人）	45.77	46.19	全社会固定资产投资（亿元）	32.68	48.22
非农业人口（万人）	7.69	7.89	固定资产投资增速（%）	55.40	47.60
地区生产总值（亿元）	73.29	87.70	进出口总值（万美元）	1020	836
地区生产总值年增速（%）	17.90	14.00	出口总值（万美元）	1020	836
第一产业（亿元）	15.60	18.87	实际利用外资（万美元）	113	730
第二产业（亿元）	33.72	40.79	社会消费品零售总额（亿元）	24.77	31.30
第三产业（亿元）	23.97	28.04	居民消费价格指数（%）	103.45	102.30
财政总收入（亿元）	5.02	5.12	人均地区生产总值（元）	16037	19074
地方财政收入（亿元）	2.29	2.89	城镇居民可支配收入（元）	10385	10684
财政总支出（亿元）	4.98	5.06	农民人均现金收入（元）	5152	5780
金融指标（亿元）	**2007**	**2008**	**金融指标（亿元）**	**2007**	**2008**
人民币存款余额	28.98	34.84	财险收入	0.30	0.47
企业存款	3.30	4.74	寿险收入	1.39	1.67

续表

金融指标（亿元）	2007	2008	金融指标（亿元）	2007	2008
储蓄存款	22.08	26.55	财险赔款	0.15	0.27
人民币贷款余额	16.02	16.41	寿险给付	0.21	0.43
短期贷款	14.35	14.74	证券市场交易总额	—	—
中长期贷款	1.55	0.77	投资者保证金余额	—	—
票据融资	0.11	0.90	证券交易佣金收入	—	—

鱼台县主要金融机构负责人

单位名称	行长（或其他称谓的第一负责人）	副行长（或其他称谓的同级领导）
人行鱼台县支行	宋　辉	静圣民　高奎昌　穆怀玲
农发行鱼台县支行	宋传蔼	岳修忠
工行鱼台支行	屈耀敏	陈为群　于向阳
农行鱼台县支行	王乃喜	宋孔杰　王思峰　王翠花
中行鱼台支行	卜庆凯	王其玉
建行鱼台支行	杨建军	翟庆华　李永华　杜万胜　陈顺利
鱼台县农信联社	张　棣	刘广众　张明路　杨新庆　胡　峰　卜　芳
邮储银行鱼台县支行	肖　邴	张东梅

鱼台县主要金融机构业务概况

单位：亿元

单位名称	人民币存款余额	企业存款	储蓄存款	人民币贷款余额	短期贷款	中长期贷款
农发行鱼台县支行	0.07	0.05	—	2.37	2.37	—
工行鱼台支行	2.67	0.80	1.38	0.87	0.84	0.03
农行鱼台县支行	6.69	1.21	5.36	0.66	0.57	0.08
中行鱼台支行	3.45	1.23	2.07	3.16	2.45	0.30
建行鱼台支行	4.07	1.28	1.74	0.54	0.24	0.30
鱼台县农信联社	11.49	0.01	10.66	8.55	8.02	0.05
邮储银行鱼台县支行	5.49	0.15	5.34	0.26	0.25	0.01

元。

二、不良贷款余额3.16亿元，同比减少1.79亿元，不良贷款占比19.59%，下降11.46个百分点。

【金融发展与改革】　2008年，人行鱼台县支行认真贯彻国家宏观调控政策，加强县域金融生态环境建设，金融生态环境进一步优化。一是重点支持煤电化、农副产品加工、水运陆运、机械制造、纺织服装等五大优势产业，全力支持16个投资过5000万元的重点项目；二是积极开展银企合作、网上推介、现场办公、信贷项目集中考察等多种活动，实现多渠道银企对接；三是用足用好财政贴息优惠政策，大力发展小额信用、联户联保等贷款业务，充分满足农户多方面的资金需求；四是进一步加强A级信用企业培植工作，完善贷款担保制度，总结推广"民营经济发展促进会"等贷款担保模式，缓解中小企业贷款担保瓶颈约束。

【金融服务与监管】 2008年，人行鱼台县支行不断提高金融服务水平，密切关注金融机构的业务开展情况，确保金融安全稳健运行。一是督促、引导农信社完善法人治理结构，切实做好增资扩股工作，进一步增强资本实力；二是积极配合农信社大力清收不良资产；三是加强对社会经济环境的监控，努力维护金融机构的运营安全，适时加强对社会经济环境及贷款企业经营趋势和异常行为的监测、监控，有效防范和化解信贷资金风险。

金乡县

【经济金融简况】 2008年，金乡县紧紧围绕建设"工业强县、农业名县、物流大县、财政富县"的战略部署，解放思想、抢抓机遇，经济保持了平稳持续较快发展。

该县金融运行平稳，各项存款快速增长，贷款投放高位运行，较好地支持了地方经济发展。截至年末，全县金融机构：

一、人民币基建贷款余额4.06亿元，增加2.42亿元；其他中长期贷款余额4.19亿元，增加0.69亿元。

二、不良贷款余额6.14亿元，同比减少6.00亿元，不良贷款占比22.99%，下降19.34个百分点。

金乡县主要经济金融指标

经济指标	2007	2008	经济指标	2007	2008
土地面积（平方公里）	886.46	886.46	地方财政支出（亿元）	1.38	1.97
人口（万人）	62.14	62.48	全社会固定资产投资（亿元）	29.24	46.99
非农业人口（万人）	9.38	9.74	固定资产投资增速（%）	43.70	60.70
地区生产总值（亿元）	86.19	104.22	进出口总值（万美元）	20148	14993
地区生产总值年增速（%）	17.70	14.50	出口总值（万美元）	20070	14990
第一产业（亿元）	23.92	28.99	实际利用外资（万美元）	762	810
第二产业（亿元）	35.06	42.38	社会消费品零售总额（亿元）	29.07	36.77
第三产业（亿元）	27.21	32.85	居民消费价格指数（%）	105.77	106.24
财政总收入（亿元）	2.83	3.57	人均地区生产总值（元）	13953	16726
地方财政收入（亿元）	1.79	2.06	城镇居民可支配收入（元）	9636	9840
财政总支出（亿元）	2.67	3.25	农民人均现金收入（元）	4876	5994
金融指标（亿元）	**2007**	**2008**	**金融指标（亿元）**	**2007**	**2008**
人民币存款余额	50.22	54.60	财险收入	0.27	0.33
企业存款	3.77	3.81	寿险收入	1.50	2.11
储蓄存款	39.65	42.95	财险赔款	0.13	0.19
人民币贷款余额	28.79	26.91	寿险给付	0.24	0.44
短期贷款	23.46	17.67	证券市场交易总额	--	--
中长期贷款	5.24	8.24	投资者保证金余额	--	--
票据融资	0.05	1.00	证券交易佣金收入	--	--

金乡县主要金融机构负责人

单位名称	行长（或其他称谓的第一负责人）	副行长（或其他称谓的同级领导）
人行金乡县支行	陈爱芳	杨志华　孙　伟　陈　磊
银监会金乡县办事处	杨清源	
农发行金乡县支行	吕计喜	胡爱国　李伟秀
工行金乡支行	王洪伟	贾存生　苑修广　程会军　胡新磊
农行金乡县支行	饶爱宝	王洪波　李卫东　孔凡群
中行金乡分理处	吴玉生	杨　宇
建行金乡支行	王大伟	聂　磊　张　峰　丁养权　权志辉
金乡县农信联社	蒋　伟	孙启勇　薛　兵　刘　广　胡爱中
邮储银行金乡县支行	刘显峰	沙　磊

金乡县主要金融机构业务概况

单位：亿元

单位名称	人民币存款余额	企业存款	储蓄存款	人民币贷款余额	短期贷款	中长期贷款
农发行金乡县支行	0.03	0.03	--	3.91	3.91	--
工行金乡支行	7.61	1.00	5.35	2.41	0.67	1.74
农行金乡县支行	10.66	1.27	7.45	1.99	1.18	0.81
中行金乡分理处	2.79	0.56	1.39	0.99	0.30	0.69
建行金乡支行	6.83	0.75	3.87	4.23	0.25	3.98
金乡县农信联社	18.61	--	17.08	13.17	11.18	0.99
邮储银行金乡县支行	8.02	0.20	7.82	0.21	0.18	0.03

【金融发展与改革】　2008年，金乡县国有商行继续加快推进股权制度改革，深化内部管理与激励约束机制，公司治理、财务状况、风险控制、综合经营取得明显进步，盈利能力进一步增强。全年4家国有商行实现当年结益5096.76万元，同比增盈2337.88万元。

【金融服务与监管】　2008年，人行金乡县支行一是制定了《关于学苏北精神、促金乡跨越金融工作实施方案》、《关于贯彻适度宽松货币政策、支持全县经济又好又快发展的金融工作意见》等指导性办法，积极引导金融机构认真贯彻落实“区别对待、有保有压”的货币信贷政策，进一步优化信贷结构，保持了金融供给与产业进步的协调配合；二是以金融生态环境建设为载体，继续加大对农业产业化、中小企业、现代服务业以及居民消费的信贷投放，有力促进了地方经济平稳较快发展。

截至年末，该县金融机构一是累计发放农业贷款11.34亿元，占全部贷款投放的47.8%；二是通过票据承兑、贴现、账户托管、打包贷款等形式，向大蒜出口企业提供融资4.37亿元，推动全县外向型企业完成出口1.5亿美元；三是向城镇居民发放个人消费贷款1.52亿元，拉动了消费。

嘉祥县

【经济金融简况】 2008年，嘉祥县紧紧围绕“建设工业强县、林牧大县、生态型文化旅游城市”这一目标，开拓进取，社会经济保持协调健康发展的良好势头。

该县金融系统认真贯彻国家的各项宏观调控政策，积极组织存款，合理增加信贷投入，各项存、贷款稳定增长，金融业运行平稳。截至年末，全县金融机构不良贷款余额9.03亿元，同比减少3.73亿元，不良贷款占比26.19%，下降9.03个百分点。

【金融发展与改革】 2008年，嘉祥县金融业改革稳步

嘉祥县主要经济金融指标

经济指标	2007	2008	经济指标	2007	2008
土地面积（平方公里）	960	960	地方财政支出（亿元）	2.98	4.09
人口（万人）	81.22	81.94	全社会固定资产投资（亿元）	41.89	52.39
非农业人口（万人）	10.22	10.26	固定资产投资增速（%）	39.80	25.10
地区生产总值（亿元）	110.02	125.97	进出口总值（万美元）	5318	6880
地区生产总值年增速（%）	17.60	14.30	出口总值（万美元）	4885	6391
第一产业（亿元）	14.49	17.74	实际利用外资（万美元）	661	815
第二产业（亿元）	64.86	73.12	社会消费品零售总额（亿元）	30.90	39.25
第三产业（亿元）	30.67	35.11	居民消费价格指数（%）	103.50	101.20
财政总收入（亿元）	6.84	9.70	人均地区生产总值（元）	13525	15441
地方财政收入（亿元）	3.09	4.38	城镇居民可支配收入（元）	9306	10804
财政总支出（亿元）	7.80	9.18	农民人均现金收入（元）	4889	5554
金融指标（亿元）	2007	2008	金融指标（亿元）	2007	2008
人民币存款余额	51.00	67.11	财险收入	0.25	0.47
企业存款	3.83	7.70	寿险收入	1.78	2.39
储蓄存款	44.11	55.15	财险赔款	0.13	0.20
人民币贷款余额	36.25	34.66	寿险给付	0.18	0.50
短期贷款	21.39	19.75	证券市场交易总额	--	--
中长期贷款	12.59	11.06	投资者保证金余额	--	--
票据融资	2.14	3.85	证券交易佣金收入	--	--

嘉祥县主要金融机构负责人

单位名称	行长（或其他称谓的第一负责人）	副行长（或其他称谓的同级领导）
人行嘉祥县支行	贾　杰	唐　军　马生勇　杜　平
银监会嘉祥县办事处	陈新成	李继环
农发行嘉祥县支行	李春生	赵自力　杨柄运
工行嘉祥支行	孙　强	常九坤
农行嘉祥县支行	冯　伟	李爱国　张红光

续表

单位名称	行长（或其他称谓的第一负责人）	副行长（或其他称谓的同级领导）
中行嘉祥支行	蒋　涛	张德军
建行嘉祥支行	王昭华	颜世胜　葛　亮
嘉祥县农信联社	张趁家	程　光　任国强　刘　华　路　伟
邮储银行嘉祥县支行	范建国	王允良

嘉祥县主要金融机构业务概况

单位：亿元

单位名称	人民币存款余额	企业存款	储蓄存款	人民币贷款余额	短期贷款	中长期贷款
农发行嘉祥县支行	0.01	0.01	--	3.77	3.77	--
农行嘉祥县支行	14.78	1.16	12.59	7.44	0.86	6.58
中行嘉祥支行	4.66	1.25	2.23	1.51	1.20	0.31
建行嘉祥支行	13.00	4.65	7.12	3.41	0.33	3.08
嘉祥县农信联社	26.11	0.08	25.35	18.33	13.38	1.10
邮储银行嘉祥县支行	8.42	0.56	7.86	0.21	0.21	--

推进。一是稳步推进农行嘉祥县支行股份制改革；二是农信社改革成效明显，盈利水平大幅度提高。

【金融服务与监管】　2008年，人行嘉祥县支行一是加强窗口指导，制定并印发了《关于进一步加强金融服务，实现富民强县发展的指导意见》、《关于进一步做好当前货币信贷工作的意见》等文件，引导金融机构贯彻落实国家货币政策；二是推动金融创新，积极探索"民营经济发展促进会"、"行业担保协会"等信贷新模式，扩大对中小企业的信贷投放；三是进一步支持新农村建设，探索"林木抵押"担保贷款等多种有效担保形式，逐步开展"村大联保体"贷款业务试点。

汶上县

【经济金融简况】　2008年，汶上县加快转变经济发展方式，推进改革和自主创新，经济保持了平稳较快发展的态势。

该县金融运行态势良好，金融秩序稳定。截至年末，全县金融机构：

一、存款快速增长，存款增幅、增速再创历史新高。

二、信贷结构进一步优化，信贷投放重点向能源、机械制造、纺织服装、"三农"和优势企业倾斜。

三、人民币贷款短期私营企业及个体贷款余额0.13亿元，增加0.11亿元；短期农业贷款余额11.68亿元，增加1.72亿元。

四、不良贷款余额4.90亿元，同比减少2.70亿元，不良

汶上县主要经济金融指标

经济指标	2007	2008	经济指标	2007	2008
土地面积（平方公里）	877	877	地方财政支出（亿元）	6.19	7.15
人口（万人）	75.79	75.90	全社会固定资产投资（亿元）	38.52	50.86
非农业人口（万人）	9.88	9.92	固定资产投资增速（%）	69.40	32.00

续表

经济指标	2007	2008	经济指标	2007	2008
地区生产总值（亿元）	90.06	112.71	进出口总值（万美元）	2736	3879
地区生产总值年增速（%）	17.60	14.50	出口总值（万美元）	2565	3621
第一产业（亿元）	17.78	22.21	实际利用外资（万美元）	746	1325
第二产业（亿元）	46.05	58.95	社会消费品零售总额（亿元）	28.68	36.23
第三产业（亿元）	26.23	31.55	居民消费价格指数（%）	—	—
财政总收入（亿元）	6.40	9.41	人均地区生产总值（元）	12013	14861
地方财政收入（亿元）	2.71	3.60	城镇居民可支配收入（元）	9560	11605
财政总支出（亿元）	7.13	8.36	农民人均现金收入（元）	4852	5474
金融指标（亿元）	2007	2008	金融指标（亿元）	2007	2008
人民币存款余额	49.04	60.96	财险收入	0.18	0.28
企业存款	4.82	9.37	寿险收入	1.16	1.68
储蓄存款	38.01	46.31	财险赔款	0.12	0.20
人民币贷款余额	21.24	22.94	寿险给付	0.26	0.44
短期贷款	17.44	18.83	证券市场交易总额	—	—
中长期贷款	3.24	2.45	投资者保证金余额	—	—
票据融资	0.56	1.65	证券交易佣金收入	—	—

汶上县主要金融机构负责人

单位名称	行长（或其他称谓的第一负责人）	副行长（或其他称谓的同级领导）
人行汶上县支行	丁振江	马广成　刘素萍　徐保祥
农发行汶上县支行	颜景兰	胡兆海　颜　军
工行汶上支行	孟　彬	李继顺　孙新建
农行汶上县支行	张运忠	仲　波　周　斌　赵恩华
中行汶上支行	孔德勇	吴　镝
建行汶上支行	满　枫	高恩锋　孙长江　栾　明　翟庆宝
汶上县农信联社	翟广友	王成峰　姜善莲　张明路　袁守波
邮储银行汶上县支行	邓连伟	张洪龙

汶上县主要金融机构业务概况

单位：亿元

单位名称	人民币存款余额	企业存款	储蓄存款	人民币贷款余额	短期贷款	中长期贷款
农发行汶上县支行	0.05	0.04	—	2.25	2.25	—

续表

单位名称	人民币存款余额	企业存款	储蓄存款	人民币贷款余额	短期贷款	中长期贷款
工行汶上支行	6.92	1.75	3.28	2.12	0.64	1.48
农行汶上县支行	16.81	4.64	11.81	1.16	0.60	0.30
中行汶上支行	4.48	1.52	2.12	0.53	0.29	0.23
建行汶上支行	2.72	0.99	1.27	0.65	0.33	0.32
汶上县农信联社	23.51	0.05	22.36	15.96	14.45	0.12
邮储银行汶上县支行	5.86	0.38	5.47	0.26	0.26	--

贷款占比21.59%，下降14.28个百分点。

【金融发展与改革】 2008年，人行汶上县支行充分履行央行职能，推动辖区金融发展与改革。一是商行股份制改革进一步深入，各项内控制度更加完善；二是农信社改革成效显著，法人治理结构逐步完善，盈利能力明显增强。

【金融服务与监管】 2008年，人行汶上县支行以科学发展观统领全局，较好地实现了落实宏观调控措施与促进经济发展的协调统一，确保了金融业的稳健运营。一是灵活运用货币政策工具，引导金融机构调整和优化信贷结构；二是加大对农信社法人治理结构、资本充足率、不良贷款清收等指标的监测考核，推动农信社各项业务的健康发展；三是加强对货币政策执行情况和县域经济金融运行新情况的调研分析；四是对金融机构的业务进行全面检查，提高金融运行质量。

梁山县

【经济金融简况】 2008年，梁山县持续开展“学苏北精神、促梁山跨越”活动，国民经济平稳较快增长。

该县各金融机构认真贯彻国家宏观调控政策，积极调整信贷结构，努力提高经营效益，金融运行平稳有序。截至年末，全县金融机构不良贷款余额4.77亿元，同比减少4.66亿元，不良贷款占比22.58%，下降19.27个百分点。

【金融发展与改革】 2008年，人行梁山县支行一是运用再贷款、再贴现、利率定价等手段，促进信贷合理增长；二

梁山县主要经济金融指标

经济指标	2007	2008	经济指标	2007	2008
土地面积（平方公里）	962.70	962.70	地方财政支出（亿元）	6.32	7.84
人口（万人）	74.07	74.31	全社会固定资产投资（亿元）	36.15	46.85
非农业人口（万人）	11.18	11.72	固定资产投资增速（%）	30.60	29.60
地区生产总值（亿元）	93.13	118.34	进出口总值（万美元）	998	1311
地区生产总值年增速（%）	17.50	14.50	出口总值（万美元）	967	1237
第一产业（亿元）	19.04	24.84	实际利用外资（万美元）	498	516
第二产业（亿元）	50.22	63.86	社会消费品零售总额（亿元）	27.24	34.40
第三产业（亿元）	23.88	29.64	居民消费价格指数（%）	103.45	105.26
财政总收入（亿元）	3.50	4.62	人均地区生产总值（元）	12622	15951
地方财政收入（亿元）	1.83	2.15	城镇居民可支配收入（元）	8282	10304

续表

经济指标	2007	2008	经济指标	2007	2008
财政总支出（亿元）	6.70	9.46	农民人均现金收入（元）	4681	5307
金融指标（亿元）	**2007**	**2008**	**金融指标（亿元）**	**2007**	**2008**
人民币存款余额	56.81	69.59	财险收入	0.34	0.48
企业存款	4.00	5.01	寿险收入	1.32	1.93
储蓄存款	46.51	58.00	财险赔款	0.21	0.29
人民币贷款余额	22.57	21.27	寿险给付	0.29	0.48
短期贷款	19.00	17.79	证券市场交易总额	—	—
中长期贷款	3.29	2.88	投资者保证金余额	—	—
票据融资	0.23	0.55	证券交易佣金收入	—	—

梁山县主要金融机构负责人

单位名称	行长（或其他称谓的第一负责人）	副行长（或其他称谓的同级领导）
人行梁山县支行	孔令柱	颜景轩　王建民　黄淑娟
银监会梁山县办事处	魏红霞	
农发行梁山县支行	马习广	刘宏伟
工行梁山支行	张延文	孟昭贤　裴洪涛
农行梁山县支行	董　涛	高贤军　张志磊
中行梁山分理处	王瑞昌	赵永银
建行梁山支行	王　伟	李同新
梁山县农信联社	孙启勇	张志同　刘永清　袁守波
邮储银行梁山县支行	孔祥前	刘朝辉

梁山县主要金融机构业务概况

单位：亿元

单位名称	人民币存款余额	企业存款	储蓄存款	人民币贷款余额	短期贷款	中长期贷款
农发行梁山县支行	0.13	0.09	—	2.25	2.24	0.01
工行梁山支行	17.15	2.19	12.72	4.23	1.86	2.37
农行梁山县支行	16.28	1.06	13.71	0.63	0.57	0.06
中行梁山分理处	3.82	0.68	1.77	0.43	0.14	0.29
建行梁山支行	4.07	0.62	2.58	0.14	0.01	0.08
梁山县农信联社	20.82	0.03	20.45	13.43	12.80	0.08
邮储银行梁山县支行	7.12	0.34	6.78	0.16	0.16	—

是通过优化金融生态环境、疏通货币政策传导渠道、评选信用乡镇等措施,促进金融业持续健康发展;三是农信社改革取得明显成效,盈利能力大幅提高。

【金融服务与监管】 2008年,人行梁山县支行建立了金融服务深化机制,加强支付清算、外汇管理、经理国库等基础业务建设,努力提高服务水平。

银监会梁山县办事处按照"管法人、管机构、管内控"的指导思想,以防范风险、促进稳健经营为目标,认真做好各项监管工作,确保金融业高效、稳健运行。

(张 俊 高 雷 郭晓娟)

临 沂 市

【经济金融简况】 2008年,临沂市以科学发展观统领全局,国民经济保持良好运行态势。该市金融机构认真贯彻国家一系列宏观调控政策,在保持信贷增长的同时,进一步优化信贷结构,金融运行质量不断提高。

一、存款持续较快增长。其中,储蓄存款对全部存款增长的贡献度达87.05%,高于上年同期11.5个百分点,利率调整政策效果明显。

二、在宏观调控政策密集出台的情况下,全市金融机构坚持区别对待、有保有压的信贷政策,保持了信贷投放较快增长。特别是11月份以来贷款新增22.2亿元,为历史同期贷款增量最高年份,央行适度宽松的货币政策效果显现。

三、贷款投向合理、结构优化。一是中长期贷款加速增长,加大了对重点行业、客户和项目的金融支持;二是农业、商业贷款投放保持较快增长,有力地支持了新农村建设和现代农业发展;三是县域贷款投放明显增加,年末余额达到405.3亿元,较年初增加22.8亿元,较好地支持了县域经济平稳较快发展;四是个人消费信贷加速增长,较好推动了汽车、房地产消费和相关产业发展,与国家"调结构、保增长、扩内需"的政策意图相吻合。

四、金融业社会贡献度不断提高。全年累计向1.24万人发放助学贷款7630万元,年末余额达1.41亿元;向329名下岗失业人员发放贷款1116万元,年末余额1103万元。

【货币政策实施】 2008年,人行临沂市中支全力推进金融生态环境建设,积极维护辖区金融稳定。

一、创新工作机制,继续推动辖区金融生态环境优化。一是建议市委、市政府出台了《关于进一步加强金融生态环境建设的意见》(临发〔2008〕28号),提出了加强担保体系建设、落实中小企业成长计划、实施困难企业救助等具体措施;二是协助市政府完善金融生态环境建设考核评价体系,将其纳入县区政府以及有关部门工作目标考核;三是本着"分类推进、注重实效"的原则,分别召开了百户重点项目促进会、百项重点技改项目对接会和济南青岛银企合作答谢会;四是制定了《金融机构征信管理工作考核办法》,在政府门户网站开辟征信专栏,督导农信社和评级机构开展联合评级工作;五是做好重点企业集团风险监测和分析工作,加强对法人金融机构存款准备金管理和流动性监测。

二、加强窗口指导。该中支先后20多次召开金融形势分析会、信贷政策通报会、约见商业银行高级管理人员谈话等,引导金融机构正确领会、贯彻国家宏观调控政策,着力优化信贷结构,保持信贷投入平稳较快增长。

三、重点加大对中小企业扶持力度。一是制定下发了《关于进一步做好中小企业金融服务工作的意见》,指导金融机构做好对有市场、有效益、有信用中小企业的金融服务;二是推动金融机构进行业务创新,开办动产抵押、应收账款质押等业务;三是组织举办百户中小企业财务知识培训班,提高其财务管理和融资运营能力;四是针对部分企业经营困难的现实问题,指导临商银行实施中小企业救助计划。

四、继续加大对"三农"的金融服务力度。一是引导涉农金融机构加强对"三农"信贷支持,推进农业结构调整和农民增收;二是建立对临沭、沂水等地新型农村金融改革试点单位定期监测制度,积极推广农行发展小额农贷经验,构建多层次支农金融服务体系。

【金融监管】 2008年,临沂银监分局以促进银行业科学发展为目标,强化风险监管,深化改革创新,提升监管执行力,地方法人机构资本充足率持续达到监管要求,较好地完成了各项监管指标。该局一是积极协调地方政府和有关部门,加大贷款核销力度,不良贷款整体实现"双降";二是深化和巩固案件治理成果,全辖银行业机构继续保持了全年零发案的良好态势;三是加强对票据和流动性风险的监管,督促指导3家联社进行压力测试,督促临商银行将存贷比例降至71.46%。

【外汇管理】 2008年,外管局临沂市中心支局不断改进外汇管理服务,积极推动全市贸易进出口均衡发展,维护了

临沂市经济主要统计指标

指标 \ 年度	2004	2005	2006	2007	2008	2008年同比增幅（%）
土地面积（平方公里）	17184.10	17184.10	17184.10	17184.10	17184.10	0
人口（万人）	1015.04	1018.63	1022.73	1027.50	1034.50	0.68
非农业人口（万人）	250.53	200.47	--	--	--	--
地区生产总值（亿元）	1012.04	1211.78	1404.86	1660.50	1958.20	13.20
第一产业（亿元）	147.04	163.43	178.65	206.60	235.90	3.70
第二产业（亿元）	531.40	632.96	730.83	847.30	1001.37	13.80
工业（亿元）	437.40	542.59	633.20	733.70	880.01	14.30
建筑业（亿元）	94.00	90.37	97.63	113.57	121.69	10.30
第三产业（亿元）	333.60	415.39	495.38	606.64	720.60	15.30
人均地区生产总值（元）	9970.44	11917	14400	16962	19951	12.80
地区生产总值构成（%）	100	100	100	100	100	--
第一产业（%）	14.50	13.49	12.70	12.40	12	-0.40
第二产业（%）	52.50	52.23	52	51	51.20	0.20
第三产业（%）	33.00	34.28	35.30	36.60	36.80	0.20
财政总收入（亿元）	69.19	90.15	--	--	--	--
地方财政收入（亿元）	37.58	49.11	58.27	68.75	80.20	16.70
财政总支出（亿元）	--	--	--	--	--	--
地方财政支出（亿元）	67.52	82.26	99.17	128.08	152.40	19.90
全社会固定资产投资（亿元）	503.85	703.37	--	--	--	--
规模以上固定资产投资（亿元）	311.12	580.91	530.20	697.10	897.50	26.10
规模以下固定资产投资（亿元）	192.73	122.46	--	--	--	--
房地产开发（亿元）	40.30	36.38	50.03	67.10	119	77.40
进出口总值（亿美元）	15.82	17.97	22.79	31.40	39.90	27
出口总值（亿美元）	11.29	12.77	16.78	22.40	26.30	17.10
实际利用外资（亿美元）	4.86	3.62	3.35	4.30	3.03	-27.80
社会消费品零售总额（亿元）	309.90	476.57	554.71	660.80	816.90	23.60
居民消费价格指数（%）	104.80	101.70	101.30	103.40	104.40	1.00
城市居民人均可支配收入（元）	8079	9129	10772	14565	14998	17.00
农民人均现金收入（元）	3158	3601	4083	4722	5383	14.00

临沂市工农业主要统计指标

农业主要统计指标（万吨）				规模以上工业企业主要统计指标（亿元）			
项目 \ 年度	2007年	2008年	增幅（%）	项目 \ 年度	2007年	2008年	增幅（%）
粮食	412.90	432.40	4.70	工业增加值	653.70	884.20	16.50
夏粮	171.80	191.80	11.60	国有工业	82.55	94.40	14.10
秋粮	241.10	240.60	-0.20	集体工业	12.03	12.70	5.10
棉花	1.34	1.25	-6.70	股份制工业	347.70	469.20	13.10
油料	74.40	79.50	6.90	股份合作制工业	2.17	5.80	71.30
水果	173.40	178.80	3.10	外商及港澳台投资工业	116.41	154	13.90
蔬菜	592.40	592.90	0.10	轻工业	261.30	351.60	21.10
肉类	62.70	64.80	3.30	重工业	392.40	532.60	13.40
禽蛋	27.10	28.10	3.70	销售收入	2419.50	3127.90	31.50
奶类	9.40	10.90	15.90	利税	216.70	260.60	22
水产品	11.60	11.60	--	利润	140.10	168.60	22.40
森林覆盖率（%）	28.20	28.51	1.10	经济效益综合指数（%）	--	--	--

临沂市主要金融机构负责人

单位名称	行长（或其他称谓的第一负责人）	副行长（或其他称谓的同级领导）
人行临沂市中心支行	祖洪涛	林　飞　许　波　郭元华　王均涛　朱传辰　惠广诚
银监会临沂监管分局	王安水	朱　杰　陈大章　公冶颂
农发行临沂市分行	陈彦亮	徐振云　薛迎余　郭　莹
工行临沂分行	张卫民	杨振广　薛　兆　蒋洪深　孙光辉　刘树伟
农行临沂市分行	钱　进	王东升　厉启征　李全成　宋秀峰　潘兆华　张常晟　张水森
中行临沂分行	赵　勇	殷召建　邢　斌　葛庆亮　吕兰涛
建行临沂分行	肖邦强	邢业久　张全刚　管春阳　郭　骁　艾胜利　李长车　田福兴
临商银行	王傢玉（董事长） 赵　强（行长） 刘　超（监事长）	庄　依　卢兆兵　孙瑞英
农信社临沂市办事处	李金国	徐广礼　庄　涛　马德勤
邮储银行临沂市分行	张贵华	吕　军
临沂市保险行业协会	赵法然（秘书长）	
齐鲁证券有限公司临沂分公司	刘敬斌	张学林

续表

单位名称	行长（或其他称谓的第一负责人）	副行长（或其他称谓的同级领导）
国泰君安证券有限公司临沂分公司	刘 涛	
中信万通证券有限公司临沂分公司	宋春辉	

临沂市金融业务统计指标

指标（亿元） \ 年度		2004	2005	2006	2007	2008	2008年同比增幅（%）
银行类	本外币存款余额	790.47	915.39	1023.82	1159.34	1411.34	21.74
	人民币存款余额	784.10	909.99	1014.62	1156.13	1407.84	21.77
	企业存款	129.76	130.03	137.19	164.78	184.77	12.13
	储蓄存款	500.67	586.08	671.07	778.04	997.16	28.16
	定期储蓄存款	336.52	387.65	425.50	495.83	640.76	29.23
	活期储蓄存款	164.15	198.43	245.58	282.22	356.40	26.28
	本外币贷款余额	612.50	686.84	827.78	958.18	1051.58	9.75
	人民币贷款余额	600.09	684.27	813.91	946.80	1041.50	10.00
	短期贷款	445.36	494.06	586.83	670.78	704.09	4.97
	工业贷款	91.60	98.30	146.71	185.02	177.21	-4.22
	商业贷款	53.40	61.03	63.54	59.17	57.50	-2.82
	农业贷款	164.69	190.60	231.34	275.42	297.26	7.93
	中长期贷款	109.53	157.66	205.09	249.19	290.29	16.49
	基本建设贷款	44.82	59.90	71.92	87.16	102.98	18.15
	技术改造贷款	1.73	2.21	1.03	--	--	--
	票据融资	33.01	31.25	20.48	25.15	44.76	77.97
	现金收入	4400.70	5012.63	5231.51	5492.99	5726	4.24
	现金支出	4294.65	4889.54	5117.47	5358.55	5552.06	3.61
	现金投放（+）回笼（-）	-106.05	-123.09	-114.03	-134.43	-173.94	29.39
	当年结益	5.60	13.23	14.17	19.81	16.95	-14.44
保险类	保险公司保费收入	22.27	24.64	27.83	32.95	44.59	35.10
	财险收入	5.68	6.52	7.86	10.37	12.19	16.91
	寿险收入	16.59	18.12	19.97	22.58	32.40	43.50
	保险公司赔款和给付支出	4.73	5.12	8.38	14.14	14.12	-0.16
	财险赔款	3.23	3.65	4.55	5.06	6.66	31.56
	寿险给付	1.50	1.47	3.83	9.08	7.46	-17.86
	当年结益	--	--	--	--	--	--

续表

指标（亿元） \ 年度		2004	2005	2006	2007	2008	2008 年同比增幅（%）
证券类	证券市场成交总额	52.67	42.89	133.59	1048.03	827.50	-21
	投资者保证金余额	0.63	0.58	1.43	5.37	3.75	-30
	佣金收入	0.12	0.10	0.28	2.42	1.72	-28.9
	净利润	—	0.01	0.13	1.30	0.97	-25.5

临沂市金融机构统计指标

指标（个） \ 年度		2004	2005	2006	2007	2008	2008 年同比增幅（%）
银行类	法人机构	13	13	13	13	13	—
	省级分行	—	—	—	—	1	100
	二级分行	7	7	7	7	7	—
	县区支行	173	176	321	185	167	-9.70
	分理处、营业所	350	328	430	419	399	-4.80
	储蓄所	506	482	335	323	624	93
	从业人员总数	14712	14080	14112	14438	15089	4.50
保险类	保险机构	62	95	114	160	245	53.12
	财险机构	25	41	53	83	114	37.35
	省级分公司	0	0	0	0	0	0
	地市分公司	4	8	9	11	16	45.45
	县区支公司	21	33	44	72	98	36.11
	寿险机构	37	54	61	77	131	70.12
	省级分公司	0	0	0	0	0	0
	地市分公司	5	7	9	9	18	100
	县区支公司	32	47	52	68	113	66.17
	从业人员总数	7600	11000	15000	20554	30278	47.30
	财险人员	1500	2000	3200	4120	5659	37.35
	寿险人员	6100	9000	11800	16434	24620	49.81
证券类	证券机构	3	3	3	3	3	—
	证券公司	—	—	—	—	—	—
	证券营业部	3	3	3	3	3	—
	证券服务部	3	3	3	3	3	—
	从业人员总数	36	35	35	54	59	9.26

续表

指标（个） \ 年度		2004	2005	2006	2007	2008	2008 年同比增幅（%）
证券类	投资者开户	3020	4006	5999	60157	24150	59.85
	境内上市股票只数	—	—	—	—	—	—
	境外上市股票只数	—	2	4	3	3	—
	辖区上市公司总数	—	2	4	3	3	—

临沂市主要金融机构业务概况

单位：亿元

单位名称	本外币存款余额	企业存款	储蓄存款	本外币贷款余额	短期贷款	中长期贷款
农发行临沂市分行	4.91	4.54	—	34.43	27.02	7.41
工行临沂分行	167.03	34.65	90.91	182.98	72.17	108.62
农行临沂市分行	261.72	49.11	178.76	132.58	94.13	31.56
中行临沂分行	77.59	19.60	40.49	78.71	38.13	37.93
建行临沂分行	117.54	30.39	61.67	118.98	30.78	83.36
临商银行	147.62	41.89	74.48	106.20	93.23	2.09
农信社临沂市办事处	505	4.04	452	392.77	347.92	19.20
邮储银行临沂市分行	102.81	2.08	100.62	4.92	4.80	0.12

临沂市各县级区域经济金融主要统计指标

名称	人口（万人）	面积（平方公里）	地区生产总值（亿元）	地区生产总值增速（%）	本外币存款余额（亿元）	储蓄存款（亿元）	本外币贷款余额（亿元）
兰山区	91.58	650.37	358.60	16.00	527.99	312.06	456.60
罗庄区	43.08	370.63	174.30	16.20	112.74	67.81	127.38
河东区	63.05	727.63	87.00	15.70	86.33	67.11	61.22
郯城县	100.03	1306.58	169.40	15.30	69.03	60.06	39.12
苍山县	120.72	1800	168.30	15.70	79.81	63.22	40.50
莒南县	99.78	1752	152.50	15.60	92.96	77.95	48.59
沂水县	111.52	2434.80	194.20	15.90	116.85	92.07	58.52
蒙阴县	53.53	1601.60	105.20	15.20	48.98	40.06	27.78
平邑县	99.68	1824.79	148.60	15.30	69.35	53.33	40.75
费　县	94.61	1903.75	168.20	15.90	69.21	57.71	70.24

续表

名称	人口（万人）	面积（平方公里）	地区生产总值（亿元）	地区生产总值增速（%）	本外币存款余额（亿元）	储蓄存款（亿元）	本外币贷款余额（亿元）
沂南县	91.86	1774.08	115.30	16.40	75.12	62.70	33.30
临沭县	64.45	1038.01	117.16	15.6	62.93	44.81	47.57

外汇市场的稳定运行。一是制定了《关于进一步改进外汇管理支持临沂市涉外经济又好又快发展的指导意见》；二是实施出口退税无纸化操作和进口付汇管理改革措施，取消了省内异地进口付汇备案手续；三是成功推广"直接投资外汇业务系统"，高质量完成430家外商投资企业的基础数据采集和导入工作；四是顺利实施出口收结汇联网核查和贸易信贷登记管理，积极为涉外企业开辟"绿色通道"；五是加大外汇检查力度，立案查处外汇违法案件5起，罚款24万元，维护了良好的外汇秩序。

【金融改革】　2008年，人行临沂市中支和临沂银监分局密切配合，积极推进银行机构改革，改善金融服务，取得了新进展、新突破。

一、稳步推进银行业金融机构改革。一是顺利组建山东沂水县姚店子镇聚福源农村资金互助社、苍山县荣庆小额贷款股份有限公司；二是指导临沂市商行更名为"临商银行"，批准其设立了莒南县支行、宁波分行；三是邮储银行临沂分行顺利开业；四是农行股改工作稳步开展；五是民生银行临沂支行的筹建工作进展顺利；六是农村合作金融机构银行化改革有序推进。

二、推动银行业完善小企业贷款"六项机制"建设。一是联合临沂市财政局共同制订了《临沂市中小企业信用担保机构风险补偿资金管理暂行办法》，推动小企业信用担保体系建设；二是指导临商银行全面推广小企业贷款定价系统，该行新增小企业贷款占比达81%；三是指导涉农金融机构加大"三农"信贷支持力度，邮储小额贷款累放及结余均列全省第一位。

【保险业务】　2008年，临沂市保险业务稳定健康发展。截至年末，全市保险深度为2.3%，保险密度为434元/人，保费规模居山东省第4位（不含青岛）；目前商业保险共为全市承担各类风险责任金额逾4000亿元。

【证券市场】　2008年，临沂市企业上市工作取得新成效，华澳钢铁、新光亚洲、益康国际等3家公司分别在澳大利亚、德国和英国上市，融资8.60亿元人民币，走在全省前列。截至年末，全市有3家证券公司在临沂设立营业部，分别是齐鲁（原天同）、国泰君安和中信万通证券临沂营业部。

【精神文明建设】　2008年，临沂市各金融机构广泛开展了形式多样的精神文明创建活动，取得较好成果。

一、人行临沂中支先后被临沂市委、市政府授予"振兴沂蒙劳动奖"、"行风建设"、"平安临沂建设"、"外经贸工作"、"统计工作"、"百万农户致富工程"、"招商引资工作服务"、"廉政文化进机关活动"、"保密工作"先进单位。临沂银监分局先后被银监会授予"模范职工之家"、被省局授予"学习型组织标兵单位"、"小企业金融服务先进单位"称号，被临沂市委、市政府授予"市直文明单位"、"群众满意机关建设先进单位"等荣誉称号。

二、农发行临沂分行被临沂市委、市政府授予"平安临沂建设"先进单位荣誉称号；工行临沂分行团委被工总行授予"五四"红旗团委；农行被省文明委授予"省级文明单位"荣誉称号，被省银监局授予"良好银行"，成为全市唯一一家连续两年受此殊荣的金融机构；建行兰山支行银雀山路储蓄所被市政府授予"振兴沂蒙劳动奖状"，市北支行营业室被授予省级"巾帼文明岗"称号，罗庄支行张艳红被省妇联和省建行联合表彰为"巾帼建功十大标兵"和"三八红旗手"荣誉称号，沂蒙路支行陈晓红被授予"巾帼建功先进个人"荣誉称号。

三、临商银行先后荣获了"全国小企业金融服务先进单位"、"全国支持中小企业发展十佳商业银行"、"全国银联卡创新业务及服务推广奖"、"全国内部审计先进单位"、"全国企业文化建设先进单位"、"全省银联卡受理市场拓展最佳成长奖"、"全省银行业信息工作先进单位"、"山东省银行业文明规范服务系列活动宣传奖"等50多个荣誉称号。

四、农信社临沂办事处被省国资委授予"省管企业文明单位"，被省联社授予"先进单位"、"五个好基层党组织"，被临沂市委、市政府授予 "全市金融工作"、"行风建设"、"服务民营经济"、"百万农户致富工程"、"全市千村帮扶工程"、"社会治安综合治理"、"平安临沂建设"先进单位等荣誉称号。兰山农合行先后被兰山区委、区政府授予"富民强区"特别贡献奖，被省银监局评为"良好银行"，被省质监局评为"服务名牌"，被中华妇女联合会评为"全国三八红旗集体"。

五、人保财险临沂分公司被省消协评为"山东省消费者满意单位"、被市委、市政府评为2008年度"文明单位"；人寿临沂分公司被省工商局评为"重合同守信用单位"、被省消协评为第七届“消费者满意单位”、被市委、市政府评为2008年度“文明单位”和“全市支援四川抗震救灾突出贡献奖”、1人获“先进个人”称号，人寿河东区支公司获全国总工会“模范职工之家”称号。

【金融大事记】 1月29日 人总行党委委员、副行长刘士余一行7人在人行济南分行党委书记、行长杨子强陪同下，到蒙阴县支行看望慰问困难职工。临沂市委副书记、市长张少军，中支党委书记、行长张光森等陪同参加。

2月18日 临沂市商行在临沂人民会堂举办10周年庆典大会与成果展。

3月8日 兰山农合行被中华全国妇女联合会授予全国“三八红旗集体”荣誉称号。

3月14日 农发行临沂市分行发放全省系统首个农业生态环境建设中长期贷款项目4000万元。

3月20日~23日 工行山东省分行与临矿集团举行全面合作签字仪式，沈荣勤行长出席仪式并开展了调研活动。

4月18日 农发行临沂市分行发放全市首笔信息网建设项目贷款2600万元，支持县有线广播电视村村通工程。

4月23日 邮储银行临沂市分行挂牌成立。省分行行长韩广岳，省邮政公司副总经理杜永模，临沂市委副书记、市长张少军，市政协副主席仇景阳出席揭牌仪式。

4月24日 建行临沂分行举行中小企业金融服务中心开业庆典仪式，省分行党委书记、行长彭洪明等领导共计200余人出席了庆典仪式。

4月 费县联社被省精神文明建设委员会授予“文明单位”称号。

5月10日 临沂市商行莒南支行开业。

5月12日 人行临沂市中支累计向汶川地震灾区捐款30多万元，交纳“特殊党费”13.8万元。

5月20日 工总行授予工行临沂分行“五四红旗团委”称号。

6月6日 邮储银行莒南、郯城、蒙阴等县及城郊支行开办小额信贷业务试点。

6月10日 临沂市政府在临沂市电视台演播大厅举办“弘扬沂蒙精神，创建文明城市”知识竞赛。建行临沂分行代表队获团体第一名，并获得最佳组织奖。

6月11日 人行临沂市中支配合人行济南分行和临沂市政府举办“山东省金融支持中小企业发展座谈会暨临沂市第六届银企合作推进会”。

6月25日 临沂银监分局批准邮储银行临沂市分行108家二级支行开业。至此，该行分支机构组建完毕。

7月1日 人行临沂市中支举行新办公楼启用仪式。临沂市委市政府、市直部门及金融机构等单位负责人参加了启用仪式。市委常委、常务副市长杜德昌等领导出席并为新办公楼启用剪彩。

7月9日 人行临沂市中支和网通临沂分公司举行《非银行信息采集合作协议》签约仪式，成为全省第一个开展网通缴费信息采集工作的中支。

7月31日 工行临沂分行个人贷款突破50亿元。

7月 农信社临沂办事处，沂南、莒南、苍山联社监察保卫科被市公安局荣记集体二等功。

8月8日 农发总行批准农发行临沂市分行自办国际业务。

8月21日 工行山东省分行与临沂市重点客户企业年金受托合同签字仪式举行，省工行行长沈荣勤，临沂市委书记连承敏出席。

8月22日 邮储银行临沂分行小额贷款业务贷款结余突破1亿元，全省排首位，位居全国前列。

9月5日 工总行行长杨凯生到沂蒙革命老区调研，临沂市委书记连承敏、市长张少军陪同调研。

9月28日 银监会批准临沂市商行筹建宁波分行。

11月13日 央视二套“直播华尔街风暴”节目报道农行临沂分行破解小企业融资难新举措。

11月20日 兰山农合行夺取临沂市金融机构反洗钱知识竞赛夺团体第一名。

11月22日 经银监会批准，临沂市商行举行更名揭牌庆典，正式更名为“临商银行”。

12月5日~6日 中行山东省分行党委书记、行长何兴祥到临沂调研，临沂市委书记、市人大常委会主任连承敏、市长张少军陪同到部分企业调研。

12月12日 人行临沂市中支组织召开银企座谈会。临沂市委书记连承敏，市政府副市长慕增利，市政协副主席仇景阳等市领导出席了会议。

12月15日 邮储银行临沂分行绿卡通业务正式上线。

12月16日 临沂市政府与农行山东省分行签署银政战略合作协议。

12月22日 人行郯城县支行被授予系统“2005-2008年度先进集体”称号，成为全省唯一获此殊荣的县支行。

12月25日 临商银行宁波分行正式对外挂牌开业，这标志着临商银行由地方性银行转变为跨区域性股份制商行。

（翁洪服 李志芳）

郯城县

【经济金融简况】 2008年，郯城县经济平稳协调发展，各金融机构积极拓展业务范围，大力提高金融服务水平，取得了较好的经济和社会效益。

【金融发展与改革】 2008年，人行郯城县支行积极传

郯城县主要经济金融指标

经济指标	2007	2008	经济指标	2007	2008
土地面积（平方公里）	1306.58	1306.58	地方财政支出（亿元）	8.92	9.93
人口（万人）	99.24	100.03	全社会固定资产投资（亿元）	47.68	58.20
非农业人口（万人）	6.03	6.86	固定资产投资增速（%）	25.40	26.10
地区生产总值（亿元）	144.42	169.40	进出口总值（万美元）	10362	12887
地区生产总值年增速（%）	18.50	15.30	出口总值（万美元）	6592	5788
第一产业（亿元）	20.16	20.80	实际利用外资（万美元）	773	1016
第二产业（亿元）	72.12	85.70	社会消费品零售总额（亿元）	50.10	61.80
第三产业（亿元）	52.14	62.90	居民消费价格指数（%）	104	104.40
财政总收入（亿元）	7.40	7.61	人均地区生产总值（元）	14550	16935
地方财政收入（亿元）	4.01	4.33	城镇居民可支配收入（元）	10950	12600
财政总支出（亿元）	8.92	9.92	农民人均现金收入（元）	4787	5333
金融指标（亿元）	**2007**	**2008**	**金融指标（亿元）**	**2007**	**2008**
本外币存款余额	57.16	69.03	财险收入	0.62	0.75
企业存款	3.60	4.72	寿险收入	1.57	1.96
储蓄存款	49.55	60.06	财险赔款	0.32	0.41
本外币贷款余额	37.16	39.12	寿险给付	0.63	0.45
短期贷款	26.64	28.27	证券市场交易总额	--	--
中长期贷款	10.35	10.22	投资者保证金余额	--	--
票据融资	0.13	0.06	证券交易佣金收入	--	--

郯城县主要金融机构负责人

单位名称	行长（或其他称谓的第一负责人）	副行长（或其他称谓的同级领导）
人行郯城县支行	邓　强	谢玉军　朱文宝　鲁丽华
银监会郯城县办事处	董建平	
农发行郯城县支行	宋新功	吴立校　祝林峰
工行郯城支行	范学华	尹吉亮　陈振玲
农行郯城县支行	尤向勇	王　琦　陈建国　王义光
中行郯城支行	王恒者	刘德生
建行郯城支行	刘兆森	陈山民　郭江峰
郯城县农信联社	刘成军	侯家明　胡景学　刘晓光　贾月彩
邮储银行郯城县支行	胡延航	刘洪超

郯城县主要金融机构业务概况

单位：亿元

单位名称	本外币存款余额	企业存款	储蓄存款	本外币贷款余额	短期贷款	中长期贷款
农发行郯城县支行	0.12	0.11	--	1.22	0.72	0.50
工行郯城支行	8.13	0.92	5.75	5.24	1.82	3.42
农行郯城县支行	14.69	1.96	12.45	2.27	1.23	0.98
中行郯城支行	2.18	0.43	1.47	2.97	1.07	1.82
建行郯城支行	4.21	0.96	2.43	1.08	0.35	0.58
郯城县农信联社	31.58	0.26	30.08	25.71	22.75	2.92
邮储银行郯城县支行	7.95	0.08	7.87	0.33	0.33	--

导货币信贷政策，认真履行宏观调控职能，引导金融机构不断加大对地方经济的信贷支持力度，实现了金融与经济的协调发展。该行一是引导金融机构不断进行业务创新，大力开展中间业务，努力提高金融服务质量；二是准确把握关于农信社改革试点工作的指导思想和主要内容，加强中央银行票据兑付后续监测指标考核；三是努力健全金融体系，积极争取“临商银行”在郯城设立支行。

【金融服务与监管】 2008年，人行郯城县支行认真履行核心职责，打造服务型支行，先后荣获“2005-2008年人行先进集体”、分行级“央行文化先进单位”等荣誉称号。该行一是创新方式方法，引导金融机构加大对“三农”经济和县域经济发展的信贷投入，建立了“银企对口帮扶机制”，实施对中小企业的“一揽子金融服务”；二是注重实施中小企业培育计划，携手省内外专家名流共同打造高端交流平台“金融讲坛”；三是优化金融生态，通过举办“乡镇领导干部金融知识培训班”、组织“银企合作最佳诚信企业评选”和开展“征信知识进校园”等活动，增强了征信工作的渗透力；四是以监测调研为重点，认真履行人民币流通管理职能。

（于 雪）

苍山县

【经济金融简况】 2008年，苍山县经济运行质量和效益提高，城乡居民收入快速增长，社会各项事业全面发展。该县金融部门认真贯彻执行货币政策，加大对经济的支持力度，实现了经济、金融协调发展。截至年末，全县金融机构：

一、存款特点：一是储蓄存款快速增长，较年初增加11.69亿元，占各项存款增量的72.47%；二是存款增长不均

苍山县主要经济金融指标

经济指标	2007	2008	经济指标	2007	2008
土地面积（平方公里）	1800	1800	地方财政支出（亿元）	9.12	11.37
人口（万人）	119.40	120.72	全社会固定资产投资（亿元）	46.70	60.50
非农业人口（万人）	3.98	4.84	固定资产投资增速（%）	27.90	26
地区生产总值（亿元）	143.20	168.30	进出口总值（万美元）	6943	5516
地区生产总值年增速（%）	18.30	15.70	出口总值（万美元）	5158	4226
第一产业（亿元）	31.53	35.60	实际利用外资（万美元）	2019	2510
第二产业（亿元）	52.97	63.70	社会消费品零售总额（亿元）	50.30	65.40

续表

经济指标	2007	2008	经济指标	2007	2008
第三产业（亿元）	58.70	69.00	居民消费价格指数（%）	106	105
财政总收入（亿元）	9.14	11.58	人均地区生产总值（元）	13374	15744
地方财政收入（亿元）	2.63	3.07	城镇居民可支配收入（元）	11630	14120
财政总支出（亿元）	9.24	11.58	农民人均现金收入（元）	4636	5301
金融指标（亿元）	**2007**	**2008**	**金融指标（亿元）**	**2007**	**2008**
本外币存款余额	63.69	79.81	财险收入	0.61	0.83
企业存款	4.13	4.91	寿险收入	1.42	1.91
储蓄存款	51.52	63.22	财险赔款	0.29	0.45
本外币贷款余额	38.39	40.50	寿险给付	0.57	0.44
短期贷款	33.71	34.01	证券市场交易总额	—	—
中长期贷款	4.40	5.02	投资者保证金余额	—	—
票据融资	0.25	1.46	证券交易佣金收入	—	—

苍山县主要金融机构负责人

单位名称	行长（或其他称谓的第一负责人）	副行长（或其他称谓的同级领导）
人行苍山县支行	吕大军	姜良庆　邱善银　王秀礼
银监会苍山县办事处	薛维克	
农发行苍山县支行	宋　营	米发荣　曹恩伟
工行苍山支行	王鲁晋	吴立臣　藏　兵
农行苍山县支行	徐勤旭	相顶照　陈　勇　揭月浩
中行苍山支行	杨金波	王庆龙　马会玉
建行苍山支行	崔茂存	颜廷坤　谢平银
苍山县农信联社	孙百金（理事长） 王明政（主任）	王庆成　宋广辉　张振勇
邮储银行苍山县支行	黄瑞玲	郝成伟

苍山县主要金融机构业务概况

单位：亿元

单位名称	本外币存款余额	企业存款	储蓄存款	本外币贷款余额	短期贷款	中长期贷款
农发行苍山县支行	0.21	0.18	—	2.81	2.36	0.45
工行苍山支行	6.78	1.01	4.03	5.74	3.40	2.34

续表

单位名称	本外币存款余额	企业存款	储蓄存款	本外币贷款余额	短期贷款	中长期贷款
农行苍山县支行	15.96	1.86	11.78	3.34	3.11	0.15
中行苍山支行	2.80	0.65	1.51	0.41	0.03	0.38
建行苍山支行	4.04	0.50	1.98	1.48	0.20	1.28
苍山县农信联社	33.11	0.27	30.79	26.39	24.59	0.42
邮储银行苍山县支行	13.61	0.45	13.12	0.33	0.33	—

衡，主要集中在第一季度和第三季度，且行际间增减差别大；三是存款稳定性提高，新增定期储蓄存款占比70.06%，同比增加3.88个百分点。

二、贷款投向：一是加大对“三农”支持，新增农业贷款4.30亿元；二是支持居民消费升级换代，增加个人中长期消费贷款1.32亿元；三是拓展票据融资渠道，贴现贷款余额1.46亿元。

【金融发展与改革】 2008年，人行苍山县支行认真贯彻执行货币政策，做好信贷支持工作。一是加大窗口指导，促进辖区各金融机构增强金融服务功能，提高服务效率；二是积极配合县政府组织、调度、推介全县重点企业参加临沂市第6届银政企合作洽谈会。

苍山县农信联社在央行专项票据兑付后续考核中，内控管理及法人治理逐步规范，资本充足率稳步提高，不良贷款得到控制，经营财务状况好转。

【金融服务与监管】 2008年，人行苍山县支行，银监会苍山办事处服务与监管并重，促进金融机构健康发展。其措施：一是大力推进规范化、制度化建设，积极整合服务资源，努力创新金融服务手段，实现金融服务向“求专求精”转变；二是组织召开金融机构反洗钱工作会议，对查获的1100元假币进行鉴定，并出具了《假币真伪鉴定书》和《假币收入凭证》；三是大力开展以维护账户管理秩序和强化税款经收管理为内容的检查，强化外汇和征信业务监管，定期进行现场检查，有效改善了外汇结算和征信环境；四是对苍山县农信社支农再贷款、存款准备金、专项央行票据管理情况进行了现场检查，切实保障央行资金安全。

（陈　明）

莒南县

【经济金融简况】 2008年，莒南县经济平稳健康发展，金融运行质量明显提高。截至年末，全县金融机构：

一、各项存款大幅增加。一是储蓄存款增势强劲，创历年绝对量增加最高水平；二是企业存款快速回升，企业货币资金环境趋于改善。

二、信贷支农力度不断加大。其中，短期农业贷款余额25.60亿元，同比增加3.98亿元，增长18.40%。

莒南县主要经济金融指标

经济指标	2007	2008	经济指标	2007	2008
土地面积（平方公里）	1752	1752	地方财政支出（亿元）	7.55	8.22
人口（万人）	99.49	99.78	全社会固定资产投资（亿元）	49.82	63.88
非农业人口（万人）	7.92	9.36	固定资产投资增速（%）	25.80	28.20
地区生产总值（亿元）	134.23	152.50	进出口总值（万美元）	27224	35387
地区生产总值年增速（%）	18.30	15.60	出口总值（万美元）	25551	31541
第一产业（亿元）	21.91	27.20	实际利用外资（万美元）	2081	154
第二产业（亿元）	58.32	63.80	社会消费品零售总额（亿元）	50.34	61.10

续表

经济指标	2007	2008	经济指标	2007	2008
第三产业（亿元）	54	61.50	居民消费价格指数（%）	103.70	104.40
财政总收入（亿元）	5.80	5.84	人均地区生产总值（元）	16596	18952
地方财政收入（亿元）	3.44	3.38	城镇居民可支配收入（元）	9473	11852
财政总支出（亿元）	8.96	10.45	农民人均现金收入（元）	4632	5295
金融指标（亿元）	2007	2008	金融指标（亿元）	2007	2008
本外币存款余额	69.42	92.96	财险收入	0.60	0.67
企业存款	5.39	8.80	寿险收入	1.43	1.68
储蓄存款	59.07	77.95	财险赔款	0.29	0.36
本外币贷款余额	49.49	48.59	寿险给付	0.57	0.38
短期贷款	42.61	42.28	证券市场交易总额	--	--
中长期贷款	6.87	6.22	投资者保证金余额	--	--
票据融资	0	0.09	证券交易佣金收入	--	--

莒南县主要金融机构负责人

单位名称	行长（或其他称谓的第一负责人）	副行长（或其他称谓的同级领导）
人行莒南县支行	孙顺远	李　健　滕金伦
银监会莒南县办事处	许长端	
农发行莒南县支行	孙安源	王龙河　王其禄
工行莒南支行	孙　超	郑永志　吴　伟　孙晓燕　李庆军
农行莒南县支行	杜志新	王亚平　刘明京　赵进山　邱　华
中行莒南支行	刘成田	曹乾勇
建行莒南支行	曹卉源	孙启见　丁　剑　陈久飞　孙文江
临商银行莒南支行	陈京涛	王家堂
莒南县农信联社	毛克付（理事长） 曾昭银（主任）	陈庆楼（监事长） 卢立忠　刘洪军　李永森
邮储银行莒南县支行	王佃莉	张传红

莒南县主要金融机构业务概况

单位：亿元

单位名称	本外币存款余额	企业存款	储蓄存款	本外币贷款余额	短期贷款	中长期贷款
农发行莒南县支行	0.87	0.87	--	4.14	3.74	0.40
工行莒南支行	4.74	0.85	2.85	1.95	0.86	1.09

续表

单位名称	本外币存款余额	企业存款	储蓄存款	本外币贷款余额	短期贷款	中长期贷款
农行莒南县支行	15.15	3.38	11.62	3.73	2.94	0.70
中行莒南支行	3.40	1.16	2.15	0.77	0.11	0.66
建行莒南支行	5.96	1.45	2.86	4.29	2.86	1.43
临商银行莒南支行	1.23	0.79	0.40	0.32	0.32	—
莒南县农信联社	51.69	0.15	48.68	32.99	31.05	1.94
邮储银行莒南县支行	9.52	0.13	9.38	0.40	0.40	—

【金融发展与改革】 2008年，莒南县金融发展与改革取得新进展：一是国有商行股份制改革不断深化，工、中、建行新机制效能逐渐得到体现，农行股份制改革稳步推进，剥离不良贷款5.99亿元，信贷资产质量大幅提高；二是农信社法人治理、经营机制转换、内控机制建设得到进一步巩固和提高，资金实力显著增强；三是邮储、临商银行的支行在莒南挂牌成立。

【金融服务与监管】 2008年，人行莒南支行围绕履行核心职能，努力强化"窗口指导"。该行一是制订货币信贷指导意见，加大了对中小企业、服务业及弱势群体的扶持力度，增强对新农村建设的金融支持；二是加强系统性金融风险的监测与评估，维护辖区金融稳定；三是强化外汇管理与服务，支持涉外经济健康发展；四是切实加强征信、反洗钱、现金管理和账户管理，有效提高央行服务水平与监督职能；五是积极推动农村信用体系建设，进一步优化了农村金融生态环境。

（王建民）

沂水县

【经济金融简况】 2008年，沂水县经济持续健康发展，社会事业和人民生活水平显著提高，金融业运行平稳。

一、存款快速增长。本外币存款增加额创历史新高。其中，储蓄存款增势强劲，主要是县域居民投资渠道狭窄，加之股票、基金市场持续低迷，促使储蓄回流明显；企业存款增势

沂水县主要经济金融指标

经济指标	2007	2008	经济指标	2007	2008
土地面积（平方公里）	2434.80	2434.80	地方财政支出（亿元）	10.80	11.10
人口（万人）	111.19	111.52	全社会固定资产投资（亿元）	62.69	74.87
非农业人口（万人）	13.17	13.63	固定资产投资增速（%）	27.00	23.79
地区生产总值（亿元）	165.10	194.20	进出口总值（万美元）	30995	38821
地区生产总值年增速（%）	18.60	15.90	出口总值（万美元）	21044	26277
第一产业（亿元）	21.49	24.10	实际利用外资（万美元）	1613	3569.60
第二产业（亿元）	84.51	99.40	社会消费品零售总额（亿元）	53.50	64.47
第三产业（亿元）	59.10	70.70	居民消费价格指数（%）	104.20	104.10
财政总收入（亿元）	9.19	10.79	人均地区生产总值（元）	15626	17414
地方财政收入（亿元）	4.85	5.36	城镇居民可支配收入（元）	10965	12500
财政总支出（亿元）	11.49	13.90	农民人均现金收入（元）	4657	5308

续表

金融指标（亿元）	2007	2008	金融指标（亿元）	2007	2008
本外币存款余额	91.00	116.85	财险收入	0.58	0.79
企业存款	10.66	14.37	寿险收入	1.82	2.49
储蓄存款	73.28	92.07	财险赔款	0.27	0.42
本外币贷款余额	51.60	58.52	寿险给付	0.72	0.57
短期贷款	42.26	41.49	证券市场交易总额	--	--
中长期贷款	7.62	8.10	投资者保证金余额	--	--
票据融资	1.69	8.91	证券交易佣金收入	--	--

沂水县主要金融机构负责人

单位名称	行长（或其他称谓的第一负责人）	副行长（或其他称谓的同级领导）
人行沂水县支行	王　伟	石增谊　顾洪真　岳　嵩
银监会沂水县办事处	王成军	
农发行沂水县支行	石立新	高录峰　黄庆明
工行沂水支行	王清林	陈维福　张明厚　冯　泽　刘岩涛　马保平
农行沂水县支行	高　峰	王　梅　唐　明　杨本营　张文坤
中行沂水支行	栾树峰	李世明
建行沂水支行	宋保华	牟　雷　孙　鹏　李　东　刘吉学
临商银行沂水支行	王新军	王新生　孙胜洋　周宝祥
沂水县农信联社	戚建刚（理事长） 莫沂海（主任） 张家顺（监事长）	张乃周　张　峰　刘桂华
邮储银行沂水县支行	王永勋	田晓东

沂水县主要金融机构业务概况

单位：亿元

单位名称	本外币存款余额	企业存款	储蓄存款	本外币贷款余额	短期贷款	中长期贷款
农发行沂水县支行	0.44	0.44	--	2.59	2.09	0.50
工行沂水支行	9.42	2.77	4.94	5.23	2.49	2.74
农行沂水县支行	25.05	5.19	19.11	2.89	2.43	0.37
中行沂水支行	7.85	2.68	4.48	3.40	1.76	1.62
建行沂水支行	5.06	1.37	1.85	2.34	1.16	1.16
临商银行沂水支行	2.48	0.92	0.62	0.89	0.88	0.01

续表

单位名称	本外币存款余额	企业存款	储蓄存款	本外币贷款余额	短期贷款	中长期贷款
沂水县农信联社	51.22	0.35	48.65	40.66	30.16	1.70
邮储银行沂水县支行	13.14	0.65	12.42	0.52	0.52	--

稳健，企业流动性资金充足。

二、短期贷款余额减少，主要是受农行剥离和金融机构核销贷款的影响（其中剥离5.05亿元、核销0.80亿元）。

【金融发展与改革】 2008年，沂水县金融机构从容应对金融危机的挑战，金融改革稳步推进。一是农行股份制改革取得初步成效，试办了农户小额贷款业务；二是农信社适应市场需要，成立了中小企业贷款服务中心；三是邮储银行沂水县支行于5月7日挂牌成立；四是农村资金互助社健康发展，目前股本金53.7万元，入社社员48人，累计发放支农贷款33笔、金额223万元。

【金融服务与监管】 2008年，人行沂水县支行引导金融机构创新工作方式，改进金融服务，促使沂水县信用总量增加21.44亿元，在临沂9县中位居第一。主要措施：一是制定了金融支持县域经济发展的《意见》和《考核办法》，通过定期召开金融形势分析会、金融工作调度会和联席会，按月对金融机构贷款的投向与投量进行监测分析；二是加强农村信用体系建设，全县评定信用乡镇3个、信用村62个，授信14.7万户、授信额度24亿元；三是创新农村金融服务，在107家专业合作社内部开展了资金互助，在乡镇成立担保协会33家，有效缓解了中小企业融资难等问题。

该县银行业监管部门深入开展以“提高执行能力、加强有效监管”为主要内容的“抓落实、上水平”活动，以风险监管为中心，以不良贷款“双降”和加强风险防控能力为主线，不断强化金融监管，同时全面提升非现场监管的风险预警和分析水平，建立健全农村资金互助社监管运行新机制，保证了辖内金融业的稳健运行。

（刘建欣）

蒙阴县

【经济金融简况】 2008年，蒙阴县经济持续快速增长，综合实力不断增强，旅游开发扎实推进，先后被评为全国十佳休闲旅游名县和山东最具竞争力旅游强县，新农村建设扎实推进，被命名为“中国蜜桃之都”，蒙阴蜜桃成为国家地理标志产品。

该县金融机构把贯彻国家各项宏观调控政策与地方的发展战略相结合，保持了金融运行的健康平稳态势。截至年

蒙阴县主要经济金融指标

经济指标	2007	2008	经济指标	2007	2008
土地面积（平方公里）	1601.60	1601.60	地方财政支出（亿元）	5.78	7.28
人口（万人）	53.32	53.53	全社会固定资产投资（亿元）	24.87	36.94
非农业人口（万人）	41874	34391	固定资产投资增速（%）	27.90	26.50
地区生产总值（亿元）	91.40	105.20	进出口总值（万美元）	5205	5801
地区生产总值年增速（%）	18.40	15.20	出口总值（万美元）	4387	5262
第一产业（亿元）	18.05	20.90	实际利用外资（万美元）	669	1001
第二产业（亿元）	36.75	41.90	社会消费品零售总额（亿元）	30.16	37.39
第三产业（亿元）	36.60	42.40	居民消费价格指数（%）	107.10	106
财政总收入（亿元）	3.72	--	人均地区生产总值（元）	17834	19654
地方财政收入（亿元）	1.58	2.03	城镇居民可支配收入（元）	10418	12064

续表

经济指标	2007	2008	经济指标	2007	2008
财政总支出（亿元）	5.78	7.28	农民人均现金收入（元）	4671	5325
金融指标（亿元）	2007	2008	金融指标（亿元）	2007	2008
本外币存款余额	40.13	48.98	财险收入	0.62	0.75
企业存款	2.90	3.77	寿险收入	1.57	1.96
储蓄存款	32.51	40.06	财险赔款	0.32	0.41
本外币贷款余额	26.44	27.78	寿险给付	0.63	0.45
短期贷款	22.39	23.69	证券市场交易总额	--	--
中长期贷款	3.98	3.94	投资者保证金余额	--	--
票据融资	0.08	0.16	证券交易佣金收入	--	--

蒙阴县主要金融机构负责人

单位名称	行长（或其他称谓的第一负责人）	副行长（或其他称谓的同级领导）
人行蒙阴县支行	孙　雷	佟　健　侯长明
银监会蒙阴县办事处	陈公国	
农发行蒙阴县支行	石增军	沈蒙恬　孙勇力
工行蒙阴支行	魏宗杰	陈　超　王开儒
农行蒙阴县支行	鲁海峰	唐　波　吴清泉　刘继明
中行蒙阴分理处	杨在志	
建行蒙阴支行	雷建成	韩夫宏
蒙阴县农信联社	赵振响（理事长） 赵德友（主任）	杨建明　王运斌　冯　晓
邮储银行蒙阴县支行	张　峰	王焕峰

蒙阴县主要金融机构业务概况

单位：亿元

单位名称	本外币存款余额	企业存款	储蓄存款	本外币贷款余额	短期贷款	中长期贷款
农发行蒙阴县支行	0.07	0.07	--	1.03	1.03	--
工行蒙阴支行	3.68	0.49	1.77	1.97	0.72	1.25
农行蒙阴县支行	7.27	1.41	5.08	1.77	0.80	0.82
中行蒙阴分理处	1.93	0.61	1.37	0.22	0.12	0.10
建行蒙阴支行	5.15	1.09	3.09	1.18	0.64	0.54
蒙阴县农信联社	24.99	0.01	24.05	21.08	19.85	1.23
邮储银行蒙阴县支行	4.79	0.09	4.70	0.53	0.53	--

末，全县金融机构：

一、储蓄存款增幅上升，成为拉动存款增长的主要动力，人均储蓄存款余额位居全市第3位。

二、信贷资金呈现出向农业、重点项目和骨干企业倾斜的良好态势。全年累计签发银行承兑汇票1.22亿元，余额4836万元；为金融机构提供贸易融资2.53亿元，余额3527万元。

【金融发展与改革】　2008年，蒙阴县银行业金融机构继续加大改革力度，以改革促发展。一是切实树立竞争观念，主动培育客户，积极拓宽市场，加大信贷投放；二是加快金融产品创新，采取多种方式增加信用总量，满足客户有效需求；三是进一步创新银企合作方式，构建了互利共赢的新型银企合作关系。

【金融服务与监管】　2008年，人行蒙阴县支行坚持服务与监管并重，引导金融机构提高服务质量，加大信贷投放，为地方经济发展提供保障。一是先后召开了全县金融机构联席会、货币信贷政策通报会、信贷政策变化及信贷规模调整调度会，准确把握国家宏观政策变化，引导金融机构合理增加信贷投放；二是加强农村金融生态环境建设，引导金融机构积极开展“三信”评定；三是加强调查研究和信息反映工作，切实为上级行和地方政府提供可靠的决策依据和建议；四是切实强化外汇、征信、支付结算、国库和人民币等业务的监管。

（李配法）

平邑县

【经济金融简况】　2008年，平邑县金融机构积极贯彻落实货币信贷政策，适时加大对辖区经济的信贷投入，促进了经济金融的持续、快速、健康发展。

【金融发展与改革】　2008年，人行平邑县支行积极创新货币政策传导手段，不断提高贯彻落实货币政策的针对性和有效性，促进经济平稳较快增长。主要做法：一是通过制定下发金融工作、金融支持社会主义新农村建设、进一步优化金融生态环境等《指导意见》和《金融机构信贷投入考核奖励办法》，引导金融机构在有效规避信贷风险的前提下，加大对经济的信贷支持力度；二是上半年，针对从紧货币政策的实施，指导金融机构重点加大对“三农”、节能减排、社会保障、服务业、重点及中小企业的金融支持；三是下半年，充分

平邑县主要经济金融指标

经济指标	2007	2008	经济指标	2007	2008
土地面积（平方公里）	1824.79	1824.79	地方财政支出（亿元）	8.34	10.34
人口（万人）	99.57	99.71	全社会固定资产投资（亿元）	47.80	54.60
非农业人口（万人）	9.35	9.56	固定资产投资增速（%）	28.10	26.20
地区生产总值（亿元）	136.70	148.60	进出口总值（万美元）	7810	11276
地区生产总值年增速（%）	18.40	15.30	出口总值（万美元）	7441	10731
第一产业（亿元）	19.25	20.10	实际利用外资（万美元）	718	1498
第二产业（亿元）	67.55	72	社会消费品零售总额（亿元）	47.80	59.80
第三产业（亿元）	49.90	56.50	居民消费价格指数（%）	106.40	106.80
财政总收入（亿元）	5.32	6.02	人均地区生产总值（元）	14894	16000
地方财政收入（亿元）	3.23	3.56	城镇居民可支配收入（元）	10500	12180
财政总支出（亿元）	8.47	10.59	农民人均现金收入（元）	4669	5324
金融指标（亿元）	**2007**	**2008**	**金融指标（亿元）**	**2007**	**2008**
本外币存款余额	55.96	69.35	财险收入	0.42	0.52
企业存款	6.21	6.00	寿险收入	1.32	1.70

续表

金融指标（亿元）	2007	2008	金融指标（亿元）	2007	2008
储蓄存款	42.73	53.33	财险赔款	0.20	0.28
本外币贷款余额	37.87	40.75	寿险给付	0.52	0.39
短期贷款	31.25	33.27	证券市场交易总额	--	--
中长期贷款	6.60	6.97	投资者保证金余额	--	--
票据融资	0	0.51	证券交易佣金收入	--	--

平邑县主要金融机构负责人

单位名称	行长（或其他称谓的第一负责人）	副行长（或其他称谓的同级领导）
人行平邑县支行	梅　景	徐士亮　李德振
银监会平邑县办事处		徐华伟
农发行平邑县支行	林济民	刘开东　刘　华
工行平邑支行	闫大春	任继奎　张加松
农行平邑县支行	陈金祥	唐洪飞　姜良军　金　霞　王玉新
中行平邑支行	朱学军	
建行平邑支行	潘　波	赵志瑞　张贤亮
平邑县农信联社	马　涛（理事长） 荣庆东（主任）	徐启阶　孙宝华　李钊堂
邮储银行平邑县支行	赵国虎	杜明厂

平邑县主要金融机构业务概况

单位：亿元

单位名称	本外币存款余额	企业存款	储蓄存款	本外币贷款余额	短期贷款	中长期贷款
农发行平邑县支行	0.53	0.43	--	1.92	1.76	0.16
工行平邑支行	4.68	0.82	2.97	3.30	1.27	2.03
农行平邑县支行	14.73	2.28	9.24	3.99	2.31	1.67
中行平邑支行	2.21	0.45	1.08	1.09	0.38	0.71
建行平邑支行	3.70	0.98	1.20	1.90	0.71	1.19
平邑县农信联社	33.82	0.95	30.68	27.88	26.17	1.20
邮储银行平邑县支行	8.26	0.10	8.16	0.67	0.67	--

利用信贷政策放宽的有利时机，积极主动地筛选信贷扶持项目和企业，向上级行申报重点项目，加大贷款投放；四是协助县政府组织召开了促进地方罐头产业发展座谈会和加快经济开发区重点项目建设促进会，落实罐头加工企业贷款7460万元，落实经济开发区建设项目贷款6350万元，有效满足了贷款企业的合理资金需求。

【金融服务与监管】 2008 年，人行平邑县支行以“提高服务效率、树立央行形象”行风建设活动为契机，切实加强行风建设，重点关注支付结算、现代国库业务发展、征信体系、反洗钱工作机制、外汇服务创新、科技创新等方面的深化完善问题，在金融服务创新、规范中提高基础工作的服务质量和效率。

（娄丽霞）

费 县

【经济金融简况】 2008 年，费县经济平稳健康发展，各项存贷款稳定增加，信贷结构不断改善，金融运行质量明显提高。

【金融发展与改革】 2008 年，费县各金融机构按照稳健货币政策的要求，坚持“有保有压、区别对待”的信贷原则，不断加大对经济结构调整和经济发展的信贷支持力度，

费县主要经济金融指标

经济指标	2007	2008	经济指标	2007	2008
土地面积（平方公里）	1903.75	1903.75	地方财政支出（亿元）	8.83	10.55
人口（万人）	93.98	94.61	全社会固定资产投资（亿元）	51.19	62.15
非农业人口（万人）	6.11	6.34	固定资产投资增速（%）	27.60	26.10
地区生产总值（亿元）	142.06	168.20	进出口总值（万美元）	19005	22760
地区生产总值年增速（%）	18.90	15.90	出口总值（万美元）	17235	21293
第一产业（亿元）	22.33	24.11	实际利用外资（万美元）	2007	712
第二产业（亿元）	73.70	88.58	社会消费品零售总额（亿元）	40.30	50
第三产业（亿元）	46.03	55.51	居民消费价格指数（%）	104.53	105.70
财政总收入（亿元）	7.75	10	人均地区生产总值（元）	16024	18984
地方财政收入（亿元）	3.52	3.82	城镇居民可支配收入（元）	12081	13000
财政总支出（亿元）	9.66	13	农民人均现金收入（元）	4619	5282
金融指标（亿元）	**2007**	**2008**	**金融指标（亿元）**	**2007**	**2008**
本外币存款余额	57.24	69.21	财险收入	0.48	0.52
企业存款	4.56	5.34	寿险收入	1.57	2.19
储蓄存款	46.59	57.71	财险赔款	0.23	0.28
本外币贷款余额	64.26	70.24	寿险给付	0.62	0.50
短期贷款	31.93	35.54	证券市场交易总额	--	--
中长期贷款	32.32	33.09	投资者保证金余额	--	--
票据融资	0.01	0.66	证券交易佣金收入	--	--

费县主要金融机构负责人

单位名称	行长（或其他称谓的第一负责人）	副行长（或其他称谓的同级领导）
银监会费县办事处	李涌涛	

续表

单位名称	行长（或其他称谓的第一负责人）	副行长（或其他称谓的同级领导）
农发行费县支行	邢　波	贺可义　季相波
工行费县支行	韩建华	季从金　王　飞
农行费县支行	盛曙光	孔繁强　沙功权　唐守光
中行费县支行	严汝忠	刘兆兴
建行费县支行	田大奎	王冬莹　陈江伟
费县农信联社	王思荣	刘存玲　李俊儒　刘存保　殷学远
邮储银行费县支行	王富安	范玉文

费县主要金融机构业务概况

单位：亿元

单位名称	本外币存款余额	企业存款	储蓄存款	本外币贷款余额	短期贷款	中长期贷款
农发行费县支行	0.04	0.04	--	1.34	0.90	0.44
工行费县支行	5.24	0.81	2.84	1.09	2.57	8.17
农行费县支行	13.02	2.65	7.90	11.96	4.85	6.97
中行费县支行	4.27	1.14	3.03	8.08	2.70	4.73
建行费县支行	2.67	0.36	2.03	12.67	0.29	12.37
费县农信联社	33.63	0.29	31.62	24.65	23.60	0.40
邮储银行费县支行	10.36	0.06	10.29	0.62	0.61	--

努力营造良好的区域金融生态环境。

【金融服务与监管】　2008 年，银监会费县监管办坚持以科学发展观统领全局，正确把握和处理风险与发展的关系，较好地完成了各项监管目标。该办一是多管齐下，积极协调地方政府和有关部门，加大贷款核销力度，不良贷款实现“双降”；二是标本兼治，深化和巩固案件治理成果，全县银行业金融机构实现零发案，往年案件结案率 100%；三是重点加强票据风险和集团客户风险监管，银行业风险管控水平全面提高。

（李志芳）

沂南县

【经济金融简况】　2008 年，沂南县经济金融运行平稳，各项存款增长加速，信贷投放稳步增长。截至年末，全县金融机构：

一、存款特点：一是储蓄存款增长较快，增量占各项存款增加额的 89.94%；二是存款稳定性下降，定期存款增量占储蓄存款增加额的 72.10%，同比下降 15.15 个百分点。

二、主要贷款投向：一是第一产业仍是信贷投放重点，占各项贷款新增额的 53.92%；二是第二产业贷款增势强劲，占各项贷款增加总额的 32.72%，重点骨干企业成为承贷主力；三是第三产业贷款和消费贷款稳步增长，同比分别增加 0.32 亿元和 0.55 亿元。

三、金融机构现金收支总量扩大，净回笼增加。全县累计现金收入 239.32 亿元、现金支出 231.78 亿元，同比分别增长 8.19%、7.52%；现金净回笼 7.54 亿元，同比多回笼 1.91 亿元。

沂南县主要经济金融指标

经济指标	2007	2008	经济指标	2007	2008
土地面积（平方公里）	1774.08	1774.08	地方财政支出（亿元）	7.76	9.58
人口（万人）	91.38	91.86	全社会固定资产投资（亿元）	34.20	55.74
非农业人口（万人）	9.97	10.12	固定资产投资增速（%）	28.70	26.20
地区生产总值（亿元）	98.30	115.30	进出口总值（万美元）	6669	8421
地区生产总值年增速（%）	18.60	16.40	出口总值（万美元）	5763	7626
第一产业（亿元）	20.30	24.50	实际利用外资（万美元）	705	334
第二产业（亿元）	44.10	50.40	社会消费品零售总额（亿元）	33.60	41.61
第三产业（亿元）	33.90	40.40	居民消费价格指数（%）	107.36	105.60
财政总收入（亿元）	3.40	4.46	人均地区生产总值（元）	10757	12585
地方财政收入（亿元）	2.41	2.95	城镇居民可支配收入（元）	9437	11127
财政总支出（亿元）	7.76	9.58	农民人均现金收入（元）	4619	5282
金融指标（亿元）	**2007**	**2008**	**金融指标（亿元）**	**2007**	**2008**
本外币存款余额	61.21	75.12	财险收入	0.43	0.47
企业存款	4.20	4.52	寿险收入	1.65	2.35
储蓄存款	50.19	62.70	财险赔款	0.20	0.25
本外币贷款余额	33.04	33.30	寿险给付	0.66	0.54
短期贷款	28.20	25.66	证券市场交易总额	—	—
中长期贷款	4.42	3.96	投资者保证金余额	—	—
票据融资	0	3.43	证券交易佣金收入	—	—

沂南县主要金融机构负责人

单位名称	行长（或其他称谓的第一负责人）	副行长（或其他称谓的同级领导）
人行沂南县支行	房连国	苏友庆　王德海
银监会沂南县办事处	杨德国	刘西权　刘本强
农发行沂南县支行	刘化民	于祥恩　臧书强
工行沂南支行	叶清涛	李　林　杨玉铭　刘敬启　李　高
农行沂南县支行	杨　帆	舒广军　宋曙光　高雁鹏
中行沂南支行	路咏念	李卓义　徐兴劭
建行沂南支行	臧家祥	邹庆元　郭　伟　董文元　刘长明
沂南县农信联社	邵　峰	于中华　陈华升　刘海涛　赵京才
邮储银行沂南县支行	徐　岩	范玉文

沂南县主要金融机构业务概况

单位：亿元

单位名称	本外币存款余额	企业存款	储蓄存款	本外币贷款余额	短期贷款	中长期贷款
农发行沂南县支行	0.06	0.06	—	0.62	0.62	—
工行沂南支行	7.36	1.39	3.27	4.78	1.81	2.97
农行沂南县支行	13.90	2.18	9.74	1.27	0.91	0.26
中行沂南支行	3.23	0.37	2.13	0.55	0.09	0.46
建行沂南支行	3.07	0.37	1.72	0.08	—	0.07
沂南县农信联社	33.27	0.03	32.62	25.63	21.85	0.19
邮储银行沂南县支行	13.34	0.12	13.22	0.38	0.38	—

【金融发展与改革】 2008年，人行沂南县支行认真贯彻落实货币政策和各项金融宏观调控措施，努力提高货币政策的前瞻性和有效性。该行一是通过召开银企座谈会、项目推介会、经济金融形势分析会、实地走访金融机构等形式加强政策引导；二是出台了一系列信贷投放指导意见，引导金融机构加大信贷投放力度；三是积极推动金融改革，农行股份制改造加快，剥离不良信贷资产5.39亿元。

【金融服务与监管】 2008年，人行沂南县支行认真做好金融服务工作，为地方经济发展提供保障。该行一是加强对金融机构存款准备金、金融统计制度执行、结算账户、国库等业务的监督管理；二是建立了金融稳定协调机制，加强对系统性风险的监测与管理；三是完善征信系统建设，发挥企业、个人信用信息查询系统的监控作用，优化金融生态环境。

（李克明　郭永刚）

临沭县

【经济金融简况】 2008年，临沭县经济实力明显增强，呈现速度快、活力强的良好态势。

该县各项存款稳步增长，信贷结构不断优化，金融运行质量明显提高。截至年末，全县金融机构：

一、存款特点：一是由于股市的持续低迷，促使居民储蓄意愿增强；二是企业存款明显增长。

二、贷款投放特点：信贷投放明显由短期向中长期趋增，

临沭县主要经济金融指标

经济指标	2007	2008	经济指标	2007	2008
土地面积（平方公里）	1038.01	1038.01	地方财政支出（亿元）	6.49	8.18
人口（万人）	64.09	64.45	全社会固定资产投资（亿元）	48.88	56.32
非农业人口（万人）	10.73	9.57	固定资产投资增速（%）	28.40	26
地区生产总值（亿元）	101.03	117.16	进出口总值（万美元）	18088	18919
地区生产总值年增速（%）	18.50	15.60	出口总值（万美元）	13098	14232
第一产业（亿元）	12.09	14.23	实际利用外资（万美元）	884	1154
第二产业（亿元）	55.54	63.56	社会消费品零售总额（亿元）	26.15	32.71
第三产业（亿元）	33.40	39.37	居民消费价格指数（%）	103.40	104.40
财政总收入（亿元）	5.41	8.33	人均地区生产总值（元）	16813	19365

续表

经济指标	2007	2008	经济指标	2007	2008
地方财政收入（亿元）	2.75	3.19	城镇居民可支配收入（元）	10662	12704
财政总支出（亿元）	6.61	8.33	农民人均现金收入（元）	4657	5308
金融指标（亿元）	**2007**	**2008**	**金融指标（亿元）**	**2007**	**2008**
本外币存款余额	50.96	62.93	财险收入	0.39	0.51
企业存款	7.11	10.78	寿险收入	1.40	2.04
储蓄存款	35.42	44.81	财险赔款	0.18	0.27
本外币贷款余额	44.81	47.57	寿险给付	0.56	0.46
短期贷款	34.89	34.47	证券市场交易总额	--	--
中长期贷款	9.17	12.16	投资者保证金余额	--	--
票据融资	0.71	0.84	证券交易佣金收入	--	--

临沭县主要金融机构负责人

单位名称	行长（或其他称谓的第一负责人）	副行长（或其他称谓的同级领导）
人行临沭县支行	陈仕庆	石民邦
银监会临沭县办事处	丁新宇（主任）	
农发行临沭县支行	鲁守堂	杨国强　黄　勇
工行临沭支行	公丕群	魏茂军　赵士玺　田　勇
农行临沭县支行	朱玉良	王存高　刘得涛　凌　晨
中行临沭支行	王光和	郭　亮　王兴文
建行临沭支行	于　明	殷宏峰　徐丽霞
临沭县农信联社	相荣江（理事长）	田　彬　邵泽山　衣艳珍　张吉全　张信洪
邮储银行临沭县支行	薛金坤	刘洪超

临沭县主要金融机构业务概况

单位：亿元

单位名称	本外币存款余额	企业存款	储蓄存款	本外币贷款余额	短期贷款	中长期贷款
农发行临沭县支行	1.40	1.17	--	5.11	4.71	0.40
工行临沭支行	5.11	0.76	2.22	6.23	2.02	4.21
农行临沭县支行	10.37	3.32	4.71	9.31	7.76	1.11
中行临沭支行	6.45	2.60	2.88	4.40	1.38	3.01
建行临沭支行	5.53	1.35	2.73	3.10	0.35	2.75

续表

单位名称	本外币存款余额	企业存款	储蓄存款	本外币贷款余额	短期贷款	中长期贷款
临沭县农信联社	26.46	0	25.00	18.77	17.6	0.66
邮储银行临沭县支行	7.36	0.11	7.25	0.63	0.63	—

重点支持了社会主义新农村建设及企业固定资产投入。

【金融发展与改革】 2008年，临沭县金融机构着力优化信贷结构，金融生态环境明显改善。一是农行股份制改革有序稳步推进，剥离不良资产2.86亿元；二是设立邮储银行，增强了农村金融服务能力。

【金融服务与监管】 2008年，人行临沭县支行积极贯彻国家货币信贷政策，认真履行央行职责。该行一是加大反假、反洗钱工作力度；二是坚持外汇管理与服务并重；三是完善企业和个人信用信息基础数据库系统，强化中小企业、个人信用的服务和监督职能。

（陈丽芳）

枣庄市

【经济金融简况】 2008年，枣庄市认真学习贯彻科学发展观，灵活执行国家宏观调控政策，经济社会实现了又好又快发展。

一、农业结构调整成效明显，基础设施得到加强。年末扩大改善灌溉面积24.9万亩，发展改善节水灌溉面积14.8万亩，治理水土流失面积36.7万平方公里。农村机械总动力228.32万千瓦，增长4.27%，农村用电量22.32亿千瓦时，增长1.8%。

二、工业生产持续平稳运行，企业效益稳步提高。年末规模以上工业企业1506家，比年初净增216家，资产1062.11亿元，增长24.3%。其中，高新技术企业产值383.23亿元，增长33.5%，占规模以上工业总产值的17.3%，同比提高2.0个百分点。全年规模以上工业产品销售率99.36%。煤炭、非金属矿物制品、化工、农副产品加工、纺织五大行业增加值316.65亿元，增长14.4%，占规模以上工业的53.3%，拉动规模以上工业增长7.7%，拉动贡献率47.5%，骨干行业支撑作用明显。

三、固定资产投资快速增长，投资结构更趋合理。第一、二、三产业投资额分别为9.64亿元、311.18亿元和141.54亿元，分别增长33.2%、20.2%和40.0%。三次产业投资比例由上年的2.0%、70.5%和27.5%调整为2.1%、67.3%和30.6%。

四、信贷投放保持大幅增长。截至年末，全市金融机构：

（一）各项贷款增幅居全省第二位。主要原因：一是地方经济快速发展，为信贷增长奠定了良好基础；二是城市转型步伐加快，有效信贷载体增多，市委、市政府提出了“江北水乡、运河古城”发展战略，并大力发展煤化工、水泥结构调整、机械等工业项目，对信贷资金的吸附力明显增强，仅鲁南化肥、兖矿国泰乙酰化工、枣庄中联、丰源煤电等重点企业和4家城市资产管理公司新增贷款30多亿元；三是宏观政策有利，自央行实施适度宽松的货币政策以来，各金融机构普遍调增了信贷投放规模并下放了信贷审批权限，信贷资金供应较为充裕。

（二）信贷投向较为合理，结构不断优化。一是加快膨胀农业贷款规模，全年农林牧渔业新增贷款16.64亿元，同比多增6.31亿元；二是稳步增加对制造业的信贷投入，制造业贷款较年初增加19.2亿元，多增1.52亿元；三是加大了对采矿业等传统支柱产业的信贷投入，采矿业贷款较年初增加5.07亿元，多增3.12亿元；四是突出对现代商务服务业的信贷投入，商务服务业贷款较年初增加8.15亿元，多增9.82亿元；五是突出对城市建设等民心工程的信贷支持，向4家城市资产管理公司增加信贷投放22.44亿元；六是对中小企业信贷支持实现新突破，中小企业新增贷款超过40亿元。

五、各项存款增幅居于全省首位。一是受益于上半年企业经营的高效益，企业存款增量仍保持在较高水平；二是由于股市持续低迷，房地产价格出现回落，导致居民投资意愿显著下降，储蓄存款持续较快增长，且月度和季度间波动不大。

六、银行业经营效益创历史同期最高水平，较上年翻了一番。其中，国有商行实现账面盈利7.94亿元，城商行实现账面盈利0.57亿元，农信社实现账面盈利2.42亿元。

【货币政策实施】 2008年，人行枣庄市中支面对严峻

枣庄市经济主要统计指标

指标 \ 年度	2004	2005	2006	2007	2008	2008年同比增幅（%）
土地面积（平方公里）	4563.22	4563.22	4563.22	4563.22	4563.22	0
人口（万人）	365.09	367.27	371.97	380.19	383.24	0.08
非农业人口（万人）	120.22	113.32	122.25	121.29	124.33	2.50
地区生产总值（亿元）	509.89	632.87	757.88	926.91	1092.83	13.10
第一产业（亿元）	55.10	60.68	68.48	80.59	96.09	1.70
第二产业（亿元）	307.40	404.44	483.62	595.27	686.16	13
工业（亿元）	214.73	302.91	393.82	483.85	594.65	16.30
建筑业（亿元）	37.20	31.53	37.10	49.63	55.17	8.60
第三产业（亿元）	147.40	167.75	205.78	251.05	310.58	16.80
人均地区生产总值（元）	13811	17232	20936	25482	29978	12.70
地区生产总值构成（%）	100	100	100	100	100	--
第一产业（%）	10.80	9.90	9.00	8.70	8.80	0.10
第二产业（%）	60.30	63.30	63.80	63.90	62.80	-1.10
第三产业（%）	28.90	26.80	27.20	27.40	28.40	1.00
财政总收入（亿元）	39.10	55.50	75.98	84.58	104.30	23.30
地方财政收入（亿元）	20.71	28.16	37.00	45.23	52.70	16.60
财政总支出（亿元）	--	--	--	--	--	--
地方财政支出（亿元）	30.72	48.23	51.49	68.10	79.91	17.30
全社会固定资产投资（亿元）	219.99	320.60	341.07	395.24	499.48	25.70
规模以上固定资产投资（亿元）	219.99	297.58	317.16	365.18	462.36	25.90
房地产开发（亿元）	20.34	23.10	24.60	34.70	38.90	11.90
进出口总值（亿美元）	3.54	3.72	4.74	6.43	6.69	4.10
出口总值（亿美元）	2.55	3.14	4.16	5.41	5.18	-4.20
实际利用外资（亿美元）	0.78	1.02	1.03	1.20	1.77	47.50
社会消费品零售总额（亿元）	152.21	176.30	204.40	242.10	297.60	22.90
居民消费价格指数（%）	101.90	101.30	101.30	103.90	104.80	1.90
城市居民人均可支配收入（元）	8473	9881	11020	12586	14320	13.80
农民人均现金收入（元）	3759	4241	4687	5161	5723	10.90

枣庄市工农业主要统计指标

农业主要统计指标（万吨）				规模以上工业企业主要统计指标（亿元）			
项目＼年度	2007 年	2008 年	增幅（%）	项目＼年度	2007 年	2008 年	增幅（%）
粮食	167.84	180.03	7.30	工业增加值	483.85	594.65	16.30
夏粮	81.44	93.28	14.60	国有工业	29.79	32.93	5.70
秋粮	86.42	86.75	0.40	集体工业	19.74	18.191	-7.60
棉花	0.35	0.37	3.90	股份制工业	315.70	415.58	21.30
油料	12.30	11.68	-5.10	股份合作制工业	0.06	0.02	17.50
水果	22.14	22.00	-0.60	外商及港澳台投资工业	36.41	36.59	9.70
蔬菜	505.23	443.17	-12.3	轻工业	127.07	161.77	18.50
肉类	19.73	21.03	6.20	重工业	356.78	432.88	15.40
禽蛋	9.58	10.02	4.40	销售收入	1696.97	2204.33	32.30
奶类	3.62	4.04	10.60	利税	227.04	266.13	23.30
水产品	3.88	4.27	9.20	利润	125.19	153.11	26.20
森林覆盖率（%）	30	31	1.00	经济效益综合指数（%）	--	--	--

注：经与枣庄市统计局联系，经济效益综合指数（%）指标不再统计。

枣庄市主要金融机构负责人

单位名称	行长（或其他称谓的第一负责人）	副行长（或其他称谓的同级领导）
人行枣庄市中心支行	刘福毅	陈宜民　张善杰　颜道盛　孙　斌　庞建敏
银监会枣庄监管分局	陈保君	褚衍民　周宝舰
农发行枣庄市分行	王　烽	于成君　李大庆
工行枣庄分行	刘国强	张义军　张云银　胡吉平　闵祥龙　陈维东
农行枣庄市分行	刘纯泉	侯志华　曹明钊　张炳臣　吴照军
中行枣庄分行	王云河	钟学德　张立刚　李亚军
建行枣庄分行	郝子建	刘昌伦　张夫顺　邢成华　魏　民　王清堂　郭　骁　姜玉国
枣庄市商行	谢旭阳	樊印华　许太景　刘　永　崔　健　张德安　朱玉军
农信社枣庄市办事处	李金安	蒋继伟　卜昭路
邮储银行枣庄市分行	王运访	李　兵
中国人寿枣庄分公司	刘玉萍	刘书宏　黄秀峰　孙华增
人保财险枣庄分公司	翟永兴	刘　勇　单福建　李井辉
齐鲁证券公司枣庄分公司	陈志伟	

枣庄市金融业务统计指标

指标（亿元）	年度	2004	2005	2006	2007	2008	2008年同比增幅（%）
银行类	本外币存款余额	309.32	365.43	421.38	486.62	620.97	27.61
	人民币存款余额	307.72	363.80	419.70	484.63	617.94	27.51
	企业存款	70.50	60.44	68.47	97.50	139.78	43.36
	储蓄存款	194.26	226.22	260.57	288.17	373.83	29.73
	定期储蓄存款	119.92	139.34	155.64	170.55	225.25	32.07
	活期储蓄存款	74.34	86.89	104.93	117.63	148.58	26.31
	本外币贷款余额	243.81	258.61	289.63	346.26	412.18	19.04
	人民币贷款余额	238.81	254.68	287.11	344.72	411.56	19.39
	短期贷款	127.12	133.01	153.00	179.57	196.90	9.65
	工业贷款	34.12	28.28	35.53	41.08	43.47	5.82
	商业贷款	25.19	23.11	22.50	20.07	21.93	9.27
	农业贷款	32.74	43.92	56.14	68.63	89.33	30.16
	中长期贷款	75.85	99.14	120.22	153.23	200.42	30.80
	基本建设贷款	42.50	46.42	65.76	89.40	108.84	21.74
	技术改造贷款	4.37	4.72	1.44	3.16	8.00	153.16
	票据融资	17.02	21.62	13.05	11.20	14.24	27.14
	现金收入	1168.62	1140.86	1617.18	1750.03	1874.67	7.09
	现金支出	1151.81	1355.23	1582.52	1705.54	1829.45	7.27
	现金投放（+）回笼（-）	-16.81	-20.27	-34.66	-44.49	-45.22	1.64
	当年结益	-2.13	2.30	2.22	5.55	11.51	107.39
保险类	保险公司保费收入	7.15	7.97	9.30	11.26	16.73	48.58
	财险收入	1.72	2.04	2.18	3.17	3.94	24.29
	寿险收入	5.43	5.93	7.12	8.09	12.79	58.10
	保险公司赔款和给付支出	1.25	1.43	2.76	3.87	4.48	15.76
	财险赔款	0.89	1.01	1.41	1.68	2.35	39.88
	寿险给付	0.36	0.42	1.35	2.19	2.13	-2.74
	当年结益	--	--	--	--	--	--
证券类	证券市场成交总额	--	--	--	625.27	565.30	-9.6
	投资者保证金余额	--	--	--	4.11	3.21	-21.9
	佣金收入	--	--	--	1.36	0.94	-30.88
	净利润	--	--	--	0.65	0.50	-20.08

注：齐鲁证券公司枣庄分公司2007年接管天同证券公司枣庄分公司。

枣庄市金融机构统计指标

指标（个）	年度	2004	2005	2006	2007	2008	2008年同比增幅（%）
银行类	法人机构	53	9	9	9	9	0
	省级分行	—	—	—	—	—	—
	二级分行	5	5	5	5	6	20
	县区支行	43	43	45	58	73	25.86
	分理处、营业所	340	330	301	291	288	-1.03
	储蓄所	22	21	15	13	9	-30.77
	从业人员总数	5175	5673	5763	6393	6870	7.46
保险类	保险机构	—	—	—	—	—	—
	财险机构	—	—	—	—	—	—
	省级分公司	—	—	—	—	—	—
	地市分公司	4	4	5	9	10	11.11
	县区支公司	—	—	—	—	—	—
	寿险机构	—	—	—	—	—	—
	省级分公司	—	—	—	—	—	—
	地市分公司	5	5	6	6	8	33.33
	县区支公司	—	—	—	—	—	—
	从业人员总数	6458	6954	7766	7653	12343	61.28
	财险人员	866	903	929	1501	2399	59.83
	寿险人员	5592	6051	6837	6152	9944	61.64
证券类	证券机构	—	—	—	—	—	—
	证券公司	2	2	2	1	1	0
	证券营业部	2	2	2	2	2	0
	证券服务部	2	2	2	2	2	0
	从业人员总数	43	44	44	41	40	-2.44
	投资者开户	62854	64320	65755	68277	83632	22.49
	境内上市股票支数	—	—	—	—	—	—
	境外上市股票支数	—	—	—	—	—	—
	辖区上市公司总数	—	—	—	—	—	—

枣庄市主要金融机构业务概况

单位：亿元

单位名称	人民币存款余额	企业存款	储蓄存款	人民币贷款余额	短期贷款	中长期贷款
农发行枣庄市分行	3.22	2.99	0	19.22	17.58	1.64

续表

单位名称	人民币存款余额	企业存款	储蓄存款	人民币贷款余额	短期贷款	中长期贷款
工行枣庄分行	103.20	33.77	56.58	83.33	18.49	63.86
农行枣庄市分行	105.70	22.58	74.40	53.29	19.27	32.36
中行枣庄分行	56.63	21.37	23.37	35.58	12.93	21.85
建行枣庄分行	127.77	34.50	61.63	81.81	4.43	75.96
枣庄市商行	40.14	18.43	15.23	21.01	18.09	2.16
农信社枣庄市办事处	137.47	5.40	109.03	116.03	104.85	2.58
邮储银行枣庄市分行	34.43	0.72	33.59	1.29	1.27	0.02

枣庄市各县级区域经济金融主要统计指标

名称	人口（万人）	面积（平方公里）	地区生产总值（亿元）	地区生产总值增速（%）	人民币存款余额（亿元）	储蓄存款（亿元）	人民币贷款余额（亿元）
滕州市	165.84	1494.24	477.13	14.3	200.49	141.86	188.31
薛城区	41.54	422.71	74.22	8	131.16	65.91	46.16
台儿庄区	30.48	533.3	88.36	11.2	29.66	20.05	18.83
峄城区	37.93	635.01	83.37	13	27.57	17.38	17.78
山亭区	49.27	1018.93	65.66	11	25.3	19.62	15.84
市中区	51.02	373.92	108.25	13.1	194.37	109	124.63
高新区	7.16	85.11	22.76	19.6	--	--	--

注：枣庄市高新区有关金融指标归入薛城区，不单独统计。

复杂的经济金融形势，引导金融机构正确处理支持经济发展与防范金融风险的关系，取得明显成效。

一、建立货币信贷政策传导评价机制。该中支在全省率先制定实施了《金融机构执行信贷政策导向效果评估报告工作实施方案》，通过信贷投向、增量、质量、效益及创新5大项24个考核指标，加强对金融机构货币政策贯彻实施效果的监测评估，对此人行济南分行领导给予肯定批示。

二、实施创新工程，破解中小企业融资难题。一是制定下发了《关于创新信贷产品，促进全市中小企业发展的指导意见》，引导金融机构推出股权质押、钢结构厂房抵押、"动产质押、物流监管"等信贷产品；二是与市发改委共同举办了"2008促进城市转型银企合作重点项目推介会"，推介中小企业及服务企业项目234个，共达成银企合作意向127亿元；三是与市经委共同举办金融产品创新、成长型企业培植等银企对接会议4次。

三、构建金融支农长效机制，积极推进新农村建设。一是积极探索"发放农村土地使用产权证、建立农村土地使用产权交易网络、发展农村土地合作社、加大金融支持力度"等"四位一体"支持土地规模经营的新模式，帮助农信社以土地使用权抵押贷款80万元；二是出台了《金融支持专业合作社意见》，推出"双保双贷"支持专业合作社信贷模式；三是出台了《农业政策性保险业务管理办法》，采取地方财政与农民共同出资，开办种植养殖等涉农保险业务。

四、深化货币政策工具管理，提高基层央行金融调控能力。该中支加强对支农再贷款、再贴现和存款准备金等货币政策工具管理和监测，引导涉农金融机构加大对"三农"的信贷支持力度，全年累计发放支农再贷款2.57亿元。

【金融监管】 2008年，人行枣庄市中支切实规范金融机构的经营行为，确保金融稳健运行。一是加大执法检查力度，实施现场监督检查，确保国库资金安全；二是开展农信社票据兑付后续检查考核，定期对全市农信社改革进展情况进行现场和非现场检查；三是对泰康人寿保险公司枣庄中心支公司反洗钱业务开展了现场检查；四是组织开展人民币流通管理执法检查，全年实施现场检查 2 次，抽查网点 36 个；五是加强商业银行向发行库存取现金业务管理。

【外汇管理】 2008 年，外管局枣庄市中心支局以改革为动力，以创新为突破，进一步提升管理服务水平，被枣庄市委、市政府授予“促进开放先进单位”荣誉称号。截至年末，全市金融机构外汇存款余额 4432 万美元，较年初增加 1700 万美元，同比多增 1130 万美元；外汇贷款余额 903 万美元，较年初下降 1017 万美元。全年涉外收支合计 8.88 亿美元，同比增长 23.9%。其中，涉外收入合计 7.28 亿美元，增长 17.98%；对外支出合计 1.60 亿美元，增长 60.49%。资金净流入 5.68 亿美元，增长 9.77%。

主要措施：一是创新国际收支监管模式，实行“分步推进工作法”，推动整体监管关口前移；二是改进进口管理，取消省内异地付汇备案、推广“名录单系统”，提高企业资金运营效率；三是与外经贸局建立了“联合办公、定期交流”的长效机制，在新设企业的审批过程中，共同审核报批资料，对完善境外投资管理起到了积极的推动作用；四是推行政务公开，在枣庄政务网开辟专栏进行外汇知识宣传，开通了政务公开语音自助查询服务系统；五是加强窗口指导，制定出台了《关于进一步改进外汇管理支持全市涉外经济又好又快发展的指导意见》，得到市委、市政府的充分肯定；六是加大外汇执法检查力度，开展银行执行外商投资企业资本金结汇政策情况专项检查，对个别企业予以立案查处、罚款 5 万元人民币，对部分企业存在违反外汇登记管理规定行为进行查处、罚款 1 万元。

【金融改革】 2008 年，枣庄市金融机构继续深化改革，服务水平和经营活力进一步增强。一是人行枣庄市中支积极引导支行开展特色工作，其中滕州市支行重点支持县域经济以及商贸流通业发展、薛城区支行着力支持中小民营企业发展、台儿庄区支行努力优化农村金融生态环境；二是农行枣庄市分行积极深化内部改革，大力剥离不良资产，顺利完成股份制改造；三是薛城区农信联社积极完善法人治理结构，顺利组建为枣庄市薛城区恒泰农合行；四是枣庄市商行成立了中小企业信贷部，切实加大对中小企业的信贷支持力度。

【精神文明建设】 2008 年，枣庄市金融系统积极开展精神文明建设活动，金融业整体社会形象和地位明显提升。一是人行枣庄市中支深入开展“双文明”建设活动，荣获市级“文明机关”荣誉称号，薛城区支行也被授予分行级“双文明”单位称号；二是农发行枣庄市分行认真学习实践科学发展观，努力构建和谐银行；三是工行枣庄分行组织开展了“学十七大精神，落实科学发展观，提升核心竞争力”和“纪念改革开放 30 年和工行成立 25 周年”等主题教育活动，先后被全国总工会授予“全国学习型组织先进单位”、被山东省文明委授予“省级文明单位”；四是中行枣庄分行在全市民主评议政风行风活动中荣获金融系统第一名，被市委、市政府授予“政风行风建设先进单位”；五是建行枣庄分行扎实开展群众性文明创建活动，被省文明委授予“省级文明单位”；六是农行枣庄市分行大力弘扬“服务客户、成就员工、回报社会”的企业文化宗旨，深入开展优服工程，被评为“山东省消费者满意单位”；七是农信社枣庄办事处大力弘扬“改革创新、团结实干、廉洁高效、争创一流”的农信精神，构建具有农信特色的企业文化，该办事处及部分区（市）联社被市文明委授予“文明单位”；八是枣庄市商行被市委宣传部授予“第一届思想政治工作先进单位”。

【金融大事记】 1 月 15 日 人行枣庄市中支组织召开领导班子和领导干部述职述廉大会，人行济南分行王敏副行长带领考核组参加了会议。

1 月 31 日 省联社理事长、党委书记宋文瑄赴枣庄调研信贷支农工作，慰问农联社特困职工。

2 月 1 日 人行枣庄市中支组织举办农民工银行卡宣传活动启动仪式。

3 月 19 日 建行山东省分行党委委员、副行长张维国到建行枣庄分行宣布班子调整决定。

4 月 9 日 人行济南分行党委对人行枣庄市中支领导班子进行调整，王武声副行长到人行聊城市中支工作，庞建敏副行长到人行枣庄市中支工作。

4 月 24 日 农发行山东省分行党委书记、行长杨杰到农发行滕州市、山亭区支行调研。

4 月 25 日 枣庄市政府召开“优化农村金融生态环境、促进社会主义新农村建设动员大会”。

5 月 30 日 人行济南分行纪委辛树人书记陪同人总行纪委赵江书记莅临人行枣庄市中支调研。

6 月 12 日 山东银监局王晓春副局长一行到枣庄市商行调研。

6 月 17 日 农行山东省分行胡晓毅副行长到农行枣庄市分行检查指导工作。

7 月 2 日 山东省政府夏粮收购工作督查组领导到台儿庄区督导检查夏粮收购工作。

7 月 3 日~8 月 3 日 人行枣庄市中支、农信社枣庄办事处联合组织全市农信社开展“反假币、迎奥运”宣传月活动。

8 月 28 日 人行济南分行“绽放青春，共创文明”青年风采大赛（山东赛区）预赛在枣庄举办。

9 月 9 日 人行济南分行纪委在滕州召开辖内中心支行纪委书记座谈会。

9 月 17 日 山亭区农信联社以山亭区徐庄土地合作社提供的 1727.3 亩土地 3 年的使用产权为抵押，为徐庄土地合作社贷款 30 万元，成功办理了全市农信社第一笔土地使用产权抵押贷款。

9月19日　人行济南分行、枣庄市政府联合举办“2008枣庄市促进城市转型银企合作重点项目推介会议”，人行济南分行杨子强行长出席了会议。同日，枣庄市政府陈伟市长陪同杨子强行长到山亭区就农村土地流转模式开展调研。

9月27日　人行枣庄市中支、市仲裁委联合组织金融法律纠纷调解中心成立仪式。

10月23日　人行济南分行党委对人行枣庄市中支领导班子进行调整：由党委副书记、副行长陈宜民主持人行枣庄市中支工作，党委书记、行长刘福毅到人行潍坊市中支工作。

11月12日　农总行巡视员彭金友到农行枣庄市分行指导工作。

12月3日~5日　中行山东省分行党委书记、行长何兴祥到枣庄开展工作调研。

12月13日　山东枣庄恒泰农合行举行开业仪式。

（於永利　罗恒忠）

滕州市

【经济金融简况】　2008年，滕州市国民经济保持高位运行，综合实力实现新跨越，金融稳健运行。

截至年末，全市金融机构：

一、企业存款增势大幅回落。主要原因：一是企业成本费用支出增多，两项资金占用增多，企业资金周转减速，效益状况下滑；二是机电出口企业受国际金融危机冲击较大，订单减少，加之人民币升值因素影响，企业收汇结汇减少，导致企业存款增长乏力。

二、储蓄存款持续高位增长。主要原因：一是城乡居民收入保持较快增长；二是股市持续低迷，重挫居民投资信心；三

滕州市主要经济金融指标

经济指标	2007	2008	经济指标	2007	2008
土地面积（平方公里）	1485	1485	地方财政支出（亿元）	24.45	25.45
人口（万人）	164.84	165.84	全社会固定资产投资（亿元）	129.15	175.14
非农业人口（万人）	39.10	41.59	固定资产投资增速（%）	26	26
地区生产总值（亿元）	404.06	477.13	进出口总值（万美元）	19771	22347
地区生产总值年增速（%）	17.50	14.30	出口总值（万美元）	17140	17121
第一产业（亿元）	38.94	45.72	实际利用外资（万美元）	3956	5596
第二产业（亿元）	249.77	278.65	社会消费品零售总额（亿元）	113.56	138.91
第三产业（亿元）	115.35	152.76	居民消费价格指数（%）	103.90	100.60
财政总收入（亿元）	58.78	51.15	人均地区生产总值（元）	26019	28770
地方财政收入（亿元）	16	19.53	城镇居民可支配收入（元）	12583	14320
财政总支出（亿元）	22.04	27.20	农民人均现金收入（元）	5598	6231
金融指标（亿元）	**2007**	**2008**	**金融指标（亿元）**	**2007**	**2008**
本外币存款余额	162.12	200.46	财险收入	0.85	1.24
企业存款	24.98	26.48	寿险收入	3.09	3.51
储蓄存款	108.52	142.06	财险赔款	0.67	0.94
本外币贷款余额	128.20	188.31	寿险给付	0.66	0.64
短期贷款	61.45	79.08	证券市场交易总额	95.77	121.49
中长期贷款	64.37	104.02	投资者保证金余额	0.68	0.55
票据融资	2.21	5.21	证券交易佣金收入	0.28	0.25

滕州市主要金融机构负责人

单位名称	行长（或其他称谓的第一负责人）	副行长（或其他称谓的同级领导）
人行滕州市支行	刘玉栋	裴永强　王永清
银监会滕州市办事处	甄久民	
农发行滕州市支行	黄新勇	段成轮　王业盛
工行滕州支行	张东海	尹　峰　黄盛祥
农行滕州市支行	杨位彦	马士哲　张光勇　陈　涛
中行滕州支行	吕剑虹	彭　涛　赵英杰
建行滕州支行	张守义	胡勤习　龙厚国
枣庄市商行滕州支行	张德安	葛　涛　李祥成
滕州市农信联社	金　强	王广平　姜　洪　袁克宏
邮储银行滕州市支行	张山林	李书元　孙卓奎

滕州市主要金融机构业务概况

单位：亿元

单位名称	本外币存款余额	企业存款	储蓄存款	本外币贷款余额	短期贷款	中长期贷款
农发行滕州市支行	0.40	0.37	--	4.79	3.64	1.15
工行滕州支行	30.22	7.10	18.66	44.29	9.99	34.30
农行滕州市支行	46.29	7.48	34.61	24.98	8.18	16.15
中行滕州支行	9.99	2.70	5.13	6.58	4.98	1.60
建行滕州支行	30.53	6.97	16.01	38	1.06	36.94
枣庄市商行滕州支行	1.54	0.32	0.35	1.07	0.97	0.01
滕州市农信联社	64.40	1.53	51.01	50.63	45.29	0.82
邮储银行滕州市支行	14.75	--	14.75	0.46	0.46	--

是受经济下行和未来收入不确定性影响使不少居民消费趋于谨慎，预防性被动储蓄特征明显。

三、贷款投向趋于合理，注重加强信贷与产业政策的有机结合，加大了对优质重点项目、中小企业和“三农”的信贷支持。其中，短期农业贷款余额40.78亿元，较年初增加11.1亿元，增长37.3%。

【金融发展与改革】　2008年，人行滕州市支行加强县域金融生态环境建设，进一步强化窗口指导和政策引导，金融生态环境有了明显改善。一是各金融机构坚持“区别对待、有保有压”的原则，着力优化信贷结构，进一步改善金融服务；二是农行股份制改革稳步推进，农信社一级法人改革取得初步成果；三是积极组织小额贷款公司试点，推进农村金融改革。

【金融服务与监管】　2008年，人行滕州市支行一是严格加强专项票据资金的监督考核；二是进一步完善企业、个人信用信息基础数据库系统，强化中小企业、个人信用的服务和监督职能；三是加大反假、反洗钱工作力度；四是加强支付清算管理，改善支付环境，加快资金周转速度，确保会计、国库资金安全。

（王永清　李　靖）

薛城区

【经济金融简况】 2008年，薛城区认真贯彻科学发展观，全面落实各项宏观调控政策，实现了经济社会平稳较快发展。全年工业实现增加值59.01亿元，增长12.36%，高新技术产业产值比年初提高2.31个百分点。

年度金融运行特点主要表现：一是存款总额继续保持较高增长速度，其中企业存款上半年保持了较高的增速，下半年受经济环境影响出现明显的回落态势，储蓄存款则全年保持平稳增长；二是各项贷款总量有所增加，但国有商行信贷投放力度不足，较上年少投放0.31亿元；三是金融机构保持较高盈利水平，实现盈利2.09亿元，同比增加0.92亿元。

【金融发展与改革】 2008年，人行薛城区支行加强窗口指导，认真做好贯彻宏观调控政策和支持地方经济发展的文章。一是协助区政府制订了关于支持全区银行业又好又快发展

薛城区主要经济金融指标

经济指标	2007	2008	经济指标	2007	2008
土地面积（平方公里）	422.71	422.71	地方财政支出（亿元）	5.14	5.82
人口（万人）	41.69	41.54	全社会固定资产投资（亿元）	44.71	57.08
非农业人口（万人）	12.28	12.16	固定资产投资增速（%）	22.30	27.10
地区生产总值（亿元）	68.85	74.22	进出口总值（万美元）	1845	1847
地区生产总值年增速（%）	8.60	8.00	出口总值（万美元）	1430	1517
第一产业（亿元）	7.08	9.04	实际利用外资（万美元）	1175	4410
第二产业（亿元）	45.32	46.57	社会消费品零售总额（亿元）	24.92	30.45
第三产业（亿元）	16.46	18.61	居民消费价格指数（%）	103.90	104.80
财政总收入（亿元）	5.84	6.81	人均地区生产总值（元）	19073	19835
地方财政收入（亿元）	3.08	3.11	城镇居民可支配收入（元）	12585	14320
财政总支出（亿元）	5.84	6.80	农民人均现金收入（元）	6042	6918
金融指标（亿元）	2007	2008	金融指标（亿元）	2007	2008
本外币存款余额	85.75	126.16	财险收入	0.24	0.35
企业存款	23.2	47.01	寿险收入	1.43	1.62
储蓄存款	49.71	65.32	财险赔款	0.13	0.19
本外币贷款余额	38.88	45.65	寿险给付	0.39	0.28
短期贷款	20.60	22.20	证券市场交易总额	49.36	150.86
中长期贷款	16.42	19.78	投资者保证金余额	0.38	0.68
票据融资	1.67	3.67	证券交易佣金收入	0.15	0.13

薛城区主要金融机构负责人

单位名称	行长（或其他称谓的第一负责人）	副行长（或其他称谓的同级领导）
人行薛城区支行	马亚东	朱运喜　侯贺磊
农发行薛城区支行	周长民	张明文
工行薛城支行	杨永智	蒋　志　杨列国　胡　峰

续表

单位名称	行长（或其他称谓的第一负责人）	副行长（或其他称谓的同级领导）
农行薛城区支行	陈修忠	俞学朋　王继峰　潘绪新
中行薛城支行	李希宏	黄　辉　于　强
建行薛城支行	丛方中	孙卫东　赵云辉
建行枣滕矿区支行	仇洪建	种道长
建行高新区分理处	刘　磊	宋照成　李海东
枣庄市商行薛城支行	崔　健	钟　永
枣庄市商行高新支行	王德可	宋光彬
枣庄市恒泰农合行	王　伟	张联科　刘志强　孙法超　王　震
邮储银行薛城区支行	刘大东	赵云冲

薛城区主要金融机构业务概况

单位：亿元

单位名称	本外币存款余额	企业存款	储蓄存款	本外币贷款余额	短期贷款	中长期贷款
工行薛城支行	28.02	14.21	11.71	11.17	1.40	9.77
农行薛城区支行	17.61	6.33	10.82	4.63	2.17	2.38
中行薛城支行	10.06	4.74	4.51	3.83	1.23	2.06
建行薛城支行	10.74	4.13	4.88	2.60	0.24	2.36
建行枣滕矿区支行	17.68	3.62	10.30	2.63	0.24	2.38
建行高新区分理处	4.37	2.56	1.59	0.10	0.10	--
枣庄市商行薛城支行	8.92	8.58	0.34	1.36	1.31	--
枣庄市商行高新支行	3.45	1.18	1.21	1.89	1.73	0.14
枣庄市恒泰农合行	21.56	1.55	16.41	17.29	13.65	0.69
邮储银行薛城区支行	3.75	0.11	3.54	0.14	0.14	--

和关于金融推动地方经济又好又快发展的两个《实施意见》，推动区域经济金融协调发展；二是引导金融机构创新“速贷通”等个性化金融产品，为中小企业提供多样化的融资服务；三是协调成立担保公司2家，逐步形成了担保公司为主、担保商会和企业互保为辅的较为完善的信用金融体系；四是大力推进下岗失业人员小额担保贷款工作，在全市率先建立小额担保贷款联席会议制度；五是建立了薛城区金融支持优质中小企业储备库，引导全区银行业金融机构对进入选储备库的企业提供合理资金需求；六是原薛城区城信社和农信社顺利实现了向商业银行的转轨，分别成立了枣庄市商行薛城支行、枣庄市商行开发区支行和枣庄市恒泰农合行。

【金融服务与监管】　2008年，人行薛城区支行不断提高金融服务水平，较好地发挥了职能作用。一是综合运用货币政策工具，加强中央银行资金管理；二是加强紧急贷款和存款准备金管理，突出中央银行防范化解系统性金融风险职能；三是在政府采购中应用企业信用评级报告，成为全省第一家在政府采购中全面使用企业信用评级报告的地区；四是加强利率管理，防范利率市场风险；五是加强外汇管理，不断完善和强化外汇监管手段；六是寓监管于服务之中，先后组织开展了专项票据、存款准备金、征信、国库经收、支付结算、外汇管理、保险公司反洗钱等专业执法检查，促进金融机构依法合规经营。

（朱运喜　李金涛）

台儿庄区

【经济金融简况】 2008年，台儿庄区经济运行健康平稳。三大产业比重由上年的13.8%、61.7%和24.5%转变为13.0%、62.2%和24.8%。

全区金融机构立足地方经济发展的需要，积极做好执行从紧的货币信贷政策与支持区域产业发展相结合的文章，紧紧围绕运河古城恢复建设、招商引资和项目建设，全面提升金融服务能力，集中资金和规模，不断加大信贷投入和结构调整力度，实现了经济金融良性互动。

截至年末，全区金融机构：

一、存款超常规增长，增加额是上年同期的10倍，增幅连续12个月居全市第1位，比全市存款增幅高出19个百分点。

台儿庄区主要经济金融指标

经济指标	2007	2008	经济指标	2007	2008
土地面积（平方公里）	533.30	533.30	地方财政支出（亿元）	3.86	5.98
人口（万人）	30.31	30.48	全社会固定资产投资（亿元）	32.84	41.63
非农业人口（万人）	9.26	8.03	固定资产投资增速（%）	25.60	26.80
地区生产总值（亿元）	75.66	88.36	进出口总值（万美元）	3127	4355
地区生产总值年增速（%）	16.00	11.20	出口总值（万美元）	2949	4148
第一产业（亿元）	11.89	11.54	实际利用外资（万美元）	1043	2335
第二产业（亿元）	46.68	54.95	社会消费品零售总额（亿元）	19.77	24.07
第三产业（亿元）	18.53	21.87	居民消费价格指数（%）	103.90	116.20
财政总收入（亿元）	4.05	4.89	人均地区生产总值（元）	25020	29258
地方财政收入（亿元）	2.47	2.85	城镇居民可支配收入（元）	12585	14320
财政总支出（亿元）	4.55	6.24	农民人均现金收入（元）	4760	5266
金融指标（亿元）	**2007**	**2008**	**金融指标（亿元）**	**2007**	**2008**
本外币存款余额	20.34	29.75	财险收入	0.09	0.14
企业存款	2.40	4.23	寿险收入	0.23	0.48
储蓄存款	14.19	20.06	财险赔款	0.08	0.13
本外币贷款余额	17.24	18.83	寿险给付	0.02	0.07
短期贷款	11.83	10.68	证券市场交易总额	--	--
中长期贷款	5.04	7.50	投资者保证金余额	--	--
票据融资	0.29	0.65	证券交易佣金收入	--	--

台儿庄区主要金融机构负责人

单位名称	行长（或其他称谓的第一负责人）	副行长（或其他称谓的同级领导）
人行台儿庄区支行	张北南	李　建　吴敬普　吴长亚　魏祥勇　张裕金
农发行台儿庄区支行	黄新勇	孙东文　孙允艳　宋　伟　高　辉
工行台儿庄支行	张义辉	洪方平

续表

单位名称	行长（或其他称谓的第一负责人）	副行长（或其他称谓的同级领导）
农行台儿庄区支行	孔祥玉	胡　锐　王景国
中行台儿庄支行	宋　毅	戴　行
建行台儿庄支行	马传飞	江崇军　孙晋忠
枣庄市商行台儿庄支行	吴文东	郑怀芳
台儿庄区农信联社	张佰奎	魏永军　徐文芳　秦　峰　袁成民
邮储银行台儿庄区支行	黄　群	于光强

台儿庄区主要金融机构业务概况

单位：亿元

单位名称	本外币存款余额	企业存款	储蓄存款	本外币贷款余额	短期贷款	中长期贷款
农发行台儿庄区支行	0.22	0.17	--	1.88	1.88	--
工行台儿庄支行	3.65	0.47	1.73	1.23	0.38	0.85
农行台儿庄区支行	2.64	0.15	2	0.46	0.46	--
中行台儿庄支行	2.54	0.60	1.27	1.05	0.06	0.99
建行台儿庄支行	6.98	2.38	3.04	5.35	0.10	5.25
枣庄市商行台儿庄支行	0.88	0.21	0.39	0.44	0.22	0.22
台儿庄区农信联社	9.32	0.11	8.3	8.26	7.42	0.19
邮储银行台儿庄区支行	3.44	0.13	3.3	0.16	0.16	--

二、贷款快速增加，增幅居全市第1位，比全市贷款平均增幅高出17个百分点。

三、资金流动性增强，存贷比63.31%，全区人均存款10801元，人均贷款6849元。

四、盈利能力逐步提升，不良贷款率较年初下降11个百分点，创历史最低；实现结益5325万元，其中国有商行结益3025万元，地方性金融机构结益1769万元。

五、金融贡献度明显提高，达到28.93，全年上缴地方税合计627万元。

【金融发展与改革】 2008年，台儿庄区金融机构发展势头良好。一是城商行不断拓宽业务领域，逐步消除其历史影响，走上良性发展轨道；二是农信社通过央行专项票据处置不良资产4690万元，甩掉了历史包袱，已全部弥补历年亏损挂账。

【金融服务与监管】 2008年，人行台儿庄区支行一是积极发挥信贷政策引导和资金支持作用，突出服务职能创新；二是积极争取资金支持，引导银行业发挥整体合力，优化农村金融生态环境。

在金融监管方面：一是综合运用货币政策工具，加强中央银行资金管理；二是加强再贷款和存款准备金管理，突出中央银行防范化解系统性金融风险职能；三是加强票据市场管理，规范货币市场的发展；四是加强利率管理，防范利率市场风险；五是充分利用中央银行再贷款手段，引导当地农信社不断加大对新农村建设的支持力度。

（张北南　魏祥勇）

菏泽市

【经济金融简况】 2008年，菏泽市深入落实科学发展观，狠抓招商引资、项目建设、工业运行、“三农”、改善民生等重点工作，促进了经济的平稳健康发展。经济运行特点：一是国民经济发展较快，地区生产总值增速高于全省3.5个百分点；二是经济结构进一步优化，二、三产业比重提高2.7个百分点；三是“四大基地一大产业”建设初见成效，完成投资249亿元，占千万元以上在建项目投资的83%；四是农村经济全面发展，粮食单产、总产均创历史新高。

该市金融运行态势良好，各项存款快速增长，信贷规模均衡增长，现金收支不断扩大。

一、存款总量大幅增加，结构变化明显。

（一）企业存款稳步增加。主要原因：一是年底企业集中催收货款，货款回笼增加存款；二是企业办理承兑，交保证金存款，使企业存款增加；三是贷款增长引起的派生存款增加。

（二）储蓄存款大幅度增加。主要原因：一是股市的大幅度振荡，打击了投资者的热情和信心；二是农村居民出售玉米、蔬菜后，手中积蓄增加，也推动了储蓄存款增加；三是大量农民工提前返乡，为储蓄存款带来了新的储源；四是受世界金融危机的影响，居民消费信心受到打击，不少居民把计划消费的钱存入银行。

二、贷款稳步增长，特点明显。

（一）贷款余额稳步增长，创历史新高。原因是国家货币政策调整，基层金融机构信贷管理政策出现新变化。商行取消了信贷规模控制，只要有好项目，上级审批后就积极给予信贷支持。

（二）信贷结构进一步优化。一是农业信贷投入不断增加；二是加大了重点企业和基础产业的扶持力度；三是个人消费贷款快速增长；四是票据融资快速增加，有效缓解了短期贷款不足的矛盾。

三、由于商业银行电子化服务体系逐步建立，电子汇兑、信用卡、网上银行结算业务蓬勃发展，企业转账比例上升，加上代发工资业务发展迅速等因素影响，促使现金回笼大幅增加。

【货币政策实施】 2008年，人行菏泽市中支认真贯彻实施货币政策，按照“监测、分析、引导”的货币信贷工作思路，加强对金融机构的调控与指导，努力保持信贷投放持续平稳增长。

一、进一步推动金融生态环境优化工作。该中支按照“央行参谋、政府主导、部门联动、社会参与”的总体要求，协助市政府筹备召开了全市金融生态环境建设工作会议，起草了《关于做好2008年货币信贷工作促进菏泽经济实现新发展的意见》和《关于贯彻实行适度宽松的货币政策实现菏泽突破发展的意见》，得到各金融机构的积极响应。

二、督促金融机构落实“十一五”战略合作协议。一是先后起草了《关于整合金融资源，强化金融服务，大力支持全市大项目建设的指导意见》和《金融系统信贷政策执行效果评价办法》；二是协助政府部门分别召开市级和县区级银企合作洽谈会2次和9次，分别签约贷款协议35份和255份，协议贷款金额96.09亿元和133.90亿元；三是完善了《银企合作签约项目暨金融支持大项目建设调度制度（暂行）》。

三、加大对重点企业的信贷支持力度。该中支按照市委市政府提出的重点支持全市60户企业发展的意见，及时对各金融机构提出了加强重点企业支持的建议，并对60户重点企业信贷支持情况按月调度，引导各金融机构调整信贷结构，把支持重点企业发展作为支持工业发展的中心工作。

四、强化对“三农”的信贷支持力度。该中支按照有关《意见》，积极引导农发行、农信社进一步增强服务意识，切实转变经营思路，努力扩大信贷业务范围，农业贷款大幅增加，主要用于农业产业化种植和改善农业生产条件以及部分中小企业的贷款需求。

【金融监管】 2008年，人行菏泽市中支和菏泽银监分局加强协调、密切配合，不断加大金融监管力度，促进金融机构合法稳健经营。

一、人行菏泽市中支一是于11月中旬对全市9家农信社及部分基层社改革进展情况进行了现场检查；二是加强农信社缴存存款准备金的日常监测和管理，凡是出现清算透支的，及时给予处罚。

二、菏泽银监分局一是严控新增不良贷款，对银行机构新发生单笔100万元以上大额不良贷款进行了现场核查，并责成对有关责任人进行了严肃处理；二是就银行机构核销工作中存在的困难和问题，争取政府有关部门支持，推动破产企业审结工作；三是强化非现场监管信息系统建设，制定了《非现场监管报表填报实施细则》，将非现场监管报告和报表报送工作纳入年度考核；四是加强监测分析，及时约见高管人员谈话，向被监管机构下发了13份监管提示书和10份非现场监管意见书；五是定期更新《机构概览》，全面掌握和反映被监管机构经营管理情况。

【外汇管理】 2008年，外管局菏泽市中心支局以提高外汇管理与服务效能为立足点，以监测和调研、分析为突破口，以强化外汇监管和执法作保障，促进涉外经济平稳快速发展。

一、及时出台有针对性的工作意见，促进辖区涉外经济

菏泽市经济主要统计指标

指标 \ 年度	2004	2005	2006	2007	2008	2008 年同比增幅（%）
土地面积（平方公里）	12239	12239	12239	12239	12239	0
人口（万人）	880.69	885.83	905.20	914.20	925.68	1.26
非农业人口（万人）	155.61	172.13	172.90	177.40	180.30	1.63
地区生产总值（亿元）	365	450.74	537.68	659.91	821.79	15.60
第一产业（亿元）	136	154.07	166.44	182	195.51	3.10
第二产业（亿元）	148.30	193.76	247.71	315.86	415.15	20
工业（亿元）	123.56	161.71	210.21	267.98	355.54	20.80
建筑业（亿元）	24.79	32.05	38.09	60	59.61	14.80
第三产业（亿元）	80.70	102.91	123.54	162.05	211.13	20.30
人均地区生产总值（元）	4144	5103	6004	7218	10051	15.10
地区生产总值构成（%）	100	100	100	100	100	--
第一产业（%）	37	34.20	31	24.60	23.80	-0.80
第二产业（%）	41	43	46	47.80	50.50	2.70
第三产业（%）	22	22.80	23	27.60	25.70	-1.90
财政总收入（亿元）	35.39	41.71	62.5	100	91.22	24.20
地方财政收入（亿元）	17.22	21.15	30.03	42.11	50.48	19.90
财政总支出（亿元）	--	--	--	--	--	--
地方财政支出（亿元）	40.23	50.33	69.25	95.52	115.43	20.80
全社会固定资产投资（亿元）	283.57	409.87	500.42	528.66	380.63	18.30
规模以上固定资产投资（亿元）	283.57	409.87	500.42	528.66	380.63	18.30
规模以下固定资产投资（亿元）	--	--	--	--	--	--
房地产开发（亿元）	13.50	20.74	29.08	36.90	44.60	20.80
进出口总值（亿美元）	8.31	5.18	6.52	8.52	9.94	16.60
出口总值（亿美元）	6.92	4.75	5.59	7.23	8.37	15.80
实际利用外资（亿美元）	1.96	0.38	0.71	1.68	1.08	4.10
社会消费品零售总额（亿元）	177.40	236.65	275.25	327.93	404.85	23.50
居民消费价格指数（%）	103.20	101.40	101.20	103.90	104.10	4.10
城市居民人均可支配收入（元）	6733.71	7341.67	8137	9715	11581	14.50
农民人均现金收入（元）	2653	3092	3480	4023	4584	13.90

注：2008 年同比增幅按统计局口径

菏泽市工农业主要统计指标

农业主要统计指标（万吨）				规模以上工业企业主要统计指标（亿元）			
项目＼年度	2007年	2008年	增幅（%）	项目＼年度	2007年	2008年	增幅（%）
粮食	491.39	505	2.80	工业增加值	240	352.39	25.70
夏粮	335.08	342.70	2.30	国有工业	21.66	24.37	9.10
秋粮	156.39	162.30	3.88	集体工业	1.41	2.55	20.10
棉花	28.70	28.85	1.49	股份制工业	186.86	266.07	26.90
油料	32.22	32.40	0.43	股份合作制工业	0.64	0.34	-2.80
水果	60.25	59.55	1	外商及港澳台投资工业	18.51	29.85	25.70
蔬菜	969.47	988.65	0.30	轻工业	124.88	179.26	23.90
肉类	58.85	52.45	6.60	重工业	115.15	173.13	27.70
禽蛋	36.55	33.73	8.70	销售收入	904.96	1355.54	41.40
奶类	5.36	5.94	10.90	利税	63.88	128.51	48.50
水产品	11.56	12.44	7.60	利润	34.47	71.04	43.50
森林覆盖率（%）	30.80	32.60	1.80	经济效益综合指数（%）	204.96	233.81	25.46

菏泽市主要金融机构负责人

单位名称	行长（或其他称谓的第一负责人）	副行长（或其他称谓的同级领导）
人行菏泽市中心支行	祖洪涛	杨家杰　石建民　郑　丽　武付民　孟宪东
银监会菏泽监管分局	党明娜	朱凤德　张以良　王思钦
农发行菏泽市分行	李大成	赵性存　刘浩然
工行菏泽分行	孙长庚	黄腾坤　刘虎臣　冯万杰　王艳丽　王艳峰
农行菏泽市分行	王新华	郭永常　陈晓明　郑新生　谭登禄
中行菏泽分行	李　华	李成彪　贾丁盘　闫　健　李　晨
建行菏泽分行	杨明铎	张福明　王怀阁　朱坤礼　韩卫东　刘明振　王　斌　韩文广
莱商银行菏泽分行	苏全利	任绪翠　邹　剑
农信社菏泽市办事处	张效节	杨春河　王高义
邮储银行菏泽市分行	李玉柱	刘筱琏　陈海东
人保公司菏泽市分公司	梁乃臣	王保清　李　正　陈美华
齐鲁证券公司菏泽营业部	刘士军	

菏泽市金融业务统计指标

指标（亿元）		2004	2005	2006	2007	2008	2008年同比增幅（%）
银行类	本外币存款余额	364.39	427.72	498.27	572.43	705.54	23.25
	人民币存款余额	364.39	427.72	498.27	572.43	704.17	23.01
	企业存款	59.88	61.40	63.76	72.28	93.09	28.79
	储蓄存款	273.15	316.05	372.62	428.14	531.18	24.07
	定期储蓄存款	191.06	218.93	248.65	278.76	350.15	25.61
	活期储蓄存款	82.09	97.12	123.97	149.38	181.02	21.18
	本外币贷款余额	310.73	339.8	398.33	445.69	484.67	8.75
	人民币贷款余额	310.73	339.80	398.33	445.69	483.92	8.58
	短期贷款	238.98	231.82	260.06	298.14	307.11	3.01
	工业贷款	40.83	20.85	38.41	50.05	40.87	-18.34
	商业贷款	83.88	80.97	76.02	77.44	81.78	5.60
	农业贷款	71.59	82.32	94.03	116.48	130.14	11.73
	中长期贷款	58.75	101.60	127.09	142.02	164.38	15.74
	基本建设贷款	34.42	62.76	81.60	92.02	119.12	29.45
	技术改造贷款	0.67	2.08	1.58	0.59	1.89	220.34
	票据融资	6.91	5.10	9.81	4.17	12.41	197.60
	现金收入	1991.25	2171.61	2292.95	2360.42	2581.14	9.35
	现金支出	2003.49	2171.33	2292.98	2357.46	2569.26	8.98
	现金投放（+）回笼（-）	12.24	0.72	0.03	-2.96	-11.88	301.35
	当年结益	-1.44	0.73	2.51	4.84	10.55	117.98
保险类	保险公司保费收入	8.41	10.07	11.34	13.75	20.66	50.30
	财险收入	1.49	1.92	2.32	3.50	4.19	19.60
	寿险收入	6.92	8.15	9.02	10.25	16.47	60.70
	保险公司赔款和给付支出	1.40	1.44	2.70	4.52	5.74	27
	财险赔款	0.94	1.03	1.67	1.80	2.43	34.80
	寿险给付	0.46	0.41	1.03	2.72	3.31	21.90
	当年结益	0.30	-0.14	-0.75	-1.51	-1.53	-1.20
证券类	证券市场成交总额	--	--	--	--	174.74	--
	投资者保证金余额	--	--	--	--	1.23	--
	佣金收入	--	--	--	--	0.48	--
	净利润	--	--	--	--	0.38	--

菏泽市金融机构统计指标

指标（个）		2004	2005	2006	2007	2008	2008 年同比增幅（%）
银行类	法人机构	54	9	9	9	9	0
	省级分行	0	0	0	0	0	0
	二级分行	6	6	6	6	7	16.67
	县区支行	46	46	46	46	46	21.05
	分理处、营业所	518	516	498	481	451	-6.24
	储蓄所	272	252	209	203	195	-3.94
	从业人员总数	9164	7546	8249	8714	8653	-0.70
保险类	保险机构	42	46	59	79	90	13.92
	财险机构	14	18	29	49	52	6.12
	省级分公司	0	0	0	0	0	0
	地市分公司	4	5	7	8	9	12.50
	县区支公司	10	13	22	41	43	4.88
	寿险机构	28	28	30	30	38	26.67
	省级分公司	0	0	0	0	0	0
	地市分公司	5	5	5	5	6	20.00
	县区支公司	23	23	25	25	32	28.00
	从业人员总数	2558	3098	4662	4834	6605	36.64
	财险人员	353	484	669	923	976	5.74
	寿险人员	2205	2614	3993	3911	5629	43.93
证券类	证券机构	--	--	--	--	1	--
	证券公司	--	--	--	--	0	--
	证券营业部	--	--	--	--	1	--
	证券服务部	--	--	--	--	0	--
	从业人员总数	--	--	--	--	17	--
	投资者开户	--	--	--	--	27483	--
	境内上市股票支数	--	--	--	--	0	--
	境外上市股票支数	--	--	--	--	2	--
	辖区上市公司总数	--	--	--	--	2	--

菏泽市主要金融机构业务概况

单位：亿元

单位名称	本外币存款余额	企业存款	储蓄存款	本外币贷款余额	短期贷款	中长期贷款
农发行菏泽市分行	4.68	4.36	0	83.46	81.95	1.51

续表

单位名称	本外币存款余额	企业存款	储蓄存款	本外币贷款余额	短期贷款	中长期贷款
工行菏泽分行	112.48	22.41	71.74	78.65	17.95	60.22
农行菏泽市分行	105.74	13.43	80.98	34.15	10.66	22.74
中行菏泽分行	60.89	25.66	32.43	48.83	12.85	35.65
建行菏泽分行	90.35	18.69	48.28	58.50	10.24	39.16
莱商银行菏泽分行	7.75	6.46	1.18	5.01	4.97	0
农信社菏泽市办事处	239.79	1.06	225.46	174.61	167.14	5.03
邮储银行菏泽市分行	73.56	1.51	71.92	1.46	1.36	0.10

菏泽市各县级区域经济金融主要统计指标

名称	人口（万人）	面积（平方公里）	地区生产总值（亿元）	地区生产总值增速（%）	本外币存款余额（亿元）	储蓄存款（亿元）	本外币贷款余额（亿元）
曹　县	151.66	1974	103.50	16.80	70.68	57.92	51.40
单　县	120.3	1702	98	16.32	63.89	52.81	43.17
成武县	66.70	988	65	16	40.19	32.63	26.94
巨野县	97.19	1303	80.98	16.20	62.31	51.53	46.50
郓城县	117.49	1643	102.53	16	89.88	75.80	53.40
鄄城县	82.60	1038	58.50	15.20	51.26	43.61	24.83
定陶县	63.21	846	51.97	13.92	39.44	31.83	25.16
东明县	76.53	1370	84.01	18.20	61.09	40.24	45.80

发展。一是印发了《关于进一步改进外汇管理支持涉外经济又好又快发展的二十条意见》，引导金融机构积极支持企业优化进出口产品结构；二是实行了出口退税免于提供纸质核销单，简化出口核销手续，加快企业退税速度；三是对进口企业省内异地付汇取消备案管理，方便企业进口用汇；四是积极推广外商直接投资信息管理系统，提高外商投资业务办理效率；五是针对国际金融危机大幅蔓延对实体经济产生的影响，及时出台了《关于加强危机应对强化金融支持促进全市涉外经济发展的指导意见》，帮助企业渡过难关。

二、灵活运用外汇管理政策，积极促进贸易投资便利化。针对企业的实际情况，该中支在真实性审核的基础上，想方设法为企业解决困难。一是在政策允许的范围内，帮助6家出口企业解决了贸易收结汇问题，涉及金额200多万美元；二是为2家企业解决了出口退税难题，挽回经济损失近100万元人民币。截至年末，全市累计发放出口收汇核销单4.48万份，办理出口核销2.53万笔，金额7.2亿美元；进口付汇565笔，金额1.16亿美元。

三、加强国际收支申报管理，提高数据质量。一是研究制定了《加强辖内银行国际收支申报工作的意见》，有效提高了银行申报工作的规范化、程序化和制度化程度；二是创新国际收支申报管理方式，建立了《银行申报工作综合考评制度》，并根据考评情况实施分类监管，得到分局领导肯定和表扬；三是重视国际收支申报数据质量，拓展非现场核查的广度和深度，加大现场核查的频率和范围，将核查重点延伸到基层银行和申报主体。

四、加大外汇现场检查执法力度，提高外汇政策执行效果。一是协助总分局完成了“12·28”案件检查工作；二是对4家外汇指定银行及其分支机构执行“关注企业”外汇管理政策情况进行专项检查；三是组织开展农行菏泽市分行外汇业务合规性检查；四是配合省分局完成对曹县百隆公司外债使用情况现场检查；五是对中行、工行菏泽分行组织了资本金收结汇、个人结售汇和国际收支统计申报综合检查。

【金融改革】 2008年，建行菏泽分行一是积极推进对公授信业务经营层级上移，成立了授信管理中心，对大中型对公客户授信业务实现直接经营；二是建立分支行联动的营销体制和高效工作模式，针对20个重点项目成立了由行领导牵头的任务型团队；三是推进城区风险经理体制改革，实现了分行层面真正平行作业；四是进一步完善以经济增加值为核心的绩效评价体系，制定《支行绩效工资总量分配办法》和《经营机构负责人年薪制补充意见》，建立了固化薪酬、浮动薪酬分配机制。

2008年3月9日，邮储银行菏泽市分行挂牌成立，下设办公室、人力资源部、财务会计部、审计部兼风险合规部、综合业务部兼渠道与科技部、信贷业务部、营业管理部等7个部室，下辖8个县支行，173个分支机构。其中，一类网点22个，二类网点63个，邮政代理网点88个。

【证券市场】 2008年，菏泽市证券市场开始降温，社会资金大量流出。从年初开始，证券市场改变了2007年的牛市状态，股票市场行情一路下跌，大部分投资者亏损严重，成交量大幅萎缩。

【精神文明建设】 2008年，菏泽市各金融机构坚持以人为本，充分调动了干部职工的积极性、主动性和创造性。

一、积极开展群众性文化娱乐活动，增强干部职工凝聚力。一是人行菏泽市中支举办了“爱心与我同行，我与责任同在”抗震救灾诗歌朗诵会、“党在我心中”演讲比赛、“激情迎奥运，健康展风采”职工羽毛球比赛等多项活动；二是菏泽银监分局组织全员开展了以“高境界、高标准、高效率，进一步提高监管效能”为主题的履职大讨论，以及春节联欢会、迎奥运职工运动会、团员拓展训练、能源短缺体验日等一系列活动；三是农行菏泽市分行举办“点燃激情、扬帆农行”员工运动会；四是建行菏泽分行组织开展了星级柜员评定和劳动竞赛、“晒业绩、比贡献、谈收获”大讨论、“同享收获、共唱和谐”歌咏晚会和第2届职工运动会等活动；五是农信社菏泽市办事处先后举办了电视“安全管理知识”比赛和“春的祝福”、“正气之歌”大型晚会、第2届职工运动会等大型活动；六是邮储银行菏泽市分行组织、参加了银行业先进个人事迹巡回演讲、邮政独立运营10周年文艺汇演、“慈善一日捐”、抗震救灾“爱心捐助”等活动，丰富了职工生活。

二、扎实开展行风建设活动，不断提高服务效率和质量。一是人行菏泽市中支扎实开展“提高服务效率、树立央行形象”行风建设和征信、外汇、银行卡、反洗钱、反假货币宣传“进校园、入社区，下乡村、进农户，登报纸、上电视”等活动；二是菏泽银监分局针对南华购物广场贷款问题及时向有关金融机构下发风险提示书，积极接受群众举报电话，依法维护银行业和金融消费者合法权益；三是农行菏泽市分行积极支持农业产业化龙头企业，25家省级以上农业产业化龙头企业贷款存量和增量均居同业首位；四是建行菏泽分行不断深化服务理念，设立了“客户接待日”，实行信贷审批和平行作业限时服务；五是邮储银行菏泽市分行进一步拓展业务品种和服务渠道，相继开办了小额信用贷款、个人商务贷款和公司业务、商易通业务等业务；六是莱商银行菏泽分行实施灵活高效的贷款运作机制，一笔贷款手续平均在1-3个工作日内完成，有效满足了中小企业对资金短、频、快的需求。

【金融大事记】 1月13日~15日 人行济南分行营管部党委书记、主任刘克俭率分行考核组对人行菏泽市中支进行年度考核。

2月28日~29日 人行菏泽市中支召开2008年度工作会议暨纪检监察工作会议。

3月9日 邮储银行菏泽市分行挂牌成立，李玉柱任行长。

4月12日 莱商银行菏泽分行正式挂牌营业，设有营业部、业务部、综合部3个职能部室，员工51人。

4月21日~22日 山东银监局局长周忠明到菏泽银监分局调研。

4月26日 工行山东省分行行长沈荣勤到菏泽视察工作，菏泽市委书记赵润田予以会见。

6月4日 王新华任农行菏泽市分行党委书记、行长。

6月12日 农发行山东省分行行长杨杰到曹县查看夏粮收购情况。

6月15日 建行菏泽分行为菏泽发电厂办理“利得盈”2亿元。

8月 建行菏泽分行被总行评为2007年度全国外汇业务“百强行”；农信社菏泽市办事处因安全保卫工作成绩突出被省公安厅记集体二等功。

9月4日 人行济南分行王敏副行长，菏泽市委副书记、市长刘士合出席菏泽市金融学会第六次会员代表大会并讲话。

9月10日 农行山东省分行行长刁钦义到菏泽调研。

10月16日 莱商银行菏泽分行国际业务结算系统顺利开通。

11月9日 “村村通”工程安装的第一台查询机在郓城县丁里长乡王集村正式投入使用。

12月8日 齐鲁证券菏泽营业部举办“寻找股市黎明的踪迹”大型投资报告会。

12月27日 农行菏泽市分行与市政府举行战略合作协议签字仪式。根据协议：在2009年至2011年间，农行将向菏泽市提供总额不低于人民币100亿元的信用支持。

（王志华 许加宏）

曹　县

【经济金融简况】　2008年，曹县国民经济健康持续发展，各项社会事业全面进步，经济建设迈上新台阶；金融运行平稳，存、贷款呈逆向变化明显，存款持续稳定增长，贷款下降幅度明显。

【金融发展与改革】　2008年，人行曹县支行按照“小而有为”的标准，进行了人员优化改革。国有商行实行了“一级法人，多级授权”的信贷管理制度，审贷分离，将信贷风险降到最低。

【金融服务与监管】　2008年，曹县各金融机构以“服务立行”为目标，相继建立了有效的业务创新机制。一是推出了

曹县主要经济金融指标

经济指标	2007	2008	经济指标	2007	2008
土地面积（平方公里）	1974	1974	地方财政支出（亿元）	11.33	14.39
人口（万人）	150.70	151.66	全社会固定资产投资（亿元）	61.90	36.85
非农业人口（万人）	18.30	18.86	固定资产投资增速（%）	27.10	15.21
地区生产总值（亿元）	82.24	103.50	进出口总值（万美元）	23402	27081
地区生产总值年增速（%）	17.23	16.80	出口总值（万美元）	22992	26885
第一产业（亿元）	24.96	26.99	实际利用外资（万美元）	1903	889
第二产业（亿元）	38.96	50.75	社会消费品零售总额（亿元）	45.29	55.96
第三产业（亿元）	18.32	22.76	居民消费价格指数（%）	103.86	104.10
财政总收入（亿元）	7.47	8.33	人均地区生产总值（元）	6311	7701
地方财政收入（亿元）	4.09	5.29	城镇居民可支配收入（元）	9396	11686
财政总支出（亿元）	13.97	16.83	农民人均现金收入（元）	3949	4508
金融指标（亿元）	2007	2008	金融指标（亿元）	2007	2008
本外币存款余额	55.99	70.68	财险收入	0.15	0.15
企业存款	3.64	6.81	寿险收入	1.09	1.59
储蓄存款	45.45	57.92	财险赔款	0.09	0.10
本外币贷款余额	41.59	51.40	寿险给付	0.24	0.28
短期贷款	37.02	47.54	证券市场交易总额	0	0
中长期贷款	3.61	3.83	投资者保证金余额	0	0
票据融资	0.83	0.04	证券交易佣金收入	0	0

曹县主要金融机构负责人

单位名称	行长（或其他称谓的第一负责人）	副行长（或其他称谓的同级领导）
人行曹县支行	李国庆	潘　伟　赵国良　刘尊民　刘桂生　王呈科
银监会曹县办事处	张　春	
农发行曹县支行	刘源炎	赵书明　谢　军
工行曹县支行	朱　宏	吕传序　刘志涛　栗　明　赵振宇

续表

单位名称	行长（或其他称谓的第一负责人）	副行长（或其他称谓的同级领导）
农行曹县支行	王现喜	高全法　栗　华　郭守灿
中行曹县支行	崔友平	王剑寒　朱　军
建行曹县支行	姚　峰	张　勇　杜文忠　史效俭　袁　健
曹县农信联社	吴龙祥	吴正云　李发信　陈胜军 姜建伦　肖培进　陈惠敏
邮储银行曹县支行	冯银聚	张宗凯

曹县主要金融机构业务概况

单位：亿元

单位名称	本外币存款余额	企业存款	储蓄存款	本外币贷款余额	短期贷款	中长期贷款
农发行曹县支行	0.97	0.92	0	29.54	29.54	0
工行曹县支行	9.81	0.64	7.37	1.71	0.43	1.29
农行曹县支行	15.14	1.84	12.17	0.52	0.37	0.10
中行曹县支行	6.28	1.66	4.55	0.56	0.42	0.15
建行曹县支行	4.81	1.65	2.39	1.30	0.22	1.07
曹县农信联社	23.44	0.10	21.67	17.62	16.41	1.22
邮储银行曹县支行	9.78	0	9.77	0.15	0.15	0

“网上银行”、“银保通”、“农民工银行卡”等业务；二是银行电子化、网络化建设成绩显著，实现了同城结算和存款的“通存通兑”。

人行曹县支行认真执行货币政策，提高金融服务质量，支持地方经济稳健发展。一是完善各项规章制度，加大责任追究制度；二是加强账户管理及反洗钱、人民币及现金管理、国库业务集中支付、外汇管理等工作；三是围绕货币政策这个中心，切实履行再贴现、再贷款、金融统计及银行信贷登记咨询系统等各项职能，取得明显成效。

单　县

【经济金融简况】　单县位于山东省西南部，是我国唯一地处四省（苏、鲁、豫、皖）八县结合部的县，自古以来就有“中原锁钥、四省通衢”之称，全县辖 19 个乡镇，3 个办事处，1 个省级经济技术开发区，502 个行政村。

2008 年，单县金融机构积极优化信贷资源配置，金融运行继续保持平稳态势。截至年末，全县金融机构：

一、粮食收购贷款大幅增加。商业贷款余额 18.73 亿元，比年初增加 2.83 亿元，用于中央储备粮单县直属库收购小麦。

二、农业贷款稳步增加。重点支持“一乡一业”、“一村一

单县主要经济金融指标

经济指标	2007	2008	经济指标	2007	2008
土地面积（平方公里）	1702	1702	地方财政支出（亿元）	10.50	12.08

续表

经济指标	2007	2008	经济指标	2007	2008
人口（万人）	119	120.30	全社会固定资产投资（亿元）	59.38	48.58
非农业人口（万人）	16.17	16.47	固定资产投资增速（%）	25.20	21.50
地区生产总值（亿元）	80.10	98.00	进出口总值（万美元）	4435	6175
地区生产总值年增速（%）	17.30	16.32	出口总值（万美元）	4103	5571
第一产业（亿元）	26.90	28.10	实际利用外资（万美元）	3703	1411
第二产业（亿元）	35.70	47.80	社会消费品零售总额（亿元）	40.48	50.04
第三产业（亿元）	17.50	22.10	居民消费价格指数（%）	103.90	104.10
财政总收入（亿元）	5.70	7.29	人均地区生产总值（元）	8214	10031
地方财政收入（亿元）	3.85	4.90	城镇居民可支配收入（元）	--	--
财政总支出（亿元）	10.50	12.08	农民人均现金收入（元）	3992	4556
金融指标（亿元）	**2007**	**2008**	**金融指标（亿元）**	**2007**	**2008**
本外币存款余额	52.14	63.89	财险收入	0.04	0.10
企业存款	3.24	4.35	寿险收入	0.63	0.99
储蓄存款	42.90	52.81	财险赔款	0.04	0.05
本外币贷款余额	37.50	43.17	寿险给付	0.40	0.59
短期贷款	34.21	38.57	证券市场交易总额	0	0
中长期贷款	3.27	3.70	投资者保证金余额	0	0
票据融资	0.03	0.90	证券交易佣金收入	0	0

单县主要金融机构负责人

单位名称	行长（或其他称谓的第一负责人）	副行长（或其他称谓的同级领导）
人行单县支行	丁首江	张　林　石永强　丁世友
银监会单县办事处	田传振	
农发行单县支行	韩方胜	王东方　马体超
工行单县支行	田建军	徐树军　冷　冰　陈玉亮　孔祥明　赵　勇
农行单县支行	王瑞璞	柴　彪　张振华　韩　鹏
建行单县支行	陈福三	袁朝晖　张延波
单县农信联社	闫茂举	黄福斌　李守林　郭　蔼　闫保民　邵卫军　时起亭　韩照红
邮储银行单县支行	祝晓东	谢起亚

单县主要金融机构业务概况

单位：亿元

单位名称	本外币存款余额	企业存款	储蓄存款	本外币贷款余额	短期贷款	中长期贷款
农发行单县支行	0.54	0.49	0	18.85	18.85	0
工行单县支行	11.37	0.73	8.11	2.19	0.08	2.11
农行单县支行	12.97	2.5	9.84	0.91	0.21	0.69
建行单县支行	4.63	0.62	2.77	1.65	0.94	0.71
单县农信联社	25.25	0.02	24.25	19.56	18.48	0.18
邮储银行单县支行	7.84	0	7.84	0.01	0.01	0

品”的特色农业种植，同时突出支持农副产品加工龙头企业。

三、中小企业信贷支持力度有所增强，支持单县25户重点企业2.22亿元，有力地支持了民营经济的快速发展。

【金融发展与改革】 2008年，人行单县支行一是密切关注金融机构改革情况，努力发挥中央银行政策对农信社转换经营机制、完善法人治理结构的正向激励效应，做好县农信联社专项票据兑付后监测工作；二是成立山东佳诚投资担保有限公司和春蕾小额贷款有限公司，缓解了中小企业融资难问题。

【金融服务与监管】 2008年，人行单县支行积极提供支付清算、统计、企业信用信息系统和再贷款、再贴现等方面的金融服务，同时密切关注金融机构经营情况，对账户、反洗钱、现金、国库和外汇管理等进行严格监管，寓监管于服务之中，营造了良好的金融生态环境。

成武县

【经济金融简况】 2008年，成武县继续抢抓“突破菏泽”的历史机遇，加大招商引资力度，经济持续健康发展。

该县金融机构各项存款增势明显，贷款稳步增长，结构得到优化调整，重点骨干企业资金环境持续趋好，实现了经济金融的良性互动发展。

一、存款增长的主要原因：一是股市的大幅度振荡，打击了投资者的热情和信心；二是农村居民出售玉米、蔬菜等，手中积蓄增加；三是大量农民工返乡，带来了新的储源。

二、贷款增加原因主要是国家为“扩内需，保增长”调整货币政策，取消信贷规模控制，基层金融机构信贷管理政策

成武县主要经济金融指标

经济指标	2007	2008	经济指标	2007	2008
土地面积（平方公里）	988.00	988.00	地方财政支出（亿元）	5.26	7.98
人口（万人）	65.20	66.70	全社会固定资产投资（亿元）	40.00	27.00
非农业人口（万人）	10.44	10.62	固定资产投资增速（%）	17.61	-48.00
地区生产总值（亿元）	52.00	65.00	进出口总值（万美元）	1973.00	3180.00
地区生产总值年增速（%）	17.00	16.00	出口总值（万美元）	1373.00	2210.00
第一产业（亿元）	16.00	17.00	实际利用外资（万美元）	576.00	924.00
第二产业（亿元）	27.00	35.00	社会消费品零售总额（亿元）	22.00	27.00
第三产业（亿元）	9.00	12.00	居民消费价格指数（%）	104.00	104.00
财政总收入（亿元）	4.29	4.80	人均地区生产总值（元）	8800.00	9745.00

续表

经济指标	2007	2008	经济指标	2007	2008
地方财政收入（亿元）	2.50	2.96	城镇居民可支配收入（元）	--	--
财政总支出（亿元）	7.21	9.40	农民人均现金收入（元）	4064.00	4470.00
金融指标（亿元）	2007	2008	金融指标（亿元）	2007	2008
本外币存款余额	32.96	40.19	财险收入	0.96	0.13
企业存款	2.93	2.88	寿险收入	0.67	0.82
储蓄存款	27.39	32.63	财险赔款	0.06	0.07
本外币贷款余额	25.03	26.94	寿险给付	0.01	0.02
短期贷款	20.48	22.31	证券市场交易总额	0	0
中长期贷款	4.29	4.63	投资者保证金余额	0	0
票据融资	0.18	0	证券交易佣金收入	0	0

成武县主要金融机构负责人

单位名称	行长（或其他称谓的第一负责人）	副行长（或其他称谓的同级领导）
人行成武县支行	李守谦	杨月启　祝令超　张明芳　庄作玉　李　岳
银监会成武县办事处	贾继海	
农发行成武县支行	郭留宪	宋聚印　王　云
工行成武支行	毛影秋	赵　阳　邵金岭　李以学　谢建新
农行成武县支行	彭　辉	崔东庆　孔　涛
中行成武支行	曹国民	田加县
建行成武支行	郭占军	王　璇　崔忠银
成武县农信联社	韩东华	朱世芳　刘庆军　侯先亭　刘　艳　蔡效彬
邮储银行成武县支行	田中国	李东军

成武县主要金融机构业务概况

单位：亿元

单位名称	本外币存款余额	企业存款	储蓄存款	本外币贷款余额	短期贷款	中长期贷款
农发行成武县支行	0.13	0.11	0	4.17	4.16	0.01
工行成武支行	6.74	0.90	4.11	3.47	1.44	2.04
农行成武县支行	3.71	0.35	2.87	0.98	0.96	0.02
中行成武支行	3.56	0.88	2.56	0.86	0.84	0.02
建行成武支行	4.42	0.64	2.46	2.34	0.41	1.98
成武县农信联社	16.12	0	15.62	14.94	14.38	0.56

续表

单位名称	本外币存款余额	企业存款	储蓄存款	本外币贷款余额	短期贷款	中长期贷款
邮储银行成武县支行	5.01	0	5.01	0.12	0.12	0

出现新变化，加大了对重点企业和“三农”的支持力度。

【金融发展与改革】 2008 年，成武县工、中、建行等国有商行按建立现代企业制度的要求，普遍实行了规范化经营管理。农行完成了股份制改造，对不良贷款成功进行了剥离。邮储银行正式成立，服务“三农”功能和意识进一步强化。农信社认购央行专项票据 1994 万元，于 5 月底顺利通过人总行考核，全额兑付。

【金融服务与监管】 2008 年，人行成武县支行积极开展金融服务与监管工作，确保金融业安全稳健运行。一是构建银企合作平台，协助县政府举办了“银企项目对接会议”，签约总金额 6.84 亿元；二是在菏泽市首家金融知识宣传站——刘楼农村金融服务站开展了 4 次大规模的金融宣传活动；三是制定的《关于加强金融生态环境建设的决定》被县委以成发〔2008〕21 号文件下发全县实行；四是对账户及反洗钱、人民币管理、再贷款等方面的工作进行了重点检查监督。

巨野县

【经济金融简况】 2008 年，巨野县立足资源优势和产业基础，优化一产，突破二产，提升三产，大力实施“大招商、大项目、大产业”战略，促进全县经济社会更好更快发展。

该县金融机构加大信贷支持力度，金融运行稳定。其中，工行签约客户数为 918 户，存款余额 1100 万元；农行签约客户数 1308 户，存款余额 2586 万元；建行签约客户数 1423 户，存款余额 5689 万元。

【金融发展与改革】 2008 年，巨野县金融改革进一步

巨野县主要经济金融指标

经济指标	2007	2008	经济指标	2007	2008
土地面积（平方公里）	1303	1303	地方财政支出（亿元）	8.74	11.25
人口（万人）	96.21	97.19	全社会固定资产投资（亿元）	32.85	41.32
非农业人口（万人）	22.38	22.88	固定资产投资增速（%）	25.15	25.77
地区生产总值（亿元）	65.07	80.98	进出口总值（万美元）	10336	9714
地区生产总值年增速（%）	21.38	16.20	出口总值（万美元）	10315	9660
第一产业（亿元）	18.91	20.48	实际利用外资（万美元）	870	2701
第二产业（亿元）	32.18	42.41	社会消费品零售总额（亿元）	32.03	39.51
第三产业（亿元）	13.98	18.09	居民消费价格指数（%）	105.10	105.50
财政总收入（亿元）	7.53	12.75	人均地区生产总值（元）	7999	8332
地方财政收入（亿元）	3.26	4.31	城镇居民可支配收入（元）	9121	10334
财政总支出（亿元）	8.74	11.25	农民人均现金收入（元）	4067	4640
金融指标（亿元）	**2007**	**2008**	**金融指标（亿元）**	**2007**	**2008**
本外币存款余额	53.16	62.31	财险收入	0.15	0.16
企业存款	5.62	3.60	寿险收入	0.81	1.12
储蓄存款	41.76	51.53	财险赔款	0.10	0.11

续表

金融指标（亿元）	2007	2008	金融指标（亿元）	2007	2008
本外币贷款余额	53.17	46.50	寿险给付	0.02	0.02
短期贷款	32.05	24.95	证券市场交易总额	0	0
中长期贷款	21.01	20.75	投资者保证金余额	0.86	0.94
票据融资	0	0.81	证券交易佣金收入	0	0

巨野县主要金融机构负责人

单位名称	行长（或其他称谓的第一负责人）	副行长（或其他称谓的同级领导）
人行巨野县支行	李巨生	马　勇　田朝霞　李永生
银监会巨野县办事处	周元月	
农发行巨野县支行	张洪军	沈建民　苏承哲
工行巨野支行	王兴明	李新军　郭成振　从涛滋　王兆勇
农行巨野县支行	吕宗椿	耿宗云　毕泗建　刘宏斌
建行巨野支行	张益民	陶可飞　刘相印
巨野县农信联社	尹庆民	冯　勇　徐建民　田洪流 李振坤　翟忠庆　刘　博
邮储银行巨野县支行	魏洪瑞	丛可印

巨野县主要金融机构业务概况

单位：亿元

单位名称	本外币存款余额	企业存款	储蓄存款	本外币贷款余额	短期贷款	中长期贷款
农发行巨野县支行	0.31	0.24	0	7.15	7.15	0
工行巨野支行	7.30	0.97	5.32	9.98	0.21	9.77
农行巨野县支行	7.83	0.69	5.98	0.31	0.17	0.14
建行巨野支行	9.79	1.29	5.56	11.26	0.55	10.71
巨野县农信联社	28.52	0.43	27.10	17.63	16.70	0.12
邮储银行巨野县支行	7.71	0.15	7.56	0.18	0.18	0

深化，金融事业迅速发展。人行巨野支行一是针对从紧的货币政策，为争取上级金融部门的信贷倾斜政策，及时向县委、县政府提出了《致菏泽各市级金融机构一封信》的建议，得到县长批示并被采纳；二是与县经贸局联合研究出台了《关于贯彻落实适度宽松的货币政策促进巨野经济实现新突破的思路》，得到县委、县政府的充分肯定；三是继续开展银企结对帮扶活动，在上年结对签约 10 家企业的基础上，又组织各金融机构确定 10 家中小企业作为结对帮扶企业；四是引导金融机构加大对大项目建设的支持力度，先后三次深入企业、项目建设工地开展调研，在此基础上出台了《关于支持巨野项目建设和企业发展的指导意见》；五是建议县委、县政府设立中小企业发展风险基金，开展企业互联互保活动，为中小企业信贷融资提供保障支持；六是推动开办民品优惠贷款业务，兖矿如丝纺织有限公司在工行 1200 万元民品贷款享受低于基准贷款利率 2.88 个百分点的优惠，年优惠贷款利息达 30 多万元；七是积极推动农信联社筹备成立农合行。

【金融服务与监管】 2008年，人行巨野县支行通过开展对账户管理、反洗钱、人民币及现金管理、国库业务、外汇管理、再贴现、再贷款、金融统计及银行信贷登记咨询系统等工作的检查，加强金融业务监管，确保金融秩序稳定。

全县金融机构一是不断创新结算品种，畅通结算渠道，加速资金周转；二是通过创新贷款品种，简化贷款程序，缩短贷款审批时限；三是通过拓展中间业务，满足不同客户的需求；四是组织开展形式多样的服务活动，推动全县金融服务水平上了一个新的台阶。

郓城县

【经济金融简况】 2008年，郓城县经济社会保持平稳发展势头，工业发展后劲明显增强，新农村建设扎实推进，服务业发展日益繁荣。

全县金融机构认真落实各项宏观调控措施，不断强化金融服务，维护金融平稳运行，促进了县域经济的健康发展。

【金融发展与改革】 2008年，人行郓城县支行积极应

郓城县主要经济金融指标

经济指标	2007	2008	经济指标	2007	2008
土地面积（平方公里）	1643	1643	地方财政支出（亿元）	11.20	13
人口（万人）	115.29	117.49	全社会固定资产投资（亿元）	68.10	35.91
非农业人口（万人）	12.25	12.46	固定资产投资增速（%）	20.49	16
地区生产总值（亿元）	84.22	102.53	进出口总值（万美元）	4555	6314
地区生产总值年增速（%）	17.32	16	出口总值（万美元）	4526	6212
第一产业（亿元）	25.29	27.15	实际利用外资（万美元）	1005	724
第二产业（亿元）	42.75	55.52	社会消费品零售总额（亿元）	38.05	46.98
第三产业（亿元）	16.19	19.86	居民消费价格指数（%）	106.70	105.80
财政总收入（亿元）	6.30	9.20	人均地区生产总值（元）	8292	10094
地方财政收入（亿元）	5.36	6.30	城镇居民可支配收入（元）	11436	11581
财政总支出（亿元）	12.20	15.70	农民人均现金收入（元）	4058	4630
金融指标（亿元）	**2007**	**2008**	**金融指标（亿元）**	**2007**	**2008**
本外币存款余额	70.74	89.88	财险收入	0.17	0.19
企业存款	6.34	7.39	寿险收入	0.73	1.40
储蓄存款	60.32	75.80	财险赔款	0.11	0.11
本外币贷款余额	56.99	53.40	寿险给付	0.02	0.02
短期贷款	30.93	28.26	证券市场交易总额	0	0
中长期贷款	25.89	24.87	投资者保证金余额	0	0
票据融资	0.16	0.30	证券交易佣金收入	0	0

郓城县主要金融机构负责人

单位名称	行长（或其他称谓的第一负责人）	副行长（或其他称谓的同级领导）
人行郓城县支行	马延彬	杨晓国　王秀美

续表

单位名称	行长（或其他称谓的第一负责人）	副行长（或其他称谓的同级领导）
银监会郓城县办事处	黄启友	初爱民
农发行郓城县支行	袁中锦	刁幕轩
工行郓城支行	赵　勇	谢　磊　朱文坛　庞元华　吴艳琴　胡晓舟
农行郓城县支行	张耀华	孙　燕　陈尔平　李兴彬
中行郓城支行	朱国政	郭长贵　高建军
建行郓城支行	王明臣	孟祥涛　范春晓
郓城县农信联社	崔荣国	时培行　王先敏　曹亚萍　姚新杰　李　山　周克强　王　欣
邮储银行郓城县支行	刘天舒	赵　君

郓城县主要金融机构业务概况

单位：亿元

单位名称	本外币存款余额	企业存款	储蓄存款	本外币贷款余额	短期贷款	中长期贷款
农发行郓城县支行	0.16	0.16	0	4.20	4.20	0
工行郓城支行	14.00	3.28	8.90	7.75	0.86	6.89
农行郓城县支行	18.32	0.90	15.90	9.23	0.87	8.10
中行郓城支行	4.20	1.90	2.32	8.17	0.19	7.98
建行郓城支行	6.24	1.02	3.58	2.19	0.85	1.33
郓城县农信联社	36.69	0	36.27	21.65	21.07	0.54
邮储银行郓城县支行	9.03	0.22	8.79	0.21	0.21	0

对复杂的经济环境，努力贯彻传导货币政策。一是出台了《银企洽谈签约项目资金落实督办制度》和《金融支持大项目建设的工作意见》；二是切实加强监测分析，不断提高对经济金融运行趋势的预测能力；三是充分发挥政府参谋作用，适时以《呈阅件》形式向地方党委、政府报告货币政策传导情况，得到县政府领导的高度评价；四是加强金融生态建设，优化政策环境，被人行济南分行授予“金融生态建设先进单位”称号。

【金融服务与监管】　2008 年，人行郓城县支行寓监管与服务之中，认真履行央行服务职能，树立良好央行形象。一是加大金融知识宣传力度，开展的银行卡宣传活动荣获人行济南分行“突出贡献奖”；二是加强国库服务，郓城支库成为全市首家为财政部门划转抗震救灾款项的单位；三是完善社会征信管理，协助大公国际资信公司对 7 家企业进行了信用评级。

鄄城县

【经济金融简况】　2008 年，鄄城县经济金融保持较快发展势头，综合实力逐步增强，经济结构得到优化，金融生态环境明显改善。

人行鄄城县支行认真发挥基层央行核心职能，不断开拓工作思路，做好货币政策与区域经济结合文章，引导监督金

鄄城县主要经济金融指标

经济指标	2007	2008	经济指标	2007	2008
土地面积（平方公里）	1038	1038	地方财政支出（亿元）	6.77	8.25
人口（万人）	80.30	82.60	全社会固定资产投资（亿元）	44.50	23.60
非农业人口（万人）	10.88	10.20	固定资产投资增速（%）	4.50	14
地区生产总值（亿元）	49.20	58.50	进出口总值（万美元）	6309	9470
地区生产总值年增速（%）	15.78	15.20	出口总值（万美元）	5629	9120
第一产业（亿元）	16.99	18.10	实际利用外资（万美元）	727	53
第二产业（亿元）	19.38	24.98	社会消费品零售总额（亿元）	27.10	33.35
第三产业（亿元）	12.82	15.43	居民消费价格指数（%）	100.50	100.40
财政总收入（亿元）	6.25	2.51	人均地区生产总值（元）	6700	7917
地方财政收入（亿元）	2.25	2.51	城镇居民可支配收入（元）	8655	9360
财政总支出（亿元）	6.77	8.25	农民人均现金收入（元）	4001	4457
金融指标（亿元）	**2007**	**2008**	**金融指标（亿元）**	**2007**	**2008**
本外币存款余额	40.71	51.26	财险收入	0.07	0.09
企业存款	3.11	3.52	寿险收入	0.75	1.10
储蓄存款	33.42	43.61	财险赔款	0.04	0.07
本外币贷款余额	25.38	24.83	寿险给付	0.03	0.04
短期贷款	21.60	18.71	证券市场交易总额	0	0
中长期贷款	3.76	5.71	投资者保证金余额	0	0
票据融资	0.10	0.40	证券交易佣金收入	0	0

鄄城县主要金融机构负责人

单位名称	行长（或其他称谓的第一负责人）	副行长（或其他称谓的同级领导）
人行鄄城县支行	陈桂莲	巨保银　胡　庆　孙良才
银监会鄄城县办事处	杨新林	
农发行鄄城县支行	张宏伟	金　涛
工行鄄城支行	刘合元	周方纪　杨　军
农行鄄城县支行	李瑞振	程　林　吴向前
中行鄄城支行	张卫红	
建行鄄城支行	刘尊宪	刘爱莲　韩耀辉
鄄城县农信联社	时　伟	刘士健　冯　凯　居春林
邮储银行鄄城县支行	魏中杰	郭爱丽

鄄城县主要金融机构业务概况

单位：亿元

单位名称	本外币存款余额	企业存款	储蓄存款	本外币贷款余额	短期贷款	中长期贷款
农发行鄄城县支行	0.19	0.19	0	3.14	3.14	0
工行鄄城支行	5.11	0.66	4.04	3.99	0.37	3.62
农行鄄城县支行	4.96	0.63	4.00	1.65	0.10	1.54
中行鄄城支行	4.24	1.38	2.86	0.10	0.10	0
建行鄄城支行	3.50	0.33	2.34	0.47	0	0.47
鄄城县农信联社	25.34	0.18	23.31	15.35	14.89	0.10
邮储银行鄄城县支行	7.18	0.15	7.03	0.15	0.15	0

融机构不断完善金融服务，金融对县域经济的支持作用日益突出。当年，人行县支行、县农信联社和工行鄄城支行3家单位被县政府评为“支持地方经济发展突出贡献单位”。

截至年末，全县金融机构：

一、存款大幅增加。主要原因是城乡居民收入水平提高，资本市场不景气，储蓄存款利率提高，储蓄成为居民理财的重要手段。

二、贷款平稳增长。一是邮储银行、农行小额农贷款业务取得快速进展；二是各商行积极发放营销类、大项目基本建设贷款，支持重点工程，向黄河公路大桥建设项目累计投放2亿元；三是住房等消费类贷款业务发展较快，余额1.36亿元，比年初增加0.42亿元；四是县域企业对资金的吸附力增加，累计引进县外机构资金0.16亿元，同比增长100%。

【金融发展与改革】 2008年，鄄城县金融机构改革不断深入，服务及盈利水平明显提高。一是农行做好上市股改的准备工作，剥离了不良贷款，同时服务“三农”工作开始起步，当年发放“惠农卡”捆绑小额农户贷款37万元；二是农信社改革继续推进，法人治理结构进一步完善，服务功能进一步增强，正积极准备推进农村合作银行改革。

【金融服务与监管】 2008年，鄄城县金融系统不断完善金融服务，服务设施继续改进，服务品种更加丰富，消费贷款、住房贷款业务发展较快，银行卡、代理及结算等中间业务取得明显成效，自动柜员在城区分布的密度增加。同时，各机构依法合规经营，经营效益稳步提升，未发生较大的突发性金融案件。

定陶县

【经济金融简况】 2008年，定陶县全面落实科学发展观，积极应对金融危机，坚定目标，抢抓机遇，努力拼搏，实现了经济社会又好又快发展。

该县各金融机构坚持以支持地方经济发展为己任，围绕全县经济发展和结构调整战略，不断优化信贷结构，创新服务理念，重点加大了对县域骨干企业、农业产业化龙头企业和“三农”经济的支持力度，资产质量逐步提高。

定陶县主要经济金融指标

经济指标	2007	2008	经济指标	2007	2008
土地面积（平方公里）	846	846	地方财政支出（亿元）	4.87	4.80
人口（万人）	62.76	63.21	全社会固定资产投资（亿元）	42.61	33.28
非农业人口（万人）	12.38	12.62	固定资产投资增速（%）	32.42	-21.89
地区生产总值（亿元）	45.62	51.97	进出口总值（万美元）	3011	3000
地区生产总值年增速（%）	17.26	13.92	出口总值（万美元）	2864	2847
第一产业（亿元）	17.79	18.39	实际利用外资（万美元）	789	500

续表

经济指标	2007	2008	经济指标	2007	2008
第二产业（亿元）	19.11	22.23	社会消费品零售总额（亿元）	19.89	26.42
第三产业（亿元）	8.72	11.35	居民消费价格指数（%）	102.43	103.26
财政总收入（亿元）	3.25	4.14	人均地区生产总值（元）	7205	8222
地方财政收入（亿元）	2.07	2.48	城镇居民可支配收入（元）	9715	9920
财政总支出（亿元）	6.94	8.37	农民人均现金收入（元）	4056	4713
金融指标（亿元）	**2007**	**2008**	**金融指标（亿元）**	**2007**	**2008**
本外币存款余额	30.95	39.44	财险收入	0.11	0.11
企业存款	2.16	4.03	寿险收入	0.89	0.92
储蓄存款	25.80	31.83	财险赔款	0.07	0.08
本外币贷款余额	29.47	25.16	寿险给付	0.05	0.06
短期贷款	27.75	23.66	证券市场交易总额	0	0
中长期贷款	1.40	1.14	投资者保证金余额	0	0
票据融资	0.31	0.35	证券交易佣金收入	0	0

定陶县主要金融机构负责人

单位名称	行长（或其他称谓的第一负责人）	副行长（或其他称谓的同级领导）
人行定陶县支行	陈景安	朱瑞密　时强华　李成华
银监会定陶县办事处	朱　艳	
农发行定陶县支行	李从阁	李怀军
工行定陶支行	宋红毅	牛殿军　崔开展
农行定陶县支行	段中锋	贺高进　赵民安
中行定陶支行	吕智勇	高建军
建行定陶支行	段兴峰	邵贤宾　王传荣　王冰青
定陶县农信联社	杜万国	任保营　李合庆　徐克珊　梁衍波
邮储银行定陶县支行	郭　胜	谢启亚

定陶县主要金融机构业务概况

单位名称	本外币存款余额	企业存款	储蓄存款	本外币贷款余额	短期贷款	中长期贷款
农发行定陶县支行	1.56	1.55	0	6.01	6.01	0
工行定陶支行	2.9	0.37	2.39	0.17	0	0.17
农行定陶县支行	5.65	0.49	4.69	2.61	2.56	0.03
中行定陶支行	3.17	0.94	2.22	0.59	0.19	0.4

续表

单位名称	本外币存款余额	企业存款	储蓄存款	本外币贷款余额	短期贷款	中长期贷款
建行定陶支行	2.61	0.48	1.24	2.02	1.64	0.38
定陶县农信联社	16.19	0.01	15.34	13.59	13.13	0.12
邮储银行定陶县支行	6.12	0.18	5.94	0.16	0.13	0.03

【金融发展与改革】 2008年，定陶县各金融机构认真贯彻执行国家货币政策，坚持“有保有压、区别对待”的信贷原则，不断创新服务方式，改善金融服务，实现了经济与金融良性发展。一是国有商行发展逐步深入；二是农信社改革取得明显成效，2978万元专项央行票据顺利兑付。

【金融服务与监管】 2008年，人行定陶县支行进一步加大金融监管与服务力度，防范系统性金融风险，确保金融稳定。一是年初制定了《从紧货币政策下信贷工作指导意见》，下半年面对金融危机影响，又制定出台了《新形势下货币工作指导意见》，引导金融机构调整信贷结构；二是对金融机构开展的国库经收、人民币管理和支付结算等业务进行专项检查；三是对农信社开展支农再贷款和专项票据管理情况进行检查，确保其稳健经营。

东明县

【经济金融简况】 2008年，东明县抢抓鲁南经济带建设机遇，遵循“主攻项目、夯实基础、全面提升、跨越发展”的指导方针，狠抓大项目建设、工业运行、城市建设、“三农”、改善民生、维护稳定等重点工作，经济社会实现了平稳较快健康发展。

该县金融机构加大对县域经济发展贷款支持力度，全县金融运行状况总体平稳。

一、各项存款持续增加，其中居民储蓄存款增加较多。

（一）企业存款稳步增长。企业在金融危机的强大冲击下，克服煤电油运供应紧张，化工市场持续低迷等多种不利影响，保持了经营效益的持续增长。

东明县主要经济金融指标

经济指标	2007	2008	经济指标	2007	2008
土地面积（平方公里）	1370	1370	地方财政支出（亿元）	9.44	7.63
人口（万人）	76.13	76.53	全社会固定资产投资（亿元）	41.57	38.82
非农业人口（万人）	10.11	10.44	固定资产投资增速（%）	12.73	15.50
地区生产总值（亿元）	71.07	84.01	进出口总值（万美元）	5722	9398
地区生产总值年增速（%）	23.19	18.20	出口总值（万美元）	2134	4423
第一产业（亿元）	15.89	17.09	实际利用外资（万美元）	2643	1000
第二产业（亿元）	43.57	53.10	社会消费品零售总额（亿元）	24.99	30.78
第三产业（亿元）	11.06	113.82	居民消费价格指数（%）	106.80	104.10
财政总收入（亿元）	9.47	11.13	人均地区生产总值（元）	9334	11372
地方财政收入（亿元）	4.60	5.50	城镇居民可支配收入（元）	--	--
财政总支出（亿元）	10.10	10.79	农民人均现金收入（元）	4055	4581
金融指标（亿元）	**2007**	**2008**	**金融指标（亿元）**	**2007**	**2008**
本外币存款余额	47.82	61.09	财险收入	0.16	0.20

续表

金融指标（亿元）	2007	2008	金融指标（亿元）	2007	2008
企业存款	8.93	12.61	寿险收入	0.56	0.99
储蓄存款	33.12	40.24	财险赔款	0.05	0.10
本外币贷款余额	38.53	45.80	寿险给付	0.12	0.18
短期贷款	29.67	36.03	证券市场交易总额	0	0
中长期贷款	8.81	9.76	投资者保证金余额	0	0
票据融资	0.01	0.02	证券交易佣金收入	0	0

东明县主要金融机构负责人

单位名称	行长（或其他称谓的第一负责人）	副行长（或其他称谓的同级领导）
人行东明县支行	田本昌	冯志强　刘雨海
银监会东明县办事处	陈中建	
农发行东明县支行	方　杰	周　军
工行东明支行	周林建	王耀峰　张超会
农行东明县支行	张洪敏	许常荣　刘俊彦
中行东明支行	杨利民	张亚博　杜清华
建行东明支行	周在军	周　丰　陈秋蛾
东明县农信联社	赵　欣	马　营　吴玉民　赵圣锋
邮储银行东明县支行	翟　瑞	申剑飞

东明县主要金融机构业务概况

单位：亿元

单位名称	本外币存款余额	企业存款	储蓄存款	本外币贷款余额	短期贷款	中长期贷款
农发行东明县支行	0.30	0.30	0	3.48	3.48	0
工行东明支行	9.61	3.08	5.58	10.85	6.41	4.44
农行东明县支行	6.16	1.78	3.79	3.92	3.28	0.60
中行东明支行	3.36	1.08	1.91	4.17	4.17	0
建行东明支行	9.14	2.68	3.58	4.28	1.18	3.10
东明县农信联社	12.20	0.02	11.61	11.81	11.13	0.68
邮储银行东明县支行	6.65	0	6.65	0.02	0.02	0

（二）企事业单位职工及农民收入增加，支撑居民储蓄持续增长。

二、各项贷款迅猛增长。

（一）工业贷款持续大幅增长，余额达 16.86 亿元，同比增加 3.98 亿元，增长 30.90%。贷款对象主要是石油加工、化工等行业，信贷资金继续向重点行业、优势行业集中。

（二）农信社支持农业建设投入力度有所加强。全县农业贷款余额 9.01 亿元，同比增加 0.50 亿元，较好支持了农村经济的发展。

三、中间业务逐渐成为金融机构新的效益增长点。全县中间业务收入 1525 万元，占同期营业收入的 26.90%。

【金融发展与改革】 2008 年，东明县各金融机构紧密结合全县经济发展和产业结构调整的要求，认真贯彻落实国家各项金融宏观调控政策，使金融在支持地方经济发展中的核心作用日益突出。一是人行东明县支行推动县委、县府出台了《关于进一步加强金融生态环境建设的意见》，使金融生态环境有了明显改善；二是国有商行股份制改革进展顺利；三是农信社法人治理结构进一步完善。

【金融服务与监管】 2008 年，人行东明县支行按照“监测、分析、引导”的思路，加强监测和调研，改善金融服务，促进金融业稳定发展。一是加强与地方政府、银监办和金融机构等相关部门的沟通协调，建立金融稳定联席会议制度，制定了金融机构突发事件应急预案；二是积极做好人民币反假工作，全年累计收缴假币 665 张，涉及金额 5.08 万元；三是积极开展反洗钱工作，不断提高大额和可疑资金交易的监测分析能力；四是加强账户、支付清算管理和监督，维护了全县良好的支付结算秩序；五是认真履行国库监督职能，加强库款支拨和收入退库管理，保证库款支拨和收入退库的合理合法；六是加强企业信贷信息管理，提高企业信贷信息入库率。

（王志华　许加宏）

第十二部分

金融统计资料

一、综合现金收支情况

山东省金融机构2008年现金收支统计月报表

单位：亿元

收入项目	实际数（年累计）	比上年同期增减（年累计）	比上年同期增减%（年累计）
一、商品销售收入	6114.33	109.93	1.83
二、服务业收入	2155.37	99.37	4.83
三、行政税费收入	365.56	20.23	5.86
四、城乡个体经营收入	2871.68	331.96	13.07
五、储蓄存款收入	42361.91	873.87	2.11
六、其他金融性公司收入	80.30	-1.38	-1.69
七、居民归还贷款收入	1946.08	194.90	11.13
八、汇兑收入	325.73	-0.77	-0.24
九、有价证券及其他投资性收入	39.98	-12.76	-24.19
十、其他收入	3944.88	291.58	7.98
其中：兑换外币收入	27.14	6.24	29.86
收入合计	60205.82	1906.93	3.27

续表

支出项目	实际数（年累计）	比上年同期增减（年累计）	比上年同期增减%（年累计）
一、工资性及个人其他支出	3140.05	56.28	1.83
二、农副产品采购支出	2201.44	31.43	1.45
三、工矿及其他产品采购支出	1271.52	-47.83	-3.63
四、行政企业管理与经营费支出	1915.87	-120.84	-5.93
五、城乡个体经营支出	3209.38	400.60	14.26
六、储蓄存款支出	43327.22	1730.45	4.16
七、其他金融性公司支出	130.12	-75.72	-36.79
八、居民提取贷款支出	1075.65	86.77	8.77
九、汇兑支出	222.87	-4.64	-2.04
十、有价证券支出	42.18	-18.68	-30.69
十一、其他支出	3675.28	-202.07	-5.21
其中：兑换外币支出	61.32	-7.01	-10.26
支出合计	60211.58	1835.75	3.14
投放(+)、回笼(-)	6.72	-70.23	
附：代发工资	2295.61	3.58	0.16

二、综合信贷业务情况

山东省金融机构（含外资）人民币信贷收支表

单位：亿元

栏目 来源项目名称	2008年	比年初增减数	
		2008年	2007年
一、各项存款	26930.18	4858.09	2439.99
1. 企业存款	6828.96	920.01	1174.85
(1) 活期存款	4189.22	376.98	715.97
(2) 定期存款	2639.74	543.03	458.88
2. 机关团体存款	1478.46	138.95	184.08
3. 储蓄存款	14382.18	2944.09	1080.01
(1) 活期储蓄	4254.48	605.75	444.43
(2) 定期储蓄	10127.70	2338.34	635.58
二、各项准备	400.53	123.64	53.70
三、当年结益	455.55	455.55	335.15
资金来源总计	26006.30	4831.53	2629.93

续表

栏目 运用项目名称	2008年	比年初增减数	
		2008年	2007年
各项贷款	20053.89	2966.16	1835.54
1. 短期贷款	10404.34	1209.01	1268.16
(1) 工业贷款	3550.94	470.21	455.40
(2) 商业贷款	943.99	-11.92	49.97
(3) 建筑业贷款	190.03	5.02	19.14
(4) 个人短期消费贷款	226.78	47.90	42.51
2. 中长期贷款	7840.91	1223.16	1146.40
(1) 基本建设贷款	3644.33	615.46	484.95
(2) 技术改造贷款	152.83	12.31	-2.85
(3) 个人中长期消费贷款	1788.53	262.98	332.62
3. 票据融资	1779.69	535.30	-185.90
资金运用总计	26006.30	4831.53	2629.93

注：1、本表机构包括中国人民银行、政策性银行、国有商业银行、股份制商业银行、城市商业银行、农村商业银行、城市信用社、农村合作银行、农村信用社、财务公司、信托投资公司、租赁公司、邮政储汇局、外资金融机构。

2、表中“金融债券”项目反映中国人民银行和政策性银行发行的被非并表金融机构（证券公司、保险公司、基金管理公司、资产管理公司）持有的金融债券总额。

3、表中“同业往来”项目反映并表机构与非并表金融机构（证券公司、保险公司、基金管理公司、资产管理公司）之间的资金往来。

山东省金融机构（不含外资）人民币信贷收支表

单位：亿元

栏目 来源项目名称	2008年	比年初增减数	
		2008年	2007年
一、各项存款	26879.34	4833.81	2430.14
1. 企业存款	6787.95	901.08	1167.87
(1) 活期存款	4172.18	370.27	713.84
(2) 定期存款	2615.77	530.81	454.03
2. 机关团体存款	1478.46	138.95	184.08
3. 储蓄存款	14374.96	2939.61	1077.35
(1) 活期储蓄	4252.80	605.32	443.18
(2) 定期储蓄	10122.16	2334.29	634.17
二、各项准备	400.06	123.32	53.64
三、当年结益	454.80	454.80	334.90
资金来源总计	25952.70	4798.02	2618.09

续表

栏目 运用项目名称	2008年	比年初增减数	
		2008年	2007年
各项贷款	19987.41	2937.92	1808.11
1. 短期贷款	10366.30	1193.20	1255.20
(1) 工业贷款	3550.94	470.21	455.40
(2) 商业贷款	943.99	-11.92	49.97
(3) 建筑业贷款	190.03	5.02	19.14
(4) 个人短期消费贷款	226.66	47.87	42.50
2. 中长期贷款	7812.98	1209.70	1133.47
(1) 基本建设贷款	3644.33	615.46	484.95
(2) 技术改造贷款	152.83	12.31	-2.85
(3) 个人中长期消费贷款	1787.54	262.25	332.42
3. 票据融资	1779.18	536.33	-187.44
资金运用总计	25952.70	4798.02	2618.09

山东省政策性银行人民币信贷收支表

单位：亿元

来源项目名称 \ 栏目	2008 年	比年初增减数	
		2008 年	2007 年
一、各项存款	171.39	39.82	74.43
1. 企业存款	143.59	30.41	62.16
(1) 活期存款	99.83	-5.90	55.90
(2) 定期存款	43.76	36.31	6.26
2. 机关团体存款			
3. 储蓄存款			
(1) 活期储蓄			
(2) 定期储蓄			
二、各项准备			
三、当年结益	33.39	33.39	26.24
资金来源总计	1881.08	235.27	233.14

续表

运用项目名称 \ 栏目	2008 年	比年初增减数	
		2008 年	2007 年
各项贷款	1807.22	177.77	230.79
1. 短期贷款	649.14	0.41	46.77
(1) 工业贷款			
(2) 商业贷款	419.81	-22.34	-15.45
(3) 建筑业贷款			
(4)个人短期消费贷款			
2. 中长期贷款	1158.08	177.36	184.02
(1) 基本建设贷款	812.82	101.70	47.93
(2) 技术改造贷款			
(3)个人中长期消费贷款	0.03		0.03
3. 票据融资			
资金运用总计	1881.08	235.27	233.14

山东省商业银行人民币信贷收支表

单位：亿元

栏目 来源项目名称	2008年	比年初增减数	
		2008年	2007年
一、各项存款	19584.09	3552.44	2101.45
1. 企业存款	6392.85	840.25	1089.62
（1）活期存款	3956.25	332.75	640.20
（2）定期存款	2436.60	507.50	449.42
2. 机关团体存款	1461.86	135.54	185.15
3. 储蓄存款	8825.40	1869.28	617.12
（1）活期储蓄	2804.04	360.09	300.52
（2）定期储蓄	6021.36	1509.19	316.60
二、各项准备	264.92	77.27	24.67
三、当年结益	354.20	354.20	259.75
资金来源总计	21735.15	3935.24	2690.83

续表

栏目 运用项目名称	2008年	比年初增减数	
		2008年	2007年
各项贷款	14291.25	2140.85	1524.70
1. 短期贷款	6423.56	759.99	853.44
（1）工业贷款	3436.08	392.24	458.71
（2）商业贷款	520.32	8.88	69.16
（3）建筑业贷款	186.13	1.12	23.29
(4)个人短期消费贷款	175.79	26.56	34.66
2. 中长期贷款	6495.61	1014.87	933.08
（1）基本建设贷款	2812.57	505.51	426.67
（2）技术改造贷款	152.59	16.56	-7.12
(3)个人中长期消费贷款	1743.05	248.29	317.71
3. 票据融资	1361.88	365.25	-257.32
资金运用总计	21735.15	3935.24	2690.83

山东省国有商业银行人民币信贷收支表

单位：亿元

栏目 / 来源项目名称	2008年	比年初增减数	
		2008年	2007年
一、各项存款	13074.50	2302.51	1226.73
1. 企业存款	3609.05	490.15	630.40
(1) 活期存款	2361.92	178.76	391.12
(2) 定期存款	1247.13	311.39	239.28
2. 机关团体存款	1120.95	59.08	123.54
3. 储蓄存款	6988.75	1420.70	376.15
(1) 活期储蓄	2303.05	331.19	187.08
(2) 定期储蓄	4685.70	1089.51	189.07
二、各项准备	151.72	47.75	7.35
三、当年结益	250.17	250.17	175.50
资金来源总计	14256.65	2532.82	1624.60

续表

栏目 / 运用项目名称	2008年	比年初增减数	
		2008年	2007年
各项贷款	9139.16	1365.38	927.83
1. 短期贷款	3454.37	359.82	469.28
(1) 工业贷款	2219.99	152.29	328.87
(2) 商业贷款	252.16	9.79	17.97
(3) 建筑业贷款	88.72	8.42	16.66
(4)个人短期消费贷款	116.39	20.27	14.45
2. 中长期贷款	5056.23	825.94	648.01
(1) 基本建设贷款	2551.49	460.87	380.14
(2) 技术改造贷款	127.47	21.81	-2.43
(3)个人中长期消费贷款	1429.83	213.20	241.07
3. 票据融资	623.84	178.76	-185.64
资金运用总计	14256.65	2532.82	1624.60

山东省股份制商业银行人民币信贷收支表

单位：亿元

来源项目名称 \ 栏目	2008年	比年初增减数	
		2008年	2007年
一、各项存款	4120.30	802.04	451.01
1.企业存款	1735.13	232.38	238.22
(1) 活期存款	973.85	137.24	106.72
(2) 定期存款	761.28	95.14	131.50
2.机关团体存款	227.27	55.64	23.54
3.储蓄存款	972.87	210.19	102.16
(1) 活期储蓄	275.60	-15.19	78.43
(2) 定期储蓄	697.27	225.38	23.73
二、各项准备	62.55	9.33	8.08
三、当年结益	71.99	71.99	56.87
资金来源总计	4826.63	1004.26	591.45

续表

运用项目名称 \ 栏目	2008年	比年初增减数	
		2008年	2007年
各项贷款	3453.85	607.73	310.41
1.短期贷款	1951.08	261.73	204.90
(1) 工业贷款	977.51	196.90	97.16
(2) 商业贷款	84.12	-7.25	0.89
(3) 建筑业贷款	45.76	-4.50	1.77
(4)个人短期消费贷款	25.47	0.59	8.94
2.中长期贷款	1115.44	162.16	235.12
(1) 基本建设贷款	216.07	38.72	48.56
(2) 技术改造贷款	20.94	-4.72	-3.91
(3)个人中长期消费贷款	252.23	30.60	70.10
3. 票据融资	383.82	183.93	-129.90
资金运用总计	4826.63	1004.26	591.45

山东省城市商业银行人民币信贷收支表

单位：亿元

来源项目名称 \ 栏目	2008 年	比年初增减数	
		2008 年	2007 年
一、各项存款	2338.46	423.64	413.88
1. 企业存款	1007.68	98.84	214.03
(1) 活期存款	603.46	10.08	140.24
(2) 定期存款	404.22	88.76	73.79
2. 机关团体存款	113.64	20.81	38.09
3. 储蓄存款	856.57	233.92	136.15
(1) 活期储蓄	223.71	43.66	33.77
(2) 定期储蓄	632.86	190.26	102.38
二、各项准备	50.18	19.87	9.17
三、当年结益	31.28	31.28	27.13
资金来源总计	2720.48	390.94	496.28

续表

运用项目名称 \ 栏目	2008 年	比年初增减数	
		2008 年	2007 年
各项贷款	1631.77	139.51	259.07
1. 短期贷款	980.06	122.62	166.33
(1) 工业贷款	238.58	43.06	32.69
(2) 商业贷款	184.05	6.35	50.30
(3) 建筑业贷款	51.65	-2.80	4.86
(4) 个人短期消费贷款	33.81	5.68	11.26
2. 中长期贷款	296.03	13.34	37.01
(1) 基本建设贷款	45.02	5.95	-2.04
(2) 技术改造贷款	4.18	-0.53	-0.77
(3) 个人中长期消费贷款	60.00	3.75	6.35
3. 票据融资	353.71	3.59	56.68
资金运用总计	2720.48	390.94	496.28

山东省农村合作机构人民币信贷收支表

单位：亿元

来源项目名称（栏目）	2008年	比年初增减数 2008年	比年初增减数 2007年
一、各项存款	4899.19	933.16	533.90
1. 企业存款	134.48	1.15	2.06
(1) 活期存款		-0.18	0.18
(2) 定期存款	134.48	1.33	1.88
2. 机关团体存款	15.39	2.21	4.57
3. 储蓄存款	4149.86	940.62	518.80
(1) 活期储蓄	1078.00	182.88	119.06
(2) 定期储蓄	3071.86	757.74	399.74
二、各项准备	130.01	45.31	29.02
三、当年结益	59.70	59.70	45.21
资金来源总计	5069.01	781.22	676.36

续表

运用项目名称（栏目）	2008年	比年初增减数 2008年	比年初增减数 2007年
各项贷款	3688.89	514.85	475.08
1. 短期贷款	3175.30	338.25	387.04
(1) 工业贷款			
(2) 商业贷款			
(3) 建筑业贷款			
(4) 个人短期消费贷款	50.09	21.05	7.47
2. 中长期贷款	145.73	12.84	18.48
(1) 基本建设贷款			
(2) 技术改造贷款			
(3) 个人中长期消费贷款	44.22	13.85	14.66
3. 票据融资	365.59	163.92	72.52
资金运用总计	5069.01	781.22	676.36

山东省农村合作银行人民币信贷收支表

单位：亿元

来源项目名称 \ 栏目	2008年	比年初增减数	
		2008年	2007年
一、各项存款	1006.96	185.70	112.68
1.企业存款	45.99	1.81	5.21
(1) 活期存款			
(2) 定期存款	45.99	1.81	5.21
2.机关团体存款	3.20	-0.30	1.99
3.储蓄存款	762.74	179.59	109.38
(1) 活期储蓄	262.72	46.06	33.51
(2) 定期储蓄	500.02	133.53	75.87
二、各项准备	34.72	9.52	10.33
三、当年结益	15.36	15.36	10.26
资金来源总计	1068.15	204.37	118.72

续表

运用项目名称 \ 栏目	2008年	比年初增减数	
		2008年	2007年
各项贷款	763.49	113.74	106.23
1.短期贷款	655.84	77.39	92.38
(1) 工业贷款			
(2) 商业贷款			
(3) 建筑业贷款			
(4) 个人短期贷款	23.23	6.57	3.13
2.中长期贷款	20.77	0.56	2.75
(1) 基本建设贷款			
(2) 技术改造贷款			
(3) 个人中长期贷款	8.37	1.58	2.95
3.票据融资	85.79	35.62	10.62
资金运用总计	1068.15	204.37	118.72

山东省农村信用社人民币信贷收支表

单位：亿元

来源项目名称 \ 栏目	2008年	比年初增减数	
		2008年	2007年
一、各项存款	3892.22	747.46	421.20
1. 企业存款	88.49	-0.66	-3.15
(1) 活期存款		-0.18	0.18
(2) 定期存款	88.49	-0.48	-3.33
2. 机关团体存款	12.19	2.51	2.57
3. 储蓄存款	3387.12	761.05	409.40
(1) 活期储蓄	815.28	136.83	85.54
(2) 定期储蓄	2571.84	624.22	323.86
二、各项准备	95.29	35.79	18.70
三、当年结益	44.33	44.33	34.95
资金来源总计	4019.25	595.03	557.84

续表

运用项目名称 \ 栏目	2008年	比年初增减数	
		2008年	2007年
各项贷款	2925.39	401.10	368.86
1. 短期贷款	2519.46	260.86	294.67
(1) 工业贷款			
(2) 商业贷款			
(3) 建筑业贷款			
(4) 个人短期消费贷款	26.85	14.47	4.35
2. 中长期贷款	124.95	12.27	15.73
(1) 基本建设贷款			
(2) 技术改造贷款			
(3) 个人中长期消费贷款	35.85	12.26	11.72
3. 票据融资	279.80	128.30	61.90
资金运用总计	4019.25	595.03	557.84

山东省财务公司人民币信贷收支表

单位：亿元

栏目 / 来源项目名称	2008年	比年初增减数	
		2008年	2007年
一、各项存款	161.71	33.49	72.72
1.企业存款	121.45	11.60	54.98
(1) 活期存款	99.60	16.76	33.25
(2) 定期存款	21.85	-5.16	21.73
2.委托存款及投资基金	16.48	-1.89	17.74
委托存款	16.48	-1.89	17.74
3.保证金存款	23.78	23.78	
二、应付及暂收款	14.39	13.41	0.68
其中：应付及预提利息	0.63	0.40	0.17
三、长期借款	2.94	-0.26	-0.26
四、各项准备	2.29	1.04	0.66
其中：贷款损失准备	2.29	1.04	0.66
五、所有者权益	29.12	15.25	1.32
其中：实收资本	21.46	11.86	
当年结益	5.11	5.11	2.21
六、其他	80.96	77.14	4.76
资金来源总计	298.39	131.15	83.63

续表

栏目 / 运用项目名称	2008年	比年初增减数	
		2008年	2007年
一、各项贷款	227.37	108.84	60.63
1.短期贷款	118.70	86.99	2.34
(1) 工业贷款	112.17	80.67	5.53
(2) 商业贷款	1.55	1.55	-0.20
(3) 其他短期贷款	4.98	4.77	-2.99
2.中长期贷款	39.97	17.61	22.20
3.委托贷款	16.48	-1.89	17.74
4.票据融资	52.22	6.13	18.35
其中：贴现	52.22	6.13	18.35
二、投资	4.13	-0.17	2.30
1.短期投资	3.73	-0.57	2.30
2.长期投资	0.40	0.40	
三、应收及预付款	13.11	13.10	
其中：应付利息	0.33	0.33	
四、同业往来	40.04	10.38	12.54
1.存放同业	40.04	10.38	12.54
2.拆放同业			
五、外币占款	3.30	3.16	-1.42
资金运用总计	298.39	131.15	83.63

山东省信托投资公司人民币信贷收支表

单位：亿元

来源项目名称	2008年	比年初增减数 2008年	比年初增减数 2007年
一、各项存款			-416.42
1.信托存款			
2.委托存款			-416.42
二、应付及暂收款	1.38	-0.15	0.26
三、证券业务款项	0.23		
其中：中央银行委托专项贷款基金			
四、各项准备	3.31	0.03	0.30
其中：贷款损失准备	0.15	0.02	-0.03
五、所有者权益	33.94	1.46	0.91
其中：实收资本	30.78		
当年结益	3.16	3.16	1.74
六、其他	-6.48	-4.84	1.87
资金来源总计	32.38	-3.50	-415.08

续表

运用项目名称	2008年	比年初增减数 2008年	比年初增减数 2007年
一、各项贷款	5.37	-3.41	-403.87
1.信托贷款			
2.委托贷款			-403.35
3.其他贷款	5.37	-3.41	-0.46
二、投资	18.48	2.25	3.28
1.短期投资	3.71	-2.32	1.38
2.长期投资	14.77	4.57	1.90
三、应收及预付款	1.39	-3.36	0.13
其中：应收利息		-0.08	0.06
四、证券业务占款	0.22		
五、同业往来	6.80	1.07	
1.存放同业	6.80	1.07	
2.拆放同业			
资金运用总计	32.38	-3.50	-415.08

山东省1990-2008年人民币人均储蓄存款

单位：万元

项目名称 / 年度	城乡储蓄		人均储蓄余额（元）
	年末余额	比年初增加额	
1990年	5754706	1464000	682.73
1991年	7216749	1461933	845.65
1992年	8841510	1625326	1030.48
1993年	11182415	2340696	1297.26
1994年	16003992	4820864	1849.52
1995年	21971982	5953088	2525.22
1996年	28177108	6127582	3221.35
1997年	32657331	4106722	3706.85
1998年	37353766	4705196	4210.30
1999年	41098425	3695061	4606.41
2000年	44667153	3568728	4964.67
2001年	50637936	5977509	5600.90
2002年	58057165	7464182	6392.55
2003年	67683453	9601347	7417.37
2004年	77214610	9510874	8411.18
2005年	90351351	13136739	9769.64
2006年	103580272	13236721	11127.00
2007年	114381079	10800146	12211.11
2008年	143821895	29440935	15272.21

山东省各县（市）2008年储蓄存款余额排序

单位：万元

序号	地区	储蓄存款余额	序号	地区	储蓄存款余额
1	龙口市	1992179.11	11	文登市	1376860.73
2	寿光市	1927815.00	12	章丘市	1322913.29
3	莱州市	1923404.64	13	胶州市	1289912.00
4	荣成市	1780454.96	14	诸城市	1284390.71
5	即墨市	1705399.00	15	招远市	1268804.03
6	青州市	1636030.44	16	昌邑市	1125928.72
7	平度市	1520999.00	17	肥城市	1111344.59
8	邹城市	1473370.22	18	蓬莱市	1086590.35
9	滕州市	1403463.40	19	莱阳市	1052675.08
10	新泰市	1389702.60	20	胶南市	1043057.00

续表

序　号	地　区	储蓄存款余额	序　号	地　区	储蓄存款余额
21	乳山市	1020698.88	57	冠　县	503864.19
22	兖州市	955244.12	58	东平县	497066.02
23	高密市	926849.55	59	平原县	492978.32
24	沂水县	919522.97	60	茌平县	483150.52
25	安丘市	909022.27	61	沂源县	477503.37
26	莱西市	908944.00	62	临邑县	469486.93
27	邹平县	880757.04	63	汶上县	463128.17
28	临朐县	850499.58	64	乐陵市	456495.51
29	桓台县	835270.91	65	临沭县	447609.75
30	海阳市	825527.92	66	鄄城县	435811.44
31	临清市	820218.24	67	齐河县	433383.00
32	栖霞市	803860.00	68	高唐县	430471.85
33	莒南县	778900.98	69	金乡县	429537.44
34	郓城县	757501.19	70	东明县	402416.02
35	莒　县	748543.61	71	武城县	401425.74
36	广饶县	734442.01	72	蒙阴县	399964.29
37	阳谷县	714989.80	73	禹城市	390620.79
38	昌乐县	653301.03	74	无棣县	384116.16
39	苍山县	632160.46	75	东阿县	383201.35
40	博兴县	630971.88	76	陵　县	380476.84
41	垦利县	629426.03	77	夏津县	377268.94
42	沂南县	626359.01	78	惠民县	366420.76
43	曲阜市	618536.58	79	平阴县	365836.53
44	郯城县	600137.60	80	泗水县	346645.27
45	莘　县	599562.23	81	成武县	325907.45
46	梁山县	580008.95	82	济阳县	320214.46
47	曹　县	579208.60	83	定陶县	318072.77
48	费　县	576658.91	84	高青县	299546.38
49	嘉祥县	551525.17	85	商河县	284526.76
50	宁津县	546911.93	86	鱼台县	265524.71
51	微山县	536948.01	87	沾化县	264016.05
52	平邑县	533101.34	88	利津县	263363.26
53	单　县	528076.47	89	阳信县	243415.03
54	宁阳县	523646.77	90	庆云县	226642.51
55	五莲县	521347.70	91	长岛县	134056.27
56	巨野县	515287.52			

山东省金融机构（含外资）外汇信贷收支表

单位：亿美元

栏目 / 来源项目名称	2008年	比年初增减数	
		2008年	2007年
一、各项存款	53.43	6.18	-0.87
1. 单位活期存款	26.35	5.21	2.73
2. 单位定期存款	3.78	-0.32	1.40
3. 储蓄存款	18.45	0.79	-4.17
二、各项准备	1.84	-0.10	0.22
三、当年结益	4.19	4.19	1.91
资金来源总计	169.69	39.37	50.01

续表

栏目 / 运用项目名称	2008年	比年初增减数	
		2008年	2007年
各项贷款	127.87	28.56	34.99
1. 短期贷款	25.71	-20.30	22.25
2. 中长期贷款	54.56	32.47	5.04
3. 票据融资	0.14	-0.26	-0.38
资金运用总计	169.69	39.37	50.01

山东省金融机构（不含外资）外汇信贷收支表

单位：亿美元

栏目 / 来源项目名称	2008年	比年初增减数	
		2008年	2007年
一、各项存款	49.89	5.01	-1.18
1. 单位活期存款	24.83	4.50	2.88
2. 单位定期存款	3.54	-0.32	1.34
3. 储蓄存款	18.04	0.63	-4.31
二、各项准备	1.76	-0.13	0.23
三、当年结益	3.86	3.86	1.67
资金来源总计	159.89	42.65	48.51

续表

运用项目名称 \ 栏目	2008年	比年初增减数	
		2008年	2007年
各项贷款	118.11	31.08	32.33
1.短期贷款	20.19	-18.71	20.19
2.中长期贷款	51.00	32.28	4.90
3.票据融资	0.07	0.01	-0.03
资金运用总计	159.89	42.65	48.51

山东省政策性银行外汇信贷收支表

单位：亿美元

来源项目名称 \ 栏目	2008年	比年初增减数	
		2008年	2007年
一、各项存款	0.10	-0.13	0.23
1.单位活期存款	0.10	0.07	0.03
2.单位定期存款			
3.储蓄存款			
二、各项准备			
三、当年结益	0.51	0.51	0.01
资金来源总计	49.13	44.76	1.57

续表

运用项目名称 \ 栏目	2008年	比年初增减数	
		2008年	2007年
各项贷款	48.90	44.54	1.56
1.短期贷款	6.50	5.50	1.00
2.中长期贷款	38.31	35.40	0.59
3.票据融资			
资金运用总计	49.13	44.76	1.57

山东省国有商业银行外汇信贷收支表

单位：亿美元

栏目 / 来源项目名称	2008年	比年初增减数	
		2008年	2007年
一、各项存款	37.23	3.10	-1.60
1.单位活期存款	18.24	2.44	1.82
2.单位定期存款	2.59	0.13	1.17
3.储蓄存款	14.31	0.39	-3.13
二、各项准备	1.15	-0.20	0.13
三、当年结益	2.39	2.39	1.32
资金来源总计	83.41	1.37	28.12

续表

栏目 / 运用项目名称	2008年	比年初增减数	
		2008年	2007年
各项贷款	54.71	-5.45	18.32
1.短期贷款	9.40	-13.84	8.80
2.中长期贷款	12.32	-2.70	3.94
3.票据融资			
资金运用总计	83.41	1.37	28.12

山东省股份制商业银行外汇信贷收支表

单位：亿美元

栏目 / 来源项目名称	2008年	比年初增减数	
		2008年	2007年
一、各项存款	10.85	1.53	-0.28
1.单位活期存款	5.55	1.80	0.68
2.单位定期存款	0.83	-0.49	0.09
3.储蓄存款	3.56	0.21	-1.14
二、各项准备	0.59	0.07	0.11
三、当年结益	0.58	0.58	0.17
资金来源总计	24.79	-4.62	16.25

续表

栏目 / 运用项目名称	2008年	比年初增减数	
		2008年	2007年
各项贷款	11.84	-7.40	10.93
1.短期贷款	3.09	-10.26	9.60
2.中长期贷款	0.35	-0.41	0.36
3.票据融资	0.06		-0.03
资金运用总计	24.79	-4.62	16.25

山东省城市商业银行外汇信贷收支表

单位：亿美元

栏目 / 来源项目名称	2008年	比年初增减数	
		2008年	2007年
一、各项存款	0.86	0.02	0.24
1.单位活期存款	0.50	0.06	0.16
2.单位定期存款	0.10	0.03	0.07
3.储蓄存款	0.10	-0.02	-0.04
二、各项准备	0.01		0.01
三、当年结益	0.28	0.28	0.15
资金来源总计	6.90	2.61	1.07

续表

栏目 / 运用项目名称	2008年	比年初增减数	
		2008年	2007年
各项贷款	1.74	-0.56	0.83
1.短期贷款	0.33	-0.06	0.13
2.中长期贷款		-0.02	0.02
3.票据融资	0.01	0.01	
资金运用总计	6.90	2.61	1.07

山东省农村合作银行外汇信贷收支表

单位：亿美元

来源项目名称 \ 栏目	2008 年	比年初增减数	
		2008 年	2007 年
一、各项存款	0.14	0.08	-0.01
1. 单位活期存款	0.05	0.02	-0.01
2. 单位定期存款			
3. 储蓄存款	0.08	0.05	
二、各项准备			
三、当年结益	0.01	0.01	0.01
资金来源总计	0.33	0.15	0.03

续表

运用项目名称 \ 栏目	2008 年	比年初增减数	
		2008 年	2007 年
各项贷款	0.06		0.05
1. 短期贷款	0.03	0.01	0.01
2. 中长期贷款			
3. 票据融资			
资金运用总计	0.33	0.15	0.03

山东省农村信用合作社外汇信贷收支表

单位：亿美元

来源项目名称 \ 栏目	2008 年	比年初增减数	
		2008 年	2007 年
一、各项存款			
1. 单位活期存款			
2. 单位定期存款			
3. 储蓄存款			
二、各项准备			
三、当年结益			
资金来源总计	0.05	0.03	

续表

运用项目名称 \ 栏目	2008 年	比年初增减数	
		2008 年	2007 年
各项贷款	0.02		
1. 短期贷款	0.02		
2. 中长期贷款			
3. 票据融资			
资金运用总计	0.05	0.03	

山东省财务公司外汇信贷收支表

单位：亿美元

栏目 来源项目名称	2008年	比年初增减数	
		2008年	2007年
一、各项存款	0.61	0.34	0.20
企业存款	0.39	0.12	0.20
其中：定期存款			
二、同业拆入		-0.50	0.50
其中：境外同业拆入			
三、外汇买卖	0.48	0.46	-0.18
四、所有者权益	0.36	0.25	0.02
其中：实收资本	0.21	0.16	
当年结益	0.09	0.09	0.02
资金来源总计	1.67	0.35	0.86

续表

栏目 运用项目名称	2008年	比年初增减数	
		2008年	2007年
一、各项贷款	0.81	-0.08	0.67
1. 短期贷款	0.81	-0.08	0.67
2. 中长期贷款			
二、存放中央银行	0.02	0.02	-0.01
其中：缴存准备金	0.02	0.02	-0.01
三、存放同业	0.83	0.40	0.20
其中：存放境外同业	0.22	0.22	
四、拆放同业			
其中：拆放境外同业			
五、库存现金			
资金运用总计	1.67	0.35	0.86

山东省信托投资公司外汇信贷收支表

单位：亿美元

栏目 / 来源项目名称	2008 年	比年初增减数	
		2008 年	2007 年
一、各项存款			
1. 信托存款			
2. 委托存款			
二、各项准备		-0.01	-0.02
其中：贷款损失准备金			-0.01
三、所有者权益	0.10		-0.02
其中：实收资本	0.10		
当年结益	-0.01	-0.01	-0.02
资金来源总计	0.07	-0.01	-0.03

续表

栏目 / 运用项目名称	2008 年	比年初增减数	
		2008 年	2007 年
一、各项贷款		-0.01	-0.01
1. 短期信托贷款			
其中：境外短期			
2. 中长期信托贷款			
其中：境外中长期			
8、其他贷款		-0.01	-0.01
二、投资			-0.03
1. 购买有价证券			
其中：购买境外有价证券			
2. 其他投资			-0.03
三、应收及预付款项		-0.01	
其中：应收及预付利息			
四、存放中央银行			
其中：缴存准备金			
五、存放同业	0.06	0.01	
六、库存现金	0.01		0.01
资金运用总计	0.07	-0.01	-0.03

三、分机构本、外币存贷款情况

山东省中国人民银行人民币信贷收支表

单位：亿元

项目名称 \ 栏目	2008年	比年初增减数	
		2008年	2007年
一、财政存款	480.27	47.89	119.37
其中：中央财政存款			
地方财政存款	480.26	47.88	119.37
二、金融机构存款	1631.74	351.26	272.06
1. 政策性银行存款	21.05	12.20	1.24
2. 国有商业银行存款	125.16	1.21	-4.08
3. 其他商业银行存款	212.49	26.93	54.27
4. 城市商业银行	504.83	135.27	130.37
5. 城市信用社			-17.72
6. 农村信用社	572.49	120.99	101.49
7. 资产管理公司			
8. 其他金融机构存款	195.72	54.66	6.49
三、金融机构特种存款	1.00	-49.23	33.69
四、邮政储蓄转存款		-517.58	-136.95
五、商业银行划来财政性存款	36.42	-9.02	24.38
六、卖出回购证券			
七、中央银行债券			
八、货币发行			
九、国家资本			
十、当年结益	-45.99	-45.99	-49.98
十一、其他	-1982.58	186.96	-264.29
资金来源总计	120.86	-35.71	-1.72

续表

项目名称 \ 栏目	2008 年	比年初增减数	
		2008 年	2007 年
一、金融机构贷款	120.86	-35.71	-1.72
1. 政策性银行贷款			
2. 国有商业银行贷款			
3. 其他商业银行贷款			
4. 城市商业银行贷款	3.50	-3.50	1.99
5. 城市信用社贷款			-1.84
6. 农村信用社贷款	30.90	-8.91	-16.05
7. 资产管理公司贷款			
8. 其他金融机构贷款	85.67	-1.94	-6.60
9. 再贴现	0.79	-21.36	20.78
其中：国有商业银行			
二、专项贷款			
三、金银占款			
四、外汇占款			
五、有价证券及投资			
六、买入返售证券			
七、存放金融机构			
资金运用总计	120.86	-35.71	-1.72

山东省国家开发银行人民币信贷收支表

单位：亿元

栏目 来源项目名称	2008年	比年初增减数	
		2008年	2007年
一、各项存款	57.87	4.12	37.54
1. 企业存款	57.85	4.10	37.54
(1) 活期存款	46.29	-4.36	34.44
(2) 定期存款	11.56	8.46	3.10
2. 机关团体存款			
3. 储蓄存款			
(1) 活期储蓄			
(2) 定期储蓄			
二、各项准备			
三、当年结益	16.47	16.47	15.12
资金来源总计	1028.22	132.30	108.74

续表

栏目 运用项目名称	2008年	比年初增减数	
		2008年	2007年
各项贷款	1016.71	126.69	108.25
1. 短期贷款	40.61	6.61	
(1) 工业贷款			
(2) 商业贷款			
(3) 建筑业贷款			
(4) 个人短期贷款			
2. 中长期贷款	976.10	120.08	108.25
(1) 基本建设贷款	812.82	101.70	47.93
(2) 技术改造贷款			
(3) 个人中长期贷款	0.03		0.03
3. 票据融资			
资金运用总计	1028.22	132.30	108.74

山东省农业发展银行人民币信贷收支表

单位：亿元

来源项目名称＼栏目	2008 年	比年初增减数	
		2008 年	2007 年
一、各项存款	83.79	8.33	34.61
1. 企业存款	56.76	-0.83	22.86
(1) 活期存款	49.16	-4.08	19.70
(2) 定期存款	7.60	3.25	3.16
2. 机关团体存款			
3. 储蓄存款			
(1) 活期储蓄			
(2) 定期储蓄			
二、各项准备			
三、当年结益	16.11	16.11	10.47
资金来源总计	738.65	77.40	105.20

续表

运用项目名称＼栏目	2008 年	比年初增减数	
		2008 年	2007 年
各项贷款	678.05	26.90	103.52
1. 短期贷款	575.25	-14.98	50.31
(1) 工业贷款			
(2) 商业贷款	419.81	-22.34	-15.45
(3) 建筑业贷款			
(4) 个人短期贷款			
2. 中长期贷款	102.80	41.88	53.21
(1) 基本建设贷款			
(2) 技术改造贷款			
(3) 个人中长期贷款			
3. 票据融资			
资金运用总计	738.65	77.40	105.20

山东省进出口银行人民币信贷收支表

单位：亿元

栏目 / 来源项目名称	2008年	比年初增减数	
		2008年	2007年
一、各项存款	29.74	27.39	2.27
1. 企业存款	28.99	27.15	1.76
（1）活期存款	4.38	2.54	1.76
（2）定期存款	24.61	24.61	
2. 机关团体存款			
3. 储蓄存款			
（1）活期储蓄			
（2）定期储蓄			
二、各项准备			
三、当年结益	0.80	0.80	0.65
资金来源总计	114.22	25.57	19.19

续表

栏目 / 运用项目名称	2008年	比年初增减数	
		2008年	2007年
各项贷款	112.47	24.19	19.02
1. 短期贷款	33.28	8.78	-3.54
（1）工业贷款			
（2）商业贷款			
（3）建筑业贷款			
（4）个人短期贷款			
2. 中长期贷款	79.19	15.41	22.56
（1）基本建设贷款			
（2）技术改造贷款			
（3）个人中长期贷款			
3. 票据融资			
资金运用总计	114.22	25.57	19.19

山东省工商银行人民币信贷收支表

单位：亿元

栏目 来源项目名称	2008年	比年初增减数	
		2008年	2007年
一、各项存款	3801.57	666.44	331.97
1. 企业存款	965.62	139.91	156.20
(1) 活期存款	665.99	64.15	105.32
(2) 定期存款	299.63	75.76	50.88
2. 机关团体存款	318.30	11.29	38.93
3. 储蓄存款	1961.49	348.73	43.24
(1) 活期储蓄	559.04	65.11	33.06
(2) 定期储蓄	1402.45	283.62	10.18
二、各项准备	45.05	1.90	7.52
三、当年结益	111.35	111.35	76.78
资金来源总计	4169.17	743.93	434.83

续表

栏目 运用项目名称	2008年	比年初增减数	
		2008年	2007年
各项贷款	3316.84	484.49	414.82
1. 短期贷款	1112.96	137.08	162.95
(1) 工业贷款	672.47	-45.15	70.94
(2) 商业贷款	55.79	-3.34	14.53
(3) 建筑业贷款	15.62	-3.37	10.41
(4) 个人短期贷款	6.31	0.74	0.91
2. 中长期贷款	2048.35	274.56	254.95
(1) 基本建设贷款	1283.41	200.75	171.37
(2) 技术改造贷款			
(3) 个人中长期贷款	498.52	55.33	66.00
3. 票据融资	154.76	72.15	-3.08
资金运用总计	4169.17	743.93	434.83

山东省农业银行人民币信贷收支表

单位：亿元

栏目 来源项目名称	2008年	比年初增减数	
		2008年	2007年
一、各项存款	3872.03	695.40	336.29
1. 企业存款	974.73	138.69	157.87
(1) 活期存款	601.42	55.48	87.26
(2) 定期存款	373.31	83.21	70.61
2. 机关团体存款	324.02	16.45	29.33
3. 储蓄存款	2410.62	508.45	163.17
(1) 活期储蓄	943.79	165.72	63.72
(2) 定期储蓄	1466.83	342.73	99.45
二、各项准备	68.90	45.35	3.38
三、当年结益	38.83	38.83	23.81
资金来源总计	4281.06	827.23	433.60

续表

栏目 运用项目名称	2008年	比年初增减数	
		2008年	2007年
各项贷款	2152.14	386.08	189.74
1. 短期贷款	1153.94	181.89	152.65
(1) 工业贷款	851.01	157.01	156.37
(2) 商业贷款	97.43	14.61	0.80
(3) 建筑业贷款	24.81	7.21	4.25
(4) 个人短期贷款	25.92	15.03	4.41
2. 中长期贷款	819.23	157.86	130.88
(1) 基本建设贷款	434.60	94.88	108.69
(2) 技术改造贷款			
(3) 个人中长期贷款	211.35	42.56	39.69
3. 票据融资	178.35	45.88	-92.98
资金运用总计	4281.06	827.23	433.60

山东省中国银行人民币信贷收支表

单位：亿元

栏目 / 来源项目名称	2008年	比年初增减数	
		2008年	2007年
一、各项存款	2275.20	417.17	269.67
1.企业存款	825.05	115.16	194.89
(1) 活期存款	516.03	22.18	109.79
(2) 定期存款	309.02	92.98	85.10
2.机关团体存款	81.25	2.48	18.15
3.储蓄存款	1093.30	234.26	65.92
(1) 活期储蓄	289.89	29.53	27.96
(2) 定期储蓄	803.41	204.73	37.96
二、各项准备	32.51	3.15	-2.55
三、当年结益	43.89	43.89	29.00
资金来源总计	2463.91	423.05	339.02

续表

栏目 / 运用项目名称	2008年	比年初增减数	
		2008年	2007年
各项贷款	1464.27	203.98	178.98
1.短期贷款	650.81	41.28	72.64
(1) 工业贷款	372.39	40.07	52.52
(2) 商业贷款	58.30	-1.21	-9.60
(3) 建筑业贷款	14.73	-5.25	3.51
(4) 个人短期贷款	33.66	8.94	7.90
2.中长期贷款	738.30	161.44	131.17
(1) 基本建设贷款	224.00	45.76	29.33
(2) 技术改造贷款	38.62	17.70	-1.41
(3) 个人中长期贷款	295.62	61.15	83.66
3.票据融资	73.42	1.22	-23.37
资金运用总计	2463.91	423.05	339.02

山东省建设银行人民币信贷收支表

单位：亿元

来源项目名称 \ 栏目	2008年	比年初增减数	
		2008年	2007年
一、各项存款	3125.65	523.44	288.84
1. 企业存款	843.61	96.33	121.45
(1) 活期存款	578.46	36.92	88.76
(2) 定期存款	265.15	59.41	32.69
2. 机关团体存款	397.38	28.86	37.13
3. 储蓄存款	1523.34	329.27	103.83
(1) 活期储蓄	510.33	70.84	62.34
(2) 定期储蓄	1013.01	258.43	41.49
二、各项准备	5.26	-2.66	-0.99
三、当年结益	56.10	56.10	45.91
资金来源总计	3344.16	536.42	418.01

续表

运用项目名称 \ 栏目	2008年	比年初增减数	
		2008年	2007年
各项贷款	2205.90	290.90	144.22
1. 短期贷款	536.66	-0.38	81.00
(1) 工业贷款	324.12	0.36	49.04
(2) 商业贷款	40.65	-0.25	12.22
(3) 建筑业贷款	33.56	9.84	-1.51
(4) 个人短期贷款	50.50	-4.44	1.25
2. 中长期贷款	1450.33	232.08	131.00
(1) 基本建设贷款	609.47	119.48	70.74
(2) 技术改造贷款	88.85	4.11	-1.02
(3) 个人中长期贷款	424.34	54.17	51.72
3. 票据融资	217.31	59.51	-66.21
资金运用总计	3344.16	536.42	418.01

山东省交通银行人民币信贷收支表

单位：亿元

来源项目名称 \ 栏目	2008 年	比年初增减数	
		2008 年	2007 年
一、各项存款	829.25	107.96	83.35
1. 企业存款	347.74	21.78	53.12
(1) 活期存款	194.37	-3.73	27.84
(2) 定期存款	153.37	25.51	25.28
2. 机关团体存款	83.28	27.96	14.38
3. 储蓄存款	249.80	33.36	17.20
(1) 活期储蓄	81.94	-8.99	18.46
(2) 定期储蓄	167.86	42.35	-1.26
二、各项准备	2.09	-1.60	-0.48
三、当年结益	16.33	16.33	14.30
资金来源总计	962.26	155.52	133.58

续表

运用项目名称 \ 栏目	2008 年	比年初增减数	
		2008 年	2007 年
各项贷款	598.38	54.84	52.89
1. 短期贷款	341.81	0.70	13.79
(1) 工业贷款	196.52	-12.35	12.75
(2) 商业贷款	17.45	-7.86	-0.68
(3) 建筑业贷款	14.06	-4.94	2.89
(4) 个人短期贷款	0.33	-0.26	0.18
2. 中长期贷款	240.83	61.04	39.44
(1) 基本建设贷款	86.16	24.19	6.29
(2) 技术改造贷款	11.80	-1.00	0.43
(3) 个人中长期贷款	37.81	-3.98	7.17
3. 票据融资	14.50	-6.51	-0.61
资金运用总计	962.26	155.52	133.58

山东省邮政储蓄银行人民币信贷收支表

单位：亿元

来源项目名称 \ 栏目	2008年	比年初增减数	
		2008年	2007年
一、各项存款	1445.08	172.34	-14.51
1. 企业存款	36.60	36.60	
(1) 活期存款	33.55	33.55	
(2) 定期存款	3.05	3.05	
2. 机关团体存款	1.21	1.21	
3. 储蓄存款	1406.91	134.17	-14.51
(1) 活期储蓄	372.43	62.77	29.20
(2) 定期储蓄	1034.48	71.40	-43.71
二、各项准备			
三、当年结益			
资金来源总计	63.77	-482.63	-123.18

续表

运用项目名称 \ 栏目	2008年	比年初增减数	
		2008年	2007年
各项贷款	33.81	27.25	6.56
1. 短期贷款	32.65	26.09	6.56
(1) 工业贷款			
(2) 商业贷款			
(3) 建筑业贷款			
(4) 个人短期贷款	0.90	0.29	0.61
2. 中长期贷款	1.16	1.16	
(1) 基本建设贷款			
(2) 技术改造贷款			
(3) 个人中长期贷款	0.08	0.08	
3. 票据融资			
资金运用总计	63.77	-482.63	-123.18

山东省恒丰银行人民币信贷收支表

单位：亿元

栏目 来源项目名称	2008 年	比年初增减数	
		2008 年	2007 年
一、各项存款	502.92	118.42	34.72
1. 企业存款	271.19	70.01	4.86
(1) 活期存款	99.16	-3.59	31.80
(2) 定期存款	172.03	73.60	-26.94
2. 机关团体存款	18.35	4.54	1.41
3. 储蓄存款	185.37	61.97	6.43
(1) 活期储蓄	14.27	1.03	1.12
(2) 定期储蓄	171.10	60.94	5.31
二、各项准备	4.23	0.83	-0.11
三、当年结益	3.54	3.54	2.86
资金来源总计	671.88	209.23	-20.50

续表

栏目 运用项目名称	2008 年	比年初增减数	
		2008 年	2007 年
各项贷款	352.38	96.22	-40.67
1. 短期贷款	140.77	22.66	27.79
(1) 工业贷款	72.75	18.65	11.66
(2) 商业贷款	20.49	3.34	5.16
(3) 建筑业贷款	5.93	-0.25	-2.50
(4) 个人短期贷款	0.18	0.15	0.01
2. 中长期贷款	84.57	2.60	26.50
(1) 基本建设贷款	6.98	0.54	1.44
(2) 技术改造贷款			
(3) 个人中长期贷款	2.84	-0.48	1.22
3. 票据融资	127.04	71.39	-95.39
资金运用总计	671.88	209.23	-20.50

山东省光大银行人民币信贷收支表

单位：亿元

栏目 来源项目名称	2008年	比年初增减数	
		2008年	2007年
一、各项存款	246.25	29.64	-27.29
1. 企业存款	118.61	5.64	-6.80
(1) 活期存款	64.67	18.26	-18.50
(2) 定期存款	53.94	-12.62	11.70
2. 机关团体存款	11.07	-1.98	2.91
3. 储蓄存款	42.98	9.96	-3.00
(1) 活期储蓄	11.85	0.80	-2.38
(2) 定期储蓄	31.13	9.16	-0.62
二、各项准备	8.68	8.68	
三、当年结益	2.65	2.65	5.04
资金来源总计	370.32	102.81	-9.35

续表

栏目 运用项目名称	2008年	比年初增减数	
		2008年	2007年
各项贷款	240.92	22.89	10.17
1. 短期贷款	86.59	25.78	-34.88
(1) 工业贷款	50.67	22.46	-13.64
(2) 商业贷款	6.67	1.60	-15.64
(3) 建筑业贷款	1.37	-1.52	2.89
(4) 个人短期贷款	1.12	-0.07	0.63
2. 中长期贷款	124.26	-5.58	26.47
(1) 基本建设贷款			
(2) 技术改造贷款			
(3) 个人中长期贷款	50.00	13.26	10.86
3. 票据融资	29.99	2.86	19.06
资金运用总计	370.32	102.81	-9.35

山东省中信银行人民币信贷收支表

单位：亿元

来源项目名称 \ 栏目	2008年	比年初增减数	
		2008年	2007年
一、各项存款	514.97	55.43	98.73
1. 企业存款	191.41	27.92	30.20
(1) 活期存款	139.13	27.65	12.05
(2) 定期存款	52.28	0.27	18.15
2. 机关团体存款	31.76	9.41	6.40
3. 储蓄存款	131.23	-6.06	48.53
(1) 活期储蓄	30.12	-36.36	43.06
(2) 定期储蓄	101.11	30.30	5.47
二、各项准备	14.15	-5.21	0.55
三、当年结益	10.52	10.52	5.15
资金来源总计	605.88	112.10	130.88

续表

运用项目名称 \ 栏目	2008年	比年初增减数	
		2008年	2007年
各项贷款	379.96	38.91	46.49
1. 短期贷款	250.31	38.80	32.01
(1) 工业贷款	110.53	27.11	29.04
(2) 商业贷款	11.17	-0.16	2.34
(3) 建筑业贷款	2.74	1.63	-4.00
(4) 个人短期贷款	0.50	-0.44	0.61
2. 中长期贷款	104.44	2.48	4.71
(1) 基本建设贷款	23.88	-0.81	16.90
(2) 技术改造贷款		-0.20	-0.57
(3) 个人中长期贷款	16.43	2.62	5.36
3. 票据融资	25.00	-2.32	9.87
资金运用总计	605.88	112.10	130.88

山东省华夏银行人民币信贷收支表

单位：亿元

栏目 / 来源项目名称	2008年	比年初增减数	
		2008年	2007年
一、各项存款	427.75	50.60	54.39
1. 企业存款	159.28	-21.44	38.02
(1) 活期存款	84.63	-16.80	14.63
(2) 定期存款	74.65	-4.64	23.39
2. 机关团体存款	26.76	-4.62	6.62
3. 储蓄存款	87.84	16.50	13.97
(1) 活期储蓄	23.05	1.90	0.72
(2) 定期储蓄	64.79	14.60	13.25
二、各项准备	9.38	3.21	0.74
三、当年结益	6.68	6.68	6.45
资金来源总计	479.43	28.02	79.47

续表

栏目 / 运用项目名称	2008年	比年初增减数	
		2008年	2007年
各项贷款	330.56	32.98	39.48
1. 短期贷款	238.99	8.85	47.99
(1) 工业贷款	34.49	-1.81	3.10
(2) 商业贷款	7.73	-0.89	0.73
(3) 建筑业贷款	5.38	0.31	0.46
(4) 个人短期贷款	10.01	0.89	-0.46
2. 中长期贷款	73.08	9.12	11.07
(1) 基本建设贷款	6.45	-0.26	2.46
(2) 技术改造贷款			
(3) 个人中长期贷款	4.77	-0.64	-1.96
3. 票据融资	17.47	14.48	-19.71
资金运用总计	479.43	28.02	79.47

山东省深圳发展银行人民币信贷收支表

单位：亿元

来源项目名称	2008 年	比年初增减数	
		2008 年	2007 年
一、各项存款	202.28	66.77	21.83
1. 企业存款	47.92	11.83	-7.57
(1) 活期存款	21.56	1.16	7.29
(2) 定期存款	26.36	10.67	-14.86
2. 机关团体存款	0.63	0.25	-0.21
3. 储蓄存款	19.48	5.62	2.26
(1) 活期储蓄	3.98	0.62	0.07
(2) 定期储蓄	15.50	5.00	2.19
二、各项准备	0.81	0.49	0.19
三、当年结益	2.87	2.87	1.74
资金来源总计	267.81	126.26	17.01

续表

运用项目名称	2008 年	比年初增减数	
		2008 年	2007 年
各项贷款	195.00	75.97	28.72
1. 短期贷款	113.96	33.72	11.84
(1) 工业贷款	68.63	22.62	0.31
(2) 商业贷款	2.19	-1.09	0.82
(3) 建筑业贷款	4.00	3.70	-0.94
(4) 个人短期贷款	1.49	-0.40	1.03
2. 中长期贷款	29.53	4.28	9.13
(1) 基本建设贷款	1.30	-1.50	-0.20
(2) 技术改造贷款			
(3) 个人中长期贷款	21.56	3.31	8.59
3. 票据融资	51.16	37.73	7.64
资金运用总计	267.81	126.26	17.01

山东省招商银行人民币信贷收支表

单位：亿元

来源项目名称 \ 栏目	2008年	比年初增减数	
		2008年	2007年
一、各项存款	493.32	101.96	43.61
1.企业存款	218.92	19.83	51.14
(1) 活期存款	131.38	17.82	11.96
(2) 定期存款	87.54	2.01	39.18
2.机关团体存款	13.76	2.25	-5.53
3.储蓄存款	167.53	58.30	0.92
(1) 活期储蓄	84.93	20.45	10.28
(2) 定期储蓄	82.60	37.85	-9.36
二、各项准备	10.84	2.68	1.91
三、当年结益	14.73	14.73	11.41
资金来源总计	565.82	-31.12	181.34

续表

运用项目名称 \ 栏目	2008年	比年初增减数	
		2008年	2007年
各项贷款	517.07	74.02	42.21
1.短期贷款	265.99	3.61	31.18
(1) 工业贷款	96.24	10.55	23.47
(2) 商业贷款	5.66	0.51	0.45
(3) 建筑业贷款	7.08	-5.39	3.46
(4) 个人短期贷款	8.93	0.50	5.96
2.中长期贷款	187.10	35.39	43.33
(1) 基本建设贷款	31.01	7.33	10.44
(2) 技术改造贷款	7.45	-3.51	-5.47
(3) 个人中长期贷款	76.97	7.74	20.11
3.票据融资	63.57	34.82	-32.28
资金运用总计	565.82	-31.12	181.34

山东省上海浦东发展银行人民币信贷收支表

单位：亿元

来源项目名称 \ 栏目	2008 年	比年初增减数	
		2008 年	2007 年
一、各项存款	361.17	95.98	52.84
1. 企业存款	138.11	9.83	40.53
(1) 活期存款	80.36	22.65	4.94
(2) 定期存款	57.75	-12.82	35.59
2. 机关团体存款	17.42	6.40	2.95
3. 储蓄存款	38.11	11.15	6.02
(1) 活期储蓄	10.70	0.12	4.41
(2) 定期储蓄	27.41	11.03	1.61
二、各项准备	5.40	-0.59	1.78
三、当年结益	6.18	6.18	5.73
资金来源总计	477.94	167.80	61.42

续表

运用项目名称 \ 栏目	2008 年	比年初增减数	
		2008 年	2007 年
各项贷款	316.22	62.34	24.97
1. 短期贷款	224.03	54.38	17.40
(1) 工业贷款	163.88	46.51	13.28
(2) 商业贷款	10.82	2.00	3.37
(3) 建筑业贷款			-2.13
(4) 个人短期贷款	2.13	0.73	0.93
2. 中长期贷款	77.26	7.90	19.71
(1) 基本建设贷款	9.61	9.28	-5.07
(2) 技术改造贷款			
(3) 个人中长期贷款	11.64	0.60	3.58
3. 票据融资	14.73	0.09	-12.21
资金运用总计	477.94	167.80	61.42

山东省兴业银行人民币信贷收支表

单位：亿元

栏目 来源项目名称	2008年	比年初增减数	
		2008年	2007年
一、各项存款	216.81	81.61	2.43
1. 企业存款	131.51	56.68	9.10
(1) 活期存款	95.26	50.22	3.76
(2) 定期存款	36.25	6.46	5.34
2. 机关团体存款			
3. 储蓄存款	16.32	9.78	2.57
(1) 活期储蓄	6.94	2.99	2.13
(2) 定期储蓄	9.38	6.79	0.44
二、各项准备	3.35	0.28	2.69
三、当年结益	2.52	2.52	1.61
资金来源总计	283.93	91.58	16.97

续表

栏目 运用项目名称	2008年	比年初增减数	
		2008年	2007年
各项贷款	212.80	69.66	41.10
1. 短期贷款	106.97	27.65	21.95
(1) 工业贷款	86.61	21.01	16.55
(2) 商业贷款	0.53	-0.32	0.16
(3) 建筑业贷款	5.20	1.96	1.63
(4) 个人短期贷款	0.44	-0.52	0.21
2. 中长期贷款	71.69	12.96	15.22
(1) 基本建设贷款	9.83	-6.22	4.54
(2) 技术改造贷款			
(3) 个人中长期贷款	17.82	6.25	8.73
3. 票据融资	34.14	29.05	4.03
资金运用总计	283.93	91.58	16.97

山东省民生银行人民币信贷收支表

单位：亿元

栏目 来源项目名称	2008 年	比年初增减数	
		2008 年	2007 年
一、各项存款	306.65	74.71	86.41
1. 企业存款	100.96	20.78	25.68
(1) 活期存款	59.88	20.11	11.00
(2) 定期存款	41.08	0.67	14.68
2. 机关团体存款	24.06	11.26	-5.41
3. 储蓄存款	33.96	9.35	7.26
(1) 活期储蓄	7.70	2.12	0.55
(2) 定期储蓄	26.26	7.23	6.71
二、各项准备	3.63	0.57	0.82
三、当年结益	6.02	6.02	2.60
资金来源总计	375.91	-52.20	220.23

续表

栏目 运用项目名称	2008 年	比年初增减数	
		2008 年	2007 年
各项贷款	269.57	38.87	65.13
1. 短期贷款	159.18	23.10	35.83
(1) 工业贷款	74.70	19.66	0.64
(2) 商业贷款	1.40	-4.41	4.21
(3) 建筑业贷款			
(4) 个人短期贷款	0.36	0.03	-0.17
2. 中长期贷款	107.87	17.14	39.57
(1) 基本建设贷款	40.86	6.16	11.78
(2) 技术改造贷款	1.70		1.70
(3) 个人中长期贷款	12.39	1.91	6.44
3. 票据融资	2.52	-1.37	-10.27
资金运用总计	375.91	-52.20	220.23

山东省渤海银行人民币信贷收支表

单位：亿元

来源项目名称	2008年	比年初增减数 2008年	比年初增减数 2007年
一、各项存款	18.92	18.92	
1. 企业存款	9.47	9.47	
(1) 活期存款	3.43	3.43	
(2) 定期存款	6.04	6.04	
2. 机关团体存款	0.20	0.20	
3. 储蓄存款	0.22	0.22	
(1) 活期储蓄	0.11	0.11	
(2) 定期储蓄	0.11	0.11	
二、各项准备			
三、当年结益	-0.06	-0.06	
资金来源总计	41.63	41.63	

续表

运用项目名称	2008年	比年初增减数 2008年	比年初增减数 2007年
各项贷款	41.00	41.00	
1. 短期贷款	22.50	22.50	
(1) 工业贷款	22.50	22.50	
(2) 商业贷款			
(3) 建筑业贷款			
(4) 个人短期贷款			
2. 中长期贷款	14.80	14.80	
(1) 基本建设贷款			
(2) 技术改造贷款			
(3) 个人中长期贷款			
3. 票据融资	3.70	3.70	
资金运用总计	41.63	41.63	

山东省国家开发银行外汇信贷收支表

单位：亿美元

来源项目名称 \ 栏目	2008年	比年初增减数	
		2008年	2007年
一、各项存款	0.01	0.01	
1.单位活期存款	0.01	0.01	
2.单位定期存款			
3.储蓄存款			
二、各项准备			
三、当年结益	0.29	0.29	
资金来源总计	37.92	35.16	0.42

续表

运用项目名称 \ 栏目	2008年	比年初增减数	
		2008年	2007年
各项贷款	37.75	35.00	0.41
1.短期贷款	0.65	-0.30	0.95
2.中长期贷款	37.10	35.30	-0.52
3.票据融资			
资金运用总计	37.92	35.16	0.42

山东省农业发展银行外汇信贷收支表

单位：亿美元

来源项目名称 \ 栏目	2008年	比年初增减数	
		2008年	2007年
一、各项存款	0.06	0.06	
1.单位活期存款	0.06	0.06	
2.单位定期存款			
3.储蓄存款			
二、各项准备			
三、当年结益			
资金来源总计	0.06	0.06	

续表

运用项目名称	2008 年	比年初增减数 2008 年	比年初增减数 2007 年
各项贷款			
1. 短期贷款			
2. 中长期贷款			
3. 票据融资			
资金运用总计	0.06	0.06	

山东省进出口银行外汇信贷收支表

单位：亿美元

来源项目名称	2008 年	比年初增减数 2008 年	比年初增减数 2007 年
一、各项存款	0.03	-0.20	0.23
1. 单位活期存款	0.03		0.03
2. 单位定期存款			
3. 储蓄存款			
二、各项准备			
三、当年结益	0.22	0.22	0.02
资金来源总计	11.21	9.60	1.15

续表

运用项目名称	2008 年	比年初增减数 2008 年	比年初增减数 2007 年
各项贷款	11.15	9.54	1.15
1. 短期贷款	5.85	5.80	0.05
2. 中长期贷款	1.21	0.10	1.11
3. 票据融资			
资金运用总计	11.21	9.60	1.15

山东省工商银行外汇信贷收支表

单位：亿美元

来源项目名称 \ 栏目	2008 年	比年初增减数	
		2008 年	2007 年
一、各项存款	6.58	-0.31	0.31
1. 单位活期存款	4.03	0.18	1.17
2. 单位定期存款	0.24	-0.48	0.18
3. 储蓄存款	1.95	-0.02	-0.37
二、各项准备	0.23	0.03	0.04
三、当年结益	0.44	0.44	0.27
资金来源总计	10.74	-3.53	6.03

续表

运用项目名称 \ 栏目	2008 年	比年初增减数	
		2008 年	2007 年
各项贷款	10.34	-3.44	9.10
1. 短期贷款	0.87	-4.66	3.83
2. 中长期贷款	0.98	-0.46	0.47
3. 票据融资			
资金运用总计	10.74	-3.53	6.03

山东省农业银行外汇信贷收支表

单位：亿美元

来源项目名称 \ 栏目	2008 年	比年初增减数	
		2008 年	2007 年
一、各项存款	5.36	1.03	-0.05
1. 单位活期存款	3.47	1.29	-0.27
2. 单位定期存款	0.43	-0.34	0.54
3. 储蓄存款	0.89	-0.12	-0.29
二、各项准备	0.06	-0.01	
三、当年结益	0.21	0.21	0.26
资金来源总计	34.54	9.19	11.24

续表

栏目 运用项目名称	2008年	比年初增减数	
		2008年	2007年
各项贷款	4.84	-0.73	0.01
1.短期贷款	0.70	-0.74	0.46
2.中长期贷款	1.47	-0.74	0.17
3.票据融资			
资金运用总计	34.54	9.19	11.24

山东省中国银行外汇信贷收支表

单位：亿美元

栏目 来源项目名称	2008年	比年初增减数	
		2008年	2007年
一、各项存款	20.64	2.90	-1.41
1.单位活期存款	8.48	2.04	-0.01
2.单位定期存款	1.10	0.23	0.52
3.储蓄存款	10.39	0.54	-1.80
二、各项准备	0.86	-0.22	0.10
三、当年结益	1.50	1.50	0.59
资金来源总计	35.86	-0.15	8.67

续表

栏目 运用项目名称	2008年	比年初增减数	
		2008年	2007年
各项贷款	31.55	-0.58	5.86
1.短期贷款	7.05	-6.70	2.52
2.中长期贷款	7.08	-1.11	2.76
3.票据融资			
资金运用总计	35.86	-0.15	8.67

山东省建设银行外汇信贷收支表

单位：亿美元

栏目 / 来源项目名称	2008 年	比年初增减数	
		2008 年	2007 年
一、各项存款	4.66	-0.53	-0.42
1. 单位活期存款	2.27	-1.08	0.97
2. 单位定期存款	0.82	0.71	-0.07
3. 储蓄存款	1.08		-0.67
二、各项准备			
三、当年结益	0.24	0.24	0.20
资金来源总计	8.90	-0.39	1.74

续表

栏目 / 运用项目名称	2008 年	比年初增减数	
		2008 年	2007 年
各项贷款	7.99	-0.67	3.32
1. 短期贷款	0.78	-1.74	1.96
2. 中长期贷款	2.79	-0.40	0.56
3. 票据融资			
资金运用总计	8.90	-0.39	1.74

山东省交通银行外汇信贷收支表

单位：亿美元

栏目 / 来源项目名称	2008 年	比年初增减数	
		2008 年	2007 年
一、各项存款	2.78	0.26	-0.60
1. 单位活期存款	1.61	0.64	0.18
2. 单位定期存款	0.10	-0.16	-0.40
3. 储蓄存款	0.96	-0.15	-0.43
二、各项准备	0.02	0.01	-0.01
三、当年结益	0.10	0.10	0.09
资金来源总计	13.84	3.15	5.34

续表

运用项目名称 \ 栏目	2008年	比年初增减数	
		2008年	2007年
各项贷款	2.51	0.01	0.34
1. 短期贷款	0.45	-0.18	-0.58
2. 中长期贷款	0.19	-0.32	0.44
3. 票据融资	0.06	0.01	0.01
资金运用总计	13.84	3.15	5.34

山东省恒丰银行外汇信贷收支表

单位：亿美元

来源项目名称 \ 栏目	2008年	比年初增减数	
		2008年	2007年
一、各项存款	0.79	0.56	0.01
1. 单位活期存款	0.64	0.57	0.02
2. 单位定期存款			
3. 储蓄存款	0.12		-0.02
二、各项准备	0.01		0.01
三、当年结益	0.01	0.01	
资金来源总计	1.41	0.67	0.52

续表

运用项目名称 \ 栏目	2008年	比年初增减数	
		2008年	2007年
各项贷款	0.67		0.60
1. 短期贷款	0.47	-0.09	0.56
2. 中长期贷款			
3. 票据融资			
资金运用总计	1.41	0.67	0.52

山东省光大银行外汇信贷收支表

单位：亿美元

栏目 来源项目名称	2008 年	比年初增减数	
		2008 年	2007 年
一、各项存款	0.98	-0.02	0.12
1. 单位活期存款	0.20	-0.09	-0.01
2. 单位定期存款	0.06	-0.19	0.24
3. 储蓄存款	0.69	0.27	-0.07
二、各项准备	0.04	0.04	
三、当年结益	0.05	0.05	0.03
资金来源总计	1.79	-1.28	1.85

续表

栏目 运用项目名称	2008 年	比年初增减数	
		2008 年	2007 年
各项贷款	1.23	-1.18	1.42
1. 短期贷款	0.28	-1.68	1.82
2. 中长期贷款			
3. 票据融资			-0.02
资金运用总计	1.79	-1.28	1.85

山东省中信银行外汇信贷收支表

单位：亿美元

栏目 来源项目名称	2008 年	比年初增减数	
		2008 年	2007 年
一、各项存款	1.73	-0.23	0.20
1. 单位活期存款	1.03	-0.02	0.49
2. 单位定期存款	0.06	-0.08	0.08
3. 储蓄存款	0.42	-0.15	-0.41
二、各项准备	0.40		0.07
三、当年结益	0.18	0.18	-0.08
资金来源总计	2.69	-3.06	3.59

续表

栏目 运用项目名称	2008年	比年初增减数	
		2008年	2007年
各项贷款	2.26	-2.74	3.36
1. 短期贷款	1.00	-2.18	2.52
2. 中长期贷款	0.02	-0.02	
3. 票据融资		-0.01	-0.02
资金运用总计	2.69	-3.06	3.59

山东省华夏银行外汇信贷收支表

单位：亿美元

栏目 来源项目名称	2008年	比年初增减数	
		2008年	2007年
一、各项存款	0.60	0.09	-0.08
1. 单位活期存款	0.19	-0.03	0.07
2. 单位定期存款	0.12	0.02	-0.13
3. 储蓄存款	0.16		
二、各项准备	0.01		-0.01
三、当年结益	0.02	0.02	0.02
资金来源总计	0.90	0.11	0.04

续表

栏目 运用项目名称	2008年	比年初增减数	
		2008年	2007年
各项贷款	0.73	-0.01	0.28
1. 短期贷款	0.43	-0.11	0.44
2. 中长期贷款			
3. 票据融资			-0.01
资金运用总计	0.90	0.11	0.04

山东省深圳发展银行外汇信贷收支表

单位：亿美元

栏目 来源项目名称	2008 年	比年初增减数	
		2008 年	2007 年
一、各项存款	0.09	0.02	-0.03
1. 单位活期存款	0.02	0.01	-0.07
2. 单位定期存款			
3. 储蓄存款	0.04	0.01	0.01
二、各项准备			
三、当年结益	0.01	0.01	
资金来源总计	2.70	2.30	0.29

续表

栏目 运用项目名称	2008 年	比年初增减数	
		2008 年	2007 年
各项贷款		-0.34	0.34
1. 短期贷款		-0.29	0.29
2. 中长期贷款			
3. 票据融资			
资金运用总计	2.70	2.30	0.29

山东省招商银行外汇信贷收支表

单位：亿美元

栏目 来源项目名称	2008 年	比年初增减数	
		2008 年	2007 年
一、各项存款	2.31	0.30	-0.22
1. 单位活期存款	1.10	0.51	-0.25
2. 单位定期存款	0.12	-0.42	0.29
3. 储蓄存款	0.96	0.22	-0.18
二、各项准备	0.11	0.03	0.04
三、当年结益	0.21	0.21	0.10
资金来源总计	4.37	-3.37	4.86

续表

运用项目名称 \ 栏目	2008年	比年初增减数	
		2008年	2007年
各项贷款	4.06	-3.20	4.67
1. 短期贷款	0.39	-5.63	4.61
2. 中长期贷款	0.15	-0.06	-0.08
3. 票据融资			
资金运用总计	4.37	-3.37	4.86

山东省上海浦东发展银行外汇信贷收支表

单位：亿美元

来源项目名称 \ 栏目	2008年	比年初增减数	
		2008年	2007年
一、各项存款	0.89	0.40	0.14
1. 单位活期存款	0.42	0.05	0.12
2. 单位定期存款	0.24	0.24	-0.02
3. 储蓄存款	0.11	0.03	0.02
二、各项准备			
三、当年结益	0.02	0.02	0.01
资金来源总计	1.05	0.53	0.13

续表

运用项目名称 \ 栏目	2008年	比年初增减数	
		2008年	2007年
各项贷款	0.32	0.20	-0.01
1. 短期贷款	0.04		0.01
2. 中长期贷款			
3. 票据融资			
资金运用总计	1.05	0.53	0.13

山东省兴业银行外汇信贷收支表

单位：亿美元

栏目 来源项目名称	2008 年	比年初增减数	
		2008 年	2007 年
一、各项存款	0.16	0.07	0.02
1. 单位活期存款	0.12	0.09	
2. 单位定期存款	0.01	0.01	
3. 储蓄存款	0.03	0.01	
二、各项准备			
三、当年结益	-0.01	-0.01	-0.01
资金来源总计	1.56	-0.01	1.32

续表

栏目 运用项目名称	2008 年	比年初增减数	
		2008 年	2007 年
各项贷款	0.07	-0.12	0.17
1. 短期贷款	0.03	-0.11	0.14
2. 中长期贷款			
3. 票据融资			
资金运用总计	1.56	-0.01	1.32

山东省民生银行外汇信贷收支表

单位：亿美元

栏目 来源项目名称	2008 年	比年初增减数	
		2008 年	2007 年
一、各项存款	0.52	0.06	0.21
1. 单位活期存款	0.23	0.07	0.15
2. 单位定期存款	0.10	0.07	0.03
3. 储蓄存款	0.07	-0.04	-0.03
二、各项准备			
三、当年结益			
资金来源总计	1.01	-0.45	0.90

续表

运用项目名称 \ 栏目	2008年	比年初增减数	
		2008年	2007年
各项贷款			-0.27
1.短期贷款			-0.21
2.中长期贷款			
3.票据融资			
资金运用总计	1.01	-0.45	0.90

四、分机构本、外币资产负债情况

山东省政策性银行资产负债表

汇率：6.8346　　　　单位：万元

栏目 行列名称	本外币		外币		人民币	
	本期	比年初增减	本期	比年初增减	本期	比年初增减
流动资产	7954217	1249709	733086	662027	7221131	587682
一、现金及银行存款	4322	-1518	79	76	4243	-1594
二、存放中央银行	210503	122041			210503	122041
三、存放同业	464958	448123	407	368	464551	447755
四、存放联行款项						
五、拆放同业						
六、短期贷款	7212398	652049	721035	647989	6491363	4059
长期资产	14293557	4151026	2620808	2375845	11672748	1775180
七、中长期贷款	14201636	4149513	2620808	2375845	11580828	1773668
八、减：贷款损失准备						
九、长期投资	30500				30500	
十、减：长期投资减值准备						
十一、固定资产净值	58277	131			58277	131
固定资产	85648	2205			85648	2205
减：累计折旧	27372	2075			27372	2075
资产总计	22140382	5321885	3350477	3038107	18789904	2283778

续表

栏目 行列名称	本外币		外币		人民币	
	本期	比年初增减	本期	比年初增减	本期	比年初增减
流动负债	20095254	4008597	3315775	3004423	16779479	1004173
一、短期存款	1012969	-49153	6742	4796	1006226	-53949
二、活期储蓄存款						
三、财政性存款	166918	10072			166918	10072
四、向中央银行借款						
五、同业存放	59318	52412	408527	408527	-349209	-356115
六、联行存放	18527781	3901640	2897812	2603756	15629968	1297885
七、同业拆入						
长期负债	1676552	1288029	0	0	1676552	1288029
八、长期存款	787637	713135			787637	713135
九、定期储蓄存款						
所有者权益	368576	25259	34702	33684	333873	-8424
十、实收资本		-78990				-78990
十一、资本公积		-934				-934
十二、未分配利润	368576	105183	34702	33684	333873	71500
其中：本年利润	368576	368576	34702	34702	333873	333873
负债总计	22140382	5321885	3350477	3038107	18789904	2283778

山东省国家开发银行资产负债表

汇率：6.8346　　　　单位：万元

栏目 / 行列名称	本外币		外币		人民币	
	本期	比年初增减	本期	比年初增减	本期	比年初增减
流动资产	564904	117400	52823	-14310	512081	131711
一、现金及银行存款	1297	-548	79	76	1219	-624
二、存放中央银行	56164	51485			56164	51485
三、存放同业	417	-260			417	-260
四、存放联行款项						
五、拆放同业						
六、短期贷款	450597	41203	44507	-24887	406090	66090
长期资产	12329419	3606944	2535492	2404356	9793927	1202588
七、中长期贷款	12296444	3605151	2535492	2404356	9760952	1200795
八、减：贷款损失准备						
九、长期投资	30500				30500	
十、减：长期投资减值准备						
十一、固定资产净值	709	27			709	27
固定资产	1348	-483			1348	-483
减：累计折旧	638	-510			638	-510
资产总计	12874370	3724298	2588315	2390046	10286055	1334252

续表

栏目 / 行列名称	本外币		外币		人民币	
	本期	比年初增减	本期	比年初增减	本期	比年初增减
流动负债	11874214	2906003	2568433	2369810	9305781	536193
一、短期存款	463258	-43273	404	325	462855	-43598
二、活期储蓄存款						
三、财政性存款						
四、向中央银行借款						
五、同业存放	58527	57036	408527	408527	-350000	-351491
六、联行存放	11318719	2880310	2158795	1960632	9159924	919678
七、同业拆入						
长期负债	815584	784583	0	0	815583	784583
八、长期存款	465584	434584			465584	434584
九、定期储蓄存款						
所有者权益	184573	33711	19882	20236	164691	13475
十、实收资本						
十一、资本公积						
十二、未分配利润	184573	33711	19882	20236	164691	13475
其中：本年利润	184573	184573	19882	19882	164691	164691
负债总计	12874370	3724298	2588315	2390046	10286055	1334252

山东省进出口银行资产负债表

汇率：6.8346　　　　单位：万元

栏目 / 行列名称	本外币		外币		人民币	
	本期	比年初增减	本期	比年初增减	本期	比年初增减
流动资产	1030808	777175	680291	676365	350517	100810
一、现金及银行存款	139	-983			139	-983
二、存放中央银行	15531	13540			15531	13540
三、存放同业	424	368	407	368	17	0
四、存放联行款项						
五、拆放同业						
六、短期贷款	1009368	760744	676528	672876	332840	87868
长期资产	879152	125495	85316	-28511	793836	154007
七、中长期贷款	877226	125629	85316	-28511	791910	154140
八、减：贷款损失准备						
九、长期投资						
十、减：长期投资减值准备						
十一、固定资产净值	1926	-133			1926	-133
固定资产	3143	65			3143	65
减：累计折旧	1217	198			1217	198
资产总计	1900691	902894	762190	648088	1138501	254805

续表

栏目 / 行列名称	本外币		外币		人民币	
	本期	比年初增减	本期	比年初增减	本期	比年初增减
流动负债	1631229	641930	747458	634729	883771	7200
一、短期存款	46019	25752	2258	391	43761	25361
二、活期储蓄存款						
三、财政性存款						
四、向中央银行借款						
五、同业存放						
六、联行存放	1565901	619157	743214	647320	822687	-28163
七、同业拆入						
长期负债	246685	246018		0	246685	246018
八、长期存款	246100	246100			246100	246100
九、定期储蓄存款						
所有者权益	22777	14946	14732	13359	8045	1587
十、实收资本						
十一、资本公积						
十二、未分配利润	22777	14946	14732	13359	8045	1587
其中：本年利润	22777	22777	14732	14732	8045	8045
负债总计	1900691	902894	762190	648088	1138501	254805

山东省农业发展银行资产负债表

汇率：6.8346

单位：万元

栏目 / 行列名称	本外币		外币		人民币	
	本期	比年初增减	本期	比年初增减	本期	比年初增减
流动资产	6358506	355134	4169	4169	6358533	355161
一、现金及银行存款	2886	14			2886	14
二、存放中央银行	138808	57015			138808	57015
三、存放同业	464117	448015			464117	448015
四、存放联行款项			4196	4196		
五、拆放同业						
六、短期贷款	5752433	-149899			5752433	-149899
长期资产	1084985	418586			1084985	418586
七、中长期贷款	1027966	418733			1027966	418733
八、减：贷款损失准备						
九、长期投资						
十、减：长期投资减值准备						
十一、固定资产净值	55641	237			55641	237
固定资产	81157	2623			81157	2623
减：累计折旧	25516	2386			25516	2386
资产总计	7365321	694694	4169	4169	7365348	694721

续表

栏目 / 行列名称	本外币		外币		人民币	
	本期	比年初增减	本期	比年初增减	本期	比年初增减
流动负债	6589811	460664	4080	4080	6589927	460780
一、短期存款	503691	-31632	4080	4080	499611	-35712
二、活期储蓄存款						
三、财政性存款	166918	10072			166918	10072
四、向中央银行借款						
五、同业存放	791	-4624			791	-4624
六、联行存放	5643161	402173			5647357	406369
七、同业拆入						
长期负债	614284	257427	0	0	614284	257427
八、长期存款	75953	32451			75953	32451
九、定期储蓄存款						
所有者权益	161226	-23397	89	89	161137	-23486
十、实收资本		-78990				-78990
十一、资本公积		-934				-934
十二、未分配利润	161226	56527	89	89	161137	56438
其中：本年利润	161226	161226	89	89	161137	161137
负债总计	7365321	694694	4169	4169	7365348	694721

山东省国有商业银行资产负债表

汇率：6.8346 单位：万元

栏目 行列名称	本外币		外币		人民币	
	本期	比年初增减	本期	比年初增减	本期	比年初增减
流动资产	95558209	19105962	4686811	54788	91137195	18029719
一、现金及银行存款	971653	107767	58638	-9358	913015	117125
二、存放中央银行	1251512	12060			1251512	12060
三、存放同业	497112	144104	255896	43677	241216	100427
四、存放联行款项	43071469	15996664			43337266	14975209
五、拆放同业	15772	-56582		-21914	15772	-34668
六、短期贷款	43445767	1167610	2616432	-427233	40829336	1594842
长期资产	52362932	6758834	1049443	-296636	51313489	7055470
七、中长期贷款	51686123	7165973	1123884	-320180	50562239	7486154
八、减：贷款损失准备	1481841	457104	74441	-23544	1407400	480649
九、长期投资	570058	-62342			570058	-62342
十、减：长期投资减值准备	18664	-9119			18664	-9119
十一、固定资产净值	1477526	72463			1477526	72463
固定资产	2070111	-19297			2070111	-19297
减：累计折旧	592585	-91761			592585	-91761
资产总计	147359300	25946006	5715177	-240749	141909920	25165299

续表

栏目 行列名称	本外币		外币		人民币	
	本期	比年初增减	本期	比年初增减	本期	比年初增减
流动负债	78757074	9094469	4396677	-282680	74626195	8355694
一、短期存款	38436927	2770828	1250291	93254	37186636	2677574
二、活期储蓄存款	23335534	3293228	304988	-18723	23030546	3311951
三、财政性存款	-14405	72279			-14405	72279
四、向中央银行借款						
五、同业存放	1975854	-1220651	251067	51937	1724787	-1272588
六、联行存放			265797	-1021456		
七、同业拆入	73158	1784	73158	1784		
长期负债	66900309	16360564	1155780	-24122	65744528	16384686
八、长期存款	16772263	4345327	179530	-708	16592733	4346035
九、定期储蓄存款	47530091	10875368	673090	-19772	46857001	10895140
所有者权益	1701917	490972	162720	66053	1539197	424919
十、实收资本	-603	-603			-603	-603
十一、资本公积	6916	8388			6916	8388
十二、未分配利润	1695603	483187	162720	66053	1532884	417134
其中：本年利润	2664916	2664916	163189	163189	2501727	2501727
负债总计	147359300	25946006	5715177	-240749	141909920	25165299

山东省工商银行资产负债表

汇率：6.8346　　　　单位：万元

栏目 / 行列名称	本外币		外币		人民币	
	本期	比年初增减	本期	比年初增减	本期	比年初增减
流动资产	21486387	4721613	656341	-263810	20932308	4709839
一、现金及银行存款	248732	12464	8529	-8504	240202	20969
二、存放中央银行	441867	163856			441867	163856
三、存放同业	22117	-999	18920	6	3196	-1005
四、存放联行款项	7416318	2590669			7518581	2315085
五、拆放同业	6000	-2000			6000	-2000
六、短期贷款	13310245	1839173	625355	-260045	12684890	2099218
长期资产	20734872	2728838	65909	-41552	20668963	2770391
七、中长期贷款	20565310	2705633	81771	-40065	20483539	2745698
八、减：贷款损失准备	439319	13591	15862	1487	423458	12104
九、长期投资	183909	-10006			183909	-10006
十、减：长期投资减值准备	413				413	
十一、固定资产净值	376900	25349			376900	25349
固定资产	528850	60178			528850	60178
减：累计折旧	151950	34829			151950	34829
资产总计	41911792	7503227	650536	-300431	41363519	7528074

续表

栏目 / 行列名称	本外币		外币		人民币	
	本期	比年初增减	本期	比年初增减	本期	比年初增减
流动负债	20288329	2601540	494492	-263706	19896099	2589661
一、短期存款	11687940	1053206	275335	-5373	11412605	1058580
二、活期储蓄存款	5629704	651720	39279	619	5590425	651101
三、财政性存款	4496	15876			4496	15876
四、向中央银行借款						
五、同业存放	-437224	-401001	41489	26045	-478713	-427046
六、联行存放			102263	-275584		
七、同业拆入						
长期负债	20759973	4824592	126267	-46418	20633705	4871011
八、长期存款	4933093	1352740	16074	-36278	4917020	1389018
九、定期储蓄存款	14118586	2825312	94052	-10959	14024535	2836271
所有者权益	863490	77095	29776	9693	833714	67402
十、实收资本						
十一、资本公积	6313	7785			6313	7785
十二、未分配利润	857177	69310	29776	9693	827401	59616
其中：本年利润	1143322	1143322	29776	29776	1113546	1113546
负债总计	41911792	7503227	650536	-300431	41363519	7528074

山东省农业银行资产负债表

汇率：6.8346　　　　单位：万元

栏目 行列名称	本外币		外币		人民币	
	本期	比年初增减	本期	比年初增减	本期	比年初增减
流动资产	36522180	8212542	2243690	634799	34278489	7576357
一、现金及银行存款	270839	36860	6408	-1296	264431	38155
二、存放中央银行	263785	76619			263785	76619
三、存放同业	8264	-101789	8262	-1361	1	-100428
四、存放联行款项	16864376	8482562	291773	291773	16572603	8189404
五、拆放同业		-11668				-11668
六、短期贷款	13556635	-1580923	227449	-63321	13329185	-1517602
长期资产	8237842	270479	103326	-102275	8134516	372754
七、中长期贷款	8295696	698023	103326	-107288	8192370	805311
八、减：贷款损失准备	685027	445879		-5013	685027	450892
九、长期投资	118122	-17596			118122	-17596
十、减：长期投资减值准备	10	-210			10	-210
十一、固定资产净值	470988	32899			470988	32899
固定资产	520788	-135163			520788	-135163
减：累计折旧	49800	-168062			49800	-168062
资产总计	44896907	8487120	2347016	531859	42549891	7953876

续表

栏目 行列名称	本外币		外币		人民币	
	本期	比年初增减	本期	比年初增减	本期	比年初增减
流动负债	25704531	3837728	2137255	581632	23567276	3254710
一、短期存款	9725841	759842	237017	77913	9488824	681929
二、活期储蓄存款	9444235	1654509	6370	-2655	9437865	1657164
三、财政性存款	-23928	25286			-23928	25286
四、向中央银行借款						
五、同业存放	726378	30736	15946	8653	710432	22084
六、联行存放				-1386		
七、同业拆入						
长期负债	18794842	4508481	195692	-45009	18599150	4553491
八、长期存款	3767456	810233	29656	-26230	3737800	836462
九、定期储蓄存款	14723108	3417139	54852	-10107	14668256	3427246
所有者权益	397534	140911	14069	-4764	383465	145675
十、实收资本						
十一、资本公积						
十二、未分配利润	397534	140911	14069	-4764	383465	145675
其中：本年利润	402879	402879	14538	14538	388341	388341
负债总计	44896907	8487120	2347016	531859	42549891	7953876

山东省中国银行资产负债表

汇率：6.8346　　　　单位：万元

栏目 / 行列名称	本外币		外币		人民币	
	本期	比年初增减	本期	比年初增减	本期	比年初增减
流动资产	18589922	3071983	1825686	5094	17139757	2631868
一、现金及银行存款	239375	45418	38602	3700	200773	41718
二、存放中央银行	290965	-202545			290965	-202545
三、存放同业	419622	212473	183229	8466	236393	204007
四、存放联行款项	8452477	2545631			8827997	2110611
五、拆放同业	9000	-12914		-21914	9000	9000
六、短期贷款	8837887	371063	1578287	-54189	7259600	425252
长期资产	8077960	1467721	520626	-114524	7557334	1582245
七、中长期贷款	7962272	1479947	579205	-134542	7383067	1614489
八、减：贷款损失准备	357494	-2365	58579	-20018	298915	17653
九、长期投资	109762	-6127			109762	-6127
十、减：长期投资减值准备	75				75	
十一、固定资产净值	346731	3373			346731	3373
固定资产	548462	26265			548462	26265
减：累计折旧	201731	22892			201731	22892
资产总计	26447243	4555875	2396949	-112408	24425814	4233263

续表

栏目 / 行列名称	本外币		外币		人民币	
	本期	比年初增减	本期	比年初增减	本期	比年初增减
流动负债	14155833	1523800	1749186	-180456	12782167	1269235
一、短期存款	6626889	369033	583012	110244	6043877	258789
二、活期储蓄存款	3140719	288137	241781	-7175	2898938	295312
三、财政性存款	-1458	6982			-1458	6982
四、向中央银行借款						
五、同业存放	914012	-56056	190460	23754	723552	-79810
六、联行存放			375520	-435020		
七、同业拆入	73158	1784	73158	1784		
长期负债	11863695	2783273	545456	9072	11318239	2774201
八、长期存款	3390957	923779	77457	13424	3313500	910355
九、定期储蓄存款	8502068	2044524	467999	-2746	8034069	2047270
所有者权益	427715	248803	102307	58976	325408	189827
十、实收资本	-603	-603			-603	-603
十一、资本公积	603	603			603	603
十二、未分配利润	427715	248803	102307	58976	325408	189827
其中：本年利润	541179	541179	102307	102307	438872	438872
负债总计	26447243	4555875	2396949	-112408	24425814	4233263

山东省建设银行资产负债表

汇率：6.8346　　单位：万元

栏目 / 行列名称	本外币		外币		人民币	
	本期	比年初增减	本期	比年初增减	本期	比年初增减
流动资产	18959719	3099825	252867	-29522	18786640	3111654
一、现金及银行存款	212708	13025	5099	-3258	207609	16283
二、存放中央银行	254895	-25870			254895	-25870
三、存放同业	47109	34418	45484	36565	1625	-2147
四、存放联行款项	10338298	2377802			10418085	2360109
五、拆放同业	772	-30000			772	-30000
六、短期贷款	7741001	538296	185341	-49678	7555660	587974
长期资产	15312258	2291795	359582	-38285	14952676	2330080
七、中长期贷款	14862845	2282371	359582	-38285	14503263	2320656
八、减：贷款损失准备						
九、长期投资	158265	-28613			158265	-28613
十、减：长期投资减值准备	18166	-8909			18166	-8909
十一、固定资产净值	282907	10842			282907	10842
固定资产	472011	29423			472011	29423
减：累计折旧	189104	18581			189104	18581
资产总计	34103358	5399783	612449	-67997	33570697	5450087

续表

栏目 / 行列名称	本外币		外币		人民币	
	本期	比年初增减	本期	比年初增减	本期	比年初增减
流动负债	18608382	1131402	307516	-128379	18380653	1242088
一、短期存款	10396257	588747	154927	-89529	10241330	678276
二、活期储蓄存款	5120876	698861	17558	-9513	5103318	708374
三、财政性存款	6485	24135			6485	24135
四、向中央银行借款						
五、同业存放	772687	-794331	3171	-6515	769516	-787816
六、联行存放			79787	-17693		
七、同业拆入						
长期负债	15481799	4244218	288365	58234	15193434	4185984
八、长期存款	4680757	1258575	56344	48375	4624413	1210200
九、定期储蓄存款	10186328	2588393	56187	4040	10130141	2584353
所有者权益	13177	24163	16567	2148	-3390	22015
十、实收资本						
十一、资本公积						
十二、未分配利润	13177	24163	16567	2148	-3390	22015
其中：本年利润	577535	577535	16567	16567	560968	560968
负债总计	34103358	5399783	612449	-67997	33570697	5450087

山东省股份制商业银行资产负债表

汇率：6.8346

单位：万元

栏目 / 行列名称	本外币		外币		人民币	
	本期	比年初增减	本期	比年初增减	本期	比年初增减
流动资产	41385487	10125631	1874679	-187740	39521500	9801154
一、现金及银行存款	257140	29454	19654	-3885	237486	33339
二、存放中央银行	685948	-29172			685948	-29172
三、存放同业	677585	335422	337700	200557	339885	134865
四、存放联行款项	10199452	6145091			10210143	5632874
五、拆放同业	72	-15110	72	-640		-14470
六、短期贷款	24166518	3892722	782385	-562961	23384133	4455683
长期资产	11214629	1348718	-13013	-39057	11227642	1387775
七、中长期贷款	11181292	1589088	26949	-32516	11154343	1621605
八、减：贷款损失准备	622973	149403	39962	6540	583011	142862
九、长期投资	222681	-131554			222681	-131554
十、减：长期投资减值准备						
十一、固定资产净值	390690	44634			390690	44634
固定资产	579816	69666			579816	69666
减：累计折旧	189125	25032			189125	25032
资产总计	52466529	11382601	1832501	-225017	50644720	11095401

续表

栏目 / 行列名称	本外币		外币		人民币	
	本期	比年初增减	本期	比年初增减	本期	比年初增减
流动负债	30804478	5824714	1581537	-251482	29233633	5563980
一、短期存款	12502638	2056132	379286	104785	12123352	1951347
二、活期储蓄存款	2851394	-170127	95428	-18182	2755966	-151945
三、财政性存款	4904	86540			4904	86540
四、向中央银行借款						
五、同业存放	-244610	15884	228428	-41710	-473037	57594
六、联行存放			10692	-512217		
七、同业拆入	49134	49134	49134	49134		
长期负债	20997203	5051630	220107	-23399	20777096	5075029
八、长期存款	9969365	1077444	56837	-39101	9912528	1116545
九、定期储蓄存款	7120008	2270727	147329	16941	6972678	2253786
所有者权益	664848	506257	30857	49865	633991	456392
十、实收资本						
十一、资本公积						
十二、未分配利润	664848	510320	30857	49814	633991	460506
其中：本年利润	759547	759547	39581	39581	719966	719966
负债总计	52466529	11382601	1832501	-225017	50644720	11095401

山东省交通银行资产负债表

汇率：6.8346　　　　单位：万元

栏目 行列名称	本外币		外币		人民币	
	本期	比年初增减	本期	比年初增减	本期	比年初增减
流动资产	8144627	1309923	931016	212156	7213611	1096642
一、现金及银行存款	96202	27066	5194	-1884	91008	28950
二、存放中央银行	101075	23583			101075	23583
三、存放同业	42215	-13507	34795	-11692	7420	-1815
四、存放联行款项	2615625	836398	33886	33886	2581739	801387
五、拆放同业						
六、短期贷款	3732090	-47425	156608	14585	3575482	-62010
长期资产	2673212	577787	12883	-26167	2660329	603954
七、中长期贷款	2422863	584959	14585	-25510	2408278	610469
八、减：贷款损失准备	22584	-15382	1702	657	20882	-16039
九、长期投资	156309	-30754			156309	-30754
十、减：长期投资减值准备						
十一、固定资产净值	88585	4570			88585	4570
固定资产	155584	10718			155584	10718
减：累计折旧	66999	6148			66999	6148
资产总计	10718504	1885590	943899	185989	9774605	1698477

续表

栏目 行列名称	本外币		外币		人民币	
	本期	比年初增减	本期	比年初增减	本期	比年初增减
流动负债	6357069	609523	879763	195812	5477306	412586
一、短期存款	2929218	275009	109914	39505	2819304	235504
二、活期储蓄存款	854936	-109114	35554	-19224	819382	-89890
三、财政性存款	-100	-906			-100	-906
四、向中央银行借款						
五、同业存放	-284698	-153651	3356	-4446	-288054	-149205
六、联行存放				-1125		
七、同业拆入						
长期负债	4191516	1206937	57534	-9793	4133982	1216730
八、长期存款	2036313	506340	6753	-11816	2029560	518156
九、定期储蓄存款	1708756	427240	30134	3676	1678622	423564
所有者权益	169919	69131	6602	-30	163317	69161
十、实收资本						
十一、资本公积						
十二、未分配利润	169919	69131	6602	-30	163317	69161
其中：本年利润	169919	169919	6602	6602	163317	163317
负债总计	10718504	1885590	943899	185989	9774605	1698477

山东省恒丰银行资产负债表

汇率：6.8346

单位：万元

栏目 行列名称	本外币		外币		人民币	
	本期	比年初增减	本期	比年初增减	本期	比年初增减
流动资产	5956819	2100631	96470	42088	5872295	2066648
一、现金及银行存款	17330	-2109	806	-4	16524	-2105
二、存放中央银行	30572	14800			30572	14800
三、存放同业	75409	11753	50139	46143	25270	-34390
四、存放联行款项	2440794	863549			2452741	871654
五、拆放同业		-2636		-636		-2000
六、短期贷款	2723933	933167	45826	-3049	2678107	936216
长期资产	851431	10493	-465	25	851896	10468
七、中长期贷款	845710	26063			845710	26063
八、减：贷款损失准备	35855	9161	465	-25	35390	9186
九、长期投资		-136				-136
十、减：长期投资减值准备						
十一、固定资产净值	39657	-6273			39657	-6273
固定资产	62852	1493			62852	1493
减：累计折旧	23195	7766			23195	7766
资产总计	6883484	2126291	96006	42112	6799425	2092283

续表

栏目 行列名称	本外币		外币		人民币	
	本期	比年初增减	本期	比年初增减	本期	比年初增减
流动负债	2944281	732750	87449	42065	2868779	698789
一、短期存款	1237370	65477	43577	38282	1193793	27195
二、活期储蓄存款	142840	10301	144	-32	142696	10333
三、财政性存款						
四、向中央银行借款						
五、同业存放	397351	253415	30072	-2068	367279	255483
六、联行存放			11947	8105		
七、同业拆入						
长期负债	3903361	1357699	8051	-459	3895310	1358158
八、长期存款	1870359	717894	55	55	1870304	717839
九、定期储蓄存款	1718997	608858	7996	-513	1711001	609371
所有者权益	35842	35842	506	506	35336	35336
十、实收资本						
十一、资本公积						
十二、未分配利润	35842	35842	506	506	35336	35336
其中：本年利润	35863	35863	451	451	35412	35412
负债总计	6883484	2126291	96006	42112	6799425	2092283

山东省中信银行资产负债表

汇率：6.8346

单位：万元

行列名称 \ 栏目	本外币		外币		人民币	
	本期	比年初增减	本期	比年初增减	本期	比年初增减
流动资产	5150427	1111736	182363	−214299	4985309	1097137
一、现金及银行存款	28973	−12341	3394	−444	25579	−11897
二、存放中央银行	99919	14588			99919	14588
三、存放同业	35967	−28232	24682	−22037	11284	−6195
四、存放联行款项	2055759	980665			2073005	751767
五、拆放同业	72	−5	72	−5		
六、短期贷款	2908302	155619	153158	−208675	2755144	364294
长期资产	1032382	18912	−26019	−3290	1058401	22202
七、中长期贷款	1045507	23683	1060	−1174	1044448	24858
八、减：贷款损失准备	142333	1718	27079	2116	115255	−398
九、长期投资	21207	−2146			21207	−2146
十、减：长期投资减值准备						
十一、固定资产净值	104677	−1606			104677	−1606
固定资产	127295	2722			127295	2722
减：累计折旧	22617	4328			22617	4328
资产总计	6126970	1128343	137773	−216502	6006443	1115946

续表

行列名称 \ 栏目	本外币		外币		人民币	
	本期	比年初增减	本期	比年初增减	本期	比年初增减
流动负债	4432796	873338	114770	−245057	4335272	889497
一、短期存款	1804299	376059	70772	−6446	1733527	382505
二、活期储蓄存款	308694	−368359	7480	−4793	301214	−363566
三、财政性存款	−1172	−13			−1172	−13
四、向中央银行借款						
五、同业存放	111483	199306	29	−3257	111454	202563
六、联行存放			17246	−228898		
七、同业拆入						
长期负债	1613805	−45876	18541	−13103	1595264	−32774
八、长期存款	567068	−173095	4190	−5854	562877	−167242
九、定期储蓄存款	1032195	295186	21135	−7807	1011059	302993
所有者权益	80369	300881	4462	41658	75907	259223
十、实收资本						
十一、资本公积						
十二、未分配利润	80369	300881	4462	41658	75907	259223
其中：本年利润	117420	117420	12188	12188	105232	105232
负债总计	6126970	1128343	137773	−216502	6006443	1115946

山东省光大银行资产负债表

汇率：6.8346

单位：万元

栏目 / 行列名称	本外币		外币		人民币	
	本期	比年初增减	本期	比年初增减	本期	比年初增减
流动资产	2538296	1053211	121594	-102007	2416702	1070930
一、现金及银行存款	11283	-1651	1592	-365	9691	-1286
二、存放中央银行	36992	-40543			36992	-40543
三、存放同业	197126	144348	2037	-12558	195089	156906
四、存放联行款项	668244	472076	32006	32006	636238	355782
五、拆放同业		-2470				-2470
六、短期贷款	1249577	192663	82883	-92223	1166694	284886
长期资产	1210027	-140662	-1148	-2624	1211175	-138038
七、中长期贷款	1244018	-55821	1381	-95	1242637	-55726
八、减：贷款损失准备	86604	86604	2529	2529	84075	84075
九、长期投资	22535	-1649			22535	-1649
十、减：长期投资减值准备						
十一、固定资产净值	29880	3218			29880	3218
固定资产	43652	2941			43652	2941
减：累计折旧	13772	-277			13772	-277
资产总计	3698881	879057	109853	-103902	3589028	898671

续表

栏目 / 行列名称	本外币		外币		人民币	
	本期	比年初增减	本期	比年初增减	本期	比年初增减
流动负债	2167393	607248	59338	-106878	2108055	629838
一、短期存款	770935	154726	13020	-7922	757915	162648
二、活期储蓄存款	124122	8738	5659	750	118463	7988
三、财政性存款	-201	1210			-201	1210
四、向中央银行借款						
五、同业存放	178671	109075	36613	17358	142058	91717
六、联行存放				-84288		
七、同业拆入						
长期负债	1515690	287261	48471	3000	1467219	284261
八、长期存款	645381	-187696	4442	-13629	640939	-174067
九、定期储蓄存款	353307	108404	41978	16770	311329	91634
所有者权益	15798	-15452	2044	-24	13754	-15428
十、实收资本						
十一、资本公积						
十二、未分配利润	15798	-15452	2044	-24	13754	-15428
其中：本年利润	29556	29556	3096	3096	26460	26460
负债总计	3698881	879057	109853	-103902	3589028	898671

山东省华夏银行资产负债表

汇率：6.8346 单位：万元

栏目 / 行列名称	本外币		外币		人民币	
	本期	比年初增减	本期	比年初增减	本期	比年初增减
流动资产	4142777	310867	60814	2867	4081963	294297
一、现金及银行存款	18630	-1807	1715	-249	16915	-1558
二、存放中央银行	75946	-73984			75946	-73984
三、存放同业	17814	-19085	3445	2057	14369	-21142
四、存放联行款项	970750	364446	6090	6090	964660	344653
五、拆放同业		-10000				-10000
六、短期贷款	2624391	233554	49688	-5002	2574703	238556
长期资产	695516	-28340	-506	35	696022	-28375
七、中长期贷款	730825	91239			730825	91239
八、减：贷款损失准备	88894	31661	506	-35	88388	31696
九、长期投资	6905	-93433			6905	-93433
十、减：长期投资减值准备						
十一、固定资产净值	40108	11856			40108	11856
固定资产	64983	12384			64983	12384
减：累计折旧	24875	528			24875	528
资产总计	4787465	271962	60309	2902	4727156	255357

续表

栏目 / 行列名称	本外币		外币		人民币	
	本期	比年初增减	本期	比年初增减	本期	比年初增减
流动负债	3304896	174043	41315	3514	3263581	156826
一、短期存款	1127831	-222332	13225	-3210	1114606	-219122
二、活期储蓄存款	232305	19261	1756	179	230549	19082
三、财政性存款	1722	1306			1722	1306
四、向中央银行借款						
五、同业存放	86908	-141313	14284	11377	72624	-152690
六、联行存放				-13703		
七、同业拆入						
长期负债	1416879	76450	17408	-722	1399471	77172
八、长期存款	760125	-40441	8598	950	751527	-41391
九、定期储蓄存款	656752	144375	8810	-1672	647942	146047
所有者权益	65690	21469	1586	110	64104	21359
十、实收资本						
十一、资本公积						
十二、未分配利润	65690	21469	1586	110	64104	21359
其中：本年利润	68423	68423	1586	1586	66837	66837
负债总计	4787465	271962	60309	2902	4727156	255357

山东省深圳发展银行资产负债表

汇率：6.8346

单位：万元

栏目 行列名称	本外币		外币		人民币	
	本期	比年初增减	本期	比年初增减	本期	比年初增减
流动资产	2401376	1220422	185149	155610	2382348	1219554
一、现金及银行存款	4674	553	260	-310	4414	863
二、存放中央银行	14262	-21667			14262	-21667
三、存放同业	172566	168275	171050	169384	1516	-1109
四、存放联行款项	165854	-1754			331976	152987
五、拆放同业						
六、短期贷款	1654603	691443		-25325	1654603	716768
长期资产	292919	36984			292919	36984
七、中长期贷款	295294	42809			295294	42809
八、减：贷款损失准备	8036	4882			8036	4882
九、长期投资		-440				-440
十、减：长期投资减值准备						
十一、固定资产净值	5520	-453			5520	-453
固定资产	10738	-2785			10738	-2785
减：累计折旧	5218	-2332			5218	-2332
资产总计	2675731	1257431	185149	155588	2656703	1256585

续表

栏目 行列名称	本外币		外币		人民币	
	本期	比年初增减	本期	比年初增减	本期	比年初增减
流动负债	1980630	1016047	183489	154767	1963263	1016021
一、短期存款	223537	14738	1558	638	221979	14100
二、活期储蓄存款	42138	7240	2303	1047	39835	6193
三、财政性存款	2049	79			2049	79
四、向中央银行借款						
五、同业存放	-76448	-3953		-12418	-76448	8465
六、联行存放			166122	154741		
七、同业拆入						
长期负债	665613	229600	895	347	664718	229253
八、长期存款	383614	141737	21	-1	383593	141738
九、定期储蓄存款	155909	50354	875	349	155034	50005
所有者权益	29487	11784	765	473	28722	11311
十、实收资本						
十一、资本公积						
十二、未分配利润	29487	11784	765	473	28722	11311
其中：本年利润	29487	29487	765	765	28722	28722
负债总计	2675731	1257431	185149	155588	2656703	1256585

山东省招商银行资产负债表

汇率：6.8346　　　　单位：万元

栏目 行列名称	本外币		外币		人民币	
	本期	比年初增减	本期	比年初增减	本期	比年初增减
流动资产	4078642	-827592	288133	-261947	3790509	-565645
一、现金及银行存款	47645	8911	4586	-425	43059	9336
二、存放中央银行	72424	3568			72424	3568
三、存放同业	23441	-21040	9753	-6522	13688	-14518
四、存放联行款项						
五、拆放同业						
六、短期贷款	3566320	138105	266638	-248080	3299682	386185
长期资产	1807843	319088	2508	-7017	1805335	326105
七、中长期贷款	1880909	348132	9924	-5737	1870985	353869
八、减：贷款损失准备	115793	28039	7416	1280	108377	26759
九、长期投资		-5122				-5122
十、减：长期投资减值准备						
十一、固定资产净值	40656	6924			40656	6924
固定资产	58949	12783			58949	12783
减：累计折旧	18293	5859			18293	5859
资产总计	5815984	-529367	290641	-268964	5525343	-260403

续表

栏目 行列名称	本外币		外币		人民币	
	本期	比年初增减	本期	比年初增减	本期	比年初增减
流动负债	3937554	-980156	240141	-253015	3697413	-727141
一、短期存款	1535424	231617	74723	31465	1460701	200152
二、活期储蓄存款	887643	207766	38342	3295	849301	204471
三、财政性存款	94	93865			94	93865
四、向中央银行借款						
五、同业存放	99421	-64689	12808	1837	86613	-66526
六、联行存放	251469	-1814067	54417	-335714	197052	-1478353
七、同业拆入	49134	49134	49134	49134		
长期负债	1757581	415571	35854	-23021	1721727	438592
八、长期存款	884347	-10788	8789	-30889	875558	20101
九、定期储蓄存款	853062	386355	27065	7869	825997	378486
所有者权益	120850	35218	14647	7072	106203	28146
十、实收资本						
十一、资本公积						
十二、未分配利润	120850	39281	14647	7021	106203	32260
其中：本年利润	161985	161985	14647	14647	147338	147338
负债总计	5815984	-529367	290641	-268964	5525343	-260403

山东省上海浦东发展银行资产负债表

汇率：6.8346　　　　单位：万元

栏目 行列名称	本外币		外币		人民币	
	本期	比年初增减	本期	比年初增减	本期	比年初增减
流动资产	4070037	1633154	71845	33956	3998192	1599198
一、现金及银行存款	10672	2331	608	-305	10064	2636
二、存放中央银行	111545	22720			111545	22720
三、存放同业	9005	546	1579	432	7426	114
四、存放联行款项	415134	116091	38130	11220	377004	104871
五、拆放同业						
六、短期贷款	2411689	557592	22124	13234	2389565	544358
长期资产	758355	108419			758355	108419
七、中长期贷款	772631	79035			772631	79035
八、减：贷款损失准备	53279	-5674			53279	-5674
九、长期投资	8397	188			8397	188
十、减：长期投资减值准备						
十一、固定资产净值	30606	23522			30606	23522
固定资产	36625	24947			36625	24947
减：累计折旧	6019	1425			6019	1425
资产总计	4797185	1733822	71845	33942	4725340	1699880

续表

栏目 行列名称	本外币		外币		人民币	
	本期	比年初增减	本期	比年初增减	本期	比年初增减
流动负债	2041756	745195	48683	16842	1993073	728353
一、短期存款	1007881	288545	28883	2762	978998	285783
二、活期储蓄存款	108712	1873	1729	655	106983	1218
三、财政性存款	3007	-8742			3007	-8742
四、向中央银行借款						
五、同业存放	-392313	-15563	868	-863	-393181	-14700
六、联行存放						
七、同业拆入						
长期负债	2692524	983992	22083	17006	2670441	966986
八、长期存款	1104190	-3509	16676	16662	1087514	-20171
九、定期储蓄存款	279504	110702	5379	346	274125	110356
所有者权益	62906	4635	1080	94	61826	4541
十、实收资本						
十一、资本公积						
十二、未分配利润	62906	4635	1080	94	61826	4541
其中：本年利润	62906	62906	1080	1080	61826	61826
负债总计	4797185	1733822	71845	33942	4725340	1699880

山东省兴业银行资产负债表

汇率：6.8346 单位：万元

栏目 / 行列名称	本外币		外币		人民币	
	本期	比年初增减	本期	比年初增减	本期	比年初增减
流动资产	2356948	921495	106907	-7578	2250041	832024
一、现金及银行存款	6547	1672	410	-145	6137	1817
二、存放中央银行	37747	7478			37747	7478
三、存放同业	11966	7077	2542	-409	9424	7486
四、存放联行款项	513002	513002	98473	1424	414529	414529
五、拆放同业						
六、短期贷款	1416614	558675	5461	-8425	1411153	567100
长期资产	690117	131142	-267	-18	690384	131160
七、中长期贷款	716932	129657			716932	129657
八、减：贷款损失准备	33311	2697	267	18	33044	2679
九、长期投资	2616	2616			2616	2616
十、减：长期投资减值准备						
十一、固定资产净值	3205	938			3205	938
固定资产	5409	1408			5409	1408
减：累计折旧	2204	470			2204	470
资产总计	3026786	1051335	106640	-7596	2920146	961882

续表

栏目 / 行列名称	本外币		外币		人民币	
	本期	比年初增减	本期	比年初增减	本期	比年初增减
流动负债	2138204	836353	105615	-8921	2032589	748225
一、短期存款	975357	519053	8448	6563	966909	512490
二、活期储蓄存款	70040	29943	663	64	69377	29879
三、财政性存款	-456	-222			-456	-222
四、向中央银行借款						
五、同业存放	311914	136649	96224	-10788	215690	147437
六、联行存放		-155552				-252601
七、同业拆入						
长期负债	864078	205878	1729	1364	862349	204514
八、长期存款	469978	5041	472	472	469506	4569
九、定期储蓄存款	95101	68837	1258	892	93843	67945
所有者权益	24504	9104	-704	-39	25208	9143
十、实收资本						
十一、资本公积						
十二、未分配利润	24504	9104	-704	-39	25208	9143
其中：本年利润	24504	24504	-704	-704	25208	25208
负债总计	3026786	1051335	106640	-7596	2920146	961882

山东省民生银行资产负债表

汇率：6.8346

单位：万元

栏目 / 行列名称	本外币		外币		人民币	
	本期	比年初增减	本期	比年初增减	本期	比年初增减
流动资产	2745248	-729596	69426	-37251	2675822	-692345
一、现金及银行存款	14872	6520	1087	247	13785	6273
二、存放中央银行	100753	15572			100753	15572
三、存放同业	91405	84613	37679	35758	53726	48855
四、存放联行款项	822265	247505	30455	-73292	791810	320797
五、拆放同业						
六、短期贷款	1617000	217330			1617000	217330
长期资产	1054284	166354			1054284	166354
七、中长期贷款	1078603	171332			1078603	171332
八、减：贷款损失准备	36285	5696			36285	5696
九、长期投资	4712	-678			4712	-678
十、减：长期投资减值准备						
十一、固定资产净值	7254	1396			7254	1396
固定资产	13169	2495			13169	2495
减：累计折旧	5915	1099			5915	1099
资产总计	3996202	-582289	69426	-37251	3926776	-545038

续表

栏目 / 行列名称	本外币		外币		人民币	
	本期	比年初增减	本期	比年初增减	本期	比年初增减
流动负债	1622262	-888352	60015	-39277	1562247	-849075
一、短期存款	854580	317036	15166	3150	839414	313886
二、活期储蓄存款	78846	21105	1798	-124	77048	21229
三、财政性存款	-39	-37			-39	-37
四、向中央银行借款						
五、同业存放	-676899	-303392	34173	-38442	-711072	-264950
六、联行存放						
七、同业拆入						
长期负债	2313900	271862	9541	1981	2304359	269881
八、长期存款	1187613	61585	6841	4950	1180772	56635
九、定期储蓄存款	265287	69277	2700	-2969	262587	72246
所有者权益	60040	34201	-130	45	60170	34156
十、实收资本						
十一、资本公积						
十二、未分配利润	60040	34201	-130	45	60170	34156
其中：本年利润	60040	60040	-130	-130	60170	60170
负债总计	3996202	-582289	69426	-37251	3926776	-545038

山东省城市商业银行资产负债表

汇率：6.8346　　　　单位：万元

栏目 / 行列名称	本外币		外币		人民币	
	本期	比年初增减	本期	比年初增减	本期	比年初增减
流动资产	21650127	3259785	465188	164350	21184939	3095435
一、现金及银行存款	155446	-17121	950	44	154496	-17166
二、存放中央银行	5055316	1351991	2009	538	5053307	1351453
三、存放同业	953748	463781	340423	198161	613325	265620
四、存放联行款项						
五、拆放同业	8908	-8452	7518	7518	1390	-15970
六、短期贷款	13476799	1214920	119412	-46875	13357388	1261795
长期资产	6517300	417179	-506	-1412	6517806	418590
七、中长期贷款	2960251	131847		-1461	2960251	133308
八、减：贷款损失准备	441094	156266	513	-50	440582	156316
九、长期投资	3678496	397607	7	0	3678489	397607
十、减：长期投资减值准备	5526	989			5526	989
十一、固定资产净值	250487	26008			250487	26008
固定资产	388041	43600			388041	43600
减：累计折旧	137554	17592			137554	17592
资产总计	28426009	3682361	409322	166745	28016687	3515616

续表

栏目 / 行列名称	本外币		外币		人民币	
	本期	比年初增减	本期	比年初增减	本期	比年初增减
流动负债	14648427	-676321	239016	62778	14409411	-739099
一、短期存款	7209643	304922	33927	1973	7175716	302949
二、活期储蓄存款	2237862	436490	731	-116	2237131	436606
三、财政性存款	9800	-5486			9800	-5486
四、向中央银行借款	35000	-158699			35000	-158699
五、同业存放	-443079	-603611	37638	-6402	-480717	-597209
六、联行存放	24029	4155		-2067	24029	6222
七、同业拆入	7518	-36308	7518	-16308		-20000
长期负债	11897039	3894328	54180	-3039	11842859	3897366
八、长期存款	4759041	1408829	7199	1777	4751842	1407052
九、定期储蓄存款	6334524	1900545	5973	-1996	6328551	1902541
所有者权益	1880543	464355	116127	107006	1764416	357348
十、实收资本	1222109	159616	14150	14150	1207958	145466
十一、资本公积	192146	159370	80411	80411	111734	78959
十二、未分配利润	314329	101305	21565	12445	292763	88860
其中：本年利润	332260	332260	19435	19435	312824	312824
负债总计	28426009	3682361	409322	166745	28016687	3515616

山东省农村合作银行资产负债表

汇率：6.8346　　　　单位：万元

栏　目 / 行列名称	本外币		外币		人民币	
	本期	比年初增减	本期	比年初增减	本期	比年初增减
流动资产	10937814	2253940	21919	10173	10915895	2243767
一、现金及银行存款	93429	11901	841	680	92588	11221
二、存放中央银行	1747202	498344	232	72	1746970	498272
三、存放同业	418671	81846	17722	8832	400949	73014
四、存放联行款项	848307	227778	14	14	848293	227764
五、拆放同业	759	-37		-37	759	
六、短期贷款	7430947	1131639	3780	-143	7427167	1131782
长期资产	458801	-37172	198	-14	458603	-37158
七、中长期贷款	208026	5587	308	-21	207718	5608
八、减：贷款损失准备	316071	78084	109	-8	315962	78092
九、长期投资	404098	25419			404098	25419
十、减：长期投资减值准备						
十一、固定资产净值	131415	3863			131415	3863
固定资产	226827	13934			226827	13934
减：累计折旧	95412	10071			95412	10071
资产总计	11534417	2204918	20750	10253	11513667	2194665

续表

栏　目 / 行列名称	本外币		外币		人民币	
	本期	比年初增减	本期	比年初增减	本期	比年初增减
流动负债	5421789	764767	10888	6154	5410901	758613
一、短期存款	1538641	136118	3718	1088	1534923	135030
二、活期储蓄存款	2629404	462192	2160	1597	2627244	460595
三、财政性存款	669	291			669	291
四、向中央银行借款	26500	-31670			26500	-31670
五、同业存放	333079	196037	4224	3493	328855	192544
六、联行存放						
七、同业拆入						
长期负债	5344353	1257393	3158	1777	5341195	1255616
八、长期存款	459910	18158			459910	18158
九、定期储蓄存款	5003407	1337097	3158	1777	5000249	1335320
所有者权益	768276	182758	6705	2322	761571	180436
十、实收资本	426072	49170	6151	1768	419921	47402
十一、资本公积	34560	237			34560	237
十二、未分配利润	125634	124351	554	554	125080	123797
其中：本年利润	154178	154178	554	554	153624	153624
负债总计	11534417	2204918	20750	10253	11513667	2194665

山东省农信社资产负债表

汇率：6.8346　　　　单位：万元

栏目 / 行列名称	本外币		外币		人民币	
	本期	比年初增减	本期	比年初增减	本期	比年初增减
流动资产	40401285	7758131	3000	1423	40398285	7756708
一、现金及银行存款	391234	9466			391234	9466
二、存放中央银行	5370964	464456	7	0	5370957	464456
三、存放同业	2907035	1154730	2037	1686	2904998	1153044
四、存放联行款项	2231683	1874987			2231683	1874987
五、拆放同业	80356	-36994			80356	-36994
六、短期贷款	28005719	3888275	1230	-85	28004489	3888360
长期资产	2539777	-65276			2539777	-65276
七、中长期贷款	1249546	122771			1249546	122771
八、减：贷款损失准备	913714	343295			913714	343295
九、长期投资	1460763	125046			1460763	125046
十、减：长期投资减值准备						
十一、固定资产净值	562249	20128			562249	20128
固定资产	989345	69892			989345	69892
减：累计折旧	427096	49764			427096	49764
资产总计	44029964	8061651	1633	1517	44028331	8060134

续表

栏目 / 行列名称	本外币		外币		人民币	
	本期	比年初增减	本期	比年初增减	本期	比年初增减
流动负债	15395323	1542269	1442	1442	15393881	1540827
一、短期存款	3053259	65712	55	55	3053204	65657
二、活期储蓄存款	8152763	1368234			8152763	1368234
三、财政性存款	23443	-1174			23443	-1174
四、向中央银行借款	321198	-166995			321198	-166995
五、同业存放	863944	262507	1387	1387	862557	261120
六、联行存放						
七、同业拆入	1634	-2215			1634	-2215
长期负债	26030460	5991751	96	-21	26030364	5991772
八、长期存款	884850	-4892			884850	-4892
九、定期储蓄存款	25718459	6242116	96	-21	25718363	6242137
所有者权益	2604182	527631	96	96	2604086	527535
十、实收资本	1910404	168071			1910404	168071
十一、资本公积	143629	2611			143629	2611
十二、未分配利润	70088	294400	96	96	69992	294304
其中：本年利润	443394	443394	96	96	443298	443298
负债总计	44029964	8061651	1633	1517	44028331	8060134

山东省财务公司资产负债表

汇率：6.8346

单位：万元

栏目 / 行列名称	本外币		外币		人民币	
	本期	比年初增减	本期	比年初增减	本期	比年初增减
流动资产	2701460	1156316	81074	-15291	2620386	1171607
一、现金及银行存款	242	193			242	193
二、存放中央银行	102861	-23499	1440	1093	101421	-24593
三、存放同业	456787	128248	56369	24406	400418	103842
四、存放联行款项						
五、拆放同业	40000	40000			40000	40000
六、短期贷款	1764679	921640	55514	-9540	1709164	931180
长期资产	383477	169372	-511	-387	383988	169759
七、中长期贷款	399702	176142			399702	176142
八、减：贷款损失准备	23419	10747	511	387	22908	10360
九、长期投资	4000	4000			4000	4000
十、减：长期投资减值准备						
十一、固定资产净值	3166	-52			3166	-52
固定资产	4284	106			4284	106
减：累计折旧	1118	158			1118	158
资产总计	3082339	1325786	80563	-15678	3001777	1341464

续表

栏目 / 行列名称	本外币		外币		人民币	
	本期	比年初增减	本期	比年初增减	本期	比年初增减
流动负债	2544604	1111821	48893	-31824	2495710	1143645
一、短期存款	1037768	189618	41719	22005	996049	167612
二、活期储蓄存款						
三、财政性存款						
四、向中央银行借款						
五、同业存放	33000	-99586			33000	-99586
六、联行存放	850329	811774			850329	811774
七、同业拆入		-36523		-36523		
长期负债	221664	44842	6835	-470	214829	45312
八、长期存款	218464	-51604			218464	-51604
九、定期储蓄存款						
所有者权益	316072	169124	24835	16616	291237	152507
十、实收资本	229345	129738	14645	10992	214700	118746
十一、资本公积	282	-10	150	-10	132	
十二、未分配利润	70757	44044	8435	4780	62323	39264
其中：本年利润	57512	57512	6456	6456	51056	51056
负债总计	3082339	1325786	80563	-15678	3001777	1341464

山东省信托投资公司资产负债表

汇率：6.8346　　　　单位：万元

栏目 行列名称	本外币		外币		人民币	
	本期	比年初增减	本期	比年初增减	本期	比年初增减
流动资产	220848	−23835	6520	−543	214328	−23292
一、现金及银行存款	56380	47478	642	−44	55738	47522
二、存放中央银行						
三、存放同业	71910	11177	3882	412	68028	10765
四、存放联行款项						
五、拆放同业						
六、短期贷款	50140	−27014			50140	−27014
长期资产	146065	36620		−292	146065	36912
七、中长期贷款	3914	−7269	314	−270	3600	−6999
八、减：贷款损失准备	1778	234	314	22	1464	212
九、长期投资	147715	45718			147715	45718
十、减：长期投资减值准备	7632	1407			7632	1407
十一、固定资产净值	3846	−188			3846	−188
固定资产	5819	−285			5819	−285
减：累计折旧	1973	−97			1973	−97
资产总计	365661	13072	6520	−390	359141	13462

续表

栏目 行列名称	本外币		外币		人民币	
	本期	比年初增减	本期	比年初增减	本期	比年初增减
流动负债	19160	−1127	−567	39	19727	−1166
一、短期存款						
二、活期储蓄存款						
三、财政性存款						
四、向中央银行借款						
五、同业存放						
六、联行存放						
七、同业拆入						
长期负债						
八、长期存款						
九、定期储蓄存款						
所有者权益	346501	14199	7087	−429	339414	14628
十、实收资本	314320	−452	6568	−452	307752	
十一、资本公积	−4592	−4656			−4592	−4656
十二、未分配利润	25416	17777	−478	91	25894	17686
其中：本年利润	31165	31165	−478	−478	31643	31643
负债总计	365661	13072	6520	−390	359141	13462

五、分机构经营成果情况

山东省全金融机构（含外资）本外币损益明细表

汇率：6.8346

单位：亿元

行列名称	本外币	本　币	外　币
一、营业收入	3755.63	3642.58	113.05
利息收入	1529.31	1477.02	52.29
金融机构往来收入	2091.86	2039.73	52.13
手续费收入	111.32	104.84	6.48
二、营业支出	3195.83	3112.37	83.46
利息支出	532.83	523.59	9.24
金融机构往来支出	2066.30	1994.52	71.78
手续费支出	14.19	13.90	0.29
三、利润总额	484.15	455.55	28.60

山东省全金融机构本外币损益明细表

汇率：6.8346

单位：亿元

行列名称	本外币	本　币	外　币
一、营业收入	3743.03	3637.25	105.78
利息收入	1518.66	1471.92	46.74
金融机构往来收入	2091.86	2039.73	52.13
手续费收入	110.40	104.75	5.65
二、营业支出	3186.53	3108.01	78.52
利息支出	526.18	520.50	5.68
金融机构往来支出	2066.30	1994.52	71.78
手续费支出	14.11	13.88	0.23
三、利润总额	481.15	454.80	26.35

山东省国家开发银行本外币损益明细表

汇率：6.8346　　单位：亿元

行列名称	本外币	本　币	外　币
一、营业收入	82.22	72.04	10.18
利息收入	78.66	69.45	9.21
金融机构往来收入	1.81	1.02	0.79
手续费收入	1.11	1.04	0.07
二、营业支出	59.41	51.22	8.19
利息支出	0.51	0.51	
金融机构往来支出	57.26	49.13	8.13
手续费支出			
三、利润总额	18.46	16.47	1.99

山东省进出口银行本外币损益明细表

汇率：6.8346　　单位：亿元

行列名称	本外币	本　币	外　币
一、营业收入	8.89	5.30	3.59
利息收入	8.67	5.12	3.55
金融机构往来收入	0.05	0.02	0.03
手续费收入	0.09	0.08	0.01
二、营业支出	6.22	4.10	2.12
利息支出	0.78	0.76	0.02
金融机构往来支出	5.27	3.17	2.10
手续费支出	0.01	0.01	
三、利润总额	2.27	0.80	1.47

山东省农业发展银行本外币损益明细表

汇率：6.8346

单位：亿元

行列名称	本外币	本　币	外　币
一、营业收入	47.97	47.96	0.01
利息收入	39.62	39.62	
金融机构往来收入	8.14	8.13	0.01
手续费收入	0.16	0.16	
二、营业支出	29.63	29.63	
利息支出	1.15	1.15	
金融机构往来支出	23.79	23.79	
手续费支出			
三、利润总额	16.12	16.11	0.01

山东省工商银行本外币损益明细表

汇率：6.8346

单位：亿元

行列名称	本外币	本　币	外　币
一、营业收入	830.48	814.80	15.68
利息收入	237.89	232.44	5.45
金融机构往来收入	561.20	552.49	8.71
手续费收入	27.78	26.78	1.00
二、营业支出	701.54	688.84	12.70
利息支出	81.07	80.23	0.84
金融机构往来支出	558.29	546.82	11.47
手续费支出	2.53	2.52	0.01
三、利润总额	114.33	111.35	2.98

山东省农业银行本外币损益明细表

汇率：6.8346 单位：亿元

行列名称	本外币	本　币	外　币
一、营业收入	765.77	759.88	5.89
利息收入	152.61	150.89	1.72
金融机构往来收入	594.94	591.38	3.56
手续费收入	17.05	16.51	0.54
二、营业支出	717.64	713.20	4.44
利息支出	81.42	80.92	0.50
金融机构往来支出	542.99	539.34	3.65
手续费支出	0.42	0.42	
三、利润总额	40.28	38.83	1.45

山东省中国银行本外币损益明细表

汇率：6.8346 单位：亿元

行列名称	本外币	本　币	外　币
一、营业收入	240.05	209.42	30.63
利息收入	116.82	102.19	14.63
金融机构往来收入	96.88	82.03	14.85
手续费收入	19.60	18.61	0.99
二、营业支出	178.61	159.12	19.49
利息支出	52.07	50.28	1.79
金融机构往来支出	79.04	60.58	18.46
手续费支出	0.61	0.56	0.05
三、利润总额	54.12	43.89	10.23

山东省建设银行本外币损益明细表

汇率：6.8346　　　　单位：亿元

行列名称	本外币	本　币	外　币
一、营业收入	760.26	740.03	20.23
利息收入	154.62	151.69	2.93
金融机构往来收入	582.61	566.98	15.63
手续费收入	21.76	20.32	1.44
二、营业支出	693.63	675.07	18.56
利息支出	62.62	61.29	1.33
金融机构往来支出	572.32	555.89	16.43
手续费支出	0.66	0.65	0.01
三、利润总额	57.76	56.10	1.66

山东省交通银行本外币损益明细表

汇率：6.8346　　　　单位：亿元

行列名称	本外币	本　币	外　币
一、营业收入	51.34	49.93	1.41
利息收入	41.51	40.77	0.74
金融机构往来收入	6.53	6.20	0.33
手续费收入	2.15	1.92	0.23
二、营业支出	32.25	31.50	0.75
利息支出	18.26	18.06	0.20
金融机构往来支出	3.59	3.12	0.47
手续费支出	0.40	0.39	0.01
三、利润总额	16.99	16.33	0.66

山东省恒丰银行本外币损益明细表

汇率：6.8346　　单位：亿元

行列名称	本外币	本　币	外　币
一、营业收入	40.03	39.32	0.71
利息收入	22.12	21.81	0.31
金融机构往来收入	17.33	16.97	0.36
手续费收入	0.35	0.32	0.03
二、营业支出	35.19	34.52	0.67
利息支出	11.98	11.93	0.05
金融机构往来支出	12.74	12.18	0.56
手续费支出	0.05	0.05	0.05
三、利润总额	3.59	3.54	0.05

山东省中信银行本外币损益明细表

汇率：6.8346　　单位：亿元

行列名称	本外币	本　币	外　币
一、营业收入	45.89	42.36	3.53
利息收入	29.73	28.00	1.73
金融机构往来收入	13.65	12.19	1.46
手续费收入	1.82	1.49	0.33
二、营业支出	32.76	30.44	2.32
利息支出	9.94	9.82	0.12
金融机构往来支出	14.92	12.54	2.38
手续费支出	0.20	0.18	0.02
三、利润总额	11.74	10.52	1.22

山东省光大银行本外币损益明细表

汇率：6.8346　　单位：亿元

行列名称	本外币	本　币	外　币
一、营业收入	30.77	27.45	3.32
利息收入	16.77	15.48	1.29
金融机构往来收入	12.73	10.76	1.97
手续费收入	1.08	1.03	0.05
二、营业支出	26.91	23.90	3.01
利息支出	6.04	5.80	0.24
金融机构往来支出	14.80	11.95	2.85
手续费支出	0.24	0.24	
三、利润总额	2.96	2.65	0.31

山东省华夏银行本外币损益明细表

汇率：6.8346　　单位：亿元

行列名称	本外币	本　币	外　币
一、营业收入	36.68	35.97	0.71
利息收入	25.62	25.34	0.28
金融机构往来收入	9.63	9.42	0.21
手续费收入	1.15	0.93	0.22
二、营业支出	28.56	28.00	0.56
利息支出	8.34	8.23	0.11
金融机构往来支出	10.82	10.44	0.38
手续费支出	0.31	0.24	0.07
三、利润总额	6.84	6.68	0.16

山东省深圳发展银行本外币损益明细表

汇率：6.8346　　单位：亿元

行列名称	本外币	本　币	外　币
一、营业收入	15.13	15.05	0.08
利息收入	11.67	11.63	0.04
金融机构往来收入	2.98	2.94	0.04
手续费收入	0.39	0.39	
二、营业支出	11.50	11.50	
利息支出	5.07	5.07	
金融机构往来支出	3.79	3.79	
手续费支出	0.09	0.09	
三、利润总额	2.95	2.87	0.08

山东省招商银行本外币损益明细表

汇率：6.8346　　单位：亿元

行列名称	本外币	本　币	外　币
一、营业收入	56.01	51.26	4.75
利息收入	37.31	34.47	2.84
金融机构往来收入	16.26	14.54	1.72
手续费收入	1.43	1.25	0.18
二、营业支出	37.60	34.32	3.28
利息支出	9.22	9.06	0.16
金融机构往来支出	17.11	14.18	2.93
手续费支出	0.15	0.14	0.01
三、利润总额	16.19	14.73	1.46

山东省上海浦东发展银行本外币损益明细表

汇率：6.8346　　　　单位：亿元

行列名称	本外币	本　币	外　币
一、营业收入	27.06	26.78	0.28
利息收入	21.65	21.55	0.10
金融机构往来收入	4.59	4.45	0.14
手续费收入	0.68	0.65	0.03
二、营业支出	19.55	19.39	0.16
利息支出	7.83	7.76	0.07
金融机构往来支出	6.40	6.31	0.09
手续费支出	0.10	0.10	
三、利润总额	6.29	6.18	0.11

山东省兴业银行本外币损益明细表

汇率：6.8346　　　　单位：亿元

行列名称	本外币	本　币	外　币
一、营业收入	21.08	20.22	0.86
利息收入	11.84	11.76	0.08
金融机构往来收入	8.80	8.04	0.76
手续费收入	0.40	0.38	0.02
二、营业支出	17.97	17.03	0.94
利息支出	3.97	3.96	0.01
金融机构往来支出	9.14	8.21	0.93
手续费支出	0.03	0.03	
三、利润总额	2.45	2.52	-0.07

山东省民生银行本外币损益明细表

汇率：6.8346　　单位：亿元

行列名称	本外币	本　币	外　币
一、营业收入	39.56	39.13	0.43
利息收入	21.02	21.02	
金融机构往来收入	18.09	17.66	0.43
手续费收入	0.51	0.51	
二、营业支出	32.25	31.80	0.45
利息支出	8.87	8.82	0.05
金融机构往来支出	18.03	17.63	0.40
手续费支出	0.12	0.12	
三、利润总额	6.01	6.02	-0.01

六、其他金融统计资料

山东省金融机构（不含外资）中长期贷款按实际投向分类可比表

汇率：6.8346 单位：亿元

栏目 项目名称	余额	比上期		比年初	
		2008年	2007年	2008年	2007年
中长期贷款合计	7974.51	88.30	52.95	1414.62	1131.12
A.农、林、牧、渔业	66.94	0.52	-0.05	18.38	36.69
其中：农业	42.00	0.43	-0.48	-3.32	38.68
林业	2.12		-0.05	2.20	
B.采矿业	276.15	1.12	-2.19	6.31	34.10
其中：煤炭开采和洗选业	254.54	0.26	-3.03	4.15	47.96
石油和天然气开采业	0.01			0.01	-2.10
黑色金属矿采选业	6.11		0.50	3.34	0.62
有色金属矿采选业	8.11	1.17		-0.65	-4.86
其他采矿业	5.06	2.23	0.03	-0.67	1.13
C.制造业	1247.03	8.17	17.27	276.82	219.03
其中：农副食品加工业	43.88	0.57	4.03	5.15	7.68
食品制造业	16.83	1.26	-1.04	7.14	1.72
烟草制品业	0.70		-0.66	-1.90	-0.41
纺织业	68.20	0.80	2.86	9.32	9.50
纺织服装、鞋、帽制造业	5.29	-0.79	-1.63	-2.00	-0.69
造纸及纸制品业	112.52	-1.07	-1.71	26.84	15.61
石油加工、炼焦及核燃料加工业	143.14	4.39	5.32	47.56	20.47
其中：炼焦	21.20	1.86	-0.08	14.23	1.88
化学原料及化学制品制造业	257.06	0.33	2.97	44.96	54.27
医药制造业	9.55	-0.02	-0.50	-0.21	-0.61
塑料制品业	9.03	-0.25	0.57	2.38	3.39
非金属矿物制品业	93.63	1.97	2.29	32.09	17.86
其中：水泥	40.41	0.34	-0.92	11.42	5.42
黑色金属冶炼及压延加工业	145.65	-3.02	3.14	30.58	26.13
其中：炼铁	2.15		0.51	0.16	-6.01
炼钢	104.17	-3.60	6.40	27.18	15.51

续表1

项目名称 \ 栏目	余额	比上期		比年初	
		2008年	2007年	2008年	2007年
有色金属冶炼及压延加工业	46.10	5.33	0.77	19.01	10.50
其中：铝冶炼	12.14	-1.36	0.30	3.76	-2.09
通用设备制造业	28.45	-3.65	0.08	-0.70	9.54
专用设备制造业	25.77	-1.25	-1.04	4.25	5.49
交通运输设备制造业	46.13	-0.84	0.18	6.68	18.91
其中：汽车制造	16.90	-1.77	-1.69	-4.78	6.98
电气机械及器材制造业	36.52	3.00	0.15	12.39	0.03
通讯设备、计算机及其他电子设备制造业	21.89	-0.10	2.32	-0.16	1.41
其中：通讯设备制造	1.15	-0.01	0.15	-0.23	0.81
电子计算机制造	11.13	-0.10	1.44	-1.24	8.34
D.电力、燃气及水的生产和供应业	777.00	8.29	-15.09	115.95	-8.85
其中：电力、热力的生产和供应业	697.60	9.01	-12.26	105.14	-22.74
其中：电力生产	541.00	9.95	-7.90	70.95	-38.18
燃气生产和供应业	7.40	-0.18	-0.51	-0.35	2.98
水的生产和供应业	63.71	-0.42	-1.92	12.16	9.99
E.建筑业	170.83	11.64	-5.33	13.15	15.57
其中：房屋和土木工程建筑业	138.66	4.94	-3.47	12.38	13.95
其中：房屋工程建筑	35.97	0.18	-0.92	2.18	12.24
土木工程建筑	99.88	4.43	-3.94	9.73	0.15
其中：铁路、道路、隧道和桥梁工程建筑	83.59	7.64	-4.03	8.80	-1.54
水利和港口工程	13.26		0.10	2.80	1.60
工矿工程建筑	0.85		0.08	-0.45	-0.39
F.交通运输、仓储和邮政业	973.86	-23.10	-14.72	36.75	121.92
其中：铁路运输业	69.61	-1.90	-0.60	-8.93	13.22
道路运输业	753.51	-18.11	4.21	25.96	93.32
城市公共交通业	5.72	-0.47	-13.06	-6.50	-7.01
水上运输业	81.10	-5.78	-9.28	13.16	5.52
航空运输业	39.64	-0.91	1.55	8.41	12.53
管道运输业					-0.15
邮政业				-0.01	-0.15

续表 2

栏目 项目名称	余额	比上期		比年初	
		2008 年	2007 年	2008 年	2007 年
G. 信息传输、计算机服务和软件业	19.94	-0.44	-1.80	-28.12	-23.60
电信和其他信息传输服务业	13.81	-0.37	-0.26	-28.65	-22.90
计算机服务业	4.12	-0.57	-0.03	-0.06	0.80
软件业	2.01	0.50	-1.50	0.59	-1.51
H. 批发和零售业	91.68	0.11	5.76	6.94	33.36
I. 住宿和餐饮业	20.60	1.00	2.30	-0.10	2.71
J. 金融业	0.73	-1.99	-0.27	-0.18	-0.17
K. 房地产业	749.71	25.77	19.47	119.72	179.07
L. 租赁和商务服务业	253.56	19.93	2.77	99.91	9.15
M. 科学研究、技术服务和地质勘查业	1.32	-0.08		-0.55	0.15
研究与试验发展				-0.11	-0.10
专业技术服务业	0.64	-0.08		-0.01	0.20
科技交流和推广服务业	0.68		-0.01	-0.42	0.04
地质勘查业					
N. 水利、环境和公共设施管理业	775.11	31.02	27.13	228.96	155.69
水利管理业	40.68	1.33	2.14	6.56	21.68
环境管理业	41.63	0.11	0.53	14.19	10.84
其中：环境治理	39.17	-0.35	0.61	13.29	11.16
公共设施管理业	692.80	29.58	24.46	208.21	123.16
O. 居民服务和其他服务业	15.84	-2.87	-0.31	-12.08	4.31
P. 教育	178.04	-0.02	-2.71	11.12	-5.10
Q. 卫生、社会保障和社会福利业	28.59	-1.76	0.51	3.05	7.51
其中：卫生	27.39	-2.28	1.28	3.61	8.28
其中：医院	25.23	-2.17	2.20	3.65	7.42
R. 文化、体育和娱乐业	30.56	0.64	-0.69	10.23	3.93
S. 公共管理和社会组织	87.45	5.32	-3.11	22.71	-1.65
T. 国际组织					-0.27
对境外贷款	228.60	-13.57		228.60	
个人贷款	1980.95	18.63	24.01	257.06	347.61

注：根据金融统计制度要求，自 2007 年起终止“中期流动资金贷款”指标，将其纳入“中长期贷款”项下统计，中长期贷款按投向分类统计数据口径相应扩大。

山东省主要金融机构中间业务收入表

汇率：6.8346　　　　单位：万元

栏目 / 项目名称	实际数（本外币）	比上年同期增减（本外币）	比上年同期增减%（本外币）
	本年累计	本年累计	本年累计
一、支付结算业务收入	409972	154880	60.72
（一）单位结算收入	87210	52917	154.31
（二）个人结算收入	26262	1804	7.37
（三）代理同业清算收入	4723	2625	125.12
（四）结售汇收入	145813	46441	46.73
（五）国际结算收入	145964	51093	53.86
二、银行卡业务收入	172463	42589	32.79
（一）银行卡年费收入	27267	9346	52.15
（二）银行卡结算收入	124555	34723	38.65
（三）外卡收单收入	1327	-7291	-84.60
（四）其他银行卡业务收入	19314	5812	43.05
三、代理业务收入	125721	39339	45.54
（一）代理收付款收入	8264	1789	27.63
（二）代理股票金额	3818	2280	148.30
（三）代理债券业务收入	10071	-12837	-56.04
（四）代理保险业务收入	54581	27651	102.67
（五）委托贷款业务收入	21808	12654	138.23
（六）代理人民银行国库收入	409	395	2896.19
（七）其他代理业务收入	26770	7407	38.25
四、担保及承诺业务收入	63340	33387	111.47
五、交易类业务收入	36548	12168	49.91
六、托管业务收入	55026	-88062	-61.54
（一）托管收入	9170	3837	71.94
（二）代理基金收入	45856	-91898	-66.71
七、融资顾问业务收入	192140	94616	97.02
（一）财务顾问收入	149844	86257	135.65
（二）并购与重组顾问收入	1213	9	0.77
（三）企业管理顾问收入	1582	1468	1287.82
（四）银团安排与承销收入	569	169	42.22
（五）资信鉴证收入	419	188	81.77
（六）委托调查收入	20285	7535	59.10
（七）评估收入	1415	419	42.06
（八）其他咨询顾问收入	16812	-1430	-7.84
八、其他中间业务收入	70222	6110	9.53
其中：保管箱业务收入	308	-57	-15.54
其中：代理贵金属买卖收入	2238	2026	956.56
收入总计	1125433	295028	35.53

续表 1

栏　目 / 项目名称	实际数（人民币）	比上年同期增减（人民币）	比上年同期增减%（人民币）
	本年累计	本年累计	本年累计
一、支付结算业务收入	358266	144860	67.88
（一）单位结算收入	83453	51854	164.10
（二）个人结算收入	26202	2041	8.45
（三）代理同业清算收入	3660	2286	166.32
（四）结售汇收入	142893	45152	46.20
（五）国际结算收入	102058	43528	74.37
二、银行卡业务收入	172200	42833	33.11
（一）银行卡年费收入	27219	9408	52.82
（二）银行卡结算收入	124379	34805	38.86
（三）外卡收单收入	1300	-7187	-84.68
（四）其他银行卡业务收入	19302	5807	43.04
三、代理业务收入	123449	41753	51.11
（一）代理收付款收入	8243	1803	28.00
（二）代理股票金额	3818	2960	344.94
（三）代理债券业务收入	10071	-12837	-56.04
（四）代理保险业务收入	54581	27651	102.67
（五）委托贷款业务收入	20387	13234	185.01
（六）代理人民银行国库收入	409	395	2896.19
（七）其他代理业务收入	25941	8547	49.14
四、担保及承诺业务收入	62652	33486	114.82
五、交易类业务收入	28848	10832	60.12
六、托管业务收入	55026	-88061	-61.54
（一）托管收入	9170	3837	71.94
（二）代理基金收入	45856	-91897	-66.71
七、融资顾问业务收入	192087	94792	97.43
（一）财务顾问收入	149792	86432	136.41
（二）并购与重组顾问收入	1213	9	0.77
（三）企业管理顾问收入	1582	1468	1287.82
（四）银团安排与承销收入	569	169	42.22
（五）资信鉴证收入	419	189	82.07
（六）委托调查收入	20285	7535	59.10
（七）评估收入	1415	419	42.06
（八）其他咨询顾问收入	16812	-1430	-7.84
八、其他中间业务收入	62225	51	0.08
其中：保管箱业务收入	308	-42	-12.05
其中：代理贵金属买卖收入	2238	2026	956.56
收入总计	1054753	280546	36.24

续表 2

栏　目 项目名称	实际数（外汇）	比上年同期增减（外汇）	比上年同期增减%（外汇）
	本年累计	本年累计	本年累计
一、支付结算业务收入	51706	10020	24.04
（一）单位结算收入	3757	1063	39.48
（二）个人结算收入	60	-237	-79.83
（三）代理同业清算收入	1063	339	46.85
（四）结售汇收入	2921	1289	79.03
（五）国际结算收入	43907	7566	20.82
二、银行卡业务收入	263	-243	-48.04
（一）银行卡年费收入	48	-62	-56.34
（二）银行卡结算收入	176	-82	-31.82
（三）外卡收单收入	27	-104	-79.21
（四）其他银行卡业务收入	12	5	57.89
三、代理业务收入	2272	-2414	-51.51
（一）代理收付款收入	21	-14	-40.02
（二）代理股票金额	0	-680	-99.99
（三）代理债券业务收入	0	0	
（四）代理保险业务收入	0	0	
（五）委托贷款业务收入	1422	-580	-28.97
（六）代理人民银行国库收入	0	0	
（七）其他代理业务收入	829	-1140	-57.90
四、担保及承诺业务收入	689	-99	-12.59
五、交易类业务收入	7700	1336	21.00
六、托管业务收入	0	-1	
（一）托管收入	0	0	
（二）代理基金收入	0	-1	
七、融资顾问业务收入	52	-176	-77.04
（一）财务顾问收入	52	-175	-77.01
（二）并购与重组顾问收入	0	0	
（三）企业管理顾问收入	0	0	
（四）银团安排与承销收入	0	0	
（五）资信鉴证收入	0	0	
（六）委托调查收入	0	0	
（七）评估收入	0	0	
（八）其他咨询顾问收入	0	0	
八、其他中间业务收入	7998	6059	312.48
其中：保管箱业务收入	0	-14	-99.04
其中：代理贵金属买卖收入	0	0	
收入总计	70680	14483	25.77

注：本表由国有商业银行和股份制商业银行数据汇总。

山东省主要金融机构中间业务业务量表

汇率：6.8346　　　　单位：万元

栏　目 项目名称	实际数（本外币）	比上年同期增减（本外币）	比上年同期增减%（本外币）
	本年累计	本年累计	本年累计
一、国内支付结算业务金额	4101217385	1223103940	42.50
（一）单位结算金额	3297456154	911040582	38.18
（二）个人结算金额	519500220	255091315	96.48
（三）代理同业清算金额	209119514	41541450	24.79
（四）结售汇金额	75141497	15430593	25.84
二、国际支付结算业务金额	124621080	18219537	17.12
（一）进口贸易结算金额	45446362	7664698	20.29
（二）出口贸易结算金额	65055329	7956781	13.94
（三）非贸易结算金额	14119389	2598058	22.55
三、银行卡业务金额	1148106100	643070927	127.33
（一）银行卡消费金额	45908329	16696939	57.16
（二）银行卡转账金额	532459815	302903213	131.95
（三）银行卡存现金额	263167300	130680414	98.64
（四）银行卡取现金额	305795164	192212640	169.23
（五）外卡收单消费业务	639069	531103	491.91
（六）外卡收单取现金额	136424	46619	51.91
四、代理业务金额	149912465	78914765	111.15
（一）代理收付款金额	27109562	-70077	-0.26
（二）代理股票业务金额	82829956	69545675	523.52
（三）代理债券业务	3391603	1808484	114.24
（四）代理保险金额	3369895	1510644	81.25
（五）委托贷款金额	4445760	729360	19.63
（六）代理人民银行国库金额	27427538	6241565	29.46
（七）其他代理金额	1338152	-850887	-38.87
五、担保及承诺业务金额	69814243	11254674	19.22
（一）开出保函金额	4137022	-261349	-5.94
（二）贷款承诺金额	4303870	-280389	-6.12
（三）银行承兑汇票金额	59355538	10930642	22.57
（四）备用信用证金额	606751	-79533	-11.59
（五）其他担保及承诺金额	1411061	945303	202.96
六、交易类业务金额	13168202	5867485	80.37
（一）金融衍生产品交易金额	1597297	62431	4.07
（二）其他金融创新中间业务金额	45288	-6237	-12.10
（三）代理交易业务金额	11525617	5811290	101.70
七、托管业务金额	9010856	-5731030	-38.88
（一）托管金额	2600257	2580799	13263.43
（二）代理基金金额	6410599	-8311829	-56.46
八、其他中间业务金额	264547246	222084442	523.01
金额总计	5880397577	2196784740	59.64

续表1

栏目 项目名称	实际数（人民币）	比上年同期增减（人民币）	比上年同期增减%（人民币）
	本年累计	本年累计	本年累计
一、国内支付结算业务金额	3952830552	1190446140	43.09
（一）单位结算金额	3229005735	892116583	38.18
（二）个人结算金额	516601209	254485505	97.09
（三）代理同业清算金额	195434881	40663388	26.27
（四）结售汇金额	11788726	3180664	36.95
二、国际支付结算业务金额	2917421	61305	2.15
（一）进口贸易结算金额	1679594	360369	27.32
（二）出口贸易结算金额	953032	-144124	-13.14
（三）非贸易结算金额	284795	-154940	-35.23
三、银行卡业务金额	1145683197	642249209	127.57
（一）银行卡消费金额	45863536	16697445	57.25
（二）银行卡转账金额	530367377	302106024	132.35
（三）银行卡存现金额	263039120	130671237	98.72
（四）银行卡取现金额	305656944	192187129	169.37
（五）外卡收单消费业务	634258	530491	511.24
（六）外卡收单取现金额	121962	56883	87.41
四、代理业务金额	149637694	79255398	112.61
（一）代理收付款金额	27109562	-68517	-0.25
（二）代理股票业务金额	82822506	69934033	542.61
（三）代理债券业务	3388400	1805281	114.03
（四）代理保险金额	3356962	1497710	80.55
（五）委托贷款金额	4220710	560248	15.31
（六）代理人民银行国库金额	27427538	6241565	29.46
（七）其他代理金额	1312016	-714923	-35.27
五、担保及承诺业务金额	63671239	17199264	37.01
（一）开出保函金额	2786627	252619	9.97
（二）贷款承诺金额	4187907	-234416	-5.30
（三）银行承兑汇票金额	55846559	16939615	43.54
（四）备用信用证金额	208587	-149819	-41.80
（五）其他担保及承诺金额	641558	391266	156.32
六、交易类业务金额	6929470	4814865	227.70
（一）金融衍生产品交易金额	563810	296913	111.25
（二）其他金融创新中间业务金额	17129	-32876	-65.75
（三）代理交易业务金额	6348531	4550828	253.15
七、托管业务金额	8986986	-5754901	-39.04
（一）托管金额	2600257	2580799	13263.43
（二）代理基金金额	6386729	-8335700	-56.62
八、其他中间业务金额	264512471	222088893	523.50
金额总计	5595169029	2150360174	62.42

续表 2

栏 目 项目名称	实际数（外汇）	比上年同期增减（外汇）	比上年同期增减%（外汇）
	本年累计	本年累计	本年累计
一、国内支付结算业务金额	148386833	32657800	28.22
（一）单位结算金额	68450419	18923999	38.21
（二）个人结算金额	2899010	605810	26.42
（三）代理同业清算金额	13684633	878062	6.86
（四）结售汇金额	63352771	12249929	23.97
二、国际支付结算业务金额	121703659	18158233	17.54
（一）进口贸易结算金额	43766767	7304330	20.03
（二）出口贸易结算金额	64102298	8100904	14.47
（三）非贸易结算金额	13834593	2752998	24.84
三、银行卡业务金额	2422904	821718	51.32
（一）银行卡消费金额	44792	-506	-1.12
（二）银行卡转账金额	2092438	797189	61.55
（三）银行卡存现金额	128180	9176	7.71
（四）银行卡取现金额	138221	25511	22.63
（五）外卡收单消费业务	4812	611	14.56
（六）外卡收单取现金额	14462	-10264	-41.51
四、代理业务金额	274772	-340634	-55.35
（一）代理收付款金额	0	-1560	
（二）代理股票业务金额	7450	-388357	-98.12
（三）代理债券业务	3203	3203	
（四）代理保险金额	12934	12934	
（五）委托贷款金额	225050	169111	302.32
（六）代理人民银行国库金额	0	0	
（七）其他代理金额	26136	-135964	-83.88
五、担保及承诺业务金额	6143003	-5944590	-49.18
（一）开出保函金额	1350395	-513968	-27.57
（二）贷款承诺金额	115963	-45973	-28.39
（三）银行承兑汇票金额	3508979	-6008973	-63.13
（四）备用信用证金额	398164	70286	21.44
（五）其他担保及承诺金额	769502	554038	257.14
六、交易类业务金额	6238732	1052620	20.30
（一）金融衍生产品交易金额	1033487	-234482	-18.49
（二）其他金融创新中间业务金额	28159	26639	1753.32
（三）代理交易业务金额	5177086	1260462	32.18
七、托管业务金额	23871	23871	
（一）托管金额	0	0	
（二）代理基金金额	23871	23871	
八、其他中间业务金额	34774	-4451	-11.35
金额总计	285228548	46424566	19.44

注：本表由国有商业银行和股份制商业银行汇总。

山东省金融机构人员、机构情况表

单位：家、人

行别		法人机构数	省级分行机构数	二级分行机构数	支行机构数	支行以下分支机构数	机构数合计	正式人员数合计
		1	2	3	4	5	6	7
政策性银行	开发行山东省分行		1				1	146
	开发行青岛分行		1				1	71
	农发行山东省分行		1	16	102		119	3011
	农发行青岛市分行			1	5		6	181
	进出口银行青岛分行		1				1	40
	合计（全省）		4	17	107		128	3449
国有商业银行	工商银行山东省分行		1	16	299	556	872	16150
	工商银行青岛市分行		1		44	67	112	3147
	农业银行山东省分行		1	16	305	1186	1508	23202
	农业银行青岛市分行		1		25	170	196	3896
	中国银行山东省分行			16	227	258	501	12142
	中国银行山东省分行（本部）		1		35	56	92	3071
	建设银行山东省分行		1	15	308	449	773	16683
	建设银行青岛市分行		1		38	68	107	2426
	交通银行济南分行		1	6	140	5	152	2901
	交通银行青岛分行		1		26	31	58	1223
	合计（全省）		9	69	1447	2846	4371	84841
股份制商业银行	恒丰银行（烟台）	1		1	35	29	65	1306
	恒丰银行济南分行		1		4		5	131
	恒丰银行青岛分行		1		6		7	176
	中信银行济南分行		1	2	18		21	646
	中信银行青岛分行			2	12		14	350
	中信银行青岛分行（本部）		1		14		15	531
	光大银行济南分行		1		10		11	365
	光大银行青岛分行		1		12		13	419
	光大银行烟台支行			1	4		5	169
	华夏银行济南分行		1		23		24	727
	华夏银行青岛分行		1		11		12	308

续表1

行别		法人机构数	省级分行机构数	二级分行机构数	支行机构数	支行以下分支机构数	机构数合计	正式人员数合计
		1	2	3	4	5	6	7
股份制商业银行	招商银行济南分行		1	3	20		24	993
	招商银行青岛分行				1		1	49
	招商银行青岛分行（本部）		1		13		14	709
	浦东发展银行济南分行		1	0	11		12	496
	浦东发展银行青岛分行		1		8		9	256
	深圳发展银行济南分行		1		7		8	249
	深圳发展银行青岛分行		1		6		7	246
	兴业银行济南分行		1		8		9	404
	兴业银行青岛分行		1		1		2	147
	民生银行济南分行		1		9		10	470
	民生银行青岛分行				1		1	60
	民生银行青岛分行（本部）		1		4		5	196
	渤海银行济南分行		1				1	76
	合计（全省）	1	19	7	226	29	281	9129
城市商业银行	济南商行	1		1	66		67	1293
	青岛商行	1		1	40		41	1199
	青岛商行（本部）	1		1	41		42	1245
	淄博商行	1		2	69		71	1523
	烟台商行	1		1	69		70	1260
	潍坊商行	1		1	44		45	1072
	临沂商行	1		1	66		67	1500
	威海商行	1		2	32		34	827
	日照商行	1		1	22		23	491
	莱芜商行	1		1	23		24	458
	东营商行	1		1	19		20	269
	德州商行	1			25		25	507
	济宁商行	1			19		19	420
	泰安商行	1		1	23		24	756
	枣庄商行	1		1	12		13	285
	合计（全省）	15		15	570		585	13105

续表2

行别		法人机构数	省级分行机构数	二级分行机构数	支行机构数	支行以下分支机构数	机构数合计	正式人员数合计
		1	2	3	4	5	6	7
农村合作机构	山东省农村信用社	115	1	2	112	4229	4344	45203
	山东省农村合作银行	12			12	803	815	7318
	山东省新型农村合作机构	2		2			2	15
	青岛市农村信用社	5		1	4	160	165	1899
	青岛市农村合作银行	4			4	166	170	1694
	青岛市新型农村合作机构	2		2			2	61
	合计（全省）	140	1	7	132	5358	5498	56190
其他金融机构	中国邮政储蓄银行山东省分行		1	16	998		1015	4395
	中国邮政储蓄银行青岛分行		1		248		249	534
	山东省国际信托投资公司	1						90
	英大信托投资公司	1	1				1	87
	海协信托	1	1				1	29
	重汽财务	1	1			1	2	32
	南山财务	1	1				1	19
	海尔财务	1	1				1	62
	海信财务	1	1				1	19
	中石化财务公司山东分公司		1				1	17
	华融资产管理公司		1				1	46
	长城资产管理公司		1				1	110
	东方资产管理公司		1				1	41
	信达资产管理公司		1				1	57
	合计（全省）	7	13	16	1246	1	1276	5538
外资银行	汇丰银行青岛分行		1		3		4	197
	中银香港青岛分行		1				1	33
	日本山口银行青岛分行		1				1	25
	韩亚银行青岛分行		1		1		2	50
	韩亚银行烟台分行		1		1		2	29

续表 3

行别		法人机构数	省级分行机构数	二级分行机构数	支行机构数	支行以下分支机构数	机构数合计	正式人员数合计
		1	2	3	4	5	6	7
外资银行	韩国中小企业银行青岛分行		1		1		2	19
	韩国中小企业银行烟台分行		1				1	17
	新韩银行青岛分行		1		1		2	36
	渣打银行青岛分行		1		1		2	44
	东亚银行青岛分行		1		1		2	124
	瑞穗实业银行青岛分行		1				1	43
	华侨银行青岛代表处						1	3
	釜山银行青岛代表处						1	2
	合计（全省）	0	11	0	9	0	22	622
山东省合计		163	57	131	3737	8234	12161	172874

注：

1.本表不包括省外机构。

2.管辖行在青岛的机构（如中信银行烟台、威海分行和招商银行日照支行等），由青岛管辖行负责报送本行本部和山东银监局辖内的数据；农村合作银行和农村信用社数据统一由省联社填报。

3.国有独资商业银行、政策性银行省行营业部列入“二级分行”；恒丰银行总行营业部列入“二级分行”；股份制商业银行管辖分行、直属分行视为省级分行，直属支行视同二级分行；分行营业部附属分行而不作为一个独立机构；股份制商业银行同城支行、直属支行都视为支行机构，其营业部也附属支行而不作为一个独立机构。

4.城市商业银行本部视同二级分行，其营业部附属本部而不作为一个独立机构。

5.农村信用社青岛、潍坊、莱芜 3 家市联社视为二级分行，其他 14 市办事处作为省联社派出机构，不单独进行统计；各县（市、区）联社、农村合作银行视为支行。

山东省（含青岛）上市公司情况表

项目		单位	本期
上市公司数		家	96
ST 公司数		家	7
其中：*ST 公司数		家	2
暂停上市公司数		家	1
退市公司数		家	0
总股本		亿股	568.9
流通股本	A 股	亿股	419.55
	B 股	亿股	15.68

续表

项　　目	单位	本期
境内上市公司境外股	亿股	40.21
总市值（境内）	亿元	3754.21
流通市值（境内）	亿元	2745.13

山东省（含青岛）上市公司筹资情况表

单位：万元

项　　目	本期		本年累计	
境内股	家数	募集资金	家数	募集资金
A股				
首发			8	454309
配股			1	50783
增发	1	97350	6	439862
合计	1	97350	15	944954
B股				
首发				
配股				
增发				
合计				
可转债			3	630000
境外股				
首发			10	370600
再融资				
合计			10	370600

山东省（含青岛）证券监管对象情况统计表

单位：家

项　　目	数量
上市公司(境内)	96
其中：A股	93
B股	6
A、B股均发行	4
境内、外均上市	6
证券公司	2
证券营业部	167
证券服务部	15
基金管理公司	1
期货经纪公司	6
期货营业部	35
投资咨询机构	6
其中：专业咨询公司	5
有咨询业务资格的证券公司	2
拟上市公司	59

注：表中A股上市公司数为发行了A股的上市公司数（含A、B股均发行的公司）；表中B股上市公司数为发行了B股的上市公司数（含A、B股均发行的公司）。

山东省（含青岛）证券、期货中介机构情况统计表

单位：亿元

项　　目	证券公司	证券营业部	期货经纪公司
公司数（家）	2		6
所属营业部（家）	131	167	23
注册资本	60.12		5.18
总资产	298.55		18.56
净资产	109		5.53
净资本	94.69		4.65
净利润（本期）	1.54	2.44	0.015
净利润（本年累计）	12.45	25.9	0.267
交易金额（本期）	1438.82	1861.66	2317.34
交易金额（本年累计）	15006.86	19803.53	23514.88
投资者资金户开户数（万户）	332.87	470.63	
投资者股东户开户数（万户）	497.23	748.53	
资产管理受托金额			
客户保证金余额		234.12	12.37

注：齐鲁证券滕州、薛城、沂源、莒县、日照舒斯贝尔、淄川、招远、海阳、章丘服务部，中信万通无棣、博兴、邹平、莱州服务部本月规范为营业部，中信万通聊城服务部开业。上述营业部均未纳入统计。

人寿保险公司主要业务指标月报表（含青岛）

单位：亿元

项　目	本年累计	上年同期	同比增长%
一、保费收入	503.50	351.83	43.11
1.寿险小计	452.76	315.92	43.32
2.意外伤害险小计	9.32	7.79	19.64
3.健康险小计	41.42	28.12	47.28
二、赔付支出	99.26	89.78	10.56
1.赔款支出合计	9.79	8.3	18.04
(1)意外伤害险	2.33	2.14	8.98
(2)一年期以内健康险	7.46		
2.死伤医疗给付合计	7.20	5.72	25.78
(1)寿险	5.34	4.53	17.83
(2)一年期以上健康险	1.86		
3.满期给付合计	72.68	66.73	8.90
(1)寿险	72.37	66.73	8.45
(2)一年期以上健康险	0.31		
4.年金给付合计	9.60	9.03	6.33

财产保险公司主要业务指标月报表（含青岛）

单位：亿件、亿元

项　目	本年累计	上年同期	同比增长%
一、签单数量	0.12	0.117	4.81
二、签单保费合计	170.10	149.46	13.81
三、保费收入合计	170.45	149.89	13.72
四、已决赔款合计	95.10	79.37	19.81
五、赔款支出合计	99.13	81.96	20.95

注：1.签单数量为签单件数减注销保单件数后的净保单件数，按保单起保日开始统计。

2.签单保费为保单保费加批增保费减批减保费后的净额，业务上按保单起保日开始计算。

3.已决赔款按照业务上已核赔结案的赔款金额，包括业务已决财务未付和业务已决财务已付赔款金额。

第十三部分

辖内金融机构概览

中国人民银行济南分行

中国人民银行济南分行
济南分行行长:杨子强
郑州中支行长:计承江
济南分行副行长:李亚新　王　敏　李建文　刘克俭　黄向庆
济南分行工会主任:肖辉光
济南分行纪委书记:辛树人
济南分行助理巡视员:赵晓红
地　　址:济南市经七路 382 号
邮　　编:250021
电　　话:(0531)86167788

办公室
主　任:刘　健
副主任:温　跃　刘　明　李云山
助理调研员:张金柱

法律事务处
处　长:王洪泉
副处长:王宝刚

货币信贷管理处
处　长:孙华荣
副处长:刁云涛
助理调研员:邢庆伟

金融稳定处
处　长:谢　伟
副处长:郑宇明

调查统计处
处　长:陈好孟
副处长:霍成义　向　珂
助理调研员:宋文胜

会计财务处
处　长:卜又春
副处长:储稀梁

支付结算处
处　长:韩媛媛
副处长:马　征　管国建

科技处
处　长:张树强
副处长:魏汝浩

货币金银处
处　长:吕　峰
副处长:贺传芬
正处级监销员:叶碧林　张建超
助理调研员:李廷德
副处级监销员:姜国强　刘祥银

国库处
处　长:周少明
副处长:高兆新　钟　玮
助理调研员:崔　波

内审处
处　长:刘贤军
副处长:李　瑛　刘少顺

人事处
处　长:王均坦
副处长:杜树星　郭艳玲

金融研究处
处　长:彭江波
副处长:王晓青

征信管理处
处　长:王富全
副处长:姜雪涛　刘云昭

外汇综合处
处　长:葛志强
副处长:杨远军

国际收支处
处　长:毕德富
副处长:赵洪波

经常项目管理处
处　长:于正红

副处长:张　军　郭　强
调研员:韩凤荣

资本项目管理处
处　长:苑治亭
副处长:刘大勇

外汇检查处
处　长:邢继军
副处长:康介生
助理调研员:王思建　宋立全

事后监督中心
主　任:宋　伟
副主任:岳　军

反洗钱处
副处长:路德国　王宝运

保卫处
处　长:李新华
副处长:包鲁波
助理调研员:李鲁建　田恒柱　张学东

离退休干部处
处　长:黄　鲁
副处长:刘建平
助理调研员:李焕春

纪委(监察室)
副书记(主任):赵尊尧

巡察办
副主任:郑录军

巡察办巡察一组
副组长:王文涛

巡察办巡察二组
组　长:徐宁江
副主任:胡延河

巡察办巡察三组
组　长:吕　峰

纪检监察一处
处　长:崔金平
副处长:赵　涛
正处级纪检监察员:赵建国　胡建波
副处级纪检监察员:瞿秉钧

纪检监察二处
处　长:聂建恒
副处长:张　萍
正处级纪检监察员:褚福山
副处级纪检监察员:刘玉霞　李尚义　杜晓伟

宣传部
部　长:王　萍
副部长:战庆欣　赵向东

机关党委办公室
主　任:李　科
调研员:闫瑞霞
副主任:李全禄

工会
副主任:杨　军

工会办公室
主　任:丁延生
副处长:岳宝生
调研员:席荣健
助理调研员:唐　森

团委
书　记:张　涛

清算中心
主　任:成彩虹
副主任:檀吉波

后勤服务中心
主　任:孙柏长
副主任:吴宝明　李效雨
助理调研员:于兆波　查玉兰　王济盛

日照培训中心
主　任:禹元章
副主任:王世来

中国银行业监督管理委员会山东监管局

领导干部及职能部门一览表

局长（或其他称谓的第一负责人）			副局长（或其他称谓的同级领导）		
周忠明			解晓非　郭宝珍　王朝弟　谢　凝 王晓春　刘悦芹　葛　彬		
地　址	济南市经二路146号		邮　编	250001	
职能部门	正职	副职	职能部门	正职	副职
办公室	黄家才	孙世重　曹京芝 田太岩　耿冬冬 穆怀泉	政策性银行及邮储监管处	郇　涛	吴　源　吕　彦
政策法规处	王洪玉	赵　滨　王林东 类淑志　李永浩	非银行金融机构监管处	吴宝国	王　升　刘　新 王兆民
非现场监管一处	秦立生	刘　青　常　青	统计信息处	高旺东	曲效利　付　忠 孙　颖
非现场监管二处	刘　薇	李春节　赵　恺	财务会计处	王燕平	冯子福　刘群伟
非现场监管三处	邢安峰	李国庆　隋治河 任振远　高海霞	人事处	艾建华	薛建波　王　静
现场检查一处	陈向东	王广新　徐志国 刘泽亮	监察室	王　威	王　薇　单洪芬 魏吉峰　尚玉琨
现场检查二处	韩咏军	张爱华	党委宣传部	郝　军	刘　洁
现场检查三处	孙茂林	栾德志　康晓冬 吴国胜	后勤服务中心	鲁宝兴	许存民
城市商业银行监管处	于　雷	秦鸿鸣　谭　冰			

机构概况一览表

年度	内设职能部门数量	下设分支机构			员工总人数
		总数	地市分局数	县区监管办事处	
2004年	16	107	15	92	1091
2005年	16	107	15	92	1106
2006年	16	107	15	92	1098
2007年	17	107	15	92	1102
2008年	17	107	15	92	1092

中国证券监督管理委员会山东监管局

领导干部及职能部门一览表

<table>
<tr><td colspan="3">局长（或其他称谓的第一负责人）</td><td colspan="3">副局长（或其他称谓的同级领导）</td></tr>
<tr><td colspan="3">徐　铁</td><td colspan="3">杨晓光　陈家琰　陆泽峰　赵洪军（局长助理）</td></tr>
<tr><td>地　址</td><td colspan="2">济南市黑虎泉西路139号</td><td>邮　编</td><td colspan="2">250011</td></tr>
<tr><td>职能部门</td><td>正职</td><td>副职</td><td>职能部门</td><td>正职</td><td>副职</td></tr>
<tr><td>办公室</td><td>李文峰</td><td>胡文利</td><td>上市公司监管一处</td><td>舒　萍</td><td>郑新胜　刘振平</td></tr>
<tr><td>上市公司监管二处</td><td>邵珠东</td><td></td><td>机构监管处</td><td>柳　磊</td><td>霍　丹　王德强</td></tr>
<tr><td>期货监管处</td><td>张兆兵</td><td>季秋红</td><td>稽查一处</td><td>田建功</td><td></td></tr>
<tr><td>稽查二处</td><td>王殿祥</td><td></td><td>信息调研处</td><td>孙永文（副处长，主持工作）</td><td></td></tr>
<tr><td>党务办公室</td><td>亓　兵（副主任，主持工作）</td><td></td><td></td><td></td><td></td></tr>
</table>

先进集体及个人一览表

<table>
<tr><td>授奖单位</td><td>奖项名称</td><td>获奖集体</td></tr>
<tr><td>中国证监会</td><td>稽查办案集体嘉奖</td><td>山东证监局</td></tr>
<tr><td>授奖单位</td><td>奖项名称</td><td>获奖个人</td></tr>
<tr><td>全国总工会</td><td>五一劳动奖章</td><td>刘庆斌</td></tr>
<tr><td rowspan="2">中国证监会</td><td>证券公司账户规范先进个人</td><td>孙永文　王俊霞</td></tr>
<tr><td>稽查办案集体二等功</td><td>舒萍等10人</td></tr>
<tr><td>中国证监会团委</td><td>优秀团员</td><td>刘常建</td></tr>
</table>

中国保险监督管理委员会山东监管局

领导干部及职能部门一览表

<table>
<tr><td colspan="3">局长（或其他称谓的第一负责人）</td><td colspan="3">副局长（或其他称谓的同级领导）</td></tr>
<tr><td colspan="3">任建国</td><td colspan="3">陈进军　巩庆军　鲁　青（局长助理）</td></tr>
<tr><td>地　址</td><td colspan="3">山东省济南市泺源大街150号中信广场十楼</td><td>邮　编</td><td>250011</td></tr>
<tr><td>职能部门</td><td>正职</td><td>副职</td><td>职能部门</td><td>正职</td><td>副职</td></tr>
<tr><td>办公室</td><td>鲁　青（兼）</td><td></td><td>财产保险监管处</td><td></td><td>滕焕钦
许彦峰（主持工作）</td></tr>
</table>

续表

职能部门	正职	副职	职能部门	正职	副职
人身保险监管处		冯秋勇（主持工作）	保险中介监管处	魏竹勇	
统计研究处		赵文和（主持工作）	人事教育处		张友道（主持工作）

机构概况一览表

年度	内设职能部门数量	下设分支机构			员工总人数	
		总数	地市机构数	县区机构数		正式职工数
2004 年	6	0	0	0	43	37
2005 年	6	0	0	0	45	39
2006 年	6	0	0	0	54	48
2007 年	6	0	0	0	62	55
2008 年	6	0	0	0	66	59

先进集体及个人一览表

授奖单位	奖项名称	获奖集体
共青团中国保监会委员会	青年文明号	共青团山东保监局委员会
山东省社会治安综合治理委员会	2008 年平安山东建设先进单位	山东保监局
保监会纪律检查委员会	“纪念党的纪律检查机关恢复重建 30 周年”征文活动特等奖	山东保监局纪律检查委员会
授奖单位	**奖项名称**	**获奖个人**
山东省统计局	全省部门服务业统计工作先进个人	张夫贵

国家开发银行山东省分行

领导干部及职能部门一览表

行长（或其他称谓的第一负责人）			副行长（或其他称谓的同级领导）		
于泽水			刘　珂（纪委书记）　彭　翔　朱慧珏　顾　安 邹建伟（高级客户经理）　刘　新（高级客户经理）		
地　址	济南市马鞍山路 2-1 号山东大厦 9-11 层			邮　编	250002
职能部门	正职	副职	职能部门	正职	副职
办公室（党委办公室、保卫处）	韩锡本	刘　冬　宫中华	客户一处	刘万新	郭振南　徐文强

续表

职能部门	正职	副职	职能部门	正职	副职
业务发展处	郝德勇		客户二处	李国颂	尹言波 黄 娜
金融合作处	麻建生	沈 涛	客户三处	王庆顺	耿 峻
经营管理处	于 晶	张永昌 李卉	客户四处		吕晓东（主持工作）
法律事务办公室	王宏伟	姜征宇	财会处		王肖军（主持工作）
国际合作业务处	翟启斌	王洪军	人事处	王宏伟	丁丽丽 张新海 张 岱
风险管理处		赵世伟（主持工作）	信息科技处	麻建生	傅志勇
评审处	曹文江	李长江 杨立申 卢美莉 马银凤	纪检监察办公室	吕新奇	
团委	张 岱				

机构概况一览表

年度	内设职能部门数量	下设分支机构					员工总人数	正式职工人数	备注
		总数	地市分行数	县区分行数	分理处、营业所数	储蓄所数			
2004年	11	0	0	0	0	0	98	98	
2005年	11	0	0	0	0	0	103	103	
2006年	14	0	0	0	0	0	101	101	
2007年	15	0	0	0	0	0	130	130	
2008年	16	0	0	0	0	0	146	146	

先进集体及个人一览表

授奖单位	奖项名称	获奖集体
开行总行	国际合作业务优秀分行	开行山东省分行
共青团山东省委	青年文明号	开行山东省分行业务发展处 开行山东省分行客户二处
授奖单位	**奖项名称**	**获奖个人**
开行总行	国际合作业务优秀工作者	彭 翔
山东省财贸金融工会	金融系统优秀职工之友	朱慧珏
	金融系统职业道德标兵	王宏伟
	金融系统女职工建功立业标兵	林艳萍
	金融系统先进女职工工作者	丁丽丽
	金融系统优秀工会工作者	王 磊

国家开发银行青岛市分行

领导干部及职能部门一览表

行长（或其他称谓的第一负责人）			副行长（或其他称谓的同级领导）		
白　桦			马鲁海　王　磊　石太峰		
地　址	青岛市东海西路15号甲中国联合网络通信大厦			邮　编	266071
职能部门	正职	副职	职能部门	正职	副职
办公室（法律事务办公室）	石文举		金融合作处（业务发展处）		李　杨
经营管理处（信息科技处）	吴玉峰	纪剑明　刘　敏　张晓辉	国际合作业务处	周美良	张光旭
风险管理处		郑　凡	评审处	赵敬宜	姜建伟
客户一处	吴振程	喻志平	客户二处		唐　力　宋绍滨
客户三处		史瑞军　支　健	财会处（营运处）		俞　睿
人事处	郑培佳		纪检监察办公室（审计举报办公室）	王旭光	

机构概况一览表

年度	内设职能部门数量	下设分支机构					员工总人数	正式职工人数	备注
		总数	地市分行数	县区支行数	分理处、营业所数	储蓄所数			
2006年	9						50	31	
2007年	12						78	61	
2008年	13						91	74	

先进集体及个人一览表

授奖单位	奖项名称	获奖集体
青岛市银行业协会	职工运动会精神文明奖	开行青岛市分行
	职工文艺汇演纪念奖	
开行总行	华东片区篮球友谊赛季军	
	华东片区文艺汇演三等奖	

中国农业发展银行山东省分行

领导干部及职能部门一览表

行长（或其他称谓的第一负责人）			副行长（或其他称谓的同级领导）		
杨　杰			柳翠茹　李德辉　尤志军　刘文平		
地　址	济南市经十路 140 号			邮　编	250002
职能部门	正职	副职	职能部门	正职	副职
办公室	吴德轩	杨吉良	财务会计处	江胜世	刘　健　张波海
资金计划处		苏　静	内部审计处	郭丽敏	吴　东
客户一处	许　静	李本勇	信息技术处	刘建敏	宋　毅
客户二处	张泮利	王志敏	人力资源处	司明辉	辛俊峰
客户三处	杨林虎	常宏建	监察室	刘汉荣	田　兵　董希友
信贷管理部	马兆华	王传韬	机关党委、工会团委工作处	古志峰	佘　玲　蔡向正
风险管理处	胡　钢	王　华	总务处	刘贞建	高建刚　丁黎明

机构概况一览表

年度	内设职能部门数量	下设分支机构					员工总人数		备注
		总数	地市分行数	县区支行数	分理处、营业所数	储蓄所数		正式职工人数	
2004 年	15	134	16	118				3256	
2005 年	13	141	17	124				3371	
2006 年	14	141	17	124				3316	
2007 年	14	141	17	124				3311	
2008 年	14	124	17	107				3296	

先进集体及个人一览表

授奖单位	奖项名称	获奖集体
中国金融工会	全国金融五一劳动奖状	农发行高密市支行
农发行总行	2008 年先进集体	农发行淄博市分行
		农发行潍坊市分行
		农发行广饶县支行
中国银行业协会	2008 年度中国银行业文明规范服务示范单位	农发行禹城市支行
		农发行胶南市支行

续表

授奖单位	奖项名称	获奖个人
农发行总行	2008年先进工作者	段玉华　邢怀超　耿大伟 胡玉涛　姜绍华　庄红梅

中国进出口银行青岛分行

领导干部及职能部门一览表

<table>
<tr><td colspan="3">行　长</td><td colspan="3">副行长</td></tr>
<tr><td colspan="3">刘云清</td><td colspan="3">王伟明　王学超</td></tr>
<tr><td>地　址</td><td colspan="3">青岛市汇泉路17号东海国际大厦501室</td><td>邮　编</td><td>266071</td></tr>
<tr><td>职能部门</td><td>正职</td><td>副职</td><td>职能部门</td><td>正职</td><td>副职</td></tr>
<tr><td>办公室</td><td></td><td>王启臣</td><td>公司业务一处</td><td></td><td>贾　葳　王建新</td></tr>
<tr><td>公司业务二处</td><td>郑善法</td><td>邹志伟</td><td>风险管理处</td><td></td><td>费安刚　王宇辉</td></tr>
<tr><td>营业部</td><td>张德纯</td><td>尹兆丽　纪尚斌</td><td></td><td></td><td></td></tr>
</table>

机构概况一览表

<table>
<tr><td rowspan="2">年度</td><td rowspan="2">内设职能部门数量</td><td colspan="5">下设分支机构</td><td rowspan="2">员工总人数</td><td rowspan="2">正式职工人数</td><td rowspan="2">备注</td></tr>
<tr><td>总数</td><td>地市分行数</td><td>县区支行数</td><td>分理处、营业所数</td><td>储蓄所数</td></tr>
<tr><td>2004年</td><td>4</td><td></td><td></td><td></td><td></td><td></td><td>11</td><td>9</td><td></td></tr>
<tr><td>2005年</td><td>4</td><td></td><td></td><td></td><td></td><td></td><td>25</td><td>16</td><td></td></tr>
<tr><td>2006年</td><td>4</td><td></td><td></td><td></td><td></td><td></td><td>35</td><td>26</td><td></td></tr>
<tr><td>2007年</td><td>5</td><td></td><td></td><td></td><td></td><td></td><td>42</td><td>32</td><td></td></tr>
<tr><td>2008年</td><td>5</td><td></td><td></td><td></td><td></td><td></td><td>51</td><td>40</td><td></td></tr>
</table>

先进集体及个人一览表

<table>
<tr><td>授奖单位</td><td>奖项名称</td><td>获奖集体</td></tr>
<tr><td>中国进出口银行</td><td>优秀基层党组织</td><td>进出口银行青岛分行第一党支部</td></tr>
<tr><td>授奖单位</td><td>奖项名称</td><td>获奖个人</td></tr>
<tr><td rowspan="2">中国进出口银行</td><td>优秀党务工作者</td><td>王学超</td></tr>
<tr><td>优秀共产党员</td><td>贾　葳</td></tr>
</table>

续表

授奖单位	奖项名称	获奖个人
中国进出口银行	优秀行员	刘云清　贾　葳　尹兆丽　古东伦　王剑弢
	奥运信息安全保障工作先进个人	周　伟

中国工商银行股份有限公司山东省分行

领导干部及职能部门一览表

行长（或其他称谓的第一负责人）			副行长（或其他称谓的同级领导）		
沈荣勤			董培荣　孙建勇　夏侯静波　李　明　崔方春（纪委书记）　王跃民　姚伟新（巡视员）　崔中玉（行长助理）		
地　址	山东省济南市经四路310号			邮　编	250001
职能部门	正职	副职	职能部门	正职	副职
办公室（党委办公室）	郭明三（党委办公室主任）	王建明　冯建军（党委办公室副主任）	资产负债管理部	燕　鹏	
机构业务部	国建苏	宋银平　蔡　芳	法律事务部	李志国	
企业年金部	陈　刚	梁永刚	人力资源部（党委组织部）	赵树厂（党委组织部部长）	张冠军（党委组织部副部长）
公司业务部	姚伟新（兼）	周　艳　王晓刚　滕海波　吴建勇	财务会计部	邱　春	曹立军　张　宁
个人金融业务部	崔中玉（兼）	王晓东　姜亦寿	管理信息部	张嘉宏	石旗翔　胥茂森　李新贞
投资银行部	王培力		监察室（纪委）	宋鲁田（纪委副书记）	刘玉玲　吕建军　周民志
住房金融业务部	刘　巍	郑梅生　高洪涛	信息科技部	刘梅生	单锦勇
结算业务部	仝鲁闽	史观明　孙嫣红　付　忠	运行管理部	姜文瑞	杨旭明　马韶义　王冬梅
银行卡业务部	常德生	康金忠　范家骏	工会		范广亮　史建春　陈雁心　张　刚
电子银行部	王立刚	牛兴鹏　于惠贞	离退人员管理部		吕爱琴　王素平
授信审批部		邵理瑞　赵葆华	教育部（党委宣传部）	周　栋（党委宣传部部长）	黄瑞祥　范少青（党委宣传部副部长）
信贷管理部	傅　欣（兼）	崔卫东　陈国立	保卫部	徐金波	宋传军
风险管理部	傅　欣	谢秋芳　姜延军	金融培训学校	周　栋（兼）	黄瑞祥（兼）
内控合规部	王爱华	范作磊　高培峰			

机构概况一览表

年度	内设职能部门数量	下设分支机构					员工总人数		备注
		总数	地市分行数	县区支行数	分理处、营业所数	储蓄所数		正式职工人数	
2004 年	24	1174	16	160	572	425	21025	17050	
2005 年	25	1031	16	176	526	312	20130	16656	
2006 年	26	906	16	145	517	227	19744	16329	
2007 年	26	878	16	145	503	213	19744	16166	
2008 年	26	872	16	299	356	200	19743	16150	

先进集体及个人一览表

<table>
<tr><th>授奖单位</th><th>奖项名称</th><th>获奖集体</th></tr>
<tr><td>中央文明委</td><td>全国精神文明建设工作先进单位</td><td>工行滨州分行</td></tr>
<tr><td>中国金融工会</td><td>全国金融五一劳动奖状</td><td>工行聊城市分行</td></tr>
<tr><td rowspan="10">中国工商银行</td><td>创建“四好”领导班子先进集体</td><td>工行山东省分行党委</td></tr>
<tr><td>五四红旗团委</td><td>工行山东省分行团委</td></tr>
<tr><td>2008 年度机构业务综合贡献先进单位</td><td rowspan="5">工行山东省分行</td></tr>
<tr><td>2008 年度新闻宣传工作先进单位</td></tr>
<tr><td>电子银行工作突出贡献奖</td></tr>
<tr><td>小企业信贷产品创新工作先进单位奖</td></tr>
<tr><td>2008 年度投资银行业务突出贡献奖</td></tr>
<tr><td>档案工作一级单位</td><td>工行山东省分行档案管理中心</td></tr>
<tr><td>文明建设先进单位</td><td>工行济南泺源支行
工行淄博桓台支行
工行泰安肥城支行</td></tr>
<tr><td>优质文明服务先进单位</td><td>工行山东省分行营业部大观园支行
工行山东省分行营业部市中支行营业室
工行烟台莱阳支行
工行聊城振兴路支行
工行淄博桓台支行
工行潍坊潍城支行
工行济宁开发区支行
工行东营垦利支行</td></tr>
<tr><td>中国工商银行工会工作委员会</td><td>巾帼文明示范岗</td><td>工行山东省分行财务会计部财务中心</td></tr>
<tr><td>中国银行业协会</td><td>2008 年度中国银行业文明规范服务示范单位</td><td>工行山东省分行营业部大观园支行营业室
工行山东省分行营业部市中支行营业室
工行山东省分行营业部泺源支行营业室</td></tr>
</table>

续表

授奖单位	奖项名称	获奖集体
中国银行业协会	2008年度中国银行业文明规范服务示范单位	工行淄博高新柳泉路支行营业室 工行日照石臼支行营业室
山东省劳动和社会保障厅 山东省财政厅	省直管企业养老保险工作先进单位一等奖	工行山东省分行
山东省档案局	特级档案室	工行山东省分行营业部档案中心
人行济南分行	金融统计工作先进集体和统计工作信得过单位	工行山东省分行
授奖单位	**奖项名称**	**获奖个人**
中国金融工会	全国金融五一劳动奖章	孟庆阳
中国工商银行	第三方存管业务开发推广先进个人一等奖	卢洪兵
	2008年度新闻宣传工作先进个人	孙凡臣
	电子银行工作先进个人一等奖	李　健　韩春霞
	优质文明服务先进个人	尹　辉　龙燕娜　柏　玉　周　凡　夏祥磊 孙玉娟　王爱华　王广生　徐宏伟 高晓玲　宋世红　刘　斌　李鸿雁 季春芳　赵　静　朱春丽　桑　勇
中国工商银行工会工作委员会	巾帼岗位标兵	胡晓玲
中国工商银行团委	优秀共青团干部	孙吉军
山东省劳动和社会保障厅 山东省财政厅	省直管企业养老保险工作先进个人	纪　峦　王　凯
共青团山东省委	优秀共青团干部	张冠军

中国工商银行股份有限公司青岛市分行

领导干部及职能部门一览表

行长（或其他称谓的第一负责人）			副行长（或其他称谓的同级领导）		
栾建胜			赵松彪　吴　刚　程　青　时　辉　乔　霞（行长助理）		
地　址	山东省青岛市山东路25号			邮　编	266071
职能部门	正职	副职	职能部门	正职	副职
个人金融业务部	马汝文	李　健	人力资源部	薛德贵	
公司业务部	孙风雷		网点建设办公室	王洪顺	张卫华
机构业务部	于瑞国		风险管理部	洪忆民	魏　敏　佟　青
结算与现金管理部	李　岩	陈丽娟	信息科技部	葛振爱	
国际业务部	牟钟益	宋建军　刘　洁	法律事务部	王迎春	

续表

职能部门	正职	副职	职能部门	正职	副职
电子银行部	张　懿	王晓舟	内控合规部	宫　波	张维国　朱美珍
银行卡业务部	高向群	陈汉启	贷后监督检查中心	李维国	
授信审批部	陈　兵	王　毅	离退休人员管理办公室	马云波	
信贷管理部	周庆堂		分行营业部	曲国瑞	
监察室	李卫平	包志明　傅　炬	金融学校	潘书芳	
办公室		李志林　常风华	对账中心	梁　萍	
管理信息部	赵晓滨	王　青	监督中心	郑　红	
财务会计部	张　磊		现金营运中心	王　伟	顾永高
运行管理部	解　芳		业务处理中心	朱振美	
工会		陈振川	电话银行中心	徐冬梅	
保卫部	韩　强		自助银行管理中心	吴秀娟	

机构概况一览表

年度	内设职能部门数量	下设分支机构					员工总人数		备注
		总数	地市分行数	县区支行数	分理处、营业所数	储蓄所数		正式职工人数	
2004年	19	150	1	19	47	83	3180	2979	
2005年	19	135	1	26	42	66	3138	2840	
2006年	19	116	1	25	40	50	3105	2777	
2007年	23	112	1	31	36	44	3097	2702	
2008年	23	112	1	44	27	40	3147	2697	

先进集体及个人一览表

授奖单位	奖项名称	获奖集体
中国工商银行	巾帼文明示范岗	工行青岛分行国际部
	网上银行优秀组织单位	工行胶州支行
	首季开门红劳动竞赛突出贡献奖	开发区支行　市南二支行 高科园支行　鞍山路支行 南京路支行　龙口路支行
	牡丹卡发展突出奖	工行青岛分行
授奖单位	**奖项名称**	**获奖个人**
中国工商银行	巾帼文明标兵	张　艳
	网上银行营销宣传标兵	阚卫平　高亮亮
	网上银行营销宣传能手	顾春华　史云红　张　莉　卢红波

中国农业银行山东省分行

领导干部及职能部门一览表

行长（或其他称谓的第一负责人）			副行长（或其他称谓的同级领导）		
刁钦义			冯延成　张晓男　胡晓毅　赵壮志　杨国月		
地　址	济南市经七路168号			邮　编	250001
职能部门	正职	副职	职能部门	正职	副职
公司业务部	马景明	于润年　马　群	机构业务部	孙培国	唐爱东　马志军
个人业务部	肖士杰	王绪祥　王凤久　王有强	三农对公业务	于贻胜	于　强
三农个人金融	周宇宏	艾明斌	房地产信贷部	王延东	王炳学
国际业务部	荆沂萍		银行卡业务部	俎清云	宋红光
资产处置部		刘　健	计划财务部	马　林	刘洪顺　许永增
风险管理部	郑家圣		会计结算部	孙建军	张洪程　刘衍葵
信贷管理部	周传悦	郭安民　方高鸣	电子银行部	王彦林	马年喜
办公室	郑祖刚	赵崇民　王均乐　梁　健	人力资源管理部	王增辉	郝新民　郝　政
法律合规部	刘东升	史　涛	科技部	宋传杰	刘文浩　邵静河
审计部	刘华照	曹　岗	监察部	徐光龙	刘　军
保卫部	张永庆	郑进波	工会办公室	齐呈云	水保泽　梁素萍
总务部	王　刚	李宏伟			

机构概况一览表

年度	内设职能部门数量	下设分支机构					员工总人数		备注
		总数	地市分行数	县区支行数	分理处、营业所数	储蓄所数		正式职工人数	
2004年	22	1974	16	198	1325	435	27037	23844	
2005年	22	1826	16	217	1261	332	25131	23774	
2006年	22	1559	16	255	1120	168	23571	23571	
2007年	22	1547	16	301	1073	157	23326	23326	
2008年	24	1507	16	305	1057	129	23202	23202	

中国农业银行青岛市分行

领导干部及职能部门一览表

行长（或其他称谓的第一负责人）			副行长（或其他称谓的同级领导）		
王志胜			张志强　王延磊　邱泽波		
地　址	青岛市山东路 19 号			邮　编	266400
职能部门	正职	副职	职能部门	正职	副职
办公室	殷慧剑	韩　旭	银行卡部	陈贵希	于　锋
内控合规部	陈　玉		电子银行部	张大卫	
计划财务部	张旭昌	鞠石红	国际业务部	刘凤江	陆立波　崔永良
会计结算部	王　军	纪　军	科技部	李　莉	程谋广
公司业务部	候登平		人力资源管理部	毕吉宝	杨翠萍　徐　慧
机构业务部	邵　淳		监察室	李玉健	
个人业务部	刘中华	秦作强	保卫部	张拥辉	
房地产信贷部	杨一宁		工会办公室	张孝普	
小企业业务部	崔志新		机关党办	吕　涛	
信贷管理部	张占勇		总务部	王　岳	
资产风险管理部	崔云鹤		党校	郭万河	
资产处置部	万瑞俊				

机构概况一览表

年度	内设职能部门数量	下设分支机构					员工总人数	正式职工人数	备注
		总数	地市分行数	县区支行数	分理处、营业所数	储蓄所数			
2004 年									
2005 年									
2006 年	22	204	1	21	139	43	3945	3249	
2007 年	22	202	1	21	139	41	3898	3202	
2008 年									

中国银行股份有限公司山东省分行

领导干部及职能部门一览表

<table>
<tr><td colspan="3">行长（或其他称谓的第一负责人）</td><td colspan="3">副行长（或其他称谓的同级领导）</td></tr>
<tr><td colspan="3">何兴祥</td><td colspan="3">张维克　李　光　王　军　孟和平（纪委书记）
隋春玲（总稽核）　黄雪军（行长助理兼风险总监）
王锡峰（行长助理兼财务总监）</td></tr>
<tr><td>地　址</td><td colspan="3">青岛市香港中路59号</td><td>邮　编</td><td>266071</td></tr>
<tr><td>职能部门</td><td>正职</td><td>副职</td><td>职能部门</td><td>正职</td><td>副职</td></tr>
<tr><td>办公室</td><td>张绍国</td><td>刘　晓　刘学海</td><td>人力资源部</td><td>景在伦</td><td>任翠玲　刘爱梅
刘耕新</td></tr>
<tr><td>计划财务部</td><td>孟　斐</td><td>左文莉　丁明忠</td><td>风险管理部</td><td>张晓明</td><td>夏　捷　张　剑</td></tr>
<tr><td>公司业务部</td><td>王　骏</td><td>孙少军　孙　政
孟祥班　邹　伟
朱广峰</td><td>个人金融部</td><td>杨海琴</td><td>孙照联　尹云岳
郭志强</td></tr>
<tr><td>金融机构部</td><td>霍小雁</td><td>吴　琳</td><td>银行卡部</td><td>李向前</td><td>王志江　高建芳</td></tr>
<tr><td>授信执行部</td><td>栾劲松</td><td>窦德尹　于开强
孙　筠</td><td>国际结算部</td><td>张利刚</td><td>杨海泳　张乐君
李海英　张　颖</td></tr>
<tr><td>资金业务部</td><td>周　宏</td><td>许建国</td><td>会计结算部</td><td>薛广义</td><td>孙庆洲</td></tr>
<tr><td>运营部</td><td>苗景波</td><td>李生惠　郑悦超</td><td>营业部</td><td>吴亚珍</td><td>张文华　逄　静
赵　芃</td></tr>
<tr><td>电子银行部</td><td>杨　斌</td><td>朱　杭</td><td>信息科技部</td><td>张　麟</td><td>张　明　王奎兴</td></tr>
<tr><td>稽核部</td><td>裴晓莉</td><td>翟玉林　王洪军</td><td>监察部</td><td>肖建华</td><td>王　艳</td></tr>
<tr><td>法律与合规部</td><td>袁　军</td><td>朱　兵　董军峰</td><td>保卫部</td><td>于谦德</td><td>程熙忠</td></tr>
<tr><td>总务部</td><td>蒲耀林</td><td>刘贞宝</td><td>党务工作部</td><td>王锡钢</td><td></td></tr>
<tr><td>工　会</td><td>吴修海</td><td>谢其善</td><td></td><td></td><td></td></tr>
</table>

机构概况一览表

<table>
<tr><td rowspan="2">年度</td><td rowspan="2">内设职能部门数量</td><td colspan="5">下设分支机构</td><td rowspan="2">员工总人数</td><td rowspan="2">正式职工人数</td><td rowspan="2">备注</td></tr>
<tr><td>总数</td><td>地市分行数</td><td>县区支行数</td><td>分理处、营业所数</td><td>储蓄所数</td></tr>
<tr><td>2004年</td><td>24</td><td>763</td><td>16</td><td>168</td><td>537</td><td>42</td><td>14819</td><td>12444</td><td></td></tr>
<tr><td>2005年</td><td>22</td><td>729</td><td>16</td><td>199</td><td>483</td><td>31</td><td>15358</td><td>12936</td><td></td></tr>
<tr><td>2006年</td><td>22</td><td>654</td><td>16</td><td>214</td><td>420</td><td>4</td><td>15357</td><td>12891</td><td></td></tr>
<tr><td>2007年</td><td>23</td><td>600</td><td>16</td><td>226</td><td>358</td><td>0</td><td>15555</td><td>12832</td><td></td></tr>
<tr><td>2008年</td><td>23</td><td>592</td><td>16</td><td>262</td><td>314</td><td>0</td><td>15749</td><td>12852</td><td></td></tr>
</table>

先进集体及个人一览表

授奖单位	奖项名称	获奖集体
全国	青年文明号	中行青岛香港路支行
		中行山东省分行营业部对私业务团队
		中行淄博分行营业部
		中行东营分行西城支行
		中行威海分行荣成支行营业部
		中行烟台分行招远支行
总行	奥运服务先进单位	中行青岛香港路支行
		中行山东省分行信息科技部
		中行山东省分行个人金融部
		中行山东省分行银行卡部
		95566 客户服务中心
		中行山东省分行办公室
	精神文明先进单位	中行东营分行广饶支行
		中行滨州分行邹平支行
		中行济南分行章丘支行
		中行青岛经济技术开发区支行
	青年文明号	中行淄博分行桓台支行
		中行东营分行广饶支行
		中行济南分行国际结算部
		中行烟台分行龙口支行西市场分理处
		中行烟台分行南大街支行
		中行东营分行黄河口支行
		中行潍坊分行诸城支行
		中行日照分行营业部
		中行莱芜分行钢城支行营业部
		中行临沂分行营业部
		中行聊城分行临清支行
		中行滨州分行公司业务部
		中行济宁分行邹城支行矿山分理处
		中行菏泽分行营业部
		中行德州分行营业部

续表

授奖单位	奖项名称	获奖集体
总行	青年文明号	中行山东省分行资金业务部外汇交易团队
		中行山东省分行公司业务部系统客户营销团队
		中行山东省分行银行卡部市场营销团队
		中行山东省分行电子银行部客户服务中心
		中行青岛即墨支行营业部
省行	奥运服务先进单位	中行山东省分行营业部
		中行青岛信用卡营销中心
		中行山东省分行工会工委
		中行山东省分行运营部金库管理团队
		中行济宁分行曲阜支行
		中行青岛城阳支行国际机场分理处
	青年文明号	中行济南分行个人金融部理财中心团队
		中行临沂分行临沭支行
		中行聊城分行柳园支行
		中行青岛高科园支行江西路支行
		中行胶州支行营业部
		中行省行法律与合规部法律服务团队
		中行济南分行槐荫支行营业部
		中行济南分行槐荫支行伟东新都分理处
		中行济南分行开元支行
		中行济南分行舜耕支行
		中行烟台分行芝罘支行迎祥路分理处
		中行烟台分行莱州支行
		中行烟台分行龙口开发区支行
		中行烟台分行营业部
		中行潍坊分行营业部
		中行潍坊分行昌乐支行
		中行潍坊分行高密支行营业部
		中行潍坊分行开发区支行
		中行威海分行营业部
		中行威海分行商贸城支行

续表

授奖单位	奖项名称	获奖集体
省行	青年文明号	中行威海分行环翠支行营业部
		中行威海分行荣成支行
		中行淄博分行张店支行
		中行淄博分行西城支行
		中行淄博分行周村支行丝绸路分理处
		中行临沂分行金坛支行
		中行临沂分行朝阳支行
		中行临沂分行沂水支行
		中行日照分行开发区支行
		中行东营分行东城支行营业部
		中行东营分行市中支行
		中行济宁分行营业部
		中行济宁分行微山支行营业部
		中行济宁分行鱼台支行营业部
		中行济宁分行兖州支行营业部
		中行滨州分行无棣支行
		中行滨州分行阳信支行
		中行滨州分行渤海七路分理处
		中行滨州分行邹平支行
		中行泰安分行岱东支行
		中行泰安分行新泰支行新汶支行
		中行泰安分行泰山支行营业部
		中行泰安分行肥城支行营业部
		中行聊城分行开发区支行
		中行聊城分行茌平支行
		中行德州分行夏津支行
		中行德州分行湖滨南路支行
		中行德州分行公司业务部国际结算团队
		中行枣庄分行营业部
		中行枣庄分行市中支行营业部
		中行枣庄分行峄城分理处营业部

续表

授奖单位	奖项名称	获奖集体
省行	青年文明号	中行枣庄分行南郊分理处
		中行菏泽分行曹县支行营业部
		中行菏泽分行东明支行营业部
		中行菏泽分行市中支行
		中行莱芜分行东区支行
		中行莱芜分行城西支行
		中行省行国际结算部
		中行青岛市南支行瞿塘峡分理处
		中行青岛山东路支行威海路支行
		中行青岛经济技术开发区支行对公业务部
		中行青岛经济技术开发区支行营业部
		中行莱西支行烟台路分理处
		中行莱西支行营业部
		中行平度支行营业部
		中行胶南支行开发区分理处
		中行即墨支行青石路分理处

授奖单位	奖项名称	获奖个人
总行	青年岗位能手	孙其乐 何增华
	奥运服务优秀员工	李华 于翔 王岩 孙琦 孙蕾 刘子夜 刘正涛 刘丛娇 李辉 王骞 高世强 金鸿敏 郑玮 郑莹 张作伟 张红 张兴菊 张艳梅 赵敬国 石珊珊 王宁 徐福磊 朱宏 孙婷 马波 郭潇 姜慧 吕培培 杨海琴 鞠培琴 夏毅 刘静 林向军 王青照 方海霞 于谦德 辛明 王慧 肖政 张麟 于澄 闫志明 王文琼 刘建民 代亮 李苗 徐超 战志强 张强 李向前 邹德鹏 关丽 曲贵旭 于芳华 刘鹏 苏静 栾涛 徐家忠 于永健 王光升 韩旭 王爱君 崔立旻 万发魁 金枫
省行	青年岗位能手	梁晓璞 柳璐 李晓红 宋江鹰 宋春燕 郑丽丽 王薇 周振波 朱冬凌 范莉莉 张红燕 崔文爽 毛侦 陶群 孙艳 陈阳 宋青 刘佳 王春艳 邹德鹏 梁佳
	奥运服务优秀员工	刘冬梅 张立洁 卢洁 淳于声杰 赵焱 张勇 任翠云 王海霞 卢梅生 邹朵朵 崔倩婷 秦丽丽 金智鑫 谢其善 刘晓 程熙忠 曲显耀 康厚民 杨朝霞 高雪 王云鹏 薛松 高岩 贾秋实 吴晓静

中国建设银行股份有限公司山东省分行

领导干部及职能部门一览表

行长（或其他称谓的第一负责人）			副行长（或其他称谓的同级领导）		
彭洪明			李文达　张维国　刘振奇　路　民　魏兆新（工会主席）　姚启凡（风险总监）　李建平（行长助理）		
地　址	山东省济南市泺源大街178号		邮　编	250012	
职能部门	正职	副职	职能部门	正职	副职
办公室	滕赶远	修志栋　窦永密	投资银行部	周荣江	王广福
人力资源部	楚孔用	车文静　李　东	国际业务部	焦守铭	李薇华　高兰冰
计划财务部	姜永东	赵寿凤　刘月余　李　波	个人金融部	冯元照	鲍金磊　刘　庆　李　晋
会计部	段作民	姜作文　赵晓倩	房地产金融部	范玉庆	李海文　邵　磊
风险管理部	朱治昌	朱春生　马　静　陆爱民	信用卡中心	刘良军	刘建伟　于　谦
信贷审批部	王玉成	李　庆　李云磊	资产保全部	陈　岩	马振军　陈海东
公司业务部	陈庆民	郭　华　孙建东　李　炜	信息技术管理部	范传东	谭　明　张军明　石　磊
集团客户部	吴洪臣	张岱山　刘　双	信息中心	马卫东	王连军　王超军
济南经营管理部	李建平（兼）	张凌波　王振祥　魏兴华　孙　娜	营运管理部	王心红	宇　刚　田福涛
济南经营管理部批发业务中心	刘为涛		电子银行部	于　潇	刘军政　杨文革
济南经营管理部零售业务中心	吕红岩		合规部	孙宁杰	赵锡功　李　明
济南经营管理部人力资源中心	王德仲		法律事务部	尹承业	于同会　姬红艳
济南经营管理部财会管理中心	赵海红		纪检监察部	朱继震	闫新华　秦绪芬
济南经营管理部风险管理中心	孙淑丽		安全保卫部	张学岗	刘延平　任　军
济南经营管理部综合管理中心	李丰安		企业文化部	靳晓海	栾英伟
济南经营管理部个人贷款中心	张　杰		机构业务部	赵月年	孙永荣　隋岳峰　张　丽
离退休人员管理部	刘昌存	戴智忠　崔政文			

机构概况一览表

年度	内设职能部门数量	下设分支机构					员工总人数		备注
		总数	地市分行数	县区支行数	分理处、营业所数	储蓄所数		正式职工人数	
2004 年	22	812	15	227	456	112	20934	17463	
2005 年	28	811	15	272	459	63	20759	17135	
2006 年	27	798	15	276	459	46	20665	16949	
2007 年	27	790	15	294	437	42	20659	16801	
2008 年	26	773	15	308	410	38	20656	16730	

先进集体及个人一览表

授奖单位	奖项名称	获奖集体
中国银行业协会	2008 年度中国银行业文明规范服务示范单位	建行东营分行科技新村支行 建行滨州分行西城支行 建行威海分行振兴路支行 建行菏泽分行牡丹支行
中国企业文化研究会	改革开放 30 年全国企业文化建设优秀单位奖	建行菏泽分行
	改革开放 31 年全国企业文化建设优秀单位奖	建行聊城分行
全国妇联	三八红旗集体	建行菏泽分行牡丹支行
山东省总工会	山东省富民兴鲁劳动奖状	建行聊城分行
	“创建学习型组织、争做学习型员工”活动标兵单位	
金融职工思想政治工作研究会	全国金融思想政治工作先进单位	
共青团中央	中国五四红旗团委	建行山东省分行团委
	全国青年文明号	建行威海分行营业部营业室
建行总行	总行级青年文明号	建行枣庄分行营业部 建行淄博张店支行 建行烟台开发支行营业室
建行总行团委	总行级五四红旗团委	建行聊城分行团委
授奖单位	**奖项名称**	**获奖个人**
共青团中央	中国青年五四奖章	何　晓
山东省政府	山东省“富民兴鲁五一劳动奖章”获得者	李　波
山东省银行业协会	山东省银行系统职工技能比赛单指单张第 1 名	李宁宁
中国金融工会	全国金融五一劳动奖章	刘勇中
	全国金融系统优秀工会积极分子	费伟剑
建行总行	总行级青年岗位能手	亓　文　佟天哲　牛晓波　顾广艺
	总行第七届“十大杰出青年”	李宁宁
	青年服务标兵	刘春红　闵　南

中国建设银行股份有限公司青岛市分行

领导干部及职能部门一览表

行长（或其他称谓的第一负责人）			副行长（或其他称谓的同级领导）		
刘铁彦			王士清　郭中华　刘从正 张新华（纪委书记）　刘津南（资深专员） 陈庆辉（风险总监）　崔凤芹（总审计师） 柴　翔（行长助理）		
地　址	山东省青岛市贵州路71号			邮　编	266002
职能部门	正职	副职	职能部门	正职	副职
办公室	胡红军	李　航　郭　扬	资产保全部	纪玉进	王宗毅　杨清阁 王永东（总经理助理）
人力资源部	孙剑波	孙　岩 赵　霞（总经理助理）	信息技术管理部	许　宏	胡剑波
计划财务部	周兆华	陈玉芳　王中浩	营运管理部	郝　丹	隋士叁　李鸿涛 高　蕾（金库中心主任） 于乃仁（总经理助理）
会计部	邓丰庆	李艳玲	电子银行部		马文涛
风险管理部	杨宝晨	张青松　于立新 韦　华（评估评价中心主任）	合规部	李少光	郭玉祥
信贷审批部	许乐余	曲振刚　许　涛（总经理助理）	法律事务部	王兴华	
总审计室		袁　刚	纪检监察部	李信波	宋相勇　毛元菊 （总经理助理）
公司业务部	郭少林	李　军　吴文忠　徐传勇	安全保障部		王翠萍　曲树强 杨书荣　曹延明 （总经理助理）
机构业务部	衣华为	张秀明	企业文化部	潘明伟	黄　娉
国际业务部	缪如林	徐文娟 欧阳杰（总经理助理）	离退休人员管理部	丛树平	梁　兵　丁元荣 梁　红（总经理助理）
个人金融部	王德平	肖　蘅　刘承义　初顺起 官长缨（高端客户部主任）	工会工作委员会	潘明伟	王　凡 秦纪山（机关工会主席） 于兵兵（女工主任）
住房金融与个人信贷部	孙海燕	李　兵	造价咨询中心	衣华为	孙先国　陈　静 （总经理助理）
信用卡中心	乔文胜	肖钢元　杨万林	营业部	赵福强	于立中　于淑慧

机构概况一览表

年度	内设职能部门数量	下设分支机构					员工总人数		备注
		总数	地市分行数	县区支行数	分理处、营业所数	储蓄所数		正式职工人数	
2004年	24	108	0	25	33	50	2866	2189	
2005年	26	107	0	27	41	39	2866	2162	

续表

年度	内设职能部门数量	下设分支机构					员工总人数	正式职工人数	备注
		总数	地市分行数	县区支行数	分理处、营业所数	储蓄所数			
2006 年	26	107	0	28	40	39	2861	2202	
2007 年	26	107	0	35	33	39	2879	2220	
2008 年	26	107	0	38	30	39	3175		

先进集体及个人一览表

授奖单位	奖项名称	获奖集体
共青团中央	全国青年文明号	95533 客户服务中心
中国银行业协会	2008 年度中国银行业文明规范服务示范单位	建行青岛海尔路支行 建行青岛贵州路支行
中国建设工程造价管理协会	中价协第四届理事会先进单位会员	建行青岛市分行
山东省精神文明建设委员会	省级文明单位	建行青岛市南三支行 建行青岛四方支行高科园支行
建行总行	中国建设银行文明单位	建行青岛市南三支行 建行四方支行高科园支行
	先进基层党组织	建行青岛市北支行党总支
	巾帼建功示范岗	建行青岛中山路支行会计结算部
	模范职工之家	建行青岛市北支行工会
	“五四”红旗团总支	建行青岛市北支行团总支
	2007 年度外汇业务发展进步三等奖	建行青岛国际业务部
	E-TRADE 营销活动“营销客户数量突破奖”	
	“心系客户、真情回报”营销活动“增存优胜奖”	建行青岛个人金融部
	“心系客户、真情回报”增存竞赛百佳网点	建行青岛中山路支行储蓄专柜
	增存百佳网点	建行青岛城阳支行储蓄专柜
	奥运白金信用卡专项营销优胜集体	信用卡中心
授奖单位	**奖项名称**	**获奖个人**
中国金融工会	全国金融五一劳动奖章	丁亚男
	工会积极分子	万升昌
中国建设工程造价管理协会	中国建设工程造价管理协会专家委员会专家委员	衣华为
山东省劳动和社会保障厅 山东省财政厅	省直管企业养老保险业务先进个人	孙秉飞　徐学平
建行总行	优秀共产党员	姜海瑛
	巾帼建功标兵	李　静
	优秀共青团员	王　静

续表

授奖单位	奖项名称	获奖个人
建行总行	青年服务明星	丁亚男
	百佳客户经理	姜　明
	优秀风险经理	张青松　李彦鹏
	优秀审批人	韦　华
	电子银行营销能手	张　洋
	资产保全业务“百佳工作者”	杨辉霞
	金牌服务明星	张　强　孙　丽　王吉林
	结售汇之星	王春芳
	95533 优秀管理员	宋丁丁
	95533 营销能手	庄　静
	95533 十佳座席员	丁亚男
	优秀核稿人	许　洁
	《建设银行报》优秀通讯员	陈　磊
	“信用卡催收百日竞赛活动”先进个人	崔明绪
	网上银行转账交易营销活动营销能手	赵　剑

交通银行济南分行

领导干部及职能部门一览表

行长（或其他称谓的第一负责人）		副行长（或其他称谓的同级领导）	
果志刚		李文方　黄家栋　董　莹　李　悦　王　磊	
地　址	济南市共青团路 98 号	邮　编	250012

机构概况一览表

年度	内设职能部门数量	下设分支机构					员工总人数	正式职工人数	备注
		总数	地市分行数	县区支行数	分理处、营业所数	储蓄所数			
2004 年	17	154	7	70	14	63	3062	2726	
2005 年	19	154	7	70	14	63	3070	2767	
2006 年	19	154	7	128	14	5	3132	2754	
2007 年	20	152	7	127	13	5	3224	2815	
2008 年	20	152	7	139	3	3	3295	2901	

先进集体及个人一览表

授奖单位	奖项名称	获奖集体
中国银行业协会	2008年度中国银行业协会文明规范服务示范单位	交行济南市中支行 交行济南槐荫支行
山东银监局	良好银行	交行济宁分行
大众日报	2008年度百姓口碑最佳荣誉单位	交行济南分行
银联山东分公司	2008年度跨行交易质量奖	交行济南分行
授奖单位	**奖项名称**	**获奖个人**
山东省公安厅	个人二等功	张世军
人行济南分行	山东省省级金融机构金融统计先进个人	刘政君

交通银行青岛分行

领导干部及职能部门一览表

行长（或其他称谓的第一负责人）			副行长（或其他称谓的同级领导）		
陆　涛			徐建民　杨　勇　郑佳怡　刘鹏涛		
地　址	青岛市市南区中山路6号			**邮　编**	266001
职能部门	**正职**	**副职**	**职能部门**	**正职**	**副职**
办公室	孙宪武		授信管理部	徐春田	闫　萍
人力资源部	崔海平	路学思　苏建生	风险监控部	李鲁明	王云霞
资产负债部	邱法义		审计部	于茂兴	
预算财务部	李惠明		法律合规部	赵振杰	
公司业务部	高国斌	牟　宏　葛　震	信息技术管理部	许楷峰	
国际业务部	杨慧琴	刘春红	电子银行部	杜　勇	
资产保全部	邱庆川	李玉荣	监察室	汤仲玺	
个金业务部	郑永俊	段　坤	工会办公室	李明安	孙宝金
零售信贷部	韩向红	盛　亮	保卫部	张怀华	
会计结算部	史　宏	董　浩	总务部	封锡荣	

机构概况一览表

年度	内设职能部门数量	下设分支机构					员工总人数	正式职工人数
		总数	地市分行数	县区支行数	分理处、营业所数	储蓄所数		
2004 年	19	57	7	15	16	19	1021	1021
2005 年	19	58	1	25	14	18	1107	861
2006 年	19	59	1	25	15	18	1136	887
2007 年	20	59	1	25	15	18	1188	936
2008 年	20	59	1	27	13	18	1223	972

先进集体及个人一览表

授奖单位	奖项名称	获奖集体
交通银行总行	《新金融》工作一等奖	交行青岛分行办公室
	2008 年行务信息工作先进单位三等奖	
	奥运金融服务先进集体	交行青岛分行会计部 交行青岛分行市南二支行
山东省金融财贸系统工会	山东省财贸金融系统工会经费上缴工作先进单位	交行青岛分行工会办
中国银行业协会	2008 年度中国银行业文明规范服务示范单位	交行青岛分行市南二支行 交行青岛分行南京路储蓄所
授奖单位	**奖项名称**	**获奖个人**
山东省劳动厅	山东省 2008 年度社会保险工作先进个人	原　泉　张　弛
人行济南分行	山东省省级“金融机构金融统计先进个人”	于　环
山东省金融财贸系统工会	山东省金融财贸系统优秀工会工作者	李明安
	山东省财贸系统“优秀工会积极分子”	邓爱平
交通银行总行	2008 年行务信息工作先进个人	李庆童
	奥运金融优质服务先进个人	庞雯昕　辛　萍　赵婉迪　徐星艺
	奥运会安全保卫先进个人	李兆录　于海龙
	百年交行百位优秀员工	王纪铭　张瑞霞
	团干部类青年岗位能手	于凤霞
	十佳网银产品经理	孙雯雯
	内部评级非财务因素指标设计优胜个人	张爱玲
	职工文艺汇演三等奖	刘　旻

中国邮政储蓄银行山东省分行

领导干部及职能部门一览表

行　长		党委书记		副行长	
韩广岳		李　毅		孙江涛　常　江 赵　峰　韩　勇	
地　址	济南市黑虎泉西路181号			邮　编	250011
职能部门	正职	副职	职能部门	正职	副职
个人业务一部		阎　玮　王婷婷 孙　浩	渠道管理部	郭　莹	席晓琳
个人业务二部		周爱国　吴　斌	审计部	郭　莹（兼）	范　滨　张书欣
公司业务部		陈　玫　邵　梅	会计结算部	顾春旺（兼）	丁秋珍
信贷业务部		宋鲁光	风险合规部	陶　杰	田　峰
办公室	李　强	李大鹏　赵玉兰 柏珞珈	人力资源部	吕　昆	谢印利
计划财务部	顾春旺	高　鹭	科技发展部	刘　杰	唐在勇

机构概况一览表

年度	内设职能部门数量	下设分支机构					员工总人数		备注
		总数	地市分行数	一级支行数	二级支行数	邮政代理网点数		正式职工人数	
2008年	12	2594	16	107	1207	1264	7473	4395	

注：邮储银行山东省分行于2007年12月成立，目前仅成立1年多时间，故机构概览一览表仅统计2008年度情况。

先进集体一览表

授奖单位	奖项名称	获奖集体
山东省直机关工委	山东省直文明单位	邮储银行山东省分行
中国银联山东分公司	银联标准借记卡推广贡献奖	
山东省银行业协会	山东银行业信息宣传先进单位	
中国邮政储蓄银行	外汇业务会计年终决算评审工作第1名	
	全国邮储银行支行长知识竞赛总分第4名	
	内控文艺节目弦子鼓《特殊客户》获得节目三等奖和探索一等奖	

恒丰银行

领导干部及职能部门一览表

行长（或其他称谓的第一负责人）		副行长（或其他称谓的同级领导）	
姜喜运（董事长、党委书记）		矫　毅（监事长、党委副书记）　孙才厚（董事、副行长） 宋恒继（董事、副行长）　栾永泰（董事、副行长） 潘力军（董事、纪委书记）　周美乐（副监事长、工会主席） 于海松（董事会秘书）	
地　址	山东省烟台市芝罘区南大街248号	邮　编	264001

机构概况一览表

年度	内设职能部门数量	下设分支机构					员工总数	备注
		总数	省级分行数	县区支行数	分理处数	储蓄所数		
2004年	27	74	2	40	31	--	1365	
2005年	27	73	2	41	29	--	1402	
2006年	30	79	4	45	29	--	1589	
2007年	33	81	5	46	29	--	2006	
2008年		87	5	52	29	--	2006	

先进集体及个人一览表

授奖单位	奖项名称	获奖集体
山东省政府国资委	山东省重点服务业企业	恒丰银行
中国品牌发展组织委员会	30年中国品牌创新奖	
中国工业报社、中国国际名牌协会、中国企业和现代服务业融和发展高峰组委会	中国现代服务业十佳优质服务金融机构	
中国社科院中小企业研究中心、中国最具竞争力企业500强组委会	中国十大最具竞争力银行称号	
中国十大标志性品牌推举组委会	中国十大标志性银行服务品牌	
中华全国妇女联合会、第29届奥组委、中国妇女巾帼建功领导小组	全国巾帼文明岗	
山东省审计厅	全省内审先进单位	
山东省服务业发展领导小组	山东省重点服务业企业	
授奖单位	**奖项名称**	**获奖个人**
中国最具影响力500强组委会	中国金融领袖人物	董事长姜喜运
中国市场学会、中国企业报社	2007中国企业创新优秀人物	
中国中小商业企业协会、创业中国年度人物评选活动组委会	2008创业中国年度十大榜样人物	
中国中小企业家年会组委会、中国中小商业企业协会	全国金融业服务中小企业发展先进个人	

中国光大银行济南分行

领导干部及职能部门一览表

行长（或其他称谓的第一负责人）			副行长（或其他称谓的同级领导）		
王　琳			陈贵明　李晨保　林　燕		
地　址	济南市经七路85号			邮　编	250001
职能部门	正职	副职	职能部门	正职	副职
办公室	丁学海	陆德军　王　伟	贸易金融部	林　燕（兼）	房　磊（助理） 王凤兵（助理）
人力资源部	王　楠	尤　嘉（助理）	风险管理部		王金凤（主持工作）
计划财务部		任广涛（主持工作）	法律合规部	杨林辉	
运营管理部	陈　妹	张声健	个贷中心		林　雁
公司业务管理部	林　燕（兼）	荣大伟	信息科技部		陈文峰（主持工作）
零售业务部		刘雪峰（主持工作）	资产保全部	王吉祥	

先进集体及个人一览表

授奖单位	奖项名称	获奖集体
共青团中央	青年文明号	光大银行济南舜耕支行
中国银行业协会	2008年度中国银行业文明规范服务示范单位	
光大集团工会	模范职工之家	
光大银行团委	青年文明号	光大银行济南历山路支行
光大总行	先进单位	光大银行济南市中支行 光大银行济南历山路支行
授奖单位	**奖项名称**	**获奖个人**
光大总行	先进个人	成　明　张建华

中国光大银行青岛分行

领导干部及职能部门一览表

行长（或其他称谓的第一负责人）		副行长（或其他称谓的同级领导）	
刘　鹰		孙昌勇　韩曙光	
地　址	青岛市香港西路67号	邮　编	266071

续表

职能部门	正职	副职	职能部门	正职	副职
办公室	邱国清	许竹林	风险管理部		王绪宝
人力资源部	赵功谦	张伯松	资产保全部	逄坤章	傅相锋
计划财务部	韩曙光（兼）	王　军	贸易金融部	叶长春	杨绍刚
公司管理部	张国昌	张照凌	运营管理部	王彩云	
零售业务部	杨大伟	祁晓东	同业票据部	傅伟堂	
法律合规部	吴青慧				

机构概况一览表

年度	内设职能部门	下设分支机构	员工总人数	正式职工
2004 年	11		308	236
2005 年	11		326	255
2006 年	11		355	287
2007 年	12		372	328
2008 年	12		412	412

先进集体及个人一览表

授奖单位	奖项名称	获奖集体
山东省名牌推进委员会	山东省服务名牌	光大青岛分行

中信银行济南分行

领导干部及职能部门一览表

行长（或其他称谓的第一负责人）			副行长（或其他称谓的同级领导）		
侯训义			杜金华　刘国栋		
地　址	山东省济南市泺源大街 150 号			邮　编	250011
职能部门	正职	副职	职能部门	正职	副职
公司银行部	陈景波		法律保全部	廖鲁军	张海鹰
零售银行部	寇延伟	张文清	信息技术部	江　涛	
风险管理部	郑　密		合规审计部	隋　裕	张乐海
会计管理部	孙式香	刘　晶	人力资源部	刘同礼	张　岷

续表

职能部门	正职	副职	职能部门	正职	副职
计划财务部	从建华	王 朔	办公室	韦 明	郝文刚 梁志明
市场营销部	毕新宇	杨洪斌 尹 燕	营业部	石 嘉	刘为民

机构概况一览表

年度	内设职能部门数量	下设分支机构					员工总人数	正式职工人数	备注
		总数	地市分行数	县区支行数	分理处、营业所数	储蓄所数			
2004年	10	10	1	9			256	256	
2005年	10	10	1	9			357	357	
2006年	11	20	3	17			537	537	
2007年	12	20	3	17			621	621	
2008年	12	21	3	18			680	680	

先进集体及个人一览表

授奖单位	奖项名称	获奖集体
中信银行总行	安全防范优秀单位	中信银行济南分行
	2008年公司银行业务良好行	
	2008年汽车金融业务组织推动先进单位	中信银行济南分行公司银行部
	政治工作先进集体	中信银行济南市中支行
	青年文明号	中信银行济南分行营业部等6家单位
	女职工文明示范岗	中信银行济南分行计划财务部
人民银行济南分行	金融统计工作先进集体	中信银行济南分行计划财务部
山东省精神文明建设委员会	省级文明单位	中信银行济宁分行
山东省银行业协会	银行业信息宣传工作先进单位	中信银行济南分行
授奖单位	**奖项名称**	**获奖个人**
中信集团	优秀共青团员	宗 可
	内部审计先进工作者	张乐海
中信银行总行	政治思想工作先进个人	张少华
	2008年国际业务优秀审单员	叶 青
人民银行济南分行	金融统计工作先进个人	刘宏伟
山东省劳动和社会保障厅	养老保险工作先进个人	高 鹏
山东省银行业协会	银行业信息宣传优秀工作者	李 勇
山东省银联	2008年度银行卡联网通用先进个人	张文清 江 涛 曹 铮 王 毅

华夏银行济南分行

领导干部及职能部门一览表

行　长	副行长			济南地区首席信用风险官	
赵琴波	王秀荣　李金龙　刘国辉　陈玉旺			邱朝晖	
地　址	济南市纬二路138号			邮　编	250001
职能部门	正职	副职	职能部门	正职	副职
办公室	梁君生	孙　民　张继林	人力资源部	李延伟	
计划财务部	张沛儒	刘安忠　伍　坚	合规部	于吉民（兼）	张　静
公司业务总部管理部	于国庆		会计部	王书东	文爱民
公司业务总部中间业务部	于国庆（兼）		信息技术部		孙思亮
公司业务总部物流金融部	贺　涛		济南地区信用风险管理部信贷支持中心	卢友胜	
公司业务总部机关事业金融部	梁君生（兼）		济南地区信用风险管理部授信审批中心	张　勇	
国际业务部	王　毅		济南地区信用风险管理部资产保全中心	孟令国	
零售业务总部管理部	崔　钢	陈建军　李　新	监察室	张继成	
济南地区稽核办公室	于吉民				

机构概况一览表

年度	内设职能部门数量	下设分支机构					员工总人数	正式职工人数	备注
		总数	地市分行数	县区支行数	分理处、营业所数	储蓄所数			
2004年	14	12					837	623	
2005年	14	12					838	642	
2006年	17	13					870	629	
2007年	17	13					955	654	
2008年	17	13					867	727	

先进集体及个人一览表

授奖单位	奖项名称	获奖集体
山东省财贸金融工会	工人先锋号	华夏济南市南支行
	2007年度工会工作先进单位	华夏济南分行工会

续表

授奖单位	奖项名称	获奖集体
中国银行业协会	2008 年度中国银行业文明规范服务示范单位	华夏济南分行营业部
山东省银行业协会	2008 山东省银行业信息宣传工作先进单位	华夏济南分行
山东省省直机关精神文明建设委员会	2008 年度省直文明单位	
国家统计局	2007 年全国投入产出调查先进集体	华夏聊城支行
《山东金融年鉴》编委会	《山东金融年鉴》（2007 年卷）优秀稿件一等奖 《山东金融年鉴》（2008 年卷）优秀稿件二等奖	华夏济南分行
华夏银行股份有限公司	“携手 2008，文明、安全、规范服务在华夏”系列活动“服务创新奖”	
授奖单位	**奖项名称**	**获奖个人**
山东省银行业协会	2007 年度山东省银行业文明规范服务示范标兵	孙晓娟　陈　文
	2008 年度山东省银行业信息宣传优秀工作者	熊　苹
人行济南分行	2008 年度山东省省级金融机构金融统计先进个人	徐　方
华夏银行股份有限公司	2007 年度华夏银行总行级会计业务能手	王继春　魏　然 吴立平

华夏银行青岛分行

领导干部及职能部门一览表

行　长	副行长（或其他称谓的同级领导）				
关文杰	刘　辉　吕　东　于丰星（党委委员）　崔　巍（纪委书记）				
地　址	青岛市东海西路 5 号甲			邮　编	266076
职能部门	**正职**	**副职**	**职能部门**	**正职**	**副职**
办公室	赵　霖	曲文豪	会计部	许　丽	
人力资源部	颜庆武		信息技术部	张明晓	李延刚
计划财务部	牟润玲		信贷支持中心	袁　新	
监察室	林永岩		授信审批中心	栾卫东	
公司业务部	王立莉	杨建明	资产保全中心	周忠凯	
个人业务部	韩　波	李　杰	合规部	张衍真	
国际业务部	顾新静	曹福鹏	货押管理中心	李晓峰	

机构概况一览表

年度	内设职能部门数量	下设分支机构					员工总人数	正式职工人数	备注
		总数	地市分行数	县区支行数	分理处、营业所数	储蓄所数			
2004年	12	9	1	8			294	253	
2005年	12	10	1	9			304	255	
2006年	13	10	1	9			311	267	
2007年	13	10	1	9			360	273	
2008年	14	12	1	11			418	307	

先进集体及个人一览表

授奖单位	奖项名称	获奖集体
人行济南分行	金融统计先进集体三等奖	华夏青岛分行
华夏总行	“携手2008文明安全规范服务在华夏系列活动”优秀组织奖	
华夏银行信用卡中心	华夏信用卡任务完成最佳分行	
	华夏信用卡市场拓展最佳分行	
	华夏信用卡客户质量最佳分行	
山东省总工会	山东省“工人先锋号”	华夏青岛南京路支行营业部
华夏总行党委	先进党支部	华夏青岛香港中路支行党支部
中国银行业协会	2008年度中国银行业文明规范服务示范单位	华夏青岛分行营业部 华夏青岛香港中路支行
授奖单位	**奖项名称**	**获奖个人**
人行济南分行	金融统计先进个人	贺丽研
华夏总行党委	优秀共产党员	何清华　于丰星　孟庆贺
华夏银行信用卡中心	2008年信用卡营销组织突出贡献奖	韩　波
山东省总工会	山东省优秀工会积极分子	林永岩

深圳发展银行济南分行

领导干部及职能部门一览表

行　长	副行长
刘　峰	张汉忠　刘利华

续表

行长助理		财务执行官	信贷执行官	
李 娜 吴昌军		肖 俊	高 群	
地 址	山东省济南市历山路 138 号		邮 编	250014
职能部门	正职	职能部门	正职	
办公室	李 娜	贸易融资部	范广文	
信贷管理部	毕韵玲	零售银行部	张渤林	
信贷审批中心	陈振华	合规部	李 鑫	
计划财会部	刘 浩	电脑部	李志春	

机构概况一览表

年度	内设职能部门数量	下设分支机构				员工总人数	正式职工人数	备注
		总数	地市分行数	支行数	储蓄所数			
2004 年	9	5	1	4	0	185	185	
2005 年	9	5	1	4	0	193	193	
2006 年	9	5	1	4	0	191	191	
2007 年	9	6	1	5	0	230	230	
2008 年	8	7	1	6	0	269	251	

先进集体及个人一览表

授奖单位	奖项名称	获奖集体
中国银行业协会	2008 年度中国银行业 文明规范服务示范单位	深发济南分行
山东省财贸金融工会	工人先锋号	
山东省银行业协会	精神文明单位	
授奖单位	**奖项名称**	**获奖个人**
深发总行	综合业务知识比赛第五名	夏广艺 冯建勋 管大伟
	优秀党员	王树民 李建雪
山东省财贸金融系统	职业道德标兵	陈振华

深圳发展银行青岛分行

领导干部及职能部门一览表

行长（或其他称谓的第一负责人）			副行长（或其他称谓的同级领导）		
陈　彦			谷　辉　马培军　衣　铖　高　峰（信贷执行官） 陈昊序（财务执行官）　崔俊峰（行长助理）		
地　址	青岛市香港中路6号世贸中心A座裙楼			邮　编	266071
职能部门	正职	副职	职能部门	正职	副职
办公室	张　强	逄　雷	人力资源部	卢玉君	
合规部		杨少华	科技运营部	杨兆进	
计划财会部	纪小倩		贸易融资部	王沧然	
信贷审批中心	陶志刚	韩志国	信贷管理部	宁　震	李同德
单证中心	刘乃爱	李骁力	货押监管中心	王业芳	
零售银行部	孙　梅		个人信贷部	乔秀龙	

机构概况一览表

年度	内设职能部门数量	下设分支机构		员工总人数		备注
		总数	县区支行数		正式职工人数	
2004年	9	4	4	139	130	
2005年	9	4	4	156	145	
2006年	11	4	4	225	200	
2007年	12	5	5	263	233	
2008年	12	7	7	324	274	

先进集体及个人一览表

授奖单位	奖项名称	获奖集体
深发总行	奥运金融服务先进分行	深发青岛分行

招商银行济南分行

领导干部及职能部门一览表

行长（或其他称谓的第一负责人）	副行长（或其他称谓的同级领导）
连柏林	潘旭昭　季　萍　齐君承　孟　丽　吕成玉

续表

地　址	济南市共青团路7号			邮　编	250012
职能部门	正职	副职	职能部门	正职	副职
办公室	卢　燕		授信审批部	朱惊雷	
人力资源部	赵桂珍	郭　芹	信贷管理部	闻　涛	
计划财务部	伊晓棠	赵　芳	审计部	李冬华	
会计部	丁　锐	韩　颖	监察保卫部	谢永生	
零售银行部	蔡其根	杨俊法　梁东晨	法律与合规部	张克忠	
公司银行部	曹亦男	刘全胜	信息技术部	孙伯起	
国际业务部	徐　新	牟小力	信用卡部	金　锋	李炳哲

机构概况一览表

年度	内设职能部门数量	下设分支机构					员工总人数	正式职工人数	备注
		总数	地市分行总数	县区支行数	分理处、营业所数	储蓄所数			
2004年	9	12	1	11			440	440	
2005年	11	14	1	13			485	485	
2006年	11	17	1	16			592	592	
2007年	12	20	1	19			680	680	
2008年	14	23	2	21			989	989	

先进集体及个人一览表

授奖单位	奖项名称	获奖集体
招商银行总行	2007年度优秀分行	招商银行济南分行
山东银监局	2007年度良好银行	
中国银行业协会	2008年度中国银行业文明规范示范服务单位	招商银行济南分行营业部
招商银行总行	2008年招商银行品牌营销最佳大客户攻关奖	招商银行济南分行
招商银行总行工会	招商银行2008年“先进集体”	招商银行烟台分行
	招商银行系统职工职业道德建设十佳单位	
中共中国银行业监督管理委员会	继续认定的2006年度至2007年度中国银监会系统青年文明号	招商银行济南分行经七路支行
招商银行总行党委	招商银行系统先进基层党组织	招商银行济南分行槐荫支行党支部
招商银行总行工会	招商银行模范职工之家	招商银行济南经十路支行工会委员会

续表

授奖单位	奖项名称	获奖个人
招商银行总行	2007 年度优秀分行行长	连柏林
招商银行总行党委	2007 年度招商银行系统青年岗位能手	武　进
	2007 年度招商银行系统优秀共青团干部	刘全胜
	2007 年度招商银行系统优秀共青团员	孙　弨
招商银行总行团委	2008 年度招商银行系统“金融青年服务标兵”	丛小宁　张微微
招商银行总行党委	招商银行系统优秀共产党员	陈　伟
	招商银行系统优秀党务工作者	卢　燕
中国金融工会	全国金融系统优秀工会积极分子	刘　博
招商银行总行工会	招商银行优秀工会积极分子	
招商银行总行工会	招商银行 2008 年“劳动模范”	张　洪
招商银行总行	招商银行第八届业务技术比赛国际业务技能第一名	孔祥菊

上海浦东发展银行济南分行

机构概况一览表

年度	内设职能部门数量	下设分支机构					员工总人数	正式职工人数	备注
		总数	地市分行数	县区支行数	分理处、营业所数	储蓄所数			
2006 年	18	8	0	0	0	0	344	318	
2007 年	20	9	0	0	0	0	408	394	
2008 年	20	11	0	1	0	0	522	496	县区支行实际为淄博支行

先进集体及个人一览表

授奖单位	奖项名称	获奖集体
山东银监局	2007 年度良好银行	浦发银行济南分行
中国银行业协会	2008 年度中国银行业文明规范服务示范单位	浦发银行济南分行营业部
共青团山东省直机关工作委员会	十佳标兵团委	浦发银行济南分行团委

续表

授奖单位	奖项名称	获奖个人
人行济南分行	人行大区行统计先进个人	王澎波
浦发银行总行	总行运营内控标兵	孟晓鸣
	总行运营先进工作者	李　育

上海浦东发展银行青岛分行

领导干部及职能部门一览表

行长(或其他称谓的第一负责人)			副行长(或其他称谓的同级领导)		
常　征			王京杰　朱相宇　朱敏红(行长助理)		
地　址	青岛市香港西路53号			邮　编	266071
职能部门	正职	副职	职能部门	正职	副职
办公室	徐伟林		信用运营中心	张大勇	
资金财务部	许爱霞		信息科技部	李建亮	
公司银行业务管理部	史　昱		运营管理部	陈　冲	
公司银行中小客户部	陆　增		营业部	姜　双	
公司银行交易产品业务部	徐　强		个人银行发展管理部	刘方滨	
公司银行业务一部	孙银银		银行卡及电子渠道部	刘　静	
公司银行业务二部	李　欣		个人信贷部	隋家宁	
风险管理部	刘彦辉		个人银行业务一部	史　琪	
授信审查部	江世津		总行审计特派办	程　钢	

机构概况一览表

年度	内设职能部门数量	下设分支机构					员工总人数		备注
		总数	地市分行数	县区支行数	分理处、营业所数	储蓄所数		正式职工人数	
2004年	12	2	1	1	0	0	92	92	
2005年	13	3	1	2	0	0	129	129	
2006年	13	4	1	3	0	0	139	139	
2007年	19	6	1	5	0	0	193	193	
2008年	18	8	1	7	0	0	263	263	

先进集体及个人一览表

授奖单位	奖项名称	获奖集体
中国银行业协会	2008 年度中国银行业文明规范服务示范单位	浦发银行青岛分行营业部
青岛市银行业协会	青岛市银行业文明规范服务示范单位	浦发银行青岛分行南京路支行
青岛市金融协调办公室 人行青岛市中支 青岛银监局	青岛市奥运支付环境建设暨金融服务先进集体	浦发银行青岛分行东海中路支行
授奖单位	**奖项名称**	**获奖个人**
青岛市金融协调办公室 人行青岛市中支 青岛银监局	青岛市奥运支付环境建设暨金融服务先进集体	刘　明　卜鲁滨

兴业银行股份有限公司济南分行

领导干部及职能部门一览表

行长（或其他称谓的第一负责人）			副行长（或其他称谓的同级领导）		
张　霆			李玉波　林　舒		
地　址	济南市经十路 71 号			邮　编	250061
职能部门	正职	副职	职能部门	正职	副职
综合部		沈　健（主持工作）	公司业务部	袁　静	韩伟杰
计划财务部	林　舒		同业业务部		王光辉
法律与合规部		李　萍	个人业务部		康　建（主持工作）
风险管理部		孔海涛	会计结算部		李新惠
信用审查部		胡　斌	信息科技部	谢良跃	

机构概况一览表

年度	内设职能部门数量	下设分支机构					员工总人数		备注
		总数	地市分行数	县区支行数	分理处、营业所数	储蓄所数		正式职工人数	
2004 年	9	5	5					214	
2005 年	9	6	6					263	
2006 年	9	6	6					290	
2007 年	10	7	7					317	
2008 年	11	8	8					404	

先进集体及个人一览表

授奖单位	奖项名称	获奖集体
山东银监局	2007 年度小企业金融服务先进单位	兴业银行济南分行
人行济南分行	山东省省级金融机构金融统计评比先进集体一等奖	
人行济南分行	金融统计工作先进集体	
济南市公安局	安保工作集体嘉奖	
济南市金融办	济南市金融系统文明诚信单位	兴业银行济南分行营业部
授奖单位	**奖项名称**	**获奖个人**
人行济南分行	金融统计工作先进个人	李　喆

兴业银行股份有限公司青岛分行

机构概况一览表

年度	内设职能部门数量	下设分支机构					员工总人数		备注
		总数	地市分行数	县区支行数	分理处、营业所数	储蓄所数		正式职工人数	
2007 年	7	2	1	1	0	0	137	97	该行 2007 年 8 月获准开业，9 月正式对外营业，故无 2007 年前数据。分行营业部对外行使支行职能。
2008 年	7	3	1	2	0	0	271	147	

先进集体及个人一览表

授奖单位	奖项名称	获奖集体
兴业银行总行	核心负债增长同类区行第二名	兴业银行青岛分行
	电子银行业务发展同类区行第二名	
	1 月～10 月票据直贴业务竞赛活动同类区行第二名	
	零售业务产品营销中心“营销管理奖”同类区行第二名	兴业银行青岛分行零售业务产品营销中心
	“迎行庆，推精品，百日增百亿”储蓄竞赛活动三等奖	兴业银行青岛分行营业部
授奖单位	**奖项名称**	**获奖个人**
人行济南分行	2008 年山东省省级金融机构金融统计先进个人	王丽英
兴业银行总行党委	2008 年总行优秀共产党员	张蓉蓉
兴业银行总行	2008 年度兴业财智星明星客户经理	庄乾升

中国民生银行济南分行

领导干部及职能部门一览表

行长（或其他称谓的第一负责人）			副行长（或其他称谓的同级领导）		
马　琳（党委副书记、副行长，主持工作）					
地　址	济南市泺源大街229号		邮　编	250012	
职能部门	正职	副职	职能部门	正职	副职
办公室	田　华	何方平	人力资源部	路　岩	王明静
保卫处	张振芳		计划财务部	孙　兴	王海滨
科技开发部	谢渭源		会计结算部	张　梅	王宁宁
授信评审部	陈焕德		市场营销部	朱爱霞	任亚林　陈航德
资产监控部	彭曙光		运营保障部	张　军	
法律合规部	彭曙光	孙露露	个贷管理部	付　宁	
票据业务部	安丰福	王　峰	金融同业部	梁发新	
公司管理部	张爱利	张　鲁			

机构概况一览表

年度	内设职能部门数量	下设分支机构					员工总人数		备注
		总数	地市分行数	县区支行数	分理处、营业所数	储蓄所数		正式职工人数	
2004年	12	7	1	7	0	0	220	220	
2005年	12	7	1	7	0	0	277	277	
2006年	15	8	1	8	0	0	351	351	
2007年	15	9	1	9	0	0	392	392	
2008年	15	10	1	10	0	0	428	428	

先进集体及个人一览表

授奖单位	奖项名称	获奖集体
民生银行总行	安全评估工作先进单位	民生银行济南分行
	银监会系统青年文明号	民生银行历山路支行
	“上网无忧”民生U宝推广活动先进分行	民生银行济南分行
	“上网无忧”民生U宝推广活动先进支行	民生银行经十路支行
	优秀服务团队	民生银行授信评审部

续表

授奖单位	奖项名称	获奖集体
民生银行总行	2007年短期融资券优秀分行	民生银行济南分行
	2007年度资金管理优秀分行	
山东省银行业协会	2007年度山东省银行业文明规范服务系列活动组织奖	
	2007年度山东省银行业文明规范服务示范单位	民生银行营业部
济南市政府金融办	济南市金融系统及金融相关机构“文明诚信单位”	民生银行英雄山路支行
山东省银行业协会	2007年度山东省银行业信息宣传工作先进单位	民生银行济南分行
授奖单位	**奖项名称**	**获奖个人**
民生银行总行	2008年度资金管理优秀个人	李　冉
	2008年度安全保卫工作先进个人	任　琳　席晋平
	杰出贡献奖	肖瑞彦
	十佳营销金奖（对公）	耿　慧
	十佳市场推动能手	梁发新
	十佳运营支持能手	谢渭源
人行济南分行	济南市金融统计工作先进个人	刘　鹏
山东省银行业协会	2008年度山东省银行业信息宣传优秀工作者	何方平
	2007年度山东省银行业文明规范服务示范标兵	孙　蕾
	2007年省银行业信息宣传先进工作者	何方平

中国民生银行青岛分行

机构概况一览表

年度	内设职能部门数量	下设分支机构					员工总人数	正式职工人数	备注
		总数	地市分行数	县区支行数	分理处、营业所数	储蓄所数			
2004年									
2005年									
2006年	14	1	1				103	95	
2007年	17	3	1	2			160	145	
2008年	24	6	1	5			264	249	

渤海银行济南分行

领导干部及职能部门一览表

行　长		副行长		行长助理	
王仁宝		宋　奇　潘新兵		孙开贤	
地　址	济南市历下区解放路62号铁院大厦			邮　编	250013
职能部门	正职	副职	职能部门	正职	副职
综合管理部	董　岩		创业服务部	李　科	
人力资源与机构发展部	于　洁		财富管理部	王　冬	
市场开发部	鞠加亮		财务部		
集团客户部		闫江涛	资讯科技部		
公司银行部	孙国华		风险管理部		
中小企业部	高　磊		营业部		

机构概况一览表

年度	内设职能部门数量	下设分支机构					员工总人数		备注
		总数	地市分行数	县区支行数	分理处、营业所数	储蓄所数		正式职工人数	
2008年	12						82	67	

山东省农村信用社联合社

领导班子及职能部门一览表

理事长	主　任		副主任	纪委书记	
宋文瑄（党委书记）	张建民（副理事长、党委副书记）		丁浩升	展西亮（党委委员、机关党委书记、工会主席）	
地　址	济南市经七路6号			邮　编	250001
职能部门	正职	副职	职能部门	正职	副职
办公室	于富海	朱连庆　赵书阳	审计部		田杰友
机关工会	董　萍		人力资源部	袁德亭	宫淑玫
政策法规部	王继东	张　珺	监察保卫部	赵雪银	张德兵
业务发展部	刘宗波	于振福	巡视办公室	赵雪银	朱立芳
信贷管理部	黄孝杰	王广明	科技中心	康　东	杜海松　徐　亮
资产管理部		陈卫东	资金中心	刘传武	王少军　刘永法
财务会计部	王宝诚	贾承刚			

机构概况一览表

年度	内设职能部门数量	下设分支机构					员工总人数	正式职工人数
		总数	市级联社、办事处	县级联社、合行数	分理处、营业所数	储蓄所数		
2004 年	10	6053	16	133	5461	442	63978	54484
2005 年	10	5886	17	131	5472	265	64371	54265
2006 年	11	5741	17	132	5406	185	66721	55740
2007 年	11	5619	17	132	5297	172	70378	56646
2008 年	11	5508	17	132	5195	163	71557	56114

中国银行（香港）有限公司青岛分行

机构概况一览表

年度	内设职能部门数量	下设分支机构					员工总人数	正式职工人数	备注
		总数	地市分行数	县区支行数	分理处、营业所数	储蓄所数			
2004 年	5						19	19	
2005 年	5						24	24	
2006 年	5						24	24	
2007 年	5						30	30	
2008 年	5						33	33	

东亚银行（中国）有限公司青岛分行

机构概况一览表

年度	内设职能部门数量	下设分支机构					员工总人数	正式职工人数	备注
		总数	地市分行数	县区支行数	分理处、营业所数	储蓄所数			
2007 年	14	0	0	0	0	0	85	85	
2008 年	16	1	0	1	0	0	124	124	

韩国中小企业银行有限公司青岛分行

领导干部及职能部门一览表

行长（或其他称谓的第一负责人）			副行长（或其他称谓的同级领导）		
金箕燮			李准汉　孙大协		
地　址	青岛市东海西路 17 号海信大厦 1 层			邮　编	266071
职能部门	正职	副职	职能部门	正职	副职
资金部	李准汉		信贷部	孙大协	
营业部	徐文玉		合规部	孙旖旎	

日本山口银行股份有限公司青岛分行

领导干部及职能部门一览表

行长（或其他称谓的第一负责人）			副行长（或其他称谓的同级领导）		
小野哲			中村直嗣　夏　铮		
地　址	青岛市香港中路 76 号颐中假日皇冠酒店 2 层			邮　编	266071
职能部门	正职	副职	职能部门	正职	副职
营业部	渡边丈晴		事务部	渡边正彦	陈悦霞
财务部	渡边正彦	张小筱	人民币业务部	渡边正彦	具莲顺
总务部	川田正博	葛莹莹			

机构概况一览表

年度	内设职能部门数量	下设分支机构					员工总人数		备注
		总数	地市分行数	县区支行数	分理处、营业所数	储蓄所数		正式职工人数	
2004 年	5						24	24	
2005 年	5						23	23	
2006 年	5						22	22	
2007 年	5						24	24	
2008 年	5						25	25	

新韩银行(中国)有限公司青岛分行

领导干部及职能部门一览表

行长（或其他称谓的第一负责人）			副行长（或其他称谓的同级领导）		
成国济			李明锡		
地　址	青岛市东海西路 28 号中信万通证券大厦四楼		邮　编	266071	
职能部门	正职	副职	职能部门	正职	副职
营业部	黄渶释	刘素娟	授信部	李明锡	梁云植
合规经理	李哲洙				

机构概况一览表

年度	内设职能部门数量	下设分支机构					员工总人数	
		总数	地市分行数	县区支行数	分理处、营业所数	储蓄所数		正式职工人数
2005 年	2	0	0	0	0	0	13	9
2006 年	2	0	0	0	0	0	13	9
2007 年	2	0	0	0	0	0	17	13
2008 年	3	1	0	1	0	0	36	30

新加坡华侨银行有限公司青岛代表处

领导干部及职能部门一览表

首席代表（或其他称谓的第一负责人）		副首席代表（或其他称谓的同级领导）	
傅皎雪			
地　址	青岛市南海路 9 号汇泉王朝大酒店 700 室	邮　编	266003

山东省国际信托有限公司

领导干部及职能部门一览表

董事长	总经理	副总经理
孟凡利	相开进	王映黎　孙绍杰

续表

地　址	济南市解放路 166 号	邮　编	250013
职能部门	负责人	职能部门	负责人
综合管理部	孙绍杰	计划财务部	岳增光
风险管理部	金同水	自营业务部	葛　航
信托业务托管部	崔佳茵	投资银行部	杨进军
信托业务一部	李高峰	信托业务二部	万　众
信托业务三部	王　凯	信托业务四部	王　萍
信托业务五部	周建蕖	信托业务六部	钟振宇
信托业务七部	宋　磊	基建基金管理部	李晓鹏
基建基金财务部	岳增光	资产管理部	苏文强

机构概况一览表

年度	内设职能部门数量	下设分支机构			员工总人数	正式职工人数
		总数	地市分公司数	县区支公司数		
2004 年	12				81	81
2005 年	12				78	78
2006 年	14				80	80
2007 年	14				83	83
2008 年	16				87	87

英大国际信托有限责任公司

领导干部及职能部门一览表

董事长			总经理		
康建瓴			盖永光		
地　址	济南市馆驿街 318 号		邮　编	250001	
职能部门	正职	副职	职能部门	正职	副职
董、监办	吴永新		人力资源部		刘志峰
总经理工作部		高会青	稽核审贷部	耿　芳	
计划财务部	周丰收		研究发展部	时　凯	
信托业务总部	翟红卫	曹　妍	投资银行部	王迎新	

续表

职能部门	正职	副职	职能部门	正职	副职
资产管理部	黄晓砚		资产保全办	石海荣	
证券投资部	杨　涛		托管部	周丰收（兼）	
信息技术部		高会青（兼）			

机构概况一览表

年度	内设职能部门数量	下设分支机构			员工总人数	
		总数	地市分公司数	县区支公司数		正式职工人数
2004年	12				84	
2005年	11				82	
2006年	11				84	
2007年	11				83	
2008年	13				92	

中国长城资产管理公司济南办事处

领导干部及职能部门一览表

总经理（或其他称谓的第一负责人）			副总经理（或其他称谓的同级领导）		
胡建忠			郑世澜　李志军　张希荣　丁化美　雷鸿章		
地　址	济南市经七路168号			邮　编	250001
职能部门	正职	副职	职能部门	正职	副职
综合管理部	李西方	李　伟	法律事务部		王　斌
资产经营部		王朝山	资金财务部	郭小霞	张永军
业务拓展部		王　勇	监察审计部		张凤霞
项目审核部	孙建义	崔艾红			

机构概况一览表

年度	内设职能部门数量	下设分支机构					员工总人数		备注
		总数	地市分行数	县区支行数	分理处、营业所数	储蓄所数		正式职工人数	
2006年	7						124	61	

续表

年度	内设职能部门数量	下设分支机构					员工总人数	正式职工人数	备注
		总数	地市分行数	县区支行数	分理处、营业所数	储蓄所数			
2007年	7						175	79	
2008年	7						152	64	

先进个人一览表

授奖单位	奖项名称	获奖个人
中国金融工会	全国金融系统职工职业道德建设标兵	荆　珂
	全国金融五一劳动奖章	

中国信达资产管理公司济南办事处

领导干部及职能部门一览表

总经理（或其他称谓的第一负责人）			副总经理（或其他称谓的同级领导）		
张长意			姬玉璐		
地　址	济南市经三路293号			邮　编	250021
职能部门	正职	副职	职能部门	正职	副职
综合管理部	宫红兵		重点项目处	葛秋良	
审核委	张　卿		政策资产处	吴新明	
资金财务部	吕晓清		委托资产处	赵永辉	
法律事务部	苏爱珍		市场开发处	赵　波	
一般项目处	王翠松		股权管理处	赵　波	

机构概况一览表

年度	内设职能部门数量	下设分支机构			员工总人数	正式职工人数	备注
		总数	地市分公司数	县区支公司数			
2004年	11				114	63	
2005年	11				86	60	
2006年	6				89	58	
2007年	7				92	56	
2008年	7				76	57	

先进集体及个人一览表

授奖单位	奖项名称	获奖个人
全国金融系统工会	金融系统工会积极分子	宫红兵
山东省财贸金融系统工会	职业道德标兵	葛秋良
	工会先进个人	许继东
	女职工建功立业标兵	叶远征

中国人民财产保险股份有限公司山东省分公司

领导干部及职能部门一览表

总经理		副总经理（或其他称谓的同级领导）			
云　珍		李新民　王树国　徐本议　何　晓　翟瑞贞（总经理助理）			
地　址	济南市泺源大街88号		邮　编	250011	
职能部门	正职	副职	职能部门	正职	副职
办公室	王乘风	苏东崛	理赔管理部/法律部/合规部	王祝炜	王　成
人力资源部/教育培训部	孙建华	王海峰	渠道管理部	赵鲁军	崔永波
财务会计部	杨林海	戴　慧	再保险部	顾智慧	
车辆保险部	杨　茗	于　航	信息技术部	董　平	李继红
财产保险部	毕建军	田东辉	客户服务管理部	张志波	郑　勇
船舶货运保险部	张尉尉		监察部/审计部	夏文生	牟济生
责任信用保险部	李　勇	毕可广	工会办公室	陈　芳	
责任意外保险部	董国升		核保中心	刘　伟	
农业保险部	刘　波		车贷险清收办公室	衣建伟	
大型商业风险保险部	杨　永		理赔督查小组	刘存真	

机构概况一览表

年度	内设职能部门数量	下设分支机构				员工总人数	正式职工人数	备注
		总数	市分公司	县区支公司	营业部			
2004年	18	243	16	135	92	7299	4391	
2005年	18	243	16	135	92	7274	4223	
2006年	15	244	16	136	92	7649	4250	
2007年	18	244	16	136	92	6317	4176	
2008年	20	244	16	136	92	5934	4123	

中国人寿保险股份有限公司山东省分公司

领导干部及职能部门一览表

总经理（或其他称谓的第一负责人）			副总经理（或其他称谓的同级领导）		
宋金平			高香果　赵立军　侯清英 李国栋　胡　斌　臧杰新		
地　址	济南市泺源大街88号			邮　编	250011
职能部门	正职	副职	职能部门	正职	副职
办公室	张继旋	于登跃	信息技术部	林健吾	孙相建
人力资源部	张　明	彭德平	个险销售部	徐明光	岳文成
工会工作部	黄新明	崔庆金	团险销售部	崔世明	陈　雁
监察部	李晴生	黄　芳	中介代理部	闫陶济	田增森
财务部	于明华	陈　姗　汤　明	审计内控合规部	赵海波	赵　晒
业务管理部	谭旭青	张志强　刘燕妮	客户服务部	邢厚佺	付桂霞　陈丽梅

机构概况一览表

年度	内设职能部门数量	下设分支机构				员工总人数		备注
		总数	地市分公司数	县区支公司数	农村营销服务部数		正式职工人数	
2004年	12		16	130		4628	4628	
2005年	12		16	131		3734	3734	
2006年	12		16	131	744	3677	3677	
2007年	12		16	131	893	5565	5565	
2008年	12		16	131	998	5679	5679	

先进集体及个人一览表

授奖单位	奖项名称	获奖集体
中华全国总工会	全国模范职工之家	人寿临沂市河东区支公司
中国金融工会	模范职工小家	人寿莱芜分公司业务管理中心营业室工会小组
人寿（集团）公司	巾帼建功示范岗	人寿泰安分公司客户服务中心
人寿总公司	模范集体	人寿蓬莱市支公司
	先进集体	人寿成武县支公司
	模范职工小家	人寿莱芜分公司业务管理中心营业室工会小组

续表

授奖单位	奖项名称	获奖集体
山东省总工会	山东省富民兴鲁劳动奖状	人寿聊城分公司（当地评选）
	山东省劳动关系和谐企业	
山东省财贸金融工会	工人先锋号	人寿济南市分公司泺源大街营业室
	职业道德建设先进单位	人寿武城县支公司
	工会工作先进单位	人寿菏泽分公司
	先进女职工集体	人寿德州市德城区支公司中介代理部
授奖单位	**奖项名称**	**获奖个人**
中华全国总工会	全国优秀工会工作者	人寿山东省分公司工会工作部　黄新明
人寿（集团）公司	国寿巾帼建功标兵	人寿曹县支公司　邵玉平 人寿嘉祥县支公司　王　慧 人寿济南市分公司　臧　明 人寿济南市分公司团险二部　蒋　京 人寿淄博分公司客服中心　袁景兰 人寿枣庄市峄城区支公司　宗　梅 人寿烟台分公司业管部　李岩波 人寿海阳市支公司　修彩霞 人寿临朐县支公司　赵小红 人寿兖州市支公司个险部　汪静红 人寿东平县支公司　姜月萍 人寿五莲县支公司　王　芳 人寿莱芜市钢城区支公司营业室　吴丽莉 人寿齐河县支公司　张　美 人寿聊城分公司客服中心　付兰芳 人寿临沂分公司第一营销部　刘嘉毅 人寿菏泽分公司营业部　张　舒 人寿广饶县支公司　杨振兰
人寿总公司	劳动模范	人寿济南市分公司营销一部　曹纪平
		人寿临朐县支公司中介拓展部　谭永中
	模范经理人	人寿招远市支公司　刘　宁
	先进个人	人寿齐河县支公司　张　美
	十佳柜员之星	人寿济南市分公司客户服务中心　蒋楠楠
山东省财贸金融工会	职业道德标兵	人寿莱芜市莱城区支公司　任绪言
		人寿德州市德城区支公司中介部　李　杰
	优秀职工之友	人寿菏泽分公司　赵旭东
	优秀工会工作者	人寿济南市分公司　张少勇
	先进女职工工作者	人寿潍坊分公司女工委　徐颖春
	女职工建功立业标兵	人寿莱阳市支公司　张　晔
		人寿嘉祥县支公司　王　慧

中国太平洋财产保险股份有限公司山东分公司

领导干部及职能部门一览表

<table>
<tr><th colspan="2">总经理</th><th colspan="2">副总经理</th><th colspan="2">总经理助理</th></tr>
<tr><td colspan="2">宋建国</td><td colspan="2">郭建中　武　博</td><td colspan="2">韦　慧</td></tr>
<tr><td>地　址</td><td colspan="3">济南市英雄山路38号</td><td>邮　编</td><td>250002</td></tr>
<tr><td>职能部门</td><td>正职</td><td>副职</td><td>职能部门</td><td>正职</td><td>副职</td></tr>
<tr><td>办公室</td><td>韩兆若</td><td></td><td>客户服务部</td><td>郭建中（兼）</td><td>李　涛　邹　超</td></tr>
<tr><td>人力资源部</td><td>项海涛</td><td></td><td>车险部</td><td>姜海波</td><td></td></tr>
<tr><td>计划财务部</td><td>韦　慧（兼）</td><td>王伟红　王　瑛</td><td>非水险部</td><td>陈冬梅</td><td>郑怀国</td></tr>
<tr><td>合规管理部</td><td></td><td>孙玉娟（助理）</td><td>水险事业部</td><td>项海涛</td><td>刘长虹</td></tr>
<tr><td>监察室</td><td>梁茂军</td><td></td><td>意健险部</td><td></td><td>李稚林（主持工作）</td></tr>
<tr><td>工会</td><td></td><td>叶新生</td><td>销售管理部</td><td></td><td>张　敏（主持工作）
赵同祥　朱　庆</td></tr>
<tr><td>独立调查办</td><td>桑近东</td><td></td><td>信息技术部</td><td></td><td></td></tr>
</table>

机构概况一览表

<table>
<tr><th rowspan="2">年度</th><th rowspan="2">内设职能部门数量</th><th colspan="4">下设分支机构</th><th rowspan="2">员工总人数</th><th rowspan="2">正式职工人数</th><th rowspan="2">备注</th></tr>
<tr><th>总数</th><th>地市中心支公司数</th><th>县区支公司数</th><th>营销服务部数</th></tr>
<tr><td>2004 年</td><td>12</td><td>157</td><td>15</td><td>39</td><td>102</td><td>3169</td><td>2322</td><td></td></tr>
<tr><td>2005 年</td><td>12</td><td>112</td><td>15</td><td>39</td><td>57</td><td>2751</td><td>2075</td><td></td></tr>
<tr><td>2006 年</td><td>14</td><td>132</td><td>15</td><td>59</td><td>57</td><td>2840</td><td>2227</td><td></td></tr>
<tr><td>2007 年</td><td>15</td><td>135</td><td>15</td><td>59</td><td>60</td><td>3402</td><td>2395</td><td></td></tr>
<tr><td>2008 年</td><td>15</td><td>154</td><td>15</td><td>123</td><td>15</td><td>2683</td><td>2660</td><td></td></tr>
</table>

先进集体及个人一览表

<table>
<tr><th>授奖单位</th><th>奖项名称</th><th>获奖集体</th></tr>
<tr><td>中国质量协会</td><td>2008年全国用户满意服务明星班组</td><td>太平洋财险山东分公司95500呼叫中心</td></tr>
<tr><td>齐鲁晚报</td><td>2008山东十大责任企业</td><td>太平洋财险山东分公司</td></tr>
<tr><td rowspan="5">太平洋财险总公司</td><td>2008年十佳服务团队</td><td>太平洋财险山东分公司95500呼叫中心</td></tr>
<tr><td>2008年非车险业务销售竞赛铂金奖</td><td rowspan="4">太平洋财险山东分公司</td></tr>
<tr><td>2008年非车险核心业务竞赛优秀组织奖</td></tr>
<tr><td>2007年车险经营管理先进单位</td></tr>
<tr><td>2008年春季车险业务竞赛自我超越奖</td></tr>
</table>

续表

授奖单位	奖项名称	获奖个人
太平洋保险集团公司	优秀通讯员	韩兆若
太平洋财险总公司	首届“95500服务之星—全国业务技能竞赛”金奖	宋　乐
	第七届“太平洋之星销售精英奖”铜奖	赵　君　魏铁路
	第七届“太平洋之星个人营销精英奖”铜奖	焦　莹

中国平安人寿保险股份有限公司青岛分公司

领导干部及职能部门一览表

总经理（或其他称谓的第一负责人）			副总经理（或其他称谓的同级领导）		
韩　光			智　勇　胡　跃　马生聪　肖　丽 唐　勇　徐　前　刘天东　徐　淼		
地　址	青岛市市南区香港中路 61 号阳光大厦裙楼			邮　编	266071
职能部门	正职	副职	职能部门	正职	副职
行政部	李殿敏		人力资源部	石五洲	
财务部	吴大为		企划部	杜有光	
稽核监察部	范希玲		营销企划部	董善初	
营销管理部	于江宁		培训部	戚　斌	
保费部	薛　军		两核管理部	李秀明	
运营支持部	万正锋		客户服务部	成　凯	
区域拓展部	徐　淼		银保销售支持部	李　奕	
综合开拓部	杨　泓		银保销售部	逄锦逢	
英才项目	郝士丽		二元项目	刘文让	

机构概况一览表

年度	内设职能部门数量	下设分支机构			员工		备注
		总数	地市分公司数	县区支公司数	总人数	正式职工人数	
2004 年	13	11	11	68	1287	979	2007 年总公司将济宁、泰安、枣庄划归济南分公司管理。2008 年，公司辖有烟台、威海、东营、滨州、淄博、潍坊、日照、临沂等 8 个地市级分支机构。
2005 年	13	11	11	68	1391	1061	
2006 年	13	11	11	68	1222	992	
2007 年	15	8	8	55	1038	904	
2008 年	18	8	8	55	1698	1138	

先进集体及个人一览表

授奖单位	奖项名称	获奖集体
青岛市经贸委	青岛市迎奥运模范服务窗口	平安人寿青岛分公司客服柜面
山东省消费者协会	山东省消费者满意单位	平安人寿青岛分公司

中国银联股份有限公司山东分公司

领导干部及职能部门一览表

总经理（或其他称谓的第一负责人）			副总经理（或其他称谓的同级领导）		
李金良（总经理）			赵振祥　张春玲（助理总经理）		
地　址	济南市高新区舜风路 1000 号			邮　编	250101
职能部门	正职	副职	职能部门	正职	副职
办公室	赵葆军		市场部	黄平生	
业务部	孟光勇		二级地市部	李宝成	
技术部	郝义泉				

中国银联股份有限公司青岛分公司

领导干部及职能部门一览表

总经理（或其他称谓的第一负责人）			助理总经理（或其他称谓的同级领导）		
赵玉东			吴　坚		
地　址	青岛市香港中路 6 号世贸中心 B 座 5 楼			邮　编	266071
职能部门	正职	正职	职能部门	正职	副职
市场部	宋伟真	王滕峰	业务部	田　兰	
技术部	杨洪江		办公室	金　莲	

中国重汽财务有限公司

领导干部及职能部门一览表

董事长	总经理	副总经理
宋其东	王卫平	孙俊丽

续表

地　址	济南市无影山东路39号			邮　编	250031
职能部门	正职	副职	职能部门	正职	副职
综合办公室	刘其贵		会计部		黄文娟（主持） 魏　伟（经理助理）
信贷业务部	刘德英		资产管理部		梁　勇（经理助理）
结算中心	张　霞		消费信贷部		夏　彤（经理助理）

机构概况一览表

年度	内设职能部门数量	下设分支机构					员工总人数	正式职工人数	备注
		总数	地市分行数	县区支行数	分理处、营业所数	储蓄所数			
2004年	5	1	1（重庆办事处）					31	
2005年	5	1	1					35	
2006年	5	1	1					36	
2007年	6	1	1					35	
2008年	6	1	1					32	

第十四部分

国内经济金融主要统计指标

一、国内金融主要统计指标

金融机构（含外资）人民币信贷收支分地区表

（2008 年）

单位：亿元

项目 / 地区	各项存款		企业存款		储蓄存款		活期储蓄		定期储蓄	
	余额	比年初	余额	比年初	余额	比年初	余额	比年初	余额	比年初
全　国	466203.32	76862.99	157632.21	19027.72	217885.35	45353.02	78585.19	10983.61	139300.16	34369.41
总　行	14635.18	-1516.51	6234.28	307.53	952.63	94.33	933.08	101.97	19.55	-7.64
北　京	41994.29	6620.90	23282.64	2472.06	11952.84	2797.50	3889.04	404.87	8063.80	2392.63
重　庆	8021.96	1490.22	2377.48	379.77	3988.96	760.77	1341.34	212.71	2647.62	548.06
天津辖区	46386.58	9122.99	12786.04	1842.86	25673.00	5700.98	8356.87	1477.26	17316.13	4223.72
天　津	9578.09	1660.27	3714.32	308.67	3978.04	895.03	1184.89	141.47	2793.15	753.56
河　北	17700.75	3345.17	4044.62	530.59	11434.68	2512.63	3452.23	624.55	7982.45	1888.08
山　西	12766.71	2730.40	3274.48	615.77	7048.61	1623.57	2106.67	388.90	4941.94	1234.67
内　蒙	6341.03	1387.15	1752.62	387.83	3211.67	669.75	1613.08	322.34	1598.59	347.41
沈阳辖区	33689.59	5633.36	9036.38	946.80	19622.93	3886.45	5936.38	734.44	13686.55	3152.01
辽　宁	18333.34	3155.07	5415.58	618.57	10154.71	2083.19	2754.77	232.50	7399.94	1850.69
吉　林	6362.48	1043.87	1528.21	185.51	3923.14	736.37	1315.21	200.77	2607.93	535.60
黑龙江	8993.77	1434.42	2092.59	142.72	5545.08	1066.89	1866.40	301.17	3678.68	765.72
上海辖区	80070.56	13125.04	31349.47	3179.50	31822.34	7204.60	11384.38	1518.64	20437.96	5685.96
上　海	33397.20	5002.55	16666.20	1908.71	11464.15	2718.93	3351.22	393.38	8112.93	2325.55
浙　江	34900.78	6384.13	11208.74	1014.89	14504.72	3341.90	5446.43	883.54	9058.29	2458.36
福　建	11772.58	1738.36	3474.53	255.90	5853.47	1143.77	2586.73	241.72	3266.74	902.05
南京辖区	47297.72	8442.30	15898.43	1836.64	22366.17	4804.78	6424.77	886.71	15941.40	3918.07
江　苏	36992.34	6542.40	12876.69	1349.81	16718.66	3703.75	4620.95	612.04	12097.71	3091.71

续表1

（2008年）

项目 / 地区	各项存款		企业存款		储蓄存款		活期储蓄		定期储蓄	
	余额	比年初	余额	比年初	余额	比年初	余额	比年初	余额	比年初
安徽	10305.38	1899.90	3021.74	486.83	5647.51	1101.03	1803.82	274.67	3843.69	826.36
济南辖区	42185.61	7538.00	10261.51	1339.72	23898.01	4647.68	7398.77	997.71	16499.24	3649.97
山东	26930.19	4858.10	6828.96	920.01	14382.19	2944.10	4187.97	539.20	10194.22	2404.90
河南	15255.42	2679.90	3432.55	419.71	9515.82	1703.58	3210.80	458.51	6305.02	1245.07
武汉辖区	31541.59	5465.97	8869.93	1296.90	17461.06	3347.76	6807.38	988.93	10653.68	2358.83
江西	7206.57	1306.61	1845.62	303.37	4166.19	805.43	1735.08	283.04	2431.11	522.39
湖北	13439.53	2347.13	4307.29	679.05	6745.42	1314.62	2486.34	343.55	4259.08	971.07
湖南	10895.49	1812.23	2717.02	314.48	6549.45	1227.71	2585.96	362.34	3963.49	865.37
广州辖区	63790.64	9190.88	20660.66	2596.27	32411.06	6119.02	15423.40	1656.28	16987.66	4462.74
广东	54461.02	7444.17	17939.91	2018.98	27500.65	5257.29	12874.38	1307.95	14626.27	3949.34
广西	7024.10	1274.16	1829.42	390.20	3851.95	666.39	2019.20	269.45	1832.75	396.94
海南	2305.52	472.55	891.33	187.09	1058.46	195.34	529.82	78.88	528.64	116.46
成都辖区	32654.64	7064.47	9752.11	1718.50	15852.41	3405.37	6019.93	1082.99	9832.48	2322.38
四川	18670.76	4720.15	5224.08	1161.51	9646.67	2195.75	3046.38	622.26	6600.29	1573.49
贵州	4736.95	910.38	1259.16	162.34	2237.05	446.90	1123.45	196.27	1113.60	250.63
云南	8419.09	1248.55	2882.82	303.97	3783.80	737.40	1737.33	254.28	2046.47	483.12
西藏	827.84	185.39	386.05	90.68	184.89	25.32	112.77	10.18	72.12	15.14
西安辖区	23935.00	4685.52	7123.35	1111.34	11883.94	2583.75	4669.85	921.07	7214.09	1662.68
陕西	10828.96	2305.19	3418.53	724.89	5494.54	1216.14	2071.69	446.59	3422.85	769.55
甘肃	4728.82	984.66	1366.17	242.35	2461.89	547.86	933.18	189.37	1528.71	358.49
青海	1383.68	291.05	430.52	69.50	580.48	138.18	281.02	59.36	299.46	78.82
宁夏	1590.57	312.06	433.28	52.55	794.06	180.10	335.94	78.65	458.12	101.45
新疆	5402.97	792.56	1474.85	22.05	2552.97	501.47	1048.02	147.10	1504.95	354.37

续表 2

(2008 年)

项目 / 地区	当年结益		各项贷款		短期贷款		工业贷款		商业贷款	
	余　额	比年初	余　额	比年初	余　额	比年初	余　额	比年初	余　额	比年初
全　国	10908.56	8639.11	303467.77	49114.34	125215.83	16278.51	36145.74	4692.83	17742.54	1529.77
总　行	4265.39	1237.34	12550.35	3391.39	4004.22	1548.32	960.88	151.23	846.34	420.76
北　京	519.02	544.64	19933.38	2276.57	6762.15	838.10	1767.14	352.20	1043.17	78.21
重　庆	148.57	159.12	6189.23	1281.30	1617.52	69.27	369.10	23.43	154.17	7.21
天津辖区	571.89	651.20	27299.33	4332.65	11237.05	1027.58	3241.26	325.04	1610.51	53.36
天　津	172.04	181.12	7365.67	1258.88	2546.32	133.42	636.36	53.01	342.58	31.15
河　北	166.36	198.48	9445.45	1418.99	4123.12	321.92	1130.28	105.71	494.92	-43.12
山　西	121.04	144.46	5960.34	776.09	2791.30	264.18	929.91	94.59	353.36	2.77
内　蒙	112.45	127.14	4527.87	878.69	1776.31	308.06	544.71	71.73	419.65	62.56
沈阳辖区	304.15	371.74	21259.65	3381.13	9475.33	1131.47	2172.19	184.18	2613.35	259.30
辽　宁	176.16	204.57	11891.11	1910.64	5031.69	573.25	1434.87	161.02	902.60	17.64
吉　林	75.62	89.80	4835.90	765.06	2292.38	324.60	398.86	22.67	821.27	104.15
黑龙江	52.37	77.37	4532.64	705.43	2151.26	233.62	338.46	0.49	889.48	137.51
上海辖区	1668.59	1823.35	59571.74	9134.08	28481.43	3809.67	9552.17	1252.12	2525.83	389.10
上　海	612.40	701.14	20995.26	2613.53	7498.09	842.41	1878.74	216.22	770.69	96.53
浙　江	823.64	860.99	29033.06	4922.28	17108.01	2550.10	6339.10	942.68	1379.68	236.62
福　建	232.55	261.22	9543.42	1598.27	3875.33	417.16	1334.33	93.22	375.46	55.95
南京辖区	872.46	942.24	33092.60	5505.43	15195.70	1734.43	4828.69	381.03	1865.50	49.14
江　苏	713.49	762.27	26143.90	4294.38	12235.23	1412.53	4141.85	302.04	1160.88	17.68
安　徽	158.97	179.97	6948.70	1211.05	2960.47	321.90	686.84	78.99	704.62	31.46
济南辖区	587.55	667.53	30421.92	4475.53	15585.17	1730.27	4777.78	590.11	2126.47	21.94

续表3

(2008年)

项目 地区	当年结益		各项贷款		短期贷款					
							工业贷款		商业贷款	
	余 额	比年初	余 额	比年初	余 额	比年初	余 额	比年初	余 额	比年初
山 东	409.56	459.54	20053.89	2966.15	10404.34	1209.00	3550.94	470.21	943.99	-11.92
河 南	177.99	207.99	10368.03	1509.38	5180.83	521.27	1226.84	119.90	1182.48	33.86
武汉辖区	379.89	447.53	19999.92	3322.74	7788.48	991.87	1909.81	353.25	1629.28	87.65
江 西	77.86	99.07	4544.84	744.55	1949.26	246.94	510.93	52.63	366.67	40.13
湖 北	175.12	198.78	8465.65	1305.70	2983.72	363.58	794.79	198.45	750.51	-1.81
湖 南	126.91	149.68	6989.43	1272.49	2855.50	381.35	604.09	102.17	512.10	49.33
广州辖区	1039.13	1141.52	37502.30	5531.60	11984.94	1255.43	3049.07	349.63	1256.08	-8.87
广 东	908.72	994.12	31215.80	4343.26	10142.30	881.80	2442.05	203.24	1048.93	-28.81
广 西	117.37	130.66	5066.69	945.43	1535.68	263.78	534.79	107.05	175.42	17.48
海 南	13.04	16.74	1219.81	242.91	306.96	109.85	72.23	39.34	31.73	2.46
成都辖区	261.42	314.79	21564.69	4032.06	7692.02	1317.67	2039.05	410.73	995.89	142.94
四 川	41.71	66.59	11184.48	2367.41	4228.55	741.59	1054.48	222.67	635.64	70.32
贵 州	68.93	78.41	3569.28	545.47	890.76	129.77	263.36	55.25	106.53	9.84
云 南	145.51	161.05	6594.35	1093.82	2505.45	455.41	711.77	130.43	249.73	57.08
西 藏	5.27	8.74	216.58	25.36	67.26	-9.10	9.44	2.38	3.99	5.70
西安辖区	290.47	338.08	14082.71	2449.81	5391.81	824.41	1478.61	319.92	1075.92	29.00
陕 西	134.64	154.19	6096.09	1174.92	2147.08	353.23	554.93	97.25	362.90	31.75
甘 肃	46.85	56.91	2731.87	462.36	1207.57	228.68	363.70	115.94	218.42	4.14
青 海	12.46	15.90	1025.64	211.00	299.17	48.77	83.80	3.96	33.51	9.53
宁 夏	31.56	35.24	1402.58	262.96	534.15	91.02	206.38	72.80	49.55	-5.16
新 疆	64.96	75.84	2826.53	338.57	1203.84	102.71	269.80	29.97	411.54	-11.26

续表 4

（2008 年）

地区 \ 项目	农业贷款		个人短期贷款		中长期贷款		基本建设贷款		技术改造贷款		个人中长期贷款	
	余额	比年初	余额	比年初	余额	比年初	余额	比年初	余额	比年初	余额	比年初
全国	17628.82	2673.11	4143.52	1035.10	155034.37	25210.77	67774.69	10599.84	2008.23	213.34	33123.96	3576.05
总行	3.90	-19.36	1339.29	701.48	4238.20	1239.80	520.41	-53.73	50.11	-5.78	3.56	2.50
北京	290.57	14.45	30.79	-3.03	12216.04	1287.91	4900.74	680.34	208.78	-0.11	2500.29	-33.64
重庆	199.68	-45.93	53.09	-6.44	4030.39	920.46	2038.08	440.73	38.08	4.76	958.51	177.09
天津辖区	2930.89	346.45	67.91	1.68	14248.77	2666.81	7423.87	1286.36	188.43	21.17	1848.87	257.50
天津	145.54	-3.85	6.40	-0.43	4248.85	770.68	2265.32	469.47	23.33	6.78	614.32	47.54
河北	1591.73	152.29	36.04	-1.72	4680.16	874.47	2107.75	327.77	66.40	-13.67	835.57	126.47
山西	879.81	109.85	13.20	0.60	2730.04	487.40	1455.41	212.90	57.61	5.81	154.39	13.74
内蒙	313.81	88.16	12.27	3.23	2589.72	534.26	1595.39	276.22	41.09	22.25	244.59	69.75
沈阳辖区	1495.11	303.86	78.57	7.06	10226.11	1530.49	4501.42	930.30	292.41	74.18	1664.89	213.84
辽宁	762.87	136.68	46.13	13.48	5958.59	897.50	2515.96	566.96	190.68	54.12	1096.22	122.92
吉林	377.37	78.07	21.69	-3.23	2314.33	344.59	1130.49	269.81	62.63	12.25	291.26	55.30
黑龙江	354.87	89.11	10.75	-3.19	1953.19	288.40	854.97	93.53	39.10	7.81	277.41	35.62
上海辖区	2082.44	323.99	1412.54	132.56	27957.88	4004.13	11198.24	1473.82	290.94	63.23	7914.51	715.38
上海	10.27	-1.53	62.88	-35.29	12209.18	1444.58	3970.95	391.38	168.36	45.49	3131.66	124.44
浙江	1512.64	238.27	1070.56	140.43	10623.83	1733.09	4868.50	701.12	98.20	12.31	3242.74	441.15
福建	559.53	87.25	279.10	27.42	5124.87	826.46	2358.79	381.32	24.38	5.43	1540.11	149.79
南京辖区	1569.99	223.65	253.63	1.45	15248.50	2831.47	6805.45	1184.73	179.07	15.00	3735.69	587.09
江苏	1009.63	177.74	215.67	-5.89	11624.79	2032.10	5176.66	851.28	136.19	17.28	2957.71	391.16
安徽	560.36	45.91	37.96	7.34	3623.71	799.37	1628.79	333.45	42.88	-2.28	777.98	195.93
济南辖区	3810.00	464.80	276.02	62.09	12143.31	1854.33	5943.30	972.06	207.97	14.49	2405.74	369.73

续表 5

(2008 年)

项目 / 地区	农业贷款		个人短期贷款		中长期贷款		基本建设贷款		技术改造贷款		个人中长期贷款	
	余额	比年初	余额	比年初	余额	比年初	余额	比年初	余额	比年初	余额	比年初
山东	2463.43	359.14	226.78	47.88	7840.91	1223.16	3644.33	615.46	152.83	12.31	1788.53	262.98
河南	1346.57	105.66	49.24	14.21	4302.40	631.17	2298.97	356.60	55.14	2.18	617.21	106.75
武汉辖区	1527.91	230.77	108.38	11.66	10970.35	1876.22	5287.52	823.28	194.52	14.39	1917.65	280.34
江西	489.40	89.98	41.02	3.32	2313.96	387.49	1065.56	91.99	20.12	-5.33	510.98	86.56
湖北	388.93	40.38	30.93	6.16	4857.83	787.19	2277.72	398.84	88.97	18.87	884.03	85.41
湖南	649.58	100.41	36.43	2.18	3798.56	701.54	1944.24	332.45	85.43	0.85	522.64	108.37
广州辖区	907.54	162.69	292.30	76.86	22926.85	3116.40	9122.80	1194.10	131.12	8.85	6930.14	549.86
广东	460.59	55.86	279.69	75.45	18682.82	2398.33	7111.78	927.95	89.64	0.89	6055.33	408.75
广西	407.22	98.67	11.14	1.37	3391.64	600.99	1562.80	233.26	34.59	5.28	746.98	125.76
海南	39.73	8.16	1.47	0.04	852.39	117.08	448.22	32.89	6.89	2.68	127.83	15.35
成都辖区	1718.48	459.90	168.90	39.98	12959.18	2416.32	5912.73	1053.86	96.52	1.86	2321.14	305.80
四川	731.82	120.90	105.47	23.85	6408.40	1426.64	2782.73	503.95	38.61	-3.17	1350.47	189.38
贵州	236.67	34.49	6.94	1.68	2586.49	413.64	1356.42	191.54	34.15	1.17	293.92	46.49
云南	747.18	306.54	55.13	14.66	3817.04	543.65	1758.11	351.42	23.14	3.41	634.52	65.07
西藏	2.81	-2.03	1.36	-0.21	147.25	32.39	15.47	6.95	0.62	0.45	42.23	4.86
西安辖区	1092.29	207.85	62.13	9.74	7868.86	1466.47	4120.14	613.98	130.29	1.32	922.96	150.55
陕西	428.66	55.72	22.20	3.72	3535.14	693.50	1619.50	243.98	67.37	5.51	521.38	98.77
甘肃	272.53	79.37	23.06	4.96	1404.88	220.65	887.68	105.68	38.92	-0.40	103.12	13.22
青海	35.14	5.64	0.96	0.09	700.45	161.32	417.16	42.49	3.96	0.30	23.74	3.28
宁夏	135.19	10.68	4.63	-1.12	796.54	160.40	471.86	118.71	10.13	-0.67	69.05	12.90
新疆	220.77	56.44	11.28	2.09	1431.85	230.60	723.94	103.12	9.91	-3.42	205.67	22.38

金融机构（含外资）本外币信贷收支分地区表

（2008 年）

汇率：6.8346　　单位：亿元

项目 地区	各项存款									
			企事业单位存款		储蓄存款		活期储蓄		定期储蓄	
	余额	比年初	余额	比年初	余额	比年初	余额	比年初	余额	比年初
全国	478444.21	77358.35	164385.79	19633.04	221503.47	45241.11	79776.53	10847.07	141726.94	34394.04
总行	16664.53	-1010.76	7531.08	662.69	982.61	77.99	957.05	87.49	25.56	-9.50
北京市	43867.45	6163.31	24223.00	2179.94	12535.69	2791.98	4095.90	381.36	8439.79	2410.62
天津市	9925.73	1693.23	3961.90	351.93	4059.75	892.43	1206.54	136.65	2853.21	755.78
河北省	17836.58	3362.18	4124.56	550.77	11484.65	2512.30	3467.67	625.51	8016.98	1886.79
山西省	12827.61	2721.06	3294.15	610.94	7086.69	1621.62	2114.12	389.06	4972.57	1232.56
内蒙古	6380.56	1393.71	1772.02	395.77	3228.32	668.21	1618.09	322.08	1610.23	346.13
辽宁省	18778.43	3098.60	5626.86	582.49	10352.40	2065.11	2821.37	217.35	7531.03	1847.76
吉林省	6433.35	1034.57	1544.20	186.62	3975.62	728.23	1335.81	197.55	2639.81	530.68
黑龙江	9077.50	1420.08	2113.21	137.90	5603.54	1056.50	1888.24	295.59	3715.30	760.91
上海市	35329.16	5095.36	17749.83	1993.57	12062.37	2725.58	3520.63	368.30	8541.74	2357.28
江苏省	38038.27	6696.15	13642.68	1481.27	16914.20	3698.71	4677.40	606.78	12236.80	3091.93
浙江省	35576.24	6514.71	11546.52	1073.00	14808.45	3421.61	5542.49	919.64	9265.96	2501.97
安徽省	10389.08	1903.86	3080.07	497.67	5674.42	1098.48	1810.03	274.24	3864.39	824.24
福建省	12137.96	1772.31	3641.81	303.93	6002.34	1136.32	2643.06	243.30	3359.28	893.02
江西省	7261.96	1307.00	1871.07	307.11	4193.64	803.88	1742.78	282.09	2450.86	521.79

续表1

(2008年)

项目 / 地区	各项存款		企事业单位存款		储蓄存款		活期储蓄		定期储蓄	
	余额	比年初	余额	比年初	余额	比年初	余额	比年初	余额	比年初
山东省	27295.40	4878.08	7034.90	941.58	14508.36	2941.30	4229.32	535.97	10279.04	2405.33
河南省	15340.08	2670.90	3458.50	421.82	9568.85	1701.38	3225.78	456.62	6343.07	1244.76
湖北省	13574.99	2363.37	4379.00	701.70	6800.42	1309.86	2502.08	342.35	4298.34	967.51
湖南省	10971.70	1816.11	2752.86	321.71	6587.88	1225.33	2595.56	362.42	3992.32	862.91
广东省	56273.35	7478.78	18792.47	2130.13	28200.48	5166.33	13135.14	1243.78	15065.34	3922.55
广西省	7075.01	1273.74	1847.53	388.60	3879.95	664.79	2029.14	268.70	1850.81	396.09
海南省	2350.91	478.10	920.40	196.06	1072.56	193.41	534.98	78.11	537.58	115.30
四川省	18797.42	4707.60	5292.48	1150.68	9703.29	2195.53	3060.97	622.08	6642.32	1573.45
贵州省	4750.06	911.18	1264.39	163.22	2244.27	446.53	1125.49	196.47	1118.78	250.06
云南省	8470.73	1255.26	2905.83	315.40	3810.02	733.65	1745.39	252.26	2064.63	481.39
西藏自治区	829.02	185.66	386.76	91.05	185.36	25.22	112.93	10.12	72.43	15.10
陕西省	10927.65	2318.39	3465.74	738.81	5537.75	1211.65	2083.39	444.08	3454.36	767.57
甘肃省	4745.66	983.54	1372.17	241.65	2475.71	547.08	936.34	189.33	1539.37	357.75
青海省	1389.60	284.40	434.01	63.83	583.39	138.39	281.99	59.82	301.40	78.57
宁夏回族自治区	1598.15	309.93	436.73	50.25	797.73	180.11	336.85	78.82	460.88	101.29
新　疆	5428.02	793.66	1493.74	24.40	2565.95	500.66	1051.50	146.96	1514.45	353.70
重庆市	8102.01	1484.01	2425.40	376.42	4016.82	760.89	1348.49	212.15	2668.33	548.74

续表 2

(2008 年)

项目 地区	当年结益		各项贷款							
					短期贷款		中长期贷款		其他贷款	
	余 额	比年初	余 额	比年初	余 额	比年初	余 额	比年初	余 额	比年初
全 国	11252.02	8982.57	320128.53	49854.02	128609.00	15325.34	164195.05	27348.92	4745.24	40.92
总 行	4237.49	1209.44	15161.59	3733.11	4144.23	1563.42	5894.20	1365.82	945.18	243.67
北京市	573.62	599.24	22958.51	3257.76	7064.55	800.07	14682.21	2464.85	250.60	-133.31
天津市	184.43	193.51	7671.34	1264.50	2640.46	113.64	4370.26	823.37	247.76	132.63
河北省	170.87	202.99	9498.90	1387.18	4132.38	310.04	4698.31	873.21	33.88	-17.89
山西省	123.42	146.84	6041.91	738.29	2795.02	263.53	2763.58	489.33	47.61	-39.57
内蒙古	111.86	126.55	4564.23	880.47	1784.24	313.79	2601.29	539.88	14.82	-11.62
辽宁省	191.83	220.24	12348.40	2087.87	5132.76	589.66	6191.35	1027.86	141.52	55.22
吉林省	78.08	92.26	4891.00	766.93	2295.43	325.18	2338.23	344.19	28.03	1.71
黑龙江	54.61	79.61	4594.02	694.55	2167.18	241.57	1978.18	281.08	18.98	-12.79
上海市	691.05	779.79	23923.12	2435.66	8627.62	826.04	13644.75	1472.82	466.37	-78.70
江苏省	745.44	794.22	27064.23	4052.22	12496.99	1227.71	11936.54	2013.23	360.07	-31.18
浙江省	858.33	895.68	29723.98	4804.86	17267.56	2477.66	10749.31	1767.12	533.79	-30.36
安徽省	164.43	185.43	7030.25	1209.35	2983.33	322.88	3635.34	801.37	46.99	-4.15
福建省	242.06	270.73	9846.94	1453.17	3952.01	328.99	5271.12	809.32	79.87	-40.18
江西省	80.25	101.46	4613.25	758.20	1964.99	245.44	2352.27	396.81	14.37	5.83

续表 3　　(2008 年)

项目 / 地区	当年结益		各项贷款		短期贷款		中长期贷款		其他贷款	
	余　额	比年初	余　额	比年初	余　额	比年初	余　额	比年初	余　额	比年初
山东省	438.16	488.14	20927.83	3114.10	10580.08	1048.35	8213.82	1434.58	314.81	91.96
河南省	182.04	212.04	10439.75	1489.05	5185.65	507.94	4322.60	639.63	46.65	-15.27
湖北省	182.80	206.46	8752.42	1305.59	3041.57	339.79	5001.79	834.04	100.24	-7.53
湖南省	129.96	152.73	7115.35	1285.36	2879.53	377.23	3849.70	719.46	48.28	-0.65
广东省	963.94	1049.34	34017.63	4096.68	10751.82	474.99	20156.09	2651.66	784.64	-43.69
广西省	118.94	132.23	5110.06	947.35	1541.70	267.37	3408.87	597.73	19.77	1.32
海南省	15.59	19.29	1383.51	270.84	344.60	125.76	971.68	131.00	6.76	-1.84
四川省	45.81	70.69	11416.47	2389.33	4276.82	750.20	6530.09	1444.43	63.57	-4.89
贵州省	66.25	75.73	3581.55	541.52	894.59	125.34	2590.06	415.17	4.87	-1.05
云南省	147.38	162.92	6649.31	1085.41	2531.68	460.41	3835.13	534.24	10.64	-3.99
西藏自治区	5.29	8.76	216.92	25.34	67.26	-9.10	147.25	32.39	0.34	-0.02
陕西省	137.56	157.11	6198.86	1223.08	2168.06	363.26	3586.94	724.26	36.06	13.42
甘肃省	47.53	57.59	2768.42	454.42	1214.41	232.49	1423.76	233.41	10.54	-24.50
青海省	12.78	16.22	1033.89	210.28	304.48	46.21	701.42	162.29	1.97	0.87
宁夏回族自治区	31.98	35.66	1414.31	262.80	534.14	89.75	801.32	161.28	6.90	0.30
新　疆	65.78	76.66	2918.13	349.31	1219.51	106.77	1490.26	239.48	30.90	2.84
重庆市	152.46	163.01	6252.46	1279.36	1624.30	68.94	4057.40	923.61	28.43	-5.66

金融机构（含外资）外汇信贷收支分地区表

（2008 年）

单位：亿美元

项目 地区	各项存款		单位活期存款		单位定期存款		储蓄存款		定期存款	
	余　额	比年初	余　额	比年初	余　额	比年初	余　额	比年初	余　额	比年初
全　国	1791.04	183.04	627.94	113.81	360.22	32.65	529.37	18.73	355.06	26.21
总　行	296.94	88.36	74.91	28.06	114.83	32.78	4.39	-1.95	0.88	-0.20
北　京	274.05	-45.02	60.95	-1.50	76.63	-29.64	85.28	4.74	55.01	6.01
天　津	50.89	7.79	22.70	1.33	13.54	6.94	11.96	0.41	8.79	0.87
河　北	19.90	3.63	9.46	2.46	2.25	1.06	7.31	0.43	5.05	0.15
山　西	8.91	-0.70	2.61	-0.02	0.27	-0.45	5.57	0.09	4.48	
内蒙古	5.78	1.28	2.82	1.27	0.02	0.01	2.43	-0.06	1.70	-0.07
辽　宁	65.11	-3.56	25.13	-1.11	5.76	-1.87	28.93	-0.60	19.18	0.84
吉　林	10.34	-0.63	2.16	0.31	0.17	-0.01	7.67	-0.63	4.66	-0.38
黑龙江	12.26	-1.16	2.60	-0.55	0.41	0.08	8.56	-0.86	5.36	-0.31
上　海	282.68	30.90	114.24	21.46	44.31	0.36	87.54	6.56	62.75	8.39
江　苏	153.04	30.89	77.39	17.54	34.69	7.67	28.61	1.15	20.35	1.34
浙　江	98.82	24.24	39.94	8.79	9.46	2.32	44.45	13.80	30.39	7.94
安　徽	12.25	1.34	7.95	2.22	0.59	-0.19	3.94	-0.09	3.03	-0.09
福　建	53.47	8.08	18.23	6.53	6.24	1.62	21.79	0.38	13.54	-0.37
江　西	8.10	0.59	2.70	0.08	1.02	0.68	4.02	0.05	2.89	0.10

续表1

(2008年)

项目 地区	各项存款		单位活期存款		单位定期存款		储蓄存款			
									定期存款	
	余额	比年初	余额	比年初	余额	比年初	余额	比年初	余额	比年初
山东	53.45	6.19	26.35	5.21	3.78	-0.32	18.47	0.80	12.41	0.85
河南	12.39	-0.43	2.95	0.27	0.85	0.26	7.76	0.20	5.57	0.32
湖北	19.82	3.48	7.44	2.76	3.06	1.02	8.04	-0.14	5.74	-0.12
湖南	11.15	1.26	4.25	0.99	1.01	0.35	5.62	0.04	4.22	-0.06
广东	265.18	21.80	91.27	15.71	33.49	7.54	102.39	-5.86	64.24	0.47
广西	7.45	0.43	2.35	-0.20	0.30	0.16	4.09	0.04	2.64	0.05
海南	6.65	1.18	3.69	1.07	0.57	0.42	2.07	-0.12	1.31	-0.07
四川	18.56	-0.50	7.28	-2.13	2.75	1.31	8.28	0.50	6.15	0.39
贵州	1.90	0.22	0.73	0.16	0.02		1.06	0.02	0.76	-0.03
云南	7.56	1.39	2.64	1.37	0.74	0.41	3.84	-0.27	2.66	-0.07
西藏自治区	0.17	0.04	0.08	0.03	0.03	0.03	0.06	-0.02	0.04	-0.01
陕西	14.44	2.72	5.21	2.33	1.69	0.01	6.33	-0.21	4.61	0.02
甘肃	2.45	-0.01	0.77	0.25	0.10	-0.29	2.02	0.02	1.56	
青海	0.86	-0.86	0.48	-0.76	0.03	0.01	0.42	0.05	0.28	-0.02
宁夏回族自治区	1.10	-0.22	0.50	-0.24		-0.04	0.53	0.03	0.40	
新疆	3.67	0.39	2.74	0.56	0.03	-0.06	1.90	0.01	1.39	
重庆市	11.71	-0.10	5.41	-0.49	1.60	0.49	4.07	0.27	3.03	0.28

续表2

(2008年)

项目 / 地区	当年结益		各项贷款		短期贷款		中长期贷款		进出口贸易融资	
	余额	比年初	余额	比年初	余额	比年初	余额	比年初	余额	比年初
全国	50.26	50.26	2437.68	259.48	498.09	-98.25	1340.34	379.21	464.99	-2.88
总行	-4.08	-4.08	382.07	71.38	20.49	3.40	242.30	32.84	110.41	40.41
北京	7.99	7.99	442.63	162.83	44.36	-2.60	360.84	184.35	26.22	-15.77
天津	1.81	1.81	44.71	3.65	14.21	-1.37	17.75	8.34	9.20	-2.56
河北	0.66	0.66	7.82	-3.82	1.35	-1.55	2.66	0.02	2.32	-2.23
山西	0.35	0.35	11.94	-4.40	0.54	-0.06	4.91	0.59	2.46	-3.86
内蒙古	-0.09	-0.09	5.32	0.58	1.16	0.85	1.69	0.87	0.12	-1.20
辽宁	2.29	2.29	66.89	28.62	14.77	3.22	34.06	20.04	15.91	6.40
吉林	0.36	0.36	8.07	0.79	0.45	0.12	3.49	0.16	2.32	0.65
黑龙江	0.33	0.33	8.98	-0.88	2.33	1.26	3.65	-0.77	1.05	-1.29
上海	11.51	11.51	428.38	3.24	166.09	9.02	210.04	17.38	43.57	-23.20
江苏	4.67	4.67	134.65	-24.38	38.30	-22.81	45.61	0.37	44.40	-1.23
浙江	5.08	5.08	101.06	-9.56	23.34	-8.41	18.34	5.83	43.40	-7.40
安徽	0.80	0.80	11.95	0.55	3.35	0.36	1.71	0.38	3.15	-0.61
福建	1.39	1.39	44.40	-16.94	11.27	-11.30	21.40	-0.96	11.05	-4.67
江西	0.35	0.35	10.01	2.53	2.30	-0.04	5.61	1.64	1.82	0.96

续表3

(2008年)

项目 地区	当年结益		各项贷款		短期贷款		中长期贷款		进出口贸易融资	
	余额	比年初	余额	比年初	余额	比年初	余额	比年初	余额	比年初
山东	4.19	4.19	127.87	28.56	25.71	-20.30	54.56	32.47	41.91	15.60
河南	0.59	0.59	10.49	-2.05	0.71	-1.75	2.95	1.36	1.70	-1.02
湖北	1.12	1.12	41.96	2.71	8.47	-2.68	21.06	7.77	1.71	-0.94
湖南	0.44	0.44	18.44	3.01	3.52	-0.32	7.49	2.95	5.78	0.30
广东	8.08	8.08	409.96	-6.81	89.34	-50.85	215.56	48.64	82.15	0.50
广西	0.23	0.23	6.36	0.67	0.89	0.55	2.52	-0.28	1.71	0.39
海南	0.37	0.37	23.95	5.40	5.51	2.54	17.45	3.03	0.14	0.02
四川	0.60	0.60	33.97	5.27	7.09	1.69	17.82	3.60	4.88	0.32
贵州	-0.39	-0.39	1.80	-0.42	0.56	-0.57	0.53	0.25	0.65	-0.10
云南	0.28	0.28	8.05	-0.62	3.84	0.93	2.65	-1.11	1.00	-0.39
西藏自治区			0.05							
陕西	0.43	0.43	15.05	7.62	3.07	1.59	7.59	4.72	2.56	1.43
甘肃	0.10	0.10	5.34	-0.75	1.00	0.59	2.76	1.92	0.29	-3.39
青海	0.05	0.05	1.21	-0.02	0.78	-0.30	0.14	0.14	0.15	0.15
宁夏回族自治区	0.06	0.06	1.73	0.08		-0.17	0.71	0.16	0.69	-0.02
新疆	0.12	0.12	13.40	2.34	2.29	0.72	8.55	1.76	0.55	-0.07
重庆市	0.57	0.57	9.25	0.31	1.00	0.01	3.95	0.68	1.75	-0.02

二、国内经济主要统计指标

地区生产总值

单位：亿元

地区	2003年	2004年	2005年	2006年	2007年	2008年
北京	5023.8	6060.3	6886.3	7861.0	9353.3	10488.0
天津	2578.0	3111.0	3697.6	4344.3	5050.4	6354.4
河北	6921.3	8477.6	10096.1	11515.8	13709.5	16188.6
山西	2855.2	3571.4	4179.5	4715.0	5733.4	6938.7
内蒙古	2388.4	3041.1	3895.6	4841.8	6091.1	7761.8
辽宁	6002.5	6672.0	8009.0	9214.2	11023.5	13461.6
吉林	2662.1	3122.0	3620.3	4275.1	5284.7	6424.1
黑龙江	4057.4	4750.6	5511.5	6201.5	7065.0	8310.0
上海	6694.2	8072.8	9154.2	10366.4	12188.9	13698.2
江苏	12442.9	15003.6	18305.7	21645.1	25741.2	30312.6
浙江	9705.0	11648.7	13437.9	15742.5	18780.4	21486.9
安徽	3923.1	4759.3	5375.1	6131.1	7364.2	8874.2
福建	4983.7	5763.4	6568.9	7584.4	9249.1	10823.1
江西	2807.4	3456.7	4056.8	4670.5	5500.3	6480.3
山东	12078.1	15021.8	18516.9	22077.4	25965.9	31072.1
河南	6867.7	8533.8	10587.4	12362.8	15012.5	18407.8
湖北	4757.5	5633.2	6520.1	7581.3	9230.7	11330.4
湖南	4660.0	5641.9	6511.3	7508.9	9200.0	11156.6
广东	15844.6	18864.6	22366.5	26159.5	31084.4	35696.5
广西	2821.1	3433.5	4075.7	4828.5	5955.6	7171.6
海南	693.2	798.9	894.6	1031.9	1223.3	1459.2
重庆	2272.8	2692.8	3070.5	3452.1	4122.5	5096.7
四川	5333.1	6379.6	7385.1	8637.8	10505.3	12506.3
贵州	1426.3	1677.8	1979.1	2270.9	2741.9	3333.4
云南	2556.0	3081.9	3472.9	3981.3	4741.3	5700.1
西藏	189.1	220.3	251.2	291.0	342.2	395.9
陕西	2587.7	3175.6	3675.7	4520.1	5465.8	6851.3
甘肃	1399.8	1688.5	1934.0	2276.7	2702.4	3176.1
青海	390.2	466.1	543.3	639.5	783.6	961.5
宁夏	445.4	537.1	606.1	710.8	889.2	1098.5
新疆	1886.4	2209.1	2604.2	3045.3	3523.2	4203.4

注：本表按当年价格计算。部分地区2006年数据根据农业普查结果进行了调整。

地区生产总值、增长速度和人均地区生产总值

（2008 年）

地区	地区生产总值（亿元）	第一产业	第二产业			第三产业		地区生产总值比上年增长（%）	人均地区生产总值（元）
				工业	建筑业		#交通运输、仓储和邮政业		
北京	10488.0	112.8	2693.2	2198.5	494.7	7682.1	505.7	9.0	63029
天津	6354.4	122.6	3821.1	3533.9	287.2	2410.7	320.6	16.5	55473
河北	16188.6	2034.6	8777.4	7967.6	809.8	5376.6	1281.3	10.1	23239
山西	6938.7	302.5	4265.8	3919.8	346.0	2370.5	476.5	8.3	20398
内蒙古	7761.8	907.0	4271.0	3798.6	472.4	2583.8	640.5	17.2	32214
辽宁	13461.6	1302.0	7512.1	6735.7	776.4	4647.5	715.2	13.1	31259
吉林	6424.1	916.7	3064.6	2687.0	377.7	2442.7	318.8	16.0	23514
黑龙江	8310.0	1089.1	4365.9	3927.6	438.3	2855.0	386.8	11.8	21727
上海	13698.2	111.8	6235.9	5785.0	450.9	7350.4	769.6	9.7	73124
江苏	30312.6	2100.0	16663.8	15069.0	1594.8	11548.8	1218.8	12.3	39622
浙江	21486.9	1095.4	11580.3	10359.8	1220.6	8811.2	827.7	10.1	42214
安徽	8874.2	1418.1	4137.4	3487.5	649.8	3318.2	547.4	12.7	14485
福建	10823.1	1157.8	5415.8	4755.5	660.3	4249.6	735.4	13.0	30123
江西	6480.3	1060.4	3414.9	2766.9	648.0	2005.1	384.4	12.6	14781
山东	31072.1	3002.7	17702.2	16102.2	1600.0	10367.2	1873.6	12.1	33083
河南	18407.8	2658.8	10477.9	9546.1	931.8	5271.1	1043.9	12.1	19593
湖北	11330.4	1780.0	4963.6	4330.2	633.4	4586.8	584.2	13.4	19860
湖南	11156.6	2007.4	4933.1	4280.2	652.9	4216.2	523.1	12.8	17521
广东	35696.5	1970.2	18402.6	17254.0	1148.6	15323.6	1387.5	10.1	37589
广西	7171.6	1453.9	3037.7	2627.4	410.4	2679.9	359.5	12.8	14966
海南	1459.2	437.6	434.4	321.2	113.2	587.2	96.5	9.8	17175
重庆	5096.7	575.4	2433.3	2036.4	396.9	2088.0	309.6	14.3	18025
四川	12506.3	2366.2	5790.1	4922.8	867.3	4350.0	567.5	9.5	15378
贵州	3333.4	547.9	1408.7	1242.6	166.2	1376.8	180.5	10.2	8824
云南	5700.1	1020.9	2451.1	2057.0	394.1	2228.1	222.1	11.0	12587
西藏	395.9	60.5	115.8	29.7	86.1	219.6	19.9	10.1	13861
陕西	6851.3	753.7	3842.1	3294.0	548.1	2255.5	352.6	15.6	18246
甘肃	3176.1	463.0	1471.4	1221.7	249.8	1241.7	211.1	10.1	12110
青海	961.5	105.6	529.4	442.9	86.6	326.6	40.7	12.7	17389
宁夏	1098.5	120.0	581.2	490.1	91.1	397.3	63.8	12.2	17892
新疆	4203.4	691.1	2086.7	1790.7	296.0	1425.6	191.7	11.0	19893

注：本表绝对数按当年价格计算，增长速度按可比价格计算。

地区生产总值构成

（2008 年，地区生产总值=100）

地　　区	地区生产总　　值	第一产业	第二产业	工　业	建筑业	第三产业	#交通运输、仓储和邮政业	#批发和零售业
北　　京	100.0	1.1	25.7	21.0	4.7	73.2	4.8	10.1
天　　津	100.0	1.9	60.1	55.6	4.5	37.9	5.0	9.5
河　　北	100.0	12.6	54.2	49.2	5.0	33.2	7.9	5.2
山　　西	100.0	4.4	61.5	56.5	5.0	34.2	6.9	6.1
内 蒙 古	100.0	11.7	55.0	48.9	6.1	33.3	8.3	7.1
辽　　宁	100.0	9.7	55.8	50.0	5.8	34.5	5.3	9.2
吉　　林	100.0	14.3	47.7	41.8	5.9	38.0	5.0	9.2
黑 龙 江	100.0	13.1	52.5	47.3	5.3	34.4	4.7	7.6
上　　海	100.0	0.8	45.5	42.2	3.3	53.7	5.6	9.2
江　　苏	100.0	6.9	55.0	49.7	5.3	38.1	4.0	10.0
浙　　江	100.0	5.1	53.9	48.2	5.7	41.0	3.9	9.4
安　　徽	100.0	16.0	46.6	39.3	7.3	37.4	6.2	7.1
福　　建	100.0	10.7	50.0	43.9	6.1	39.3	6.8	8.8
江　　西	100.0	16.4	52.7	42.7	10.0	30.9	5.9	6.8
山　　东	100.0	9.7	57.0	51.8	5.1	33.4	6.0	7.6
河　　南	100.0	14.4	56.9	51.9	5.1	28.6	5.7	4.9
湖　　北	100.0	15.7	43.8	38.2	5.6	40.5	5.2	7.9
湖　　南	100.0	18.0	44.2	38.4	5.9	37.8	4.7	6.9
广　　东	100.0	5.5	51.6	48.3	3.2	42.9	3.9	9.3
广　　西	100.0	20.3	42.4	36.6	5.7	37.4	5.0	8.6
海　　南	100.0	30.0	29.8	22.0	7.8	40.2	6.6	10.1
重　　庆	100.0	11.3	47.7	40.0	7.8	41.0	6.1	8.8
四　　川	100.0	18.9	46.3	39.4	6.9	34.8	4.5	5.9
贵　　州	100.0	16.4	42.3	37.3	5.0	41.3	5.4	6.3
云　　南	100.0	17.9	43.0	36.1	6.9	39.1	3.9	7.7
西　　藏	100.0	15.3	29.2	7.5	21.7	55.5	5.0	8.5
陕　　西	100.0	11.0	56.1	48.1	8.0	32.9	5.1	7.1
甘　　肃	100.0	14.6	46.3	38.5	7.9	39.1	6.6	6.2
青　　海	100.0	11.0	55.1	46.1	9.0	34.0	4.2	5.5
宁　　夏	100.0	10.9	52.9	44.6	8.3	36.2	5.8	5.1
新　　疆	100.0	16.4	49.6	42.6	7.0	33.9	4.6	5.3

注：本表按当年价格计算。

各地区年末总人口

单位：万人

地区	2003年	2004年	2005年	2006年	2007年	2008年
全国总计	129227	129988	130756	131448	132129	132802
北京	1456	1493	1538	1581	1633	1695
天津	1011	1024	1043	1075	1115	1176
河北	6769	6809	6851	6898	6943	6989
山西	3314	3335	3355	3375	3393	3411
内蒙古	2380	2384	2386	2397	2405	2414
辽宁	4210	4217	4221	4271	4298	4315
吉林	2704	2709	2716	2723	2730	2734
黑龙江	3815	3817	3820	3823	3824	3825
上海	1711	1742	1778	1815	1858	1888
江苏	7406	7433	7475	7550	7625	7677
浙江	4680	4720	4898	4980	5060	5120
安徽	6410	6461	6120	6110	6118	6135
福建	3488	3511	3535	3558	3581	3604
江西	4254	4284	4311	4339	4368	4400
山东	9125	9180	9248	9309	9367	9417
河南	9667	9717	9380	9392	9360	9429
湖北	6002	6016	5710	5693	5699	5711
湖南	6663	6698	6326	6342	6355	6380
广东	7954	8304	9194	9304	9449	9544
广西	4857	4889	4660	4719	4768	4816
海南	811	818	828	836	845	854
重庆	3130	3122	2798	2808	2816	2839
四川	8700	8725	8212	8169	8127	8138
贵州	3870	3904	3730	3757	3762	3793
云南	4376	4415	4450	4483	4514	4543
西藏	270	274	277	281	284	287
陕西	3690	3705	3720	3735	3748	3762
甘肃	2603	2619	2594	2606	2617	2628
青海	534	539	543	548	552	554
宁夏	580	588	596	604	610	618
新疆	1934	1963	2010	2050	2095	2131

注：1. 全国数据包括中国人民解放军现役军人数，但不包括香港、澳门特别行政区和台湾省数据；分省数据中未包括中国人民解放军现役军人数。

2. 2002-2004年部分地区数据不是常住人口口径。

各地区全社会固定资产投资

单位：亿元

地　区	2003年	2004年	2005年	2006年	2007年	2008年
全国总计	55566.6	70477.4	88773.6	109998.2	137323.9	172291.1
北　京	2169.3	2528.2	2827.2	3296.4	3907.2	3814.7
天　津	1039.4	1245.7	1495.1	1820.5	2353.1	3389.8
河　北	2478.0	3218.8	4139.7	5470.2	6884.7	8870.8
山　西	1100.9	1443.9	1826.6	2255.7	2861.5	3531.1
内蒙古	1174.7	1788.0	2643.6	3363.2	4372.9	5467.7
辽　宁	2076.4	2979.6	4200.4	5689.6	7435.2	10016.3
吉　林	969.0	1169.1	1741.1	2594.3	3651.4	5131.0
黑龙江	1166.2	1430.8	1737.3	2236.0	2833.5	3669.4
上　海	2499.1	3050.3	3409.7	3900.0	4420.4	4789.8
江　苏	5233.0	6557.1	8165.4	10069.2	12268.1	15061.5
浙　江	4740.3	5781.3	6520.1	7590.2	8420.4	9299.8
安　徽	1418.7	1935.2	2525.1	3533.6	5087.5	6734.5
福　建	1496.4	1892.9	2316.7	2981.8	4287.8	5192.8
江　西	1303.2	1713.2	2176.6	2683.6	3301.9	4738.6
山　东	5315.1	6970.6	9307.3	11111.4	12537.7	15435.4
河　南	2263.0	3099.4	4311.6	5904.7	8010.1	10469.6
湖　北	1809.5	2264.8	2676.6	3343.5	4330.4	5635.2
湖　南	1590.3	2072.6	2629.1	3175.5	4154.5	5474.7
广　东	4813.2	5870.0	6977.9	7973.4	9294.3	10834.5
广　西	921.3	1236.5	1661.2	2198.7	2939.7	3750.7
海　南	280.0	317.0	367.2	423.9	502.4	706.1
重　庆	1161.5	1537.0	1933.2	2407.4	3127.7	3979.6
四　川	2336.3	2818.4	3585.2	4412.9	5639.8	7106.6
贵　州	748.1	865.2	998.3	1197.4	1488.8	1858.3
云　南	1000.1	1291.5	1777.6	2208.6	2759.0	3435.8
西　藏	134.0	162.4	181.4	231.1	270.3	303.3
陕　西	1200.7	1508.9	1882.2	2480.7	3415.0	4601.5
甘　肃	619.8	733.9	870.4	1022.6	1304.2	1697.7
青　海	255.6	289.2	329.8	408.5	482.8	582.6
宁　夏	318.0	376.2	443.3	498.7	599.8	828.7
新　疆	973.4	1147.1	1339.1	1567.1	1850.8	2226.3
不分地区	962.2	1182.5	1677.9	1947.6	2530.8	3656.7

各地区财政收入

单位：亿元

地　区	2002 年	2003 年	2004 年	2005 年	2006 年	2007 年	2008 年
地方总计	8515. 0	9850. 0	11693. 4	15100. 8	18303. 6	23572. 6	28644. 9
北　京	534. 0	592. 4	744. 5	919. 2	1117. 2	1492. 6	1837. 3
天　津	171. 8	204. 5	246. 2	331. 9	417. 0	540. 4	675. 5
河　北	302. 3	335. 8	407. 8	515. 7	620. 5	789. 1	944. 6
山　西	150. 8	186. 1	256. 4	368. 3	583. 4	597. 9	747. 9
内蒙古	112. 9	138. 7	196. 8	277. 5	343. 4	492. 4	649. 6
辽　宁	399. 7	447. 0	529. 6	675. 3	817. 7	1082. 7	1356. 1
吉　林	131. 5	154. 0	166. 3	207. 2	245. 2	320. 7	422. 8
黑龙江	231. 9	248. 9	289. 4	318. 2	386. 8	440. 5	578. 4
上　海	709. 0	886. 2	1106. 2	1417. 4	1576. 1	2074. 5	2358. 7
江　苏	643. 7	798. 1	980. 5	1322. 7	1656. 7	2237. 7	2731. 1
浙　江	566. 9	706. 6	806. 0	1066. 6	1298. 2	1649. 5	1933. 1
安　徽	200. 2	220. 7	274. 6	334. 0	428. 0	543. 7	724. 6
福　建	272. 9	304. 7	333. 5	432. 6	541. 2	699. 5	833. 3
江　西	140. 5	168. 2	205. 8	252. 9	305. 5	389. 9	488. 6
山　东	610. 2	713. 8	828. 3	1073. 1	1356. 3	1675. 4	1956. 9
河　南	296. 7	338. 1	428. 8	537. 7	679. 2	862. 1	1009. 1
湖　北	243. 4	259. 7	310. 5	375. 5	476. 1	590. 4	710. 2
湖　南	231. 1	268. 6	320. 6	395. 3	477. 9	606. 6	722. 7
广　东	1201. 6	1315. 5	1418. 5	1807. 2	2179. 5	2785. 8	3310. 0
广　西	186. 7	203. 7	237. 8	283. 0	342. 6	418. 8	518. 7
海　南	46. 2	51. 3	57. 0	68. 7	81. 8	108. 3	145. 0
重　庆	126. 1	161. 6	200. 6	256. 8	317. 7	442. 7	577. 2
四　川	291. 9	336. 6	385. 8	479. 7	607. 6	850. 9	1041. 7
贵　州	108. 3	124. 6	149. 3	182. 5	226. 8	285. 1	349. 5
云　南	206. 8	229. 0	263. 4	312. 6	380. 0	486. 7	613. 6
西　藏	7. 3	8. 2	10. 0	12. 0	14. 6	20. 1	24. 9
陕　西	150. 3	177. 3	215. 0	275. 3	362. 5	475. 2	591. 3
甘　肃	76. 2	87. 7	104. 2	123. 5	141. 2	190. 9	264. 9
青　海	21. 1	24. 0	27. 0	33. 8	42. 2	56. 7	71. 6
宁　夏	26. 5	30. 0	37. 5	47. 7	61. 4	80. 0	95. 0
新　疆	116. 5	128. 2	155. 7	180. 3	219. 5	285. 9	361. 1

注：本表数据为地方财政本级收入。

各地区财政支出

单位：亿元

地　区	2002年	2003年	2004年	2005年	2006年	2007年	2008年
地方总计	15281.5	17229.9	20592.8	25154.3	30431.3	38339.3	49052.7
北　京	628.3	734.8	898.3	1058.3	1296.8	1649.5	1956.0
天　津	265.2	312.1	375.0	442.1	543.1	674.3	869.0
河　北	576.6	646.7	785.6	979.2	1180.4	1506.6	1851.7
山　西	334.3	415.7	519.1	668.8	915.6	1049.9	1313.1
内蒙古	393.6	447.3	564.1	681.9	812.1	1082.3	1465.2
辽　宁	690.9	784.4	931.4	1204.4	1422.7	1764.3	2151.9
吉　林	362.6	409.2	507.8	631.1	718.4	883.8	1180.1
黑龙江	531.9	564.9	697.6	787.8	968.5	1187.3	1542.3
上　海	862.4	1088.4	1382.5	1646.3	1795.6	2181.7	2593.9
江　苏	860.3	1047.7	1312.0	1673.4	2013.3	2553.7	3201.6
浙　江	749.9	896.8	1062.9	1265.5	1471.9	1806.8	2208.3
安　徽	456.9	507.4	601.5	713.1	940.2	1243.8	1621.6
福　建	397.6	452.3	516.7	593.1	728.7	910.6	1125.3
江　西	341.4	382.1	454.1	564.0	696.4	905.1	1208.4
山　东	860.6	1010.6	1189.4	1466.2	1833.4	2261.8	2704.8
河　南	629.2	716.6	880.0	1116.0	1440.1	1870.6	2283.9
湖　北	511.4	540.4	646.3	778.7	1047.0	1277.3	1638.0
湖　南	533.0	573.7	719.5	873.4	1064.5	1357.0	1717.7
广　东	1521.1	1695.6	1853.0	2289.1	2553.3	3159.6	3756.7
广　西	419.9	443.6	507.5	611.5	729.5	985.9	1287.1
海　南	92.3	105.4	127.2	151.2	174.5	245.2	356.0
重　庆	305.9	341.6	395.7	487.4	594.3	768.4	1010.7
四　川	701.6	732.3	895.3	1082.2	1347.4	1759.1	2965.4
贵　州	316.7	332.4	418.4	520.7	610.6	795.4	1048.6
云　南	526.9	587.3	663.6	766.3	893.6	1135.2	1470.7
西　藏	137.8	145.9	133.8	185.5	200.2	275.4	380.7
陕　西	404.9	418.2	516.3	639.0	824.2	1054.0	1435.6
甘　肃	274.0	300.0	356.9	429.4	528.6	675.3	965.4
青　海	118.7	122.0	137.3	169.8	214.7	282.2	363.8
宁　夏	114.6	105.8	123.0	160.3	193.2	241.9	323.1
新　疆	361.2	368.5	421.0	519.0	678.5	795.2	1056.1

注：本表数据为地方财政本级支出。

各地区城镇居民家庭人均可支配收入

单位：元

地 区	2003年	2004年	2005年	2006年	2007年	2008年
全国总计	8472.2	9421.6	10493.0	11759.5	13785.8	15780.8
北 京	13882.6	15637.8	17653.0	19977.5	21988.7	24724.9
天 津	10312.9	11467.2	12638.6	14283.1	16357.4	19422.5
河 北	7239.1	7951.3	9107.1	10304.6	11690.5	13441.1
山 西	7005.0	7902.9	8913.9	10027.7	11565.0	13119.1
内蒙古	7012.9	8123.0	9136.8	10358.0	12377.8	14432.6
辽 宁	7240.6	8007.6	9107.6	10369.6	12300.4	14392.7
吉 林	7005.2	7840.6	8690.6	9775.1	11285.5	12829.5
黑龙江	6678.9	7470.7	8272.5	9182.3	10245.3	11581.3
上 海	14867.5	16682.8	18645.0	20667.9	23622.7	26674.9
江 苏	9262.5	10481.9	12318.6	14084.3	16378.0	18679.5
浙 江	13179.5	14546.4	16293.8	18265.1	20573.8	22726.7
安 徽	6778.0	7511.4	8470.7	9771.1	11473.6	12990.4
福 建	9999.5	11175.4	12321.3	13753.3	15506.1	17961.5
江 西	6901.4	7559.6	8619.7	9551.1	11451.7	12866.4
山 东	8399.9	9437.8	10744.8	12192.2	14264.7	16305.4
河 南	6926.1	7704.9	8668.0	9810.3	11477.1	13231.1
湖 北	7322.0	8022.8	8785.9	9802.7	11485.8	13152.9
湖 南	7674.2	8617.5	9524.0	10504.7	12293.5	13821.2
广 东	12380.4	13627.7	14770.0	16015.6	17699.3	19732.9
广 西	7785.0	8690.0	9286.7	9898.8	12200.4	14146.0
海 南	7259.3	7735.8	8123.9	9395.1	10996.9	12607.8
重 庆	8093.7	9221.0	10243.5	11569.7	12590.8	14367.6
四 川	7041.9	7709.9	8386.0	9350.1	11098.3	12633.4
贵 州	6569.2	7322.1	8151.1	9116.6	10678.4	11758.8
云 南	7643.6	8870.9	9265.9	10069.9	11496.1	13250.2
西 藏	8765.5	9106.1	9431.2	8941.1	11130.9	12481.5
陕 西	6806.4	7492.5	8272.0	9267.7	10763.3	12857.9
甘 肃	6657.2	7376.7	8086.8	8920.6	10012.3	10969.4
青 海	6745.3	7319.7	8057.9	9000.4	10276.1	11640.4
宁 夏	6530.5	7217.9	8093.6	9177.3	10859.3	12931.5
新 疆	7173.5	7503.4	7990.2	8871.3	10313.4	11432.1

注：本表绝对数按当年价格计算。

各地区农村居民家庭人均纯收入

单位：元

地　区	2003 年	2004 年	2005 年	2006 年	2007 年	2008 年
全国总计	2622.2	2936.4	3254.9	3587.0	4140.4	4760.6
北　京	5601.6	6170.3	7346.3	8275.5	9439.6	10661.9
天　津	4566.0	5019.5	5579.9	6227.9	7010.1	7910.8
河　北	2853.4	3171.1	3481.6	3801.8	4293.4	4795.5
山　西	2299.2	2589.6	2890.7	3180.9	3665.7	4097.2
内蒙古	2267.7	2606.4	2988.9	3341.9	3953.1	4656.2
辽　宁	2934.4	3307.1	3690.2	4090.4	4773.4	5576.5
吉　林	2530.4	2999.6	3264.0	3641.1	4191.3	4932.7
黑龙江	2508.9	3005.2	3221.3	3552.4	4132.3	4855.6
上　海	6653.9	7066.3	8247.8	9138.7	10144.6	11440.3
江　苏	4239.3	4753.9	5276.3	5813.2	6561.0	7356.5
浙　江	5389.0	5944.1	6660.0	7334.8	8265.2	9257.9
安　徽	2127.5	2499.3	2641.0	2969.1	3556.3	4202.5
福　建	3733.9	4089.4	4450.4	4834.8	5467.1	6196.1
江　西	2457.5	2786.8	3128.9	3459.5	4044.7	4697.2
山　东	3150.5	3507.4	3930.5	4368.3	4985.3	5641.4
河　南	2235.7	2553.2	2870.6	3261.0	3851.6	4454.2
湖　北	2566.8	2890.0	3099.2	3419.4	3997.5	4656.4
湖　南	2532.9	2837.8	3117.7	3389.6	3904.2	4512.5
广　东	4054.6	4365.9	4690.5	5079.8	5624.0	6399.8
广　西	2094.5	2305.2	2494.7	2770.5	3224.1	3690.3
海　南	2588.1	2817.6	3004.0	3255.5	3791.4	4390.0
重　庆	2214.6	2510.4	2809.3	2873.8	3509.3	4126.2
四　川	2229.9	2518.9	2802.8	3002.4	3546.7	4121.2
贵　州	1564.7	1721.6	1877.0	1984.6	2374.0	2796.9
云　南	1697.1	1864.2	2041.8	2250.5	2634.1	3102.6
西　藏	1690.8	1861.3	2077.9	2435.0	2788.2	3175.8
陕　西	1675.7	1866.5	2052.6	2260.2	2644.7	3136.5
甘　肃	1673.1	1852.2	1979.9	2134.1	2328.9	2723.8
青　海	1794.1	1957.7	2151.5	2358.4	2683.8	3061.2
宁　夏	2043.3	2320.1	2508.9	2760.1	3180.8	3681.4
新　疆	2106.2	2244.9	2482.2	2737.3	3183.0	3502.9

注：本表绝对数按当年价格计算。

各地区主要农产品产量

（2008年）

单位：万吨

地区	粮食	油料	棉花	蔬菜	水果	肉类	#猪肉	#牛肉	#羊肉	奶类	水产品
全国总计	52870.9	2952.8	749.2	59240.3	19220.2	7278.7	4620.5	613.2	380.3	3781.5	4894.9
北京	125.5	2.2	0.1	321.3	118.8	45.1	22.3	2.1	1.5	66.5	6.1
天津	148.9	0.5	8.3	314.2	62.3	37.1	23.5	3.7	1.4	70.1	32.3
河北	2905.8	152.6	73.7	6684.6	1532.9	421.1	245.8	56.8	26.5	515.3	96.6
山西	1028.0	19.1	10.7	852.8	410.6	63.3	45.4	4.2	5.1	70.0	3.1
内蒙古	2131.3	117.5	0.3	1360.8	238.2	218.0	64.7	43.1	84.8	921.2	9.8
辽宁	1860.3	48.5	0.2	2438.3	591.7	373.3	210.0	37.7	7.3	107.3	377.4
吉林	2840.0	51.8	0.5	857.6	273.9	216.8	104.6	40.0	3.5	39.7	15.5
黑龙江	4225.0	28.5		1057.9	367.5	169.5	96.6	32.6	10.4	512.8	35.6
上海	115.7	3.6	0.3	410.0	111.1	26.5	17.3		0.6	23.8	32.3
江苏	3175.5	150.3	32.6	3544.7	682.9	323.6	194.9	3.0	7.0	61.1	425.0
浙江	775.6	41.3	2.8	1757.9	747.9	170.1	126.9	1.0	1.8	22.5	418.8
安徽	3023.3	228.0	36.3	1923.5	691.9	343.9	217.4	17.1	13.4	18.1	172.3
福建	652.3	25.4	0.0	1480.3	632.5	169.4	136.6	2.1	1.6	14.9	542.0
江西	1958.1	91.2	11.2	1085.0	444.5	260.3	198.1	10.6	1.2	11.2	190.4
山东	4260.5	340.6	104.1	8635.0	2612.6	660.3	321.3	70.7	33.2	254.9	730.3
河南	5365.5	505.3	65.1	6394.3	2129.6	584.8	367.1	84.1	26.5	298.6	50.6
湖北	2227.2	289.7	51.3	2890.6	686.2	340.9	260.4	16.1	7.3	33.2	313.4
湖南	2805.0	129.8	24.7	2578.2	663.1	446.4	370.2	14.6	10.6	15.2	178.6
广东	1243.4	81.5		2431.4	1081.3	412.0	254.0	5.7	0.8	13.3	680.0
广西	1394.7	37.5	0.2	2015.2	855.8	350.8	218.4	12.5	2.9	7.5	250.0
海南	183.5	8.7		379.2	325.2	61.1	36.9	2.2	1.0	0.5	139.4
重庆	1153.2	35.7	0.0	994.5	193.3	177.4	140.7	5.2	1.8	7.8	19.1
四川	3140.0	249.9	1.6	3078.3	635.1	591.5	436.2	28.7	24.0	66.6	95.2
贵州	1158.0	68.4	0.1	991.1	114.3	161.5	134.6	10.2	3.0	4.3	7.8
云南	1518.6	30.4	0.0	1166.6	313.4	288.3	219.6	26.1	11.5	97.3	25.5
西藏	95.0	6.0		48.1	1.1	23.7	1.2	14.2	8.2	52.4	0.1
陕西	1111.0	49.5	10.1	1067.1	1247.0	99.3	73.5	7.6	7.4	182.3	5.2
甘肃	888.5	53.5	12.3	1082.3	411.6	79.1	42.9	14.8	15.4	34.7	1.2
青海	101.8	35.2		110.1	3.3	25.5	8.7	7.3	8.7	27.2	0.2
宁夏	329.2	13.6		319.0	185.8	23.6	8.5	6.8	5.9	89.2	7.5
新疆	930.5	56.8	302.6	970.7	855.0	115.3	22.3	32.4	46.0	142.3	9.1

注：1. 水果产量含果用瓜。

2. 全国水产品产量包括中国农业发展集团总公司水产品产量24.8万吨，各地区数据中未包括。

各地区主要工业产品产量

（2008 年）

地区	原煤（万吨）	原油（万吨）	发电量（亿千瓦小时）	生铁（万吨）	粗钢（万吨）	钢材（万吨）	水泥（万吨）
全国总计	279282.2	18972.8	34668.8	47067.4	50091.5	58488.1	140000.0
北京	571.9		243.1	448.8	466.8	644.6	876.5
天津		1993.9	391.2	1520.1	1654.0	3006.8	534.9
河北	8137.3	643.1	1599.5	11355.7	11589.4	11571.8	8953.0
山西	65577.1		1797.2	2781.7	2345.0	1976.5	2075.0
内蒙古	47269.7		2136.0	1256.6	1211.0	1047.3	3424.1
辽宁	6415.5	1199.3	1139.0	4101.5	4068.6	4285.3	4074.4
吉林	3931.1	675.6	500.9	580.7	642.3	718.3	2581.8
黑龙江	9889.3	4020.5	722.7	364.6	475.1	426.3	1968.2
上海		14.6	774.9	1735.9	1992.1	2075.0	765.5
江苏	2428.1	184.0	2777.1	3857.8	4864.0	7364.1	12683.2
浙江	13.1		2100.2	270.2	901.5	1748.8	10207.8
安徽	11913.2		1093.4	1637.2	1770.2	1906.6	5915.2
福建	2233.6		1085.4	518.5	633.1	1107.0	4508.6
江西	3152.4		505.6	1036.3	1240.9	1277.2	5271.6
山东	14109.8	2799.2	2753.7	4657.1	4458.7	5027.4	13887.3
河南	20937.8	475.8	1960.6	1716.0	2187.9	2570.8	10227.0
湖北	1205.2	83.9	1751.9	1893.4	1991.5	2150.8	6169.3
湖南	6135.4		880.6	1211.8	1299.4	1293.0	6043.9
广东		1374.5	2771.8	704.4	1066.7	2040.3	9484.4
广西	499.1	2.9	859.7	689.9	785.8	941.5	5110.8
海南		12.1	117.6	15.1	3.7	9.3	619.2
重庆	4132.4		420.9	329.6	352.5	447.9	3135.3
四川	9677.0	19.4	1255.6	1425.2	1370.2	1577.2	6066.9
贵州	11798.5		1192.1	331.0	345.6	337.5	2048.9
云南	8657.4		1036.4	1155.2	901.3	834.6	3863.8
西藏			16.0				166.6
陕西	24264.2	2463.6	823.9	298.0	305.0	501.0	3608.6
甘肃	3977.0	75.0	690.2	550.8	475.7	577.3	1560.3
青海	1294.1	220.4	318.7	92.3	115.1	113.6	457.8
宁夏	4295.5		466.2	32.8		33.2	884.8
新疆	6766.8	2715.1	486.8	499.4	535.6	566.5	1663.8

续表

(2008年)

地　区	布（亿米）	家用电冰箱（万台）	农用化肥（万吨）	汽车（万辆）	程控交换机（万线）	移动通信手持机（万部）	微型电子计算机（万部）
全国总计	710.0	4756.9	6012.7	934.55	4584.0	55964.0	13666.6
北　京	0.1	79.0	0.8	76.61	1595.4	20707.6	691.5
天　津	2.5	59.4	16.4	54.12	4.8	9004.8	4.1
河　北	35.8		211.3	32.15	11.5		
山　西	0.8		412.8	0.08			0.3
内蒙古	0.6		88.8	2.97		17.6	
辽　宁	4.7	139.3	89.0	34.08	26.4	167.4	0.1
吉　林	0.4		17.9	86.13		30.8	0.0
黑龙江	0.5		55.5	19.00			2.9
上　海	0.5	123.2	3.0	80.65	456.0	77.5	5768.0
江　苏	74.6	602.9	255.8	29.25	13.6	1764.7	5269.6
浙　江	121.4	588.4	47.4	17.39	166.2	2170.4	105.7
安　徽	4.9	1130.5	238.4	57.14			0.1
福　建	26.8		59.1	5.96	1.0	705.1	646.7
江　西	4.7	76.0	54.2	21.14	0.9	139.2	
山　东	131.8	596.2	849.0	42.83	338.4	4843.4	43.0
河　南	23.0	290.9	520.4	8.16			1.4
湖　北	36.4	29.0	585.0	75.62	0.1	367.5	
湖　南	4.4	37.0	290.9	7.57	0.7	0.6	
广　东	29.9	803.4	50.4	88.18	1967.5	14173.6	1133.3
广　西	0.3		84.3	70.16		13.8	
海　南			65.1	8.51			
重　庆	5.3		154.4	76.85		418.3	
四　川	8.9	35.3	367.5	7.67		1303.2	
贵　州	0.3	143.8	262.2			58.6	
云　南	0.0		335.1	4.31	0.4		
西　藏							
陕　西	7.9	22.4	136.5	26.82	1.1		
甘　肃		0.1	71.3	0.94			
青　海			243.9				
宁　夏			109.2				
新　疆	1.2		158.4	0.25			

各地区规模以上工业企业主要经济指标

(2008 年)

单位：亿元

地　区	主营业务收　入	主营业务成　本	主营业务税金及附加	营　业费　用	税金总额	利润总额
全国总计	439464.0	377144.5	5051.3	12354.7	18313.8	24066.0
北　京	10264.0	9022.8	76.7	375.6	332.4	478.8
天　津	11016.7	9548.3	75.7	272.9	314.8	744.9
河　北	20336.7	17765.2	156.2	362.6	758.4	1224.2
山　西	9197.5	7279.8	107.5	337.6	733.1	641.0
内蒙古	7503.9	5993.1	84.2	205.4	424.8	614.7
辽　宁	21000.6	18583.5	211.1	385.0	699.7	486.9
吉　林	7085.1	5982.0	142.5	173.2	388.4	357.9
黑龙江	7148.0	5066.9	119.7	149.5	570.9	1403.9
上　海	22943.3	20041.1	239.2	740.1	721.3	987.8
江　苏	57432.3	51142.8	349.3	1229.8	1775.9	2593.3
浙　江	34491.3	30387.2	252.3	784.8	1122.4	1357.1
安　徽	9392.4	8100.3	134.9	267.6	443.7	330.3
福　建	13259.9	11611.3	127.2	358.4	414.8	524.41
江　西	7480.2	6535.8	86.3	134.7	329.6	303.1
山　东	56886.1	48829.0	669.6	2542.4	2388.1	3542.8
河　南	22967.2	19228.2	327.4	561.3	1179.7	1979.6
湖　北	10847.8	9116.6	213.5	318.2	571.2	632.7
湖　南	9513.2	7853.7	263.6	240.5	596.0	341.6
广　东	55016.0	48175.6	325.1	1665.7	1460.2	2130.3
广　西	4859.8	4188.2	66.9	127.9	247.4	169.9
海　南	950.3	852.8	21.9	26.1	52.0	27.6
重　庆	4790.0	4039.9	66.8	151.4	226.5	232.3
四　川	12347.7	10206.1	167.5	396.8	637.7	647.6
贵　州	2576.0	2029.8	98.1	91.0	235.5	153.1
云　南	4412.7	3379.5	365.0	109.6	623.5	289.1
西　藏	39.8	29.1	0.4	1.9	4.3	6.0
陕　西	6238.4	4688.3	127.0	163.9	446.5	797.2
甘　肃	3359.7	2906.5	58.3	57.6	168.0	72.4
青　海	973.8	705.6	11.8	17.8	64.2	178.8
宁　夏	1203.4	1029.0	11.1	29.9	60.5	34.0
新　疆	3930.3	2766.7	94.6	75.5	322.4	782.9

注：本表为 2008 年 1-11 月快报数据（下表同）。

续表 （2008年） 单位：亿元

地区	亏损企业亏损总额	应收账款净额	产成品	资产合计	负债合计	全部从业人员平均人数（万人）
全国总计	4878.8	45006.4	23113.5	403936.5	239286.4	8099.9
北京	134.6	1463.2	570.2	16230.8	7822.4	119.7
天津	145.2	1118.8	433.1	9788.7	6049.9	120.2
河北	211.2	1257.5	990.6	16388.6	10193.7	303.8
山西	121.2	937.6	754.2	13189.8	8869.1	212.6
内蒙古	57.7	642.7	374.7	8751.1	5356.8	96.5
辽宁	501.7	1838.6	1029.7	20463.8	12181.0	328.5
吉林	171.3	608.7	370.1	6811.2	3905.9	117.9
黑龙江	198.4	694.8	357.3	7568.3	4444.9	141.2
上海	331.3	3588.8	1192.3	22338.1	12046.2	286.2
江苏	387.4	7024.8	2722.9	44642.1	26804.3	922.0
浙江	278.6	4731.3	2335.5	34048.5	21215.1	777.3
安徽	82.1	903.9	512.8	9444.7	6010.2	192.5
福建	119.0	1452.5	715.5	11427.1	6234.6	343.9
江西	68.4	432.7	310.0	5245.9	3114.4	147.2
山东	309.9	2768.7	2284.9	37099.1	21273.9	864.5
河南	163.1	1231.7	656.9	16239.2	9586.4	400.5
湖北	112.8	1013.6	719.5	13881.6	7811.5	255.2
湖南	116.2	676.5	462.1	7888.3	4777.1	200.0
广东	493.1	7985.6	3187.2	43506.7	25836.9	1330.0
广西	70.5	439.6	392.3	5595.7	3589.9	103.3
海南	55.3	98.9	52.4	1116.9	712.9	10.7
重庆	28.5	526.5	294.4	5237.7	3183.7	117.3
四川	142.7	1285.4	734.7	13656.5	8598.8	270.4
贵州	69.4	325.2	207.7	4196.5	2834.2	69.5
云南	69.2	434.5	355.3	6458.2	3707.1	78.2
西藏	1.4	16.9	3.6	203.2	55.9	1.7
陕西	117.1	801.8	461.2	9019.3	5223.1	125.4
甘肃	144.5	237.9	229.3	4310.5	2622.6	66.9
青海	6.2	78.7	70.7	2030.0	1244.1	16.5
宁夏	30.3	124.4	125.3	1996.8	1312.3	25.2
新疆	140.8	264.5	207.3	5162.1	2667.7	55.3

各地区规模以上工业企业主要经济效益指标

(2008 年)

地　区	总资产贡献率(%)	资本保值增值率(%)	资产负债率(%)	流动资产周转次数(次)	成本费用利润率(%)	产品销售率(%)
全国总计	13.7	115.1	59.2	2.6	5.9	97.6
北　京	6.5	88.2	48.2	1.9	4.8	99.0
天　津	13.4	110.9	61.8	2.5	7.3	98.9
河　北	16.0	121.3	62.2	3.2	6.5	97.3
山　西	14.0	128.2	67.2	2.0	7.7	96.6
内蒙古	16.0	122.9	61.2	2.9	9.4	97.0
辽　宁	8.0	122.5	59.5	2.5	2.4	97.5
吉　林	14.6	118.2	57.4	2.9	5.5	97.1
黑龙江	30.9	118.7	58.7	2.5	25.1	98.2
上　海	9.5	106.3	53.9	2.2	4.5	98.3
江　苏	12.7	116.1	60.0	2.7	4.7	98.1
浙　江	10.4	114.6	62.3	2.0	4.1	97.2
安　徽	11.1	119.4	63.6	2.6	3.7	97.6
福　建	11.3	118.6	54.6	2.6	4.2	97.2
江　西	16.0	120.7	59.4	3.6	4.4	98.6
山　东	20.5	122.4	57.3	4.0	6.6	98.2
河　南	25.0	120.3	59.0	3.8	9.5	98.2
湖　北	11.5	112.4	56.3	2.3	6.3	97.6
湖　南	16.1	117.5	60.6	3.5	4.0	98.7
广　东	10.6	108.2	59.4	2.5	4.1	97.0
广　西	10.9	114.9	64.2	2.4	3.7	95.2
海　南	10.1	99.9	63.8	2.3	3.0	98.8
重　庆	11.8	121.3	60.8	2.3	5.2	96.4
四　川	12.9	120.8	63.0	2.3	5.7	97.7
贵　州	12.8	119.2	67.5	1.9	6.6	95.4
云　南	17.7	110.5	57.4	1.7	7.7	94.8
西　藏	6.6	107.3	27.5	0.7	17.3	90.4
陕　西	17.5	138.3	57.9	1.9	15.2	97.0
甘　肃	7.9	121.5	60.8	2.1	2.3	95.7
青　海	16.9	130.2	61.3	1.8	22.7	95.8
宁　夏	8.1	121.7	65.7	1.9	3.0	95.3
新　疆	26.9	131.2	51.7	2.6	25.9	96.9

各地区居民消费价格分类指数

（2008 年，上年=100）

地　区	居民消费价格指数	食　品	烟　酒及用品	衣　着	家庭设备用　品及服务	医疗保健和个人用品	交通和通　信	娱　乐教　育文　化	居　住
全　国	105.9	114.3	102.9	98.5	102.8	102.9	99.1	99.3	105.5
北　京	105.1	116.1	106.0	99.1	104.4	102.0	97.6	98.0	103.0
天　津	105.4	112.1	108.0	99.9	106.8	102.3	97.8	97.6	105.3
河　北	106.2	114.4	104.2	98.2	102.4	103.4	100.4	99.3	107.6
山　西	107.2	117.9	102.6	98.8	103.2	101.9	99.5	100.4	108.4
内蒙古	105.7	114.7	102.2	100.3	100.8	101.9	99.4	99.8	106.3
辽　宁	104.6	112.3	103.1	93.1	103.6	103.1	97.7	99.1	104.1
吉　林	105.1	112.3	103.4	101.5	102.6	101.8	97.7	99.7	104.2
黑龙江	105.6	112.0	103.8	99.3	103.1	104.3	100.6	100.0	104.5
上　海	105.8	115.3	101.7	101.6	108.3	103.1	97.5	98.2	102.5
江　苏	105.4	113.0	102.9	100.5	104.1	102.5	98.6	99.0	104.2
浙　江	105.0	113.9	102.1	97.9	103.4	105.8	95.6	99.0	105.0
安　徽	106.2	114.3	103.3	98.9	102.2	102.2	99.7	100.1	104.5
福　建	104.6	113.3	102.9	94.8	103.2	102.8	98.6	92.9	105.5
江　西	106.0	113.9	102.0	95.7	102.8	103.1	99.9	100.5	105.9
山　东	105.3	113.0	104.3	97.9	102.0	102.2	99.9	100.3	107.3
河　南	107.0	116.3	103.0	101.2	103.1	103.6	100.1	100.9	106.3
湖　北	106.3	115.1	103.4	97.9	100.8	103.5	100.5	99.1	106.9
湖　南	106.0	114.9	101.6	97.3	99.8	101.5	99.2	100.9	107.6
广　东	105.6	113.2	101.4	98.4	102.0	102.9	99.7	99.4	104.8
广　西	107.8	120.0	103.2	99.2	103.1	103.2	99.2	98.5	106.1
海　南	106.9	113.7	101.3	98.3	101.9	101.6	101.3	100.4	106.6
重　庆	105.6	115.7	102.8	94.2	102.5	101.9	99.3	100.3	101.8
四　川	105.1	112.0	102.0	97.3	102.7	102.4	99.8	99.9	104.6
贵　州	107.6	117.3	104.0	97.8	103.5	100.7	100.7	101.6	107.5
云　南	105.7	115.4	102.4	92.5	100.3	104.9	99.2	98.5	104.8
西　藏	105.7	112.1	102.3	103.1	102.3	102.7	101.3	99.0	106.6
陕　西	106.4	115.3	102.2	100.0	102.3	102.7	98.9	98.9	106.8
甘　肃	108.2	116.2	104.4	100.6	103.1	103.5	99.6	100.5	111.3
青　海	110.1	119.0	105.6	104.4	102.9	106.1	99.8	101.0	115.8
宁　夏	108.5	118.0	102.3	103.4	104.2	102.6	100.5	99.2	109.9
新　疆	108.1	119.1	103.1	99.4	102.5	103.5	100.2	100.0	106.4

各地区货运量和货物周转量

(2008 年)

地　区	货运量(万吨)	#铁　路	#公　路	#水　运	货物周转量(亿吨公里)	#铁　路	#公　路	#水　运
全国总计	2587413	330354	1916759	294510	110301	25106	32868	50263
北　京	20525	1836	18689		759	675	84	
天　津	34114	12210	18160	3744	2703	481	178	2044
河　北	106922	14750	91342	830	5925	3205	2548	172
山　西	126864	60152	66710	2	2562	1460	1102	
内蒙古	99298	38357	60941		3659	2021	1637	
辽　宁	121346	19141	92938	9267	7034	1347	1354	4333
吉　林	31105	7422	23558	125	1158	593	564	1
黑龙江	53976	17795	35424	757	1691	1029	653	8
上　海	84400	1012	40328	43060	16030	29	253	15748
江　苏	139711	5575	95625	38511	4301	353	885	3063
浙　江	139111	3830	91625	43656	4975	340	1115	3521
安　徽	180169	12014	140381	27774	5843	1012	3773	1058
福　建	57202	3642	38367	15193	2396	204	484	1708
江　西	80932	6046	70270	4616	2285	672	1494	119
山　东	244587	17970	216604	10013	10108	1347	5118	3643
河　南	138441	16279	118198	3964	5165	1956	2995	214
湖　北	71900	6460	52759	12681	2526	927	789	810
湖　南	116145	5892	98759	11494	2350	982	1085	283
广　东	142468	7105	101429	33934	4428	349	1225	2854
广　西	83123	8041	64884	10198	2079	782	800	497
海　南	15305	570	9489	5246	598	6	66	525
重　庆	63763	2203	54589	6971	1490	172	453	866
四　川	114719	7915	103068	3736	1579	681	828	70
贵　州	32692	6683	25272	737	805	564	230	11
云　南	44682	5224	39119	339	821	347	469	5
西　藏	737	26	711		35	7	29	
陕　西	83493	22615	60713	165	2027	1122	905	1
甘　肃	23741	5512	18201	28	1595	1120	475	
青　海	9115	2310	6805		336	149	187	
宁　夏	26162	4400	21762		704	226	478	
新　疆	46087	6048	40039		1273	661	612	
不分地区	54577	1319		7469	11059	289		8707

注：不分地区合计中包括铁路行包运输、管道运输企业、民航运输企业及中远集团海外公司完成数。

各地区客运量和旅客周转量

(2008年)

地　区	客运量（万人）	#铁　路	#公　路	#水　运	旅客周转量（亿人公里）	#铁　路	#公　路	#水　运
全国总计	2867892	146193	2682114	20334	23197	7779	12476	59
北　京	124764	7646	117118		331	90	241	
天　津	22817	1944	20850	23	234	113	121	
河　北	73058	6816	66242		992	639	353	
山　西	36178	4740	31397	41	377	134	243	
内蒙古	20068	3861	16207		331	152	180	
辽　宁	90112	12004	77510	598	797	466	323	8
吉　林	56029	5320	50511	198	405	191	213	
黑龙江	41567	10012	31379	176	441	227	214	
上　海	8507	5343	2934	230	148	53	94	1
江　苏	183383	8846	174000	537	1271	319	952	1
浙　江	216879	7000	206110	3769	1119	290	822	7
安　徽	129242	4662	124427	153	1187	395	792	
福　建	71780	2066	68409	1305	448	108	338	2
江　西	65895	5214	60573	108	791	530	261	
山　东	213586	5669	205917	2000	1431	379	1046	6
河　南	130080	7476	122414	190	1498	689	808	
湖　北	87838	4918	82532	388	904	379	523	2
湖　南	131067	6284	124274	509	1217	651	566	1
广　东	475200	10613	462997	1590	1706	422	1276	8
广　西	63608	2623	60645	340	732	167	564	2
海　南	37953	65	36578	1310	125	2	121	2
重　庆	106732	2474	102680	1578	386	96	280	10
四　川	204733	5939	196055	2739	988	228	757	3
贵　州	40725	3199	36019	1507	394	163	228	3
云　南	33906	2110	31157	639	347	72	273	2
西　藏	6856	70	6786		30	6	24	
陕　西	76028	5218	70566	244	650	351	299	
甘　肃	45966	1911	43962	93	468	272	197	
青　海	9424	407	8996	210	76	34	42	
宁　夏	11868	457	11363	48	87	29	58	
新　疆	32793	1287	31506		404	132	272	
不分地区	19251				2883			

注：不分地区合计为民航完成数。

各地区社会消费品零售总额

单位：亿元

地　区	2003 年	2004 年	2005 年	2006 年	2007 年	2008 年
全国总计	52516.3	59501.0	67176.6	76410.0	89210.0	108487.7
北　京	1916.7	2626.6	2902.8	3275.2	3800.2	4589.0
天　津	922.3	1044.8	1190.1	1356.8	1603.7	2000.3
河　北	2177.9	2576.4	2952.9	3397.4	3986.2	4880.4
山　西	729.3	1219.1	1401.2	1613.4	1914.1	2356.5
内蒙古	726.8	1160.7	1375.7	1595.3	1904.1	2363.3
辽　宁	2330.8	2642.8	2999.0	3434.6	4030.1	4917.5
吉　林	1110.3	1286.9	1460.8	1675.8	1999.2	2484.3
黑龙江	1376.5	1557.3	1760.1	1997.7	2331.1	2838.6
上　海	2220.6	2656.9	2973.0	3360.4	3847.8	4537.1
江　苏	3566.5	4892.2	5699.9	6623.2	7838.1	9661.4
浙　江	3157.1	4055.5	4631.7	5325.3	6214.0	7441.7
安　徽	1331.2	1557.4	1765.0	2029.4	2403.7	2965.5
福　建	1740.4	2062.0	2345.8	2704.2	3187.9	3828.0
江　西	923.2	1074.5	1236.2	1428.0	1683.1	2082.8
山　东	3936.5	5290.5	6126.4	7122.5	8438.8	10381.2
河　南	2426.4	2938.3	3358.4	3880.5	4597.5	5662.5
湖　北	2358.7	2619.5	2964.6	3412.0	4028.5	4965.8
湖　南	1816.3	2149.6	2459.1	2834.2	3356.5	4119.7
广　东	5606.0	6852.0	7882.6	9118.1	10598.1	12772.2
广　西	857.7	1222.2	1397.0	1600.8	1897.9	2338.4
海　南	191.6	236.8	268.6	308.3	362.0	448.4
重　庆	835.5	1068.3	1215.8	1403.6	1661.2	2064.1
四　川	2091.1	2615.2	2981.4	3421.6	4015.6	4800.8
贵　州	458.8	535.3	606.9	689.8	821.8	1014.9
云　南	782.5	915.3	1034.4	1188.9	1394.5	1718.5
西　藏	58.3	63.2	73.1	89.7	112.0	129.1
陕　西	853.2	1162.8	1322.4	1522.0	1800.9	2256.1
甘　肃	474.6	560.6	632.8	717.5	833.3	990.1
青　海	102.7	141.2	160.5	180.1	208.3	252.8
宁　夏	120.8	153.5	174.3	199.0	233.3	285.2
新　疆	421.2	563.4	637.8	727.6	847.7	1025.7

注： 1. 社会消费品零售总额按当年价格计算。

2. 除全国总计以外，2004 年为经济普查数据，其他年份为年报数据，各地区相加不等于全国总计，原因是全国数据进行了修正。

各地区货物进出口总额

(2008年)

单位：亿美元

地区	按经营单位所在地分		按境内目的地、货源地分	
	出口额	进口额	出口额	进口额
全国总计	14285.5	11330.9	14285.5	11330.9
北京	574.5	2142.6	347.3	603.1
天津	420.4	383.1	413.9	454.4
河北	240.3	143.9	291.3	217.0
山西	92.4	51.5	143.2	58.2
内蒙古	35.8	53.5	46.0	58.7
辽宁	420.5	303.8	421.7	400.5
吉林	47.7	85.7	49.2	87.1
黑龙江	165.7	63.2	92.9	111.3
上海	1692.1	1529.0	1605.4	1533.9
江苏	2380.4	1542.3	2452.2	1852.6
浙江	1542.9	568.6	1659.6	763.8
安徽	113.5	90.8	107.6	90.6
福建	569.9	278.5	559.4	307.9
江西	76.9	60.6	77.9	73.8
山东	930.8	652.7	967.1	910.4
河南	107.1	68.1	124.2	75.2
湖北	115.9	89.7	114.4	99.1
湖南	84.1	41.6	88.2	48.1
广东	4041.0	2791.6	4111.8	3063.9
广西	73.5	59.3	68.4	80.6
海南	15.9	29.4	16.7	79.3
重庆	57.2	38.0	53.4	37.1
四川	131.1	89.3	106.8	92.1
贵州	19.0	14.7	27.4	20.7
云南	49.9	46.2	44.9	48.6
西藏	7.1	0.6	3.3	0.2
陕西	54.1	29.6	68.1	37.2
甘肃	16.0	44.9	17.5	48.0
青海	4.2	2.7	3.9	4.1
宁夏	12.6	6.2	17.2	8.6
新疆	193.0	29.2	184.8	64.9

各地区外商投资企业货物进出口总额

单位：万美元

地区	2007年			2008年		
	进出口总额	出口额	进口额	进出口总额	出口额	进口额
全国总计	125516381	69537077	55979304	141057502	79061952	61995551
北京	4952240	2170256	2781983	5684610	2308709	3375901
天津	5412377	2822784	2589592	5721245	2887745	2833500
河北	1048506	655308	393198	1674272	978096	696176
山西	147990	89867	58123	221306	127621	93685
内蒙古	79136	47102	32034	146579	90284	56295
辽宁	3131050	1765978	1365072	3711455	2028051	1683404
吉林	493652	103342	390310	571684	134320	437364
黑龙江	114721	69591	45130	139005	80686	58319
上海	19313539	9774791	9538748	21777550	11361993	10415557
江苏	28005209	15554352	12450857	30351440	17495908	12855532
浙江	7107326	4721495	2385831	8352833	5422699	2930134
安徽	548379	260257	288122	722056	319407	402649
福建	4624326	2899214	1725112	5212743	3250399	1962344
江西	496838	182943	313895	904212	377692	526520
山东	6655705	4027221	2628484	8448906	5062450	3386456
河南	257840	143129	114710	321465	171126	150338
湖北	556076	276851	279225	736387	378960	357426
湖南	166803	95076	71727	193394	105054	88340
广东	40821906	23222207	17599699	43843378	25563138	18280241
广西	288997	109258	179739	454650	162090	292560
海南	145792	51734	94058	240483	65264	175220
重庆	302297	72378	229919	364874	95917	268957
四川	496322	216031	280292	821672	354926	466746
贵州	24415	16503	7912	37336	23804	13532
云南	55764	39314	16450	63625	42694	20931
西藏	138	72	66	601	64	537
陕西	161132	87275	73857	208082	110056	98025
甘肃	26707	23213	3494	19991	16711	3280
青海	12273	1638	10635	25791	4578	21214
宁夏	40806	16296	24510	54697	18472	36225
新疆	28119	21600	6519	31183	23039	8143

各地区国际旅游接待情况

地　区	2007年 旅游人数（万人次）	2007年 #外国人	2007年 旅游外汇收入（亿美元）	2008年 旅游人数（万人次）	2008年 #外国人	2008年 旅游外汇收入（亿美元）
北　京	435.5	382.6	45.80	379.0	335.7	44.59
天　津	103.2	95.2	7.79	122.0	113.0	10.01
河　北	81.8	73.8	3.09	75.0	67.0	2.74
山　西	73.8	44.8	2.22	93.9	57.9	3.01
内蒙古	149.5	147.4	5.45	154.9	153.2	5.77
辽　宁	200.1	170.7	12.28	241.9	207.3	15.26
吉　林	54.4	44.2	1.79	61.7	52.5	2.11
黑龙江	141.4	134.4	6.43	200.6	193.3	8.70
上　海	520.1	442.6	46.73	526.5	441.6	49.72
江　苏	512.5	369.2	34.69	544.3	396.1	38.80
浙　江	511.2	343.6	27.08	539.7	366.1	30.24
安　徽	106.4	74.3	3.44	132.1	90.8	4.54
福　建	268.7	100.8	21.69	293.2	98.6	23.94
江　西	66.5	23.9	1.96	80.2	30.8	2.52
山　东	249.6	202.0	13.52	253.7	206.4	13.91
河　南	88.1	55.6	3.18	104.4	67.9	3.74
湖　北	131.8	107.7	4.13	118.8	92.7	4.43
湖　南	120.6	87.5	6.42	111.0	71.7	6.17
广　东	2460.9	628.5	87.06	2568.0	608.8	91.75
广　西	205.5	124.5	5.77	201.0	120.0	6.02
海　南	75.3	59.3	3.02	70.6	53.1	3.14
重　庆	76.2	62.2	3.82	87.2	74.3	4.50
四　川	170.9	107.4	5.12	70.0	47.8	1.54
贵　州	43.0	15.5	1.29	39.5	18.2	1.17
云　南	221.9	144.7	8.60	250.2	169.2	10.08
西　藏	36.5	33.9	1.35	6.8	6.3	0.31
陕　西	123.1	98.2	6.12	125.7	93.7	6.60
甘　肃	33.1	23.4	0.70	8.3	6.0	0.16
青　海	5.0	3.6	0.16	3.0	2.1	0.10
宁　夏	0.9	0.8	0.03	1.2	0.9	0.03
新　疆	43.8	40.3	1.62	36.3	32.8	1.36

沿海主要港口货物吞吐量

单位：万吨

港口	2000 年	2005 年	2006 年	2007 年	2008 年
宁波-舟山	11547	26881	42387	47336	52048
上海	20440	44317	47040	49227	50808
天津	9566	24069	25760	30946	35593
广州	11128	25036	30282	34325	34700
青岛	8636	18678	22415	26502	30029
秦皇岛	9743	16900	20489	24893	25231
大连	9084	17085	20046	22286	24588
深圳	5697	15351	17598	19994	21125
日照	2674	8421	11007	13063	15102
营口	2268	7537	9477	12207	15085
烟台	1774	4506	6076	10129	11189
连云港	2708	6016	7232	8507	10060

注：1. 从 2006 年起，宁波-舟山港统计范围包括原宁波港和舟山港，以往年度数据为原宁波港数据。
2. 从 2007 年起，烟台港统计范围包括原烟台港和龙口港，以往年度数据为原烟台港数据。

世界主要国家和地区国内生产总值和人均国民总收入

排序	国家和地区	国内生产总值（亿美元）		人均国民总收入（美元）	
		2006 年	2007 年	2006 年	2007 年
1	美国	132018	138112	44970	46040
2	日本	43401	43767	38410	37670
3	德国	29067	32972	36620	38860
4	中国①	26681	32801	2010	2360
5	英国	23450	27278	40180	42740
6	法国②	22307	25623	36550	38500
7	意大利	18447	21075	32020	33540
8	西班牙	12240	14292	27570	29450
9	加拿大	12515	13264	36170	39420
10	巴西	10680	13142	4730	5910
11	俄罗斯	9869	12910	5780	7560
12	印度	9063	11710	820	950
13	韩国	8880	9698	17690	19690
14	墨西哥	8392	8934	7870	8340
15	澳大利亚	7682	8217	35990	35960

注：①世界银行统计数据。②包括法属圭亚那、瓜德罗普、马提尼克和留尼汪。
资料来源：世界银行数据库。

第十五部分

经济金融数据研发
——金融地图

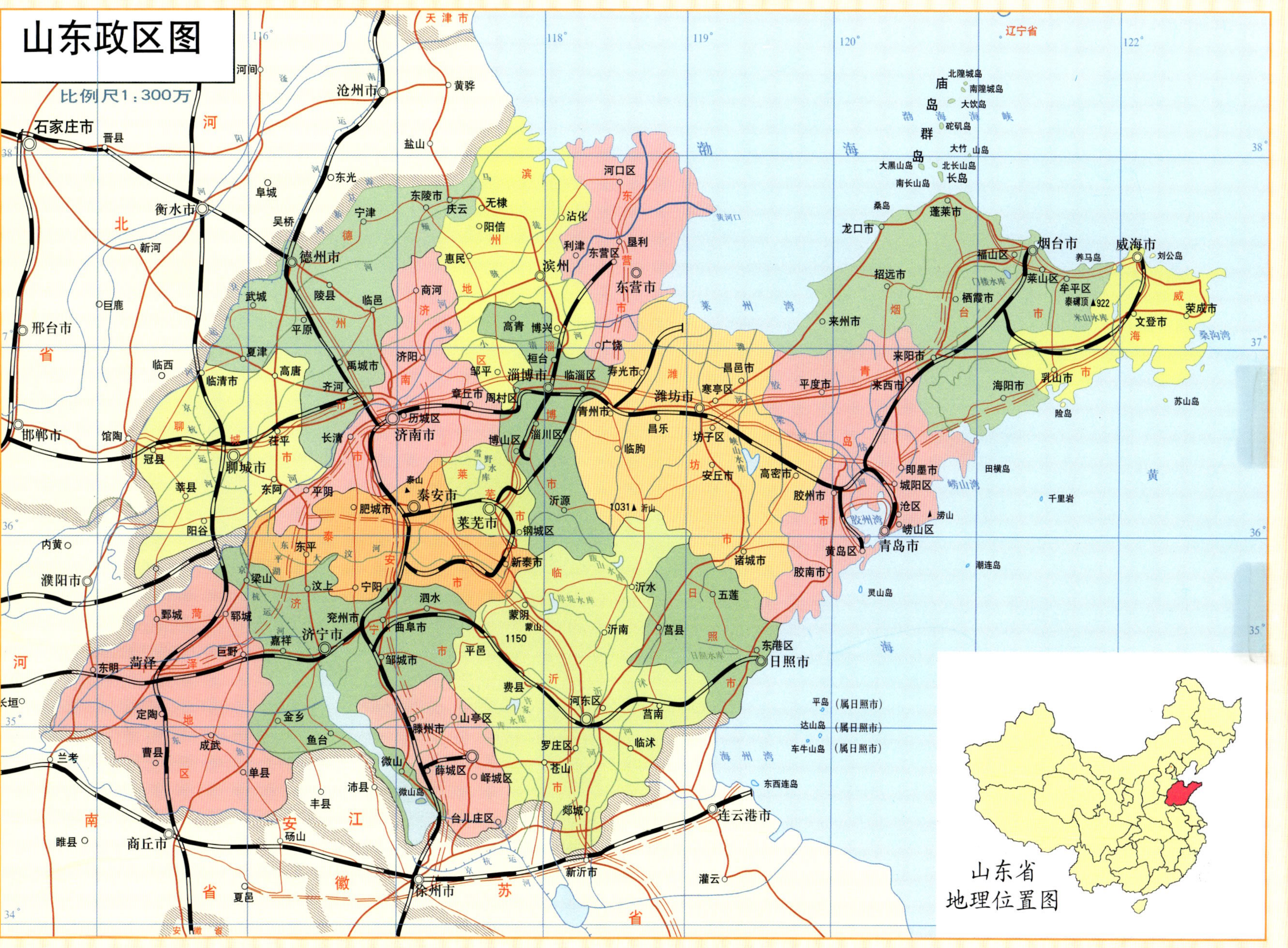
山东政区图
比例尺1:300万
山东省
地理位置图
济南市
青岛市
烟台市
威海市
潍坊市
淄博市
东营市
滨州
德州市
聊城市
泰安市
莱芜市
济宁市
菏泽
日照市
荣成市
文登市
乳山市
海阳市
莱阳市
莱西市
栖霞市
蓬莱市
招远市
龙口市
莱州市
平度市
胶州市
即墨市
高密市
诸城市
胶南市
安丘市
昌邑市
寿光市
青州市
章丘市
肥城市
新泰市
邹城市
曲阜市
兖州市
滕州市
禹城市
临清市
沧州市
衡水市
石家庄市
邢台市
邯郸市
濮阳市
商丘市
徐州市
新沂市
连云港市
庙岛群岛
长岛
辽宁省

1998年全国各地区人均地区生产总值

1998年全国各地区生产总值

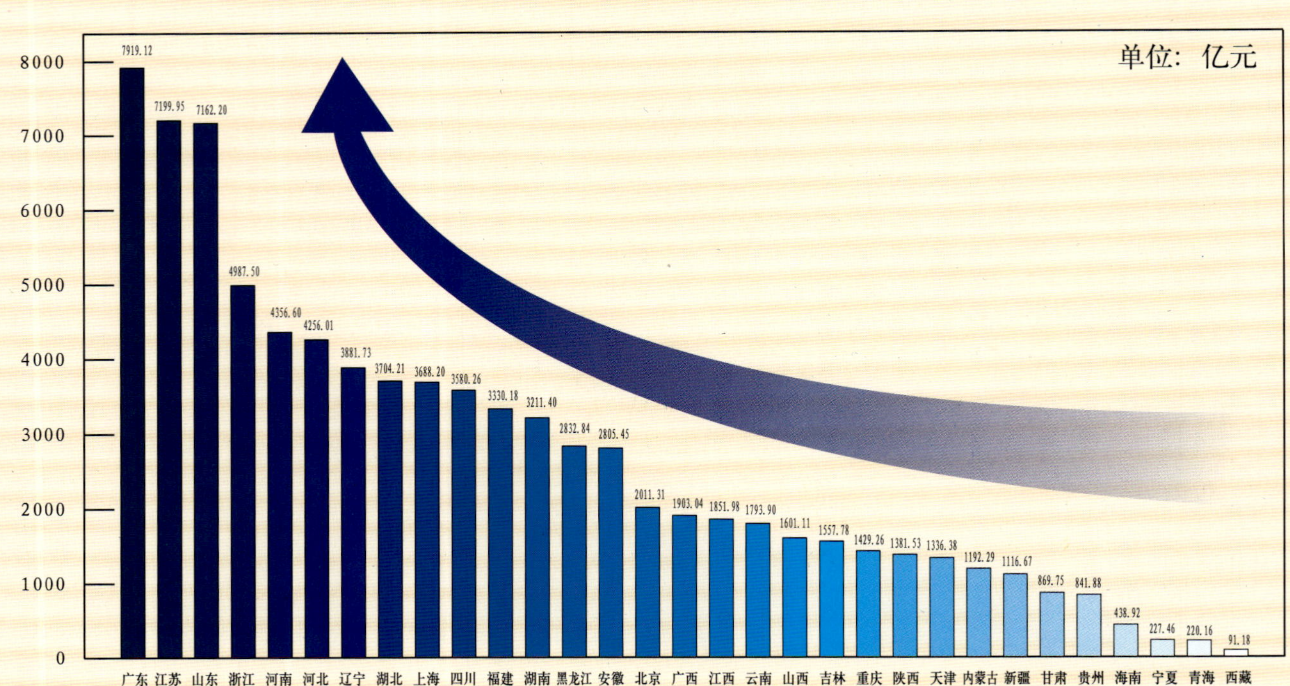

2008年全国各地区人均地区生产总值

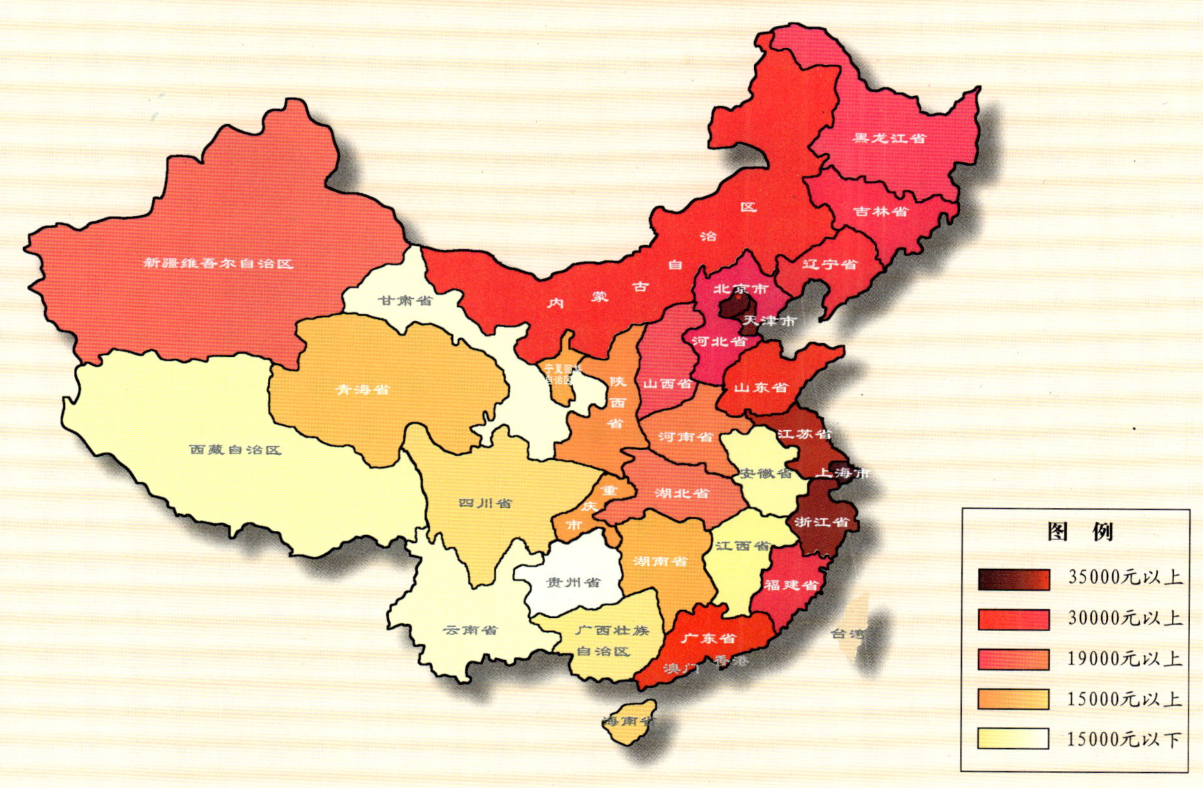

2008年全国各地区生产总值

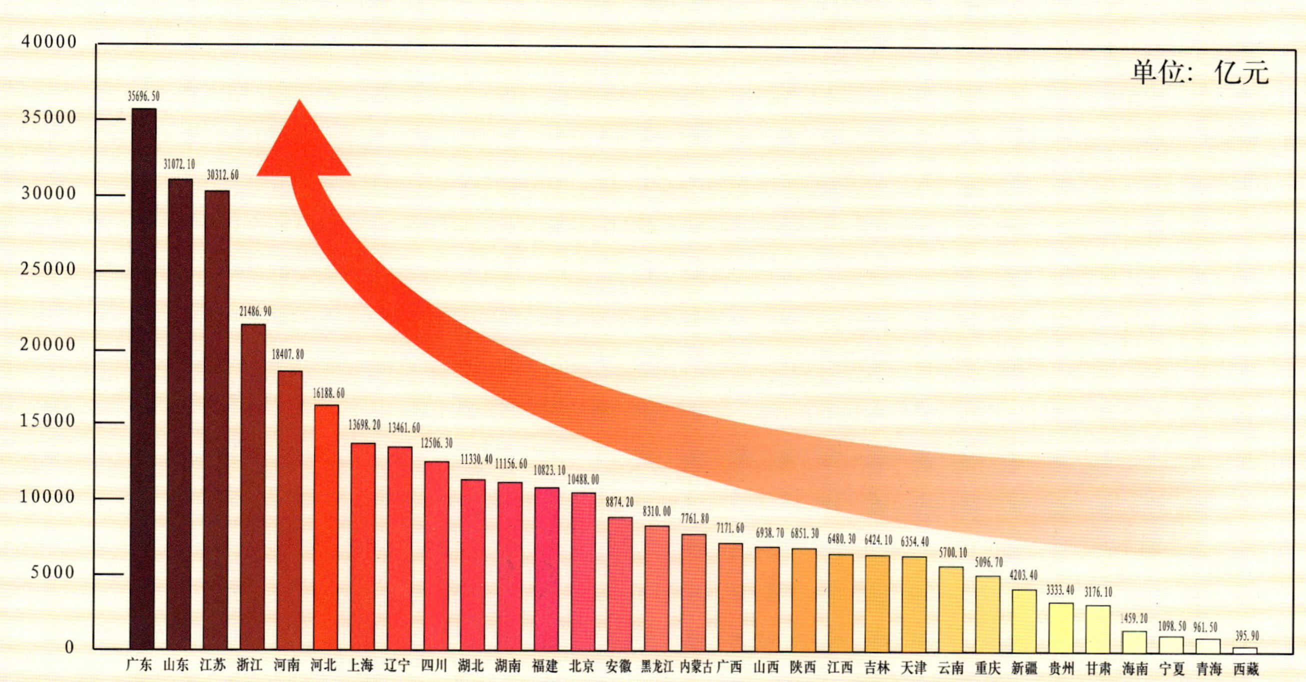

1998年山东省各市地人均地区生产总值

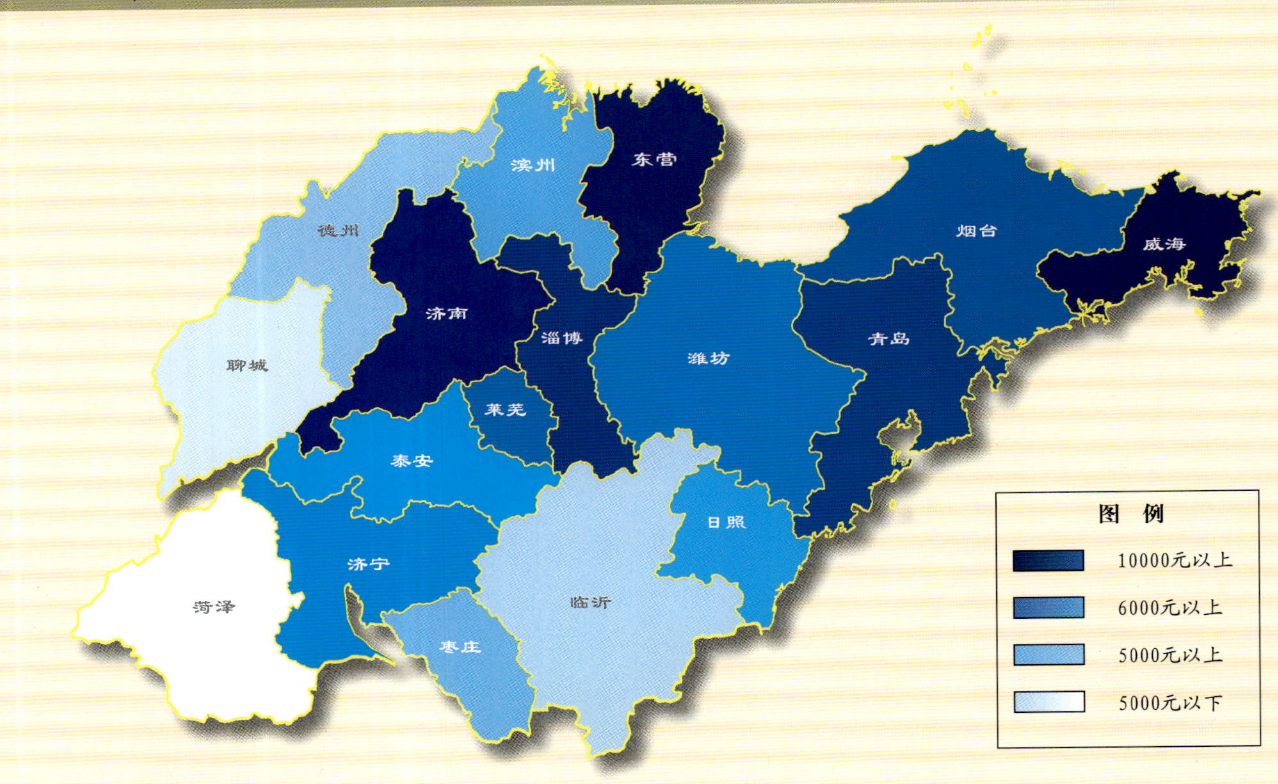

1998年山东省各市地地区生产总值

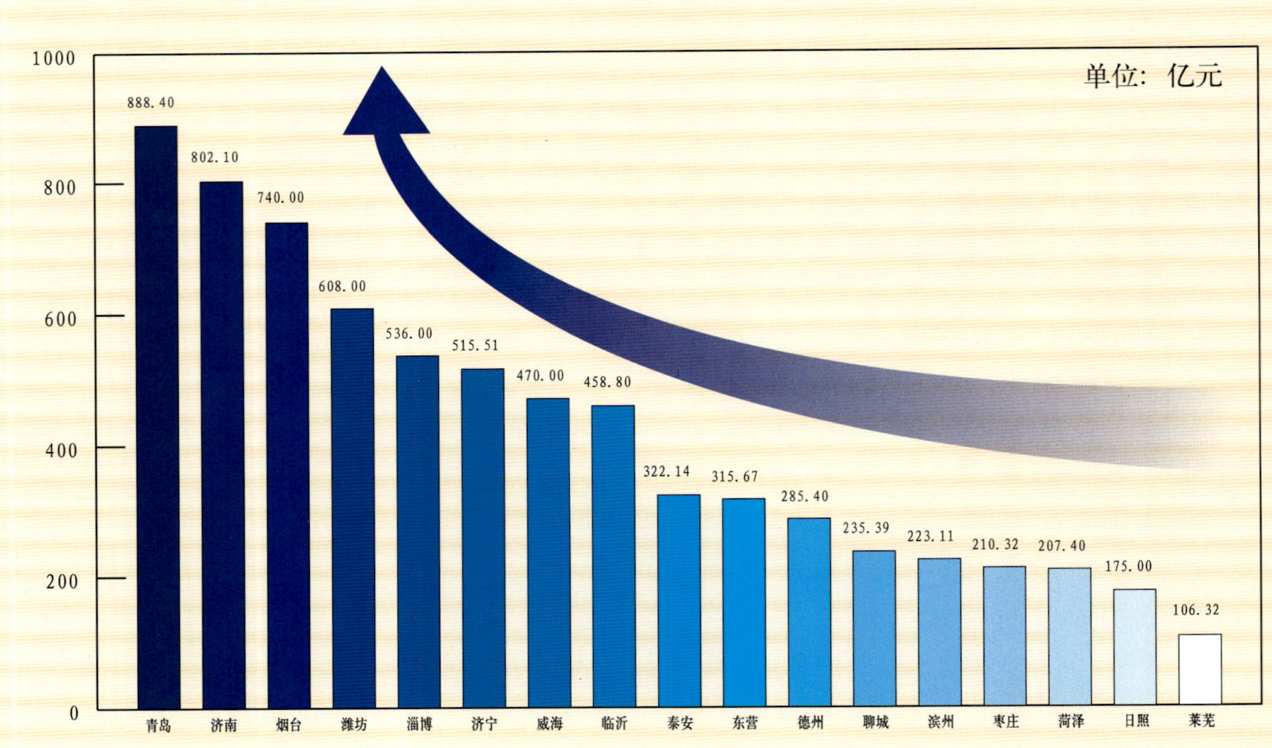

2008年山东省各市地人均地区生产总值

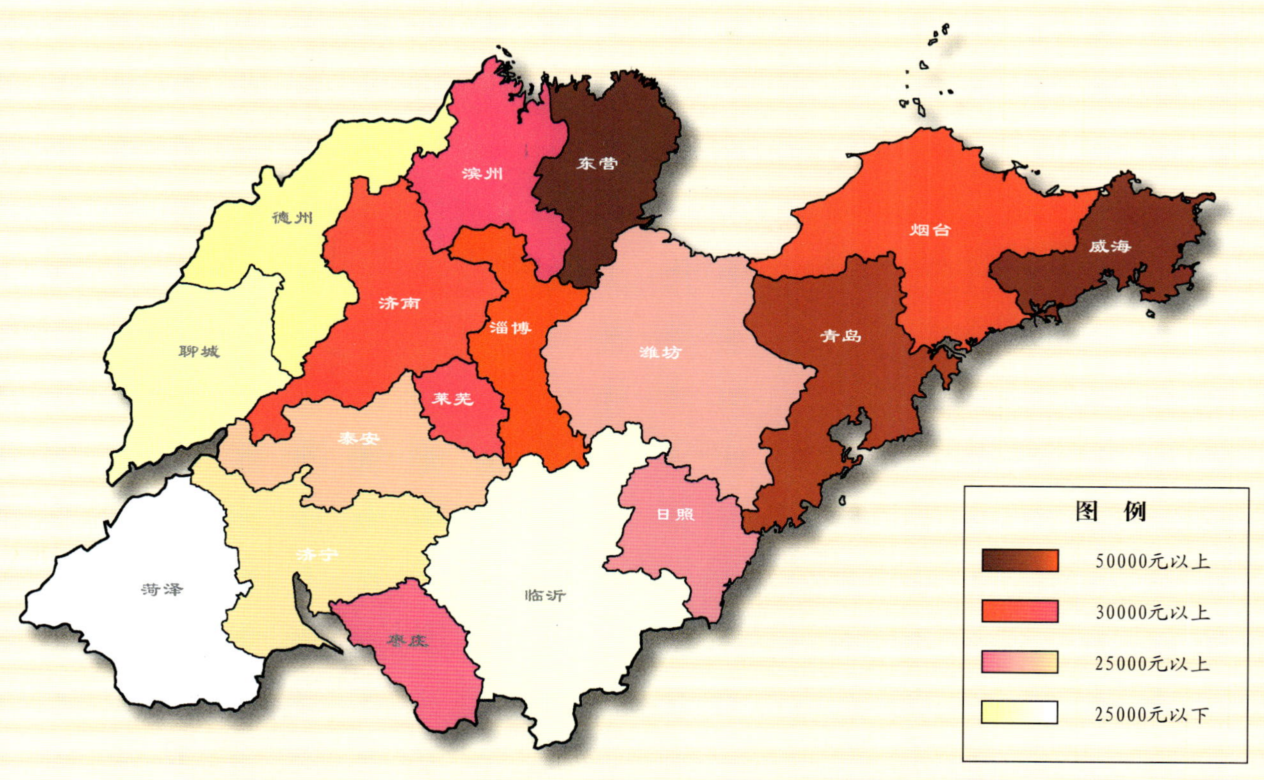

2008年山东省各市地地区生产总值

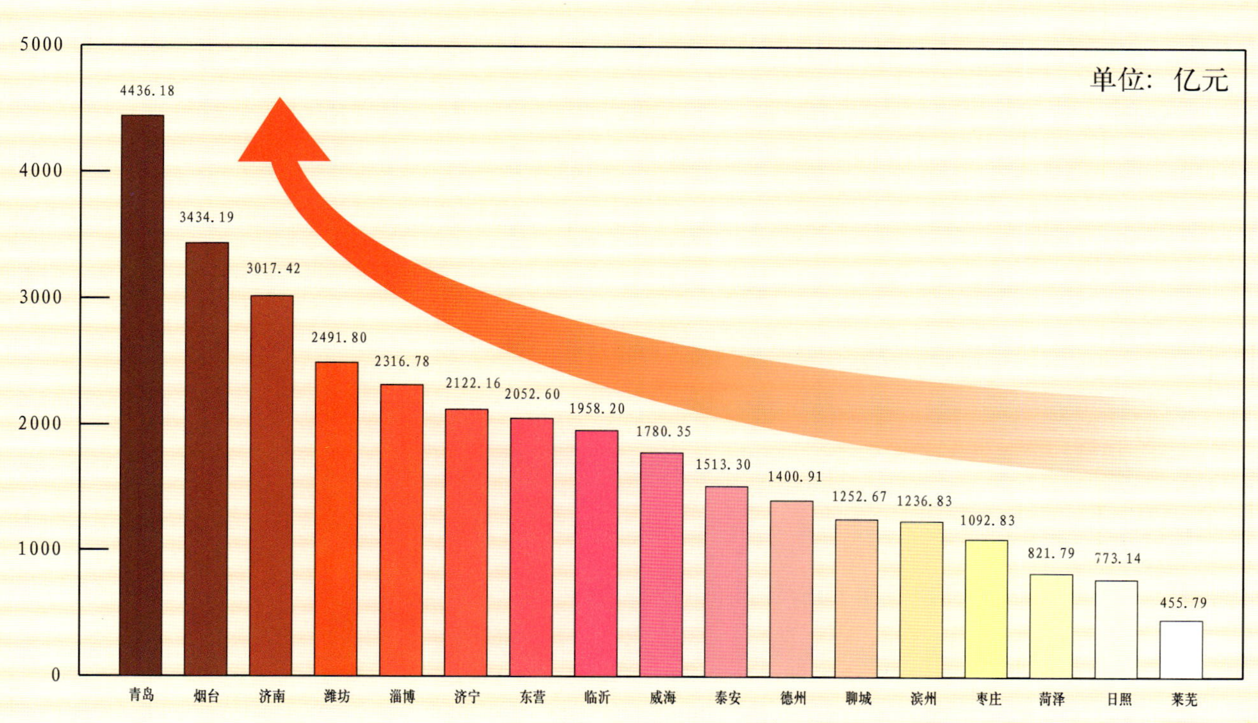

1998年全国各地区人均存款

1998年全国各地区各项存款

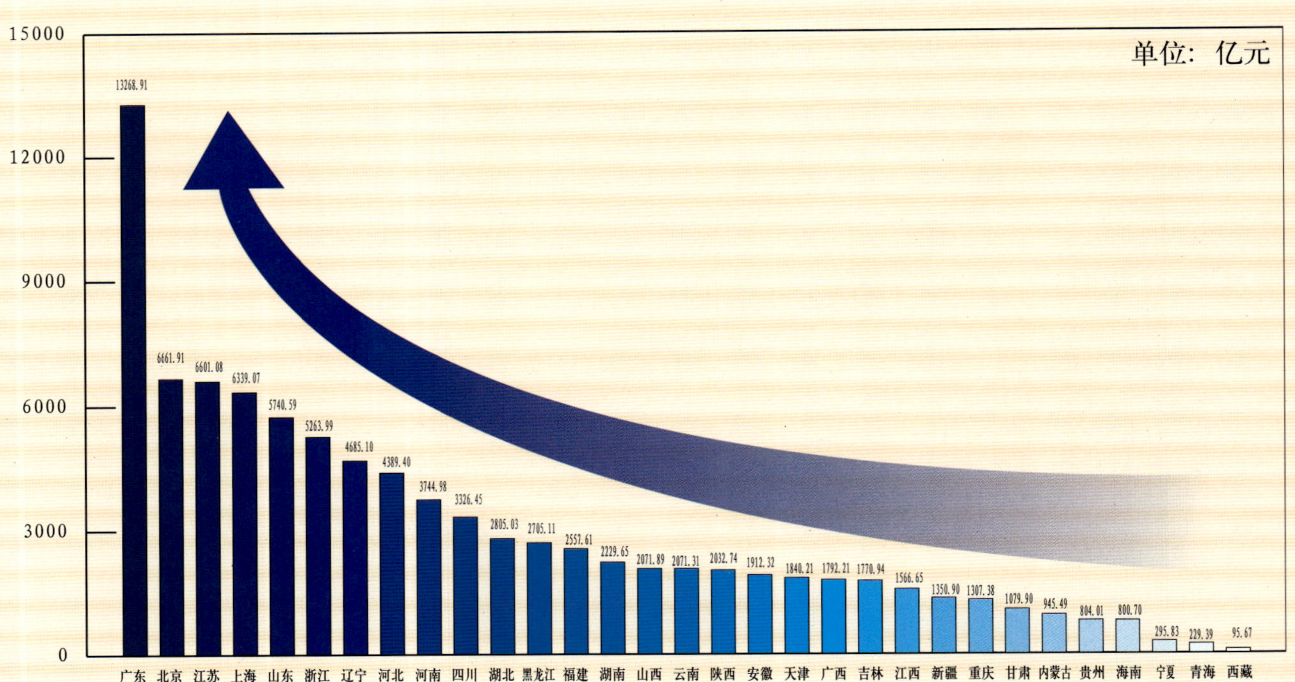

2008年全国各地区人均存款

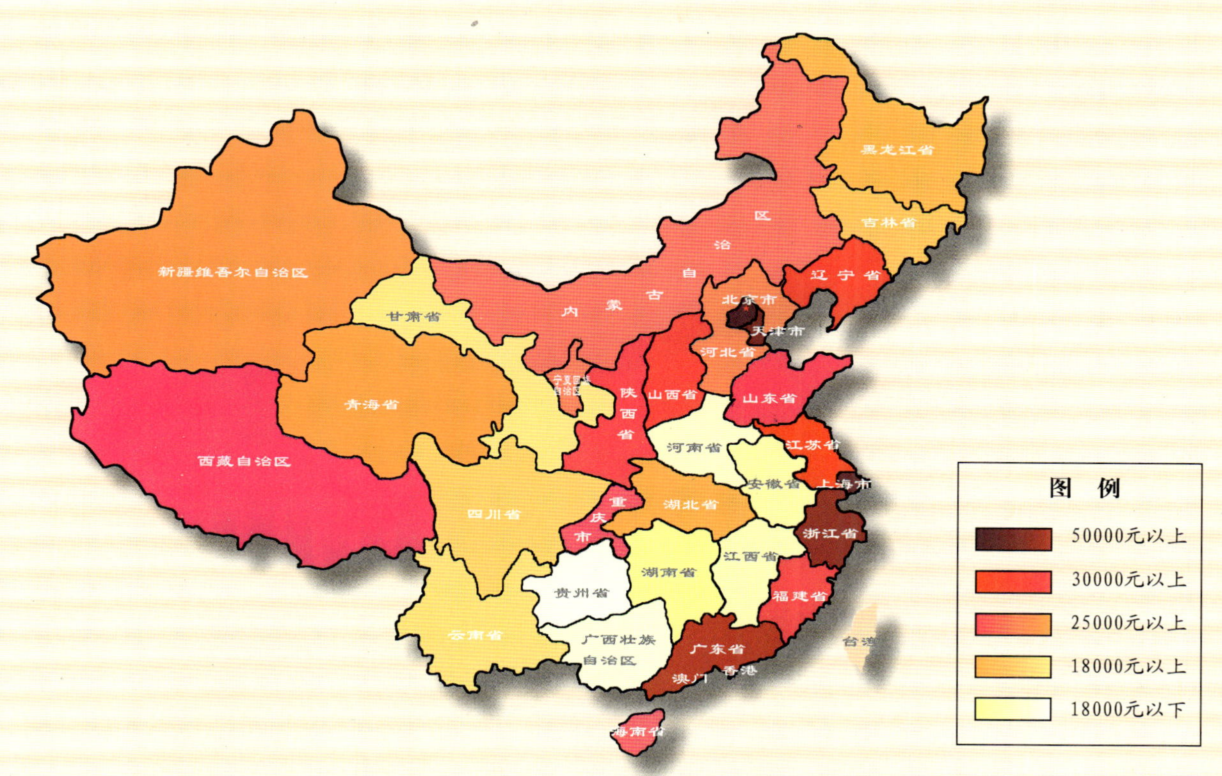

2008年全国各地区各项存款

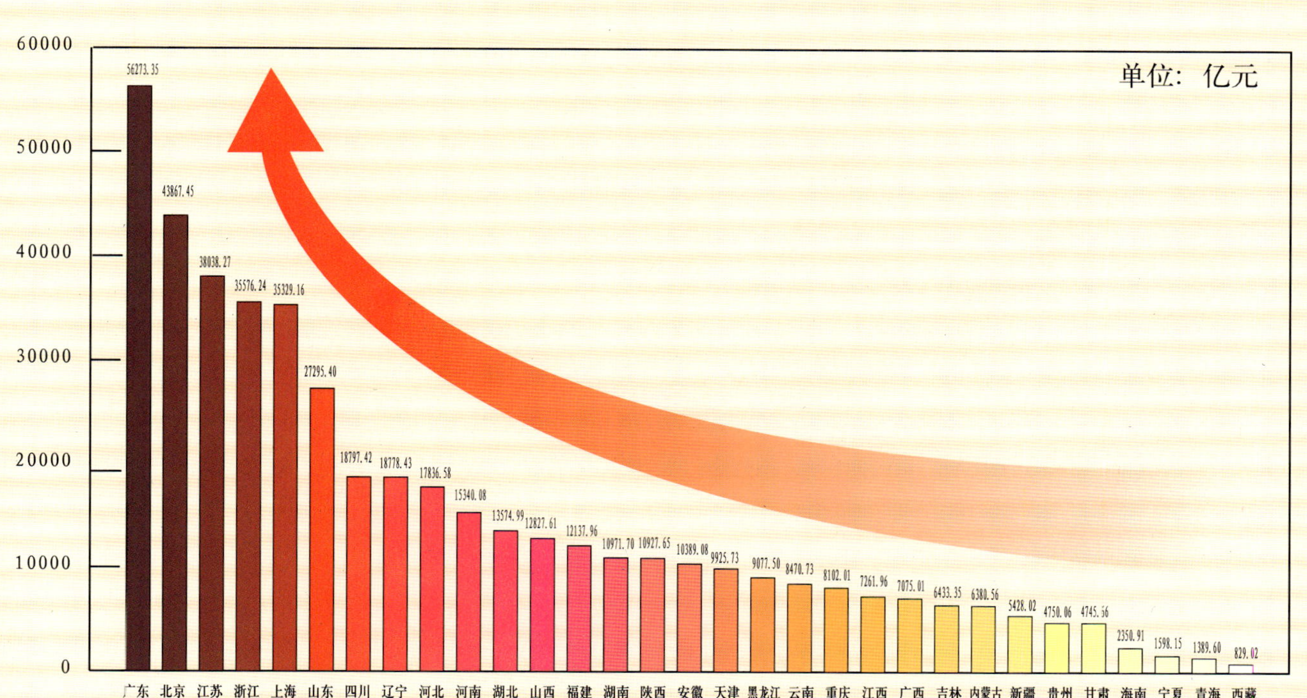

1998年全国各地区各项存款占地区生产总值的比重

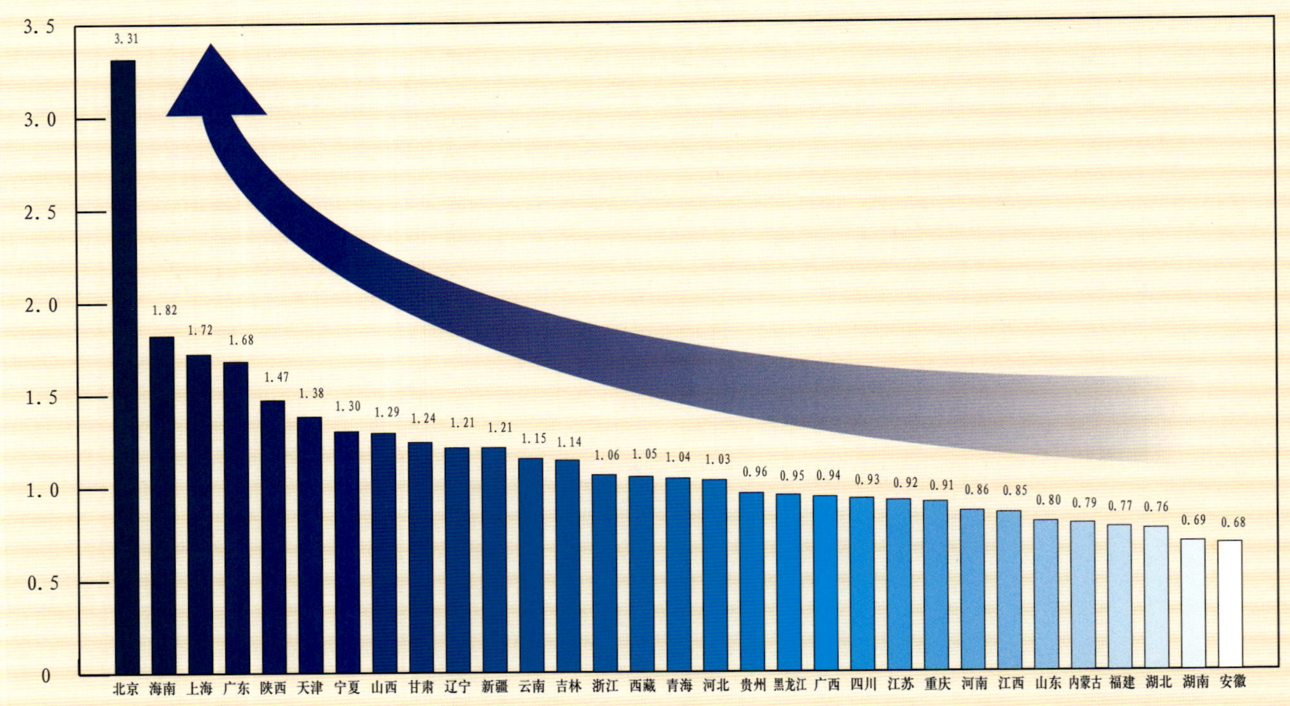

2008年全国各地区各项存款占地区生产总值的比重

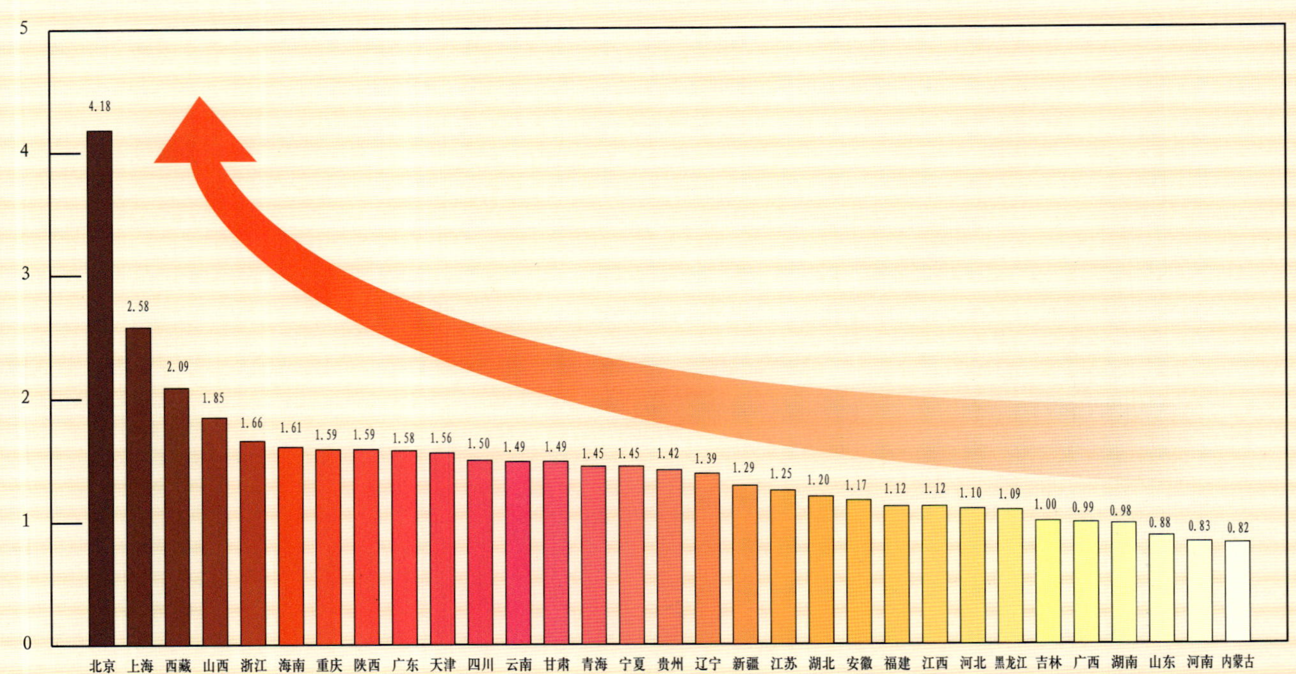

1998年山东省各市地人均存款

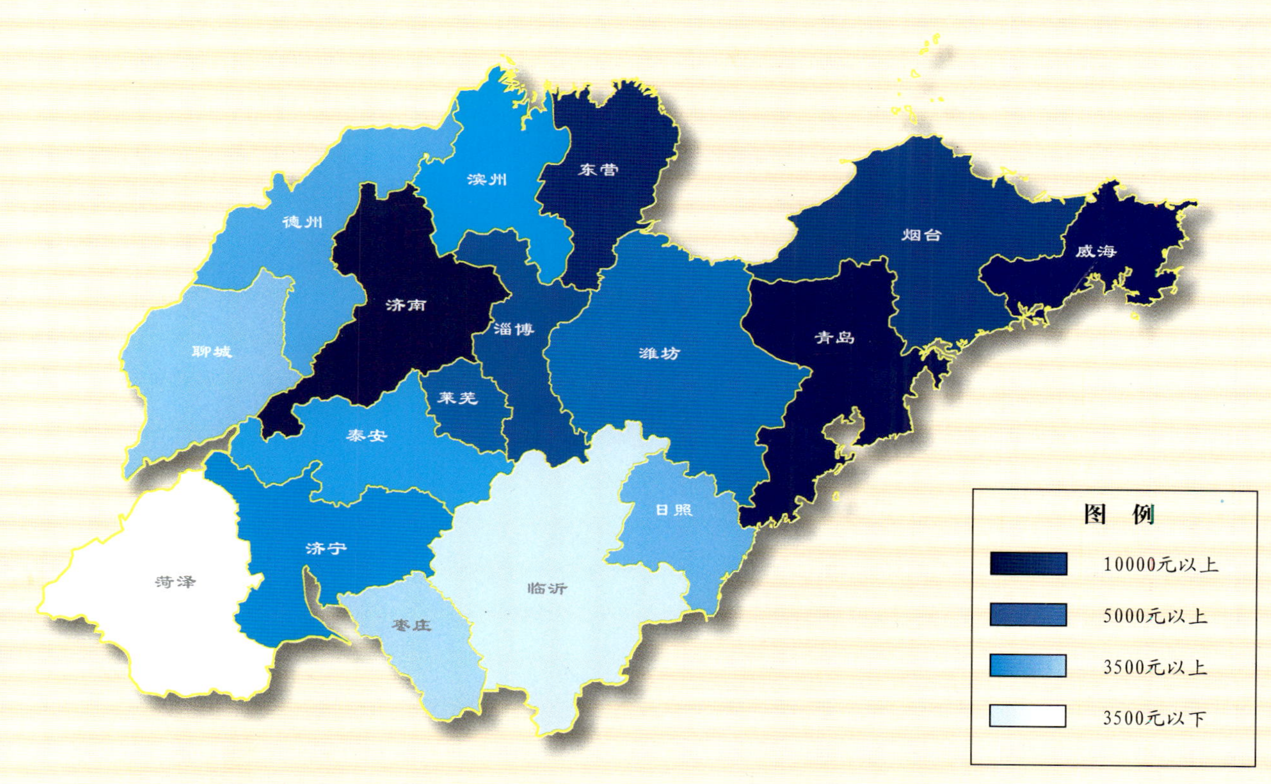

1998年山东省各市地各项存款

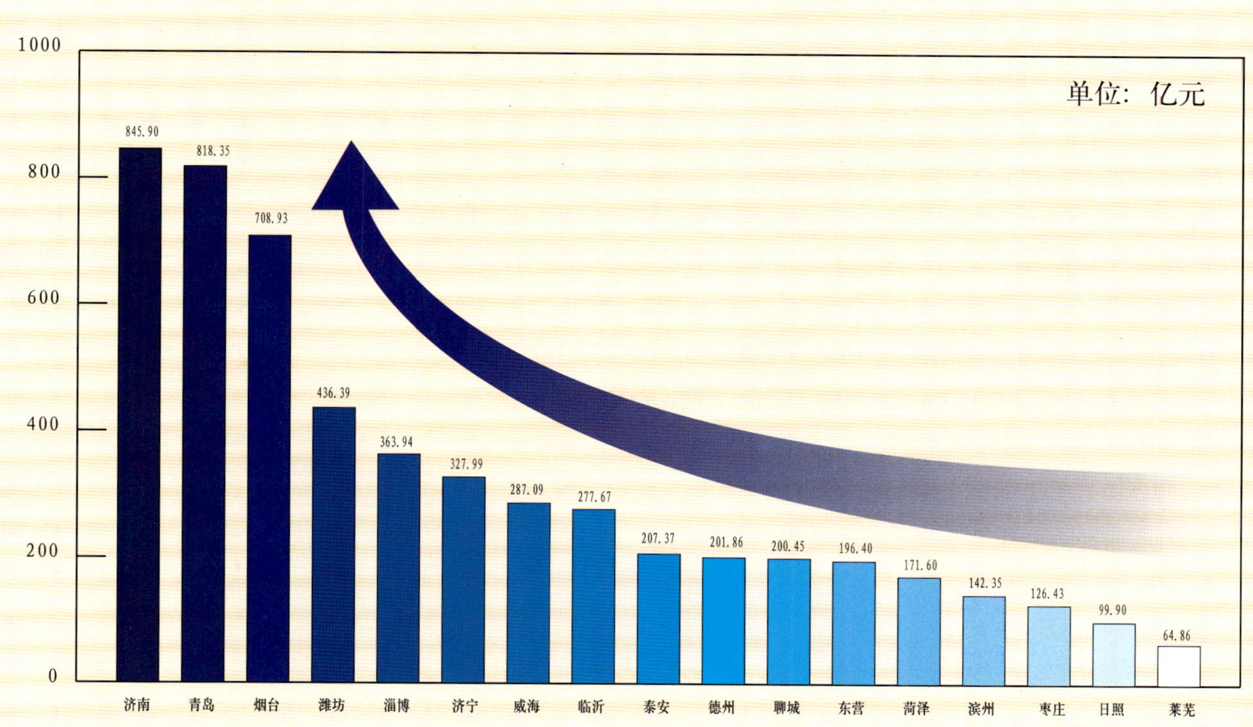

2008年山东省各市地人均存款

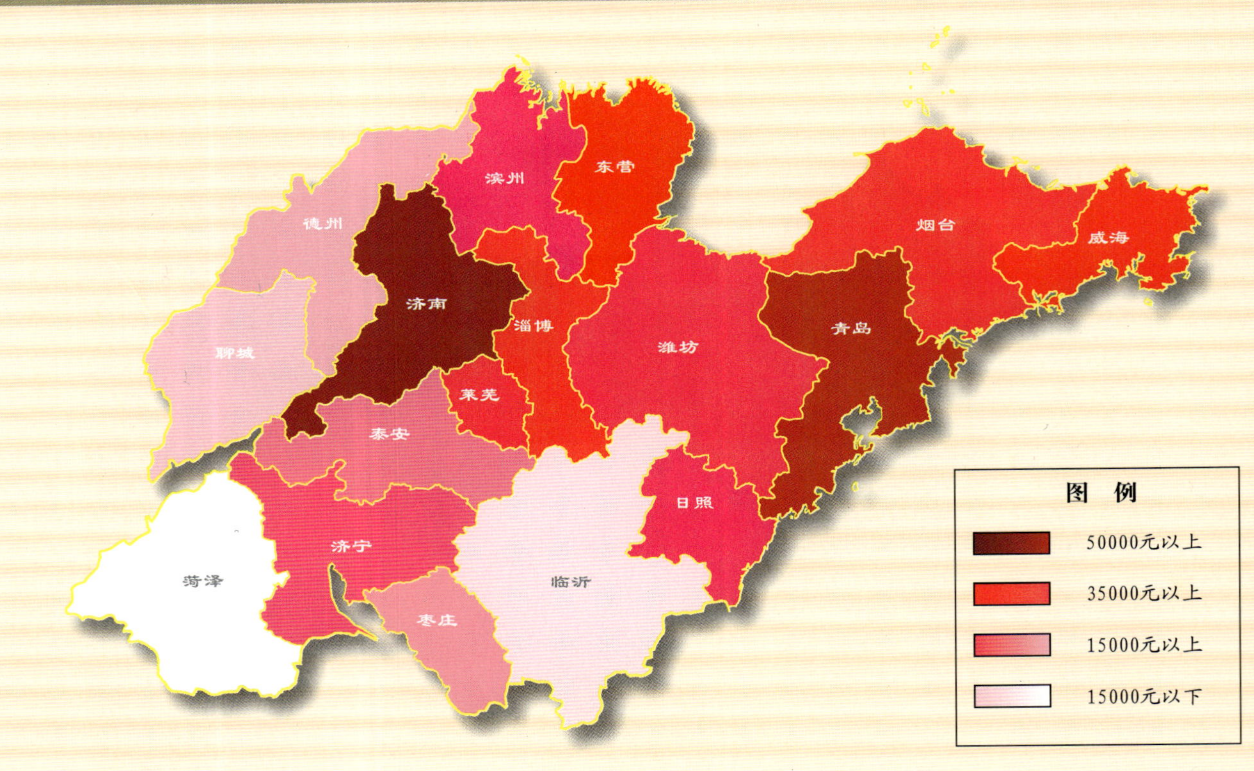

2008年山东省各市地各项存款

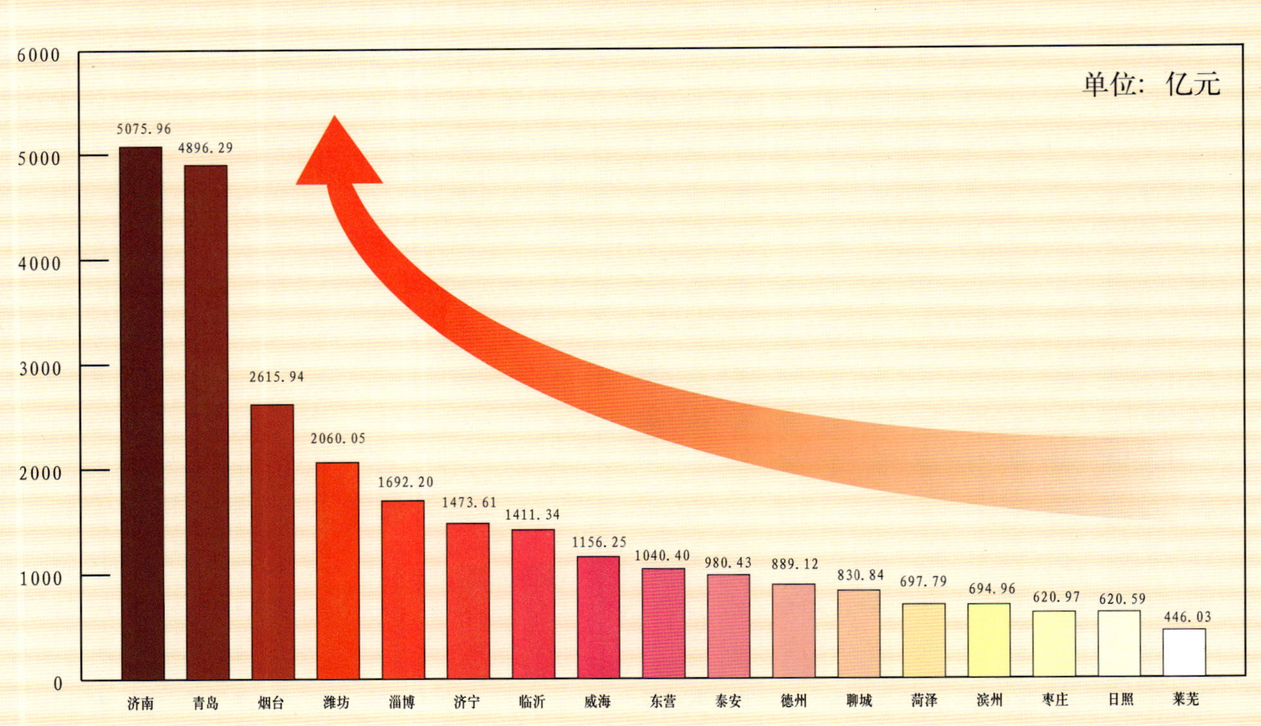

1998年山东省各市地各项存款占地区生产总值的比重

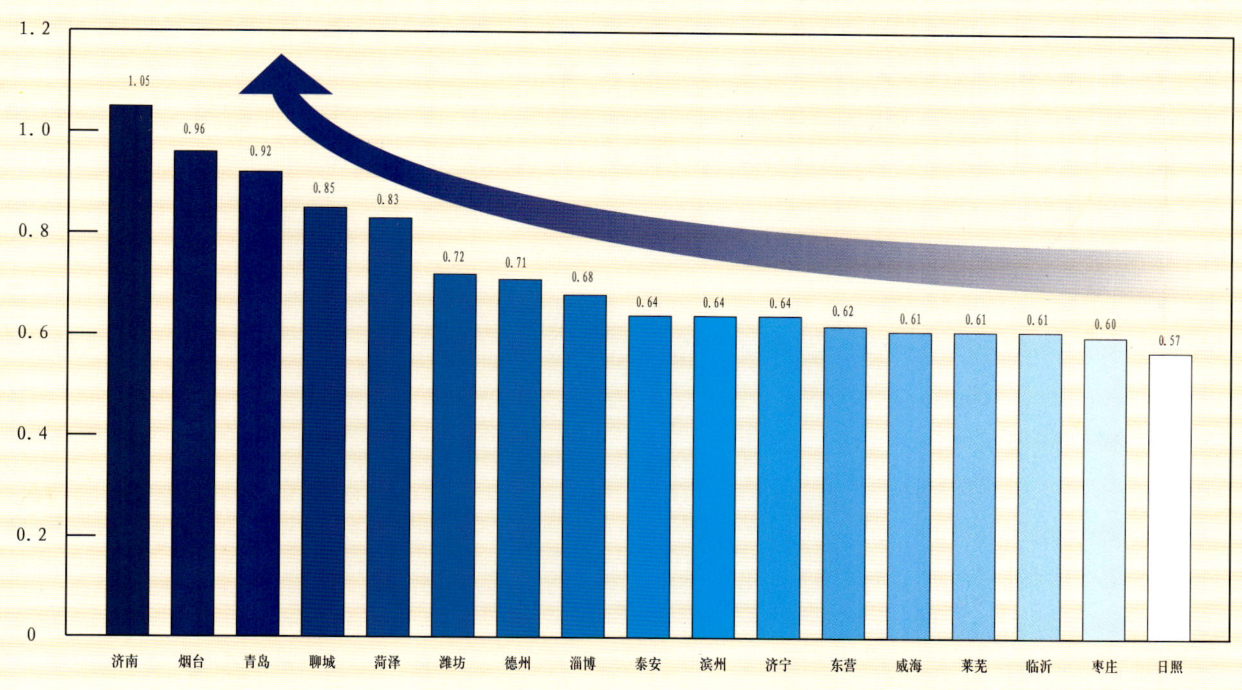

2008年山东省各市地各项存款占地区生产总值的比重

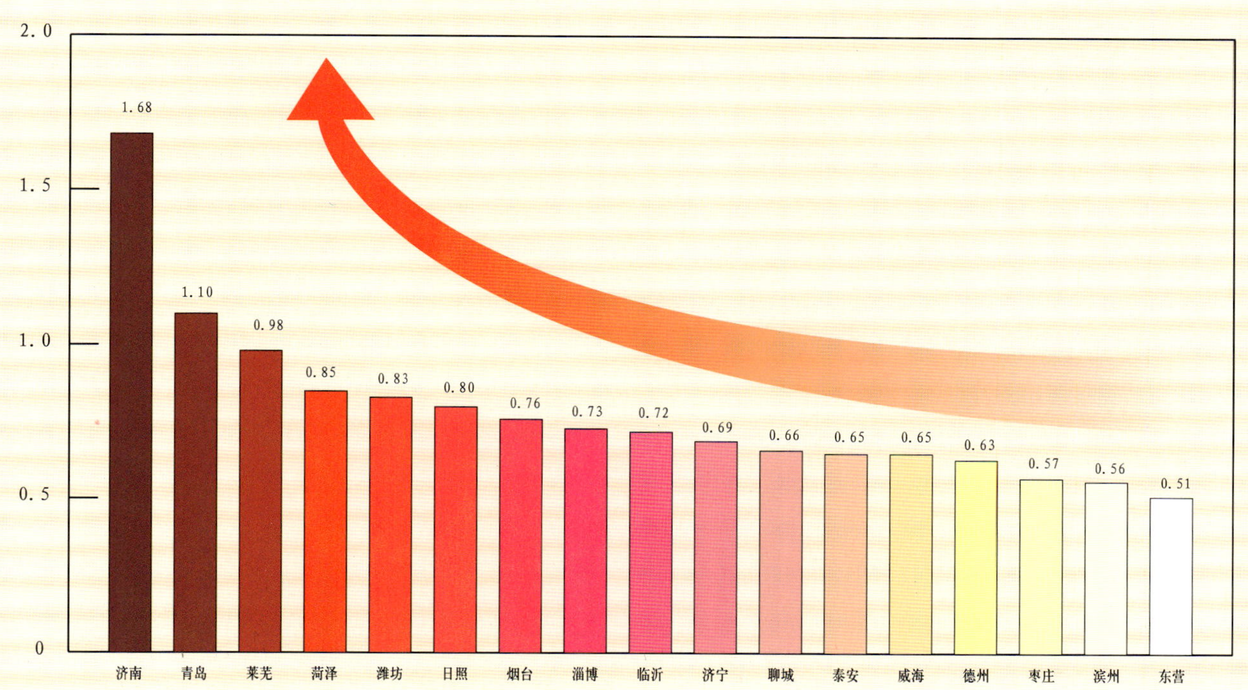

1998年全国各地区人均储蓄存款

1998年全国各地区储蓄存款

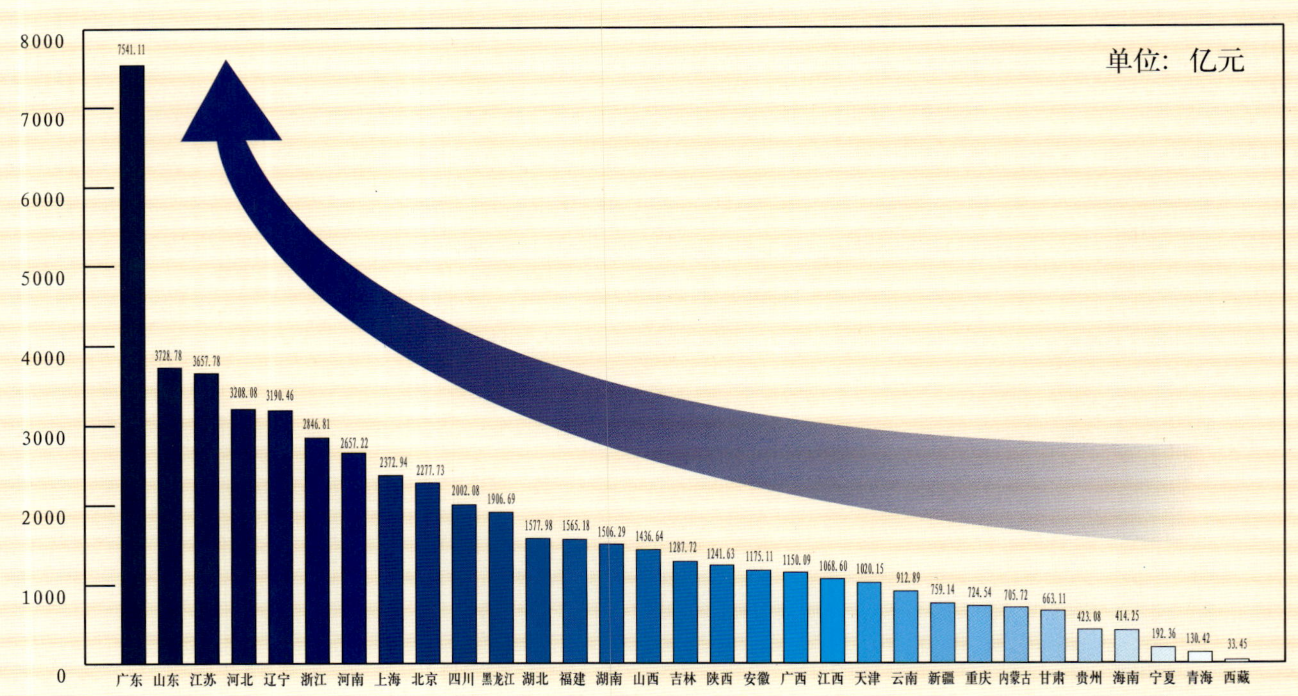

2008年全国各地区人均储蓄存款

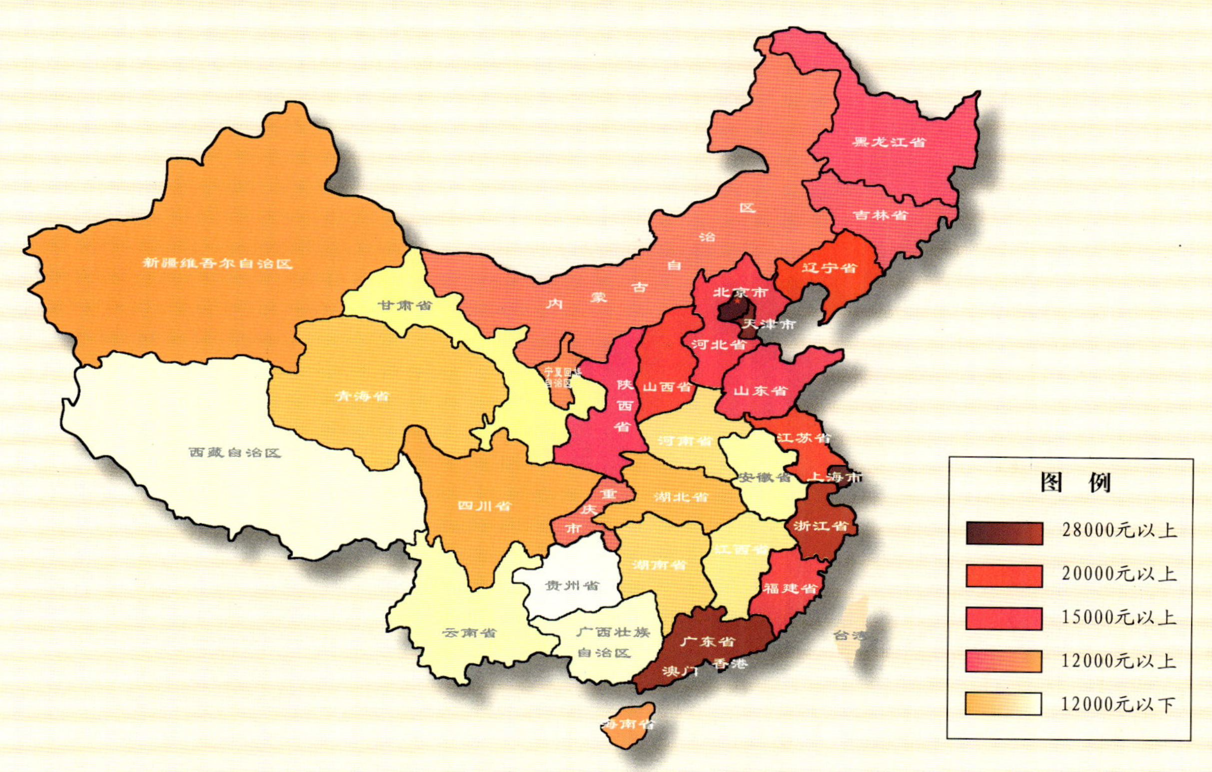

2008年全国各地区储蓄存款

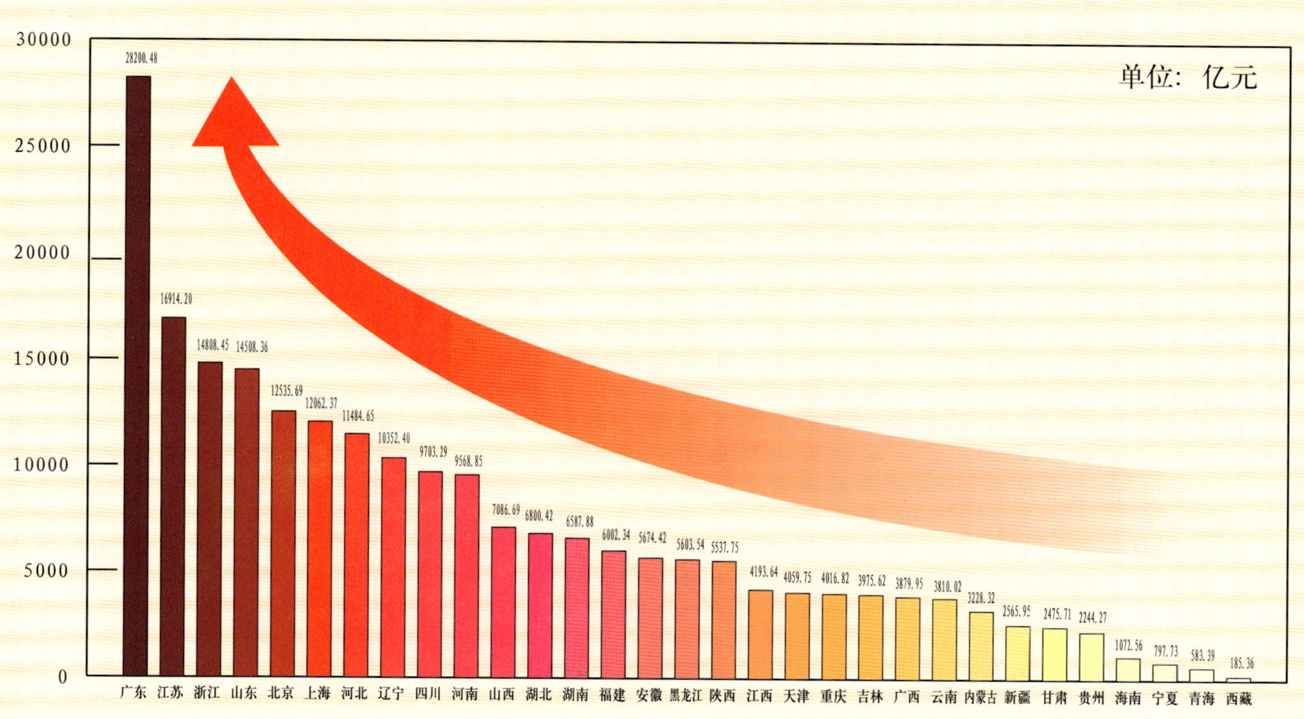

1998年全国各地区储蓄存款占地区生产总值的比重

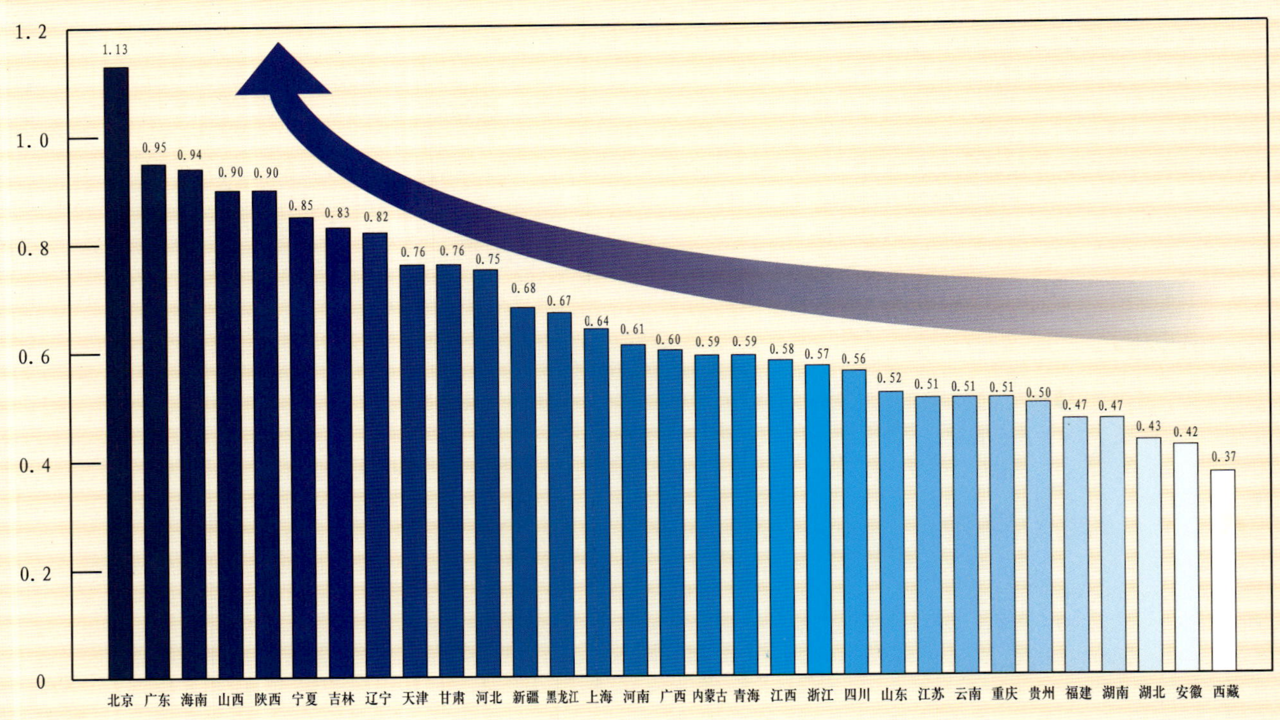

2008年全国各地区储蓄存款占地区生产总值的比重

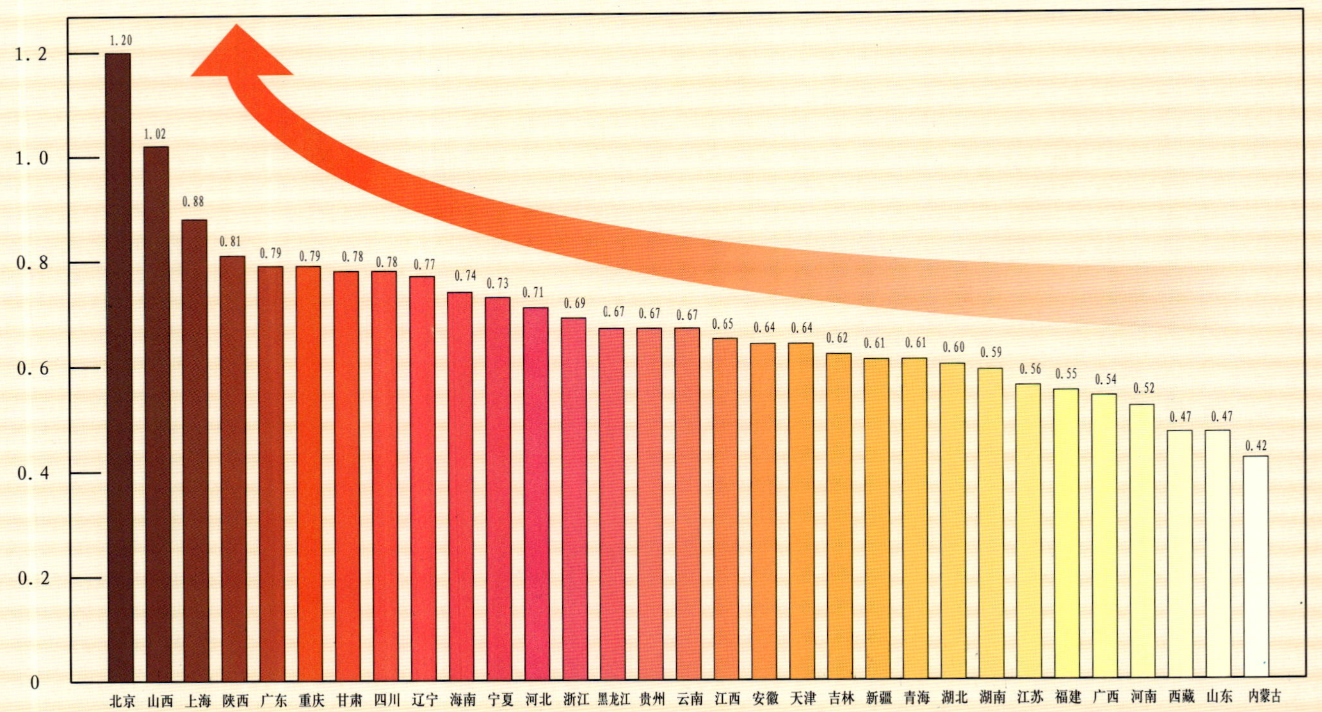

1998年山东省各市地人均储蓄存款

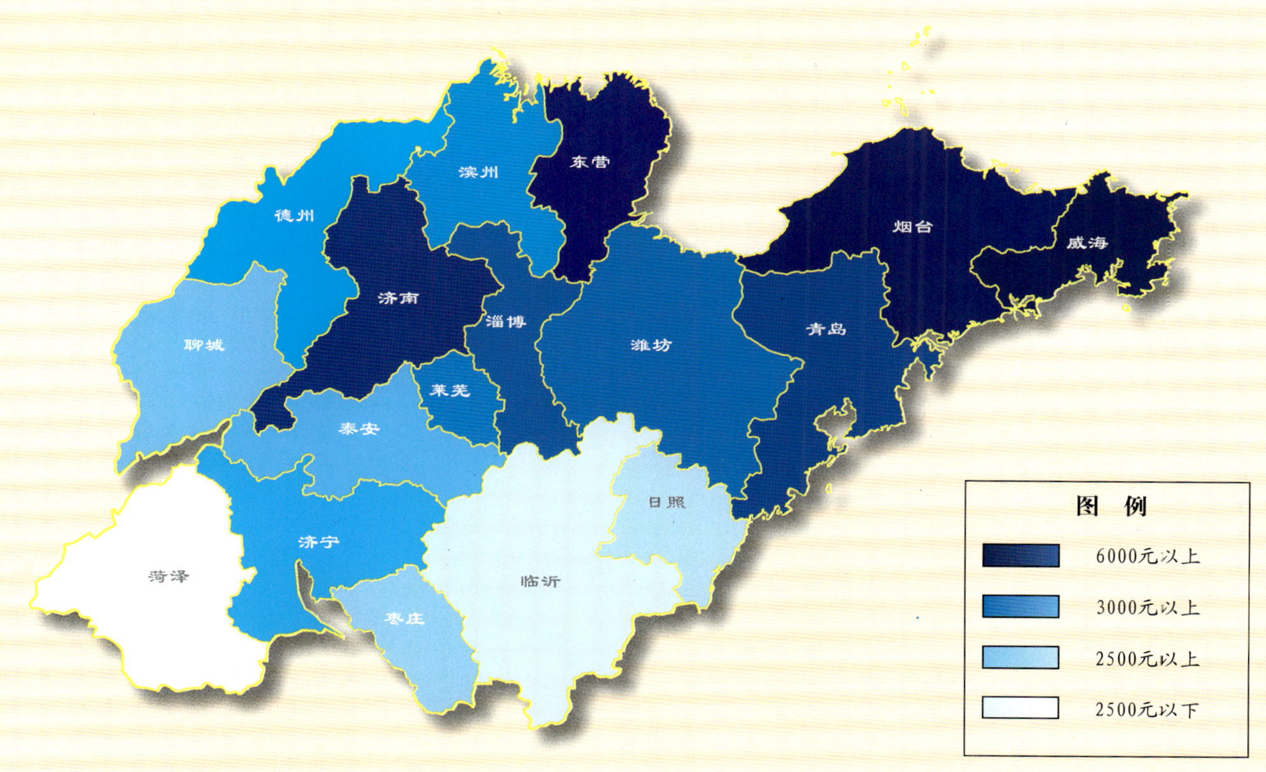

1998年山东省各市地储蓄存款

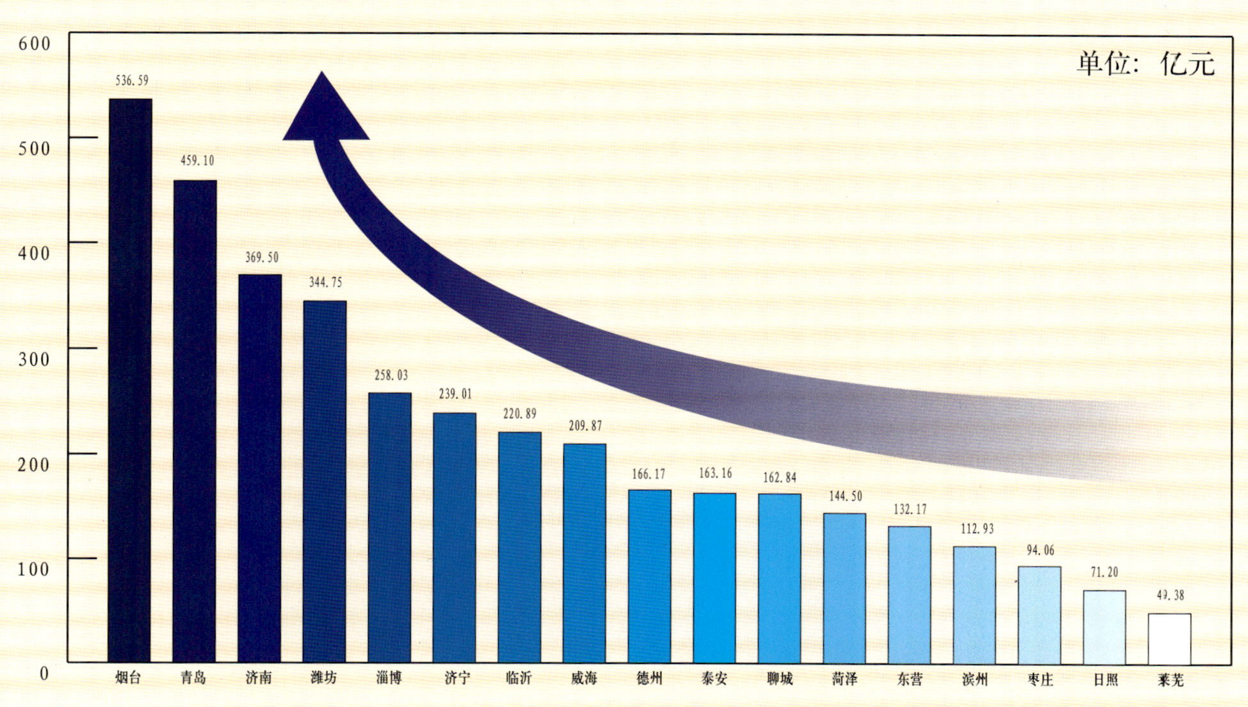

2008年山东省各市地人均储蓄存款

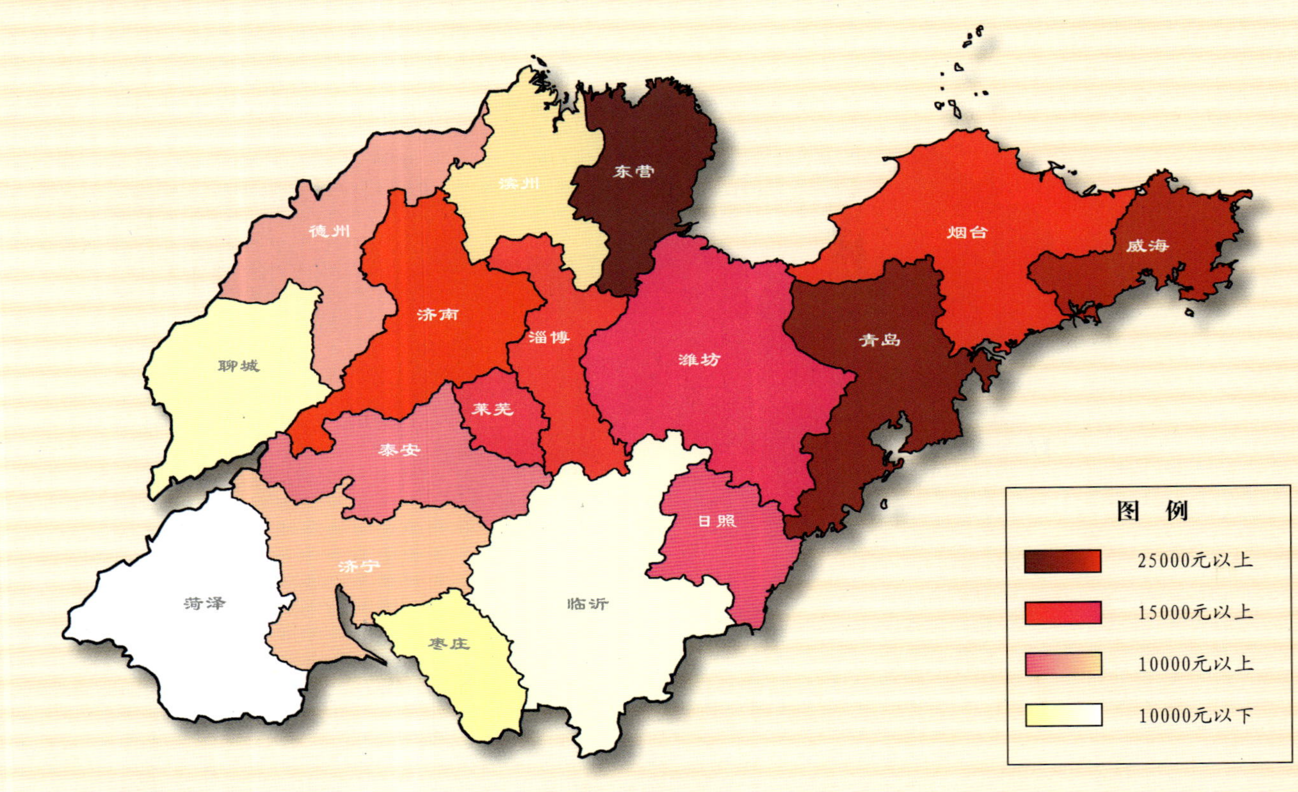

2008年山东省各市地储蓄存款

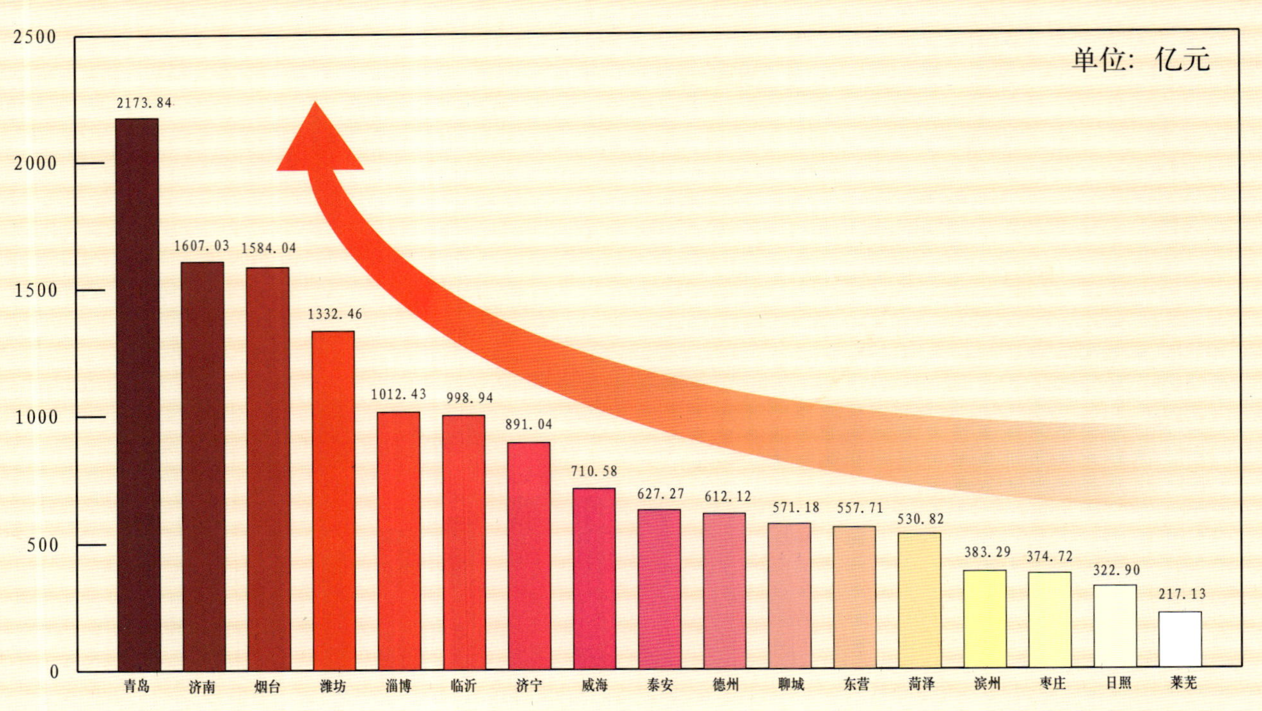

1998年山东省各市地储蓄存款占地区生产总值的比重

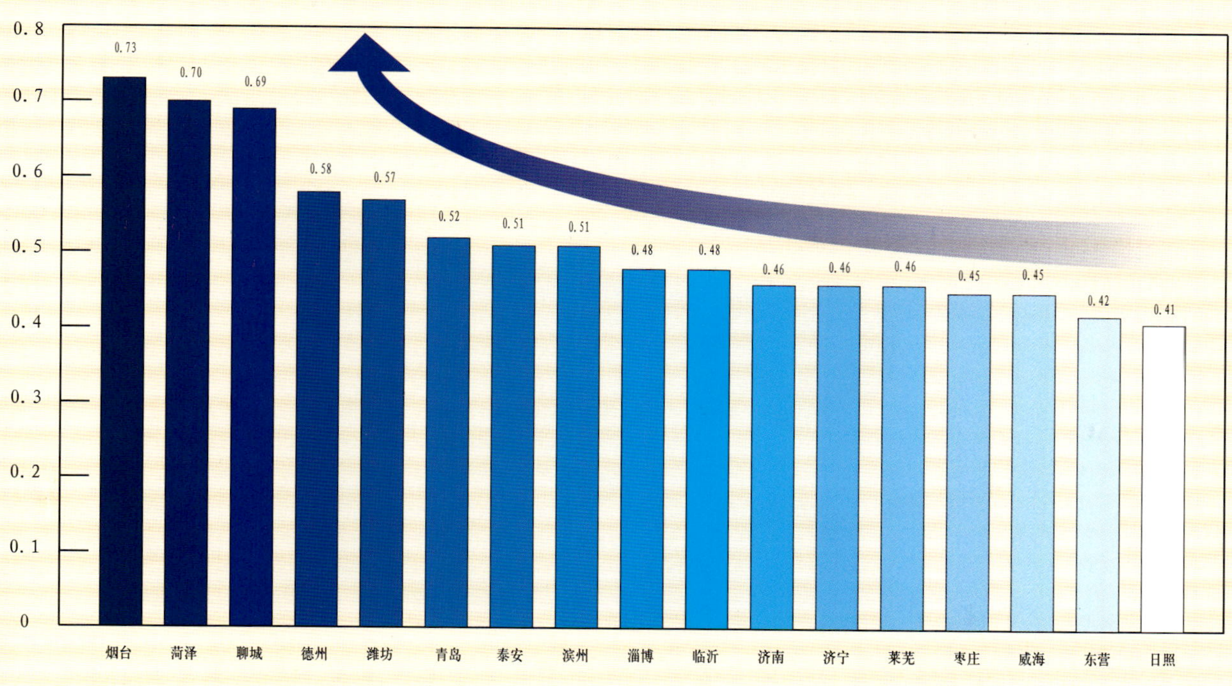

2008年山东省各市地储蓄存款占地区生产总值的比重

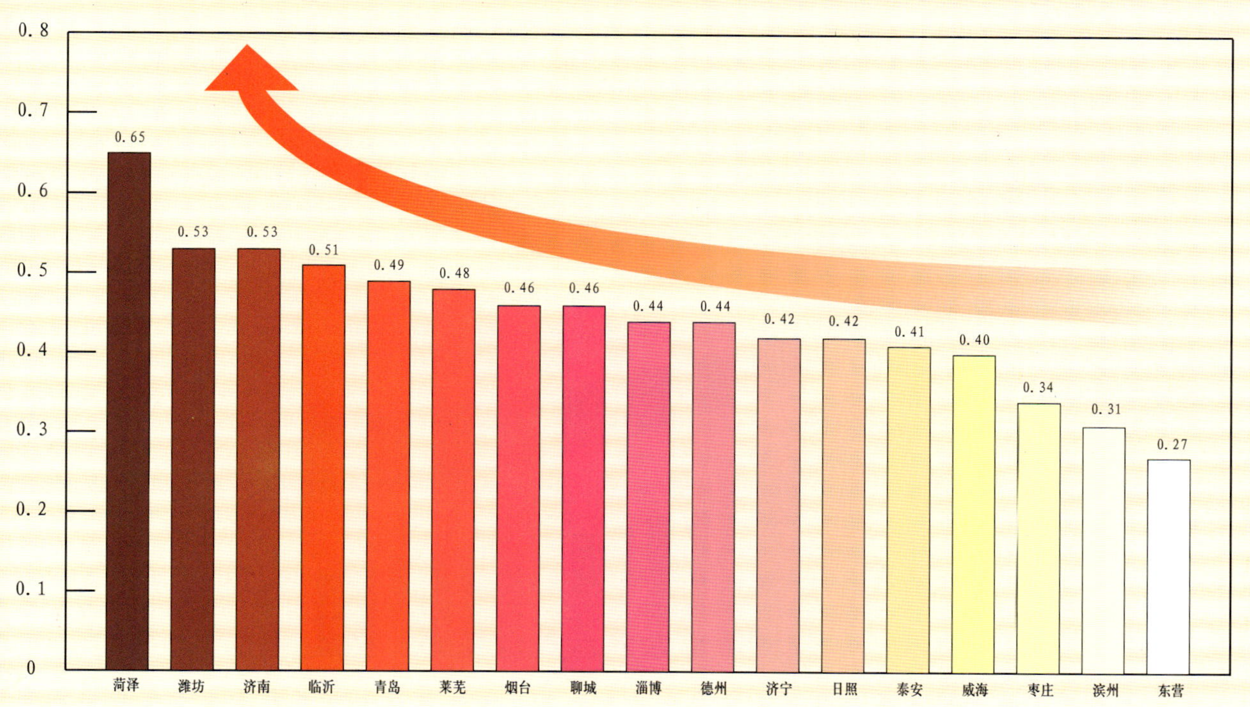

1998年全国各地区人均贷款

1998年全国各地区各项贷款

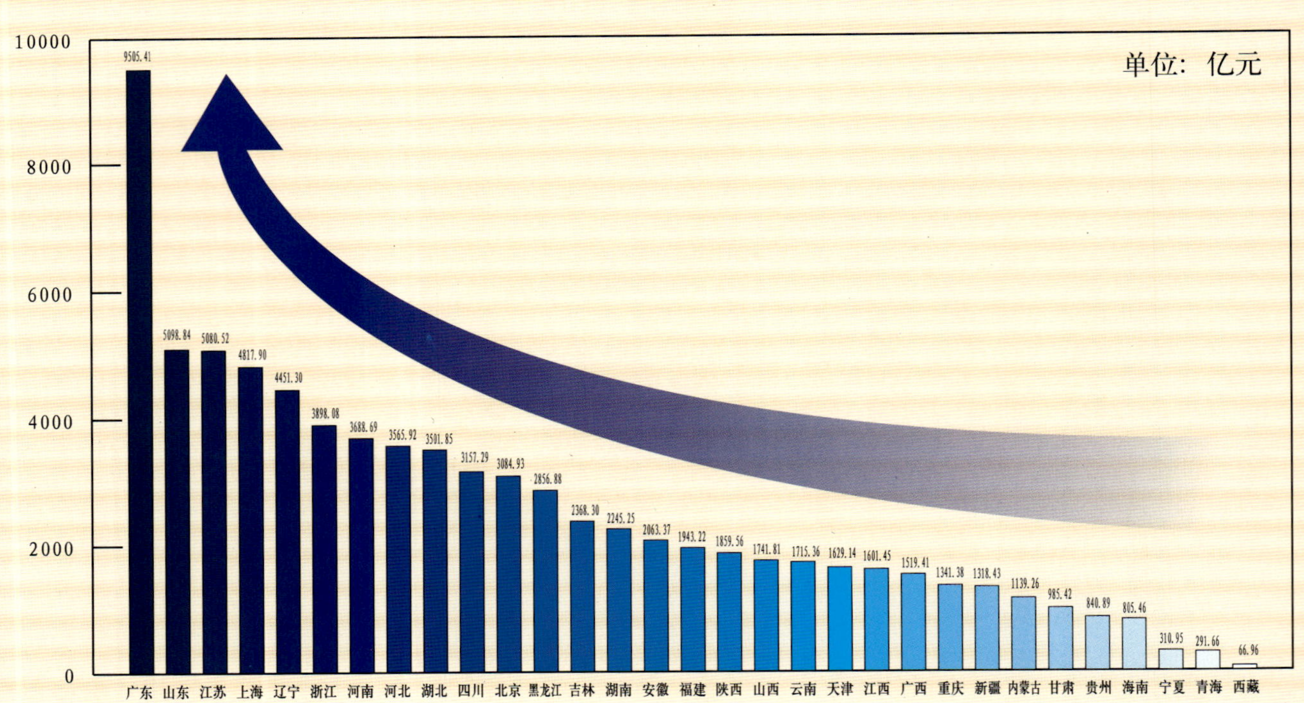

2008年全国各地区人均贷款

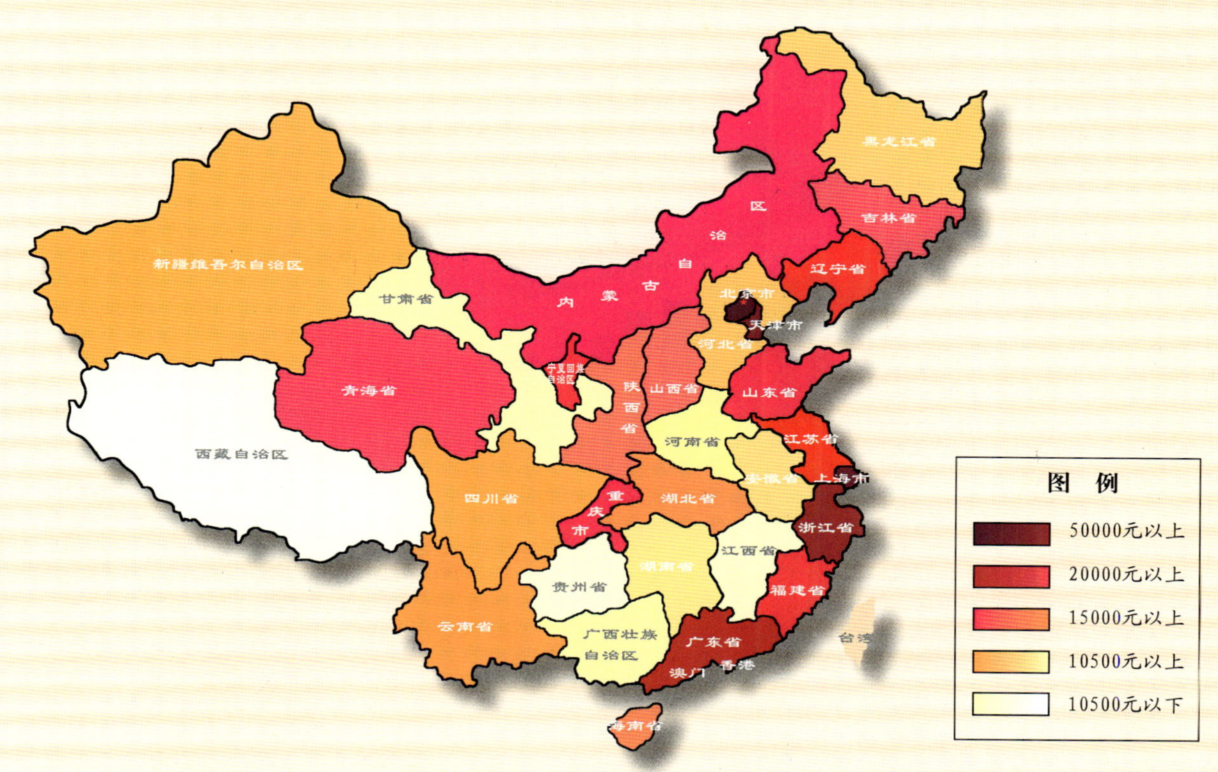

2008年全国各地区各项贷款

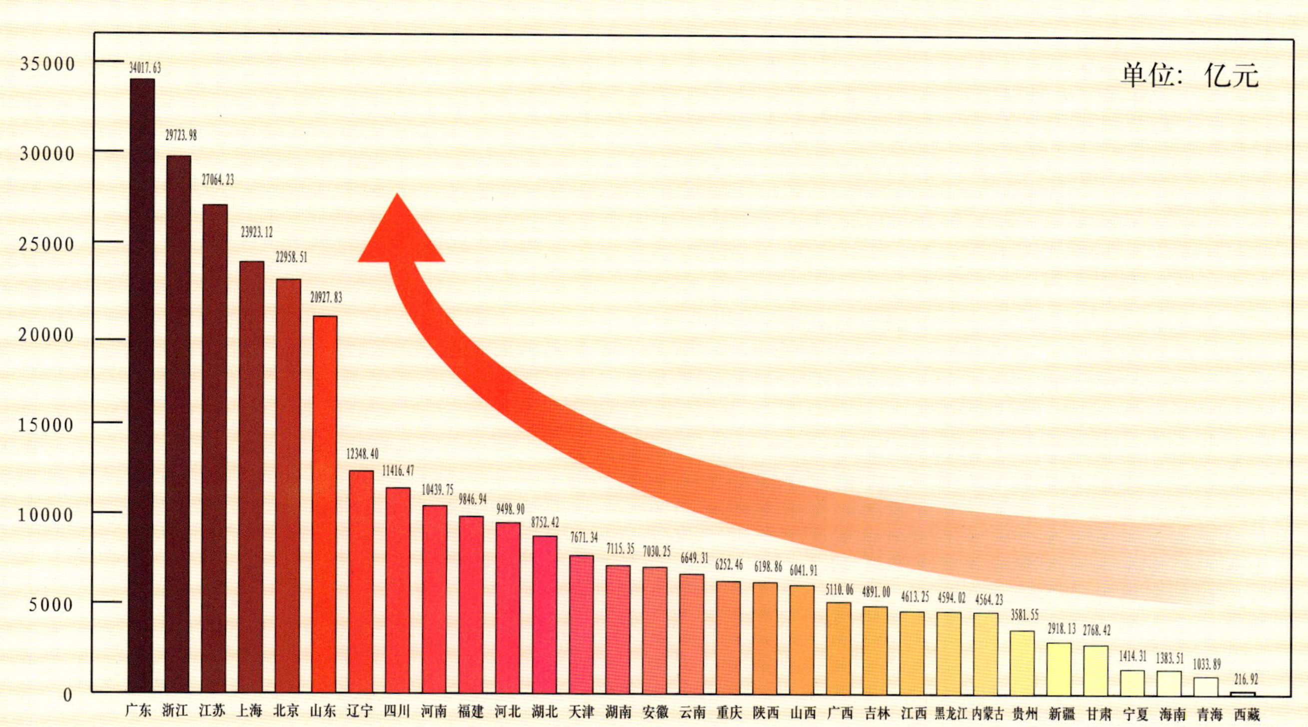

1998年全国各地区各项贷款占地区生产总值的比重

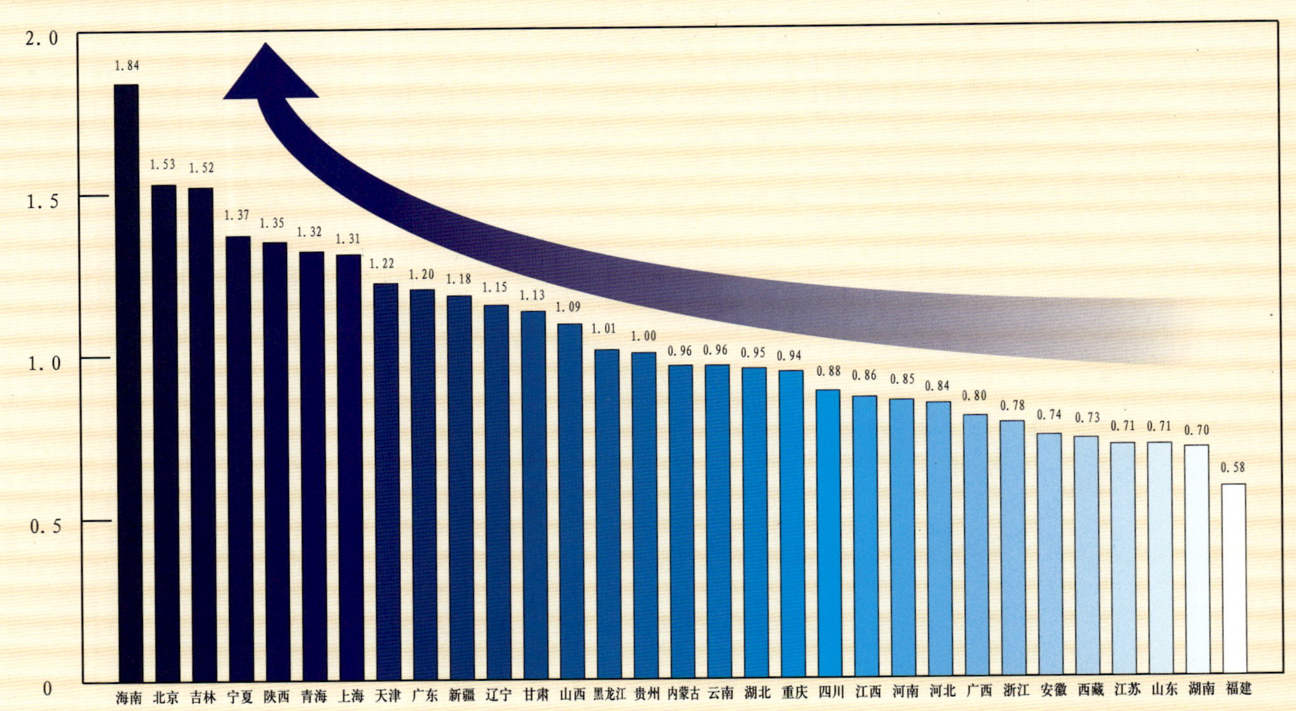

2008年全国各地区各项贷款占地区生产总值的比重

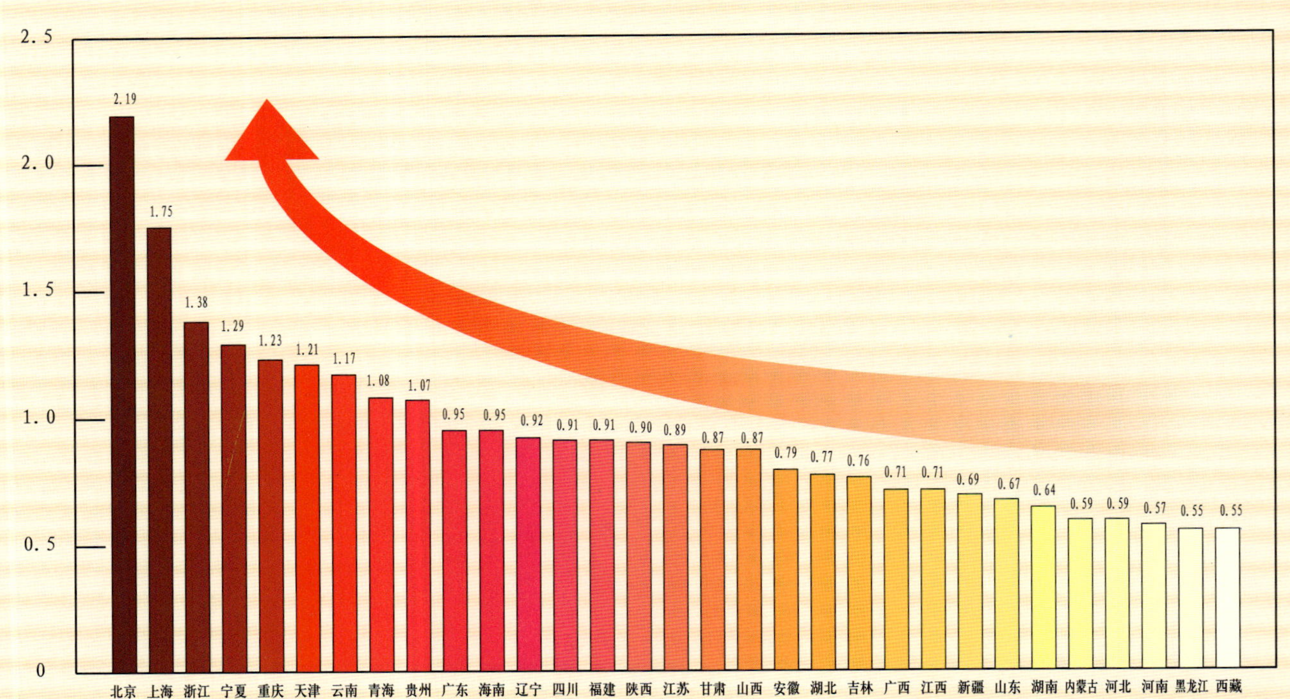

1998年山东省各市地人均贷款

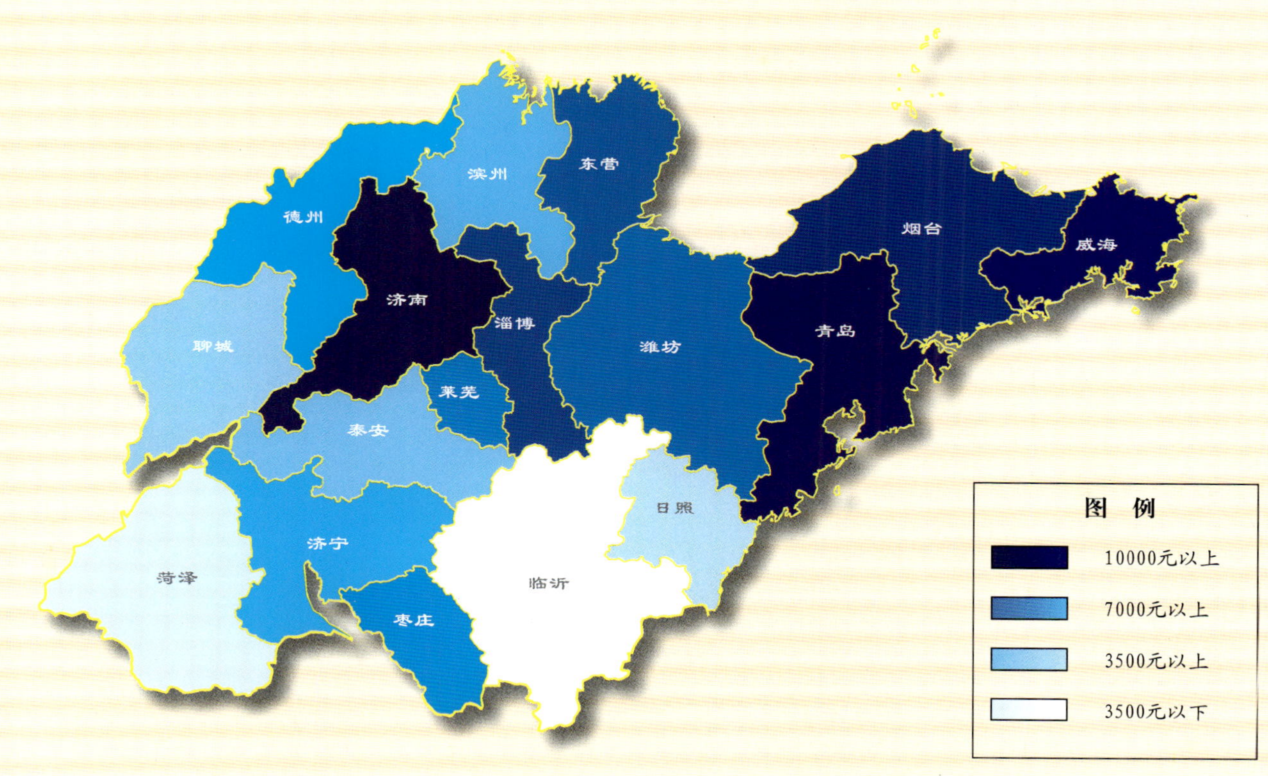

1998年山东省各市地各项贷款

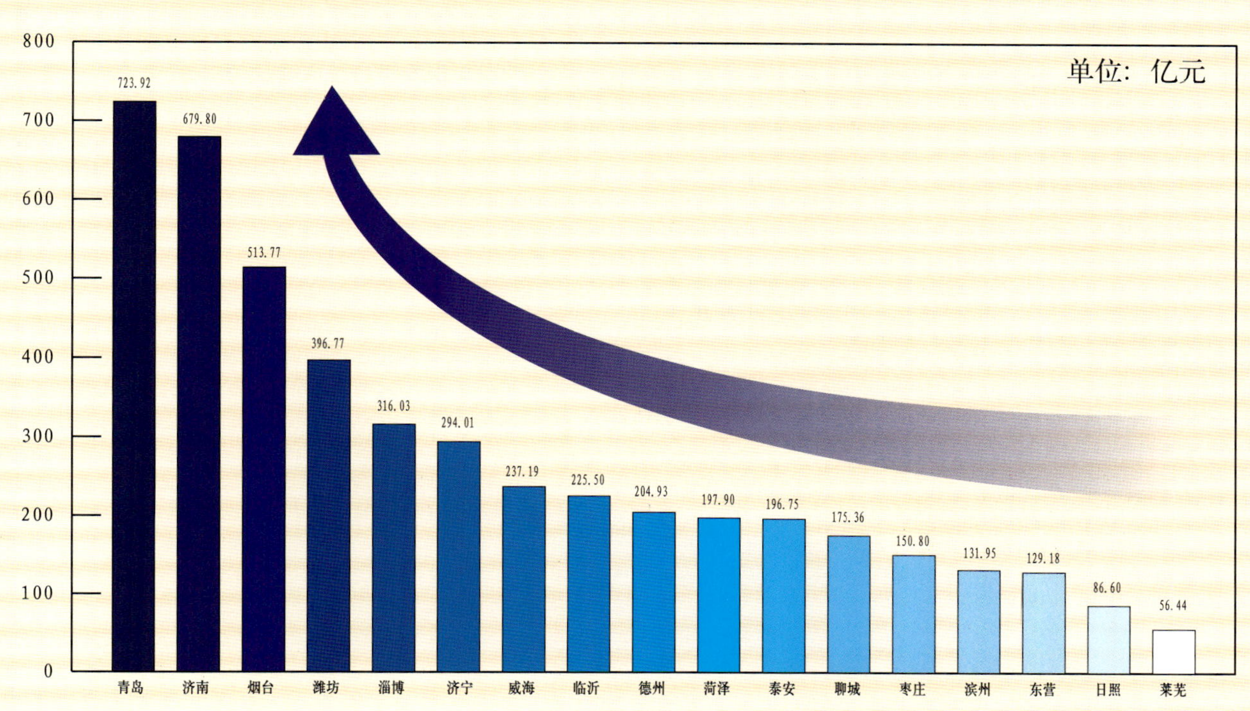

2008年山东省各市地人均贷款

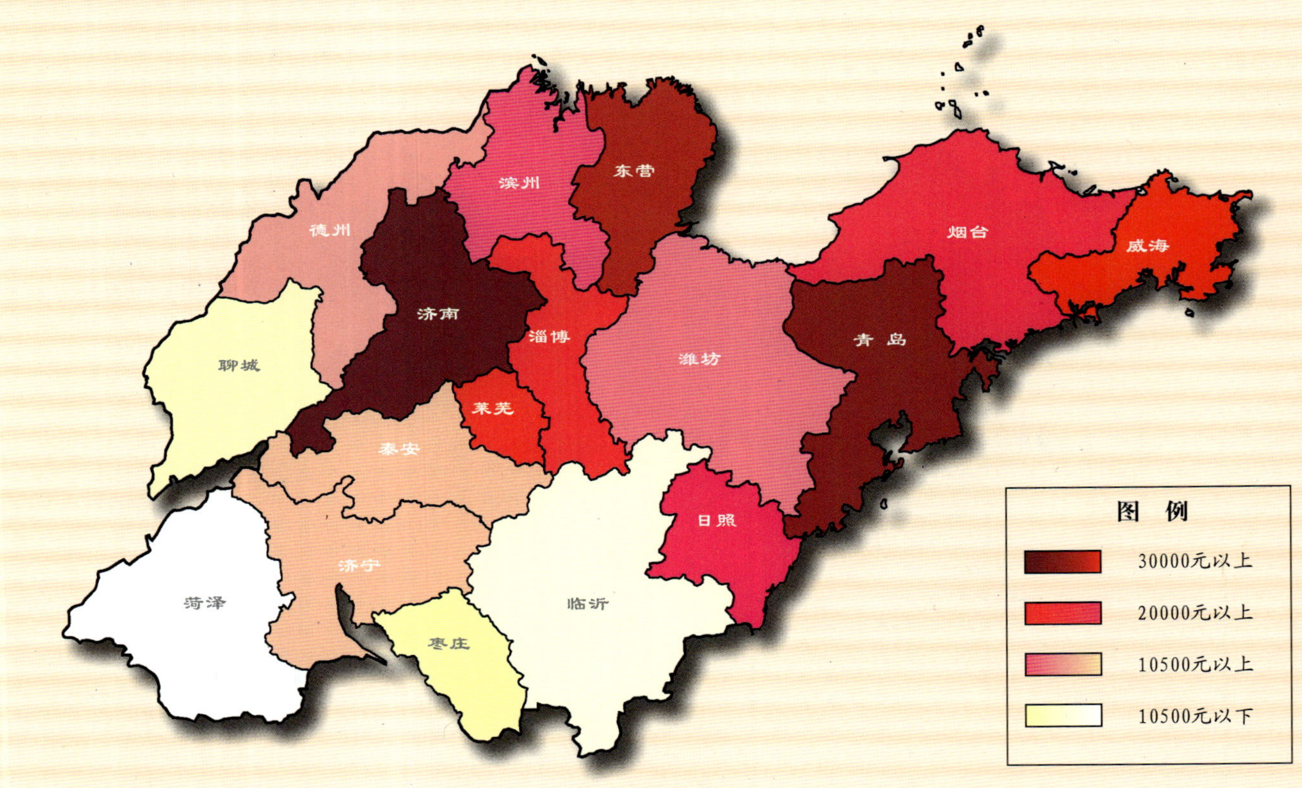

2008年山东省各市地各项贷款

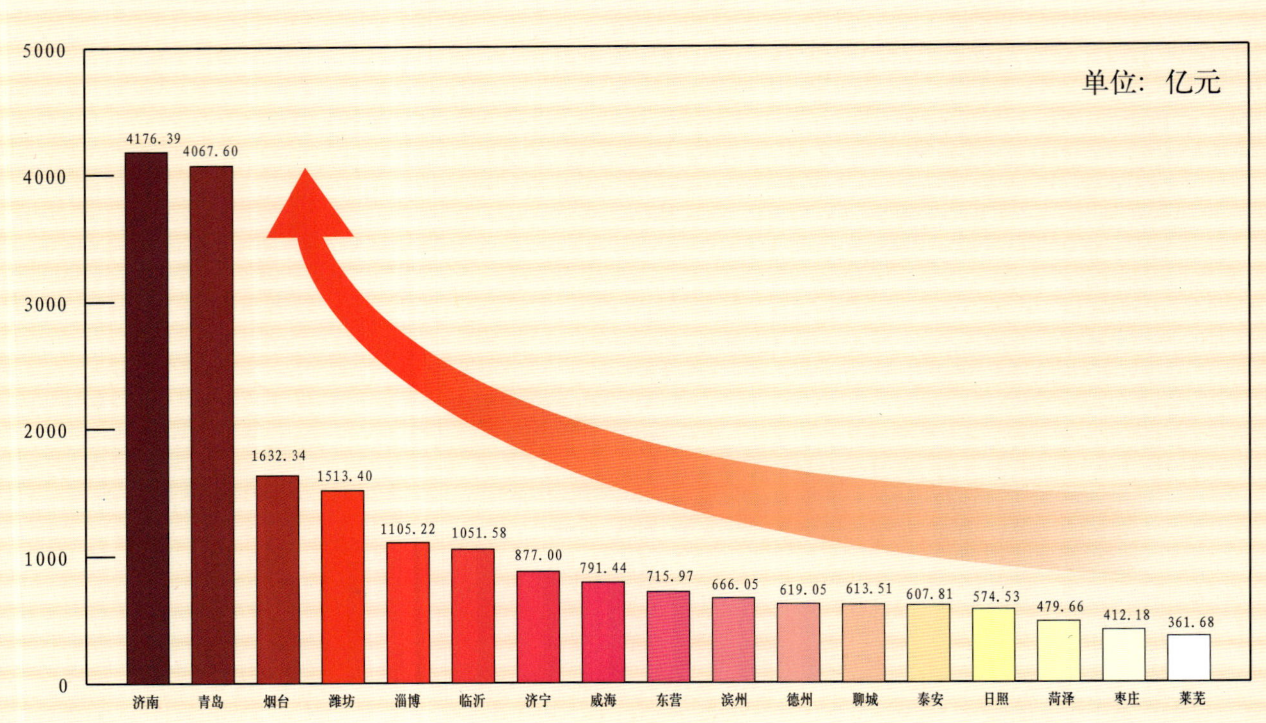

1998年山东省各市地各项贷款占地区生产总值的比重

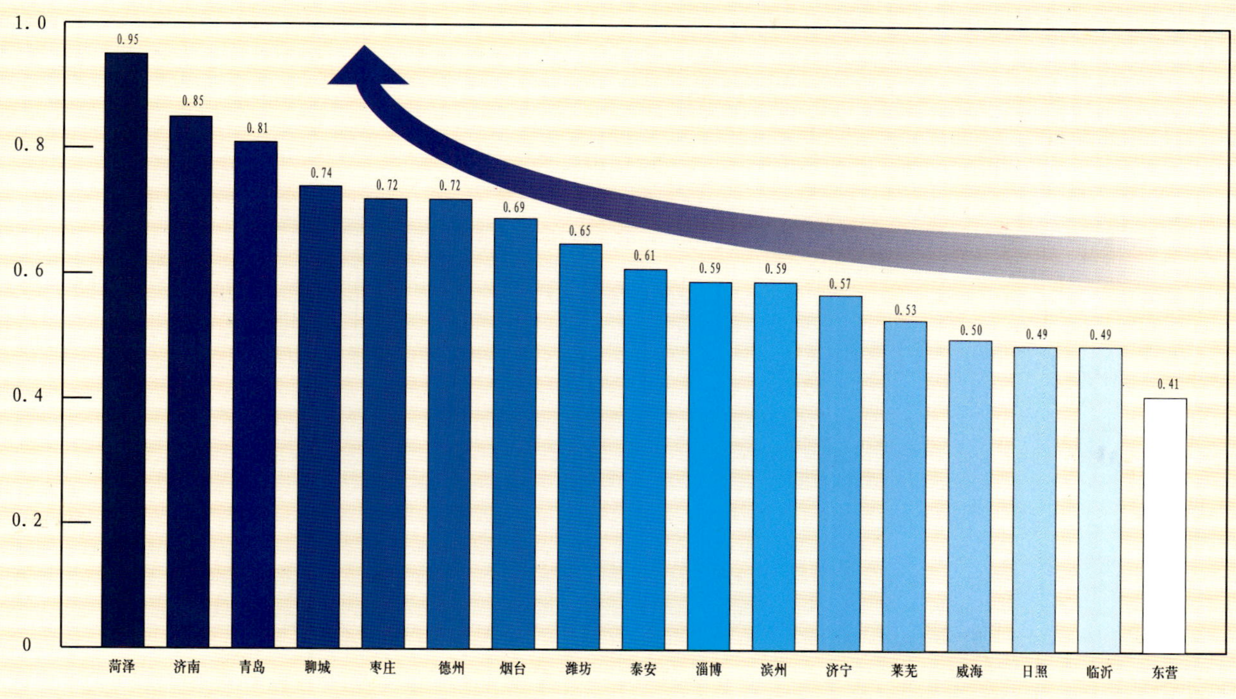

2008年山东省各市地各项贷款占地区生产总值的比重

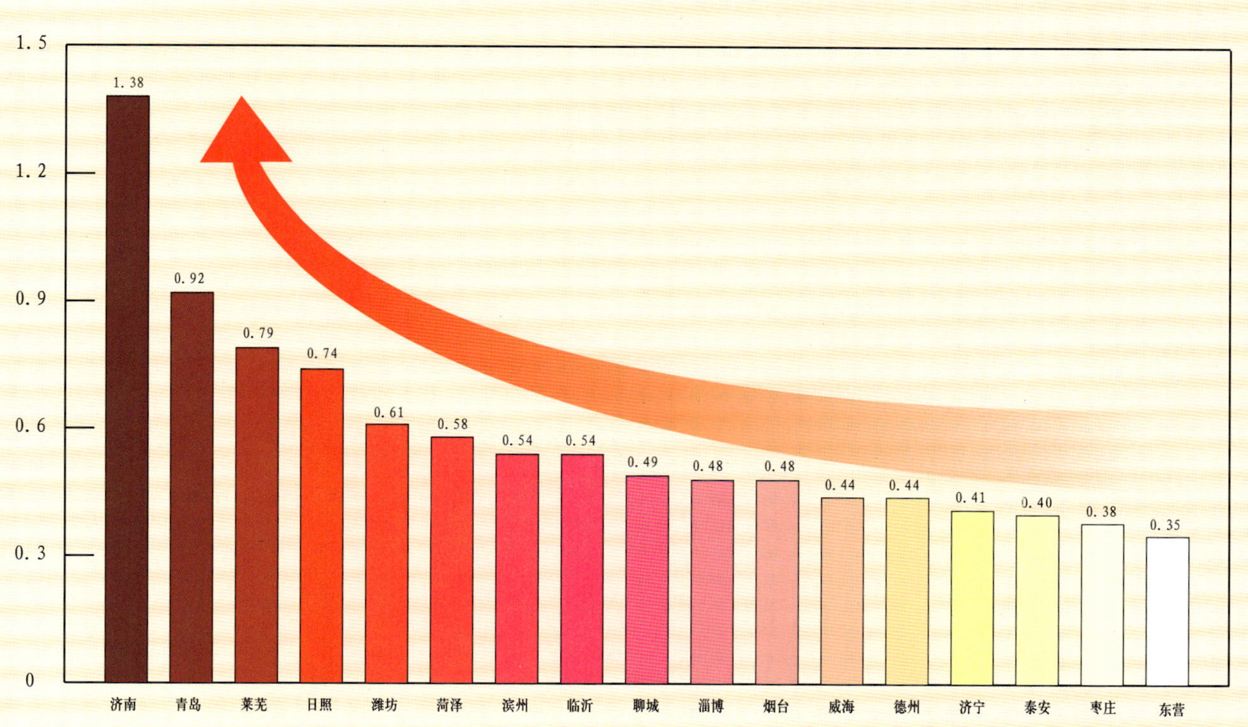

2008年全国分地区生产总值及存、贷款余额

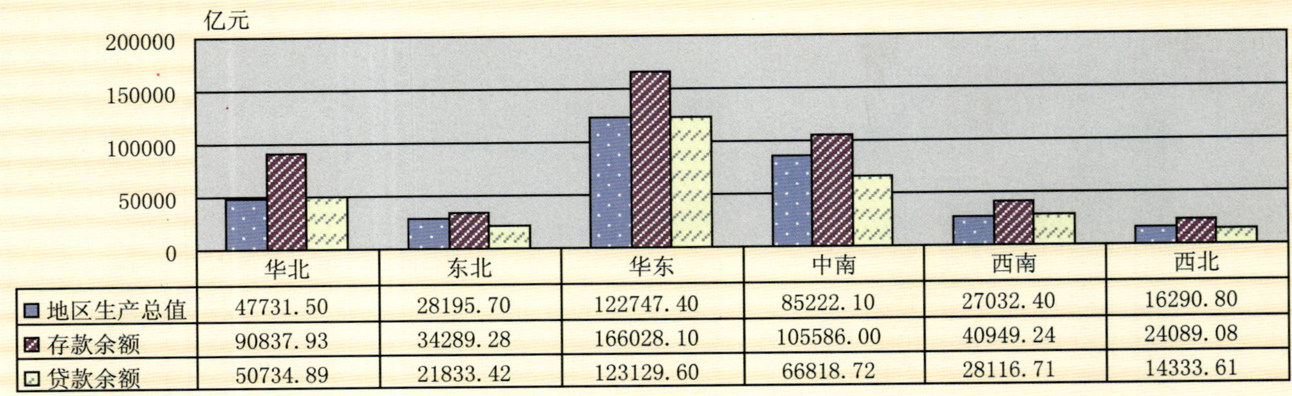

	华北	东北	华东	中南	西南	西北
地区生产总值	47731.50	28195.70	122747.40	85222.10	27032.40	16290.80
存款余额	90837.93	34289.28	166028.10	105586.00	40949.24	24089.08
贷款余额	50734.89	21833.42	123129.60	66818.72	28116.71	14333.61

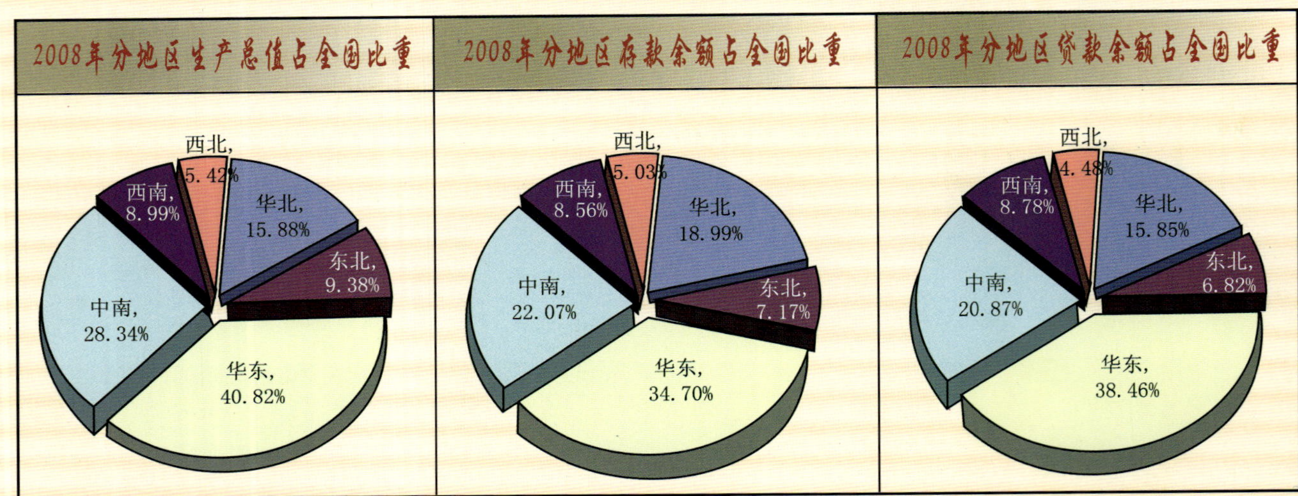

2004～2008年全国分地区生产总值

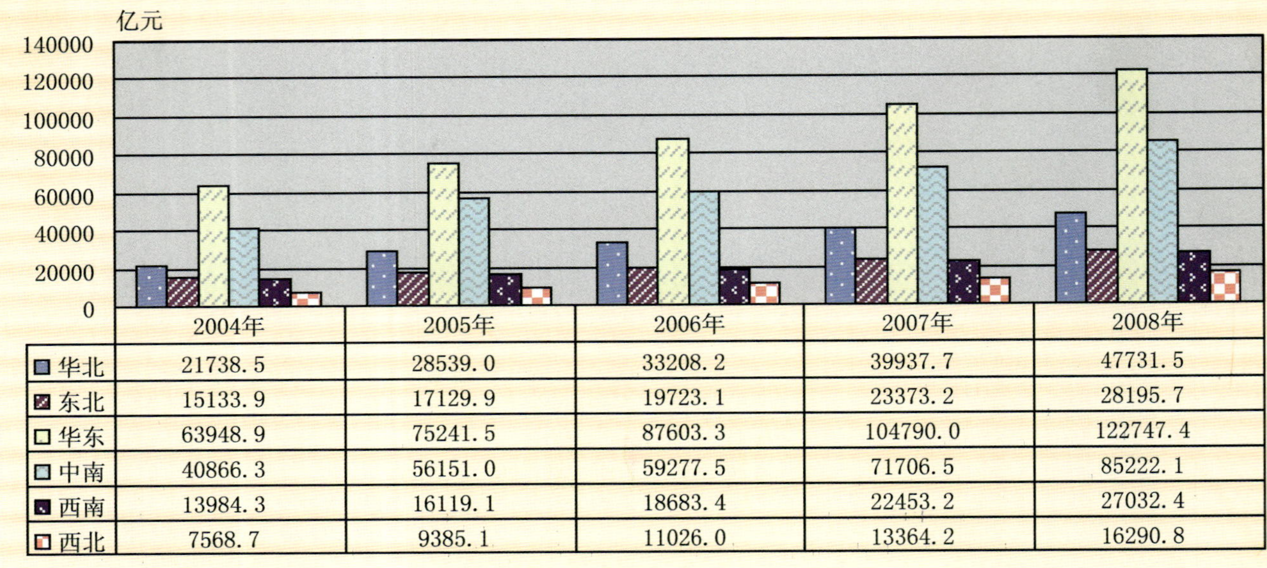

	2004年	2005年	2006年	2007年	2008年
华北	21738.5	28539.0	33208.2	39937.7	47731.5
东北	15133.9	17129.9	19723.1	23373.2	28195.7
华东	63948.9	75241.5	87603.3	104790.0	122747.4
中南	40866.3	56151.0	59277.5	71706.5	85222.1
西南	13984.3	16119.1	18683.4	22453.2	27032.4
西北	7568.7	9385.1	11026.0	13364.2	16290.8

2004～2008年全国分地区存款余额

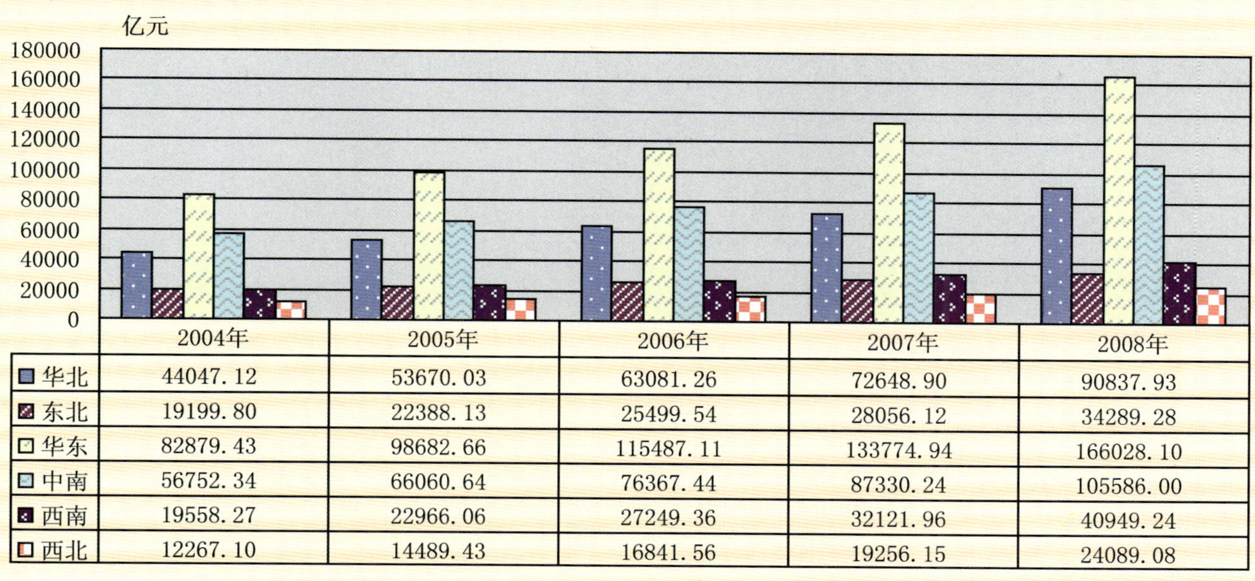

	2004年	2005年	2006年	2007年	2008年
华北	44047.12	53670.03	63081.26	72648.90	90837.93
东北	19199.80	22388.13	25499.54	28056.12	34289.28
华东	82879.43	98682.66	115487.11	133774.94	166028.10
中南	56752.34	66060.64	76367.44	87330.24	105586.00
西南	19558.27	22966.06	27249.36	32121.96	40949.24
西北	12267.10	14489.43	16841.56	19256.15	24089.08

2004～2008年全国分地区贷款余额

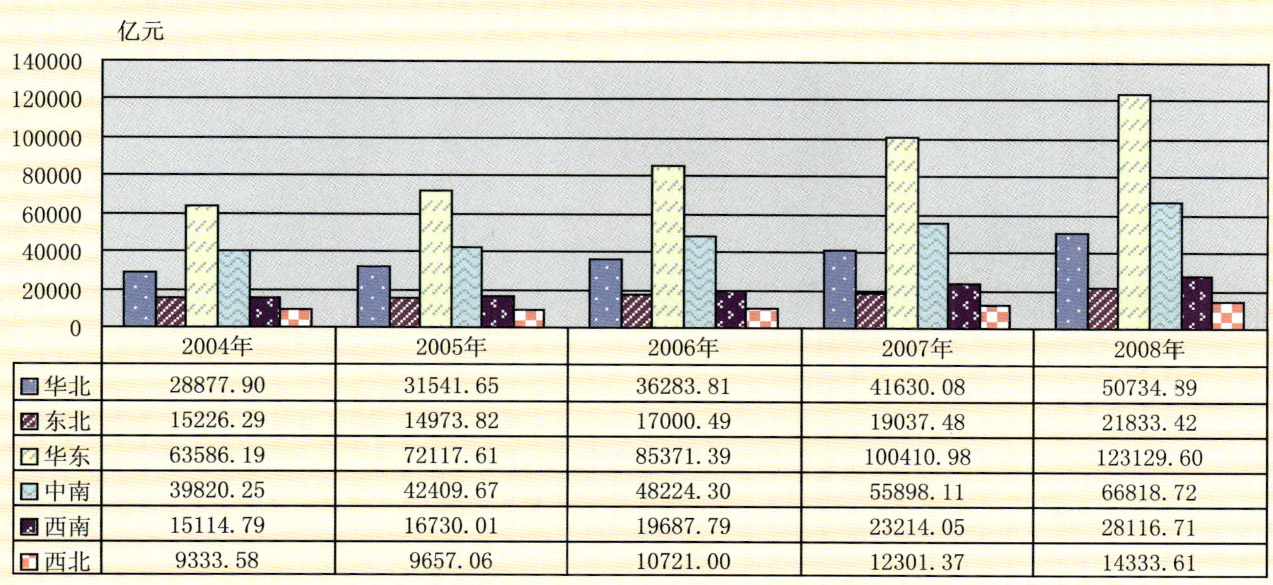

	2004年	2005年	2006年	2007年	2008年
华北	28877.90	31541.65	36283.81	41630.08	50734.89
东北	15226.29	14973.82	17000.49	19037.48	21833.42
华东	63586.19	72117.61	85371.39	100410.98	123129.60
中南	39820.25	42409.67	48224.30	55898.11	66818.72
西南	15114.79	16730.01	19687.79	23214.05	28116.71
西北	9333.58	9657.06	10721.00	12301.37	14333.61

中国银联股份有限公司山东分公司

ZHONGGUOYINLIANGUFENYOUXIANGONGSI

中国银联山东分公司李金良总经理

中国银联山东分公司是中国银联在山东省的分支机构，主要负责中国银联在山东省（青岛市除外）的银行卡网络运营，业务规范及技术标准的推动落实，银行卡跨行通用及业务的联合发展，银行卡受理市场发展和完善，银联标准卡的推广普及，银联品牌维护等。

中国银联山东分公司以银联银行卡跨行交易清算系统为依托，与各成员机构共同构建了联网通用的银行卡受理环境，并逐步建立和完善银行卡专业化服务体系，为商业银行、商户和广大持卡人提供优质、安全、高效的服务，推出了一系列具有鲜明地方特色的银行卡服务项目，目前已基本建立起涵盖ATM、POS、公共支付业务等广大持卡人日常用卡所需的应用系统，为持卡人生活、理财提供了全方位的服务。截至2008年12月底，山东地区受理商户达到5.5万户，POS机7.9万台，ATM机0.85万台。

中国银联许罗德总裁与山东地区商业银行座谈

中国银联许罗德总裁视察山东地区受理市场

2008年度山东省银行卡联合推广活动启动仪式

2008年迎奥运“刷银联标准卡 畅想激情中华”活动启动仪式

恒丰银行

恒丰银行董事长姜喜运

恒丰银行二〇〇八年荣誉榜

- 2008全国金融业慈善榜 · 银行业突出贡献奖（中国民政部、共青团中央、全国总工会、全国妇联、中国金融界网联合颁发）
- 全国巾帼文明岗（中华全国妇女联合会、第29届奥组委、中国妇女巾帼建功领导小组联合颁发）
- 中国十大最具竞争力银行（中国社科院中小企业研究中心、中国最具竞争力企业500强组委会等部门联合颁发）
- 中国十大标志性银行服务品牌（中国十大标志性品牌推举组委会颁发）
- 中国现代服务业十佳优质服务金融机构（中国工业报社、中国国际名牌协会、中国企业和现代服务业融和发展高峰组委会联合颁发）
- 30年中国品牌创新奖（中国品牌发展组织委员会颁发）
- 山东省重点服务业企业（山东省政府、山东省服务业发展领导小组颁发）
- 山东省银行业文明规范服务系列活动创新奖（山东省银行业协会颁发）
- 全省内部审计先进单位（山东省审计厅、省内部审计师协会颁发）
- 《山东金融年鉴》2008年度一等奖（中国人民银行济南分行颁发）

恒丰银行金融机构名录

董事长、党委书记： 姜喜运
监事长、党委副书记： 矫 毅
董事、副行长、党委委员： 孙才厚
宋恒继
栾永泰
董事、纪委书记、党委委员：潘力军
副监事长、工会主席、党委委员：周美乐
董事会秘书、党委委员： 于海松
地 址 ：山东省烟台市芝罘区
南大街248号
邮 编 ：264001
电 话 ：（0535）2118015
传 真 ：（0535）6207878
网址：www.egbank.com.cn

恒丰银行青岛分行

恒丰银行济南分行

恒丰银行南京分行

恒丰银行杭州分行

恒丰银行成都分行

EVERGROWING BANK

恒丰银行是2003年2月经中国人民银行批准成立的全国性股份制商业银行。系在1987年成立的烟台住房储蓄银行基础上经增资扩股、更名改制而来，其全称为恒丰银行股份有限公司，英文简称为Evergrowing Bank Co,ltd.。目前注册资本16.9亿元人民币，总部设在中国烟台，在烟台、济南、青岛、南京、杭州、成都等地共设有87个分支机构，上海、西安、昆明、重庆等地的分支机构也在审批中。拥有“中央银行公开市场业务一级交易商”、“国家财政部国债承销团成员”、“国家政策性金融债券一级承销商”、“全国银行间债券市场双边报价商”等多项市场准入资格，是“全国国债协会理事级会员单位”。2003年末，恒丰银行列《金融时报》“全国最大50家商业银行”排名第20位；2005年末，恒丰银行列中企联、中企协联合评选的“中国服务业企业500强·商业银行”排名第16位；2007年末，恒丰银行跨入1000亿元以上规模全国大中型商业银行之列；2008年，恒丰银行跻身英国《银行家》“全球1000家大银行”之列。近年来，恒丰银行阔步发展，至2008年末，总资产达到1509亿元，各项存款881亿元，各项贷款658亿元，资本利润率29.1%，不良资产率仅为0.55%，具最先进商业银行管理水平。同时，恒丰银行积极履行企业社会责任，先后获得“中国最具社会影响力品牌企业”、“中国最大500家服务业企业”、“中国优秀企业”、“中国维护消费者权益诚信服务满意单位”、“全国青年文明号”、“全国巾帼文明岗”、“2008年度金融企业慈善榜·银行业突出贡献奖”、“山东省重点服务业企业”、“山东省文明单位”、“山东省思想政治工作优秀企业”、“山东省服务业先进单位”、“山东省内审工作先进单位”、“山东省诚信纳税企业”以及“烟台十大A级信用等级单位”、“烟台市劳动保障信得过单位”、“烟台发展突出贡献单位”、“烟台市社会治安综合治理先进单位”等共计近100项地市级以上荣誉称号。

总行大楼夜景

临商银行
LINSHANG BANK

2008年11月22日，临沂市商业银行更名为临商银行，临沂市市长张少军和临沂市政协主席孟宪海共同为临商银行揭牌

2008年12月25日，临商银行宁波分行开业，临沂市市长张少军、临商银行董事长王傢玉在开业现场

"十年颂歌"大型文艺晚会，总政歌舞团演出

承办首届全国地方金融企业"打造服务品牌 增强核心竞争力"研讨会

2008年11月22日，临沂市商业银行正式更名为临商银行，2008年12月25日在浙江省宁波市设立分行，走出了跨区域经营的第一步。一年来，该行坚持以改革创新为突破口，从机制创新、产品创新、服务创新等方面着手，加大工作力度，促进了业务的快速稳健发展。截至2008年末，全行本外币存款余额149亿元，较成立时增加131亿元；贷款余额106亿元，较成立时增加91亿元，先后被各级各部门授予"中国服务业企业500强"、"全国行业纳税行业百强"、"中国经济百家诚信企业"、"全国支持中小企业发展十佳商业银行"、"全国小企业金融服务先进单位"等近百个荣誉称号。

特色产品介绍

特色业务

小企业贷款"直通车"：针对小企业及个体工商户发放的，以满足其生产经营流动资金需求的贷款业务，流程短、操作简便、方便、快捷。

阳光信贷：目前临商银行全部信贷业务均按"阳光信贷"流程操作，公开透明，便捷高效。

针对物流业业主推出了"商通宝"业务，面向大超市、大卖场推出了"商家乐"业务，实现了集中代发货款，实时、批量入账，自动通知，既缓解了货款分发压力，减少了人力投入成本，又提高了工作效率，降低了先进风险。

"商付通"智能刷卡电话业务，实现银行卡收款、付款、查询功能，商户足不出户享受自助银行服务。行内卡免收手续费，行外卡与银联、人民银行现代化支付系统无缝隙连接，具有实时到账、受理面广、手续费低、安全、快捷等特点。

"计价易"依据客户的信用等级、历史纪录、市场竞争力以及客户贡献度的大小等因素，确定对优质客户给予优惠的贷款利率，实现一户一价、一次一价。

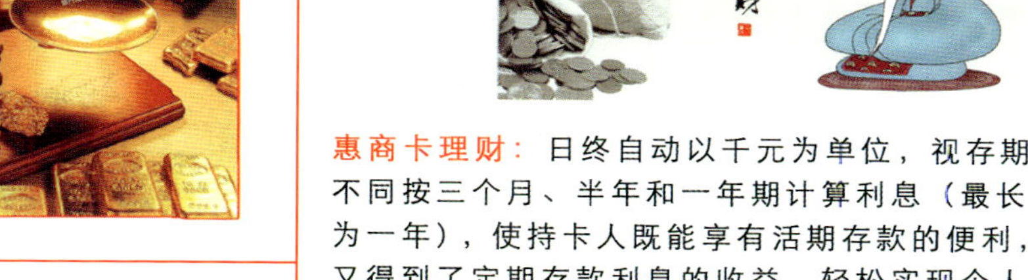

惠商卡理财：日终自动以千元为单位，视存期不同按三个月、半年和一年期计算利息（最长为一年），使持卡人既能享有活期存款的便利，又得到了定期存款利息的收益，轻松实现个人理财。

惠商卡

"拥有惠商卡，潇洒走天下"。临商银行惠商卡已经成为家喻户晓的知名品牌，免开卡费、免年费，集存取款、转账、ATM取现、POS消费、理财、柜面通、通存通兑、手机缴费、银行秘书、代收、代发、代缴等功能于一身。

可在全国包括香港、澳门及东南、日、韩澳、新、欧美等世界34个国家和地区办理取现刷卡消费。

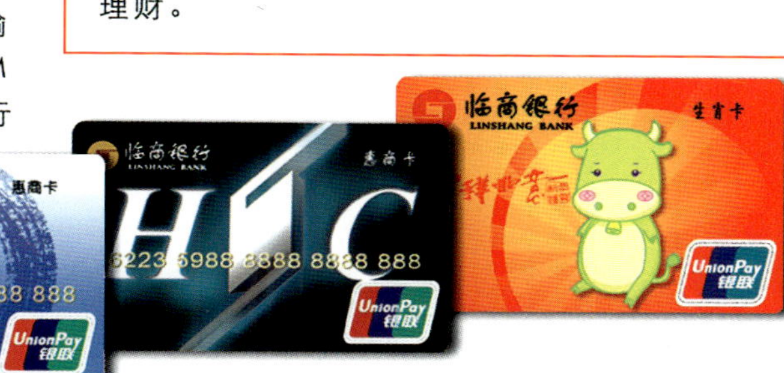

中国人民银行 THE PEOPLE'S BANK OF CHINA

潍坊市中心支行 WEIFANGSHIZHONGXINZHIHANG

潍坊市征信体系建设取得显著成绩，有效地缓解了中小企业融资难问题，中央八大媒体联合报道。

潍坊中支认真践行科学发展观，促进了金融经济协调发展。潍坊市委书记张新起、市长许立全、副市长刘伟到人行潍坊中支慰问走访年终决算员工。

潍坊中支定期召开金融形势分析会和支持中小企业发展座谈会，有效传导货币政策。

人民银行潍坊市中心支行简介

近年来，人民银行潍坊市中心支行以科学贯彻落实货币政策、支持地方经济发展为总抓手，努力提升货币政策执行效果，积极引导金融资源配置，创新金融服务方式，优化金融生态环境，有效履行基层央行职责，促进了辖区经济金融健康协调发展。到2008年末，潍坊市银行业金融机构本外币各项存款余额达到2060亿元，本外币各项贷款余额达到1513.4亿元，分别比2004年末增长了1.91倍和1.96倍。金融生态环境建设取得显著成绩，2007年，潍坊市被评为“中国金融生态城市”。到2008年末，所辖的8个县市中有安丘市、青州市、寿光市、高密市、昌乐县被评为“中国金融生态城市”。

全市金融工作会议确立“争创山东第一、全国一流”金融品牌工作目标。

为了完善金融体系，发展金融产业，潍坊市投资数十亿建设金融街。

人民银行总行在潍坊召开中小企业发展座谈会，苏宁副行长做重要讲话。

潍坊中支经过两年多努力，建成1949-2007年金融时序数据库，含有数据20多万个。

中国人民银行

THE PEOPLE'S BANK OF CHINA

菏泽市中心支行

2008年以来，为积极应对世界金融危机带来的冲击，更好地贯彻落实各项货币政策，中国人民银行菏泽市中心支行立足辖区实际，积极学习实践科学发展观，不断深化学习型领导班子建设，继续推进央行文化建设和文明单位创建，扎实开展“制度落实年”活动；及时出台支持经济发展、大项目建设、新农村建设指导意见，以及支持涉外经济发展的二十条意见，制定信贷政策导向效果评价实施细则，召开货币政策执行情况通报会、金融运行分析会，积极搭建银企合作平台，联合市发改委分两批向金融机构推荐75个重点项目，推动信贷结构优化和信贷总量增长，促进了地方经济稳定、较快发展。截至12月末，全市人民币各项存款余额704.2亿元，较年初增加134.2亿元，同比多增60.6亿元，增长23.5%，增速列全省第6位；人民币各项贷款余额484亿元，较年初增加81亿元，同比多增33.8亿元，增长20%，增速列全省第5位，中心支行被市政府评为银行系统信贷工作先进集体。

中国人民银行菏泽市中心支行党委书记、行长 刘洪来

中国人民银行济南分行党委委员、副行长王敏在中国人民银行菏泽市中心支行党委书记、行长刘洪来陪同下深入山东东明石化集团调研

中国人民银行菏泽市中心支行组织召开菏泽市银行系统工作座谈会，菏泽市市委常委、常务副市长刘勇出席会议并讲话

中国人民银行菏泽市中心支行党委书记、行长刘洪来对机关安全工作进行检查督导

中国人民银行菏泽市中心支行组织干部职工深入企业学习实践科学发展观

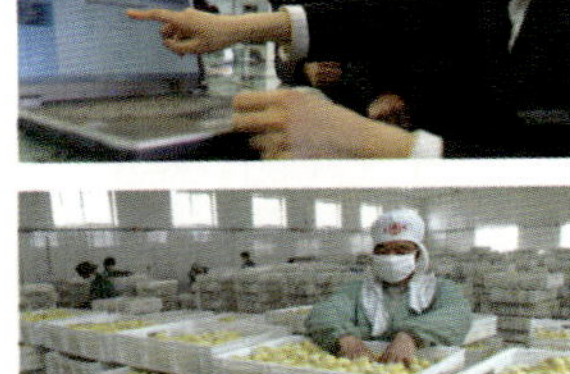

Introduction 简介

中国农业银行青岛市分行是中国农业银行5个直属分行之一。现辖16个支行、1个营业部、8个直属支行、196个营业机构，员工近4000人。

近年来，青岛农行以科学发展观为统领，以建设岛城一流现代商业银行为目标，深入推进业务经营转型、网点转型、内控管理及队伍建设，圆满完成了各项工作任务。至2008年末，各项存款率先在青岛同业突破600亿元，余额达到642.3亿元；各项贷款余额达364.9亿元，实现利润10.9亿元。全部业务率先通过ISO9001国际质量管理体系认证，是青岛市知名企业、外资企业、农业产业化重点龙头企业及财政统发工资、市级机关结算中心、驻青部队及各级机关事业单位的主要服务银行。分行党委被中组部授予全国国有企业创建“四好”领导班子先进集体称号，分行被中华全国总工会授予全国“五一”劳动奖状，连续多年保持“山东省文明单位”、“金融业支持青岛经济建设先进单位”等称号。

大行德广，伴您成长。青岛农行将乘改革发展之东风，坚持科学发展、和谐发展和率先发展，为广大客户提供更高效、更便捷、价值更高的金融服务。

中信银行 CHINA CITIC BANK

青岛分行 QINGDAO BRANCH

中信银行青岛分行简介

中信银行"加油2008"走进青岛宁真小学，向希望小学捐赠体育用品

中信银行隶属于中国中信集团公司，是我国改革开放中最早成立的新兴商业银行之一，各项经营指标均位居同业前列。2007年4月27日，中信银行在香港、上海同步上市。

青岛分行举办中信理财-海誓山盟婚典现场

中信银行青岛分行于1991年12月入驻岛城，现在管辖青岛、烟台、潍坊和威海4地的分支机构，有30个营业网点对外营业，从业人员1100余人，总资产380亿元。在青岛同业，青岛分行企业存款余额占比在中小银行中排名第一，个人存款余额占比排名第二，贷款余额占比排名第二。2008年、2009年，中信银行青岛分行连续两年在监管部门评级中获参评中小股份制商业银行最优级别。

中信银行青岛分行为保卫奥运安全的北海舰队官兵送去慰问品

近年来，中信银行先后在全辖推广"中信财富阶梯""中信港口金融"公司业务品牌，建立起数十个授信额度超亿元的战略客户，众多山东著名企业在其自身发展的同时，与中信银行构建了双赢的金融合作伙伴关系。在稳步发展公司银行业务、国际业务和资金资本市场业务的同时，中信银行加大了私人银行业务的发展步伐。近年来，中信银行在半岛地区轰轰烈烈地开展了千余场中信银行理财进社区和中信理财大课堂活动，帮助广大客户理好财，在公众中树立了"中信银行，理财银行"的形象。

八一建军节中信银行青岛分行员工到部队慰问

中信银行青岛分行将秉承"给您支持的力量"的服务宗旨，以客户为中心，进一步更新经营理念，提高创新能力，提升服务品质，为社会公众提供多元化的、全方位的金融服务，实现银企共赢、银行和社会公众共赢。

携手中信银行，共建和谐社会，创造美好生活！

中信集团子公司联合举行综合金融展览

中国农业银行 日照分行

AGRICULTURAL BANK OF CHINA

中国农业银行日照分行党委书记、行长　刘聪盛

2008年，中国农业银行日照分行以科学发展观为指导，认真落实省行“一二三四”工作思路，围绕“两个提升”的工作目标，突出发展速度、质量和效益相统一，坚持以人为本，强化执行力和精细化管理，狠抓各项措施落实，各项业务实现了快速均衡发展，系统内位次持续攀升，同业市场竞争力不断提升，经营实力进一步增强。年末，人民币各项存款余额达66.5亿元。比年初增加11.7亿元。存量与增量市场份额分别比年初提升1.92个百分点和18.77个百分点；各项贷款余额65.8亿元，比年初增加10.1亿元（剔除剥离因素）；不良贷款实现双下降，不良贷款占比3.78%；实现中间业务收入5851万元。同比增加2010万元，增长52.3%；实现拨备前利润18656万元。存贷款增量、中间业务收入、经营利润均创历史最好水平。该行连续22年保持“省级文明单位”称号，该行营业部被省行、总行和中国银行业协会授予“文明规范服务示范单位”，有5个单位获得省级“青年文明号”。

日照市委副书记、市长赵效为等市领导到农行日照分行检查指导工作，并到业务一线亲切看望员工

与日照市政府签署全面战略合作协议

省行党委书记、行长刁钦义到农行日照分行一线调研

日照分行

RIZHAO BRANCH

中国银行日照分行党委书记、行长 孙成刚

中国银行日照分行成立于1985年，是中国银行二级分行，在日照市莒县、五莲县、岚山区、东港区、石臼、新市区、经济开发区、高科技工业园共设有12个支行。

近年来，中国银行日照分行充分发挥自身优势，在省行党委和日照市委市政府的正确领导以及社会各界的关心支持下，始终秉承“中国银行”这一百年民族金融品牌的优良传统，以服务地方经济建设为己任，依托中国银行遍布全球的服务网络和丰富多彩的金融产品，为日照市的经济建设做出了重要贡献，自身各项事业也取得了长足发展。目前，该行在外汇、国际结算、私人理财、服务渠道等方面具有独到优势，在2008年度中国银行山东省分行对二级分行的绩效考核中，该行综合得分连续第4年在全省十六家二级分行中位居第1位；2007年，被山东省总工会授予“富民兴鲁劳动奖状”荣誉称号；2008年被山东省银监局授予“良好银行”、“小企业金融服务先进单位”等荣誉称号，被中国银行总行评为“员工职业道德建设先进单位”，该行行长孙成刚荣获“纪念改革开放30周年——推动日照市经济社会发展风云人物”称号。

中国银行总行周载群副行长在日照分行调研

组织召开支持外贸企业发展座谈会

参加“绿色齐鲁行”大型社会公益活动

中国建设银行
China Construction Bank

日照分行

中国建设银行日照分行位于日照市黄海一路96号。截至2008年底，拥有营业网点22个，其中1个营业部，12家支行、9个分理处，在岗员工623人。本外币存款余额65.96亿元，其中一般性存款新增居当地同业首位，各项贷款余额64.87亿元。

近年来，建行日照分行始终坚持“以市场为导向，以客户为中心”的经营理念，积极推进金融产品和服务创新，在中长期信贷、个人银行业务、国际业务、房地产金融业务等领域形成了自己的特色和优势，集约化经营水平不断提高，资金实力和资产规模不断壮大，综合竞争能力、盈利能力和风险防范能力显著增强。精神文明建设也取得了丰硕成果，一批先进单位和个人受到总、省行和地方政府的表彰，分行营业部营业室被建行总行授予总行级“女职工双文明示范岗”，被全国总工会授予“全国女职工先进单位”。

“不断创新，追求卓越”，面对新形势，建行日照分行将以更加优良的业绩和不断创新的精神去寻求更为广阔的服务领域和发展空间。

2008年3月27日，山东银监局领导来日照建行调研

2008年5月12日，日照市市长赵效为来该行调研

2008年5月，日照建行举办运动会

2008年5月26日，交纳特殊党费

兖矿集团

2008年3月5日，十一届全国人大一次会议在京召开，全国人大代表、集团公司董事局主席、党委书记耿加怀参加会议，并投下神圣一票

2008年7月22日，集团董事局副主席、总经理、党委副书记王信参加曲阜站奥运圣火传递。集团公司千余职工前往助威

兖矿集团是我国华东地区最大的煤炭生产、出口和深加工基地，山东省三大化工产业基地之一，山东省首家国有资产授权经营企业，是以煤炭、煤化工、煤电铝及机电成套设备制造为主导产业的国有特大型企业。

近年来，兖矿集团积极适应国家宏观调控政策和市场变化，全面落实科学发展观，坚持好字优先，好中求快，又好又快的发展思路，加快产业结构调整，转变经济发展方式，提高自主创新能力，企业保持良好发展态势。经济规模和产业领域不断壮大，保持了较快的发展速度。特别是煤化工产业快速发展，目前省内“一基地三园区”和省外“三个基地”发展格局基本形成。2008年，公司实现销售收入460.81亿元，利税总额127亿元，企业资产总额660亿元。

兖矿集团先后获得“中国最佳诚信企业”、“山东省管理创新十佳企业”、“全国煤炭行业信息化建设示范企业”、“中华环境友好煤炭企业”、“全省节能突出贡献企业”称号，再次被大公国际信用评估公司评为“AAA”级信用企业。“等离子控制原位冶金反应技术与工程应用”项目获得国家科技进步二等奖，“综采放顶煤技术在澳大利亚的创新研究与实践”、“安全高效矿井辅助运输系统关键技术研究与应用”项目获得中国煤炭工业科技进步一等奖，“高效洁净煤基甲醇联产系统的开发和示范”项目获得山东省科技进步一等奖。

2008年6月13日，国内最大工业铝挤压材项目在兖矿隆重奠基。这一国内规模最大、技术先进的项目开工建设，不仅将加快兖矿电铝产业的跨越式发展，也必将提升我国铝材在国际市场上的竞争力，对调整和优化我国铝加工产业布局产生重大影响

兖矿集团骨干煤矿——东滩煤矿

兖矿集团电解铝厂生产车间

兖矿集团煤化工项目夜景

兖矿集团支柱产业之一的煤化工企业

兖矿集团综采放顶煤工作面

力诺集团股份有限公司

力诺集团总裁高元坤参加奥运火炬传递

力诺员工积极参加汶川擂鼓镇灾后重建，图为山东省委副书记、省长姜大明看望力诺员工

力诺集团是我国太阳能行业的领军企业，国家高新技术企业，中国制造业500强。现有职工1万余名，总资产近100亿元，2008年实现销售收入62亿元，旗下拥有力诺太阳、力诺瑞特、力诺电力、宏济堂制药和武汉双虎五个二级集团，形成太阳能和药业两个优势产业集群。在太阳能产业中，已形成从石英砂矿山、太阳能玻璃管、太阳能集热管、太阳能热水器到光热光伏工程应用产品的太阳能利用产业链。集团所属品牌力诺瑞特太阳能荣获中国名牌产品和中国驰名商标称号，宏济堂制药被认定为首批中华百年老字号和中国驰名商标。2008年，我国太阳能光热领域唯一一家国家级企业技术中心落户力诺集团，2009年，国家科技部授予“以力诺太阳能为中心的产业基地”为国家火炬计划济南太阳能特色产业基地。创业以来，力诺集团不断致力于社会慈善公益事业，投身光彩事业，捐助希望工程，建设希望小学。2008年，四川遭遇重大地震灾害，力诺集团第一时间响应红十字会号召向灾区人民伸出援助之手，成为山东第一家大额捐献的企业。随着企业的发展，力诺集团的影响力和品牌美誉度大幅提升，分别被中央统战部、全国工商联授予光彩之星、全国高科技民营企业和全国安置就业先进企业等荣誉称号，被国家工商总局、国家质检局等授予消费者满意单位和环保绿色之星荣誉称号。

2008年3月27日，力诺瑞特向古巴输出生产设备及技术的合同正式签订，标志着我国太阳能行业在寻求国际化突破上迈出了跨越性的一步，开创我国太阳能企业技术出口的先河。图为签字现场

2008年10月12日，我国太阳能热利用领域首个国家级企业技术中心落户力诺

汶川发生地震后，力诺集团在第一时间捐款捐物，成为济南市第一家向红十字会大额捐款捐物的企业，图为山东省副省长、山东红十字会会长黄胜接受力诺集团捐助

以力诺集团为中心的太阳能产业基地被国家认定为国家火炬计划济南太阳能特色产业基地，图为揭牌仪式

力诺在章丘建成全球自动化程度最高、规模最大的太阳能产品生产基地

2008年7月16日，力诺电力一期工程正式投产，填补了山东省空白

力诺瑞特分体式太阳能集中集热分户水箱系统项目深受美国用户好评

力诺为济南奥体中心承建太阳能集热工程